EMPREGO PÚBLICO DE REGIME PRIVADO
A LABORALIZAÇÃO DA FUNÇÃO PÚBLICA

ANA CLÁUDIA NASCIMENTO GOMES

Prefácio
José Joaquim Gomes Canotilho

EMPREGO PÚBLICO DE REGIME PRIVADO
A LABORALIZAÇÃO DA FUNÇÃO PÚBLICA

Belo Horizonte

2017

© 2017 Editora Fórum Ltda.

É proibida a reprodução total ou parcial desta obra, por qualquer meio eletrônico, inclusive por processos xerográficos, sem autorização expressa do Editor.

Conselho Editorial

Adilson Abreu Dallari
Alécia Paolucci Nogueira Bicalho
Alexandre Coutinho Pagliarini
André Ramos Tavares
Carlos Ayres Britto
Carlos Mário da Silva Velloso
Cármen Lúcia Antunes Rocha
Cesar Augusto Guimarães Pereira
Clovis Beznos
Cristiana Fortini
Dinorá Adelaide Musetti Grotti
Diogo de Figueiredo Moreira Neto
Egon Bockmann Moreira
Emerson Gabardo
Fabrício Motta
Fernando Rossi
Flávio Henrique Unes Pereira
Floriano de Azevedo Marques Neto
Gustavo Justino de Oliveira
Inês Virgínia Prado Soares
Jorge Ulisses Jacoby Fernandes
Juarez Freitas
Luciano Ferraz
Lúcio Delfino
Marcia Carla Pereira Ribeiro
Márcio Cammarosano
Marcos Ehrhardt Jr.
Maria Sylvia Zanella Di Pietro
Ney José de Freitas
Oswaldo Othon de Pontes Saraiva Filho
Paulo Modesto
Romeu Felipe Bacellar Filho
Sérgio Guerra
Walber de Moura Agra

Luís Cláudio Rodrigues Ferreira
Presidente e Editor

Coordenação editorial: Leonardo Eustáquio Siqueira Araújo

Av. Afonso Pena, 2770 – 15º andar – Savassi – CEP 30130-012
Belo Horizonte – Minas Gerais – Tel.: (31) 2121.4900 / 2121.4949
www.editoraforum.com.br – editoraforum@editoraforum.com.br

G631e   Gomes, Ana Cláudia Nascimento

Emprego público de regime privado: a laboralização da função pública/ Ana Cláudia Nascimento Gomes; prefácio José Joaquim Gomes Canotilho.– Belo Horizonte : Fórum, 2017.
458 p.
ISBN: 978-85-450-0244-4

1. Direito Administrativo. 2. Direito da Função Pública. 3. Direito do Trabalho. I. Canotilho, José Joaquim Gomes. II. Título.

CDD 341.3
CDU 342

Informação bibliográfica deste livro, conforme a NBR 6023:2002 da Associação Brasileira de Normas Técnicas (ABNT):

GOMES, Ana Cláudia Nascimento. *Emprego público de regime privado*: a laboralização da função pública. Belo Horizonte: Fórum, 2017. 458 p. ISBN 978-85-450-0244-4.

Desta vez, às pessoas que fazem da minha vida uma felicidade:

Ao Bruno Albergaria, parceiro de estudo e de vida;

Ao Joaquim e ao Alexandre, por serem as minhas preciosidades e por terem compreendido, na plenitude da ingenuidade infantil, os meus momentos de estudo;

Ao meu pai, Eduardo Carlos Gomes, por estar sempre comigo, sempre e eternamente;

Ao Senhor Doutor Gomes Canotilho, pela orientação acadêmica e de vida e, principalmente, pela confiança e amizade.

AGRADECIMENTOS

O trabalho que ora se traz a lume reflete, de fato, o nosso empenho e esforço pessoal. Porém, ainda que escrito isoladamente, este trabalho é resultado de uma reunião de forças e de apoios – acadêmicos, institucionais, sociais e familiares –, sem os quais ele não teria chegado a seu termo. Precisamos, pois, agradecer profundamente a essas pessoas (jurídicas e físicas) que abraçaram conosco o sonho do Doutoramento.

Primeiramente, um profundo agradecimento é destinado à Faculdade de Direito da Universidade de Coimbra (FDUC), a seus Doutores Professores e aos seus funcionários. Passamos nessa "casa" mais tempo do que passamos na Faculdade de Direito da Universidade Federal de Minas Gerais (FDUFMG), levando-se em conta o tempo despendido na feitura dos nossos Mestrado e Doutoramento em Ciências Jurídico-Políticas. Temos com a mesma – e com o seu quadro docente e funcional (principalmente do "catálogo" e da "sala de revistas") – um forte laço de amizade que nos acalora, mesmo nos dias mais frios da meiga Coimbra. Agrada-nos profundamente adentrar pela Porta Férrea e sentir-nos inteiramente albergada. A essa vetusta instituição o nosso robusto e sincero "obrigada!".

Agradecemos igualmente à Fundação para a Ciência e a Tecnologia de Portugal (FCT), a qual entendeu por bem financiar parte dos nossos encargos financeiros com os estudos e com as taxas acadêmicas.

De igual modo, um grande agradecimento deve ser destinado ao Ministério Público do Trabalho (MPT), instituição que temos orgulho de integrar, como Procuradora do Trabalho, desde 2005. Com efeito, essa instituição possibilitou o nosso afastamento remunerado do cargo pelo período de janeiro a dezembro de 2008; interregno no qual pudemos estar junto da FDUC (com a nossa família), para realizar pesquisas bibliográficas. Fica em nós, todavia, a certeza de que um estudo sério e profundo não se aperfeiçoa em poucos meses e que, ainda assim, mais membros deveriam ser motivados a se debruçarem nos "tortuosos túneis" da pesquisa jurídica, mormente quando estamos a lidar com uma relação de profissionalidade "vitalícia". Desse modo, mais frutos jurídicos seriam colhidos por toda a instituição, reforçando o seu *munus* constitucional.

Agradecemos também à Associação Nacional dos Procuradores do Trabalho (ANPT), na pessoa do colega e Presidente Carlos Eduardo de Azevedo Lima, por ter defendido, perante o CSMPT, os nossos interesses acadêmicos.

Agradecemos, ainda, institucionalmente, à Pontifícia Universidade Católica de Minas Gerais (PUC Minas), na qual integramos o seu corpo docente desde 2002, junto à Faculdade de Direito. Os períodos de licença que nos foram concedidos (remunerados e não remunerados) permitiram-nos dedicação à tese e o retorno às salas de aula, com grande satisfação.

Os mais acalorados "obrigados" são, porém, endereçados às pessoas físicas que nos apoiaram nessa longa trajetória jurídica; afinal, essas, sim, sentiram conosco as nossas angústias e ansiedades.

Inicialmente, como não poderia deixar de ser, ao Senhor Doutor José Joaquim Gomes Canotilho, nosso "Prezadíssimo Orientador". Lembramos, com sorriso no rosto (e lágrimas nos olhos), daqueles longínquos dias do ano de 2000, em que nos escondíamos entre os alunos de graduação em Direito da FDUC, numa das salas das "Gerais", com intuito de assistir às aulas de Direito Constitucional do "Doutor Canotilho". A matéria era fiscalização da constitucionalidade. De lá, passando pela orientação da tese de Mestrado (*O poder de rejeição de leis inconstitucionais pela autoridade administrativa no direito português e no direito brasileiro*, SAFE, Porto Alegre, 2002), até a orientação da presente Dissertação de Doutoramento (além de outros trabalhados desenvolvidos sob o seu ministério), resta-nos a convicção de que não fora apenas solidamente construída uma relação acadêmica, mas uma inabalável relação de amizade. Recebemos do Senhor Doutor Gomes Canotilho apoio jurídico e pessoal que jamais obtivemos, sequer em menor intensidade, na nossa própria terra natal. Esperamos poder contar sempre com a orientação (e, principalmente, com a agradabilíssima convivência!) do Senhor Doutor, "no plano acadêmico, familiar e pessoal". De nossa parte, será sempre muito prazeroso poder dizer-lhe, diretamente e outras tantas vezes: muito obrigada!

Não podemos deixar de agradecer às amigas Luisa Cristina Pinto e Netto, Lutiana Nacur Lorentz e Odette de Frias. Aquela, pelas nossas ricas conversas sobre os dogmas da Função Pública brasileira. Odette, pela pesquisa e materiais franceses obtidos para nós em Lion. Esta, nossa "comadre" e colega de MPT, pelo incansável estímulo e apoio institucional.

Ademais, um forte registro de agradecimento à Gladys Carla Medeiros Oliveira e aos demais servidores da Biblioteca da Procuradoria Regional do Trabalho da 3ª Região, em Belo Horizonte, por não medirem esforços na localização de obras, muitas delas raras. Ainda, à cara Isabella Figueiras, pelo apoio na finalização da presente pesquisa (correção formal e pesquisa bibliográfica).

Agradeço também à minha "ouvinte" Mônica Belisário, por me ajudar a desmitificar "a tese" e a tratá-la com mais naturalidade.

Finalmente, outros amorosos obrigados ao marido Bruno Albergaria e aos nossos filhos Joaquim e Alexandre; à mãe Eliana e à sogra Analuisa. É no seio da família que desfrutamos dos momentos mais alegres de vida. Temos a certeza de que esses momentos se elevarão em quantidade com o término do Doutoramento. É o que, enfim, mais desejamos agora!

Belo Horizonte, julho de 2013.

Ana Cláudia Nascimento Gomes

LISTA DE ABREVIATURAS E SIGLAS

A. – Autor(a)
ADCT – Ato das Disposições Constitucionais Transitórias
ADI – Ação Declaratória de Inconstitucionalidade
ADL – Argomenti di Diritto del Lavoro
art. – artigo (de algum texto legal)
AG – Archivo Giuridico
AP – Administração Pública
AR – Assembleia da República
BFDUC – Boletim da Faculdade de Direito da Universidade de Coimbra
BCEUC – Boletim de Ciências Económicas da Universidade de Coimbra
CC – Código Civil
CDFUE – Carta de Direitos Fundamentais da União Europeia
CE – Constituição Espanhola
CEL – Cadernos da Escola do Legislativo, Belo Horizonte
Cf. – Conforme
CF – Constituição Francesa
CFUNDAP – Cadernos da FUNDAP, São Paulo
CJ – Cadernos Jurídicos, São Paulo
CNJ – Conselho Nacional de Justiça, Brasil
CR/88 – Constituição da República Federativa do Brasil de 1988
CRP – Constituição da República Portuguesa de 1976
DA – Direito Administrativo
DA – Documentación Administrativa, Madrid
DA(it) – Diritto Ammnistrativo
DADOS – Publicação do Instituto Universitário de Pesquisas do Rio de Janeiro
DCT – Direito Coletivo do Trabalho
DDC – Documentação e Direito Comparado, Lisboa
DEJT – Diário Eletrônico da Justiça do Trabalho
DF – Distrito Federal
DFP – Direito da Função Pública
DJ – Diário da Justiça, Brasília
DJAP – Dicionário Jurídico de Administração Pública, Lisboa
DJMG – Diário do Judiciário de Minas Gerais
DL – Decreto-Lei

DOU – *Diário Oficial da União*
DP – *Direito Público, Doutrina Brasileira,* Porto Alegre/Brasília
DS – *Droit Social*
DT – *Direito do Trabalho*
DR – *Diário da República* (Portugal)
DUDH – Declaração Universal dos Direitos do Homem, 1948
EC – Emenda Constitucional, Brasil
ECT – Empresa de Correios e Telégrafos (Brasil)
EeD – Estado e Direito, Lisboa
EP – Emprego Público
esp. – especialmente
ex. – exemplo
FDUL – Faculdade de Direito da Universidade de Lisboa
FDUFMG – Faculdade de Direito da Universidade Federal de Minas Gerais
FP – Função Pública
GAPP – Gestión y Análisis de Políticas Públicas, Madrid
GDLRI – Giornale di Diritto del Lavoro e di Relazioni Industriali
GG – *Grundgesetz*
ILPA – Il Lavoro nella Pubbliche Amministrazioni
IP – *Interesse Público, Revista Bimestral de Direito Público,* Porto Alegre
IS – *Intervenção Social,* Lisboa
JBT – Jurisprudência Brasileira Trabalhista
JO – *Jornal Oficial da União Europeia*
JC – *Jurisprudência Constitucional,* Lisboa
JT – *Justiça do Trabalho,* Brasil
LD – *Lavoro e Diritto*
LTr – *Revista LTr,* São Paulo
LTr-ST – *LTr – Suplemento Trabalhista,* São Paulo
Minerva – Revista de Estudos Laborais, Lisboa
MI – Mandado de Injunção
MNNP – Mesa Nacional de Negociação Permanente (Brasil)
MPT – Ministério Público do Trabalho (Brasil)
MS – Mandado de Segurança
MTE – Ministério do Trabalho e Emprego (Brasil)
PR – Presidente da República
OCDE – Organização para a Cooperação e Desenvolvimento Econômico
OD – *O Direito,* Lisboa
OIT – Organização Internacional do Trabalho
OJ – Orientação Jurisprudencial (TST, Brasil)

pág. – página
PGR – Procuradoria-Geral da República
QL – *Questões Laborais*, Coimbra
RAP – *Revista de Administração Pública, Fundação Getulio Vargas*, Rio de Janeiro
RAP(Esp.) – *Revista de Administración Pública*, Madrid
RAPP – *Revista Portuguesa de Administração e Políticas Públicas*, Braga
RBEFP – *Revista Brasileira de Estudos da Função Pública*, Belo Horizonte
Rcl. – Reclamação Constitucional, STF
RCTFP – Regime do Contrato de Trabalho em Funções Públicas, Portugal
RD – *Recueil Dalloz*, Paris
RDA – *Revista de Direito Administrativo*
RDA&C – *Revista de Direito Administrativo & Constitucional*, Belo Horizonte
RDES – *Revista de Direito e de Estudos Sociais*, Coimbra
RDFD – *Revista de Direitos Fundamentais e Democracia*, Curitiba
RDJ – *Revista Diálogo Jurídico*, Salvador
RDM – *Revista de Direito Municipal*, Belo Horizonte
RDS – *Revista de Derecho Social*, Madrid
RDT – *Revista de Direito do Trabalho*, São Paulo
RDTS – *Revista de Direito do Terceiro Setor*, Belo Horizonte
REALA – *Revista de Estudios de la Administración Local y Autonómica*, Madrid
REDA – *Revista Española de Derecho Administrativo*, Madrid
REDAE – *Revista Eletrônica de Direito Administrativo Econômico*, Salvador
REDC – *Revista Española de Derecho Constitucional*, Madrid
REP – *Revista Tékhne – Revista de Estudos Politécnicos*, Barcelos
RFDC – *Revista da Faculdade de Direito de Campos*
RFDL – *Revista da Faculdade de Direito de Lisboa*
RFDUFMG – *Revista da Faculdade de Direito da Universidade Federal de Minas Gerais*, Belo Horizonte
RGLPS – *Rivista Giuridica del Lavoro e della Previdenza Sociale*
RIDL – *Rivista Italiana di Diritto del Lavoro*
RIL – *Revista de Informação Legislativa*, Brasília
RJ – *Repertório de Jurisprudência* IOB, São Paulo
RvJ – *Revista Jurídica*, Lisboa
RJUM – *Revista Jurídica da Universidade Moderna*, Lisboa
RLJ – *Revista de Legislação e Jurisprudência*, Coimbra
RMP – *Revista do Ministério Público*, Lisboa
RMPT – *Revista do Ministério Público do Trabalho*, São Paulo
RMPTPB – *Revista do Ministério Público do Trabalho na Paraíba*
ROA – *Revista da Ordem dos Advogados*, Lisboa

RPGEB Revista da Procuradoria-Geral do Estado da Bahia, Salvador
RSP – Revista do Serviço Público, Brasília
RT – Revista dos Tribunais, São Paulo
RTC – Revista do Tribunal de Contas, Lisboa
RTCEMG – Revista do Tribunal de Contas do Estado de Minas Gerais, Belo Horizonte
RTCSC – Revista do Tribunal de Contas de Santa Catarina, Curitiba
RTD – Revista de Direito do Trabalho, São Paulo
RTDP – Rivista Trimestrale di Diritto Pubblico
RTRT9 – Revista do Tribunal Regional do Trabalho da 9ª Região, Curitiba
RTRT3 Revista do Tribunal Regional do Trabalho da 3ª Região, Belo Horizonte
RVAP – Revista Vasca de Administración Pública
SI – Scientia Ivridica – Revista de Direito Comparado Português e Brasileiro, Braga (Universidade do Minho)
SISRT – Subsistema de Relações de Trabalho no Serviço Público Federal
ST – Svdia Ivridica, Coimbra Editora, Coimbra
STr – Revista Síntese Trabalhista e Previdenciária, São Paulo
tb. – também
TC – Tribunal Constitucional
TCU – Tribunal de Contas da União
TFUE – Tratado de Funcionamento da União Europeia
TJUE – Tribunal de Justiça da União Europeia
TJMG – Tribunal de Justiça do Estado de Minas Gerais
trad. – tradução de
trad. livre – tradução livre
TRF – Tribunal Regional Federal (Brasil)
TRT – Tribunal Regional do Trabalho (Brasil)
TST – Tribunal Superior do Trabalho (Brasil)
TST – Revista do TST, Brasília
TUE – Tratado da União Europeia
STA – Supremo Tribunal Administrativo (Portugal)
STF – Supremo Tribunal Federal
STJ – Superior Tribunal de Justiça (Brasil)
V. – Vide

SUMÁRIO

PREFÁCIO
José Joaquim Gomes Canotilho 19

NOTA DA AUTORA 23

CONTEXTUALIZAÇÃO
Ana Cláudia Nascimento Gomes 25

A APRESENTAÇÃO DO TEMA E A JUSTIFICAÇÃO DE SUA ESCOLHA –
O CAMINHAR DA DISSERTAÇÃO 47

TRABALHADOR PÚBLICO, PROFISSIONALIDADE E FUNÇÃO PÚBLICA:
A CONEXÃO NECESSÁRIA DESSAS NOÇÕES JURÍDICAS NA DISSERTAÇÃO 55

1ª PARTE
A FP NAS CONSTITUIÇÕES BRASILEIRAS

A FORMAÇÃO DA FUNÇÃO PÚBLICA BRASILEIRA E A INTRODUÇÃO DO
CONTRATO DE TRABALHO NO INTERIOR DA ADMINISTRAÇÃO PÚBLICA
NÃO EMPRESARIAL (1824-1988) 65

1   A Função Pública pré-1822 e a marca do patrimonialismo na formação da Função
    Pública brasileira 65
2   A Função Pública no período de vigência da Constituição de 1824 68
3   A Função Pública no período de vigência da Constituição Republicana de 1891 ... 71
4   A Função Pública na Constituição de 1934 e a criação do Conselho Federal do
    Serviço Público Civil 74
5   A Função Pública na Constituição de 1937 e a administração daspiana –
    a "dicotomia da modernização" 77
6   A Função Pública na Constituição de 1946: o início do ciclo de estabilização dos
    "extranumerários", a afirmação da teoria estatutária no Brasil e a abertura da
    Administração Pública não empresarial ao contrato de trabalho 84
7   A Função Pública na Constituição de 1967 e a efetivação da regra da vinculação
    jurídico-privada 90

8	A Função Pública na "Constituição de 1969" (EC nº 1/69) e a consagração do contrato de trabalho na Administração Pública não empresarial do Estado através da Lei nº 6.185 de 1974	92
9	Conclusão do capítulo	96

A FUNÇÃO PÚBLICA NO QUADRO JURÍDICO-CONSTITUCIONAL PÓS-1988 E O CONTEXTO (OU NÃO?) PARA O "DIREITO DO TRABALHO DA FUNÇÃO PÚBLICA": O EXCESSO DE CONSTITUCIONALIZAÇÃO DA MATÉRIA, A INTERPRETAÇÃO RÍGIDA DOS PRECEITOS CONSTITUCIONAIS, A "IDEOLOGIA" DA NATUREZA ESTATUTÁRIA DO VÍNCULO E A COMPLEXIDADE FEDERATIVA ... 97

1	O "espírito" da Constituição de 1988	97
2	A Função Pública na Constituição de 1988 – O excesso de constitucionalização de matérias de índole legal	99
3	A Função Pública no quadro jurídico-constitucional pós-1988 – A rigidez e a complexidade do sistema constitucional da FP	102
3.1	A "superimportância" da prévia aprovação em concurso público como forma de ingresso formal na FP – "Fechamento" (e "abertura") da FP	102
3.2	O fim da ascensão funcional – A perda do sentido de carreira – Inflexibilidade administrativa	114
3.3	A "ampla e intensa estabilidade" dos servidores públicos	117
3.4	A controvérsia sobre o conteúdo da locução "regime jurídico único" constante do *caput* do art. 39 (originário) da CR/88: A "ideologia" da natureza estatutária do vínculo e algumas das consequências dessa posição nacional	123
3.4.1	(A natureza estatutária do vínculo do "servidor público" e a sua falsa especificidade: um necessário parêntesis)	131
3.4.2	Alguns efeitos da opção brasileira pela natureza estatuária do vínculo	138
3.4.3	A desconstitucionalização da locução "regime jurídico único" pela EC nº 19/98 e a ADI nº 2.135-4 DF – A ida e vinda do (mito do) regime de natureza estatuária	150
4	O Direito do Trabalho como direito de competência legislativa privativa da União e o direito da FP como direito de "competência legislativa concorrente cumulativa": um complicador na manutenção da unidade federativa e da isonomia no plano funcionarial	157
5	Alguns dados estatísticos da composição da FP brasileira	167
6	Conclusão do capítulo: um regime com notas acentuadas de legalismo, unilateralismo, incomunicabilidade e irracionalidade jurídica	171

2ª PARTE
A FP DE ALGUNS PAÍSES PARADIGMÁTICOS DA EUROPA CONTINENTAL

DIREITO COMPARADO: O EXEMPLO DA ITÁLIA ... 175

1	Da unilateralidade ao reconhecimento da contratualidade no âmbito do *impiego pubblico*	175

2	O "emprego público privatizado" e a "relação de trabalho com a Administração Pública"	182
3	Um balanço: a quebra do dogma de que a "relação de trabalho na Função Pública é um caso à parte"	190

DIREITO COMPARADO: O EXEMPLO DA ALEMANHA 193
1	A formação do paradigma de burocracia profissional	193
2	Marca da dualidade do atual sistema funcionarial germânico	197
3	Um balanço: a dualidade como decorrência da necessidade de flexibilidade	206

DIREITO COMPARADO: O EXEMPLO DA FRANÇA 209
1	A separação do DFP do DT como específico reflexo da forte separação Estado-Sociedade que caracterizou o Estado de Direito Francês	209
2	A atual configuração da FP francesa e o movimento de *"travaillisation"* do DFP: um direito cada vez menos "separado"	215
3	Um balanço: até o fechado DFP francês se "abre" ao DT	224

DIREITO COMPARADO: O EXEMPLO DA ESPANHA 225
1	Da unilateralidade à laboralização na Função Pública espanhola	225
2	O Estatuto Básico do Empregado Público	233
3	Um balanço: a dualidade de regimes não impede uma normatização básica unitária e pode mesmo dela depender	238

DIREITO COMPARADO: O EXEMPLO DE PORTUGAL....................241
1	A interseção dos regimes público e privado de trabalho subordinado a partir da própria Constituição de 1976 – A constitucionalização de um "Direito Comum do Trabalho"	241
2	A legislação infraconstitucional em matéria de Função Pública – A concretização do processo de laboralização (*lato sensu*) da Função Pública	251
3	A reforma de 2014: a publicação da Lei Geral do Trabalho em Funções Públicas (LTFP) e o assentamento formal de aplicação geral e subsidiária do DT ao regime de EP	269
4	Um balanço	278

DIREITO COMPARADO: A INFLUÊNCIA DO DIREITO COMUNITÁRIO SOBRE O DIREITO INTERNO DOS ESTADOS-MEMBROS DA UNIÃO EUROPEIA NA QUESTÃO DA CONCEITUAÇÃO E DELIMITAÇÃO DA FUNÇÃO PÚBLICA... 281
1	A liberdade de circulação dos trabalhadores assalariados e a exceção constante do Art. 45º-4 do TFUE – Os critérios interpretativos do TJUE	281
2	Um balanço: a tendência comunitária de identificação do conceito funcional de AP com o âmbito subjetivo de Função Pública em sentido estrito e a progressiva assimilação do disciplinamento jurídico do trabalho público ("sem poderes públicos") com o do trabalho privado	287

3ª PARTE
UM NECESSÁRIO PARALELO ENTRE A RELAÇÃO JURÍDICO-ADMINISTRATIVA DE FP E A RELAÇÃO EMPREGATÍCIA PERANTE O DIREITO BRASILEIRO – IDENTIDADES E DIFERENÇAS

1	Relação jurídica: conceito tradicional	290
2	Continuação: relação jurídico-estatutária: uma figura jurídico-constitucionalmente ultrapassada	292
3	Continuação: relação jurídico-estatutária e direitos fundamentais: "jusfundamentalização da administração pública"	297
4	Relação jurídico-contratual laboral ou relação empregatícia – "Relação de trabalho" e "relação de emprego" – Conceito e requisitos da denominada "relação de emprego"	301
4.1	A doutrina nacional e os requisitos da relação de emprego	301
4.2	"O empregador, este desconhecido"	312
4.3	As fontes heterônomas e autônomas de DT (nacionais)	316
4.4	A incidência de normas internacionais (em especial, as convenções da OIT) – A internacionalização do mundo do trabalho e do DT	318
4.5	Os direitos fundamentais e a observância do princípio da não discriminação nas relações de emprego privadas	320
5	Relação jurídico-administrativa de FP – Identidades e diferenças da relação empregatícia (privada) – Proximidade de tratamento jurídico	324
5.1	FP como uma relação de profissionalidade – A relação de trabalho de FP como uma relação (material) de Emprego Público: Presença dos elementos essenciais da relação empregatícia	324
5.2	A figura da relação jurídico-administrativa como central no DA hodierno	328
5.3	Características da relação jurídico-administrativa de FP e distinções da relação jurídica de emprego (exclusivamente privada): CR/88 e Lei nº 8.112/90	330
5.4	A incidência das normas internacionais da OIT sobre o trabalho na relação jurídico-administrativa de FP e (a implementação) das normas convencionais	336
5.5	A inafastabilidade da incidência dos princípios jurídico-públicos na relação empregatícia "privada" com a AP: "mínimo denominador comum" entre a "relação jurídico-administrativa de FP" e a "relação de emprego público *stricto sensu*" ("celetistas")	338
6	Conclusão: a possibilidade de substituição da relação jurídico-administrativa de FP pela relação empregatícia (pública) em alguns âmbitos da AP não empresarial – A viabilidade de utilização do contrato de trabalho na AP não empresarial do Brasil sem que isso signifique submissão à CLT (ou ao código "geral" de DT)	347

4ª PARTE
O VIÉS PUBLICÍSTICO DO DIREITO DO TRABALHO
O DIREITO DO TRABALHO COMO UM DIREITO (IN)COMUM

1	O Direito do Trabalho como um ramo jusprivatístico (in)comum – O "particularismo" do DT – A marca da imperatividade das normas trabalhistas	350

2	O Direito do Trabalho especialmente focado na proteção jurídica (da dignidade) do trabalhador/empregado – Os princípios da dignidade da pessoa humana e do valor social do trabalho	355
3	Conclusão: a eventual "laboralização" da FP não pode ser interpretada como uma "fuga para o Direito Privado" (clássico), nem como "precarização" das relações de trabalho no interior da AP não empresarial	359

5ª PARTE
PROPOSTA DE LABORALIZAÇÃO DA FP BRASILEIRA

1	Justificativa pela preferência do termo "laboralização"	363
2	A laboralização da FP brasileira em 4 níveis: normativo (legislativo e contratualização coletiva), administrativo, judicial e acadêmico	366
3	A laboralização legislativa da FP – A viabilidade de edição de leis federais/nacionais como uma via redutora da complexidade legislativa em matéria de FP	368
3.1	Possibilidades para a laboralização legislativa	373
4	Ainda: A laboralização normativa (*stricto sensu*) da FP – Imprescindibilidade da implementação da contratualização coletiva na AP não empresarial – Algumas possibilidades	376
5	A laboralização administrativa da FP – A laboralização de entes/órgãos incumbidos de atividades materiais da AP – Necessidade de flexibilidade administrativa – A substituição da terceirização lícita na AP não empresarial pelo contrato de trabalho com a AP tomadora	383
5.1	A laboralização de órgãos ou atividades administrativas – Os exemplos da saúde e educação	385
5.2	A laboralização das ordens profissionais – O paradigma da decisão da ADI nº 3.026-DF – Autoadministração profissional	388
5.3	A substituição da terceirização lícita na AP não empresarial pelo contrato de trabalho com a AP tomadora	396
5.3.1	A terceirização como um fenômeno vocacionado à precarização das relações de trabalho	398
5.3.2	A terceirização "lícita" na AP não empresarial	400
5.3.3	O contrato de trabalho direto com a AP não empresarial em atividades-meio da AP – Tese de Celso Antônio Bandeira de Mello – Não configuração de vínculo perene	402
5.4	A "laboralização administrativa" como solução adequada para situações administrativas existentes	404
6	A laboralização judicial da FP – A competência da Justiça do Trabalho para todas as lides decorrentes das relações de trabalho – Unificação da apreciação judicial sobre a matéria de trabalho humano	405
6.1	O posicionamento do STF	405
6.2	Os vários argumentos contra a posição do STF – Argumentos de ordem processual e de ordem material	408
6.3	As vantagens da "laboralização judicial"	414
7	A laboralização acadêmica do "Direito da FP" – O estudo da FP (*lato sensu*) dentro da disciplina DT – "Força expansiva" do DT – Matéria afeta do "trabalho humano"	417

8 Conclusão: a laboralização da FP brasileira como uma proposta meramente racionalizadora, mas não totalmente inovadora 420

CONCLUSÃO 423

A necessidade de racionalizar juridicamente a FP brasileira – O Direito da Função Pública se (re)direciona para a pessoa do trabalhador público – O Direito da Função Pública como parte integrante de um Direito (in)Comum (ou Geral) do Trabalho 423

REFERÊNCIAS 429

PREFÁCIO

Será que Deus não consegue compreender a linguagem dos artesãos?

(Herberto Helder, *Poesia Toda*, Lisboa, 1990, p. 949)

O Padre António Vieira pregava de encostar as orelhas na boca do bárbaro.

(Manuel de Barros, *Poesia Completa*, São Paulo, 2010, p. 419)

Por outro lado, os limites das capacidades cognitivas do Estado conduzem a reenviar ao contrato e à negociação as questões outrora tuteladas pela lei... Mas o contrato não pode então ser encarado como uma relação abstrata, independente da identidade dos contraentes e de natureza singular dos bens e serviços, ou mesmo das pessoas sobre que incide.

(Alain Supiot, *Crítica do Direito do Trabalho*, 2ª*ed., Lisboa, 2016, p. XXIV)

§§1
Prefácio incompleto

Prefácio incompleto? Naturalmente! Depois de muitos anos de diálogo sobre a "laborização da função pública" e passados dois anos sobre a brilhante defesa pública das suas teses, as palavras protocolares de um prefácio só poderiam "multiplicar os silêncios" (Manoel de Barros). Correriam mesmo o risco de "última ciência" a sobrepor-se às críticas dos julgadores académicos e ao inebriamento argumentativo da candidata à obtenção do grau de doutor. Nesse contexto, compreender-se-á que o diálogo social não seja um breviário simplificador da discursividade científica da obra doutoral da Doutora Ana Cláudia Nascimento Gomes. A tese aí está pronta para ser submetida à publicidade crítica. O ir e vir "entre o contrato e o estatuto" (A. Supiot) é um longo caminho histórico, comparativo, normativo e dogmático que nos conduz a ontologias escondidas de "ser ou não ser". Convocando as palavras de Fernando Pessoa, a Doutora Ana Cláudia bate hermenêuticamente nos espíritos do "estatuto da função pública" e no contrato privado, ou melhor, "contrato de regime privado", para, de forma sustentada, concluir que "não ser é outro ser".

§§2
Aquisições evolutivas

Numa época de dialogia comunicativa que vai do "rés da fala" (Ferreira Gular, "Ao Rés da Fala", in *Obra Poética*, p. 460) às irradiações virais, não é legítimo virar sovino e esconder alguns dos dissensos e diferenças que, de forma incontornável, acompanham a maturação de um trabalho doutoral. O primeiro problema que surgiu tem a marca da localização. Onde estávamos? Na segunda modernidade? Na terceira? Na quarta? Conversámos um pouco. Há mais de quarenta anos que os estertores da primeira modernidade se dissolviam na morte das narrativas emancipatórias. Mesmo assim, num contexto já de mudança paradigmática, alguns textos constitucionais (Portugal de 1976 e Brasil de 1988) ousaram dar resposta aos "desafios-instantes" da cidadania. No caso português, estavam em causa três imensos problemas: a descolonização, a democratização e o desenvolvimento. Um pouco mais tarde, as "directas já" impulsionavam a democratização da República do Brasil e abriam uma área de intensa politicidade na definição dos momentos refundadores, desde os que se relacionavam com a estrutura territorial até aos que tocavam no governo económico e social, passando pelo núcleo intransponível das liberdades e direitos fundamentais. Não vale a pena esconder a intencionalidade narrativo-emancipatória dos dois textos. Qualquer discursividade jurídico-constitucional passava pelo acoplamento do direito e da política. Por outras palavras: as constituições democráticas de Portugal e do Brasil acolhiam nos seus nervos normativos – principiais ou regradores – a luta e o diálogo em prol de posições político-constitucionais plasmadas juridicamente.

A partir da década de oitenta do século vinte, o constitucionalismo emancipatório estatalmente conformado confronta-se com outra modernidade puxada para um mundo de heterotopia sem confins. É o mundo da *governance* global erguida a instância regulativa ou "maquinaria regulatória" dos sistemas sociais. No plano económico-financeiro, o dinheiro global espalha-se por *"offshores"* em conformidade com a heterarquia das ordens de riqueza. A *expertise global* estrutura-se como heterogeneidade das ordens úteis e inúteis de saber e de competências. A moral global, com a heterodoxia de crenças e descrenças, traz do fundo das terras "meteoros de púrpura afogados" (Herberto Helder). Mergulhamos, assim, numa modernidade com manifestações preocupantes da erosão de todas as intensidades emancipatórias da liberdade, da igualdade e da fraternidade.

Uma das manifestações com mais pregnância das "metamorfoses" do mundo concentrou-se na "nova ciência do direito administrativo" e inerentes ideias directivas como o *"New Public Management"*, *"Neues Steuerungsmodell"*, "Desregulação", "Privatização", *"Public Private Partnerships"*, *"Electronic Government"*, *"Governance"*. Neste contexto do chamado *"Reinventing Government"* assumia e assume um papel central (Luhmann: "premissa central de decisão") a articulação da "direcção jurídica do pessoal" da administração com a direcção da actividade jurídica da mesma administração. Essa articulação implicaria, em termos científicos, o aprofundamento de despersonalização da administração e da des-eticização do regime do funcionalismo público. Surgiu aqui um dos momentos dialógicos mais decisivos da nossa orientação da tese doutoral da Doutora Ana Cláudia. Estamos agora convencidos da bondade procedimental sugerida pela nossa colega de diálogo. Com efeito, o pecado de investigação por nós inoculado implicava uma "furiosa" ciência holística de construção e desconstrução de todo o direito administrativo. Com aquela maneira muito sua de delimitar a suspensão reflexiva, a tarefa de reinvenção do referente – sujeito, pessoa, funcionário, agente, trabalhador – carecia de balizas mais precisas cujas traves fossem apropriadas a um esquema relacional: entre contrato e estatuto. Estava encontrada a "maquinaria regulatória" para o diálogo jurídico-laboral: a "laborização da função pública".

Em jeito pessoano, podíamos terminar dizendo que "Há metafísica bastante em não pensar em nada". Por vezes, colhemos surpresas de pensamento. Todos nós somos actores e objecto de relações e referências. Também por isso, "é uma das tarefas de jurista, seja universitário, juiz ou jurista de empresa, chamar a razão gestionário à ordem do sujeito de direito, quando ela se deixa iludir pela magia dos números" (A. Supiot, *Crítica de direito do trabalho*, cit., p. 353). Um outro conhecido autor recupera também o "não instrumentalismo" Kantiano e escreve com incisividade ético-moral: "O homem [ser humano] não pode ser degradado em simples factor económico" (Peter Häberle, *Das Menschenbild im Verfassungsstaat*, 4ª ed., Berlin, 2008, p. 68). Estamos sinceramente convictos de que o labor imenso que a Doutora Ana Cláudia Nascimento Gomes dedicou à construção da dignidade do trabalho e do trabalhador(a) transporta imperativos de civilidade e de decência absolutamente indispensáveis numa época de clamorosos vazios de justiça.

Coimbra, março de 2017.

José Joaquim Gomes Canotilho
Professor Catedrático da Faculdade de Direito da Universidade de Coimbra. Prêmio Pessoa 2003. Atual Conselheiro do Conselho Superior do Ministério Público (Portugal).

NOTA DA AUTORA

No texto, salvo a primeira referência da obra, todas as demais foram sinteticamente mencionadas. Assim, as citações primárias apresentam o nome completo do autor (ou de seu organizador, coordenador) e todos os dados possíveis para a identificação de sua obra; enquanto as posteriores registram apenas o correlativo nome a algumas palavras identificadoras do título do texto.

Fez-se uso corrente das siglas constantes de nossa "Lista de Abreviaturas".

A Referência apresentada no final pretendeu conglobar todas as obras doutrinárias citadas durante o discurso. Não arrolamos, entretanto, as jurisprudências utilizadas (indicadas apenas no próprio contexto do trabalho) e, via de regra, os documentos oficiais (leis, relatórios, atos administrativos, *etc.*). Essa bibliografia também se orientou pela utilização corrente do último sobrenome do autor (inclusive dos autores de origem espanhola).

Diante do objeto do nosso trabalho, exceto em relação à parte relativa ao Direito Comparado, houve uma natural preferência pela escolha da doutrina nacional (ainda que para fins de ser posteriormente criticada), dada a sua maior familiaridade com as questões jurídicas afetas ao tema.

Quanto ao Português, fez-se uso corrente do novo Acordo Ortográfico da Língua Portuguesa, não obstante a utilização de algumas palavras, em sua nova redação, não nos afigurar ainda "natural".

Finalmente, esclarece-se que a maioria das traduções constantes desta obra fora livremente formulada.

CONTEXTUALIZAÇÃO

Ter o direito privado ou direito do trabalho no emprego público não significa (não pode significar) a sua perda de identidade e pode representar melhor direito público.

(Ana Fernanda Neves, 2013)[1]

O livro que ora se publica reproduz, com poucos ajustes formais, a nossa *Dissertação*[2] de Doutoramento em Direito Público, elaborada, finalizada e defendida perante a Faculdade de Direito da Universidade de Coimbra, respectivamente entre os anos de 2008, 2013 e 2015, e intitulada O Emprego Público de Regime Privado: Uma Análise da Importação do Modelo Privatístico de Trabalho Subordinado pela Administração Pública não Empresarial no Direito Brasileiro – Uma Proposta de Laboralização da Função Pública Brasileira. A pesquisa foi dirigida por nosso prezadíssimo Orientador, o Senhor Doutor José Joaquim Gomes Canotilho, a quem rendemos profundos e eternos agradecimentos pela confiança, atenção e amizade. O êxito do percurso acadêmico é, pois, intensamente atribuído a esse nosso timoneiro lusitano, que soube guiar a nossa embarcação sempre no sentido do melhor dos ventos!

A Dissertação foi defendida na Sala dos Capelos da Universidade de Coimbra numa ensolarada tarde de verão, no dia 2 de julho de 2015, tendo sido aprovada a obtenção do título de Doutora com a atribuição máxima, *Distinção e Louvor,* por maioria. Constituíram o nosso Júri os seguintes Senhores Doutores, para além do nosso citado orientador: Rui Manuel de Figueiredo Marcos (na qualidade de Presidente do Júri); José João Abrantes (Universidade Nova de Lisboa); Ana Fernanda Neves (Universidade de Lisboa); Vital Moreira Martins; João Carlos da Conceição Leal Amado; Pedro António

---

[1] In: "Crise e Direito(s) da Relação de Emprego Público: Direito Privado e Melhor Direito Público", *Atas das II Jornadas de Direito do Emprego Público,* Maio de 2013 (Coord. Científica de Isabel Celeste da Fonseca, Sindicato dos Trabalhadores em Função Pública do Norte), Junho de 2014, Braga, pág. 104-117, esp. pág. 105-106 (acessível em: http://nedip.eu/produto/atas-ii-jornadas-de-direito-do-emprego-publico/, em 26/2/2017).

[2] Perante a Universidade de Coimbra, o trabalho para obtenção do Grau de Doutor denomina-se *Dissertação* de Doutoramento (V. Regulamento dos Doutoramentos da UC, arts. 7º e *segs.,* DR, 2ª série, n. 89, de 9/5/2007; acessível em: www.uc.pt/ects/info_inst/Regulamento-Doutoramentos-UC-2007-PT.pdf).

Pimenta da Costa Gonçalves e Pedro Canastra Azevedo Maia; todos estes da vetusta Faculdade de Direito da Universidade de Coimbra. Os nossos arguentes foram, sucessivamente, a Doutora Ana Fernanda Neves e o Doutor Vital Moreira, a quem também tecemos intensos agradecimentos pelas críticas e sugestões que formularam ao nosso trabalho, sobre as quais tivemos oportunidade de debater calorosamente naquele dia e, principalmente, de refletir em tempos posteriores. Ao Doutor Vital Moreira, nosso conhecido professor de Direito Administrativo (no Mestrado em Ciências Jurídico-Políticas, 1999/2001), ainda, um especial obrigado por ter-nos generosamente cedido as suas anotações para a defesa, viabilizando escrever, inclusivamente sobre estas, algumas linhas na presente *contextualização* e preencher algo das importantes lacunas apontadas por esse sólido e honrado arguente.

Finalmente, antes de iniciarmos a nossa *contextualização* propriamente dita, nossos agradecimentos à nossa conterrânea Editora Fórum, na pessoa de seu Presidente e Editor, Dr. Luis Cláudio Rodrigues Ferreira, pela receptividade e pela atenção na acolhida de nosso trabalho, viabilizando a sua publicação. Tem especial valia para nós a publicação do livro numa editora de reconhecido catálogo em Direito Administrativo, justamente por acreditar que o *nosso* Direito Administrativo, especialmente em matéria de Função Pública, precisa ser repensado e racionalizado.

Em face do transcurso desses quatro anos (2013, depósito; 2015, defesa), a presente *contextualização* agrega-se ao texto originário da nossa Dissertação com três objetivos principais. Num primeiro momento **(1)**, apresentar ao nosso leitor o nosso trabalho e suas motivações *(1.a)*, os seus fins *(1.b)*, as suas dificuldades *(1.c)* e também aquilo que acreditamos fazer acrescer ao *mundo jurídico, especialmente no campo da FP brasileira* (nesse aspecto, o que consideramos ser as suas qualidades, *1.d*). Ainda, num segundo momento, **(2)** atentar o nosso leitor para as principais alterações legislativas que se implementaram após aquele ano; e, finalmente, **(3)** suprir pequena (porém, principal) parte da lacuna que nos foi (e bem) apontada pelo nosso arguente Doutor Vital Moreira e, desse modo, dizer-lhe, singelamente, da especial deferência que guardamos relativamente à sua apreciação sobre o nosso trabalho (preservaremos com afago a crítica, assimilada todavia como verdadeiro elogio, de que a nossa tese era "militante, para não dizer apaixonada" pelo regime laboral).

Uma dessas alterações, aliás, justificou o acréscimo de linhas novas na própria Dissertação (na parte pertinente), pela sua importância para a confirmação do fenômeno jurídico da *Laboralização da FP, em geral,* tema central de nossa pesquisa. Trata-se da publicação em Portugal da Lei Geral do Trabalho em Funções Pública (LTFP), Lei nº 35/2014, de 20/06.[3] E a origem coimbrã da Dissertação motiva ainda mais o destaque de alterações jurídicas lusitanas, alterando substancial e pontualmente o texto que fora apreciado e defendido na Sala dos Capelos (e respectiva bibliografia).

Relativamente ao primeiro objetivo dessa *contextualização* **(1)**, parte do texto que aqui se coloca foi absorvida da nossa *Apresentação* (oral), elaborada para ser declamada por ocasião do início da nossa defesa. Repetiremos, assim, uma frase, de autoria da nossa arguente Doutora Ana Fernanda Neves e escrita em 2013, a qual condensa a ideia central do nosso trabalho e com a qual iniciamos aquela exposição: *"Ter o direito privado ou direito*

---

[3] O texto integral dessa lei encontra-se em: http://www.cite.gov.pt/pt/legis/Lei_Geral_Trab_FP_indice.html, acesso em 26/2/2017.

do trabalho no emprego público não significa (não pode significar) a sua perda de identidade e pode representar melhor direito público".

A maestria da citada frase é capaz de justificar a nossa atração **(1.a)** para o tema da *Laboralização da FP, em geral;* atração esta que foi ainda reforçada por outras relevantes causas:

(i) O nosso interesse profissional pelo tema, em decorrência de integrarmos o corpo de membros do Ministério Público do Trabalho (MPT), como Procuradora do Trabalho, sendo certo que já deparávamos lateralmente com a controvérsia sobre o regime jurídico (público ou privado?) aplicável à parte da FP brasileira, decorrência de uma duvidosa (e, quiçá, falaciosa) divisão maniqueísta sobre o regime jurídico dos trabalhadores públicos.

(ii) Ainda, a atualidade própria, em termos de Direito Comparado, do fenômeno jurídico da *Laboralização da FP,* o qual se relaciona (aberta ou reflexamente – na Dissertação, intencionalmente, não assumidos de forma expressa essa ligação, pelas razões que justificaremos a seguir) com o tema da *Nova Gestão Pública* (NGP) ou, em língua de origem, *New Public Management* (NPM);[4] e, portanto, com a chamada "Reforma (Gerencial) da Administração Pública".[5]

(iii) E, finalmente, o fato de a *Laboralização da FP* ser pouco tratada no Brasil, acreditamos, em decorrência de um preconceito velado da juspublicística nacional pelo DT, o qual não permitiu ainda aflorar um rico intercâmbio doutrinário e uma maior aproximação normativa com a doutrina juslaboral. Nesse sentido, esperançávamos não apenas alguma novidade no tratamento da matéria do *Emprego Público de Regime Privado,* mas, também, reflexamente, ajudar na desconstrução daquele preconceito.

Assim, diante do tema (ainda amplo) da *Laboralização da FP, em geral,* empenhamos em alcançar, por meio do nosso trabalho, dois fins já antecipados **(1.b)**. Como fim, digamos, menos relevante, ***(i)***, revelar que a cantada "inadequação" ou "inaptidão" do DT na FP, costumeiramente apregoada pela juspublicística brasileira, não tinha um fundamento estritamente jurídico, mas, antes, sustentava-se (e ainda se sustenta) naquele preconceito e pretendíamos descortinar a sua origem, de forma a tornar frágil o argumento da "inadaptabilidade natural do DT para a FP". E, como fim mais imponente, ***(ii)***, demonstrar que, na ótica da própria AP (aliás, das milhares de AP), o modelo funcionarial brasileiro atual não é razoável e racional. Com efeito, para nós, a característica da *unilateralidade* conduzira a uma *dissintonia excessiva,* a qual não é adequada em termos de gestão pública e de pessoal.

Nesse sentido, estabelecemos como nossa intenção máxima apontar que não apenas os trabalhadores públicos estavam a ser (e são) prejudicados com o sistema funcionarial brasileiro (em face do que denominamos de "ausência de isonomia intra-administrativa e intergovernamental"), mas que, antes de qualquer "prejuízo jurídico externo", a primeira prejudicada com situação funcionarial brasileira, com aquela concretização constitucional no espectro da FP, era a própria AP nacional. Nesse aspecto,

---

[4] V. VITAL MOREIRA, "'A Nova Gestão Pública' e Direito Administrativo", *in RLJ,* nº 3978, 2013, pág. 173 a 195; e VASCO MOURA RAMOS, *Da Compatibilidade do New Public Management com os Princípios Constitucionais,* Tese de Mestrado, FDUC, 2008, cap. IV., pág. 75 e seg.

[5] V. LÍVIA MARIA DE PÁDUA RIBEIRO, JOSÉ ROBERTO PEREIRA e GIDEON CARVALHO DE BENEDICTO, "As Reformas da Administração Pública Brasileira: Uma contextualização do seu Cenário, dos seus Entraves, e das Novas Perspectivas", *in XXXVII Encontro da ANPAD,* Rio de Janeiro, 7 a 11/09/2013.

para nós, residiria exatamente o ponto que achávamos pudesse "atrair os olhos da juspublicística", de conseguir a sua atenção; posto que acreditávamos que a AP sairia beneficiada em termos de ganho de gestão pública com a nossa pesquisa e posterior proposta.

Relativamente às principais dificuldades com que nos deparamos durante o percurso de elaboração da Dissertação *(1.c)*, exclusivamente decorrentes do tema que elegemos, podemos citar as seguintes:

(i) Aquilo de nomeamos por "pulverização do Direito da FP no Brasil". Afinal, trata-se de estudar um Direito positivo que está difuso, desconexo, pulverizado por todos os entes federais; como igualmente está interpretado por várias "Justiças" brasileiras (Federal, Estadual e do Trabalho). Agregue-se a isso uma quase completa ausência de centralidade ou de consolidação de informações, de dados, de estatísticas, de jurisprudência e de legislação.

(ii) Ainda, uma efetiva distorção ou incoerência entre teoria e prática no DFP; ou, em palavras diretas: *o DFP brasileiro que está nos livros, está apenas nos livros*; não guardando, na maioria das vezes, verdadeira conexão com os fatos da realidade, com a *práxis* administrativa. Aqui os exemplos poderiam ser vários: negociações coletivas de bastidores; greves de fato; o conceito vazio de "carreira" no Brasil (tornou-se algo estático); a existência dos "celetistas" num dogmatismo de "relação estatutária". Assim, antevíamos que o nosso trabalho precisava trazer algum "choque de realidade".

(iii) Outra dificuldade, própria de um tema em que o princípio da legalidade tem grande relevância: A rapidez das alterações jurídicas. De fato, como é um tema que tem mais proximidade com a liberdade de conformação do legislador democrático e com o princípio da reserva legal, o tema da conformação jurídica da FP é um tema que, de certa forma, "não espera acontecer". As mudanças têm sido rápidas, muitas delas sem que tenha havido sequer um "tempo reflexivo" e motivadas mais por razões econômicas do que estritamente jurídicas (de racionalização jurídica). Por isso, a Dissertação, mesmo antes de ter sido defendida, já carece de atualização em alguns pontos. Sobre essas alterações legislativas mais relevantes, trataremos também nos parágrafos seguintes (item **2** da presente *contextualização*).

No que tange ao nosso percurso (em complementação do item *1.a* dessa contextualização) desenvolvido para a escrituração do texto, tivemos como norte uma orientação algo "cronológica" (passado, presente e, quiçá, futuro, no sentido de ser uma proposta a título de *lege ferenda*). Nosso trabalho é, então, apresentado de acordo com essa estrutura:

(i) Inicialmente, realizamos uma retrospectiva histórico-constitucional do assentamento jurídico da FP, apontando paulatinamente a entrada do DT na FP. Nosso objetivo com essa parte foi poder eventualmente eriçar as causas jurídicas e históricas do posicionamento da juspublicística brasileira sobre a natureza estatutária do vínculo e sobre o seu preconceito em desfavor do DT no âmbito da AP (1º capítulo da 1ª parte);

(ii) Em seguida (2º capítulo da 1ª parte), passamos a fazer um *retrato* do sistema funcionarial brasileiro, para o qual se apresentou de suma importância conhecer a jurisprudência constitucional e os seus efeitos na interpretação de regras e de institutos da FP (ex: a perda de sentido de carreira com a declaração de inconstitucionalidade do instituto da progressão/ascensão/acesso; a questão da impossibilidade jurídica de negociação coletiva na AP; a compressão do que seja "regime jurídico único", *etc.*).

Essa jurisprudência, em nosso sentir, acirrou as notas de rigidez do sistema e deixou pouca margem para a conformação do legislador infraconstitucional (quanto à questão da relação estatutária, restando como opção única, de alguns entes locais, a eleição pela aplicação da CLT à sua FP). Resultado desse retrato foi a nossa caracterização do sistema funcionarial brasileiro, assim qualificada com:
- excesso de legalismo;
- excesso de unilateralismo;
- incomunicabilidade jurídica e
- irracionalidade jurídica.

(iii) Posteriormente, lateralizamos as conclusões nacionais e nos debruçamos sobre o estudo de alguns sistemas funcionais de relevo para o Brasil. A escolha dos países a estudar foi, nesse aspecto, *funcionalizada* à pesquisa e à importância dada pela doutrina nacional. Isto é, elegemos países que tiveram um maior relevo em termos de formação do nosso DFP. Foram descritos os modelos da Itália, Alemanha, França, Espanha e Portugal, além do Direito Comunitário, nessa ordem. O foco era apresentar os traços principais desses sistemas e o modo como recentemente têm passado por reformas (mais ou menos) *laboralizadoras;* além de trazer algumas ideias que pudessem ser aproveitadas (futuramente, frise-se, a título de *lege ferenda*) pelo sistema funcionarial brasileiro (5ª parte da tese);

(iv) Na parte seguinte (3ª parte), pretendemos tratar das possíveis *semelhanças* entre a relação jurídico-empregatícia (privada, típica) relativamente à relação jurídico-administrativa de FP. As semelhanças, mais do que as próprias diferenças, em decorrência do objetivo da nossa pesquisa (visado à aproximação de regimes jurídicos de direito público e de direito privado). O "pano de fundo" foi o Direito positivo infraconstitucional do Brasil, tendo como categoria subjetiva paradigmática a dos denominados "servidores públicos". Aqui tínhamos por intenção desconstruir uma *"pretensa diversidade ontológica"* da relação material de trabalho subordinado privada frente à relação de trabalho subordinado pública. Do estudo desenvolvido, restou a nossa convicção de que a diversidade é do empregador público (mas não da relação material de que ele é sujeito), pelo qual perpassam as necessárias vinculações jurídico-públicas, mais ou menos intensamente, para aquela relação jurídica; e, portanto, esta é a nota distintiva do conceito (europeu) EP.

(v) A sucinta 4ª parte da tese foi acrescentada com um claro objetivo. Desde logo, negar qualquer valia à interpretação da nossa proposta de *laboralização* que fosse *precarizante* ou *precarizadora.* Para tanto, tentamos demonstrar a peculiaridade do DT: um direito que é fundamentalmente voltado à pessoa humana (já que, no contrato de trabalho, a pessoa física é elemento indispensável); um direito que não se debate internamente entre dois objetivos antagônicos (como o DA, entre o conflito da maior proteção ao cidadão ou da mais intensa prossecução do interesse público) e que, à partida, tem uma única direção: *a proteção jurídica da pessoa do trabalhador.* Para tanto, utiliza-se de recursos tão próprios do DA (imperatividade, irrenunciabilidade, *jus cogens, etc.).* Esse objetivo de evitar leituras excessivamente liberalizantes de nossa proposta foi também a principal causa para que não tivéssemos escancarado na Dissertação, de forma explícita, a conexão do tema da *Laboralização da FP, em geral,* com a chamada "Reforma Gerencial da Administração Pública", sofrendo, por isso, a crítica bem colocada de nosso arguente Doutor Vital Moreira de que "não se esconde a sujeira debaixo do tapete". Essa é a

razão pela qual essa *contextualização* possa, então, encarar esse receio de frente, ainda que sumariamente (no item 3).

(vi) Finalmente, na 5ª parte, a nossa *proposta de Laboralização da FP,* a qual acreditamos seja a maior qualidade do nosso trabalho *(1.d).* Trata-se de uma proposta modesta, não revolucionária, que pretende permitir a entrada do DT num âmbito exclusivo do DA no Brasil (o da FP); porém, sem grande alarde e, assim, não acirrar repulsas juspublicísticas à partida, reconquistando a confiança outrora perdida da AP relativamente ao regime juslaboral. Desse modo, propôs-se uma laboralização em 4 níveis: normativa (esta dividida em legislativa e contratualização coletiva); administrativa, judicial e acadêmica. Retornamos à caracterização do regime funcionarial brasileiro, estabelecido na 1ª parte (excesso de legalismo, excesso de unilateralismo, incomunicabilidade jurídica e irracionalidade jurídica) e sobre ela tentamos obter algumas razoáveis soluções. O desígnio final foi, de certo modo, amenizar esses problemas, atribuindo, assim, alguma sistematização ao complexo e desorientado DFP brasileiro.

Em conclusão deste item **(1)**, a nossa singela proposta de Laboralização da FP brasileira, que agora colocamos à crítica pública, tem a *pretensão de ser modestamente factível e realizável.* Pretendeu-se construir idealmente um melhor sistema funcionarial brasileiro não apenas para o trabalhador público, mas, primeiramente, para a própria AP (as várias AP de uma federação, a qual atinge a incrível marca de possuir praticamente seis milhares de entes federados). Afinal, melhorar a gestão de pessoal do setor público carece inexoravelmente de *passar* por iniciais reformas jurídicas (como consequência da prevalência do próprio princípio da legalidade, o qual não se pode suplantar); *mas passa também* por valorizar, tomar a sério, o trabalhador público. E tudo isso, consideramos, é sim de interesse público.

Sobre as principais alterações legislativas implementadas na matéria depois de 2012-2013 **(2)**, podemos apontar as seguintes, sobre as quais, alertamos, teceremos uma análise meramente perfunctória, já que a ideia central da presente *contextualização* é justamente chamar a atenção para tanto do nosso leitor:

(i) Itália: Na medida em que a Itália encarou precoce e profundamente o fenômeno de privatização do EP em relação aos demais países da Europa Continental (não sem razão foi o modelo italiano aquele que encabeça o nosso estudo de Direito Comparado), as alterações legislativas desse país podem adquirir um relevo muito especial no tema da *Laboralização da FP, em geral.* Todavia, ainda estar por vir aquela alteração que atingirá precisamente boa parte do disciplinamento da "relação de trabalho com a AP". Trata-se da ampla reforma que se anuncia do parlamento italiano sobre a disciplina do dirigente (gestor) público e de sua responsabilidade,[6] prevista na Lei nº 124, de 7/8/2015.[7] O projeto incidirá diretamente sobre vários artigos do Decreto Legislativo nº 165, de 30/3/2001, o qual fixa *"Norme generali sull'ordinamento del lavoro alle dipendenze delle amministrazioni pubbliche";* e, por isso, segundo a doutrina, seria um "projeto ambicioso".[8]

---

[6] O projeto pode ser obtido no endereço: http://www.senato.it/leg/17/BGT/Schede/docnonleg/33068.htm, acesso em 28/2/2017.

[7] O inteiro teor da lei pode ser acessado: http://www.gazzettaufficiale.it/eli/id/2015/08/13/15G00138/sg, acesso em 28/2017, que delega do Governo (poderes) em matéria de reorganização da AP. Especialmente no art. 11 a disposição sobre a "dirigência pública" (ou gestão pública) e o que se pretende implementar com a sua reorganização jurídica (dos gestores públicos).

[8] V. STEFANO BATTINI, "Responsabilità e Responsabilizzazione dei fuinzionari e dependenti pubblici", *in RTDP,* nº 1/2015, jan-março, pág. 53-67.

Houve, entretanto, modificação recente naquele diploma pela Lei nº 114, de 11/08/2014 (de "medidas urgentes para a transparência administrativa"), a qual causou significativas alterações no âmbito da organização administrativa e na "relação de trabalho com a AP", dentre as quais: impôs novos mecanismos de mobilidade, ainda que não voluntária (limitada a 50 km), liberação gradual de *turn over*, ampliação da possiblidade de recolocação de pessoal em situação de excedência, redução de 50% dos destacamentos remunerados para dirigência sindical e racionalização na distribuição de efetivos.

De qualquer modo, em matéria genérica de regulação do trabalho (e da – maior ou menor intensidade – proteção jurídica do trabalhador subordinado), a Itália passou nos últimos anos por reformas de impacto, como efeito de seu conturbado momento econômico e político.[9] O foco teria sido incentivar o mercado de trabalho e reduzir as taxas de desemprego elevadas pela crise econômica mundial. Em 2012, foi editada, então, a Lei nº 92/2012 (Reforma Trabalhista *Fornero*), a qual implementou mudanças importantes no art. 18 do Estatuto dos Trabalhadores (Lei nº 300/1970), que tinha permanecido inalterado por mais de quatro décadas. A essa reforma seguiu-se ainda a Reforma *Poletti* (Decreto-lei nº 34, de 30/3/2014 e Lei nº 78, de 16/5/2014) e a Lei nº 183, de 10/12/2014. Estas últimas, complementadas pelo Decreto legislativo nº 23, de 04/03/2015, passaram a ser identificadas como *Jobs Act*, pela influência da legislação americana da era Barack Obama.

O mencionado art. 18 do Estatuto dos Trabalhadores consagrava, desde sua origem, hipóteses restritivas para a dispensa sem justa causa do trabalhador subordinado (apenas nas situações de "justa causa" ou "justo motivo"), sob a garantia da reintegração ao posto de trabalho, com as indenizações pertinentes (conhecida por "tutela real"[10]), sempre que o "licenciamento" não restasse devidamente enquadrado. Assim, o art. 18 do Estatuto do Trabalhador era referência legislativa em matéria de segurança no emprego (privado). Com o objetivo de incentivar o mercado de trabalho, ao fim e ao cabo, considerando a incidência para os novos contratos entabulados sob a sua vigência, a reforma globalmente considerada sobre tal dispositivo pretendeu flexibilizar a segurança no emprego, em especial, no que tange à sanção ao empregador de reintegração do trabalhador subordinado; isto é, mantendo-a para as situações discriminatórias ou subjetivamente injustas; porém, excluindo-a para as dispensas fundadas em critérios objetivos, especialmente o econômico.[11]

A despeito das inúmeras posições conflitantes sobre tais reformas (e sobre os seus efetivos impactos na economia e no mercado de trabalho), no contexto do tema da *Laboralização da FP, em geral*, há ainda um importante acréscimo. Diz respeito à

---

[9] V., como interessante e resumido norte para entender esses últimos anos na Itália: RICARDO NEIVA TAVARES, "Relatório De Gestão – Embaixada do Brasil em Roma, República Italiana – Embaixador Ricardo Neiva Tavares (2013-2016)", *in* legis.senado.leg.br/mateweb/arquivos/mate-pdf/198458.pdf, acesso em 28/2/2017. V. tb. LÍGIA RAMIA MUNERATI, "A evolução do Direito do Trabalho na Itália: da Lei 604/1966 até o *Jobs Act*", *in RTD*, nº 164, vol. 41, jul-ago., 2015, pág. 301-311.

[10] V. LÍGIA RAMIA MUNERATI, "A evolução ...", pág. 307.

[11] V. LÍGIA RAMIA MUNERATI, "A evolução ...", pág. 310. V. tb. FRANCO CARINCI, "*Jobs Act*, Atto II: La Legge Delega sur Mecato del Lavoro", *in ADL*, nº 1/2015, Ano XX, pág. 1 a 25.; "Il Licenziamento disciplinar", *in Il Licenziamento all'indomani del d. lgs. n. 23/2015 (contratto di lavoro a tempo indeterminato a tutele crescenti)*, FRANCO CARINCI e CARLO CESTER (a cura di), ADAPT Labour Studies, e-book series n. 46, moodle.adaptland.it/pluginfile.php/22694/mod_resource/content/.../ebook_vol_46.pdf, acesso em 28/2/2017.

incidência (ou não) do novel art. 18 sobre a categoria dos "trabalhadores públicos" (relação de trabalho da administração pública). Considerando a privatização do EP (e grande aproximação de regimes jurídicos que se implementou para os trabalhadores subordinados na década de 1990 na Itália, conforme elucidamos no interior de nosso trabalho), em princípio, poder-se-ia cogitar mesmo na incidência alargada do novo regime inclusive para os novos trabalhadores públicos subordinados (regidos pelo direito privado). Não obstante, a disciplina básica desses trabalhadores públicos consta, consoante citamos, do Decreto Legislativo nº 165/2001, podendo-se ainda acrescentar os fatores de que o *Jobs Act* havia sido pensado para incrementar o setor privado e as especificidades da AP (cuja reforma estava a ser implementada em diploma específico).[12]

Com efeito, inicialmente a Suprema Corte de Cassação posicionou-se favoravelmente à aplicabilidade do novo regime também para os empregados públicos (2015[13]); posição, contudo, alterada no ano seguinte, pelo menos até que uma legislação especial seja editada, conforme entendera a Corte.[14] Não obstante isso, diga-se que alguns doutrinadores de DT entendem que tal diversidade de proteção jurídica sobre a relação de trabalho subordinada (considerando-se então os novos contratos de trabalho privados e as novas relações de trabalho com AP, do EP *privatizado*) seria causa de iniquidade e de discriminação arbitrária entre esses dois ramos dos mercados de trabalho.[15]

Outra mudança de panorama ocorrida na Itália sobre a proteção dos trabalhadores (não se alude diretamente aos trabalhadores públicos) decorre da condenação da República Italiana pelo TJUE, por meio da sentença nº C-596/12, de 13/02/2014. A despeito de não ter uma conexão imediata com o tema da *Laboralização da FP, em geral*, tal condenação pode, sim, reforçar o substrato da questão da "privatização do EP" (assim compreendida na Itália), no sentido de se confirmar a importância dos Estados-membros da UE em adotar a noção alargada do "conceito comunitário" de "trabalhador (subordinado)" para efeitos de proteção jurídica; noção alargada esta, a qual encontra-se, evidentemente, como um dos pressupostos do tema da *Laboralização da FP*.

A condenação decorreu da exclusão da categoria dos dirigentes do âmbito de proteção determinada pela Diretiva 98/59/CE ("relativa à aproximação das legislações dos Estados-membros em matéria de despedimento coletivo" e garantindo aos trabalhadores em geral procedimentos de informação e de consulta a eles e a seus representantes sindicais); exclusão prevista na Lei nº 223/1991 (não adaptada posteriormente a tal diretiva).[16] Em 2104 foi, então, editada a Lei nº 161, de 30/10, como

---

[12] V. FRANCO CARINCI, "Il Licenziamento ...", com argumentos para a inaplicabilidade do Decreto Legislativo nº 23/2015 para as "relações de trabalho dos empregados da AP". Porém, na nota de rodapé nº5 apresenta doutrinas com posições diversas.

[13] Cf. Sentença nº 24157, Relator Manna Antonio, publicação em 26/11/2015

[14] Cf. Sentença nº 11868 de 2016, Relator Di Paolantonio Annalisa, publicação em 9/6/2016. Conforme consta: "... até a próxima medida legislativa de harmonização, não se estendem aos funcionários das autoridades públicas e alterações introduzidas no artigo 18 do Estatuto, com o resultado de que a protecção a conceder a esses trabalhadores em caso de despedimento sem justa causa é a prevista pela redacção anterior da regra".

[15] Sobre o impacto da última sentença na mídia, obteve-se a notícia; "*Jobs Act*, Cassazione dà ragione a governo: 'Per statali vale ancora articolo 18'. Giuslavoristi: 'Discriminazione'": in http://www.ilfattoquotidiano.it/2016/06/09/jobs-act-cassazione-da-ragione-al-governo-per-i-dipendenti-pubblici-valgono-ancora-le-tutele-dellarticolo-18/2812860/, acesso em 28/2/2017. A discriminação também é citada em notícia mais antiga: "*Jobs act*, via articolo 18 anche per i dipendenti pubblici. "Il governo ha mentito sapendo di mentire: *in* http://www.ilfattoquotidiano.it/2015/12/02/jobs-act-via-articolo-18-anche-per-i-dipendenti-pubblici-il-governo-ha-mentito-sapendo-di-mentire/2269513/, acesso em 28/2/2017.

[16] V. *Jornal Oficial da União Europeia*, C/93/94 PT, 29/3/2014: "Processo C-596/12 – (Incumprimento de Estado – Despedimentos coletivos – Conceito de «trabalhadores» – Exclusão dos «dirigentes» – Diretiva 98/59/CE – Artigo 1º,

consequência dessa condenação da instância comunitária. Não se olvide que o modelo italiano do trabalhador dirigente, até então parcialmente autonomizado na legislação, acabou desestruturando-se[17] (ou esfacelando-se aquela parcial autonomia jurídica). Pode-se cogitar, inclusivamente, de eventuais implicações dessa inclusão jurídica do trabalhador dirigente, com sujeito destinatário de proteção jurídica em nível igual ao dos demais trabalhadores subordinados, sobre a citada reforma que se aguarda sem matéria de dirigência pública (categoria esta, aliás, que é uma das notas do EP italiano pós-privatização).

(ii) Espanha: A principal alteração de referência (formal) da legislação espanhola foi a edição do novo "Estatuto Básico do *Empregado* Público" (EBEP), refundindo-se no Real Decreto Legislativo nº 5/2015, de 30/10, a agora revogada Lei nº 7/2007, acrescida das leis alteradoras de 2007-2015.[18] Não obstante, as linhas mestras do anterior EBEP foram mantidas. Tal informação consta mesmo da exposição de motivos dessa nova lei, no sentido de que *"en todo momento se ha perseguido el objetivo unificador que encarna esta clase de textos refundidos, lo que se ha realizado a través de la actualización, aclaración y armonización de las distintas leyes que lo conforman, dando lugar a un nuevo texto, completo y sistemático"*.

Ainda, em termos de alterações substanciais, no tema do mercado em geral, também em decorrência dos efeitos da crise econômica mundial que atingira sobremaneira a Espanha (especialmente entre os anos de 2010-2012), foi editada a Lei nº 3/2012, de 06/07 ("de medidas urgentes para a reforma do mercado laboral"). Com esta, introduziu-se o conceito de "flexissegurança", entendida pelo legislador como flexibilidade no ingresso e no egresso do mercado de trabalho.[19] Segundo nos informa a doutrinadora Emma Rodriguez Rodriguez, o EP resultou especialmente castigado por esse novo conceito, que também lhe alcançou, permitindo maior utilização da contratação temporal, em

---

nºs 1 e 2 – Violação). Partes: Demandante: Comissão Europeia, Demandada: República Italiana. Objeto: Incumprimento de Estado – Violação do art. 1º, nºs 1 e 2, da Diretiva 98/59/CE, de 20 de julho de 1998, relativa aos despedimentos coletivos (JO L 225, p. 16) – Âmbito de aplicação – Conceito de trabalhadores – Inclusão dos dirigentes neste conceito. Dispositivo: 1. Ao excluir do artigo 4º, nº 9, da Lei nº 223, relativa às normas em matéria de desemprego técnico, mobilidade, subsídio desemprego, execução de diretivas comunitárias, colocação de trabalhadores e outras disposições relativas ao mercado de trabalho (*legge n. 223 – Norme in matéria di cassa integrazione, mobilità, trattamenti di disoccupazione, atuazione di direttive della Comunità europea, avviamento al lavoro ed altre disposizione in matéria di mercato del lavoro*), de 23 de julho de 1991, a categoria dos «dirigenti» do âmbito de aplicação do processo previsto no artigo 2º da Diretiva 98/59/CE do Conselho, de 20 de julho de 1998, relativa à aproximação das legislações dos Estados-Membros respeitantes aos despedimentos coletivos, a República Italiana não cumpriu as obrigações que lhe incumbem por força do artigo 1º, nºs 1 e 2, dessa diretiva. 2. A República Italiana é condenada nas despesas".

[17] A desestruturação também teve causas internas, decorrente de uma ampliação ao trabalhador dirigente de disposições próprias dos trabalhadores subordinados comuns. V. SIMONE CARRÀ, "Reflessioni sull'attuale processo di destrutturazione del Rapporto di Lavoro Dirigenziale", *in ADL*, nº 1/2015, Ano XX, pág. 123-141. Ainda: ANNALISA ROSIELLO, "Dirigenti e Licenziamenti colletivi – Cosa cambia dopo la sentenza della Corte de Giustizia del febbrario 2014", *in* http://www.studiolegalerosiello/diritto-lavoro/136, acesso em 20/2/2015. Segundo esta A., "Com base no art. 1 da Diretiva, por despedimento coletivo se entende todo o despedimento efetuado de um empregado por um ou mais motivos não inerentes à pessoa do trabalhador. A definição é em seguida complementada por posteriores requisitos temporais e quantitativos. O TJUE esclarece que deve fazer referência à noção comunitária de trabalhador, que não é centrada sobre o exercício de poderes diretivos. A categoria dos 'dirigentes' é seguramente reconduzível na noção comunitária de trabalhador".

[18] V. https://www.boe.es/buscar/act.php?id=BOE-A-2007-7788, acesso em 1º/3/2017.

[19] Cf. EMMA RODRIGUEZ RODRIGUEZ, "Crisis y derecho(s) de relación de empleo público: ¿(más) derecho público o (más) derecho privado? La perspectiva española, *in II Jornadas de Direito do Emprego Público – Crise e Direito(s) da Relação de Emprego Público*, realização em Maio de 2013, (Coord. Científica de Isabel Celeste da Fonseca, Sindicato dos Trabalhadores em Função Pública do Norte), Junho de 2014, Braga, pág. 131-143 (acessível em: http://nedip.eu/produto/atas-ii-jornadas-de-direito-do-emprego-publico/, em 26/2/2017).

paralelo a uma elevada taxa de terceirização na AP, que se tornou ainda mais ampla (excetuando-se atividades exercidas por funcionários públicos).[20]

Não suficiente, também naquele ano foram impostas limitações às percepções remuneratórias dos empregados públicos e da gratificação de natal, além de introdução de instrumentos que em muito sensibilizaram as relações coletivas de trabalho no setor público. Assim, ainda a mencionada Lei nº 3/2012, por exemplo, introduziu o despedimento por causas objetivas (*"económicas, técnicas, organizativas o de producción del personal laboral al servicio de los entes, organismos y entidades que forman parte del sector público"*, quando se apurar défice orçamentário sobrevindo e persistente no tempo[21]), a suspensão unilateral ou modificação de instrumentos normativos do "pessoal laboral" por razões de "interesse público" (econômico), bem como a redução de licenças para representação sindical.

Para assentar aquela suspensão unilateral por parte da AP de instrumentos coletivos de regulação das relações de trabalho do "pessoal laboral", acrescentou-se ao EBEP (art. 32, nº 2) regra pelo Real Decreto-Lei de 20/2012, de 13/07, a fim de avaliar situação de "emergência econômica", como que numa aplicação pela autoridade administrativa da teoria (civilista) da imprevisão; dispositivo que foi utilizado nos períodos seguintes, tirando efeitos jurídicos de contratações coletivas obtidas. Conforme posiciona aquela autora (Emma Rodriguez Rodriguez): "O direito de negociação coletiva e dos direitos de representação e participação do pessoal laboral, resultam totalmente ineficientes na hora de reclamarem melhores garantias para os empregados públicos no contexto da atual crise econômica"; a "Reforma Espanhola do EP anda na onda da precarização das relações laborais"; e, portanto, apresentaria constitucionalidade duvidosa.[22] Não foi, entretanto, a posição do TC espanhol em duas decisões de 2014 e 2015.[23]

(iii) Portugal: Como já aduzimos, iremos inserir na parte pertinente a Portugal as principais alterações na questão do EP, em especial, aquelas decorrentes da aprovação em 2014 de uma nova legislação sobre a matéria, chamada de Lei Geral do Trabalho em Funções Públicas (LTFP, Lei nº 23/2014, de 20/06). Trata-se de uma legislação que condensou, em um único diploma, as três leis que antes regulavam os "trabalhadores públicos" (as quais eram relativamente recentes, de 2008-2009), para além das alterações legislativas implementadas depois de 2010.[24]

---

[20] *Idem*, pág. 135. Cita também a introdução no mercado de maior abertura às empresas de trabalho temporário, para prática de terceirização na AP, com a edição do Real Decreto 20/2012, de 13 de Junho. V. tb. CONSUELO CHACARTEGUI JÁVEGA, "La actuación de las empresas de trabajo temporal como agencias de colocación. La crisis como pretexto en el avance de la iniciativa privada", *in RDS*, nº 57, 2012, pág. 71-84.

[21] *Ibidem*, pág. 140.

[22] *Ibidem*, pág. 141 e 139, respetivamente. Sobre a Reforma Trabalhista na Espanha, podemos ler as notícias: "Espanha aprova reforma trabalhista" (de 10/2/2012), *in* http://exame.abril.com.br/economia/espanha-aprova-reforma-trabalhista/, acesso em 2/3/2017. E suas críticas: "Espanha recua e amplia direitos dos trabalhadores", in http://afubesp.org.br/index.php?option=com_content&view=article&id=2397:espanha-recua-e-amplia-direitos-dos-trabalhadores&catid=10:noticias&Itemid=79, acesso em 2/3/2017.

[23] O TC não acolheu os argumentos de inconstitucionalidade da Lei nº 3/2012 no recurso de nº 5603/2012, datado de 17/07/2014, nem no recurso de nº 5610/2012, datado de 22/1/2015 (decisões acessíveis *in* www.tribunalconstitucional.es).

[24] Basta por enquanto registrar que entre 2010-2013 foram editadas leis que reduziram parcelas remuneratórias dos trabalhadores públicos (decorrente das restrições orçamentárias impostas pela crise econômica da Europa e pela *Troika*), bem como alteraram sua jornada de trabalho (com acréscimo de horas, Lei nº 68/2013, de 29/08). Algumas dessas alterações foram analisadas também pelo TC de Portugal. Ressalte-se que o termo *Troika* vem designar, na Europa, a cooperação do Fundo Monetário Internacional, do Banco Central Europeu e da Comissão Europeia.

Todavia, seguramente, pode-se afirmar que no processo de *Laboralização da FP* em Portugal, a LTFP representa o "estágio mais avançado" de aproximação de regimes. Não apenas porque o próprio diploma em si tem uma marca evidentemente laboral (quer na sua estruturação, quer em seus institutos de Direito Individual e de Direito Coletivo do Trabalho); mas, principalmente, porque consagra efetivamente uma válvula de interseção entre os regimes de DA e de DT. Por meio do seu art. 4º, anexo, a LTFP determina uma aplicação genérica e não taxativa (apesar de supletiva) para o Código do Trabalho, para todos os tipos de vínculos de emprego público. Não suficiente, o novo diploma ainda assentou, de forma abrangente, o processo negocial coletivo também para os "nomeados", ainda que com uma eficácia e concretização diversas em relação aos "contratados".

Pode-se até questionar da "bondade temporal" da mudança implementada em Portugal em 2014, na medida em que as reformas de 2008-2009 ainda geravam alguma dúvida, mormente diante do fato de que o pano de fundo da FP é basicamente constituído por relações jurídicas de trabalho duradouras e de trato sucessivo. Nessa perspectiva, as alterações legislativas devem ser ainda mais cautelosas e prudentes, pelo impacto que elas podem conduzir no coletivo dos trabalhadores, a despeito de sua aplicação geral ou parcial, pela possível convivência no ambiente de trabalho de pessoas dotadas de regimes jurídicos diversificados. Por isso mesmo, Jorge Leite chegou a afirmar, inclusive antes da edição da LTFP, que o "país foi uma espécie de laboratório de experiência" no tema da FP, porquanto, em menos de 10 anos (2000-2009), havia experimentando distintos modelos regulatórios de FP (estatutário, regime de direito privado e regime de direito público com aproximação do laboral).[25]

(iv) Brasil: No Brasil, a principal alteração de cenário em relação ao contexto normativo (especialmente no federal) que mereça destaque é a aprovação pelo Congresso Nacional do Projeto de Lei nº 4.302-E de 1998, em 22/03/2017, relativo à terceirização no mercado de trabalho, sancionado pelo Presidente da República em 31/3/2017; quando, aliás, a presente *contextualização* já se encontrava elaborada. A edição da Lei nº 13.429/2017,[26] para nós, não altera o posicionamento que defendemos no livro (em sua última parte). Isso porque, em nossa ótica, uma interpretação constitucionalmente adequada do seu art. 4º-A não conduz à anunciada legalização da terceirização de serviços na atividade-fim da entidade/tomadora. A uma, porque não consta uma autorização legal *expressis verbis* nesse sentido, o que era, no mínimo, de se exigir, considerando o posicionamento estável e firme da jurisprudência trabalhista em desfavor da terceirização da atividade principal da entidade/empresa tomadora, nos termos da Súmula nº 331 do TST. A duas, porque a própria literalidade desse dispositivo tem orientação nitidamente restritiva (*in fine*, "serviços determinados e específicos"). E, a três, porque o fundamento constitucional do Direito do Trabalho e a centralidade da valorização do

---

[25] Cf. JORGE LEITE, "Direito da contratação coletiva em termos de crise", in *I Jornada de Direito do Emprego Público – Trabalho em Funções Públicas em Tempos de Crise: Que Direito(s)?*, Coord. Científica de Isabel Celeste da Fonseca, Abril de 2013, Braga, pág. 119-132, esp. 121 (texto acessível: http://nedip.eu/produto/atas-i-jornada-de-direito-do-emprego-publico/, em 4/3/2017).

[26] Que "Altera dispositivos da Lei no 6.019, de 3 de janeiro de 1974, que dispõe sobre o trabalho temporário nas empresas urbanas e dá outras providências; e dispõe sobre as relações de trabalho na empresa de prestação de serviços a terceiros". (*DOU* de 31/3/2017, edição extra).

trabalho humano na CR/88 (arts. 1º e 7º), como parte integrante e indissociável do Estado Democrático de Direito, não permite, para nós, a triangulação absolutamente ilimitada (temporal ou materialmente) da relação de trabalho subordinado. Ora, se não há barreiras temporais à terceirização de serviços (diversamente do que ocorre com a especificidade da modalidade do trabalho temporário), obstáculos materiais são, assim, "restrições constitucionais" necessariamente presentes[27] desse fenômeno (como consequência da liberdade fundamental de empreender e da aplicação do princípio da proporcionalidade em situação de restrição ou colisão de direitos fundamentais), sob pena de esfacelamento da própria imposição protetiva do Direito (constitucional e internacional) do Trabalho no Brasil. Continuamos a acreditar que uma interpretação plenamente autorizativa da terceirização de serviços em quaisquer atividades empresariais (assim como uma futura e eventual concretização legislativa nesse sentido) não deve merecer valia, por sua desproporcionalidade e hipervalorização da liberdade de iniciativa em detrimento do princípio da socialidade[28].

Além disso, são ainda anunciadas para o ano 2017 a aprovação de amplas reformas trabalhista e previdenciária (esta, aliás, com especial vocação para abranger boa parte da FP *brasileira*, sendo certo que não analisamos em nosso trabalho a relação jurídico-previdenciária do "servidor público"). Portanto, a bondade questionável dessas reformas e mesmo a sua abrangência extrapolam o objeto do nosso trabalho.

Não suficiente, também se verificaram retoques no "cenário do trâmite judicial" do Brasil. No STF, localiza-se já o tema de repercussão geral nº 725 (sobre "terceirização de serviços para a consecução da atividade-fim da empresa"), sem mérito julgado.[29] Ainda, o tema de repercussão geral nº 131 (sobre a "despedida imotivada de empregados de empresa pública"), igualmente sem mérito apreciado. Não suficiente, mais outros três temas com repercussão geral que se relacionam ao *difícil* exercício de greve dos "trabalhadores públicos" brasileiros. Trata-se dos temas de nºs 531 ("desconto nos vencimentos dos servidores públicos dos dias não trabalhados em virtude de greve"); 541 ("exercício do direito de greve por policiais civis") e 544 ("competência para julgamento de abusividade de greve de servidores públicos celetistas"[30]). No primeiro deles (nº 531) há tese fixada pelo STF (mérito), de 27/11/2016: "A administração pública deve proceder ao desconto dos dias de paralisação decorrentes do exercício do direito de greve pelos servidores públicos, em virtude da suspensão do vínculo funcional que dela decorre, permitida a compensação em caso de acordo. O desconto será, contudo, incabível se ficar demonstrado que a greve foi provocada por conduta ilícita do Poder Público". No tema de nº 541, julgado há poucos dias (5/4/2017) em sede meritória, decidira por

---

[27] V. sobre a teoria dos "limites imanentes" dos direitos fundamentais e das restrições implícitas aos direitos fundamentais: V. JORGE REIS NOVAIS, *As Restrições aos direitos fundamentais não expressamente autorizadas pela Constituição*, Coimbra Editora, Coimbra, 2003 pág. 429 e seg., esp. pág 547 e seg.

[28] V. JORGE REIS NOVAIS, *Os Princípios Constitucionais Estruturantes da República Portuguesa*, Coimbra Editora, Coimbra, 2004, pág. 298-299 (alínea b): "as exigências derivadas do princípio da socialidade são, nos nossos dias, um dos factores mais comuns e justificadamente invocáveis para fundamentar restrições aos tradicionais direitos de liberdade em ordem a proporcionar uma igualdade real no acesso ao bem-estar".

[29] V. todas as informações citadas foram obtidas em 4/3/2017, no *site* do STF: www.tst.jus.br

[30] O interessante do caso que deu origem à admissão da repercussão geral (RE nº 665.969) é o fato de os servidores públicos celetistas em causa, do Município de São Bernardo do Campo/SP, exercerem as funções de "guardas municipais".

maioria o STF que os policiais civis não gozam do direito de greve, não lhes sendo constitucionalmente legítimo o exercício desse direito coletivo.[31]

Além desses, na data de 30/3/2017, o STF decidiu novo tema de repercussão geral meritoriamente (advindo do RE nº 760931), de nº 246, pertinente à responsabilidade da AP em caso de inadimplemento trabalhista decorrente de terceirização de serviços. Assim, "o recurso da União foi parcialmente provido, confirmando-se o entendimento, adotado na Ação de Declaração de Constitucionalidade (ADC) 16, que veda a responsabilização automática da administração pública, só cabendo sua condenação se houver prova inequívoca de sua conduta omissiva ou comissiva na fiscalização dos contratos".[32]

Por outro lado, nada se alterou relativamente às ADIs de maior relevância no nosso trabalho, ambas sem decisão final. Apuramos no STF que a ADI nº 2135-4 DF não teve mérito julgado, estando apta a ser pautada. Recordemos que essa ADI refere-se ao *caput* do art. 39 da CR/88, então alterado pela EC nº 19/98. A sua liminar foi deferida em 2007, para: "suspender a eficácia do artigo 39, *caput*, da Constituição Federal, com a redação da Emenda Constitucional nº 19, de 04 de junho de 1998, (...) com efeitos *ex nunc*". Semelhante é a situação da ADI nº 3395-6 DF, que se refere à competência "ampliada" da JT, decorrente da EC nº 45/2004. A sua liminar foi deferida em 2005 e referendada em 2006, assentando que: "não há que se entender que a Justiça Trabalhista, a partir do texto promulgado, possa analisar questões relativas aos servidores públicos".

Passemos então à última parte dessa *contextualização* **(3)**, a qual se vocaciona a assentar as nossas respostas aos principais apontamentos do nosso segundo arguente, Doutor Vital Moreira, de forma a colmatar algumas das muitas lacunas que deixamos pelo nosso trabalho. A primeira delas, como antecipamos, diz respeito da relação do tema da *Laboralização da FP, em geral,* com da denominada NGP, absolutamente por nós lateralizada. Todavia, como alertou Vital Moreira, "A NGP fez mais pela jusprivatização do que outras reformas do DA".[33] Voltemos, então, os olhos à NGP e sobre ela teceremos alguns comentários, já que, sim, não olvidamos que a aproximação dos regimes público e privado de trabalho (no caso, nesse sentido: do público em direção ao privado) foi um dos específicos reflexos do movimento mais amplo chamado *Public Management*.

Trata-se, de maneira muito lata, de referir-se a uma concepção gestionária da Administração (pretendendo-se diversa da concepção burocrática ou weberiana, na qual a noção estatutária do vínculo funcionarial bem se amolda), surgida na década de 70; porém, muito intensificada nos anos posteriores (décadas de 80 e 90).[34] Em termos

---

[31] A informação foi extraída do *site*: http://politica.estadao.com.br/blogs/fausto-macedo/ao-vivo-supremo-decide-se-policial-civil-pode-fazer-greve/, na data de 6/4/2017. A restrição do direito fundamental foi estendida, segundo essa nota, também para "também a todos os servidores públicos que atuem diretamente na atividade-fim da segurança pública". "A decisão do Supremo é extensiva a todas as corporações policiais e vale para todo o território nacional. Nenhuma instituição policial pode parar, decidiram os ministros".

[32] V. a notícia no *site* do STF: "Terceirização: Plenário define limites da responsabilidade da administração pública", *in* http://www.stf.jus.br/portal/cms/verJulgamentoDetalhe.asp?idConteudo=339642, acesso dia 1º/4/2017.

[33] Oralmente, dia 2/7/2015.

[34] VITAL MOREIRA inicia seu texto justamente apontando o artigo de PETER F. DRUCKER, de 1980, sobre "Os pecados mortais da AP". V. "Nova Gestão Pública ...*, pág. 173". Cf. ELISABETE REIS DE CARVALHO, *Reengenharia na Administração Pública – A Procura de Novos Modelos de Gestão*, Universidade Técnica de Lisboa, ISCSP, Lisboa, 2001, pág. 40 e seg. V. tb. LUIZ CARLOS BRESSER PEREIRA, "A Reforma Gerencial da Administração Pública brasileira de 1995", *in Moderna Gestão Pública*, INA, Lisboa, 2000, pág. 55-71; LUIZ CARLOS BRESSER PEREIRA, *Reforma do Estado para a Cidadania – A Reforma Gerencial Brasileira na Perspectiva Internacional* –, Editora 34, ENAP, São Paulo, 2002 (1ª Reimpressão), pág. 95.

contemporâneos, a correlação do *Public Management* com o movimento mais amplo do Neoliberalismo Econômico (ou de Crise do Estado Social) é clara. Sinteticamente, o *Public Management* procura adaptar para o setor público as técnicas e o *modus operandi* (de gestão) próprio do setor privado; e, em termos grosseiros, poder-se-ia dividir o *Managerialism* em duas grandes divisões: o NPM e o *Reinventing Government*. As semelhanças são, todavia, muito próximas (há mesmo uma continuidade entre ambos), não sendo, aqui, equivocado aludir pura e simplesmente na NGP.[35]

A NGP pressupõe algumas ideias basilares: *a)* que a gestão do setor privado é superior à gestão do setor público (em termos de eficiência); *b)* a boa gestão é uma solução eficaz para uma vasta variedade de problemas econômicos e sociais.[36] Por isso, a NPM abarca, quer as proposições que "visam a redução da esfera da própria Administração pública", quer "outras têm por objetivo 'gestionalizar' a Administração pública",[37] meramente.

Por sua vez, o *Reinventing Government* teve como "bíblia" o livro de autoria de David Osborne e Ted Gaebler, de 1992, de título homólogo.[38] Nessa obra, os autores fixaram dez princípios para uma "administração empresarial": catalisadora, pertencente à comunidade, competitiva, dirigida pela missão, orientada por resultados, orientada para o cliente, empresarial, pró-ativa, descentralizada e orientada para o mercado.[39]

Sinteticamente, se se quisesse sumariar numa frase a mensagem da NPM, ela poderia ser esta: trata-se de «*substituir os processos tradicionais baseados em normas (rule-based) e na autoridade (authority-driven) por práticas baseadas no mercado e na concorrência*».[40]

A influência da NGP (no sentido lato do termo) na "Reforma da AP" (sob o paradigma intitulado empresarial ou gerencial) e na renovação do DA (e do próprio Direito Constitucional[41]) é muito maior e mais profunda do que esta análise superficial possa querer indicar. Basta se pensar, por exemplo, nas várias novas figuras jusadministrativas introduzidas para a gestão e a prestação de obras e de serviços públicos e para melhorar a eficiência e a transparência estatal, no geral[42], com uma viragem do DA do ato para o

---

[35] Cf. CELISABETE REIS DE CARVALHO, *Reengenharia ...*, pág. 47.
[36] *Ibidem*, pág. 47.
[37] Cf. VITAL MOREIRA, "Nova Gestão Pública ...", pág. 175.
[38] *Reinventing Government: How the Entrepreneurial Spirit Is Transforming the Public Sector*, 1992. Trad. Reinventando o Governo, ed. Comunicação, São Paulo, 1994. Sobre uma parcial revisão de aplicação dessa teoria, pode ler-se: JONH BUNTIN"25 Years Later, What Happened to 'Reinventing Government'?", *in* http://www.governing.com/topics/mgmt/gov-reinventing-government-book.html, acesso em 5/5/2017.
[39] Cf. CELISABETE REIS DE CARVALHO, *Reengenharia ...*, pág. 50-51. Segundo a A., pág. 52: "Os autores misturam ideias do liberalismo econômico, seguido na literatura defensora da privatização, tão profícua nas décadas de 70 e 80, com os aspectos mais populares da gestão da motivação e imprimem à sua escrita um estilo jornalístico". V. Tb. ANTONY GIDDENS, *Para uma terceira via*, Ed. Presença, Lisboa, 1999, pág. 72.
[40] Cf. DONALD F. KETTL *apud* VITAL MOREIRA, "Nova Gestão Pública ...", pág. 177.
[41] Basta pensar, por exemplo, na concepção da *Good Governance* e do chamado "Estado Cooperativo". V. JOSÉ JOAQUIM GOMES CANOTILHO, '*Brancosos' e Interconstitucionalidade – Itinerários dos Discursos sobre a Historicidade Constitucional*, Livraria Almedina, Coimbra, 2006, pág. 327; e "A *Governance* do Terceiro Capitalismo e a Constituição Social", *in Entre Discursos e Culturas Jurídicas*, Coimbra Editora, (STVDIA IVRIDICA, nº 89), Coimbra, 2006, pág. 153.
[42] Aqui a literatura de DA é vastíssima. Por todos, V. VITAL MOREIRA, "'A Nova Gestão Pública' ...", pág. 173 e seg.; e VASCO MOURA RAMOS, *Da Compatibilidade ...*, pág. 75 e seg. Ainda: WALTER KREBS, "Contratos y convênios entre a Administración y particulares", *in DA*, nº 235-236, julho-dez., 1993, pág. 55 e seg.; JOÃO BILHIM, "Reduzir o insustentável peso do Estado para aumentar a leveza da Administração", *in RAPP*, vol. I, nº 1, 2000, pág. 19 e seg; MARIA TERESA FONSECA DIAS, *Direito Administrativo Pós-Moderno – Novos Paradigmas do Direito Administrativo a partir do Estudo da Relação entre o Estado e a Sociedade*, Ed. Mandamentos, Belo Horizonte, 2003,

contrato administrativo.[43] Evidentemente, que essa "renovação" da AP e do DA veio, em muitos aspectos, em total harmonia com os ideais democráticos (de democracia participativa e de *responsividade* dos órgãos públicos[44]). Segundo afirma Vital Moreira, mesmo após mais de três décadas do início da "revolução gestionária", "a NPM não perdeu o seu estatuto como o mais inovador, 'holístico', duradouro e influente movimento de transformação geral da administração e da gestão pública".[45]

No Brasil, como é cediço, o principal expoente dessa nova "cultura" gestionária foi Luiz Carlos Bresser Pereira, quando na chefia do MARE (Ministério da Administração Federal e Reforma do Estado), entre 1995-1998.[46] No âmbito da FP, propôs Bresser Pereira a terceirização de serviços auxiliares, a flexibilização da estabilidade do servidor público, o fim do Regime Jurídico Único, já que a CR/88, em sua concepção, teria consagrado "um burocratismo sem precedentes na história do país".[47] Essas propostas, de maior impacto na FP brasileira, foram ainda acompanhadas de outras, pertinentes à "externalização", desestatização e privatização *lato sensu* de atividades levadas a cabo pelo Poder Público, com enfoque nos então classificados de "serviços não exclusivos ou competitivos" do Estado. A EC nº 19/98, que objetivou constitucionalizar a reforma da AP, tentou encampar muitas dessas novas concepções.

Evidentemente que a NPM não passou ilesa a críticas. O pressuposto de associar a AP a uma empresa privada convergiu, segundo parte da doutrina (especialmente provinda de juspublicistas e cientistas políticos[48]), para "a economização ou mercantilização do setor público"; ou seja, "a transformação do setor público em um empreendimento econômico".[49] Em outras palavras: "A euforia do processo de empresarialização não nos

---

pág. 211 e seg.; SOFIA TOMÉ D'ALTE, *A Nova Configuração do Setor Empresarial do Estado e a Emprealização dos Serviços Públicos*, Livraria Almedina, Coimbra, 2007, pág. 24 e seg.; PEDRO GONÇALVES, *Entidades Privadas com Poderes Públicos – O exercício de Poderes Públicos de Autoridade por Entidades Privadas com Funções Administrativas*, Livraria Almedina, Coimbra, 2005, pág. 13, 18 e 137.

[43] Por todos, V. VASCO MANUEL PASCOAL DIAS PEREIRA DA SILVA, *Em busca do acto administrativo perdido*, colecção teses, Livraria Almedina, Coimbra, 2003.

[44] Cf. JOSÉ JOAQUIM GOMES CANOTILHO, 'Brancosos' ..., pág. 334, sintetiza a ideia de "sintonia profunda da actuação dos poderes públicos com as aspirações dos cidadãos". V. tb. JOÃO CARLOS SIMÕES GONÇALVES LOUREIRO, *Constituição e biomedicina: contributo para uma teoria dos deveres bioconstitucionais na esfera da genética humana*, Tese de Doutoramento, FDUC, Coimbra, 2003, pág. 112-113; e LÉO KISSLER e FRANCISCO G. HEIDEMANN, "Governança Pública: novo modelo regulatório para as relações entre Estado e Sociedade", in RAP, nº 40 (3), maio-junho, 2006, pág. 479-499.

[45] In "174.Nova Gestão Pública" ..., pág. 174.

[46] V. LUIZ CARLOS BRESSER PEREIRA, *Plano Diretor da Reforma do Aparelho do Estado*, Brasília, 1995, acessível in www.bresserpereira.org.br/documents/mare/planodiretor/planodiretor.pdf, em 5/5/2017; e *A Reforma do Estado dos Anos 90: Lógica e Mecanismos de Controle*, MARE (Ministério da Administração Federal e Reforma do Estado), Caderno 1, Brasília, 1997 (acessível in www.bresserpereira.org.br/documents/MARE/CadernosMare/CADERNO01.pdf, em 5/5/2017).

[47] In Reforma do Estado ..., pág. 20 e 41. Explica às págs. 156: "em relação ao problema da estabilidade no emprego dos servidores públicos, a Reforma Gerencial reduz essa estabilidade, aproxima o funcionário do trabalhador privado, para não incorrer no custo de funcionários desmotivados e desinteressados. ... A necessidade de proteger a autonomia do Estado por meio da estabilidade dos servidores diminuiu muito, na medida em que temos agora regimes democráticos, na medida em que a imprensa é livre, e que a prática de demitir servidores por motivos políticos é socialmente considerada absolutamente inaceitável".

[48] Cf. ELISABETE REIS DE CARVALHO, *Reengenharia...*, pág. 65, são nomes de críticos à NPM ou à especificidade do setor público em relação ao setor privado: HOLTAM, DAVID FRANHAM, SYLVIA HORTON, ALAN LAWTON, RONALD C. MOE e AIDAN ROSE.

[49] Cf. LÉO KISSLER e FRANCISCO G. HEIDEMANN, "Governança Pública ...", pág. 486.

deve fazer esquecer 'a verdade simples de que Estado não é empresário'".[50] Ora, "os clientes dos serviços públicos não se limitam a ser clientes, são também cidadãos, o que traz consequências únicas para a transação"; e "a ideia de cidadania está praticamente ausente da literatura de gestão. (...) A cidadania é um conceito com uma forte conotação de acção colectiva em vez de individual. Os cidadãos têm obrigações e direitos perante o Estado. Tudo isto é alheio ao modelo individualista, em que o mercado é o foco central das transações e dos valores, um mercado que, em princípio, não conhece fronteiras".[51] "Os defensores *(da NPM, amplamente considerada)* subvalorizam o direito público, porém ele é o cimento que assegura a responsabilidade política e legal dos funcionários da Administração".[52]

Nesse sentido, após a instalação da "cultura" da NPM, surgiu uma linha paradigmática intermediária de AP, como que uma "terceira via". Trata-se da denominada de "Gestão do Valor Público": "para os defensores da Gestão do Valor Público, existe uma compreensão clara de que a atividade no domínio público é diferente da do setor comercial, de alguma forma partilhada com a Administração Pública tradicional. Governar não é o mesmo que comprar, ou de um modo mais abrangente, não é o mesmo que comprar e vender bens numa economia de mercado. Como resultado disso, algumas das prescrições da NGP, retiradas da experiência do sector privado, podem não ser apropriadas".[53] Essa ("contra"-)compreensão sobre a AP recolocou em cena as especificidades do setor público e, especialmente, a sua vocação final para o atendimento do interesse público.

A omissão, praticamente deliberada, de especial tratamento da AP Gerencial em nosso trabalho não foi, contudo, a melhor estratégia para apresentação da nossa proposta de *Laboralização da FP*; pois a conexão com NGP existe. Com efeito, nossa proposta não foi pensada em um "vácuo jurídico". Mas, se isso é verdade, também não o deixa de ser o fato de que a nossa proposta de *Laboralização da FP* se encaixa numa vertente muito mais abrandada da NPM, mais alinhada com a temperança da "Gestão do Valor Público". Destarte, o receio de que a nossa específica proposta de *Laboralização da FP* fosse imediatamente associada a uma ideia liberalizante e menos garantística para os trabalhadores públicos – ideia da qual procuramos evadir – esfacela-se; perdendo sentido aquela omissão e a ausência de referência expressa da NPG.

Assim, na medida em que são válidas as observações de Vital Moreira, no sentido que se pode distinguir dentro da NGP duas vertentes, como já adiantamos, temos a tranquilidade de verificar que a nossa proposta partilha unicamente da segunda delas *(ii)*: "É inquestionável a ligação da NGP à revolução neoliberal. Todavia, (...) importa distinguir duas vertentes da NGP: *(i)* as propostas ligadas à redução do perímetro da Administração e à privatização de serviços públicos ("menos Estado, mais mercado"); *(ii)* as propostas de organização e funcionamento da gestão administrativa tendentes a conferi-lhe maior capacidade de resposta e maior eficiência".[54]

---

[50] Cf. PEDRO GONÇALVES, *Entidades* ..., pág. 335, nota. Tb. ELISABETE REIS DE CARVALHO, *Reengenharia...*, pág. 57.
[51] Cf. ELISABETE REIS DE CARVALHO, *Reengenharia...*, pág. 61.
[52] *Idem*, pág. 74.
[53] Cf. GERRY STOKER, "Gestão do Valor Público: A Administração Pública orientada pela missão?", *in* JOSÉ MANUEL MOREIRA e outros (Coord.), *Estado, Sociedade Civil e Administração Pública – Para um novo paradigma do Serviço Público*, Livraria Almedina, Coimbra, 2008, pág. 25 e seg., esp. pág. 31.
[54] *In* "Nova Gestão Pública" ..., pág. 177.

E complementa o juspublicista e nosso arguente, avalizando a separação de compreensões reformistas da AP entre "mais liberalizantes" e outras, "simplesmente mais gestionárias": "Se a primeira vertente compartilha obviamente dos objetivos neoliberais, já a segunda, sobre novas formas de gestão, é compatível com outros entendimentos menos 'desintervencionistas' do Estado e da Administração. Na origem da NGP há indiscutivelmente uma agenda política neoliberal: diminuição do Estado, 'emagrecimento da Administração pública, liberalização de serviços, privatização, desregulação, *'contracting out'*, gestão privada de serviços públicos, a Administração pública ao serviço da economia e das empresas. (§) Porém, a NGP pode ser desagregada da agenda neoliberal e concebida somente como *novo modelo de gestão pública*, independentemente da dimensão da Administração Pública. Isto justifica, aliás, que a NGP tenha sido utilizada indiferentemente por governos de direita e de esquerda, (...). Ou seja, apesar da ligação originária entre os dois pilares da NGP, esta pode ser segmentada e vista somente como uma questão de mudança do *modo de administrar* (o 'como') e não como uma questão de redução da esfera da Administração ('o que faz a Administração')".[55]

No âmbito mais restrito do DFP, os reflexos da NGP foram diversos, ocorrendo mais ou menos intensamente em diversos países tributários do modelo burocrático de AP. Em geral, "essas mudanças vão no sentido da *convergência tendencial entre o regime da função pública e o regime das relações de emprego privadas*";[56] donde a valia do neologismo jurídico *Laboralização* da FP, muito recorrente nessa matéria. Afinal, como resume Alain Supiot, "a tendência geral na Europa consiste em transferir para a esfera do Direito do Trabalho alguns sectores anteriormente sujeitos ao estatuto da função pública";[57] tendência esta também que, por sua vez, teve como consequência favorável para o trabalhador público o fato de ser colocado como sujeito de direito e cerne de proteção jurídica.[58] Até por isso, alguns autores preferem identificar várias e simultâneas causas da "Reforma do EP": a emergência do Estado Social (com as atividades industriais do setor público); convenções da OIT de aplicação genérica (tais como as de nº 87, 98 e 151); a jusfundamentalização dos direitos dos funcionários públicos; e, por fim, a própria NPM.[59]

Tais reflexos (da NPM), portanto, pretenderam atribuir àquela parte do DA mais flexibilidade e concentram-se nas seguintes marcas: a presença mais proeminente do contrato (contratualização individual e coletiva) no regime funcionarial, ao invés do ato (unilateral de nomeação ou legal de alteração do regime); a introdução de critérios retributivos para motivação e elevação do desempenho do trabalhador público, inclusive com técnicas avaliativas e novas formas de aceder aos cargos de chefia; possibilidade de extinção da relação jurídica de trabalho também por motivos de ordem objetiva (restruturação administrativa, por exemplo); além da maior possibilidade

---

[55] *Ibidem*, pág. 178.
[56] *Ibidem*, pág. 186.
[57] Cf. ALAN SUPIOT, *in* ALAN SUPIOT (e outros), *Transformações do Trabalho e futuro do Direito do Trabalho na Europa*, Coimbra Editora, Coimbra, 2003, pág. 243.
[58] Cf. PAULO VEIGA E MOURA, *Estatuto Disciplinar dos Trabalhadores na Administração Pública Anotado*, Coimbra Editora, Coimbra, 2009, pág. 75.
[59] V. MIGUEL SÁCHEZ MORÓN, "El Régimen Jurídico del personal al servicio de la administración pública, in *Derecho Público y Derecho Privado en la actuación de la Administración Pública*, INAP, Marcial Pons, Madrid, 1997, pág. 71-85, esp. 72-74.

de participação dos trabalhadores públicos e de seus sindicatos na própria definição da gestão administrativa, com maior descentralização da hierarquia administrativa.[60] Inclusivamente, o lema da "flexibilidade" na organização do trabalho do setor público foi mesmo encampado pela organização internacional OCDE (Organização de Cooperação e Desenvolvimento Econômico),[61] tendo sido identificadas cinco áreas específicas de flexibilização: "flexibilidade numérica" (com redução do volume do emprego público, em geral); "flexibilidade contratual" (com modulações da estabilidade); "flexibilidade funcional" (com novos instrumentos de gestão e de contratação); "flexibilidade salarial" (com alterações no sistema de compensação retributiva e de incentivo); "flexibilidade no tempo de trabalho" (com novos desenhos para a jornada do trabalhador público).[62]

Passemos, pois, para outro ponto apontado como falho pelo nosso arguente e que entendemos deve ser referenciado na presente *contextualização*. Trata-se, segundo Doutor Vital Moreira, da ausência de uma firme retórica argumentativa em defesa da viabilidade e mesmo da necessidade de uma emenda constitucional (à CR/88) para assentar as alterações que propomos. Assim, alude o nosso arguente em limites constitucionais, em superação do "obstáculo constitucional"; e, em suas palavras, nesse particular, trocar "um parágrafo por um capítulo". Afirmou, ademais, o arguente que a nossa proposta de concentrar (mais ou menos) intensamente na esfera da União a competência para legislar sobre as "bases" do regime do trabalho (ou do trabalhador) público, em geral, para todos os entes federativos, ainda que em sede de normas gerais, pode ofender "cláusula pétrea" constitucional (art. 60, CR/88). Assim, conforme a arguição do Doutor Vital Moreira, não teríamos rebatido "com o cuidado e a profundidade necessária a imposição do regime estatutário pela CR/88 e, principalmente, o fato de que decorre do regime federalista de Estado a autonomia de todos os entes federados regular sua FP".[63]

Concordamos que poderíamos ter tratado muito mais profundamente a *questio* da compatibilidade constitucional de uma emenda que viesse a incluir na esfera de competências legislativas da União a edição das "bases do regime" do trabalho público, minimizando, neste tópico, proporcionalmente, as respectivas competências legislativas de todos os entes federados (inclusive relativamente aos servidores públicos federais, na medida em que uma norma geral também deve ser considerada enquanto tal pelas demais leis infraconstitucionais que não sejam leis-quadro, federais, estaduais ou municipais). Desde logo adiantemos ao nosso leitor que o tema fora abordado; não, entretanto, com a proficiência desejada.

---

[60] V. Quadro 6.1 "Emergência de um novo modelo de organização do trabalho no sector público", CARLOS CARAPETO e FÁTIMA FONSECA, *Administração Pública – Modernização, Qualidade e Inovação*, 2ª ed., Edições Sílabo, Lisboa, 2006, pág. 214; STEFANO BATTINI, "Il Licenziamento del Dipendente nell' Impiego Pubblico e nell' Impiego (Privato) con le Pubbliche Amministrazioni", in *Dall'Impiego Pubblico al Rapporto di Lavoro com le Pubbliche Ammnistrazioni*; STEFANO BATTINI e SABINO CASSESE (org.), Giuffrè, Milão, 1997, VIII-IX, pág. 37-60, esp. pág. 57; FRANCISCO LONGO, "La Profissionalización del empleo público em América Latina", in *La Profissionalización del Empleo Público em América Latina*, FRANCISCO LONGO e CARLES RAMIÓ (org.), Fundación CIDOB, Barcelona, 2008, pág. 43-49, esp. pág. 57; FRANCISCO LONGO, *Mérito y Flexibilidad – La gestión de las personas en las organizaciones del sector público*, Paidós Empresa, Barcelona, 2004, pág. 29;

[61] Cf. FRANCISCO LONGO, *Mérito ...*, pág. 167. Tb. é importante a referência à Carta Iberoamericana da Função Pública (Centro Latinoamericano de Administración para o Desenvolvimento; Nações Unidas, Departamento de Assuntos Econômicos e Sociais), Aprovada na Bolívia em junho de 2003. V. http://www.clad.org/images/pdf/Escuela/Carta_Iberoamericana_de_la_Funcion_Publica.pdf; acesso em 12/3/2017.

[62] *Ibidem*, pág. 168 e seg.

[63] Arguição Oral. Registro em notas pessoais.

Porém, a despeito disso, não ventilamos qualquer inconstitucionalidade material em uma eventual emenda constitucional que assentasse a nossa proposta, afinal, desde sua concepção, a forma federativa de Estado baseia-se no brocado "unidade na pluralidade". Afinal, "no estado federal essas duas ideias se conjugam e, entrelaçadas, permitem que instituições e estruturas jurídico-políticas sejam criadas para viabilizar a governabilidade em territórios onde as diferenças entre os atores políticos exigem a elaboração de engenhos para vencer as poderosas forças desagregadoras".[64] O fiel da balança entre aqueles dois vetores do federalismo (unidade e pluralidade) não é, pois, estanque e deve ser compreendido no contexto da "dimensão de racionalização" do princípio da separação (vertical) de poderes.[65]

De fato, como tivemos oportunidade de alinhavar em outro trabalho,[66] esta "dimensão de racionalização" do princípio da separação de poderes tem sido apontada hodiernamente no plano do Direito Constitucional como o seu acento tônico.[67] Daí por que "há uma funcionalização ao interesse público mediatizado pela norma jurídica".[68] Realmente, o princípio da "separação e interdependência dos poderes" continua ocupando o seu lugar de destaque como princípio organizatório do Estado Constitucional; todavia, concretizado atualmente por uma distribuição de competências aos órgãos de soberania e também com suporte em fundamentos de operacionalização; estes em consonância com a atual complexidade dos fins do Estado,[69] o que demanda que a sua satisfação se faça ainda por critérios de eficácia: buscar aproveitar ao máximo as potencialidades próprias de cada estrutura orgânica, objetivando melhores resultados.

Nessa medida, se a maior concentração da competência legislativa na esfera da União para o regime do trabalho público (no plano de uma legislação lata, genérica, para posterior densificação legislativa dos demais entes federados) for capaz de atribuir ao regime da FP brasileiro sistematicidade e unidade no plano intergovernamental, inclusive do ponto de vista do princípio da isonomia para com os trabalhadores públicos em situação laboral semelhante, pensamos que será um acréscimo de racionalidade, plenamente admitido pela "dimensão de racionalização" do princípio da separação

---

[64] Cf. RICARDO VICTALINO DE OLIVEIRA, *A configuração Assimétrica do Federalismo Brasileiro*, Dissertação de Mestrado, FD-USP, São Paulo, 2010, pág. 13. V., apenas como amostragem de bibliografia muito vasta: MARCELO FIGUEIREDO, "Federalismo x Centralização. A eterna busca do equilíbrio – A tendência mundial de concentração de poderes na União. A questão dos Governos Locais", *in IP*, Ano IX, nº 41, 2007, pág. 93-108; AUGUSTO ZIMMERNMANN, *Teoria Geral do Federalismo Democrático*, Ed. Lumen Juris, Rio de Janeiro, 1999.

[65] V. ANA CLÁUDIA NASCIMENTO GOMES, *O poder de rejeição de leis inconstitucionais pela autoridade administrativa no direito português e no direito brasileiro*, SAFE, Porto Alegre, 2002, pág. 71.

[66] *Ibidem*, pág. 70-71 e 355 e seg.

[67] V. KONRAD HESSE, *Elementos de Direito Constitucional da República Federal da Alemanha*, SAFE, Porto Alegre,1998, pág. 377, falando em efeito racionalizador do princípio da separação dos poderes. Cf. JORGE REIS NOVAIS, *Separação de Poderes e Limites da Competência Legislativa da Assembleia da República*, Lex Lisboa, 1997, pág. 26: "O princípio da separação dos poderes evoluiu no sentido de uma função positiva racionalizadora da organização e actuação do poder estatal e onde a dimensão garantística que lhe é própria se concretiza num conjunto de institutos que garantem os direitos e liberdades individuais contra o poder e os poderes do Estado e não especialmente contra o Executivo ou a Administração".

[68] Cf. JORGE MIRANDA, *Manual de Direito Constitucional*, Tomo V, 3ª edição, Coimbra Editora, Coimbra, 2000, pág. 56.

[69] Cf. JORGE REIS NOVAIS, *Separação de poderes ...*, pág. 38.

(vertical) de poderes; e, portanto, dentro da lógica do federalismo com uma forma de Estado capaz de harmonizar os princípios da unidade e da pluralidade.

Não suficiente, ressalte-se que a literalidade do art. 60 da CR/88 também não avalia a interpretação jurídica no sentido de considerar inconstitucional qualquer proposta de emenda que incida sobre a "repartição vertical de competências" entre os entes federados; porquanto, o limite constitucional absoluto é a abolição do federalismo[70] (o que é o mesmo que institucionalizar uma federação desequilibrada em termos de divisão de poderes e autonomias). Não foi, entretanto, definitivamente, o que sugerimos em nosso trabalho.

Ademais, a *práxis* político-constitucional brasileira tem sido demasiadamente sensível às alterações constitucionais, complacência do Poder Constituinte Derivado, que, acreditamos, pode ser alvo de duras críticas,[71] tanto assim que já estamos com praticamente uma centenas de emendas constitucionais aprovadas pelo Congresso Nacional.[72] Evidentemente, muitas dessas reformas deságuam posteriormente no STF, especialmente em sede de controle abstrato de constitucionalidade. Nessa medida, essa *praxis* política acaba por nos permitir uma ilação (tácita em nosso trabalho) da dispensabilidade de um desenvolvimento hercúleo para a superação do apontado "obstáculo constitucional". Doutrinária e academicamente, todavia, não se pode depreender os fatos jurídicos e a nossa argumentação poderia sim ter sido mais profunda e vigorosa.

Relativamente à "imposição constitucional do regime estatutário", como contra-argumentamos oralmente, basta dizer que ela inexiste expressamente e que se trata, na verdade, de uma interpretação atribuída pelo STF, com base em pressupostos hoje censuráveis e num contexto jurídico que desconhecia internamente o direito à negociação coletiva no setor público (Convenção nº 151, já ratificada[73]).

Alcançados os objetivos da presente *contextualização*, na qualidade de autora da obra, cumpre-nos apenas arrematar com a observação de que o nosso trabalho não se pretende terminante; muito ao reverso, terá cumprido a sua finalidade última se

---

[70] "Art. 60. §4º Não será objeto de deliberação a proposta de *emenda tendente a abolir*: I – a forma federativa de Estado". – g.n.

[71] V. ANA CLÁUDIA NASCIMENTO GOMES, "Emendar e Emendar: Enclausurando a Constituição? Entre o Paradoxo da Democracia, a Capacidade Reflexiva da Constituição e sua Força Normativa", in *Ciências Jurídicas Civilísticas; Comparatísticas; Comunitárias; Criminais; Económicas; Empresariais; Filosóficas; Históricas; Políticas; Processuais*, Livraria Almedina, Coimbra, 2005, pág. 23-55.

[72] V. EC nº 95/2016, de 15/12/2016, que "Altera o Ato das Disposições Constitucionais Transitórias, para instituir o Novo Regime Fiscal, e dá outras providências".

[73] Cf. Decreto nº 7944, de 6/3/2013, que "Promulga a Convenção nº 151 e a Recomendação nº 159 da Organização Internacional do Trabalho sobre as Relações de Trabalho na Administração Pública, firmadas em 1978". Esse Decreto explicita: "Considerando ... a Convenção no 151 e a Recomendação no 159 entraram em vigor para a República Federativa do Brasil, no plano jurídico externo em 15 de junho de 2011, ..."; DECRETA: Art. 1o – Ficam promulgadas a Convenção no 151 e a Recomendação no 159 da Organização Internacional do Trabalho sobre as Relações de Trabalho na Administração Pública, firmadas em 1978, anexas a este Decreto, com as seguintes declarações interpretativas: I – a expressão "pessoas empregadas pelas autoridades públicas", constante do item 1 do Artigo 1 da Convenção no 151, abrange tanto os empregados públicos, ingressos na Administração Pública mediante concurso público, regidos pela Consolidação das Leis do Trabalho – CLT, aprovada pelo Decreto-Lei no 5.452, de 1o de maio de 1943, quanto os servidores públicos no plano federal, regidos pela Lei no 8.112, de 11 de dezembro de 1990, e os servidores públicos nos âmbitos estadual e municipal, regidos pela legislação específica de cada um desses entes federativos;...".

for enquadrado com um bom começo de discussão sobre as formas de racionalizar o complexo sistema funcionarial brasileiro e torná-lo mais compreensível aos olhos da AP e mais equitativo aos olhos dos trabalhadores públicos em geral. Foi na direção desse farol que, afinal, navegamos!

Belo Horizonte, abril de 2017.

Ana Cláudia Nascimento Gomes

INTRODUÇÃO

A APRESENTAÇÃO DO TEMA E A JUSTIFICAÇÃO DE SUA ESCOLHA – O CAMINHAR DA DISSERTAÇÃO

Gostaria de ter um emprego em vez de uma carreira? Preferiria um contrato privado individualizado em vez de um estatuto cada vez mais massificado e igualitarista? As respostas são difíceis, mas de uma coisa estou certo. Tal como a história não se escreveu com velhos do Restelo, também hoje dificilmente se fará com representações do passado.

(J. J. Gomes Canotilho, 2006)[1]

    Elegemos como tema (amplo) de pesquisa para a elaboração da presente Dissertação a questão pertinente à *formatação jurídica* da Função Pública brasileira. A atração para esse tema decorreu da nossa convicção inicial (que foi sendo confirmada com os nossos estudos) de que a Função Pública brasileira parecia ter sido preservada das "transformações"[2] do Direito Administrativo dos últimos cinquenta anos. As novas águas que lavavam as anteriores concepções do Direito Administrativo pareciam não a ter atingido.

    As demais instituições do Direito Administrativo brasileiro estavam sendo "reformuladas", como se verifica no Direito Comparado (como, por exemplo, através das privatizações de empresas públicas, da constituição de Agências Reguladoras independentes, da criação das Parcerias Público-Privadas, da ampliação do chamado Terceiro Setor na prossecução de tarefas públicas, na extensão da aplicação do princípio

---

[1] Cf. J. J. GOMES CANOTILHO, "Profissão: Servidor Público – A propósito da Homenagem do Jornal *Campeão das Províncias* a Figuras Públicas que se Distinguiram no ano de 2006", in *Admirar os Outros,* Livraria Almedina/Coimbra Editora, 2010, pág. 67.

[2] A palavra "transformação" na doutrina do Direito Administrativo é uma constante: V. SABINO CASSESE, *La Globalización Jurídica,* INAP, Marcial Pons, Madrid, 2006, pág. 175 e seg. E não apenas relacionada à Reforma do Estado recente, mas também àquelas já históricas. Sobre o período pós-Crise de 1929, V. URBANO C. BERQÜO, "A Transformação do Estado e a reforma do serviço público civil", in *RSP,* n. 58, Jan-Mar, 2007, pág. 115-120.

da consensualidade e da participação na Administração Pública, na dificuldade de conceituação de serviço público, *etc.*;[3] seguindo a lógica de concretização da Reforma do Estado e da democracia participativa); porém, a Função Pública brasileira, no que tange ao seu aspecto jurídico (forma e regramento), apresentava-se (aos nossos olhos) intocada, pelo menos na prática, preservando-se aspectos ainda muito burocráticos.[4] Esse paradoxo nos animou.[5]

Não suficiente, na nossa experiência funcional e institucional, não encontrávamos razões jurídicas que justificassem a manutenção uma disciplina tão *radical* entre o trabalho profissional prestado no setor público não empresarial do Estado daquele outro prestado no âmbito privado (em especial, como acontece com os trabalhadores do setor da saúde, educação e cultura). Na nossa pragmática judiciária a questionável *summa divisio* entre o Direito Público e o Direito Privado[6] parece reinar absoluta, conforme a lógica cartesiana;[7] prejudicando, em nosso sentir, a necessária intercomunicabilidade dos princípios jurídicos relativos à valorização do trabalho humano, numa seara em que a similitude de condições (de trabalho profissional) indicaria ser muito salutar uma comunicação muito mais ativa dessas esferas do Direito.

Além disso, a disciplina jurídico-pública excessiva sobre a Função Pública brasileira sempre foi, também para nós, a razão fundamental para a constituição de uma "Função Pública paralela":[8] trabalhadores terceirizados, sob regime jurídico-privado, ocupando postos de trabalho permanentes, ainda que em atividades secundárias do serviço público, com clara precarização do trabalho; trabalhadores terceirizados substituindo atividades que deveriam ser exercidas por pessoal devidamente concursado, permanente e de carreira; a utilização desvirtuada do denominado "contrato por tempo

---

[3] V., dentre vários, MARC-HENRY SOURLET, "Crise do Estado-Providência e Recomposição da Intervenção Social", *in IS*, nº 13-14, Instituto Superior de Serviços Social, Dezembro, 1996, pág. 108; ALFREDO JOSÉ DE SOUSA, "As Parcerias Público-Privadas e o desenvolvimento – O papel do controlo financeiro externo", *in RTC*, nº 36, Julho – Dezembro, 2001, pág. 38; Cf. J. J. GOMES CANOTILHO, "Paradigmas de Estado e paradigmas de administração", *in Moderna Gestão Pública*, INA – Instituto Nacional de Administração, Lisboa, 2000, pág. 29; V. EBERHARDT SCHMIDT-ASSMANN, "La Legitimación de la Administración como concepto jurídico", *in DA*, nº 234, Abril – Junho, 1993, pág. 209, distinguindo a legitimação democrática fundada no poder do "povo" da legitimação pela participação: "uma teoria participativa da legitimação surgiria deste modo como uma variante da legitimação democrática junto à forma prevista no art. 20º-2 da *GG*. ... o povo e o grupo de afetados constituem sujeitos de legitimação estruturados de forma distinta". Tb., PEDRO GONÇALVES, *A Concessão dos serviços públicos*, Livraria Almedina, Coimbra, pág. 28 e seg.; RICARDO RIVERO ORTEGA, *El Estado Vigilante*, Tecnos, Madrid, 2000, pág. 28; V. LUÍS CABRAL DE MONCADA, *Direito Público e Eficácia*, Separata da *EeD*, Lisboa, 1997, pág. 10 e seg.

[4] V. LUIZ CARLOS BRESSER PEREIRA, *Reforma do Estado para a Cidadania – A Reforma Gerencial Brasileira na Perspectiva Internacional –*, Editora 34, ENAP, São Paulo, 2002 (1ª Reimpressão), pág. 41. O A. afirma que a CR consagrou um "burocratismo" sem precedentes.

[5] V. GUNTHER TEUBNER, *O Direito como Sistema Autopoiético*, Fundação Calouste Gulbenkian, Lisboa, 1993, pág. 8 e 10, ressalta que no Direito há paradoxos por todos os lados.

[6] V. MARIA TERESA FONSECA DIAS, *Direito Administrativo Pós-Moderno – Novos Paradigmas do Direito Administrativo a partir do Estudo da Relação entre o Estado e a Sociedade*, Mandamentos, Belo Horizonte, 2003, pág. 40 e seg. V. NUNO J. VASCONCELOS ALBUQUERQUE SOUSA, *La Función Pública como Relación Especial de Derecho Administrativo*, Almeida e Leitão, Porto, 2000, pág. 107, aduzindo que "o conceito de função pública integrado na organização administrativa não é suficiente para vincular a um regime de direito público". V. SABINO CASSESE, *La Globalización ...*, pág. 186.

[7] V. LUCIO FRANZESE, "Autonomia ed Eteronomia nel Pubblico Impiego: Reflessioni sui Mutamenti in atto nel Diritto Pubblico Italiano", *in RTDP*, nº 3, 1995, pág. 679.

[8] V. AGUSTÍN A. GORDILLO, *La administración paralela – El parasistema jurídico-administrativo*, Cuadernos Cívitas, Madrid, 1995.

determinado para atender a necessidade temporária de excepcional interesse público"[9] pela Administração Pública; a licitação de serviços que são permanentemente exercidos por servidores públicos; privatização jurídica de entes sem vocação empresarial;[10] dentre outros mecanismos ilegítimos de complementação dos quadros de pessoal da Administração Pública e de "fuga para o Direito Privado".[11]

Por outro lado, a grande maioria dos jusadministrativistas brasileiros[12] execra a utilização (ou mesmo a aproximação) do regime jurídico-privado para o regramento da Função Pública, numa defesa que nos apresentava, *a priori*, de certo modo, preconceituosa,[13] a-jurídica e pouco profunda. Certamente que tal posicionamento doutrinário foi motivado e também reforçado pela jurisprudência do STF, designadamente na decisão proferida na ADI nº 492-1 (1992).[14] Enquanto isso, em países europeus (cujo exemplo paradigmático é a Itália, mas que a ela se seguiram outros países, em decorrência mesmo do entendimento do TJUE sobre o art. 45º-4 do TFUE), o Direito da Função Pública não só tem dificuldades em ser bem diferenciado, doutrinariamente, da figura jurídico-privada do emprego privado,[15] como ambas categorias diminuíam suas distâncias.[16] Em síntese, em análise superficial, verificamos que as movimentações jurídicas que se passavam na

---

[9] CR-88, art. 37, inciso IX: "a lei estabelecerá os casos de contratação por tempo determinado para atender necessidade de excepcional interesse público".

[10] Por ex: Medida Provisória nº 520/2010, de 31/12, sobre a "empresalização" dos hospitais públicos (criação da Empresa brasileira de Serviços Hospitalares S/A. – EBSERH). V. Ato do Presidente da mesa do Congresso Nacional nº 23, de 2011, noticiando que o prazo de vigência da MP foi encerrado em 1º/6/2011.

[11] V., em geral, MARIA JOÃO ESTORNINHO, *A Fuga para o Direito Privado – Contributo para o Estudo da Actividade de Direito Privado da Administração Pública*, colecção Teses, Livraria Almedina, Coimbra, 1996, pág. 17.

[12] Por ex: ANTÓNIO AUGUSTO JUNHO ANASTASIA, *Do regime jurídico único do servidor público civil*, Livraria Del Rey, Belo Horizonte, 1990, pág. 56.

[13] V., por ex., SÉRGIO LUIZ BARBOSA NEVES, *apud* JOUBERTO DE QUADROS PESSOA CAVALCANTE e FRANCISCO FERREIRA NETO, *O Empregado Público*, LTr, São Paulo, 2009, pág. 70: "O regime celetista, não obstante a grande quantidade de opiniões em sentido contrário, desnatura características primordiais da AP, sendo mesmo uma distorção".

[14] A ADI nº 492-1 declarou a inconstitucionalidade material das alíneas *d* e *e* do art. 240 da Lei nº 8.112/90 (na redação originária da lei). De acordo com essas alíneas, seria assegurado ao servidor público (federal) o direito de "negociação coletiva" e o direito de "ajuizamento, individual e coletivamente, frente à Justiça do Trabalho, nos termos da Constituição Federal". A decisão da ADI nº 492-1 firmou entendimento pela impossibilidade de negociação coletiva no âmbito do regime jurídico do servidor público, *"por ser estatutário e não contratual"* (Relator Min. Celso de Mello). No interior da tese aludiremos a essa decisão com maior detalhe.

[15] V. MASSIVO SEVERO GIANNINI: "Informe sobre los principales problemas de la Administración del Estado", in *DA*, nº 186, Abril-Junho, 1980, pág. 207-270. É sabido que GIANNINI era Ministro da Função Pública da Itália e relatou ao Parlamento Italiano (1979), através desse informe, os principais problemas encontrados Administração Pública e algumas soluções. Dentre estas, no aspecto na administração do pessoal, GIANNINI era favorável: à "privatização das relações laborais com o Estado, quando estas não estejam vinculadas ao exercício do poder público, conservando como relação de Direito Público somente aquelas a quem tal exercício está ou possa estar confiado, ou seja, aos atuais diretivos e dirigentes" (pág. 236). Aduziu ainda o A.: "as relações de serviço são as mesmas da Função Pública e no emprego privado" (pág. 236). GIANNINI certamente foi o jusadministrativista italiano que mais decisivamente influenciou o movimento de "privatização do emprego público" da Itália. V. tb. NUNO J. VASCONCELOS ALBUQUERQUE SOUSA, *La Función ...* pág. 115. V. MARIA DO ROSÁRIO PALMA RAMALHO, *Do Fundamento do Poder Disciplinar Laboral*, Livraria Almedina, Coimbra, 1993, pág. 427; e "Os Limites do Poder Laboral", in *Estudos de Direito do Trabalho*, vol. I, Livraria Almedina, Coimbra, 2003, pág. 183.

[16] V., falando inclusivamente da possibilidade de unificação dos regimes de trabalho público e privado, SILVIA DEL SAZ, "La Privatización de las Relaciones Laborales en las Administraciones Públicas", in *STVDIA IVRIDICA* 60 (Colloquia 7), in *BFDUC, Os caminhos da Privatização da Administração Pública*, Coimbra Editora, Coimbra, 2001, pág. 160. V., afirmando que a doutrina terá que proceder a redução dogmática dos regimes de trabalho público e privado, MARIA DO ROSÁRIO PALMA RAMALHO, "Intersecção entre o Regime da Função Pública e o Regime Laboral – Breves Notas", in *ROA*, vol. 62, nº 2, 2002, pág. 444.

Europa e no Brasil, no que se refere ao tema da formatação jurídica da Função Pública, davam-se, em princípio, em sentidos opostos.

Finalmente, o Brasil ainda apresenta um outro complicador sobre a questão jurídica da Função Pública: o tipo de federalismo brasileiro.[17] A CR/88 consagrou três entes federados, todos dotados de autonomias política, legislativa, administrativa e financeira-orçamentária: União, Estados-membros[18] e Municípios. No que tange à Função Pública de cada ente, tem sido entendido que, no gozo dessas autonomias, têm eles competência para legislar sobre (ex: criação de órgãos administrativos, de cargos e empregos públicos, regimes e remuneração, etc.), prover e administrar. Em suma, nas palavras de Helena Kerr do Amaral: "neste federalismo *sui generis*, podemos ter estatutos de servidores e formas de definir o papel dos quadros permanentes em cada uma das esferas de governo (Executivo, Legislativo e Judiciário) e diferentes entre os entes federados, ou seja, União, os 26 estados, o Distrito Federal e os praticamente 5.600 municípios.[19] Isso leva a grande disparidade de direitos, salários, requisitos para exercer a função pública, mesmo que regidos todos por uma Lei Maior que exige concurso público para ingresso".[20]

Tal pluralidade acaba por ser desigualitária e desagregadora, não só para os próprios trabalhadores públicos da Função Pública, mas também para as próprias Administrações Públicas. Isso tudo sem olvidar os problemas decorrentes da complexidade interna de cada uma das Administrações Públicas desses entes federados (existência de grande diferenciação de competências executivas nos órgãos da própria Administração – saúde, educação e cultura –, existência ou não de Administração Indireta Autárquica e Fundacional nos Municipais, por exemplo), como também pode ocorrer em países não federados.

Nesse aspecto, à partida, o Direito (positivo) do Trabalho nos apresentava como uma solução viável para a Função Pública brasileira; uma *via atrativa* para uma adequada unidade e para uma preservação do princípio da isonomia. Unidade entre os entes federados, isonomia entre os trabalhadores do setor público. Ainda, se bem aplicado e compreendido, o Direito do Trabalho pode, sim, conseguir trazer a um desejado e salutar equilíbrio entre mérito e flexibilidade.[21] Para tanto, uma vez que o Direito do Trabalho insere-se na competência legislativa da União, pode cogitar, em tese, na instituição constitucional da figura de normas gerais sobre "Direito do Trabalho da Função Pública". Vejamos se essa trilha resolve efetivamente os problemas por nós apontados.

Justificada, pois, a escolha do nosso tema. O título da Dissertação – *O emprego público de regime privado: uma análise da importação do modelo privatístico de trabalho subordinado pela Administração Pública não empresarial no Direito Brasileiro* – delimita a

---

[17] V. HELENA KERR DO AMARAL, "Desenvolvimento de competências de servidores na administração pública brasileira", in *RSP*, nº 57 (4): 549-463, Out-Dez. 2006, pág. 551.

[18] Quando aludirmos a "Estado" na tese, estaremos a referenciar o Estado como um todo (o Estado brasileiro, o Estado Democrático de Direito, *etc.*). Reservaremos "Estados-membros" para os entes da federação.

[19] Exatamente, 5561 Municípios, pelos dados do IBGE – Instituto Brasileiro de Geografia e Estatística: *In* http://www.ibge.gov.br/home/estatistica/populacao/indicadores_sociais_municipais/tabela1a.shtm, acessado em 15/9/2011. Na data de 17/4/2012, 5.565 Municípios.

[20] Cf. HELENA KERR DO AMARAL, *Ibidem*.

[21] A tensão entre indecisão quanto ao modelo desejado da Função Pública brasileira (mais flexível, mais burocrática) existe. V. FRANCISCO LONGO, *Mérito y Flexibilidad – La gestión de las personas en las organizaciones del sector público*, Paidós Empresa, Barcelona, 2004. V. tb. HELENA KERR DO AMARAL, "Desenvolvimento de ...", pág. 552.

nossa *questio*. Estamos a tratar da Função Pública Brasileira; porém, não estamos lidando com os trabalhadores da Administração empresarial do Estado (empresas públicas e sociedades de economia mista).

Aliás, pela CR, nesse âmbito administrativo (empresarial), os trabalhadores são regidos pelo Direito Privado, parcialmente derrogado pelos princípios do Direito Administrativo.[22] A configuração jurídica do regime de trabalho dos trabalhadores da Administração empresarial do Estado pode vir auxiliar eventualmente a nossa posição enquanto argumento de que, se as vinculações jurídico-públicas não são desamarradas sequer num regime jurídico-privado de trabalho com a Administração Pública empresarial do Estado, com maioria de razão não devem ser também na Administração Pública não empresarial. Muito contrariamente, devem ser reforçadas.

Passemos, portanto, para a apresentação do planejamento da nossa Dissertação.

De início, para fins dessa Dissertação, procuraremos fixar alguns conceitos jurídicos que consideramos relevantes para não gerar controvérsias sobre o âmbito subjetivo que estamos tratando. Isso porque existe uma confusão terminológica bastante grande na utilização das palavras *trabalhadores, empregados* e *servidores públicos* na doutrina brasileira (designadamente jurídica). Ademais, enquanto o instituto do *emprego público* no Brasil está usualmente limitado ao regime jurídico-privado de trabalho na Administração Pública, assim não ocorre em Portugal (e em outros países europeus), o que pode gerar dúvidas na compreensão da nossa Dissertação. Além disso, não trataremos de âmbitos funcionariais muito específicos (militares, juízes e membros do Ministério Público), porque acreditamos que, não obstante muitos problemas também os envolverem e lhes serem comuns, mais razoável apartá-los, pois assim também o fez a Constituição de 1988.

Após, passaremos a uma análise jurídico-histórica da formação da Função Pública no Brasil (1822-1988), apresentando não só o modo pelo qual foi sendo constituída, mas os seus principais regramentos e características. Com isso, perceberemos as razões (jurídicas e não jurídicas) pelas quais a CR/88 tem a sua atual (extensa e analítica) configuração, no que tange à Função Pública, bem como o "medo" que se criou pelo Direito Privado, mormente do Trabalho, como disciplina jurídica reguladora das relações de trabalho público.

Em momento seguinte, iremos apresentar a última configuração constitucional da Função Pública brasileira e a sua interpretação pela juspublicística e jurisprudência nacionais. É que a CR/88 foi, como dito, excessivamente densa no tratamento dos "servidores públicos", cuja consequência foi a viabilidade de que matérias que poderiam ter sido definidas pelo legislador infraconstitucional acabassem por desaguar no STF, sendo que as posições dessa corte exacerbaram as características do modelo e tornaram-no ainda mais burocrático e estático.[23] Para a perfeita compreensão da formatação jurídica

---

[22] CR, art. 173, § 1º: "A lei estabelecerá o estatuto jurídico da empresa pública, da sociedade de economia mista e de suas subsidiárias que explorem atividade de econômica de produção ou comercialização de bens ou de prestação de serviços, dispondo sobre: II – a sujeição ao regime jurídico próprio das empresas privadas, inclusive quanto aos direitos e obrigações civis, comerciais, trabalhistas e tributários; III – licitação e contratação de obras, serviços, compras e alienações, observados os princípios da administração pública".

[23] V. PATRÍCIA BAPTISTA, *Transformações do Direito Administrativo*, Editora Renovar, Rio de Janeiro, São Paulo, 2003, pág. 338: "Ao excesso de normas constitucionais da Administração Pública pode ser atribuída, ainda, boa parte do congestionamento de processos que hoje, quase inviabiliza o funcionamento do STF". No *site* do STF (www.stf.gov.br) é possível acompanhar as estatísticas sobre a movimentação processual. Para o ano de 2010 registrou-se 71.670 processos autuados e 103.869 julgamentos!

da Função Pública brasileira e dos seus problemas têm especial relevo algumas decisões daquela Corte Constitucional e, principalmente, conhecer o seu posicionamento sobre determinados temas.

O Direito Comparado Europeu (continental, de raiz romanística) será o nosso próximo objeto de análise. Vejamos o que as contribuições da Itália, Alemanha, França, Espanha e Portugal, além do Direito Comunitário, podem nos favorecer. Teremos como norte, nesse particular, a quebra dos falsos dogmas (brasileiros) de que Direito do Trabalho e Direito Administrativo da Função Pública "correm em rios paralelos" e de que o Direito Privado não serve à prossecução do interesse público. Com efeito, as movimentações (legislativas e jurisprudenciais) recentes na Europa podem acenar o sentido da opção política em termos de modelo europeu de Função Pública: diminuição do âmbito subjetivo de aplicação do regime publicístico da Função Pública (com uma mais clara demarcação da denominada "reserva funcionarial"[24]) e a consequente ampliação do âmbito subjetivo de aplicação do regime privatístico de trabalho subordinado (ou seja, das normas do Direito do Trabalho).

Numa parte seguinte, iremos apresentar as semelhanças e diferenças entre a relação empregatícia (*típica*, privada) e "relação jurídica de FP" (*lato sensu*), com intuito de demonstrar o pequeno espaço que separa ambas as figuras jurídicas. Logo a seguir, abriremos outra parte destinada a tratar do "viés" publicístico do Direito do Trabalho, pois não estamos a lidar, efetivamente, com um ramo jurídico com notas de *Soft Law*. Disso resultará que uma eventual laboralização da Função Pública não pode ser lida como uma abominável "fuga para o Direito Privado" ou uma "precarização jurídica" do estatuto do funcionário público. Não são esses definitivamente os nossos objetivos.

Após, passaremos ao final de nossa Dissertação. Na última parte, recapitularemos os problemas da Função Pública brasileira decorrentes de seu desenho e interpretação jurídicos. Os problemas estarão relacionados com uma excessiva legalidade, unilateralidade e rigidez do seu modelo e são agravados porque o pano de fundo é um Estado Federal. Teremos como norte as desejadas e adequadas flexibilidade, unidade e igualdade nos regimes de trabalho no setor público.

Para nós, com vinculação a princípios jurídico-públicos, limites claros e controles aposteriorísticos, o Direito do Trabalho tem habilidade de abarcar e regular uma considerável parcela da Função Pública brasileira. Cogitamos, por exemplo, dos trabalhadores que hoje estão inseridos na Administração Pública não empresarial de modo precário (através de terceirizações); os trabalhadores que não lidam com o exercício de poderes de autoridade (atividades materiais de saúde, educação e cultura, favorecendo inclusive a mobilidade profissional entre os setores público e privado); trabalhadores de entes (federados ou administrativos) que, pelo seu porte institucional ou atividades desempenhadas, podem fazer jus a um tratamento não exclusivamente regido pelo Direito Público (ex: trabalhadores das Ordens Profissionais e pequenos municípios).

Essa compreensão nos levará a defender a instituição de novos regramentos jurídicos para a Função Pública brasileira: a criação de uma disciplina normativa que, simultaneamente, seja capaz de conter imposições jurídico-públicas mínimas e fortes;

---

[24] V. MARIANO BACIGALUPO SAGGESE, "Redución y laboralización de la Función Pública alémana en el marco del proceso de privatización de servicios públicos de los años noventa (en particular, la privatización del control aéreo los ferrocarriles, el correo y las telecomunicaciones", in *DA*, nº 243, setembro-dezembro, 1995, pág. 295-323.

mas com uma necessária abertura para diferenciações e graduações (coletivas e pessoais), as quais repugnem o igualitarismo, favoreçam o mérito e a isonomia nas relações de trabalho. De toda forma, garantias institucionais que preservem a imparcialidade da atuação administrativa e que possam evitar (e também coibir) a excessiva politização da Função Pública precisam ser guardadas, em especial, através de uma escala de graduação a vinculações jurídico-públicas que observe as atividades desenvolvidas pelo trabalhador público e o ente administrativo em que ele se encontra fixado (a sua finalidade institucional, as suas competências, *etc.*).

A exigência de repensar a formatação jurídica da Função Pública brasileira e reestruturá-la, a fim de resolver alguns de seus atuais problemas, acabará por nos conduzir à conclusão sobre a necessidade de posterior reflexão sobre outras questões não menos relevantes pertinentes à Função Pública: a estabilidade do servidor público brasileiro; a procedimentalização do direito à negociação coletiva no trabalho público; o direito de acesso à justiça desses trabalhadores e o próprio foco de proteção do Direito (positivo) da Função Pública.

A nossa contribuição para a racionalização da Função Pública estará, assim, concentrada no âmbito jurídico. Sabemos que muitos outros problemas relacionados à (pouca ou alta) qualidade do serviço dos trabalhadores públicos à Administração Pública e à sociedade são de outra ordem: têm fundamentos em questões organizacionais, interpessoais e culturais.[25] Por isso, a imprescindibilidade de que as nossas possíveis soluções sejam confrontadas com aquelas obtidas nas outras áreas do conhecimento, afinal, o Direito tem também os seus limites.

Por derradeiro, no que diz respeito à metodologia eleita, recorreremos ao uso do modelo analítico-dedutivo, tendo como foco (porém, não exclusivo) o Direito constitucional concretizado.

---

[25] V. MARCUS VINÍCIUS SOARES SIQUEIRA e ANA MAGNÓLIA MENDES; "Gestão de Pessoas no Setor Público e a Reprodução do discurso do setor privado", *in RSP*, Brasília 60 (3), 241-250, Jul-Set, 2009.

TRABALHADOR PÚBLICO, PROFISSIONALIDADE E FUNÇÃO PÚBLICA: A CONEXÃO NECESSÁRIA DESSAS NOÇÕES JURÍDICAS NA DISSERTAÇÃO

É estranho que, sem ser forçado, saia alguém em busca de trabalho.
(William Shakespeare)

Todo homem trabalhador tem sempre uma oportunidade.
(Hubert Humphrey)

Nas sociedades modernas ter um emprego é importante para se preservar o respeito por si próprio.
(Anthony Giddens)

Após termos apresentado o nosso tema de Dissertação, entendemos ser relevante, desde já, fixar (ou até mesmo convencionar) a noção (e a utilização) de algumas figuras jurídicas, em especial: de "trabalhador",[1] de "empregado"[2] (de emprego[3] e "emprego

---

[1] No *Dicionário Houaiss de Língua Portuguesa*, Objetiva, Rio de Janeiro, 2001, pág. 2.743, encontramos a seguinte definição para a palavra "trabalhador": "que ou aquele que trabalha ... que ou o que é dado ao trabalho, que gosta de trabalhar; lidador, pelejador ...". No *Dicionário Vocabulário Jurídico*, De Plácido e Silva, Forense, Rio de Janeiro, 2003, pág. 1.412, encontramos a seguinte definição: "No sentido jurídico, o trabalhador pressupõe a condição de emprego, ou a execução de obra por conta alheia, ou mediante pagamento, remuneração, ou salário".

[2] No *Dicionário Houaiss de Língua Portuguesa* ..., pág. 1.128, encontramos a seguinte definição para a palavra "empregado": "que se empregou; empregue ... posto em prática; aplicado, utilizado, empregue ... admitido em emprego ... pessoa física que presta serviços de caráter contínuo a um empregador, sob a subordinação dele e mediante salário; funcionário ...". No *Dicionário Vocabulário Jurídico* ..., pág. 521, encontramos a seguinte definição: "Embora se possa admitir empregado em acepção genérica, como a pessoa que se ocupa em fazer alguma coisa para outrem, mesmo gratuitamente, no conceito rigorosamente jurídico, o sentido de empregado é o de quem está sempre no exercício de uma ocupação sob fiscalização e direção de outrem, sujeito a horário, e da qual decorrem vantagens ou remunerações para seu ocupante, seja qual for a categoria da ocupação ...".

[3] No *Dicionário Houaiss de Língua Portuguesa* ..., pág. 1.128, encontramos a seguinte definição para a palavra "emprego": "ato ou efeito de empregar (-se) ... utilização prática ... ocupação em serviço público ou privado; cargo, função, colocação ... local em que se exerce essa ocupação ...". No *Dicionário Vocabulário Jurídico* ..., pág. 522, encontramos a seguinte definição: "Significa, geralmente, o cargo, ofício ou função exercida por uma

público") e de "servidor[4] público". Sabemos que essas palavras nem sempre são utilizadas com o necessário rigor científico pelos operadores do Direito.[5] Não suficiente, carecemos ainda aqui delinear, para efeitos dessa Dissertação, a (nossa) noção de FP e o seu âmbito subjetivo.

Com efeito, ainda que as densificações dessas palavras restem mais claras e concretas apenas no decorrer da Dissertação (daí por que insistimos em falar aqui em "noções jurídicas"), tais "conceitos" têm aplicações muito diferenciadas na Ciência Jurídica do Brasil e de Portugal. Sem essa pré-compreensão, por exemplo, até mesmo uma pesquisa bibliográfica pode ter consequências frustrantes para o pesquisador de Língua Portuguesa, como ocorre no caso do instituto do "Emprego Público".[6] E, levando-se em conta que estamos a tratar e estudar o Direito Brasileiro, iremos contornar os conceitos levando-se em conta primordialmente a sua utilização no Brasil, em especial, tendo como fonte a Constituição da República de 1988.

Primeiramente, é necessário fixar uma noção jurídica: "a de que a figura do trabalhador não se identifica sempre com a figura do empregado", pois este é, na verdade, apenas um tipo específico de trabalhador. Assim, no decorrer da Dissertação, ao aludirmos a "trabalhador público", estaremos generalizando, não indicando a existência de um tipo específico de regime jurídico, mas apenas o fato de o trabalhador prestar serviços à AP, profissionalmente.

Sabemos que na própria doutrina de DT é comum a utilização indiferenciada dos dois termos (trabalhador e empregado), até porque o nome desse ramo jurídico-privado[7] é "Direito do Trabalho" e não "Direito do Emprego". De toda forma, a doutrina juslaboral distingue a existência do empregado (e, via de consequência, da relação de emprego) através dos denominados pressupostos fático-jurídicos dessa relação jurídica:[8] pessoa

---

pessoa física. E assim se diz emprego do comércio ou emprego público, conforme é o mesmo exercido em um estabelecimento comercial ou industrial, ou num estabelecimento público".

[4] No *Dicionário Houaiss de Língua Portuguesa* ..., pág. 2.559, encontramos a seguinte definição para a palavra "servidor": "que ou aquele que serve; servente ... que ou aquele que cumpre com rigor e precisão o que tem a fazer ... diz-se de ou pessoa, ger. remunerada, que presta serviços em casa; criado ... diz-se de ou todo aquele que exerce uma atividade pública ou particular, de ordem material, técnica ou intelectual, mediante emprego, cargo ou locação; diz-se de quem quer que sirva a outrem, na qualidade de empregado, preposto ou funcionário ...". No *Dicionário Vocabulário Jurídico* ..., pág. 1.297, encontramos a seguinte definição: "De servir, é o vocábulo, em sentido lato, aplicado para designar toda pessoa que exerce uma atividade pública, ou particular, de ordem material, técnica, ou intelectual, mediante emprego, cargo ou função. Assim, quem quer que sirva a outrem, na qualidade de empregado, preposto, ou funcionário, é um servidor ... É comum ... empregar-se a expressão, genericamente, para indicar os funcionários públicos, sem referência às respectivas classes ou categorias. Nessas circunstâncias, servidores públicos é expressão que designa toda e qualquer espécie de empregado, ou funcionário público".

[5] Ao longo de nossa pesquisa, encontramos, por exemplo, vários nomes para a mesma realidade: "agentes administrativos"; "servidores públicos"; "agentes estatais"; "funcionário público".

[6] V. ANA FERNANDA NEVES, *Relação Jurídica de Emprego Público*, Coimbra Editora, Coimbra, 1999, com aplicação do termo "Emprego Público" diverso do brasileiro.

[7] Sabemos o quanto é tormentosa a inserção do Direito do Trabalho no ramo do Direito Privado, pelo seu alto grau de intervencionismo estatal que mitiga substancialmente a autonomia da vontade. Várias teorias foram desenvolvidas a esse respeito. No Brasil, como expoente que insere o Direito do Trabalho no ramo publicístico, tem-se MIGUEL REALE, V. SÉRGIO PINTO MARTINS, *Direito do Trabalho*, Editora Altas, São Paulo, 2007, pág. 93. O mesmo se verifica, por exemplo, tb. com o Direito do Consumidor. V. CLÁUDIA LIMA MARQUES, *Manual de Direito do Consumidor*, Editora RT, São Paulo, 2010, pág. 29.

[8] V. arts. 2º e 3º da CLT. V. MAURÍCIO GODINHO DELGADO, *Curso de Direito do Trabalho*, 8ª ed., LTr, São Paulo, 2009, pág. 269-283; ALICE MONTEIRO DE BARROS, *Curso de Direito do Trabalho*, LTr, São Paulo, 2006, pág. 223 e seg.; SÉRGIO PINTO MARTINS, *Direito* ... pág. 93 e seg.; JÚLIO MANUEL VIEIRA GOMES, *Direito do Trabalho*, Coimbra Editora, Coimbra, 2007, pág. 101.

física, onerosidade, pessoalidade, não eventualidade e subordinação jurídica. Afinal, o princípio da proteção (como princípio basilar do Direito Individual do Trabalho e que lhe concedeu autonomia científica em relação ao Direito Civil[9]) foi desenvolvido tendo em vista a necessidade de tutelar um tipo especial de prestação laboral do capitalismo moderno: o trabalho subordinado e assalariado, pressupondo a hipossuficiência daquele que o presta. É nesse sentido que, técnica e juridicamente, a "noção de trabalhador é mais ampla do que a noção de empregado".

Sob essa ótica, não releva importância a qualidade do empregador (designadamente, a sua natureza jurídico-pública) para efeitos de excluir da noção de empregado aquele trabalhador subordinado que presta serviços pessoais e não eventuais, sob onerosidade, para a AP não empresarial. Assim, se o trabalhador presta uma atividade ou serviço a um empregador de natureza pública, de modo pessoal, não eventual, oneroso e sob dependência jurídica ("hierarquia administrativa"[10]), ter-se-ia, *em tese*, a constatação de um "empregado público" (Emprego Público enquanto conceito amplo, como é comumente referenciado na doutrina administrativa europeia[11]).

Até agora estamos a tratar das noções jurídicas de "trabalhador" e "empregado" desapegadas do Direito Positivo, seja constitucional ou infraconstitucional. Isso porque tais diferenciações não têm somente raízes jurídicas, estando presentes na própria Sociologia do Trabalho.[12]

De todo modo, no texto da CR/88, as figuras de "trabalhador" e "empregado" também não se identificam. De fato, o principal dispositivo trabalhista (de Direito Individual do Trabalho) da Carta – o art. 7º – utiliza a expressão "relação de emprego" de modo correto, diante da dogmática laboral, quando se refere à proteção "contra despedida arbitrária ou sem justa causa" no inciso I daquele dispositivo. A mesma distinção se verifica no inciso XVIII desse artigo, eis que a licença à gestante é direito da trabalhadora, em geral, "sem prejuízo do emprego e do salário"; nesse caso, se também empregada. Igualmente, o art. 195 (que dispõe acerca do custeio da previdência social) diferencia trabalhadores com ou "sem vínculo empregatício".

Nesse sentido, no decorrer da Dissertação, a aplicação da denominação "trabalhador público" tem em vista o gênero de profissionais incluídos na Função Pública, independentemente da espécie ou da natureza de seu vínculo jurídico (público ou

---

[9] V. MARIA DO ROSÁRIO PALMA RAMALHO, *Da autonomia dogmática do Direito do Trabalho*, Colecção Teses, Livraria Almedina, Coimbra, 2000.

[10] Cf. PAULO OTERO, *Conceito e Fundamento da Hierarquia Administrativa*; Coimbra Editora; Coimbra; 1992 pág. 76 e 77; e "Hierarquia Administrativa", in DJAP, pág. 66 e 71: "Hierarquia Administrativa consiste num modelo de organização vertical da Administração Pública, através do qual se estabelece um vínculo jurídico entre uma pluralidade de órgãos da mesma pessoa colectiva, conferindo-se a um deles competência para dispor da vontade decisória de todos dos restantes órgãos, os quais se encontram adstritos a um dever legal de obediência.". Na presente análise, quando se referir à hierarquia administrativa, estar-se-á pressupondo, normalmente, a hierarquia da Administração civil. V., ainda, GIOVANNI MARONGIU, "Gerarchia Amministrativa", *in EdD*, XVIII, pág. 616 e seg.

[11] V. MASSIMO SEVERO GIANNINI, , "Impiego Pubblico (teoria e storia)", *in Enciclopedia del Diritto*, vol. XX (Ing-Inch), Giuffrè Editore, Milão, 1970, pág. 293-305. V. RAMÓN PARADA, *Derecho del Empleo Público*, Marcial Pons, Madrid, 2007. Desse modo, discordamos de MAURÍCIO GODINHO DELGADO, *Curso ...*, pág. 299, quando afirma que os trabalhadores públicos subordinados "estatutários" não relevam para fins justrabalhistas.

[12] V. ANTHONY GIDDENS, *Sociologia*, Fundação Calouste Gulbenkian, Lisboa, 2008, pág. 809. Segundo este A.: "Podemos definir o trabalho, remunerado ou não, como a realização de tarefas que envolvem o dispêndio de esforço mental e físico, com o objectivo de produzir bens e serviços para satisfazer necessidades humanas. Uma ocupação ou emprego é um trabalho efectuado em troca de um pagamento ou salário regular".

privado).[13] Por outro lado, a aplicação do termo "empregado público" pode revelar duas situações distintas (o que será perfeitamente compreensível no contexto de sua utilização): a primeira, enquanto conceito maior, no sentido da existência de uma relação jurídica de trabalho subordinado (subordinação jurídica ou hierarquia administrativa); mas sem que necessariamente se sujeite ao DT (como decorrência da significação abrangente de "Emprego Público"); e a segunda, enquanto definição de menor amplitude, indicando o trabalhador subordinado cuja relação jurídica se sujeita às normas heterônomas e autônomas de DT (como se verifica atualmente no Brasil, no que se refere aos "empregados públicos" da AP empresarial do Estado e aos "celetistas" da AP não empresarial do Estado).[14]

Por sua vez, "servidor público" foi a nomenclatura eleita pela CR/88, substituindo o clássico termo "funcionário público", não obstante, insistindo numa opção por nós considerada equivocada.[15] É que o nome "servidor público" tem estreita conexão linguística com os termos "serviçal", "servo", "servente", "servidão"; denotando uma pré-compreensão (ou uma implícita consideração) da figura do "servidor público" que consideramos ultrapassada, apesar de histórica:[16] aquela que concebe o "funcionário público" como um "servo do Estado" e, portanto, desvalorizando-se o seu trabalho público enquanto exercício de sua liberdade profissional (art. 5º, inciso XIII, da CR/88; art. 4º, 21-2 e 23 da DUDH) e facilitando a desconexão com a própria figura ampla de "trabalhador". O resultado jurídico dessa desconjuntura é, em nossa análise, mediatamente, uma aplicação módica do princípio da valorização do trabalho humano na seara da FP.

De todo modo, críticas à parte, o termo "servidor público" tem uma aplicação mais restrita no Direito Brasileiro, conduzindo àquele trabalhador, públicosujeito de uma relação jurídica de trabalho subordinado com o Estado (AP não empresarial), porém ocupante de cargo público, efetivo ou comissionado.[17] Veremos que, perante o Direito

---

[13] Cf. ANTÔNIO ÁLVARES DA SILVA, *Greve no serviço público depois da decisão do STF*, Ed. LTR, São Paulo, 2008, pág. 84-86 e 121, no sentido de que "o trabalhador público não muda a sua condição pelo fato de trabalhar para o Estado". V. PAULO EMÍLIO RIBEIRO DE VILHENA, *Contrato de trabalho com Estado*, 2ª ed., Ed. LTR, São Paulo, 2002, pág. 86.

[14] V. JOUBERTO DE QUADROS PESSOA CAVALCANTE e FRANCISCO FERREIRA JORGE NETO, *O empregado ...*, pág. 60.

[15] V. THEMISTOCLES BRANDÃO CAVALCANTI, *O Funcionário Público e o seu Regime Jurídico*, 2ª ed., Livraria Ed. Freitas Bastos, Rio de Janeiro, 1946, pág. 93 e seg. Com efeito, como veremos, o termo "servidor público" não "nasceu" com a CR/88. De todo modo, o termo "funcionário público" tem sido relegado à legislação infraconstitucional brasileira (como atualmente permanece na lei penal, por ex.).

[16] Por todos, FLORIVALDO DUTRA DE ARAÚJO, *Negociação Coletiva dos Servidores Públicos*, Ed. Fórum, Belo Horizonte, 2011.

[17] V. art. 37, incisos V, X, XXII; art. 39, §3º, art. 40, *etc*. Todavia, na classificação conhecida da doutrina brasileira, de autoria de CELSO ANTÔNIO BANDEIRA DE MELLO (*in Curso de Direito Administrativo*, 25ª ed., Malheiros Editores, São Paulo, 2008, pág. 247), "servidor público" seria uma designação genérica, identificando com a nossa de "trabalhador público". V. ANTÔNIO RUSSO FILHO, *Servidores Públicos e Direito Adquirido*, Ed. Fórum, Belo Horizonte, 2010, pág. 127. V. FRANCISCO METON MARQUES DE LIMA, "O servidor público na Justiça do Trabalho", *in* JOSÉ RONALD CAVALCANTE SOARES (coord.), *O Servidor Público e a Justiça do Trabalho*, Ed. LTr, São Paulo, 2005, pág. 102-115, esp. 102; GUSTAVO ALEXANDRE MAGALHÃES, *Contratação temporária por excepcional interesse público: aspectos polêmicos*, Ed. LTr, São Paulo, 2005, pág. 33. V., tb., RAQUEL DIAS DA SILVEIRA, *Profissionalização da Função Pública*, Ed. Fórum, Belo Horizonte, 2009, pág. 54. De todo modo, afirma, como nós, o seguinte: "Logo, não se pode dizer, como fez o STF, que a noção de trabalhador exclui a noção de servidor". Com conceituação que adotamos, CÁRMEN LÚCIA ANTUNES ROCHA, *Princípios constitucionais dos servidores públicos*, Ed. Saraiva, São Paulo, 1999, pág. XV e 78-79; ALICE MONTEIRO DE BARROS, "O contrato de emprego do servidor público", *in* JOSÉ RONALD CAVALCANTE SOARES (coord.), *O Servidor Público ...*, pág. 17-40, esp. 22.

(positivo) Brasileiro e a juspublicística nacional, há um firme liame entre as figuras de "servidor" e "cargo público", e não tanto entre "servidor/trabalhador público" e a "profissionalidade do exercício da atividade/ofício/trabalho público"; conexão esta que foi sendo secundarizada ao longo dos anos do século passado, por um apego excessivo ao oco conceito legal de "servidor público": "servidor é a pessoa legalmente investida em cargo público" (art. 2º da Lei nº 8.112/90).

De fato, teremos em vista na presente Dissertação um determinado âmbito subjetivo para a "Função Pública": aquele que abarca apenas os trabalhadores públicos (ou os prestadores de serviços, pessoas físicas) que exercem *profissionalmente* o trabalho público; como exercício de sua liberdade de exercício de "qualquer trabalho, ofício ou profissão" (art. 5º, inciso XIII, CR/88).

Com efeito, na linguagem jurídica, utiliza-se com certa frequência a expressão "Função Pública".[18] Todavia, a definição descontextualizada do que seja "Função Pública" é mesmo tormentosa, pois pode ser aplicada a realidades bastante distintas.[19] De qualquer modo, num primeiro momento, "Função Pública" correlaciona-se à ideia de exercício de um *munus público*. Com esta noção, fala-se que um cidadão pode ser chamado (ou mesmo requisitado) a exercer uma função pública, inclusive de modo precário e voluntário, sem qualquer relação de profissionalidade. A tônica é, nesse caso, portanto, a noção de cidadania e os deveres que dela podem decorrer.[20] São, por exemplo, os casos dos jurados do Tribunal do Júri e dos mesários nas eleições. A fim de englobar essa parcela "sazonal" da FP, a doutrina nacional utiliza-se da nomenclatura "agente público".[21]

O exercício dessa função pública por parte desse "funcionário-jurado" pode ter relevo para outros âmbitos jurídicos (como, por exemplo, para efeitos de incidência da lei penal em caso de crime por ele praticado enquanto tal[22]); mas não revela importância

---

[18] No *Dicionário Vocabulário Jurídico* ..., pág. 642, encontramos a seguinte definição para o termo "Função Pública": "Designação dada, especialmente, à função que emana do poder público e outorgada para desempenho ou encargo de ordem pública, ou referente à administração pública. Nesta função, assim, integra-se não somente a que se refere à administração pública, como toda que decorre de uma imposição de ordem legal, para desempenho de um mister, que não é administrativo, mas se mostra de interesse coletivo. Dizem-se, em certos casos, de múnus público. Assim, a qualidade de função pública não vem da condição de importar numa função de ordem administrativa pública, mas por se mostrar uma imposição ou um encargo de interesse coletivo ou público. 'A função referente à administração, dir-se-ia melhor função administrativa pública. A condição do encargo, não a natureza do serviço, é que determina o caráter público da função."

[19] FRANÇOIS GAZIER afirmava que o termo "Função Pública" era uma "abstração cômoda", sem rigor científico, mas empregada com regularidade. *Apud* ANA FERNANDA NEVES, "Os 'desassossegos' de Regime da Função Pública", in *RFDL*, vol. XLI, nº 1, 2000, pág. 49-69, esp. pág. 65. Cf. THEMISTOCLES BRANDÃO CAVALCANTI, *Tratado de Direito Administrativo*, Vol. IV, Livraria Freitas Bastos SA, Rio de Janeiro, 1956, pág. 12 e seg.: "A noção de função pública depende menos da natureza da relação jurídica que se estabelece entre o funcionário e o Estado do que a finalidade do serviço ou da função, da relação de dependência do ato com as finalidades imediatas do Estado. A teoria da função pública vai, portanto, tomando feição nova; evolui com as transformações do Estado e sua estrutura administrativa, sob a influência de processos novos na organização dos serviços".

[20] Trata-se, com efeito, de um pensamento liberal (de origem francesa), no sentido de que o serviço prestado pelo funcionário ao Estado é encarado como uma excelente forma pela qual se realiza a cidadania (doutrina do cidadão-funcionário). V., FLORIVALDO DUTRA DE ARAÚJO, *Conflitos Coletivos na Função Pública – Contribuição ao tema da participação em Direito Administrativo* – Dissertação de Doutoramento, FDUFMG, Belo Horizonte, 1998, pág. 746. Nessa linha de pensamento, poderia integrar nesse conceito lato de Função Pública também os titulares de cargos públicos eletivos dos Poderes do Estado. V. ANA FERNANDA NEVES, *Relação Jurídica* ..., pág. 22.

[21] Cf. ADILSON ABREU DALLARI, *Regime Constitucional dos servidores públicos*, 2ª edição, Ed. RT, São Paulo, 1992, pág. 15: agente público "é a forma mais genérica de se referir a quem exerce função pública".

[22] Justamente por isso, percebe-se que o conceito de "Função Pública" e de "funcionário" para efeitos da lei penal é mais abrangente do que aqueles do Direito Administrativo. V. JOSÉ MANUEL DAMIÃO DA CUNHA, *O Conceito*

neste momento para o nosso estudo, justamente em face da ausência de um vínculo de *profissionalidade*[23] que *integre* aquele cidadão na AP, com alguma durabilidade/ permanência e exercendo aquele um trabalho remunerado como exercício de sua liberdade profissional. Isso porque será o disciplinamento jurídico do trabalhador público – ou melhor, a sua imprescindível especificidade ou não frente ao disciplinamento jurídico do empregado privado – que está subjacente à nossa pesquisa; e, portanto, a FP deve guardar, para nós, a característica da prestação de trabalho a título profissional.

Vê-se, pois, que importa a FP (*lato sensu*) enquanto conjunto de trabalhadores públicos vinculados ao Poder Público (Estado em sentido amplo) por uma relação jurídica de trabalho subordinado, de caráter *profissional* e não eventual.[24] Assim, tem-se presente que "o trabalho na Função Pública" é encarado "como um modo de vida, uma profissão, do qual retira a sua base de subsistência; a que se associa a indeterminabilidade segura ou vitaliciedade do vínculo jurídico (…)".[25] Por isso, "cremos que o nosso propósito nos exige partir de uma noção de Função Pública que estenda à totalidade do Emprego Público".[26] O âmbito subjetivo da FP, que será o nosso foco, abarca, destarte, todos os trabalhadores públicos subordinados – com relação jurídica de trabalho subordinado instituída –, independentemente se vinculados por "relação estatutária" ou "relação

---

de Funcionário para Efeito de Lei Penal e a "Privatização" da Administração Pública, Coimbra Editora, Coimbra, 2008, pág. 11 e 16, nota. V. THEMISTOCLES BRANDÃO CAVALCANTI, *Tratado* …, pág. 61.

[23] V. art. 4º da lei nº 8.112/90 que proíbe, em geral, a prestação de trabalho gratuito no âmbito da AP. Assim, adotamos plenamente a linha doutrinária do jusadministrativa MARCELLO CAETANO, o qual coloca como signo distintivo da FP o caráter da *profissionalidade* do exercício, até tendo em vista os propósitos da tese, de conexão com o DT. V. MARCELLO CAETANO, *Princípios Fundamentais do Direito Administrativo*, Almedina, Coimbra, 2003, pág. 288. V. MARCELLO CAETANO, *Manual de Direito Administrativo*, Tomo II, 1ª ed. Brasileira, Companhia Ed. Forense, Rio de Janeiro, 1970, pág. 605-609. Lembremos: "É muito diferente a posição que perante a Administração pública assume o indivíduo que ingressa nos seus quadros para neles *fazer* carreira, devotando-se ao serviço, nele se especializando com desistência de outro qualquer modo de vida e dele esperando auferir o necessário para a subsistência familiar … Assim, surgiu um segundo critério, o da *profissionalidade*. O que distinguiria os funcionários dos outros agentes administrativos seria o serem profissionais, isto é, abraçarem o serviço da Administração como modo de vida ao qual dediquem toda a sua atenção, no qual procurem fazer carreira e donde aufiram os recursos necessários para sustentação do seu lar. Naturalmente que este profissional tem de ter garantias de estabilidade e por isso deve ser admitido nos quadros da Administração a título permanente, num lugar determinado. … Em nossa opinião (…), a nota dominante da definição do funcionário deve ser a *profissionalidade*. O funcionário é, antes de mais, um profissional da função pública, um homem que dela fez o objecto da sua actividade ocupacional e nela procura a sua carreira". V. THEMISTOCLES BRANDÃO CAVALCANTI, *O Funcionário Público* …, pág. 93, apresentando as linhas de pensamento de vários outros estrangeiros, dentre os quais, STAINOF e MARCELLO CAETANO, ambos fundando o conceito de funcionário público no caráter profissional do exercício do trabalho público. V. JOSÉ MANUEL DAMIÃO DA CUNHA, *O Conceito* …, pág. 16. Cf. DIÓGENES GASPARINI, *Direito Administrativo*, Ed. Saraiva, São Paulo, 2000, pág. 155: "Os servidores públicos são caracterizados pela *profissionalidade* (prestam serviços à Administração Pública direta, autárquica e fundacional pública como profissionais), pela *dependência do relacionamento* (as entidades a que se vinculam prescrevem seus comportamentos nos mínimos detalhes, não lhes permitindo qualquer autonomia) e pela *perenidade* (não-eventualidade) da *relação de trabalho* que *ajustaram* com as referidas entidades". V. ADILSON ABREU DALLARI, *Regime Constitucional…*, pág. 14-15. V. ANTÔNIO ÁLVARES DA SILVA, *Greve* …, pág. 100: "O servidor público é uma categoria profissional, formada pelo exercício de atividade em conjunto no amplo universo do serviço público". Ainda, RAQUEL DIAS DA SILVEIRA, *Profissionalização* …, pág. 66.

[24] O conceito de não eventualidade do DT, portanto, espelha com maior fidelidade o vínculo que une agente-Estado do que o de "permanência". Basta pensar, por exemplo, nos servidores temporários, também integrantes, nessa qualidade, do âmbito subjetivo (lato) de FP. V. MAURÍCIO GODINHO DELGADO, *Curso* …, pág. 272 e seg. V. art. 37, IX, da CR/88. V. ADILSON ABREU DALLARI, *Regime Constitucional* …, pág. 15.

[25] Cf. ANA FERNANDA NEVES, "A Relação Jurídica de Função Pública e as Particularidades", *in* MARTHA LUCÍA BAUTISTA CELY e RAQUEL DIAS DA SILVEIRA (coord.), *Direito Disciplinário Internacional*, vol. I, Ed. Fórum, Belo Horizonte, 2011, pág. 239-256, esp. 243.

[26] Cf. FRANCISCO LONGO, *Mérito* …, pág. 67.

empregatícia sujeita às normas de DT".[27] De igual modo, o eventual não exercício de poderes públicos (de soberania, *autoritas*) por parte do trabalhador público não é causa para excluí-lo desse conceito abrangente de FP.

De todo modo, o nosso estudo não irá abarcar categorias específicas da FP *profissional*, em especial, os juízes e membros do Ministério Público e os militares e forças militarizadas (polícias). Como já aduzimos, se, por um lado, muitos dos problemas relacionados à FP *profissional* também são comuns a esses profissionais públicos (ex: direito a uma remuneração digna para com o trabalho prestado; direito a um meio ambiente do trabalho seguro; direito de associação para defesa de interesses comuns, *etc.*); por outro lado, têm eles um regime jurídico-constitucional bastante peculiar, que não assegurou expressamente (ou mesmo proibiu) direitos coletivos próprios dos trabalhadores em geral (direito de sindicalização e direito de greve[28]), face ao alto grau de poder que lhes envolve (exercício de poderes públicos ou de soberania). Tal importante distinção merece ser respeitada, apartando-os do nosso conteúdo subjetivo amplo (porém, agora incompleto) de Função Pública.

---

[27] É nesse sentido, aliás, o conceito de Função Pública da *Carta Iberoamericana de Função Pública*, assinada em Santa Cruz de la Sierra, em Junho de 2003 (art. 2).

[28] V. art. 142, inciso IV, da CR/88. Não encontramos qualquer legislação que aluda expressamente à proibição de sindicalização de juízes e membros do MP. As vedações impostas a ambas as classes constam, especialmente, dos arts. 95, parágrafo único, e 128, § 5º, II, da Constituição, do art. 36 do Estatuto da Magistratura (LC 35/79) e do art. 237 da LOMPU (LC 75/93). A construção interpretativa que nega a sindicalização e a greve a juízes e membros do MP, contudo, baseia-se nas concepções de sindicalização e greve como formas de autoproteção vinculadas a uma situação de hipossuficiência, inexistente em se tratando de "altos funcionários" inseridos na dinâmica de poder estatal. No plano internacional, verbetes do Comitê de Liberdade Sindical da OIT relativos ao direito de greve parecem indicar este entendimento: "573. El derecho de huelga puede limitarse o prohibirse en la función pública sólo en el caso de los funcionarios que ejercen funciones de autoridad en nombre del Estado."; "575. [...]. La prohibición del derecho de huelga en la función pública debería limitarse a los funcionarios que ejercen funciones de autoridad en nombre del Estado."; "576. El derecho de huelga puede limitarse o prohibirse: 1) en la función pública sólo en el caso de funcionarios que ejercen funciones de autoridad en nombre del Estado ...". V. JOSÉ DE MELO ALEXANDRINO, "A Greve dos juízes segundo a Constituição", *in Estudos em Homenagem ao Professor Doutor Marcello Caetano no Centenário do seu Nascimento*, FDUL, 2006, pág. 747-788.

1ª PARTE

A FP NAS CONSTITUIÇÕES BRASILEIRAS

O nosso estudo inicia-se pela análise do tema da FP nas Constituições Brasileiras. Num primeiro capítulo, analisaremos as Constituições Brasileiras passadas (1824, 1891, 1934, 1937, 1946, 1967 e a EC 1/1969) e as características mais marcantes do período de vigência de cada uma delas em relação ao nosso objeto de pesquisa. Desse modo, poderemos compreender melhor as razões jurídico-históricas para a atual configuração da CR/88 no que tange aos agora denominados "servidores públicos" (Seção II do Capítulo VII da CR/88, com redação dada pela EC nº 18/98), para além dos "motivos culturais" para um medo e uma repugnância gerais dos administrativistas (e, via de consequência, do Direito Administrativo) relativamente à inserção do Direito do Trabalho e do contrato de trabalho na AP não empresarial.

O segundo capítulo dessa 1ª parte, portanto, volta-se à atual configuração da FP (civil) na CR/88, em seus principais aspectos e interpretações doutrinárias e jurisprudenciais. Ver-se-á que o modelo que disso resultou é bastante rígido. Além disso, apesar do esforço doutrinário (dos administrativistas), albergado pela jurisprudência constitucional, para o domínio do vínculo funcionarial de natureza estatutária e unitária no âmbito da AP não empresarial – conforme a leitura que se deu à locução "regime jurídico único" constante do art. 39 da CR/88 (redação originária e redação pós-ADI nº 2.135-4 DF) –, os vínculos de natureza não pública (não estatutários e vínculos decorrentes de contratos de trabalho em moldes "celetistas") acabaram por permanecer no período pós-constitucional. Isso seja por força da EC nº 19/98, seja por força de contratação de pessoal irregular (através, por ex., de contratos temporários de excepcional interesse público); ou seja ainda por força de entes federados (em sua grande maioria, os municípios de menor porte). Não suficiente, não se obteve, como efeito das disposições constitucionais, a almejada unidade no plano funcional; muito ao reverso, em face à diversidade havida no plano nacional.

Ainda, o paulatino reconhecimento do direito de negociação coletiva aos "servidores públicos" de vínculos públicos (ditos "estatutários") nos últimos anos, inclusivamente com a recente ratificação da Convenção nº 151 pelo Brasil, tem reavivado o debate sobre a possibilidade e, quiçá, a própria adequação de um modelo contratual-laboral no interior da AP não empresarial.

Vamos, pois, a essa nossa empreitada.

A FORMAÇÃO DA FUNÇÃO PÚBLICA BRASILEIRA E A INTRODUÇÃO DO CONTRATO DE TRABALHO NO INTERIOR DA ADMINISTRAÇÃO PÚBLICA NÃO EMPRESARIAL (1824-1988)

> *[...] esse animal multimâmico, a que ora se chama nação, ora administração, ora fazenda, orçamento ou erário, e de cujos peitos se dependuram, aos milhares, as crias vorazes na mamadura, mamões e mamadores, para cuja gana insaciável não há desmame.*
> (Rui Barbosa, 1920)

> *No Brasil a ciência política acha um limite na testa do capanga.*
> (Machado de Assis, 1887-1888)

> *Sabe com quem está falando?*[1]

1 A Função Pública pré-1822 e a marca do patrimonialismo na formação da Função Pública brasileira

O ano de 1822 marca o nascimento efetivo do Brasil. Nesse ano, em sete de setembro, foi declarada a sua independência de Portugal.[2] A primeira Constituição do Brasil independente, todavia, foi outorgada por D. Pedro I (IV de Portugal) somente

---

[1] Trata-se de uma pergunta muito conhecida na cultura brasileira, que reflete a convicção daquele que interroga de que, em face de seu *status* social ou cargo ocupado, possui direito a uma distinção de tratamento daquele que é destinatário dessa interrogação. V. ANDRÉ LUIZ ALVES DE MAGALHÃES, "O acesso aos cargos, empregos e funções públicos no sistema da Constituição de 1988 – Desafios da Profissionalização do Serviço Público", in *JAM – Jurídica*, Ano XV, nº 3, Março, 2010, pág. 9-20, esp. pág. 12.

[2] A independência do Brasil foi causada, em síntese, por conflitos fiscais, pelo retorno do Rei para Lisboa (tendo passado o perigo da invasão napoleônica em Portugal) e a possibilidade de se recolocar o Brasil na posição de colônia. Cf. FREDERICO LUSTOSA DA COSTA, "Brasil: 200 anos de Estado, de Administração Pública; 200 anos de Reforma", in *RAP*, 42, nº 5, setembro-outubro, 2008, pág. 829-874, esp. 836.

dois anos após, datada de 25 de março de 1824. Teremos, por isso, essa data como termo inicial para a análise da formação da FP brasileira, eis que no contexto de uma dissertação em Ciências Jurídico-Políticas e sobre o Direito Brasileiro.

Entretanto, as características da FP colonial foram trazidas para a AP do Brasil independente, pois, nesse aspecto (assim como entre vários outros), não se verificou solução de continuidade. Aliás, alguns dos grandes historiadores nacionais preocuparam-se justamente em salientar o contexto normativo e cultural da formação da sociedade brasileira, inclusive no tocante à política e à AP, apontando a forte herança patriarcal-patrimonial[3] trazida de Portugal e que foi sendo arraigada em solo brasileiro no decorrer da exploração/colonização pela metrópole (e mesmo após 1808, ano da transferência de D. João VI e sua corte para o Brasil). É o caso mesmo de Raymundo Faoro.[4]

Segundo nos dá notícia José Murilo de Carvalho, "a burocracia imperial era fruto da contradição entre um Estado cujas bases se enraizavam na sociedade agrário-escravocrata, mas cuja administração se constituía na principal fonte de emprego para os rejeitados dessa mesma sociedade".[5] De fato, a abolição da escravatura deu-se no Brasil apenas no ano de 1888.[6] Até então, a entrada no funcionalismo era, para uma parcela da população, designadamente para aquela livre e sem propriedade de terras, a representação de sua sobrevivência. Em síntese, "o poder que garantia o emprego e a sobrevivência do funcionário era o mesmo que lhe fechava as outras alternativas de ascensão".[7] Trata-se de uma passagem que, contudo, não revela o distintivo da Administração Patrimonialista[8] no Brasil.

Com efeito, a AP pré-1822 era essencialmente patrimonialista, característica que permaneceu no Brasil por ainda longo período de tempo (e, pode-se dizer que permanece, em algumas feições, até os dias atuais, no conhecido "clientelismo"[9]). Os cargos públicos configuravam-se moeda de câmbio para o rei e o imperador, seja por questões de confiança e lealdade; mas, principalmente, para fins de financiar os gastos da coroa.[10]

---

[3] V. ANDRÉ LUIZ ALVES DE MAGALHÃES, "O acesso ...", pág. 10. São grandes nomes: Gilberto Freire, Sérgio Buarque de Holanda, Raymundo Faoro, Roberto da Matta, dentre outros.

[4] Leia-se RAYMUNDO FAORO, *Os donos do poder – Formação do Patronato Político Brasileiro*, publicado originalmente em 1958.

[5] Cf. JOSÉ MURILO DE CARVALHO, "A Burocracia Imperial: A Dialética da Ambiguidade", in *DADOS*, nº 21, 1979, pág. 7-31, esp. 8.

[6] Por isso se pode afirmar que o Direito do Trabalho, como disciplina jurídica, somente tem razão de ser, no Brasil, depois de 1888. V. MAURÍCIO GODINHO DELGADO, *Curso* ..., pág. 99-100; e ALICE MONTEIRO DE BARROS, *Curso* ..., pág. 65.

[7] Cf. JOSÉ MURILO DE CARVALHO, "A Burocracia Imperial ...", pág. 8. Tb. RAYMUNDO FAORO, *Os donos do poder* ..., vol. I, pág. 284.

[8] Cf. LUIZ CARLOS BRESSER PEREIRA, "A Reforma Gerencial da Administração Pública Brasileira de 1995", in *Moderna Gestão Pública*, INA, Lisboa, 2000, pág. 55-71, esp. 63, a Administração Patrimonialista é a "Administração típica dos Estados que antecederam o capitalismo industrial, mais particularmente das monarquias absolutas", "que confunde o patrimônio privado com o patrimônio público". Aliás, de forma ilustrativa, foi comum após a transferência da família real portuguesa para o Brasil (1808) reunir-se no mesmo edifício o domicílio e o local de trabalho do aparato administrativo. V. FREDERICO LUSTOSA DA COSTA, "Brasil ...", pág. 836.

[9] V. LUIZ CARLOS BRESSER PEREIRA, *Reforma do Estado* ..., pág. 20.

[10] Não se trata, obviamente, de uma criação nacional ou portuguesa. A entrega de cargos públicos em troca de "benefício" já era uma característica existente no feudalismo alemão ("enfeudamento dos ofícios públicos"). Daí a relação do exercício de funções públicas com a aristocracia e com a nobreza. V. FLORIVALDO DUTRA DE ARAÚJO, *Conflitos Coletivos* ..., pág. 29 e seguintes, fazendo uma cuidadosa análise da formação da função pública alemã. V. tb. PAULO VEIGA E MOURA, *A Privatização da Função Pública*, Coimbra Editora, Coimbra, 2004, pág. 498, aduzindo a formação de uma "dinastia administrativa" com a venda a retalho dos cargos públicos

As nomeações e promoções de funcionários públicos eram realizadas, basicamente, com amparo no apadrinhamento e na troca de favores ("no patronato e no empenho"[11]); mas não de acordo com o princípio do mérito.[12] O direito de propriedade sobre os ofícios públicos (os quais, posteriormente, sujeitavam-se inclusive à herança) demonstrava a predominância da "incidência" jurídico-privada sobre os mesmos, reflexo também desse patrimonialismo. Além disso, no âmbito interno das repartições públicas, para aqueles cargos cuja indicação pessoal era prevalecente e atribuída ao superior hierárquico, o relacionamento entre este e os seus funcionários era de tal modo intensa, que poderia se estender para a esfera residencial daquele.[13]

Bastante representativa desse patrimonialismo administrativo é o velho ditado brasileiro *"quem toma conta dele são as leis"*, indicando que "o indivíduo (ou cidadão) que não tem nenhuma ligação com pessoa ou instituição de prestígio na sociedade (seria) tratado como inferior" ou relegado para o tratamento "imparcial" e "frio" da lei.[14]

Verifica-se, assim, que, em termos gerais, também a FP brasileira pré-1822 teve origem aristocrática[15] e, num segundo momento, na camada da sociedade brasileira que tinha condições materiais de arcar com os ofícios e títulos públicos (burguesia, comerciantes, produtores) ou com que estes se relacionavam. Daí que fosse comum que os funcionários públicos se sentissem, por seu lado, "donos" dos recursos do Estado e pudessem dessa forma fazer uso deles, até "naturalmente"; mentalidade que, conforme aduzimos, perpassou para as futuras gerações de agentes políticos e administrativos brasileiros.[16]

---

para fornecer ao Monarca os meios financeiros que carecia. Sobre a distribuição de cargos, postos e honrarias após chegada da família real no Brasil, V. ANDRÉ LUIZ ALVES DE MAGALHÃES, "O acesso ...", pág. 13. Ainda, RAYMUNDO FAORO, *Os donos do poder ...*, vol. I, pág. 282.

[11] V. RAYMUNDO FAORO, *Os donos do Poder*, vol. 1, pág. 168-234. Cf. JOSÉ MURILO DE CARVALHO, "Rui Barbosa e a Razão Clientelista", *in DADOS*, vol. 43, nº 01, Rio de Janeiro, 2000 (tb. acessível em http://www.scielo.br/scielo.php?pid=S0011-52582000000100003&script=sci_arttext, em 10/5/2011): "Na época de Rui Barbosa, fim do Império início da República, a distribuição de favores governamentais tinha o nome de patronato e filhotismo. O meio pelo qual se exercia o patronato era o empenho, ou seja, o pistolão, o pedido, a recomendação, a intermediação, a proteção, o apadrinhamento, a apresentação".

[12] Pode-se dizer que a Revolução Francesa e a Declaração Universal de Direitos que lhe seguiu garantiram o princípio do mérito, na medida em que todos os cidadãos seriam "igualmente admissíveis" no emprego público, "segundo suas virtudes e seus talentos". Art. 6º – A lei é a expressão da vontade geral. Todos os cidadãos têm direito de concorrer pessoalmente ou por seus representantes à sua formação. Ela deve ser a mesma para todos, quer ela proteja, quer ela castigue. Todos os cidadãos, sendo iguais aos seus olhos, são igualmente admissíveis a todas as dignidades, colocações e empregos públicos, segundo as suas virtudes e seus talentos".

[13] V. JOSÉ MURILO DE CARVALHO, "A Burocracia Imperial...", pág. 21.

[14] DAMATTA (1997) *apud* ANDRÉ LUIZ ALVES DE MAGALHÃES, "O acesso ...", pág. 12.

[15] Nas Ordenações Filipinas exigia-se que o candidato a um posto na administração fosse "homem fidalgo, de limpo sangue" (Livro I, título I) ou de "boa linhagem" (Livro I, título II). V. *Idem*, pág. 13, nota.

[16] Fazendo-se referência à tese de RAYMUNDO FAORO, *Os donos do poder...*, pág. 731-748. O A. configurou o que denominou de "estamento burocrático". Segundo ele, vol. I, pág. 176, "a via que atrai todas as classes e as mergulha no estamento, é o cargo público, instrumento de amálgama e controle das conquistas por parte do soberano". De todo modo, nem todos concordam com a identificação e configuração de RAYMUNDO FAORO do "estamento burocrático". Segundo, por ex., JOSÉ MURILO DE CARVALHO, "A Burocracia Imperial ...", pág. 25, "não há base empírica para se falar em "estamento burocrático". Este aponta 3 posições divergentes na caracterização da burocracia imperial: 1ª posição: NABUCO, "para quem os funcionários apenas mudavam de senhor: escapavam de ser servos da gleba do latifúndio para sê-lo do governo, permanecendo em situação de dependência". 2ª posição: AZEVEDO AMARAL que "vê a burocracia desenvolvendo poder político próprio, através do que chama Estado Político em oposição ao Estado Econômico, no qual o grupo dirigente seria o que controlasse o setor dinâmico do processo político". 3ª posição: RAYMUNDO FAORO que "vê a burocracia constituindo-se em estamento e dominando através do Estado a nação e as classes sociais".

2 A Função Pública no período de vigência da Constituição de 1824

Por influência das revoluções liberais do final do século XVIII, a Constituição de 1824 tinha como notas distintivas a sua feição liberal, a separação dos poderes com presença do Poder Moderador do Imperador (na verdade, exorbitante em relação aos demais) e a constitucionalização dos direitos individuais clássicos (civis e políticos, com saliência da igualdade formal e da propriedade plena), apesar de dar guarida à escravidão. Segundo o inciso XIII do art. 179: "A Lei será igual para todos, quer proteja, quer castigue".[17]

Ressalvados poucos dispositivos, a Constituição de 1824 não se preocupou com a FP. O seu art. 102 assegurava ao Imperador a competência para nomear discricionariamente todos os servidores civis e agentes políticos.[18] Entretanto, o seu art. 179, inciso XIV, por influência da Declaração Francesa de 1791, garantia o acesso às funções públicas de acordo com os "talentos e virtudes" do cidadão, para além de assentar a abolição dos privilégios, salvo os essenciais e "inteiramente ligados aos cargos, por utilidade pública" (XVI); e a responsabilidade dos funcionários por abusos e omissões praticadas no exercício do encargo (inciso XXIX).[19]

Além disso, o Estado de 1824 não era laico, e o catolicismo era a religião oficial do Brasil (art. 5º). Por isso, o Imperador tinha ainda a competência para nomear bispos, sendo que o bispado era considerado parte da estrutura administrativa nacional.[20] Além do mais, a Carta Imperial mencionou sobre a nomeação dos cargos diplomáticos e magistrados, os quais representavam até então a "nata da burocracia".[21]

O patrimonialismo era mesmo a nota fundamental da época. "Os títulos nobiliários, as patentes da Guarda Nacional, as nomeações para o Senado e o Conselho de Estado, os empregos públicos", todos eram trunfos do Imperador. Os cargos, em sua grande maioria, demissíveis *ad nutum*, conforme a vontade deste, acarretavam instabilidade e descontinuidade administrativa.[22] O acesso à FP era obtido através da

---

[17] V. EMÍLIA VIOTTI DA COSTA, *Da Monarquia à República*, 9ª edição, Editora UNESP, 2010, pág. 134: "O liberalismo brasileiro, no entanto, só pode ser entendido com referência à realidade brasileira: Os liberais brasileiros importaram princípios e fórmulas políticas, mas ajustaram às suas próprias necessidades". E continua às pág. 168: "Os valores associados ao liberalismo: valorização do trabalho, poupança, apego às formas representativas de governo, supremacia da lei e respeito pelas Cortes de Justiça, valorização do indivíduo e da sua autonomia, a crença na universalidade dos direitos do homem e do cidadão, todos esses dogmas típicos do credo liberal tinham dificuldade em se afirmar numa sociedade escravista que desprezava o trabalho manual, cultivava o ócio e a ostentação, favorecia os laços de família, afirmava a dependência, promovia o indivíduo em razão de seus laços de parentesco e amizade em vez de seus méritos e talentos como rezava a Constituição ...".

[18] Art. 102 – Eram atribuições do Imperador: "Nomear Bispos, e prover os Beneficios Ecclesiasticos"; "Nomear Magistrados"; "Prover os mais Empregos Civis, e Politicos"; "V. Nomear os Commandantes da Força de Terra, e Mar, e removel-os, quando assim o pedir o Serviço da Nação"; "VI. Nomear Embaixadores, e mais Agentes Diplomaticos, e Commerciaes".

[19] Art. 179 – inciso XIV. "Todo o cidadão pode ser admittido aos Cargos Publicos Civis, Politicos, ou Militares, sem outra differença, que não seja dos seus talentos, e virtudes". Inciso XXIX. "Os Empregados Publicos são strictamente responsaveis pelos abusos, e omissões praticadas no exercicio das suas funcções, e por não fazerem effectivamente responsaveis aos seus subalternos".

[20] V. ILNAH TOLEDO AUGUSTO, *Sindicalismo no Setor Público – Trajetória e Perspectivas*, Editora LTR, São Paulo, 2008, pág. 26.

[21] Cf. MÁRLIA FERREIRA BICALHO, *Reflexões sobre o Regime Jurídico dos Servidores Públicos* – Tese de Doutoramento – FDUFMG, Belo Horizonte, 2001, pág. 51. V. EMÍLIA VIOTTI DA COSTA, *Da Monarquia ...*, pág. 142: "Assim como os conselheiros de Estado e os senadores, os deputados pertenciam a uma rede política de clientela e patronagem, que utilizavam tanto em seu próprio benefício quanto no de seus amigos e protegidos".

[22] V. *Ibidem*, pág. 26. V. EMÍLIA VIOTTI DA COSTA, *Da Monarquia ...*, pág. 253: "... a burocracia era instável e ineficiente, sendo sua própria instabilidade condição essencial do sistema de clientela ...".

distribuição de privilégios e não era razoável almejar ascensão na carreira profissional senão com apoio em relações pessoais com os superiores hierárquicos e na afirmação política da figura do Imperador.[23]

Segundo Ilnah Toledo Augusto, existiam dois tipos de funcionários ("agentes administrativos"): os diretos e os auxiliares. Os primeiros, sob a autoridade suprema do Imperador, com vínculo de caráter oficial. Os últimos, empregados dos chefes administrativos e a eles subordinados, sem vínculo de caráter oficial. Além disso, segundo nos informa a mesma autora, para o ingresso nas repartições públicas provinciais era exigida a demonstração prévia de conhecimento de determinadas matérias, de menor complexidade. Para o ingresso no funcionalismo público imperial, contudo, já eram necessários outros mais requisitos: 18 anos completos, possuir boa caligrafia, conhecimentos de gramática e das quatro operações matemáticas fundamentais. Por fim, para o cargo de *amanuense*, o candidato deveria ter conhecimentos de gramática e aritmética, possuir redação própria e habilidades de tradução do francês e inglês.[24]

É nesse contexto que Raymundo Faoro aduzira que: "os orgulhosos descendentes dos senhores de engenho procuravam no emprego público o refúgio da grandeza perdida".[25] Ora, cidadãos brasileiros sem recursos financeiros que lhes viabilizassem tal capacitação não poderiam ser "agraciados" com a indicação a um posto na AP. "Educação inútil para a agricultura, talvez nociva ao infundir ao titular o desdém pela enxada e pelas mãos sujas de terra, mas, adequada ao cargo, chave do governo e da administração."[26]

Houve, sim, alguma preocupação com a formação da burocracia. Não sem razão instituíram-se as Faculdades de Direito de São Paulo e Olinda (1827). Os alunos, em geral, também provinham das classes mais abastadas da sociedade e ingressavam depois, normalmente, na magistratura.[27] Aliás, a magistratura, os militares e os agentes do Fisco integravam a parcela da administração do Estado mais organizada em termos profissionais e burocráticos, assim também herdadas de Portugal.[28]

Quanto ao aspecto normativo, para além da Constituição de 1824, destacava-se o Código Criminal de 1831 (arts. 127 a 178). Alguns direitos e deveres dos funcionários foram assegurados em diplomas administrativos e normativos variados (vitaliciedade, aposentadoria, juramento de posse, responsabilidades). Porém, estes não tinham caráter geral e nem eram sistematizados. Ao reverso, os direitos e garantias eram atribuídos de forma aleatória e direcionada, muitas vezes administrativamente, a fim de beneficiar determinada categoria ou pessoa.[29]

Grosso modo, a situação dos funcionários era precária (sem estabilidade) e as penas disciplinares poderiam ser aplicadas àqueles faltosos ou impontuais (através da

---

[23] V. *Ibidem*, pág. 30. V. tb. CLARICE GOMES DE OLIVEIRA, "O Servidor Público Brasileiro: uma tipologia da Burocracia", *RSP*, 58, nº 03, julho-setembro, 2007, pág. 269-302.

[24] V. *Ibidem*, pág. 25-28. O cargo de *amanuense* refere-se a funcionários do Ministério do Império. V. JOSÉ MURILO DE CARVALHO, "A Burocracia Imperial ...", pág. 10, nota 1.

[25] *Os donos do poder* ..., vol. II, pág. 418-419. V. EMÍLIA VIOTTI DA COSTA, *Da Monarquia* ..., pág. 256: "... os filhos da terra, mesmo de famílias mais pobres, prefeririam os empregos públicos ...".

[26] Cf. EMÍLIA VIOTTI DA COSTA, *Ibidem*, vol. I, pág. 439.

[27] Cf. JOSÉ MURILO DE CARVALHO, "A Burocracia Imperial ...", pág. 9, havia sim a possibilidade (remota) de pessoas simples e afrodescendentes ingressassem nessas faculdades, o que causava espécie aos professores.

[28] *Ibidem*, pág. 9 e 20.

[29] V. FLORIVALDO DUTRA DE ARAÚJO, *Conflitos Coletivos* ..., pág. 153; MÁRLIA FERREIRA BICALHO, *Reflexões* ..., pág. 53-55.

publicação de seus nomes, do desconto na folha de pagamento, com repreensão, com suspensão do exercício do cargo, aplicação de multa e inabilitação temporária ou total para a função pública[30]).

Ademais, a FP brasileira não era composta apenas de "agentes administrativos" (funcionários *lato sensu*, com vínculos dotados da expectativa de permanência). O Decreto de 18/5/1825 e, posteriormente, o Decreto nº 2.537, de 2/3/1860, mencionaram a existência da figura dos "extranumerários" como categoria à parte dos funcionários públicos, que serviam à AP através de contrato, "cujas condições serão cumpridas como neles se contiverem".[31]

Não se tratava de contratos de Direito do Trabalho, até porque tal disciplina jurídica somente foi viabilizada no Brasil após a abolição da escravatura (simultaneamente com o começo da industrialização brasileira[32]), tendo iniciado o seu desenvolvimento principalmente a partir da década de 30 do século passado. Conforme veremos a seguir, os "extranumerários" passaram a ser, ao longo de muitos anos, figuras constantes (e até mesmo majoritárias) da FP brasileira, representando a sua parcela não efetiva e temporária (não obstante, na prática, se tornasse a cada dia mais perene e indispensável).[33]

Prevaleceu, pois, na vigência da Constituição imperial o tratamento particular/pessoal por parte do Estado acerca da FP (sobre pessoas ou grupos específicos), de forma assistemática, casuística e basicamente por atos administrativos individuais, o que claramente se alinha à lógica da Administração Patrimonialista. "Sendo necessária a criação de um cargo ou o provimento de um já existente, era expedido o competente decreto, ou decisão, ou uma simples carta imperial",[34] com a consequente determinação da inclusão da verba destinada à contraprestação do serviço do funcionário na folha de pagamento da administração.[35] Trata-se de reflexo de uma convivência paradoxal: "A coexistência da ética da patronagem com a ética liberal reproduzia, no nível ideológico, a experiência de pessoas vivendo numa sociedade em que o capitalismo se desenvolveu dentro de uma rede de patronagem".[36]

---

[30] V. MÁRLIA FERREIRA BICALHO, *Reflexões* ..., pág. 53-55.

[31] Art. 52 do Decreto nº 2.537 de 2/3/1860. Cf. MÁLIA FERREIRA BICALHO, *Reflexões* ..., pág. 56.

[32] V. ANA FERNANDA NEVES, "O Contrato de Trabalho na Administração Pública", *in Estudos em Homenagem ao Professor Doutor Marcello Caetano, no Centenário do seu nascimento*, vol. 1, FDUL, Lisboa, 2006, pág. 81-151, esp. 197, nota: "O caractér intelectual do serviço prestado, por contraponto ao trabalhador manual, para cuja protecção nasceu o Direito do Trabalho, é apontado como elemento histórico distintivo do funcionário público. O Direito do Trabalho nasce muito depois da função pública, 'fundamentalmente ordenado à protecção do trabalho manual, o trabalho industrial'". Por isso, JÚLIO MANUEL VIEIRA GOMES, *Direito* ..., vol. I, pág. 19, menciona que a disciplina é própria da época do "relógio de ponto" e não do tempo da ampulheta, do relógio de sol ou da clepsidra.

[33] V. ANA LUÍSA CELINO COUTINHO, *Servidor Público – Reforma Administrativa, Estabilidade, Empregado Público, Direito Adquirido*, Editora Juruá, Curitiba, 2004, pág. 57 e seg.

[34] Cf. MÁRLIA FERREIRA BICALHO, *Reflexões* ..., pág. 50.

[35] V. JULIANA BRINA CORRÊA LIMA DE CARVALHO, *A Mutabilidade do regime da função pública sob o prisma da contratualização do vínculo entre o servidor público e o Estado* – Tese de Mestrado, FDUFMG, Belo Horizonte, 2009, pág. 29; FLORIVALDO DUTRA DE ARAÚJO, *Conflitos Coletivos* ..., pág. 153; MÁRLIA FERREIRA BICALHO, *Reflexões* ..., pág. 53-55. Segundo nos informa o Quadro 5 do texto de JOSÉ MURILO DE CARVALHO, "A Burocracia Imperial...", pág. 19, em 1877, o Brasil possuía 78.753 "empregados públicos", sendo que 69,27% estavam inseridos nas atribuições do Governo central, 24,79% no Governo provincial e, 5,94% no Governo municipal.

[36] Cf. EMÍLIA VIOTTI DA COSTA, *Da Monarquia* ..., pág. 170.

3 A Função Pública no período de vigência da Constituição Republicana de 1891

Em 15 de Novembro de 1889 proclamou-se no Brasil a República, na verdade, como efeito do descontentamento político com a monarquia e do paulatino fortalecimento do pequeno movimento republicano. O Federalismo também foi instalado nessa data, oficialmente. Alguns fatos contribuíram para a instituição das novas formas de Estado e Governo, tais como: a extinção do trabalho escravo, o crescimento das zonas urbanas, o anseio pela maior autonomia/descentralização das províncias, as consequências financeiras da Guerra do Paraguai e o estado de saúde debilitado do Imperador, vislumbrando-se a possibilidade de que a Princesa Isabel e o seu marido (estrangeiro) sucedessem D. Pedro II, querido da população.[37]

A 1ª Constituição republicana foi promulgada em 24 de fevereiro de 1891. As suas notas distintivas eram a sua feição liberal (consagrando-se novamente o princípio da separação dos poderes e os direitos individuais de 1ª dimensão e implementando-se um Estado de Direito) e a instituição do federalismo e do presidencialismo, tendo recebido, para tanto, uma influência decisiva da Constituição Americana de 1787. Não sem razão, instituíram-se na oportunidade o Supremo Tribunal Federal e os mecanismos de manutenção do pacto federativo (inclusive o controle concreto e difuso da constitucionalidade).[38]

No que se refere à FP (ampla, civil e militar), a Constituição de 1891 dedicou, basicamente, os artigos 73 a 77 e 82, para além da liberdade de ofício e de trabalho. Segundo aquele dispositivo, "Os cargos públicos civis ou militares são acessíveis a todos os brasileiros, observadas as condições de capacidade especial que a lei estatuir, sendo, porém, vedadas as acumulações remuneradas". Ao Chefe do Executivo (na substituição da anterior figura do Imperador) competia prover os cargos civis e militares federais. Além disso, a carta assegurou a aposentadoria para os funcionários públicos em caso de invalidez no serviço da nação (art. 75) e afirmou a responsabilidade daqueles que cometessem em serviço abusos ou omissões (art. 82). O caráter da nacionalidade no funcionalismo era marcado pela limitação do acesso aos estrangeiros, em consequência do estrito vínculo do cidadão-funcionário com o Estado.

---

[37] Cf. síntese de FREDERICO LUSTOSA DA COSTA, "Brasil...", pág. 838. Ainda menciona: "... germinava um incipiente movimento republicano, apoiado num vago programa de reformas que tentava conciliar interesses opostos de monarquistas liberais e de escravocratas descontentes com a política abolicionista do Império. O movimento republicano se dividia em dois pólos – o federalismo e o liberalismo. O primeiro era protagonizado pelas lideranças políticas de São Paulo e do Rio Grande do Sul e o segundo representado pelos políticos da cidade de Rio de Janeiro. Os republicanos do Rio de Janeiro defendiam a participação política da população e os gaúchos e paulistas, partidários do federalismo, pregavam uma maior autonomia regional. As críticas mais comuns recaíam sobre a centralização excessiva do regime monárquico, que restringia a liberdade política e econômica das províncias. Assim, as repetidas crises dos gabinetes imperiais geravam um clima de instabilidade política que dava força ao movimento republicano e à tentativa intervencionista do Exército. Pequenos incidentes entre líderes militares e o governo acabaram dando o último estímulo aos oficiais descontentes para que deflagrassem o golpe de 15 de Novembro de 1889. O que houve foi uma marcha de 600 soldados liderados pelo marechal Deodoro da Fonseca contra o quartel-general do Exército, onde estava reunido o ministério". V. EMÍLIA VIOTTI DA COSTA, *Da Monarquia* ..., pág. 449 e seg., revisando a História tradicional.

[38] Foi decisiva a influência de RUI BARBOSA, grande jurista nacional, na elaboração da 1ª Constituição Republicana. De sua lavra, *Os actos inconstitucionaes do Congresso e do Executivo ante a Justiça Federal*, Companhia Impressora, Rio de Janeiro, 1893, disponível: http://bdjur.stj.gov.br/xmlui/bitstream/handle/2011/21512/Os_actos_inconstitucionaes.pdf?sequence=1, na data de 10/5/2011.

O período de vigência da Constituição de 1891 (também consentâneo com o lapso histórico conhecido como República Velha – 1889/1930) foi marcado pela chegada dos imigrantes, especialmente provindos da Itália, os quais trouxeram consigo a doutrina anarquista e a força do movimento operário (o que acabará por demonstrar a imprescindibilidade de uma tutela estatal sobre o trabalho livre[39]). Além disso, iniciava-se o processo de industrialização nacional (reforçando o capitalismo e o peso das cidades), donde a necessidade de que a AP se modernizasse e estampasse os ideais burocráticos e de Estado de Direito (racionalidade, legalidade formal e igualdade perante a lei),[40] para além da prestação de alguns serviços públicos.

Podemos dizer que se projeta, nessa época, a transição de uma Administração (nitidamente) Patrimonialista para uma Administração (de feição mais) Burocrática,[41] havendo alguma preocupação com a regulamentação da FP e com a sua profissionalização.[42] Assim, pressupunha-se uma reforma administrativa que promovesse a racionalização burocrática, a padronização e a normatização das atividades e a implementação de controles formais, a qual não acabou sendo levada a efeito em seus integrais termos.[43]

Na esfera da FP, como consequência, foram várias as tentativas de sua sistematização e de elaboração de um "Estatuto" dos funcionários civis (fala-se da esfera federal),[44] a fim de serem afirmadas e reunidas as ideias de carreira, de ingresso através de concurso público, de escalonamento de remunerações e da própria fixação legal das competências dos funcionários.[45] Com efeito, já no Decreto nº 30 de 1891, que reorganizara a AP Federal após a implementação da República, determinava-se a realização de concurso para os "empregados" da Fazenda.[46] Contudo, a finalização do estatuto funcionarial deu-se apenas sob a égide da Constituição seguinte.

Apesar desse relativo "esforço weberiano" para a construção de um modelo burocrático de FP na República Velha, ele não foi suficiente para banir as práticas patrimonialistas,[47] tão impregnadas na cena política brasileira. A Administração Patrimonialista

---

[39] V. MARCELO BADARÓ MATTOS, *O Sindicalismo brasileiro após 1930*, Jorge Zahar Editor, Rio de Janeiro, 2003, pág. 9. V. ILNAH TOLEDO AUGUSTO, *Sindicalismo* ..., pág. 38. A A. aponta o Decreto nº 1.637 de 1907, assegurando a sindicalização dos trabalhadores urbanos, com exclusão dos "funcionários públicos". O art. 72, §24, da Constituição de 1.891 assegurou: "É garantido o livre exercício de qualquer profissão moral, intelectual e industrial". Cf. EMÍLIA VIOTTI DA COSTA, *Da Monarquia* ..., pág. 263, somente no início do século XX as ações (greves e agitações) operárias iriam adquirir real importância.

[40] Cf. EMÍLIA VIOTTI DA COSTA, *Da Monarquia* ..., pág. 515: "Com o crescimento da população, migrações internas e externas e sobretudo as crescentes oportunidades de trabalho num mercado em expansão, tornou-se cada vez mais difícil manter os rituais da patronagem, embora estes tenham sobrevivido nas fazendas e pequenas cidades até o presente".

[41] Segundo LUIZ CARLOS BRESSER PEREIRA, "A Reforma Gerencial ...", pág. 63, a Administração Pública Burocrática "é aquela baseada em um serviço civil profissional, na dominação racional-legal weberiana e no universalismo de procedimentos, expresso em normas rígidas de procedimento administrativo".

[42] V. CLARICE GOMES DE OLIVEIRA, "O Servidor Público Brasileiro ...", pág. 270, e GILBERTO GUERZONI FILHO, "Burocracia, Tecnocracia, psedoburocracia e Constituição de 1988: tentativas e perspectivas de formação de uma burocracia pública no Brasil", in *RIL*, ano 32, nº 128, outubro-dezembro, 1995, pág. 43-62, esp. 43.

[43] V. FREDERICO LUSTOSA DA COSTA, "Brasil ...", pág. 844.

[44] Sucederam na República Velha vários projetos de Estatuto. Cita-se: Justiano Serpa (1907), Alcindo Guanabara (1910), Gracho Cardoso (1911), Moniz Sodré (1913) e Camilo Holanda (1914). V. TERESA CRISTINA DE SOUSA, *A Natureza Contratual da Função Pública* – Tese de Mestrado, FDUFMG, Belo Horizonte, 2004, pág. 21. V. THEMISTOCLES BRANDÃO CAVALCANTI, *Tratado*..., pág. 38-39

[45] V. RAQUEL DIAS DA SILVEIRA, *Profissionalização* ..., pág. 31.

[46] V. ILNAH TOLEDO AUGUSTO, *Sindicalismo* ..., pág. 34.

[47] V. HELENA KERR DO AMARAL, "Desenvolvimento ...", pág. 551.

permanecia no "pano de fundo" da Administração (que se pretendia) Burocrática. A obtenção de uma colocação no funcionalismo ainda dependia de indicações e viabilizava a troca de favores.

De todo modo, percebia-se uma "viragem" na formação subjetiva do funcionalismo, que não era mais apenas integrado por abastados ou pessoas dotadas de títulos nobiliários, mesmo porque algumas atividades prestadas pela Administração implicavam o trabalho manual (ex: tipografia, condutores, jornaleiros). Aliás, a classe média brasileira passou a ser basicamente integrada por funcionários públicos[48] e estes tornavam-se paulatinamente mais reivindicativos de direitos (também por influência do movimento trabalhista e operário que se concentrava nos centros urbanos).

No conjunto subjetivo (amplo) do funcionalismo integravam ainda os "extranumerários". Como ocorria no período constitucional anterior, estes representavam a parte precária ou transitória da FP, em contraposição aos funcionários públicos, caracterizados pelo signo da permanência (e estabilidade).[49] "As leis da República continuavam distinguindo o funcionário dos outros empregados e, não raro, continuavam a denominar o operário, o diarista, o mensalista, os extranumerários e os provisórios."[50]

Com efeito, no decurso da República Velha, o gênero dos "extranumerários" passou a ser, quantitativamente, uma importante quota da FP brasileira. Por isso, podemos afirmar que esse período histórico do Brasil foi caracterizado também pela *dualidade* de vínculos (ou de regimes): de um lado, os funcionários, com direitos mais benéficos (estabilidade, às vezes aposentadoria com vencimentos integrais, licenças remuneradas); de outro, os extranumerários, admitidos mediante contrato, instáveis e sem direitos (muito menos trabalhistas). Essa dualidade de regimes no interior da FP, conforme veremos adiante, será uma das marcas do funcionalismo brasileiro, até a promulgação da Constituição de 1988.

O Decreto nº 5.426, de 07 de janeiro de 1928, procurou sistematizar esses dois grupos da FP, conceituando também o funcionário público de nível federal. Por sua vez, o Decreto nº 18.880, de 27 de janeiro desse mesmo ano, viabilizou a contratação direta pela Administração, através de simples portaria do ministro ou dos chefes do serviço, de interessados ao posto de "extranumerários" (*lato sensu*), não obstante, sempre sob regime contratual e precário.[51] Não sem razão, passaram a ser os "extranumerários" aqueles mais acessíveis às práticas patrimonialistas.

Finalmente, o Decreto nº 19.770, de 19 de março de 1931 (que regulamentou a sindicalização das classes patronais e operárias), em seu art. 11,[52] excluiu da categoria

---

[48] V. ILNAH TOLEDO AUGUSTO, *Sindicalismo* ..., pág. 35. Ainda conforme o Quadro 5 do texto de JOSÉ MURILO DE CARVALHO, "A Burocracia Imperial...", pág. 19, em 1920, o Brasil possuía 184.421 "empregados públicos", sendo que 55,88% estavam inseridos nas atribuições do Governo central, 35,51% no Governo estadual e 11,61, % no Governo municipal.

[49] V. FLORIVALDO DUTRA DE ARAÚJO, *Conflitos Coletivos* ..., pág. 154. V. THEMISTOCLES BRANDÃO CAVALCANTI, *Tratado* ..., pág. 87 e seg.

[50] Cf. MÁRLIA FERREIRA BICALHO, *Reflexões* ..., pág. 58.

[51] As informações são de MÁRLIA FERREIRA BICALHO, *Reflexões* ..., pág. 58-59.

[52] Art. 11 – Na technologia juridica do presente decreto, não ha distincção entre empregados e operarios, nem entre operarios manuaes e operarios inttellectuaes, incluindo-se, entre estes, artistas, escriptores e jornalistas que não forem commercialmente interessados em empresas theatraes e de publicidade. Paragrapho unico. Não entram na classe de empregados: *a)* os empregados ou funccionarios publicos, para os quaes, em virtude da natureza de suas funcções, subordinadas a principios de hierarchia administrativa, decretará o Governo um estatuto legal; *b)* os que prestam serviços domesticos, o qual obedecerá a regulamentação á parte. V. CARMEN LÚCIA ANTUNES ROCHA, *Princípios* ..., pág. 340 e seg.

dos "empregados e operários" (e, como veremos adiante, do âmbito do Direito do Trabalho, o qual se estava afirmando no Direito Positivo brasileiro) os funcionários públicos e outros "empregados públicos", os quais seriam regulados por um "estatuto legal" diverso. Essa opção legislativa da década de 1930, de certo modo harmoniosa com a apontada dualidade de regimes da FP, acabará por se afirmar nos anos posteriores.

De fato, a "categoria"[53] dos funcionários públicos (*stricto sensu*, permanentes, integrantes ou não de carreiras específicas) restará "preservada" da legislação do trabalho[54] e será, ato contínuo, inserida no âmbito de incidência das normas jurídico-administrativas; enquanto o (gênero) dos "extranumerários" (ou melhor, a parcela flexível e provisória do funcionalismo) ver-se-á submetida posteriormente àquela legislação.

Do que aduzimos, podemos sintetizar as particularidades do lapso em questão no que tange à FP: presença do patrimonialismo no acesso à FP, alguma preocupação com o seu modelo e com o seu atraso frente ao modelo burocrático e à dualidade de vínculos dos funcionários (o funcionarial *stricto sensu*/oficial e o privatístico/não oficial).

4 A Função Pública na Constituição de 1934 e a criação do Conselho Federal do Serviço Público Civil

A vigência da Constituição de 1891 chegou a termo com a entrada em vigor, em 16 de julho, da Constituição de 1934, promulgada pela Assembleia Nacional Constituinte, confirmando-se, então, a figura de Getúlio Vargas na Presidência da República.

Os efeitos sociais do fim da 1ª Grande Guerra (1914-1918), da crise financeira americana (1929), as recentes Constituições Mexicana (1917) e de Weimar (1919) tiveram grande influência na formatação do texto constitucional de 1934, marcando, oficialmente,

---

[53] Existe um conceito legal de "categoria profissional", constante do art. 511, §2º da CLT: "A similitude de condições de vida oriunda da profissão ou trabalho em comum, em situação de emprego na mesma atividade econômica ou em atividades econômicas similares ou conexas, compõe a expressão social elementar compreendida como categoria profissional". As associações nacionais dos servidores públicos têm sido assim enquadradas ("entidades de classe de âmbito nacional"), para efeitos de serem admitidas no rol dos legitimados ao controle abstrato de normas junto ao STF (art. 103, IX, CR/88). V., ADI nº 4009-SC (Associação dos Delegados de Polícia do Brasil); ADI nº 990-MG (Confederação Brasileira de Trabalhadores Policiais Civis); ADC nº 12 MC-DF (Associação dos Magistrados do Brasil); ADI nº 2.903-PB (Associação Nacional dos Defensores Públicos);

[54] V. JULIANA BRINA CORRÊA LIMA DE CARVALHO, *A Mutabilidade* ..., pág. 60. Com efeito, existe um arraigado preconceito contra o Direito do Trabalho. No Brasil, este preconceito é muito forte relativamente à regulamentação da Função Pública. Não se trata apenas de uma separação entre funcionários públicos e empregados, própria da origem diversa desses coletivos, estes bem posteriores àqueles. É também uma separação causada pelo preconceito de "proletarização" do funcionalismo. Sobre a discriminação do Direito do Trabalho e que acaba perpassando para os juslaboristas e a Justiça do Trabalho, em geral, V. JÚLIO MANUEL VIEIRA GOMES, *Direito do Trabalho* ..., pág. 817, é bem incisivo: "Encarado, por alguns, como um 'galho jurídico' e não tanto como um ramo do direito, o direito do trabalho". No Brasil, V. MÁRCIO TÚLIO VIANA, "Os Dois Modos de Discriminar e o Futuro do Direito do Trabalho", *in* LUIZ OTÁVIO LINHARES RENAULT e MÁRCIO TÚLIO VIANA (coord.), *Discriminação*, LTr, São Paulo, 2000, pág. 321-328. V., de forma histórica, THEMISTOCLES BRANDÃO CAVALCANTI, *Tratado* ..., pág. 46-49: "Por isso mesmo, cogitou-se de integrar todos os que trabalham dentro de um único regime que deve obedecer às normas de uma nova disciplina denominada Direito Operário. Será isso possível para os servidores do Estado? ... Responde a êsse argumento STAINOF, em um excelente capítulo sobre o assunto, mostrando a inexequibilidade da aplicação da maioria das normas de direito operário aos funcionários do Estado ... O Estatuto legal dos funcionários emana da vontade do Estado, nele se acham estipulados os direitos e deveres, ao Estado cabe modificar as normas dêsse Estatuto ... As modificações dêsse regime jurídico, ao contrário do que ocorre com o Estado, dependem apenas remotamente do Estado, que intervém como terceiro, e não como parte da relação jurídica".

a era do Estado Social no Brasil,[55] designadamente no que tange à atuação direta do Estado na economia e à proteção social. A partir de 1934 foram inclusivamente constituídas várias empresas estatais (públicas e sociedades de economia mista), referências até os dias atuais. Foi justamente a partir dessa época que se verificou o grande incremento da Administração Pública Indireta do país, marcando o que se denominou de Estado Administrativo brasileiro.[56]

Não sem razão, a Constituição passou a assegurar a liberdade econômica, desde que respeitados o "princípio da Justiça e as necessidades da vida nacional" (art. 115, *caput*). Garantiu aos trabalhadores, visando à melhoria de sua condição social, os direitos trabalhistas e a previdência social (art. 121, §1º), bem como instituiu a Justiça do Trabalho (art. 122), para além de proteger o mercado de trabalho em benefício dos nacionais ("política de nacionalização do trabalho"; art. 121, §6º), em especial, nas concessionárias de serviços públicos (art. 135).

No que tange à FP, a Constituição de 1934 inovou. Dedicou-lhe um título exclusivo (título VII – artigos 168 a 173), nele dispondo sobre direitos e deveres dos funcionários públicos. Pretendia implementar, já a nível constitucional, o modelo weberiano de FP (até hoje, como veremos, inacabado).[57]

Assim, a Carta de 1934 constitucionalizou a estabilidade na função pública após dois anos de exercício, quando nomeado o funcionário em virtude de concurso de provas ou, em geral, de dez anos de efetivo exercício (art. 169); introduziu os princípios do mérito e da igualdade no acesso à FP, além de estipular o concurso público de provas ou títulos como forma usual (mas não absoluta) de acesso aos cargos pelos nacionais (art. 168 e art. 170-2º). Além disso, determinava que "o quadro dos funcionários públicos compreenderá todos os que exerçam cargos públicos, seja qual for a forma do pagamento" (art. 170-1º), indicando a conexão estreita entre aqueles e estes; bem como estipulava obrigação ao Poder Legislativo de votar o "Estatuto dos Funcionários Públicos" (art. 170), consagrando-se o princípio da reserva legal na matéria.

No âmbito infraconstitucional e especialmente federal, a concepção "estatutária" de FP tinha maior peso, apesar de a dualidade de regimes ainda permanecer na figura dos "extranumerários". Carreiras foram organizadas e eram impostas aos funcionários

---

[55] Na verdade, é discutível na doutrina nacional se efetivamente o Brasil perpassou por um Estado Social clássico. V. PAULO BONAVIDES, *Do Estado Liberal ao Estado Social*, 6ª edição, Malheiros Editores, São Paulo, 1996. V. INGO WOLFGANG SARLET, *A Eficácia dos Direitos Fundamentais*, 2ª ed., Livraria do Advogado, Porto Alegre, 2005. Sobre o histórico e o conceito de Estado de Bem-Estar ou Estado Social, V. GERBARD A. RITTER, *El Estado Social – su origen y desarollo en una comparación internacional*, Ministerio do Trabajo y Seguridade Social, Madrid, 1991.

[56] No Brasil, a AP é dividida entre: (1) AP Direta, diretamente subordinada ao Chefe de Governo (Presidente da República, Governados dos Estados-membros e Prefeitos, nos Municípios), composto de Ministérios e Secretarias, organizados conforme o art 84, inciso VI, da CR/88. (2) AP Indireta, composta de Autarquias e Fundações, além das empresas estatais. V. HELY LOPES MEIRELLES, *Direito Administrativo Brasileiro*, 24ª ed., São Paulo, Malheiros Editores, 1999, pág. 661-664. Há dúvidas na doutrina nacional sobre a possibilidade de Fundações sujeitas a regime jurídico-privado, integrantes da AP Indireta. V. CELSO ANTÔNIO BANDEIRA DE MELLO, *Curso ...*, pág. 185-186; MARIA SYLVIA ZANELLA DI PIETRO, *Direito Administrativo*, 14ª ed., Atlas, São Paulo, 2002, pág. 371-376; DIÓGENES GASPARINI, *Direito ...*, pág. 326-329; MARÇAL JUSTEN FILHO, *Curso de Direito Administrativo*, 2ª ed., Saraiva, São Paulo, 2006, pág. 129-131. V., sobre o Estado Administrativo Brasileiro, HUMBERTO FALCÃO MARTINS, "Burocracia e a Revolução Gerencial – a persistência da dicotomia entre política e administração", *in RSP*, ano 48, nº 01, janeiro-abril, 1997, pág. 42-76, esp. 53.

[57] V. REGINA SILVIA PACHECO, "Brasil: politización, corporativismo y profissionalización de la función pública", *in La Profissionalización del Empleo Público en America Latina*, Coord. FRANCISCO LONGO e CARLES RAMIÓ, Fundación CIDOB, Barcelona, 2008, pág. 170-198, esp. pág. 172.

públicos pesadas restrições ao exercício de direitos, as quais se enquadravam na lógica do "espírito de serviço" próprio do ideal weberiano,[58] mormente para manter a nacionalidade da FP.[59]

Mesmo na efêmera vigência da Constituição de 1934 (que logo após foi substituída pela Carta de 1937, dessa vez, outorgada por Getúlio Vargas), houve, sim, um considerável empenho reformista da AP, designadamente a partir de 1935, encabeçado por Maurício Nabuco e Luis Simões Lopes. Resultado desse compromisso burocrático (e do trabalho da então "Comissão Nabuco"[60]) foi a edição da chamada "Lei do Reajustamento" (Lei nº 284, de 28/10/1936[61]). Trata-se da lei que, para além de organizar as carreiras dos funcionários públicos civis e reajustar os seus vencimentos, criou o Conselho Federal do Serviço Público Civil – CFSPC (art. 8º e seguintes), o primeiro órgão voltado especialmente para a questão da gestão funcionarial no Brasil.

O CFSPC era composto de cinco membros, nomeados em comissão pelo Presidente da República e com funções variadas, tais como a formulação de propostas legislativas sobre a AP (redação), a realização de concursos públicos e cursos de aperfeiçoamento e acompanhamento da gestão do funcionalismo.[62] Dentro de suas atribuições, verificava-se: "estudar a organização dos serviços públicos e propor ao Governo qualquer medida necessária ao seu aperfeiçoamento" e "opinar sobre propostas, normas e planos de racionalização de serviços públicos, elaborados pelas Comissões de Eficiência".[63]

Além disso, essa lei estabeleceu uma nova classificação de cargos públicos (federais) e fixou normas sobre a gestão administrativa,[64] apesar de em seu art. 19 ter viabilizado a admissão de "extranumerários" na FP, independentemente de concurso público.[65]

Não podemos afirmar, portanto, que a Constituição de 1934 e o CFSPC tenham obstado as práticas patrimonialistas de empreguismo, apesar de terem inaugurado um

---

[58] V. MAX WEBER, ¿Qué es la Burocracia?, Ediciones elaleph.com, Madrid, 2000, pág. 11-18.

[59] Não se cogita apenas do direito à sindicalização e do exercício do direito de greve. Estes só foram assegurados à FP através da CR/88. Exemplo de uma dessas outras restrições era a proibição determinada pelo Decreto nº 23.806, de 26/1/1934, aos funcionários públicos diplomáticos e consulares de contrair matrimônio com estrangeiros. Ainda, estes funcionários careciam de consentimento prévio da AP para casar-se com pessoa de nacionalidade brasileira.

[60] V. SUELY BRAGA DA SILVA (org.), *Luiz Simões Lopes – Fragmentos de Memória*, Fundação Getúlio Vargas, Rio de Janeiro, 2006, pág. 85 e seg. V. THEMISTOCLES BRANDÃO CAVALCANTI, *Tratado* ..., pág. 27 e seg.

[61] Aliás, por isso, desde então, o dia 28 de outubro é nacionalmente declarado como o "Dia do Servidor Público" (Lei nº 8.112/90, art. 236). Segundo ARÍZIO VIANA, *D.A.S.P – Instituição a Serviço do Brasil*, Rio de Janeiro, 1953, pág. 59, sobre o período anterior à Lei do Reajustamento: "A ausência de critérios lógicos, princípios uniformes ou normas objetivas reguladoras do exercício dos cargos e funções públicas transformava a precária legislação existente num amontoado de disposições contraditórias e heterogêneas. 'A confusão era geral'; ninguém se entendia. Nenhum documento retrata melhor o caos então predominante do que o Relatório da famosa Comissão Nabuco".

[62] V. Art. 10 da Lei – V. THEMISTOCLES BRANDÃO CAVALCANTI, *O Funcionário Público* ..., pág. 70 e seg. O A. foi uma grande referência na matéria na década de 40.

[63] V. Art. 10 da Lei – V. ARÍZIO DE VIANA, *D.A.S.P* ..., pág. 29. V. THEMISTOCLES BRANDÃO CAVALCANTI, *Tratado* ..., pág. 29 e seg.

[64] V. Art. 3º e seguintes da Lei – V. FREDERICO LUSTOSA DA COSTA, "Brasil ...", pág. 845.

[65] "CAPÍTULO IV – Do Funcionalismo – Art. 19 – Os serviços públicos civis serão executados pelos funcionários cujos cargos constam das tabelas anexas a esta lei e por pessoal "extranumerário". Parágrafo único. O pessoal extranumerário, classificado em contratado, mensalista, diarista e tarefeiro, será admitido na forma da legislação que vigorar, de acordo com a natureza e necessidade dos serviços a serem executados e pelo prazo que for indispensável". V. MÁRLIA FERREIRA BICALHO, *Reflexões* ..., pág. 893.

importante caminho para o surgimento de uma burocracia profissional no país, trilhado posteriormente por seu órgão sucessor: o DASP (o Departamento Administrativo do Serviço Público).

Esse curto período foi marcado pela afirmação da figura de Getúlio Vargas e pelo recrudescimento dos ideais nacionalistas, o que acabou por contribuir para afirmação do modelo estatutário e weberiano de FP. Além disso, instaurou-se uma importante reforma administrativa e burocrática no Brasil.

5 A Função Pública na Constituição de 1937 e a administração daspiana[66] – a "dicotomia da modernização"[67]

A Carta de 1937, outorgada por Getúlio Vargas, sob o pretexto de sufocar o movimento comunista no Brasil,[68] inaugurou no país o chamado "Estado Novo", de ideologia fascista e autoritária. Em termos gerais, manteve praticamente a mesma concepção social e estrutura da Constituição de 1934 (direitos sociais e direitos trabalhistas, com proibição geral do direito de greve; intervenção direta do Estado na economia, federalismo e presidencialismo), inclusive no que diz respeito à FP (princípio do concurso público no acesso, estabilidade no serviço público, licenças e aposentadoria – arts. 156 a 159). Aliás, previu já no texto constitucional a constituição de um "Departamento Administrativo" a fim de racionalizar a FP (art. 67, alínea a[69]).

Através do Decreto-Lei nº 579, de 30 de junho de 1938, extinguiu-se o CFSPC e instituiu-se o DASP, órgão reconhecidamente apontado pela doutrina como o principal mentor e dínamo da reforma burocrática no Brasil. A importância do DASP para a AP e, muito especialmente, para a FP (designadamente federal), é de tal monta que a doutrina chega a afirmar que "a história administrativa do Brasil, na República, se biparte: antes e depois do DASP".[70]

---

[66] Cf., aduzindo as "realizações *daspianas*", ARÍZIO DE VIANA, *D.A.S.P* ..., pág. 8-15. A doutrina também se utiliza da nomenclatura "modernização *daspeana*". V. HUMBERTO FALCÃO MARTINS, "Burocracia ...", pág. 53.

[67] V. HUMBERTO FALCÃO MARTINS, "Burocracia ...", pág. 54. V. tb. GILBERTO GUERZONI FILHO, "Burocracia...", pág. 44.

[68] Era o seu preâmbulo/justificativa: "O PRESIDENTE DA REPÚBLICA DOS ESTADOS UNIDOS DO BRASIL: ATENDENDO às legítimas aspirações do povo brasileiro à paz política e social, profundamente perturbada por conhecidos fatores de desordem, resultantes da crescente a gravação dos dissídios partidários, que, uma, notória propaganda demagógica procura desnaturar em luta de classes, e da extremação, de conflitos ideológicos, tendentes, pelo seu desenvolvimento natural, resolver-se em termos de violência, colocando a Nação sob a funesta iminência da guerra civil; ATENDENDO ao estado de apreensão criado no País pela infiltração comunista, que se torna dia a dia mais extensa e mais profunda, exigindo remédios, de caráter radical e permanente; ATENDENDO a que, sob as instituições anteriores, não dispunha, o Estado de meios normais de preservação e de defesa da paz, da segurança e do bem-estar do povo; Sem o apoio das forças armadas e cedendo às inspirações da opinião nacional, umas e outras justificadamente apreensivas diante dos perigos que ameaçam a nossa unidade e da rapidez com que se vem processando a decomposição das nossas instituições civis e políticas; Resolve assegurar à Nação a sua unidade, o respeito à sua honra e à sua independência, e ao povo brasileiro, sob um regime de paz política e social, as condições necessárias à sua segurança, ao seu bem-estar e à sua prosperidade, decretando a seguinte Constituição, que se cumprirá desde hoje em todo o País:"

[69] "Art 67 – Haverá junto à Presidência da República, organizado por decreto do Presidente, um Departamento Administrativo com as seguintes atribuições: a) o estudo pormenorizado das repartições, departamentos e estabelecimentos públicos, com o fim de determinar, do ponto de vista da economia e eficiência, as modificações a serem feitas na organização dos serviços públicos, sua distribuição e agrupamento, dotações orçamentárias, condições e processos de trabalho, relações de uns com os outros e com o público";

[70] Cf. HÉLIO DE ALCÂNTARA AVELLAR, *apud* ILNAH TOLEDO AUGUSTO, *Sindicalismo* ..., pág. 51. Na doutrina da época, THEMISTOCLES BRANDÃO CAVALCANTI, *O Funcionário Público* ..., pág. 845.

O DASP foi inspirado nos *Bureau of the Budget* e *Civil Service Commission* americanos. Tratou-se de um órgão de natureza técnica, sem personalidade jurídica própria, integrante da Administração Federal e diretamente subordinado ao então Presidente da República, na qualidade de uma das suas assessorias especializadas, com atribuições amplas relacionadas "à investigação, ao estudo, orientação geral dos problemas da administração pública".[71] Possuía atribuições específicas em setores variados da AP: organização administrativa, orçamento, edifícios públicos e administração de pessoal. Nesse setor, aliás, o DASP tinha as seguintes atribuições: "estudar e propor sistemas de classificação e remuneração de funções e cargos públicos"; "orientar a administração do pessoal civil da União"; "selecionar candidatos a cargos e funções do serviço civil federal, excetuando os das Secretarias da Câmara dos Deputados e do Senado Federal, os do magistério e da magistratura"; "promover treinamento, adaptação, readaptação e aperfeiçoamento dos servidores civis da União"; "preparar, quando conveniente, candidatos a funções e cargos públicos".[72]

Internamente, o DASP estava estruturado da seguinte forma: um Conselho de Administração e quatro divisões, uma para cada um dos setores específicos de atuação.[73] Ademais, o DASP possuía seções nos Estados-membros sob intervenção federal (os "daspinhos"[74]), em especial, com "o objetivo de adaptar as normas vindas do governo central às unidades federadas sob intervenção".[75]

No entanto, a racionalização administrativa que o DASP tentava (e conseguia, com êxito significativo) alcançar na esfera da AP Direta, seguindo os ideais burocráticos clássicos e os princípios da Ciência da Administração e do Direito Administrativo, contrastava com a ampla "liberdade" de contratação de pessoal "extranumerário", para além daquela que se entendia na época imperar sobre a esfera da AP Indireta (mormente empresarial); válvulas de escape através das quais os critérios e as práticas do patrimonialismo permaneciam implantados e eram seguidos também à risca.

Daí se falar que esse processo de substituição da AP Patrimonialista pela AP Burocrática foi marcado no Brasil por contrariedades (a chamada "dicotomia da modernização"[76]) e uma dissociação entre teoria e prática, em termos globais. Sob esse aspecto, Edilson Bariani afirma sobre as dificuldades enfrentadas pelo DASP: "Entretanto ele não fincou suas raízes no ar, o Brasil é profundamente marcado – e talvez nos anos 30 fosse muito mais – por uma sociabilidade baseada no favor, no personalismo, no clientelismo, no fisiologismo, na promiscuidade entre o público e o privado, na corrupção. Um terreno nada fértil para o empreendimento. Ainda assim, o DASP acumulou forças, resistiu e manobrou até onde pôde. Suas ações foram marcadas pelas dificuldades de viabilização

---

[71] V. ARÍZIO DE VIANA, *D.A.S.P* ..., pág. 9.
[72] *Ibidem*, págs. 11-12. Alude-se neste texto ao Decreto nº 20.486, de 24 de janeiro de 1.946, quando o D.A.S.P passou por uma reestrutura. V. THEMISTOCLES BRANDÃO CAVALCANTI, *Tratado* ..., pág. 31 e seg.
[73] *Ibidem*, pág. 12.
[74] Cf. EDILSON BARIANI, *Guerreiro Ramos e a redenção sociológica; capitalismo e socialismo no Brasil*, tese de Doutoramento, FCL-UNESP, Araraquara, 2004, pág. 6.
[75] Cf. FREDERICO LUSTOSA DA COSTA, "Brasil ...", pág. 845.
[76] Cf. HUMBERTO FALCÃO MARTINS, "Burocracia ...", pág. 54, sobre a dissociação entre o ideal daspiano e os ideais da política: O DASP "foi criado para ser o seu principal agente modernizador, promoveu uma verdadeira revolução na Administração Pública, empregando tecnologia administrativa de ponta e profissionalizando o serviço público segundo o mérito". "Como consequência, teria a ação do D.A.S.P. criado um divórcio entre a administração e o quadro social e econômico, sem expressão política pela via democrática".

inerentes, seu percurso por tensões e contradições que se acumulavam devido ao atrito entre o caráter de suas funções – racional-legal – e a cultura política na qual se inseria. Seus dilemas são, de certo modo, os dilemas de toda modernização no Brasil, que o avanço do capitalismo não somente não dirimiu como também potencializou".[77]

Esse conflito também era notado em outras questões, conforme elucida Ilnah Toledo Augusto: "o sistema administrativo centralizado ainda tinha uma grande vantagem, que era a de inibir quase totalmente a ação da Administração Pública em tudo que fosse além de atividades meramente rotineiras. Em contraste, as unidades descentralizadas tinham autonomia financeira e podiam fixar salários por valores competitivos com o mercado privado".[78]

Não deixa de ser também paradoxal que, justamente num governo de vertente fascista e totalitário como o de Getúlio Vargas entre os anos de 1937 a 1945, tenha sido instituído um órgão, como o DASP, que se baseava no critério "democrático", imparcial e igualitário, do concurso público.[79]

As tarefas de modernização e profissionalização da FP confiadas ao DASP, portanto, foram levadas a efeito com grande dificuldade pelos seus agentes, na medida em que representavam inovação, impessoalidade e obstáculo ao clientelismo. O próprio Arízio Viana, dirigente do órgão no ano de 1952, chegou a expressar publicamente: "Elaborar orçamentos racionais, realizar concursos, implantar normas e métodos eficientes de trabalho, reprimir abusos, coibir desperdícios, fiscalizar a atuação funcional do elemento humano nas engrenagens governamentais, propor penalidades, sugerir reformas, lutar contra velhas rotinas cristalizadas – tudo isso, cumpre reconhecê-lo, se traduz, na prática, em providências por vezes contrárias às mentalidades consolidadas, em que predominam hábitos ou interesses retrógrados. É conhecido o drama dos inovadores na sua luta contra as sobrevivências obsoletas ou velhas práticas arraigadas".[80]

Com efeito, veremos como, principalmente a partir do ano de 1945 e do retorno democrático, o DASP passou a ser secundarizado pelas praxes administrativas empreguistas e clientelistas.

A dualidade de regimes na FP (*lato sensu*) também marca o período de vigência da Constituição de 1937. Como já ocorria no passado, ao lado dos "funcionários públicos", normalmente submetidos a concurso público de ingresso, estáveis e integrantes da Administração Direta do Estado, existiam os "extranumerários" (mensalistas, diaristas, tarefeiros), vinculados por contrato e de modo temporário (ou pelo menos com essa expectativa). O Decreto-Lei nº 240/1938 dispunha sobre essa figura funcional ("Dispõe sôbre o pessoal extranumerário e o pessoal para obras, e dá outras providências"[81]).

Nessa época, a legislação do trabalho ainda não estava "consolidada" (existiam leis sobre questões específicas, mas não um "código do trabalho" de caráter abrangente)

---

[77] In *Guerreiro Ramos*, pág. 1.
[78] V. ILNAH TOLEDO AUGUSTO, *Sindicalismo* ..., pág. 52.
[79] V. ARÍZIO DE VIANA, *D.A.S.P* ..., pág. 24.
[80] In *D.A.S.P* ..., pág. 13.
[81] "Art. 1º – Alem dos funcionários públicos civis regularmente investidos em cargos públicos criados por lei, poderá haver, nos serviços públicos federais, pessoal extranumerário. – Art. 2º. O pessoal extranumerário será sempre admitido, ou reconduzido a título precário, com funções determinadas, e salário fixado, dentro dos limites das dotações orçamentárias próprias da verba pessoal, parte variavel. –Art. 3º – O pessoal extranumerário se divide em: I – Contratado. II – Mensalista. III – Diarista. IV – Tarefeiro". O Decreto-Lei tem 68 artigos.

e os direitos "trabalhistas" ou "funcionais" dos "extranumerários" eram apenas aqueles previstos no ato da contratação (art. 14 do Decreto-Lei nº 240/1938).

Um dos mais importantes fatos ocorridos sob a égide da Constituição de 1937 e sob decisiva influência do DASP (que contava com o inegável apoio getulista) foi a aprovação e publicação do primeiro "Estatuto dos Funcionários Civis da União", através do Decreto-Lei nº 1.713, de 28 de outubro de 1939, o qual marcará profundamente a doutrina posterior sobre o tema da FP. Através desse diploma deu-se um tratamento unitário (em termos de direitos, deveres, responsabilidades e procedimento disciplinar) aos funcionários civis da União (com exclusão dos extranumerários), bem como proibiram-se expressamente os direitos de sindicalização e de greve do funcionalismo.

Com efeito, na trilha sinalizada pelas Constituições de 1934 e 1937 e num grande retrocesso doutrinário, a figura do "funcionário público" deixou de estar relacionada ao caráter da *profissionalidade* e até da permanência do exercício funcional (função pública *stricto sensu*), como até então era, de fato, assentada na doutrina,[82] e passa a ter conexão com o (vago) conceito de "cargo público".[83] Em síntese: "funcionário público é a pessoa legalmente investida em cargo público" (art. 2º do Estatuto). Essa definição, não obstante sua falta de técnica, passou a ser repetida em tons dogmáticos e acríticos e está presente ainda nos dias atuais.[84] Retirou-se, legislativa e acriticamente, desse modo, em nossa ótica, a característica mais importante da FP (a da *profissionalidade*), salientada inclusive pela teoria da burocracia de Max Weber.[85] Como efeito, a necessidade da profissionalização no decorrer da carreira e da vida funcional do funcionário público deixará de ser uma preocupação no Brasil, fazendo concentrar a atenção nacional na temática da FP na questão de seu acesso inicial, ou seja, no concurso público.[86]

De fato, reprovou à época Themistocles Brandão Cavalcanti, "O Estatuto dos funcionários públicos constitui indubitavelmente um regresso na definição de funcionário público, tirando-lhe o característico de permanência e estabilidade atribuídos a certas categorias de servidores do Estado".[87]

Além disso, a partir do 1º Estatuto brasileiro também a nomenclatura "emprego público" passa a ser integralmente substituída por "função pública" e/ou "funcionário

---

[82] V. THEMISTOCLES BRANDÃO CAVALCANTI, *O Funcionário Público* ..., pág. 93 e seg. citando, em 1946, a doutrina de STAINOF e de MARCELLO CAETANO. Segundo aquele, "atribui ao funcionário público um *sentido profissional*, considerando como tal mesmo aqueles que, em caráter transitório, dedicam a sua atividade ao serviço do Estado". De acordo com o jusadministrativista português: "o que diferencia os servidores públicos de outros agentes é o fato de aqueles serem profissionais, isto é, abraçarem a Função Pública como modo de vida ao qual se dedicam toda a sua atenção, no qual procuram fazer carreira e de onde auferem os recursos necessários à sustentação de lar". In *Princípios Fundamentais* ..., pág. 288. Tb., do mesmo A., *Tratado* ..., pág. 52-57; e *Princípios* ..., pág. 136-138. Tb. RAQUEL DIAS DA SILVEIRA, *Profissionalização* ..., pág. 66 e seg.

[83] A crítica fora formulada por THEMISTOCLES BRANDÃO CAVALCANTI, *Tratado* ..., pág. 57; *Princípios* ..., pág. 138. É reiterada por FLORIVALDO DUTRA DE ARAÚJO, *Conflitos Coletivos* ..., pág. 158 e seg., e por CRETELLA JÚNIOR (1967), *apud* JULIANA BRINA CORRÊA LIMA DE CARVALHO, *A Mutabilidade* ..., pág. 61. Este A. afirma: "a falta de técnica legislativa que presidiu a feitura das normas estatutárias é patente, a principiar pela definição do funcionário público, porque prende esta definição à de cargo público, para, em seguida, definir cargo público, fazendo-o também mal ... E o Estatuto define cargo pelo próprio cargo. ..., portanto, é forçosa a conclusão de que, para o Estatuto, cargos são cargos".

[84] Art. 2º da vigente Lei nº 8.112/90.

[85] In MAX WEBER, ¿Qué es la ..., pág. 10 e seg., lê-se, sobre a situação do funcionário: "a ocupação de um cargo é uma profissão"; "como um dever particular de fidelidade em troca de uma existência segura".

[86] Por todos, RAQUEL DIAS DA SILVEIRA, *Profissionalização* .... V. tb. REGINA SILVIA PACHECO, "Brasil: politización ...", pág. 176.

[87] In *Princípios* ..., pág. 138; e *Tratado* ..., pág. 57.

público", ficando aquela acantoada, com o passar dos anos, à exclusiva figura dos trabalhadores subordinados da AP (Direta e Indireta) submetidos ao contrato de trabalho (regime jurídico-privado – "empregados públicos"), diversamente do que se verifica em alguns países da Europa. Na verdade, trata-se da opção que já havia sido anunciada nos anos anteriores (como no Decreto nº 19.770/1931) de afastar a comunicação e a incidência do Direito do Trabalho (na época, apresentado como o "Direito Operário"[88]) na regulação da FP, o que culminará na radicalização do sistema dualista de regimes funcionariais brasileiro.

Através do Decreto-Lei nº 3.070, de 20 de Fevereiro de 1941, dispositivos normativos análogos ao do estatuto federal de 1939 passaram a ser aplicados aos funcionários públicos dos Estados-membros (sob intervenção federal) e dos Municípios, até legislação posterior destes, previamente aprovadas pelo Presidente da República. A *telos* fundava-se no alcance de "uniformidade normativa" na FP brasileira em todos os níveis estatais, também projeto do processo de burocratização daspiana. De fato, em 28 de outubro desse mesmo ano (1941), simultaneamente, em vinte estados brasileiros, foram promulgados outros tantos estatutos funcionariais, "quase cópias do Estatuto de 1939".[89] Nesse decreto-lei também se previa a figura do "pessoal extranumerário" (art. 34), sempre em caráter precário.

Nesse sentido, quer seja no âmbito federal, quer no âmbito local, antes do início dos anos quarenta, uma boa parte da FP brasileira, designadamente os "funcionários públicos" (FP *stricto sensu*), já tinha um "regime (ou diploma legal, estatuto[90]) próprio" de vinculação com a AP.

Apesar de esta determinação federal – prévia aprovação do Presidente da República – ter limitado a "autonomia" dos Estados-membros no que tange à regulação de seu funcionalismo (pois não podemos deixar de salientar o momento autoritário de governação do Brasil e que os municípios ainda não eram considerados, no plano constitucional, entes federados); o fato é que o resultado daquela imposição decorreu uma desejável unidade legislativa numa seara sempre tão melindrosa de regulamentação, não só pela variedade de direitos, deveres, responsabilidades que pressupõe e pelo caráter complexo do Estado Federado, mas também pelo inegável caráter corporativo que pode assumir o diploma.[91]

Foi também na vigência da Constituição de 1937 que "consolidou-se" a legislação trabalhista, outro importante feito atribuído ao "empenho" de Getúlio Vargas.[92] Trata-se

---

[88] V. THEMISTOCLES BRANDÃO CAVALCANTI, *O Funcionário Público* ..., pág. 89.
[89] Informações dadas por FLORIVALDO DUTRA DE ARAÚJO, *Conflitos Coletivos* ..., pág. 158 e seg.
[90] Até então, para parte da doutrina, a utilização da nomenclatura "Estatuto dos Funcionários Civis da União" não indicava uma ligação visceral entre o diploma e a teoria estatutária. V. THEMISTOCLES BRANDÃO CAVALCANTI, *O Funcionário Público* ..., pág. 78: "Não é demais, porém, salientar aqui a diferença inconfundível entre regime estatutário e o estatuto dos funcionários, considerando em seu sentido formal, como conjunto de normas consolidadas que reúnem num corpo único de leis os direitos e os deveres dos funcionários". *In Tratado* ..., pág. 35-36, inclusive, o relacionamento jurídico do A. dá-se apenas entre "estatuto" e a necessária "estabilidade" (indeterminabilidade) do vínculo do funcionário do Estado, a fim de afastá-lo das "influências políticas passageiras".
[91] Essa questão será por nós retomada nos capítulos seguintes, pois é desejável uma unidade legislativa num Estado Complexo.
[92] A CLT foi inspirada na *Carta del Lavoro* italiana, bem como, apesar de nem sempre lembrado, no Código do Trabalho da ex-URSS. V. ARNALDO SUSSENKIND, *Instituições de Direito do Trabalho*, vol. 1, 19ª ed., São Paulo, LTr, 2000, pág. 60-72. Este A. foi um dos colaboradores na feitura da CLT, ainda muito jovem.

da edição do Decreto-Lei nº 5.452, de 1º de maio de 1943.[93] A "Consolidação das Leis do Trabalho" (CLT) foi principalmente o que indica o nome: uma consolidação, num mesmo diploma (um "Código do Trabalho"), das leis trabalhistas (para trabalhadores urbanos) até então editadas.[94]

A CLT representou para a grande massa emergente de trabalhadores urbanos uma "emancipação" de sua dignidade,[95] justamente num momento histórico de proibição do exercício da greve e grande evolução industrial. Cuidou (e ainda cuida, pois a CLT, apesar de muitos retoques legais posteriores, permanece em vigência até a presente data), com bastante detalhe, não só dos direitos individuais do trabalho (remuneração, aviso prévio, estabilidade decenal, férias, causas de rompimento contratual), mas também do processo jurisdicional perante a Justiça do Trabalho (inclusive com o chamado "Poder Normativo" da Justiça do Trabalho"[96]).

Tornou-se, pois, a CLT representação e exemplo do caráter "paternalista" do governo getulista, que "concedeu" aos trabalhadores a proteção especial que a Constituição de 1937 determinava (art. 136), mesmo que tais direitos "celetistas"[97] tivessem sido antes resultado da luta operária.[98] De igual modo, a CLT passou a ser sinônimo de uma legislação que protege o trabalhador em face do "mau patrão".[99]

Reafirmando a separação entre a regulamentação do trabalho subordinado privado e do público (ou melhor, entre "empregados" – ainda que públicos – e "funcionários públicos *stricto sensu*"), o art. 7º da CLT, alíneas *c* e *d*, expressamente excluiu (e ainda

---

[93] Pela Constituição de 1937, assim como nas posteriores, a edição de normas infraconstitucionais de Direito do Trabalho foi atribuída à competência da União ("competência legislativa"), diversamente do que se verifica com a matéria pertinente à Função Pública, que sempre foi entendida como integrante das competências dos entes federativos (à época, União e Estados-membros).

[94] Na verdade, a CLT também modificou e revogou leis anteriores. V. PAULO EMÍLIO RIBEIRO DE VILHENA, *Relação de Emprego – Estrutura Legal e Supostos*, LTr, São Paulo, 2005, pág. 22. O trabalhador rurícula foi discriminado no Brasil, assim como a categoria dos domésticos, excluídos da abrangência da CLT (art. 7º, alíneas *a* e *b*). Apenas na década de 70 tiveram editadas leis para a garantia dos direitos trabalhistas dessas categorias. O Direito do Trabalho tinha um caráter e uma vocação nitidamente urbanos e operários na década de 40.

[95] A instituição da Carteira de Trabalho e Previdência Social (CTPS) dos trabalhadores/empregados representa bem essa "emancipação de dignidade", na época, inclusive, o primeiro documento civil de muitas pessoas e até hoje um documento laboral e previdenciário de grande importância no Brasil. A CTPS passou a ser regulada pelo art. 13 da CLT.

[96] Trata-se da competência de resolver conflitos coletivos (normalmente entre sindicatos patronais e profissionais), através da instauração de uma ação própria: o dissídio coletivo. O Poder Normativo da Justiça do Trabalho sempre foi apontado, por grande parte dos juristas, como uma interferência indevida na resolução dos conflitos entre capital e trabalho. Através dele, a Justiça do Trabalho profere uma "sentença normativa" que se assemelha a uma convenção coletiva de trabalho, com efetivas normas jurídicas reguladoras de determinadas categoria profissional e econômica, pelo prazo legal máximo. O Poder Normativo da Justiça do Trabalho foi sensivelmente reduzido na Emenda Constitucional nº 45/2004 ("Reforma do Judiciário"). V. art. 114 da CR/88: "Compete à Justiça do Trabalho processar e julgar: ... § 2º Recusando-se qualquer das partes à negociação coletiva ou à arbitragem, é facultado às mesmas, de comum acordo, ajuizar dissídio coletivo de natureza econômica, podendo a Justiça do Trabalho decidir o conflito, respeitadas as disposições mínimas legais de proteção ao trabalho, bem como as convencionadas anteriormente. § 3º Em caso de greve em atividade essencial, com possibilidade de lesão do interesse público, o Ministério Público do Trabalho poderá ajuizar dissídio coletivo, competindo à Justiça do Trabalho decidir o conflito".

[97] A partir de então os trabalhadores urbanos privados regulados pela CLT passaram a identificar o seu regime como "celetista". O neologismo também servirá para indicar, posteriormente, aqueles integrantes da FP submetidos à aplicação da CLT e da legislação do trabalho extravagante.

[98] V. MARCELO BADARÓ MATTOS, *O sindicalismo brasileiro ...*, pág. 9.

[99] V. ANTÔNIO AUGUSTO JUNHO ANASTASIA, *Do Regime ...*, pág 45. Apontando a vetusta presunção de que o "Estado era considerado o modelo de 'bom empregador'", V. ALICE MONTEIRO DE BARROS, "Contrato de Emprego ...", pág. 35.

exclui) a sua incidência, respectivamente, para os "funcionários públicos da União, dos Estados e dos Municípios e aos respectivos extranumerários em serviço nas próprias repartições" e para os "servidores de autarquias paraestatais, desde que sujeitos a regime próprio de proteção ao trabalho que lhes assegure situação análoga à dos funcionários públicos". E, relembremos que na esfera federal e em vários Estados-membros o regime próprio foi implementado entre os anos de 1939/1941.

Assim, tornou-se clara a existência de uma situação de paralelismo entre os "empregados" (submetidos à CLT) e os "funcionários públicos" (submetidos a "estatuto próprio"): ambos eram regulados por diplomas unificadores, de origem basicamente legal; alguns direitos eram semelhantes nos dois grupos (férias, limitação de jornada, repouso semanal, direito à aposentadoria); estavam eles igualmente submetidos a uma situação jurídica de subordinação;[100] porém, separados pelo Direito Positivo incidente.

É por isso que alguns autores nacionais na atualidade, como Antônio Álvares da Silva, discordam da "unilateralidade" como critério distintivo do regime "estatutário", apontando a sua artificialidade: "De fato, a CLT é, neste sentido, um autêntico estatuto, imposto unilateralmente pelo Estado, para regular as relações empregado/empregador no contrato individual de trabalho, já que na época de sua promulgação a negociação coletiva (e a convenção coletiva que lhe dá forma jurídica) ainda não era uma prática vigente entre nós".[101]

A partir de 1945, justamente no período de redemocratização do Brasil,[102] verificou-se o início de um relevante movimento de recuo na edificação da pretendida Administração Burocrática, com uma série de nomeações sem concursos para vários organismos e empresas do Estado (tanto na AP Direta, mas principalmente na Indireta).[103] A finalidade específica do DASP foi olvidada pelas conhecidas práticas clientelistas e empreguistas, a ponto de Arízio de Viana intitular em sua obra sobre o DASP um tópico com o subtítulo "Crise e Subversão do 'Sistema Organizador' – O Retrocesso de 1.945".[104] O Decreto-Lei de nº 3.323-A, de 7 de dezembro, na égide do governo provisório, "reestruturou" o DASP, extinguindo importantes órgãos internos que realizavam organização e racionalização administrativas, deixando-o em situação de precariedade. Somente após o retorno de Getúlio Vargas à presidência (1951), o DASP retornaria ao exercício de suas normais atribuições.[105]

O período de 1945-1950 é, portanto, marcado por um grande inchaço do funcionalismo pelas suas "portas laterais", não obstante já se contasse com mais de trezentos mil funcionários públicos em atividade.[106] Foi, de fato, uma nova descontinuidade no

---

[100] V. NUNO VASCONCELOS ALBUQUERQUE SOUSA, *La Función* ..., pág. 75-76; MARIA DO ROSÁRIO PALMA RAMALHO, "Os limites ...", pág. 183.
[101] V. ANTÔNIO ÁLVARES DA SILVA, *Os Servidores Públicos e o Direito do Trabalho*, Editora LTr, São Paulo, 1997, pág. 51. V., dentre outros, tb., TERESA CRISTINA DE SOUSA, *A Natureza Contratual* ..., pág. 884.
[102] Em 1945 tem-se o final da 2ª Grande Guerra, tendo o Brasil lutando contra os Aliados na Itália. Tal fato mostrou-se contraditório, pois, no plano interno, o país era fascista e autoritário. A partir de então, imperou a necessidade de se redemocratizar o Estado.
[103] V. FREDERICO LUSTOSA DA COSTA, "Brasil ...", pág. 877.
[104] *In D.A.S.P...*, pág. 31. E continua o A., às pág. 33: "A incompreensão oriunda, em parte, da inércia burocrática – atingia, por vezes, os limites de verdadeira sabotagem". "Em 1945 pretendeu-se demolir, não apenas o sistema organizador, mas o próprio conjunto orgânico do mecanismo da Administração Geral".
[105] O DASP permaneceu em atividades até o ano de 1981, apesar de os anos de 1938-1945 e 1951-1954 terem sido os mais marcantes de sua história, pelo apoio getulista.
[106] *Ibidem*, pág. 63 e pág. 74.

longo e penoso processo de modernização da AP brasileira. Sobre esse percurso, anota Edison Bariani: "Prensado entre os interesses organizados e tendo que se afirmar como órgão técnico, agravava-se o dilema do DASP: pondo-se como arauto da racionalidade, tinha de lidar com as exigências pessoais e fisiológicas (e suas circunstâncias políticas); oscilou, então, entre concessões e demonstrações de força, desgastando-se rapidamente. Implementou, assim, um formalismo organizacional para tentar desvencilhar-se dos antagonismos que cerceavam sua atuação. A administração de pessoal, o orçamento e a reforma da estrutura dos serviços públicos passaram aparentemente a ser controlados "formalmente". Distinguia os funcionários dos "extranumerários" e fazia vistas grossas à burla das várias despesas previstas, pois mesmo havendo prescrições legais, havia tergiversações morais e administrativas que ofendiam a execução do orçamento; o departamento muitas vezes deixou de fazer a proposta orçamentária, limitando-se à formalização da estrutura já em curso".[107]

A Constituição de 1937 encerrou sua vigência em 18 de setembro de 1946, quando se promulgou a nova Carta, de feição democrática. No curso da vigência da Carta de 1937 tivemos grandes avanços (a edição dos estatutos funcionariais no plano federal e estadual; a arrancada modernizante, profissionalizante e de organização administrativa encabeçada pelo DASP); mas também importantes atropelos administrativos (a consagração legal de um equivocado e vazio conceito de "funcionário público"; práticas patrimonialistas reinantes, nomeadamente no âmbito da Administração Indireta do Estado e após 1945). Contudo, no plano do Direito da Função Pública, podemos afirmar que, entre progressos e regressos, o desenvolvimento tenha sido positivo, justamente pela afirmação legislativa de princípios e regras dificilmente contestáveis no contexto de uma AP permanente e que não mais pode se confundir com a "casa" de seu governante ou dirigente.[108]

6 A Função Pública na Constituição de 1946: o início do ciclo de estabilização dos "extranumerários", a afirmação da teoria estatutária no Brasil e a abertura da Administração Pública não empresarial ao contrato de trabalho

A promulgação da Constituição de 1946 instaura um período de democracia no Brasil, que, não obstante, será também breve (até 1964). No que tange à sua formatação, igualmente à sua antecessora, a Constituição de 1946 consagrou direitos fundamentais individuais e sociais, o modelo federalista de Estado e o regime presidencialista de Governo. Diversamente da Carta de 1937, contudo, configura o Poder Judiciário como o grande garante dos direitos fundamentais (constitucionalizando o princípio da inafastabilidade do Poder Judiciário, bem como, mais amplamente, as garantias processuais do devido processo legal e da ampla defesa[109]), justamente em um momento histórico em que a Europa começa a reconhecer, largamente, a importância dos Tribunais

---

[107] In Guerreiro Ramos ..., pág. 13.
[108] V. FREDERICO LUSTOSA DA COSTA, "Brasil ...", pág. 836.
[109] Na verdade, a independência do Poder Judiciário já estava expressa no inciso XII do art. 179 da Constituição de 1824.

Constitucionais. Além disso, também em decorrência da 2ª Grande Guerra, a Constituição de 1946 vedou a existência de partidos antidemocráticos.

No que tange ao Direito do Trabalho, é elevado, em termos quantitativos, o espectro dos direitos dos trabalhadores (art. 157, incisos I a XVII), garantindo-lhes o direito de greve (art. 158) e de sindicalização (art. 159). A Justiça do Trabalho passou a integrar a estrutura orgânica do Poder Judiciário (arts. 122 e 123).[110] O direito de livre iniciativa na seara econômica deve se conformar com o princípio da valorização do trabalho humano (art. 145), a fim de garantir a todos uma "existência digna". Ademais, o trabalho foi configurado como uma "obrigação social" (art. 145, § único).

Já no tema da FP, a Carta de 1946 dedicou-lhe o título VIII (arts. 184 a 194). Não se fugiu à regra do concurso público para acesso inicial (para "a primeira investidura") ao funcionalismo "de carreira" (art. 186); garantiu-se a estabilidade aos funcionários públicos concursados após dois anos de efetivo exercício e, aos não concursados, após cinco anos de exercício, exceto para aqueles exercentes de cargos de confiança (art. 188). Ademais, assegurou-se a aposentadoria com vencimentos integrais após trinta anos de serviço ou em determinadas situações de enfermidade (art. 191) e a revisão dos proventos da inatividade em situações de isonomia com os da atividade (art. 193).

Apesar desse quadro jurídico-constitucional democrático e burocratizado, o período de vigência da Constituição de 1946, pelo menos no que diz respeito à FP, é daqueles que não honram definitivamente o Brasil. Conforme já mencionamos anteriormente, os anos compreendidos entre 1945 a 1950 foram bastante assinalados pela prática clientelista e empreguista da admissão na AP não precedida de concurso público. Em suma, enquanto o Direito Constitucional Positivo "fechava uma porta" para a AP, o vício patrimonialista e a realidade dos fatos "abriam duas janelas" na questão do acesso à FP. Para tanto, utilizou-se a regra concursal de forma excepcional.

Além disso, já no art. 23 do ADCT[111] da Carta, tem início uma prática que será seguida por constituições brasileiras posteriores. Tratou-se da "estabilização" do pessoal não concursado na FP; no caso, dos "extranumerários" e dos "interinos" com mais de cinco anos de exercício, passando estes a integrar a categoria (ampla e perene) dos "funcionários públicos", com o mesmo regime de vinculação. Foi, de fato, uma verdadeira "rasteira" da tradição patrimonialista,[112] inserindo-se em local "pouco lido" do texto constitucional uma nódoa que destoava das demais disposições constitucionais, mas que, todavia, tinha igual valor jurídico.

Não suficiente, em 28 de outubro de 1952 (ou seja, logo após a efetiva "reativação" do DASP e por sua direta influência), foi editada a Lei nº 1.711, instituindo o novo "Estatuto dos Funcionários Públicos Civis da União". Como o estatuto de 1939, este

---

[110] Anteriormente a JT era, na verdade, um órgão administrativo de composição de conflitos trabalhistas, integrado na estrutura do Poder Executivo (Ministério do Trabalho).

[111] "Art. 23 – Os atuais funcionários interinos da União, dos Estados e Municípios, que contem, pelo menos, cinco anos de exercício, serão automaticamente efetivados na data da promulgação deste Ato; e os atuais extra numerários que exerçam função de caráter permanente há mais de cinco anos ou em virtude de concurso ou prova de habilitação serão equiparados aos funcionários, para efeito de estabilidade, aposentadoria, licença, disponibilidade e férias. Parágrafo único – O disposto neste artigo não se aplica: I – aos que exercem interinamente cargos vitalícios como tais considerados na Constituição; II – aos que exercem cargos para cujo provimento se abriu concurso, com inscrições encerradas na data da promulgação deste Ato; III – aos que tenham sido inabilitados em concurso para o cargo exercido".

[112] V. GILBERTO GUERZONI FILHO, "Burocracia ...", pág. 44.

novo diploma ignorou o caráter da profissionalidade, que deveria delimitar o conceito de "funcionário público" (com ou sem o critério da permanência), novamente relacionando-o apenas à noção vaga e formal de "cargo público". Insistiu, portanto, na antiga e vazia definição de funcionário público: "Para os efeitos dêste Estatuto, funcionário é a pessoa legalmente investida em cargo público; e cargo público é o criado por lei, com denominação própria, em número certo e pago pelos cofres da União" (art. 2º). Trata-se de uma precisão tautológica que será repetida acriticamente até os dias atuais.

Esse estatuto ainda se tornou conhecido por visar mais ao "patrimônio dos servidores do que o interesse público",[113] pois fixava muitos direitos (inclusive para a inatividade do funcionário) e proporcionalmente poucos deveres. Aliás, o funcionário regido por esse diploma passou a ser identificado por duas marcas principais: a estabilidade no serviço público e a aposentadoria com proventos integrais. Além disso, sob a orientação do art. 23 do ADCT da Constituição de 1946, o art. 252 desse Estatuto estendeu o seu regime integralmente à então figura dos "extranumerários", ainda que parte destes já não estivessem abarcados na situação estritamente definida no ADCT.[114] Doravante, os "extranumerários" deveriam passar para quadros especiais a serem extintos ou passarem a ter regulamentação específica.[115]

Paralelamente ao fenômeno de "funcionarização" dos "extranumerários", no campo doutrinário, afirmava-se a teoria estatutária (ou da situação legal) da natureza do vínculo funcionário público-Estado, também por influência do estatuto funcionarial francês de 1946.[116] De acordo com essa lei francesa, em seu art. 5º, "o funcionário encontra-se diante da Administração Pública em uma situação estatutária e regulamentar". Assim, no âmbito da FP integrado pelos "funcionários públicos" (estáveis), tornava-se prevalente

---

[113] V. MÁRLIA FERREIRA BICALHO, *Reflexões* ..., pág. 889.

[114] "Art. 252. O regime jurídico dêsse estatuto é extensivo: I – aos extranumerários amparados pelo art. 23 do Ato das Disposições Transitórias da Constituição; II – Aos demais extranumerários, aos servidores das autarquias e aos serventuários da Justiça, no que couber". V. ARÍZIO VIANA, *D.A.S.P.* ... pág. 63, nota 23: "O novo Estatuto acolheu grande parte das reivindicações permanentes do funcionalismo público cujo regime jurídico encontra-se, destarte, solidamente estabelecido quanto aos seus aspectos básicos: provimento e vacância, aproveitamento, promoções e manutenção, direitos e vantagens, remuneração, regime disciplinar, processo administrativo e sua revisão. São dignos de menção especial os dispositivos contidos nas Disposições Transitórias da Lei Orgânica dos Servidores Públicos e referentes ao plano de assistência a ser posto em vigor, as medidas de amparo aos extranumerários". O art. 253 foi regulamentado pelo Decreto nº 34.395, de 28 de outubro de 1953 (*DOU* de 30/10/1953).

[115] "Art 257 – As atuais funções dos extranumerários amparados pelo artigo 23 do Ato das Disposições Constitucionais Transitórias passarão, como cargos, a integrar quadros especiais extintos, suprimindo-se as funções correspondentes. § 1º Para os fins dêste artigo, o Poder Executivo apresentará dentro de 120 dias a relação do pessoal amparado, respeitando a estrutura que anteriormente tinham nas séries funcionais, para respectiva aprovação por lei. § 2º Os demais extranumerários serão mantidos na situação atual, devendo, porém, o Executivo apresentar no prazo de doze meses nova codificação, regulando as relações entre extranumerários e o Estado". V. RAQUEL DIAS DA SILVEIRA, *Profissionalização* ..., pág. 34.

[116] É interessante notar que, em 1945, THEMISTOCLES BRANDÃO CAVALCANTI, *Princípios Gerais de Direito Administrativo*, Livraria Editora Freitas Bastos, Rio de Janeiro, pág. 114 e seg., elucida sobre a "natureza jurídica da relação de emprêgo público": "TEORIA CONTRATUAL – A primeira teoria, a mais importante, é a do ato bilateral – também chamada teoria contratual porque se assenta no contrato, ou ato bilateral ... A teoria contratual é a mais antiga". V. FLORIVALDO DUTRA DE ARAÚJO, *Conflitos Coletivos* ..., pág. 51 e seg.: "A partir de meados do séc. XX, a teoria da situação legal, também conhecida como teoria estatutária, passou a dominar as preferências dos juristas". V., ainda, R. MUZELLEC, "Privatización y Contractualización en la Función Pública", *in DA*, nº 239, julho-setembro, 1994, pág. 125-141, esp. 129: "As dificuldades estatutárias derivam de sua concepção e de sua aplicação. O Estatuto de 1946, modificado em 1959 e em 1983-84, há sido fundamentalmente concebido por um 'Estado Gendarme', para agentes do sexo masculino em uma França estável e rural que não havia descoberto ainda os métodos modernos de gestão".

a ideia de liame padronizado e regulamentação pública (relação jurídico-administrativa), integralmente legal (fonte estatal) e uniforme.

Por outro lado, quase como uma resposta ao entendimento doutrinário sobre a natureza estatutária da relação funcionarial e, diante dos fatos de que existiam outros meios de contratação de trabalhadores pela AP que não obedeciam aos rigores da Constituição e do Estatuto de 1952 (esfera federal) e que a "parte precária" da FP brasileira ainda era composta de mensalistas e diaristas – então excluídos daquelas normas ("de regime próprio") –, em 1953 veio a lume a Lei nº 1890, de 13 de junho. Dispunha a sua ementa: "Aplica dispositivos da Consolidação das Leis do Trabalho aos mensalistas e diaristas da União, dos Estados, do Distrito Federal, dos Territórios, dos Municípios e das entidades autárquicas".[117]

Segundo o comentário, agora antigo, de Floriano Corrêa Vaz da Silva, "de maneira cautelosa, o legislador, considerando o grande número de trabalhadores que prestavam serviços às pessoas jurídicas de direito público e a ausência para os mesmos de garantias estatutárias, e não querendo, por outro lado, desde logo reconhecer – como seria lógico – que deveriam ter, à semelhança dos que trabalham para empresas privadas, toda a proteção constante da Consolidação das Leis do Trabalho, preferiu conceder aos mesmos uma proteção parcial e incompleta – a constante dos dispositivos da CLT relacionados no *caput* do art. 1º da referida Lei nº 1.890".[118]

Foi o começo do (difícil) reconhecimento de que no âmbito das entidades de direito público poderiam coexistir relações profissionais reguladas pelo Direito do Trabalho[119] e, via de consequência, de que tais relações eram originárias, sim, de um "contrato de trabalho" com a AP não empresarial do Estado, mas não de uma "situação estatuária e regulamentar". Era algo necessariamente contraditório com o que se doutrinava em relação aos "funcionários públicos" (estáveis), mormente porque muitas atividades desempenhadas pelos mensalistas e diaristas da AP eram iguais ou muito semelhantes às daqueles[120] e porque se tratava de uma parcela de pessoas muito considerável da FP.

Assim, não sem razão, a legislação do trabalho inicia sua entrada na AP não empresarial do Estado numa situação de oposição ao que se verificava em relação aos "funcionários públicos", concluindo-se, na "lógica da radicalidade", pela total desvinculação jurídico-pública quando a AP submetia os seus "empregados" ao Direito do Trabalho (dispensabilidade da obrigatoriedade de concurso público; liberdade de contratação, de dispensa e na fixação de salários; inexistência de limitação numérica dos postos, *etc.*).

---

[117] Segundo o art. 5º, XV, alínea *a*, da Constituição de 1.946, competia a União legislar sobre Direito do Trabalho.
[118] V. FLORIANO CORRÊA VAZ DA SILVA, "Contratos de Trabalho com Pessoas Jurídicas de Direito Público e a Competência da Justiça do Trabalho para Solução dos Litígios", *in* LTr, ano 37, 1973, pág. 603-610. O A. ainda se referia ao fato de ter a Lei nº 1.890 excluído da JT os litígios decorrentes destes mensalistas e diaristas, com seguinte dispositivo: "Art. 2º – As ações dos empregados referidos no artigo anterior, contra entidade empregadora, correrão na justiça comum perante o juiz de direito do lugar ou da comarca do estabelecimento". Houve grande controvérsia doutrinária sobre a constitucionalidade dessa exclusão da jurisdição trabalhista. No início (1955-1965), o STF entendeu ser o dispositivo constitucional. Contudo, em 1.965, no Conflito de Jurisdição de nº 2.739, o STF decidiu: "Lei nº 1.890, de 13-6-53. Declarada inconstitucional, em parte, a disposição do art. 2º da Lei nº 1.890, de 13-6-1953".
[119] V. FLORIVALDO DUTRA DE ARAÚJO, *Conflitos Coletivos* ..., pág. 165; RINALDO GUEDES RAPASSI, *Direito de Greve de Servidores Públicos*, Editora LTr, São Paulo, 2005, pág. 43 e seg.; JULIANA BRINA CORRÊA LIMA DE CARVALHO, *A Mutabilidade* ..., pág. 64; e TERESA CRISTINA DE SOUSA, *A Natureza Contratual* ..., pág. 24.
[120] Cf. MÁRLIA FERREIRA BICALHO, *Reflexões* ..., pág. 67: "na rotina administrativa, as atribuições e responsabilidades de funcionários e extranumerários se confundem".

Ainda, a partir de então, vulgarizou-se a nomenclatura "celetistas" para a parcela da FP submetida à CLT, compondo uma das divisões do "Emprego Público" no Brasil (este integrado também pelos empregados do setor empresarial do Estado). Doravante, portanto, a categoria dos "empregados públicos" estará associada à dos "celetistas" e contraposta à dos "funcionários públicos".

Alguns anos depois, promulgou-se a Lei nº 3.780, de 12 de julho de 1960, na tentativa de limitar a contratação dos "celetistas" e sistematizar as categorias da FP (*lato sensu*). Continuariam os "funcionários públicos" (originários e extranumerários estabilizados) sujeitos ao regramento do Estatuto de 1952, enquanto o "pessoal temporário e de obras" sujeitar-se-ia à CLT (art. 24[121]), contratado em determinadas condições.

Porém, como o Direito Positivo não muda tão facilmente práticas há muito instaladas na vida política e administrativa do Brasil, "continuou a ocorrer a admissão ilegal de servidores, simplesmente pagos mediante recibos, mas sem se ater aos critérios da Lei nº 3.780/1960 e tampouco garantindo-se a estes servidores os direitos trabalhistas";[122] o que fazia com que a Justiça do Trabalho reconhecesse aqueles pagamentos, determinando a aplicação do Direito do Trabalho, pelo princípio da igualdade.

Em 1962 tinha continuidade o processo de "funcionalização" instaurado com a Constituição em questão. Nesse ano, editou-se a Lei nº 4.069, de 11 de junho, também conhecida como "Lei do Favor".[123] Através dela, enquadrou-se como funcionários públicos (a lei utiliza-se da expressão "servidores") "boa parte dos contratados para trabalhar na estrutura administrativa extraordinária e paralela à máquina regular, montada pelo Governo Federal para a construção e a instalação da nova Capital Federal",[124] independentemente de aprovação em concurso público ou de outra regra que resguardasse o princípio da igualdade.

No ano de 1964 foi deflagrado o golpe militar, chegando a termo o regime democrático e assumindo o Governo membros das Forças Armadas. Nesse mesmo ano, após a edição do Ato Institucional nº 1 (AI-1), inicia-se na AP o que se denominou de "modernização autoritária",[125] instituindo-se a COMESTRA – Comissão Especial de Estudos da Reforma Administrativa. O objetivo era reestruturar a Administração Federal e melhor aparelhar as estruturas da Administração Indireta, tornando-a mais ágil; todavia, de forma autoritária.

Finalmente, em 1965, foi aprovada a Convenção nº 94 da OIT (de 1949), através do Decreto-Legislativo do Congresso Nacional de nº 20 (que também aprovou outras convenções da OIT); convenção aquela que dispõe sobre "as Cláusulas de Trabalho nos Contratos Firmados por uma Autoridade Pública".[126]

---

[121] "Art. 24. O pessoal temporário e o pessoal de obras ficarão sujeitos ao regime de emprêgo previsto na Consolidação das Leis do Trabalho e na legislação vigente peculiar àquele regime de emprego".
[122] V. FLORIVALDO DUTRA DE ARAÚJO, *Conflitos Coletivos* ..., pág. 166.
[123] Cf. GILBERTO GUERZONI FILHO, "Burocracia ...", pág. 44.
[124] *Ibidem*, pág. 44.
[125] Cf. FREDERICO LUSTOSA DA COSTA, "Brasil ...", pág. 846. V., ainda, HUMBERTO FALCÃO MARTINS, "Burocracia ...", pág. 56.
[126] V. FLORIVALDO DUTRA DE ARAÚJO, *Conflitos Coletivos* ..., pág. 165. V. ARNALDO SUSSENKIND, *Convenções da OIT*, 2ª ed., São Paulo, LTr, 1998, pág. 180-185. A Convenção nº 94 foi ratificada em 18/6/1965. Decreto de Promulgação de nº 58.818, de 14/7/1966.

Neste ano ainda é publicado o controvertido AI nº 2 (uma "subversão" da Constituição de 1946), que, para além de viabilizar intervenção ilegítima do Executivo no Judiciário e extinguir com o pluripartidarismo, ainda permitiu que funcionários públicos dotados de vitaliciedade ou estabilidade pudessem ser sumariamente demitidos ou dispensados acaso se demonstrasse a sua "incompatibilidade com os objetivos da Revolução" (art. 14º[127]). Ademais, o AI nº 2 determinou a paridade remuneratória dos funcionários dos três poderes, vedando reajustes que beneficiassem apenas determinados grupos ou categorias (art. 25º).[128] A partir desse AI, ainda, optou-se pela nomenclatura "servidores públicos" ao invés da clássica denominação "funcionários públicos", reunindo-se naquele termo a generalidade da FP.[129]

Encerrado o período democrático, a Constituição de 1946 é logo substituída pela de 1967. O lapso em questão ficou caracterizado novamente pela ausência de um compromisso brasileiro sério com o processo de construção de uma Administração burocrática, permanente e contínua, pela larga utilização do "empreguismo" público e, principalmente, pela dualidade – agora *radical* – de regimes no interior da FP. Além disso, também pela elevação quantitativa e qualitativa da Administração Pública indireta, em detrimento do "estacionamento" da Administração central.[130]

Quanto à duplicidade de vínculos, de um lado, o de natureza jurídico-pública, de vertente estatutária e com as limitações próprias do regime de Direito Administrativo, referente ao âmbito subjetivo dos "funcionários públicos" e dos "extranumerários e interinos estabilizados". Esse coletivo funcionarial estava claramente associado aos ideais burocráticos/weberianos clássicos (concurso público, estabilidade, carreira, profissionalização, vedações, regulamentação legal, garantias na inatividade). De outro, a vinculação de natureza jurídico-laboral dos "celetistas" (mensalistas, diaristas e demais empregados públicos), submetida à legislação do trabalho e sem imposições jurídico-públicas, estando ainda associada às práticas patrimonialistas.

Nesse contexto, facilmente se percebe que a vinculação jurídico-pública tinha uma "bondade intrínseca". Ao reverso, do ponto de vista da legitimidade, o contrato de trabalho era figura jurídica que deveria ser "banida" do interior da AP não empresarial, eis que impregnada da ideia do "mal causado pelo Direito do Trabalho".[131]

---

[127] Artigo 14º – Ficam suspensas as garantias constitucionais ou legais de vitaliciedade, inamovibilidade e estabilidade, bem como a de exercício em funções por tempo certo. – Parágrafo único: Ouvido o Conselho de Segurança Nacional, os titulares dessas garantias poderão ser demitidos, removidos ou dispensados, ou, ainda, com os vencimentos e as vantagens proporcionais ao tempo de serviço, postos em disponibilidade, aposentados, transferidos para a reserva ou reformados, desde que demonstrem incompatibilidade com os objetivos da Revolução.

[128] Atualmente, os incisos X e XII do art. 37 da CR/88 determinam, respectivamente: "a remuneração dos servidores públicos e o subsídio de que trata o §4º do art. 39 somente poderão ser fixados ou alterados por lei específica, observada s iniciativa privativa em cada caso, assegurada a revisão geral anual, sempre na mesma data e sem distinção de índices" e "os vencimentos dos cargos do Poder Legislativo e do Poder Judiciário não poderão ser superiores aos pagos pelo Poder Executivo".

[129] V. CARMEN LÚCIA ANTUNES ROCHA, Princípios ..., pág. 92.

[130] Cf. HUMBERTO FALCÃO MARTINS, "Burocracia ...", pág. 54, sobre o período de 1945-1964: "a dinâmica da política nacional nesse período, no pleno exercício da democracia, abriu espaço para a barganha instrumental, atendendo às conveniências políticas de empregar e nomear para compor e coligar, práticas que resultaram em crescimento de órgãos e quadros e destruição do sistema do mérito, fazendo predominar uma racionalidade de barganha política clientelista".

[131] Cf. FLORIVALDO DUTRA DE ARAÚJO, Conflitos Coletivos ..., pág. 169.

7 A Função Pública na Constituição de 1967 e a efetivação da regra da vinculação jurídico-privada

A Constituição de 1967, de feição autoritária, foi votada em 24 de janeiro deste e entrou em vigência em 15 de março do mesmo ano, sob pressão militar (tratou-se, sim, de uma "farsa constituinte"[132]). Na sua estrutura, seguiu parâmetros anteriores, inclusive quanto à disposição dos direitos fundamentais após a parte organizatória dos Poderes. A competência para legislar sobre Direito do Trabalho permanecera reservada à União (art. 8º, XVII, alínea *b*).

No que tange à FP, regulou a matéria em seus artigos 95 a 106, mantendo, em geral, os mesmos moldes da Constituição anterior: restrição dos cargos públicos aos nacionais; concurso público exigível para nomeação em cargo público; estabilidade para os funcionários nomeados por concurso após dois anos de exercício; proibição de acumulação remunerada, salvo exceções; aposentadoria integral para aqueles que complementassem o tempo de serviço exigível; paridade de revisão dos proventos da inatividade com os da ativa; responsabilidade do funcionário em caso de dolo ou culpa. O art. 104 viabilizou, ademais, a contratação de "empregados públicos", mesmo para a AP não empresarial, nos termos da legislação do trabalho.[133] Nesse sentido, não determinou a instituição de um "estatuto unívoco" para todo o conjunto heterogêneo do funcionalismo, constitucionalizando mesmo a dualidade de regimes no seio da AP. Ainda proibiu expressamente o exercício do direito de greve nos serviços públicos e em atividades essenciais (art. 157, §7º).

Também sob a égide da Constituição de 1946, em 25 de fevereiro, foi editado o Decreto-Lei nº 200/67, como fruto do trabalho da COMESTRA. Tratou-se de um diploma que efetivamente reorganizou a Administração Federal (inclusive definiu estruturas administrativas, sendo equiparada a uma "lei orgânica" da AP) e ainda fixou diretrizes de atuação administrativa, fundando-se, para tanto, em princípios do Direito Administrativo (descentralização e desconcentração administrativa, sendo centralização decisória e normativa e execução descentralizada; eficiência, planejamento, organização, racionalização).

De fato, foi uma normativa básica de relevo nacional, tanto assim que muitos de seus dispositivos permanecem vigentes até a presente data. O foco principal do Decreto-Lei nº 200/67 (como reflexo do ideal do governo militar) era a Administração Indireta, a fim de incrementar o seu crescimento e a sua intervenção em setores produtivos da economia, outorgando-lhe ainda maior agilidade e flexibilidade. O resultado foi uma predileção desse setor da AP, em detrimento da Administração central, com o consequente "enfraquecimento do núcleo estratégico do Estado".[134]

Por sua vez, o art. 96 do Decreto-Lei nº 200/67 permitiu a contratação de especialistas "nos termos da legislação trabalhista" (ou seja, por contrato de trabalho), para

---

[132] V. GILMAR FERREIRA MENDES (e outros), *Curso de Direito Constitucional*, 4ª edição, Editora Saraiva, São Paulo, 2009, pág. 197.

[133] "Art 104 – Aplica-se a legislação trabalhista aos servidores admitidos temporariamente para obras, ou contratados para funções de natureza técnica ou especializada".

[134] Cf. FREDERICO LUSTOSA DA COSTA, "Brasil ...", pág. 855.

trabalhar no âmbito da AP.[135] Dentro da "lógica da radicalidade", tal admissão não era precedida de concurso público e poderia ser implementada também por intermédio das empresas estatais, que acabavam por ceder aos altos escalões administrativos os administradores de que necessitavam.[136]

Com efeito, conforme aduzimos, o entendimento prevalecente na época era de que a submissão da FP ao regime jurídico-privado significava a total liberação da AP das imposições jurídico-públicas, tornando-se dispensável a realização de concursos públicos mesmo em se tratando de "empregados públicos" que iriam operar na Administração não empresarial do Estado. Assim, a Administração Indireta tinha "disfuncionalidades próprias"[137] e tornava-se a principal fonte de recrutamento de trabalhadores públicos.[138]

Nesse sentido, a *radicalidade* dos regimes no âmbito da FP não só permanecia, mas se agravava entre, por um lado, a Administração Direta (regrada pelo princípio do concurso público no acesso inicial, mérito e vigilância do DASP,[139] além dos distintivos da estabilidade e da aposentadoria com remuneração integral); e, por outro, a Administração Indireta (mais ágil e competitiva, inclusive em termos remuneratórios, mas amplamente sujeita às práticas de empreguismo, clientelismo e patrimonialismo).

Não sem razão, a contratação de "empregados públicos" afigurava-se muito mais célere e vantajosa para o administrador, tornando, na realidade funcionarial, a regra de acesso à FP. Ora, "sem necessidade de prévio concurso público, ausente a limitação numérica, livre a fixação da remuneração, inexistente a estabilidade, o Poder Público, ansioso para se livrar das amarras impostas pelo regime estatutário, inclinou-se de forma límpida, pela adoção do regime trabalhista no serviço público, que passou a ser, ao nível federal e da absoluta maioria dos Municípios, o regime prevalente".[140]

O curto período de vigência da Constituição de 1967 não diferiu de períodos constitucionais anteriores: a presença de uma Administração Burocrática "formal" ou na sua "estrutura orgânica" (comprovada pela existência do consistente e duradouro Decreto-Lei nº 200/67) em convivência simultânea com práticas patrimonialistas, em especial, no âmbito da Administração Indireta, além da constatação da dualidade de regimes de vinculação à FP (*lato sensu*), destoantes e incompatíveis entre si.

A Constituição de 1967 teve também "vida" breve. Num outro "golpe", mais silencioso, o poder de reforma de 1969 (exercido pelos militares) rompeu os seus limites jurídico-constitucionais naturais de um Poder Constituído e promulgou a Emenda

---

[135] "Art. 96. Nos têrmos da legislação trabalhista, poderão ser contratados especialistas para atender às exigências de trabalho técnico em institutos, órgãos de pesquisa e outras entidades especializadas da Administração Direta ou autarquia, segundo critérios que, para êsse fim, serão estabelecidos em regulamento".

[136] Cf. LUIZ CARLOS BRESSER PEREIRA, *Reforma do Estado* ..., pág. 172.

[137] Cf. HUMBERTO FALCÃO MARTINS, "Burocracia ...", pág. 56.

[138] Cf. FREDERICO LUSTOSA DA COSTA, "Brasil ...", pág. 855.

[139] A exigência de concurso público para os funcionários públicos *stricto sensu*, regulados pelo Estatuto de 1952, a vigilância do DASP e as vinculações jurídico-públicas incidentes sobre estes não impediram, entretanto, que desvirtuamentos escatológicos e práticas de favorecimentos também ocorressem nesse âmbito. Foi comum, por exemplo, a utilização da figura da ascensão funcional para burlar sistemas institucionais de progressão na carreira. V. RAQUEL DIAS DA SILVEIRA, *Profissionalização* ..., pág. 666.

[140] Cf. ROBERTO SORBILLI FILHO, "A Alteração Unilateral das Normas do Regime de Trabalho com o Estado", in CRISTIANA FORTINI (org.), *Servidor Público – Estudos em Homenagem ao Professor Pedro Paulo de Almeida Dutra*, Editora Fórum, Belo Horizonte, 2009, pág. 383-403, esp. 385.

Constitucional (EC) nº 1/69, materialmente uma nova Constituição, como assim tem apontado grande parte da doutrina nacional.[141]

8 A Função Pública na "Constituição de 1969" (EC nº 1/69) e a consagração do contrato de trabalho na Administração Pública não empresarial do Estado através da Lei nº 6.185 de 1974

A "Constituição" de 1969 foi outorgada pelos próprios militares em 17 de outubro, após a decretação por estes do "recesso do Congresso Nacional". Foi, portanto, uma constituição fruto de uma concentração de poderes (Estado de não Direito[142]) e, nessa medida, ilegítima.

Quanto à FP, dispôs sobre os "Funcionários Públicos" nos artigos 97 a 111. Em termos gerais, a EC nº 1/69 manteve o desenho funcionarial anterior: limitação de acesso aos cargos públicos apenas aos brasileiros; concurso público exigível para a "primeira investidura" em cargo público; estabilidade para os funcionários nomeados por concurso após dois anos de exercício; proibição de acumulação remunerada, salvo algumas exceções; aposentadoria integral para aqueles que complementassem o tempo de serviço exigível; paridade de revisão dos proventos da inatividade com os da ativa; responsabilidade dos funcionários perante terceiros. Tais normas constitucionais eram de observância obrigatória por parte dos Estados-membros (art. 13, V).

Não suficiente, possibilitou-se no art. 106 a aplicação de "lei especial" para alguns trabalhadores públicos ("servidores" de caráter temporário) da AP não empresarial; no art. 109, inciso I, reservou à lei federal, de iniciativa do Presidente da República, a definição do "regime jurídico dos servidores públicos da União, do Distrito Federal e dos Territórios". Finalmente, no art. 110, com o fito de inviabilizar a condenação que até então era recorrente da AP pela Justiça do Trabalho, via de regra, em benefícios de trabalhadores precários da AP (não funcionários), a EC nº 1/69 excluiu desta Justiça Especializada todas as controvérsias que envolvessem trabalhadores públicos da União e de sua Administração (mesmo empresarial), independentemente de seu regime jurídico-público ou jurídico-privado.[143]

---

[141] Dentre vários, V. LUIZ ALBERTO DAVID DE ARAÚJO e VIDAL SERRANO NUNES JÚNIOR, *Curso de Direito Constitucional*, 14ª edição, Editora Saraiva, São Paulo, 2010, pág. 116; e GILMAR FERREIRA MENDES (e outros), *Curso de Direito ...*, pág. 201.

[142] V. J.J. GOMES CANOTILHO, *Estado de Direito*, Cadernos Democráticos, nº 7, Dir. Mário Soares, Coleção Fundação Mário Soares, Edição Gradiva, Lisboa, 1997.

[143] "Art. 110 – Os litígios decorrentes das relações de trabalho dos servidores com a União, inclusive as autarquias e as empresas públicas federais, qualquer que seja o seu regime jurídico, processar-se-ão e julgar-se-ão perante os juízes federais, devendo ser interposto recurso, se couber, para o Tribunal Federal de Recursos". Comentando o histórico desse dispositivo, V. FLORIANO CORRÊA VAZ DA SILVA, "Contratos de Trabalho ...", pág. 607-608: "Diga-se desde logo que tal modificação na Constituição, deslocando a competência das causas trabalhistas propostas contra a União, contra as autarquias e contra as empresas públicas federais não foi solicitada nem sugerida, ao que saiba, por nenhum Juiz Federal, nem da Justiça do Trabalho; também, ao que se saiba, não foi sugerida nem aconselhada por nenhum jurista, professor advogado ou magistrado. Pelo contrário, os juristas que já se manifestaram a respeito do tema, não tiveram dúvidas em fazê-lo de maneira contrária ao deslocamento da competência, da Justiça do Trabalho para a Justiça Federal Comum". "Tem a impressão de que essas subtrações na competência da Justiça do Trabalho resultaram do interesse exclusivo e imediato das mencionadas pessoas jurídicas de direito público: o Estado – embora contratando seus servidores consoante a lei trabalhista – não quer submeter-se ao julgamento dos órgãos do Poder Judiciário que, especificadamente, se destinam a aplicar aquela lei ..."

Demais disso, a EC nº 1/69 utiliza-se indistintamente da nomenclatura "Funcionários Públicos" (título da Seção VII do Capítulo VII) e "servidor público" (art. 104, na redação da EC nº 6/76, e art. 109, inciso I). A partir de então, doutrinariamente, ora "funcionário público" passou a designar o próprio gênero no interior da FP, em face de sua maior proximidade com a denominação "Função Pública", ora uma categoria mais estrita dos "servidores públicos", seja integrante da Administração Pública Direta,[144] seja aquela concursada e dotada de estabilidade.

Igualmente ao que se verificava na Constituição "reformada" de 1967, era reservada à União a competência para legislar sobre Direito do Trabalho (art. 8º, XVII, alínea *b*, da EC nº 19/69), o qual, nessa medida, comparecia como um "Direito Nacional". Na esfera do "Direito Administrativo da FP", Estados-membros detinham competência para editar leis regulamentadoras da situação jurídica de seus funcionários públicos, desde que respeitados os princípios constantes da EC nº 1/69, conforme já dito; enquanto os Municípios (não elevados à categoria de entes federativos) tinham autonomia na esfera da organização de seus próprios serviços públicos (art. 15, II, alínea *b*).

Verifica-se, pois, que no próprio bojo da "Constituição" de 1969, havia uma diversidade (ou, pelo menos, uma dualidade – para aquele que enxergam na "lei especial" apenas a CLT)[145] de regimes de vinculação funcional ao Poder Público: o regime definido em "lei especial" para os servidores admitidos em caráter provisório (art. 106) e o regime definido em "lei federal" para os servidores públicos civis da União, Distrito Federal e Territórios (art. 109, I).

Quanto ao entendimento sobre a incidência de vinculações jurídico-públicas nos tipos de regimes funcionariais, não foram verificadas quaisquer alterações no que ocorria sob a égide da Constituição revogada. Desse modo, a contratação de trabalhadores públicos sob os moldes "celetários" não precisava obedecer quaisquer imposições limitadoras próprias do Direito Administrativo, havendo uma amplíssima "liberdade/discricionariedade/arbitrariedade" administrativa nesse aspecto, conforme já mencionamos, seja relativamente ao número de servidores "celetistas" admitidos, à pessoa do contratado, ao valor de sua remuneração e ao caráter precário (instável) de seu contrato. Justificava-se tal vasta autonomia jurídico-privada da Administração Pública na necessidade de "flexibilidade para atender às exigências de agilidade e adequação às situações que não se enquadravam no estatuto".[146]

---

[144] V. ADILSON ABREU DALLARI, *Regime Constitucional* ..., pág. 16, conceituando "funcionário público" como "agente da Administração central do Poder Público".

[145] V. ANTÔNIO AUGUSTO JUNHO ANASTASIA, *Do regime* ..., pág. 42: "A par dos regimes estatutário e celetista, a Constituição de 1967/69, em seu artigo 106, introduziu o chamado regime especial, ou terceiro regime ... Desse modo, o legislador constituinte de então criou uma figura ímpar no seio das espécies de prestação laboral ao Estado. Facultou ao Poder Público, mediante lei, disciplinar um novo regime jurídico, diverso do estatutário e do celetista, para as hipóteses que mencionou. A infelicidade de tal iniciativa foi visível. A dúvida decorrente da natureza deste vínculo, sua inserção polêmica no rol do contrato administrativo, levaram à inviabilidade desta figura".

[146] Cf. MÁRLIA FERREIRA BICALHO, *Reflexões* ..., pág. 73. Cf. FLORIVALDO DUTRA DE ARAÚJO, *Conflitos Coletivos* ..., pág. 169: "Aceitou-se a tese, sob a égide das Constituições de 46-69, que não se seguiam essas regras – de Direito Administrativo – para os celetistas". V. THEMISTOCLES BRANDÃO CAVALCANTI, *O Funcionário Público* ..., pág. 86-114; PHILADELPHO PINTO DA SILVEIRA, "A Legislação Trabalhista como Regime Jurídico do Funcionário Público", in *RSP*, Ano XXI, v. 100, nº 1-2, Janeiro de 1968, pág. 42-47; JOSÉ MEDEIROS, "A Reforma Administrativa e a Sistemática de Pessoal", in *RSP*, v. 99, nº 3-4, Janeiro de 1967, pág. 40-45. Sob o tema da liberdade de escolha de formas da AP, tivemos acesso à conhecida obra de BERNHARD KEMPEN, *Die Formenwahlfreiheit der Verwaltung – Die öffentliche Verwaltung zwischen öffentlichem und private Recht*, Verlag Franz Vahlen, Munique, 1988.

A Lei nº 6.185, de 11 de dezembro de 1974 foi, certamente, a maior abertura dada à figura "privatística"[147] do contrato de trabalho no interior da AP não empresarial na história da FP brasileira, transformando esta figura na regra geral de vinculação agente-Poder Público, a ponto de a doutrina ter identificado justamente nessa lei a implementação da "laboralização" da FP brasileira.[148]

De fato, enquanto até a edição da Lei nº 6.185/74, perante o Direito Positivo, a aplicação da legislação do trabalho deveria ser apenas casual (isso também no que refere à Constituição de 1967, mesmo que na prática ocorresse situação deturpadora), após a promulgação dessa lei, perante o próprio Direito Positivo, a legislação do trabalho passa a ser o "estatuto comum" da FP (federal).[149]

Segundo a sua ementa, dispunha essa lei sobre "os servidores públicos civis da Administração Federal direta e autárquica, segundo a natureza jurídica do vínculo empregatício, e dá outras providências". Em face da competência legislativa dos Estados-membros no âmbito da regulamentação do regime de seu correlativo funcionalismo, a Lei nº 6.185/74 não se aplicava a estes diretamente e nem aos municípios.

A referida lei estruturava a FP em dois âmbitos (art. 1º[150]), aduzindo que os trabalhadores (utilizava-se a lei da nomenclatura "servidores públicos civis") da AP não empresarial da União poderiam vincular-se pelas disposições estatutárias (no caso, o então Estatuto de 1952, já sob a leitura da "teoria estatutária") ou pelo Direito do Trabalho (no caso, a CLT, o "estatuto básico" do empregado privado).

Contudo, o seu art. 2º determinava que em certos domínios da atividade estatal e, ato contínuo, da FP, somente as disposições estatutárias poderiam regrar as relações profissionais nela inseridas: "as atividades inerentes ao Estado como Poder Público, sem correspondência no setor privado, compreendidas nas áreas de segurança pública, diplomacia, tributação, arrecadação, fiscalização de tributos federais e contribuições previdenciárias e no Ministério Público" (redação originária)[151] foram excluídas dessa "laboralização". Delimitou, assim, a Lei nº 6.185/74 uma FP *stricto sensu* conectada com o desempenho de atividades típicas de Estado, a qual abrangia todos os trabalhadores/servidores vinculados aos órgãos públicos que desempenhassem tais tarefas (e não

---

[147] Sabemos o quanto é duvidosa a classificação do Direito do Trabalho como ramo privado e, a própria, divisão do Direito em dois grandes ramos jurídicos (Público e Privado). V. HANS KELSEN, *Teoria Pura do Direito*, 6ª ed., Martins Fontes, São Paulo, 1998, pág. 312-315; ARNALDO SÜSSEKIND, *Instituições* ..., pág. 122-124; GUSTAVO TEPEDINO, "A Constitucionalização do Direito Civil: perspectivas interpretativas diante do novo Código", *in* CÉSAR FIUZA (coord), *Direito Civil: Atualidades*, Del Rey, Belo Horizonte, 2003, pág. 115-130, esp. pág. 120.

[148] V. JULIANA BRINA CORRÊA LIMA DE CARVALHO, *A Mutabilidade* ..., pág. 67. Por sua vez, apontando a "privatização" da FP federal, ILNAH TOLEDO AUGUSTO, *Sindicalismo* ..., pág. 67. O fenômeno da "privatização" da FP é amplo e heterogêneo, podendo passar pela "contratualização", pela "laboralização" e pela "privatização" *stricto sensu*.

[149] Não obtivemos doutrina da época que afirmasse a inconstitucionalidade da Lei nº 6.185/74, justamente por reverter a lógica do art. 106 da Constituição. Esta ausência pode ser reflexo do próprio momento autoritário vivenciado no Brasil, contudo.

[150] "Art. 1º – Os servidores públicos civis da Administração Federal direta e autárquica reger-se-ão por disposições estatutárias ou pela legislação trabalhista em vigor".

[151] O art. 2º teve duas alterações ao longo de sua vigência que não alteraram a sua substância (foram decorrentes de elasticimento do rol limitativo dos servidores "estatutários"): "Art. 2º Para as atividades inerentes ao Estado como Poder Público sem correspondência no setor privado, compreendidas nas áreas de Segurança Pública, Diplomacia, Tributação, Arrecadação e Fiscalização de Tributos Federais e Contribuições Previdenciárias, Procurador da Fazenda Nacional, Controle Interno, e no Ministério Público, só se nomearão servidores cujos deveres, direitos e obrigações sejam os definidos em Estatuto próprio, na forma do art. 109 da Constituição Federal" (Redação dada pela Lei nº 6.856, de 1980).

apenas aqueles "servidores públicos civis" diretamente incumbidos de exercer, em nome do Estado, essas atividades típicas).

Finalmente, o art. 3º da Lei nº 6.185/74 assentava que todas relações profissionais envolvidas nas atividades federais não excetuadas pelo art. 2º poderiam ser regidas pela legislação do trabalho, não tendo direito os correlativos "empregados públicos" à sindicalização e ao exercício do direito de greve, porém, com direito ao depósito do FGTS.[152]

O resultado da Lei nº 6.185/74 não poderia ser outro: a elevação bastante substancial do número de "celetistas" na AP não empresarial da União, "que se tornaram muito mais numerosos do que os regidos pelo estatuto próprio – os chamados estatutários".[153] O âmbito subjetivo alcançado pelo Estatuto de 1952 (federal) tornou-se cada vez mais escasso, "por mais que se afirmasse que o regime próprio para o servidor do Estado era o estatutário"[154] e paradoxal que isso possa se afigurar. A situação também se verificou em muitos Estados-membros e na maioria absoluta dos Municípios.[155]

Lamentavelmente, portanto, a partir da década de cinquenta do século passado, por pura deformação doutrinária (e jurisprudencial), foi se afirmando a noção de que o Direito do Trabalho era o *locus* das práticas patrimonialistas de favoritismo, de nepotismo e de clientelismo; ou seja, tratava-se do ramo jurídico que viabilizava a permanência da Administração Patrimonialista no Brasil pela falta de vinculações jurídico-públicas, bem como a fonte do caos, dos desvirtuamentos, da ausência de homogeneidade e das desigualdades no interior da FP.[156] Um forte preconceito contra o Direito do Trabalho já estava posto.

A partir da década de oitenta e, em especial, no processo constituinte (1985-1988), na redemocratização do país, os trabalhadores públicos e as suas entidades representativas, reforçados pela juspublicística inspirada nos ideais democráticos, assumiram o discurso da "ideologia igualitária".[157] Dentro dessa conjuntura desfavorável ao Direito do Trabalho, resultaria óbvio inviabilizar a permanência do contrato de trabalho como

---

[152] "Art. 3º – Para as atividades não compreendidas no artigo precedente só se admitirão servidores regidos pela legislação trabalhista, sem os direitos de greve e sindicalização, aplicando-se-lhes as normas que disciplinam o Fundo de Garantia do Tempo de Serviço. Parágrafo único. Os servidores a que se refere este artigo serão admitidos para cargos integrantes do Plano de Classificação, com a correspondente remuneração". FGTS é a sigla o "Fundo de Garantia do Tempo de Serviço", instituído pela Lei nº 5.107/66 a fim de assegurar ao empregado um numerário quando eventualmente dispensado sem justa causa. Na prática, porém, substituiu a estabilidade decenária própria da CLT, identificada com o direito de segurança no emprego, adquirida após dez anos de serviço ao mesmo empregador, pois não eram admitidos empregados não-optantes pelo FGTS. A partir de então, tornou-se "potestativo" o direito de dispensa do empregador, marcando o início do movimento de "flexibilização" do Direito do Trabalho no Brasil. V. SERGIO PINTO MARTINS, *Direito* ..., pág. 441 e seg.; ALICE MONTEIRO DE BARROS, *Curso*..., pág. 967 e seg. A CR consagrou aos trabalhadores urbanos e rurais o direito ao pagamento do FGTS (art. 7º, inciso III).
[153] Cf. FLORIVALDO DUTRA DE ARAÚJO, *Conflitos Coletivos* ..., pág. 168. Segundo a informação de GILBERTO GUERZONI FILHO, "Burocracia ...", pág. 46, "no momento da implementação do regime jurídico único pela Lei nº 8.112, de 11/12/1990, dos cerca de 700.000 servidores civis ativos da União, não mais de 150.000 ainda eram regidos pela Lei nº 1.711, de 1.952". Os dados são compatíveis com os de TERESA CRISTINA DE SOUSA, *A Natureza Contratual* ..., pág. 25, que afirma que 80% dos servidores civis da esfera federal eram regulados pela CLT quando da edição da Lei nº 8.112/90.
[154] Cf. MÁRLIA FERREIRA BICALHO, *Reflexões* ..., pág. 73.
[155] V. ROBERTO SORBILLI FILHO, "A Alteração Unilateral ...", pág. 385.
[156] V. CLARICE GOMES DE OLIVEIRA, "O Servidor Público Brasileiro...", pág. 270.
[157] V. REGINA SILVIA PACHECO, "Brasil ...", pág. 177. Esta ideologia está impregnada até hoje e em vários âmbitos da sociedade. JACOB PALIS afirma em entrevista jornalística (*Veja*, edição de 18/5/2011) categoricamente: "É premente que se rompa na academia brasileira o velho espírito napoleônico, segundo o qual a igualdade deve prevalecer sobre a meritocracia". V. FLORIVALDO DUTRA DE ARAÚJO, *Negociação* ..., pág. 344.

forma de vinculação do trabalhador público-Estado e salientar a natureza "estatutária" desse vínculo. Além disso, seria também natural a exacerbação do concurso público como porta de acesso ao funcionalismo, aniquilando qualquer outra forma de subjetividade na escolha da AP.

É nesse contexto completamente desfavorável ao Direito do Trabalho que precisamos entender e interpretar a Constituição de 1988, quanto ao tema da FP, o que se refletirá na doutrina e na jurisprudência pós-constitucional. Veremos que os argumentos contrários à contratualização e à laboralização na FP não mais podem persistir, eis que sequer decorrentes da eventual "inadaptação" daquele ramo como forma de vinculação do trabalhador público-Estado; mas, sim, de uma interpretação equivocada de ausência de intercomunicabilidade dos princípios do Direito Administrativo no "Direito (administrativo) Privado".[158]

O período de vigência da Constituição de 1969 foi assinalado, portanto, também pela diversidade de regimes de vinculação para a FP, cada qual com os seus próprios regramentos e lógicas antagônicas, tornando ainda mais acentuada a já radical oposição entre "regime estatutário" e "regime celetista" no interior da AP. Paralelamente, foi se estigmatizando o Direito do Trabalho como um ramo jurídico "corrompido" (pelas práticas patrimonialistas), resultando na desvalorização jurídica e social do "contrato de trabalho" como forma de vinculação na AP e dos "celetistas" como "categoria inferior" dos "servidores públicos civis" do Estado.

9 Conclusão do capítulo

A título de conclusão (parcial), podemos afirmar que o período de construção da FP Brasileira 1824-1988 não é marcado por uma sucessão lógica e ordenada entre o modelo patrimonialista de Administração e o modelo burocrático de Administração, como era de se esperar; convivendo, ao reverso, ao longo daqueles anos, com práticas patrimonialistas numa Administração que foi sendo "desenhada" e "organizada" ao estilo moderno.[159]

Não suficiente, também foi comum no lapso apontado a heterogeneidade dos tipos de vínculos entre "trabalhador público-Estado", jamais se tendo alcançado uma pretendida "unidade" ou "uniformidade" de regimes de vinculação. Por fim, tacitamente, o Direito do Trabalho acabou sendo tachado de "culpado" pela desordem funcionarial e a utilização da legislação do trabalho pela Administração não empresarial começou a ser encarada como uma "aberração" jurídica.[160]

---

[158] V. SANTIAGO GONZÁLEZ-VARAS ÍBÁÑES, *El Derecho Administrativo Privado*; Editorial Montecorvo; Madrid; 1996; e ROLF STOBER, *Derecho Administrativo Económico*, MAP, Marcial Pons, 1992.

[159] Discordamos assim da tese "evolucionista" defendida por LUIZ CARLOS BRESSER PEREIRA, *Reforma do Estado* ..., pág. 20; e "A Reforma Gerencial ...", pág. 65. No Direito Comparado também é comum ver-se abordagens classificadoras e sucessivas dos tipos de AP. V. GERRY STOKER, "Estado, Sociedade e Administração Pública", in JOSÉ MANUEL MOREIRA (coord), *Estado, Sociedade Civil e Administração Pública – Para um novo paradigma do Serviço Público*, Livraria Almedina, Coimbra, 2008, pág. 25 e seg. Concordamos, no aspecto, com CLARICE GOMES DE OLIVEIRA, "O Servidor Público Brasileiro ...", pág. 169-170; e HUMBERTO FALCÃO MARTINS, "Burocracia ...", pág. 53 e seg.

[160] A expressão preconceituosa é de ADILSON ABREU DALLARI, *Regime Constitucional* ..., pág. 49. SÉRGIO LUIZ BARBOSA NEVES apud JOUBERTO DE QUADROS PESSOA CAVALCANTE e FRANCISCO FERREIRA JORGE NETO, in *O Empregado Público*, 2ª edição, LTr, São Paulo, Junho de 2009, pág. 70, afirma que a utilização do regime de trabalho subordinado privado na AP é uma "distorção".

A FUNÇÃO PÚBLICA NO QUADRO JURÍDICO-CONSTITUCIONAL PÓS-1988 E O CONTEXTO (OU NÃO?) PARA O "DIREITO DO TRABALHO DA FUNÇÃO PÚBLICA": O EXCESSO DE CONSTITUCIONALIZAÇÃO DA MATÉRIA, A INTERPRETAÇÃO RÍGIDA DOS PRECEITOS CONSTITUCIONAIS, A "IDEOLOGIA" DA NATUREZA ESTATUTÁRIA DO VÍNCULO E A COMPLEXIDADE FEDERATIVA

O Direito Constitucional passa, o Direito Administrativo passa também.

(J. J. Gomes Canotilho, 2001)[1]

As rupturas constitucionais demoram a ter resultados no plano do direito administrativo.

(Vital Moreira, 1998)[2]

1 O "espírito" da Constituição de 1988

A Constituição de 1988 (CR/88) foi promulgada em 05 de outubro, após um processo de redemocratização que perdurou alguns anos. A Carta foi resultado dos trabalhos desenvolvidos pela "Assembleia Nacional Constituinte", reunida entre os anos de 1987 a 1988. Também chamada de "Constituição Cidadã",[3] representou para a época a "emancipação" da sociedade frente a um governo militar, autoritário e opressor, e a

---

[1] *In* J. J. GOMES CANOTILHO, "O Direito Constitucional passa; o Direito Administrativo passa também", *in BFDUC*, nº 61, Homenagem ao Prof. Doutor Rogério Soares, Coimbra, Coimbra Editora, 2001, pág. 705 e seg.

[2] *In* "Constituição e Direito Administrativo (A «Constituição Administrativa» Portuguesa", *AB VNO AD OMNES – 75 anos da Coimbra Editora (1920-1995)*, Coimbra Editora, Coimbra, 1998, pág. 1143.

[3] O título de "Constituição Cidadã" foi atribuído pelo Deputado Federal Ulisses Guimarães (1916-1992), salientando a bondade de rol de direitos fundamentais.

inauguração de uma era de direitos, de liberdades e garantias para os cidadãos. Assim, a CR/88 passou a também representar a ruptura com velhos modelos e práticas.[4]

Na sua elaboração, a CR/88 sofreu influências de várias Constituições: da italiana (1948), da alemã (1949), da espanhola (1978) e, principalmente, da Constituição da República Portuguesa de 1976,[5] decorrência mesmo da união histórica, cultural e linguística com Portugal.

Seja em decorrência do contexto político e jurídico que se queria encerrar, seja também em decorrência das concepções reinantes na década de oitenta do século passado[6] a CR/88 tem como características a sua feição programática[7] e pluralista, para além de sua forma extremamente analítica, à semelhança de um código fruto do Positivismo Jurídico.

Com efeito, a insegurança jurídica e social havida nos anos anteriores à promulgação da CR/88 transplantou-se para a carta, constitucionalizando-se miudezas próprias de outros ramos jurídicos e acarretando, via de consequências, problemas relacionados com a "simbolização" do Direito Constitucional[8] e com a alta frequência das reformas constitucionais[9] (atualmente a CR/88 já conta mais de setenta emendas constitucionais), isso sem levar em conta a desconsideração das matérias efetiva e constitucionalmente dignas (ou melhor, assentando-se um "Direito Constitucional Técnico"[10]). É com esses dados que se deve entender o "espírito" do constituinte de 1988.

Tais características da CR/88 tornam a sua análise muito complexa, não só pela extensão do texto e os conflitos interpretativos daí decorrentes, mas também pela velocidade das suas mudanças e pela importância que a jurisprudência constitucional acabou adquirindo ao longo dos anos, justamente em face dessa prolixidade, em especial, sobre determinados e controvertidos dispositivos, nomeadamente no tema da Função Pública.

Apesar da alta tesura da CR/88, teve a qualidade de instituir no Brasil um "Estado Democrático de Direito" fundado na "dignidade da pessoa humana" e "no valor social do trabalho", o que faz com que o debate jurídico-constitucional sobre o funcionalismo

---

[4] Cf. INOCÊNCIO MÁRTIRES COELHO, in GILMAR FERREIRA MENDES (e outros), Curso de ..., pág. 203: "costumamos dizer que a Carta Política de 1988, se não chega a ser uma Constituição-Revanche, por certo é uma Constituição-Resposta ...".

[5] V. OSCAR DIAS CORRÊA, "Breves Observações sobre a Influência da Constituição Portuguesa na Constituição Brasileira de 1988", in Perspectivas Constitucionais nos 20 Anos da Constituição de 1976, org. JORGE MIRANDA, Coimbra Editora, Coimbra, 1996, pág. 71 e seg.

[6] É bastante figurativo o fato de o muro de Berlim ter caído justamente em novembro de 1989, após um ano da promulgação da CR/88, simbolizando a decadência das ideias comunistas e socialistas.

[7] Cf. J. J. GOMES CANOTILHO, "Prefácio da 2ª edição" de Constituição Dirigente e Vinculação do Legislador – Contributo para a Compreensão das Normas Constitucionais Programáticas, Coimbra Editora, Coimbra, 2001, pág. VI: "A programaticidade congénita da Constituição portuguesa de 1976 e da Constituição brasileira de 1988 procurava substituir uma outra programaticidade – a programaticidade conservadora-corporativa ...". V. JORGE MIRANDA, "A Nova Constituição Brasileira", in OD, ano 122, Janeiro – Março, 1990, pág. 148.

[8] V. J. J. GOMES CANOTILHO, Direito Constitucional e Teoria da Constituição, Livraria Almedina, Coimbra, 2003, pág. 1352; e, principalmente, MARCELO NEVES, "A Constitucionalização Simbólica: Uma Síntese", in BFDUC, STVDIA IVRIDICA, nº 46, "20 Anos da Constituição de 1976", Coimbra Editora, Coimbra, 2000, pág. 99-137; e "Von Autopoiesis zur Allopoiesis des Rechts", in Rechtstheorie, nº 43, Berlim, 2003, pág. 245 a 268, esp. 251.

[9] Sobre o assunto, V. o nosso: ANA CLÁUDIA NASCIMENTO GOMES, "Emendar e Emendar: Enclausurando a Constituição? Entre o Paradoxo da Democracia, a Capacidade Reflexiva da Constituição e sua Força Normativa", in Ciências Jurídicas Civilísticas; Comparatísticas; Comunitárias; Criminais; Económicas; Empresariais; Filosóficas; Históricas; Políticas; Processuais, Livraria Almedina, Coimbra, 2005, pág. 23-55;

[10] V. J. J. GOMES CANOTILHO, "Estilo e norma constitucional. A propósito do 'direito constitucional técnico'", in CCL, volume 16, Abril – Junho, 1996, pág. 05-13.

não se apoie com exclusividade ou com proeminência no interesse público/estatal, mas harmonize-se também com os direitos e interesses da coletividade profissional que o integra (interesses individuais e coletivos). Em suma, não pode ser mais válido o argumento de que, "na relação estabelecida entre o servidor público e o Estado", aprioristicamente, "o interesse público esteja atendido antes e acima de tudo".[11]

2 A Função Pública na Constituição de 1988 – O excesso de constitucionalização de matérias de índole legal

A CR/88 destinou um capítulo próprio (VII) para as disposições relativas à Administração Pública, sendo esse dividido em quatro seções: a primeira (I) atinente às "disposições gerais"; a segunda (II), acerca dos "Servidores Públicos"[12]; a terceira (III) sobre os "militares dos Estados, do DF e dos Territórios"; e a quarta (IV), sobre as denominadas "regiões". Porém, nem todos os artigos relativos à FP estão ali concentrados (Seção II). Nesta seção encontram-se a maioria das regras relativas à FP *lato sensu* (excetuados os membros do Poder Judiciário, do Ministério Público e os Militares[13]). Algumas outras disposições encontram-se dispersas ao longo do texto constitucional (como o art. 84, inciso VI, alíneas *a e b*; art. 169, art. 247) e ainda no ADCT (art. 19 e 20). Nesse aspecto, a doutrina alude a "heterogeneidade das normas constitucionais sobre os servidores públicos"; pois, para além da sua grande quantidade, algumas normas têm extensão subjetiva diferente (ora incluindo, ora excluindo determinados tipos de trabalhadores públicos), isso sem levar em conta os três níveis de entes federados.[14]

Dentro da lógica de que "constitucionalizar é garantir", a CR/88 assentou inúmeras regras relativas à FP que bem poderiam (e melhor) constar de uma lei infraconstitucional, a ponto de a publicística aludir à existência de um "estatuto constitucional do funcionalismo público".[15] O presente capítulo visa apresentar, em suas linhas principais, esse "estatuto constitucional", o que consideramos uma difícil tarefa e, porque não dizer, também fastidiosa, justamente pela falta de sistemática e de síntese do constituinte e pela necessária remissão ao posicionamento da jurisprudência.

A verbosidade da CR/88 representa, na verdade, a transferência para a esfera constitucional de soluções políticas e jurídicas que, frise-se, seriam mais adequadas ao legislador ordinário e, no campo da FP, também de importante influência corporativista. Não podemos esquecer que nos anos anteriores à CR/88 era experimentado um ambiente funcionarial pouco racional, em que "estatutários" (Estatuto de 1952) e "celetistas" (CLT) conviviam num mesmo órgão público e praticavam as mesmas atividades; porém, estavam sujeitos a regulamentações (e interpretações das regras) completamente adversas. O ideal desejado pelo funcionalismo (e não só) era, portanto, de *absoluta* isonomia de direitos, deveres e responsabilidades, especialmente destes ("celetistas", a

---

[11] Cf. ALICE MONTEIRO DE BARROS, "O Contrato de Emprego ...", pág. 22.
[12] Na verdade, esta disposição foi assentada na EC nº 18/98. Até então, a seção II tratava também dos militares, que se tornaram uma categoria a parte. Ademais, a CR/88 optou definitivamente pela nomenclatura "servidores públicos", deixando de lado o clássico termo "funcionário público".
[13] Coletivos funcionariais também excluídos de nossa dissertação.
[14] V. ADILSON ABREU DALLARI, *Regime* ..., pág. 21.
[15] V. PATRÍCIA BAPTISTA, *Transformações* ..., pág. 78.

grande maioria), que almejavam a garantia da estabilidade no serviço público. Por outro lado, havia grande ressentimento (e mesmo repugnância) social do regime jurídico-privado (trabalhista), fazendo evidenciar na CR/88 (e nos seus intérpretes) uma grande predisposição para um regime de vinculação exclusivamente jurídico-público.

A desmedida densificação da CR/88 no âmbito da FP deu azo a duas consequências principais: a primeira, a excessiva rigidez do sistema funcionarial e, relacionada com essa, a segunda, a implementação de várias reformas constitucionais na matéria (EC nºs 18/98, 19/98, 20/98, 34/2001, 41/2003, 42/2003, 47/2005, 51/2006, 63/2010), sendo a mais conhecida a "Reforma Administrativa" de 1998 (EC nº 19/98[16]).

De fato, doutrina considerável entende que a CR/88 deixou pouca margem de discricionariedade na gestão dos recursos humanos da Administração Pública[17] (afinal, a rigidez decorre da própria natureza das suas normas) e, assim, o sistema funcionarial pecaria por falta de flexibilidade administrativa (antes, de todo modo, parcialmente presente na figura do contrato de trabalho na AP não empresarial). Essa é também a nossa opinião, sendo que tal rigidez foi ainda exacerbada pela interpretação da juspublicística e da jurisprudência, conforme veremos, o que acabou por radicalizar o panorama do mercado de trabalho público/privado.

Quanto ao modelo de FP adotado pela CR/88 (reflexo também a existência de uma AP permanente,[18] em termos constitucionais), parte-se de uma concepção burocrático-weberiana,[19] o que é notado em decorrência da adoção (formal) do sistema de meritocracia e profissionalização na carreira;[20] da forte estabilidade no serviço público (art. 41);[21] das normas destinadas a impor tratamento impessoal e eliminar discriminações e favoritismos pessoais[22] (não obstante exista a figura dos cargos públicos de livre nomeação e exoneração – art. 37, inciso V); bem como pela aposentadoria diferenciada dos servidores públicos (o chamado "regime próprio" de previdência).[23]

---

[16] LUIZ CARLOS BRESSER PEREIRA foi o mentor da Reforma Administrativa de 1995/1998, tendo gerido o MARE (Ministério da Administração e Reforma do Estado). O lema desta reforma era a implementação de uma Administração Gerencial no Brasil. Explica no seu a *Reforma do Estado para a Cidadania – A Reforma Gerencial Brasileira na Perspectiva Internacional* –, ..., pág. 207: "Quando iniciei a elaboração da emenda com meus assessores, meu primeiro movimento foi no sentido de *desconstitucionalização*. Era o movimento lógico". Contudo, "os parlamentares entendiam que o governo estaria pedindo a eles um 'cheque em branco'". V. CLÁUDIA FERNANDA DE OLIVEIRA PEREIRA, *Reforma Administrativa – O Estado, o Serviço Público e o Servidor*, 2ª ed., Brasília Jurídica, Brasília, 1998. V. MAURÍCIO ANTÔNIO RIBEIRO LOPES, *Comentários à Reforma Administrativa*, Editora Revista dos Tribunais, São Paulo, 1998.

[17] V. REGINA SILVIA PACHECO, "Brasil...", pág. 182.

[18] A utilização do nome "Administração Pública" é redutora, posto que existem, na verdade, várias Administrações, inclusive em decorrência do federalismo brasileiro de três níveis.

[19] V. MAX WEBER, ¿Qué es la ..., pág. 10 e seg. V. JOSÉ MARIA TEIXEIRA DA CRUZ, *A Função Pública e o Poder Político: As situações na Alemanha, em França, na Grã-Bretanha, nos Estados Unidos da América e em Portugal*, tese de doutoramento, Universidade Técnica de Lisboa, 2002, pág. 39. Não é demais salientar que o modelo patrimonialista de Administração não é abertamente compatível com um Estado Democrático de Direito e que, em 1988, ainda não tinha vindo a lume a obra de DAVID OSBORNE e TED GAEBLER, *Reinventing Government*, de 1992, paradigma da "Revolução Administrativa Gerencial".

[20] Ex: Art. 37, incisos I, II e XXII; art. 39, §7º.

[21] V. ANA LUÍSA CELINO COUTINHO, *Servidor Público* ..., pág. 80 e seg.

[22] Ex. Art. 37, caput; art. 39, e §1º.

[23] Também este ponto foi alvo da EC nº 41/2003, retirando o caráter de integralidade da aposentadoria do servidor público, conforme definição em lei posterior. Em 2012, foi publicada a Lei nº 12.618, que "Institui o regime de previdência complementar para os servidores públicos federais titulares de cargo efetivo, inclusive os membros dos órgãos que menciona; fixa o limite máximo para a concessão de aposentadorias e pensões pelo regime de previdência de que trata o art. 40 da Constituição Federal, dentre outras providências". Posteriormente, foi

Aliás, segundo a medição da "escala weberiana" (Evans e Rauch, 1999),[24] o Brasil é "super bem classificado no grau de profissionalização do Emprego Público, enquanto está associada ao cumprimento dos requisitos do modelo burocrático clássico";[25] já tendo sido inclusivamente apontado como o país da América Latina "com o modelo mais maduro de serviço civil de carreira".[26] Não sem razão, em estudo comparatístico, foi o país melhor avaliado "em pontuação de mérito (87/100)", esta significando "garantias efetivas de proteção dos empregados públicos frente à arbitrariedades, à politização e à obtenção de rendas".[27]

Esse enquadramento favorável em termos de Direito Comparado é também consequência do amplo assentamento constitucional de garantias dos servidores públicos brasileiros, apesar de não revelar que esse "excesso de mérito" também tem um preço a pagar. Mérito e rigidez, nesse sentido, são variáveis semelhantes e pesam para o mesmo lado.[28] Aliás, quanto a essa demasia de garantias contra o "assédio externo" da FP brasileira, a doutrina especializada nacional já havia cunhado uma expressão – "Insulamento Burocrático" (Nunes, 1997)[29] –, a qual demonstra a preocupação em "'isolar' os funcionários do Estado, que exercem funções consideradas estratégicas em determinados momentos ou contextos políticos, das possíveis ingerências de atores 'externos' aos negócios estatais".[30]

Vejamos no item a seguir algumas das principais notas do "sistema constitucional funcionarial" de 1988, em especial, aquelas que demonstram essa aludida inflexibilidade e a sua complexidade normativa.

---

criada a Fundação de Previdência Complementar do Servidor Público Federal do Poder Executivo (Funpresp-Exe), cuja vinculação passou a viger no ano de 2013 (Portaria nº 44, de 31/1/2013, do Ministério da Previdência Social).

[24] *Apud* REGINA SILVIA PACHECO, "Brasil: politización ...", pág. 170. V. PETER EVANS e JAMES RAUCH, "La Burocracia y el crecimiento: un análisis transversal entre naciones de los efectos de las estructuras estatales «weberianas» en el crecimiento económico", *in* PETER EVANS, *Intituciones y desarrollo en la era de la globalización neoliberal*, Colección en Clave de Sur, 1ª edição, ISLA, Bogotá, 2007, pág. 67-96. V. ANDREIA DI CAMILLA GHIRGHI PIRES SUDANO, "Estágio Probatório e Reformas na Gestão Pública: Um Estudo de Caso da Avaliação no Início de Carreira no Estado de São Paulo", Fundação Getúlio Vargas, São Paulo, 2011, pág. 22 e seg.

[25] Cf. REGINA SILVIA PACHECO, *Ibidem*, pág. 170.

[26] Cf. FRANCISCO LONGO e CARLES RAMIÓ (tb. coord.), "Introdución" de *La Profesionalización del Empleo Público en America Latina*, Barcelona, CIDOB, 2008, pág. 10.

[27] Cf. KOLDO ECHEBARRÍA, "El papel de la profesionalización del Empleo Público en América Latina", *in* FRANCISCO LONGO e CARLES RAMIÓ (coord.), *La Profesionalización del Empleo Público en America Latina*, Barcelona, CIDOB, 2008, pág. 29.

[28] V. FRANCISCO LONGO, *Mérito* .... Este A. realiza uma cuidadosa ponderação prática entre mérito e flexibilidade na FP e aponta, pág. 274 e seg.: "A flexibilidade sem mérito é, na realidade, a flexibilidade ao serviço de uns poucos", "o mérito sem flexibilidade tende a transformar-se em pura antiguidade ou mero cumprimento de requisitos formais".

[29] Referencia à tese de EDSON NUNES, *A Gramática Política do Brasil: Clientelismo e Insulamento Burocrático*, de 1984. *Apud* EDISON BARIANI, "DASP: entre a norma e o fato", *Guerreiro Ramos e a redenção sociológica; capitalismo e sociologia no Brasil*, tese de Doutoramento, FCL/UNESP, Araraquara-SP, 2004, pág. 9. *Apud*, LUIZ CARLOS BRESSER PEREIRA, Prefácio da 1ª edição de *A Gramática Política do Brasil: Clientelismo e Insulamento Burocrático*, Jorge Zahar, Rio de Janeiro, 1997.

[30] V. PEDRO IVO SEBBA RAMALHO, "Insulamento Burocrático, *accountability* e transparência", *in RSP*, vol. 60, nº 04, outubro-dezembro, 2009, pág. 337-363, esp. 344.

3 A Função Pública no quadro jurídico-constitucional pós-1988 – A rigidez e a complexidade do sistema constitucional da FP

3.1 A "superimportância" da prévia aprovação em concurso público como forma de ingresso formal na FP – "Fechamento" (e "abertura") da FP

Uma primeira e grande conquista da CR/88 foi a consagração da imprescindibilidade da "aprovação prévia em concurso público de provas ou de provas e títulos, de acordo com a complexidade do cargo ou emprego" para ingresso na FP (art. 37, inciso II).[31] Excetuam-se "as nomeações para cargo em comissão declarado em lei de livre nomeação e exoneração" (art. 37, inciso II, *in fine*).

A finalidade constitucional foi efetivamente estancar uma abertura para a FP que viabilizava o clientelismo e práticas patrimonialistas, o que no passado recente ocorria principalmente em relação ao "emprego público" (*stricto sensu* – os "celetistas"). Em síntese, doravante, independentemente do regime jurídico adotado, ou seja, "de cargos a empregos públicos", para uma vinculação funcionarial *profissional* e com o carácter não eventual,[32] é absolutamente necessária a aprovação em procedimento concursal de caráter público, justo e transparente.

Trata-se da consagração do princípio[33] da plena acessibilidade da Função Pública (em relação aos cidadãos nacionais que preenchem os requisitos legais e aos estrangeiros, na forma da lei[34]), em condições de igualdade e com respeito à liberdade de escolha do indivíduo, somente sendo admissíveis discriminações legítimas, adequadas e razoáveis; como, por exemplo, ocorre relativamente ao art. 37, inciso VIII, a fim de proteger as pessoas com deficiências.[35]

O concurso público é, pois, a "corporificação" dos princípios democráticos da igualdade e da imparcialidade/impessoalidade administrativa,[36] na linha do vetusto art.

---

[31] O ingresso na Magistratura e no Ministério Público obedece ao mesmo princípio constante do art. 37, II; porém, com regras específicas do art. 93, inciso I, e art. 129, §4º, respectivamente. Também assim ocorre relativamente à Advocacia Pública (art. 131, §2º), à Defensoria Pública (art. 134, §1º).

[32] De fato, o conceito de não eventualidade do Direito do Trabalho espelha com maior fidelidade o vínculo que une agente-Estado do que o de "permanência". Basta pensar, por exemplo, nos servidores temporários, também integrantes, nessa qualidade, do âmbito subjetivo (lato) de FP. V. *Infra*. V. MAURÍCIO GODINHO DELGADO, *Curso* ..., pág. 272 e seg. V. Lei nº 8.745/1993, art. 3º, sobre a exigência de procedimento público seletivo nos casos de contratação temporária fundada em excepcional interesse público.

[33] Há discussão doutrinária sobre se o art. 37, inciso II, conteria um princípio ou uma regra jurídica. Somos adeptos da posição de que tal dispositivo assenta, na literalidade, uma regra jurídica, todavia, fundada nos princípios democrático e da participação política. V., por todos, GUSTAVO ALEXANDRE MAGALHÃES, *Contratação Temporária* ..., pág. 89 e seg.; CARMEN LÚCIA ANTUNES ROCHA, *Princípios* ..., pág. 144 e seg.

[34] Redação da EC nº 19/98, tornando tênue o liame nacionalidade-exercício da Função Pública. Segundo explica CARMEN LÚCIA ANTUNES ROCHA, *Princípios* ..., pág. 161, "os brasileiros têm direito constitucional quando (*desde que*) preencham as exigências legais, enquanto os estrangeiros poderão vir a ter o direito desde que e como estabelecer a norma infraconstitucional". V., ex., art. 12 do Tratado da Amizade, Cooperação e Consulta entre a República Federativa do Brasil e a República Portuguesa, em 22/4/2000, em Porto Seguro. Decreto nº 3.927, de 19/11/2001.

[35] V. LUTIANA NACUR LORENTZ, *A norma da igualdade e o Trabalho das Pessoas Portadoras de Deficiência*, Editora LTr, São Paulo, 2006; MARIA APARECIDA GUGEL, *Pessoas com Deficiência e o Direito ao Trabalho*, Editora Obra Jurídica, Florianópolis, 2007.

[36] Ressalte-se que a CR/88 utiliza-se do termo "impessoalidade"; enquanto a CRP utiliza-se do termo "imparcialidade". Sobre o princípio, V. MARIA TERESA DE MELO RIBEIRO, *O Princípio da Imparcialidade na Administração Pública*, Livraria Almedina, Coimbra, 1996.

6º da Declaração de Direitos de 1789 e do atual art. 21º-2 da Declaração Universal dos Direitos do Homem de 1948.[37] Por essa ótica, o concurso público tem estrita conexão com o direito fundamental do cidadão de igualdade de tratamento perante uma AP democrática.[38] Além disso, "a titularização dos cargos públicos constitui ... uma forma de participação na estrutura real do Poder".[39]

O procedimento administrativo concursal[40] propicia, por outro lado, o recrutamento daqueles profissionais mais habilitados para o desempenho das atividades da Administração.[41] Por esse prisma, é um bom instrumento de seleção dos candidatos mais capazes e adequados ao desempenho dos ofícios/cargos/empregos públicos. Nesse sentido, representa um importante mecanismo de profissionalização da FP e de assentamento do sistema meritocrático, para além de concretizar o princípio da eficiência administrativa.[42]

Na CRP, semelhante norma jurídica consta do art. 47º-2,[43] aliás, com muito mais propriedade do que na CR/88, pois que inserida dentro do "direito/liberdade/garantia" intitulado "Liberdade de escolha da profissão e acesso à função pública". De fato, no Direito Constitucional Português, o "direito de acesso à função pública (nº 2) surge qualificado, após a 1ª Revisão Constitucional ... como um direito de carácter *pessoal*, associado à liberdade de escolha de profissão e separado qualitativamente do «direito de acesso a cargos públicos» (art. 50º); este, sim, qualificado como direito de participação política".[44] Na CR/88, o direito fundamental constante do art. 5º, inciso XIII (liberdade de profissão), não se encontra expressa ou diretamente articulado com o acesso à FP, o que prejudica ainda mais o reconhecimento doutrinário do caráter profissional da figura do servidor público.

De nosso ponto de vista, revela importância e utilidade jurídicas salientar que o exercício da função pública (de forma não honorífica, profissional, não eventual e remunerada) significa o desenvolvimento de uma ocupação/trabalho/profissão da pessoa, pois, resta mais clara a conexão com os princípios jurídicos relativos ao trabalho humano, independentemente de ser prestado ou não em favor do Estado.

---

[37] "Toda pessoa tem o direito de aceder, nas condições de igualdade, às funções públicas de seu país".

[38] Existiram, ao longo da História Administrativa (e mesmo no Brasil), outras formas de seleção de pessoal para a FP, que respeitavam o princípio da igualdade, como foi o caso de sorteio de cargos públicos. V. GUSTAVO ALEXANDRE MAGALHÃES, *Contratação Temporária* ..., pág. 92 e seg.

[39] Cf. CARMEN LÚCIA ANTUNES ROCHA, *Princípios* ..., pág. 145.

[40] De fato, o concurso público é um procedimento administrativo. A lei e doutrina brasileira preferem utilizar-se da nomenclatura "processo administrativo". V. CARMEN LÚCIA ANTUNES ROCHA, *Princípios* ..., pág. 201.

[41] V., por todos, ANA FERNANDA NEVES, *Relação Jurídica* ..., pág. 149-150. V, ainda, sobre os vários sistemas de avaliação meritocrática para acesso à FP: LEONARDO CARNEIRO ASSUMPÇÃO VIEIRA, *Mérito, Sociedade e Direito: Reflexões sobre a noção de merecimento objetivo e seus institutos na função pública*, Tese de Mestrado, FDUFMG, Belo Horizonte, 2004, pág. 23 e seg.

[42] V. GUSTAVO ALEXANDRE MAGALHÃES, *Contratação Temporária* ..., pág. 93. V. CAROLINA MELO e RICARDO WESTIN, "Como chegar lá – Os campeões dos concursos públicos ensinam como se preparar para conquistar os empregos mais cobiçados do país", *in Veja*, v. 44, nº 28, 13 de julho de 2011, pág. 116-125 (notícia de capa do principal semanário nacional).

[43] V. J. J. GOMES CANOTILHO e VITAL MOREIRA, *Constituição da República Portuguesa Anotada*, Vol. I, 4ª edição, Coimbra Editora, Coimbra, 2007, pág. 653 e seg.: "O reconhecimento constitucional de um *direito de acesso à função pública* torna evidente que esta implica uma *relação de emprego* acessível a todos os cidadãos e, não uma relação de confiança política reservada aos fiéis do Governo (ou pelo menos vedada aos «inimigos do Estado»)".

[44] *Ibidem*, pág. 658.

A aprovação em concurso público (válido) se tornou, assim, o critério "legitimador" da entrada na FP perante a CR/88. Não há nesse aspecto qualquer observação digna de retaliação, muito ao reverso.[45] Tanto é assim que a jurisprudência brasileira, trabalhista e constitucional (e não só), vem garantindo "o primado absoluto do concurso público como forma de acesso ao serviço público efetivo";[46] seja em face do administrador que contrata indevidamente trabalhadores; seja em face do legislador local que venha a ignorar esse critério quando da elaboração de "diplomas específicos"; seja mesmo em face dos próprios trabalhadores –"servidores de fato",[47] contratados ao alvedrio da regra concursal.

O Tribunal Superior do Trabalho (TST) tem inclusivamente súmula[48] sobre a nulidade absoluta do vínculo profissional e não eventual subordinado ("de emprego") com entidade de direito público sem a observância da regra da aprovação anterior em concurso público, em conformidade com o que determina o parágrafo segundo do art. 37.[49] São os casos das Súmulas nº 331[50] e nº 363.[51]

Na lide trabalhista, portanto, muito dificilmente o trabalhador público admitido após a CR/88, sem prévia aprovação em concurso público, obterá o reconhecimento judicial sobre a pretensão de manutenção de seu "posto de trabalho" ou sobre quaisquer direitos trabalhistas (ex.: direito ao pagamento da sobrejornada realizada, ao gozo de férias anuais, ao recebimento de gratificação de natal, entre outros) e previdenciários (anotação do contrato de trabalho na Carteira de Trabalho, contagem de tempo de serviço, aposentadoria), salvo o salário *stricto sensu* (dias efetivamente trabalhados, sem adicionais) e a parcela do FGTS.[52] Também não terá direito o "servidor de fato" ao pagamento de parcelas indenizatórias pelo que deixou de haver, na lógica da ilicitude do liame com a AP e do pressuposto (normalmente implícito e nem sempre escorreito) de que há coparticipação daquele na fraude administrativa.[53]

---

[45] V. LUIZ CARLOS BRESSER PEREIRA, *Reforma do Estado ...*, pág. 193.

[46] Cf. GILBERTO GUERZONI FILHO, "Burocracia ...", pág. 54.

[47] V. GUSTAVO ALEXANDRE MAGALHÃES e JORGE LUIZ SOUTO MAIOR, "Efeitos da Nulidade na Contratação de Servidores Públicos", in JOSÉ RONALD CAVALCANTE SOARES (coord.), *O Servidor Público ...*, pág. 117-134, esp. 117, criticando a excessiva postura da jurisprudência, em detrimento de direitos trabalhistas dos "servidores de fato".

[48] As súmulas no Direito Brasileiro podem ou não ter efeitos vinculantes (*erga omnes*). Neste caso, alude-se a súmulas do TST sem efeitos vinculantes. Prestam-se como orientações interpretativas para os juízes inferiores e para a não admissão de recursos de natureza extraordinária. V. CLEBER LÚCIO DE ALMEIDA, *Direito Processual do Trabalho*, Livraria Del Rey, Belo Horizonte, 2009, pág. 13-14.

[49] Cf. §2º do art. 37 da CR/88 – A não observância do disposto nos incisos II e III implicará a nulidade do ato e a punição da autoridade responsável, nos termos da lei.

[50] Súmula nº 331, item II – "A contratação irregular de trabalhador, mediante empresa interposta, não gera vínculo de emprego com os órgãos da Administração Pública direta, indireta ou fundacional (art. 37, II, da CF/1988)".

[51] Súmula nº 363 – "Contrato Nulo – Efeitos (nova redação) – Resolução nº 121/2003, DJ 19, 20 e 21/11/2003 – A contratação de servidor público, após a CF/1988, sem prévia aprovação em concurso público, encontra óbice no respectivo art. 37, II e §2º, somente lhe conferindo direito ao pagamento da contraprestação pactuada, em relação ao número de horas trabalhadas, respeitado o valor da hora do salário mínimo, e dos valores referentes aos depósitos do FGTS".

[52] O pagamento da parcela do FGTS foi decorrente da alteração da Lei nº 8.036/90, art. 19-A (Medida Provisória nº 2.164-41, de 2001). A alteração desta lei é bem sintomática de que as contratações irregulares na AP brasileira não são incomuns, mormente nos Municípios, pela maior proximidade com o administrador/gestor local.

[53] V. GUSTAVO ALEXANDRE MAGALHÃES e JORGE LUIZ SOUTO MAIOR, "Efeitos ...", pág. 126 e seg. V., por ex., decisões do TRT da 3ª Região, nº 00818-2005-100-03-00-7 AP; RO nº 15791/01; nº 00423-2006-091-03-00-9 RO; dentre outras.

Aliás, a afirmação da absoluta prioridade de concurso público (válido) para a formação (lícita) do vínculo profissional com o ente de Direito Público tem sido inclusivamente afirmada pelos tribunais mesmo em casos de declaração de inconstitucionalidade da lei local que autorizou a criação dos cargos e a formação dos vínculos funcionariais; casos esses nos quais foram concedidos aos trabalhadores públicos prejudicados somente os salários *stricto sensu* e a parcela pertinente do FGTS.[54] Assim, depreende-se que não apenas a verificação da existência da prévia aprovação em concurso público pelo trabalhador público admitido à FP, mas também a própria validade jurídica da lei que lhe deu fundamento têm sido apontados como requisitos, pela jurisprudência nacional, para a consideração da legalidade (*lato sensu*) do liame funcionarial.

Trata-se, na verdade, de uma ponderação judicial de princípios jurídicos cujo resultado beneficia (ou protege) a regra concursal, a impessoalidade e a moralidade administrativa (como era almejado socialmente, levando-se em conta o contexto pré-1988); porém, em prejuízo da efetiva valorização do trabalho humano, mormente nos casos concretos em que sequer se poderia cogitar de "culpa concorrente" do trabalhador público admitido irregularmente (como, por exemplo, ocorre nos casos de declaração de inconstitucionalidade da lei local instituidora dos cargos ou empregos públicos).[55]

Essa linha jurisprudencial salienta, por um lado, a absoluta repugnância do Direito Constitucional relativamente às entradas "paralelas" e "irregulares" na AP, sem o "aval" da superação da fase concursal pelo trabalhador público; fase essa que deve ser cumprida em todos os seus termos e de modo absolutamente legítimo. Por outro lado, não deixa de representar uma "saída mais econômica" para a própria AP, o que muitas vezes tem colaborado, designadamente em pequenos municípios e em outras entidades públicas, para admissões com intencional desrespeito à regra constitucional concursal, cientes da alta probabilidade de êxito numa batalha judicial trabalhista, em face da diminuição dos custos da relação de trabalho.[56]

Justamente por isso, parcela da doutrina afirma que "presentear o Estado com a 'obrigação' de pagar menos do que é devido, com fundamento de que ele mesmo, o Estado, agiu de forma contrária ao ordenamento jurídico, além disso, atenta contra o princípio da moralidade administrativa".[57] Não deixa de ser, por essa via, uma das

---

[54] V. TST, RR nº 419.138; RR nº 350.359; RR nº 358.451.

[55] V. nesse sentido, isoladamente, TJMG, Ap. nº 284.237-5.00. V. TRT 3ª Região, Processo nº 00026-2008-093-03-00-1 RO. Tb. GUSTAVO ALEXANDRE MAGALHÃES e JORGE LUIZ SOUTO MAIOR, "Efeitos da Nulidade ...", pág. 117.

[56] V. ALICE MONTEIRO DE BARROS, "Contrato de Trabalho ...", pág. 30. Em nossa atividade funcional, já presenciamos inúmeros casos concretos em que as entidades públicas favorecem-se da própria torpeza através de suas defesas processuais, ao suscitar, elas próprias, a nulidade do vínculo pela contratação do trabalhador sem observância da aprovação em concurso público. Em síntese, as entidades não fazem concurso público, contratam irregularmente e suscitam, em juízo, a nulidade dos vínculos por elas próprias estabelecidos para a diminuição de suas condenações pecuniárias. Ademais, são ainda bem raras e controvertidas as condenações trabalhistas por improbidade administrativa do administrador que contrata indevidamente, com fundamento no art. 37, §2º, da CR/88, pela discussão envolvendo a competência da Justiça do Trabalho. V. TST RR nº 342900-95.2004.5.03.0091 (pela incompetência da JT). V. Processo nº 00333.2001.001.14.00-0, da 1ª Vara do Trabalho de Porto Velho/RO (pela competência da JT, com condenação). V. MARCELO JOSÉ FERLIN D'AMBROSO, "Moralidade Pública nas Relações de Trabalho e a Responsabilidade do Agente Público perante o Ministério Público do Trabalho e a Justiça do Trabalho", *in Jus Navigandi*, Teresina, ano 11, nº 996, 24 mar. 2006. Disponível em: http://jus.uol.com.br/revista/texto/8145. Acesso em: 24/7/2011. V. JORGE LUIZ SOUTO MAIOR, *Curso de Direito do Trabalho – A relação de emprego*, vol. II, LTr, São Paulo, 2008, pág. 299.

[57] V. GUSTAVO ALEXANDRE MAGALHÃES e JORGE LUIZ SOUTO MAIOR, "Efeitos da Nulidade ...", pág. 912.

conhecidas formas de "precarização" do trabalho, pela quase total ausência de direitos trabalhistas.

Vê-se, dessa forma, que a consagração da exigência constitucional do concurso público e interpretação judicial vigorosa do cumprimento desta não significam, absolutamente, a extinção de "entradas laterais" na FP, não transparentes e descontroladas, e pode até mesmo facilitá-las, por mais paradoxal que isso possa se afigurar.[58] Afinal, a grande maioria das admissões desvirtuadas são implementadas de forma silenciosa, ou até mesma "secreta".[59] O patrimonialismo na AP permanece, porém, tem ao seu alcance outros mecanismos.

Também no setor empresarial do Estado, onde o regime do vínculo de trabalho é de natureza jurídico-privada, por expressa determinação constitucional (art. 173, §1º, incisos II e III, CR/88), a jurisprudência trabalhista tem sido igualmente bastante exigente relativamente ao cumprimento da regra concursal, com o fito de vedar o préstimo desse setor como fonte de favoritismos políticos e discriminações, como se verificava no passado recente.[60] Tal obrigatoriedade constitucional, mesmo em se tratando do âmbito empresarial do Estado, revelou para a doutrina trabalhista (e administrativa) brasileira a convivência de vinculações jurídico-públicas em sede de contratações regidas pelo Direito do Trabalho, pela simples conexão com o Poder Público (ainda que trajado de forma jurídico-privada); o que não era considerado na situação pré-constitucional. Isso foi, de fato, uma inovação interpretativa.[61]

O Supremo Tribunal Federal (STF) também salvaguarda nessa seara, com total prioridade, a regra concursal, a qual muitas vezes tentou ser olvidada pelo legislador infraconstitucional, principalmente estadual.[62]

A jurisprudência da corte constitucional nessa matéria é vasta, mormente diante das várias situações nas quais restou questionada lei local; isso como resultado de investidas dos correlativos governos de assentar na FP (local) trabalhadores/servidores que não haviam se submetido previamente ao concurso público.[63] Tem afirmado

---

[58] V. ALICE MONTEIRO DE BARROS, "Contrato de Trabalho ...", pág. 30.

[59] Há pouco tempo, tornaram-se conhecidos os "atos secretos" do Senado Federal, através dos quais, sem publicação oficial, foram nomeados parentes de Senadores e vários servidores. V. http://veja.abril.com.br/noticia/brasil/sarney-confirma-soube-atos-secretos-maio, em 1/6/2011.

[60] V. TRT 3ª Região, processo nº 00400-2007-2009-03-00-0 RO; STF, RE nº 558833/AgR-CE. Apesar de não ser alvo da nossa pesquisa o setor empresarial do Estado, sabemos que parte da doutrina tem criticado esse ponto, na medida em que igualou ambos os setores da Administração Pública quanto à regra concursal, o que traduziu na perda de parcela de flexibilidade das empresas públicas relativamente ao setor econômico privado. V. LUIZ CARLOS BRESSER PEREIRA, A Reforma do Estado ..., pág. 193.

[61] Um dos primeiros livros sobre o tema, após a CR-88, é de autoria de MARIA SYLVIA ZANELLA DI PIETRO, Do Direito Privado na Administração Pública, Ed. Atlas, São Paulo, 1989. Afirma, em conclusão: "quando a relação é regida pelo direito privado, a Administração a ele se submete, no silêncio da norma publicística. Quer dizer que a Administração se nivela ao particular na medida em que o Direito Administrativo não derroga o direito comum", "nunca se iguala totalmente".

[62] As leis municipais somente foram passíveis de serem questionadas em controle objetivo perante o STF através da regulamentação legal do instrumento da Arguição de Descumprimento de Preceito Fundamental (ADPF, art. 102, §1º, da CR-88), em 1999 (Lei nº 9.882/1999). Até então, as leis municipais somente poderiam ser questionadas por meio de controle difuso perante o STF (ou, por meio do controle abstrato, porém, perante o Tribunal de Justiça do Estado-membro, tendo em conta dispositivo da constituição deste Estado-membro). Por isso, a jurisprudência do STF sobre leis municipais é parca.

[63] V. STF, ADI nº 2.912-6/ES, ADI nº 3.857-5/CE, ADI nº 2.113-3/MG, ADI nº 1.350-5/RO; ADI nº 3.819-2/MG, ADI nº 336/SE; ADI nº 3978/SC; ADI nº 2.620/AL; ADI nº 980-DF; dentre várias outras decisões, inclusive oriundas do controle difuso de constitucionalidade.

esse tribunal: "A jurisprudência do Supremo Tribunal Federal – tendo presente a essencialidade do postulado inscrito no art. 37, II, da Carta Política – tem censurado a validade jurídico-constitucional de normas que autorizam, permitem ou viabilizam, independentemente de prévia aprovação em concurso público de provas ou de provas e títulos, o ingresso originário no serviço estatal ou o provimento em cargos administrativos diversos daqueles para os quais o servidor público foi admitido. Precedentes. – O respeito efetivo à exigência de prévia aprovação em concurso público qualifica-se, constitucionalmente, como paradigma de legitimação ético-jurídica da investidura de qualquer cidadão em cargos, funções ou empregos públicos, ressalvadas as hipóteses de nomeação para cargos em comissão (CF, art. 37, II). A razão subjacente ao postulado do concurso público traduz-se na necessidade essencial de o Estado conferir efetividade ao princípio constitucional de que todos são iguais perante a lei, sem distinção de qualquer natureza, vedando-se, desse modo, a prática inaceitável de o Poder Público conceder privilégios a alguns ou de dispensar tratamento discriminatório e arbitrário a outros".[64]

Assim, não são constitucionalmente aceitáveis atos normativos e administrativos (de qualquer dos entes federados: União, Estados-membros ou Municípios) de assentamento funcionarial ou de "pseudorregularização" de "servidores ocultos" ou "servidores de fato", como se verificou em Portugal em passado recente.[65]

Entretanto, uma vez que as investidas contra a regra concursal sempre existiram, o "fechamento" (subjetivo) da CR/88 no ingresso da FP acaba por conduzir, por outra banda, a uma grande "criatividade" de situações ilegítimas de prestação de trabalho regular e subordinado para a AP (ex.: terceirizações ou contratações de trabalhadores por interposta pessoa jurídica; licitações para contratação de serviços profissionais regulares, em substituição à realização de concursos; utilização recorrente do contrato temporário de excepcional interesse público; formatação jurídico-privada de entidades públicas não empresariais, *etc.*[66]). A essas "soluções" com fraude à Constituição ainda associam-se outras, admitidas e excetuadas constitucionalmente, as quais – essas exceções – serão agora analisadas. É o que, neste tópico, intitulamos de "abertura" (subjetiva) da FP.

O ingresso mediante concurso público na FP tem exceções constitucionais, conforme aduzimos.

De início, "os cargos em comissão declarados em lei de livre nomeação e exoneração". Entretanto, o inciso V do art. 37 restringe o uso desses às "atribuições de

---

[64] Ementa, ADI nº 1350-RO.
[65] O que, contudo, não deixa de ser uma atitude mais "coerente" entre administração e legislador. V., sobre o ponto, JOSÉ MARIA TEIXEIRA DA CRUZ, *A Função Pública* ..., pág. 255-272, esp. 269, afirmando que "há situações irregulares de pessoal na Função Pública, que periodicamente os governos procuram legalizar". V. ANA FERNANDA NEVES, *Relação Jurídica* ..., pág. 120, aduzindo: "os movimentos de sucessivas regularizações *ex lege*, mediante a realização formal de concursos internos – redundantes na integração dos indivíduos nos quadros – de situações de precariedade descaracterizada mostram-se incapazes de evitar o ressurgir do fenómeno". V. PAULO VEIGA E MOURA, *A Privatização* ..., pág. 375, informando que houve admissão de 40.000 novos funcionários "precários" até o ano 2000 em Portugal.
[66] A ampla admissão do contrato de trabalho na Administração Pública não empresarial poderia ajudar a resolver algumas dessas questões. Recentemente, o Município de Belo Horizonte celebrou Termo de Ajustamento de Conduta com o Ministério Público, prevendo a dispensa dos servidores contratados sem concurso, admitidos por empresas terceirizadas. O percentual deste coletivo em 2010 era de 57% (cinquenta e sete) por cento dos 35 mil trabalhadores públicos do município. Cf. PATRÍCIA SCOFIELD, "PBH tem prazo para substituir 20 mil funcionários terceirizados", *in* http://www.senado.gov.br/noticias/senadonamidia/noticia.asp?n=606999&t=1, acesso em 20/9/2011.

direção, chefia e assessoramento", sendo certo que "os servidores de carreira" devem ser priorizados em relação àqueles não efetivos ou "externos" à FP, assegurando-lhes "casos, condições e percentuais mínimos previstos em lei". Em suma, trata-se de uma hipótese exceptuativa e, como tal, vigora sobre ela um princípio de utilização restritiva, priorizando, na medida do possível, os servidores já integrantes do quadro efetivo.

Todavia, a lei mencionada nesse inciso do art. 37, até a presente data, não foi editada (pelo menos na esfera federal[67] e no Estado de Minas Gerais), o que somente comprova a inércia intencional do legislador e ausência de interesse político na fixação de limites numa área tão melindrosa da gestão de pessoal.

Na prática, a ausência dessa lei "induz à equívoca interpretação de que todo o conjunto dos cargos em comissão poderia ser passível de livre nomeação",[68] fator que desvaloriza o "servidor de carreira". Não suficiente, presenciamos, não raras vezes, a utilização de cargos comissionados para atividades sem qualquer cunho dirigente ou de assessoria e para substituição de servidor de carreira;[69] bem como mecanismo de "moeda de troca" entre o Executivo e o Legislativo, para além da preferência da lei sobre esses cargos em detrimento dos de provimento efetivo (cargos permanentes ou não demissíveis *ad nutum*).[70]

A jurisprudência, todavia, tem sido bastante severa em analisar a conexão entre os cargos comissionados e os fins pretendidos pelo legislador/administrador, bem como as funções exercidas (exclusivamente não técnicas e de caráter diretivo e/ou de assessoramento) e o quantitativo subjetivo envolvido.[71] Há caso no STF inclusive nesses termos, em gritante ofensa também ao princípio da proporcionalidade: "A criação de 28.177 cargos, sendo 79 de natureza especial e 28.098 em comissão, não tem respaldo no princípio da moralidade administrativa, pressuposto de legitimação e validade constitucional dos atos estatais. A criação de cargos em comissão para o exercício de atribuições técnicas e operacionais, que dispensam a confiança pessoal da autoridade pública no servidor nomeado, contraria o art. 37, inc. V, da Constituição da República".[72]

Os cargos em comissão são, com certeza, a parcela mais "politicamente vinculada" da AP, juridicamente fundada na confiança e na ampla discricionariedade do superior hierárquico/autoridade nomeante;[73] porém, facilmente utilizável como forma de

---

[67] Decreto nº 5.497/2005.
[68] V. ANDRÉ LUIZ ALVES DE MAGALHÃES, "O acesso aos cargos ...", pág. 16. Recentemente, o CNJ decidiu que o TJ do Maranhão deveria enviar projeto de lei ao respectivo parlamento estadual, no sentido de alterar o percentual mínimo de cargos comissionados para o Poder Judiciário estadual, considerando que o patamar mínimo de 50% deverá ser destinado a servidores de carreira (Processo nº 000977.70.2010.2.00.0000).
[69] V. RAQUEL DIAS DA SILVEIRA, *Profissionalização* ..., pág. 89.
[70] V., ainda, RAQUEL DIAS DA SILVEIRA, *Profissionalização* ..., pág. 89, apontando que a Lei nº 11.526/2009 reajustou em até 140% (cento e quarenta por cento) a remuneração dos cargos comissionados. Notícia veiculada no Jornal *Estado de Minas*, de 30/11/2012, tem a seguinte manchete: "O serviço público federal virou um grande cabide para pessoas que não passaram por seleção. Para conseguir emprego, mais que o mérito, vale ter um padrinho influente – Mais de 100 mil apadrinhados". A notícia informa que, somente o Governo Federal e o Congresso Nacional empregam mais de 100 mil trabalhadores públicos em cargos comissionados.
[71] V. STF, ADI nº 2.427/PR; ADI nº 4.125 TO; ADI nº 2.682/AP; ADI nº 3.233-0/PB e ADI nº 3.706/MS; ADI 3706/MS; RE nº 598016 AgR MA. V. STF, RE-AgR nº 365.368. Ementa: "Ação Direta de Inconstitucionalidade. Ato normativo municipal. Princípio da proporcionalidade. Ofensa. Incompatibilidade entre o número de servidores efetivos e em cargos em comissão".
[72] STF, ADI nº 4125/TO. Trata-se da ADI que julgou inconstitucional a Lei do Estado de Tocantis de nº 1.950/2008, que havia criado cerca de 35 (trinta e cinco) mil cargos.
[73] V. propondo limites fundados na juridicidade administrativa: EURICO BITENCOURT NETO, "Autovinculação administrativa e provimento de cargos em comissão", in *RBEFP*, vol. 01, 2012, pág. 49-55.

favorecimentos pessoais e, nesse sentido, desprestigiando a qualidade profissionalizante da FP. Não obstante isso, concedem ao administrador flexibilidade administrativa e, quando corretamente utilizados, permitem a melhor execução do plano governamental/administrativo.

Quanto à natureza jurídico-pública ou jurídico-privada dos vínculos decorrentes das nomeações comissionadas, seguem a mesma regulamentação dos cargos permanentes e estáveis. Apreciaremos esse ponto ao analisar a questão da natureza jurídica (estatutária ou contratual?) da relação de trabalho público.

Ademais, a CR/88 prevê ainda que "a lei estabelecerá os casos de contratação por tempo determinado para atender a necessidade de excepcional interesse público" (art. 37, inciso IX). Trata-se claramente de uma hipótese bastante restrita, visando ao atendimento emergencial ou imediato de situações de extrema gravidade (ex.: calamidade pública) ou provisórias (ex.: criação de órgão público, sem quadro de pessoal permanente ainda integrado); contudo, de modo sempre precário e por período relativamente curto e limitado;[74] a fim de se não ofender o princípio democrático de igual acesso aos cargos e empregos públicos permanentes, justamente porque essa contratação pode prescindir do concurso público.

Nesse caso, o entendimento da juspublicística e da jurisprudência constitucional é no sentido de que a lei referenciada no art. 37, inciso IX, insere-se na competência legislativa privativa de cada ente federativo (União, Estados-membros, Distrito Federal e Municípios), na lógica, aquela se trata de decorrência do exercício de sua autonomia político-administrativa (correspondente ao poder de auto-organização do ente[75]). Na esfera federal tem-se a Lei nº 8.647/1993.[76] Portanto, podemos ter no Brasil tantas leis sobre essa matéria quantos forem os entes federativos então existentes (atualmente, frise-se, aproximadamente 5.650 entes, inclusos os municípios). Ademais, a jurisprudência constitucional somente tem avaliado tal contratação (que pode dispensar o concurso público, também no entendimento dessa mesma jurisprudência) na medida em que exista no ente federativo respectivo a apontada lei local e que esta tenha previsto os cargos/empregos alvo da contratação temporária.[77]

Na prática, esse inciso tem sido infelizmente utilizado pelo legislador local e pelo administrador como uma das maiores "fendas laterais" de acesso à FP, com contratações dotadas de prorrogações sucessivas e aberrantes e, inclusivamente, para atividades sem qualquer caráter de extraordinariedade, em especial, em órgãos públicos incumbidos da execução das competências constitucionais (perenes, pela sua própria natureza) dos entes federados relativas à saúde e à educação.[78]

---

[74] V. GUSTAVO ALEXANDRE MAGALHÃES, *Contratação Temporária* ..., pág. 80.
[75] *Ibidem*, pág. 84.
[76] No Estado de Minas Gerais a matéria foi regulamentada pela Lei Estadual nº 18.185/2009. V. STF, ADI nº 3430/ES. V. ADRIENE ANDRADE, "Contratação de Servidores Temporários em Caso de Excepcional Interesse Público", consulta nº 748.924, *in RTCEMG*, julho-setembro, ano XXVII, vol. 72, nº 3, 2009, pág. 147-155, esp. 149.
[77] V. STF, ADI nº 3.430/ES; ADI nº 3.210/PR; RE nº 168566/RS. Sobre este ponto, GUSTAVO ALEXANDRE MAGALHÃES, *Contratação Temporária* ..., pág. 21 e seg. e 163 e seg., tece severas críticas ao STF. Segundo o Autor, nem sempre a situação emergencial dispensa a contratação por concurso público e, por outro lado, a inexistência de lei local não pode representar impedimento ao administrador numa verdadeira situação de excepcional interesse público, como, por exemplo, em caso de calamidade pública.
[78] V., STF, ADI nº 3.430/ES; ADI nº 3.210/PR; ADI nº 3.700/RN, ADI nº 2.987/SC e AgR-AI nº 684518/SP.

Mas a jurisprudência constitucional (e não só) – que tem inúmeras decisões de casos concretos nos quais a constitucionalidade/legalidade das correspondentes contratações temporárias eram discutidas em juízo – tem sido igualmente severa na análise das hipóteses legais e fáticas configuradoras do excepcional interesse público e a temporariedade da situação.[79]

Por outro lado, o STF tem admitido que não apenas "atividades de caráter eventual, temporário ou excepcional" possam ser objeto de contratação, mas também "atividades de caráter regular e permanente".[80] Segundo essa interpretação, o relevante é o atendimento da necessidade administrativa, sem prejuízo social, e que a contratação se implemente de modo apenas transitório.

Aspecto controvertido na doutrina diz respeito à natureza do regime funcionarial decorrente da contratação temporária, pois parte da juspublicística entende ser a mesma natureza do regime dos servidores públicos efetivos (= permanentes) do ente federado; enquanto outra parte entende ser sempre de natureza jurídico-privada (trabalhista ou mesmo civil).[81] A jurisprudência do STF tem sinalizado no sentido de que se trata de contratação de natureza jurídico-administrativa, na medida em que tem excluído as lides entre esses trabalhadores temporários e o respectivo ente federado da Justiça do Trabalho.[82] Afinal, na interpretação dessa Corte, tal contratação depende de lei local e esta, segundo essa linha de pensamento, é elaborada no exercício de competência político-legislativa/administrativa do ente, logo, tratar-se-ia de regime jurídico-público (= vínculo jurídico-administrativo). Temos dúvidas sobre a correção desse entendimento do STF, até mesmo por discordar da permanência de uma rígida dicotomia na natureza jurídica do vínculo trabalhador público-Estado.

Entretanto, não se pode olvidar que a própria lei local que viabiliza a contratação temporária de excepcional interesse público pode estar eivada de inconstitucionalidade, podendo-se ainda questionar se, nessas condições, o vínculo funcionarial daí advindo permaneceria de natureza jurídico-administrativa.[83]

Outra exceção constitucional à exigência do transcurso do procedimento concursal para ingresso na "FP permanente" ("de cargos ou empregos públicos") encontra-se alocada no art. 19 e seus parágrafos do ADCT. Trata-se da "estabilização" dos servidores

---

[79] V., ainda, STF, ADI nº 2.229/ES; ADI nº 1.500/ES. Até 2009, a JT entendia ser competente para apreciar lides trabalhistas nas quais se discutia a ocorrência de desvirtuamento (ou não) na contratação de pessoal com fundamento no art. 37, IX, CR/88 (ex-Orientação Jurisprudencial nº 205 da SDI-1 do TST). Posteriormente, em decorrência de posicionamento do STF na ADI nº 3.395-6/DF, a JT teve que revisar o posicionamento. Veremos isto na 4ª parte do nosso estudo. V. TRT, 3ª Reg., processos 01214-2008-092-03-00-0 RO, 01390-2009-000-03-00-5 AR; 01316-2012-022-03-00-1 RO; 01521-2010-102-03-00-9 RO; 01380-70.2011.5.03.0129 RO.

[80] V., STF, ADI nº 3.068-0 DF.

[81] Por todos, GUSTAVO ALEXANDRE MAGALHÃES, *Contratação Temporária* ..., pág. 183-188. ADILSON ABREU DALLARI, *Regime Constitucional* ..., pág. 47, entende que o regime dos contratos temporários deve ser celetista. Assim tb. DIOGENES GASPARINI, *Direito* ..., pág. 143, afirmando que o vínculo celetista é "o único que se afeiçoa com o caráter temporário da contratação".

[82] Assim, pelo menos, nas Reclamações Constitucionais em que a autoridade da ADI nº 3.395-6/DF foi discutida. V., STF, Rcl. nº 10.587 AgR. Na ementa: "Compete à Justiça Comum o julgamento de demandas ajuizadas em decorrência de vínculo jurídico-administrativo firmado entre a Administração Pública e seus agentes, ainda que formulado pedido de verbas de natureza trabalhista por conta de suposta nulidade no vínculo funcional, excluída a competência da Justiça Laboral". V., ainda, Rcl. nº 7.633 AgR; Rcl. nº 7.028 AgR; Rcl. nº 5.954; Rcl. nº 7.109 AgR; Rcl. nº 5.171.

[83] V. GUSTAVO ALEXANDRE MAGALHÃES, *Contratação Temporária* ..., pág. 235, defendendo a existência do princípio da subsidiariedade do regime trabalhista, no caso da contratação temporária, quando inexista norma de natureza jurídico-pública em sentido contrário.

que, apesar de não concursados, na data da promulgação da CR/88, apresentavam pelo menos cinco anos de serviços continuados à AP. Tal estabilização também tem sido identificada como excepcional, anômala ou extraordinária.[84]

Como ocorrido no passado democrático (na Constituição de 1946), novamente se inseriu na parte "transitória" da carta constitucional, usualmente assistemática e menos conhecida dos cidadãos, uma enorme "janela" de acesso funcionarial, como reflexo de uma "cultura das concessões graciosas de estabilização excepcionais".[85] Aliás, segundo Wolgran Junqueira Ferreira, "cria-se, assim, um círculo vicioso. Uma Constituição proíbe o ingresso no funcionalismo, a não ser pelo concurso, a proibição não é observada e a Constituição subsequente sacramenta a admissão feita ao arrepio da anterior".[86]

Essa prática "estabilizatória" foi repetida em várias constituições estaduais recentes, algumas delas inclusive de modo muito mais permissivo (como, por exemplo, com substancial redução do tempo de serviço para seis meses ou dispensando o requisito da continuidade na prestação de trabalho ou, também, válida para o setor empresarial estadual ou, ainda, elastecendo direitos funcionais outros que não apenas a estabilidade no serviço público), o que demandou o pronunciamento limitativo do STF, com amparo no princípio de igual acesso aos cargos e empregos públicos.[87]

Com esse dispositivo "apagado" do ADCT, de uma só vez, mais de quatrocentos mil "celetistas" de entidades públicas[88] (Administração direta, fundações e autarquias) ingressaram formalmente na "FP profissional e permanente" (ou seja, na rigidez funcionarial), adquirindo estabilidade no serviço público. No plano federal, com a edição da Lei nº 8.112/90, passaram esses trabalhadores públicos para o âmbito estrito de "servidores públicos", sob sujeição dessa normativa (art. 243).[89] Tal fato gerou grande desfalque no regime próprio de previdência dos servidores públicos, posto que essa parcela funcional passou a possuir direito a aposentação integral após o período de trabalho exigido,[90] sem ter contribuído proporcionalmente para tanto.[91]

---

[84] STF, RE nº 323499 AgR-PE; RE nº 352671 AgR-MG; ADI nº 289-CE.

[85] Cf. JÚLIO CÉSAR DOS SANTOS ESTEVES, "Uma reflexão sobre a estabilidade funcional e sobre o prazo do estágio probatório", in CRISTIANA FORTINI (org.), *Servidor Público – Estudos em Homenagem ao Professor Pedro Paulo de Almeida Dutra*, Editora Fórum, Belo Horizonte, 2009, pág. 207.

[86] Apud GILBERTO GUERZONI FILHO, "Burocracia ...", pág. 55. Vê-se, portanto, que diferentemente de outros países, no Brasil esse ciclo de estabilizações ocorreu a nível constitucional.

[87] V., ainda, no controle concentrado, ADI nº 125-SC; ADI nº 391-CE; ADI nº 495-PI; ADI nº 100-MG; ADI nº 208-SC; ADI nº 114-PR. V., ainda, STF, RE nº 356612 AgR. Na sua ementa: "...Servidor Público. Lei 11.712/90 do Ceará. Alegada isonomia entre servidores efetivos e servidores beneficiados pela estabilidade do art. 19, ADCT. Impossibilidade. O art. 19 do ADCT, por estabilizar no serviço público quem não ocupa cargo efetivo, por configurar exceção ao republicano instituto do concurso público (art. 37, II), deve ser interpretado nos seus estritos termos. Precedentes. Consoante iterativa jurisprudência desta Corte, os beneficiários do art. 19 do ADCT gozam, apenas, do direito de permanência no serviço público, vinculados à função que exercem quando estabilizados".

[88] Os dados são de LUIZ CARLOS BRESSER PEREIRA, *Reforma do Estado ...*, pág. 175. Limitam-se à esfera federal.

[89] "Art. 243 – Ficam submetidos ao regime jurídico instituído por esta Lei, na qualidade de servidores públicos, os servidores dos Poderes da União, dos ex-Territórios, das autarquias, inclusive as em regime especial, e das fundações públicas, regidos pela Lei nº 1711, de 28 de outubro de 1952 – Estatuto dos Funcionários Públicos Civis da União, ou pela Consolidação das Leis do Trabalho, aprovada pelo Decreto-lei nº 5452, de 01 de maio de 1943, exceto os contratados por prazo determinado, cujos contratos não poderão ser prorrogados após o vencimento do prazo de prorrogação".

[90] Cf. Art. 41, da CR/88, em sua redação originária. V. CLÁUDIA FERNANDA DE OLIVEIRA PEREIRA, *Reforma Administrativa ...*, pág. 270, a qual, citando LUIZ ALBERTO DOS SANTOS, informa que à época da edição da Lei nº 8.112/90, do total de 144 mil funcionários públicos da União, apenas 20,4% eram regidos pelo Estatuto de 1952 e tinham direito a proventos integrais na aposentadoria.

[91] V. FREDERICO LUSTOSA DA COSTA, "Brasil ...", pág. 859.

De todo modo, em 2003, o Ministério Público ajuizou ADI (nº 2.968) perante o STF afirmando a inconstitucionalidade do art. 243 da Lei nº 8.112/90, ao fundamento de que o legislador infraconstitucional não poderia determinar a investidura em cargo público dos antigos "celetistas" sem exigir-lhes quaisquer condições, em especial, aprovação em concurso público (art. 37, inciso II, CR/88). Até a presente data, contudo, a ação não teve apreciação meritória, fato que por si só já é bastante representativo da complexidade jurídica que envolve a questão.[92]

Se é fato que a CR/88 "cerrou" o ingresso no funcionalismo público, impondo como "chave-geral" de destrancamento a aprovação prévia em concurso público (não obstante, simultaneamente, tenha viabilizado a permanência de algumas "fendas", cuja utilização distorcida pelo legislador ou pelo administrador é que as tem tornado repugnáveis), este – o concurso público – tem representado para uma grande parcela da população (aquela desejosa de ultrapassar vitoriosamente a fase concursal e adentrar num mercado de trabalho altamente protegido) não um meio, mas o próprio fim de sua "estabilização profissional". De fato, existe no Brasil uma enorme "vala" entre o trabalho público e o trabalho privado; uma verdadeira "racha" no mercado de trabalho, entre duas esferas incomunicáveis, separadas justamente pelo "concurso público" e com um sentido praticamente unívoco: do privado para o público.[93]

Além disso, a doutrina tem salientado que a seleção mediante "concurso público de provas ou de provas e títulos" acaba por conduzir a uma hipervalorização do conhecimento formal dos candidatos, em detrimento do conhecimento pragmático e mesmo das habilidades pessoais dos interessados. E é essa supervalorização do conhecimento formal ou acadêmico (que, na prática, muitas vezes se traduz na capacidade de memorização dos conteúdos constantes dos editais[94]) que deve ser questionada, a fim de que a seleção dos "mais capazes e mais talentosos" para a Administração tenha efetiva eficácia,[95] tendo em vista as reais atividades administrativas a desempenhar e as aptidões dos candidatos.

---

[92] V. *site* do STF (www.stf.jus.br), acessado em 13/6/2013. V., defendendo a inconstitucionalidade, RICARDO TEIXEIRA DO VALLE PEREIRA, "Regime Jurídico dos Profissionais que prestam serviços aos Conselhos de Fiscalização do exercício profissional", *in* VLADIMIR PASSOS DE FREITAS (coord.), *Conselhos de Fiscalização Profissional – Doutrina e Jurisprudência*, 2ª ed., Editora RT, São Paulo, 2008, pág. 77-98, esp. 83, com indicação da doutrina de outros administrativistas. Recentemente, nos autos da ADI nº 3.609-AC, sobre a inconstitucionalidade de um dispositivo da Constituição do Estado do Acre que estabilizara trabalhadores públicos sem prévia aprovação em concurso público, o STF determinou que a decisão de declaração de inconstitucionalidade tivesse apenas "efeitos prospectivos", "de modo que produza seus efeitos a partir de doze meses contados da data da publicação da ata", ao argumento de que quase 12.000 trabalhadores públicos estariam em tais condições. Sabemos que no caso do art. 243 da CLT, milhares de "celetistas" foram "estatutarizados" (cerca de 400 mil).

[93] V. DANIEL MENEZES, "A Febre dos Concursos", *in* http://www.cartapotiguar.com.br/?p=5323, acessado em 21/6/2011. O texto se inicia assim: "Meu filho abandone tudo. Deixe de se qualificar, não procure mais uma boa inserção no mercado de trabalho e/ou não se torne um empreendedor. O importante é estudar e se preparar para ser aprovado em um concurso público, diz um pai preocupado com o futuro do seu filho. Pode parecer estranho, mas este conselho vem se tornando cada vez mais comum. Ter um parente ingressando em uma carreira de Estado já se tornou um projeto de famílias inteiras. Não importa o cargo que será ocupado. O relevante é poder gozar de estabilidade e dos altos salários oferecidos pelo setor público". O filme brasileiro "Concurso Público" (estreia em 26/7/2013), com direção de Pedro Vasconcelos, também se desenvolve nesse contexto de "febre dos concursos".

[94] V. DANIEL MENEZES, *Ibidem*. V. CAROLINA MELO e RICARDO WESTIN, "Como chegar lá …", pág. 116-125, comprovam esse dado.

[95] No Brasil existe atualmente o "mercado dos concursos públicos" ou a "indústria dos concursos públicos". V. LUIS AURELIANO, "Concurso Público: O Mercado de R$ 1 Bilhão", *in* http://www.espacopublico.blog.br/?p=1205, acessado em 21/6/2011.

De fato, o exame pelo critério da avaliação formal é aquele que se apresenta o mais objetivo e imparcial possível, inviabilizando a alegação de subjetivismo, discricionariedade ou discriminação administrativa, o que poderia eventualmente levar à alegação de nulidade do próprio procedimento concursal por eventuais prejudicados.[96] Nesse sentido, consoante elucida Regina Silvia Pacheco, "alegando perigo da subjetividade, muitos resistem à introdução de outros instrumentos que podem valorar competências e habilidades", predominando, no Brasil, "equivocadamente, o monopólio do concurso público como instrumento meritocrático".[97] A apreciação do mérito do trabalhador público cinge-se, quase que exclusivamente, à sua entrada na FP.

Com efeito, apesar da elevada exigência brasileira do ingresso inicial na FP através de concurso público, depois dessa apertada avaliação meritocrática, praticamente inexistem critérios avaliativos no decorrer da relação funcionarial, conduzindo a "igualitarismos injustos" entre os servidores e ao esquecimento de que é justamente no decorrer dessa relação jurídica que a nota da profissionalização mais precisava ser estimulada, pelo próprio sentido de "carreira" que nisso está embutido. Acaba-se estagnando o servidor público e retirando-lhe as expectativas de ascensão (e crescimento) profissional.[98]

A inflexibilidade do sistema funcionarial da CR/88, portanto, no que tange à prévia exigência de aprovação em concurso público (o que, nesse caso, não é um ponto negativo desse sistema), tem relação com a excessiva valorização deste, tendo como consequências a centralidade do concurso público como critério avaliador do mérito ("mérito objetivo atual",[99] tratando-se de uma avaliação estática e momentânea) e a inviabilidade de manutenção de um "canal de comunicação" ativo entre setor público e setor privado de trabalho (na medida em que não há mobilidade daquele para este no decorrer da vida profissional, sem prejuízo, em regra, do próprio término do vínculo funcionarial do servidor[100]). Entretanto, o concurso público convive ainda com subterfúgios patrimonialistas.

---

[96] Por isso, no Brasil, a jurisprudência analisa com tanta suspeita as avaliações psicológicas e psicotécnicas dos candidatos em concurso público. V. STF, RE nº 223926-CE, cuja ementa: "EMENTA: – Concurso público. Exame psicotécnico. – O acórdão recorrido, em última análise, decidiu que a avaliação do candidato, em exame psicotécnico, com base em critérios subjetivos, sem um grau mínimo de objetividade, ou em critérios não revelados, é ilegítimo por não permitir o acesso ao Poder Judiciário para a verificação de eventual lesão de direito individual pelo uso desses critérios. Ora, esta Corte, em casos análogos, tem entendido que o exame psicotécnico ofende o disposto nos artigos 5º, XXXV, e 37, "caput" e incisos I e II, da Constituição Federal". V., STJ, RMS nº 7.956-PE; REsp. nº 27.866-5; TRF da 5ª Reg., Ap. Civ. nº 354251-RN; V. tb. GABRIEL DE OLIVEIRA ZEFIRO, "A problemática jurídica acerca do exame psicotécnico como fase eliminatória nos concursos públicos para ingresso nas carreiras ligadas à segurança pública. Uma análise jurisprudencial", in http://www.datavenia.net/artigos/Direito_Constitucional/zefiro.html, acessado em 21/6/2011.

[97] Cf. REGINA SILVIA PACHECO, "Brasil: politización ...", pág. 176. V. LÍVIA BARBOSA, "Meritocracia à Brasileira: o que é desempenho no Brasil?", in RSP, Ano 47, v. 120, nº 3, Setembro – Dezembro, 1996, pág. 59-102, esp. pág. 71-74.

[98] V. RAQUEL DIAS DA SILVEIRA, Profissionalização ..., pág. 20 e seg.

[99] V. RAQUEL DIAS DA SILVEIRA, Profissionalização ..., pág. 24.

[100] Nesse aspecto, aliás, a França editou leis que alteraram o estatuto da FP Territorial (Lei de 2/2/2007 e de 19/2/2007), com o intuito de melhorar a mobilidade "interfuncional pública" e uma passagem facilitada do setor público para o setor privado. V. EMMANUEL AUBIN, L'essential du droit de la fonction publique, Collection Carrés "Rouge", Gualino, Paris, 2009, pág. 21.

3.2 O fim da ascensão funcional – A perda do sentido de carreira – Inflexibilidade administrativa

Outro fator de inflexibilidade administrativa do sistema funcionarial da CR/88 também decorre da centralidade do concurso público como avaliação meritocrática. Trata-se do completo banimento da figura da "ascensão funcional" (ou acesso, como também era identificado na lei[101]) no curso da relação jurídica funcionarial (aqui entendida como o tempo/vida profissional dispensado em benefício do Poder Público); isso em decorrência do entendimento, que se tornou pacificado, do STF.

Com efeito, segundo a jurisprudência constitucional, nos termos da redação genérica do inciso II do art. 37 da CR-88 ("a investidura em cargo ou emprego público..."), tornou-se inconstitucional a figura do acesso, assim entendido como provimento derivado vertical em carreira diversa da anterior, o que era possível sob a égide da constituição pretérita (EC nº 1/1969). Esta carta determinava, de forma específica, que "a *primeira* investidura em cargo público" dependia da prévia aprovação em concurso público (no art. 97, §1º).

Sendo assim, em conformidade com a interpretação do STF, viola o princípio/regra republicano de acesso isonômico aos cargos e empregos públicos permanentes e a literalidade daquele inciso II "qualquer" investidura derivada em cargo ou emprego público integrante de carreira diversa daquela para a qual o trabalhador público tenha ingressado por concurso público, em especial, o que se verifica em relação à ascensão funcional (e também progressão), aproveitamento e transferência.[102]

O STF tem inúmeros julgados sobre o tema, reiterando sempre o seu posicionamento: "Jurisprudência pacificada no STF acerca da impossibilidade de provimento de cargo público efetivo mediante ascensão ou progressão. Formas de provimento derivado banidas pela Carta de 1988 do ordenamento jurídico".[103] Ainda, "Ascensão funcional ou acesso a cargos diversos da carreira e possibilidade de transferência ou aproveitamento de serventuários em cargos efetivos do quadro permanente do Tribunal de Justiça. Hipóteses de provimento de cargo público derivado, banidas do ordenamento jurídico pela Carta de 1988".[104] Até que em 24/9/2003 houve edição da Súmula de nº 685 por esta Corte: "É inconstitucional toda modalidade de provimento que propicie ao servidor investir-se, sem prévia aprovação em concurso público destinado ao seu provimento, em cargo que não integra a carreira na qual anteriormente investido".

Agora, tendo em vista diretamente o banimento da figura da ascensão funcional, considerando-se o próprio conceito (substancial, e não apenas formal ou estrito[105]) de

---

[101] Ex. parágrafo único do art. 10 da Lei nº 8112/90 (declarado inconstitucional). Tb. RAQUEL DIAS DA SILVEIRA, *Profissionalização* ..., pág. 174. V. CARMEN LÚCIA ANTUNES ROCHA, *Princípios* ..., pág. 143.

[102] V., STF, ADI nº 837-DF. Segundo RAQUEL DIAS DA SILVEIRA, *Profissionalização* ..., pág. 178 e seg., a interpretação do STF é falha, pois não impediu a existência das figuras da "reversão" (ao cargo de origem); readaptação (decorrente de acidente profissional, por exemplo); e da recondução.

[103] Ementa do MS nº 23670-DF.

[104] STF, ADI nº 2422-MC RN. A jurisprudência do STF está repleta deste entendimento: STF, AI nº 195022 AgR-AgR-DF; RE nº 202630-SC; ADI nº 3582 PI; ADI nº 637-MA; ADI nº 1345-ES; ADI nº 785-DF; ADI nº 231-7 DF; ADI nº 245-7 RJ; ADI nº 2433-MC RN; ADI nº 402-DF; RE nº 179.530 SC; RE nº 202630 SC; ADI nº 362 AL; ADI nº 785 MC; dentre outras.

[105] Cf. PAULO VEIGA E MOURA, *Função Pública – Regime Jurídico, Direitos e Deveres dos Funcionários e Agentes*, 1º volume, 2ª edição, Coimbra Editora, Coimbra, 2001, pág. 67: "uma carreira corresponde, assim, ao somatório das graduais categorias que partilham uma identidade funcional correspondente a uma dada profissão".

"carreira" – que, pressupõe a evolução profissional ao longo do vínculo funcionarial permanente ou indeterminado, através de avaliações e aperfeiçoamentos constantes ou periódicos do trabalhador público,[106] instituto que é estruturador dos modelos fechados de FP (François Gazier)[107] –, seria mesmo natural e adequado compatibilizar a promoção (interna) do trabalhador público de um cargo (ou posição) para outro, de nível superior, com mais responsabilidades ("promoção vertical"), após procedimento imparcial de avaliação com resultado positivo;[108] ou, ainda, após conclusão de curso de formação específica e/ou qualificação (verificação do "mérito objetivo potencial"[109]).[110] Tratar-se-ia mesmo de consequência do próprio sentido de profissionalização da FP, valorizando o trabalhador público que faz da FP o seu "sacerdócio",[111] ou melhor, o *locus* de sua realização pessoal e profissional.

Por outro lado, a possibilidade de ascensão funcional viabilizaria a motivação dos servidores a se aperfeiçoarem no (normalmente longo) curso do vínculo funcionarial, almejando posicionamento superior (ainda que em carreira estrita diversa, mas inserida na estruturação da profissão e viabilizada pela lei), em benefício da própria prestação dos serviços e, portanto, da eficácia administrativa.

Contudo, as marcas do passado recente foram profundas para a jurisprudência constitucional; pois, no regime constitucional anterior, mesmo em relação aos "estatuários" (Estatuto de 1952), foram verificados favoritismos através da figura da ascensão funcional e da progressão, com claros desvios e abusos administrativos (escatológicos, do tipo "de barbeiro de necrotério a médico legista"[112]), o que contribuiu para a desmoralização social do próprio concurso público.[113]

Assim, segundo a leitura jurisprudencial do mencionado inciso II do art. 37, a menção a "investidura", de forma abstrata, foi traduzida para "toda e qualquer investidura em cargo e emprego público depende de prévia aprovação em concurso público,

---

Segundo o conceito estrito e formal dado pelo STF, no RE nº 202630 SC: "Conceito de carreira. Acesso de classe a classe dentro da mesma categoria funcional". No antigo MS nº 2832 (de 1.955), o STF entendeu por carreira "agrupamento de classes da mesma profissão ou atividade". V. ANA FERNANDA NEVES, "O Contrato …", pág. 104.

[106] V. RAQUEL DIAS DA SILVEIRA, *Profissionalização …*, pág. 24. O próprio THEMISTOCLES BRANDÃO CAVALCANTI, *Princípios …*, pág. 141, conceituava: "PETROZIELLO encontra na – carreira – o concurso de dois elementos: o movimento ascensional, com modificações na competência, nas atribuições e na responsabilidade; e um aumento relativo nos vencimentos. … Etimológicamente, a palavra pode ser tomada em dois sentidos: ou como profissão, ou como modo de atividade, em que pode haver promoção ou acesso. Sempre exprime, no entretanto, uma idéia de movimento, de acesso, de melhoria".

[107] In FRAÇOIS GAZIER, *La Fonction Publique dans le Monde*, Ed. Cujas, Paris, 1972, pág. 22-26. Tb. ANTÔNIO AUGUSTO JUNHO ANASTASIA, "Reforma do Estado e Negociação Coletiva", in BERNARD GERNIGON, *A negociação coletiva na administração pública*, Ed. Forense, Rio de Janeiro, 2002, pág. 137-162. V. JESÚS ÁNGEL FUENTETAJA PASTOR, *Función Pública Comunitária*, Marcial Pons, Madrid-Barcelona, 2000, pág. 156. Cf. este A., in "El Estatuto Básico del Empleado Público", RAPe, nº 174, setembro-dezembro, 2007, pág. 457-499, "a carreira administrativa é a instituição vertebradora de um sistema de função pública".

[108] O grande problema é também a aversão que a cultura brasileira tem relativamente à "avaliação de desempenho". V. LUIZ CARLOS BRESSER PEREIRA, *Reforma do Estado …*, pág. 195.

[109] V. RAQUEL DIAS DA SILVEIRA, *Profissionalização …*, pág. 24.

[110] Assim, por exemplo, na Itália. PIETRO VIRGA, *Il Pubblico Impiego dopo la Privatizzazione*, 4ª ed., Giuffrè Editore, Milão, 2002, pág. 30. V. BERNARDO GIORGIO MATTARELLA "Il Principio del mérito e suoi oppositori", in RTDP, nº 3, 2007, pág. 642-649, esp. 642.

[111] Cf. PAULO VEIGA E MOURA, *A Privatização …*, pág. 31.

[112] A ilustração é de RAQUEL DIAS DA SILVEIRA, *Profissionalização …*, pág. 169.

[113] V. GILBERTO GUERZONI FILHO, "Burocracia…", pág. 48.

não podendo ser efetivada mediante provimentos derivados"; tradução esta que revelaria a intenção moralizante do constituinte. Na lógica do "cortar o mal pela raiz", nos autos da ADI nº 837-DF,[114] o STF declarou inconstitucionais, com eficácia geral, dispositivos/ incisos de lei (Lei nº 8.112/90) que viabilizavam o acesso vertical na esfera funcionarial federal (o que também ocorreu relativamente a várias leis estaduais e municipais).

No Direito Positivo brasileiro aceita-se apenas a "promoção horizontal";[115] isto é, aquela que, fazendo permanecer o servidor no mesmo cargo ou posição organizativa (na mesma categoria), passa-lhe ser atribuída uma retribuição diferenciada, tendo como requisito a conclusão de curso de formação ou aperfeiçoamento. Esse tipo de promoção passou a constar expressamente no parágrafo segundo do art. 39 da CR/88, acrescido pela EC nº 19/98 (Reforma Administrativa); porém, é ainda muito pouco implementada nos variados níveis da federação.[116]

As consequências da posição da jurisprudência constitucional para o regime da FP brasileira são claras. De início, torna-se esvaziado de finalidade o instituto da "carreira" "como fenômeno viabilizador do aprimoramento constante do servidor e da própria AP".[117] Isso porque, encontrando-se o servidor no último nível de sua carreira, ficará lá estagnado, salvo se for aprovado em outro concurso público para outro cargo, de exigência superior (nova carreira em sentido estrito).[118]

Justamente por isso Luiz Carlos Bresser Pereira afirmava, já em meados da década de noventa, que "a carreira tornou-se, na verdade, o grande mito de Brasília", "mito porque prega a instauração das carreiras ao mesmo tempo que, de fato, ninguém acredita nelas".[119] Ora, sendo vedada a ascensão funcional, torna-se de menor importância uma efetiva avaliação do servidor, designadamente do seu ponto de vista, sempre tendo em vista que o vínculo funcionarial permanente com a AP é, via de regra, muito duradouro, geralmente abarcando uma grande parte da vida profissional do trabalhador. A carreira deixou, assim, de estar associada a algo dinâmico e evolutivo para se ver relacionada no Brasil à imobilização e estagnação do trabalhador público no que tange à sua profissionalização.

Outro efeito da exclusão do acesso da FP foi justamente prejudicar a mobilidade interna de carreiras afins ou sequenciais;[120] e isso numa estrutura funcionarial que já é

---

[114] Julgada em 27/8/1998. Entretanto, a liminar da ação cautelar data de 11/2/1993.
[115] V. ROMEU FELIPE BACELLAR FILHO, "Profissionalização da função pública: a experiência brasileira – A ética na Administração Pública", in CRISTIANA FORTINI (org.), *Servidor Público* ..., pág. 458. V, STF, RE nº 85110-SP; RMS nº 16555 SP.
[116] Segundo nos informa REGINA SILVIA PACHECO, "Brasil ...", pág. 189; apenas recentemente, e mesmo assim, na esfera federal, a gratificação por desempenho foi aplicada. Elucida que seus efeitos se têm em conta para a remuneração, sem que haja uma relação direta com a evolução da carreira, já que as promoções continuam realizando-se em grande medida pela antiguidade.
[117] Cf. MARCO AURÉLIO DE MELLO, Ministro do STF, *apud*, RAQUEL DIAS DA SILVEIRA, *Profissionalização* ..., pág. 169. Esta A. defende com vigor a legitimidade da ascensão funcional como forma de profissionalização do servidor público, criticando a jurisprudência constitucional. Concordamos com o seu posicionamento.
[118] Na prática, portanto, um servidor público de nível técnico, que tenha ingressado mediante concurso público na AP na sua juventude, por exemplo, não poderá ascender à carreira de nível superior, salvo se aprovado em novo concurso público. Excluiu-se a possibilidade de concurso interno nessas situações. As carreiras de membros do Poder Judiciário e do Ministério Público, não aqui analisadas, pressupõem a promoção por antiguidade e merecimento. São escalonadas, via de regra, conforme a instância dos Tribunais.
[119] *In Reforma do Estado* ..., pág. 194.
[120] V. RAQUEL DIAS DA SILVEIRA, *Profissionalização* ..., pág. 187.

naturalmente muito pouco permeável, reforçando a nota da inflexibilidade do sistema constitucional funcionarial brasileiro.

Portanto, a fim de ter pleno conteúdo efetivo o conceito de "carreira", certamente seria interessante viabilizar no ordenamento jurídico brasileiro a institucionalização de um modelo "misto" de progressão funcional, combinando-se como regra (ou com uma reserva de proporção elevada de postos) a investidura mediante concurso público, acessível à plenitude dos interessados que preencham os requisitos legais e editalícios (na forma do inciso II do art. 37 da CR/88); e, na qualidade de exceção (ou com uma reserva de proporção pequena de postos), a investidura mediante outro tipo de provimento que estimule uma verdadeira evolução profissional ("concurso interno" mediante capacitação em curso de aperfeiçoamento e formação ou avaliação sistemática, por exemplo), acessível aos trabalhadores públicos já em serviço, em especial, na correspondente estrutura administrativa, e que querem fazer deste o ambiente de sua vida profissional.[121] Afinal, "o princípio da carreira engloba a perspectiva, a motivação e o elemento de confiança do servidor público na dignidade de sua profissão".[122]

3.3 A "ampla e intensa estabilidade" dos servidores públicos

Também relacionada com a centralidade do concurso público como critério legitimador para ingresso na FP brasileira, a CR/88 dispõe, no art. 41, a estabilidade da relação funcionarial dos "servidores nomeados para cargo de provimento efetivo em virtude de concurso público", após três anos de efetivo exercício. Trata-se de um dispositivo que já foi objeto de reforma constitucional (EC nº 19/98). Na sua redação originária, determinava a CR/88 que "São estáveis após dois anos de efetivo exercício os servidores nomeados em virtude de concurso público". Assim, a CR/88 associou imediatamente o direito à estabilidade ao requisito inicial da aprovação em concurso público.

Direito análogo não foi reconhecido aos trabalhadores do setor privado (aqui incluídas as entidades do setor empresarial do Estado, cuja contratação também depende de prévia aprovação em concurso público[123]), eis que atualmente no Brasil não vigora um sistema geral de proteção ao emprego privado ("segurança no emprego"[124]). Por tal

---

[121] Cf. CARMEN LÚCIA ANTUNES ROCHA, Princípios ..., pág. 206, aduzindo a viabilidade constitucional do "concurso interno": "Como já observado, formas de provimento derivado são possíveis (como aquelas que se dão por meio de ascensão, por exemplo), e a investidura do servidor, nesses casos, não tem natureza primária, senão secundária. Para tais hipóteses, não se há cogitar de concurso público, até mesmo porque a sequência na carreira somente pode ocorrer no cumprimento das diversas etapas que a compõem. Impedimento algum se tem, no caso, que haja a previsão legal ou regulamentar de deverem os candidatos que preencham os requisitos para a promoção ou a ascensão se submeter a concurso adstrito a eles, a fim de que, mesmo nessa circunstância, tenha-se a escolha daquele mais habilitado". V. PIETRO VIRGA, Il Pubblico Impiego ..., pág. 30. O princípio democrático de acesso à FP italiana mediante concurso (art. 97) não vedou absolutamente a existência de concursos internos, na modalidade exceptuativa. O importante é que esses procedimentos internos não sejam arbitrários ou discriminatórios e sejam controlados externamente, a fim de que sejam transparentes e imparciais. Parece ser esse também o entendimento de LUIZ CARLOS BRESSER PEREIRA, Reforma do Estado ..., pág. 195. A França também adota a possibilidade de concursos internos. V. RAQUEL DIAS DA SILVEIRA, Profissionalização ..., pág. 192.

[122] Cf. RAQUEL DIAS DA SILVEIRA, Ibidem, pág. 192.

[123] V. STF, MS nº 21322/DF.

[124] Apesar de o art. 7º, inciso I, da CR-88, assegurar o direito de "relação de emprego protegida contra despedida arbitrária ou sem justa causa, nos termos de lei complementar, que preverá indenização compensatória, dentre

razão, a estabilidade no serviço público é, por vezes, criticada pela sociedade em geral (e não só), ignorante dos motivos históricos e jurídicos do instituto e das vedações que normalmente decorrem de uma relação funcionarial, classificando-a como "privilégio",[125] com a configuração de uma "casta burocrática". Com efeito, o grande demérito da CR/88 nessa matéria, para nós, foi radicalizar o sistema de trabalho brasileiro, polarizando-o em dois âmbitos incomunicáveis (trabalho público e trabalho privado), dotados (pretensamente) de "lógicas" antagônicas.

No passado recente brasileiro, apenas aos trabalhadores público-estatutários (no âmbito federal, aqueles regidos pelo Estatuto de 1952 – Lei nº 1.711, de 28/10), devidamente concursados (não exercentes de cargos de livre nomeação e exoneração), era assegurada a estabilidade no serviço público, enquanto que à outra coletividade de trabalhadores públicos (designadamente, aos "celetistas") tal direito não era assegurado. Com efeito, os "estatutários" estavam associados à parcela "burocrática" do funcionalismo brasileiro. A primeira conexão doutrinária daquela época dava-se entre a "submissão a um estatuto" pelo funcionário e a necessidade de lhe assegurar "estabilidade no exercício da função", inerente a um corpo administrativo profissional e persistente.[126]

A estabilidade (ou, conforme a nomenclatura utilizada, a vitaliciedade[127]) dos "funcionários públicos" está associada à FP de vertente burocrática, ao ideal weberiano do exercício do cargo "como um dever particular de fidelidade em troca de uma existência segura".[128] Também se justifica no princípio da impessoalidade; no caráter permanente, estável e contínuo da Administração Pública e no objetivo de profissionalização da FP; pontos assentes do modelo de máquina burocrática.[129] Daí por que a estabilidade do

---

outros direitos", a referida lei ainda não fora editada até a presente data, sendo pacificamente reconhecido na doutrina e na jurisprudência trabalhista o "direito potestativo" de o empregador romper com o contrato de trabalho, salvo algumas exceções dispostas na lei de "estabilidade provisória". V. MAURÍCIO GODINHO DELGADO, *Curso* ..., pág. 1.067; ORLANDO GOMES e ELSON GOTTSCHALK, *Curso de Direito do Trabalho*, 16ª ed., Forense, Rio de Janeiro, 2000, pág. 348; SÉRGIO PINTO MARTINS, *Direito* ..., pág. 372. A Convenção nº 158 da OIT, sobre o término da relação de trabalho por iniciativa do empregador, não vigora internamente no Brasil. O TST tem entendido que o inciso I do art. 7º da CR/88 é, na linha de pensamento de JOSÉ AFONSO DA SILVA, norma não autoaplicável. V. RR nº 58.181-SP. Diversamente ocorre em Portugal, que é apontado como um país especialmente protetivo neste âmbito. V. ANA FERNANDA NEVES, "O Contrato de Trabalho ...", pág. 115.

[125] V. AIRTON ROCHA NÓBREGA, "Estabilidade: direito ou privilégio", in http://jus.uol.com.br/revista/texto/379/estabilidade, acesso em 6/7/2011. V. HUMBERTO FALCÃO MARTINS, "Burocracia ...", pág. 58.

[126] Cf. THEMISTOCLES BRANDÃO CAVALCANTI, *Tratado* ..., pág. 35 e seg. "Verifica-se, entrementes, atualmente, uma tendência bem generalizada para integração dos funcionários em quadro estável, sujeito a normas também estáveis, disciplinando as suas atividades. É o que geralmente se chama *estatuto* – conjunto de normas disciplinares da atividade dos funcionários do Estado". V. MARCELLO CAETANO, *Manual* ..., pág. 623: "Pouco a pouco foi-se radicando a ideia de que todos os funcionários deviam, como profissionais da função pública ter a situação garantida por leis que obrigassem e limitassem os superiores. Essa estabilidade, esse *estado*, constaria assim de um *estatuto* legal".

[127] A CR/88 distinguiu a estabilidade (em geral) da vitaliciedade (em particular). Aquela encontra-se disposta no art. 41 da Carta e refere-se, em geral, aos servidores públicos. Esta refere-se aos membros do Poder Judiciário (art. 95, I) e do Ministério Público (art. 127, §5º, I, *a*). Na prática, a diferença reside no fato de que, para um juiz/membro do MP que já tenha ultrapassado o período de estágio probatório, apenas a sentença transitada em julgado pode determinar a perda do cargo. Trata-se de uma estabilidade bastante reforçada, decorrente do princípio da imparcialidade judicial. V. PAULO CASTRO RANGEL, *Reserva de Jurisdição – Sentido Dogmático e Sentido Jurisprudencial*; Universidade Católica Editora; Porto; 1997; e do mesmo, *Repensar o Poder Judicial – Fundamentos e Fragmentos*, Publicações Universidade Católica, Porto, 2001.

[128] Cf. MAX WEBER, ¿Qué es ..., pág. 11. Tb. disponível: http://www.ucema.edu.ar/u/ame/Weber_burocracia.pdf, acesso em 5/7/2011. V. ANTHONY GIDDENS, *Sociologia* ..., pág. 351.

[129] V. ARMÉNIO REGO, MIGUEL PINA E CUNHA e THOMAZ WOOD JÚNIOR, *Kafka e o Estranho Mundo da Burocracia*, Editora Atlas, São Paulo, 2010, pág. 17. V. CARMEN LÚCIA ANTUNES ROCHA, *Princípios* ..., pág. 251.

servidor público mediatamente protege o cidadão/particular, que é por aquele atendido em suas demandas para com o Estado.

A estabilidade "no exercício do serviço público",[130] após a promulgação da CR/88, passou a ser extensível à quase totalidade da FP brasileira, afinal, na dicção do art. 37, inciso II, o concurso público tornou-se a via de acesso normal e legítima de entrada na FP; não se podendo esquecer que muitos "celetistas" foram "excepcionalmente estabilizados" pela regra transitória do art. 19 do ADCT. Desse modo, a estabilidade constitucional do trabalhador público não restou associada, pelo menos em princípio, às atividades especialmente por ele desenvolvidas (ex. "exercício de funções públicas que não tenham caráter predominantemente técnico",[131] "exercício de poderes públicos ou de soberania"[132]) ou, ainda, ao objetivo primordial do órgão/entidade pública a que se encontra vinculado.[133]

Na verdade, a CR/88, ao abarcar a vasta gama de servidores públicos com a estabilidade no serviço público, procurou dar resposta àquela situação pretérita, geradora de insegurança e iniquidades, quer seja para a Administração Pública (que sofria, assim, influência das alternâncias governamentais), quer seja para os seus próprios funcionários. A resposta, porém, parece ter sido severa demais,[134] com a institucionalização de uma estabilidade rígida (posto que a demissão por falta grave tornou-se "praticamente impraticável e geralmente revestida pela justiça"[135]) e ampla (do ponto de vista da generalidade das categorias funcionariais envolvidas).

Aliás, quanto a esse aspecto, ao interpretar o art. 41 da CR/88, em sua redação originária, nem mesmo a natureza (contratual ou institucional?) do tipo de vínculo profissional do trabalhador público serviu para diferenciar a estabilidade, entendendo o TST, através da edição da Súmula nº 390, fazer jus ao direito também o "celetista" da AP não empresarial do Estado contratado sob a égide da CR/88,[136] interpretação que fora

---

O objetivo de profissionalização no serviço público não se faz isoladamente, como nos parece claro. São importantes também medidas de valorização do serviço público, salários condignos, e promoções periódicas. V. CAROLINA MELO e RICARDO WESTIN, "Como chegar lá ...", pág. 116.

[130] V. CÁRMEN LÚCIA ANTUNES ROCHA, Princípios ..., pág. 250, criticando a expressão: "Também se há de atentar à observação, muitas vezes repetida, de que o servidor é estável no serviço público, e não em determinado cargo. ... Ninguém é ocupante de abstração, mas de cargo que é legalmente criado, com regime jurídico definido e ao qual corresponde um feixe de atribuições específicas e infungíveis. Portanto, com todas as vénias que necessário se faça apresentar, não consigo vislumbrar como podem os servidores *ser estáveis no serviço público*, a não ser que se tome essa expressão como forma de se expressar a parte pelo todo".

[131] CRP, art. 15º-2. V. CLÁUDIA VIANA, "O Conceito de Funcionário Público – Tempos de Mudança?", in REP, vol. V, nº 8, 2007, pág. 7-34, esp. 28.

[132] É a redação do GG, art. 33-4: "O exercício de poderes de soberania com carácter permanente deverá por via de regra ser confiado a funcionários públicos sujeitos a uma relação de serviço e lealdade". V. *A Lei Fundamental da República Federal da Alemanha, Com um ensaio e anotações de Nuno Rogério*, Coimbra Editora, Coimbra, 1996, pág. 162.

[133] Cf. GILBERTO GUERZONI FILHO, "Burocracia ...", pág. 59: "Servidor público deve ser estável porque é importante para garantir a continuidade, a eficiência, a eficácia e a probidade da AP, não porque tal instituto seja um direito da categoria. A estabilidade não pode ser entendida como um princípio que se esgota em si mesmo".

[134] V. LUIZ CARLOS BRESSER PEREIRA, *Reforma do Estado ...*, pág. 175.

[135] V. REGINA SILVIA PACHECO, "Brasil ...", pág. 174 e 181.

[136] "Estabilidade. Art. 41 da CF/1988. Celetista. Administração Direta, Autárquica ou Fundacional. Aplicabilidade. Empregado de Empresa Pública e Sociedade de Economia Mista. Inaplicável. I – O servidor público celetista da administração direta, autárquica ou fundacional é beneficiário da estabilidade prevista no art. 41 da CF/1988". (Res. nº 129/2005, *DJU* 20, 22 e 25/4/2005).

ratificada pelo STF.[137] Nesse caso, mesmo a percepção de FGTS pelo trabalhador público vinculado por contrato de trabalho, por imposição do art. 7º, inciso III, da CR/88, pago pela AP, não afastaria o seu direito à estabilidade.[138]

O resultado dessa combinação foi, naturalmente, diminuir a discricionariedade administrativa na gestão dos recursos humanos[139] (= inflexibilidade administrativa), o que se apresenta de importância peculiar em determinadas situações, designadamente de controle de gastos com a folha de pagamento.

A EC nº 19/98, ao revisar o art. 41, tentou, de certa forma, dar uma solução para esse quadro constitucional, "relativizando" a estabilidade do trabalhador público,[140] da seguinte forma: restringindo-a "a cargos de provimento efetivo", ampliando o prazo do estágio probatório de dois para três anos,[141] instituindo o "procedimento de avaliação periódica de desempenho, na forma da lei complementar,[142] assegurada ampla defesa".[143] Em função dessa restrição da dicção do art. 41 da CR/88 alterado, o STF passou sinalizar, em julgamentos recentes, no sentido de que apenas os chamados "servidores estatutários" fazem jus à estabilidade constitucional, excluindo aqueles vinculados por relações parcialmente jurídico-privadas.[144]

Além disso, no art. 169 da CR/88, a Reforma Administrativa ainda viabilizou a institucionalização da exoneração do servidor estável para adequação de despesa pública com pessoal aos quadrantes constantes da lei complementar,[145] "desde que ato normativo motivado de cada um dos Poderes especifique a atividade funcional, o órgão

---

[137] STF, AI nº 480432 AgR-SP; AI nº 628888 AgR-SP. V. SALOMÃO RIBAS JÚNIOR e JOSEANA APARECIDA CORRÊA, "A Aplicação do Artigo 39 da Constituição Federal e o Regime de Trabalho dos Servidores Municipais", in RTCSC, julho/2004, pág. 45-60, esp. 55.

[138] V. STF, RE nº 187229-PA, de 15/12/1998: "Estabilidade – Servidor Público. A estabilidade prevista no artigo 41 da Constituição Federal independe da natureza do regime jurídico adotado. Servidores concursados e submetidos ao regime jurídico trabalhista têm jus à estabilidade, pouco importando a opção pelo sistema do Fundo de Garantia do Tempo de Serviço".

[139] V. REGINA SILVIA PACHECO, "Brasil ...", pág. 182.

[140] V. JUAREZ FREITAS, "Carreiras de Estado: o Núcleo Estratégico contra as Falhas de Mercado e de Governo", in CRISTIANA FORTINI (org.), Servidor Público ..., pág. 179-200, esp. 186.

[141] O prazo de três anos hoje fixado para o estágio probatório do servidor público "geral" é maior do que o prazo do estágio probatório de juízes e membros do Ministério Público, inclusive, o que precisaria ser alvo de análises específicas. Houve também celeuma doutrinária sobre a equivalência (ou não) do prazo do estágio probatório da Lei nº 8112/90 (= dois anos) com o do prazo para aquisição da estabilidade da EC nº 19/98 (= três anos). Em princípio, o STJ e o STF entendiam que o prazo de dois anos de estágio probatório, constante da Lei nº 8.112/90, não teria sido revogado pela EC nº 19/98. V. JÚLIO CÉSAR DOS SANTOS ESTEVES, "Uma Reflexão ...", pág. 203-223, esp. 217. Posteriormente, com a nova composição do STF, esta Corte passou a interpretar pela vinculação de ambos os institutos. V. STF, AI nº 754802 AgR/ED-DF e STA nº 269 AgR-DF.

[142] As leis complementares, nos termos do art. 69 da CR/88, são aprovadas por maioria absoluta (nas duas casas legislativas). São, por isso, leis mais difíceis de serem editadas e alteradas.

[143] "Art. 41 São estáveis após três anos de efetivo exercício os servidores nomeados para cargo de provimento efetivo em virtude de concurso público. §1º O servidor público estável só perderá o cargo:
I – em virtude de sentença judicial transitada em julgado; II – mediante processo administrativo em que lhe seja assegurada ampla defesa; III – mediante procedimento de avaliação periódica de desempenho, na forma de lei complementar, assegurada ampla defesa. §2º Invalidada por sentença judicial a demissão do servidor estável, será ele reintegrado, e o eventual ocupante da vaga, se estável, reconduzido ao cargo de origem, sem direito a indenização, aproveitado em outro cargo ou posto em disponibilidade com remuneração proporcional ao tempo de serviço. §3º Extinto o cargo ou declarada a sua desnecessidade, o servidor estável ficará em disponibilidade, com remuneração proporcional ao tempo de serviço, até seu adequado aproveitamento em outro cargo".

[144] STF, AI nº 480432 AgR-SP; RE nº 342538 AgR-SP. Tb. assim CARMEN LÚCIA ANTUNES ROCHA (atual Ministra do STF), in Princípios ..., pág. 254.

[145] Atualmente, a LC nº 101/2000 – Lei de Responsabilidade Fiscal, que estabelece na Seção II (art. 18 e seguintes) para limites para gastos com despesa de pessoal dos entes federados.

ou a unidade administrativa objeto da redução de pessoal", mediante critérios a serem fixados em *norma geral* editada por lei federal.[146] Não bastasse, no art. 247 (inserido no Título IX – "Das Disposições Constitucionais Gerais"), essa reforma garantiu que a lei assegure ao servidor estável "que, em decorrência das atribuições de seu cargo efetivo, desenvolva atividades exclusivas de Estado", garantias especiais no caso de perda do cargo.

Em suma, após a EC nº 19/98, para além da perda do cargo do servidor estável em caso de falta grave, passou a ser também viável a perda do cargo em caso de insuficiência de desempenho. Por isso, encontramos na doutrina o seguinte conceito de estabilidade: é "a garantia concedida ao funcionário público efetivo de permanecer vinculado ao serviço público, após três anos de efetivo exercício, ressalvadas as hipóteses de demissão em virtude de sentença, processo administrativo ou exoneração por insuficiência de desempenho".[147]

Porém, pode-se dizer que em nível infraconstitucional e na prática a EC nº 19/98 não alcançou o efeito almejado, mesmo porque temos ciência do quanto é política, jurídica e socialmente complicada qualquer reforma que toque em direitos/garantias/prerrogativas já plenamente estabelecidos.[148] Na esfera federal (sempre o exemplo principal, inclusive para os Estados-membros e os Municípios[149]), não foi ainda editada a lei complementar para institucionalização do procedimento de avaliação periódica de desempenho, "para fins de perda de cargo do servidor estável",[150] o que demonstra também a resistência cultural que o país tem relativamente a métodos de avaliação no curso da relação funcional e o quanto é melindrosa a questão (da modulação) da estabilidade do trabalhador público.

Editou-se, entretanto, a Lei (Federal) nº 9.801, de 14/6/1999, a qual "Dispõe sobre as *normas gerais* para perda de cargo público por excesso de despesa e dá outras providências", conforme exigência do §7º do art. 247 da CR/88. Trata-se de uma lei muito pouco conhecida de nossos tribunais,[151] mas que, na verdade, estipula critérios que devem ser seguidos pela AP a fim de demonstrar a real motivação da perda do cargo do servidor estável, a fim de que esta não seja decorrência de ato discriminatório ou injusto e possa ser controlável, em especial judicialmente.

---

[146] V. CARMEN LÚCIA ANTUNES ROCHA, *Princípios* ..., pág. 450, defende arduamente a inconstitucionalidade material do art. 169, §4º, da CR-88, por ofensa ao direito adquirido de possíveis servidores estabilizados antes da EC nº 19/98: "Daí por que se tem que a norma que permitiu a exoneração de servidor estável nos termos do art. 169, §4º, atenta contra os princípios do ato jurídico perfeito – que declarou estável o vínculo do servidor com a entidade pública, submetendo-o ao regime então vigente – e do direito adquirido, pelo que não pode ser considerada válida, senão que eivada de nódoa jurídica inconvalidável." Com efeito, a aplicação desse dispositivo ao servidor público estabilizado antes da Reforma Administrativa é controvertida, morment tendo em conta que grande parcela da doutrina entende que o "servidor público não tem direito à manutenção de seu regime jurídico".

[147] Cf. JÚLIO CÉSAR DOS SANTOS ESTEVES, "Uma reflexão ...", pág. 209.

[148] V. LUIZ CARLOS BRESSER PEREIRA, *A Reforma do Estado* ..., pág. 207.

[149] Não se trata apenas de um exemplo para facilitar a edição de leis locais. É que em variadas questões relacionadas ao funcionalismo público, impera o "princípio da simetria". V. MARCELO DIAS FERREIRA, "Carreiras Típicas de Estado: Profissionalização do servidor e núcleo estratégico", *in* http://jus.uol.com.br/revista/texto/397/carreiras-tipicas-de-estado, acessado em 8/7/2011. V. IVAN BARBOSA RIGOLIN, *Comentários ao Regime único dos Servidores Públicos Civis*, 5ª ed., Editora Saraiva, São Paulo, 2007, nota introdutória.

[150] Não obstante, em Minas Gerais, temos ciência da existência da Lei Complementar nº 71/2003, de 30/07/2003, regulamentando a matéria na esfera estadual.

[151] Em pesquisa nos *sites* oficiais do STF, STJ e TST, não encontramos decisão alguma que faça referência à aplicação dessa Lei.

De toda forma, não há ainda uma lei (federal) que defina o que sejam "atividade exclusiva de Estado" (conforme a exigência do art. 3º da Lei nº 9.801), nelas estando certamente incluídos os cargos das carreiras das administrações tributárias dos entes federados, consideradas "atividades essenciais ao funcionamento do Estado" pela EC nº 42/2003,[152] além de outras cujo exercício possa implicar o exercício de poder público, de soberania e a restrição de direitos de particulares.[153]

Assim, pelo menos em nível federal (evidentemente, o mais paradigmático dos níveis), a coletividade de trabalhadores públicos estáveis, em geral (sejam eles executores ou não de "atividades exclusivas de Estado"), não pode perder os seus respectivos cargos em decorrência de avaliação negativa de desempenho, pela ausência de lei complementar na matéria. Por outro lado, a perda do cargo do servidor estável em decorrência de excesso de gastos com despesas de pessoal é, pela sua própria natureza, de difícil aplicação prática, já que para a adoção dessa medida administrativa (*ultima ratio*), outras providências mais proporcionais e razoáveis devem ter sido antes implementadas pela AP, conforme prudentemente determina o art. 169 da CR/88 (exoneração de servidores ocupantes de cargos demissíveis *ad nutum*, por exemplo).

Além disso, as atividades especificadamente desempenhas pelos servidores públicos ("atividades exclusivas de Estado" ou não) ainda não relevam importância para fins de *alcance* dessa estabilidade; ou seja, o caráter das atividades exercidas pelos trabalhadores públicos terem ou não similares no setor privado (ex.: educação, saúde, *etc.*) em nada importam para a aquisição da estabilidade no serviço público, sendo fundamental apenas a aprovação em concurso público e o percurso do estágio probatório. Pode-se apenas afirmar que a estabilidade dos trabalhadores públicos que exercem "atividades exclusivas de Estado", após a EC nº 19/98, é dotada de um grau de proteção diferenciada, pela dificuldade inerente à perda do cargo em casos de ajustes orçamentários com gastos de pessoal.

Nesse aspecto, o sistema nacional parece destoar do que se verifica em outros países da Europa, que relacionam o tipo de vínculo funcionarial (e os seus direitos e obrigações) às atividades desempenhadas pelo trabalhador público ou pelo órgão ao qual ele está vinculado (e, portanto, dessa forma, relacionando a importância da estabilidade no serviço público à imparcialidade administrativa exigível para a boa condução do serviço). É de se ponderar, assim, se o modelo nacional está adequado ou ultrapassado; ou se pode ser racionalizado.

Finalmente, consideramos que, na matéria da FP, a grande novidade trazida pela EC nº 19/98 foi a inserção da utilização de normas gerais sobre o tratamento da FP, ainda que apenas sobre questão tópica (= a perda do cargo do servidor estável na hipótese de excesso de gasto público com despesas de pessoal); apesar de essa mesma emenda ter acirrado a prolixidade do texto constitucional em muitos pontos, tais como, por exemplo,

---

[152] V. JUAREZ FREITAS, "Carreiras de Estado ...", pág. 187. Ressalte-se que os membros do Ministério Público e juízes estáveis são também vitalícios e, justamente por esta prerrogativa, não estão sujeitos a perda de cargo em decorrência de redução de despesas.

[153] V. MARCELO DIAS FERREIRA, "Carreiras Típicas ...", cita como exemplo: "Normalmente, tais quadros compõem o chamado Núcleo Estratégico do Estado, possuem atribuições indelegáveis, e desempenham atividades de fiscalização, arrecadação tributária, previdenciária e do trabalho, controle interno, segurança pública, diplomacia, defesa administrativo-judicial do Estado e defensoria pública".

inserindo 24 (vinte e quatro) tipos distintos de remuneração dos servidores públicos e exigindo a edição de 37 (trinta e sete) leis ordinárias e 4 (quatro) complementares.[154]

Se a utilização do recurso das normas gerais fosse feita pela CR/88 com maior amplitude, delegando ao legislador nacional o desenvolvimento de certas questões, certamente uma grande parcela das normas constitucionais sobre a FP (que são, na verdade, "miudezas constitucionais", visando a sua observância por todos os entes federados, pelo chamado "princípio da simetria"[155]) poderia ser perfeitamente transferida para esse *locus* (normas gerais); isso sem perda de unidade federativa[156] e com ganhos em termos de isonomia, harmonia e compreensão constitucional, para além de reduzir o congestionamento de controvérsias que desaguam no STF.[157] Afinal, "na estrutura complexa do estado federal coexistem o princípio unitário e o princípio federativo",[158] não se podendo descurar dos mais de 5.550 municípios-legisladores.[159]

3.4 A controvérsia sobre o conteúdo da locução "regime jurídico único" constante do *caput* do art. 39 (originário) da CR/88: A "ideologia" da natureza estatutária do vínculo e algumas das consequências dessa posição nacional

Talvez a questão mais polêmica da FP brasileira seja a controvérsia doutrinária (e jurisprudencial) que se instalou sobre o significado da locução "regime jurídico único", constante da redação originária do *caput* do art. 39 da CR/88. E por variadas razões.

Em primeiro lugar, *(i)* pelo vetusto debate (e para alguns pressuposto) sobre a natureza (institucional ou contratual?) do vínculo jurídico-profissional que une trabalhador público-Poder público. Em segundo lugar, *(ii)* pela dificuldade em se encontrar um sentido claro e unívoco para o que seja "regime jurídico único", quando a própria CR/88 parecia indicar, em outros dispositivos, a existência de regimes diferenciados no âmbito da FP, aludindo, em diversas passagens, a "cargos e empregos públicos".[160]

---

[154] V. PATRÍCIA BAPTISTA, Transformações ..., pág. 78.

[155] V. STF, ADI nº 289-CE: "O Tribunal tem afirmado a sujeição dos Estados-membros às disposições da Constituição Federal relativas aos servidores públicos, não lhes sendo dado, em particular, restringir ou ampliar ...". Ainda, ADI nº 2192-ES; ADI nº 2029-SC; ADI nº 1353-RN. V. MARCELO LABANCA CORRÊA DE ARAÚJO, "Federalismo e Princípio da Simetria", *in* ANDRÉ RAMOS TAVARES, GEORGE SALOMÃO LEITE e INGO WOLFGANG SARLET, Estado Constitucional e organização do poder, Ed. Saraiva, São Paulo, 2010, pág. 513-547.

[156] Cf. REINHOLD ZIPPELIUS, Teoria Geral do Estado, 3ª ed., Fundação Calouste Gulbenkian, Lisboa, 1997, pág. 509 e seg., esp. pág. 512: "Também se podem prever planos e regulações de base centrais que não. fornecem mais do que os indispensáveis padrões uniformes de coordenação, deixando aos Estados membros a respectiva densificação e complementação". V. tb. ÉLCIO FONSECA REIS, Federalismo Fiscal – Competências Concorrentes e Normas Gerais de Direito Tributário, Mandamentos, Belo Horizonte, 2000, pág. 21 e seg.

[157] Cf. PATRÍCIA BAPTISTA, Transformações ..., pág. 338: "Um rápido exame das decisões proferidas por aquela corte é suficiente para a constatação de que sua esmagadora maioria se refere a litígios envolvendo a Administração, com destaque para aqueles em que se discutem direitos dos servidores públicos". Dispositivo que bem exemplifica o aduzido é o inciso XI do art. 37, que faz o "escalonamento" da remuneração no Poder Público, utilizando inclusive de percentagens.

[158] Cf. RAUL MACHADO HORTA, *apud* ELCIO FONSECA REIS, Federalismo ..., pág. 22 e seg.

[159] V. MARÇAL JUSTEN FILHO, Curso ..., pág. 590, aduzindo que essa complexidade federativa, nesse âmbito, acarreta "a ausência de uniformidade de direitos e deveres".

[160] Assim CELSO ANTÔNIO BANDEIRA DE MELLO, Curso ..., pág. 248. E questiona o autor: "Como se pode promover a convivência do art. 39, que prevê regime jurídico único, com o disposto nos precitados arts. 51, IV, 52, XIII, 61, §1º, II, "a", e 114, que contemplam a existência também de empregos nas pessoas de direito público?".

Em terceiro, *(iii)* ainda correlacionada com a questão anterior, pela complexidade federativa, posto que muitos Estados-membros e municípios da federação, para além de jamais terem implementado o seu próprio "regime jurídico único", estão dotados de peculiaridades diversas, relacionadas ao desenvolvimento de suas competências em determinados âmbitos (designadamente, saúde e educação básicas, no caso dos municípios)[161] e à sua própria capacidade financeiro-orçamentária, demonstrando que a resposta que prevalecesse para a União poderia não ser a mesma para os entes federados inferiores. Em quarto, *(iv)* já não fosse tamanha complexidade, a EC nº 19/98 alterou a redação daquele dispositivo constitucional originário, excluindo da CR/88 a exigência da edição desse "regime jurídico único"; porém, quase 10 (dez) anos depois, em decisão liminar nos autos da ADI nº 2.135-4 DF,[162] datada de 7/3/2008, o STF entendeu por bem suspender *ex nunc* tal alteração decorrente da Reforma Administrativa, por constatar vício na aprovação no processo legislativo de revisão correspondente. Em suma, nesse tema, caminhamos por uma trilha muito tortuosa.

Tentaremos expor esse intrincado quadro que permeia a locução "regime jurídico único" fazendo uma preferência por uma explicação que prioriza a ordem cronológica dos fatos, para, ao final, apresentar a situação como se encontra na atualidade.

Relembremos que, imediatamente antes da promulgação da CR/88, convivia-se com um funcionalismo constituído em sua grande maioria de "celetistas", não estáveis, que adentraram ao serviço público mediante práticas patrimonialistas ou não igualitárias; porém, ansiosos pela segurança no emprego. O regime jurídico-privado de trabalho foi, por isso, praticamente "crucificado".[163] A minoria da FP era constituída pelos funcionários "estatutários" (na esfera federal, regulados pela Lei nº 1.711/52), estáveis, ingressos mediante concurso público; mas que realizavam tarefas às vezes idênticas às dos "celetistas" e no mesmo órgão público. O anseio era pela instituição da igualdade no âmbito da FP[164] e foi, pois, natural que a juspublicística associasse a "unidade/unicidade"[165] do "regime jurídico" com esse mesmo princípio-valor.[166] Nesse sentido, orientou-se, via de regra, a interpretação do primitivo *caput* do art. 39 da CR/88.

Pela redação originária, dispunha o *caput* do art. 39 da CR/88: "A União, os Estados, o Distrito Federal e os Municípios instituirão, no âmbito de sua competência, regime jurídico único e planos de carreira para os servidores da administração pública direta, das autarquias e das fundações públicas".

---

[161] V. GILBERTO GUERZONI FILHO, "Burocracia ...", pág. 61.

[162] Até hoje a ADI nº 2135-4 aguarda julgamento definitivo. V. http://www.stf.jus.br/portal/processo/verProcesso Andamento.asp?incidente=11299, acesso em 20/12/2012. O resultado da liminar foi de 8 votos contra 3.

[163] V. ANTÔNIO AUGUSTO JUNHO ANASTASIA, *Do regime* ..., pág. 56, é exemplo paradigmático disso. Lembra a aprovação de sua tese no V Congresso Brasileiro de Direito Administrativo, no ano de 1986, com as seguintes proposições: "1º – Reconhecimento da nocividade do regime trabalhista no serviço público; 2º Proposição, à Assembléia Nacional Constituinte, da inclusão de dispositivo constitucional expresso de adoção do regime estatutário para o serviço público, salvo nos casos de serviços temporários ou não especializados".

[164] V. FLORIVALDO DUTRA DE ARAÚJO, *Negociação* ..., pág. 344.

[165] Sabemos que há diferenças entre esses significados, como, por exemplo, ocorre no Direito Sindical. V. JOSÉ CARLOS AROUCA, *Curso Básico de Direito Sindical*, 2ª ed., Editora LTR, São Paulo, 2009, pág. 103. O Brasil adota o modelo de unicidade sindical (unidade imposta), enquanto o modelo da OIT (Conv. 87, não ratificada pelo Brasil), assenta no direito da pluralidade sindical (unidade conquistada).

[166] V. REGINA LINDEN RUARO, "Os Direitos Coletivos dos Funcionários Públicos", *in RT*, nº 684, outubro, 1992, pág. 35-43.

A juspublicística, então (lembrando-se que o debate foi reativado depois da decisão liminar do STF na ADI nº 2.135-4), passou a interpretar o que se entenderia por "regime jurídico único", existindo algumas linhas interpretativas. São exemplos dessas doutrinas:

(i) Maria Sylvia Zanella Di Pietro, Diogenes Gasparini, Antônio Álvares da Silva e Toshio Mukai entenderam que a Constituição facultou ao ente federativo (União/Estados-Membros e Municípios) optar pelo regime jurídico funcional que lhe seja mais conveniente: público/estatutário ou privado/trabalhista.[167] De todo modo, Maria Sylvia Zanella Di Pietro afirmou em sua obra, no tópico sobre o "Regime jurídico do servidor": "A Constituição de 1988, em sua redação original, deu especial relevo ao princípio da isonomia; em vários dispositivos revelava-se a preocupação de assegurar a igualdade de direitos e obrigações em diferentes aspectos da relação funcional".[168] Diogenes Gasparini ressaltou, entretanto, que a locução "regime jurídico único", "consoante a maioria dos autores, não podia ser escolhido entre o estatutário e o celetista, pois os dispositivos constitucionais pendiam para o estatutário ou institucional. Esse, para os autores, era o regime jurídico único de pessoal".[169] Pensamento semelhante foi defendido por Antônio Álvares da Silva, não obstante em sua obra tenha proposto um regime inovador.[170]

Por sua vez, *(ii)* Adilson Abreu Dallari, Hely Lopes Meirelles e Antônio Augusto Anastasia elucidaram que o regime escolhido pela CR/88 seria apenas o público/estatutário. Esse autor também indicou o fundamento da opção constitucional: "Ao determinar, sob o aplauso doutrinário, a unificação do regime jurídico do servidor público, o constituinte almejava sepultar a multiplicidade de regimes existentes até então (...). Seu salutar intuito era de que todo servidor público civil fosse submetido a um mesmo conjunto de direitos e deveres, comuns na regência da relação jurídica Estado/servidor. Tal figurino ensejaria, com toda a certeza, tratamento isonômico sempre desejado".[171] E concluiu: "A nosso ver, a Constituição da República, sem embargo de não adotar explicitamente o regime estatutário, não permite, em razão da exegese harmônica de diversos de seus dispositivos, outra conclusão, salvo a de que o regime único, necessariamente, é regime que deflui da lei, de natureza não-contratual, isto é, estatutário. ... Desse modo, reiteramos que o regime jurídico único do servidor público é de direito público, cuja relação funcional sob sua regência é unilateral, consubstanciado o regime em uma norma positiva – o estatuto, que alberga os direitos e obrigações dos servidores. O ingresso do servidor nessa situação estatutária se dá, como já se viu, mediante o denominado 'ato-condição'".[172] Com efeito, o regime funcionarial de natureza jurídico-privada, do Direito do Trabalho, carregava em seu desfavor todo o preconceito advindo das práticas clientelistas e do nepotismo. Seria compreensível que a jurisprudência constitucional se alinhasse a essa tese, portanto.

---

[167] V., por todos, RAQUEL DIAS DA SILVEIRA, *Profissionalização* ..., pág. 49 e seg.
[168] *In Direito Administrativo*, Editora Altas, São Paulo, 2002, pág. 440.
[169] *In Direito* ..., pág. 175. V. tb. ANTÔNIO AUGUSTO JUNHO ANASTASIA, *Do regime* ..., pág. 58.
[170] V. ANTÔNIO ÁLVARES DA SILVA, *Os servidores* ..., pág. 40-42.
[171] *In Do regime* ..., pág. 54.
[172] *Ibidem*, pág. 59-60. Este A., atual Governador do Estado de Minas Gerais, parece ter sido o mais crítico de todos no tema, com relação à doutrina da época: "Em verdade, podemos dividir os autores que versam sobre o rema, até o momento, em dois grupos. O primeiro, composto pelos doutrinadores mais clássicos, se satisfaz com laconismo impressionante. (...) tais juristas cingem-se a comentários superficiais, não se dedicando à questão mais relevante – a natureza jurídica do regime. (...) O segundo grupo, constituído de doutrinadores de, ainda, menos tradição, trata do regime único. Melhor seria caso se quedassem silentes", pág. 57.

(iii) Ivan Barbosa Rigolin, diferentemente, entendeu que o regime previsto pela Constituição poderia ser inédito ou uma "terceira via", desde que respeitados os princípios e regras constantes do texto constitucional.[173] Entendia este autor, em 1989, ser possível a convivência de um regime jurídico para o pessoal da administração direta e outro para o pessoal das autarquias e/ou fundações públicas,[174] sendo que a unidade jurídica deveria ser aferida no interior de cada "âmbito" da AP (direta/indireta).

(iv) Celso Antônio Bandeira de Mello asseverou que a regra de vinculação no seio da AP não empresarial deveria ser o direito público/estatutário, sem diferenciação entre as diversas autarquias e fundações públicas; isso não obstante as "atividades subalternas" pudessem ser alvo de contratação por via do Direito do Trabalho. O seu raciocínio resultou da leitura do *caput* do art. 39 originário com a existência da figura de "emprego público" constante de outros dispositivos constitucionais: "A conciliação destes dispositivos é possível desde que se entenda que o pretendido pelo art. 39 não foi estabelecer obrigatoriamente *um único regime para todos os servidores* da Administração direta, autarquias e fundações públicas, mas impor que a União e suas entidades da Administração indireta, Estados e suas entidades da Administração indireta e Municípios e suas entidades da Administração indireta tenham, nas respectivas esferas, uma uniformidade de regime para seus servidores, Ou seja: inadmite-se que quaisquer dessas pessoas adotem para si um dado regime e atribuam à autarquia tal, à autarquia qual ou à fundação tal, diferentes regimes, criando uma pluralidade deles como ocorria antes da Constituição de 1.988. Deve haver, isto sim, um 'regime jurídico único' na intimidade das diversas ordens de governo. Em outras palavras: é possível (embora afigure-se-nos inconveniente) que as atividades básicas estejam sujeitas ao regime de cargo, isto é, estatutário, enquanto algumas remanescentes, de menor importância, sejam exercidas sob regime de emprego. Inversamente, não é possível haver diversidade de regimes entre Administração direta e as distintas pessoas das respectivas Administrações indiretas".[175]

Podemos verificar que o pensamento da doutrina nacional pós-1988, em sua grande maioria, estava muito influenciado pela situação pré-constitucional, procurando apenas dar resposta à superficialidade da questão se o "'regime jurídico único' seria o estatutário ou o celetista"; e, como "único", desaguaria no banimento da repugnada "dualidade/diversidade" de regimes no seio da FP.[176] Tratou-se de uma confusão doutrinária entre "regime jurídico" e "natureza jurídica" da relação profissional trabalhador público-Estado;[177] bem como da visão da locução "regime jurídico único" como solução quase mítica para os problemas gestionários verificados na FP brasileira.

Assim, não se cogitou *ex professo*, em termos mais amplos, à época do início da vigência da CR/88, de um possível regime funcionarial inédito, híbrido ou misto (nem

---

[173] V. art. 39, §3º da CR/88, prevendo a extensão de direitos dos trabalhadores aos servidores públicos.
[174] *Apud* ANTÔNIO AUGUSTO JUNHO ANASTASIA, *Do regime ...*, pág. 59. V. IVAN BARBOSA RIGOLIN, *O Servidor Público na Constituição de 1988*, São Paulo, Saraiva, 1989, pág. 83.
[175] Cf. *Curso ...*, pág. 255.
[176] V. HELENA KERR DO AMARAL, "Desenvolvimento ...", pág. 551.
[177] V. GUSTAVO ALEXANDRE MAGALHÃES, *Contratação Temporária ...*, pág. 44-45. Segundo o Autor, "regime jurídico" equivale ao "conjunto de princípios e regras específicas que se aplicam ao instituto dado"; enquanto, "natureza jurídica", "consiste em enquadramento comparativo do instituto abordado em face de tradicionais categorias da Teoria Geral do Direito". A confusão para nós é clara em JOSÉ DOS SANTOS CARVALHO FILHO, *Manual de Direito Administrativo*, 15ª ed., Editora Lumen Juris, Rio de Janeiro, 2006, pág. 494.

estatutário, nem celetista),[178] seja ele com características mais publicísticas (= institucional ou contrato administrativo) ou mais privatísticas ou laborais (= "contrato de trabalho em funções públicas", por exemplo[179]), desde que respeitando as balizas constitucionais. Também não se questionou sobre se esse regime poderia ser representado por um "diploma único"; porém, com alcance subjetivo diverso relativamente às categorias a ele submetidas (por exemplo, a depender das atividades desempenhadas, certos direitos e deveres poderiam ser extensíveis ou não). Em suma, um regramento único, mas não um regime necessariamente unívoco, igualitário e totalitário para todos os trabalhadores públicos, fazendo da isonomia um princípio a ser observado; mas não um dogma.

Também não se debateu no início dos anos noventa sobre a necessidade (ou mesmo utilidade) de um instrumento que favorecesse, no âmbito da FP, a observância da isonomia (ou da equidade) entre os trabalhadores públicos dos três níveis federados em situações funcionariais semelhantes; tendo-se sempre compreendido que a edição do "regime jurídico único" estava, por um lado, limitada pelas regras constitucionais na matéria e, por outro, "liberta" no exercício das competências político-legislativas de cada um dos quase seis mil entes federados.

O resultado dessa discussão doutrinária logo desaguou no STF, por ocasião do julgamento da ADI nº 492-1 DF (*DOU* de 12/3/1993),[180] quando foram declaradas inconstitucionais as alíneas *d* e *e* do art. 240 da Lei nº 8.112/90.[181] De acordo com essas alíneas, seriam assegurados ao servidor público (federal) o direito de "negociação coletiva" e o direito de "ajuizamento, individual e coletivamente, frente à Justiça do Trabalho, nos termos da Constituição Federal".

Nessa decisão, o STF assentou firmemente o entendimento de que o regime jurídico do servidor público é "estatutário e não contratual". A lógica do julgamento baseou-se na pretensa radicalidade e não comunicabilidade (ainda que de princípios) entre a disciplina jurídica do trabalhador público (inserida apenas no âmbito do Direito Administrativo) e a do empregado (trabalhador privado subordinado), regulado pelas normas do Direito do Trabalho, amparando-se na doutrina que defende essa oposição; bem como, de certo modo, foi influenciada pelo preconceito instalado contra o regime denominado "celetista".

Negou-se, a partir de então, aos servidores públicos o direito de contratação coletiva com a AP não empresarial, a despeito da consagração dos direitos de sindicalização e de greve consagrados aos servidores públicos civis no art. 37, incisos VI e VII, da CR/88 e da Convenção nº 151 da OIT, de 1978.[182] Também não se reconheceu o direito de ação perante a Justiça do Trabalho, passando a ser competente para as questões de servidores públicos "estatutários" a Justiça Comum (Federal ou Estadual, a depender

---

[178] Assim tb. ANTÔNIO ÁLVARES DA SILVA, *Os Servidores* ..., pág. 41. O STF, na atualidade, sequer admite esta possibilidade, V. RE nº 494.075 AgR-RS.

[179] Esta foi a linha da opção recente de Portugal.

[180] Pode-se dizer que, nessa matéria, a decisão proferida na ADI nº 492-1 é paradigmática. A ação foi proposta pelo Procurador-Geral da República e, em nosso sentir, foi também reflexo da aversão que o regime celetista havia criado no mundo jurídico sobre a questão da FP; aversão esta que acabou por repercutir num preconceito geral e desmedido contra a Justiça do Trabalho e o processo do trabalho. V. FRANCISCO GÉRSON MARQUES DE LIMA, *O STF na crise institucional brasileira*, Malheiros Editores, São Paulo, 2009, pág. 616.

[181] Vale mencionar que a alínea *e* do art. 240 já havia sido anteriormente vetada pelo Presidente da República, veto que foi derrubado pelo Congresso Nacional.

[182] Em 1992 o Brasil ainda não havia ratificado a Convenção nº 151, o que só veio ocorrer em 30/3/2010.

do ente federado a que se vinculam – Justiça Federal comum/servidores federais; Justiça Estadual comum/servidores estaduais e municipais).

O julgamento é muito emblemático e, até para que seja por nós analisado e criticado, vale a pena mencionar aqui alguns de seus fundamentos, constantes do voto do Relator, Ministro Carlos Velloso:

(i) "o regime jurídico único a que se refere o art. 39 da Constituição tem natureza estatutária";[183]

(ii) o regime estatutário implica que, no seu "caráter objetivo", "os direitos, deveres, garantias e vantagens dos servidores públicos – seu 'status', enfim – são definidos unilateralmente pelo Estado-legislador, que pode, também unilateralmente, alterá-lo a qualquer momento, sem se cogitar de direito do servidor à manutenção do regime anterior";[184]

(iii) donde as "muitas e inconciliáveis diferenças entre o regime estatutário e o contratual de Direito Privado, mais especificamente o de Direito do Trabalho";

(iv) "a negociação coletiva e o direito de ação coletiva são absolutamente inconciliáveis com o regime jurídico estatutário do servidor público";

(v) além disso, "a negociação coletiva tem por escopo, basicamente, a alteração da remuneração" e "a remuneração dos servidores públicos decorre de lei";

(vi) "as relações entre os servidores públicos e o poder público são regidas por normas legais, porque sujeitas ao princípio da legalidade";

(vii) "Não sendo possível, portanto, à Administração transigir no que diz respeito à matéria reservada à lei";

(viii) "Sob o ponto de vista legal, portanto, trabalhador é o 'prestador de serviços tutelado', de cujo conceito excluem-se os servidores públicos civis e militares sujeitos a regime jurídico próprio" e;

(ix) "o processo trabalhista é incompatível com o caráter estatutário do regime jurídico dos servidores públicos e com a superioridade jurídica que goza o Estado nas relações dele derivadas".

O Ministro Marco Aurélio Mello[185] restou integralmente vencido na decisão da ADI nº 492-1, tendo exarado voto radicalmente dissidente, com os seguintes fundamentos:

(i) No Direito Comparado, "o que se nota é que dia-a-dia da relação servidor público – Administração vem direcionando no sentido do abandono de posições de intransigência. Pouco a pouco é abandonada a visão distorcida da necessidade de manter-se a supremacia da Administração Pública, alijando-se a introdução de todo e qualquer mecanismo que, de alguma

---

[183] Neste tópico, o Relator apontou as doutrinas de: HELY LOPES MEIRELLES (*Direito Administrativo Brasileiro*, 17ª ed., Malheiros Editores, São Paulo, 1992); CELSO ANTÔNIO BANDEIRA DE MELLO (*Regime Constitucional dos Servidores da Administração Direta e Indireta*, 1ª ed., Editora RT, São Paulo, 1991); ANTÔNIO AUGUSTO JUNHO ANASTASIA (obra já citada); CARLOS PINTO COELHO MOTTA, *Regime Jurídico Único*, Editora Lê, Belo Horizonte, 1990.

[184] Neste tópico, foram repetidos os argumentos do Ministério Público Federal (Subprocuradora-Geral da República Odília da Luz Oliveira).

[185] O Ministro Marco Aurélio Mello foi indicado para o STF em 1990. Era antes Ministro do Tribunal Superior do Trabalho e, por ocasião do julgamento da ADI nº 492-1, estava bem mais familiarizado com o Direito do Trabalho (e as suas semelhanças com o Direito da FP) e com o Processo do Trabalho do que os demais membros da Corte, os quais apenas vislumbravam disparidades e oposições entre os regimes.

forma, possa colocar em cheque a rígida hierarquia outrora notada no âmbito do serviço público". Citou os exemplos França, Espanha, Inglaterra, Itália e EUA.[186]

(ii) "característica marcante do vetusto regime estatutário": "Revela-se a supremacia do Estado", "o desequilíbrio na relação é notório, sacrificando-se, a favor do Estado, até mesmo direitos que vinham sendo observados, tudo se fazendo sob o pretexto da necessidade de o Estado contar com flexibilidade maior, isto na busca do bem comum".

(iii) não "é possível dizer da prevalência de tão ultrapassado sistema após a promulgação da Carta de 1988": "A partir da valorização social do trabalho como fundamento do Estado Democrático de Direito, em substituição, no campo em exame, ao Estado Autoritário, abandonou-se a esdrúxula distinção relativa ao tomador de serviços, buscando-se, com isto, afastar o que se mostrou, durante longo período, um privilégio do Estado no que podia alterar, como lhe conviesse, normas até mesmo então observadas, repercutindo a vontade momentânea e isolada exteriorizada nas situações reinantes sem que os prejudicados pudessem obter, no Judiciário, a preservação de seu *status quo ante*. Com a Constituição de 1988, buscou-se o afastamento de tamanho poder" ... "está fechada a porta, constitucionalmente, ao ressurgimento do regime estatutário, pois incompatível com a Carta de 1988, no que aproximou o Estado, nas relações mantidas com os servidores, dos demais tomadores de serviço, providência que reputo de grande cunho social";

(iv) O preceito do artigo 39 em comento tem a virtude de alijar do cenário jurídico, quer na área da União, quer dos Estados, do Distrito Federal, ou dos Municípios, a famigerada trilogia do sistema constitucional anterior; porém, "E que regime único é esse? Di-lo-á cada uma das legislações específicas, porquanto a uniformidade de tratamento somente é imposta no âmbito de uma mesma pessoa jurídica de direito público – União, Estados e Municípios – tomadora dos serviços";

(v) O art. 13 da Lei nº 8.112/90 revela a compatibilidade da contratualidade com esse regime, revelando a impossibilidade de serem alteradas unilateralmente, por qualquer das partes, as atribuições, os deveres, as responsabilidades e os direitos do servidor, após a assinatura da posse;

(vi) "Um novo panorama constitucional surgiu com a Carta de 1988, considerada a relação de forças no embate administração pública – servidores, a ponto de viabilizar profícua dialética. Compreendeu-se a valia de atuação coletiva e, assim, foram previstos dois direitos indispensáveis à verificação desta última – o da sindicalização dos servidores e o de greve";

(vii) "na remissão contida no §2º do artigo 39 supramencionado, há indicação de dois incisos do artigo 7º que versam justamente sobre o instrumento que é o acordo coletivo". "A forma viável de o Estado chegar à redução dos salários, à compensação da jornada ou à redução desta é, como está na Lei Máxima –

---

[186] Neste voto, o Ministro Marco Aurélio apontou a doutrina de: REGINA LINDEN RUARO, "Os Direitos Coletivos ...", pág. 35-43.

incisos VI e XIII do artigo 7º, aplicável aos servidores por remissão inserta no §2º do artigo 39 – negociando – e, como é óbvio, a negociação não é via de mão única, sob pena de revelar-se unilateral e, portanto, uma verdadeira imposição".

(viii) "Inegavelmente, a Constituição de 1988 alargou a competência da Justiça do Trabalho, aproximando o Estado, quanto ao tratamento jurisdicional, dos demais tomadores de serviços, o que se harmoniza com os melhores ideais democráticos".

O julgamento da ADI nº 492-1 representou no Brasil, quer pela sua importância, quer pela própria autoridade do STF, quer por seus efeitos vinculatórios (repercutindo indiretamente nas esferas estaduais e municipais, relativamente às suas correlativas "leis locais"), o sepultamento simbólico das teses contratualistas da natureza jurídica do vínculo do trabalhador público-Estado;[187] as quais, contudo, em anos mais recentes, começam a ressurgir, como que das cinzas.[188]

Doravante, ou seja, a partir da fixação da interpretação do STF, restará lugar jurídico-comum ter como pressuposto o fato de que a relação jurídica profissional do trabalhador público com o Estado/AP não empresarial, regulada mediante lei editada em conformidade com o art. 39 da CR/88, é (ou teria de ser) de natureza estatutária, com as consequências "naturais" dessa ilação.

Contudo, é de bom alvitre salientar, que alguns Estados-membros da Federação e muitos municípios não editaram, mesmo entre os anos de 1992 a 1998 (ano da promulgação da Reforma Administrativa – EC nº 19/98), o seu "regime jurídico único" (em conformidade com o entendimento do STF, no particular, quanto à autonomia legislativa dos entes federados), optando por permanecerem com a legislação pré-constitucional e/ou a sujeitarem a sua FP civil, em geral, à Consolidação das Leis do Trabalho.[189] Por isso, na prática, a "dualidade/diversidade" de regimes na esfera da AP não empresarial ainda é uma realidade e há sim um descompasso entre o pensamento jurídico dominante e o cotidiano funcionarial e administrativo.

---

[187] A "superação" das teses contratualistas do Brasil é festejada por IVAN BARBOSA RIGOLIN, *Comentários ...*, pág. 14; e ANTÔNIO AUGUSTO JUNHO ANASTASIA, *Regime ...*, pág. 27.

[188] Por exemplo, FLORIVALDO DUTRA DE ARAÚJO, *Negociação ...*; ROBERTO SORBILLI FILHO, *A Relação Jurídica de Trabalho com o Estado: Natureza e Princípios Fundamentais*, Tese de Doutoramento, FDUFMG, Belo Horizonte, 2005; LUÍSA CRISTINA PINTO E NETTO, "A Volta do Regime Jurídico Único – Algumas discussões inadiáveis sobre a Função Pública Brasileira", in *A & C*, ano 9, nº 37, julho – setembro, 2009, pág. 201-240; e, tb. desta, *A Contratualização da Função Pública*, Editora Del Rey, Belo Horizonte, 2005, onde aborda profundamente a questão. A grande maioria dos Autores aqui mencionados são egressos do Mestrado em Direito na FDUFMG, tendo em vista que nesta escola tem sido estimulada uma rica produção de pesquisa acadêmica, nos últimos dez anos, sobre o tema da FP em sentido amplo.

[189] O Estado de São Paulo, o mais populoso do Brasil, é exemplo paradigmático. Até hoje vigora a Lei Estadual nº 10.621/1968 ("Estatuto dos Funcionários Públicos do Estado de São Paulo"), tendo ainda hoje muitos servidores celetistas. V. Várias decisões judiciais recentes no *site* do TRT da 2ª Região sobre servidores celetistas (*www.trt2.jus.br*). No Estado de Minas Gerais, muitos municípios sujeitam os seus servidores públicos ao regime celetista de trabalho. Lembramos aqui, por ex.: Bela Vista de Minas, Betim, Capitólio, Caeté, Cataguases, Diamantina, Formiga, Ibiá, Itapecerica, Leopoldina, Poços de Caldas, São Domingos do Prata, São Tomas de Aquino. V. "Relação de Municípios Mineiros – Regime Jurídico", listagem não atualizada da Procuradoria Regional do Trabalho da 3ª Região (2004/2005).

3.4.1 (A natureza estatutária do vínculo do "servidor público" e a sua falsa especificidade: um necessário parêntesis)

Talvez não fosse aqui, no capítulo destinado à CR/88, o local ideal para se discutir acerca da natureza (institucional ou contratual?) do vínculo jurídico entre o trabalhador público e o Estado. Trata-se, com efeito, de um debate essencialmente doutrinário, para além de vetusto, que talvez fosse melhor percebido se, pelo menos num primeiro momento, realizado de modo não diretamente relacionado ao quadro constitucional positivo e específico. Aliás, ao longo dos anos do desenvolvimento do Direito Administrativo, da própria transformação do Estado e da AP, a resposta àquela questão não foi unívoca, ora pendendo para concepções privatísticas, ora publicísticas; ora para concepções avoluntarísticas, ora contratualísticas e bilateralísticas.[190]

Entretanto, e a despeito de que, em momento algum, a CR/88 tenha expressa e inequivocamente determinado que vínculo entre o "servidor público" e o Poder Público seja de natureza estatutária[191] (também conhecida como teoria da "situação legal"), assim definiu o STF, ratificando uma linha doutrinária que passa a *dogmatizar* no Brasil a partir de meados do século passado, em especial a partir da Constituição de 1946,[192] por decisiva influência do estatuto francês desse mesmo ano, como já aduzimos inclusive.[193] Assim, esta Corte acabou por transportar para a interpretação do Direito Positivo (em especial, do "estatuto constitucional do funcionalismo público", da Lei nº 8.112/90 e das leis estaduais e municipais que disponham sobre os seus "servidores públicos"), acriticamente, antigas concepções doutrinárias relativas à estatutarização do vínculo. Vejamos, pois essas concepções (ou características).

Segundo repete a doutrina clássica, quase numa marcha militar ao estilo do "Passo do Ganso",[194] o "dito regime estatutário, ..., é aquele caracterizado como regime de direito público, não-contratual, portanto unilateral, no qual o servidor se submete a uma situação legal, geral, objetiva e impessoal, expressa em uma norma, que enfeixa os institutos do regime, seus direitos e deveres, e se denomina Estatuto".[195] Isso porque, "a situação

---

[190] V. DOMINGOS FÉSAS VITAL, *A situação dos funcionários (sua natureza jurídica)*, Estudos de Direito Público, Imprensa da Universidade, Coimbra, 1915, pág. 155. É interesse notar que entre a leitura dessa obra centenária e daqueles administrativistas atuais, defensores do regime estatuário, não há diferença qualquer de conteúdo. Nesta matéria, quase cem anos não acarretaram alguma releitura. V. tb. FLORIVALDO DUTRA DE ARAÚJO, *Conflitos Coletivos ...*, pág. 749 e seg., fazendo uma cuidadosa análise das várias teses, ao longo da História do Direito Moderno, sobre a natureza jurídica do vínculo Agente-Estado, ressaltando grandes expoentes, tais como: NÉZARD, HAURIOU, GERBER (unilateralistas); DARESTE, WAHL, GAUTIER, KRESS, MICHELI (bilateralistas, de direito privado); e LABAND, CRETELLA JÚNIOR (bilateralistas, de direito público). V. tb. THEMISTOCLES BRANDÃO CAVALCANTI, *Princípios ...*, pág. 114-126. V. SABINO CASSESE, *La Globalización ...*, pág. 180 e seguintes, fazendo uma comparação do DA do início do século XIX com o DA da atualidade. Lembre-se que nos anos do Absolutismo e precedentes ao Estado de Direito, os funcionários públicos tinham relação jurídica entabulada com os próprios monarcas (e não com a pessoa jurídica de direito público). V., por ex., CARMEN LÚCIA ANTUNES ROCHA, *Princípios ...*, pág. 114 e seg.

[191] Tb. assim REGINA LINDEN RUARO, "Os Direitos Coletivos ...", pág. 38.

[192] V. ANTÔNIO RUSSO FILHO, *Servidores ...*, pág. 129. V. FLORIVALDO DUTRA DE ARAÚJO, *Conflitos Coletivos* ..., pág. 79.

[193] V. tb. CARMEN LÚCIA ANTUNES ROCHA, *Princípios ...*, pág. 92.

[194] V. sobre o "Passo do Ganso", VALTER SANTANA CHAVES, "A manipulação e a mecanização do corpo humano na Alemanha Nazista", in http://www.webartigos.com/articles/46920/1/A-manipulacao-e-mecanizacao-do-corpo-humano-na-Alemanha-nazista/pagina1.html, acesso em 8/8/2011.

[195] Cf. ANTÔNIO AUGUSTO JUNHO ANASTASIA, *Do regime ...*, pág. 36. E relembra doutrina portuguesa: "Na mesma linha, a doutrina portuguesa, como leciona ALFAIA: 'Assim, a situação jurídica dos agentes nomeados

dos agentes dum serviço público é, ou deve ser, inteiramente legal e regulamentar", querendo isso dizer que "o seu regime jurídico é discricionariamente fixado pelas leis e regulamentos e que o regímen do contrato não se encontra em parte alguma".[196] De fato, conforme sintetiza Alberto Palomar Olmeda: a sua "essência podemos encontrar na impossibilidade de fixar, definitivamente e para sempre, o conteúdo da relação funcionarial, que vem determinada pelo estatuto vigente em cada momento".[197]

Assim, as condições (direitos e deveres) dos "estatutários" são fixadas unilateralmente pelo Estado, através de lei, de forma geral e impessoal, modificáveis sem necessidade de consentimento dos servidores, já *ex vi legis*. Tem-se a "institucionalização legal de um modelo normativo objetivo, genérico, abstrato, impessoal e exceto de voluntariedade e subjetivismo, condensado em um estatuto que veicula aquele regime jurídico".[198] O foco da juspublicística relativamente à teoria estatutária volta-se, então, para a sua natureza não contratual e para sua mutabilidade indeterminada, própria da lei, lateralizando a ideia de permanência e inflexibilidade que também fundamentara a concepção de um "estatuto" próprio dos funcionários públicos.[199]

Tem-se, então, o que a doutrina administrativista aponta como sendo ou seria o seu *quid specificium:* a "unilateralidade" do regime, caracterizado pela sua "alterabilidade ilimitada" por parte do Poder Público; ou, nas palavras de Cármen Lúcia Antunes Rocha, a "mutabilidade legalmente possibilitada e própria desse regime".[200] Afinal, "os funcionários ao entrarem para o serviço público, devem saber que a sua situação está continuamente sujeita a sofrer todas as transformações que o interesse público ou a missão a realizar imponham".[201]

São paradigmáticos aos ensinamentos de Hely Lopes Meireles, desenvolvidos sob a égide da Constituição anterior (posto que a atual consagra o direito à irredutibilidade salarial também para a FP[202]); porém, plenamente válidos, na essência, para demonstrar

---

caracteriza-se por ser: a) Geral e impessoal – pois o seu conteúdo, antecipadamente estabelecido na lei, abrange da mesma maneira quantos estiverem nas mesmas condições de facto; b) Permanente e contínua – uma vez que tal situação: I – subsiste enquanto exista a lei criadora; II – e não se extingue com o seu exercício. c) Livre e unilateralmente modificável pelo legislador – pois, efectivamente, pelo fato de a situação jurídica do agente nomeado derivar directamente da lei, por ela pode ser livremente modificada, sem o consentimento do agente".

[196] Cf. DOMINGOS FÉSAS VITAL, *A situação ...*, pág. 155. V. THEMISTOCLES BRANDÃO CAVALCANTI, *Princípios ...*, pág. 122.

[197] V. ALBERTO PALOMAR OLMEDA, *Derecho de la Función Publica – Régimen Jurídico de los Funcionários Públicos*, 7ª ed., Dyckinson, Madrid, 2003, pág. 41. E continua: A teoria estatutária "é a que permite uma melhor adaptação à evolução dos fins da Administração, dado que nenhuma trava supõe a adaptação de seus agentes".

[198] Cf. CARMEN LÚCIA ANTUNES ROCHA, *Princípios ...*, pág. 126. Ainda, às pág. 119. "Argumentos que acabam por prevalecer e se impor". 1) não há manifestação de vontade sobre as condições básicas (conteúdo) da obrigação; 2) relação entre o Poder Público e o servidor é modificável em suas cláusulas legais pela exclusiva atuação estatal; 3) o regime jurídico que submete a relação é posto objetiva, genérica e abstratamente e o servidor submete-se a ela e passa a se vestir com o estatuto que precede e procede à sua presença nos quadros da AP. Apesar de insistir a A. nas semelhanças entre os trabalhadores comuns e os servidores públicos, contradita-se ao explicar a natureza estatutária do vínculo entre o AP e o trabalhador público. E continua: "Como o toque de Midas a determinar com o toque de sua mão a natureza do que é tocado, também nesse caso provêm da essência do ato do qual nasce a relação formalizada entre o Estado e o servidor a qualidade de Direito Público dominante do vínculo firmado entre ambos".

[199] V. ANTONIO AUGUSTO JUNHO ANASTASIA, "Reforma do Estado ...", *in* BERNARD GERNIGON (e outros), *A negociação coletiva ...*, pág. 139 e 158.

[200] *In Princípios ...*, pág. 126. V. tb. ROBERTO SORBILLI FILHO, "A Alteração ...", pág. 383 e seg.

[201] Cf. DOMINGOS FÉSAS VITAL, *A situação ...*, pág. 155.

[202] Cf. Art. 39, §3º, que remete para o art. 7º, inciso VI, que tem a seguinte redação: "irredutibilidade do salário, *salvo o disposto em convenção ou acordo coletivo*".

o pensamento da doutrina que se apoia na tese da natureza estatutária do vínculo funcionarial: "O Poder Público pode, a todo tempo e em quaisquer circunstâncias, mudar o estatuto, alterando as condições do serviço público, aumentar ou reduzir vencimentos, direitos ou obrigações dos servidores, desde que não ofenda o mínimo de garantias que a Constituição lhes assegura (art. 97 a 111), porque o funcionalismo é meio e não fim da Administração".[203]

Trata-se, como se pode perceber, de uma consequência, no âmbito da FP, do regime clássico de Direito Público, caracterizado pela assimetria,[204] pela supremacia do interesse público (ainda confundido com o interesse do Estado-Administração[205]), pelas prerrogativas exorbitantes da AP e pela desigualdade para com o administrado (que, no caso do trabalhador público, *não é externo à AP*).[206] A unilateralidade do regime funcionarial, sob a ótica do Estado, seria, nesse sentido, efeito indireto da emanação de sua *auctoritas*.[207] Por outro lado, consoante essa mesma lógica, encontrar-se-ia o "funcionário público" numa "espécie de *capitis deminutio* em termos de reconhecimento de direitos e de garantias da posição jurídica".[208] O "Direito da Função Pública",[209] integrante do DA, foi erigido a uma "cidadela", que nela abarca o coletivo de profissionais que trabalham para o Poder Público, dotando-o de uma regulação específica relativamente às outras relações profissionais não *pú*blicas, através de uma lógica que lhes nega qualquer direito de participação na formação[210] e definição do conteúdo dessa relação; e, por outro lado, assegurava ao Estado/Poder Público o senhorio absoluto sobre essa relação jurídica.

Contudo, é de se questionar se a "teoria estatuária", com a "pureza administrativa própria" dos finais do séc. XIX/início do séc. XX, deve (ou pode) ser repetida, em iguais termos, ou permanecer intocada diante de um quadro normativo que consagra um "Estado democrático de direito" (art. 1º, CR/88) e institucionaliza uma AP democrática, participativa e aberta;[211] que tem como fundamento "o valor social do trabalho" (art. 1º, inciso IV); que assegura expressamente (e pela primeira vez numa constituição brasileira!)

---

[203] Apud PALHARES MOREIRA REIS, *Os Servidores, a Constituição e o Regime Jurídico Único*, Centro Técnico de Administração, Brasília, 1993, pág. 37.

[204] V. LUCIO FRANZESE, "Autonomia ...", in *RTDP*, nº 3, 1995, pág. 665-696, esp. pág. 671.

[205] O conceito indeterminado de "interesse público" talvez seja, na doutrina jurídica, um daqueles mais complexos, evoluindo conforme a própria compreensão do Estado. No Brasil, a diferenciação entre interesse público primário (= da sociedade, da coletividade) e secundário (= estatal) foi causa remota da instituição de um órgão específico, diverso do MP, destinado à defesa dos interesses dos entes de direito público em juízo (Advocacia-Geral da União/Advocacia-Geral do Estado). V. art. 129, inc. IX, da CR/88, vedando ao MP o exercício de representação judicial e a consultoria jurídica de entidades públicas.

[206] Cf. SABINO CASSESE, *La Globalización* ..., pág. 180 e seg. Poderíamos acrescentar ainda a esse regime a jurisdição administrativa. Porém, no Brasil não vigora o sistema de Justiça Administrativa.

[207] V. LUCIO FRANZESE, "Autonomia ...", pág. 671

[208] V. FRANCISCO LIBERAL FERNANDES, *Autonomia Colectiva dos Trabalhadores da Administração – Crise do Modelo Clássico de Emprego Público*, Coimbra Editora, Coimbra, 1995, pág. 18; PAULO VEIGA E MOURA, *A Privatização* ..., pág. 34. V., contra, perante a CRP e em termos do exercício de direitos políticos, J.J. GOMES CANOTILHO e VITAL MOREIRA, *Constituição* ..., Vol. II, pág. 840.

[209] Na doutrina europeia é bastante usual a expressão "Emprego Público", como já aduzimos.

[210] V. sobre as várias teorias do ato administrativo como fundador do vínculo Estado-trabalhador público: NUNO J. VASCONCELOS ALBUQUERQUE SOUSA, *La Función* ..., pág. 189; ANA FERNANDA NEVES, "O Contrato de Trabalho ...", pág. 96; SABINO CASSESE, *La Globalización* ..., pág. 182, dentre outros.

[211] V. ANA FERNANDA NEVES, *Relação Jurídica* ..., pág. 33. Repugnando a teoria estatuária num Estado democrático de direito, V. LUÍSA CRISTINA PINTO E NETTO, "Função Pública e direitos fundamentais", in *RBEFP*, vol. 1, jan.-abril, 2012, pág. 13-28, esp. 18.

o direito de livre associação sindical e o direito de greve ao "servidor público civil";[212] que garante aos servidores públicos uma série de direitos próprios dos trabalhadores privados (art. 39, §3º), aproximando constitucionalmente as figuras servidores públicos/trabalhadores.[213] Isso para além da própria liberdade fundamental do exercício de qualquer trabalho, ofício ou profissão (art. 5º, inciso XIII). Todos esses pontos, associados, dão prova do rompimento constitucional com uma figura ideal (ou mesmo forjada e artificial) de funcionário público/funcionalismo público como "ser totalmente disciplinado" e que venerava a AP;[214] enquanto esta, porém, tratava-lhe como "objeto de poder",[215] mas não como verdadeiro sujeito de direito.

Estamos convictos de que não. Já não é mais possível insistir numa dicotomização da relação de trabalho com o Estado relativamente àquelas outras privadas, sob o mote da unilateralidade daquela e da bilateralidade destas.[216] De acordo com a nossa compreensão, não se afigura razoável insistir na tese estatuária do vínculo trabalhador público-Estado, em termos idênticos aos desenvolvidos pela doutrina administrativista (hegeliana) pré-constitucional, quando a própria CR/88 instituiu um novo paradigma de Estado e de AP, bem como garantiu uma complexa ordem de jusfundamentalidade baseada no princípio da dignidade da pessoa humana.[217] Além disso, parece ser apego excessivo ao dogma da estatutarização do vínculo do trabalhador público redizer que inexiste voluntariedade na sua formalização, designadamente por parte do servidor, quando, no plano fático, às escâncaras (pelo menos no Brasil), o que se verifica é justamente o contrário: uma considerável parcela da população hiperdesejosa por ser aprovada em um concurso público para ingressar na FP e nela legitimamente permanecer durante boa parte de sua vida laborativa.[218]

Não suficiente, também a própria "especificidade" da relação estatutária – a sua unilateralidade, a sua mutabilidade legal – há que ser questionada, mormente num quadro de Estado de Direito, o qual não admite, sem qualquer sopesamento, relações ajurídicas (ou exclusivamente de poder[219]).

---

[212] O direito de associação sindical é expressamente vedado aos militares, assim como o direito de greve (art. 142, inciso IV, da CR/88).

[213] V. PAULO EMÍLIO RIBEIRO VILHENA, *Contrato de Trabalho com o Estado*, 2ª ed., LTR, São Paulo, 2002, pág. 131-132.

[214] Cf. PAULO VEIGA E MOURA, *A privatização* ..., pág. 105.

[215] V. NUNO J. VASCONCELOS ALBUQUERQUE SOUSA, *La Función* ..., pág. 192-196; CLÁUDIA VIANA, "O Conceito ...", pág. 7-34; PALHARES MOREIRA REIS, *Os Servidores* ... pág. 37; ROGÉRIO VIOLA COELHO, "Questões Polêmicas do Novo Regime Jurídico dos Servidores Públicos Civis da União – Uma Abordagem Crítica da Teoria Unilateralista", in *JBT*, nº 36, 1993, pág. 649. V. sobre as denominadas "Relações Especiais de Poder", ALFREDO GALLEGO ANABITARTE, "Las Relaciones Especiales de Sujeición y el Principio de la Legalidad de la Administración – Contribuición a la Teoría del Estado de Derecho", in *RAP(Esp)*, nº 34, Ano XII, Janeiro-Abril, 1961, pág. 13; CLARISSA SAMPAIO SILVA, *Direitos Fundamentais e Relações Especiais de Sujeição – O caso dos Agentes Públicos*, Coleção Luso-Brasileira de Direito Público, Editora Fórum, Belo Horizonte, 2009.

[216] Tb. FRANCISCO LIBERAL FERNANDES, *Autonomia Colectiva* ..., pág. 25. No Brasil, apesar da teoria estatutária ainda dominar o cenário jurídico-administrativo, existe uma minoria bastante crítica da artificiosidade dessa tese. Por todos, ROGÉRIO VIOLA COELHO, *A Relação de Trabalho com o Estado – Uma Abordagem Crítica da Doutrina Administrativa da Relação de Função Pública*, Ed. LTR, São Paulo, 1994; e "Questões Polêmicas ...", pág. 51-68.

[217] V. LUÍSA CRISTINA PINTO E NETTO, "A Volta ...", pág. 210.

[218] V. WAGNER ROCHA, "Concurso Público: Desejo distante ou oportunidade real?", in http://cpd1.ufmt.br/joronline/mostra_noticias.php?id=212, acessado em 8/8/2011.

[219] V., dentre vários, LUÍS CABRAL DE MONCADA, "As Relações Especiais de Poder no Direito Português", in *RJUM*, Ano I, nº 1, 1998, pág. 181-210; JOSÉ DE MELO ALEXANDRINO, "A greve dos juízes segundo a Constituição", in *Estudos em Homenagem ao Professor Doutor Marcello Caetano no Centenário do seu Nascimento*,

Sendo assim, na linha da argumentação já defendida por Paulo Emílio Ribeiro de Vilhena, deve-se distinguir o Estado/enquanto Ordem Jurídica do Estado/enquanto sujeito de direito de uma relação jurídica de trabalho. "Ao Estado-sujeito-de-direito antepõe-se o Estado-portador-da-ordem-jurídica".[220] "O Estado, ao criar e estruturar relações jurídicas, não o faz como *sujeito de direito* e muito menos como parte orgânica e diretamente interessada, mas como *ordem jurídica*. E é esta que pontua o tônus com que ele, Estado, como *sujeito de direito*, atua, compondo relações jurídicas e delas participando. (...) A figura do Estado, portanto, como *Estado de Direito* e *Estado sujeito do Ordenamento Jurídico*, torna-se inarredável da contextura e do levantamento de qualquer apreciação jurídica que se queira levar adiante concernentemente ao Estado e àqueles que, em regime de liberdade, lhe prestam serviços pessoais".[221]

Com isso, ver-se-á, na verdade, que a festejada unilateralidade, "tão própria" do regime (dito) estatuário nada mais é do que efeito comum da lei (cogente) a reger as relações jurídicas, contratuais ou não – *lex nova ad praeterita trahi nequit*. Não se trata do Estado-Administração, enquanto "empregador público", unilateralmente, a estipular/instituir/alterar o regime jurídico e as condições de trabalho de seu funcionalismo; mas, sim, do Estado enquanto ente público legítimo a inovar a ordem jurídica (Estado-legislador), abarcando e regulando determinadas relações jurídicas, inclusive das quais ele (o Estado) seja também parte (sujeito).

Como bem explica Luísa Cristina Pinto e Netto: "O que se pode concluir acerca da unilateralidade, tida como característica típica do regime estatutário e essencial para a disciplina da função pública é, em primeiro lugar, que, em se tratando da lei como meio de expressão desta unilateralidade, nada há de exorbitante. Qualquer que seja a área do Direito de que se esteja cogitando, estejam envolvidas relações contratuais ou exclusivamente estatutárias, no que tange aos aspectos disciplinadores por lei (ou melhor, por normas cogentes), a unilateralidade, ínsita a este instrumento normativo, está presente".[222]

Nesse sentido, mesmo que se possa contra-argumentar que a diferenciação Estado-Administração-empregador público e Estado-Ordem Jurídica possa se esbater no plano fático (apenas na prática[223]), ela coloca em xeque o "diferencial" da teoria estatutária; porquanto, qualquer que seja a relação jurídica (de trabalho privado, de trabalho público,

---

FDUL, 2006, pág. 747-788, esp. pág. 771 e seg. No plano das relações funcionariais, o princípio do estado de direito resultou na necessidade de uma regulação essencialmente não-administrativa (ou pelo menos não exclusivamente intra-administrativa), donde se assegurar também nessa seara o princípio da legalidade.

[220] *In Contrato de Trabalho ...*, pág. 10 e seg. O A. faz uso da tese de NAWIASKY. A tese tem também apoio no pensamento de HANS KELSEN. V. *Teoria Pura ...*, pág. 316-334.

[221] *Ibidem*, pág. 18-19.

[222] *In* "A Volta ...", pág. 216. Tb. LUÍSA CRISTINA PINTO E NETTO, *A Contratualização* ..., pág. 160 e seg.: Por sua vez, TERESA CRISTINA DE SOUSA, *A natureza* ..., pág. 121-124: "Uma vez estabelecido que o regime estatutário é determinado pelo Estado-ordem jurídica e não pelo Estado-sujeito-de-direito, torna-se evidente, pois, o equívoco praticado pelos autores quando consideram peculiaridade do regime estatutário seu estabelecimento e alteração unilateral pelo Estado".

[223] Como exemplo: O Presidente da República, enquanto autoridade que representa a União, remete, ao Congresso Nacional, nos termos dos arts. 61, inciso II, alínea *c*, e 84, inciso III, da CR/88, proposta de lei para alterar o regime jurídico de seus servidores públicos civis. A União é a entidade de direito público empregadora e é também, por sua vez, a que detém competência legislativa privativa na matéria. Contudo, este esbatimento jamais será uma total confusão. Além disso, este esbatimento também é possível em outras searas que nada dizem respeito às relações funcionariais (ex: relações tributárias).

de consumo, tributária, familiar, *etc.*), a mesma será regulada "unilateralmente" pelo Estado, na medida em que este mesmo Estado é o produtor do Direito Impositivo (de Ordem Pública), heteronomamente.

Por outro lado, mesmo diante do próprio direito infraconstitucional controlado pelo STF, em termos abstratos, na ADI nº 492-1 – a Lei (Federal) nº 8.112/90, que instituiu o "Regime jurídico dos Servidores Públicos Civis da União, das autarquias e das fundações públicas federais", não se extrai a pureza institucional ou o vácuo de bilateralidade/contratualidade que persevera afirmar a doutrina da tese estatutária. Com efeito, o artigo 13 desse diploma limita o "poder administrativo unilateral" de modificação da substância da relação funcionarial (atribuições, deveres, responsabilidades e direitos inerentes ao cargo ocupado), salvo atos de ofício previstos em lei.[224]

Esse dispositivo reflete, em primeiro momento, o implícito reconhecimento de que o conteúdo da relação funcionarial não é (ou pode não ser) totalmente preenchido por atos de natureza exclusivamente legal, como sempre anunciado pela teoria estatutária, sob o "império" da reserva legal; pois, caso contrário, seria dispensável a sua existência (*lex neminem cogita ad vana seu inutilia*).

De fato, a dominação absoluta da lei no regime funcionarial pode ser considerada irreal. Como exemplo, podemos citar os atos administrativos (resoluções e portarias) que estipulam/modificam (ainda que reflexamente) a jornada de trabalho dos servidores públicos.[225] São atos administrativos (neste caso, normativos) que eventualmente podem preencher (ainda que mais topicamente) o conteúdo da relação de trabalho público. Para alguns, justamente nesses âmbitos, ter-se-ia *locus* para a contratualização coletiva com a AP,[226] através do exercício do direito de participação dos trabalhadores públicos, donde que aqueles atos administrativos deveriam ser reflexo (ou serem substituídos) de prévia concertação.

---

[224] "Art. 13 – A posse dar-se-á pela assinatura do respectivo termo, no qual deverão constar as atribuições, os deveres, as responsabilidades e os direitos inerentes ao cargo ocupado, que não poderão ser alterados unilateralmente, por qualquer das partes, ressalvados os atos de ofício previstos em lei".

[225] Por ex.: A Resolução nº 88 do CNJ, de 8/9/2009, estipulou: "Art. 1º A jornada de trabalho dos servidores do Poder Judiciário é de 8 horas diárias e 40 horas semanais, salvo se houver legislação local ou especial disciplinando a matéria de modo diverso, facultada a fixação de 7 horas ininterruptas. §1º O pagamento de horas extras, em qualquer dos casos, somente se dará após a 8ª hora diária, até o limite de 50 horas trabalhadas na semana, não se admitindo jornada ininterrupta na hipótese de prestação de sobrejornada. §2º Deverão os Tribunais de Justiça dos Estados em que a legislação local disciplinar a jornada de trabalho de forma diversa deste artigo encaminhar projeto de lei, no prazo de 90 (noventa) dias, para adequação ao horário fixado nesta resolução, ficando vedado envio de projeto de lei para fixação de horário diverso do nela estabelecido". Em março de 2011, em face da multiplicidade de horários de funcionamento criados pelos Tribunais Nacionais, o CNJ acrescentou à Resolução: "§3º Respeitado o limite da jornada de trabalho adotada para os servidores, o expediente dos órgãos jurisdicionais para atendimento ao público deve ser de segunda a sexta-feira, das 09:00 às 18:00 horas, no mínimo". Em Abril de 2011 a Associação dos Magistrados Brasileiros entrou com ADI (nº 4586) no STF, pleiteando a suspensão/nulidade da suspensão. Já existiam outras duas ADIs contra a Resolução nº 88 do CNJ (ADI nº 4355-DF e ADI nº 4312-DF). Foram admitidos como *amici curiae* a Federação Nacional dos Trabalhadores do Poder Judiciário e do Ministério Público da União. Por sua vez, a Portaria nº 620 da PGR, de 15/10/2004, estabelecia que no âmbito do MPF, a jornada dos servidores seria de 40 horas semanais, divididas em 35 horas no decorrer da semana laboral (segunda a sexta, de 12:00 às 19:00 hs) e as outras cinco restantes cumpridas conforme a forma estabelecida pela chefia de cada unidade, observadas as suas peculiaridades. Aqui se pode lembrar, ademais, que o art. 39, §3º da CR-88 remeteu a aplicação do art. 7º, inciso XIII ("duração de trabalho normal não superior a oito horas diárias e quarenta e quatro semanais, facultada a compensação de horários e a redução da jornada de trabalho, mediante acordo ou convenção coletiva de trabalho").

[226] É o que defende FLORIVALDO DUTRA DE ARAUJO, *Conflitos Coletivos* ..., pág. 208 e seg.: "Portanto, o que fez o art. 13 da Lei 8112/90 foi estabelecer aquele regime híbrido de trabalho na função pública". Tb. ANTÔNIO ÁLVARES DA SILVA, *Os Servidores* ..., pág. 141.

A constitucionalidade desse artigo 13 não foi contestada pela doutrina e/ou perante o STF, mesmo porque, de fato, a CR/88 não revelou opção inequívoca pela natureza estatutária da relação de trabalho público. Aliás, talvez esse artigo da Lei nº 8.112/90 sequer tenha sido avaliado com a profundidade que merece. Ora, com a máscara da tese estatuária do vínculo funcionarial (nos termos clássicos), torna-se muito tormentosa, para não dizer "esdrúxula", a admissão de um dispositivo com aquele conteúdo.

Os comentários de Ivan Barbosa Rigolin merecem ser transcritos porque fazem prova do aduzido: "Prevê o *caput* que não podem ser alterados unilateralmente os deveres, as responsabilidades, os direitos e as atribuições dos cargos por qualquer das partes, ressalvados os atos de ofício previstos em lei. Trata-se de uma disposição profundamente estranhável, extraordinariamente bizarra e insólita. Significa quase confusão, procedida pela Administração, de que o regime da L. 8112 não é estatutário mas contratual, pois, com efeito, apenas num regime contratual é proibido a qualquer das partes alterar unilateralmente as condições do pactuado. A principal característica do regime estatutário do serviço público é exatamente a *alterabilidade unilateral* das condições relativas ao cargo pela Administração, e isto desde tempo imemorial no Brasil. Apenas os mínimos constitucionais evidentemente se impõem à Administração enquanto admissora de pessoal; um desses mínimos, por exemplo, é aquele previsto no inc. XV do art. 37: irredutibilidade de vencimentos de servidores públicos. Afora em questões assim, não tem o menor sentido a Administração eleger para si o regime estatutário como o regime jurídico único dos seus servidores, conforme manda a Constituição Federal, art. 39, para depois algemar-se voluntariamente à inalterabilidade de condições, renegando assim a fundamental característica dos postos de trabalho, os cargos públicos, que ela, Administração, unilateralmente criou. (...) A previsão constitui, mesmo, autêntica 'sinuca de bico' para a Administração, podendo dificultar-lhe grandemente o trato com os seus servidores no futuro".[227]

Porém, partindo-se do pressuposto de que o mencionado artigo 13 é válido e tem potencial de eficácia, o que se conclui é que o Direito Positivo (constitucional e infraconstitucional) procedeu a verdadeiro abalo estrutural na crença da estatutarização do vínculo funcionarial.[228] Concordamos, deste modo, que "a teoria estatutária é um dogma que revela contradição em boa parte da doutrina administrativa pátria",[229] posto que além de a unilateralidade – considerada aqui como a regulamentação legal heterônoma básica ou principal e não meramente exclusiva[230] – não ser característica peculiar do vínculo que une Estado e trabalhador público; a própria lei impõe espaços para (e, porque não dizer, reconhece) a bilateralidade nessa relação.

Fechemos, contudo, esse parêntesis. Essa interpretação não foi a que prevaleceu no STF ao declarar materialmente inconstitucionais as alíneas *d* e *e* do art. 240 da Lei nº 8.112/90. Vejamos alguns dos efeitos da posição adotada pelo STF ao afirmar que o

---

[227] V. IVAN BARBOSA RIGOLIN, *Comentários* ..., pág. 54-55. E continua às pág. 414: "... de negociação coletiva de trabalho para servidores estatutários, o que não tem o menor cabimento nem nunca teve em nenhum momento da história jurídica do País".

[228] V. GUILHERME JOSÉ PURVIN DE FIGUEIREDO, *O Estado no Direito do Trabalho – As Pessoas Jurídicas de Direito Público no Direito Individual, Direito Coletivo e Processual do Trabalho*, LTR, São Paulo, 1996, pág. 70.

[229] V. ROBERTO SORBILLI FILHO, *A Relação Jurídica* ..., pág. 151.

[230] V. MAURÍCIO GODINHO DELGADO, *Curso* ..., pág. 94-97.

"regime jurídico único" do art. 39 da CR/88 origina relações funcionariais de natureza (integralmente, radicalmente) estatutária.

3.4.2 Alguns efeitos da opção brasileira pela natureza estatuária do vínculo

A decisão proferida pelo STF na ADI nº 492-1 provocou, evidentemente, alguns efeitos nas relações jurídicas funcionariais dos trabalhadores públicos com o Estado. E esses efeitos devem ser mencionados, mesmo quando estamos num capítulo direcionado à FP no ordenamento jurídico constitucional, afinal, integram o amplo espectro relativo ao tema da FP brasileira, facilitando a compreensão acerca da interpretação prevalecente dos dispositivos constitucionais respectivos.

Primeiramente, tendo em vista o objeto imediato dessa ação de controle de constitucionalidade, inviabilizou-se *juridicamente* a negociação coletiva (como gênero) entre os sindicatos de servidores públicos e o Poder Público.[231]

Com efeito, mesmo a diferenciação doutrinária existente entre negociação coletiva e contratação coletiva[232] (sendo aquela mais ampla e esta apenas o resultado daquela) não foi capaz de assegurar algum valor jurídico (e legítimo) aos resultados obtidos nas "negociações de bastidores" que ocorreram (e ainda ocorrem, muito frequentemente[233]) entre a AP/Poder Público e os sindicatos de servidores públicos,[234] ainda que com amparo no princípio da boa-fé administrativa. A disfuncionalidade entre teoria e prática do modelo funcionarial brasileiro revela-se também nesse ponto.[235] Aliás, segundo Florivaldo Dutra de Araújo, a não positivação dos procedimentos coletivos negociais relativos à FP acaba por viabilizar a instituição de privilégios para poucos, sem qualquer transparência,[236] ante a ausência de possibilidade de controle social.[237]

Para parte da doutrina (em especial, para aquela que considera constitucionalmente previsto ou decorrente de outros direitos o direito de negociação coletiva na FP),

---

[231] V. Súmula nº 679 do STF: "Servidor Público. Convenção Coletiva. Salário. A fixação de vencimentos dos servidores públicos não pode ser objeto de convenção coletiva".

[232] V. MAURÍCIO GODINHO DELGADO, *Curso* ..., pág. 1.259 e seg.: "A importância da negociação coletiva trabalhista transcende o próprio Direito do Trabalho". Trata-se de uma fórmula de autocomposição de conflito social. Da contratação coletiva como resultado decorrem as figuras do acordo coletivo de trabalho (ACT) e a convenção coletiva de trabalho (CCT). V. art. 7º, inc. XXVI, CR/88.

[233] Afinal, os conflitos são naturais nas relações sociais. Atualmente (16/8/2011), encontra-se em curso greve dos professores da rede estadual de ensino público de Minas Gerais. V. http://www.em.com.br/app/noticia/gerais/2011/05/31/interna_gerais,231124/professores-estaduais-anunciam-greve-por-tempo-indeterminado-a-partir-de-8-de-junho.shtml. Recentemente também ocorreram greves de servidores públicos no Município de Joinville-SC (mais de 31 dias, em maio/junho de 2011) e em Paulínia-SP (64 dias, abril/junho de 2011). V. http://www.ndonline.com.br/joinville/noticias/sem-acordo-no-31-dia-de-greve.html ; http://www.portaldepaulinia.com.br/home/noticias-de-paulinia/cidade/11229-termina-greve-dos-servidores-publicos.html; ambos acessados em 16/8/2011. V. tb. ZÊNIA CERNOV, *Greve de Servidores Públicos*, Ed. TLR, São Paulo, 2011, pág. 44.

[234] V. falando em negociações realizadas à margem da lei e "negociação paralela", respectivamente: LUISA CRISTINA PINTO E NETTO, "A Volta ...", pág. 236; e FLORIVALDO DUTRA DE ARAÚJO, *Conflitos Coletivos* ..., pág. 288-293. Tb. ROGÉRIO VIOLA COELHO, "Questões Polêmicas ...", pág. 64.

[235] V. ANTÔNIO ÁLVARES DA SILVA, *Greve* ..., Editora LTR, São Paulo, 2008, pág. 88.

[236] Cf. FLORIVALDO DUTRA DE ARAÚJO, *Conflitos Coletivos* ..., pág. 292. A desconsideração da decisão do STF também é apontada por LUCIANA BULLAMAH STOLL, *Negociação Coletiva no Setor Público*, Editora LTR, São Paulo, 2007, pág. 80, embora no que tange ao direito de greve do servidor público.

[237] Tb. assim ILNAH TOLEDO AUGUSTO, *Sindicalismo* ..., pág. 805.

a posição do STF acabou por esvaziar de sentido jurídico (posto que, na prática, a realidade foi/é outra!) a constitucionalização dos direitos de sindicalização e de greve dos servidores públicos;[238] direitos fundamentais coletivos por excelência.[239] Na síntese de Carlos Moreira de Lucca, relativamente a esse aspecto: "vivemos, em termos de relação Estado-servidor (...), no pior dos mundos: à míngua de uma disciplina para a negociação coletiva e, para o exercício do direito de greve, que o legislador teima em não regulamentar, as paralisações se multiplicam, atingindo muitas vezes os setores mais sensíveis".[240] Portanto, os servidores públicos, nesse quadro, "estão à margem das negociações coletivas, sem direito de terem disciplinação profissional por acordo ou convenção coletiva de trabalho".[241]

A "impossibilidade jurídica" de negociação coletiva no âmbito das relações funcionariais, apregoada pelo STF (pressuposta na idealização de um "mundo de trabalho público perfeito", sem conflitos sociais[242]), é atualmente objeto de duras críticas por parte da doutrina administrativista mais atual, como temos apontado, em nota, ao logo do nosso texto;[243] o que, aliás, deverá ocorrer com ainda mais intensidade doravante, diante da recente ratificação pelo Brasil da Convenção nº 151 da OIT (de 1978).[244]

---

[238] V. RINALDO GUEDES RAPASSI, *Direito de ...*, pág. 90; ARNALDO BOSON PAES, "Negociação Coletiva no Serviço Público", *in CJ*, ano 1, vol. 1, nº 5, setembro-outubro, 2007, pág. 9-10. Diferentemente, JOSÉ ALBERTO COUTO MACIEL, "Direito Coletivo Constitucional e o Servidor Público", *in* JOSÉ RONALD CAVALCANTE SOARES (coord.), *O Servidor Público ...*, pág. 148-163, esp. 151: "Embora a Constituição possibilite a criação de sindicatos para os servidores públicos, sua função na negociação coletiva torna-se propriamente nula, pois, a meu ver, não se coaduna o acordo coletivo com o regime estatutário previsto para os respectivos servidores". A posição de THEREZA CHRISTINA NAHAS, "Considerações sobre a greve no Serviço Público", *in RJ*, 2ª quinzena de fevereiro de 2005, nº 4, vol. II, pág. 114-118, é uma das mais retrógradas: "O que se poderia questionar, de início, é se o direito de greve, então assegurado, seria uma norma aparente sem qualquer aplicabilidade e efetividade, já que aquele (greve) pressupõe este (negociação coletiva). O que quis o legislador foi permitir que a negociação coletiva se desse unicamente com relação à paralisação dos serviços, ou seja, em situações de greve".

[239] V. LUISA CRISTINA PINTO E NETTO, "A Volta ...", pág. 212 e seg. O direito de associação sindical consta do art. XX da DUDH, de 1948. O Brasil assinou o Pacto Internacional dos Direitos Econômicos, Sociais e Culturais em 1992.

[240] V. "A Negociação Coletiva no Serviço Público", *in* JOSÉ RONALD CAVALCANTE SOARES (coord.), *O Servidor Público ...*, pág. 51-60.

[241] Cf. JOSÉ CARLOS AROUCA, *Curso ...*, pág. 157. Não é, contudo, a posição pessoal do Autor.

[242] De fato, a teoria estatutária relaciona-se (e bem) com outra: a teoria orgânica do Estado. Segundo esta teoria, em analogia à imagem de um ser vivo, o Estado, apesar de sua composição interna complexa (monarca, funcionários, parlamentares), tem uma só vontade, é sujeito único. Aqueles que integram o Estado, assim fazem para expressar a vontade deste e não as suas próprias. Daí a vinculação do rei à vontade estatal, à Constituição; daí o funcionário ser a representação do Estado; daí se falar em princípio da "despersonalização dos atos administrativos". Sendo assim, a individualidade dos agentes não tem relevo jurídico, rejeita-se *a priori* a possibilidade de conflito interno entre estes e a AP; e, as relações entre eles travadas (agentes-Estado) são a-jurídicas (*relações especiais de poder*). V. ANA CLÁUDIA NASCIMENTO GOMES e BRUNO ALBERGARIA, "A Vinculação imediata das autoridades públicas aos direitos fundamentais e os direitos coletivos dos Servidores Públicos 'estatutários' no Brasil – O exemplo do direito greve: Algum paradoxo ou necessidade de reflexão?", *in* LUÍSA CRISTINA PINTO E NETTO e EURICO BITTENCOURT NETO, *Direito Administrativo e Direitos Fundamentais – Diálogos Necessários*, Editora Fórum, Belo Horizonte, 2012, pág. 19 e seg. V. sobre a teoria da impermeabilidade, PAULO OTERO, *Legalidade e Administração Pública – O sentido da vinculação administrativa à juridicidade*, Livraria Almedina, Coimbra, 2003, pág. 179-180. V. DOMINGOS FÉSAS VITAL, *A situação ...*, pág. 28, nota.

[243] V. BERNARD GERNIGON (e outros), *A Negociação coletiva na administração pública*, Rio de Ed. Forense, Rio de Janeiro, 2002. Nessa obra, encontra-se artigo de JOSÉ FRANCISCO SIQUEIRA NETO, "Relações de Trabalho e Possibilidades de Negociação Coletiva na Administração Pública Brasileira", pág. 83-131, conclui: "Apesar de significativa organização sindical e das enormes possibilidades de negociação coletiva no Brasil, não existe ainda no país um ambiente político e institucional favorável ao amplo desenvolvimento das relações coletivas de trabalho no setor público. Reverter esse cenário no início do século XXI é talvez um dos maiores desafios da democracia brasileira".

[244] Ressalte-se que a Convenção nº 151 da OIT foi ratificada pelo Brasil em 30/3/2010 (Decreto Legislativo nº 207, publicado em 7/4/2010 no *DOU*).

De todo modo, no período compreendido entre os anos de 1993 (ano da publicação da decisão da ADI nº 492-1) até, pelo menos, o ano de 2003 (considerando-se a esfera federal), foi ignorada (e mesmo desacreditada), em termos *jurídicos*, a negociação entre sindicatos de servidores públicos e o Poder Público, sob o fundamento daquele tribunal de que "a negociação coletiva e o direito de ação coletiva são absolutamente inconciliáveis com o regime jurídico estatutário do servidor público". Além disso, a jurisprudência trabalhista acabou por transpor esse mesmo argumento para os contratos de trabalho entabulados com a Administração Pública não empresarial (para os "celetistas")[245], na medida em que essa estaria igualmente sujeita ao princípio da reserva legal, em especial, no aspecto remuneratório.[246]

No ano de 2003, contudo, sob o "Governo Lula", e sem que houvesse qualquer inovação no quadro legislativo e jurisprudencial nacional (porém, com significativa evolução no campo na *praxis* administrativa e funcionarial), instituiu-se na esfera federal a denominada "Mesa Nacional de Negociação Permanente" (MNNP), de composição heterogênea (dirigentes administrativos e sindicais diversos), a qual, segundo a cláusula terceira de seu Regimento Interno, tem como objetivos: "1) Instituir metodologias de tratamento para os conflitos e as demandas decorrentes das relações funcionais e de trabalho no âmbito da Administração Pública Federal, direta, autárquica e fundacional, de caráter permanente, buscando alcançar soluções negociadas para os interesses manifestados por cada uma das partes, até que venham a instituir um Sistema de Negociação Permanente".[247] Através da MNNP foram obtidos inúmeros "acordos" (na verdade, atos/projetos), muitos deles encaminhados ao Congresso Nacional, para

---

[245] Na realidade, principalmente na esfera municipal, observa-se uma larga utilização da adoção de vínculos regidos pela CLT. V. ZÊNIA CERNOV, *Greve* ..., pág. 33.

[246] V. Orientação Jurisprudencial nº 05 da Seção de Dissídios Coletivos (SDC) do TST: "Servidor Público. Dissídio Coletivo. Impossibilidade. Aos servidores públicos não foi assegurado o direito ao reconhecimento de acordos e convenções coletivas de trabalho, pelo que, por conseguinte, também não lhes é facultada a via do dissídio coletivo, à falta de previsão legal". V., TST, RXOFRODC nº 34800-13.2003.5.15.0000 (de 14/12/2006), "Ementa: Remessa necessária. Ação coletiva de greve. Pessoa jurídica de direito público. Extinção do processo sem resolução do mérito. Impossibilidade jurídica do pedido. Autarquia Pública Municipal. Personalidade jurídica de direito público. Impossibilidade de negociação coletiva e de ajuizamento de ação coletiva, na forma da Orientação Jurisprudencial nº 05 da Seção Especializada em Dissídios Coletivos deste Tribunal. Precedentes desta Corte. Remessa necessária a que se dá provimento, a fim de se decretar a extinção do processo sem resolução do mérito, nos termos do art. 267, inc. VI, do Código de Processo Civil". V., TST, RR nº 461380-91.1998.5.12.5555 (de 21/9/2005): "Ementa: Ente público. Acordo coletivo de trabalho. Invalidade 1. A Constituição da República não reconhece aos entes da administração pública direta ou indireta e seus servidores a faculdade de firmarem acordos ou convenções coletivas de trabalho (CF, art. 39, §2º). 2. Essa vedação, reconhecida pelo Excelso Supremo Tribunal Federal, ao declarar inconstitucional a alínea "d" do artigo 240 da Lei nº 8.112/1990, que assegurava ao servidor público o direito à negociação coletiva, tem por fundamento a estreita vinculação da Administração Pública aos ditames da lei, da qual depende a fixação da remuneração vantagens e benefícios concedidos aos servidores públicos. Recursos de Revista do Ministério Público do Trabalho e do reclamado conhecidos e providos". V. TST nº 66316 (de 6/2/2004): "Dissídio Coletivo. Conselhos de Fiscalização do Exercício Profissional. Natureza Autárquica. Impossibilidade Jurídica do Pedido. Sendo os suscitados autarquias federais, criadas por lei, com personalidade jurídica de direito público, a negociação coletiva não se viabiliza, nos termos dos art. 39, §2º, 37, X, 61, §1º, II, *a*, e 169, paragrafo único, da Constituição Federal".

[247] V. http://www.servidor.gov.br/mnnp/arq_down/reg_inst_mnnp.pdf, acessado em 16/8/2011. Segundo a justificativa da instituição da MNNP, "o reconhecimento de que a democratização das relações de trabalho, tanto no setor público como no privado, constitui verdadeiro pressuposto para a democratização do Estado, para o aprofundamento da democracia e para a garantia do exercício pleno de direitos de cidadania em nosso país". V. http://www.servidor.gov.br/mnnp/arq_down/protocolo_formal.pdf, acessado na mesma data.

posterior aprovação em processo legislativo.[248] Contudo, a MNNP não é um organismo/instrumento reconhecido na lei e atua paralelamente, na ausência dessa.[249]

Assim, exceto pela ratificação da Convenção nº 151 da OIT em 2010 e considerando o aspecto do Direito Positivo (de origem legal), o panorama da contratação coletiva na FP permaneceu praticamente inalterado desde a decisão da ADI nº 492-1. Apenas em 2007, após o julgamento de três MI pelo STF relativos ao direito de greve na FP, perceber-se-á nova viragem jurisprudencial.

Outra consequência que podemos citar da decisão da ADI nº 492-1 foi, obviamente, o domínio doutrinário e jurisprudencial da ideologia estatutária do vínculo funcionarial quando erigido sob o fundamento do "regime jurídico único" (art. 39, *caput*, da CR/88). E, reflexamente, desse posicionamento excessivamente "unilateralístico" decorreu (como também em outros países que aderiam/aderem à tese estatutária do vínculo, em toda a sua plenitude[250]) a repetição do mais conhecido "jargão funcionarial" da jurisprudência nacional: "não há direito adquirido ao regime jurídico", o qual pode ser alterado ao arbítrio do legislador e *in pejus*, mesmo em matéria remuneratória, desde garantida a irredutibilidade (nominal) da remuneração.[251] Tratar-se-ia de efeito natural da edição e vigência da lei nova sob as relações jurídicas,[252] mormente naquelas "estatutárias", cuja disciplina seria "inapropriável" pela parte.[253]

Segundo a crítica precisa de José Adércio Leite Sampaio, a postura do STF na questão assemelha-se a um relicário, destinado a guardar objetos do passado, posto que fundada numa interpretação arcaica e com consequências práticas importantes na relação funcionarial atual do servidor público.[254] O autor cita algumas dessas

---

[248] V. SÉRGIO EDUARDO A. MENDONÇA (Secretário de Recursos Humanos do Ministério do Planejamento, Orçamento e Gestão), "A Experiência Recente da Negociação Coletiva na Administração Pública no Brasil", *in Foro Iberoamericano: Revitalización de la Administración Pública. Estrategias para la Implantación de la Carta Iberoamericana de la Función Pública*, México D.F., México, 05 e 06 de maio de 2005; http://www.clad.org.ve. Segundo a tabela apresentada por este A., até 2005, foram obtidas centenas de resultados positivos nas negociações, com mais de um milhão de servidores (ativos e inativos) alcançados. V. tb. LUCIANA BULLAMAH STOLL, *Negociação Coletiva* ..., pág. 138.

[249] V. PAULO OTERO, *Legalidade* ..., pág. 521. Segundo o A., "a Administração Pública pode ainda deparar com situações de autovinculação assente numa estrutura bilateral", "a Administração Pública pode, em conjunto com outros intervenientes, estabelecer a disciplina reguladora de diversas situações jurídicas, produzindo um 'tecido' vinculativo dentro dos espaços deixados pelas 'malhas' resultantes das normas imperativas integrantes da legalidade administrativa". V. sobre a MNNP, ADRIANO MARTINS DE PAIVA, "Sindicalismo e direito de greve dos servidores públicos: aplicação da convenção nº 151 da OIT na Regulamentação do inciso VII do art. 37 da CF/88", *in TST*, vo. 78, nº 4, outubro-dezembro, 2012, pág. 17-32.

[250] V. ALBERTO PALOMAR OLMEDA, *Derecho* ..., pág. 46 e seg.

[251] Em rápida pesquisa no *site* do STF, foram obtidos mais de trezentos acórdãos relativos ao tema "direito adquirido-regime jurídico – servidor público". Eis alguns recentes: STF, AI nº 845209 AgR-SE, AI nº 638807 AgR-RJ; RE nº 558565 AgR-MG; AI nº 721110 AgR-RJ; AI nº 712530 AgR-MG; AI nº 820444 AgR-PE; RE nº 611408 AgR-DF; AO nº 482-PR; AI nº 833985 ED-CE; RE nº 578732 AgR-AM; AI nº 744952 AgR-RJ. Ainda AI nº 721110 AgR-RJ: "1. A jurisprudência do Supremo Tribunal Federal firmou-se no sentido de que o servidor público não tem direito adquirido à manutenção de regime de composição de vencimentos ou proventos, pois o que a Constituição lhe assegura é a irredutibilidade de vencimentos". V, sobre o direito a irredutibilidade de vencimentos no aspecto do valor nominal: STF, RE nº 464946 AgR-RJ; RE nº 481801 AgR-SC; AI nº 665622 ED-RS; AI nº 546972 AgR-RS, dentre outros.

[252] V. ANA FERNANDA NEVES, *Relação Jurídica* ..., pág. 90-93; ADRIANO RUSSO FILHO, *Servidores Públicos* ..., pág. 128. V. tb. ALICE MONTEIRO DE BARROS, "O Contrato de Emprego ...", pág. 22.

[253] Cf. PAULO MODESTO, apud ADRIANO RUSSO FILHO, *Servidores Públicos* ..., pág. 148.

[254] *In Direito Adquirido e Expectativa de Direito*, Editora Del Rey, Belo Horizonte, 2005, pág. 216-218. Entretanto, o A. explica que a jurisprudência do STF, cujo precedente data de 1976 (RE nº 82.881- SP), foi influenciada pelas doutrinas francesa e italiana, países que não assentam a garantia da intangibilidade do direito adquirido na constituição, ao contrário do Brasil.

consequências: a possibilidade legal de vedação de saque do FGTS do ex-servidor celetista que teve seu regime jurídico convertido para estatutário (ADI MC nº 613-DF); vantagens e benefícios de servidores públicos podem ser extintos por lei superveniente (RE nº 70.001-MA, RE nº 116.241-SP; RE nº 138.266-RS, *etc.*); são legítimas, em regra, leis posteriores que impõem restrições funcionariais, inclusive para aqueles servidores que tenham ingressado na carreira antes de sua promulgação (ADI MC nº 1754-DF; ADI MC nº 1896-DF); também legítimas leis que introduzem novos padrões remuneratórios, viabilizando movimentação de servidores da última classe da carreira, resultando no rebaixamento de uns e a ascensão relativa de outros (ADI MC nº 809-DF); possibilidade de cancelamento imediato de benefício de bolsa de estudo a servidor cujo regime celetista fora transformado em estatutário, em face da inexistência de previsão legal da concessão da vantagem (MS nº 22.160-DF).[255] E finaliza: "nem tudo é contrário ao servidor", afinal, deve ser observado o valor *nominal* da remuneração, mesmo na mudança do regime contratual para o estatutário (RE nº 212.131-MG).[256] Nesse aspecto, em nossa compressão, têm-se leis que, ao contrário de seus fundamentos liberais, representam, sim, insegurança jurídica nas relações de trabalho público, por ofensa ao princípio da proteção da confiança (ínsito ao princípio do Estado de Direito),[257] ainda mais quando desconsideram qualquer lapso de transitoriedade.[258]

De fato, essa "visão fascista de supremacia absoluta do Estado, que tudo pode"[259] deveria ser atenuada. Aliás, há quem considere serem direitos adquiridos (em face da lei nova) do trabalhador público aqueles determinantes da sua adesão à FP, em especial no que tange à remuneração, regime disciplinador da relação funcionarial, regime de proteção social (aposentação) e as condições de extinção da relação;[260] denotando-se um colorido de bilateralidade desta,[261] ao estilo do artigo 13 da Lei nº 8.112/90. Acrescenta Paulo Veiga e Moura que "sempre que em causa esteja uma posição juridicamente tutelada de um funcionário e a normação posterior venha a alterar os pressupostos da concessão de um direito, cujo exercício já lhe era reconhecido pela legislação revogada,

---

[255] *Ibidem*, pág. 218.
[256] *Ibidem*, pág. 218. Cf. ADRIANO RUSSO FILHO, *Servidores Públicos ...*, pág. 144-145: a "única garantia que assistiria ao servidor público estatutário seria a irredutibilidade de vencimentos". V., ainda, a Súmula nº 678 do STF, considerando inconstitucionais os incisos I e III do art. 7º da Lei nº 8.162/91, que não consideravam, para fins de anuênio e licença-prêmio, a contagem do tempo de serviço exercido sob a égide da CLT em relação aos servidores que passaram para o regime estatutário.
[257] Cf. J. J. GOMES CANOTILHO, *Direito Constitucional ...*, pág. 263, segundo o qual: "A aplicação das leis não se reconduz, de forma radical, a esquemas dicotómicos de estabilidade/novidade. Por outras palavras: entre a permanência indefinida da disciplina jurídica existente e a aplicação incondicionada da normação, existem soluções de compromisso plasmadas em normas ou disposições transitórias", aduzindo inclusive a possibilidade de controle de constitucionalidade ante a ausência de disposições transitórias em relação a certas posições, relações e situações jurídicas.
[258] V. ROMEU FELIPE BACELLAR FILHO, "A Segurança Jurídica e as Alterações no Regime Jurídico do Servidor Público", *in* CÁRMEN LÚCIA ANTUNES ROCHA, *Constituição e Segurança Jurídica – Direito Adquirido, Ato Jurídico Perfeito e Coisa Julgada – Estudos em Homenagem a José Paulo Sepúlveda Pertence*, Ed. Fórum, Belo Horizonte, 2009, pág. 193-208.
[259] São palavras do MINISTRO MARCO AURÉLIO, justamente em julgamento que envolvia a matéria, *apud* ADRIANO RUSSO FILHO, *Servidores Públicos ...*, pág. 155.
[260] Cf. PAULO VEIGA E MOURA, *A Privatização ...*, pág. 218. Tb. assim: DANIELA MELLO COELHO, "Direito da Função Pública: fundamentos e evolução", *in RTCEMG*, vol. 71, nº 02, ano XXVII, abril-junho, 2009, pág. 114-128, sobre a aplicabilidade do contrato de adesão na FP.
[261] V. ROBERTO SORBILLI FILHO, "A Alteração ..." pág. 397.

a constitucionalidade da nova regulamentação só estará assegurada se for concedido um prazo razoável para exercitar aquele direito".[262]

Como ocorrido em relação à temática da negociação coletiva do servidor público estatutário, também no que tange às alterações unilaterais implementadas no contrato de trabalho dos empregados públicos pela empregadora-Administração Pública não empresarial (refere-se aos "celetistas"), a jurisprudência trabalhista entendeu por absorver aquela compreensão de poderio do Poder Público, entendendo por legítimas modificações contratuais não benéficas (e mesmo prejudiciais) ao trabalhador público,[263] mesmo que não decorrentes de leis (federais, em matéria de Direito do Trabalho). Mais uma vez, não demonstrou relevância para a jurisprudência trabalhista o fato de que se estava diante de um contrato de trabalho (ou, conforme a doutrina, uma relação jurídico-privada, em grande parte, regulada pelo Direito do Trabalho); pendendo a solução para a rigidez/legalismo decorrente de vínculo (estatutário) formalizado com o ente público.

Correlacionado com a questão da negociação coletiva dos servidores públicos, tem-se outro reflexo (bem mais mediato; porém, não tão menos importante) da decisão da ADI nº 492-1 (ou melhor, da opção firme do STF pela natureza classicamente estatutária do vínculo profissional do servidor público perante a CR/88). Trata-se da repercussão respeitante ao direito de greve da FP. Afinal, torna-se tormentoso falar-se no exercício coletivo desse direito quando não se pressupõe a liberdade de negociação coletiva,[264] mormente num contexto constitucional e internacional em que é indiscutível o direito fundamental dos trabalhadores à sindicalização para a defesa conjunta de seus interesses.[265]

Com efeito, a CR/88 em sua redação originária (antes da EC nº 19/98) garantiu, de forma inovadora em relação às anteriores constituições, o direito de greve ao servidor público civil, que seria exercido "nos termos e limites definidos em lei complementar" (art. 37, inc. VII). Após a redação da Reforma Administrativa de 1998, o exercício do direito de greve passa a dever observar "os termos e os limites definidos em lei específica" (art. 37, inc. VII).

Não temos dúvida de que o direito de greve da FP, apesar de sua localização topográfica na CR/88 entre as normas relativas à AP, em nada prejudica a sua natureza jusfundamental, quer seja em decorrência do caráter aberto e não taxativo dos direitos fundamentais (art. 5º, §2º, CR/88); quer seja mesmo pela ótica material de seu conteúdo natural e essencialmente abstencionista, atraindo nesses termos a cláusula da aplicabilidade imediata e da vinculação direta das autoridades públicas, sem grandes dificuldades doutrinárias (art. 5º, §1º, CR/88). Isso porque, da vinculação direta das autoridades públicas decorre justamente a "presunção constitucional da dispensabilidade

---

[262] *Ibidem*, pág. 223. Tb. assim, MARIA SYLVIA ZANELLA DI PIETRO, "As Novas Regras para os Servidores Públicos", in *CFUNDAP*, nº 22, 2001, pág. 27-39, esp. 32, sobre a EC nº 19/98: "É imposível realizar mudanças tão rápidas sem passar por uma fase de transição, principalmente no âmbito dos servidores públicos".

[263] V. TST, Orientação Jurisprudencial nº 308, SDI-1: "O retorno do servidor público (administração direta, autárquica e fundacional) à jornada inicialmente contratada não se insere nas vedações do art. 468 da CLT, sendo a sua jornada definida em lei e no contrato de trabalho firmado entre as partes".

[264] Cf. RINALDO GUEDES RAPASSI, *Direito de Greve* ..., pág. 90.

[265] V. art. 37, VI, especialmente relacionado à FP. V. art. 8º, como direito social (genérico). Na verdade, a doutrina pré-constitucional, com base do direito fundamental (genérico) de liberdade de associação, já interpretava a Constituição anterior no sentido de ser reconhecido ao funcionário público o direito de sindicalização. V. ANTÔNIO ÁLVARES DA SILVA, *Greve* ..., pág. 72 e seg.

da lei ordinária"[266] quanto à eficácia e aplicabilidade do preceito relativo ao direito fundamental; isto é, sem imprescindibilidade do intermédio da lei.[267] Na ausência de lei, portanto, o aplicador do direito fundamental (seja o juiz, seja o administrador) deverá partir do princípio que tal fato não prejudica minimamente a força jurídica do correlativo preceito constitucional, garantindo, com isso, a sua plena eficácia e aplicabilidade.

A lei complementar reclamada pela CR/88 na matéria não foi editada, através de um "silêncio eloquente" do Congresso Nacional, o qual permanece até a presente data, pois também não houve, em nível federal, a edição da "lei específica".

Aliás, quanto a este aspecto, parte da doutrina tem entendido que a "lei específica" é uma lei ordinária comum (art. 59, III, CR/88), de competência de cada ente federativo (assim como é legislar sobre matérias relativas aos direitos e deveres dos funcionários públicos, art. 62, II, *a* e *c*, CR/88).[268] E, se assim for, teremos aqui novamente a possibilidade de quase 5.650 leis diferentes, elaboradas paralelamente por cada um dos entes federados nacionais; solução que não nos parece ser razoável. Ademais, a "lei específica" indica também não ser admissível uma "lei geral de greve", a qual abarcasse a greve no âmbito do trabalho privado e do trabalho público; obstaculizando, dessa forma, a utilização do procedimento paredista atualmente regulado pela Lei nº 7.783/89 (destinada à greve dos empregados privados).[269]

Assim, logo nos primeiros anos de vigência da CR/88 e justamente após a decisão da ADI nº 492-1 (ou seja, ainda quando o STF estava "tomado" pela teoria estatutária) esse tribunal foi instado a se pronunciar sobre a carga eficacial da norma constante do inciso VII do art. 37, ante a omissão do legislador infraconstitucional. Conforme decidira, tratar-se-ia de uma "norma constitucional de eficácia meramente limitada, desprovida de auto-aplicabilidade". Sem a imprescindível *interpositio legislatoris*, o exercício coletivo do direito de greve (constitucionalmente lícito) passaria a ser uma ilegitimidade: "O exercício do direito público subjetivo de greve outorgado aos servidores civis só se revelará possível depois da edição da lei complementar reclamada pela Carta Política".[270] A decisão do STF deu-se por ocasião do julgamento de um Mandado de Injunção Coletivo (MI nº 20-4 DF, em 19/5/1994), remédio constitucional vocacionado justamente a sanar, no caso concreto, a doença da inatividade do legislador.[271] A Constituição teria criado, nesse

---

[266] V. INGO WOLFGANG SARLET, *A Eficácia* ..., pág. 271: "... cremos ser possível atribuir ao preceito em exame o efeito de gerar uma presunção em favor da aplicabilidade imediata das normas definidoras de direitos e garantias fundamentais, de tal sorte que eventual recusa de sua aplicação, em virtude de ausência de ato concretizador, deverá (por ser excepcional) ser necessariamente fundamentada e justificada".

[267] V., sobre o tema, J.J. GOMES CANOTILHO, *Direito Constitucional* ..., pág. 429 e seg.; J.J. GOMES CANOTILHO e VITAL MOREIRA, *Constituição* ...; JOSÉ CARLOS VIEIRA DE ANDRADE, *Os Direitos Fundamentais na Constituição Portuguesa de 1976*, 2ª edição, Livraria Almedina, Coimbra, 2003.

[268] V. RINALDO GUEDES RAPASSI, *Direito de Greve* ..., pág. 731. Contra essa posição, dizendo que a lei deve ser nacional ("como se fora uma norma geral" da greve na FP), V. ZÊNIA CERNOV, *Greve* ..., pág. 42.

[269] Em Portugal, a Lei nº 65/77, de 26-8 (Lei de Greve), em seu art. 12º-2, determinou que o exercício de greve na FP seria regulado no respectivo estatuto ou diploma especial.

[270] Na interpretação de JOSÉ ALBERTO COUTO MACIEL, "Direito Coletivo ...", pág. 162: "No meu entender, a greve dos servidores públicos é certamente *inconstitucional*, uma vez que não foi a norma da Constituição regulamentada por lei".

[271] O STF fez constar em sua ementa: "O preceito constitucional que reconheceu o direito de greve ao servidor público civil constitui norma de eficácia meramente limitada, desprovida, em conseqüência, de auto-aplicabilidade, razão pela qual, para atuar plenamente, depende da edição da lei complementar exigida pelo próprio texto da Constituição. A mera outorga constitucional do direito de greve ao servidor público civil não basta – ante a ausência de auto-aplicabilidade da norma constante do art. 37, VII, da Constituição – para justificar o seu

âmbito, uma "arbitrariedade legislativa", pois sem a edição da lei infraconstitucional, o direito permaneceria como natimorto.

A conclusão do STF é de todo censurável levando-se em conta a teoria dos direitos fundamentais e o seu regime jurídico-constitucional reforçado. O direito de greve, apesar de sua origem social (relacionado ao surgimento das reivindicações trabalhistas e do Estado Social[272]), tem um nítido conteúdo defensivo e abstencionista (tal qual os direitos fundamentais doutrinariamente classificados de "liberais", "de 1ª dimensão"). Talvez seja o direito de greve o direito fundamental mais "liberal" de todos os "sociais".[273] Ora, tradicionalmente, a greve pode ser compreendida como a abstenção temporária e coletiva da prestação laboral, mediante uma ação direta e visando a um certo fim, eleito como importante a ser defendido pela categoria trabalhadora em questão.[274] Não negamos, com isso, a bondade (e mesmo a necessidade) da posterior intervenção legislativa, a fim de procedimentalizar com clareza, para sindicatos profissionais e AP, o exercício democrático e responsável do direito de greve na FP, principalmente quando está em causa o interesse difuso no regular desempenho das tarefas do Estado.[275]

Em sentido semelhante ao por nós defendido, ao comentar o art. 57º da CRP/76 (o qual, em seu nº 3, também reservou à lei ordinária um importante papel na definição dos limites do exercício de greve em atividades essenciais, independentemente de sua prestação ser pública ou privada), elucidam Gomes Canotilho e Vital Moreira: "A caracterização constitucional do direito à greve como um dos «direitos, liberdades e garantias» significa, entre outras coisas: (a) um direito subjectivo negativo, não podendo os trabalhadores ser proibidos ou impedidos de fazer greve, nem podendo ser compelidos a pôr-lhe termo; (b) eficácia externa imediata, em relação a entidades privadas (art. 18º-1), não constituindo o exercício do direito de greve qualquer violação do contrato de trabalho, nem podendo as mesmas entidades neutralizar ou aniquilar praticamente esse direito; (c) eficácia imediata, no sentido de directa aplicabilidade, não podendo o exercício deste direito depender da existência de qualquer lei concretizadora".[276]

---

imediato exercício. O exercício do direito público subjetivo de greve outorgado aos servidores civis só se revelará possível depois da edição da lei complementar reclamada pela Carta Política. A lei complementar referida – que vai definir os termos e os limites do exercício do direito de greve no serviço público – constitui requisito de aplicabilidade e de operatividade da norma inscrita no art. 37, VII, do texto constitucional". Em outras decisões, o STF afirmou que a norma do art. 37, VII, seria de "eficácia contida" (AI nº 618986 AgR, julgamento em 13/5/2008). O efeito prático, contudo, é o mesmo: a ilegitimidade do exercício de greve. É reconhecível a influência da doutrina de JOSÉ AFONSO DA SILVA, *Aplicabilidade das normas constitucionais*, Malheiros Editores, 3ª edição, São Paulo, 1998.

[272] Obviamente que não estamos aqui considerando como greve fenômenos semelhantes registrados pelos historiadores, anteriores à Revolução Industrial. Por exemplo, é citada uma paralisação de "trabalhadores" na construção do túmulo de Ramsés III, no Egito Antigo. GONÇALVES DE PROENÇA, "O Direito de Greve (análise doutrinal)", in RJUM, Ano I, nº 1, 1.998, pág. 65.

[273] V., diferentemente, THEREZA CHRISTINA NAHAS, "Considerações ...", pág. 177, para quem o direito de greve da FP "não tem garantia de ser um direito social, em razão de sua localização" (topográfica no texto da CR/88). Concordando conosco: INGO WOLFGANG SARLET, *A Eficácia ...*, pág. 261.

[274] V. ANA CLÁUDIA NASCIMENTO GOMES, "O Direito de Greve e a Proibição do *Lock-out* na Jurisprudência do Tribunal Constitucional de Portugal", texto elaborado para o Mestrado em Ciências Jurídico-Políticas, Coimbra, 2000, pág. 6.

[275] V. INGO WOLFGANG SARLET, *A Eficácia ...*, pág. 272, compartilha da nossa crítica relativamente ao posicionamento do STF sobre o direito de greve na FP, justamente tendo em vista o cunho defensivo do direito. Segundo o A., "não haveria justificativa idônea a afastar a presunção de aplicabilidade imediata e plenitude eficacial" do direito de greve.

[276] V. J.J. GOMES CANOTILHO e VITAL MOREIRA, *Constituição ...*, vol. I, pág. 751.

De fato, do ponto de vista da juspublicística sobre os direitos fundamentais, não se compreende a conclusão do STF. O regime jurídico garantístico desses direitos (aplicabilidade imediata da norma e vinculação direta das autoridades públicas) não teria razão de ser olvidado justamente quando se estava diante de um direito fundamental de conteúdo claramente negativo/abstencionista. Não se propôs, na oportunidade, qualquer otimização da eficácia da norma garantidora do direito de greve.[277]

Em consequência, firmado aquele entendimento pelo plenário do STF, na prática jurídica, a greve na FP passou a ser tão repugnada quanto era antes da CR/88;[278] isso não obstante as greves dos servidores públicos tenham posteriormente eclodido em todos os níveis federados.[279]

Entretanto, o início da viragem jurisprudencial deu-se no ano de 2007, com o julgamento dos MI de nºs 670, 708 e 712 pelo STF.[280] A partir de então, o STF passou a afirmar claramente o seguinte: "A greve, poder de fato, é a arma mais eficaz de que dispõem os trabalhadores visando à conquista de melhores condições de vida. Sua auto-aplicabilidade é inquestionável; trata-se de direito fundamental de caráter instrumental". "A Constituição, ao dispor sobre os trabalhadores em geral, não prevê limitação do direito de greve: a eles compete decidir sobre a oportunidade de exercê-lo e sobre os interesses que devam por meio dela defender. Por isso a lei não pode restringi-lo, senão protegê-lo, sendo constitucionalmente admissíveis todos os tipos de greve".[281]

---

[277] V. ROBERT ALEXY, *Teoría de los Derechos Fundamentales*, Centro de Estudios Constitucionales, Madrid, 1997.

[278] V. TRF 1ª Reg., Ap. MS nº 2001.34.00.026192-2/DF, de 7/12/2005. "Ementa: Servidor Público Federal – Greve – Descontos dos dias não trabalhados – Possibilidade. 1. Nos termos do entendimento firmado pelo egrégio Supremo Tribunal Federal, quando do julgamento do Mandado de Injunção nº 20, não é possível o imediato exercício do direito de greve, por parte dos servidores públicos, enquanto não regulamentado por lei específica o preceito do artigo 37, inciso VII, da Constituição Federal. 2. Assim, é possível à Administração proceder aos descontos dos dias parados em virtude da adesão dos servidores ao movimento grevista. 2. Precedentes desta Corte. 3. Apelação a que se dá provimento. Remessa oficial, tida por interposta, prejudicada. 4. Segurança denegada." V. tb. Decreto (Federal) nº 1480, de 3/5/1995, determinando que as faltas decorrentes de participação em movimento paredista sejam, obrigatoriamente, descontadas (sem opção de abono ou compensação). V., STJ, Ap.MS nº 46753 RJ.

[279] Não apenas no âmbito dos servidores públicos civis. V. JOSÉ CARLOS AROUCA, *Curso ...*, pág. 164: "Causa perplexidade a omissão do Estado, tanto do Executivo como do Judiciário, diante do quadro que se tem. As greves sucedem, afetando setores e serviços essenciais da Administração Pública, diante das reivindicações quase sempre de natureza salarial e que passam por negociações coletivas". Recentemente, no Estado do Rio de Janeiro, ficou bastante conhecida a "Greve dos Bombeiros" pela defesa de melhores salários e melhores condições de trabalho. A greve foi ríspida e desproporcionalmente tratada pelo Governo Estadual como motim, tendo sido determinada a prisão de 439 grevistas pela Polícia Militar. V. http://www.brasildefato.com.br/node/6525, acessado em 22/8/2011. De toda forma, do art. 144, §6º, da CR/88 (bombeiros militares como reserva do Exército) pode-se depreender pela inexistência constitucional do direito de greve dessa categoria.

[280] Os MIs foram julgados simultaneamente em 25/10/2007. A publicação do MI nº 670 deu-se em 31/10/2008, a publicação do MI nº 708 deu-se em 30/10/2008. Em 23/11/2007 já havia sido publicada a Ementa do MI nº 712. Em decorrência da publicação anterior desta Ementa, faremos maior referência no texto a este MI.

[281] Segundo nos dá notícia FLORIVALDO DUTRA DE ARAÚJO, *Negociação Coletiva ...*, pág. 358, "Houve significativo dissenso quanto à abrangência da decisão. Segundo os extratos das atas de julgamento desses três MI, a maioria dos Ministros entendeu pela aplicabilidade *erga omnes* daquilo que determinado em sede de mandado de injunção, vencidos os Ministros Ricardo Lewandowski, Joaquim Barbosa e Marco Aurélio, que limitavam a decisão à categoria representada pelo respectivo sindicato impetrante, fixando-lhes condições específicas para o exercício de greve. Contudo, a leitura da íntegra das manifestações, no decorrer das sessões de julgamento, demonstra que também os Ministros Cezar Peluso, Cármen Lúcia e Carlos Britto manifestaram-se no sentido de que a decisão em mandado de injunção restringe-se aos impetrantes e respectivos substituídos processualmente". Independentemente dos efeitos específicos desses MI's, o fato é que são decisões paradigmáticas na matéria e, pela própria autoridade da Corte, certamente influenciaram todos os demais Tribunais e a própria postura da AP.

Porém, as raízes da doutrina estatutária (na vertente da discutível dicotomia cartesiana da *summa divisio* direito público/direito privado[282]) ainda se fizeram notar. Não foi por outra razão que constou da Ementa do MI nº 712: "Na relação estatutária do emprego público não se manifesta tensão entre trabalho e capital, tal como se realiza no campo da exploração da atividade econômica pelos particulares. Neste, o exercício do poder de fato, a greve, coloca em risco os interesses egoísticos do sujeito detentor de capital – indivíduo ou empresa – que, em face dela, suporta, em tese, potencial ou efetivamente redução de sua capacidade de acumulação de capital. Verifica-se, então, oposição direta entre os interesses dos trabalhadores e os interesses dos capitalistas. Como a greve pode conduzir à diminuição de ganhos do titular de capital, os trabalhadores podem em tese vir a obter, efetiva ou potencialmente, algumas vantagens mercê do seu exercício. O mesmo não se dá na relação estatutária, no âmbito da qual, em tese, aos interesses dos trabalhadores não correspondem, antagonicamente, interesses individuais, senão o interesse social. A greve no serviço público não compromete, diretamente, interesses egoísticos do detentor de capital, mas sim os interesses dos cidadãos que necessitam da prestação do serviço público".[283]

Contra essa parte da fundamentação do STF poderiam ser contrapostos outros argumentos: a possibilidade de prossecução do interesse público através da utilização de mecanismos de Direito Privado (como nos dão exemplo as empresas estatais); a inexistência de "interesses egoísticos" quanto às atividades desempenhadas pelo terceiro setor (religiosas, assistenciais, culturais, *etc*.); a efetiva existência de conflito de interesses intra-administrativos; *etc*.[284] Todavia, o fato é que, apesar da tão propagada "diferença ontológica"[285] entre o trabalho prestado na seara privada e aquele prestado na seara não empresarial do Estado, o STF determinou a aplicação (e, portanto, reconheceu a compatibilidade, ainda que com adaptações) da Lei nº 7.783/89 à FP (até a edição da "lei específica" pelo Congresso Nacional). Nada diferente do que se verifica em alguns países,[286] onde a greve é regulada simultaneamente para os dois âmbitos, comprovando a existência, entre eles, de um denominador comum passível de normatização uniforme e, por que não dizer, com iguais princípios orientadores.[287]

Em nossa leitura, a interpretação inicialmente dada pelo STF foi conduzida, em seu substrato, por concepções estatutárias do regime da FP, mais conservadoras, como vimos, e também mais adaptáveis às restrições aprioristicas aos direitos dos funcionários, em geral; seja pela sua histórica inadaptação ao direito de greve na FP, seja pela ideia de que "tudo" da relação funcionarial surge, unilateralmente, da lei (infraconstitucional).

---

[282] A tese de HABERMAS sobre a mudança estrutural na esfera pública é bem conhecida. V. MARIA TERESA FONSECA DIAS, *Direito Administrativo* ..., pág. 106.

[283] V. contrariamente, reconhecendo expressamente o conflito de interesses entre capital e trabalho no interior da AP, Min. CÉZAR BRITTO (do STF), "Prefácio", *in* ZÊNIA CERNOV, *Greve* ..., pág. 9.

[284] V. RICARDO CARVALHO FRAGA e LUIZ ALBERTO DE VARGAS, "Greve dos Servidores e STF", *in TST*, vol. 76, nº 02, abril-junho, 2010, pág. 33-40.

[285] Cf. PAULO VEIGA E MOURA, *A Privatização* ..., pág. 96.

[286] V. CARLOS MOREIRA DE LUCCA, "Negociação Coletiva no Serviço Público e Disciplina da Greve em Serviços Essenciais na Itália", *in LTr*, vol. 55, nº 11, Novembro de 1991, pág. 1299 e seg; FRANCISCO LIBERAL FERNANDES, *A Obrigação de Serviços Mínimos como técnica de regulação da greve nos serviços essenciais*, Coimbra Editora, Coimbra, 2010.

[287] Essa é dica de ALAIN SUPIOT (e outros), *Transformações do Trabalho e Futuro do Direito do Trabalho na Europa*, Coimbra Editora, Coimbra, 2003, pág. 86, chamando a atenção para a necessidade de uma visão alargada do estado profissional das pessoas.

Ademais, não faria mesmo sentido reconhecer, em termos amplos, o direito de greve dos servidores públicos, na ausência da lei complementar, se o direito de negociação coletiva já havia lhes sido antes totalmente negado. Não se olvide que a consagração constitucional do direito de greve dos servidores públicos foi uma novidade muito impactante para o vetusto Direito Administrativo da FP para que pudesse ser plena e imediatamente introjetada, em todas as suas consequências pragmáticas, mormente nos primeiros anos de vigência da CR/88.[288] Em suma, foram necessários "treze anos de azar" (1994 a 2007) até que o STF reconhecesse, expressamente, diante da mora legislativa, a *viabilidade* do exercício do direito de greve na FP; e, lateralmente, a aproximação do tratamento jurídico dos servidores públicos (ainda que nas questões coletivas) ao dos demais trabalhadores.

Com isso (e com a aplicação "provisória" da Lei nº 7.783/89 à FP), a doutrina mais recente tem reconhecido – até que enfim – (o direito a) a negociação coletiva dos servidores públicos, uma vez que prevista expressamente nessa lei, inclusive como fase prévia à deflagração da greve pela categoria.[289]

Também os tribunais (da Justiça Comum[290]) começam a revisar o seu posicionamento em matéria de greve na FP, já em consonância com as decisões do STF. Aliás, o próprio STJ, em casos de greves nacionais recentemente apreciados, chegou a afirmar que a legalidade/abusividade do movimento paredista depende da anterior avaliação da existência (ou não) de "acordo" (*lato sensu*) entabulado entre as entidades sindicais dos servidores públicos e a AP correspondente, depreendendo ser ilícita a greve quando verificado acordo estabelecido, em andamento ou em execução.[291] Foi nesse sentido a

---

[288] V. JOSÉ DE MELO ALEXANDRINO, "A Greve ..." pág. 758, apontando a falta de uniformidade, em termos de Direito Comparado, relativamente ao direito de greve na FP, encontrando-se países com limitações acentuadas (Alemanha), com algumas limitações (Suécia) e sem diferenciação relativamente aos trabalhadores privados (Inglaterra).

[289] V. ANTÔNIO ÁLVARES DA SILVA, *Greve ...*, pág. 127 e seg., ZÊNIA CERNOV, *Greve ...*, pág. 948; FLORIVALDO DUTRA DE ARAÚJO, *Negociação Coletiva ...*, pág. 355. O art. 3º desta lei determina: "Frustrada a negociação ou verificada a impossibilidade de recursos via arbitral, é facultada a cessação coletiva de trabalho". O TST, nessa linha, editou há muito a Orientação Jurisprudencial da SDC (Seção de Dissídios Coletivos) de nº 11: "Greve. Imprescindibilidade de tentativa direta e pacífica da solução do conflito. Etapa negocial prévia. É abusiva a greve levada a efeito sem que as partes hajam tentado, direta e pacificamente, solucionar o conflito que lhe constitui o objeto".

[290] O Relator dos MI nº 670 e 708, Min. GILMAR MENDES, entendeu por afastar a competência da JT nas questões relativas à greve dos servidores públicos, mesmo a despeito do expresso inciso II do art. 114 da CR/88 (competência da JT para "as ações que envolvam exercício do direito de greve"), por entender aplicável a liminar concedida na ADI nº 3.395-DF. De todo modo, bisonhamente, entendeu este Min. dever seguir os parâmetros, por analogia, estabelecidos na Lei nº 7.701/88, a qual dispõe sobre a especialização das Turmas nos Tribunais do Trabalho, inclusive do TST. Assim, conforme o entendimento do Min. GILMAR MENDES, a greve de âmbito nacional deve ser apreciada pelo STJ. V. FLORIVALDO DUTRA DE ARAÚJO, *Negociação ...*, pág. 357. Aliás, como cita ZÊNIA CERNOV, *Greve ...*, pág. 85 e seg., o Tribunal de Justiça do Estado de São Paulo (TJSP) teve alterado o seu regimento interno justamente para recepcionar a CLT na questão procedimental sobre o Dissídio de Greve de servidores públicos. De fato, é de se questionar se não teria sido mais fácil, diante da clareza do art. 114, ter afirmado a competência da JT para a matéria e extirpar de vez o preconceito institucionalizado contra esse ramo da Justiça Federal. De igual modo, é de se investigar se o direito de greve na FP, a ser apreciado pela Justiça Comum, não acabará por ser mais restringido do que o necessário. Veremos isto na última parte de nosso estudo. Vale dizer que, como ocorreu na decisão da ADI nº 492-1, restou vencido o Min. MARCO AURÉLIO quanto à competência da JT.

[291] Esta é a linha da Orientação Jurisprudencial nº 1 (cancelada) da SDC/TST: "Acordo Coletivo. Descumprimento. Existência de ação própria. Abusividade da greve deflagrada para substituí-la: O ordenamento legal vigente assegura a via da ação de cumprimento para as hipóteses de inobservância de norma coletiva em vigor, razão pela qual é abusivo o movimento grevista deflagrado em substituição ao meio pacífico próprio para a solução do conflito".

decisão da Petição nº 7.883/DF, em que se discutia a paralisação dos servidores do IBAMA (Instituto Brasileiro do Meio Ambiente e dos Recursos Naturais Renováveis, autarquia federal), ocorrida em abril de 2010.[292] Igualmente, o STJ afirmou no julgamento da greve dos servidores do DNIT (Departamento Nacional de Infraestrutura de Transportes): "A cessação voluntária e coletiva do trabalho apresenta-se como alternativa para a solução de impasses, desde que frustradas todas as demais tentativas de composição".[293]

Justamente em decorrência dessa nova movimentação jurisprudencial, Florivaldo Dutra de Araújo recentemente mencionou em sua obra: "Vê-se, portanto, que as figuras *jurídicas* do *acordo coletivo* e da *negociação coletiva* na função pública são realidades inexoráveis, a partir da Ordem Constitucional vigente. Resta aos estudiosos do Direito a sua sistematização; aos magistrados, a sua construção caso a caso; ao legislador, a premência de sua regulamentação adequada. A primazia dada à negociação, como meio de fixar as condições de trabalho, corresponde à orientação amplamente predominante no mundo atual e encontra-se, já há várias décadas, consagrada pela OIT".[294] Essa deslocação do reconhecimento do direito à negociação coletiva na FP (e, reflexamente, em nossa análise, de viragem para a bilateralização do vínculo funcionarial) culminou, em março de 2010, com a ratificação da Convenção nº 151 da OIT pelo Brasil, como já tivemos oportunidade de mencionar.[295]

Em face desse novo "pano de fundo" no cenário da FP brasileira, já em 2012, no âmbito federal e no Governo Dilma Rousseff, foram por ela editados dois decretos: o Decreto nº 7.674, de 20/1 (que "dispõe sobre o subsistema de Relações de Trabalho no Serviço Público Federal") e o Decreto nº 7.777, de 24/7 (que "dispõe sobre as medidas para continuidade de atividades e serviços públicos dos órgãos e entidades da administração pública federal durante greves, paralisações ou operações de retardamento de procedimentos administrativos promovidas pelos servidores públicos federais").

Contudo, mesmo nesse novo contexto relativamente ao direito de negociação coletiva, o STF ainda insiste em "levantar a bandeira" da natureza estatuária do vínculo

---

[292] V. STJ, decisão (liminar) de 29/4/2010, do Min. BENEDITO GONÇALVES. No caso do IBAMA; teria sido assinado um acordo pela entidade representativa, em 7/5/2008, para assegurar a reorganização da carreira e a revisão das tabelas de remuneração. O acordo teria sido implementado por meio da Medida Provisória nº 441, de 29/8/2008, posteriormente convertida na Lei nº 11.907/2010. A categoria apresentou novas reivindicações, objeto de novo acordo, então encaminhado ao Ministério do Planejamento, Orçamento e Gestão. Antes do pronunciamento deste, a greve foi deflagrada, em 6/4/2010. A AGU obteve liminar no STJ em 29/4/2010 para determinar a suspensão da greve. V, http://candidoneto.blogspot.com/2010/05/agu-consegue-no-stj-ilegalidade-da.html, acessado em 22/8/2011. O mesmo argumento (não esgotamento da fase negocial) foi igualmente utilizado pela AGU na ação contra a Federação dos Sindicatos dos Trabalhadores das Universidades Públicas Brasileiras, perante o STJ, em 25 de julho de 2011, em face do movimento paredista nacional dos técnicos administrativos das universidades federais. O STJ concedeu a liminar para determinar o retorno de 50% dos trabalhadores públicos ao serviço. V. STJ, Pet. Nº 8.634-DF, liminar concedida em 5/8/2011. V. tb. http://ultimosegundo.ig.com.br/educacao/stj+manda+metade+dos+grevistas+das+universidades+federais+voltar/n1597122501893.html, acessado em 23/8/2011.

[293] V. STJ, AgRg na MC nº 14.857-DF, julgado em 13/5/2009, Rel. Min. JORGE MUSSI. Na liminar, deferida em 16/10/2008, registrou-se: "A aparente ausência de tentativa de negociação entre as partes é capaz de demonstrar o desrespeito ao art. 3º da Lei nº 7.783/89 e permitir a concessão da liminar requerida". Posição reafirmada ainda em outra lide, STJ, AgRg na MC 15.656/DF, julgado em 13/5/2009.

[294] *In Negociação ...*, pág. 360.

[295] A Conv. nº 151 da OIT estabelece, em seu art. 7º, a implementação de medidas adequadas às condições nacionais para se fomentar a plena utilização dos mecanismos de negociação coletiva entre as autoridades públicas e as associações de servidores públicos.

dos servidores públicos (dos não celetistas);[296] o que acaba por ser paradoxal se levarmos em conta as assertivas constantes da decisão da ADI nº 492-1, de inconciliabilidade entre aquele direito e este vínculo jurídico-público de profissionalidade.

3.4.3 A desconstitucionalização da locução "regime jurídico único" pela EC nº 19/98 e a ADI nº 2.135-4 DF – A ida e vinda do (mito do) regime de natureza estatuária

Após todos os debates doutrinários relativos ao termo "regime jurídico único" constante do *caput* do art. 39 originário da CR/88, com o assentamento jurisprudencial e doutrinal de que dele originavam vínculos públicos de profissionalidade de natureza exclusivamente estatutária, nos moldes "tradicionais" do Direito Administrativo, não é difícil perceber que aquela inicial idealização de "unidade jurídica absoluta" no âmbito da FP acabou por se demonstrar utópica e irracional, na medida em que teve a "pretensão de submeter o universo variado da função pública a um regime verdadeiramente único".[297] O *Godot* não havia chegado; restou a promessa e, talvez, o mito.[298]

Com efeito, a constitucionalização do "regime jurídico único", por um lado, não levou em consideração a heterogeneidade da composição subjetiva da Função Pública (designadamente, o conteúdo de seu âmbito subjetivo; fazerem parte ou não da Administração Direta; as tarefas desempenhadas pelos trabalhadores públicos; a imprescindibilidade ou não da estatuição de determinados direitos e deveres; *etc.*); e, por outro, também não observou que, hodiernamente, a AP é, do ponto de vista objetivo, multiforme e pluralizada ("Não há uma administração, mas várias administrações públicas"[299]). Nessas condições, "o quão único pode ser o regime da função pública?"[300]

---

[296] V., STF, RE nº 599.618 ED/ES (julgado em 1/2/2011); AI nº 755.724 AgR-PR (julgado em 23/11/2010); RE nº 375.133 AgR-RS (julgado em 9/11/2010); Rcl nº 7633 AgR-MG (julgado em 23/6/2010); Rcl nº 4803- SP (julgado em 2/6/2010); RE nº 287.082 AgR-RS (julgado em 15/2/2011); RE nº 481.502 AgR-DF (julgado em 23/3/2011); RE nº 641.911 AgR-PR (julgado em 8/9/2009); AI nº 697.499 AgR-MT (julgado em 30/6/2009); AI nº 609.997 AgR-DF (julgado em 10/2/2009). A grande maioria das ementas refere-se ao tema da inexistência de direito adquirido no regime jurídico estatutário. Ainda, RE nº 592.327 AgR-RJ (julgado em 24/8/2010), cuja ementa é: "Agravo Regimental no Recurso Extraordinário. Constitucional e Administrativo. 1. Efeitos das decisões do Supremo Tribunal Federal em Ações Diretas de Inconstitucionalidade. 2. Servidor público: Inexistência de direito adquirido a regime jurídico. Precedentes. Agravo regimental ao qual se nega provimento. 1. As decisões proferidas nos julgamentos de ações diretas de inconstitucionalidade têm efeitos retroativos e são oponíveis contra todos com força vinculante. Precedentes. 2. Servidor público não tem direito adquirido a regime jurídico. Assim, a transposição de regime celetista para o estatutário acarreta a extinção do contrato de trabalho. Precedentes". Tb. o RE nº 494.075 AgR-RS (julgado em 22/9/2009): "Ementa: Agravo Regimental no Recurso Extraordinário. Administrativo. Transposição do regime celetista para o estatutário. Impossibilidade de regime híbrido. Precedentes. Decesso Remuneratório não comprovado. Agravo Regimental ao qual se nega provimento".

[297] Cf. LUÍSA CRISTINA PINTO E NETTO, "A Volta ...", pág. 237.

[298] Alusão à peça teatral de SAMUEL BECKETT, *Esperando Godot* (1952, *En Attendant Godot*), na qual os seus dois personagens principais (os vagabundos Estragon e Vladimir) passam dias à espera de *Godot*, que insiste em não chegar. A referência foi inicialmente elaborada por LUIS MARTÍN REBOLLO sobre o Estatuto Básico do Empregado Público espanhol, de 2007. V. "El Estatuto del Empleado Público: Um *Godot* que no ha llegado", *in RAP(Esp.)*, nº 174, Setembro-Dezembro, 2007, pág. 129-159. V. GILBERTO GUERZONI FILHO, "Burocracia ...", pág. 60.

[299] Cf. J. J. GOMES CANOTILHO, *apud* VITAL MOREIRA, *Administração Autónoma e Associações Públicas*; Coimbra Editora; Coimbra; 1997, pág. 571. VITAL MOREIRA ainda cita SCHUPPERT, *às* pág. 34, para quem a imagem que melhor traduz a Administração Pública de hoje é a de um planeta com um conjunto de satélites, de tamanho variado e variáveis distâncias do centro. Trata-se da "galáxia administrativa" a que se refere GARCÍA DE ENTERRÍA, *apud, Ibidem*, pág. 34.

[300] A pergunta é de LUÍSA CRISTINA PINTO E NETTO, "A Volta ...", pág. 237.

Ora, a unidade imposta constitucionalmente (pelo menos assim no entendimento da doutrina/jurisprudência sobre a locução "regime jurídico único", frise-se) não desnaturava a interna complexidade administrativa existente na questão funcionarial, acirrada pela existência do federalismo;[301] ao contrário, acabava por expô-la ainda mais, demonstrando novamente a dissintonia entre retórica e prática jurídicas nessa matéria.

Segundo a crítica de Maria Sylvia Zanella Di Pietro, a institucionalização do regime jurídico único acabou por acentuar o caráter burocrático da AP, na contramão das reformas do Estado, "pois iguala todos os servidores e dificulta a realização de suas aspirações, já que a concessão de benefícios alcança a administração pública como um todo".[302] Tal pensamento também foi compartilhado por Cláudia Fernanda de Oliveira Pereira: "Insista-se, em agravo à questão, que realmente a instituição do regime jurídico, na Constituição Federal de 1988, acabou por provocar distorções, quando colocou sob o regime estatutário todas as atividades desenvolvidas por quaisquer categorias de servidores públicos".[303] Já em 1946, Themistocles Brandão Cavalcanti alertava para a dificuldade de elaboração de um "estatuto" (em sentido formal, como conjunto de normas consolidadas): "A elaboração de um estatuto de funcionários não se reveste da simplicidade que aparentemente possa ter. Em primeiro lugar, se ele for realmente de todos os funcionários, terá de atender a todas as peculiaridades, isto é, a todas as situações individuais que caracterizam cada uma das diversas categorias de funcionários". Mas, foi justamente contra essa "diferenciação interna" no seio do regime jurídico que se compreendeu à época o "regime jurídico único".

Pouco a pouco, o apontamento da irrazoabilidade de *um* "regime jurídico único" foi sendo alvo de censuras por parte dos próprios administrativistas, como ainda salientou Márlia Ferreira Bicalho, em 2001: "A implantação do regime jurídico único não solucionou os problemas da AP em relação ao seu pessoal. (...) Na opinião dos gestores da reforma, a institucionalização do RJU havia acentuado o caráter protecionista e inibidor do espírito empreendedor, materializando o equívoco da uniformização das relações de trabalho entre todos os servidores do Estado, desde o condutor de malas postais ao auditor fiscal do tesouro nacional, com atribuições indelegáveis ao particular e ao setor privado".[304] O principal mentor da Reforma Administrativa (1995/1998) foi Luiz Carlos Bresser Pereira, como já mencionamos.[305]

Assim, a EC nº 19/98 reformulou o *caput* originário do art. 39 da CR/88, que passou a ter a seguinte redação: "A União, os Estados, o Distrito Federal e os Municípios instituirão conselho de política de administração e remuneração de pessoal, integrado por servidores designados pelos respectivos Poderes", desconstitucionalizando a imprescindibilidade de "regime jurídico único".

---

[301] Sempre chamando a atenção que muitos municípios optaram por eleger como "regime jurídico único" a CLT, insistindo na figura dos "celetistas" na AP não-empresarial: V. SALOMÃO RIBAS JÚNIOR e JOSEANA APARECIDA CORRÊA, "A Aplicação do Artigo 39 ...", pág. 46-47.
[302] *In* "As Novas Regras ...", pág. 29.
[303] *In Reforma Administrativa* ..., pág. 269.
[304] *In* MÁRLIA FERREIRA BICALHO, *Reflexões* ..., pág. 82-83. As assertivas desta A. são confirmadas por dados citados por JOSÉ CARLOS AROUCA, *Curso* ..., pág. 163, os quais, apesar de relativos ao ano de 2005, são igualmente válidos, posto que a Lei nº 8.112/90 permanece em vigência, nos moldes iniciais: "Conforme levantamento feito por *Amir Khair*, da Fundação Getúlio Vargas, a rigidez do sistema tem provocado o imobilismo e a desmotivação dos servidores...".
[305] V. *Reforma do Estado* ..., pág. 175, apontado o igualitarismo acrítico do regime jurídico único.

Na prática, frise-se, para alguns Estados-membros da federação e para muitos municípios, a EC nº 19/98 veio apenas convalidar uma situação jurídica já existente. Isso porque, ou não haviam instituído o *seu* "regime jurídico único" pós-constitucional ou, por "reenvio legal" decorrente de edição de lei local, elegeram tais entes federados o regime jurídico-privado do Direito do Trabalho (o "celetista") – cuja competência legislativa é da União (art. 22, inc. I, da CR/88) – como o "seu" regime jurídico único. Isso ainda sem considerar também as inúmeras (e controvertidas) fundações privadas,[306] criadas pelo Poder Público (principalmente na área da saúde), justamente com o fito de contratar trabalhadores públicos nos moldes da AP empresarial.[307] Em decorrência desse quadro esquizofrênico, a Reforma Administrativa se afigurava necessária no tocante à exclusão do "regime jurídico único", pelo menos aos olhos dos próprios entes federativos e de sua AP.[308]

Tanto assim que poucos dias *antes* da promulgação da EC nº 19/98, o art. 58 da Lei (federal) nº 9.649/1998 (de 27 de maio, resultado das reedições da Medida Provisória nº 1.549-35), que dispôs sobre a organização da Presidência da República e dos Ministérios, privatizou juridicamente os conselhos de fiscalização profissional, transformando as então entidades de natureza autárquica (regime jurídico-público, integrantes da Administração Pública Indireta, institucional) em pessoas jurídicas de direito privado (associações profissionais[309]). Ato contínuo, "celetizou" as relações de trabalho entabuladas internamente pelos conselhos profissionais, aplicando-lhes a legislação trabalhista.[310]

O STF, contudo, sob um fio publicístico forte, entendeu ser inconstitucional a formatação privada dessas auto-administrações (ADI nº 1.717-DF). Na medida em que essa ADI foi ajuizada já sob a vigência da EC nº 19/98, o STF, mesmo em sede de liminar, entendeu que a questão da laboralização da FP dos conselhos profissionais estaria prejudicada, pela exclusão constitucional da figura do "regime jurídico único";[311] isso

---

[306] V., por ex., RAQUEL DIAS DA SILVEIRA, *Profissionalização* ..., pág. 46.

[307] Como ex., V. TST, RR nº 52800-78.2008.5.22.0004 (julgado em 10/8/2001): "Fundação Municipal Pública. Competência legislativa. Criação de gratificação de produtividade por resolução nº 11/1997 do Conselho Municipal. Havendo expressa previsão na Constituição Federal – artigo 61, §1º, inciso II, alínea –a– de que é de iniciativa privativa do Presidente da República a propositura de leis que disponham sobre o aumento da remuneração dos detentores de cargos, funções ou empregos públicos na Administração direta e autárquica, conclui-se que caberia somente ao Chefe do Poder Executivo Municipal propor lei para majorar a remuneração dos empregados da Fundação Municipal de Saúde, de modo que houve flagrante usurpação de competência com a edição de resolução pelo Conselho Municipal de Saúde que instituiu a gratificação de produtividade aos empregados vinculados à Fundação Municipal de Saúde. Acrescenta-se que a SBDI Plena desta Corte, na sessão realizada em 27/6/2011, nos autos do processo nº E-ED-RR-21500-04.2008.5.22.0003, que envolve a mesma reclamada, pacificou a questão, no sentido de vislumbrar violação do artigo 61, §1º, inciso II, alínea –a–, da Constituição Federal". Ainda, TST, RR nº 198300-87.2008.5.22.0001; RR nº 206500-45.2005.5.02.0066.

[308] Segundo IVAN BARBOSA RIGOLIN, *Comentários* ..., pág. X, o Governo de 1998 travou junto ao Congresso Nacional uma das batalhas mais árduas para aprovar a EC nº 19/98 no aspecto.

[309] V. VITAL MOREIRA, "As Ordens Profissionais: entre o organismo público e o sindicato"; *in Separata da RMP*; nº 73; 1998, pág. 30 e seg. V. RICARDO TEIXEIRA DO VALLE PEREIRA, "Natureza Jurídica dos Conselhos de Fiscalização Profissional", *in* VLADIMIR PASSOS DE FREITAS, *Conselhos de Fiscalização Profissional – Doutrina e Jurisprudência*, 2ª ed., Editora RT, São Paulo, 2008, pág. 26-53. Vale mencionar que a Lei nº 9.649/1998 excluiu, de forma discriminatória em relação aos demais conselhos profissionais, dessa privatização jurídica a Ordem dos Advogados do Brasil (§9º), posteriormente dita como de natureza *sui generis* pelo STF (ADI nº 3.026 – DF).

[310] "Art. 58, §3º Os empregados dos conselhos de fiscalização de profissões regulamentadas são regidos pela legislação trabalhista, sendo vedada qualquer forma de transposição, transferência ou deslocamento para o quadro da Administração Pública direta ou indireta".

[311] ADI nº 1717 – DF Medida Cautelar (julgamento em 22/9/1999, publicação em 25/2/2000): "Ementa: – Direito Constitucional e Administrativo. Ação direta de inconstitucionalidade do art. 58 e seus parágrafos da lei federal

não obstante fosse questionável a conformidade material da diversidade de regimes funcionariais sob a égide do originário art. 39, *caput*.[312]

Com o texto constitucional reformulado, passa ser lugar-comum a afirmação de que, "agora, sem intranquilidades, a AP não empresarial pode contratar via CLT, para além de poder o legislador infraconstitucional, no exercício de sua liberdade de conformação, identificar as carreiras (ou os seguimentos profissionais públicos) que precisam permanecer em regime de trabalho publicístico"[313] (funções típicas de Estado, atividades exclusivas de Estado[314]), moldando o regime jurídico do funcionalismo conforme as necessidades de cada situação (coletiva) específica, donde a possível e natural convivência interna, no ente federativo, de dois (ou mais) variados tipos de vínculos funcionariais para a sua AP.[315]

---

nº 9.649, de 27/5/1998, que tratam dos serviços de fiscalização de profissões regulamentadas. 1. Está prejudicada a Ação, no ponto em que impugna o parágrafo 3º do art. 58 da Lei nº 9.649, de 27/5/1988, em face do texto originário do art. 39 da C.F. de 1988. É que esse texto originário foi inteiramente modificado pelo novo art. 39 da Constituição, com a redação que lhe foi dada pela E.C. nº 19, de 4/6/1988. E, segundo a jurisprudência da Corte, o controle concentrado de constitucionalidade, mediante a Ação Direta, é feito em face do texto constitucional em vigor e não do que vigorava anteriormente. 2. Quanto ao restante alegado na inicial, nos aditamentos e nas informações, a Ação não está prejudicada e por isso o requerimento de medida cautelar é examinado. 3. No que concerne à alegada falta dos requisitos da relevância e da urgência da Medida Provisória (que deu origem à Lei em questão), exigidos no art. 62 da Constituição, o Supremo Tribunal Federal somente a tem por caracterizada quando neste objetivamente evidenciada. E não quando dependa de uma avaliação subjetiva, estritamente política, mediante critérios de oportunidade e conveniência, esta confiada aos Poderes Executivo e Legislativo, que têm melhores condições que o Judiciário para uma conclusão a respeito. 4. Quanto ao mais, porém, as considerações da inicial e do aditamento de fls. 123/125 levam ao reconhecimento da plausibilidade jurídica da Ação, satisfeito, assim, o primeiro requisito para a concessão da medida cautelar ("fumus boni iuris"). Com efeito, não parece possível, a um primeiro exame, em face do ordenamento constitucional, mediante a interpretação conjugada dos artigos 5o, XIII, 22, XVI, 21, XXIV, 70, parágrafo único, 149 e 175 da C.F., a delegação, a uma entidade privada, de atividade típica de Estado, que abrange até poder de polícia, de tributar e de punir, no que tange ao exercício de atividades profissionais. 5. Precedente: M.S. nº 22.643. 6. Também está presente o requisito do "periculum in mora", pois a ruptura do sistema atual e a implantação do novo, trazido pela Lei impugnada, pode acarretar graves transtornos à Administração Pública e ao próprio exercício das profissões regulamentadas, em face do ordenamento constitucional em vigor. 7. Ação prejudicada, quanto ao parágrafo 3o do art. 58 da Lei nº 9.649, de 27.05.1998. 8. Medida Cautelar deferida, por maioria de votos, para suspensão da eficácia do "caput" e demais parágrafos do mesmo artigo, até o julgamento final da Ação". Decisão Final (julgamento em 7/11/2002, publicação em 28/3/2003): "Ementa: Direito Constitucional e Administrativo. Ação direta de inconstitucionalidade do art. 58 e seus parágrafos da Lei federal nº 9.649, de 27/5/1998, que tratam dos serviços de fiscalização de profissões regulamentadas. 1. Estando prejudicada a ação, quanto ao §3º do art. 58 da lei nº 9.649, de 27/5/1998, como já decidiu o plenário, quando apreciou o pedido de medida cautelar, a ação direta é julgada procedente, quanto ao mais, declarando-se a inconstitucionalidade do "caput" e dos §1º, 2º, 4º, 5º, 6º, 7º e 8º do mesmo art. 58. 2. Isso porque a interpretação conjugada dos artigos 5°, XIII, 22, XVI, 21, XXIV, 70, parágrafo único, 149 e 175 da Constituição Federal, leva à conclusão, no sentido da indelegabilidade, a uma entidade privada, de atividade típica de Estado, que abrange até poder de polícia, de tributar e de punir, no que concerne ao exercício de atividades profissionais regulamentadas, como ocorre com os dispositivos impugnados. 3. Decisão unânime".

[312] V. tb. V. RICARDO TEIXEIRA DO VALLE PEREIRA, "Regime Jurídico …", pág. 77-98.

[313] Em termos aproximados, GILMAR FERREIRA MENDES e IVES GANDRA MARTINS FILHO, "A superação do Regime Único: Legitimidade da Admissão de Servidores Público sob o império da Consolidação das Leis do Trabalho", in *LTR*, 62, nº 11, novembro, 1998, pág. 1462-1463. V. DIÓGENES GASPARINI, *Direito* …, pág. 175; MARIA SYLVIA ZANELLA DI PIETRO, *Direito* …, pág. 441; JOSÉ DOS SANTOS CARVALHO FILHO, *Manual* …, pág. 497; MARCIO PESTANA, *Direito Administrativo Brasileiro*, 2ª ed., Campus Jurídico, Rio de Janeiro, 2010, pág. 124-125; dentre outros.

[314] V. Art. 37, inc. XXII, e art. 247 da CR/88. V. MÁRLIA FERREIRA BICALHO, *Reflexões* …, pág. 89.

[315] Cf. DIOGENES GASPARINI, *Curso* …, pág. 175: "Em São Bernardo do Campo, a Lei municipal nº 4.172/94, adotou como regime jurídico único, o estatutário, e a Lei nº 6.184/99, ao criar a Guarda Municipal de São Bernardo do Campo, adotou para o seu quadro de pessoal o regime celetista, o que mostra a possibilidade de conviverem, simultaneamente, os dois regimes de pessoal". Assim também se verifica em relação ao Município de Belo Horizonte, que tem empregados públicos na área da saúde e servidores estatutários.

Mesmo assim, doutrinariamente, não foi desenvolvido perante o texto constitucional reformulado um questionamento sobre os possíveis contornos de uma FP em sentido estrito (com exercícios de poderes de autoridade) ou (da imprescindibilidade ou não) de uma reserva constitucional de FP; lacuna que ressentimos até a presente data.[316]

Todavia, até porque se trata de tema tortuoso e que envolve interesses de variadas ordens, o retorno à dualidade (ou mesmo, à diversidade, para aqueles que, como nós, conseguem enxergar para além do "regime celetista" de trabalho) de regimes/tipos de liames jurídicos de trabalho subordinado na AP não passou ileso e foi mal recepcionado por aquela parte da juspublicística ressentida com o regime jurídico-privado.[317] Cármen Lúcia Antunes Rocha, por exemplo, ponderou mesmo que a eliminação da expressa exigência constitucional de "regime jurídico único" não teria gerado alteração de substância, posto que a natureza estatutária do vínculo dos servidores públicos ainda permaneceria obrigatória para a AP não empresarial, como que "decorrente da natureza das coisas".[318]

De todo modo, em 2000, a União editou a Lei nº 9.962, de 22 de fevereiro, disciplinando o "regime de emprego público do pessoal da Administração federal direta, autárquica e fundacional".[319] Sucessivamente, em 18 de junho desse ano, a União editou a Lei nº 9.986, dispondo sobre a "gestão de recursos humanos nas Agências Reguladoras".[320] Ambos os dispositivos remeteram à regulamentação das relações de trabalho na AP não empresarial, doravante, para a Consolidação das Leis do Trabalho; "desfuncionalizando-as"[321] e "laboralizando-as".[322] Tais leis, todavia, fizeram essa "privatização jurídica"[323]

---

[316] V. PAULO VEIGA E MORA, *A Privatização* ..., pág. 93. Tb *Função Pública* ..., pág. 20 e seg. Tb. LUISA CRISTINA PINTO E NETTO, "¿Direito Disciplinário Brasileiro?", *in* MARTHA LÚCIA BAUTISTA CELY e RAQUEL DIAS DA SILVEIRA (coord), *Direito Disciplinário Internacional – Estudos sobre a Formação, Profissionalização, Disciplina, Transparência, Controle e Responsabilidade da Função Pública*, vol. I, Editora Fórum, 2011, pág. 41-65, esp. 45. Sucintamente, sobre a situação germânica, V. ARNO SCHERZBERG, *Para onde e de que forma vai o Direito Público?*, SAFE, Porto Alegre, 2006, pág. 59-60.

[317] V. MAURÍCIO ANTÔNIO RIBEIRO LOPES, *Comentários à Reforma Administrativa – De acordo com as Emendas Constitucionais 18, de 05.02.1998 e 19, de 04.06.1998*, Editora Revista dos Tribunais, São Paulo, 1998, pág. 146: "Outro efeito perverso desse dispositivo é do retorno da convivência entre regimes estatutários e da CLT". V. ADILSON JOSÉ DE OLIVERA, "Fim do Regime Jurídico Único: um passo atrás na Organização do Serviço Público", *in RDM*, vol. 02, nº 03, janeiro-junho, 2000, pág. 49-61, com argumentos de ordem previdenciária; não convincentes: "... com a possibilidade de adoção do regime de empregos, torna-se presente a figura do lobo voraz representado pelo INSS, ávido por se saciar com receitas públicas municipais".

[318] Cf. CÁRMEN LÚCIA ANTUNES ROCHA, *Princípios* ..., pág. 128. Esta não é a tese dominante.

[319] "Art. 1º O pessoal admitido para emprego público na Administração federal direta, autárquica e fundacional terá sua relação de trabalho regida pela Consolidação das Leis do Trabalho, aprovada pelo Decreto-Lei nº 5.452, de 1º de maio de 1943, e legislação trabalhista correlata, naquilo que a lei não dispuser em contrário".

[320] "Art. 1º As Agências Reguladoras terão suas relações de trabalho regidas pela Consolidação das Leis do Trabalho, aprovada pelo Decreto-Lei nº 5.452, de 1º de maio de 1943, e legislação trabalhista correlata, em regime de emprego público". Sinteticamente, as agências reguladoras são entidades administrativas de natureza autárquica, com regime jurídico especial, que lhes garante uma maior independência frente ao Governo (neutralização política frente ao Executivo), além de autonomia técnica e gerencial. V., no direito brasileiro, ex. DIOGO DE FIGUEIREDO MOREIRA NETO, *Mutações do Direito Administrativo*, Ed. Renovar, São Paulo, 2007, pág. 197-199. Sobre o conceito de Administração Independente, V. tb. JOSÉ MANUEL SALA ARQUER, "El Estado Neutral. Contribución al Estudio de las Administraciones Independientes", *in REDA*, nº 42, Abril-Junho, 1.984, pág. 402; VITAL MOREIRA, *Administração Autónoma* ..., pág. 132.

[321] V. CLÁUDIA VIANA, "A Laboralização do Direito da Função Pública", *in SI*, Tomo LI, nº 292, Janeiro-Abril, 2002, pág. 81-95.

[322] V. ANA FERNANDA NEVES, "Os 'desassossegos' de Regime da Função Pública", *in RFDL*, vol. XLI, nº 1, 2000, pág. 49-69, esp. 51, para quem: "A 'laboralização' das relações de trabalho na Administração Pública insere-se na linha de compreensão do 'movimento de privatização' da Administração Pública" ... "esta privatização importa a adopção ou a aproximação ao regime das relações de trabalho do setor privado". V. MARIA DO ROSÁRIO PALMA RAMALHO, "Intersecção ...", pág. 444.

[323] V. PAULO OTERO, *Privatizações, Reprivatizações e Transferências de Participações Sociais no Interior do Sector Público*, Coimbra Editora, Coimbra, 1999, pág. 13.

de forma desvinculada das funções (de autoridade ou exercício de poder de polícia, *etc.*) especificamente exercidas pelas entidades/trabalhadores públicos; o que, de certo modo, implicou o mesmo equívoco da interpretação dada à locução "regime jurídico único", na medida em que se institucionalizou uma opção unívoca (ou não graduável e generalizadora) pelo Direito do Trabalho.

Com efeito, seria justamente no interior das agências reguladoras então recentemente criadas pela União[324] um dos maiores *locus* para a laboralização da FP na esfera federal, considerando que, apesar da exclusão do termo "regime jurídico único" do *caput* do art. 39 da CR/88, permanecia em plena vigência a Lei nº 8.112/90. Entretanto, transcorreram apenas poucos meses até que a liminar concedida pelo STF na ADI nº 2.310-DF veio suspender a eficácia dos arts. 1º e 2º (entre outros) da Lei nº 9.886/2000, em 19 de dezembro. O argumento do então Requerente (Partido dos Trabalhadores) foi, em síntese, justamente a imprescindibilidade de que o regime funcionarial das entidades de natureza autárquica, executoras de *munus* público e com competências fiscalizatórias, fosse de natureza não contratual e estatutário, nos moldes do anteriormente decidido na ADI nº 492-1.[325] Foi a tese que prevaleceu. Em 2004, a União editou a Lei nº 10.871 (de 20 de maio), dispondo sobre "criação de carreiras e organização de cargos efetivos das autarquias especiais denominadas Agências Reguladoras". O art. 6º desta remeteu para a aplicação da Lei nº 8.112/90 aos seus servidores.[326]

Ainda nesse mesmo ano o Partido dos Trabalhadores questionou a constitucionalidade formal da alteração do *caput* do art. 39 da EC nº 19/98, através do ajuizamento da ADI nº 2.135-4. Entretanto, nessa ação, a liminar (com efeitos *ex nunc*) somente fora deferida após vários anos de vigência da Reforma Administrativa, em 2/8/2007,[327] dando azo a outras novas discussões constitucionais e administrativas.[328]

---

[324] As principais: ANP – Agência Nacional do Petróleo (1998); ANATEL – Agência Nacional de Telecomunicações (1997); ANEEL – Agência Nacional de Energia Elétrica (1996); ANVISA – Agência Nacional de Vigilância Sanitária (1999); ANS – Agência Nacional de Saúde (2000).

[325] V., STF, http://www.stf.jus.br/portal/geral/verPdfPaginado.asp?id=186581&tipo=TP&descricao=ADI%2F2310, acesso em 29/8/2011.

[326] "Art. 6º – O regime jurídico dos cargos e carreiras referidos no art. 1º desta Lei é o instituído na Lei nº 8.112, de 11 de dezembro de 1990, observadas as disposições desta Lei".

[327] Com publicação no *DOU* em 7/3/2008. "Decisão: O Tribunal, por maioria, vencidos os Senhores Ministros Nelson Jobim, Ricardo Lewandowski e Joaquim Barbosa, deferiu parcialmente a medida cautelar para suspender a eficácia do artigo 39, *caput*, da Constituição Federal, com a redação da Emenda Constitucional nº 19, de 04 de junho de 1998, tudo nos termos do voto do relator originário, Ministro Néri da Silveira, esclarecido, nesta assentada, que a decisão – como é próprio das medidas cautelares – terá efeitos *ex nunc*, subsistindo a legislação editada nos termos da emenda declarada suspensa. Votou a Presidente, Ministra Ellen Gracie, que lavrará o acórdão. Não participaram da votação a Senhora Ministra Cármen Lúcia e o Senhor Ministro Gilmar Mendes por sucederem, respectivamente, aos Senhores Ministros Nelson Jobim e Néri da Silveira. Plenário, 2/8/2007". Até hoje a ADI nº 2.135-4 não teve julgamento definitivo. Apesar de não ser matéria de nossa tese, seria o caso de se analisar mais profundamente as repercussões do ativismo desempenhado pelo STF no cenário jurídico brasileiro; o qual é também reflexo, por sua vez, de uma produção legislativa excessiva e, por vezes, impensada (como são exemplos paradigmáticos as Medidas Provisórias). Não é difícil perceber que, no Brasil, a cada nova lei (*lato sensu*), afigura-se importante o trabalho do intérprete do Direito de acessar o *site* do STF e procurar avaliar se contra a mesma não existem ADI/ADCs ajuizadas e liminar(es) deferida(s). É, de fato, um sistema de controle abstrato amplo e complexo; mas que merece algumas críticas, justamente pela insegurança jurídica que se instaura diante de decisões não definitivas que não são confirmadas ou que permanecem sem confirmação meritória por muitos anos. Com efeito, em sede de Direito Comparado, não é usual a permissão de concessão de liminares em sede de ações de constitucionalidade em Tribunais Constitucionais. V., FERNANDO ALVES CORREIA, "Relatório Geral da I Conferência da Justiça Constitucional da Ibero-América, Portugal e Espanha", in DDC, Separata, nº 71 e 72, 1998, pág. 37 e seg.

[328] V. LUIS MANUEL FONSECA PIRES, "Os desafios a serem enfrentados pelo Supremo Tribunal Federal com o retorno do regime jurídico único (julgamento de mérito da ADI nº 2.135-DF)", in RBEFP, vol. 1, jan.-abril, 2012, pág. 57-66.

Assim, em conformidade com o parágrafo segundo do art. 11 da Lei nº 9.868/1999 (que "dispõe sobre o processo e julgamento da ação direta de inconstitucionalidade e da ação declaratória de constitucionalidade perante o Supremo Tribunal Federal"),[329] a partir de então retornou à "vida" o originário *caput* do art. 39 da CR/88 e, com ele, a figura constitucional do "regime jurídico único",[330] renovando a sua bagagem estatutária e totalizante.[331]

Em suma, a posição dominante foi no sentido de que, no período de 4/6/1998 (EC nº 19/98) a 3/7/2008 (publicação da decisão liminar), vigeu a possibilidade de vínculos funcionariais diversificados no âmbito da AP não empresarial, em todas as suas esferas; o que passou a não ser mais admissível (pela já assentada convicção quanto ao significado do "regime jurídico único") nessa data. Esse é o imbróglio, posto que, no decorrer de dez anos (1998-2008), várias leis (mormente locais) foram editadas para assentar a diversidade de regimes funcionariais e são consideradas válidas até o presente momento, em face dos efeitos não retroativos (porém repristinatórios) da liminar do STF.

Mais uma vez se denota a desafinação entre o sistema jurídico e a realidade prática na FP; sendo que aquela unicidade resta até hoje apenas idealizada ou simbolicamente constitucionalizada.

Assim, por exemplo, no curso da vigência do *caput* do art. 39, com redação dada pela EC nº 19/98, editou-se a EC nº 51/2006. Essa acrescentou um parágrafo (o 5º) ao art. 198 (atinente à saúde pública), com o fito de permitir regulamentação nacional, por lei da União (isto é, retirando a matéria da competência concorrente de todos os entes federativos e, certamente demonstrando a imprescindibilidade de uma regulação geral nacional sobre questões funcionariais fundamentais), sobre o regime jurídico das atividades de agente comunitário de saúde e agente de combate às endemias; profissionais de saúde integrantes do SUS – Sistema Único de Saúde.[332] Em seguida, a União editou a Lei nº 11.350/2006, cujo art. 8º consagrou como regra geral o regime jurídico-privado (o "celetista") para esses trabalhadores públicos.[333]

De igual modo, através da promulgação da EC nº 53/2006, incluiu-se no art. 206 da CR/88 (que trata dos princípios do ensino) o inciso VIII, que determina a instituição de "piso salarial profissional nacional para os profissionais da educação escolar pública, nos termos de lei federal"; permitindo, por um lado, a edição de norma nacional sobre o

---

[329] "Art. 11. §2º A concessão da medida cautelar torna aplicável a legislação anterior acaso existente, salvo expressa manifestação em sentido contrário".

[330] Discorda-se, neste ponto, de ANTÔNIO ÁLVARES DA SILVA, *Greve* ..., pág. 72, para quem, em face do silêncio da decisão da ADI nº 2135-4 sobre a repristinação do originário art. 39, o atual art. 39 da CR/88 teria ficado acéfalo.

[331] V. LUISA CRISTINA PINTO E NETTO, "A Volta ...", pág. 207.

[332] "Art. 198, §5º – Lei federal disporá sobre o regime jurídico e a regulamentação das atividades de agente comunitário de saúde ou de agente de combate às endemias". Em 2010, nova mudança nesta redação, pela promulgação da EC nº 63: "§5º Lei federal disporá sobre o regime jurídico, o piso salarial profissional nacional, as diretrizes para os Planos de Carreira e a regulamentação das atividades de agente comunitário de saúde e agente de combate às endemias, competindo à União, nos termos da lei, prestar assistência financeira complementar aos Estados, ao Distrito Federal e aos Municípios, para o cumprimento do referido piso salarial". V. LENIR SANTOS, "A Emenda Constitucional 51/2006 e os Agentes Comunitários de Saúde", *in RDT*, Ano 32, outubro-dezembro, 2006, pág. 125-139.

[333] "Art. 8º – Os Agentes Comunitários de Saúde e os Agentes de Combate às Endemias admitidos pelos gestores locais do SUS e pela Fundação Nacional de Saúde – FUNASA, na forma do disposto no §4º do art. 198 da Constituição, submetem-se ao regime jurídico estabelecido pela Consolidação das Leis do Trabalho – CLT, salvo se, no caso dos Estados, do Distrito Federal e dos Municípios, lei local dispuser de forma diversa".

tema da remuneração dos trabalhadores públicos da educação e, por outro, a restrição da autonomia dos Estados-membros e municípios nesse mesmo âmbito. Também assim no que se refere "às categorias de trabalhadores considerados profissionais da educação básica" (parágrafo único, art. 206, c/c EC nº 53/2006). Recentemente, o STF entendeu inclusive que a Lei nº 11.738/2008, que instituiu o piso nacional e definiu a composição dos profissionais do magistério público, é uma "norma geral"[334] sobre essa parcela da FP.

Aliás, vale mencionar que é justamente na área da educação básica (infantil e fundamental) que se concentram as competências dos municípios no que tange à concretização do direito à educação (art. 211, §2º, CR/88), sendo exatamente nesse âmbito funcionarial (profissionais do magistério público municipal – municípios) onde mais localizamos os servidores públicos submetidos ao regime jurídico-privado (os "celetistas").

Esses últimos movimentos legislativos federais demonstram, ainda que casuisticamente (FP das ordens profissionais; FP da saúde pública; FP da educação pública, *etc.*), a percepção sobre a necessidade de uma regulamentação básica e nacional (porém, porosa, a permitir densificação pelos demais entes federados e pelas próprias entidades de classe) para os trabalhadores da AP não empresarial; e não, ao reverso, de um "regime único, invariável e maçudo", igual para todos os diferentes coletivos funcionariais e para todos os distintos entes da hodierna AP.

Entretanto, jurídico-constitucionalmente, a exigência do "regime jurídico único" permanece atualmente vigente e ativa. O seu propósito hoje só fará algum sentido se for possível despi-lo de toda a sua carga (interpretação doutrinária e jurisprudencial) estatuária e unívoca, renovando as suas roupagens sob os motes da isonomia intersubjetiva, da pluralidade normativa[335] e da unidade/harmonia no plano federativo.

4 O Direito do Trabalho como direito de competência legislativa privativa da União e o direito da FP como direito de "competência legislativa concorrente cumulativa": um complicador na manutenção da unidade federativa e da isonomia no plano funcionarial

Outra característica do sistema funcionarial pós-constitucional é a compreensão de que a regulamentação da matéria, diferentemente do que se verifica com o Direito do Trabalho, encontra-se no âmbito da autonomia política e legislativa de cada ente federativo. Veremos que, como consequência dessa visão, ter-se-á uma outra

---

[334] V. ADI nº 4167-DF.
[335] Cf. JOSÉ DOS SANTOS CARVALHO FILHO, *Manual* ..., pág. 495: "Duas são as características do regime estatutário. A primeira é a da *pluralidade normativa*, indicando que os estatutos funcionais são múltiplos. Cada pessoa da federação, desde que adote o regime estatutário para os seus servidores, precisa ter a sua lei estatutária para que possa identificar a disciplina da relação jurídica funcional entre as partes. (...) A outra característica concerne à natureza jurídica estatutária. Essa relação não tem natureza contratual (...)". Em nosso texto, evidentemente, não nos referimos a essa pluralidade normativa, que em nada garante a isonomia intersubjetiva nos variados planos federativos. Referimos a pluralidade normativa própria de um sistema que inclua os "agentes sociais" envolvidos no processo de produção normativa, dentro da lógica de uma "sociedade aberta" (K. Popper), que, no caso da FP, refere-se aos próprios destinatários coletivos (entidades de classe, associações sindicais). V. MAURÍCIO GODINHO DELGADO, *Curso* ..., pág. 130-131. Por todos, JURGEN HABERMAS, *Mudança estrutural na esfera pública*, Biblioteca Tempo Universitário, Rio de Janeiro, 2003. V. JACQUES CHEVALLIER, *O Estado pós-moderno*, Ed. Fórum, Belo Horizonte, 2009, pág. 160-165.

dicotomização (pluralidade/unidade legislativa) no que diz respeito à análise dos regimes (público ≠ privado, respectivamente) de trabalho para a AP não empresarial; além de outras importantes controvérsias no plano das normas incidentes sobre as relações individuais de trabalho público.

Com efeito, consoante aduzido no capítulo anterior, desde que o Direito do Trabalho passou a constar das constituições brasileiras (a partir de 1934), a sua produção legislativa ficou concentrada na esfera de competências da União, o que foi reproduzido na atual Carta, *privativamente* (art. 22, inciso I). A "competência privativa" legislativa na CR/88, diferentemente do que o seu nome sugere, permite aos Estados-membros da Federação, por meio de lei complementar, legislar sobre "questões específicas", conforme parágrafo único daquele artigo. Assim, em sede de Direito do Trabalho (ainda que isso não seja nada habitual na práxis brasileira, posto que a União, desde a sua origem, é bastante centralizadora,[336] o que é visível inclusive pela própria exigência de "lei complementar" e pela vastidão de suas competências legislativas), é constitucionalmente viável que legislação estadual adentre em "questões específicas", relacionadas à situação particular de cada um dos Estados-membros legisladores, afigurando-se a lei complementar autorizadora, em nossa ótica, uma "norma geral" quanto ao aspecto dessas "questões específicas", cuja densificação restará remetida aos Estados-membros.[337]

De fato, apesar de a figura das "normas gerais" (oriundas da figura da *Rahmengesetz* da *Grundgesetz*[338]) constar expressamente do parágrafo 1º do art. 24 da CR/88 (em matéria de competência legislativa concorrente da União, Estados-membros e Distrito Federal), a "lei complementar" constitucionalmente exigida para fins de autorizar Estados/DF a legislar sobre matéria de competência legislativa privativa da União – no que diz respeito às "questões específicas" alvo da autorização –, deverá cingir-se (autolimitação legislativa da União) a esse objeto da autorização, além de traçar um sentido genérico da futura legislação estadual. Isso para que seja possível a futura configuração de isonomia de tratamento do Poder Público para com os cidadãos brasileiros eventualmente receptores das várias regulamentações, estas elaboradas por cada um dos Estados-membros

---

[336] Em termos históricos, sempre foi difundida a diferença entre o federalismo americano e o brasileiro. O primeiro, constituído de dentro para fora (centrífugo, federalismo por agregação), e o segundo, de fora para dentro (centrípeto, federalismo por desagregação). V. AUGUSTO ZIMMERNMANN, *Teoria Geral do Federalismo Democrático*, Ed. Lumen Juris, Rio de Janeiro, 1999, pág. 54-55 e 332 e seg. Há, no tema, apenas a Lei Complementar nº 103/2000, a qual autoriza os Estados e o DF a instituir o piso salarial regional (art. 7º, inciso V, CR/88). Dessa forma, resta prejudicada a aplicação do princípio da subsidiariedade. V. JOSÉ ALFREDO DE OLIVEIRA BARACHO, *O princípio da Subsidiariedade – Conceito e Evolução –*, Editora Forense, Rio de Janeiro, 2000, pág. 43 e seg. V. MARCELO FIGUEIREDO, "Federalismo x Centralização. A eterna busca do equilíbrio – A tendência mundial de concentração de poderes na União. A questão dos Governos Locais", in IP, Ano IX, nº 41, 2007, pág. 93-108.

[337] V., por analogia, entre as semelhanças e diferenças das leis de autorização e as leis de bases no Direito Português, J. J. GOMES CANOTINHO, *Direito Constitucional* ..., pág. 764.

[338] Na GG, as *Rahmengesetz* constavam do art. 75, inclusive, expressamente, no item 1, relativamente à FP: "Art. 75 – Nas condições estabelecidas no art. 72, compete à Federação ditar normas básicas para a legislação dos *Länder* sobre. 1 – a situação jurídica das pessoas que se encontrem ao serviço público dos *Länder*, municípios e outras corporações de direito público, desde que o artigo 74-A não disponha de forma diferente". O artigo foi revogado em 7/9/2006, na Reforma Constitucional desse ano. V. GABRIELE MORO, "Federalismo e Diritto del Lavoro in Germania: Il Riparto di competenze legislative tra *Bund* e *Länder* prima e dopo la Riforma Costituzionale del 2006", in RGLPS, Ano LX, nº 1, 2009, pág. 125-163; ANDREAS J. KRELL, "A Reforma Federativa Alemã, a supressão das competências *de quadro* e a superação da teoria das *leis nacionais* no Brasil", in IP, Ano IX, nº 44, 2007, pág. 101-119.

destinatários da autorização da União[339] ("unidade no pluralismo";[340] "princípio da homogeneidade"[341]). Em síntese, até porque não vislumbramos a hipótese de que a União possa discriminar injustificadamente um ou poucos Estados-membros, em detrimento dos demais, relativamente à possibilidade de legislarem sobre matéria de competência privativa sua, ressai que, sob o aspecto material, a lei complementar autorizadora, especialmente no que toca às "questões específicas", identifica-se com a figura das "normas gerais".[342]

Contudo, tendo em conta o que se verifica efetivamente na prática brasileira em sede de produção legislativa do Direito do Trabalho, parcela da doutrina juspublicística enxerga no regime funcionarial privado-trabalhista a característica da "unidade normativa", com o intuito de patentear a concentração daquela produção normativa (pública-estatal) na esfera de competências da União; que, sendo imperativa (a norma então produzida), atrairia ainda a característica da "unilateralidade normativa", enquanto principal fonte pública de direito.[343]

Como muitos municípios editaram leis locais instituindo como "seu regime jurídico único" o regime jurídico-privado de trabalho (o vulgarmente conhecido "regime celetista"), por "reenvio legal" (a lei local "reenviou" para a lei federal trabalhista o regramento de sua FP local[344]), haveria uma "unidade normativa" na medida em que tais entes federados "celetistas" aplicam *um mesmo todo jurídico* em sede funcionarial: as fontes formais e imperativas de Direito do Trabalho editadas pela União, no exercício de sua competência privativa.[345]

Assim, não obstante a "perversidade" do regime jurídico-privado de trabalho, cantada pelos administrativistas nacionais clássicos, teria a "bondade" de manter, ainda que de forma engenhosa e pouco artificial (considerando-se que a grande parte dos dispositivos celetistas foi pensada tendo em vista o trabalho urbano, manual e industrial),

---

[339] V. FERNANDA DIAS MENEZES DE ALMEIDA, *Competências na Constituição de 1988*, Ed. Atlas, São Paulo, 2000, pág. 102.

[340] Cf. ANA CLÁUDIA NASCIMENTO GOMES, *O poder de rejeição de leis inconstitucionais pela Autoridade Administrativa no Direito Português e no Direito Brasileiro*, 2002, SAFE, Porto Alegre, pág. 307. V. Cf. REINHOLD ZIPPELIUS, *Teoria ...*, pág. 509 e seg.

[341] V. JUAN JOAQUÍN VOGEL, in BENDA (e outros), *Manual de Derecho Constitucional*, 2ª ed., Marcial Pons, Madrid, 2001, pág. 627-628.

[342] Na realidade política brasileira, pelo próprio desuso da figura das leis complementares de autorização, a doutrina não tem abordado as questões importantes relativas a esses tipos de diplomas normativos. V., por analogia, relativamente às autorizações legislativas da AR para o Governo, J. J. GOMES CANOTINLHO, *Ibidem*, pág. 777 e seguintes. V. PAULO GUSTAVO GONET BRANCO, in GILMAR FERREIRA MENDES (e outros), *Curso ...*, pág. 868, sinteticamente: "Trata-se de uma mera faculdade aberta ao legislador federal. Se for utilizada, a lei complementar não poderá transferir a regulamentação integral de toda uma matéria da competência privativa da União, ... Nada impede que a União retome a sua competência, legislando sobre o mesmo assunto, a qualquer momento, uma vez que a delegação não se equipara à abdicação de competência".

[343] Cf. ANTÔNIO ÁLVARES DA SILVA, *Os Servidores ...*, pág. 51.

[344] V. SALOMÃO RIBAS JÚNIOR e JOSEANA APARECIDA CORRÊA, "A Aplicação do Artigo 39 ...", pág. 46 e 50: "Acontece que, em virtude de interpretações dissonantes do texto constitucional, especialmente em relação a expressão 'regime jurídico único', alguns Municípios acabaram instituindo como único regime o celetista, nele estando tanto servidores ocupantes de cargos efetivos, comissionados e os estabilizados, quanto os empregados". V. ZÊNIA CERNOV, *Greve ...*, pág. 946.

[345] Cf. JOSÉ DOS SANTOS CARVALHO FILHO, *Manual ...*, pág. 496. Ele justifica a "unidade normativa", "porque o conjunto integral das normas reguladoras se encontra em um único diploma legal – a CLT. Trata-se de um equívoco, posto que a legislação trabalhista vai muito além da CLT. Além disso, ao realizar um paralelo com a "pluralidade normativa" do regime estatutário, indica para este a competência legislativa dos vários entes federados.

no plano intrafuncionarial e intergovernamental (intermunicipal, principalmente), um patamar de igualdade jurídica de direitos (e deveres e processo) trabalhistas.

Porém, não deixa de ser paradoxal que, justamente em relação ao ramo jurídico que, desde a sua origem,[346] viabilizou a produção de normas jurídico-privadas (instrumentos normativos firmados pelos sindicatos profissionais, com eficácia *erga omnes* para as categorias abrangidas), tenha sido olvidada pela publicística essa sua nota de pluralidade/democraticidade normativa (fato que só reforça a situação de ignorância legal e jurisprudencial da negociação coletiva na FP, reduzindo a sua normatividade à legalidade pública *stricto sensu*).

O contrário se verificaria, conforme essa doutrina nacional, em relação ao "regime jurídico único", instituído em cumprimento do originário (hoje repristinado) art. 39, *caput*, da CR/88. Esse dispositivo, em sua literalidade, assegurou a competência legislativa de todos os entes federados (União, Estados-membros, Distrito Federal e Municípios) para a instituição, no âmbito de suas competências, do *seu* "regime jurídico único". Não se trata, tecnicamente, de uma competência legislativa concorrente; porquanto, para além da FP não constar do rol de matérias do art. 24, não há uma previsão constitucional (geral) de elaboração de normas gerais pela União em matéria funcionarial.[347] Por outro lado, também não se trata, em termos constitucionais, de uma competência comum, ínsita ao art. 23 da CR/88, de natureza administrativa (em realidade, competências de execução), e para a qual se previu a edição de lei complementar sobre cooperação intergovernamental.[348] Trata-se, assim, de uma "competência legislativa comum" (ou "competência legislativa concorrente cumulativa"[349]), na medida em que se efetua (ou pode se efetuar) paralela, simultânea e concorrentemente nos diversos (potencialmente, em termos aproximados, 5.550[350]) entes federados brasileiros.

De um lado, essa "competência legislativa concorrente cumulativa" encontra-se topicamente limitada pela CR/88; a qual, apesar de extensa e prolixa na seara da FP, não é suficiente para manter uma harmonia ou uma uniformidade de legislação local entre os milhares de entes federados-legisladores (estaduais e municipais), designadamente em sede de direitos e deveres funcionariais. Por outro lado, como já aduzido, essa mesma competência encontra-se (tênue e) juridicamente "limitada" pela discricionariedade legislativa de cada ente federativo-legislador, como consequência da clássica concepção de que normatizar e organizar a FP é algo inerente ao poder de organização do Estado/Administração Pública, sob a hierarquia do Chefe de Estado/Governo ("poder de

---

[346] V. JOSÉ CARLOS AROUCA, *Curso* ..., pág. 275.

[347] V., novamente, PAULO GUSTAVO GONET BRANCO, *in* GILMAR FERREIRA MENDES (e outros), *Curso* ..., pág. 870.

[348] Tal lei complementar (genérica) não foi ainda editada, o que na prática, prejudica em demasia a "sintonia intergovernamental" na realização de competências administrativas no Brasil. A Lei Complementar nº 140/2011 aplica-se exclusivamente na cooperação em material ambiental. V., por ex., TÂNIA MARGARETE MEZZOMO KEINERT (e outros), *Inovação e Cooperação Intergovernamental – Microrregionalização, Consórcios, Parcerias e Terceirização no Setor da Saúde*, Annablume Editora, São Paulo, 2006, pág. 13-15. Sobre o federalismo cooperativo alemão, V. REINHOLD ZIPPELIUS, *Teoria* ..., pág. 513; JUAN JOAQUÍN VOGEL, *in* BENDA (e outros), *Manual* ..., pág. 666 e seg; HANS PETER SCHNEIDER, *Democracia y Constitución*, CEC, Madrid, 1991, pág. 223 e seg.

[349] FERREIRA FILHO *apud* FERNANDA DIAS MENEZES DE ALMEIDA, *Competências* ..., pág. 138.

[350] Sem excluir os vários municípios que optaram pelo regime celetista, pois se considera que a opção pelo regime estatuário, nos dizeres da doutrina e da jurisprudência nacional, podem se dar a qualquer momento, não havendo direito adquirido ao "regime jurídico" pelos funcionários. Diga-se de passagem que o Estado de Minas Gerais é aquele que possui mais municípios, perpassando 850 (oitocentos e cinquenta) atualmente.

auto-organização administrativa"; "poder doméstico da Administração"; *Hausrecht*[351]); não obstante agora, sob a vertente do princípio do estado de direito, bem integrado pelo princípio da legalidade (formal),[352] e dentro de um Estado Complexo.

De fato, assim na CR/88, uma vez que o entendimento sobre a instituição do "regime jurídico único" da FP local (União, Estados-membros, DF e Municípios) conjuga-se com os arts. 48, inc. X (competência do Congresso Nacional, sob sanção presidencial, para legislar sobre a criação, transformação e extinção de cargos, empregos e funções públicas); e 61, inc. II, alíneas *a* a *e* (competência privativa do PR para iniciar processo legislativo sobre a criação de cargos, funções ou empregos públicos na administração direta e autárquica ou aumento de sua remuneração; sobre a organização administrativa e judiciária e pessoal da administração dos Territórios;[353] sobre os servidores públicos da União e dos Territórios, seu regime jurídico, provimento de cargos, estabilidade e aposentadoria; sobre a criação e extinção de Ministérios e órgãos da administração pública *etc*).

Nessa matéria, o STF tem entendido que as constituições estaduais, com supedâneo no denominado "princípio da simetria", devem repetir, de forma análoga, as mesmas disposições relativamente às competências do Governador e das Assembleias Legislativas (e, sucessivamente, nas Leis Orgânicas municipais, quanto à divisão das competências do Prefeito e da Câmara Municipal);[354] demonstrando, em substrato, a importância da concepção do "poder de auto-organização administrativa" na divisão das competências entre Executivo-Legislativo que dizem respeito à FP local.

Dessa forma, a densificação normativa sobre a constituição e a regulamentação da FP dos entes federados seria, dentro de um Estado Complexo (Estado Federativo), agora consequência de suas respectivas autonomias política, legislativa e administrativa.[355] Daí a "pluralidade normativa" atribuída pela juspublicística como característica desse "regime

---

[351] V. RICARDO GARCIA MACHO, "Sanciones administrativas y relaciones de especial sujeición", *in REDA*, nº 72, outubro-dezembro, 1991, pág. 515-527, esp. 516; ALFREDO GALLEGO ANABITARTE, "Las Relaciones Especiales ...", pág. 35; CLARISSA SAMPAIO SILVA, *Direitos Fundamentais* ..., pág. 97-98; PAULO OTERO, *Conceito* ..., pág. 85-86. Lembre-se que desde a primeira Constituição Brasileira (1824), o Imperador possuía competência para nomear discricionariamente os agentes civis e políticos do Estado (art. 102).

[352] Não olvidamos as denominadas "reservas de administração". V. ANA CLÁUDIA NASCIMENTO GOMES, *O poder* ..., pág. 285-298.

[353] Inexistem atualmente Territórios na Federação Brasileira. Os Territórios são constitucionalmente porções territoriais sem autonomia política e sob a ingerência e administração constante da União (art. 33 da CR/88).

[354] V. STF, ADI nº 549-DF: "Ementa: Constitucional. Processo legislativo. Iniciativa reservada do Chefe do Poder Executivo: Observância obrigatória pelos Estados-membros e pelo Distrito Federal: C.F., Art. 61, §1º, II, a e c. Servidor público. Remuneração. Vinculação ou Equiparação. Vedação. C.F., Art. 37, XIII. I. – Matéria de iniciativa reservada do chefe do Poder Executivo: C.F., Art. 61, §1º, II, a e c, de observância obrigatória pelos Estados-membros e pelo Distrito Federal. Precedentes do STF II. – Vinculação ou equiparão de remuneração de pessoal do serviço público. Vedação: C.F.; art. 37, XIII. III. – Ação Direta de Inconstitucionalidade julgada procedente".

[355] V. STF, RE nº 169173-SP: "Ementa: Servidor público. Adicional de remuneração para as atividades penosas, insalubres ou perigosas, na forma da lei. Art. 7º, XXIII, da Constituição Federal. – O artigo 39, §2º, da Constituição Federal apenas estendeu aos servidores públicos civis da União, dos Estados, do Distrito Federal e dos Municípios alguns dos direitos sociais por meio de remissão, para não ser necessária a repetição de seus enunciados, mas com isso não quis significar que, quando algum deles dependesse de legislação infraconstitucional para ter eficácia, essa seria, no âmbito federal, estadual ou municipal, a trabalhista. Com efeito, por força da Carta Magna Federal, esses direitos sociais integrarão necessariamente o regime jurídico dos servidores públicos civis da União, dos Estados, do Distrito Federal e dos Municípios, mas, quando dependem de lei que os regulamente para dar eficácia plena aos dispositivos constitucionais de que eles decorrem, essa legislação infraconstitucional terá de ser, conforme o âmbito a que pertence o servidor público, da competência dos mencionados entes públicos que constituem a federação. Recurso extraordinário conhecido, mas não provido".

estatutário" brasileiro,[356] sob a conhecida lógica "regime jurídico único" = "regime estatuário"; este dando origem, sempre, a "vínculos de natureza jurídico-administrativa".[357] A natureza do regime (jurídico-público, administrativo, não contratual, não trabalhista) seria consequência do exercício daquela autonomia política, legislativa e *administrativa*.

Todavia, a conexão estabelecida pela doutrina e pela jurisprudência constitucional não nos parece, contudo, inexorável; e, muito menos, escorreita.

Tal multiplicidade de produção legislativa também se verifica no Brasil, em termos análogos, relativamente à normatização tributária pelos entes federados, como resultado de suas autonomias orçamentária e financeira. Porém, nesse caso, com a boa atenuante de existir, por exigência constitucional, uma norma geral nacional (art. 146, CR/88, atual Código Tributário Nacional[358]).

Em síntese, o "regime jurídico único" a ser estabelecido por cada ente federado nacional, sob amparo do art. 39, *caput*, da CR/88, encontra-se inserido dentro de um espaço muito grande de liberdade legislativa, sendo natural que ocorram diferenças de regulamentação funcionarial muito vastas de um ente federado para outro.

Ora, jamais se pode perder de vista que a FP (enquanto um corpo de profissionais públicos a serviço da AP não empresarial) está usualmente destinada à realização de atividades permanentes dos entes federados e seus órgãos, sendo diversificadas as competências atribuídas constitucionalmente a cada um desses entes e a sua própria estrutura orgânica e capacidade financeira para suportá-la. Basta lembrar que existem muitos municípios brasileiros cuja população não supera cinco mil habitantes e, outros tantos, cuja população perpassa os milhões (grandes capitais do país). De igual modo, por exemplo, a concretização do direito à educação perante a CR/88 foi concomitantemente atribuída a todos os entes federados; contudo, com preponderância da execução municipal no ensino fundamental e educação infantil (art. 211, §2º), da execução estadual no ensino fundamental e médio (art. 211, §3º). A União tem preponderância sobre a concretização da educação de nível superior e técnico, além de exercer função redistributiva e supletiva (art. 211, §1º).

Enfim, nos termos como é lida e compreendida a "competência legislativa concorrente incondicionada" do art. 39, *caput*, da CR/88, não se afigura juridicamente viável (mesmo que aconselhável e necessário, do ponto de vista gestionário, jusfundamental e federativo) a existência de isonomia no plano funcionarial entre os entes federados que tenham situação (administrativa *lato sensu*) semelhante. O desfecho não poderia ser outro: um excesso de legislação local, pouco harmoniosa entre si, exacerbada pela compreensão do regime estatutário como regime exclusivamente de conteúdo legal (= excesso de legalismo, reducionismo legal do sistema funcionarial). Tal situação assemelha-se a uma ilógica "colcha jurídica de *patchwork*", o que faz ressentir a necessidade de consagração/aplicação do princípio (da homogeneidade) constante do art. 28-3 da *GG* nessa "pluralidade legalista".[359]

---

[356] Cf. JOSÉ DOS SANTOS CARVALHO FILHO, Manual ..., pág. 495.

[357] V. ADI nº 3395-DF (e Reclamações Constitucionais dela decorrentes). Trataremos desta ADI na última parte do trabalho.

[358] V. JOSÉ AFONSO DA SILVA, "Federalismo, Autonomia e Discriminação de Rendas", *in* http://congreso.us.es/cidc/Ponencias/federalismo/alfonsoDAsilva.pdf, acessado em 9/9/2011; ÉLCIO FONSECA REIS, *Federalismo Fiscal* ..., pág. 141-200. V. STF RE nº 591.033 SP; RE nº 562.276-PR, por exemplo.

[359] Art. 28-3 da *GG:* "A Federação garante a conformidade da ordem constitucional dos *Länder* com os direitos fundamentais e as disposições dos nºs 1 e 2"; trad. de Nuno Rogério. V. princípio da homogeneidade no Direito

Na prática, portanto, muitas categorias de trabalhadores públicos (profissionais da saúde – médicos, enfermeiros, agentes comunitários, agentes de combates a endemias, *etc.*; assistentes sociais; profissionais da educação – professores, educadores, pedagogos, *etc.*; e muitas outras) que se repetem, em termos semelhantes, nas várias esferas de governo, têm, usualmente, regimes completamente adversos comparando os entes federados a que estejam vinculados (ora celetistas; ora estatuários e, dentro desses, ora com certos direitos, ora sem; inclusive com diferenças remuneratórias abissais[360]); isso também em prejuízo da mobilidade profissional interna e das disfunções decorrentes dos sistemas previdenciários.[361]

Não obstante a questão mais visível desse "cenário de perplexidade"[362] seja ausência de possibilidade de isonomia funcionarial intergovernamental (pressuposta, quer seja no princípio da igualdade perante a lei, quer seja na necessidade de unidade/homogeneidade federativa, frise-se[363]), outras controvérsias não menos importantes também derivam dessa "produção legislativa pulverizada" em sede de "regime jurídico único estatutário"; sob a condução do "raciocínio binário"[364] estatutário ≠ contratual:

a) Seria jurídico-constitucionalmente possível o "reenvio legal" de entes federados locais (Estados-membros e municípios), a fim de acolher como "regime jurídico único" de sua FP as leis trabalhistas da União? Ou seja, tal fato significaria ou não abdicação parcial de sua autonomia legislativa, enquanto reflexo de seu poder de auto-organização administrativa?

b) Em caso positivo, seria, então, constitucionalmente possível no plano dos entes federados já celetizados, a edição de lei local em matéria de Direito do Trabalho, a regulamentar a sua FP? Quais seriam os efeitos dessas leis nas respectivas relações de trabalho público?

c) O regime celetista dos entes locais seria, de fato, de natureza contratual (como é próprio dos contratos privados de trabalho); ou, seria, mesmo assim, de natureza estatutária, em conformidade com o posicionamento da clássica doutrina administrativa, reforçada pela jurisprudência constitucional assentada na ADI nº 492-1?

Alemão. V. JUAN JOAQUÍN VOGEL, "El Régimen federal de la Ley Fundamental", *in* BENDA, MAIHOFER, VOGEL, HESSE, HEYDE, *Manual de Derecho Constitucional*, 2ª ed., Marcial Pons, Madrid, 2001, pág. 627. O chamado "princípio da simetria", muitas vezes utilizado pelo STF, não consegue solucionar essa desarmonia legislativa, posto que esta é verificada em sede infraconstitucional e aquele, segundo a jurisprudência constitucional, é válido na interpretação das competências constitucionais (que devem ser repetidas, *mutatis mutandis* nas constituições dos Estados-membros e municípios, relativamente à separação de seus poderes horizontais). V. ADI nº 2872-PI; RE nº 317.574-MG; ADI nº 2170-SC; RE nº 497.554-PR; dentre outros. V. MARCELO LABANCA CÔRREA DE ARAÚJO, *Jurisdição Constitucional e Federação: O princípio da simetria na jurisprudência do STF*, Editora Elsevier, Rio de Janeiro, 2010.

[360] V, STF, AI nº 844584 AgR-MG. Na ementa alude-se aos "servidores regidos por regimes jurídicos diversos – Estatutários e Celetistas", bem como à Súmula nº 339 do STF. Esta tem o seguinte conteúdo: "Não cabe ao Poder Judiciário, que não tem função legislativa, aumentar vencimentos de servidores públicos sob fundamento de isonomia".

[361] V. ADILSON JOSÉ DE OLIVERA, "Fim do Regime ...", pág. 52. V. http://m.economia.uol.com.br/ultimas-noticias/infomoney/2011/09/14/medicos-vao-paralisar-atendimento-a-planos-de-saude-a-nivel-nacional.htm, acessado em 14/9/2011, sobre a planejada greve nacional dos médicos do setor público, em defesa do "piso nacional", apontando as diferenças remuneratórias.

[362] Cf. SALOMÃO RIBAS JÚNIOR e JOSEANA APARECIDA CORRÊA, "A Aplicação do Artigo 39 ...", pág. 51.

[363] V. HELENA KERR DO AMARAL, "Desenvolvimento ...", pág. 552.

[364] Apenas por analogia, V. GUNTHER TEUBNER, *O Direito ...*; CARLOS DE ABREU AMORIM, "Direito Administrativo e Sistema Jurídico Autopoiético: Breves Reflexões", *in SI*, Tomo LI, nº 294, Setembro – Dezembro, 2002, pág. 490 e seg.

d) Em caso afirmativo, ou melhor, considerando-se contratuais os regimes funcionariais dos entes federados celetizados, teríamos a confirmação da viabilidade da bilateralidade, da contratualidade e da consensualidade em sede funcionarial na AP não empresarial, diversamente do que foi concluído pela doutrina clássica e pela jurisprudência nacional há anos atrás?

e) Seriam acumuláveis os direitos trabalhistas próprios dos trabalhadores privados (ex: FGTS, recolhimento de INSS, Lei de Greve, Negociação Coletiva, direito de ação perante a Justiça do Trabalho, aplicação de princípios do Direito do Trabalho na resolução de questões individuais, *etc.*) pelos trabalhadores públicos da AP não empresarial celetizada?

Quanto à questão de letra *a*, temos doutrinas favoráveis e desfavoráveis ao (que denominamos) "reenvio legal". Para alguns, a autonomia legislativa do ente federado local inclui, sim, a possibilidade de optar pelo regime trabalhista editado pela União.[365] Para outros, significaria a disposição parcial de autonomia federativa[366] (na vertente do seu poder de auto-organização), o que seria constitucionalmente inadmissível.

A jurisprudência constitucional não se manifestou expressamente sobre esta questão; possivelmente porque, por um lado, havia efetiva cizânia jusadministrativa sobre a possibilidade de os Estados-membros e de os municípios optarem pelo regime jurídico-privado de trabalho (*supra*, item 3.4, *i*), mesmo sem que essa discussão jurídica tenha sido travada diretamente sobre a questão da autonomia federativa (a discussão se limitava estritamente à compreensão do art. 39, *caput*, originário da CR/88).[367] Por outro lado, o acesso ao STF é extremamente restrito relativamente a questionamentos de leis municipais, seja no controle difuso, seja no concentrado,[368] quando foi principalmente na esfera municipal que se implementou o "reenvio legal". Em casos específicos, todavia, o STF reconheceu a impossibilidade de a lei local dispor sobre (ou atribuir) direitos à sua FP "celetizada" (direitos trabalhistas?), por entender que havia invasão de competência legislativa privativa da União.[369] Em outros casos, o STF entendeu não ser possível o "reenvio legal" em matéria de aumento de remuneração do funcionalismo local, por violação ao princípio da autonomia municipal, entendimento que deu origem a sua

---

[365] V. ANTÔNIO ÁLVARES DA SILVA, *Os Servidores* ..., pág. 46; ROBERTO SORBILLI FILHO, *A Relação* ..., pág. 182.

[366] V. GUSTAVO ALEXANDRE MAGALHÃES, *Contratação Temporária* ..., pág. 75; CARMÉN LÚCIA ANTUNES ROCHA, *Princípios* ..., pág. 132.

[367] V., por ex., CARLOS PINTO COELHO MOTTA, "Ilegalidade na Implantação do Regime Jurídico Único em Município – Nulidade de Concurso" (Parecer), *in RTCEMG*, vol. 06, nº 01, janeiro – março, 1993, pág. 45-65, esp. 60.

[368] V., por exemplo, Súmula nº 280 do STF. No controle concentrado, apenas a partir da procedimentalização da Arguição de Descumprimento de Preceito Fundamental (1999) e, mesmo assim, observado o princípio da subsidiariedade da ação. V. ADPF nº 141 AgR. V. GILMAR FERREIRA MENDES, "O Controle Abstrato de Constitucionalidade do Direito Estadual e Municipal", *in DP*, nº 05, Julho – Setembro, 2004, pág. 52-112.

[369] V. RE nº 116.419-SP: "Ementa: Invade competência privativa da União Federal, para legislar sobre direito do trabalho (art. 8., XVII, b, da Constituição de 1967), a lei municipal voltada a garantir estabilidade a empregados da Prefeitura, regidos pela C.L.T. Recurso extraordinário provido, para julgar improcedente a reclamação, declarando-se a inconstitucionalidade da Lei nº 925, de 5/1/83, da Prefeitura de Paraibuna –SP." V, tb., STF AI nº 466131 AgR-DF: "Ementa: Pessoal celetista de Fundação do Distrito Federal. Direito ao acréscimo remuneratório de 84,32% (Plano Collor). Aplicabilidade da Lei Distrital 38/1989. Improcedência. 1. Conforme a jurisprudência do Supremo Tribunal Federal, "a competência legislativa do Distrito Federal restringe-se aos servidores sob regime estatutário, cabendo à União dispor sobre as normas de Direito do Trabalho aplicáveis aos empregados sob o regime da CLT" (RE 184.791, da relatoria do ministro Moreira Alves). 2. Agravo regimental a que se nega provimento". V, tb. STF, AI nº 565346 AgR-DF.

Súmula nº 681.[370] Porém, nesses casos, não foi diretamente a lei local instituidora do "regime celetista" a lei declarada inconstitucional.

Em outros casos ainda, o STF tem afirmado que "a observância das regras federais não fere a autonomia estadual", especialmente nos casos de aplicação automática da lei federal que reajusta o salário (ex.: fixação do salário mínimo).[371] Nessa questão, o TST tem a mesma compreensão (Orientação Jurisprudencial nº 100 da SDI-1[372]).

Conforme asseveramos, pelo pulular de "municípios celetistas pós-CR/88", seja antes ou depois da EC nº 19/98, acredita-se que a questão jurídica tornou-se relevada (ou não abertamente argumentada), como que pela "própria razão dos fatos". Tanto assim que a jurisprudência trabalhista (quando em causa julgamentos de casos individuais relativos aos celetistas) não reconhece *ex officio* inconstitucionalidade material das "leis locais de reenvio" (ou seja, não se suscita acerca da eventual inviabilidade jurídico-constitucional do contrato de trabalho com o ente local), especialmente por pretensa violação à autonomia federativa/poder de auto-organização administrativa; e, assim, mesmo após a decisão da ADI nº 2.135-4 DF.[373]

Em nossa compreensão, a questão da opção pelo regime jurídico-privado de trabalho pelos entes federados para a sua FP deve ser analisada diferentemente. Primeiramente, não consideramos que a edição de lei local acatando as leis trabalhistas da União possa efetivamente representar renúncia do poder de auto-organização administrativa do ente local. A uma, porque a "lei local de reenvio" (normalmente, "determinando a aplicação do regime da CLT aos servidores públicos municipais e dando outras providências"), de fato, é uma regulamentação legislativa (art. 61, alínea *c*, da CR/88, sob a compreensão do "princípio da simetria"). A duas, porque o poder de auto-organização administrativa do ente pode não envolver, necessariamente, a fixação total do regime jurídico da sua FP (direitos, deveres, processo disciplinar, *etc.*); devendo antes, impreterivelmente, englobar a organização (estrutural) da sua AP. É o que, na doutrina italiana, diferencia-se entre a "organização dos ofícios/órgãos" e a "gestão de pessoal/relações de trabalho".[374] A "celetização" (forma abrasileirada da "privatização jurídica" ou da "laboralização" das relações de trabalho) no âmbito da AP não empresarial pelos entes locais não deixa de representar um reconhecimento do respectivo Poder Público que não

---

[370] V., STF, Súmula nº 681: "É inconstitucional a vinculação do reajuste de vencimentos de servidores estaduais ou municipais a índices federais de correção monetária". Ainda, RE nº 219.371, *mutatis mutandis*: "Ementa: Lei municipal: reajuste automático de remuneração vinculada a índice federal: Inconstitucionalidade. O Plenário do STF declarou inconstitucional o critério de reajuste de remuneração instituído pelo art. 1º, da Lei 1.016/87, do Município do Rio de Janeiro, por julgá-lo incompatível com o princípio da autonomia dos municípios, na medida em que o aumento das despesas de pessoal, dele decorrente, não se sujeitaria à decisão dos poderes locais (RE 145.018, M. Alves, RTJ 149/928)".

[371] STF, V. RE nº 164.715; RE AgR nº 419.792.

[372] "Salário. Reajuste. Entes públicos – Os reajustes salariais previstos em legislação federal devem ser observados pelos Estados-membros, suas Autarquias e Fundações Públicas nas relações contratuais trabalhistas que mantiverem com seus empregados".

[373] Ex. TRT 3ª Reg: processo nº 00161-2011-091-03-00-0 RO; processo nº 00863-2010-008-03-00-1 RO; processo nº 00739-2010-047-03-00-9 RO; processo nº 00850-2009-064-03-00-7 RO; processo nº 00800-2010-053-00-0 RO; processo nº 01837-2009-053-03-00-1 RO; processo nº 00726-2010-025-03-00-2 RO; processo nº 00183-2011-111-03-00-0 RO; todos nos quais, recentemente, exaramos parecer pelo MPT, na qualidade de *custos legis*.

[374] V. FRACO CARINCI, "La Riforma del pubblico impiego", *in RTDP*, nº 1, 1999, pág. 189-204, esp. 192; LUCIO FRANZESE, "Autonomia...", pág. 681; CANTERO MARTÍNEZ *apud* ALBERTO PALOMAR OLMEDA, *Derecho...*, pág. 150, nota.

faz sentido distinguir, *na essência*, juridicamente, o seu funcionalismo dos trabalhadores da seara privada.

Quanto à questão de letra **b**. Apontamos anteriormente um precedente do STF desfavorável à lei local que instituiu direito (não previsto em lei federal) à sua FP. Contudo, "os entes federados costumeiramente legislam em matéria trabalhista, por ex., quando autorizam a contratação de servidores regidos pela CLT, definem quadro salarial, jornada de trabalho, atribuições de funções, etc. Seriam essas normas inconstitucionais, diante da previsão do art. 22, I, CF?".[375]

A jurisprudência trabalhista (considerando que as lides de trabalhadores públicos celetistas têm sido compreendidas como pertencentes da competência da Justiça do Trabalho, frise-se) não aborda a questão da inconstitucionalidade formal das leis locais, como já mencionamos. Ao reverso, expressamente lhes dá guarida, na medida em que têm sido interpretadas como se "regulamentos de empresas fossem": "Assim, as normas estaduais, distritais e municipais que tratam de questões laborais são formalmente lei, já que o Estado Democrático de Direito assim exige, mas materialmente equiparam-se ao regulamento de empresa. Portanto, encontram-se aparadas pelo sistema jurídico normativo trabalhista".[376]

Nesse sentido, considerando-se a competência legislativa privativa da União para legislar sobre Direito do Trabalho, as leis locais seriam (formalmente) inconstitucionais que autovinculam a AP local.[377] Em síntese, os direitos (e/ou benefícios) instituídos pelas leis locais acabam por se "aderirem" aos "contratos de trabalho" dos trabalhadores públicos locais, não podendo ser abolidos sem ofensa ao princípio da inalterabilidade contratual lesiva, constituindo aqueles direitos adquiridos. A lógica prevalecente aqui é a similitude do que se verifica relativamente aos contratos de trabalho dos empregados privados, atraindo a aplicação de princípios próprios do Direito do Trabalho,[378] em oposição à "unilateralidade própria do regime estatutário".

Quanto a nós, temos dúvidas quanto à correção dessa "teoria da equivalência das leis locais aos regulamentos de empresa", justamente por olvidar a natural diferença das alterações *ex vi legis*, impositivas, das alterações decorrentes de cláusulas contratuais, novamente confundindo o ente público – enquanto ente legislador –, com o ente público administrativo sujeito da relação jurídica de trabalho.[379]

Todavia, a posição da atual jurisprudência trabalhista sobre esse ponto acabar por conduzir à compreensão (ou à ratificação da ideia, já vigorante no período pré-constitucional) de que o regime de trabalho celetista no âmbito da AP não empresarial é, de fato, de natureza contratual (questões **c** e **d**). Isto é, quando o "regime jurídico único"

---

[375] Cf. JOUBERTO DE QUADROS PESSOA CAVALVANTE e FRANCISCO FERREIRA JORGE NETO, *O Empregado Público* ..., pág. 75.

[376] *Ibidem*, pág. 76. V. TST, RR nº 9883500-50.2003.5.04.0900: "Ementa: Quinquênios. Supressão mediante lei municipal. Direito adquirido. A alteração contratual em prejuízo do empregado, conquanto decorra de lei municipal superveniente, revogando lei municipal mais benéfica, sujeita-se à aplicação da orientação consubstanciada na Súmula nº 51 do Tribunal Superior do Trabalho, porquanto as regras trabalhistas contidas em leis municipais equivalem a regulamentos empresariais, aderindo ao contrato de emprego. Recurso de revista conhecido e provido". Ainda: TST, AIRR nº 1228146-94.2004.5.04.0900; RR nº 9579000-14.2003.5.04.0900.

[377] V. ANA CLÁUDIA NASCIMENTO GOMES, *O Poder* ...., pág. 121 e seg.

[378] V. AMÉRICO PLÁ RODRIGUES, *Princípios do Direito do Trabalho*, LTR, São Paulo, 2000, pág. 131-139; MAURÍCIO GODINHO DELGADO, *Curso* ..., pág. 928 e seg.

[379] V. PAULO EMÍLIO RIBEIRO DE VILHENA, *O Contrato de Trabalho* ..., pág. 10 e seg.

local eleito é o comum (de Direito do Trabalho, o da "CLT"), dele se originariam relações contratuais, mas não de natureza estatuária, em contradição ao que foi categoricamente dualizado na ADI nº 492-1, ao interpretar o originário art. 39, *caput*, da CR/88.[380]

Assim, na prática, a posição da jurisprudência trabalhista tem conduzido à mescla de direitos ditos trabalhistas (anotação da CTPS, FGTS, contribuição previdenciária para o INSS; direito de ação perante a Justiça do Trabalho; com exceção do direito de negociação coletiva) com direitos próprios dos servidores públicos (estabilidade no serviço público, quinquênios concedidos pela legislação local, por ex.).[381] Tal situação só vem reforçar a ausência de isonomia funcional intergovernamental, como apontamos neste item, porque, mesmo em relação à "unidade normativa" decorrente da aplicação da mesma legislação federal (do trabalho, usualmente a CLT e leis trabalhistas esparsas) no âmbito dos "entes federados locais celetizados"; a essa "unidade normativa" ainda é agregada a "pluralidade normativa" decorrente dos outros direitos instituídos pela legislação local, apropriáveis pelos próprios servidores públicos locais, em face da interpretação analógica às cláusulas contratuais benéficas estipuladas em regulamento de empresa.

5 Alguns dados estatísticos da composição da FP brasileira

Antes de finalizar este capítulo sobre o "panorama jurídico-constitucional" da FP pós-1988, apresentaremos alguns dados estatísticos sobre a sua composição subjetiva, se possível, nos três níveis de entes federados; isso não obstante seja efetivamente na esfera federal onde se localizam as estatísticas mais seguras, por se tratar de uma esfera única (a União), dotada de órgão capaz de concentrar as informações.[382] Os dados obtidos

---

[380] V., contra a posição da jurisprudência trabalhista, CRISTIANO PAIXÃO ARAÚJO PINTO, "Regime Jurídico Único – Lei Municipal que determina a aplicação da CLT – Natureza do Vínculo – Incompetência da Justiça do Trabalho", in *Genesis*, ano 7, nº 40, abril, 1996, pág. 457-502: "É permitido, portanto, ao legislador municipal, determinar que os servidores públicos do Município sejam regidos por normas da CLT, mas, mesmo nesta hipótese, o regime jurídico existente é de índole administrativa, e, portanto, estatutária".

[381] V. TST, REORO nº 00338.231/02-1. V. SALOMÃO RIBAS JÚNIOR e JOSEANA APARECIDA CORRÊA, "A Aplicação do Artigo 39 ...", pág. 57, citando decisões do Tribunal de Contas de Santa Catarina que reconhecem o direito de servidor público municipal aos depósitos de FGTS. V. JOUBERTO DE QUADROS PESSOA CAVALVANTE e FRANCISCO FERREIRA JORGE NETO, *O Empregado Público* ..., pág. 123. V. TRT, 3ª Reg, processo nº 01866-2006-149-03-00-0 RXOF e RO: "Ementa: Adicional por tempo de serviço. Alteração lesiva do pacto laboral. Uma vez tendo o Município optado pela contratação de seus servidores pelo regime da CLT, está sujeito ao art. 468 da CLT, no sentido de que a alteração lesiva do contrato de trabalho é nula, pouco importando que tenha sido levada a efeito por meio de Lei Complementar Municipal. Neste contexto, não se pode validar a alteração unilateral das cláusulas contratuais quanto ao congelamento do adicional por tempo de serviço, com impedimento de aquisição de novos percentuais, ao longo do contrato, sendo mesmo devido o pagamento das diferenças de adicional por tempo de serviço, a partir do dia seguinte àquele em que se completou o primeiro quinquênio, resultante da aplicação de 10% sobre o salário base, segundo os critérios da Lei Municipal n. 3.943/86, acrescendo-se 2% a cada novo ano trabalhado, nos respectivos meses de ingresso, até efetiva incorporação administrativa determinada pela sentença de Primeiro Grau, além dos reflexos das respectivas diferenças em férias + 1/3, 13-o salários, horas extras 50%, adicional noturno e FGTS. Não prospera, ainda, o argumento de que o Município agiu visando à adequação às disposições da Lei Complementar Federal nº 101/2000, uma vez que não há nos autos a comprovação de já ter o ente público aplicado todos os seus esforços naquele sentido, antes de promover a supressão dos direitos trabalhistas de seus empregados".

[382] Hoje a esfera federal conta com o SIAPE – Sistema Integrado de Administração de Recursos Humanos. Trata-se de um "sistema on-line de banco de dados de abrangência nacional, que constitui-se hoje na principal ferramenta para a gestão do pessoal civil do Executivo do Governo Federal, realizando mensalmente o pagamento de cerca de 1 milhão e 900 mil servidores ativos, aposentados e pensionistas em 209 órgãos da administração pública federal direta, instituições federais de ensino, ex-territórios federais, autarquias, fundações e empresas públicas".

ora abarcam a FP como um todo, inclusive empregados públicos vinculados ao setor empresarial do Estado e militares, ora apenas os servidores com vínculos permanentes da AP não empresarial.

Esfera Federal: Segundo os dados estatísticos do IPEA – Instituto de Pesquisa Econômica Aplicada,[383] considerando-se o ano de 2010, existem aproximadamente de 630.000 (seiscentos e trinta mil) servidores públicos civis (como gênero, FP *lato sensu*) na Administração Pública Federal, retomando-se um patamar numérico que havia vigorado na primeira metade dos anos 1990 (1991-1995). Nos anos compreendidos entre 1999-2003, o número de servidores públicos foi inferior a 550.000 (quinhentos e cinquenta mil), uma vez que foram sucessivamente presenciados movimentos de "corrida à aposentadoria"[384] (1991; 1995/1998, em decorrência da edição da "Reforma Administrativa"; e 2003, em decorrência da promulgação da EC nº 41/2003). Além disso, nesses mesmos anos "não houve praticamente admissão de novos servidores, nem mesmo para carreiras essenciais do Estado".[385] No Poder Executivo, segundo dados de 2011 do Ministério do Planejamento, Orçamento e Gestão, encontram-se ativos 516.508 servidores públicos civis, sendo constituído de 60% (sessenta por cento) de homens.[386]

Entre os anos de 2003-2010 foram admitidos aproximadamente 155.000 servidores públicos civis, cujo padrão usual de vinculação é o "estatutário", "o que o coloca sob direitos e deveres comuns e estáveis".[387] Visou-se, assim, à substituição dos "terceirizados", ou seja, "os contratos informais de cooperativas e entidades privadas diversas, bem como os contratados via agências internacionais".[388] O aumento de pessoal na esfera federal nesses anos representou uma elevação de 30,3% (trinta vírgula três por cento) do seu quadro funcional. Todavia, nesse mesmo período observou-se uma elevação total de postos de trabalho/empregos formais no Brasil, também na iniciativa privada, em decorrência da situação econômica favorável.[389]

Contudo, ainda persistem quase 30.000 (trinta mil) servidores irregulares ("servidores de fato"), já apontados pelo Ministério Público e pelo Tribunal de Contas da

---

V. o *Boletim Estatístico de Pessoal*, vol. nº, 17 nº 183, do Ministério do Planejamento, Orçamento e Gestão – Secretaria de Recursos Humanos, Julho/ 2011, Brasília, o qual fornece um detalhado panorama da situação funcional, apesar de exclusivamente voltada para a esfera federal.

[383] Trata-se de uma fundação pública vinculada à Secretaria de Assuntos Estratégicos da Presidência da República, que lhe fornece suporte técnico e institucional às ações governamentais. Conforme informa o próprio IPEA, através de suas pesquisas, viabiliza o Governo Federal realizar várias políticas públicas e programas de desenvolvimento, disponibilizando ainda para a sociedade em geral, o resultado de estudos técnicos. Não é o IPEA um órgão voltado ao estudo da FP Nacional, mas de vários setores da economia e da política. Assim, não há um sistema, como SIAPE, intergovernamental, que conglobe todas as FP (União, Estados e Municípios). V. www.ipea.gov.br. Os dados que serão mencionados foram publicados e extraídos, em sua maioria, do *Comunicado do IPEA*, nº 110 – "Ocupação no Setor Público Brasileiro: tendências recentes e questões em aberto", de 08 de setembro de 2011. V. http://www.ipea.gov.br/portal/images/stories/PDFs/comunicado/110908_comunicadoipea110.pdf, acessado em 10/9/2011.

[384] *In Comunicados ...*, pág. 4.

[385] *Ibidem*, pág. 8.

[386] Cf. MINISTÉRIO DO PLANEJAMENTO, ORÇAMENTO E GESTÃO, *Contas Abertas*, março de 2011.

[387] *In Comunicados ...*, pág. 6.

[388] *In Comunicados ...*, pág. 9.

[389] V. ENEUTON PESSOA, FERNANDO AUGUSTO MANSOR DE MATTOS, MARCELO ALMEIDA DE BRITTO, SIMONE DA SILVA FIGUEIREDO, *in* "Emprego Público no Brasil: Comparação Internacional e Evolução Recente", *Comunicados do IPEA*, nº 19, 30 de março de 2009, pág. 6-7; *in* http://www.ipea.gov.br/portal/images/stories/PDFs/comunicado/090330_comunicadoipea19.pdf, acessado em 20/9/2011.

União, "o que é uma situação grave do ponto de vista do princípio da legalidade da ação do Estado".[390]

Apesar do ingresso recente de uma grande parcela de servidores públicos, os gastos com pessoal têm se mantido constantes desde 2002-2009, no patamar aproximado de 20% sobre a receita total (24,9% da receita no ano de 2009); muito diversamente do que ocorre nos Estados-membros e nos Municípios, nos quais os gastos perpassam 40% (quarenta por cento) das receitas, considerando-se a arrecadação tributária inferior destes.

Nos anos recentes, verificou-se, também na esfera federal, a "tendência para substituir os ocupados com vínculo direto pelos ocupados com vínculo indireto";[391] isto é, a substituição de trabalhadores públicos através de entidades ou empresas privadas interpostas, "embora ela seja identificada apenas em estudos de áreas específicas, como, por exemplo, a de gestão do Sistema Único de Saúde (SUS), ou de, de modo, mais geral, em estudos de recorte municipal".[392]

A maior parte (50,7%) dos trabalhadores públicos da esfera federal tem, no mínimo, formação completa do ensino médio.

Esfera Estadual: Na esfera estadual, localizam-se 3,5 milhões de trabalhadores públicos, representando 37,3% (trinta e sete vírgula três) do funcionalismo público brasileiro (vínculos diretos). Praticamente a metade dos trabalhadores públicos estaduais possuem, no mínimo, o ensino médio completo.

Esfera Municipal: A esfera municipal foi aquela que apresentou o maior crescimento do quadro de pessoal nos anos de 2003-2010, em termos de ocupação na AP (39,3%), conglobando aproximadamente 5.000.000 (cinco milhões) de trabalhadores públicos diretos. O IPEA justifica essa elevação na municipalização de vários serviços públicos à coletividade, descentralizando-os e aproximando-os da população diretamente interessada. Por isso, essa elevação é basicamente representada por trabalhadores públicos que exercem funções relacionadas à assistência social, ao ensino público (professores do ensino fundamental e psicólogos) e à saúde (enfermeiros e fisioterapeutas).

Em geral: Totalizando as três esferas de governo da federação brasileira, os dados recolhidos pelo IPEA apontam a existência de um coletivo profissional dotado de mais de 9.000.000 (nove milhões) de trabalhadores públicos (civis e militares, estatutários, celetistas, terceirizados, *etc.*) em 2010, dos quais 10,1% (dez vírgula um por cento) na esfera federal; 37,3% (trinta e sete vírgula três por cento) na esfera estadual; e, 52,6% (cinquenta e dois vírgula seis por cento) na esfera municipal. Nesse total, prevalece o vínculo de natureza "estatutária"[393] e o sexo masculino (exceto na esfera municipal,

---

[390] *In Comunicados* ..., pág. 12.
[391] *In Comunicados* ..., pág. 13.
[392] *Ibidem*, pág. 12.
[393] *Ibidem*, pág. 16. A informação dos quadros 4 e 5 do *Comunicados* ... apresenta-se contraditória, pois, apesar de afirmar a existência de nove milhões de servidores públicos, menciona-se que aproximadamente cinco milhões e meio detêm vínculos estatutários e apenas outros quase seiscentos mil seriam celetistas, totalizando cinco milhões e seiscentos mil "funcionários públicos" no Brasil. A explicação parece estar em ENEUTON PESSOA, FERNANDO AUGUSTO MANSOR DE MATTOS, MARCELO ALMEIDA DE BRITTO, SIMONE DA SILVA FIGUEIREDO, in "Emprego Público ...", pág. 10. O decréscimo dos celetistas foi marcado por dois fatores: a entrada em vigor, na esfera federal, da Lei nº 8112/90 (art. 243, §1º, transformando empregos públicos em cargos) e o aumento dos denominados "não-estaturários sem carteira", coletivo conglobado por vínculos precários e irregulares na AP (terceirizados, estagiários, bolsistas, trabalhadores temporários, consultores, dentre outros). Segundo a tabela 7 desta pesquisa, em 2007, seriam 5,9 milhões de estatutários, 1,9 milhões de celetistas e 2,0 milhões de "paralelos" (terceirizados e demais).

onde prevalecem as mulheres, em face das competências desses entes nos campos da saúde, assistência social e educação). Daquele total, ademais, em 2007, aproximadamente 2.000.000 (dois milhões) constituem o que podemos denominar "FP Paralela"; isto é, trabalhadores públicos sem vínculo direto com o Poder Público, laborando em seu benefício (com ou sem entes intermediadores); número que ultrapassa os "celetistas" na AP (representado por menos de dois milhões, uma vez que nesse conjunto encontram-se os empregados das empresas estatais).

O tipo de regime "estatutário"/"celetista" é ainda relacionado, nas pesquisas, respectivamente, com a realização de concurso público para ingresso/contratação sem concurso, sob o pressuposto arcaico de que o vínculo celetista prescinde daquele procedimento concursal.[394]

Os trabalhadores públicos (amplamente considerados) concentram-se basicamente no Poder Executivo dos entes federados: contabilizando a Administração Direta e a Indireta; esse complexo orgânico-administrativo congloba mais de 95% (noventa e cinco por cento) do funcionalismo; enquanto os Poderes Legislativo e Judiciário detêm, respectivamente, 1,7% (um vírgula sete) e 2,7% (dois vírgula sete) dos "postos de trabalho".

Relativamente às pessoas profissionalmente ocupadas, os dados estatísticos demonstram que o setor público, em geral (ou seja, considerando-se inclusivamente os trabalhadores do setor empresarial do Estado), consome 10,7% (dez vírgula sete por cento) do total de "ocupados" e 25,26% (vinte e cinco vírgula vinte e seis por cento) do total de "empregos formais públicos/privados"; percentuais bastante baixos em comparação internacional (dados de 2005 e 2007, respectivamente). Na América Latina, o Brasil é apenas o oitavo país em nível de ocupação pública, não obstante a sua economia e o seu peso político. Considerando-se a população total brasileira, o percentual de empregabilidade no setor público decresce para 5,36% (cinco vírgula trinta e seis por cento) em 2007; e, certamente seria menor se a pesquisa não tivesse computado os trabalhadores das empresas estatais. Trata-se, portanto, de um país bastante "enxuto" em termos de composição (ampla) de sua FP.[395]

Nos anos compreendidos entre 2003-2007 houve uma expansão significativa da ocupação pública, a qual, todavia, refletiu o dinamismo econômico do mesmo período.[396] Entretanto, em termos de gastos públicos com pessoal, o Brasil tem mantido o mesmo patamar de 14% (quatorze por cento) do PIB (Produto Interno Bruto),[397] nos anos compreendidos entre 2002-2009; gasto esse que representou, em 2009, 42,1% (quarenta e dois vírgula um por cento) das receitas governamentais. Em média, na esfera municipal, os trabalhadores públicos percebem até 3 (três) salários mínimos mensais; metade da média da renda mensal paga pela esfera estadual e, ainda, inferior ao terço daquela paga na esfera federal.

---

[394] V. ENEUTON PESSOA, FERNANDO AUGUSTO MANSOR DE MATTOS, MARCELO ALMEIDA DE BRITTO, SIMONE DA SILVA FIGUEIREDO, in "Emprego Público ...", pág. 15.

[395] Ibidem, pág. 3-5. Segundo esta pesquisa: Portugal (15,1%); Bélgica (19,5%); Dinamarca (39,2); Canadá (16,3%); Alemanha (14,7%); Suécia (30,9%). Sobre este aspecto MÁRIO POCHAMANN apud RAQUEL DIAS DA SILVEIRA, Profissionalização ..., pág. 76, aduz se tratar o Brasil de um país "raquítico" em termos de FP.

[396] Ibidem, pág. 8.

[397] In Comunicados ..., pág. 22, sendo 4,3% do PIB na esfera federal, 6,2% na esfera estadual e 3,5% na municipal.

6 Conclusão do capítulo: um regime com notas acentuadas de legalismo, unilateralismo, incomunicabilidade e irracionalidade jurídica

A configuração jurídica (densa) da CR/88, aliada à sua compreensão rigidamente estatutária (ou não contratual) e de "competência legislativa concorrente cumulativa" dos milhares de entes federados brasileiros, acabou por culminar num sistema jurídico funcionarial altamente dependente da concretização legislativa, conduzindo o *locus* final dos debates sobre os vários aspectos do regime de trabalho dos profissionais do setor público para os parlamentos (federal, estadual e municipal); reforçando, assim, no *plano jurídico*, o princípio da "reserva legal" na matéria e a importância da lei formal. Os efeitos dessa "fusão" são as notas de legalismo, rigidez e unilateralismo do sistema funcionarial brasileiro (isso sem levar em consideração o fato de que nem sempre o Poder Legislativo esteja efetivamente a par das diversas e complexas necessidades funcionariais dos diversos entes administrativos e a adequabilidade entre o regime de trabalho desses e as suas competências administrativas). Consideramos que aspectos importantes do regime funcionarial podem prescindir desse padrão vetusto de controle político e orçamentário e incluir lacunas para a autonomia contratual devidamente balizada.

Por outro lado, o "detalhismo legislativo" decorrente da compreensão da "inteireza estatutária" do regime resultou na desarmonia legislativa entre as diversas regulamentações provenientes das várias esferas de governo; cujo efeito é a ausência de isonomia funcionarial intergovernamental em categorias de trabalhadores públicos que se repetem nos níveis federal, estadual e municipal (os setores da saúde e educação públicas são aqueles em que isso mais se verifica). Esse efeito de ausência de intercomunicabilidade foi ainda potencializado pelo fato de muitos entes federados terem optado pelo regime de trabalho jurídico-privado (Direito do Trabalho editado pela União).

Não suficiente, a afirmação constante da natureza estatutária da relação funcionarial no Brasil, agregada aos fatos já mencionados, tem radicalizado a divisão de tratamento jurídico do trabalhador público por um lado e, por outro, do trabalhador público de regime privado e do trabalhador privado no Brasil; radicalização esta que tem ido muito para além daquela que seria uma natural consequência de sistema fechado de FP e que pode ser questionada na atualidade, porque conduz a lógicas antagônicas de realidades fáticas muito semelhantes.[398]

No plano fático, entretanto, o "regime funcionarial basicamente legalizado/legislado" dá sinais de exaustão: as mesas de negociação instituídas na esfera federal, a ratificação da Convenção nº 151 da OIT pelo Brasil e os procedimentos prévios a serem observados para o exercício do direito de greve no setor público têm levado, forçosamente, à demonstração da inadequação de um regime cantado como completamente estatuário com a convivência do exercício dos direitos coletivos na FP e do direito de participação em sentido amplo. Além disso, o regime de trabalho jurídico-privado espalhou-se nos entes federados menores, conduzindo, de forma pragmática, ao questionamento da efetiva ou verdadeira inadequação (teórica) da contratualidade na FP. Agregue-se a isso

---

[398] V. DANIELA MELLO COELHO, "Direito da Função ...", pág. 125; JOSÉ RONALD CAVALCANTE SOARES, "O Servidor Público na Justiça do Trabalho. Uma visão caleidoscópica", JOSÉ RONALD CAVALCANTE SOARES (coord.), *O Servidor Público* ..., pág. 203-222. Este A. chega a afirmar: "Portanto, ou é carne ou é peixe".

ainda o fato de o próprio Poder Público utilizar-se de mão de obra regida pelo Direito Privado em variadas situações terceirizantes ou ilegítimas do ponto de vista do Direito Administrativo.

Apesar disso, não houve um questionamento mais profundo das efetivas diferenças (quer no plano individual, quer no plano coletivo) da relação funcionarial jurídico-estatutária para com a jurídico-contratual laboral, porquanto, no Brasil, a discussão centrou-se basicamente na natureza do "regime jurídico único" (estatutário ou celetista; público ou privado), não se chegando a abarcar as consequências práticas da eleição de um ou outro tipo de relação jurídica;[399] discussão esta que consideramos necessária para que efetivamente se possa continuar justificando (ou não) dois tipos tão diferentes de relação de trabalho público.

Passemos, portanto, a analisar os outros sistemas jurídicos funcionariais para localizar o que podemos aproveitar ou não para a racionalização do sistema brasileiro. Vejamos o que podemos contribuir para ainda justificar (ou não) a existência dogmática de dois tipos de relação jurídica de trabalho público tão "radicais": a "estatutária" e a privada.

---

[399] V. ROBERTO SORBILLI FILHO, *A Relação Jurídica ...*, pág. 132.

2ª PARTE

A FP DE ALGUNS PAÍSES PARADIGMÁTICOS DA EUROPA CONTINENTAL

Passemos agora à 2ª parte de nossa dissertação. Esta será voltada à apresentação, em suas linhas mais marcantes, do tratamento jurídico da FP em alguns países da Europa Continental, especialmente de origem romanística e com sistema funcionarial de raiz "fechada",[1] face à proximidade com o Direito Brasileiro, no particular. A escolha dos países também não se deu, obviamente, de modo aleatório. Escolhemos Itália, Alemanha, França, Espanha e Portugal; além do Direito Comunitário.

Os três primeiros países foram eleitos em decorrência da importância no tema da FP. A Itália, em função da "revolução jurídica e cultural" que causou no tema do Emprego Público como objeto integrante do Direito Administrativo, através do que se convencionou denominar de "emprego público privatizado" (agora, inclusivamente, "relação de trabalho com a Administração Pública"[2]). Para a nossa dissertação, a Itália tem, evidentemente, uma importância ímpar, por desmitificar o dogma de que o trabalho subordinado prestado à AP não empresarial é intrinsecamente diferente do trabalho subordinado prestado na seara privada; este objeto unicamente do Direito do Trabalho, aquele exclusivamente do Direito Administrativo.

A Alemanha, por sua vez, pela importância da construção do que se chamou de *Beamtenstaat*, reforçada por meio das ideias da teoria da burocracia weberiana (inclusa a própria noção de funcionário público vinculado por uma relação profissional *auf Leben*). Não suficiente, gerado no seio do Direito germânico, teve grande relevância o conceito de "relação especial de poder" (ou "relação especial de sujeição" – *besondere*

---

[1] V. FRANÇOIS GAZIER, *La Function* ..., pág. 27 e seg.
[2] V. SABINO CASSESE e STEFANO BATTINI (Coord.), *Dall'Impiego Pubblico al rapporto di lavoro con le pubbliche ammnistrazioni*, Giuffrè Editore, Milão, 1996.

Gewaltverhältnisse) para o tema da FP. E, não obstante isso, como se verá adiante, a característica mais marcante do sistema funcionarial alemão atual é a sua dualidade, cujo âmbito subjetivo é constituído por funcionários públicos *stricto sensu*, submetidos ao *Beamtenrecht;* e por empregados públicos submetidos ao Direito Laboral.

A França foi acrescida no rol por motivos jurídicos quase evidentes; uma vez que teve uma influência decisiva para a própria afirmação do Direito Administrativo Moderno; e, assim, também muito especialmente no que tange ao sistema funcionarial.[3] A influência jurídica francesa no sistema funcionarial brasileiro já é conhecida, mormente no que tange às concepções estatutárias da natureza da relação jurídica funcionarial (o que se verificou após a edição do Estatuto Geral de 1946); concepções estas que estão profundamente arraigadas no Brasil, não obstante num contexto democrático, absolutamente diverso daquele onde a própria teoria da "situação legal" fora concebida.

A Espanha virá em seguida, não só porque o fenômeno de "laboralização" da FP foi bastante marcante nesse país, mas, principalmente, pela relativamente recente publicação do "Estatuto Básico do Emprego Público" (2007). Trata-se de um diploma que simultaneamente aglutina vários tipos de empregado público (este considerado aqui como gênero) – em especial, os funcionários e os laborais –, para além de representar um denominador comum legislativo num Estado dotado de complexidade territorial. O modelo poderá, eventualmente, servir de parâmetro para o Brasil, em decorrência da existência do federalismo.

Por fim, Portugal. A análise do sistema português foi motivada não simplesmente pela origem coimbrã de nossa pesquisa; mas sim, inicialmente, pela influência da CRP na CR/88 e, principalmente, pelo reconhecimento constitucional (e, posteriormente, infraconstitucional) da figura do trabalhador público como um trabalhador subordinado "comum", sujeito de direitos constitucionais sociais e trabalhistas (e não apenas sujeito de direitos e deveres funcionais e "meio de execução" das atividades públicas). Tal reconhecimento, apesar de amparar-se numa realidade fática inegável, desmitifica a convicção jurídica da imprescindibilidade da separação do funcionário público (como um caso de trabalho subordinado à parte); convicção essa ainda tão presente no Direito e na doutrina brasileiros.

A nossa análise em sede de Direito Comparado encerra-se com o Direito Comunitário. Poderia ter sido o inverso, dada a decisiva intervenção deste nos Direitos internos dos Estados-membros da UE.[4] Com efeito, dada a jusfundamentalidade da liberdade de circulação de cidadãos-trabalhadores assalariados no espaço comunitário, paulatinamente, tem sido comprimido o âmbito subjetivo da FP *stricto sensu*, aqui considerada aquela que efetivamente justifique um liame de nacionalidade com o Estado-membro, a ponto de excluir os não nacionais de seu acesso (art. 45º-4 do TFUE). Via de consequência, pouco a pouco, tem sido ampliado o âmbito de incidência de regras comuns aos trabalhadores assalariados públicos, seja por força da harmonização dos Direitos internos, seja por força da similitude de condições de trabalho subordinado.

É o que se verá nesta parte.

---

[3] V. FRANÇOIS BURDEAU, *Histoire du droit administratif (de la Révolution ao début des années 1970)*, Presses Universitaires de France, Paris, 1995.

[4] V., em especial, LUÍS FILIPE COLAÇO ANTUNES, *O Direito Administrativo sem Estado – crise ou fim de um paradigma?*, Coimbra Editora, Coimbra, 2008, pág. 62 e seg.

DIREITO COMPARADO: O EXEMPLO DA ITÁLIA

1 Da unilateralidade ao reconhecimento da contratualidade no âmbito do *impiego pubblico*

O nosso estudo de Direito Comparado inicia-se com o exemplo italiano. E nem poderia ser diferente. A Itália, com efeito, "revolucionou" no que tange ao regramento normativo da Função Pública, quer seja analisando retrospectivamente a sua própria história jurídica (já que a concepção da FP como parte relevante do DA havia sido até então erigida), quer analisando comparativamente com outros países da Europa. Aliás, segundo chegou a afirmar Sabino Cassese, "a passagem do emprego público para a relação de trabalho com a Administração Pública indica a mais importante mudança do Direito Administrativo desse século, porque, com isso, de modo ambíguo e complexo, o Direito Administrativo veio a perder um de seus capítulos mais importantes".[1]

Com efeito, entre os séculos XIX e XX (ou seja, pouco tempo depois da unificação da Itália), encontrava-se em curso nesse país (e não só) um processo de publicização do vínculo jurídico dos trabalhadores dos entes públicos, cujo regramento até então era privado, com base na autonomia contratual (*locatio operarum*).[2]

A exposição de Santi Romano, datada de 1898,[3] acerca da natureza jurídico-pública do poder disciplinar da Administração é, desse movimento de expansão da disciplina publicística, exemplo.[4] Esse processo teve como momento culminante a edição, em 1902, da Lei comunal (municipal) e provincial.[5] Nesse mesmo ano, F. Turati publicava artigo

---

[1] Cf. SABINO CASSESE, "Presentazione" e "Le Ambiguità della Privatizzazione del Pubblico Impiego", in STEFANO BATTINI e S. CASSESE (e outros), *Dall'Impiego Pubblico al Raporto di Lavoro con le Pubbliche Ammnistrazione"*, Giuffrè, Milão, 1997, VII-IX, pág. 77-81, esp. pág. 77.

[2] V. MASSIMO SEVERO GIANNINI, "Impiego ...", pág. 297; GIANNINI, apud MARIO RUSCIANO, "Giannini e il Pubblico Impiego", in *RTDP*, nº 4, 2000, pág. 1117. V. MÁRLIA FERREIRA BICALHO, *Reflexões ...*, pág. 46. Até porque, evidentemente, o Direito Positivo do Trabalho somente se delineou nos anos seguintes. V. MIGUEL SÁNCHEZ MORÓN, *Derecho de la Función Pública*, 5ª ed., Tecnos, Madrid, 2008, pág. 29.

[3] V. SANTI ROMANO, *Scritti Minori*, vol. II, *Diritto Ammninistrativo*, reedição de 1950, GUIDO ZANOBINI (a cura di), Guiffrè, Milão, 1990, pág. 82-349. Texto publicado originalmente em *Giurisprudenza italiana*, Turim, 1898. Poucas décadas depois (1933), em Portugal, MARCELLO CAETANO concorre à cátedra de Professor Extraordinário na FDUL defendendo *Do Poder Disciplinar no Direito Administrativo Português*.

[4] V. SANTI ROMANO, *Idem*, pág. 94.

[5] V. STEFANO BATTINI, "Il Licenziamento del dipendente nell'impiego pubblico e nell'impiego (privato) con le Pubbliche Ammnistrazione", in STEFANO BATTINI e S. CASSESE (e outros), *Dall'Impiego Pubblico al Raporto di Lavoro com le Pubbliche Ammnistrazione*, Giuffrè, Milão, 1997, VII-IX, pág. 37-60, esp. pág. 39.

no qual afirmava a especificidade das questões dos funcionários do Estado em relação às dos operários.[6] Em 1908 foi aprovado o primeiro estatuto dos direitos dos funcionários civis do Estado ("Estatuto Giolitti"), sem garantir-lhes ainda a estabilidade.[7] Assentava-se, assim, doutrinária e positivamente, a exclusividade das fontes legais na disciplina da relação de trabalho com a Administração Pública, além da sua natureza publicística (conexa com crescente concepção estatalista e fascista do período).

Segundo a doutrina recente, o objetivo da Itália na fixação do princípio da regulamentação unilateral da relação de trabalho com a Administração Pública no início do século XX não teve em vista, em primeiro momento, assegurar a imparcialidade administrativa; mas, principalmente, evitar que a dimensão conflitual (própria da luta de classes) adentrasse no interior do Estado/Administração Pública; o que se afigurava harmonioso com o momento político da época. Sendo assim, acabou-se por erigir um regime de fonte exclusivamente legal para todo o corpo de funcionários públicos (mas não apenas para aqueles que carecessem de condições que assegurassem a sua imparcialidade, pelo exercício de poderes públicos ou de autoridade): "Desta forma, a partir de uma reserva em matéria de organização foi fixada uma reserva absoluta de fonte unilateral em matéria de pessoal."[8] O regime passou, portanto, a ser unilateral e universal-publicístico (não dual).

Posteriormente, seguiu-se o estatuto dos funcionários civis do Estado de 1923, já na era de Mussolini. Essa legislação sofreu influências da doutrina alemã, decorrente dos conceitos de supremacia especial da Administração Pública e de sujeição especial de seus trabalhadores.[9] À "Riforme di Stefani" (1923) seguiram os Decretos nºs 1.054 e 1.058 de 1924, atribuindo exclusivamente ao juiz administrativo as controvérsias decorrentes do emprego público, assumido o *Pubblico Impiego* o caráter de um ordenamento especial (diverso do laboral comum), com as notas de fidelidade e eticidade que caracterizam a já então difundida teoria da burocracia weberiana.[10] Trata-se do fenômeno da *pubblicizzacione* da relação de trabalho público, com uma regulamentação exclusivamente de fontes heterônomas e com o desenvolvimento da relação jurídica por meio de atos administrativos, "marcando o caráter unilateral e imperativo da ação administrativa".[11]

Nessa época, a jurisprudência administrativa fixava as características da "relação de emprego público": o concurso como meio de seleção dos sujeitos; o ato administrativo de nomeação como título jurídico que dá origem à relação pública de trabalho; o rígido sistema de progressão na carreira; a densa regulamentação dos fatos modificativos da relação; a centralidade do exercício autoritário dos poderes disciplinares; a extinção

---

[6] V. F. TURATI, *apud* STEFANO BATTINI, "Le Fonti della disciplina del rapporto di lavoro con le Pubbliche Ammnistrazioni: Da una Regolamentazione Unilarerale all'altra?", *in RTDP*, nº 3, 2007, pág. 627-639, esp. pág. 627.

[7] V. STEFANO BATTINI, "Il Licenziamento ...", pág. 38.

[8] V. STEFANO BATTINI, "Le Fonti della disciplina ...", pág. 630, afirmando acerca de um tácito Pacto GIOLITTI-TURATI.

[9] V. MARIO RUSCIANO, "Giannini ...", pág. 1117.

[10] V. MASSIMO D'ANTONA, "Lavoro Pubblico e Diritto del Lavoro: La Seconda Privatizzazione del Pubblico Impiego nella «Leggi Bassanini»", *in* http://w3.uniroma1.it/masterlavoro/master_2011_file/Dottrina_D'Antona_La%20seconda%20privatizzazione.pdf, acesso em 2/11/2011.

[11] Cf. ALBERTO ROMANO, "El Derecho administrativo italiano desde la unificación nacional hasta las recientes reformas: aspectos de su evolución", *in DA* nº 248-249, maio-dezembro, 1997, pág. 51-69, esp. 57.

da relação conforme eventos formalmente previstos, circunstanciados e motivados; e a fixação normativa da retribuição; a ampla discricionariedade administrativa na atribuição da titularidade dos cargos.[12] Segundo a lei (1923), "a relação de emprego (público) não é uma simples prestação de trabalho, (...) senão uma relação ética em virtude da qual o funcionário é admitido pela Administração".[13] Para Giannini, em análise de anos posteriores, a interpretação rigorosa do princípio da legalidade que esteve no substrato dessa legislação veio culminar num "igualitarismo" que acabou por não permitir a eliminação dos ineficientes, nem a valorização dos particularmente capazes.[14]

Os anos que se seguiram (décadas de 30 e 40) foram, portanto, de absoluto rechaço às concepções contratualistas da disciplina da relação de trabalho com a Administração Pública e daquelas linhas de pensamento que apontavam simetrias com a relação de emprego (privada). A relação de trabalho com a Administração Pública também se compreendia como consequência de seu poder de auto-organização. A especificidade da relação jurídica de emprego público não tinha tanto em vista o tipo ou a substância da prestação laboral, mas o fato de essa relação integrar o aparato administrativo,[15] o que se alinhava à teoria jurídico-orgânica do Estado (ou à tese da impermeabilidade jurídica do Estado).[16] Nesse sentido, reforçava-se o fato de que a disciplina normativa da relação de trabalho deveria abarcar todos aqueles trabalhadores da Administração Pública (e não apenas uma parte deles). O pensamento dominante no tema da Função Pública era representado pela denominada "geometria legal", de raiz descartiana.[17] Ressalte-se que se estava sob a égide de um Estado fascista.

No ano de 1927, editou-se a conhecida *Carta del Lavoro*,[18] passando o Direito do Trabalho a ter uma regulação específica no que tange ao trabalho subordinado. Assim, a doutrina (em especial, a administrativista e a trabalhista) desenvolvia-se sob "um verdadeiro e próprio choque de categorias jurídicas: a subordinação, de um lado, e a supremacia especial, de outro",[19] culminando com uma disciplina diversa e específica para cada uma dessas respectivas relações jurídicas de trabalho.

O desenvolvimento de novas atividades (industriais e comerciais) por parte da Administração alterou o quadro até então estabelecido. No ano de 1941 é editada uma lei que determina a aplicação das regras laborais comuns aos trabalhadores dos entes públicos econômicos, com o repasse das controvérsias ao juiz ordinário.[20] Passava a não

---

[12] V. MARIO RUSCIANO, *Idem*, pág. 1117.
[13] V. ALFREDO COPARCI, "Reformas en la laboralización de la relación de empleo público en Itália: aspectos constitucionales y referencia a la normativa más reciente", *in DA*, nº 243 (setembro-dezembro), Madrid, 1995, pág. 247-292, esp. 250. Não sem razão a exigência de o funcionário ter filiação partidária.
[14] *Apud* MARIO RUSCIANO, *Idem*, pág. 1117.
[15] V. ALFREDO COPARCI, "Reformas ...", pág. 252.
[16] V. PAULO VEIGA E MOURA, *A Privatização* ..., pág. 30; FLORIVALDO DUTRA DE ARAÚJO, "O Estudo do Direito da Função Pública: Avaliação e Perspectivas", *in* MARTHA LUCÍA BAUTISTA CELY e RAQUEL DIAS DA SILVEIRA (Coord.), *Direito Disciplinário Internacional*, vol. I, Ed. Fórum, Belo Horizonte, 2011, pág. 189-201, esp. 189.
[17] V. LUCIO FRANZESE, "Autonomia ...", pág. 679.
[18] Como é sabido, a *Carta Del Lavoro* influenciou o sistema sindical brasileiro, assim como o português (corporativismo). O Brasil ainda adota o modelo de sindicato único até a presente data, sem ratificação da Convenção nº 87 da OIT (liberdade sindical).
[19] Cf. GIUSTINA NOVIELLO e VITO TENORE, *La Responsabilità e il procedimento disciplinare nel Pubblico Impiego Privatizzato*, Giuffré, Milão, 2002, pág. 2.
[20] V. ALFREDO COPARCI, "Reformas ..", pág. 252.

ser mais justificável a diferenciação de regimes jurídicos nas atividades essencialmente semelhantes àquelas empreendidas pelo setor econômico privado, novamente aproximando as distâncias entre o "empregado público" e o "empregado comum".[21]

Assim, no que tange à Administração Empresarial do Estado, a relação de trabalho tornava-se "privatizada". Nesse âmbito subjetivo e objetivo, viabilizava-se a utilização das convenções coletivas de trabalho e da relação de emprego regulada pelo Direito Privado (Direito do Trabalho).[22] Quanto à Administração não empresarial do Estado, o regime (e a doutrina) de matriz exclusivamente publicística era o que dominava. Contudo, com o recrudescimento do Estado Social, designadamente após a 2ª Grande Guerra, era natural questionar-se acerca da especificidade do "Emprego Público" e sobre os direitos coletivos dos funcionários públicos.

No início de 1948 entra em vigor a atual Constituição da República da Itália. No que tange ao nosso tema, diretamente: o artigo 97 assegura o bom funcionamento e a imparcialidade da administração (1); a fixação das competências e responsabilidades dos funcionários em ato normativo (2) e a exigência de concurso para o acesso aos cargos públicos (3). O artigo 98 fixa que os funcionários públicos estão a serviço exclusivo da Nação (1). O artigo 51 assegura a igualdade no acesso dos italianos (ou equiparados a) aos órgãos públicos. Finalmente, o artigo 28 garante a responsabilidade dos funcionários e empregados do Estado e os artigos 35 a 48 asseguram os direitos dos trabalhadores, indistintamente, dentre os quais a liberdade sindical e a autonomia coletiva (art. 39).

A partir da promulgação da Constituição, a doutrina passou a negar o condicionamento constitucional de um modelo juspublicístico de trabalho com a Administração Pública, afirmando que o princípio da legalidade (em especial, da reserva de lei em matéria de organização dos entes públicos) não inviabilizava a presença de um espaço para a contratualização da Função Pública.[23] Além disso, afirmava-se que Constituição havia deixado um espaço de discricionariedade ao legislador infraconstitucional para optar entre o regime de trabalho jurídico-público e o jurídico-privado com a Administração Pública, pois ambos poderiam ser aptos a cumprir as exigências do artigo 97, tanto assim que a Administração Pública Empresarial, regida pelo direito privado, não atentava contra esse dispositivo constitucional.[24] Em suma, "o bom funcionamento e a imparcialidade podem ser garantidos também no regime de direito privado, através de regras, controles e forma de responsabilidade que são compatíveis com tal regime".[25] Nessa linha foi, inclusivamente, anos depois, a sentença da Corte Constitucional italiana, de nº 313/1996, quanto à legitimidade constitucional da "privatização do Emprego Público".[26]

---

[21] V. MASSIMO SEVERO GIANNINI, "Impiego Pubblico", pág. 299. Sobre essa aproximação paulatina e o início do debate doutrinário, V. AGATINO CARIOLA, *La nozione costituzionale di pubblico impiego*, Giuffrè, Milão, 1991, pág. 99 e seg.

[22] V. MASSIMO SEVERO GIANNINI, *Ibidem*.; MARIO RUSCIANO, "Giannini ...", pág. 1118. Na literatura italiana, a Convenção Coletiva de Trabalho é identificada por "contratos coletivos".

[23] Quando se alude à contratualização, está se referindo à possibilidade de que âmbitos da relação de trabalho com a Administração Pública sejam reservados à regulamentação por convenções coletivas de trabalho.

[24] V. ALFREDO COPARCI, "Reformas ..", pág. 256-259. V. MASSIMO D`ANTONA, "La Disciplina del Rapporto di Lavoro con le Pubbliche Ammnistrazione – dalla Legge al Contratto", *in* STEFANO BATTINI e S. CASSESE, *Dall'Impiego Pubblico al Rapporto di Lavoro* ..., pág. 1-21, esp. 9.

[25] V. MASSIMO D`ANTONA, "La Disciplina ...", pág. 9.

[26] V. http://www.giuri.unibo.it/NR/rdonlyres/C1182229-71C9-4160-A79B-A4114A2E3C88/72743/Sentenzepubblico impiego.pdf, acesso em 3/11/2011. V. VALERIO TALAMO, "Pubblico e Privato nella legge delega per la Riforma

As concepções jurídico-públicas ainda não haviam, todavia, entrado em crise (eis que não haviam sido profundamente questionadas, apesar das semelhanças apontadas com o trabalho prestado na seara privada) quando foi editado o Estatuto de 1957 dos funcionários civis do Estado (Decreto do Presidente, de nº 3 de 10/01), diploma que reforçou o caráter "separado" do "Emprego Público",[27] de feição unilateral e estatutária. Tratava-se, segundo a doutrina, da "bíblia do empregado público tradicional".[28]

Os anos que se seguiram (décadas de 1960 e 1970) foram caracterizados não só pela afirmação do reconhecimento dos direitos coletivos (sindicais) aos funcionários públicos (o que acabava por redundar no questionamento acerca do papel reservado à contratação coletiva na Função Pública[29]), nomeadamente na Itália, como também de questionamentos acerca da "crise do Estado" e o seu comprometimento orçamentário. Iniciava-se a bancarrota do Estado Social e a pregação de que necessário "menos público e mais privado".[30] Não suficiente, no aspecto orgânico da AP, verifica-se a crescente diversificação administrativa, seja com o aumento das tarefas das Regiões e autarquias locais, com a consequente diversificação dos empregados públicos.[31] Para além dessas questões, existiam peculiaridades na Itália que agravavam a situação de falta de eficácia e de transparência do aparato público.[32]

Agregue-se a isso o fato de que, historicamente, os sindicatos da Itália, segundo nos dá notícia a doutrina, eram muito fortes e representativos e apoiavam a "contratualização" do regime jurídico da Função Pública.[33] Ademais, o país havia apresentado um aumento salarial desproporcional em relação ao resto da Europa, comprometendo-se, orçamentariamente, além do possível. A legislação havia estabelecido, até então, "mais privilégios do que direitos", para além de não ser uniforme, nem sistemática.[34] Afirmou-se que

---

del Lavoro Pubblico", in WP CSDLE (Working Papers – Centro Studi di Diritto del Lavoro Europeo 'Massimo D'Antona'), 101/2010, Bari, Itália, pág. 2-13, esp. 8. Não se deve deixar de mencionar também a sentença de nº 309 de 1997 da Corte Constitucional, que também entendeu ser infundada a questão de legitimidade constitucional da alteração da mudança da natureza jurídica da relação de trabalho com a AP diante do art. 39 da Constituição, que dispõe sobre a eficácia *erga omnes* dos contratos coletivos.

[27] V. GIUSEPPE BENFENATI, "Il Diritto del lavoro nel pubblico impiego: le differenze con il settore privato" – Lezione tenuta al corso lungo per dirigenti sindacali, IV modulo, Scuola Ial Cisl – Cervia- 23/24/25 ottobre 2007, in http://www.istitutodegasperi-emilia-romagna.it/pdf/benfenati.pdf, acesso em 3/11/2011, pág. 1-57, esp. 5. V. PITRO VIRGA, Il Pubblico ..., pág. 11.

[28] Cf. MANUEL MARTÍNEZ BARGUEÑO, "La Reforma da Relación de empleo público en Italia", in GAPP, Janeiro – Abril, nº 2. 1995, pág. 27-46, esp. 28. V. tb. ALBERTO PALOMAR OLMEDA, Derecho ..., pág. 146. V. MASSIMO SEVERO GIANNINI, "Impiego Pubblico", pág. 300.

[29] V. MASSIMO SEVERO GIANNINI, Ibidem, pág. 305.

[30] V. FRANCO CARINCI, "La Riforma ..., pág. 191.

[31] V. GIUSEPPE BENFENATI, "Il Diritto del lavoro ...", pág. 5.

[32] Alude-se aos fenômenos como "Partitocrazia" (profunda promiscuidade dos partidos políticos com o governo), "lotizzazione" (fragmentação da Administração Pública em decorrência dos grupos políticos) e "tangentópolis" (tráfico de influências, corrupção e suborno na Administração Pública). V. MIGUEL SÁNCHEZ MORÓN, "Sobre la Reforma Administrativa Italiana del período de transición, con especial referencia a la organización administrativa y al Empleo Público", in RAP(Esp), nº 134, Maio-Agosto, 1994, Madrid, pág. 471-489, esp. 473. V. MARCO D'ALBERTI, "La administración pública italiana después de *tangentopoli*: lucha contra la corrupción y buena administración", in DA nº 288-249, maio-dezembro, 1997, pág. 73-91.

[33] V. FRANCO CARINCI, "La Riforma ...", pág. 191. Segundo este A., a "tríplice federal (CGIL-CISL-UIL) há visto como única terapia possível a privatização de emprego". Elucida ainda o A., às pág. 192, que os sindicalistas italianos preferem o termo "contratualização" (à "privatização"), para salientar à submissão à negociação coletiva. V. FRANCO CARINCI, "Filosofia e Tecnica di una Riforma", in RGLPS, Ano LXI, nº 4, 2010, pág. 451-466.

[34] V. SABINO CASSESE, "Il Sofisma della Privatizzazione del Pubblico Impiego, in RIDL, Ano XII, nº 3, 1993, pág. 287-318, esp. 287. V. MANUEL MARTÍNEZ BARGUEÑO, "La Reforma ...", pág. 28.

"o unilateralismo levou à hiperdiferenciação na Itália dos direitos dos empregados públicos".[35]

Em 1979, Massimo Severo Giannini, então Ministro da Função Pública, remete ao Parlamento o seu famoso "Informe";[36] aliás, logo após a OIT (Organização Internacional do Trabalho) adotar a sua Convenção nº 151, em 1978, sobre as relações de trabalho na Administração Pública e sobre a proteção do direito de sindicalização e negociação coletiva na Função Pública.

Segundo Giannini, nesse relatório, a matéria relativa ao pessoal do Estado teria entrado numa nova fase com a introdução da "contratação coletiva".[37] Justificou a proposta da "alternativa da privatização" sob o argumento de que a exclusiva jurisdição administrativa para a relação de trabalho com a Administração Pública, agregada ao controle do Tribunal de Contas, acabou por culminar na declaração (e no reforço) de natureza jurídico-pública de qualquer relação de trabalho na Administração Pública, "tão somente porque uma das partes dessa relação era um ente público, mesmo a partir de realidades que nasceram como relações de Direito Privado".[38] E afirma o jurista: "As relações de serviço são as mesmas na função pública e no emprego privado (...) A diferença está no seguinte: alguns dos funcionários públicos acrescentam à relação de serviço uma relação funcional, quando se convertem em titulares de um organismo do Estado e, em tal condição, realizam atos de autoridade, de poder público: são as pessoas através das quais se expressam as autoridades públicas; teremos, portanto, um grupo de funcionários públicos que tem um *status* especial, por ser, de fato ou potencialmente, os portadores de poder público. Haverá de perguntar-se então se não será possível outro caminho na privatização das relações de trabalho com o Estado, quando estas não estejam vinculadas ao exercício do poder público, conservando como relação de Direito Público somente aquelas a quem tal exercício lhes está ou possa estar confiado".[39]

Giannini, com efeito, recusava a ideia da AP como "Rei Midas" que "municipaliza" inexoravelmente tudo que toca, para além de considerar politicamente adequada a sustentação do papel participativo das entidades sindicais.[40]

A importância de Giannini no processo de "privatização[41]/despublicização" do regime da Função Pública na Itália é inegável. Trata-se, certamente, da maior referência

---

[35] V. STEFANO BATTINI, "Le Fonti della disciplina ...", pág. 577. Cf. MIGUEL SÁNCHEZ MORÓN, *Derecho* ..., pág. 29: na Itália, em face de suas características político-sociais e culturais, ter-se-ia cultivado a formação de uma "burocracia ineficaz e parasitária".

[36] V. MASSIMO SEVERO GIANNINI, "Informe ...", pág. 207-270.

[37] Na verdade, quando GIANNINI afirma essa nova fase, tem em vista os anos anteriores ao Informe, na Itália, com projeção da introdução da contratação coletiva na Função Pública. V. MASSIMO SEVERO GIANNINI, "Informe ...", pág. 236: "o longo acordo negociado de 1976 a 1979 deu como resultado dois projetos de lei: um, da lei marco sobre a função pública; e outro, sobre a concretização do acordo em ato normativo".

[38] V. MASSIMO SEVERO GIANNINI, "Informe ...", pág. 237.

[39] V. *Idem*, pág. 238.

[40] V. MARIO RUSCIANO, "Giannini ...", pág. 1120 e 1138.

[41] Quando nos referimos ao termo *privatização*, neste caso ("privatizado"), estamos aludindo apenas à privatização formal, ou seja, à submissão a normas de direito privado ou construídas consensualmente. Contudo, há vários significados para esse termo. V. PAULO OTERO, *Privatizações* ..., pág. 11, com outros significados para o termo. V. PAULO OTERO, "Coordenadas Jurídicas da Privatização da Administração Pública", *in ST nº* 60, Coimbra Editora, Coimbra, 2001, pág. 31-57, esp. 37. Tb. JOÃO BILHIM, "Reduzir o insustentável peso do Estado para aumentar a leveza da Administração", *in RAPP*, vol. I, nº 1, 2000, pág. 24. MARIA SYLVIA ZANELLA DI PIETRO, *Parcerias na Administração Pública – Concessão, Permissão, Franquia, Terceirização e outras formas*, Ed. Atlas, São Paulo, 1996, pág. 11.

doutrinária e histórica nessa matéria, o que justifica se tenha agora trazido à tona os seus argumentos; os quais, de um modo ou de outro, conduziram às reformas de 1983 e de 1993. Pelo seu "Informe" (1979), depreende-se que Giannini defendia a implementação de um regime dual,[42] possivelmente como é configurado o alemão.

Em 1983 foi editada a Lei Marco nº 93. Essa lei introduziu a convenção coletiva de trabalho como fonte normativa da relação de trabalho com a Administração Pública; porém, não ainda como fonte direta.[43] Nesse aspecto, já se tratava de uma grande abertura ao Direito Privado (do Trabalho), do ponto de vista da doutrina jusadministrativa, pelo abalo da "cultura da reserva de lei" em matéria de completa organização dos entes públicos.[44] Essa lei teve como objetivos conter a despesa pública e atribuir uma parcela de participação aos sindicatos na conformação jurídica da relação de emprego público, para além de atender ao art. 97 da Constituição (princípios da imparcialidade e da boa administração).

Entretanto, o regime de trabalho permanecia público; ou melhor, a regulamentação da matéria ainda se dava por normas de Direito Administrativo Especial e a justiça administrativa permanecia competente para as controvérsias dele decorrentes.[45]

A lei separou, de forma clara, as matérias que tinham de ser reguladas de forma unilateral (objeto de lei, em conformidade com o art. 97 da Constituição) e aquelas que poderiam ser estabelecidas por autonomia coletiva (objeto de convenção coletiva de trabalho).[46] Daí por que Carinci aduziu: "a lei marco pode considerar-se como um híbrido entre o público e o privado, entre a conservação do *status* do empregado e a contratualização de seu regime econômico-normativo".[47]

Anos depois, o próprio Giannini apontava as fragilidades da Lei Marco nº 93/83, entre elas o pressuposto da existência de sindicatos altamente sensíveis e responsáveis e de um órgão do Estado "fortificado" (para cumprir o objetivo da contenção da despesa pública diante da negociação coletiva). Assim, após algum lapso de vigência desta, o jurista afirmava que a lei não havia cumprido o seu objetivo, pois a "distinção entre lei e contrato não era respeitada".[48] A situação culminou com uma nova crise,[49] que dará azo ao fim do "breve século do Emprego Público",[50] enquanto categoria à parte do Direito Laboral comum.

---

[42] *In* "Informe ...", pág. 238.
[43] V. LUCIO FRANZESE, "Autonomia ...", pág. 675. ALBERTO TAMPIERI, *Contrattazione Colletiva e Potere Disciplinare nel Lavoro Pubblico*, Giuffrè, Milão, 1999, pág. 7.
[44] V. MASSIMO D'ANTONA, "La Disciplina ...", pág. 9. Segundo o A., a "privatização do emprego público (na Itália) tem encontrado obstáculos de ordem cultural". "A cultura da reserva da lei como baluarte contra a contratualização, resultado da concepção quase ideológica da reserva de lei em matéria de organização dos entes públicos".
[45] V. MANUEL MARTÍNEZ BARGUEÑO, "La Reforma ...", pág. 31. MARIO RUSCIANO, "Giannini ...", pág. 1117.
[46] V. ALBERTO TAMPIERI, *Contrattazione* ..., pág. 4 e pág. 62.
[47] Apud MANUEL MARTÍNEZ BARGUEÑO, "La Reforma ...", pág. 31. V. FRANCO CARINCI, "Una reforma abierta: la denominada privatización del empleo público", *in DA* nº 250-251, janeiro-agosto, 1998, pág. 73-91, esp. 74. Tb. GIUSEPPE BENFENATI, "Il Diritto del lavoro ...", pág. 6.
[48] Apud MARIO RUSCIANO, "Giannini ....", pág. 1121. V. FRANCO CARINCI, "Una reforma abierta ...", pág. 74-75.
[49] V. LUCIO FRANZESE, "Autonomia ...", pág. 667. V. SABINO CASSESE, "Il Sofisma ...", pág. 289. V. ALBERTO PALOMAR OLMEDA, *Derecho* ..., pág. 149. V. MANUEL MARTÍNEZ BARGUEÑO, "La Reforma ...", informando o endividamento da Itália como sendo o maior da Europa, na época.
[50] V. MASSIMO D'ANTONA, "Lavoro Pubblico ...", pág. 1.

De todo modo, assentou-se definitivamente a compatibilidade de um espaço para contratualização (em especial, coletiva) no âmbito das relações de trabalho com a Administração Pública não empresarial na Itália, quebrando-se o dogma da unilateralidade do regime jurídico-público do Emprego Público como decorrência natural da reserva legal (e estatal) em matéria de organização (*lato sensu*) administrativa.

2 O "emprego público privatizado" e a "relação de trabalho com a Administração Pública"

Em 1992, foi editada a Lei nº 421 e, posteriormente, o Decreto-Lei nº 29/1993 (conjuntamente referidos como a 1ª Reforma). A partir de então, a relação de trabalho com a Administração Pública passou a ser regida pelo Direito Privado (por isso, vulgarizou-se o termo "Emprego Público privatizado" ou "privatização do Emprego Público"[51]). Doravante, o vínculo jurídico do trabalhador público-Estado, salvo algumas categorias não abarcadas, tornou a ser regulado pelos contratos de trabalho (individuais e coletivos) e pela legislação laboral e civil (mudança nas fontes legais), enquanto a jurisdição competente para a apreciação das controvérsias decorrentes dessas relações laborais transfere-se para a ordinária (social),[52] com exceção das matérias estritamente administrativas (como o procedimento concursal; os requisitos para acesso, por exemplo).

A viragem na regulamentação do trabalho público orientou-se, assim, seja para o aspecto econômico e sinalagmático da relação jurídica de emprego público,[53] como também pelo princípio da igualdade entre as partes; pressuposto absolutamente estranho à categoria do "Emprego Público" enquanto integrante do âmbito do "Direito Administrativo Especial", marcado pela autoridade da AP. Essa revolução jurídica contou com o apoio de reconhecida doutrina (Giannini, Cassese, Treu, Carinci, Corso) e dos próprios sindicatos,[54] evidentemente, em face da importância atribuída à autonomia coletiva.[55] Inicia-se, nessa época, na Itália o que se chegou a denominar de "explosão bibliográfica laboralizadora".[56]

Em síntese, equipararam-se, no plano jurídico, os trabalhadores da Administração Pública aos trabalhadores do setor privado, salvo exceções expressamente apontadas.

---

[51] V. SABINO CASSESE, "Il Sofisma ...", pág. 308, entende ser um abuso linguístico utilizar-se da expressão "privatização", que vai além do que teria efetivamente ido a legislação de 1992/1993. Tb. FRANCO CARINCI, "La Riforma ...", pág. 191.

[52] Não se pode esquecer que a Itália adota o sistema de Justiça Administrativa, bastante difundido na Europa Continental. As controvérsias que envolvem a Administração Pública (em especial, não empresarial) são da competência exclusiva do juiz administrativo. A existência dos Tribunais Administrativos tem a sua origem, como é cediço, no princípio da separação dos poderes de vertente francesa, designadamente Constituição da França de 1791 (capítulo V, artigo 3). A reforma italiana de 1992/1993 atribuiu ao juiz ordinário a competência para as controvérsias do "emprego público" após 03 anos da vigência da lei, exceto os litígios em matéria concursal. A mudança de jurisdição era desejosa pelos sindicatos, que afirmavam que o juiz administrativo havia "petrificado" em demasia a matéria do Emprego Público.

[53] V. ROBERTO CAVALLO PERIN e BARBARA GAGLIARDI, "Status dell'Impiegato Pubblico, Responsabilità disciplinare e interesse degli ammnistrati", in *DA(it)*, Ano XVII, nº 1, 2009, pág. 57-89, esp. 63.

[54] V. FRANCO CARINCI, "La Riforma ...", pág. 191.

[55] V. GUIDO CECORA, "Le Modificazioni dei principali instituti dell'impiego pubblico introdotte dai primi contratti colletivi di Diritto Comune", in SABINO CASSESE e STEFANO BATTINI (Coord.), *Dall'Impiego Pubblico al rapporto di lavoro com le pubbliche ammnistrazioni*, Giuffrè Editore, Milão, 1996, pág. 23-36.

[56] Cf. JOSEFA CANTERO MARTÍNEZ, "Bibliografia sobre de la Función Pública", in *DA*, nº 243, Setembro-Dezembro, 1995, pág. 349-364, esp. 350.

Aliás, conforme assentado no decreto, um dos objetivos da reforma era (e até hoje continua a ser, pois foi reiterado esse objetivo) justamente "integrar gradualmente a disciplina de trabalho público com aquela do trabalho privado".[57] Além disso, a privatização alcançou todos os níveis do Estado (territorial, regional e local) e toda a Administração Pública não empresarial.[58] Portanto, essa privatização foi incontroversamente ampla; porém, não foi completa, quer seja do ponto de vista da disciplina normativa (manutenção de vínculos e incidências jurídico-públicos), quer seja do ponto de vista subjetivo (manutenção de uma efetiva FP ou carreiras realmente públicas).

As categorias não reguladas pelo Direito Privado e que permaneceram integralmente regradas pelo Direito Público e normas de origem publicística (específicas) são: os magistrados (juízes e membros do Ministério Público), os advogados e procuradores do Estado, os fiscais, o pessoal militar e das forças armadas, os membros de carreira diplomática e de carreira prefeitural.[59] Tratou-se de exclusão de ordem político-legislativa, que levou em conta, em geral, o exercício mais evidente de poderes de autoridade. A lei italiana, assim, preferiu não adentrar na discussão (sempre tão árdua) sobre a relevância ou não do exercício de poderes públicos pelos funcionários não excluídos da privatização, identificando nominalmente restritas categorias que não seriam reguladas contratualmente e pelo Direito Privado, sob o pressuposto da presença marcante da *autoritas* (nessas categorias).[60]

Além disso, determinadas matérias não foram contratualizadas e continuavam a depender da densificação da lei, de regulamentos e de atos administrativos, tendo como norte a prossecução do interesse público, tais como: organização dos serviços, determinação das plantas orgânicas, seleção e concurso de promoção, liberdade de cátedra, regime de incompatibilidades.[61]

A organização dos serviços (ou a organização administrativa), cujo fundamento relaciona-se com o poder de auto-organização administrativo, foi diferenciada da "gestão de pessoal" (ou da "relação de serviço"[62]); aquela manteve-se sob o império do Direito Administrativo e da reserva legal ou da autoadministração; essa foi transferida para o

---

[57] V. art. 1º, alínea c. Ressalte-se que, no plano doutrinário, nos anos anteriores ao Decreto nº 29/93, já existia essa tendência unificadora, com expoentes como SABINO CASSESE e MASSIMO SEVERO GIANNINI. S. CASSESE afirmou que apenas preocupações ideológicas e culturais conseguiram manter que a teoria do emprego público tivesse resistido até então como nitidamente separada do emprego privado. *Apud* MANUEL MARTÍNEZ BARGUEÑO, "La Reforma ...", pág. 30. Posteriormente, S. CASSESE criticou a reforma do Emprego Público. V. SABINO CASSESE, "Il Sofisma della Privatizzazione", *in* RIDL, Ano XII, nº 3, 1993, pág. 287-318, esp. 299. V., sobre essa crítica de CASSESE, RAMÓN PARADA, *Derecho del Empleo Público*, Marcial Pons, Madrid, 2007, pág. 34. Este A. é defensor de um modelo funcionarial estatutário e público e, portanto, entendeu como sendo procedentes as críticas de CASSESE.
[58] V. art. 1º, item 2. SABINO CASSESE criticou esse ponto da Reforma, uma vez que ela considerou unitária uma Administração pluriforme, dentro do chamado "Estado Multiorganizativo". *In* "Il Sofisma ..", pág. 308.
[59] V. art. 2º, item 4. Na carreira prefeitural, a privatização ocorreu apenas em categorias mais inferiores. Ainda, permaneceram públicas as relações de trabalho dos professores universitários e investigadores, bombeiros não voluntários, carreira penitenciária. V. art. 2º, item 5. V. LUCIO FRANZESE, "Autonomia ...", pág. 692. V. NUNO VASCONCELOS ALBUQUERQUE SOUSA, *La Función* ..., pág. 263.
[60] V. FRANCO CARINCI, "La Riforma ...", pág. 192; e LUCIO FRANZESE, "Autonomia ...", pág. 686.
[61] V. FRANCO CARINCI, *Ibidem*, pág. 192. Tb. MIGUEL SÁNCHEZ MORÓN, "Sobre la Reforma ...", pág. 486: ANTÔNIO CÂNDIDO DE OLIVEIRA, "Programa de uma Disciplina de Direito da Função Pública", *in SI*, Tomo LI, nº 294, Setembro-Dezembro, 2002, pág. 455-460, esp. 456.
[62] V., explicando a distinção formulada por ALESSI, JOSÉ A. GARCÍA-TREVIJANO FOS, "Relación Organica y Relación de Servicios en los Funcionarios Públicos", *in RAP(Esp.)*, Ano V, nº 13, Janeiro-Abril, 1954, pág. 53-101.

âmbito da autonomia privada (individual e coletiva). Por isso, nesse aspecto, fala-se na "dupla capacidade" da Administração Pública: capacidade jurídico-pública (vinculada à sua competência organizatória ou de macro-organização) e capacidade jurídico-privada (de gestão das relações de trabalho e na celebração de convenções coletivas de trabalho; ou de micro-organização).[63] De todo modo, a separação entre uma e outra coisa, na prática, nem sempre é fácil de ser traçada.[64]

O assentamento de que a Administração Pública atua, em relação aos seus empregados, como um empregador privado, com a qualificação do poder disciplinar administrativo como efetivo "poder laboral privado",[65] acaba por confirmar a existência e o reconhecimento de uma (dada) capacidade jurídico-privada à Administração Pública.[66] Desse modo, radicalmente, o poder disciplinar da Administração Pública deixa de ter fundamento na vetusta "supremacia especial" dessa em relação ao seu funcionário (e na autoridade estatal) e passa a justificar-se, assim como na doutrina juslaboral, como um instrumento da organização do empreendimento (no caso, público).[67] Trata-se, assim, de um efeito daquela integração jurídica entre o regramento do trabalho público e do trabalho privado;[68] sendo certo que não era mesmo desconhecido da doutrina o paralelismo entre o poder disciplinar laboral e o poder disciplinar administrativo.[69]

A mudança da natureza jurídica do poder disciplinar da Administração Pública, aliada a um controle jurisdicional do juiz ordinário, acarretou uma profunda alteração na avaliação dos atos provenientes do exercício desse poder. Assim, o poder punitivo da Administração Pública desata-se do "poder punitivo do Estado"; "o ilícito disciplinar não é um 'delito' de um ordenamento jurídico especial; mas constitui inadimplemento de obrigações assumidas contratualmente".[70] O poder disciplinar da AP passa a estar funcionalizado ao melhor funcionamento administrativo, relacionado à coordenação e à organização da prestação laborativa ("interesse negocial em sentido amplo"[71]).

Como poder privado, o poder disciplinar decorrente da relação de trabalho com a Administração Pública passa a ser controlável integralmente pelo juiz ordinário, sem salvaguarda do exame do mérito da questão pelo magistrado (anteriormente, enquanto

---

[63] V. GIUSTINA NOVIELLO e VITO TENORE, *La Responsabilità* ..., pág. 16-22. V. tb. LUCIO FRANZESE, "Autonomia ...", pág. 681; MIGUEL SÁNCHEZ MORÓN, "Sobre la Reforma ...", pág. 486.

[64] V. SABINO CASSESE, "Il Sofisma ...", pág. 302.

[65] V., por ex., EMILIO PREGNOLATO, "Articolo 2", in VITORIO ITALIA (Coordenador), *Le nuove leggi ammnistrative – L'Impiego Pubblico*, Giuffrè Editore, Milão, 2003, pág. 108: "as medidas de micro-organização devem ser consideradas ... atos negociais de Direito Privado". V. tb. MASSIMO D'ANTONA, "La Disciplina ...", pág. 20: "os poderes inerentes à gestão, seja singular ou coletiva da relação de trabalho (de direção, de controle, disciplinar), são poderes privados, que incidem sobre o contrato de trabalho, e não poderes públicos".

[66] V. BERNHARD KEMPEN, *Die Formenwahlfreiheit* ....

[67] Permanece a questão se, para as categorias não privatizadas, o poder disciplinar justifica-se ou não na autoridade do Estado.

[68] V. ALBERTO TAMPIERI, *Contrattazione* ..., pág. 2 e seg. Segundo ZOPPOLI, apud GIUSTINA NOVIELLO e VITO TENORE, *La Responsabilità* ..., pág. 7, o poder disciplinar baseia-se na "exigência real de consentir ao sujeito público ou privado, que desenvolve uma atividade organizada, valendo-se da colaboração de mais pessoas, de pôr regras rapidamente sancionáveis para a salvaguarda e o funcionamento da própria organização".

[69] V. MARIA DO ROSÁRIO PALMA RAMALHO, *Do Fundamento* ..., pág. 129. O próprio SANTI ROMANO abarcou esse ponto, *Scritti Minori* ... , pág. 88. V. MAURÍCIO GODINHO DELGADO, *A natureza jurídica do poder empregatício*, Tese de doutoramento, FDUFMG, Belo Horizonte, 1994.

[70] Cf. STEFANO BATTINI, "Il Licenziamento ...", pág. 56.

[71] Cf. ALBERTO TAMPIERI, *Contrattazione* ..., pág. 153. Segundo este A., o processo osmótico entre a disciplina do trabalho público com a do trabalho privado revelariam a gênese comum do poder disciplinar nos dois setores.

o poder disciplinar administrativo decorrente da supremacia especial daquela, o mérito da questão estava salvaguardado do controle do juiz administrativo[72]. Nesse sentido, a Administração Pública adquire maior autonomia perante a lei (pela menor vinculação ao princípio da tipicidade dos atos passíveis de punição disciplinar e pela própria discricionariedade administrativa – juízo de oportunidade e conveniência – de seu exercício); por outro lado, também o empregado público passa a ter uma maior garantia no confronto com a Administração Pública empregadora, uma vez que os efeitos do exercício do poder privado disciplinar podem ser mais intensamente controláveis pelo juiz ordinário.[73] O juiz (ordinário) do trabalho passa a deter poderes para avaliar se as disposições contratuais estão em conformidade com a lei (uma vez que a matéria disciplinar pôde ser densificada pela contratação coletiva[74]), bem como se houve violação ao princípio da proporcionalidade, anulando aquelas sanções que se afigurem desproporcionais.[75]

Com efeito, o papel do controle jurisdicional no exercício do poder disciplinar (privado) da Administração Pública adquire uma grande importância no "emprego público privatizado" italiano. Isso porque o trabalhador público passa a ser passível de dispensa nas mesmas condições que o trabalhador privado encontra-se sujeito, por "justo motivo" ou "justa causa" (resolução do contrato de trabalho). O DL utilizou-se, para tanto, de uma técnica "normativa mista"; reenviando, através de seu artigo 59, ao artigo 7º do Estatuto do Trabalhador e aos artigos 2.105 e 2.106 do Código Civil, os quais regulam, na seara privada, o rompimento do contrato por motivo justo.[76]

Outra novidade do "emprego público privatizado" italiano de 1993 foi a criação da ARAN – Agência para Representação Negocial da Administração Pública.[77] Trata-se de um órgão público independente que desenvolve, em nome da Administração Pública, a contratação coletiva. Tem como objetivos unificar, por setores da Administração Pública não empresarial, a negociação coletiva, bem como compatibilizar a elevação do gasto público com o orçamento do Estado. Todavia, sua presença seria obrigatória apenas nas negociações de âmbito nacional. Por isso, a convenção coletiva nacional adquire, perante a legislação de 1993, um papel dominante.[78]

---

[72] V. SANTI ROMANO, *Scritti Minori* ... , pág. 98. Segundo o A., "a aplicação da pena disciplinar por parte da Administração Pública não vai se sujeitar ao controle do magistrado, enquanto contra o ilegítimo uso da sanção privada será sempre possível de remediar jurisdicionalmente, no sentido de que juiz pode entrar no mérito da questão e ver se o inadimplemento de um dever possa dar lugar à resolução de um contrato ou o pagamento de uma pena". *Apud* STEFANO BATTINI, "Il Licenziamento ...", pág. 56, nota.
[73] V. STEFANO BATTINI, "Il Licenziamento ...", pág. 57. V. GIUSTINA NOVIELLO e VITO TENORE, *La Responsabilità* ..., pág. 4. V. GIUSEPPE MELIADÒ, "L'Effettività della tutela giurisdizionale nel Pubblico Impiego", *in RIDL*, Anno XXIX, 2010, pág. 65-89, aduzindo sobre a possibilidade de tutela específica no EP.
[74] V. ALBERTO TAMPIERI, *Contrattazione Colletiva* ..., pág. 13. V. GIUSTINA NOVIELLO e VITO TENORE, *La Responsabilità* ..., pág. 35-40.
[75] Segundo os Autores GIUSTINA NOVIELLO e VITO TENORE, *La Responsabilità* ..., pág. 35, esta é a posição da jurisprudência dominante, no sentido de que é lícito ao juiz do trabalho avaliar a desproporção da sanção e anulá-la em caso de violação ao princípio; porém não pode se substituir à Administração e diminuir a pena aplicada. Tal como acontece efetivamente no campo do Direito do Trabalho.
[76] V. SALVATORE MEZZACAPO, "Articolo 55", *in* VITTORIO ITALIA (Coord.), *Le Nuove leggi* ..., pág. 892-893.
[77] Agenzia per la Reppresentanza Negoziale delle Pubbliche Amministrazioni. V. http://www.aranagenzia.it. Neste *site*, encontramos maiores informações sobre a Agência, os contratos celebrados, as suas áreas de abrangência, *etc*.
[78] V. MASSIMO D'ANTONA, "La Disciplina ...", pág. 6, 20 e 21.

A ARAN é, na verdade, a demonstração de que, não obstante a Administração Pública tenha absorvido o conflito laboral próprio do setor privado e tenha privatizado as fontes normativas das suas relações de trabalho, inclusive com capacidade jurídico-privada, não é Administração Privada e, justamente por isso, existe a necessidade de observar vínculos inderrogáveis de despesas públicas.[79] O procedimento de negociação envolve as seguintes fases: a estipulação prévia da convenção coletiva com o sindicato representativo da categoria (projeto de convenção/protocolo de intenções); o parecer do comitê do setor; a certificação (positiva ou negativa) do Tribunal de Contas, após análise da compatibilidade financeira da contratação coletiva. Em caso positivo, a agência firma a convenção coletiva, que, então é, posteriormente, publicada oficialmente.[80]

Contudo, conforme aludiremos a seguir, a centralidade das convenções coletivas nacionais, em decorrência da necessidade da verificação de compatibilidade orçamentária pelo Tribunal de Contas da Itália, foi uma das causas de que, na prática, recorressem os sindicatos à negociação descentralizada ("contratação integrativa"), escapando-se ao controle externo de compatibilidade orçamentária e fazendo com que houvesse elevação da despesa pública.[81] Além disso, recente doutrina também denunciou que a ARAN, com os passar dos anos, não conseguia contrapor-se aos interesses dos trabalhadores, pela grande influência/interferência sindical.[82]

A outra linha marcante da reforma de 1992/1993 – mantida nas reformas sucessivas – foi a separação (ou a tentativa de) do *indirizzo* político da gestão administrativa (decisão política // decisão gestionária),[83] com a distinção demarcada entre (as esferas de competência do) Governo e (as esferas de competência da) Administração. Para tanto, criou-se a figura do dirigente público, "com características similares às do *manager* da empresa privada";[84] distinguindo-se essa "franja diretiva" da FP do resto dos empregados públicos em geral, com um estatuto específico e mais flexível.[85]

Conforme nos informa Gianfranco D'Alessio, assentou-se a legislação italiana, nesse aspecto: *i*) numa nítida distinção entre funções de *indirizzo* político-administrativo (reservadas aos órgãos de governo) e competências de gestão de concreto desenvolvimento da atividade administrativa (atribuídos aos dirigentes); *ii*) consequente reconhecimento de ampla autonomia operativa, com eliminação (quase total) das residuais formas de interferência política na esfera da ação própria desses dirigentes; *iii*)

---

[79] V. ALBERTO TAMPIERI, *Contrattazione ...*, pág. 7 e 45.

[80] V. PIETRO VIRGA, *Il Pubblico* .... V. MIGUEL SÁNCHEZ MORÓN, "Sobre la Reforma ...", pág. 487. A Corte Constitucional italiana ressalta que, na verificação da compatibilidade orçamentária das contratações coletivas, o Tribunal de Contas atua como órgão do Estado-Comunidade (e não como órgão do Estado-Governo). V. VALERIO TALAMO, "Pubblico e Privato ...", pág. 12.

[81] A recente crítica de BERNARDO GIORGIO MATTARRELLA, "La nuova disciplina di Incentivi e Sanzioni nel Pubblico Impiego", *in RTDP*, nº 4, 2009, pág. 939-961, esp. 941, elucida: "Na periferia, em sede de contratação descentralizada, a capacidade da Administração Pública de resistir às pressões dos interesses dos empregados foi ficando ainda menor. ... Neste quadro, a contratação coletiva nacional não poderia funcionar e foi mesmo transformada numa galeria do horror".

[82] Cf. BERNARDO GIORGIO MATTARRELLA, *Ibidem*, pág. 568.

[83] V. UMBERTO CARABELLI, "La 'Riforma Brunetta': un breve quadro sistemático della novità legislativa e alcune considerazione critiche", *in WP CSDLE (Working Papers – Centro Studi di Diritto del Lavoro Europeo 'Massimo D'Antona')* 101/2010, Bari, Itália, pág. 2-34, esp. 26.

[84] Cf. ALBERTO TAMPIERI, *Contrattazione ...*, pág. 138. V. LUIGI ANGIELLO, *La Valutazione dei Dirigenti Pubblici – Profili Giuridici*, Università degli Studi di Parma, Giuffrè Editore, Milão, 2001.

[85] V. FRANCISCO LONGO, *Mérito y Flexibilidade ...*, pág. 203.

atribuição a esses de adequados instrumentos para o exercício de seus poderes, graças à possibilidade de adotar determinações organizativas com poderes do empregador privado e de gestão de recursos humanos, instrumentais e de controle; *iv*) constituição de um corpo dirigencial preparado, com oportunos instrumentos de seleção e formação; *v*) contratualização (individual e coletiva) da relação de trabalho dos próprios dirigentes, cujas controvérsias também são pertencentes ao juiz ordinário;[86] *vi*) responsabilidade do dirigente por resultados, apurada objetivamente (e, portanto, com fundamento diverso da responsabilidade disciplinar); *vii*) critérios retributivos que valorizem a profissionalidade do dirigente, inclusive diante dos resultados por ele obtidos.[87]

A partir da "privatização" do "Emprego Público", a doutrina italiana passou a utilizar-se corriqueiramente da nomenclatura "relação de trabalho com a Administração Pública" ao invés daquela,[88] salientando, dessa forma, a aproximação (da regulamentação) do trabalho público com o trabalho privado.

Em 1997, as Leis nº 59 e nº 127 (Reforma Bassanini ou 2º Reforma) procedem a algumas alterações no regime do "Emprego Público Privatizado", retornando para a esfera da reserva legal temas que haviam sido antes contratualizados (trabalho a tempo parcial e horário de trabalho).[89] Imprime-se, ademais, mais flexibilidade e simplicidade na questão dos controles públicos com gastos decorrentes da contratação coletiva.[90] Além disso, renova-se o sistema de mobilidade dos "dependentes públicos".[91] O juiz ordinário torna-se competente para todas as controvérsias decorrentes dessa relação jurídica individual (pois houve um período de transição após 1993).

Em 2001, sobreveio a edição do Decreto Legislativo nº 165 (de 30/3), que consolida a "Norma geral sobre o ordenamento do trabalho do empregado da Administração Pública", atualmente em vigor, com alterações legislativas posteriores.[92]

De fato, após a grave crise mundial de 2008, em 2009 procedeu-se a uma nova reforma sobre o DL nº 165/2001 (Reforma Brunetta[93] ou 3ª Reforma – Lei nº 15/2009 e Decreto Legislativo nº 150/2009); porém, em sentido contrário ao inicial da "privatização". Procedeu-se a uma "parcial republicização" da relação de trabalho com a AP; ou, como também prefere mencionar a doutrina, uma "relegificação" ou "descontratualização" de determinadas matérias afetas a essa relação jurídica.[94]

---

[86] Tratou-se, na verdade, de uma alteração de 1996. V. PIETRO VIRGA, *Il Pubblico Impiego* ..., pág. 42.
[87] In "Introduzione", GIANFRANCO D'ALESSIO (coord.), *L'ammninistrazione como professione – I Dirigenti pubblico tra spoils system e servicio ai cittadini*, Il Mulino, Bolonha, 2008, pág. 8. V. ALBERTO TAMPIERI, *Contrattazione* ..., pág. 138.
[88] V. SABINO CASSESE e STEFANO BATTINI (Coord.), *Dall'Impiego Pubblico* ....
[89] V. SABINO CASSSESE, "Prezentazione", *in Dall' Impiego*..., pág. VIII.
[90] V. GAETANO D'AURIA, "Controlli Ammninistrativo e Lavoro Privato alle Dipendenze di Pubbliche Amministrazione", *in* SABINO CASSESE e STEFANO BATTINI (Coord.), *Dall'Impiego* ..., pág. 61-75.
[91] Cf. ALAN SUPIOT (e outros), *Transformações* ...., pág. 73.
[92] V. VITTORIO ITALIA (Coord.), *Le Nuove* ....
[93] O nome refere-se a Renato BRUNETTA, Ministro do Governo Berlusconi.
[94] V. BERNANDO GIORGIO MATTARELLA, "La nuova ...", pág. 939-961; UMBERTO CARABELLI, "La 'Riforma Brunetta'...", pág. 2 e seg.. V. tb. ALESSANDRO BOSCATI, "Dirigenza Pubblica: poteri e responsabilità tra organizzazione del lavoro e svolgimento dell'attività ammnistrativa", *in ILPA*, vol. XII, Janeiro-Fevereiro, nº 1, 2009, pág. 13-59; GAETANO D'AURIA, "I 'nuovo' controlli della Corte dei conti (dalla 'legge Brunetta' al federalismo fiscale, e oltre), *in ILPA*, vol. XII, Janeiro-Fevereiro, nº 3-4, 2009, pág. 469-496; VALERIO TALAMO, "Pubblico e Privato ...", pág. 2-11 e "Gli interventi sul costo del lavoro nell dinamiche della contrattazione collettiva nazionale ed integrativa", *in ILPA*, vol. XII, Janeiro-Fevereiro, nº 3-4, 2009, pág. 497-552. V. GIUSEPPE FERRARO, "Prove Generali di Riforma del Lavoro Pubblico", *in GDLRI*, nº 122, nº 2, ano XXXI, 2009,

Isso porque, no movimento de contração e extensão da reserva legal sobre a densificação da relação jurídica de emprego público (ou de trabalho com a AP), a lei reconquistou âmbitos que haviam sido anteriormente contratualizados (deixados como possíveis objetos de negociação coletiva), com uma "parcial revisão no sistema de fontes da disciplina";[95] mantendo-se, intacta, contudo, a natureza privatística dessa relação jurídica (com a incidência de normas jurídicas laborais e civilísticas). O objetivo declarado dessa reforma foi a redução do custo do trabalho público, com o incremento da produtividade (sustentabilidade dos gastos públicos).

Doravante, a contratação coletiva atuará exclusivamente nos limites dos "direitos e obrigações diretamente pertinentes à relação de trabalho e também em matérias relativas às relações sindicais", excluindo-se expressamente a convenção coletiva de âmbitos que classicamente não lhe pertenciam, quais sejam: a organização administrativa interna ("organização dos órgãos") e as prerrogativas dirigenciais.[96]

Segundo explica Valerio Talamo, instaura-se com a Reforma Brunetta uma divisão da disciplina jurídica da relação de trabalho com a AP em três esferas, mantidas por um "princípio de respeito à repartição entre as diversas esferas de competências": *i)* macro-organização administrativa, ordenada por atos unilaterais publicísticos, no espectro de seu poder de auto-organização e em conformidade com o *indirizzo* político; *ii)* micro-organização, a qual se desenvolve em conformidade com os atos de macro-organização e no domínio da autonomia dirigencial, sendo que os poderes do dirigente equivalem-se substancialmente aos poderes do empregador privado e são inegociáveis, em termos coletivos; *iii)* âmbito da contratação coletiva, nos limites dos direitos e deveres diretamente pertinentes à relação de trabalho (com especial relevância de competência para as matérias de repercussão retributiva).[97]

A validade da contratação coletiva deve ser aferida conforme o "princípio geral de inderrogabilidade imposto pelo sistema hierárquico das fontes",[98] revertendo-se, nesse aspecto, a lógica precedente, donde a atual natureza imperativa das normas do DL nº 165/2001 e a consequente aplicação da sanção de nulidade à cláusula coletiva nula/ilegal, nos moldes da legislação comum.[99] Além disso, a "contratação integrativa" deve complementar a contratação nacional nos âmbitos e limites da chamada "cláusula

---

pág. 239-262. V., tb., a *RGPS,* Ano LXI, nº 4, 2010, com vários artigos sobre a 3ª Reforma: GAETANO D`AURIA, "Il Pubblico Impiego dopo la Riforma del 2009. Presentazione", pág. 447-450; FRANCO CARINCI, "Filosofia ...", pág. 451-466; ALFREDO COPARCI, "Regime Giuridico e Fonti di disciplina del Rapporto di Lavoro nella Pubbliche Ammnistrazioni", pág. 467-480; FEDERICO SIOTTO, "L'inderrogabilità nel Lavoro Pubblico dopo la Riforma", pág. 481-492; GABRIELLA NICOSIA, "Efficienza, ética e buona gestione: Nuovi paradigma nel settore del lavoro pubblico", pág. 537-550; ANNA ALAINO, "Relazioni Sindicali e Contrattazione Colletiva nel D.Lgs. 150/2009: La Riforma alla 'Prova del Tempo'", pág. 551-564; FEDERICO MARIA PUTATURO DONATI, "Merito e Premialità nella Riforma del Lavoro Pubblico", pág. 565-582; CARMEN LA MACCHIA, "Contrattazione integrativa e buon andamento della Ammnistrazioni", pág. 583-601; e DANIELA COMANDÈ, "I Vincoli «a cascata» della contrattazione integrativa", pág. 603-614.

[95] Cf. UMBERTO CARABELLI, "La 'Riforma Brunetta'...", pág. 7.

[96] Cf. Art. 40-1, do DL nº 165/2001. V. ALESSANDRO NUCCI, "Il Sistema della relazioni sindicali nella Pubblica Amministrazione alla luce del Decreto Brunetta: Una rivoluzione copernicana?", in *RIDL,* nº 4, Anno XXIX, 2010, pág. 840-846; ALBERTO TAMPIERI, "Pubblico Impiego – Mutamento di mansioni – Equivalenza formal – Nozione Riferimento alla classificazione prevista dai contratti collettivi – Sufficienza", in *RIDL,* nº 1, Anno XXX, 2011, pág. 149-152 (comentários de jurisprudência).

[97] *In* "Pubblico e Privato ...", pág. 8.

[98] Cf. UMBERTO CARABELLI, "La 'Riforma Brunetta'...", pág. 9.

[99] V. BERNARDO GIORGIO MARRARELLA, "La nuova ...", pág. 943.

de reenvio", coordenando-se esses níveis de negociação e contratação coletiva.[100] Não suficiente, verificaram-se ainda mudanças no procedimento de negociação coletiva, determinando a nova legislação que, transcorrido o prazo para a contratação em sede descentralizada (não exitosa, portanto), o dirigente passa a assumir a possibilidade de regular autônoma e definitivamente aspectos não retributivos da relação jurídica, e, provisoriamente, até mesmo aspectos retributivos.[101]

Outra modificação implementada pela nova legislação, com relevância sobre o aspecto coletivo da disciplina da relação jurídica de trabalho com a AP, diz respeito à ARAN. Objetivou-se reforçar a independência da agência, principalmente em face das entidades sindicais,[102] a fim de se evitar a transformação de seu papel em mera *longa manus* da vontade dessas associações.[103]

A Reforma Brunetta também reformulou questões relacionadas à responsabilidade disciplinar dos empregados públicos e aos poderes dos dirigentes, reforçando a concretização do princípio meritocrático no curso da relação de trabalho.[104] Para tanto, implementou um sistema obrigatório de avaliação de rendimento dos empregados (inclusive através da instituição de uma comissão de avaliação[105]) e atribuiu consequências efetivas à avaliação positiva (retribuição econômica) ou negativa (responsabilidade disciplinar).[106] O procedimento de avaliação não visa apenas à análise individual, mas ao melhoramento da qualidade do serviço como um todo.

Além disso, a nova legislação introduziu outras figuras de ilícito disciplinar, inclusive passíveis de aplicação da sanção máxima de exoneração (*licenziamento disciplinare*, art. 55-quater do DL nº 165/2001). Retorna-se, por outro lado, a vinculação (obrigatoriedade) administrativa do dirigente no que tange ao exercício de seus poderes disciplinares, a ponto de a doutrina afirmar que esse aspecto da reforma reflete uma "verdadeira anomalia com respeito ao que ocorre no setor privado",[107] por envolver uma concepção

---

[100] *Ibidem*, pág. 20. Isso porque, na Itália, a contratação coletiva dos trabalhadores da AP desenvolve-se em 2 níveis: o nacional (contratos nacionais) e o setorial (dando origem aos contratos integrativos ou descentralizados). V. FLORIVALDO DUTRA DE ARAÚJO, *Negociação* ...., pág. 333-337. Atualmente, a lei fixa em 4 os setores (compartimentos) para contratação nacional, o que também foi uma alteração da Reforma Brunetta.

[101] V. UMBERTO CARABELLI, "La 'Riforma Brunetta'...", pág. 28.

[102] Cf. BERNANDO GIORGIO MATTARELLA, "La nuova ...";

[103] Cf. STEFANO BATTINI, "Le Fonti della disciplina del rapporto di lavoro con le pubbliche amministrazioni da un regolamentazione unilaterale all'altra?", *in RTDP*, nº 3, 2007, pág. 627-639, esp. 636. O A. chega a dizer que a influência sindical na ARAN chegou a tal intensidade que ocorreu um "unilateralismo às avessas", no sentido que seria justamente a parte privada a regular integralmente a relação de trabalho público.

[104] V. sobre o princípio do mérito na Itália e as suas dificuldades de aplicação prática, BERNARDO GIORGIO MATTARELLA, "Il Princípio del mérito e ...", pág. 642-649; FRANCO BASSANINI, "I principi costituzionali e il quadro istituzionale: distinzione fra politica e ammnistrazione, autonomia e responsabilità della dirigenza", *in* GIANFRANCO D'ALESSIO (coord.), *L'ammnistrazione* ..., pág. 31-61, esp. 48 e seg.

[105] V. ROBERTO CAVALLO PERIN e BARBARA GAGLIARDI, "*Status* dell'Impiegato Pubblico, Responsabilità disciplinare e interesse degli amministrati", *in DA(it)*, nº 1, 2009, pág. 53-89.

[106] V. BERNARDO GIORGIO MATTARRELLA, "La nuova ...", pág. 952; UMBERTO CARABELLI, "La 'Riforma ...", pág. 18.

[107] Cf. UMBERTO CARABELLI, *Ibidem*, pág. 29. Segundo este A., a alteração legislativa representa uma resposta ao "vergonhoso fenômeno de inércia que proliferou" na Itália. Ressalta que, em muitos casos de ilícitos disciplinares de menor importância, "a ameaça de sanção pode ser suficiente, e antes funcionalmente mais útil, do que a concreta aplicação desta". Por este e outros aspectos, este A. é contundente em afirmar que a Reforma Brunetta baseia-se numa concepção "neoautoritária" (ou também formalístico-burocrática) do regramento do trabalho público, enquanto o mais adequado e moderno seria uma concepção managerial-colaborativa.

vetusta do fundamento do poder administrativo-disciplinar. Isso porque, apesar dessa obrigatoriedade, os poderes do dirigente, em sede de condução das atividades prestadas pelos trabalhadores, mantiveram-se, ainda, como análogos aos do empregador privado.[108]

Apesar dessas relevantes remodelações decorrentes da Reforma Brunetta, a doutrina italiana tem sido harmoniosa em afirmar que não houve uma "republicização" ou uma "readministrativação" da relação jurídica de trabalho com a AP,[109] cujos traços principais da disciplina de 1992/1993 foram conservados, em especial: a sujeição da relação de trabalho com a AP às regras contratuais, no aspecto individual e coletivo (designadamente, quando há efeitos retributivos); a capacidade jurídico-privada do dirigente público relativamente à condução das atividades do trabalhador (poderes laborais); a contenção do custo de trabalho através de controles públicos sobre a contratação coletiva e a separação entre decisão política e decisão gestionária do aparato administrativo.

Finalmente, como já se mencionou nas linhas superiores, em nota, a Corte Constitucional italiana, em algumas decisões, teve a oportunidade de afirmar que a "privatização do emprego público" não é inconstitucional e que essa opção legislativa encontra-se albergada na liberdade de conformação do legislador infraconstitucional. Nesse sentido, a conformação privatística da relação de trabalho público italiana implementou-se integralmente ao nível infraconstitucional; e, desse modo, jurídico-constitucionalmente dizendo, não se afigura uma opção irreversível ou irrevogável, apesar de perfeitamente alinhada às hodiernas revisões da dogmática jusadministrativa.[110]

3 Um balanço: a quebra do dogma de que a "relação de trabalho na Função Pública é um caso à parte"

Do que expusemos sobre a evolução jurídica italiana dos últimos anos no tema da "relação de emprego público", podemos perceber um crescente movimento de "laboralização" da FP, não obstante a dita "parcial republicização" decorrente da 3ª Reforma (Brunetta).

De fato, esse movimento iniciou-se com o rompimento do domínio absoluto da AP/Estado sobre o disciplinamento da FP, através da abertura dada à contratação coletiva, ainda na década de 80 do século passado. Nesse sentido, permitiu-se a utilização de técnicas negociais e contratuais coletivas próprias do Direito do Trabalho num âmbito que antes era reduto exclusivo do princípio da reserva legal, tendo esse por consequência o caráter unilateral, publicístico e autoritário do regime. Nesse estágio, a "laboralização" identificou-se com a aproximação do regime funcionarial (coletivo) ao

---

[108] V. UMBERTO CARABELLI, *Ibidem*, pág. 7; VALERIO TALAMO, "Pubblico e Privato ...", pág. 7.
[109] V. VALERIO TALAMO, *Ibidem*, pág. 7.
[110] Para MASSIMO D'ANTONA, "La Disciplina ...", pág. 21, pelo menos em termos de desenvolvimento histórico do Direito, trata-se sim a privatização do Emprego Público de um processo irreversível. V. FRANCO CARINCI, "Massimo D'Antona e la 'Contrattualizzazione' del Pubblico Impiego: Un Tecnico al servizio di un'utopia", in *GDLRI*, nº 121, Ano XXXI, 2009, 1, pág. 25-51. Concorda GUIDO CECORA, "Le Modificazioni ...", pág. 34. V. SABINO CASSESE, "Le Transformazioni del Diritto Ammnistrativo dal XIX a Secolo XXI", in *RTDP*, Ano LII, 2002, pág. 27-40.

regime das relações de trabalho do setor privado[111] e foi especialmente favorecida pela consagração dos direitos sindicais aos funcionários públicos, principalmente no nível internacional e constitucional.

Num segundo momento, o da dita "privatização do emprego público" (1992/1993), a "laboralização" da FP na Itália adquire conteúdo mais radical, ou seja, a "substituição do direito público pelo direito privado".[112] Assim, aplicam-se à relação jurídica de trabalho estabelecida com a Administração Pública as normas (legais e coletivas) próprias do Direito do Trabalho e destinam-se as controvérsias daí decorrentes ao juiz ordinário (do trabalho), num paralelismo com o que se verifica no setor privado. Com isso, as distinções, antes tão "evidentes", entre as concepções jurídicas de subordinação (do empregado privado ao seu empregador) e de sujeição especial (do funcionário público à AP), esfacelam-se. A relação jurídica de trabalho público é equiparável, jurídica e pragmaticamente, à relação de emprego privado; e, portanto, quebrado o dogma erigido nos finais do século XIX de que o "trabalho prestado ao Estado/Administração Pública é um caso à parte" (do Direito Comum e, da sociedade trabalhadora, em geral).[113] A Itália, nesse aspecto, implementou uma verdadeira "revolução jurídico-cultural".[114]

Esse movimento jurídico-funcionarial é bastante compreensível no contexto histórico de construção democrática (abertura à concretização do princípio democrático, à participação e à concertação social) e de "fuga para o Direito Privado": "a 'despublicização', 'desregulação' administrativa e aplicação do instrumental jurídico-privado na conformação do trabalho subordinado na Administração Pública é também entendível (...) como produto da evolução num 'sentido anti-autoritário' da participação e do consenso da Administração".[115]

De toda sorte, a "privatização do Emprego Público" não foi total. São imperativos vínculos jurídico-públicos (como decorrentes do controle de gastos públicos) no *Impiego Pubblico Privatizzato* e especificidades (procedimento de contratação coletiva específico, existência da ARAN[116]), decorrentes da própria natureza jurídico-pública da Administração.[117] Além disso, sob o aspecto subjetivo, mantém-se (ainda que mais diminuta do ponto de vista quantitativo, mas qualitativamente muito importante) uma Função Pública em sentido estrito, integrada pelas carreiras funcionariais não privatizadas (cujo exercício marcante de poderes de autoridade é pressuposto), sobre as quais

---

[111] V. ANA FERNANDA NEVES, "Os 'desassossegos' ... pág. 51; CLÁUDIA VIANA, "A Laboralização ...", pág. 81; MARIA PALMA RAMALHO, "Intersecção ...", pág. 451; SILVIA DEL SAZ, "La Laboralización de la Función Pública: del contrato laboral para trabajos manuales al contrato de alta dirección", *in DA*, nº 243, setembro-dezembro, 1995, pág. 133-181.

[112] Cf. CLÁUDIA VIANA, "A Laboralização ...", pág. 81. V. MARIO RUSCIANO, "Lo Statuto dei lavoratori e il publico impiego", *in LD*, nº 1, 2010, pág. 101-121.

[113] Cf. ROGÉRIO VIOLA COELHO, "Questões ...", pág. 59, não haveria, de fato, uma "diferença ontológica" entre a atividade laboral de um servidor público e a de um trabalhador privado, que justificasse a doutrina juspublicística tradicional. Trata-se da tese de PALERMO, *apud* PAULO EMÍLIO RIBEIRO DE VILHENA, *Contrato ...*, pág. 137.

[114] Cf. PAULO VEIGA E MOURA, *A privatização ...*, pág. 346, aduzindo a "revolução cultural" da reforma italiana.

[115] Cf. ANA FERNANDA NEVES, "Os 'desassossegos' ...", pág. 51.

[116] Outra especificidade, em via de princípio, da relação de trabalho com a AP é a proibição de conversão do contrato de trabalho a termo celebrado ilegitimamente (em situações irregulares ou de forma sucessiva) em contrato de trabalho indeterminado. V. FEDERICO SIOTTO, "Una Breccia nel muro del Lavoro Pubblico: La Disapplicazione del divieto di conversione del contratto di lavoro a termine", *in RIDL*, nº 2, Anno XXX, 2011, pág. 374-383.

[117] É o que, de fato, defende desde há muito FRANCISCO LIBERAL FERNANDES, *Autonomia ...*, pág. 21, indicando algumas características específicas conservadas pelo emprego público, apesar de negar a separação jurídica do Emprego Público.

ainda se pode defender a permanência (ou a atualidade) dos fundamentos jurídicos de uma "sujeição agravada/supremacia especial", de uma "relação especial de sujeição" ou "relação especial de direito administrativo".[118] É nesse sentido, isto é, somente em termos relativos, que se pode compreender a *despublicatio funcionarial*[119] italiana.[120] Giannini já antevia esse resultado: "'o processo de aproximação' entre a relação de emprego público e a relação de trabalho privado, que chegar a um ponto de notável parecença, mas que não pode mais traduzir-se em uma total coincidência ou numa absoluta identidade entre as duas relações".[121] Afinal, a privatização deu-se sobre a "relação de trabalho (público), mas não sobre o empregador público".[122]

---

[118] Cf. NUNO VASCONCELOS ALBUQUERQUE SOUSA, *La Función* ..., pág. 257 e seg.

[119] O termo *despublicatio* na doutrina administrativa italiana é correntemente utilizado no que se refere ao fenômeno de privatização dos serviços públicos (para serviços de interesse geral ou obrigações de serviços públicos). V. SOFIA TOMÉ D'ALTE, *A nova configuração do setor empresarial do Estado e a empresarialização dos serviços públicos*, Livraria Almedina, Coimbra, 2007, pág. 117. Tb. PEDRO GONÇALVES, *Entidades Privadas com Poderes Públicos – O exercício de poderes públicos de autoridade por entidades privadas com funções administrativas*, Livraria Almedina, Coimbra, 2005, pág. 152-160. Também, pontualmente, encontramos o termo *despublicizado* na doutrina italiana no tema do Emprego Público. V. GIUSTINA NOVIELLO e VITO TENORE, *La Responsabilità* ..., pág. 480.

[120] V. ALBERTO TAMPIERI, *Contrattazione* ..., pág. 6-7. Por isso, SABINO CASSESE, in "Le Ambiguità ...", pág. 78, alude à "ambiguidade da privatização do emprego público", pois ela ainda conserva, em alguns pontos, a marca do Direito Administrativo. Tb. SABINO CASSESE, "Il Sofisma ...", pág. 302, ratifica esse ponto, na medida em que o "Emprego Público privatizado" encontra-se simultaneamente sujeito a normas privatísticas e publicísticas. V. salientando este aspecto, PAULO VEIGA E MOURA, *A privatização* ..., pág. 347. Por isto, a questão colocada por GIUSEPPE UGO RESCIGNO, ainda mais válida depois da reforma Brunetta: "La nuova disciplina del pubblico impiego – Rapporto di diritto privato especiale o rapporto di diritto pubblico especiale?", in *LD*, Ano VII, nº 4, Outono, 2009, pág. 553-563. V. MASSIMO CALCAGNILE, "Il Rapporto di impiego com gli enti pubblici e la Funzione Amministrativa", in *DA(it)*, nº 1, 2010, pág. 187-227.

[121] *Apud* MARIO RUSCIANO, "Giannini ...", pág. 1119.

[122] Cf. ALBERTO TAMPIERI, "Pubblico Impiego – ...", pág. 150.

DIREITO COMPARADO:
O EXEMPLO DA ALEMANHA

1 A formação do paradigma de burocracia profissional

O estudo do modelo funcionarial germânico afigura-se também de suma importância, ainda mais no contexto da aproximação dos regimes jurídico-público e jurídico-privado de trabalho prestado à Administração Pública/Estado. Isso porque, em termos jurídico-históricos e no âmbito da Europa Continental, a (atual) Alemanha é o país paradigmático no que refere ao desenvolvimento precoce do padrão clássico de burocracia profissional, o qual foi, então, posteriormente difundido para os demais países europeus, a partir da expansão napoleônica.[1] Não sem razão, a teoria da burocracia[2] (a weberiana) foi possível a partir da observação do fenômeno sociológico (e funcionarial) que se emergia em paralelo à transformação do Estado (à sua racionalização e ao surgimento do Capitalismo). Mesmo assim, com esse passado, atualmente, quantitativa e qualitativamente, o Direito do Trabalho (coletivo e individual) tem uma relevância inquestionável no disciplinamento jurídico da FP alemã.

Com efeito, a relação jurídica de função pública (clássica) e o funcionário estatutário (as suas características, os seus deveres e direitos) são "descendentes jurídicos" da antiga relação de vassalagem, própria do Feudalismo.[3] Com o decorrer dos tempos, principalmente no território alemão, à relação de vassalagem agregaram-se o serviço militar prestado pelo vassalo exclusivamente ao seu senhorio e a prestação de juramento de lealdade/fidelidade daquele (*Treueid*) até a sua morte (*auf Leben und Tod*). Em troca, o senhorio obrigava-se a conceder ao vassalo o *benefício* (o feudo), o que posteriormente

---

[1] Cf. FLORIVALDO DUTRA DE ARAÚJO, *Conflitos* ..., pág. 20. Parte da pesquisa desenvolvida por este A. foi realizada diretamente na Alemanha, tendo esta como referência para a sua proposta sobre a CR/88. Por isso, esta obra foi uma importante referência para nós neste capítulo. Sobre a importância prussiana na eclosão do chamado "Estado de Funcionários", através de uma reforma burocrática, V. RAMÓN PARADA VÁSQUEZ, "Empleo público y globalización de la economia", *in DA* nº 243, setembro-dezembro, 1995, pág. 23-65, esp. 27. V. tb. JOSÉ MARIA TEIXEIRA DA CRUZ, *A Função* ..., pág. 161.

[2] A palavra *Burocracia* é resultado da junção de *Bureau* (gabinete em francês) com *Krátos* (poder ou governo em grego) e remonta ao ano de 1665, quando o Rei Luís XIV nomeou Jean-Baptiste Colbert, que reorganizou o comércio e a indústria e perseguiu os corruptos. Cf. ARMÉNIO REGO, MIGUEL PINA E CUNHA e THOMAZ WOOD JR., *Kafka* ..., pág. 14. No entanto, segundo ANTHONY GIDDENS, *Sociologia* ..., pág. 350, a palavra teria sido utilizada pela primeira vez em 1745, por De Gournay.

[3] Cf. FLORIVALDO DUTRA DE ARAÚJO, *Conflitos* ..., pág. 20 e seg.

ocasionou o "enfeudamento dos ofícios públicos" (ex.: bispados, marquesados, condados, *etc.*), inclusive com a sujeição dos cargos à sucessão e herança.[4]

Com a figura real, houve a necessidade de reforçar o controle do rei sobre a sua administração (em decorrência do movimento de centralização do poder, própria do nascimento dos Estados Nacionais), o que foi possível através da escolha de pessoas a ele pessoalmente vinculadas e leais (*Ministerialen*), que também lhe prestavam juramento, agindo, porém, em nome próprio.

Posteriormente, nos séculos XVI a XIX, foi havendo a desvinculação da relação feudal para os ofícios públicos, passando os funcionários a serem escolhidos por sua aptidão técnica, para atuar em nome do rei (despersonalização dos atos praticados pelo funcionário), sob pagamento e juramento de lealdade.[5] Assim, já no final do século XVIII, notavam-se nos funcionários (prussianos) as seguintes características: indivíduos técnica e profissionalmente qualificados, com dedicação exclusiva ao cargo, residência no local da atuação e autorização para contrair matrimônio.[6] Tanto assim que a legislação prussiana de 1794 ("Codificação Geral do Direito Prussiano" – *Allgemeines Landsrecht*), unilateralmente, para além de exigir absoluta fidelidade e obediência dos funcionários, atribuía-lhes salários regulares e alguns direitos, tais como aposentadoria,[7] instituindo relações jurídico-públicas.[8] Historicamente, no lapso ora compreendido, teve importância singular na formação desse modelo profissional de funcionário público o período de Frederico Guilherme (1713-1740),[9] face às suas máximas de manutenção de ordem (interna) e de dotar-se de um bom exército.[10] Segundo Nieto, "a burocracia se converteu na espinha dorsal do Reino da Prússia" (*Beamtenstaat*).[11]

Em 31 de março de 1873 foi editada a *Reichsbeamtengesetz* (no II *Reich*), tratando-se de um código do funcionalismo público e tendo sido baseado nas leis prussianas anteriores.[12] Essa data é apontada por parte da doutrina como sendo a inicial, em termos de parâmetro para aferição dos "princípios tradicionais do funcionalismo público de carreira" a que faz menção a *GG*, art. 33º-5.[13] De fato, em 1823 já haviam sido editados

---

[4] *Ibidem*, pág. 27-29. O que não deixa de demonstrar uma nota da hoje chamada Administração Patrimonialista. V. HANS J. WOFF, OTTO BACHOF, ROLF STOBER, *Direito Administrativo*, vol. 1, Fundação Calouste Gulbenkian, Lisboa, 2006, pág. 97.

[5] *Ibidem*, pág. 33-34. Segundo nos esclarece este A., o feudo e o valor pago aos primórdios funcionários eram similares. Isso porque não eram concebíveis estes como remuneração; mas como uma garantia de sustento econômico, tendo em vista o caráter honorífico em que normalmente eram exercidos os cargos públicos.

[6] *Ibidem*, pág. 35.

[7] Cf. ANTÔNIO ÁLVARES DA SILVA, *Os Servidores* .... O livro representa uma pesquisa desenvolvida pelo A. na Alemanha, sobre o tema, na década de 70. Este código influenciará, posteriormente, o próprio Direito Francês. V. ROGER GRÉGOIRE, *La Fonction Publique*, Librairie Armand Colin, Paris, 1954, pág. 37-38.

[8] Cf. V. RAFAEL MARTINÉZ PUÓN, *Profesionalización y Carrera Administrativa*, in http://administraciondepersonal.files.wordpress.com/2010/09/capitulo-1-profesionalisacion-y-carrera-administrativa.pdf, acesso em 21/11/2011, pág. 62.

[9] Cf. ALBERTO PALOMAR OLMEDA, *Derecho* ..., pág. 138. V. MARIA JESÚS MONTORO CHINER, "El principio de carrera en el sistema federal alemán de función pública", *in DA* nº 210-211, maio-setembro, 1987, pág. 419-436. V. MIGUEL SÁNCHEZ MORÓN, *Derecho* ..., pág. 28 e seg.

[10] São conhecidas as influências do Império Romano, da Igreja Católica e do Direito Canônico nas noções de hierarquia militar e da hierarquia administrativa. V. PAULO OTERO, *Conceito* ..., pág. 303 e seg.

[11] *Apud* MIGUEL SÁNCHEZ MORÓN, *Derecho* ..., pág. 28.

[12] V. DOMINGOS FÉSAS VITAL, *A situação* ..., pág. 13.

[13] Cf. FLORIVALDO DUTRA DE ARAÚJO, *Negociação* ..., pág. 63; V. RAFAEL MARTINÉZ PUÓN, *Profesionalización* ..., pág. 63.

códigos disciplinários vedando os despedimentos arbitrários, denotando o caráter vitalício do exercício do cargo público, além de requisitos para acesso à função pública, inclusive com exigência de formação universitária para nível superior.[14] E, em 1867, foi editado um decreto prussiano determinando que o juramento do funcionário público envolvesse, além da fidelidade ao rei, o dever de respeitar a constituição.[15]

Assim, no final do século XIX, as características básicas do sistema funcionarial germânico já restavam configuradas: base legal, exigência de competência e grande diligência do funcionário público *(Beamte)* no desempenho do ofício; hierarquia administrativa, com plena obediência daquele; em contrapartida, direito de assistência e subsistência privilegiada em relação ao Estado, pensão na velhice; garantia de inamovibilidade e vínculo para a vida *(auf Leben)*; e relação especial de direito público.[16]

Com efeito, no contexto jurídico-histórico de publicação da *Reichsbeamtengesetz* (inserido no movimento mais amplo de autonomização do Direito Administrativo[17]), e muito especialmente, através das contribuições doutrinárias de Paul Laband (1845) e Otto Mayer (1888), adquire importância no tema da FP o conceito juspublicístico de "relação especial de poder" (também chamada de "relação especial de sujeição" – *besondere Gewaltverhältnisse*),[18] posto que a situação dos funcionários públicos perante a AP era o escolástico exemplo.[19] Nesse sentido, o denominado "estatuto moderno do *Beamtenrecht*" passa a ser identificado como um "estatuto que se compõe, para os que são inseridos, de sujeição particular, mas, em compensação, de garantia e ressarcimentos privilegiados"[20]; pressupondo-se a integral dedicação e profissionalidade do funcionário público ("espírito de serviço"[21]).

---

[14] Cf. RAFAEL MARTINÉZ PUÓN, *Ibidem*, pág. 63. V. MARIA JESÚS MONTORO CHINER, "El principio ...", pág. 419, apontando o princípio de carreira na Baviera, desde 1805. V. tb. MANFRED DEGEN, "La carrera administrativa en la República Federal de Alemania", *in DA* nº 210-211, maio-setembro, 1987, pág. 435-463, esp. pág. 440.

[15] Cf. FLORIVALDO DUTRA DE ARAÚJO, *Conflitos* ..., pág. 37.

[16] V. MARCELLO PEDRAZZOLLI, "Il sistema tedesco del Pubblico Impiego", *in RTDP*, Ano XLI, 1991, pág. 29-69, esp. 34. O próprio MAX WEBER, ¿Que es ...., pág. 20, definira o cargo "como um dever particular de fidelidade em troca de uma existência segura". V. RAMÓN PARADA, *Derecho* ..., pág. 28 e seg., esp. 28, citando o conceito de relação estatutária de LABAND.

[17] V. SABINO CASSESE, *La Globalización* ..., pág. 179.

[18] V. ALFREDO GALLGO ANABITARTE, "Las Relaciones ..., pág. 13. V. RAFAEL MARTINÉZ PUÓN, *Profesionalización* ..., pág. 63.

[19] Além dos militares, dos estudantes de instituições públicas, dos presidiários e dos internados em estabelecimentos públicos de saúde. As relações especiais de poder representariam "situações nas quais o administrado ("interno" à estrutura orgânica administrativa) se relacionaria de forma especialmente intensa com a AP, acarretando uma sujeição também reforçada aos ditames desta, em decorrência da vinculação ao princípio do interesse público e a outros valores perseguidos pela entidade administrativa. O efeito prático deste conceito seria a possibilidade de restrição de direitos fundamentais nessa esfera (ou o seu "enfraquecimento"), independentemente de autorização legal para tanto, justamente porque no âmbito intra-administrativo a regulação não se daria por lei formal", como consequência do *Hausrecht* da AP. Cf. ANA CLÁUDIA NASCIMENTO GOMES e BRUNO ALBERGARIA, "A Vinculação ...", pág. 19 e seg. V. tb. JORGE REIS NOVAIS, *As restrições* ..., pág. 510; LUÍS CABRAL DE MONCADA, "As Relações ...", pág. 181-210; V. NUNO J. VASCONCELOS ALBUQUERQUE SOUSA, *La Función* ..., pág. 139.

[20] Cf. MARCELLO PEDRAZZOLLI, "Il sistema ...", pág. 35.

[21] V. FLORIVALDO DUTRA DE ARAUJO, *Conflitos* ..., pág. 44, explicando a ideologia de abdicação pessoal pelo serviço. Na Alemanha, entre o final do séc. XIX e o início do séc. XX, "o mais alto elogio para um funcionário público era a inscrição em seu aviso fúnebre '*Er kannte nichts als seine Pflich*'" ("ele nada conheceu além do seu dever").

Todavia, a partir do início do séc. XX, para fazer face ao maior crescimento das atividades administrativas, incrementadas pela prestação de vários serviços públicos e pela contingência bélica, a AP começa a contratar pessoal temporário, mormente para o desempenho de funções técnicas,[22] numa relação jurídica com caracteres bem diversos da relação jurídica do *Beamte*, inclusive com precariedade e provisoriedade.[23] Tais trabalhadores públicos são os hoje denominados *Angestellten* (de atividade preponderantemente intelectual) e os *Arbeiter* (de atividade preponderantemente manual).

Após a 1ª Guerra Mundial, fruto de uma concepção ativa de Estado (Estado Social), em 1919 é aprovada a Constituição de *Weimar*, possibilitando, no âmbito da FP (*lato sensu*), o associativismo e o sindicalismo, tornando os trabalhadores públicos coletivamente mais ativos.

Com o estabelecimento do nacional-socialismo, implantou-se a política funcional da *politische Treupflicht*, transmutando-se a absoluta fidelidade do funcionário diretamente ao partido político e à figura pessoal do *Führer*.[24] Trata-se da *Deutsches Beamtegesetz* de 26/1/1937, segundo a qual o "funcionário seria o executante da vontade do Estado, encarnação do partido nacional-socialista", "ligado ao *Führer* e ao *Reich* por uma relação de serviço e fidelidade de direito público", devendo este assegurar a sua proteção especial e aquele, por outro lado, "fidelidade até à morte".[25] Também a "Lei para o Restabelecimento do Funcionalismo Profissional, de 7/4/1933, permitiu a dispensa de funcionários estáveis por razões políticas ou raciais, substituindo-os por simpatizantes do partido (*Parteigünstlinge*)".[26] Contudo, como alertam autores alemães, "a maioria dos funcionários exerceu uma influência moderada e tentou respeitar os princípios do Estado de Direito"; além disso, "faltava à maioria dos funcionários, como à maioria dos cidadãos alemães, a ideia do carácter injusto do regime".[27]

Em 1949 foi aprovada a GG. Segundo Antônio Álvares da Silva, no tema da FP, a Lei Fundamental buscou uma "solução de compromisso"[28] entre, de um lado, a categoria dos *Beamten*; e, de outro, dos *Angestellten* e dos *Arbeiter* (estes conjuntamente identificados na língua germânica por *Tarifpersonal* ou *Vertragsbedienstete*; indicando a possibilidade de contratação coletiva e a natureza contratual desses vínculos); estes, os empregados públicos (*stricto sensu*). A partir de então, haverá a demarcação do principal distintivo do sistema germânico: a sua dualidade (também duplicidade ou caráter binário – *Zweispurigkeit*).[29] Trata-se da divisão da FP (*lato sensu*) em duas partes, cada qual com a

---

[22] V. MANFRED DEGEN, "La carrera ...", pág. 441. Cf. ALESSANDRA ALBANESE, "Impiego Pubblico e Impiego Privato presso la Pubblica Amministrazione in Germania e Spagna", *in* GDLRI, nº 57, ano XV, 1993, pág. 162-212, esp. 168.

[23] Cf. ANTÔNIO ÁLVARES DA SILVA, *Os Servidores* ..., pág. 20, já no final do século XIX existiam associações de diaristas que prestavam serviços aos poderes públicos.

[24] Cf. MARCELLO PEDRAZZOLLI, "Il sistema ...", pág. 35; e ANTÔNIO ÁLVARES DA SILVA, *Os Servidores* ..., pág. 20.

[25] Cf. JOSÉ MARIA TEIXEIRA DA CRUZ, *A Função Pública* ..., pág. 161; ALBERTO PALOMAR OLMEDA, *Derecho* ..., pág. 138.

[26] Cf. HANS J. WOFF, OTTO BACHOF, ROLF STOBER, *Direito* ..., pág. 121. V. MARIA JESÚS MONTORO CHINER, "El principio ...", pág. 421.

[27] *Ibidem*, pág. 121,

[28] In *Os Servidores*, pág. 20.

[29] V., por ex., MARCELLO PEDRAZZOLLI, "Il sistema ...", pág. 34; MARIANO BACIGUALPO SAGGESE, "Reducción ...", pág. 297; e ALBERTO PALOMAR OLMEDA, *Derecho* ..., pág. 139. V. MANFRED DEGEN, "La carrera ...", pág. 438.

sua lógica e disciplina jurídica própria. E, por sua vez, essa dualidade é recortada pela chamada "reserva funcionarial" (*Funktionsvorbehalt*).[30]

Vejamos, pois, como se desenvolvem e se orientam esses "dois mundos" da FP alemã.

2 Marca da dualidade do atual sistema funcionarial germânico

Consoante determina o art. 33º-4 da *GG*, "O exercício de poderes de soberania com caráter permanente deverá, por via de regra, ser confiado a funcionários sujeitos a uma relação pública de serviço e lealdade"; e o art. 33º-5 estabelece: "O direito da função pública deverá ser estabelecido de acordo com os princípios tradicionais do funcionalismo de carreira".[31]

Nesse sentido, aos *Beamten* resta reservado o "exercício dos poderes de supremacia ou a faculdade de autoridade pública"[32] (*hoheitsrechtlicher Befugnisse*); enquanto as demais atividades que não envolvem o exercício de tais poderes podem ser plenamente desempenhadas pelo *Tarifpersonal* (usualmente *Angestellten*).

O conceito e a delimitação do que seja "exercício com caráter permanente de poderes ou prerrogativas de poder público" são complexos e há muitas zonas cinzentas de atividades, sendo um critério criticado e por vezes desacreditado.[33] A doutrina majoritária tende a localizar o exercício de poderes de autoridade com a Administração de Intervenção; isto é, normalmente quando encontra o cidadão diante de uma autoridade administrativa numa situação de possibilidade de limitação de seus direitos (*Eingriffsverwaltung*). Por outro lado, essa mesma doutrina exclui do conceito de *hoheitsrechtlicher Befugnisse* as atividades econômico-empresariais desenvolvidas pela Administração do Estado (*Erwerbwirtschaftliche Betätigung der öffentliche Hand*) e as atividades de aquisição de bens ou contratação de obras. No meio desses dois polos de atividades administrativas há uma faixa polêmica. Por exemplo, parte da doutrina inclui a Administração Prestacional (*Leistungverwaltung*), enquanto outra a inclui somente excepcionalmente ou quando regida pelo Direito Público.[34]

Também no que tange ao "aspecto vertical" do tipo de função incluída ou excluída no âmbito do "exercício de poderes de soberania"; ou melhor, de sua inserção na estrutura administrativa hierarquizada, a doutrina normalmente aponta que as funções localizadas no topo da hierarquia incluem-se na reserva funcionarial (ex.: direção, assessoramento, superiores hierárquicos); enquanto as funções inferiores ou subalternas estão, em regra, excluídas (ex.: tarefas instrumentais ou de mero apoio administrativo). No meio da escala

---

[30] V. MARIANO BACIGUALPO SAGGESE, "Reducción y ...", pág. 298; e SILVIA DEL SAZ, "La Privatización ...", pág. 151.
[31] Tradução de NUNO ROGÉRIO, *A Lei Fundamental* ..., pág. 162.
[32] Cf. MARCELLO PEDRAZZOLLI, "Il sistema ...", pág. 33.
[33] V. LUIS CABRAL DE MONCADA, "As relações ...", pág. 477. V. FLORIVALDO DUTRA DE ARAÚJO, *Conflitos* ..., pág. 329 e seg., apresentando as 3 posições principais da doutrina alemã. V. ALESSANDRA ALBANESE, "Impiego Pubblico ...", pág. 188.
[34] Cf. JOAN PRATS I CATALÁ, "Los Fundamentos institucionales del sistema de mérito: la obligada distinción entre función pública y empleo público", *in DA* nº 241-242, Janeiro-Agosto, 1995, pág. 11-53, esp. 45; e MARIANO BACIGUALPO SAGGESE, *in* "Reducción ...", pág. 300 e seg.

hierárquica há "funções incertas"; sendo usualmente decisivo que o "servidor esteja integrado no processo de formação da vontade do órgão administrativo".[35]

Não suficiente, para além da indeterminação (ou da mobilidade dinâmica) do conceito de "exercício com caráter permanente de poderes ou prerrogativas de poder público", a própria reserva funcionarial da *GG* não é uma regra jurídico-constitucional; mas tem natureza principiológica. Por isso, como bem explica Mariano Bacigualpo Saggese, "o que significa que a Constituição não excluiu nem a possibilidade de que o exercício de tais prerrogativas com caráter não permanente seja encomendado, também com absoluta normalidade, a empregados públicos laborais; nem tampouco a possibilidade de que o exercício, ainda que permanente, de prerrogativas de poder público, seja atribuído – isso sim, neste caso com caráter somente excepcional –, aos empregados públicos".[36] Em suma, podem existir empregados públicos convocados a exercer atividades com "exercício de poderes de autoridade" de forma provisória; bem como é possível que empregados públicos exerçam indeterminadamente tais atividades, em caráter estritamente excepcional.

O Tribunal Constitucional Federal ao interpretar a "reserva funcionarial" não retirou da matéria as áreas nebulosas; pois, apesar de esclarecer que as exceções ao art. 33º-4, *GG*, "somente são admissíveis em 'supostos excepcionais especialmente justificáveis'", não explicitou quais seriam ou poderiam ser tais supostos.[37]

Essa dificuldade prática de definição *in concreto* das atividades que se encaixam no "exercício de poderes de autoridade" e, portanto, da própria definição da extensão do âmbito subjetivo dos *Beamten,* acaba por conduzir à decisão segundo critérios político-organizativos do momento;[38] observando-se "uma amplíssima discricionariedade organizativa da AP na decisão sobre a exigência de assunção de pessoal em regime privado".[39] Aliás, tal situação de grande plasticidade na definição do que sejam "poderes de autoridade" para fins da "reserva funcionarial" levou Forsthoff a concluir: "Portanto, não é mais possível separar materialmente, de modo nítido, as funções dos funcionários e dos empregados públicos, e normas jurídicas que reservam as funções de soberania para funcionários públicos (art. 33º-4, *GG*) são ainda possíveis apenas como diretivas, mas não como normas jurídicas estritamente vinculantes".[40]

Ao fim e ao cabo, a divisão entre *Beamte* e *Tarifpersonal* não é de ordem essencialmente jurídica,[41] levantando-se vozes na doutrina contra esse casuísmo na distribuição

---

[35] Cf. MARIANO BACIGUALPO SAGGESE, *in* "Reducción ...", pág. 303. Cf. informa ALESSANDRA ALBANESE, "Impiego Pubblico ...", pág. 178, nota, a jurisprudência alemã consta realizar um "sopesamento" da intensidade do vínculo entre o trabalhador público e a AP, de acordo com a maior ou menor conexão com o exercício de poderes de soberania.

[36] *In* "Reducción y ..." pág. 301. Este A. realizou uma análise profunda da amplitude e das exceções da "reserva funcionarial" alemã, razão pela qual seguiremos seu artigo de perto.

[37] Cf. MARIANO BACIGUALPO SAGGESE, *in* "Reducción ...", pág. 305.

[38] Cf. MARCELLO PEDRAZZOLLI, "Il sistema ...", pág. 36.

[39] Cf. ALESSANDRA ALBANESE, "Impiego Pubblico ...", pág. 189.

[40] *Apud* FLORIVALDO DUTRA DE ARAÚJO, *Conflitos* ..., pág. 331.

[41] Cf. denuncia ANTÔNIO ÁLVARES DA SILVA, *Os Servidores* ..., pág. 31, os critérios da "manualidade" e da "permanência" são insuficientes. Segundo aquele critério, "os servidores de maior gabarito intelectual seriam funcionários e amanuenses, os de baixa qualificação, trabalhadores". Segundo o último critério, "os servidores que se identificassem com os objetivos da Administração seriam funcionários, admitidos por prazo indeterminado, e os que exercem atividades menores seriam empregados".

das atividades de cada um dos âmbitos da FP alemã e sobre a necessidade de uma reforma que unifique os regimes, independentemente do exercício de poderes de soberania.[42]

Quanto aos chamados "princípios tradicionais do funcionalismo público de carreira" (art. 33º-5, *GG*), novo debate jurídico (doutrinário e jurisprudencial) foi instaurado. Trata-se, ao final, de uma vinculação constitucional do legislador ordinário a legislações pretéritas; o que é muito incomum em se tratando de constituições que, como a *GG*, vieram estabelecer um novo paradigma de Estado e de AP. Por isso, de fato, houve uma grande polêmica sobre a intensidade dessa vinculação (em decorrência do termo *berücksichtigen,* que significa levar ou ter em consideração) e sobre a delimitação temporal do que seja "tradicional" para efeitos funcionariais.[43] O *Bundesverfassungsgericht* pronunciou-se sobre a questão, apontando que, no mínimo, tais princípios ("enquanto normas fundamentais reconhecidas como obrigatórias de modo geral ou muito predominantemente e durante um longo período"[44]) deveriam ser verificados, *no mínimo,* desde a vigência da Constituição de Weimar.[45] Assim, no entendimento desse tribunal, trata-se de preceitos com aplicabilidade imediata, mas que, por outro lado, não impedem (e muitas vezes até mesmo impõem) modificações legislativas e reformas administrativas, a fim de dinamizar a FP, em decorrência da natural discricionariedade (e responsabilidade político-) legislativa. O que deve ser sempre respeitado *é* o núcleo dos princípios tradicionais do funcionalismo público.[46]

Segundo Carl Ule, seriam "princípios tradicionais do funcionalismo público": relação funcional como relação de direito público, de fidelidade e de serviço; função pública como profissão (*Berufbeamtetums*); princípio de carreira e do mérito; garantia de uma retribuição e prestações sociais adequadas à função exercida; inviolabilidade dos direitos adquiridos; a independência relativamente aos partidos políticos;[47] liberdade de opinião e associação; garantias contra medidas arbitrárias que visem extinguir ou alterar a relação funcional; proteção jurídica nos litígios suscitados dentro do âmbito do Direito dos Funcionários e o direito a uma representação funcional.[48] Conforme Chiner, seriam estes princípios: reserva de função; relação funcional como relação de serviço e lealdade e submetida ao direito público; relação de funcionalismo como relação de serviço em regime permanente; o dever de lealdade (incluindo o dever de sigilo); dever de assistência da Administração como princípio da função pública; princípio de assistência social e de remuneração adequada; princípio de carreira; o direito à decisão da autoridade predeterminada legalmente; o respeito aos direitos adquiridos.[49] Não há, todavia, controvérsia doutrinária sobre o fato de que os "princípios tradicionais do funcionalismo público" apenas incidem sobre a categoria dos *Beamten* e sobre a

---

[42] Cf. FLORIVALDO DUTRA DE ARAÚJO, *Conflitos* ..., pág. 332. V. PAULO VEIGA E MOURA, *A Privatização* ..., pág. 520.
[43] Cf. FLORIVALDO DUTRA DE ARAÚJO, *Conflitos* ..., pág. 39.
[44] Cf. FLORIVALDO DUTRA DE ARAÚJO, *Ibidem,* pág. 333.
[45] Cf. MARCELLO PEDRAZZOLLI, "Il sistema ...", pág. 37; excluída a *politische Treuplicht* do período nazista.
[46] V. MARIA JESÚS MONTORO CHINER, "El princípio ...", pág. 424.
[47] Há na Alemanha a figura dos *politische Beamten,* funcionários políticos que fazem a ligação entre administração e o governo. V. RAFAEL MARTINÉZ PUÓN, *Profesionalización* ..., pág. 73.
[48] *Apud* JOSÉ MARIA TEIXEIRA DA CRUZ, *A Função Pública* ..., pág. 164 e seg.
[49] *Apud* MARIA JESÚS MONTORO CHINER, "El princípio ...", pág. 423. Tb. JOSÉ MARIA TEIXEIRA DA CRUZ, *A Função* ..., pág. 165 e seg. V. tb. ALBERTO PALOMAR OLMEDA, *Derecho* ..., pág. 139.

importância do seu reconhecimento legislativo ou jurisprudencial pretérito para efeito de imprimir-lhe o caráter de "tradicional".

Como já aduzido, é justamente a radicalidade (ou oposição) verificada entre os regimes jurídicos dos *Beamten* em comparação aos dos *Tarifpersonal* que caracteriza o sistema funcionarial germânico.

"No lado público" da FP (*lato sensu*), os *Beamten* (funcionários públicos *stricto sensu*) possuem vínculo de natureza juspublicística, de Direito Administrativo Especial (*Beamtenrecht*), cujo disciplinamento é determinado (assim se tem entendido) exclusivamente de forma heterônoma (legislativamente); não têm reconhecidos os direitos de contratação coletiva e de exercício de greve,[50] sujeitando as controvérsias decorrentes dessas relações à competência do juiz administrativo. Têm, porém, os *Beamten* direito de associação sindical, reconhecido amplamente a todas as profissões, nos termos do art. 9º-3 da *GG*. A relação jurídica é instaurada mediante um ato administrativo formal de nomeação, aceito pelo candidato/funcionário, no qual será explicitado se se trata de relação indeterminada (*auf Lebenzeit*), a termo ou a prova.[51] O desenvolvimento dessa relação também dar-se-á por atos administrativos. Pressupõe-se, ademais, cidadania alemã[52] e a existência de um posto (ou cargo) na *Planstelle* AP, posto que os *Beamten* se encontram inseridos numa estrutura vertical estabelecida em carreiras (em número de quatro), havendo direito ao desenvolvimento/progressão na carreira respectiva.[53]

Dentre os deveres que competem aos funcionários públicos (em decorrência da incidência dos "princípios tradicionais do funcionalismo público"), encontra-se o dever de prestar juramento de fidelidade ao ordenamento constitucional e submeter-se rigorosamente à hierarquia administrativa (sujeitam-se, portanto, ao poder disciplinar administrativo).

Para compensar a restrição de direitos fundamentais (designadamente coletivos) que decorre da relação jurídica dos *Beamten*,[54] estes gozam de uma série de vantagens, garantias e *status*, que lhes outorgam grande segurança no que tange ao aspecto jurídico e econômico.[55] Tanto assim que se reconheceu jurisprudencialmente o caráter autoaplicável dos princípios da alimentação e da assistência social, tendo tido o Tribunal Constitucional Federal a oportunidade (e a legitimidade) até mesmo de determinar o aumento da remuneração ou de outras vantagens em ações individuais.[56] A ausência de

---

[50] Não obstante algumas queixas apresentadas pelas associações sindicais ao Comitê de Liberdade Sindical da OIT, designadamente de professores submetidos ao regime funcionarial, em face das restrições aos seus direitos coletivos. O Comitê já concluiu que a Convenção nº 87 é aplicável aos "trabalhadores sem nenhuma distinção", salvo rara exceções (funcionários nos órgãos de poder e nos serviços essenciais em sentido estrito); bem como que os trabalhadores da educação não se enquadram nessas exceções. V. RICARDO JOSÉ MACEDO DE BRITTO PEREIRA, *La Negociación Colectiva en la Función Pública – Una aproximación constitucional*, Colección Estudios, CES, Madrid, 2004, pág. 175.

[51] Cf. MARCELLO PEDRAZZOLI, "Il sistema ...", pág. 37 e seg. Somente de forma excepcional ou provisória, existem as figuras do *Beamte in prova* (geralmente decorrente do período de formação); *Beamte auf Widerruf*; *Beamte auf Zeit*.

[52] Depois analisaremos a questão do art. 45º-4 do TFUE.

[53] Cf. ALESSANDRA ALBANESE, "Impiego Pubblico ...", pág. 170. V. JOSÉ MARIA TEIXEIRA DA CRUZ, *A Função Pública ...*, pág. 156.

[54] Aliás, ALESSANDRA ALBANESE, *Ibidem*, pág. 172, destaca que ainda tem importância o conceito de "relação especial de poder" no âmbito da relação jurídica dos *Beamten*, mesmo após a decisão do Tribunal Constitucional Federal de 1972. LUÍS CABRAL DE MONCADA, "As Relações Especiais ...", pág. 184.

[55] Cf. MARCELLO PEDRAZZOLI, "Il sistema ...", pág. 41-42.

[56] Cf. FLORIVALDO DUTRA DE ARAÚJO, *Conflitos ...*, pág. 335.

contratação coletiva também é contrabalançada, em parte, pela influência política que os sindicatos de funcionários públicos exercem, do tipo *lobby* político.[57]

Ademais, os funcionários públicos (através dos órgãos de cúpula de seus sindicatos) ainda têm assegurado pela lei (atualmente, a *Bundesbeamtengesetz – BBG*, na redação dada pela "Lei de Reestruturação e Modernização do Direito da Função Pública Federal", de 5/2/2009; e o "Estatuto dos Funcionários Públicos dos Estados" – *Beamtenstatusgesetz*[58]) o direito de "participar na preparação das regras legais, relativas às (suas) relações jurídicas" (*Beteiligunsrecht*), entendidas essas regras de modo abrangente (legislativas e regulamentares).[59] Apesar de a última palavra ser do Poder Público, quando não alcançado o consenso na fase da discussão dos projetos das futuras normas, e do fato de que a maior parte da juspublicística e a jurisprudência não visualizam vício de nulidade da norma jurídica editada pela ausência de prévia participação sindical,[60] existe o desgaste político (ou administrativo) nessas situações.

"No lado privado" (ou de "Direito Privado Administrativo"[61]), os *Tarifpersonal* são empregados públicos, cuja relação jurídica é disciplinada pelo Direito do Trabalho (*Arbeitsrecht*, com as particularidades das vinculações jurídico-públicas), com direito de contratação coletiva e de greve; sujeitando as controvérsias à competência dos tribunais do trabalho.[62] Não obstante a natureza contratual da relação jurídica, os empregados públicos estão também sujeitos a deveres funcionais (conexos com o poder disciplinar do empregador e à boa condução dos objetivos da AP). A divisão interna do "pessoal contratualizado" entre *Angestelleten* e *Arbeiter* é antiga e imprecisa (e nos afigura algo discriminatória), tendendo hoje a ser suplantada.[63]

Atualmente, esse âmbito subjetivo da FP Alemã é quantitativamente bem superior ao dos *Beamten*;[64] o que, por si só, é um dado bastante revelador da "laboralização" da FP germânica. As causas desse domínio do Direito do Trabalho no âmbito do regime do trabalho público (e, via de consequência, da perda de domínio do próprio

---

[57] Cf. MARCELLO PEDRAZZOLLI, "Il sistema ...", pág. 43.
[58] Cf. FLORIVALDO DUTRA DE ARAÚJO, *Negociação* ..., pág. 290.
[59] *Ibidem*, pág. 290.
[60] *Ibidem*, pág. 291. Informa o A. sobre as campanhas sindicais com o lema "Negociar ao invés de impor" (*Verhandeln statt verordnen*).
[61] V. SANTIAGO GONZÁLEZ-VARAS IBÁÑES, *El Derecho* ..., pág. 150, para quem a palavra alemã *Verwaltungsprivatrecht* deve ser traduzida para "Direito Administrativo Privado"; expressão que mais que mais se coaduna com o sistema de Direito Administrativo originário da Revolução Francesa e que não apresenta como característica o "princípio da liberdade de eleição entre o Direito Público e o Direito Privado", como é peculiar do Direito germânico. V. MARIANO BACIGUALPO SAGGESE, in "Reducción ...", pág. 297.
[62] V., por ex., MARCELLO PEDRAZZOLLI, "Il sistema ...", pág. 35.
[63] Esta é a informação de FLORIVALDO DUTRA DE ARAÚJO, *Negociação* ..., pág. 258, inclusivamente apontando convenções coletivas de 2005 que tratam de forma unificada os empregados públicos.
[64] V. SILVIA DEL SAZ, "La Privatización ...", pág. 134; PAULO VEIGA E MOURA, *A Privatização* ..., pág. 353. Segundo os dados de RAFAEL MARTINÉZ PUÓN, *Profesionalización* ..., pág. 72, os *Beamten* seriam 32% e os *Angestellten* e os *Arbeiter*, conjuntamente, seriam 68%, de um total de 5,163 milhões de trabalhadores públicos, em 1997. Houve uma elevação deste número entre os anos de 1990-1996, em decorrência da unificação da ex-Alemanha Oriental, número posteriormente intencionalmente reduzido. Estes dados são compatíveis com as informações de FLORIVALDO DUTRA DE ARAÚJO, *Conflitos* ..., pág. 327, informando que os *Beamten* situam-se em aproximadamente 40% do total. Assim tb. HELENA RATO (coord.), "Estudo Comparado de Regimes de Emprego Público de Países Europeus – Relatório Final", INA – Instituto Nacional de Administração (Portugal), pág. 23, in http://www.dgap.gov.pt/upload/homepage/Relatoriofinal.pdf, acesso em 24/11/11. Por fim, os dados apresentados por MARCELLO PEDRAZZOLLI, "Il sistema ...", pág. 168, relativos a década de 1980, do total de 5 milhões de funcionários: *Beamte* 38%, *Angestelleten* 33%, *Arbeiter* 29%.

Direito Administrativo Especial) são várias: inicialmente, demonstra que as funções administrativas que desempenham permanentemente "exercício de poderes de soberania" não são regra no contexto de uma Administração multiforme e complexa como a hodierna. Agregue-se a isso o fato de que a "reserva funcionarial", por si só, admite exceções, incluindo os *Tarifpersonal*. Além disso, conforme atenta Alessandra Albanese, o custeio público do regime de aposentadoria e pensão do "pessoal contratualizado" é inferior, pois os empregados públicos arcam diretamente com metade das contribuições (o que não ocorre relativamente aos *Beamten*).[65] Por fim, a Administração Pública tem maior flexibilidade na organização (alocação) interna dos *Tarifpersonal* na sua "planta orgânica", justamente pelo fato de os empregados públicos não estarem organizados (e fixamente vinculados) em carreiras.[66]

O exercício do direito de greve dos *Tarifpersonal* respeita limites, devendo ainda haver a prestação de serviços mínimos essenciais e a manutenção imprescindível de equipamentos. Ainda, obedece a lógica da *ultima ratio* (jurisprudencialmente fixada pelo *Bundesarbeitsgericht*) e, normalmente, é precedido de aviso prévio da categoria, especialmente no chamado "setor de importância vital" (*lebenswichtige Betriebe*).[67] Por isso mesmo, parte da doutrina atenta para o fato de que nesse setor deve haver a preponderância de *Beamten*. Aliás, em decorrência de greves na década de 70, verificou-se um movimento de "funcionarização" da FP (*Verbeamtung*), independentemente do exercício de poderes de soberania, que aguçou críticas, também por conduzir à diminuição intencional do espectro de incidência da contratação coletiva.[68]

Também em decorrência de greves, o Tribunal Federal Administrativo, na década de 80 (1984), entendeu legítima a requisição de funcionários públicos para substituir empregados públicos grevistas e que nessa qualidade estavam de forma legítima, inclusive para desempenhar tarefas inferiores à qualificação daqueles, a fim de manter o funcionamento razoável do serviço público.[69] Tal posição jurisprudencial é altamente censurável. Em 1993, o Tribunal Constitucional Federal entendeu pela ilegitimidade desse procedimento administrativo de substituição de mão de obra; o qual, em último termo, acabava por retirar a força do movimento paredista.[70]

O procedimento de contratação coletiva dos empregados públicos na Alemanha também é algo peculiar desse sistema de Emprego Público. Lembre-se tratar de uma federação, com âmbitos diferenciados de empregados públicos (da União, dos *Länder*, e das "comunas" – autarquias locais, com poderes de auto-organização em matéria administrativa, incluindo a contratação de pessoal[71]).

Entretanto, apesar de se tratar de um Estado Complexo, o que levaria a se cogitar um efeito de vasta diversidade e heterogeneidade das normas coletivas pactuadas, existe

---

[65] *In* "Impiego Pubblico ...", pág. 178.
[66] ALESSANDRA ALBANESE, "Impiego Pubblico ...", pág. 179. Por outro lado, conforme salienta a A., o exercício continuado do empregado público em atividade de atribuição superior ao do seu grupo lhe concede o direito de novo enquadramento.
[67] Cf. MARCELLO PEDRAZZOLLI, "Il sistema ...", pág. 58.
[68] *Ibidem*, pág. 51 e 63.
[69] *Ibidem*, pág. 62.
[70] Cf. FLORIVALDO DUTRA DE ARAÚJO, *Negociação* ..., pág. 282.
[71] Assim, o federalismo brasileiro é ainda muito mais complexo, pela existência dos Municípios enquanto entes federados, que perpassam cinco mil unidades.

um mecanismo que facilita a centralização das negociações, sendo um importante fator de homogeneidade no tratamento normativo do pessoal contratualizado, facilitando a observância inclusive da isonomia entre os vários entes federados (o que é bastante relevante em termos de Administração Pública). Trata-se da existência de associações de empregadores públicos estaduais e "comunais", as quais negociam coletivamente com os sindicatos das categorias de empregados públicos, não deixando pulverizar a contratação coletiva em termos de cada *Länder* ou cada autarquia legal empregadora.[72] Além disso, existem previsões estatutárias dessas associações que estipulam a posterior ratificação da convenção por parte dos entes públicos associados, a fim de garantir a vinculatividade do instrumento normativo.[73] Esse mecanismo associativo unifica o estabelecimento das normas coletivas (e, portanto, a sua observância e a aplicação), evitando diferenciações interestaduais e intermunicipais no estabelecimento dos direitos convencionados; o que normalmente é apontado como um fator de entrave à contratação coletiva no setor público, mormente num Estado Federado.

A União, como ente público único de seu nível, negocia diretamente com os sindicatos profissionais, por meio do Ministro do Interior, devidamente orientado pelo Governo;[74] a quem o resultado da negociação vincula diretamente.

As cláusulas remuneratórias (de reajustamento salarial) são normalmente negociadas a cada 12-18 meses. Após o encerramento das negociações com os sindicatos de empregados públicos, o Governo leva em consideração os resultados obtidos para efeitos remuneratórios dos *Beamten*.[75] Além disso, as normas orçamentárias possuem abertura para compatibilizar e equilibrar as contas públicas em caso de contratação coletiva celebrada que gere despesas adicionais ou não previstas anteriormente, a fim de se manter o pactuado (princípio da boa-fé contratual). Justamente em razão dessa possibilidade, "o Tribunal Federal do Trabalho fixou o entendimento de que, se a administração pública conclui o acordo, não pode posteriormente negar-se a cumpri-lo alegando restrições orçamentárias. Fixou-se, assim, o princípio segundo o qual o direito do trabalho prevalece sobre o direto orçamentário (*'Arbeitsrecht bricht Haushaltsrecht'*)".[76]

As convenções coletivas celebradas não têm efeitos *erga omnes* (apenas *inter partes*), sendo que suas disposições e benefícios alcançam apenas, em princípio, os empregados públicos sindicalizados. Assim, são estes denominados de *Tarifgebunden*. A taxa de sindicalização na Alemanha é, entretanto, alta. Também é possível uma aplicação reflexa da convenção coletiva para os empregados públicos não sindicalizados: caso haja expressa previsão nesse sentido em seu contrato individual ou, excepcionalmente, se a AP eventualmente aplica a convenção coletiva a outros empregados públicos não

---

[72] Cf. FLORIVALDO DUTRA DE ARAÚJO, *Negociação* ..., pág. 270-276. Conforme esclarece o A., a "Comunidade de Contratação Coletiva dos Estados Alemães" (*Tarifgemeischaft deutscher Länder – TdL*) existe desde 1949. Dela se desfiliaram Berlin (1994) e Hessen (2004), os quais convencionam isoladamente suas convenções coletivas com os sindicatos dos empregados públicos respectivos, desde então. A "União das Associações de Empregadores Municipais" (*Vereinigung der kommunlaen Arbeitegeberverbäande*) está estabelecida desde 1949. Os maiores sindicatos de empregados públicos são o Ver.di (fundando em 2001, da união da ÖTV e DAG e outros, com 2,1 milhões de filiados) e o DBB, com 1,25 milhão de filiados.
[73] Cf. ALESSANDRA ALBANESE, "Impiego Pubblico ...", pág. 176 e seg.
[74] Cf. FLORIVALDO DUTRA DE ARAÚJO, *Negociação Coletiva* ...., pág. 271.
[75] Cf. ALESSANDRA ALBANESE, "Impiego Pubblico ...", pág. 170. Entretanto, a A. elucida que em certas ocasiões na década de 1990, o Governo realizou exatamente o contrário, com o fim de travar o aumento negociado.
[76] Cf. FLORIVALDO DUTRA DE ARAÚJO, *Negociação* ...., pág. 288.

sindicalizados, sem essa previsão contratual individual, em face da violação do princípio trabalhista da não discriminação.[77]

Os "hemisférios" do sistema funcionarial germânico não são, contudo, absolutamente isolados, e se influenciam mutuamente.[78] Por um lado, o conteúdo pactuado coletivamente pelos sindicatos dos empregados públicos assimila a disciplina legal dos funcionários públicos.[79] Por outro lado, as convenções coletivas normalmente influenciam os reajustes salariais dos *Beamten*.[80]

Além disso, *Personalvertretungsrecht* (direito de representação no local de trabalho) é uma interseção entre os dois regimes (público e privado) funcionariais,[81] não obstante a intensidade da participação dependa da matéria e dos trabalhadores envolvidos (ou seja, a participação pode ser menos intensa em questões relacionadas ao *Hausrecht* da AP e aos *Beamten*).[82] Aliás, justamente em decorrência da necessidade de compatibilizar o direito em questão com o poder de auto-organização da AP e a responsabilidade política do Governo perante o Parlamento, o Tribunal Constitucional Federal chegou a pronunciar-se, de certa forma, pela prevalência da decisão administrativa quando estavam envolvidas matérias pertinentes aos funcionários públicos.[83] A participação (e a colaboração administrativa) do chamado "conselho de pessoal" pode passar pelo direito de ser ouvido e informado; pelo direito de cooperação e chegar até o direito de codeterminação. Trata-se de um direito do trabalhador público em geral, coletivamente indisponível, mesmo porque não é um direito de natureza sindical. O *Betriebverfassungsrecht* orienta-se também pelo caráter dual do sistema funcionarial, vigorando o *Gruppenprinzip* (separação conforme as categorias dos trabalhadores).[84]

Quanto à competência para legislar, a Federação e os *Länder* têm competência concorrente sobre Direito do Trabalho (art. 74º-12), respeitadas as normas constantes do art. 72º-1 (em especial, a regra de que os *Länder* exercem a sua competência legislativa enquanto a mesma não for realizada pela Federação[85]). Até 2006, a Federação tinha competência para estabelecer normas gerais sobre a "situação jurídica das pessoas que se encontrem ao serviço público dos *Länder*, municípios e outras corporações de direito público" (art. 75º-1); dispositivo que foi, contudo, inteiramente revogado (art. 75º).[86]

---

[77] V. MARCELLO PEDRAZZOLLI, "Il sistema ...", pág. 50 e seg.; ALESSANDRA ALBANESE, "Impiego Pubblico ...", pág. 177. V. sobre o princípio da não discriminação, AMÉRICO PLÁ RODRIGUEZ, *Princípios* ..., pág. 445-453.
[78] V. RAMÓN PARADA VÁSQUEZ, "Empleo público ...", pág. 56, para quem houve uma "miscelânea" entre os regimes dos funcionários públicos e dos empregados públicos, cada qual coletivo requerendo as vantagens do outro regime. Tb. RAMÓN PARADA, *Derecho* ..., pág. 30. ARTURO GONZÁLEZ QUINZÁ, "Marco constitucional de la Función Pública: punto de partida necesario para alternativas laboralizadoras", in DA nº 243, setembro-dezembro, 1995, pág. 89-122, esp. 93, aduzindo na osmose dos regimes público e privado na Alemanha.
[79] V. MARIANO BACIGUALPO SAGGESE, "Reducción ...", pág. 297.
[80] V. RICARDO JOSÉ MACEDO DE BRITTO PEREIRA, *La Negociación* ..., pág. 174.
[81] Cf. MARCELLO PEDRAZZOLLI, "Il sistema ...", pág. 52.
[82] Cf. MARCELLO PEDRAZZOLLI, *Ibidem*, pág. 54. Tb., ALESSANDRA ALBANESE, "Impiego Pubblico ...", pág. 174.
[83] Cf. ALESSANDRA ALBANESE, "Impiego Pubblico ...", pág. 186.
[84] Cf. MARCELLO PEDRAZZOLLI, *Ibidem*, pág. 54.
[85] V. ANDREAS J. KRELL, "A reforma ...", pág. 101-118; V. JUAN J. VOGEL, "El régimen ...", pág. 613 e seg., esp. 641. V., tb., ERICO BÜLOW, "La Legislación", in BENDA, MAIHOFER, VOGEL, HESSE, HEYDE, *Ibidem*, pág. 727 e seg., esp. 737.
[86] Sobre a reforma constitucional de 2006 e as razões pelas quais se revogou o dispositivo que dispunha sobre as "normas gerais" (*Rahmengesetz*), V. ANDREAS J. KRELL, "A reforma ...", pág. 112 e seg. Uma vez que o tema relativo às "leis-quadro" tem paralelo no Brasil, sendo importante exemplo, citaremos as explicações do A.:

A Federação e os *Länder* passaram a ter competência concorrente também nessa seara, para dispor sobre "os direitos e deveres estatutários dos funcionários dos Estados, Municípios e outras corporações de direito público, bem como dos juízes estaduais, com exceção das carreiras, vencimentos e previdência" (art. 74-27),[87] observada a regra do art. 72º-1.

Contudo, em 17/6/2008 foi editada a *Gesetz zur Regelung des Statusrechts der Beamtinnen und Beamten in den Ländern (Beamtenstatusgesetz – BeamtStG)* pela Federação, a qual, segundo o seu âmbito de validade funcionarial (§1), abarca os *Länder*, os municípios, associações municipais, corporações, instituições e fundações de direito público supervisionadas pelos Estados. Dessa forma, existe um mesmo "padrão normativo", mesmo em se tratando de funcionários públicos vinculados a entes públicos e níveis diversos. No plano federal, encontra-se em vigor a *Bundesbeamtengesetz (BBG)*, de 5/2/2009, cujo âmbito subjetivo de validade é direcionado para os funcionários públicos federais (§1).

Finalmente, importa tecer algumas considerações sobre o sistema de seleção alemão. Não obstante a GG garantir que "todos alemães têm igual acesso a qualquer cargo público, conforme a sua aptidão, qualificação e capacidade profissional" (art. 33º-2), em conformidade com os princípios constantes da DUDH, art. 21º, não é utilizado na Alemanha o procedimento concursal por nós conhecido (Brasil, França, Portugal, Itália, *etc.*), o que chega a causar "espécie aos observadores acostumados ao primado do concurso".[88] Na Alemanha, a AP detém uma ampla discricionariedade, sendo o recrutamento (relativamente) livre, desde que o candidato satisfaça os requisitos e tenha as habilidades exigidas.[89] Existe, na verdade, uma variedade de procedimentos de seleção.[90] Ao ato de nomeação/admissão, seguem-se períodos de prova (estágios, práticas preparatórias), inclusive, relativamente longos, com avaliações periódicas, razão pela qual o período probatório, que é rígido, é enfatizado por esse sistema, em que há a combinação entre teoria e prática.[91] Segundo nos informa Ana Fernanda Neves, "na Alemanha, considera-se que o concurso mediante provas de conhecimento constitui

---

"os representantes dos governos federal e estaduais concordaram sobre a *supressão* da categoria da legislação *de quadro*, para combater o 'entrelaçamento pouco transparente de políticas', visto que esta forma de legislação cooperativa, muitas vezes, tinha impedido uma atribuição nítida de competências e ofuscado as responsabilidades de cada nível governamental". E acrescenta: "a retirada das competências *de quadro* do sistema da Lei Fundamental alemã não deve ser interpretada como prova de uma 'inadequação generalizada' da atribuição ao ente central de uma Federação de editar apenas normas gerais sobre certos assuntos, a serem suplementadas pelos estados. A supressão da referida figura de competências legislativas se deve, acima de tudo, a peculiaridades do processo legislativo alemão, as quais, durante as últimas décadas, levaram a grandes dificuldades para a aprovação da maioria das leis federais, que passou a depender, cada vez mais, da anuência do órgão representativo dos estados (Conselho Federal). Este fato causou o retardamento ou até a impossibilidade da edição de muitas leis de alta relevância social, em virtude de barganhas e até 'estratégias de obstrução' entre os partidos políticos".

[87] V. http://www.brasil.diplo.de/contentblob/3254212/Daten/1330556/ConstituicaoPortugues_PDF.pdf, acesso em 10/11/2011.
[88] Cf. ALESSANDRA ALBANESE, "Impiego Pubblico ...", pág. 180.
[89] V. MANFRED DEGEN, "La carrera ...", pág. 443, esclarecendo que a GG possibilita ao legislador um marco normativo muito amplo na questão da seleção, limitando-se a assinalar os objetivos que deve seguir toda a regulação, de assegurar a imparcialidade das decisões administrativas em matéria de seleção e promoção, garantir a eficácia da administração e respeitar os direitos individuais do candidato. Cf. JOSÉ MARIA TEIXEIRA DA CRUZ, *A Função Pública ...*, pág. 307.
[90] V. MANFRED DEGEN, "La carrera ...", pág. 447.
[91] V. FRANCISCO LONGO, *Mérito* ..., pág. 80.

'procedimento de selecção demasiado rígido e abstrato' e fomenta um saber lógico-formal e retórico, em detrimento da inteligência prática (que verdadeiramente interessa)".[92] Além disso, nos procedimentos seletivos há a participação de "representação de pessoal", contrabalanceando uma eventual desmedida "subjetividade administrativa".

Apesar dessa ampla discricionariedade administrativa na avaliação do trabalhador público, a doutrina afirma inexistir na Alemanha um contencioso excessivo em decorrência do sistema adotado, salvo em casos muito extremos. A impugnação da seleção é realizada perante os Tribunais do Trabalho ou Administrativos, conforme se trate, respectivamente, de procedimento que visa contratar empregados públicos ou empossar funcionários públicos, respectivamente.[93]

3 Um balanço: a dualidade como decorrência da necessidade de flexibilidade

A marca do sistema funcionarial (*lato sensu*) da Alemanha é o seu caráter dual: no âmbito subjetivo dos trabalhadores públicos com relação de trabalho continuada com o Estado (AP) situam-se os *Beamten* (funcionários públicos) e os *Tarifpersonal* (empregados públicos), constituindo estes a maior parte do conjunto.

A dualidade foi sendo construída à medida de que a Administração Pública, silenciosamente, foi reconhecendo que a diversidade de atividades administrativas não se encaixava "numa única vestimenta" (um único regime), havendo tarefas muito similares ao setor privado, cujos trabalhadores poderiam ter as suas relações jurídicas igual ou primariamente regidas pelo Direito do Trabalho. E a *GG* reforçou a existência dessa dualidade, na medida em que exigira, apenas para o desempenho das funções que envolvem poderes de soberania, em caráter permanente, a figura do funcionário público submetido a uma relação estatutária típica, de regime publicístico, na qual vigoram os "princípios tradicionais do funcionalismo público de carreira". Ora, numa complexidade administrativa como a hodierna, sabemos não ser regra o exercício de poderes de autoridade/soberania, ao reverso.

A dualidade foi, assim, exigência de uma maior flexibilidade administrativa, na medida em que viabiliza uma diferenciação salutar de graduação no vínculo profissional dos trabalhadores públicos: mais intensa, com maiores deveres e maiores ônus e restrições de direitos coletivos aos funcionários públicos; menos intensa, com o pleno gozo dos direitos coletivos em relação aos empregados públicos. Em outras palavras, "a presença daquele pessoal privado apenas poderá traduzir o reconhecimento alemão de que a actividade administrativa é diversificada e que o modelo unitário de relação de emprego não permite responder de forma ótima".[94] A existência de, pelo menos dois regimes de trabalho público, jurídico-público e jurídico-privado, permite à Administração Pública melhor adaptação de seu aparato pessoal às tarefas que correspondentemente este

---

[92] In *Relação Jurídica* ..., pág. 158. De forma muito semelhante, V. MANFRED DEGEN, "La carrera ...", pág. 445, aduzindo que o caráter abstrato e objetivo do concurso pode até mesmo ser violador do princípio da igualdade material.
[93] Cf. ALESSANDRA ALBANESE, "Impiego Pubblico ...", pág. 180.
[94] Cf. PAULO VEIGA E MOURA, *A Privatização* ..., pág. 353.

desenvolve, ponderando nas situações às quais se depara a necessidade ou a conveniência da utilização do regime privado ou público de trabalho público.

Além disso, o fato de que a maior parte da Função Pública alemã é composta por empregados públicos, aliado ao fato de que é constitucionalmente admissível a existência de empregados públicos com atribuições de exercício de poderes de soberania (mesmo excepcionalmente), atestam (e também permitem concluir) que o Direito do Trabalho presta-se, sim, ao disciplinamento das relações jurídicas de trabalho do trabalhador público, inclusivamente como regra geral, bem como à prossecução do próprio interesse público. Afinal, não se pode negar que a Alemanha é um exemplo no que tange à prestação de serviço público de qualidade, e a presença marcante do Direito do Trabalho no interior da Administração Pública não lhe retirou a sua natureza intrinsecamente pública, nem inviabilizou a continuidade de sua atividade. Muito ao reverso.

DIREITO COMPARADO: O EXEMPLO DA FRANÇA

1 A separação do DFP do DT como específico reflexo da forte separação Estado-Sociedade que caracterizou o Estado de Direito Francês

Se no tema da "privatização" *lato sensu* o exemplo da Itália é o mais paradigmático, certamente no tema genérico da FP a França ocupa o tradicional lugar de destaque, considerando os países da Europa Continental (de *Civil Law*).[1] Trata-se, afinal, do "clássico berço" do Direito Administrativo, enquanto um "direito especial da Administração Pública".[2] Nesse sentido, ver-se-á que fora erigido, após a concretização dos ideais liberais, um DFP especialmente vocacionado ao regramento dos "funcionários do Estado", diverso do "direito comum", aplicável "externamente", no campo da sociedade civil.[3]

Com efeito, vigorava no Antigo Regime, o princípio da venalidade dos cargos,[4] fruto da concepção tão comum às antigas monarquias em relação ao poder, estritamente vinculado ao monarca. Nesse sentido, vivenciava-se naturalmente (não só na França) a ideia de que os cargos públicos eram da "propriedade" do rei, o qual deles dispunha conforme os seus interesses ("interesses do Estado"), inclusivamente para financiamento dos cofres públicos. Sendo assim, numa compreensão "privatística" dos ofícios públicos, resultava que os mesmos, assim que inseridos no "patrimônio pessoal dos funcionários ou agentes reais", sujeitavam até mesmo ao direito de herança.[5] Portanto, os cargos

---

[1] V. RAMÓN PARADA, *Derecho* ..., pág. 16-19.
[2] V. JEAN-MARIE AUBY (e outros), *Droit de la function publique,* Dalloz, Paris, 2009, pág. 9-10 (sobre a questão do particularismo do direito aplicável aos agentes da administração). Em geral, V. SABINO CASSESE, *La Globalización* ..., pág. 179, citando que em 1819, pela 1ª vez, o DA foi apresentado como cadeira numa universidade de Direito francesa.
[3] V. PROSPER WEIL, *Le Droit* ..., pág. 7.
[4] V. JOSÉ MARIA TEIXEIRA DA CRUZ, *A Função* ..., pág. 115; PAULO VEIGA E MOURA, *A privatização* ..., pág. 22.
[5] V. RAMÓN PARADA, *Derecho* ..., pág. 16. No Brasil, por exemplo, como reflexo mediato dessa concepção patrimonialista, temos a situação dos cartórios não judiciais. Não obstante a CR/88 ter determinado a realização de concurso público para os oficiais dos cartórios (tabeliães), que serão atividades exercidas sob regime de direito privado, com fiscalização do Poder Judiciário (art. 236), os cartórios não judiciais já existentes antes da promulgação da CR foram preservados imediatamente desse novo sistema, até a morte/aposentadoria/afastamento, *etc.* de seus notários titulares se implemente. De toda forma, até antes da CR/88, todos esses cartórios estavam sujeitos ao "direito de herança".

públicos não eram acessíveis a todos, mas estavam especialmente destinados às pessoas da nobreza e àqueles mais avantajados em termos econômicos (= burguesia). O laço da FP à aristocracia, à nobreza e aos especialmente mais favorecidos resta, portanto, bastante claro.[6]

A Revolução Francesa (14/7/1789),[7] entretanto, veio efetivamente romper com esse quadro político do *Ancien Régime*, erigindo os direitos civis e políticos dos cidadãos como fortes "barreiras" contra a atitude ofensora do Estado e, principalmente, impondo um tratamento igualitário de todos perante a lei (e perante o próprio Estado).[8] Assim, a partir da *Déclaration des droits de l'homme et du citoyen*, de 26/08/1789, foi consagrado um importante princípio no tema do acesso à FP: "A lei é a expressão da vontade geral. Todos os cidadãos têm o direito de concorrer pessoalmente ou por seus representantes à sua formação. Ela deve ser a mesma para todos, quer ela proteja, quer ela castigue. Todos os cidadãos, sendo iguais aos seus olhos, são igualmente admissíveis a todas as dignidades, colocações e empregos públicos, segundo as suas virtudes e seus talentos" (art. 6º). Restavam evidenciados os anseios liberais de isonomia no acesso (e distribuição) dos cargos públicos, para além do próprio critério meritocrático.

Todavia, ainda que num breve espaço de tempo, logo depois da Revolução (até porque ainda não se distinguiam, com rigor, na oportunidade, cargos políticos do Poder Executivo e aqueles próprios da Administração, em geral), a ocupação de postos na FP foi atribuída por sufrágio censitário, numa concepção de "agentes da soberania" ("acepção revolucionária");[9] fator que logo demonstrou a instabilidade administrativa desse modo "democrático e igualitário" de acesso à AP.

A FP francesa vai então, a partir de Napoleão Bonaparte, conhecer o seu período de maior desenvolvimento na estruturação e na profissionalização; fundada numa concepção diversa para os funcionários ("em agentes do poder executivo"[10]) e de vinculação

---

[6] V. ROGER GRÉGOIRE, *La Fonction* ..., pág. 28, citando texto de TOCQUEVILLE, justamente sobre os funcionários administrativos do Antigo Regime.

[7] Pode-se afirmar, com certeza, que a Revolução Francesa é para o Direito Constitucional e o Direito Administrativo modernos, nomeadamente, para os países de *Civil Law*, um marco de importância sem paralelo, pois marca os seus respectivos "nascimentos". Instaura-se a ideia de separação dos poderes (poderes limitados) e direitos individuais em face desses poderes, conforme art. 16 da Declaração dos Direitos do Homem e do Cidadão. No plano do Direito Administrativo, há a sedimentação de novas concepções. V. FRANÇOIS BURDEAU, *Histoire* ..., pág. 22 e seg. O A. acolhe a seguinte divisão do desenvolvimento do DA: "Gestação" (1789 a 1870); "Florescimento" (1870-1950); e "Comoção" (1950-1970). V. PROSPER WEIL, *Le Droit* ..., pág. 7 e seg. V. FÁBIO KONDER COMPARATO, *A Afirmação Histórica dos Direitos Humanos*, 7ª ed., Saraiva, São Paulo, 2010, pág. 163. Discorrendo sobre a Declaração dos Direitos do Homem e do Cidadão, de 1789, afirma este A.: "Ela representa, por assim dizer, o atestado de óbito do *Ancien Régime*, constituído pela monarquia absoluta e pelos privilégios feudais e, neste sentido, volta-se claramente para o passado. Mas o caráter abstrato e geral das fórmulas empregadas, algumas delas lapidares, tornou a Declaração de 1789, daí em diante, uma espécie de carta geográfica fundamental para a navegação política nos mares do futuro, uma referência indispensável a todo projeto de constitucionalização dos povos."

[8] V. ROGER GRÈGOIRE, *La Fonction* ..., pág. 28, repetindo texto de TALLEYRAND. V. V. GEORG JELLINEK, *Sistema dei diritti pubblici subiettivi*, Giuffrè, Milão, 1982. Este A., em fins século XIX, desenvolveu a teoria dos quatro *status* que podem caracterizar o indivíduo frente ao Estado. Neste contexto, estabelecendo limites ao poder estatal, considerou que a circunstância de ter o homem personalidade exige que lhe seja garantido um espaço de liberdade com relação às ingerências dos Poderes Públicos. Isso porque a autoridade do Estado se exerce sobre homens livres, devendo os indivíduos gozar de uma esfera de ação alheia ao império estatal (*status negativo*).

[9] Cf. EMMANUEL AUBIN, *Droit* ..., pág. 24 e seg.; RAMÓN PARADA, *Derecho* ..., pág. 16, identifica o período como de "amadorismo" (*"amateurisme"*).

[10] Cf. EMMANUEL AUBIN, *Droit* ..., pág. 25.

ao "interesse geral"[11] e à "necessidade de serviço",[12] conformando-os como "soldados civis no seu posto".[13] O período napoleônico – marcado pelo autoritarismo – realmente amoldou o sistema de FP francês em suas bases fundamentais[14] e fora, posteriormente, difundido para outros países da Europa (Alemanha, Espanha, Portugal, Itália, Bélgica, etc.[15]) e além-mar. Trata-se, pois, de um período decisivo da estruturação do próprio Estado francês.[16]

De fato, Napoleão I trouxe para o interior da FP *lato sensu* noções militares de hierarquia (tendo como consequência a estruturação hierárquica dos cargos públicos e, designadamente, na formação dos corpos e da carreira) e de disciplina[17] (assumindo, então, o funcionário a feição de *peça* do maquinário administrativo, com perda de sua individualidade e mesmo privacidade). Assim, como informa a doutrina, "o funcionário não pode se escusar em limitações e horários, direito de descanso, deveres familiares e férias ou quaisquer outras escusas. ... O modelo é extremamente parco em direitos e garantias funcionariais, o que permite mater a disciplina, com o máximo de rigor".[18] Com essas noções, que incluem, principalmente, a de "espírito de serviço",[19] e do caráter "nacional" (do exercício) da FP, têm-se os principais traços do sistema funcionarial francês.

Doravante, passa a configurar-se como adequada a permanência no cargo público como condição do exercício regular e constante das atividades administrativas, donde a figura do "funcionário" titular de um posto/lugar nos quadros da AP,[20] ligado à noção (e à teoria) de *puissance publique*.[21]

A influência militar na formatação jurídica da FP francesa era mesmo justificada pela grande quantidade de militares em seu âmbito subjetivo, que constituía mais da metade de seus membros no final do século XIX.[22]

---

[11] *Ibidem*, pág. 25.
[12] V. RAMÓN PARADA VASQUEZ, "Empleo público ...", pág. 32 e seg.
[13] Cf. MICHEL DEBRÉ *apud* EMMANUEL AUBIN, *Droit* ..., pág. 25. Tb. FRANÇOIS GAZIER, *La Fonction* ..., pág. 30.
[14] V. JACQUES-OLIVIER BOUNDON, "Napoléon et la construction des grands corps de L'Etat", *in* archivesdefrance. culture.gouv.fr, acessado em 16/5/2013; JEAN TULARD, "Napoléon et la naissance de ládministration française", *in* www.napoleon.org, acessado em 16/5/2013, tb. publicado *Revue du SouvenirNapoléonien*, nº 359, junho, 1988, pág. 5-9; MIGUEL SÁNCHEZ MORÓN, *Derecho* ..., pág. 1021.
[15] De toda forma, o Direito Prussiano (Código de 1794) tb. influenciou o DFP francês, em especial, quanto à noção de garantias estatutárias. V. ROGER GRÉGOIRE, *La Fonction* ..., pág. 37.
[16] O próprio Conselho de Estado foi criado na era napoleônica, no governo do "Consulado" (ano VIII), prevista no art. 52 da Constituição de 1799. V. FRANÇOIS BURDEAU, *Histoire* ..., pág. 65; JEAN TULARD, "Napoléon ...".
[17] V. EMMANUEL AUBIN, *Droit* ..., pág. 25; V. RAMÓN PARADA, *Derecho* ..., pág. 16. V. ROGER GRÉGOIRE, *La Fonction* ..., pág. 39, citando as palavras do próprio Napoleão, proferidas perante o Conselho de Estado (*apud* PELET, *Opinions de Napoléon*, Paris, 1833, pág. 162).
[18] Cf. RAMÓN PARADA VÁSQUEZ, "Empleo Público ...", pág. 32.
[19] V. FRANÇOIS GAZIER, *La Function* ..., pág. 29. V. MAX WEBER, ¿Qué es ..., pág. 11-14; SILVIA DEL SAZ, "La Privatización ...", pág. 149. Sobre a constatação da crise do "espírito de serviço", V. ALAIN SUPIOT, "La crise de l'esprit de service public", *in DS*, nº 12, dezembro, 1989, pág. 777-783, esp. pág. 778.
[20] V. FRANÇOIS GAZIER, *La Fonction* ..., pág. 28.
[21] Cf. EMMANUEL AUBIN, *Droit* ..., pág. 25; RENÉ CHAPUS, *Droit administratif général*, Tome 2, 15ª ed., Montchrestien, Paris, 2001, pág. 10. Em geral, SABINO CASSESE, "Le Transformazioni ...", pág. 31-35. V. sobre a importância dos administrativistas LÉON DUGUIT e MAURICE HAURIOU para o DA francês do séc. XX, FRANÇOIS BURDEAU, *Histoire* ..., pág. 341.
[22] EMMANUEL AUBIN, *Ibidem*, pág. 25.

Assim, paralelamente ao desenvolvimento do próprio Estado de Direito e do Direito Administrativo, os séculos XIX e XX representaram para a FP francesa (liberal) uma época de grande evolução jurídica e mesmo em termos quantitativos.[23] E, na questão da FP, esse lapso temporal teve uma relevância ainda maior, pela "exportação" do modelo com a expansão napoleônica e com a colonização.[24] Tratou-se efetivamente de um período de profundo assentamento das bases do DA, como um regime jurídico diverso daquele que vigorava para o restante da sociedade.

Nesse sentido, perceber-se-á que o DFP, como parte integrante desse DA, será reflexo do "princípio do particularismo",[25] no sentido de ser um Direito discrepante do que regula a sociedade em geral;[26] como um específico efeito jurídico do dogma liberal da separação Estado-sociedade.[27] Até pelo seu pré-contexto histórico (absolutista), sabe-se que essa dicotomia Público *versus* Privado foi excessivamente marcada na França pós-revolucionária, donde também um radical apartamento entre o DFP e o "direito comum" (privado, posteriormente DT).

A importância da jurisprudência do Conselho de Estado na afirmação das bases desse regime jurídico-público é incontestável, designadamente a partir do final do século XIX e início do século XX,[28] podendo-se afirmar certamente que, até a enunciação legislativa dessas bases, no campo específico da FP, o DFP foi essencialmente pretoriano e teve, pois, aquela jurisprudência como uma paradigmática fonte do Direito.[29] Como se afirmou, "à imagem do DA geral, o DFP foi criado pelo Conselho de Estado como uma glândula que secreta os seus hormônios",[30] podendo efetivamente se falar na existência, até então, de um verdadeiro "estatuto jurisprudencial da FP".[31]

Assim, em conformidade com a racionalidade da especialidade do Direito aplicável à AP, o Conselho de Estado passa a afirmar sobre o regime dos agentes públicos e, em especial, dos funcionários públicos: que se encontram numa relação de direito público ("estatutária e regulamentar"), resultando da aplicação de regras gerais, fixadas pelo estatuto e pelo regulamento[32] (e não decorrente de um contrato ou acordo bilateral); que

---

[23] Fala-se na "civilização" dos efetivos da FP na III República francesa. *Ibidem*, pág. 25. V. SABINO CASSESE, *La Globalización* ..., pág. 179. Em geral, PROSPER WEIL, *Le droit* ..., pág. 10-11.
[24] V. EMMANUEL AUBIN, *Droit* ..., pág. 26, afirmando a expansão no espaço e no tempo de campo de aplicação do DFP.
[25] Cf. JEAN-MARIE AUBY, *Droit* ..., pág. 10. V. ROGER GRÉGOIRE, *La Fonction* ..., pág. 26.
[26] V. PROSPER WEIL, *Le droit* ..., pág. 52.
[27] Cf. MIGUEL SANCHEZ MORÓN, "El Regimén ...", pág. 71-74. V. JEAN-MARIE AUBY (e outros), *Droit* ..., pág. 9-10.
[28] V. JEAN-MARIE AUBY, *Droit* ..., pág. 10. Marcos da construção do regime juspublicístico, específico, pelo Conselho de Estado, são, por exemplo: o *Arrêt Pelletier*, 1873 (na questão da responsabilidade do agente), o famoso *Arrêt Blanco*, 1873 (na afirmação do princípio geral da responsabilidade da Administração) e o *Arrêt Anguet*, 1911 (na questão da possibilidade de cumulação da responsabilidade do Estado com a responsabilidade do agente). V. FRANÇOIS BURDEAU, *Histoire* ..., pág. 233 e seg. V. PROSPER WEIL, *Le droit* ..., pág. 11, sobre essa "belle époque" do DA. V. JOÃO ANTUNES DOS SANTOS NETO, "A responsabilidade Pública no Direito Brasileiro e no Direito Estrangeiro", *in RDA*, vol. 239, janeiro-março, 2005, pág. 255-298, esp. 267.
[29] Cf. V. JEAN-MARIE AUBY (e outros), *Droit* ..., pág. 10 e 45. V. RAMÓN PARADA, *Derecho* ..., pág. 16; MIGUEL SANCHEZ MORÓN, *Derecho* ..., pág. 26.
[30] Cf. PROSPER WEIL *apud* EMMANUEL AUBIN, *Droit* ..., pág. 41.
[31] Cf. JEAN-MARY AUBY (e outros), *Droit* ..., pág. 51.
[32] Cf. EMMANUEL AUBIN, *Droit* ..., pág. 38, "o DFP é essencialmente elaborado pelas autoridades públicas dentro do exercício de seus poderes regulamentares". Relaciona-se ao poder de auto-organização da AP e, portanto, ao chamado *Hausrecht* da AP.

a nomeação é um ato unilateral da administração e se efetiva para um emprego (trabalho) permanente; que a situação estatuária é modificável, sem invocação de direito adquirido por parte do funcionário[33] (a ideia de unilateralidade do regime); que o contencioso da FP é objetivo, de legalidade[34] (obviamente, submetido à jurisdição administrativa). E, desse modo, muito especialmente a partir de 1937, quando a concepção de "contrato de FP" é efetivamente abandonada para a qualificação da situação do funcionário público como "legal (ou estatutária) e regulamentar".[35]

Doravante, então, a tese sobre a "situação estatutária, legal e regulamentar" dos funcionários públicos passa a ser firmemente reiterada e albergada pela legislação (geral); donde que "o caráter estatutário da situação do funcionário distingue-se de forma radical do trabalhador privado".[36]

Isso porque, da formação da FP de feição "napoleônica" até 1941, inexistiu na França um "estatuto geral" da FP *lato sensu*, vigorando, então, realmente, "estatutos especiais", basicamente constituídos por atos regulamentares da AP. Nesse ano, sob o regime de Vichy, foi editado primeiro estatuto geral, pela Lei de 14/09/1941 (Ato nº 3981).[37] Trata-se de um diploma que verdadeiramente conforma, numa "pureza de concepção", a ideia de "espírito de serviço" do funcionário público, porquanto, no contexto de um regime autoritário, houve limitação de seus direitos coletivos.[38] Esse estatuto condensou, legislativamente, as características extraídas do regime jurídico público até então pronunciadas pelo Conselho de Estado. Nesse contexto, vigorava a conhecida máxima "nada de luta de classes no interior da hierarquia administrativa".[39]

---

[33] V. PROSPER WEIL, *Le Droit* ..., pág. 52; ANDRÈ DE LAUBADÈRE (e outros), *Traitè* ..., pág. 30.

[34] Cf. JEAN-MARY AUBY (e outros), *Droit* ..., pág. 49-50. V. JOSÉ MARIA TEIXEIRA DA CRUZ, *A Função* ..., pág. 178 e seg.; ALBERTO PALOMAR OLMEDA, *Derecho* ..., pág. 122 e seg.

[35] Cf. EMMANUEL AUBIN, *Droit* ..., pág. 26. Este A. indica o acórdão do Conselho de Estado de 22/10/1937. De fato, JEAN-MARIE AUBY (e outros), *Droit* ..., pág. 49, afirma que, efetivamente a partir 2ª GM, a discussão sobre a natureza jurídica do vínculo do funcionário perde a sua importância, em face da jurisprudência do Conselho de Estado. De toda forma, em período anterior, a discussão doutrinária oscilava entre as teorias contratuais (de Direito Privado e de Direito Público) e a teoria estatutária. V. sobre as diferentes teorias da natureza jurídica da relação de FP desse período, FRANÇOIS BURDEAU, *Histoire* .., pág. 348-349. O A. aponta as teoria de: PERRIQUET (inspiração civilista, assimilando a nomeação a um mandato); DARESTE (contrato *sui* generis); LAFERRIÈRE (base da doutrina do 'estatuto legal'); H. BERTHÉLÉMY (uma teoria mista ou combinada); HAURIOU, DUGUIT e JÈZE (na linha da teoria da situação estatutária). V. FLORIVALDO DUTRA DE ARAÚJO, *Conflitos* ..., pág. 57 e seg. Cf. R. MUZELLEC "Privatización ...", pág. 137: "Até o final da III República, a jurisprudência – em geral – e a doutrina por sua parte, consideravam que o funcionário e a Administração celebram contrato de função pública. A sentença *Winkell*, de 7/8/1909, ditada pelo Conselho de Estado, não deixa nenhuma dúvida sobre o acerto dessa análise". V. ANDRÉ DE LAUBADÈRE (e outros), *Traitè* ..., pág. 29, sobre a oscilação do Conselho de Estado a partir de 1909, decorrente de movimentos paredistas de funcionários. V. tb. ROGER GRÉGOIRE, *La Fonction* ..., pág. 33.

[36] Cf. PROSPER WEIL, *Le Droit* ..., pág. 53.

[37] Cf. JEAN-MARIE AUBY (e outros), *Droit* ..., pág. 50-51; EMMANUEL AUBIN, *Droit* ..., pág. 34.V. FRANÇOIS BURDEAU, *Histoire* ..., pág. 380.

[38] Cf. JEAN-MARIE AUBY (e outros), *Droit* ..., pág. 50-51.

[39] Afirmação de HAURIOU, no seguinte contexto: "A razão essencial da incompatibilidade entre a forma sindical e a agrupação de funcionários é que a forma sindical é, por si só, uma organização de luta que implica uma atitude de hostilidade frente à hierarquia. Eis aqui, pois, a idéia central: nada de luta de classes no interior da hierarquia e, em consequência, nada de sindicatos de funcionários, porque a forma sindical está unida à luta de classes". Cf. REGINA LINDEN RUARO, "Os Direitos ...", pág. 35. Cf. FLORIVALDO DUTRA DE ARAÚJO, *Negociação* ..., pág. 251, apesar de considerados ilegais, em 1924 instaurou-se na França a fase de "tolerância" em relação aos sindicatos de funcionários públicos, porquanto neste ano foi editada uma "circular" nesse sentido pela AP. V. sobre o problema da greve na FP, no contexto pré-46 e pós-46, ANDRÉ DE LAUBADÈRE (e outros), *Traitè* ..., pág. 126.

Com a *Libération* e o retorno à legalidade democrática, houve a revogação de todos os atos adotados sob o regime de Vichy (Ord. de 8/10/1944[40]). Anunciou-se, então, uma importante reforma no regime dos funcionários públicos, sendo posteriormente editado o segundo estatuto geral da FP francesa, na data de 19/10/1946, já no curso da IV República. Esse estatuto replicava a noção da "situação estatutária e regulamentar" (art. 5º); porém, assegurava o exercício de importantes direitos coletivos pelos funcionários públicos (direito de sindicalização e reconhecimentos dos sindicatos).[41]

Desse modo, a teoria da situação legal do funcionário público em face de seu vínculo de profissionalidade com o Estado, na genuinidade de sua concepção (em especial, quanto à característica da unilateralidade do regime), não obstante o seu profundo reconhecimento doutrinário e jurisprudencial, vigorou na França, em termos legislativos, efetivamente, num curto período (1941-1946). A partir desse lapso, em especial, com a edição do segundo estatuto, tal tese começa a ser publicamente questionada, em face da instauração da fase de reconhecimento dos direitos coletivos dos funcionários públicos (efetivas "relações dos agentes públicos com a *puissance publique*"[42]), nos termos de seu art. 6º.

Pode-se dizer que se verifica, doravante, o início de uma aproximação de regimes entre o DFP e o DT (ou da "impregnação da FP da lógica do DT").[43] São paradigmáticos dessa nova concepção de DFP os textos de Jean Rivero e de Paul-Marie Gaudemet, publicados no ano de 1947.[44] Jean Rivero menciona mesmo que esse fenômeno de assimilação do DFP ao DT seria mesmo algo "inevitável".[45]

Não obstante, no ano de 1945 foi fundada a École Nationale *d'Administration* (ENA), dando-se especial ênfase à formação do funcionário público (seja no acesso inicial, seja durante a sua vida profissional[46]), o que também se tornará nota da FP francesa.[47] A esse

---

[40] Cf. EMMANUEL AUBIN, *Droit* ..., pág. 34. A publicação deu-se em 9/10/1944. V. FRANÇOIS BURDEAU, *Histoire* ..., pág. 379.

[41] Cf. EMMANUEL AUBIN, *Droit* ..., pág. 51. Cf. MARCEL PIQUEMAL, *Direito* ..., pág. 40: "A filosofia do sistema baseia-se no papel consultivo conferido a organismos paritários, no estabelecimento de garantias sobre as regras das carreiras e do emprego e numa concepção coerente, embora bastante rígida, da Função Pública. Mas, como se tratava de uma solução de compromisso, ninguém teve a ilusão de imaginar que se tinha obtido um sistema perfeito". Cf. FLORIVALDO DUTRA DE ARAÚJO, *Negociação* ..., pág. 251-252. V. RAMÓN PARADA, *Derecho* ..., pág. 19. Como aduzimos na 1ª parte do nosso estudo, esse estatuto francês teve uma importante influência na doutrina administrativa brasileira, assentando também no Brasil a teoria da "situação legal e regulamentar" ou "estatuária" dos funcionários públicos, até hoje, tão presente. Todavia, vale salientar que até a promulgação da CR/88 a teoria estatutária no Brasil efetivamente conviveu com a ausência de direitos coletivos dos funcionários públicos, tendo, dessa forma, adquirido uma "áurea de verdade absoluta".

[42] Cf. RENÉ CHAPUS, *Droit* ..., pág. 10. Afinal, estava-se sob o pressuposto da teoria da unidade orgânica do Estado, negando o relacionamento jurídico entre o Estado e seus agentes (e a própria individualidade destes). V. ANA FERNANDA NEVES, *Relação jurídica* ..., pág. 77; PAULO VEIGA E MOURA, *A privatização* ..., pág. 30.

[43] Cf. RENÉ CHAPUS, *Ibidem*, pág. 10.

[44] Cf. EMMANUEL AUBIN, *Droit* ..., pág. 43. V. tb. RENÉ CHAPUS, *Droit* ..., pág. 10. V. JEAN RIVERO, "Vers la fin du droit de la fonction publique?" in *RD*, 1947, pág. 149-152; V. PAUL-MARIE GAUDEMET, "Le déclin de l'autorité hiérarchique", in *RD*, 1947, pág. 137-140. Ainda, DAVID RUZIÉ, "Vers un renouveau du droit de la fonction publique?", in *RD*, 1959, pág. 85-80 (todavia, esse texto tem em vista o Estatuto Geral Francês de 1959 e um certo recuo naquele movimento de aproximação anterior do DFP ao DT).

[45] Cf. "Vers la fin ...", pág. 152.

[46] V. FRANÇOIS GAZIER, *La Fonction* ..., pág. 28-29.

[47] V. FRANÇOIS GAZIER, *La Function* ..., pág. 44-45. V. RAMÓN PARADA, *Derecho* ..., pág. 18. V. *Site da ENA* www.ena.fr. V. também www.fountion-publique.gouv.fr. A ENA foi criada pelo Regulamento de 9/10/1945, elaborado por Michel Debré para reformular a FP francês, no Governo provisório de Charles de Gaulle.

respeito, inclusivamente, aponta a juspublicística a forte carga meritocrática dos altos funcionários públicos franceses, em parte, decorrência da frequência na ENA.[48]

Após novo período de instabilidade governamental, encerra-se a IV República, sendo substituída a Constituição de 1946.[49] A atual ordem constitucional francesa passa a vigorar a partir de 1958, portanto, já sob a égide de uma época em que a "teoria da situação estatutária e regulamentar" do funcionário público começava a dar sinais de suas primeiras fissuras, decorrente do reconhecimento constitucional de seus direitos coletivos e da atenuação (ou da objetivação) da subordinação hierárquica.[50] De todo modo, o Estatuto de 1959 reafirma o alinhamento à teoria estatutária (art. 5º).[51]

2 A atual configuração da FP francesa e o movimento de "*travaillisation*" do DFP: um direito cada vez menos "separado"

Em 1958 (V República) foi promulgada a atual Constituição Francesa (CF).[52] No tema da FP, tem especial importância o art. 34, acerca da competência da Assembleia para legislar sobre as "garantias fundamentais" da FP do Estado (instituição do princípio da reserva legal frente ao poder regulamentar da AP;[53] princípio que é extensível à FP territorial e hospitalar).[54] Esse dispositivo tem estreita conexão com o art. 37 (matéria regulamentar).

V. MARCEL PIQUEMAL, No Brasil, a influência da ENA deu azo à instituição da ENAP – Escola Nacional de Administração Pública, no ano de 1986, também com o objetivo melhor qualificar o seu funcionalismo federal (www.enap.gov.br).

[48] Cf. JEAN-MARIE AUBY, *Droit* ..., pág. 14. Os ex-alunos do ENA são conhecidos por "énarques". Alguns deles já ocuparam o posto de Presidente da República, de Primeiro-Ministro, além de numerosos Ministros de Estado. V. FRANÇOIS GAZIER, *La Fonction* ..., pág. 45. V. MARCEL PIQUEMAL, *Direito* ..., pág. 38, explica a relação existente, antes da criação da ENA, à Escola Livre de Ciências Políticas e à alta burguesia francesa.

[49] V. JOSÉ ALFREDO DE OLIVEIRA BARACHO, "A Revisão da Constituição Francesa de 1958. A Permanente Procura de uma Constituição Modelar", *in* http://www.ejournal.unam.mx/cuc/cconst03/CUC00306.pdf, acesso em 16/5/2013. O A. informa que a França passou por uma grande instabilidade governamental em dois períodos: 1919-1940, com 42 governos em 20 anos; e depois da 2ª GM (1946-1958), em 12 anos, com 25 governos sucessivos.

[50] V. RENÉ CHAPUS, *Droit* ..., pág. 10. V. FRANÇOIS BURDEAU, *Histoire* ..., pág. 426, apontando que, também nessa época, começa a doutrina a questionar a noção de "funcionário público" pelo crescente aparecimento dos "agentes contratuais", donde a proposição doutrinária da categoria dos "funcionários contratuais". V. ROGER GRÉGOIRE, *La Fonction* ..., pág. 52-70, sobre o desenvolvimento do sindicalismo na FP. V. MARCEL PIQUEMAL, *Direito* ..., pág. 36.

[51] V. ANDRÉ DE LAUBADÈRE (e outros), *Traité* ..., pág. 29. Por isso mesmo, o texto de DAVID RUZIÉ, "Vers un renouveau ...", pág. 85 e seg.

[52] Aprovada em 28/9/1958 e promulgada em 4/10/58. A CF (também chamada de Constituição Gaullista; pela importância política de Charles de Gaulle), passou por algumas revisões constitucionais, sendo apontada como a mais relevante aquela de 6/11/1962. V. EDILTON MEIRELES, *A Constituição do Trabalho*, Ed. LTr, São Paulo, 2012, pág. 77-82. Em 2008, a mais recente revisão, introduziu a questão prejudicial de constitucionalidade (art. 61-1). V. EMMANUEL AUBIN, *Droit* ..., pág. 31.

[53] V. ANDRÉ DE LAUBADÈRE (e outros), *Traité* ..., pág. 39, não obstante ressalte os As. a dificuldade natural entre a repartição entre o texto legislativo (reserva legal) e textos regulamentares (poder regulamentar da AP). Cf. MARCEL PIQUEMAL, *Direito* ..., pág. 42: "Segundo a Constituição de 1946, uma vez que o domínio da lei era ilimitado, não havia nenhum problema desta natureza. Mas, a partir do momento em que se faz uma distinção entre aquilo que é domínio legislativo e aquilo que é domínio regulamentar, põe-se também a questão de saber o que é que, no âmbito da Função Pública, pertence a um e a outro. A solução foi a seguinte: tudo aquilo que não for garantia fundamental pertence ao domínio regulamentar".

[54] Cf. JEAN-MARIE AUBY (e outros), *Droit* ..., pág. 5 e seg. V. EMMANUEL AUBIN, *Droit* ..., pág. 45. Tem ainda importância para o tema da FP os seguintes dispositivos da CF: 13 (sobre atribuições do PR, inclusive de nomeação de altos cargos civis); 15 (tb. sobre o PR); 21 (poder regulamentar do Primeiro-Ministro)

Todavia, especialmente no tema dos direitos fundamentais, sabemos que no Direito Constitucional francês concebeu um "Bloco de Constitucionalidade",[55] dada a abertura normativa viabilizada pelo preâmbulo da CF e, dessa forma, a introdução de relevantes diplomas no ordenamento atual; porém, diplomas de épocas (e concepções) históricas diversas (como a própria Declarações de direitos de 1789, o preâmbulo da Constituição de 1946 e a Carta do Meio Ambiente de 2004).[56]

Assim, na questão (ampla) do DT, a maior parte dos direitos "laborais" decorrem da anterior constituição (1946), havendo referência ao "dever de trabalhar e ao direito ao trabalho", para além do assentamento dos princípios da igualdade no trabalho e acesso à formação profissional, à liberdade sindical, ao direito de greve, à negociação coletiva e à participação na gestão da empresa.[57] A Corte Constitucional tem interpretado a prevalência dos direitos fundamentais no aspecto de uma relação de trabalho (subordinada), já tendo, por vezes, reconhecido a incidência daqueles nessas relações, inclusive de natureza jurídico-privada. Não suficiente, essa corte também já configurou o "direito ao emprego" como de ordem pública.[58]

São igualmente apontados pela Corte Constitucional como princípios/direitos decorrentes do "bloco de constitucionalidade", extensíveis à FP: o princípio da igualdade – igualdade no acesso aos "empregos" públicos, igualdade de tratamento na carreira, igualdade de tratamento entre homens e mulheres[59] –; a liberdade de opinião; o direito de sindicalização (liberdade sindical), o direito de greve (a ser conciliado com o princípio constitucional da continuidade do serviço público) e o princípio (e o direito) de participação.[60] Demais disso, interpretando (e clarificando o que seriam) as "garantias fundamentais" da FP, relevantes para o legislador observar e densificar (reserva legal do art. 34 da CF), o Conselho de Estado e a Corte Constitucional tiveram oportunidade de elucidar que incluem naquele rol: o direito à pensão, o direito ao pagamento pelo serviço prestado; o modo de eleição das comissões paritárias; o direito ao casamento dos agentes diplomáticos e consulares e o recrutamento pela via do concurso.[61]

Em face desse "processo de constitucionalização, pela via da interpretação juris-prudencial", afirma Emmanuel Aubin que, em especial, a partir de meados da década de 70, verificou-se "um enriquecimento e um reforço das bases constitucionais do DFP", contribuindo para a "constitucionalização do estatuto da FP"[62] ou uma "tendência recente

---

[55] Cf. ALBERTO RIBEIRO MARIANO JÚNIOR, "Bloco de constitucionalidade: consequências do seu reconhecimento no sistema constitucional brasileiro", in ambitojuridico.com.br, acesso em 17/05/2013, o "bloco de constitucionalidade" francês teve reconhecimento pela Corte Constitucional e adquiriu importância a partir de sua decisão sobre liberdade de associação (1971), diante da afirmação do valor jurídico do preâmbulo da Constituição de 1958.

[56] Cf. EDILTON MEIRELES, A Constituição ..., pág. 77-82.

[57] Cf. EDILTON MEIRELES, A Constituição ..., pág. 77-82.

[58] V. Decisão nº 83-156 DC, de 28/5/1983. Apud EDILTON MEIRELES, A Constituição ..., pág. 79, nota.

[59] Pode-se afirmar que o princípio da igualdade tem sim uma importância destacada no tema da FP. Passa a servir de "barreira" contra investidas discriminatórias do legislador. Discriminações fundadas em sexo, origem, opinião política, orientação filosóficas ou religiosa, raça, etc., não podem ser admitidas. Com a consagração da liberdade de circulação dos trabalhadores, também discriminações fundadas na nacionalidade de trabalhadores não nacionais comunitários também não são. V. EMMANUEL AUBIM, Droit ..., pág. 29-30. V., infra.

[60] Cf. JEAN-MARIE AUBY (e outros), Droit ..., pág. 46, indicando as decisões da Corte Constitucional, situadas entre 1976 a 1984.

[61] Cf. JEAN-MARIE AUBY (e outros), Droit ..., pág. 47.

[62] V. Droit ..., pág. 29 e seg.

de constitucionalização do DPF".[63] E esse fortalecimento constitucional do DFP deve ser ainda robustecido, após a revisão constitucional de 2008, na medida em que agentes e suas entidades sindicais podem obter a revogação de disposições normativas aplicáveis, através de um "procedimento a três níveis".[64]

No plano infraconstitucional e legislativo, houve logo a edição do Estatuto de 1959 (Ord. de 4/2/1959), primeiro estatuto da V República.

Todavia, atualmente, a FP *lato sensu* é estruturada numa "divisão tripartite" ou em "três âmbitos" ("três Funções Públicas"):[65] A FP Estadual (FPE), a FP Territorial (FPT) e a FP Hospitalar (FPH). Para tanto, houve uma importante reforma legislativa na FP francesa, na década de 80 (entre os anos de 1983 a 1986).[66] Assim, o "Estatuto Geral" da FP *lato sensu* é dividido em 4 partes, sendo a primeira delas destinada a todos os âmbitos funcionariais (da FP *lato sensu*),[67] em conformidade com a Lei nº 83-634, de 13/7/1983. Essa normatização comum cumpre a exigência de "unidade na diversidade", evitando uma "diluição do DFP, resultante da diversidade de estatutos".[68] A Lei nº 84-16 de 11/1/1984 regula a FPE. A Lei nº 84-53, de 26/1/1984 dispõe sobre a FPT e, por sua vez, a Lei nº 86-33, de 9/1/1986 trata da FPH.[69]

De toda forma, importa esclarecer que a FP francesa, não obstante o aduzido, não tem uma composição homogênea[70] e há, verdadeiramente, uma diversidade relativamente aos recursos humanos no seio da AP[71] (como usualmente se verifica nos demais países). Há, assim, agentes públicos (*lato sensu*) submetidos a estatutos específicos (magistrados judiciais – Ord. 58-1270, de 22/12/1958; magistrados administrativos; militares, funcionários da assembleia parlamentar, *etc*.[72]). Ainda quanto ao aspecto subjetivo da FP *profissional*, para além dos próprios "funcionários públicos", também existem outros agentes públicos, os chamados "agentes públicos não titulares" (os quais incluem os estagiários – como "pré-funcionários"[73] – e os contratados/auxiliares).[74] Assim, o "sistema de carreira" não abarca a integridade da FP francesa.[75] Ademais, os dados

---

[63] V. EMMANUEL AUBIN, *L'essential* ..., pág. 19.
[64] Cf. EMMANUEL AUBIN, *Droit* ..., pág. 31. Tb. *L'essential* ..., pág. 19.
[65] V. www.fonction-publique.gouv.fr. V. GUSTAVE PEISER, *Droit de la fonction publique*, 20ª ed., Dalloz, Paris, 2010, pág. 3 e seg. V. DIREÇÃO-GERAL DA ADMINISTRAÇÃO E DO EMPREGO PÚBLICO, "Estudo Comparado de Regimes de Emprego Público de Países Europeus – Relatório Final", 20 de Abril de 2007, pág. 110; V. FLORIVALDO DUTRA DE ARAÚJO, *Negociação* ..., pág. 251.
[66] Cf. EMMANUEL AUBIN, *Droit* ..., pág. 52.
[67] V. FRANÇOIS GAZIER, *La function* ..., pág. 45. Garante assim o equilíbrio entre direitos e deveres dos funcionários.
[68] Cf. EMMANUEL AUBIN, *Droit* ..., pág. 34. Este particular da FP francesa tem todo o relevo para o Brasil, não obstante seja a França um estado unitário. É que a preservação de uniformidade ou harmonia no plano dos estatutos impende a existência de diferenciações acintosas ou não justificadas entre os vários âmbitos da FP e, portanto, em geral, perante o cidadão-funcionário frente ao Poder Público.
[69] V. www.legifrance.gouv.fr.
[70] V. ANDRÉ DE LAUBADÈRE (e outros), *Traité de Droit Administratif*, Tome II, 9ª ed., Librairie Générale de Droit et de Jurisprudence, Paris, 1992, pág. 17.
[71] Cf. JEAN-MARIE AUBY (e outros), *Droit* ..., pág. 30 e seg.; EMMANUEL AUBIN, *Droit* ..., pág. 20 e 64.
[72] V. art. 2º da Lei nº 83-634. Cf. ANDRÉ DE LAUBADÈRE (e outros), *Traitè* ..., pág. 41.
[73] Cf. JEAN-MARIE AUBY (e outros), *Droit* ..., pág. 41.
[74] Cf. EMMANUEL AUBIN, *Droit* ..., pág. 64 e seg. Para além dos profissionais públicos da AP, tem-se os cargos políticos (eleitos), os voluntários, os requisitados, os contratados (ex. execução de tarefas), *etc*. V. JEAN-MARIE AUBY (e outros), *Droit* ..., pág. 30-33. V. FLORIVALDO DUTRA DE ARAÚJO, *Negociação* ..., pág. 250-258.
[75] Por isto, JEAN-MARIE AUBY (e outros), *Droit* ..., pág. 11 afirma que o sistema de FP é misto.

estatísticos recentes informam que a FP *lato sensu* francesa envolve mais de 20% da população economicamente ativa e mais de 5 milhões de pessoas, podendo efetivamente se considerar uma FP quantitativamente robusta.[76]

Desse total, os contratados da AP representam aproximadamente 20% da FP e são caracterizados pela precariedade de sua situação funcional (ou pela ausência de perspectiva quanto à sua permanência, ao contrário dos funcionários públicos).[77] De fato, estes são legalmente qualificados pelo ato de nomeação (ato unilateral da administração), para desempenhar um "emprego" (trabalho, ofício) permanente (inclusive a tempo completo, excluindo situações ocasionais), titular de um cargo/posto na grade da hierarquia administrativa, para exercício de uma atividade relacionada ao serviço público do Estado.[78] A existência dos contratados nos quadros da AP tem sido doutrinariamente apresentada, assim, como uma natural consequência da necessidade de se atribuir flexibilidade e adaptabilidade ao sistema funcionarial.[79] De toda forma, são os contratados submetidos ao regime jurídico-público, e suas lides são apreciadas pela jurisdição administrativa (considerando-se vinculados à AP não empresarial).

Mais recentemente, designadamente a partir de 2000, o fenômeno (amplo) de aproximação do DFP ao DT (e do próprio setor privado) tem sido intensificado e, por várias frentes (internas e externas), constatado.[80] Pode-se afirmar, por isso, em um movimento lato de "privatização" do DFP francês.[81] Pela "frente" interna, *(i)* em decorrência da abertura do regime juspublicístico à contratualização, no plano coletivo ("direito de *concertatión*" e negociação coletiva) e individual (por ex., pela viabilidade de contratos administrativos determinados e indeterminados). Ademais, *(ii)* em decorrência da relatividade da separação entre ato unilateral e recrutamento contratual para ingresso na FP; *(iii)* ainda, pela viabilidade de, no seio da AP empresarial (Serviço Público Industrial

---

[76] Os dados de 2011 apontam 5,3 milhões de pessoas trabalhadoras nas 3 FPs, representando 20,4% da população economicamente ativa. Desse total, 2.392 milhões concentram-se na FPE; 1.806 milhões na FPT; e 1.100 milhão na FPH. In "Rapport annuel sur l'etat de la fonction publique, Faits et Chiffres 2010-2011", in *www.ladocumentationfracaise.fr*, acessado em 16/5/2013.

[77] Cf. EMMANUEL AUBIN, *Droit* ..., pág. 102, relatório de 31/12/2007 apontava 16% de contratados.

[78] V. art. 2º da Lei nº 84-16, de 11/01/1984. As leis da FPT e da FPH admitem funcionários públicos para exercício a tempo incompleto (ou seja, jornada de trabalho reduzida). A presença dos contratados é ainda mais intensa na FPH, pelas suas próprias necessidades de presença humana em período diurno e noturno. Cf. EMMANUEL AUBIN, *Droit* ..., pág. 66, a união do critério orgânico (agente da AP) ao critério material (participação numa atividade de serviço público) tem sido apontada como a identificação da figura jurídica do "funcionário" em particular e de aplicação do DA, em geral. Cf. ANDRÉ E LAUBADÈRE (e outros), *Traité* ..., pág. 19, houve uma mudança na concepção de funcionários público na jurisprudência do Conselho do Estado em 1957. A partir desse ano, adotou-se um "critério geral único que é a *participação direta do agente na execução de um serviço público*"; pressupondo, portanto, já a construção anterior da noção francesa de "serviço público". Sobre esta a construção dessa noção, V. PROSPER WEIL, *Le droit* ..., pág. 60 e seg.

[79] Cf. JEAN-FRANÇOIS LACHAUME apud EMMANUEL AUBIN, *Droit* ..., pág. 102: contratados como "filhos naturais e incontornáveis dos princípios da adaptabilidade e da continuidade do serviço público", permitindo a AP a se adaptar à evolução dos serviços e lhe atribuindo flexibilidade.

[80] V. RENÉ CHAPUS, *Droit* ..., pág. 10-11. V. GIILES JEANNOT e LUC ROUBAN, "Changer la Fonction Publique", in RFAP, nº 132 (Changer la Fonction Publique), 2010, pág. 665-672, esp. 665.

[81] Cf. GIILES JEANNOT e LUC ROUBAN, "Changer ...", pág. 666, diante dos reflexos da *New Public Management*. V. JACQUES CAILLOSSE, "Le partage Droit Public – Droit Privé dans le système jurique de la fonction publique territorial", in *La Gazette des Communes* (L'avenir de la fonction publique territorial), maio, 2007, pág. 241 e seg. Em setembro de 2010 aconteceu um seminário em Paris justamente com o seguinte tema: "Publicisation du droit du travail? Travaillisation ou privatisation du droit des fonctions publiques?", in http://unitedudroit.org/index.php/droit-des-travailleurs, em 15/5/2013.

ou Comercial – SPIC), encontrar-se pessoal "funcionalizado", acarretando uma influência mútua entre DFP e DT.[82] Não suficiente, *(iv)* pela interpretação jurisprudencial do Conselho de Estado, trazendo para o âmbito do DFP várias regras próprias do Código de Trabalho, lidas e "decifradas" pelos "olhos" dos Princípios Gerais de Direito (PGD) – fenômeno apontado como *"travaillisation"* da FP. Pela "frente" externa, *(v)* como efeito das influências das instâncias comunitárias e europeias no sistema francês de FP, relativizando o modelo de carreira, facilitando a contratação de pessoas, aplicando moldes gestionários, implicando a abertura da FP aos não nacionais dos demais Estados-membros da UE, além da questão das garantias no processo disciplinar (processo equitativo). Vejamos, então.

Assim, quanto à *(i)* "tendência de contratualização da FP",[83] tem-se aquela natural influência do DT, pela própria abertura da FP aos "direitos laborais" (em especial, coletivos).[84]

Quanto, por exemplo, ao "Direito Individual da FP", houve no sistema funcionarial francês atual uma maior abertura à "origem – e modalidade – contratual" da relação jurídica de trabalho.[85] A uma, pela própria progressão quantitativa dos "agentes públicos não titulares" na FP *lato sensu*, dotados de situação jurídico-contratual ("contratados administrativos"[86]), conforme já dito, e que têm se mostrando muito relevantes para a própria continuidade dos serviços públicos. A duas, ademais, porque recentes leis (após 2005) ainda facilitaram o recrutamento de agentes contratados,[87] inclusive por tempo indeterminado – CDI – Contrato de duração indeterminada (Lei de 26/5/2005, para a FPT, e Lei de 26/7/2007, no sentido de sua generalização[88]). Ainda, a Lei de 3/10/2009, ao facilitar a mobilidade entre funcionários e empregados submetidos ao Código do Trabalho,[89] permitiu, experimentalmente, a nomeação de funcionários a tempo de trabalho não integral. Não fosse isso o bastante, muitas leis ultimamente editadas têm aplicação indistinta, simultaneamente, nos âmbitos subjetivos da FP e do DT (ex.: redução do tempo de trabalho; luta contra discriminações; disciplinamento do assédio moral e sexual no trabalho; direito individual à formação ao longo da vida profissional, *etc*.[90]), emparelhando o tratamento jurídico desses coletivos que foram historicamente

---

[82] Cf. JEAN-MARIE AUBY (e outros), *Droit* ..., pág. 10. Segundo o A., "o direito do trabalho se publicize e empreste ao direito público suas inspirações sobre diversos aspectos".

[83] V. EMMANUEL AUBIN, *L'essential* ..., pág. 17; ARTURO GONZÁLEZ QUINZÁ, "Marco ...", pág. 111.

[84] V. Relatório do Conselho de Estado do ano 2003 (*Perspectives pour la fonction publique*, Colloque du 27 octubre 2003). In: www.conseil-etat.fr/perspectives-pour-la-fonction-publique.htm, acesso em 10/6/2013). Esse relatório, bastante denso, com explicações histórias e perspectivas, motivou uma série de debates sobre as mudanças da FP. GIILES JEANNOT e LUC ROUBAN, "Changer ...", pág. 669. Tb. EMMANUEL AUBIN, *Droit* ..., pág. 55, nota.

[85] Cf. GIILES JEANNOT e LUC ROUBAN, "Changer ...", pág. 669, quanto á "difusão do modelo contratual". V. V. JEAN-MICHEL LEMOYNE DE FORGES, "Quelle ...", pág. 707, em face da Lei de 26/7/2005.

[86] V. NUNO J. VASCONCELOS ALBUQUERQUE SOUSA, *La Función* ..., pág. 128. V. RAMÓN PARADA, *Derecho* ..., pág. 19 e seg.

[87] V. EMMANUEL AUBIN, *Droit* ..., pág. 20. V. JEAN-MICHEL LEMOYNE DE FORGES, "Quelle ...", pág. 702. Isso é ainda mais perceptível na FPT, após as Leis de 2 e 19/2/2007. V. JACQUES CAILLOSSE, "Le partage ...", pág. 241 e seg.

[88] *Ibidem*, pág. 47.

[89] Cf. EMMANUEL AUBIN, *Droit* ..., pág. 106, esta lei, também por isto, permitiu a entrada do DT no seio dos serviços públicos administrativos.

[90] *Ibidem*, pág. 45.

apartados. Além disso, uma modalidade contratual também tem sido utilizada no sistema de avaliação dos funcionários.[91]

No aspecto do "Direito Coletivo da FP", há no Direito Francês o chamado "direito de *concertatión*".[92] Esse direito coletivo implementa-se "internamente" (isto é, na esfera administrativa), como um direito amplo de participação, através de órgãos consultivos ("comissões paritárias"), com representantes dos funcionários.[93] "Regra geral, as comissões administrativas paritárias são competentes para todos os assuntos de ordem individual dos funcionários pertencentes aos respectivos corpos. Mas as condições de consulta variam conforme a natureza desses assuntos. Em certo número de casos, enumerados nos textos legais, a consulta às comissões é obrigatória e tem valor de formalidade substancial, isto é, na sua ausência há ilegalidade e nulidade da decisão, mediante recurso por abuso de poder. Noutros casos é facultativa. Mas a Administração nunca fica vinculada aos pareces das comissões."[94]

Também se implementa "externamente", desde 1983, ao nível de uma própria negociação coletiva com os sindicatos.[95] Até 2008, essa negociação abarcava essencialmente o aspecto remuneratório, deixando-se as demais matérias para serem eventualmente tratadas nas comissões paritárias. Entretanto, após os *Acordos de Bercy*, viabilizando-se "a renovação do diálogo social na FP", alterou-se o art. 8º da Lei nº 83-634, pela Lei nº 2010-751, de 5/7/2010, alargando-se o campo coletivamente negociável para além do aspecto estritamente remuneratório, incluindo-se importantes temas relativos ao vínculo de profissionalidade.[96] O resultado da negociação coletiva, todavia, não tem valor e eficácia jurídica imediata, devendo ser revertido em atos normativos, apesar de a doutrina reconhecer a vinculação "moral" da AP.[97]

De toda forma, a comunhão da lógica contratual na seara individual e na seara coletiva da FP indica a afetação desse âmbito do DA pelas inspirações privatísticas laborais.[98]

---

[91] V. V. JEAN-MICHEL LEMOYNE DE FORGES, "Quelle ...", pág. 708. Além dos casos citados, ainda se pode lembrar da contratação de pessoas portadoras de deficiência. V. EMMANUEL AUBIN, *Le personnel des collectivités locales*, ponto 49 (disponível em www.avocats-krust-penaud.com/pdf/encyclopedie.pdf, acesso em 10/6/2013).

[92] V. ANDRÉ DE LAUBADÈRE (e outros), *Traitè* ..., pág. 32, aludindo, nesse aspecto, à *"contractualisation "* da FP. Os primeiros acordos coletivos datam de 10/10/1969.

[93] V. art. 9º da Lei nº 83-634: "Os funcionários participam, por intermédio de seus delegados com assento nos órgãos consultivos pertinentes à organização e ao funcionamento do serviço público, na elaboração de regras estatutárias e no exame das decisões individuais relativas às suas carreiras". V. FLORIVALDO DUTRA DE ARAÚJO, *Negociação* ..., pág. 253 e seg.

[94] Cf. MARCEL PIQUEMAL, *Direito* ..., pág. 61.

[95] Cf. FLORIVALDO DUTRA DE ARAÚJO, *Negociação* ..., pág. 254, a negociação coletiva na França iniciou-se na década de 60, também como uma "negociação de bastidores", ante a ausência de lei tratando da matéria. Em 1968, foi entabulado o *Protocolo Geral da FP (Protocole Oudinot)*, assumindo a AP o compromisso de negociar com os sindicatos. Por isto, discorda-se de PAULO VEIGA E MOURA, *A privatização* ..., pág. 364, informando sobre a inexistência do direito de negociação coletiva na França.

[96] *Ibidem*, pág. 255-256. O art. 8º da Lei 83-634 agora também abarca: condições e à organização do trabalho e do teletrabalho; desenvolvimento nas carreiras e promoção profissional; formação profissional e contínua; seguridade social e proteção social complementar; higiene, segurança e saúde no trabalho; inserção profissional das pessoas portadoras de deficiência; igualdade profissional entre homens e mulheres. V. LUCIANA BULLAMAH STOLL, *Negociação* ..., pág. 133. Tb. na FPT, através da Lei de 31/1/2007, quanto à "obrigação jurídica de *concertation*". V. JACQUES CAILLOSSE, "Le partage ...", pág. 242.

[97] Cf. VOISSET apud FLORIVALDO DUTRA DE ARAÚJO, *Ibidem*, pág. 257. De todo modo, o Conselho de Estado, em seu Relatório de 2003, propõe conferir um valor jurídico aos acordos concluídos com os sindicatos. V. EMMANUEL AUBIN, *L'essential* ..., pág. 18. V. Relatório do Conselho de Estado de 2003, *Perspectives* ..., pág. 331 e seg, sobre a problemática dos acordos coletivos.

[98] Cf. JACQUES CHEVALLIER, *O Estado* ..., pág. 92: "e a lógica contratual é reclamada a se estender ainda mais, com risco de conduzir a uma função pública dúplice".

Quanto ao item *(ii)*, ou seja, o relativismo da demarcação entre ato unilateral de nomeação e recrutamento pela via contratual para instaurar uma relação jurídica de FP,[99] tal fato, na verdade, traz à tona a imbricação entre o regime unilateral-contratual de trabalho (ainda que não necessariamente privatístico) no âmbito da AP. Por um lado, havia uma incerteza jurisprudencial acerca da natureza (pública ou privada) dos "contratados" da AP (o que certamente acarretava um longo "*ping-pong* entre as diferentes jurisdições"[100]). Com a decisão *Berkani* do Tribunal de Conflitos, proferida em 1996,[101] fixou-se que os "contratados", inseridos num "serviço público administrativo", seriam submetidos ao regime publicístico (de DA); enquanto aqueles que trabalhavam em benefício de um "serviço público (de natureza) industrial ou comercial" seriam submetidos ao regime privatístico (de DT, Código do Trabalho). A partir dessa decisão, ocorreu então, na França, legislativamente, a "titularização" de muitos contratados, no entendimento de que fariam eles jus a um disciplinamento próximo ao dos funcionários ("funcionarização" dos *les contractuells*[102]), alinhando-se à concepção clássica de funcionário público como agente da AP (critério orgânico) vinculado a uma missão de "serviço público" (critério material).

Entretanto, é sabido que a distinção entre "serviço público administrativo" e "serviço público industrial e comercial" nem sempre é fácil,[103] o que dá azo a zonas cinzentas de atividades. Além disso, em determinadas situações, a lei pôde mesmo determinar a aplicação do DFP, mesmo quando se estava diante de um "serviço público industrial ou comercial"; não se podendo falar na existência, em França, de um absoluto "paralelismo de formas".[104] Foi o que, por exemplo, *(iii)* aconteceu com os trabalhadores da *France Télécom*, mesmo diante da privatização (ocorrida em 2003[105]); solução que também foi atribuída aos trabalhadores do *La Poste*,[106] não obstante as críticas doutrinárias, que apontam serem tais trabalhadores uns "ornitorrincos jurídicos".[107] Portanto, não se pode absolutamente dizer que, na França, a natureza privada do empregador

---

[99] V. EMMANUEL AUBIN, *Droit* ..., pág. 128.
[100] Cf. EMMANUEL AUBIN, *Droit* ..., pág. 109.
[101] Decisão de 25/03/1996. V. JEAN-MARIE AUBY (e outros), *Droit* ..., pág. 36; EMMANUEL AUBIN, *Droit* ..., pág. 109.
[102] V. JEAN-MARIE AUBY (e outros), *Droit* ..., pág. 44. Indicam as Leis de 11/6/1983; 30/7/1987; 16/12/1996; 3/1/2001. V. EMMANUEL AUBIN, *Droit* ..., pág. 102, na medida em que o Conselho de Estado entende que os agentes não titulares são beneficiários de regras equivalentes a dos funcionários. V. RAMÓN PARADA, *Derecho* ..., pág. 19. Conforme explica PAULO VEIGA E MOURA, *A privatização* ..., pág. 370: "Em 1987, o legislador tornou mais flexível a possibilidade de recurso aos contratados, a qual passou a ser permitida, por um prazo indefinido, quando a natureza das funções ou as necessidades do serviço o justificassem, especialmente quando em causa estivessem funções temporárias, funções específicas ou funções imprevistas"; situação que conduziu o surgimento de contratos precários e que necessitava ser regularizada.
[103] V. JEAN-MARIE AUBY (e outros), *Droit* ..., pág. 34; EMMANUEL AUBIN, *Droit* ..., pág. 110. Sobre a dificuldade de distinção, em geral, entre os "serviços de interesse geral" e "serviços de interesse económico geral", V. SOFIA TOMÉ D'ALTE, *A nova* ..., pág. 77 e seg, esp. 90.
[104] Cf. EMMANUEL AUBIN, *Droit* ..., pág. 67.
[105] V. GIILES JEANNOT e LUC ROUBAN, "Changer ...", pág. 667. É de se apontar as notícias veiculadas nos meios de comunicação social, no sentido de que, desde de Fevereiro de 2008, ter sido constatada uma "onda" de suicídios na *France Télécom*, sendo já dezenas deles, ao que tudo indica, motivados pelas questões profissionais (ambientais) relacionadas à privatização da entidade. V. www.dn.pt/globo/interior.aspx, acesso em 14/6/2013 (Manchete: "24 suicídios na France Telecom em 18 meses").
[106] Cf. EMMANUEL AUBIN, *Droit* ..., pág. 71. *In L'essential* ..., pág. 18, este A. indica decisão do Conselho do Estado (de 22/3/2000) quanto à aplicação do Código do Trabalho para os trabalhadores do *Banque de France*.
[107] *Ibidem*, pág. 70.

exclua necessariamente a condição de funcionário público. Ainda, a partir de utilização dos contratos de duração indeterminada pela AP, permitida pelas alterações legislativas mais recentes, editou-se o Decreto nº 2007-338, de 12/3/2007, no sentido de dispor que os contratados *berkaniens* (ou seja, em conformidade com a decisão *Berkani*) possam afigurar-se como "quase-funcionários" ("funcionarização crescente dos agentes contratuais"[108]). Toda essa "miscelânea jurídica" acarreta, naturalmente, uma influência mútua entre o DT e o DFP, "abrindo" esse Direito a concepções mais privatísticas e contratuais.[109]

Todavia, talvez seja o fenômeno da *"travaillisation"* aquele mais interessante do ponto de vista da "oxigenação laboral" do DFP francês *(iv)*.[110] Segundo aponta a doutrina, trata-se de uma técnica interpretativa do Conselho de Estado que extrai do Código do Trabalho (certamente por analogia, em face da similitude de condições de trabalho entre os "agentes públicos profissionais *lato sensu*" e "empregados privados", pela situação jurídica[111]) princípios gerais do direito (usualmente, decorrentes do princípio maior da igualdade[112]) para serem especialmente aplicados às relações jurídicas de FP.[113] Essa "política jurisprudencial"[114] e o descortinamento desses "princípios gerais do direito" têm, em geral, amenizado os "poderes empregatícios" do "empregador público/AP" em determinadas situações.[115] A *"travaillisation"* tem conduzido, naturalmente, ao próprio questionamento da premissa clássica de inaplicabilidade do "direito comum" aos trabalhadores públicos da AP.[116] Por outro lado, esses "princípios gerais do direito" também apontam para a existência de um denominador jurídico comum entre o DT e o DFP e, dessa forma, pela efetiva viabilidade de um disciplinamento apenas eventualmente diverso, decorrente da natureza pública do empregador.

Pelo vetor externo, *(v)* o DFP francês também não tem sido poupado das influências das instâncias comunitárias e europeias. Contudo, até por ser um sistema (historicamente bastante) fechado, esses influxos efetivamente impactaram o sistema funcionarial francês, flexibilizando e relativizando a sua rigidez inicial. Por isso, também se afirma uma forte tendência de "europanização do DFP".[117]

Assim, a partir da década de 70, a FP francesa foi principalmente impulsionada a questionar atos normativos internos em decorrência dos princípios da liberdade

---

[108] *Ibidem*, pág. 128.
[109] *Ibidem*, pág. 42.
[110] Por isso afirma EMMANUEL AUBIN, *L'essential* ..., pág. 18: "A contratualização é uma ilustração suplementar da «travaillisation» da FP". É interessante mencionar que o fenômeno só mais recentemente tem sido identificado pelo termo *travaillisation*. V. G.H.CARMERLYNCK e GÉRARD LYON-CAEN, *Droit du Travail*, Dalloz, Paris, 1978, pág. 27-28.
[111] Tb. EMMANUEL AUBIN, *L'essential* ..., pág. 18.
[112] V. ANDRÉ DE LAUBADÈRE (e outros), *Traitè* ..., pág. 47, falando em "princípios que estão na origem". V. EMMANUEL AUBIN, *L'essential* ..., pág. 18.
[113] V. JEAN-MARIE AUBY (e outros), *Droit* ..., pág. 47; EMMANUEL AUBIN, *Droit* ..., pág. 20 e 43 e seg.
[114] Cf. EMMANUEL AUBIN, *Droit* ..., pág. 43.
[115] Cf. EMMANUEL AUBIN, *Droit* ..., pág. 54.
[116] V. EMMANUEL AUBIN, *Droit* ..., pág. 46. V. Relatório do Conselho de Estado de 2003, *Perspectives* ..., pág. 318, apontando, nesse tema, a questão da "redução progressiva do conteúdo da particularidade" do DFP.
[117] V. EMMANUEL AUBIN, *L'essential* ..., pág. 20. V. Lei nº 2005-843 de 26/7/2005, determinando diversas medidas de transposição do Direito Comunitário à FP (promoção da igualdade entre homens e mulheres e luta contra as discriminações; abertura da FP aos cidadãos comunitários não franceses, luta contra a precariedade). V. JEAN-MICHEL LEMOYNE DE FORGES, "Quelle influence communautaire sur l'avenir du modele français de fonction publique?", in RFAP, nº 132, 2010, pág. 701-710.

de circulação de trabalhadores no espaço comunitário e da igualdade de tratamento entre homens e mulheres.[118] Isso favoreceu o fenômeno de *"féminisation"* da FP, diversificando os recursos humanos na AP, em princípio, quanto ao gênero e, ainda, quanto à nacionalidade.[119] Hodiernamente, as questões decorrentes da aplicação desses princípios dizem respeito ao efetivo acesso, em condições de igualdade, das mulheres a postos de chefia e direção (e às discriminações salariais[120]), bem como à observância das condições isonômicas entre nacionais franceses e nacionais dos demais Estados-membros no que tange, por exemplo, à equivalência de diplomas e apreciação de experiência e/ou qualificação profissional;[121] sempre no sentido de se vedar discriminações aos não nacionais arbitrárias e não legitimadas no TFUE. Além disso, também a compatibilidade do modelo francês das "escolas administrativas" com a abertura decorrente do Direito Comunitário.[122]

Não suficiente, também decisões do Tribunal Europeu dos Direitos do Homem têm causado adaptações ao DPF, em especial, quanto ao respeito à sua liberdade (de opinião política, por exemplo) e à privacidade, além da observância de garantias procedimentais efetivas aos "funcionários públicos" ("acesso a um processo equitativo"); isso em decorrência dos direitos assentados na Carta Europeia dos Direitos do Homem, arts. 5º e 6º, respectivamente.[123]

Conjuntamente, o acolhimento francês dessas interferências das instâncias comunitárias e europeias, e muito especialmente na questão da dissociação entre o exercício da FP *lato sensu* e o requisito da nacionalidade, tem progressivamente conduzido a uma remodelação do sistema funcionarial francês, aproximando-o, cada dia mais, de um "sistema de emprego" (onde vigora a regra da aplicação do "direito comum" aos trabalhadores públicos), na medida em que a grande maioria dos postos da AP devem ser acessíveis aos cidadãos não nacionais, por não implicarem o exercício de poderes públicos ou de autoridade.[124]

Por tudo isso, a doutrina administrativa francesa tem ultimamente debatido acerca do "fim ou da renovação do DPF"; de uma possível unificação do DT e do DFP dentro do "Direito Social"; do "nascimento de um 'Direito Público do Trabalho'" e, até mesmo, as opções entre o *"Big-Bang ou o Status quo"*.[125] Uma percepção, entretanto, fica clara: uma "verdadeira revolução cultural" tem sido implementada recentemente no

---

[118] Os dados do Ministério da FP francês apontam, para 2011, que as 3 FPs têm 60,1% de mulheres. V. FRANÇOISE GUÉGOT, *L'Égalité profissionnelle hommes-femmes dans la fonction publique*, La documentation française, Paris, 2011.

[119] Cf. EMMANUEL AUBIN, *Droit* ..., pág. 47 e seg. V. JEAN-MARIE AUBY (e outros), *Droit* ..., pág. 23 e seg. Sobre o tema, em geral, V. RAFAEL SASTRE IBARRECHE, "La acción positiva para as las mujeres en el Derecho Comunitario", *in A igualdade dos gêneros nas relações de trabalho*, ESMPU, Brasília, 2006, pág. 91-114, esp. 112. V., historicamente, sobre categorias menos acessíveis às mulheres, FRANÇOIS GAZIER, *La Fonction* ..., pág. 23.

[120] Os dados do Ministério da FP francês (2011) tb. apontam que 21,4% dos postos de direção da FPE são ocupados por mulheres. V. FRANÇOISE GUÉGOT, *L'Égalité* ..., pág. 23 e seg., indicando ainda a existência de discriminações salariais em desfavor das mulheres.

[121] V. Relatório do Conselho de Estado de 2003, *Perspectives* ..., pág. 281 e seg. V. JEAN-MICHEL LEMOYNE DE FORGES, "Quelle ..", pág. 706.

[122] V. JEAN-MICHEL LEMOYNE DE FORGES, "Quelle ...", pág. 706.

[123] Cf. EMMANUEL AUBIN, *Droit* ..., pág. 33.

[124] Veremos isto no tópico destinado ao Direito Comunitário.

[125] V. EMMANUEL AUBIN, *Droit* ..., pág. 54 e seg. GIILES JEANNOT e LUC ROUBAN, "Changer ...", pág. 669 e seg. apontam as opções de reformas (entre uma reforma mais pontual e uma reforma radical) da FP.

"clássico" DFP francês,[126] inclusivamente com "risco" mais ou menos grave (a depender da posição mais ou menos favorável à manutenção dos pontos cardeais do sistema funcionarial francês) de uma própria "privatização da FP".[127]

3 Um balanço: até o fechado DFP francês se "abre" ao DT

O DFP como um ramo específico, porém, não autônomo, do DA tem no Direito Francês a sua proveniência. Esse Direito robusteceu-se sobre fortes concepções pretorianas (do Conselho de Estado) juspublicísticas, atribuindo-lhe uma nota toda particular ao vínculo de profissionalidade do "agente público", diante de uma "situação estatutária e regulamentar" perante a AP. Nesse sentido, como aduzido, o DFP foi especialmente construído para reger as relações de trabalho no interior da AP, em separação ao "Direito comum do Trabalho".

Vê-se, portanto, que o DPF é também fruto da concepção liberal da separação Estado-sociedade.

Atualmente, contudo, podemos dizer que, também na França, essa concepção genuinamente liberal do DFP encontra-se em revisão.[128] Não se apresenta como aquele clássico "Direito especial e diverso do DT"; ao reverso. O fenômeno de *"travaillisation"* apontado pela doutrina, através do qual são extraídos princípios gerais do Direito (aplicáveis, portanto, quer seja no seu âmbito publicístico, quer no seu âmbito privatístico, cuja fonte legislativa é o Código do Trabalho francês) dá mostra da "oxigenação" do DPF aos ares que provêm da "sociedade trabalhadora". Não suficiente, ainda os casos dos trabalhadores públicos da *France Télécom* e do *La Poste* comprovam a relatividade da conexão DFP-SPA e DT-SPIC, sendo certo que em muitas situações o que se verifica é uma imbricação dos regimes público e privado de trabalho subordinado (relações jurídico-profissionais).

Esse movimento de "quebras dos muros", aliás, já havia sido apontado há muito por importantes administrativistas franceses (como Jean Rivero), diante da fissura inicialmente causada pela entrada da "luta de classes no interior da AP". As recentes influências das instâncias comunitárias (em especial, das decisões do TJUE) sobre a liberdade de trabalhadores no espaço europeu e sobre o direito de igualdade de tratamento entre homens e mulheres têm acelerado ainda mais o emparelhamento jurídico dos "agentes públicos" (*lato sensu*) aos trabalhadores comuns. Não suficiente, o próprio movimento de "modernização" da AP tem introjetado concepções gestionárias e de "sistema aberto" (ou de emprego) na FP francesa, conduzindo ao próprio questionamento acerca da permanência e atualidade desse modelo fundado na concepção estatutária e de carreira.

Tudo isso nos leva a concluir que o DPF, tão francês na origem, é cada vez menos isolado do DT, para o qual tem se voltado numa interessante e profícua comunicação jurídica, como efeito indireto, no plano jurídico, de uma ativação entre Estado-sociedade.[129]

---

[126] V. JEAN-MARIE AUBY (e outros), *Droit ...*, pág. 21.
[127] V. JEAN-MICHEL LEMOYNE DE FORGES, "Quelle ...", pág. 707 e seg. O A. tem um posicionamento mais crítico ao fenômeno (*stricto sensu*) de privatização da FP.
[128] V. V. JEAN-MICHEL LEMOYNE DE FORGES, "Quelle ...", pág. 709 e seg., justamente sobre o "enfraquecimento da especificidade da FP".
[129] V. GIILES JEANNOT e LUC ROUBAN, "Changer ...", pág. 671.

DIREITO COMPARADO:
O EXEMPLO DA ESPANHA

1 Da unilateralidade à laboralização na Função Pública espanhola

A característica da unilateralidade marca o regime funcionarial espanhol até a década de 60 do século passado.[1] Mesmo porque somente com o término do regime governamental franquista e autoritário, processo que culminou com a aprovação e publicação da Constituição de 1978 (posterior à própria CRP), são expressamente constitucionalizados os direitos coletivos (sindicalização e greve) do funcionalismo;[2] direitos que, sabemos, colocam em questão aquela nota.[3]

As referências doutrinárias atuais sobre a situação pré-constitucional espanhola são, por isso, escassas, haja vista as significativas mudanças legislativas que se verificaram num curto lapso de tempo no tema da FP.[4] De todo modo, a FP espanhola formou-se conforme o modelo fechado e hierarquizado, por maior influência germânica e francesa. E, como decorrência dessa unilateralidade, as relações jurídicas de trabalho dos funcionários públicos foram normalmente submetidas ao regime publicístico[5] e as controvérsias sujeitas à jurisdição administrativa.[6]

---

[1] Sobre o período anterior e a influência do sistema francês na estruturação da FP espanhola, V. RAMÓN PARADA, *Derecho ...*, pág. 39-57, esp. 46. Tb. MIGUEL SÁNCHEZ MORÓN, *Derecho ...*, pág. 41 e seg. Este A. faz especial referência à Lei de Bases de 22/7/1918, denominado "Estatuto de Maura", que vigorou na Espanha por mais de 40 anos e que garantiu certos direitos (inamovibilidade, concurso para ingresso, observância da antiguidade para promoção, *etc.*) e deveres.

[2] V. FLORIVALDO DUTRA DE ARAÚJO, *Conflitos ...*, pág. 52 e seg; e *Negociação ...*, pág. 306. Este A. menciona o Decreto Real nº 1.522, de 17/6/1977, dispondo sobre o exercício da atividade sindical na FP. V. tb. RICARDO JOSÉ MACEDO DE BRITTO PEREIRA, *La Negociação ...*, pág. 188 e seg.

[3] Cf. EDUARDO ROJO TORRECILLA, "La Relación del personal laboral al servicio de las Administraciones", in *Las Relaciones Laborales en las Administraciones Públicas*, Vol. I, XI Congreso Nacional de Derecho del Trabajo y de la Seguridad Social, Ministerio de Trabajo y Asuntos Sociales, Madrid, 2001, pág. 45-140, esp. 47: "A laboralização da função pública, ou penetração do Direito do Trabalho na função pública, pode advertir-se em especial a partir da expansão do sindicalismo na função pública no âmbito internacional e também a partir da 'decadência da tese segundo a qual incumbe ao Estado uma faculdade soberana nas relações com seus empregados e trabalhadores'".

[4] V., principalmente, RAMÓN PARADA, *Derecho ...*, pág. 46-57; e MIGUEL SANCHÉZ MORÓN, *Derecho ...*, pág. 39-57.

[5] V. ALESSANDRA ALBANESE, "Impiego Pubblico ...", pág. 190 e seg.

[6] V. JOSÉ MARIA ENDEMAÑO ARÓSTEGUI, "La Funcionarización del personal laboral al servicio de las Administraciones Públicas", in *REALA* nº 283, Maio – Agosto, 2000, pág. 347-379, esp. 349.

Contudo, um decreto de 1964 (Decreto nº 315, de 7/2) viabilizou a introdução de empregados públicos sob regime jurídico-privado ("os laborais") na AP não empresarial; lei que não teve uma grande aplicação.[7] Segundo nos informa a doutrina, essa normativa teria sido inspirada pela doutrina do Conselho de Estado (Ditame de 14/12/1960), através da qual se afirmou que "as relações de emprego laboral e administrativo são substancialmente idênticas, obedecendo as diferenças de regulação a uma simples técnica de organização, cuja utilização é faculdade discricionária da Administração, segundo as suas necessidades".[8]

A Constituição Espanhola (CE) de 1978, no tema que nos afeta, consagrou o direito de acesso às funções e cargos públicos em condições de igualdade (art. 23.2); o direito à liberdade sindical a todos (art. 28.1), bem como o direito de greve a todos os trabalhadores, para a defesa de seus interesses (art. 28.2); determinou que a "lei regulará um estatuto dos trabalhadores" (art. 35.2); dispôs que a lei garantirá o direito de negociação coletiva de trabalho dos trabalhadores (art. 37.1); determinou que a "lei regulará o estatuto dos funcionários públicos, o acesso à função pública de acordo com os princípios do mérito e da capacidade, as peculiaridades do exercício de seu direito de sindicalização, o sistema de incompatibilidades e as garantias para a imparcialidade no exercício de suas funções" (art. 103.3); e atribuiu competência ao Estado (enquanto ente central) para estabelecer "as bases do regime jurídico das Administrações Públicas e do regime estatutário de seus funcionários" (art. 149.1.18º).

A doutrina espanhola passou a interpretar os mencionados dispositivos constitucionais, a fim de concluir sobre a validade (ou não) de um regime funcionarial dual perante a CE. Algumas posições de administrativistas ficaram bem conhecidas. Parada Vásquez chegou a afirmar: "se a nossa constituição não distingue, não obstante haver tido à vista seus redatores tão notório e notável exemplo constitucional, não parece lícito que o legislador ordinário possa estabelecer essa dualidade de regimes para o pessoal que serve de modo permanente à AP".[9] Prats i Catalá defendia tese diversa: "carece de base constitucional e legal a pretensão de ver no regime funcionarial o sistema jurídico que deve cobrir o universo do emprego público sem mais 'franjas' que alguns postos marginais na Administração e sem outra exceção que as empresas públicas".[10] Ojeda Avilés também se alinha a essa posição, enquanto Palomar Olmeda à anterior.[11]

Poucos anos depois da entrada em vigor da nova ordem constitucional, o Tribunal Constitucional (TC) foi instado a se manifestar sobre o disciplinamento regional (de uma Comunidade Autônoma, o País Basco) do direito de negociação coletiva de seus funcionários públicos, uma vez que desde a entrada em vigência da CE "negociações de fato" vinham acontecendo.[12] A sentença de nº 57/1982 considerou, então, aquele

---

[7] Cf. RAMÓN PARADA VÁSQUEZ, "Empleo público ...", pág. 39. Cf. RAMÓN PARADA, *Derecho*..., pág. 50, nessa fase inicia uma influência americana no modelo de FP espanhola. V. MIGUEL SANCHÉZ MORÓN, *Derecho* ..., pág. 43. V. ALESSANDRA ALBANESE, "Impiego Pubblico ...", pág. 190. V. tb., PAULO VEIGA E MOURA, *A Privatização* ..., pág. 354.
[8] Cf. EDUARDO ROJO TORRECILLA, "La Relación ...", pág. 70.
[9] *Apud* FERNANDO BERMEJO CABRERO, "Las Relaciones de puestos de trabajo y la laboralización de la Función Pública", *in* REDA, nº 62, Abril-Junho, 1989, pág. 229-241, esp. 230. V. RAMÓN PARADA, *Derecho* ..., pág. 52 e seg.
[10] *Apud* FERNANDO BERMEJO CABRERO, *Ibidem*, pág. 231.
[11] V. ARTURO GONZÁLEZ QUINZÁ, "Marco constitucional ...", pág. 103-105. V. ALBERTO PALOMAR OLMEDA, *Derecho* ..., pág. 83-88.
[12] V. RICARDO JOSÉ MACEDO DE BRITTO PEREIRA, *La Negociação* ..., pág. 195 e seg.

disciplinamento inconstitucional, por invasão de competência legislativa do Estado (art. 103.3 e 149.1.18, CE) e pelo fato de o direito à negociação coletiva dos funcionários não se configurar como uma decorrência necessária da consagração constitucional do direito de liberdade sindical (isto é, não integra o conteúdo essencial do direito à liberdade sindical dos funcionários públicos); em situação diversa do que ocorre para os trabalhadores do setor privado e para "os laborais" da AP.[13] Não obstante, o TC reconheceu que o legislador poderá legitimamente atribuir tal direito (infraconstitucional) aos funcionários públicos. Segundo o comentário de Ricardo José Macedo de Britto Pereira, "se, por um lado, a sentença reconheceu a possibilidade de coexistência de ambos os regimes de trabalho na Administração Pública, laboral e funcionarial, por outro lado, consagrou a separação entre as regras e princípios de cada um, para estabelecer lógicas antagônicas e incomunicáveis".[14]

Entretanto, diversamente do resultado esperado pela sentença nº 57/1982, entre 1984/1985, a Espanha ratificou as Convenções nº 151 e 154 da OIT, permitindo uma interpretação menos restritiva e formalística do direito à liberdade sindical no setor público. Em 1985 foi publicada a Lei Orgânica nº 11/1985, sobre a Liberdade Sindical, que amplamente consagrou o conceito de "trabalhadores" para fins de inclusão do direito de negociação e contratação coletiva.[15]

Ainda, no final da década de 80 foi aprovada a Lei nº 9/1987, que dispôs sobre os "órgãos de representação, determinação das condições de trabalho e participação do pessoal ao serviço das Administrações Públicas" – LORAP, regulamentando diretamente o direito de negociação coletiva no âmbito da AP para os funcionários submetidos a regime publicístico (art. 1.1), com exclusão de algumas categorias específicas: membros das forças armadas; juízes, magistrados e fiscais; corpos e forças de segurança; além, evidentemente, dos laborais da AP, submetidos às convenções pactuadas nos moldes da legislação laboral (art. 2.1).[16]

A LORAP previu a instituição de mesas gerais e setoriais de negociação em todos os níveis do Estado, bem como o objeto (amplo) da própria contratação coletiva. Além disso, fixou três âmbitos abrangentes para a regulamentação das condições de trabalho do pessoal funcionarial (âmbito negociável; âmbito consultivo; âmbito de determinação unilateral da AP) e a diferenciação entre acordos (sem vinculação, necessidade de aprovação dos órgãos com competência expressa para tanto) e pactos (vinculantes para as partes, uma vez que a AP signatária tem competência para o seu estabelecimento).[17] Estipulou, ademais, que, na esfera obrigatoriamente negociável, encontram-se matérias atinentes ao "incremento e determinação das retribuições;[18] os planos de oferta de emprego público e a classificação de postos de trabalho; formação e aperfeiçoamento;

---

[13] V. FLORIVALDO DUTRA DE ARAÚJO, *Negociação ...*, pág. 307. Tb. PAULO VEIGA E MOURA, *A privatização ...*, pág. 107. V. EDUARDO ROJO TORRECILLA, "La Relación ...", pág. 85.
[14] *In La Negociación Colectiva ...*, pág. 196.
[15] Cf. RICARDO JOSÉ MACEDO DE BRITTO PEREIRA, *Ibidem*, pág. 199; FLORIVALDO DUTRA DE ARAÚJO, *Negociação ...*, pág. 310.
[16] Cf. FLORIVALDO DUTRA DE ARAÚJO, *Ibidem*, pág. 310. Na verdade, conforme informa RICARDO JOSÉ MACEDO DE BRITTO PEREIRA, *Ibidem*, pág. 201, a Lei nº 7/1990 alterou o capítulo III da LORAP, que antes era intitulado de "participação na determinação das condições de trabalho" para passar a ser "Negociação Coletiva".
[17] V. FLORIVALDO DUTRA DE ARAÚJO, *Conflitos ...*, pág. 305 e seg.
[18] Matéria incluída pela Lei nº 7/1990, ampliando o âmbito de matérias contratualizáveis. Cf. ALESSANDRA ALBANESE, "Impiego Pubblico...", pág. 206.

a melhora das condições de vida dos aposentados; ingresso, provisão e promoção na carreira; propostas sobre direitos sindicais de participação; medidas sobre a saúde no trabalho; e tudo aquilo que afete o acesso, carreira, retribuições e seguridade social ou as condições de trabalho 'cuja regulação exija norma com força de lei'; a relação dos funcionários e suas entidades sindicais".[19] Outras matérias pela LORAP prescindem de negociação coletiva: aquelas que "afetem seu poder de organização, o exercício do direito dos cidadãos perante os funcionários públicos e o procedimento de formação dos atos e disposições administrativos".[20]

Também, pouco tempo depois da sentença nº 57/1982, foi editada a Lei nº 30/1984 (de 2/8) – Lei de Medidas para a Reforma da Função Pública (LMRFP) –, que ratificou a possibilidade de admissão de "pessoal laboral" pela AP, sacramentando, assim, um sistema dual de FP na Espanha.[21] Todavia, tal lei atribuiu competência exclusiva ao Governo (Ministério da Presidência/Ministério da Administração Pública) para a identificação dos postos que seriam atribuídos ao pessoal laboral, relativamente à Administração Central do Estado.[22] Ademais, a LMRFP (editada antes da LORAP, frise-se) ainda determinou a competência do Governo para emitir instruções para os representantes administrativos nos processos de negociação coletiva dos funcionários públicos (art. 3.2.c).[23]

Por sua vez, o TC, através da sentença de nº 99/1987, declarou inconstitucional aquela competência governamental, por ofensa ao princípio da reserva legal contido na CE (art. 149.1.18º), entendendo que deveria ser o legislador (e não a Administração Pública) a identificar os postos (ou funções) – nos casos e condições – que poderiam ser "laboralizados". Trata-se de uma decisão constitucional paradigmática para a FP espanhola, justamente por ratificar expressa e diretamente a conformidade constitucional de um sistema funcionarial que abarcasse em seu âmbito subjetivo os funcionários públicos (em regime publicístico) e os "laborais" (em regime jurídico-privado); não obstante aqueles como regra geral e estes apenas em caráter excepcional, conforme essa interpretação.[24]

Para parte da doutrina, a sentença nº 99/1987 foi muito superficial, justamente numa matéria altamente controvertida, como é o caso da "laboralização da FP", uma vez que o Tribunal se escusou de explicitar o campo de aplicação/possibilidades de cada um dos regimes do trabalhador público, atribuindo ao legislador uma excessiva (e mesmo perigosa) liberdade na matéria.[25]

Para adaptação da LMRFP à decisão do TC (e outras modificações necessárias), foi editada a Lei nº 23/1988.[26] O art. 15 da LMRFP passou a ter a nova redação, reafirmando

---

[19] Cf. RICARDO JOSÉ MACEDO DE BRITTO PEREIRA, *La Negociación Colectiva* ..., pág. 201-202.
[20] *Ibidem*, pág. 202.
[21] V. FERNANDO BERMEJO CABRERO, "Las Relaciones ...", pág. 231.
[22] Cf. ALESSANDRA ALBANESE, "Impiego Pubblico ...", pág. 196.
[23] V. FLORIVALDO DUTRA DE ARAÚJO, *Negociação* ..., pág. 309.
[24] V. MIGUEL SÁNCHEZ MORÓN, "El Régimen Jurídico del personal al servicio de la administración pública", in *Derecho Público y Derecho Privado en la Actuación de la Administración Pública*, INAP, Marcial Pons, Madrid, 1997, pág. 71-85, esp. 76 e seg. V. JOSÉ MARIA ENDEMAÑO ARÓSTEGUI, "La Funcionarización ...", pág. 352. V. PAULO VEIGA E MOURA, *A privatização* ..., pág. 362.
[25] Esta foi particularmente a opinião de SILVIA DEL SAZ, "La Laboralización ...", pág. 155.
[26] V. RAMÓN PARADA, *Derecho* ..., pág. 54.

a configuração do sistema funcionarial espanhol como dual e indicando os postos de trabalho que podem ser configurados como "laboralizáveis";[27] porém, expressando o princípio constitucional segundo o qual, via de regra, os postos de trabalho na AP devem ser ocupados por funcionários públicos.

As possibilidades de trabalho para o "pessoal laboral" incluem, conforme aquele dispositivo legal: "os postos de natureza não permanente e aquelas cujas atividades visem satisfazer necessidades de caráter periódico e descontínuo"; "os postos cujas atividades sejam próprios de ofícios, assim como os de vigilância, custódia, portaria e outros análogos"; "os postos de caráter instrumental correspondentes às áreas de manutenção e conservação de edifícios, equipamentos e instalações, artes gráficas, pesquisa, proteção civil e comunicação social, assim como os postos das áreas de expressão artística e os vinculados diretamente ao seu desenvolvimento, serviços sociais e proteção de menores"; "os postos correspondentes a áreas de atividades que requerem conhecimentos especializados quando não existam corpos ou escalas de funcionários cujos membros tenham a preparação específica necessária para seu desempenho"; "os postos de trabalho no exterior com funções administrativas de trâmite e colocação de auxiliares que comportem manejo de máquinas, arquivos e similares".[28] Essa normativa conduziu, posteriormente, a um processo de "funcionarização" de laborais (conversão da relação jurídico-contratual em relação sujeita ao Direito Administrativo) que gerou intranquilidades doutrinárias e práticas.[29]

Por sua vez, a Lei nº 42/1994 estipulou o seguinte: "Artigo 59. Postos que podem ser desempenhados pelo pessoal laboral. Acrescenta-se uma nova regra ao artigo 15.1. c) da Lei 30/1984, de 2 de agosto, de Medidas para a Reforma da Função Pública. 'Os postos com funções auxiliares de caráter instrumental e apoio administrativo'". Para Alberto Palomar Olmeda, "esta medida supõe uma aposta decidida pela laboralização das tarefas auxiliares administrativas, que até o momento eram de cobertura por funcionários".[30]

Para o âmbito local, foi editada inicialmente a Lei nº 7/1985, reguladora das "Bases do Regime Local" (LBRL), destarte, antes da sentença nº 99/1987. Nessa regulamentação, não se indicaram os postos de trabalho hábeis a serem ocupados pelos "laborais"; ao reverso, em lógica contrária, indicaram-se aqueles que ficariam exclusivamente sujeitos aos funcionários públicos submetidos a regime jurídico-público:[31] "aqueles que impliquem

---

[27] Cf. EDUARDO ROJO TORRECILLA, "La Relación ...", pág. 72. JOSÉ MARIA ENDEMAÑO ARÓSTEGUI, "La Funcionarización ...", pág. 355.

[28] Cf. ALESSANDRA ALBANESE, "Impiego Pubblico ...", pág. 196. Tb. FLORIVALDO DUTRA DE ARAÚJO, *Negociação ...*, pág. 304; e ALBERTO PALOMAR OLMEDA, *Derecho ...*, pág. 718 e seg. É interessante notar que muitos postos mencionados no art. 15 da LMRFP são atividades que, no Brasil, a AP prefere contratar com terceiros para o seu desenvolvimento (configurando a chamada "terceirização lícita" mencionada pela Súmula nº 331 do TST, espécie juridicamente admissível, porém precarizante, de trabalho). Na prática judiciária trabalhista, sabemos que as controvérsias decorrentes de terceirização na AP constituem pelo menos 30% do total das lides. V. Decreto nº 2.271/1997, que disciplina atualmente os limites da terceirização na AP Federal. V. HELDER SANTOS AMORIM, *Terceirização no Serviço Público – uma análise à luz da nova hermenêutica constitucional*, Editora LTR, São Paulo, 2009.

[29] V. JOSÉ MARIA ENDEMAÑO ARÓSTEGUI, "La Funcionarización ...", pág. 355. Ainda, ANDRÉS MOREY JUAN, *Comentários al Estatuto Básico del Empleado Público*, disponível em: http://www.morey-abogados.com/articulos/estatutobasico.pdf, acesso em 2/12/2011, pág. 55.

[30] Cf. *Derecho ...*, pág. 718.

[31] V. JOSÉ MARIA ENDEMAÑO ARÓSTEGUI, "La Funcionarización ...", pág. 372. Tb. EDUARDO ROJO TORRECILLA, "La Relación ...", pág. 74.

o exercício de autoridade"; "os de fé pública e assessoramento legal preceptivo"; "os de controle e fiscalização interna da gestão econômico-financeira e orçamentária"; "os de contabilidade e tesouraria"; "e, em geral, aqueles que, no desenvolvimento da Lei nº 7/1985, se reservem aos funcionários para uma melhor garantia da objetividade, imparcialidade e independência do exercício da função" (art. 92).[32] Conforme nos dá notícia Alessandra Albanese, esse dispositivo da LBRL – que recorda o sistema germânico da "reserva funcionarial" – deu azo a um "notável contencioso" diante dos tribunais do trabalho relativo "à legitimidade de relações contratuais instauradas com a AP para o desenvolvimento de funções para quais era dúbia se implicavam ou não", sendo que a jurisprudência trabalhista inclinou-se por reconhecer uma certa amplitude da prevalência das funções públicas.[33] Não é, pois, de se estranhar que seja hoje no âmbito local onde se concentra a maioria dos "laborais" da Espanha.[34]

Não obstante o paradigma funcionarial alemão e os próprios efeitos internos decorrentes da norma comunitária do art. 45º-4 do TFUE e das decisões do TJUE,[35] parte da doutrina espanhola chegou a criticar a opção pela mera imposição de utilização de funcionários públicos nos postos de trabalho que pressupunham o exercício de prerrogativas de poder público, sob o argumento de que, para além de tal técnica conduzir a um "aristocratismo funcionarial", baseia-se num pressuposto equivocado – a separação das funções públicas *stricto sensu* das funções públicas meramente instrumentais –, posto que são inseparáveis e interdependentes.[36] De fato, tem-se admitido na Espanha que, assim como os funcionários públicos, também os "laborais" têm exercido poderes de autoridade.[37]

O processo (rápido e também abrangente) de "laboralização" da FP espanhola, portanto, aconteceu paralelamente sob duas vertentes e principalmente entre os anos das décadas de 60 e 80:[38] por um lado, com o assentamento da dualidade de regimes no âmbito da FP *lato sensu* através da inserção dos "laborais", mesmo que como regra de exceção constitucional; e, pelo outro lado, através do recurso à contratualização coletiva do regime jurídico dos funcionários públicos (de parte dele ou a sua densificação),[39] quebrando-se a exclusividade do Estado/AP na regulamentação das condições de

---

[32] V. JOSÉ MARIA ENDEMAÑO ARÓSTEGUI, *Ibidem*, pág. 372
[33] *In* "Impiego Pubblico ...", pág. 197.
[34] Cf. MIGUEL SÁNCHEZ MORÓN, "El Régimen ...", pág. 76, mais de 50% da FP local é constituída de "laborais". Tb. EDUARDO ROJO TORRECILLA, "La Relación ...", pág. 74; ALESSANDRA ALBANESE, "Impiego Pubblico ...", pág. 196. Os dados de LUIS MARTÍN REBOLLO, "El Estatuto ...", pág. 129-159, esp. pág. 135, apontam que 59,10% dos laborais na AP em 2007 concentravam-se nas entidades locais. O percentual de laborais neste ano para o total de trabalhadores públicos era de 27% (aproximadamente 670 mil laborais).
[35] Veremos o assunto em outro tópico.
[36] Assim, SILVIA DEL SAZ, "La Laboralización ...", pág. 150.
[37] V. JAVIER GUILLÉN CARAMÉS y JESÚS ANGEL FUENTETAJA PASTOR, "El aceso de los cidadanos comunitários a los puestos de trabajo en las administraciones públicas de los Estados Miembros", *in RAP(Esp.)*, nº 146, Maio-Agosto, 1998, pág. 467-500, esp. 492.
[38] V. JOSÉ LUIS PIÑAR MAÑAS, "Presentación: El modelo de función pública como sistema complexo y abierto", *in DA* nº 243, setembro-dezembro, 1995, pág. 5-20, esp. 8. V. VALENTÍN PÉREZ MARTINEZ, "El personal laboral al servicio de la administración y la laboralización de la función pública", *in REALA*, nº 238, 1988, pág. 255-287. V. JOSEFA CANTERO MARTÍNEZ, "Bibliografia ...", pág. 349. V. MANUEL FÉREZ, "El sistema de mérito en el empleo público: principales singularidades y analogías respecto del empleo en el sector privado", *in DA*, nº 241-242, janeiro-agosto, 1995, pág. 61-117, esp. 115.
[39] V. CLÁUDIA VIANA, "A Laboralização ...", pág. 81-95.

trabalho destes. Nesse caso, a laboralização insere-se no movimento mais amplo de aplicação do Direito do Trabalho à FP *lato sensu* (orientado pelo critério objetivista e pela abrangência do conceito de trabalhador subordinado[40]) e de aproximação dos regimes público e privado de trabalho; movimento este viabilizado quer seja pelas atividades econômicas e sociais do Estado, quer seja pela consagração internacional dos direitos coletivos ao funcionalismo público em sentido amplo.[41]

De fato, já no início do presente século, reconhece a doutrina espanhola que "a negociação coletiva está admitida para os funcionários em termos tão amplos que resulta já impossível definir a relação funcionarial como uma relação estatutária, cujas condições se estabelecem unilateralmente por uma das partes".[42]

O processo de laboralização, como não poderia deixar de acontecer, fez esmaecer as diferenças significativas entre os regimes público (dos funcionários públicos, estatutários) e o privado ("dos laborais") de trabalho prestado à AP, gerando uma influência mútua entre eles,[43] a ponto de o próprio TC ter chegado a afirmar expressamente que "o princípio da igualdade é um *desideratum* ou princípio aconselhável a regular o conteúdo jurídico da relação jurídica de funcionários e trabalhadores ao serviço da Administração Pública";[44] afinal, nos dois casos trata-se de relação jurídica de trabalho (serviços profissionais) mediante retribuição.

Com efeito, a CE contém princípios aplicáveis aos dois âmbitos, ou seja, vinculações jurídico-públicas decorrentes do respeito aos princípios da igualdade, da imparcialidade administrativa e da meritocracia, da legalidade orçamentária, *etc*.[45] (isso sem considerar a igual aplicabilidade imediata dos direitos fundamentais). Assim, por exemplo, no caso de igualdade de acesso ao Emprego Público (*lato sensu*).[46] Também os "laborais" estão sujeitos a procedimentos formais de seleção, segundo o princípio da igualdade, do mérito e da capacidade.[47] Além disso, eles ainda estão sujeitos ao

---

[40] V. PEDRO FURTADO MARTINS, "A crise do contrato de trabalho", *in RDES,* Ano XXXIX (XII da 2ª série), outubro-dezembro, nº 4, 1997, pág. 335-368, esp. 339.

[41] V. ARTURO GONZÁLEZ QUINZÁ, "Marco constitucional ...", pág. 93. V. NUNO J. VASCONCELOS ALBUQUERQUE SOUSA, *La Función* ..., pág. 109.

[42] Cf. SILVIA DEL SAZ, "La Privatización ...", pág. 150.

[43] V. EDUARDO ROJO TORRECILLA, "La Relación ...", pág. 75. Cf. ALESSANDRA ALBANESE, "Impiego Pubblico ...", pág. 202, o processo de laboralização da Espanha foi tão importante que influenciou a própria privatização da FP italiana.

[44] *Apud* EDUARDO ROJO TORRECILLA, *Ibidem,* indicando como exemplo as sentenças do TC de nº 75/83, 47/89, 15/88 e 192/91.

[45] Cf. a síntese de RICARDO JOSÉ MACEDO DE BRITTO PEREIRA, *La Negociación* ..., pág. 207: "A Constituição impõe um equilíbrio entre a subjetividade do trabalho e a objetividade da Administração, de maneira que exclui a possibilidade de identidade entre os regimes público e privado, assim como a separação absoluta deles".

[46] Na Espanha, tradicionalmente, existem duas modalidades de provas para ingresso no Emprego Público. Aquilo que se designa por *oposición* é o concurso por meio de exames (de conhecimentos específicos), destinado aos funcionários públicos. O *concurso* é o procedimento de avaliação de títulos (qualificações) e na experiência adquirida e geralmente é destinado aos "laborais". Há carreiras específicas que o ingresso deve ser realizado mediante *oposición-concurso*, ou seja, com a avaliação conjunta pelos dois métodos. V. ANA FERNANDA NEVES, *Relação Jurídica* ..., pág. 158, nota. Tb. ALESSANDRA ALBANESE, "Impiego Pubblico ...", pág. 198.

[47] Apesar da observação de EDUARDO ROJO TORRECILLA, "La Relación ...", pág. 87, de que o TC entendeu, na sentença de nº 269/1993, que o art. 23.2 da CE destina-se exclusivamente aos funcionários públicos, mas que o princípio da igualdade de acesso aos cargos públicos tem supedâneo no princípio geral de igualdade perante a lei. Às pág. 89, sintetiza: "Em suma, no marco normativo vigente as regras que estipulam um procedimento objetivo de seleção que respeite os princípios constitucionais estão claramente reconhecidas ..., destacando-se a importância de que todos os cidadãos tenham direito de aceder em condição de igualdade à função pública, seja laboral ou funcionarial". V. sobre o conteúdo do princípio do mérito e capacidade e a sua perspectiva pelo

regime de incompatibilidades, naturalmente desenvolvido para a profissionalidade, imparcialidade e independência dos funcionários públicos.[48] Não suficiente, apesar do estabelecimento de contratos coletivos pelos "laborais" em conformidade com o "Estatuto do Trabalhador", os seus impactos econômicos estão sujeitos a procedimentos para adequação às normas orçamentárias (imperativas e inderrogáveis).[49]

Diversamente dos funcionários públicos, as controvérsias decorrentes das relações de trabalho dos "laborais" sujeitam-se à jurisdição do trabalho.

Os funcionários públicos, por sua vez, conforme já aduzido, desde a promulgação da CE, têm assegurado o exercício do direito de greve (o qual, apesar da norma constitucional correspondente não ter taxativamente incluído esse âmbito subjetivo, foi interpretado nesse sentido muito precocemente pelo TC, em decorrência da democraticidade do novo regime[50]); além do direito de representação em órgãos da AP e o direito de contratação coletiva (regulada de forma específica). Recentemente, inclusive, é apontada a mudança na orientação da jurisprudência do TC, no sentido de viabilizar o reconhecimento de que também o direito de negociação coletiva dos funcionários públicos integra o conteúdo essencial da liberdade sindical[51] (como reconhecido relativamente aos trabalhadores sujeitos à legislação laboral); linha de interpretação que poderá conduzir, aliás, à própria admissão da natureza materialmente constitucional do direito de negociação coletiva dos funcionários públicos.

A situação de "miscelânea" (e também de dificuldade de rigor científico[52]) no interior da FP conduziu, pois, o pensamento da doutrina para a possibilidade de elaboração de um diploma único que abarcasse um modelo funcionarial misto.[53] Aproveitou-se a jurisprudência constitucional desenvolvida sobre a noção de "bases" do art. 149.1.18º da CE[54] para, então, projetar-se um "Estatuto Básico da Função Pública",[55] a fim de permitir, quer seja a competência legislativa (complementar e específica) das Comunidades Autônomas na matéria; quer seja uma própria unidade normativa (ou uma interseção legislativa mínima) entre diversos coletivos de trabalhadores públicos. Discussão legislativa posterior culminou com a edição em 2007 do "Estatuto Básico do Empregado Público" (EBEP), atualmente vigente (antes constante da Lei nº 7/2007, de 12 de abril; hoje do Real Decreto Legislativo nº 5/2015, de 30/10);[56] o qual se propõe a cumprir esses propósitos de unidade e generalidade na normatização do trabalho público espanhol.

Veremos, pois, os traços mais relevantes do EBEP, considerando-se o tema do nosso trabalho.

---

legislador, AP e tribunais, MANUEL FÉREZ, "El sistema ...", pág. 63 e seg.
[48] V. ALESSANDRA ALBANESE, Ibidem, pág. 199.
[49] V. Sentença do TC nº 305/1996 (porém, não disponível na internet ou no site do TC espanhol – www.tribunal constitucional.es), sobre a diferença entre relação laboral e estatutária.
[50] V. Sentença nº 11/1981 do TC. V. ALESSANDRA ALBANESE, Ibidem, pág. 202.
[51] V. RICARDO JOSÉ MACEDO DE BRITTO PEREIRA, La Negociación ..., pág. 210 e seg.
[52] V. MANUEL FÉREZ, "El sistema ...", pág. 116.
[53] V. SILVIA DEL SAZ, "La Privatización ..."., pág. 162.
[54] V. sentença nº 37/2002 e outras nesta mencionada. Esta inviabilizou a utilização da legislação pré-constitucional para a matéria.
[55] Nomenclatura do Projeto publicado no Boletín Oficial de las Cortes Generales-Congresso dos Deputados, Série A, nº 177, de 05/07/1999. V. EDUARDO ROJO TORRECILLA, "La Relación ...", pág. 105 e seg.
[56] Disponível em: http://www.trabajadorespublicos.es/ebep.html, acesso em 20/12/2012. O texto do EBEP foi revisto, alterado por recentes leis, e hoje encontra-se no disposto no Real Decreto Legislativo nº 5/2015, de 30/10.

2 O Estatuto Básico do Empregado Público

O "Estatuto Básico do Empregado Público" é um diploma inovador, do ponto de vista histórico e jurídico.

De fato, para além da própria importância do diploma no âmbito do movimento de "aproximação dos regimes público e privado" de trabalho, encerra dentro de uma denominação genérica de "Emprego Público" (um "conceito unicompreensivo"[57]) espécies de relação jurídica de trabalho instauradas com a AP.[58] Genericamente, o EBEP define como "empregado público quem desempenha funções remuneradas na AP ao serviço do interesse geral" (art. 8.1). Conforme os comentários de Jesús Ángel Fuenteja Pastor sobre esse aspecto, "é, sem dúvida alguma, o grande achado terminológico da Lei 7/2007. Uma sorte de síntese superadora da histórica dialética entre a tese funcionarial e a antítese laboral." "Em última instância, responde à ideia da convergência de regimes jurídicos de funcionários e laborais".[59] Assim, o EBEP é aplicável a esses dois coletivos de trabalhadores públicos (art. 2.1), embora, não igualmente aplicável.

Isso porque, se, por um lado, o EBEP é a norma básica dos funcionários públicos, é também a principal legislação da relação (privada) de trabalho com a AP. Com relação àqueles, o EBEP inova também na medida em que é aplicável, nessa qualidade de norma básica, aos funcionários dos três níveis territoriais de governo: Estado, Comunidades Autônomas e entidades locais; para além de organismos e entidades de direito público e universidades públicas (art. 2).[60] Permite, desse modo, o exercício de competência legislativa complementar do Estado e das Comunidades Autônomas (art. 6), tendo em vista as suas especificidades administrativas e/ou de carreiras. Relativamente a estes ("os laborais"), o EBEP permite a aplicação suplementar da legislação do trabalho (de competência legislativa do Estado, art. 149.1.7º, CE) e das normas convencionalmente aplicáveis (art. 7).

Para a composição dessa técnica legislativa, o EBEP valeu-se da jurisprudência constitucional acerca da noção (e a própria *telos*) de "bases" do art. 149.1.18º da CE e sobre a extensão da "reserva legal" sobre o estatuto dos funcionários públicos do art. 103.3 da CE.[61] Ou seja, por um lado, o "básico" deve ser um "marco normativo, a fim de criar unidade em todo o território nacional"; e, por outro, "respeitar as competências legislativas das Comunidades Autônomas".[62] Na esteira das sentenças do TC, entendeu-se que, relativamente à normatização da "relação de serviço" (acesso, aquisição e perda da relação jurídica, direitos e deveres, participação funcionarial nos órgãos da AP, carreira, *etc.*), é possível a utilização de uma legislação estadual mais densa; diversamente da

---

[57] Cf. MARIA DE SANDE PÉREZ-BEDMAR, "El Estatuto Básico del Empleado Público: Comentario al contenido en espera de su desarrollo", in *Relaciones laborales: Revista crítica de teoría y práctica*, nº 2, 2007, pág. 1077-1097. V. RAMÓN PARADA, *Derecho ...*, pág. 59.

[58] V. JAIME CABEZA PEREIRO, "El Régimen de los Funcionarios Públicos. Derecho del Trabajo o Derecho Administrativo", in *Minerva*, Série II, nº 2, 2009, pág. 129-147.

[59] In "El Estatuto Básico del Empleado Público", in *RAP(Esp.)*, nº 174, setembro-dezembro, 2007, pág. 457-499, esp. 469.

[60] Estão excluídos, em princípio, da aplicação do EBEP (art. 4): juízes, magistrados, fiscais; forças armadas; forças e corpos de segurança; funcionários do Centro Nacional de Inteligência; dentre outros coletivos de órgão de soberania e do Banco da Espanha.

[61] V. JÉSUS ÁNGEL FUENTETAJA PASTOR, *Ibidem*, pág. 461. Aponta especialmente a sentença nº 37/2002 do TC.

[62] Cf. JÉSUS ÁNGEL FUENTETAJA PASTOR, *Ibidem*, pág. 462.

denominada "relação orgânica", enquanto decorrente da formatação específica da organização burocrática e administrativa (relacionada com a planta administrativa, com o direito de auto-organização da AP, *etc.*),[63] não integrando esta na noção de "bases" do art. 149.1.18º da CE.

O estabelecimento do EBEP no plano da normação básica atende, ainda, à complexidade e heterogeneidade administrativa, quer se levando em conta a própria multiplicidade de atividades que desenvolvem as Administrações Públicas (na condição de Administração Prestacional ou não); quer se levando em conta as próprias diferenciações internas entre Comunidades Autônomas e entidades locais, por exemplo.

Por outro lado, todavia, a necessidade de complementação (ou densificação) legislativa posterior ("leis de desenvolvimento") de determinadas normas do EBEP poderá acarretar também uma complicada aplicação (e interpretação) do direito positivo do "emprego público".[64] Agregue-se a essa intrincada conjugação legislativa os acréscimos normativos que serão propiciados pelas normas estabelecidas através de negociação coletiva (seja dos funcionários públicos, seja dos laborais); o que certamente irá exigir ainda mais do intérprete jurídico.

Nas espécies de "empregados públicos", o EBEP listou: funcionários de carreira, funcionários interinos, laborais (contratados por tempo determinado ou indeterminado) e o pessoal eventual (art. 8.1). Apesar do princípio funcionarial extraído da CE pelo TC na sentença nº 99/1987, segundo o qual, preferencialmente, os postos de trabalho na AP devem ser ocupados por funcionários públicos (princípio este expressamente referenciado na exposição de motivos da Lei nº 7/2007), o EBEP fez clara opção pela "reserva funcionarial" de origem germânica (em termos análogos – e por efeito – do art. 45º-4 do TFUE); fato que gerou críticas por parte da doutrina.[65] Assim, ao invés de limitar expressamente os postos de trabalho que podem ser preenchidos pelos laborais, a técnica utilizada foi a de delinear (ou melhor, demarcar em termos latos) a situação que necessariamente imprescinde do desempenho de trabalho dos funcionários públicos.

Segundo a disposição do art. 9, sobre os "funcionários de carreira", "1. São funcionários de carreira quem, em virtude de nomeação legal, estão vinculados a uma Administração Pública por uma relação estatutária regulada pelo Direito Administrativo para o desempenho de serviços profissionais remunerados de caráter permanente."[66] "2. Em todo o caso, o exercício de funções que impliquem a participação direta ou indireta no exercício dos poderes públicos ou na salvaguarda dos interesses gerais do Estado e das Administrações Públicas correspondem exclusivamente aos funcionários públicos, nos termos que na lei de desenvolvimento de cada Administração Pública se estabeleça". E, em conformidade com a disposição do art. 57.1 do EBEP, apesar de os nacionais dos Estados-membros da UE poderem adquirir a condição de funcionário (como a de laboral, em termos amplos), não podem naquelas situações que direta ou indiretamente impliquem o exercício de poderes públicos, reservadas aos espanhóis.

---

[63] *Ibidem*, pág. 462 e seg.
[64] Cf. MARIA DE SANDE PÉREZ-BEDMAR, "El Estatuto Básico ...", pág. 3.
[65] V. JÉSUS ÁNGEL FUENTETAJA PASTOR, "El Estatuto ..." pág. 485. V. MARIA DE SANDE PÉREZ-BEDMAR, "El Estatuto Básico ...", pág. 6.
[66] Por motivos já expostos, a expressa menção a "relação estatutária" não indica, neste dispositivo do EBEP a existência de uma relação jurídica regulamentada exclusiva e unilateralmente pela AP. Cf. ANDRÉS MOREY JUAN, *Comentários* ..., pág. 39, a qualidade de "relação estatutária" tem conexão atual e mais estreita com a incidência do Direito Administrativo.

Esse art. 9 é em seguida complementado pelo art. 11.2, com o qual deve ser interpretado: "As leis de Função Pública que se ditem em desenvolvimento deste Estatuto estabelecerão os critérios para a determinação dos postos de trabalho que podem ser desempenhados por pessoal laboral".[67] Contudo, tais leis de desenvolvimento devem se ater ao nº 2 do art. 9 do EBEP, o qual, pela peculiar e conhecida indeterminação de seus conceitos ("participação direta ou indireta", "poderes públicos" "salvaguarda de interesses gerais"), pode efetivamente conduzir a soluções muito diferenciadas entre as várias APs (estadual e das Comunidades Autônomas): umas mais "funcionarizantes", outras mais "laboralizadoras".[68]

Os funcionários interinos são definidos no art. 10 do EBEP como aqueles que, "por razões expressamente justificadas de necessidade e urgência, são nomeados como tais para o desempenho de funções próprias de funcionários de carreira", em determinadas situações de transitoriedade ou provisoriedade, definidas no dispositivo, sem direito de permanência ao término do motivo que deu azo à sua nomeação.[69]

Por sua vez, o "pessoal laboral" encontra-se definido no art. 11: aquele "em virtude de contrato de trabalho formalizado por escrito, em quaisquer das modalidades de contratação de pessoal previstas na legislação laboral, que presta serviços remunerados pelas Administrações Públicas. Em função da duração do contrato, este poderá ser fixo, por tempo indefinido ou temporário".[70] Como já aduzido, o âmbito de atuação dos laborais tem estreita conexão com a interpretação (e concretização, em leis de desenvolvimento) do art. 9.2 do EBEP, apesar de os funcionários de carreira poderem validamente ocupar postos para além do contido nesse inciso, em face do "princípio funcional" (sentença nº 99/1987, TC).[71]

Para além das diferenças já conhecidas relativamente aos funcionários públicos e aos laborais (relação jurídico-pública para os primeiros, possibilidade de densificação legislativa pelas Comunidades Autônomas, sujeição à jurisdição administrativa; relação jurídico-privada laboral para os segundos, complementação da legislação do trabalho, sujeição à jurisdição ordinária social), o EBEP diferencia entre tais categorias um específico direito: o direito de inamovibilidade, específico dos funcionários de carreira (art. 14.a). Exceto este, o EBEP regula, de forma conjunta, os direitos individuais e coletivos dos "empregados públicos" (art. 14 e 15). O mesmo ocorre relativamente aos deveres (art. 52), ao acesso ao emprego público (art. 55 e seg.) e ao regime disciplinar (art. 93); o que somente vem reforçar o fato de que no conjunto genérico dos "empregados públicos"

---

[67] Segundo nos informa MARIA DE SANDE PÉREZ-BEDMAR, "El Estatuto Básico ...", pág. 6, na Administração Geral do Estado (o primeiro exemplo e a referência para das demais AP's), mantém-se a observância do art. 15 da LMRFP na localização dos postos de trabalho acessíveis aos laborais, apesar de mencionar que os laborais exercem funções para além desses limites. Cf. ANDRÉS MOREY JUAN, Comentários ..., pág. 41 e 50, será através das leis de desenvolvimento que efetivamente se conhecerá a real intenção de uma maior ou menor "funcionalização" do EP, apesar da conexão dos nºs 1 e 2 do art. 9 não indicar, inexoravelmente, que todos os funcionários de carreira tenham que participar do exercício de poderes públicos.

[68] V. ANDRÉS MOREY JUAN, Comentários ..., pág. 45 e 56.

[69] V. ANDRÉS MOREY JUAN, Ibidem, pág. 52.

[70] Cf. MARIA DE SANDE PÉREZ-BEDMAR, "El Estatuto Básico ...", pág. 9, as regras fixadas no EBEP para os laborais serão incapazes de resolver os problemas fáticos existentes na AP espanhola.

[71] Cf. ANDRÉS MOREY JUAN, Comentários ..., pág. 58, não se trata de uma definição rígida e estanque entre funcionários e laborais, posto que os princípios básicos de seleção são os mesmos. Além disso, o TC já aceitou a possibilidade, em determinadas condições, de seleção interna de laborais para aceder a cargos de funcionários. V. Sentença nº 38/2004.

são constatadas muito mais semelhanças entre as espécies do que divergências. Direito de grande importância para o empregado público pelo EBEP é o de progressão na carreira (art. 14.c e 16 e seg.); o que denota a centralidade da característica de profissionalização da FP para esse diploma legislativo.[72]

Finalmente, o "pessoal eventual" encontra-se conceituado no art. 12, segundo o qual é aquele "em virtude de nomeação de caráter não permanente, que somente realiza funções qualificadas como de confiança ou assessoramento especial". Trata-se, pois, de uma relação profissional com a AP extraordinária e sem direito de permanência.

Relativamente à esfera coletiva, pode-se notar no EBEP uma intenção de paralelismo entre funcionários e laborais. Isso porque o art. 31 é iniciado com "princípios gerais" aplicáveis aos empregados públicos, entendendo-se que o direito de negociação coletiva relaciona-se (direta ou intensamente) com o "direito de determinação das condições de trabalho". Além disso, apesar da supletividade das normas do "Estatuto dos Trabalhadores" para os laborais (remissão do art. 32 do EBEP), as disposições do EBEP acerca da negociação coletiva devem ser respeitadas para esse âmbito subjetivo, posto que imperativas.[73] Não suficiente, estabeleceu o EBEP Mesa Geral de Negociação de todas as matérias comuns ao pessoal funcionário e laboral de cada Administração,[74] validando a pactuação conjunta de matérias afins (art. 38.8[75]), bem como, ainda, viabilizou a possibilidade de solução extrajudicial de conflitos coletivos decorrentes da "contratação coletiva" dos funcionários (art. 45).[76]

Sobre a negociação coletiva dos funcionários ("negociação coletiva fucionarial"), Jesús Ángel Fuentetaja Pastor afirma: "o EBEP realiza uma opção transcendental pela eficácia normativa de tais instrumentos, erigindo-os como peculiares fontes regulamentadoras das condições de emprego dos funcionários".[77]

Com efeito, podem ser negociados pactos ou acordos (art. 38.1). Aqueles são celebrados em matérias de competência estrita dos órgãos administrativos signatários, aplicando-se direta e exclusivamente aos seus funcionários (art. 38.2). Têm, pois, uma aplicação administrativa limitada e são, por isso, naturalmente mais adequados para negociações setoriais ou descentralizadas.[78]

---

[72] Vale elucidar que a Espanha é signatária da Carta Ibero-americana da Função Pública, aprovada pela V Conferência Ibero-americana de Ministros da Administração Pública e Reforma do Estado na Bolívia em 2003. Para a Carta é central o conceito de profissionalização da FP, entendida como "a garantia de posse pelos servidores públicos de uma série de atribuições como o mérito, a capacidade, a vocação para o serviço, a eficácia no desempenho de sua função, a responsabilidade, a honestidade e a adesão aos princípios e valores da democracia". V. FRANCISO LONGO, "La Profissionalización ...", pág. 45.

[73] Cf. JÉSUS ÁNGEL FUENTETAJA PASTOR, "El Estatuto ...", pág. 487, as normas do EBEP nesta matéria configuram-se "direito necessário" para laborais e funcionários.

[74] Cf. MARIA DE SANDE PÉREZ-BEDMAR, "El Estatuto Básico ...", pág. 13. Esta novidade já havia sido anteriormente disposta na LORAP pela Lei nº 21/2006. Segundo FLORIVALDO DUTRA DE ARAÚJO, *Negociação* ..., pág. 313, pela doutrina espanhola, "mesa de negociação" tem uma dupla acepção: subjetiva (comissão negociadora e seus componentes) e objetiva ("equivale ao conjunto de relações de trabalho tomadas em consideração como âmbito potencial de sujeição às condições de emprego que se hão de estabelecer no pacto ou acordo que se negocie", recorrendo a ROQUETA BUJ).

[75] Cf. MARIA DE SANDE PÉREZ-BEDMAR, "El Estatuto Básico ...", pág. 14; e FLORIVALDO DUTRA DE ARAÚJO, *Negociação* ..., pág. 326, nas matérias comuns, a negociação coletiva dará simultaneamente resultado a pactos ou acordos para os funcionários e a convenções coletivas para os laborais.

[76] V. LUIS MARTÍN REBOLLO, "El Estatuto ...", pág. 137.

[77] *In* "El Estatuto ...", pág. 360.

[78] Cf. FLORIVALDO DUTRA DE ARAÚJO, *Negociação* ..., pág. 322.

Os acordos, por sua vez, são celebrados/assinados pelos órgãos de governo das Administrações Públicas, com necessidade de aprovação expressa e formal destes (art. 38.3). Neles podem ser inseridas matérias dependentes de reserva legal (o que demandará o exercício da iniciativa legislativa, para posterior aprovação ou rejeição parlamentar)[79] ou matérias propriamente pertencentes ao poder regulamentar do órgão (situação para a qual estão naturalmente vocacionados e podem acarretar a modificação ou derrogação de regulamentos já expedidos em sentido contrário). Nesse âmbito da competência regulamentar do órgão de governo, os acordos aprovados terão eficácia direta e imediata para o grupo funcional a que se destina (art. 38.3): "aqui é aonde mais explicitamente se observa a intencionalidade legislativa de dotar os acordos de uma eficácia normativa, incluso frente a regulamentos em contrário, abrindo a porta ao reconhecimento de uma nova fonte jurídica no âmbito da Função Pública".[80]

A ausência de ratificação de um acordo pelo órgão de governo ou a negativa de inclusão num projeto de lei determina, via de regra, a obrigação de renegociação (art. 38.3). Somente ultrapassadas todas as etapas sem êxito, incluída a tentativa de solução extrajudicial do conflito, poderão órgãos de governo fixar unilateralmente as condições de trabalho dos funcionários, com algumas exceções (art. 38.7). Por outro lado, somente em situações muito excepcionais e ponderosas, com respeito ao princípio da proporcionalidade, poderão os pactos ou acordos validamente convencionados serem suspensos ou unilateralmente modificados pelos órgãos signatários (art. 38.10), o que representa uma limitação muito substancial à própria competência administrativa (regulamentar ou não) da AP.

Para a doutrina administrativista, os pactos e os acordos não têm natureza de convenções coletivas de trabalho (ou fontes autônomas de Direito do Trabalho); apesar da evidente influência e inspiração nesse ramo jurídico. Tratar-se-ia de cláusulas de contrato administrativo, de natureza convencional, bilateral e jurídico-pública.[81] Portanto, estar-se-ia diante do fenômeno de "administrativização de instituições privadas": "seja como for, a manutenção da ulterior aprovação expressa e formal pelo órgão de governo do acordado na mesa de negociação permite continuar polemizando sobre se estamos perante um exercício negociado e peculiar do poder regulamentar dos órgãos de governo das Administrações Públicas ou se perante essas novas e originais fontes de Direito Administrativo".[82]

As matérias objeto da "negociação funcionarial" contam do art. 37.1 do EBEP. O espectro é vasto (letras *a)* a *m)* desse item) e não taxativo. Isso porque, apesar de o nº 2 do art. 37 excluir matérias negociáveis (relativas ao poder de auto-organização da AP, entre outras, como direitos dos cidadãos e dos utentes, condições de trabalho do pessoal diretivo, *etc.*), haverá obrigação de negociar com as entidades sindicais quando as decisões administrativas relacionadas ao seu poder de organização tenham "repercussão nas condições de trabalho dos funcionários públicos" (art. 37.2.*a)*). A latitude

---

[79] V. JÉSUS ÁNGEL FUENTETAJA PASTOR, "El Estatuto ...", pág. 477. Tb. FLORIVALDO DUTRA DE ARAÚJO, *Negociação ...*, pág. 319.
[80] Cf. *Ibidem*, pág. 477 e seg.
[81] V. FLORIVALDO DUTRA DE ARAÚJO, *Negociação ...*, pág. 318; JÉSUS ÁNGEL FUENTETAJA PASTOR, "El Estatuto ...", pág. 479.
[82] Cf. JÉSUS ÁNGEL FUENTETAJA PASTOR, *Ibidem*, pág. 479.

dessa cláusula acaba conduzindo, indiretamente, para uma grande abertura material à negociação coletiva funcionarial e, até mesmo, para a uma (discutível) "cogestão administrativa do emprego público".[83]

Aduziu-se apenas aos pontos principais do EBEP. O diploma ainda abarca várias outras matérias, como a própria inclusão do pessoal diretivo.

3 Um balanço: a dualidade de regimes não impede uma normatização básica unitária e pode mesmo dela depender

A característica da dualidade do sistema funcionarial espanhol foi introduzida há menos de 50 anos e muito intensificada nos últimos 30 anos, conduzindo à utilização doutrinária do neologismo jurídico "laboralização" da FP. De início, um fenômeno de introdução de trabalhadores sob regime jurídico-privado na AP.

Com o passar dos anos, a comunicação e a convivência dialética entre funcionários públicos e laborais (com divisão tênue de funções entre uns e outros), acrescida do movimento de consagração dos direitos coletivos do funcionalismo no plano internacional, o movimento espanhol de "laboralização" abarcou, em seu interior, fenômenos semelhantes e em sentidos opostos: por um lado, uma "administrativização do contrato de trabalho" (pela incidência de princípios jurídico-públicos; como se pode verificar na incidência de formalidade para a garantia da igualdade e da imparcialidade no acesso dos laborais à FP, bem como na incidência de limites orçamentários à negociação coletiva) e, por outro, uma "laboralização da vetusta relação estatutária" (com a principal concretização do direito de negociação coletiva dos funcionários públicos, dotando-se as condições administrativamente convencionadas – devidamente incluídas em atos formais e públicos – de eficácia normativa).

Esse processo de intensa imbricação jurídica passou a questionar a própria consistência da radicalidade do sistema funcionarial, na medida em que "laborais" e "funcionários" têm muito mais em comum do que em épocas arcaicas. O EBEP surge, assim, como uma regulamentação básica (ou comum) do trabalho prestado à AP; insistindo, porém, na dualidade, (ou, porque não dizer) na diversidade de tipos de relações jurídicas de trabalho com a AP.[84]

A dualidade/diversidade de relações jurídicas de trabalho com a AP viabiliza a AP optar, considerando as funções a serem exercidas (para além dos ônus administrativos de cada uma delas), entre uma ou outra, harmonizando a situação funcional à complexidade (organizatória e de objetivos) da AP. A normatização básica, como um denominador comum de normas incidentes sobre os regimes jurídicos de trabalho para com a AP, permite, por sua vez, manter a unidade do sistema funcionarial e a melhor aplicação dos princípios jurídico-públicos incidentes sobre a AP.

Nesse sentido, o caso espanhol pode nos demonstrar que, além de a dualidade não impedir um regramento comum, tal dualidade pode mesmo dela depender, na

---

[83] Ou, cf. JÉSUS ÁNGEL FUENTETAJA PASTOR, *Ibidem*, pág. 477: "a negociação coletiva funcionarial permitiria limitar e enquadrar o exercício dos poderes discricionais de gestão do emprego público". Este A. apresenta o termo de PARADA VÁSQUEZ: "cogestão sindical".

[84] V. JOAN MAURI MAJOS e ELISENDA MALARET GARCIA, "L'emploi public espagnol: entre publicisation des salariés contractuels et privatisation du statut des fonctionnaires", *in RFAP*, nº 132, 2010, pág. 855-872, esp. 872.

medida em que, além da convivência no plano fático, "funcionários" e "laborais" serão semelhantemente disciplinados, impedindo, por outro lado, o próprio reducionismo ou a aglutinação dessas espécies numa única.

Entretanto, o EBEP é um diploma relativamente recente, também dependente de leis de desenvolvimento e, assim, as dificuldades pragmáticas de sua aplicação ainda não restam bem conhecidas. Como concluiu Miguel Sánchez Morón: "De fato, são muitos os problemas pendentes que demandam solução, problemas que a legislação de desenvolvimento do EBEP e a prática administrativa devem abordar sem falta". Porém, continua o autor, "sucede, de toda forma, – e o jurista deve ser sempre consciente dos limites do direito – que não bastam reformas legislativas, por mais perfeitas que pareçam, para conseguir uma Administração melhor. Sendo uma função pública um corpo vivo e integrado por uma sociedade determinada, sua evolução depende muito mais de outras variantes".[85]

---

[85] *In Derecho ...*, pág. 57.

DIREITO COMPARADO: O EXEMPLO DE PORTUGAL

1 A interseção dos regimes público e privado de trabalho subordinado a partir da própria Constituição de 1976 – A constitucionalização de um "Direito Comum do Trabalho"

Portugal está também alinhado no movimento amplo de aproximação dos regimes de trabalho público e privado,[1] como os demais países europeus, em especial, aqueles já estudados. Aliás, talvez seja Portugal o país europeu em que mais se nota a orientação (e, para alguns, a própria determinação) constitucional de assimilação de direitos laborais pelos trabalhadores da FP. Falamos da Constituição da República Portuguesa (CRP) de 1976.[2]

Com efeito, vários artigos constitucionais têm como âmbito subjetivo os trabalhadores subordinados indistintamente, independentemente da natureza jurídica do seu empregador (AP não empresarial; AP empresarial ou pessoas privadas). Há, sim, um disciplinamento específico para os trabalhadores da FP, decorrente da sua vinculação a regras constitucionais e princípios jurídico-públicos imediatamente aplicáveis (ou seja, decorrentes da própria heterodeterminação da Administração Pública e dos princípios jurídico-constitucionais que sobre esta incidem, em face da sua natureza).[3] Porém, esse conjunto normativo tem se apresentado hodiernamente mais como uma especificidade do trabalho subordinado prestado à AP não empresarial do que um regime funcional próprio, inserido no Direito Administrativo Clássico (ou Geral[4]) e estranho

---

[1] Nesse movimento amplo de aproximação dos regimes público e privado de trabalho inserem-se fenômenos jurídicos distintos, porém, próximos: a laboralização da FP – absorção de modelos laborais na FP; a privatização jurídica do regime de vinculação da FP – sujeição ao contrato individual de trabalho; e a própria contratualização (coletiva) do regime jurídico da FP – contratação coletiva na FP. V., ex., MARIA DO ROSÁRIO PALMA RAMALHO, "Intersecção ...", pág. 187; "O contrato de trabalho na reforma da Administração Pública: reflexões gerais sobre o regime jurídico instituído pela L nº 23/2004, de 22 Junho", *in QL,* Ano XI, nº 24, 2004, pág. 121-136; ANA FERNANDA NEVES, "A Relação Jurídica ...", pág. 239-256, esp. 240 e seg.

[2] O fato de a CRP ser da década de 70 também é fator que favorece a verificação do movimento de aproximação dos regimes público e privado de trabalho subordinado, época em que os direitos coletivos dos funcionários públicos foram sendo paulatinamente reconhecidos em nível internacional, designadamente na OIT.

[3] V. ex. MARIA TERESA DE MELO RIBEIRO; *O Princípio ....*

[4] V. ANA FERNANDA NEVES, "O Direito da Função Pública", *in* PAULO OTERO e PEDRO GONÇALVES, *Tratado de Direito Administrativo Especial,* vol. IV, Livraria Almedina, Coimbra, 2010, pág. 359 e seg.; SUZANA TAVARES DA SILVA, *Um novo Direito Administrativo?,* Imprensa da Universidade de Coimbra, Coimbra, 2010, pág. 50-55.

ou distinto ao do Direito do Trabalho e aos seus institutos.[5] Tanto assim que a doutrina pós-constitucional que tem analisado mais detidamente o tema da FP portuguesa (e da "relação jurídica de emprego público") tem demonstrado também conhecimento do fenômeno laboral; tanto no geral, quanto no relacionamento peculiar com aquela.[6] A interseção, o inter-relacionamento e a aproximação dos regimes de trabalho subordinado público e privado não têm sido apreciados, via de regra, sob argumentos *ad terrorem*, mas, antes, como resultado de um paulatino processo de "modernização" (ou reestruturação) das relações jurídicas no interior da AP e do próprio Direito Administrativo,[7] mais participativo e consensual (e até mesmo da ausência de justificativa plausível para permanência de uma diferenciação acintosa no regime de trabalho para com os trabalhadores subordinados privados[8]).

Passemos, pois, à análise dos principais dispositivos constitucionais da CRP que relevam para o nosso trabalho.[9]

Sob a epígrafe "Regime da função pública", o art. 269º da CRP consagra a vinculação dos "trabalhadores da Administração Pública e demais agentes do Estado" ao serviço exclusivo do interesse público, conforme definido em lei (nº 1). Trata-se de repercussão intra-administrativa, que atinge o exercício das atividades decorrentes da relação jurídica de emprego público, do princípio da prossecução do interesse público, o qual é fundamental à atuação da Administração Pública (art. 266º-1).[10] O art. 269º da CRP ainda consagra (nº 2) o princípio de que os "trabalhadores da Administração Pública e demais agentes do Estado" não podem ser prejudicados ou beneficiados em virtude do exercício de quaisquer direitos políticos previstos na Constituição; as garantias no processo disciplinar (nº 3); a regra de proibição de acumulação de empregos e cargos públicos, salvo exceções admitidas por lei (nº 4), e a determinação para que o legislador preveja as incompatibilidades do exercício de emprego ou cargo público com outras atividades (nº 5).

A inserção da expressão "trabalhadores da Administração Pública" nos nºs 1 e 2 do art. 269º foi resultado da 1ª Revisão Constitucional (1982), substituindo a anterior "funcionários". A *telos* dessa alteração, segundo os doutrinadores, foi salientar o princípio

---

[5] A questão sobre se "existe uma «garantia institucional» da função pública como regime especial da relação de emprego público, materialmente distinta da relação laboral de direito privado, ou ao invés se a lei pode conformar livremente aquela relação em termos idênticos à relação de direito privado" já era inclusivamente mencionada na edição (3ª) de 1993 da *Constituição da República Portuguesa Anotada*, de J.J. GOMES CANOTILHO e VITAL MOREIRA, apud, VITAL MOREIRA, "Constituição ...", pág. pág. 1161.

[6] São exemplos de autores dessa leva, para além de ANA FERNANDA NEVES e MARIA DO ROSÁRIO PALMA RAMALHO; JOÃO CAUPERS, *Os Direitos Fundamentais dos Trabalhadores e a Constituição*, Livraria Almedina, Coimbra, 1985, pág. 87 e seg.; FRANCISCO LIBERAL FERNANDES, "O Direito de Negociação Colectiva na Administração Pública", in *QL*, Ano V, vol. 12, 1998, pág. 221-225; "Notas sobre o tempo de trabalho no contrato de trabalho em funções públicas", in *QL*, Ano XVII, nºs 35-36, Janeiro-Dezembro, 2010, pág. 1-22; e *Autonomia Colectiva* ...; PAULO VEIGA E MOURA, *Função Pública* ..., pág. 55 e seg; *A privatização* .... V., daquela A., ANA FERNANDA NEVES, "Relação jurídica de trabalho e relação de função pública", in *RBEFP*, vol. 2, maio-dez., 2012, fl. 4 (este texto, em verdade, ainda é inédito. Porém, foi entregue para publicação nessa revista e foi-nos pessoalmente dado pela A., para utilização nesse trabalho, o que agradecemos).

[7] V. NUNO VASCONCELOS ALBUQUERQUE SOUSA, *La Función* ..., pág. 351-409.

[8] V. PAULO OTERO, *Legalidade* ..., pág. 313-315. E esse é o argumento de defesa da OCDE para aproximação da regulação do trabalho no setor público e no setor privado, a fim de melhorar a "imagem do emprego público". V. SUZANA TAVARES DA SILVA, *Um novo* ..., pág. 54.

[9] A análise não seguirá a ordem crescente dos artigos.

[10] V. J. J. GOMES CANOTILHO e VITAL MOREIRA, *Constituição* ..., vol. II, pág. 835 e seg.

da igualdade de direitos, liberdades e garantias entre os trabalhadores subordinados privados e os da FP, além de viabilizar a diversidade de regimes jurídicos laborais no interior da AP, nos termos da vontade do legislador.[11] A substituição do *nomen iuris* não foi, portanto, superficial e acabou por sepultar uma visão dicotômica e calafetada dos direitos dos trabalhadores subordinados (FP em contraposição ao Direito – privado – do Trabalho) e do próprio disciplinamento constitucional do trabalho (trabalho público // trabalho privado).[12] Isto é, um passo a mais no processo de aproximação dos regimes de trabalho público e privado (de "laboralização" da FP), repensando-se a "orientação clássica, de cariz tipicamente publicista, baseada na prevalência absoluta do interesse da Administração e no domínio sem limites da autoridade hierárquica".[13]

Como anotaram J. J. Gomes Canotilho e Vital Moreira: "A consideração dos funcionários e demais agentes do Estado como trabalhadores, além de impedir que lhes sejam negados alguns dos direitos fundamentais próprios destes (como o direito de greve, o direito de filiação partidária, o direto de contratação colectiva), implica também a proibição da sua conformação restritiva através da lei, com violação dos princípios constitucionais relativos às leis restritivas de direitos, liberdades e garantias". Assim, "enquanto trabalhadores, os «trabalhadores da administração pública» gozam, a título *originário,* dos direitos, liberdades e garantias dos trabalhadores previstos na Constituição (arts. 53º e 58º) e dos demais direitos fundamentais dos trabalhadores (art. 59º), não havendo nenhuma razão para que tais direitos se apliquem aos trabalhadores da função pública apenas a título *derivado,* na medida em que a lei o viesse estabelecer".[14]

Nesse sentido, as normas constitucionais constantes do art. 269º passam a representar um denominador comum para todos os "trabalhadores da Administração Pública"; e, por outro lado, um conjunto normativo específico no emaranhado jurídico-constitucional maior que respeita aos trabalhadores subordinados (arts. 53º a 59º da CRP);[15] assim como o é o art. 271º da CRP, o qual regula especialmente a "Responsabilidade dos funcionários e agentes do Estado", entre outros. Com tal compreensão, torna-se presente que o conceito constitucional de FP, ou pelo menos, aquele especialmente mencionado no título do art. 269º da CRP, é um conceito (ou uma referência) amplo, que não está,

---

[11] V. ANA FERNANDA NEVES, *Relação Jurídica* ..., pág. 195: "O sentido da substituição de expressões foi de explicitar a admissão de trabalhadores em regime de direito privado na Administração Pública". *In* "O Direito ...", pág. 366, nota 17, a A. arrola Acórdãos do TC que confirmam o seu argumento. V. OLGA MAIA e MARIA MANUEL BUSTO, *O Novo Regime Laboral da Administração Pública,* Livraria Almedina, Coimbra, 2006, pág. 17.

[12] V. JOÃO CAUPERS, *Os Direitos* ..., pág. 83-89, observava em 1985: "Relativamente ao conceito de trabalhador por nós defendido – o trabalhador subordinado – a natureza da entidade a quem se presta o trabalho não parecia desempenhar qualquer função especial, já que não dava origem e distinções. Mas, a verdade é que, um pouco por toda parte, se gerou a idéia de que o trabalhador do Estado é um trabalhador diferente, um trabalhador com menos direitos e mais deveres". ... "O debate parlamentar teve grande mérito de deixar claro a intenção da maioria da Assembleia que impôs a substituição foi a de equiparar os trabalhadores da função pública aos restantes trabalhadores no que se refere a direitos fundamentais. Não obstante, a nosso ver, isso já resultasse do texto inicial da Constituição, com a revisão deixou de haver margem para dúvidas". Tb., do mesmo Autor: "Situação jurídica comparada dos trabalhadores da Administração Pública e dos trabalhadores abrangidos pela legislação reguladora do contrato individual do trabalho", *in RDES,* Ano XXXI (IV da 2ª Série), Janeiro-Junho, nºs 1-2, 1989, pág. 243-254, esp. 244. Tb., no mesmo sentido, FRANCISCO LIBERAL FERNANDES, *Autonomia* ..., pág. 125-131. Parte dos debates da Assembleia da 2ª Revisão Constitucional podem ser lidos em ANA FERNANDA NEVES, "O Direito ...", pág. 363-365, nota. V., tb. PAULO VEIGA E MOURA, *Estatuto Disciplinar dos Trabalhadores na Administração Pública Anotado,* Coimbra Editora, Coimbra, 2009, pág. 7 e seg.

[13] Cf. FRANCISCO LIBERAL FERNANDES, *Autonomia* ..., pág. 112.

[14] *In Constituição* ..., vol. II, pág. 839.

[15] Cf. ANA FERNANDA NEVES, "O Direito....", pág. 366.

em princípio, adstrito à natureza jurídica (pública ou privada) da relação de trabalho estabelecida com o Estado e com as demais entidades públicas.[16]

A concepção genérica de FP também é referenciada no art. 47º-2 da CRP,[17] que garante o direito de todos ao "acesso à função pública, em condições de igualdade e liberdade, em regra por via do concurso"; justamente a fim de evitar que as relações jurídico-privadas de trabalho entabuladas com a AP sejam constituídas através de critérios não democráticos, discriminatórios ou de "práticas patrimonialistas".[18] Não restam dúvidas de que os princípios da igualdade e do mérito devem ser também observados pela AP no curso das relações de trabalho jurídico-privadas com ela estabelecidas (ex., no caso de progressão interna na carreira), não obstante a inicial incidência desses princípios (inclusive em termos históricos) tenha se dado justamente no ingresso/acesso no funcionalismo, quando constituído com feição burocrática.

Outra importante observação que decorre da inclusão do nº 2 do art. 47º (sob a epígrafe "Liberdade de escolha de profissão e acesso à função pública"), por obra também da 1ª Revisão Constitucional, é a estreita conexão do desempenho funcional ao exercício profissional (ou seja, ao cumprimento de um trabalho ou de uma ocupação).[19] Tal modificação constitucional não foi também apenas tópica: por um lado, fez sobressair a marcante característica da *profissionalidade* do exercício funcional;[20] desgarrando este (ou tornando mais tênue a sua conexão com) do direito fundamental de natureza política (de participação política, enquanto efeito da cidadania ativa, e até mesmo do caráter nacional – e patriótico – da inserção na FP[21]) e aproximando-o do direito *ao* trabalho.[22]

Assim, exceto pelas razoáveis e proporcionais restrições decorrentes dos arts. 269º-2 e 270º[23] da CRP (conforme o seu art. 18º), não se justifica um tratamento infraconstitucional da FP diverso, ou melhor, substancialmente diverso, daquele que é ofertado aos trabalhadores subordinados do setor privado, em especial, quanto à aplicação dos arts. 53º ("Segurança no emprego"); 55º ("Liberdade sindical"); 56º ("Direitos das associações sindicais e contratação colectiva") e 57º ("Direito de greve e proibição do *lock-out*") – direito à segurança no emprego e direitos coletivos.

Com efeito, importante ressaltar que a CRP não regulou de forma específica a segurança no emprego na FP (ou a "estabilidade no serviço público"), havendo uma

---

[16] Cf. NUNO VASCONCELOS ALBUQUERQUE SOUSA, *La Función* ..., pág. 127; ANA FERNANDA NEVES, "Os 'desassossegos' ...", pág. 61; e "Privatização das Relações de Trabalho na Administração Pública", in *Stvdia Ivridica 60, Colloquia 7, BFDUC – Os caminhos da privatização da Administração Pública*, Coimbra Editora, Coimbra, 2001, pág. 163-192, esp. 183; FRANCISCO LIBERAL FERNANDES, *Autonomia* ..., pág. 121-124.

[17] Cf. J. J. GOMES CANOTILHO e VITAL MOREIRA, *Constituição* ...,vol. I, pág. 659-660. V. CLÁUDIA VIANA, "O Regime dos concursos de pessoal na Função Pública", in *SI*, Tomo L, nº 290, 2001, pág. 99-123.

[18] V. Acórdão do TC nº 61/2004.

[19] V. J. J. GOMES CANOTILHO e VITAL MOREIRA, *Ibidem*, vol. I, pág. 658.

[20] Certamente o administrativista português, neste ponto, de maior influência foi MARCELLO CAETANO, referenciado por vários. V. JOSÉ MANUEL DAMIÃO DA CUNHA, *O Conceito* ..., pág. 11-16; CLÁUDIA VIANA, "O Conceito ...", pág. 13; THEMISTOCLES BRANDÃO CAVALCANTI, *O Funcionário* ..., pág. 93 e seg.; RAQUEL DIAS DA SILVEIRA, *Profissionalização* ..., pág. 66. V. tb. CARMÉN LÚCIA ANTUNES ROCHA, *Princípios* ..., pág. 78-79.

[21] V. LUCIO FRANZESE, "Autonomia ...", pág. 671; PAULO VEIGA E MOURA, *A privatização* ..., pág. 30. Mudança de paradigma da FP em conformidade com as concepções comunitárias.

[22] V. ALAIN SUPIOT (e outros), *Transformações* ..., pág. 48.

[23] Dispositivo que tem a epígrafe "Restrições ao exercício de direitos", mas cujo âmbito subjetivo incluiu militares, agentes militarizados, agentes dos serviços e das forças de segurança. Isto é, uma FP que não é especificadamente abordada no nosso trabalho. V. Conv. nº 87, 98 e 151 da OIT.

leitura doutrinária, do legislador infraconstitucional e da jurisprudência, no sentido de que a garantia da generalidade dos trabalhadores subordinados, constante daquele mencionado artigo 53º, é igualmente extensível aos "trabalhadores da AP".[24]

Conforme entende Paulo Veiga e Moura, "temos por certo que a segurança no emprego impõe ao legislador a construção de um conjunto de meios orientados à sua realização, implicando a excepcionalidade da manutenção do trabalhador numa situação de precariedade de emprego, e que nenhuma razão justifica que os trabalhadores da Administração Pública possam usufruir de uma menor estabilidade na sua relação de emprego, tanto que mais que já se teve a oportunidade de demonstrar que no plano da segurança beneficiam de garantias idênticas ou mesmo superiores às dos demais trabalhadores".[25]

Nessa mesma linha interpretativa foi o pronunciamento do TC: a "Constituição não afirma qualquer garantia de vitaliciedade do vínculo laboral na função pública. Os trabalhadores da função pública não beneficiam, sob este ponto de vista, de um direito constitucional à segurança do emprego público em medida essencialmente diferente daquela em que tal direito é reconhecido aos trabalhadores em geral, pese embora a circunstância – que apenas pode suportar as expectativas subjectivas – de solidez económico-financeira do Estado ser notoriamente superior à das empresas ou dos cidadãos seus contribuintes".[26]

Desse modo, na medida em que a generalidade dos trabalhadores subordinados de Portugal estão abrangidos por um regime mais protetivo no que tange à segurança no emprego (na qualidade de garantia constitucional contra o despedimento imotivado e, comparativamente, a outros países da Europa e ao Brasil), acaba-se por reconhecer tal garantia também aos "trabalhadores da AP", posto que não haveria justificativas razoáveis pela diminuição da carga eficacial do correlativo direito justamente diante do próprio Poder Público.[27] Nessa medida, "os trabalhadores da AP não beneficiam de um direito constitucional à segurança no emprego de modo especialmente distinto daquele que é conferido aos trabalhadores comuns".[28]

A lógica decorrente da aplicação do princípio da igualdade entre os trabalhadores subordinados e os "trabalhadores da AP" também orienta a incidência da aplicação da liberdade fundamental constante do art. 55º CRP, relativa à "liberdade sindical".[29] Também assim porque Portugal é signatário da Convenção nº 151 da OIT desde a década

---

[24] V. J. J. GOMES CANOTILHO e VITAL MOREIRA, *Constituição...*, vol. I, pág. 706; PAULO VEIGA E MORA, *A privatização ...*, pág. 131.; ANA FERNANDA NEVES, "O Direito...", pág. 534 e "O Contrato ...", pág. 112; JOÃO CAUPERS, "Situação jurídica ...", pág. 252.

[25] *Ibidem*, pág. 248.

[26] Acórdão nº 4/2003. *Apud* ANA FERNANDA NEVES, *Ibidem*, pág. 534.

[27] V. ANA FERNANDA NEVES, "O contrato ...", pág. 137, nota; MARIA DO ROSÁRIO PALMA RAMALHO, "Ainda a Crise do Direito Laboral: A erosão da Relação de Trabalho 'Típica' e o Futuro do Direito do Trabalho", in *Estudos de Direito do Trabalho*, Almedina, Coimbra, 2003, pág. 106-121, esp. 112. V. LUÍS MIGUEL MADURO e MARGARIDA CABRAL, "O Direito à Segurança no Emprego", in *RvJ*, nº 15, Janeiro-Julho, 1991, pág. 49-70, esp. 50-51.

[28] Cf. DIOGO VAZ MARECOS, "As modalidades ...", pág. 234.

[29] V. J. J. GOMES CANOTILHO e VITAL MOREIRA, *Constituição ...*, vol. I, pág. 732; ANA FERNANDA NEVES, "O Direito ...", pág. 549. A observação que se faz refere-se à possibilidade de restrição desse direito para as categorias referenciadas no art. 270º da CRP.

de 80.[30] Mais complexa, contudo, pode ser a incidência específica para os "trabalhadores da AP" do direito de contratação coletiva, constante do art. 56º da CRP, não obstante nesse dispositivo não tenha havido referência ou distinção expressa para a FP.[31]

Isso porque, como decorrência do princípio da legalidade e da usual regulamentação do regime jurídico funcional pelo Estado, por lei ("regime unilateral" ou "regime estatutário" da FP, decorrência do princípio da precedência da lei), a CRP estipulou a competência reservada (reserva relativa) da Assembleia da República para legislar sobre as "bases do regime e âmbito da função pública" (art. 165º-1/t), também assim a fim de delimitar os poderes do Parlamento frente à competência legislativa própria do Governo e das Regiões Autônomas.

Segundo interpretação do TC, a competência fixada na alínea t desse artigo projeta-se para um "estatuto geral da função pública e o delineamento geral do seu âmbito, mas não a particularização e concretização desse estatuto e o traçado em pormenor do respectivo âmbito de aplicação, no concernente a quaisquer sectores concretos e individualizados da Administração Pública".[32] Não obstante, a jurisprudência constitucional situe a competência legislativa reservada do Parlamento em nível das normas e diretrizes principais do disciplinamento jurídico da FP (incluído o dos trabalhadores da AP em regime jurídico-privado[33]), alguma doutrina mostrou-se duvidosa quanto à real efetividade do direito de contratação coletiva dos "trabalhadores da AP", sob o vetusto argumento da primazia da lei na matéria (e, portanto, da característica da unilateralidade do regime), corroborado pela necessidade de legalidade e previsibilidade em matéria financeira e orçamentária.[34] O direito de contratação coletiva dos "trabalhadores da AP" cederia lugar para outro direito de carga eficacial inferior, de negociação coletiva (ou de mera tentativa administrativa de contratação coletiva) ou, ainda, de participação no procedimento legislativo pertinente.[35]

---

[30] V. Lei nº 17/80, de 15/7, que "ratifica a Convenção 151 da OIT". Segundo o art. 2º desta, "para efeitos da presente Convenção, a expressão «trabalhadores da função pública» designa toda e qualquer pessoa a que se aplique esta Convenção, nos termos do seu artigo 1".

[31] V. ANA FERNANDA NEVES, "O Direito ...", pág. 553. V., sobre o direito de contratação coletiva como um direito fundamental de natureza análoga e sua proteção constitucional, JÚLIO MANUEL VIEIRA GOMES, RAQUEL CARVALHO e CATARINA DE OLIVEIRA CARVALHO, "Da (in)constitucionalidade das reduções salariais previstas no Orçamento de Estado aprovado pela Lei nº 55-A/2010, de 31 de Dezembro", in QL, Ano XVIII, nº 38, 2011, pág. 229-259. Tb. JORGE LEITE, "As disposições da lei do Orçamento Geral do Estado para 2011 relativas aos trabalhadores do sector público", in QL, , Ano XVIII, nº 38, 2011, pág. 261-289.

[32] Apud GUILHERME DA FONSECA, "A Jurisprudência Constitucional sobre as Bases do Regime e Âmbito da Função Pública", in SI, Tomo LI, nº 293, Agosto-Maio, 2002, pág. 259-269. São alguns acórdãos do TC: 36/96, 142/85, 154/86, 103/87. V. ANTÓNIO CÂNDIDO DE OLIVEIRA, "Os Funcionários Públicos em Portugal: presente e perspectivas de futuro", in SI, Tomo XLVIII, nº 277-279, 1999, pág. 101-117, esp. 106. V. Tb. do A.: "Programa de uma Disciplina de Direito da Função Pública", in SI, Tomo LI, nº 294, Setembro – Dezembro, 2002, pág. 455-472.

[33] V. J. J. GOMES CANOTILHO e VITAL MOREIRA, Constituição ..., vol. 1, pág, 333.

[34] V. ANA FERNANDA NEVES, "O Contrato ...", pág. 103.

[35] É o caso de PAULO VEIGA E MOURA, Função..., pág. 20: "O reconhecimento de um direito de contratação colectiva na Função Pública apontaria, em primeira linha, para a inexistência de um estatuto jurídico próprio do funcionalismo público e para o surgimento de um conjunto diferenciado de regimes jurídicos, à semelhança do que acontece nas relações laborais privadas. Sucede, porém, que o texto constitucional inclui na reserva relativa da Assembleia da República a competência para legislar sobre as 'bases do regime e âmbito da função pública'. Daqui decorre que todo o estatuto da função pública encontra a sua definição e delimitação em lei da AR ou em Decreto-lei do Governo emanado no uso de uma autorização legislativa, sendo posteriormente desenvolvido pelo próprio Governo...". O posicionamento foi ratificado posteriormente: V. A privatização ..., pág. 101: "A existência de um quantum de regulamentação obrigatoriamente determinada de forma unilateral significa que os aspectos

Por outro lado, argumentos no sentido da imprescindibilidade de manutenção de um espaço coletivamente contratualizável no disciplinamento legal da FP, mesmo para aquela parcela submetida a regime jurídico-público de trabalho, também se levantaram,[36] sob o mote de que "a composição adequada à garantia de tais interesses – do Estado e da AP – e da legalidade financeira, da responsabilidade do contraente público, não justifica, em geral, restrições ao exercício do direito".[37] Em suma, tratar-se-ia da preservação legal de um conteúdo minimamente considerável e relevante para o exercício do direito de contratação coletiva dos "trabalhadores da AP".[38]

Verifica-se, pois, que a discussão sobre a possibilidade e a medida da contratualização coletiva do regime jurídico dos "trabalhadores da AP" em Portugal pendia entre uma solução semelhante à dos trabalhadores em geral ou, sucessivamente, com algumas condicionantes jurídico-públicas.[39] O resultado, em termos infraconstitucionais atuais, da definição e da extensão do direito à contratação coletiva dos "trabalhadores da AP", foi a sua concretização em termos diversos a depender da natureza, ou melhor, do regime de vinculação da relação de emprego com o Estado e demais entidades públicas.

Quanto ao âmbito subjetivo do art. 57º da CRP ("Direito de greve"), a doutrina portuguesa não tem excluído a sua incidência da FP, com exceção daquelas categorias expressamente mencionadas no art. 270º, além dos magistrados e dos cargos políticos.[40] Tem sido compreensão assente de que também para esse efeito, os "trabalhadores da AP" são igualmente trabalhadores,[41] havendo, também nesse caso, uma regulação constitucional unitária e genérica. Não há, desse modo, plausibilidade constitucional para não se aceitar a realidade da conflituosidade interna das relações de trabalho travadas com o Estado e sua AP.[42]

Aliás, o nº 3 do art. 57º, acrescido pela Revisão Constitucional de 1997, materializou expressamente a dever de prestação de "serviços necessários à segurança e manutenção de equipamentos e instalações, bem como de serviços mínimos indispensáveis para ocorrer à satisfação de necessidades sociais impreteríveis". Tal restrição (ou condicionante) para o legítimo exercício do direito de greve deve ser observada tanto pelos trabalhadores do

---

fundamentais da relação de emprego dos funcionários e agentes estão subtraídos a qualquer tipo de acordo entre as partes envolvidas, antes resultando de normas de Direito Público inderrogáveis. Consequentemente, o regime jurídico da função pública é um regime determinado unilateralmente pelo legislador...". V. tb. pág. 113. Em sentido contrário: JOÃO CAUPERS, "Situação ...", pág. 244.

[36] V. FRANCISCO LIBERAL FERNANDES, "O Direito ...", pág. 221; e *Autonomia ...*, pág. 155-156; ANA FERNANDA NEVES, "O Direito ...", pág. 554. V. FLORIVALDO DUTRA DE ARAÚJO, *Negociação ...*, pág. 293-296.

[37] Cf. ANA FERNANDA NEVES, "O Direito ...", pág. 553. A A. indica o Acórdão nº 374/2004 do TC.

[38] V. art. 18º-3 da CRP. São nessa linha de pensamento os pareceres de JÚLIO MANUEL VIERIA GOMES (e outras) e JORGE LEITE, *in QL*, Ano XVIII, nº 38, 2011, pág. 229-259, nomeadamente quanto à inconstitucionalidade da Lei nº 55-A/2010, a qual reduziu, imperativamente, as remunerações ilíquidas, amplamente, "dos trabalhadores da AP".

[39] V. ANA FERNANDA NEVES, *A Relação ...*, pág. 247. Ou, nas palavras, de JÚLIO MANUEL VIEIRA GOMES (e outros), *Ibidem*, pág. 250: "Todavia, em função da relação laboral particular estabelecida entre os trabalhadores da função pública e a sua entidade patronal – o Estado que tem a seu cargo a prossecução do interesse público – o alcance da contratação colectiva pode ver-se mais condicionado, por razões atinentes às funções estaduais e inerentes interesses públicos, do que o alcance da contratação colectiva no sector privado, onde o âmbito da autonomia pode ser mais amplo".

[40] V. JOSÉ DE MELO ALEXANDRINO, "A Greve ...", pág. 747-788; FRANCISCO LIBERAL FERNANDES, *A obrigação ...*, pág. 234 e seg.

[41] V. J. J. GOMES CANOTILHO e VITAL MOREIRA, *Constituição...*, vol. I, pág. 752.

[42] V. ANA FERNANDA NEVES, *Relação ...*, pág. 267.

setor público, quanto do setor privado;[43] desde que a natureza das atividades por eles prestadas se enquadrem no conceito (amplo) de "serviços essenciais"[44] ou que, acaso totalmente paralisados, possam deflagrar dano irreparável ao empregador. Assim sendo, percebe-se que a natureza jurídico-pública ou jurídico-privada da relação de emprego dos "trabalhadores na AP" não afeta, em princípio, a titularidade ou a viabilidade do exercício do direito coletivo de greve constante no art. 57º da CRP (o que é inclusivamente ratificado pela legislação infraconstitucional vigente[45]).

Concordamos, pois, "estar excluída a possibilidade de a relação de emprego público ser invocada para justificar a imposição de restrições acrescidas àquele direito dos agentes do Estado, porquanto, à semelhança do sector privado, os limites aplicáveis ao exercício da greve no emprego público devem fundar-se exclusivamente em critérios objectivos, ou seja, na necessidade de garantir, em cada situação concreta, a tutela daqueles direitos fundamentais da pessoa que possam ser afectados pela paralisação colectiva do trabalho".[46] Faz parte, portanto, de um passado jurídico já distante em Portugal a tese de que o direito de greve dos "funcionários públicos" incompatibiliza-se aprioristicamente com o princípio da continuidade do serviço público.[47]

Outro dispositivo constitucional de relevo no tema da FP portuguesa é o art. 15º, titulado "Estrangeiros, apátridas, cidadãos europeus". Após seu nº 1 consagrar o princípio da isonomia de direitos e deveres fundamentais entre os estrangeiros e apátridas residentes em Portugal e os cidadãos portugueses, o nº 2 ressalva: "Excepcionam-se do disposto no número anterior os direitos políticos, o exercício das funções públicas que não tenham carácter predominantemente técnico e os direitos e deveres reservados pela Constituição e pela lei exclusivamente aos cidadãos portugueses".

O conceito jurídico de "funções públicas que não tenham caráter predominantemente técnico" não é isento de dúvidas,[48] devendo apelar-se para uma verificação casuística, quando necessário. Todavia, inserido no âmbito dos direitos e deveres dos cidadãos não portugueses, essa definição tem sido intensamente correlacionada com o art. 45º-4 do TFUE,[49] dando-lhe conteúdo, como medida interna da exceção à liberdade de circulação dos trabalhadores assalariados no espaço comunitário.[50] Nesse sentido, o art. 15º-2 tem sido apontado pela doutrina portuguesa como o "núcleo duro" da FP[51] ou como a "reserva de função pública em sentido estrito"[52] (em contraposição à FP em sentido amplo ou, mais abrangentemente, aos "trabalhadores da AP").

---

[43] Justamente por isso, mesmo perante a legislação anterior (Lei de Greve nº 65/77), alguma doutrina já afirmava a sua aplicabilidade para a FP, mesmo quando expressamente remetia para posterior legislação específica (art. 12º), que não fora então editada. V. MARIA DO ROSÁRIO PALMA RAMALHO, "Intersecção ...", pág. 753.
[44] Cf. FRANCISCO LIBERAL FERNANDES, A obrigação ..., pág. 121 e seg.
[45] V. art. 399º e seguintes da Lei nº 59/2008.
[46] Cf. FRANCISCO LIBERAL FERNANDES, Ibidem, pág. 230.
[47] V. DOMINGOS FÉSAS VITAL, A situação ..., pág. 63; ANA FERNANDA NEVES, "O Direito...", pág. 551-552.
[48] V. J. J. GOMES CANOTILHO e VITAL MOREIRA, Constituição ..., vol. 1, pág. 358.
[49] V. Capítulo seguinte.
[50] V. CLÁUDIA VIANA, "O conceito ...", pág. 26; MARIA DO ROSÁRIO PALMA RAMALHO e PEDRO MADEIRA DE BRITO, O Contrato de trabalho na Administração Pública – Anotação à Lei nº 23/2004, de 22/06, 2ª edição, Livraria Almedina, Coimbra, 2005, pág. 13; PAULO VEIGA E MOURA, A privatização ..., pág. 93.
[51] Cf. PAULO VEIGA E MOURA, Ibidem, pág. 93-96.
[52] Cf. ANA FERNANDA NEVES, "O Direito ...", pág. 368 e seg; MARIA DO ROSÁRIO PALMA RAMALHO e PEDRO MADEIRA DE BRITO, Contrato de trabalho ..., pág. 13.

Portanto, por dicção do art. 15º-2 da CRP, são reservados aos nacionais portugueses os postos de trabalho nos órgãos do Estado e das demais entidades públicas cujas atividades incluam, em caráter *predominante* e *ordinariamente* (mas, não exclusivamente, frise-se), poderes de autoridade ou de soberania, justificando a manutenção do vínculo de solidariedade e de nacionalidade, seguindo de perto a lógica do sistema funcionarial germânico de "reserva funcionarial". Ao contrário, as funções usualmente técnicas estão acessíveis aos nacionais dos outros Estados-membros da UE, em condições de igualdade. Trata-se, pois, da assunção de um critério funcional de FP *stricto sensu*.

A identificação das atividades/funções que implicam normalmente poderes de autoridade – critério objetivo – conecta-se à exclusão dos não nacionais desse âmbito – critério subjetivo.[53] E, nesse reduto funcional, seria justificável a incidência de normas específicas, fazendo denotar um regime jurídico que não se identifica completamente com aquele regulador da FP em sentido genérico, decorrência mesmo desse exercício usual de poderes de soberania e, eventualmente, das maiores restrições que lhe pesam sobre os direitos coletivos.[54] Entretanto, tal e qual a interpretação jurisprudencial do TJUE sobre o nº 4 do atual art. 45º do TFUE (conforme se verá), também a interpretação da exceção do nº 2 do art. 15º da CRP deve ser orientada pela lógica da restrição, por ser uma regra exceptuativa.[55]

Justamente nesse âmbito, segundo a mencionada doutrina portuguesa, encontrar-se-ia o limite constitucional à privatização ampla (no sentido de sujeição ao regime privado – laboral – de trabalho) da FP; apontando tal reduto, ao contrário, para uma regulamentação jurídico-administrativa.[56]

Com efeito, a configuração da CRP no tema da FP, ou dos "trabalhadores da AP"; em especial, no que diz respeito à não diferenciação relativamente aos direitos próprios dos trabalhadores subordinados, deu azo a discussões doutrinárias e, posteriormente, legislativas sobre a possibilidade de privatização *lato sensu* (contratualização, laboralização do regime ou privatização jurídica, com aplicação do contrato de trabalho) de parte ou mesmo de toda a FP em sentido subjetivo.[57] Considerando-se que a interpretação prevalecente foi no sentido da viabilidade constitucional da dualidade – ou da diversidade – de regimes de trabalho (público e privado) no âmbito dos "trabalhadores da AP",[58] o legislador infraconstitucional, com o passar dos anos, foi ampliando, sucessivamente, o leque de possibilidades de utilização do contrato de trabalho no interior da AP portuguesa, para além do próprio sentido de aproximação dos regimes.

Não se pode olvidar, aliás, que, paralelamente àquela discussão sobre a legitimidade da utilização do contrato de trabalho pela AP, eram verificadas situações várias

---

[53] *Ibidem*, pág. 369. Note-se que, desse modo, a FP *stricto sensu* também acaba por recortar por vários "poderes" – órgãos de soberania – do Estado.
[54] *Ibidem*, pág. 373. V., tb., J. J. GOMES CANOTILHO e VITAL MOREIRA, *Constituição* ..., vol. II, pág. 839.
[55] V. o Acórdão do TC nº 345/02 (educadores de infância – funções técnicas – possibilidade de seu exercício por não nacionais). Tb. J. J. GOMES CANOTILHO e VITAL MOREIRA, *Constituição* ..., vol. 1, pág. 358.
[56] Cf. PAULO VEIGA E MOURA, *A privatização* ..., pág. 46 e 392. ANA FERNANDA NEVES, "Os desassossegos ...", pág. 67 e seg.
[57] Cf. VITAL MOREIRA, "Constituição ...", pág. 1161.
[58] V., por ex., JOSÉ MARIA DA CRUZ, *A Função Pública* ..., pág. 258; NUNO J. VASCONCELOS ALBUQUERQUE SOUSA, *La Función* ..., pág. 138; CLÁUDIA VIANA, "A Laboralização ...", pág. 85; ANA FERNANDA NEVES, *A Relação* ..., pág. 195-196; PAULO VEIGA E MOURA, *A privatização* ..., pág. 49; J. J. GOMES CANOTILHO e VITAL MOREIRA, *Constituição* ..., vol. II, pág. 838.

de prestação continuada e subordinada de trabalho à AP, porém, de forma precária e irregular, constituindo-se uma "verdadeira função pública paralela".[59] Tal privatização "patológica"[60] utilizou-se da abertura dada pelo Decreto-Lei nº 781/76, de 28 de outubro, que havia definido a utilização (genérica) do contrato de trabalho a prazo certo (até 3 anos, sob pena de indeterminação), para a realização de trabalhos eventuais e sazonais. Porém, os contratos eram formulados, em sua grande maioria, para a realização de atividades permanentes e definitivas da AP, a qual ficava na dependência da sistemática (e discutível) regularização desses contratos pelo Governo[61] (em detrimento de um acesso à FP através de concurso, igualitário, público e externo). E essa situação fática conduzia inequivocamente à demonstração da imprescindibilidade daquele debate, designadamente na seara legislativa, conforme veremos no item seguinte.

Finalmente, importante aduzir que também relativamente ao direito de natureza procedimental constante do art. 54º-5/*d* da CRP (direitos das comissões de trabalhadores participarem "na elaboração da legislação do trabalho e dos planos económico-sociais que contemplem o respectivo sector"), não obstante inserido no dispositivo que trata especialmente das Comissões de trabalhadores – cuja instituição e funcionamento estão destinados ao âmbito empresarial[62] –, tem sido possível a sua leitura e a sua interpretação em conformidade com o princípio da igualdade entre os trabalhadores privados e públicos, afirmando o TC em algumas decisões (inclusive recentemente) tratar-se de um direito extensível e compatível com as relações de emprego público.[63]

Verifica-se, pois, que a configuração da CRP e a sua interpretação nos conduzem a uma raiz unitária no disciplinamento do trabalho subordinado, orientação que se apresenta mais atual e harmoniosa relativamente ao que se verifica no tema em termos de Direito Comparado e Internacional, designadamente em sede de direitos fundamentais. A incidência de normas jurídico-públicas específicas no âmbito dos "trabalhadores da AP" (acesso por concurso público; responsabilidade civil, penal e disciplinar dos agentes; incompatibilidades; proibição de acumulação de empregos e cargos; previsão orçamentária; *etc.*) afigura-se, em nossa ótica, como uma *exceptio probat regulam in casibus non exceptis* (*exceptio probat regulam*); ou seja, como uma exceção que apenas confirma

---

[59] Cf. ANA FERNANDA NEVES, *A Relação* ..., pág. 117; tb. desta, "Contratos de Trabalho a termo certo e contratos de prestação de serviços na administração pública – situações irregulares – reintegração", *in QL*, Ano II, nº 6, 1995, pág. 166-181. V. JOSÉ MARIA TEIXEIRA DA CRUZ, *A Função* ..., pág. 269. Segundo PAULO VEIGA E MOURA, *A privatização* ..., pág. 375, verificou-se até o ano 2000 a admissão de 40.000 trabalhadores na AP, antes em situação irregular, além do recurso a empresas de trabalho temporário para satisfazerem necessidades regulares.

[60] Cf. ANA FERNANDA NEVES, *A relação* ..., pág. 117.

[61] Cf. PAULO VEIGA E MOURA, *A privatização* ..., pág. 242. V. JOSÉ RIBEIRO SOLEDADE RIBEIRO, *A relação jurídica de emprego na Administração Pública*, Livraria Almedina, Coimbra, 1994, pág. 9 e seg., esp.76 (comentários ao art. 37º – Transição do pessoal em situação irregular – do Decreto-Lei nº 427/89, de 7 de Dezembro). V. MARIA DO ROSÁRIO PALMA RAMALHO, "O Contrato de Trabalho ...", pág. 125, indicando alguns Acórdãos do TC que consideraram inaceitável a solução da conversão de trabalho a termo em contrato indeterminado com a AP (Ac. nº 683/99, Ac. nº 368/2000).

[62] V. J. J. GOMES CANOTILHO e VITAL MOREIRA, *Constituição* ..., vol. I, pág. 716-717.

[63] Assim, por ex., no Ac. nº 396/2011, em fiscalização abstrata sucessiva de normas constantes da Lei do Orçamento de Estado (LOE) para 2011, no tocante à redução de direitos remuneratórios dos trabalhadores públicos como forma de adequar os custos do Estado às exigências comunitárias de contenção de despesas públicas, decorrente da crise financeira europeia. J. J. GOMES CANOTILHO e VITAL MOREIRA, *Constituição* ..., vol. I, pág. 724, não têm dúvidas sobre este ponto: "deve entender-se por legislação do trabalho aquela que verse qualquer ponto do estatuto jurídico dos trabalhadores e das relações de trabalho em geral, incluindo, *naturalmente*, os trabalhadores da função pública". – g.n.

aquela regra de unidade de tratamento. E, segundo entendemos, não há nisso qualquer "convivência doentia" entre o Direito do Trabalho e o Direito Público, em especial, o Direito Administrativo (Geral).[64] Para nós, finalmente, a consagração constitucional por si só da primazia da lei para as "bases do regime e âmbito da função pública" não acarreta, inexoravelmente, uma "dimensão (nitidamente) estatutária"[65] e unilateralista desse regime; mas, sim e antes, a garantia efetiva de que a parcela jurídico-pública da relação de trabalho subordinado com o Estado, inafastável e irredutível pela AP ou pelo particular-trabalhador, será devida e legalmente concretizada e densificada pelo legislador infraconstitucional.[66]

2 A legislação infraconstitucional em matéria de Função Pública – A concretização do processo de laboralização (*lato sensu*) da Função Pública

A legislação infraconstitucional pós-1976 de Portugal tem refletido – de forma paulatina e crescente, é certo – aquela orientação constitucional de isonomia principiológica no disciplinamento do trabalho subordinado (público e privado). Assim, tem-se verificado em nível do legislador um processo de concretização constitucional[67] do próprio fenômeno de laboralização *lato sensu* da FP, enquanto movimento de aproximação do (assim chamado) "Direito da FP"[68] do Direito (comum) do Trabalho.[69] Verificaremos, pois, as leis que consideramos mais paradigmáticas na matéria.

Em matéria de negociação coletiva, por exemplo, vigorou anteriormente o DL (autorizado) nº 45-A/84, de 23 de fevereiro. Segundo a justificativa do diploma, visava-se "dar cumprimento ao Programa do Governo, o qual, de entre as principais medidas a adoptar em sede de Administração Pública e modernização prevê expressamente a regulamentação do direito de negociação dos trabalhadores da Administração Pública". Poucos anos antes, Portugal havia ratificado a Convenção nº 151 da OIT e era, pois, necessário proceder a alterações legais internas. Todavia, os nº 3 e 4 do art. 5º limitavam substancialmente a eficácia (ou mesmo atingiam o núcleo essencial) do direito fundamental de contratação coletiva[70] dos "trabalhadores da AP" (art. 56º-3,

---

[64] Relembrando o filme "O médico e o monstro", apontado por MARIA JOÃO ESTORNINHO, *A fuga ...*, pág. 18. Cf. JORGE MIRANDA e ANA FERNANDA NEVES, "Artigo 269º (Regime da função pública)", *in* JORGE MIRANDA e RUI MEDEIROS, *Constituição da República Portuguesa Anotada*, Tomo III, pág. 618 e seg.: "Estes elementos irredutíveis [que compõem o estatuto da função pública e que acima se enumeraram] encontram-se tanto nas situações (mais correntes até hoje) de sujeição dos trabalhadores da Administração pública e demais funcionários e agentes a um regime estatutário, como nas situações de contrato individual de trabalho".
[65] Cf. J. J. GOMES CANOTILHO e VITAL MOREIRA, *Constituição ...*, vol. 1, pág. 662.
[66] Por isso, não olhamos *a priori* com suspeita a chamada "privatização da FP" ou a "contratualização/laboralização" do regime funcional; porquanto, para nós é inequívoco que o Direito do Trabalho não pode ser utilizado para desamarrar a AP de suas vinculações jurídico-públicas.
[67] V. J. J. GOMES CANOTINHO, *Direito Constitucional ...*, pág. 1201.
[68] Cf. ANA FERNANDA NEVES, "O Direito ...", pág. 359.
[69] Cf. MARIA DO ROSÁRIO PALMA RAMALHO, "Intersecção ...", pág. 187. V. ANA FERNANDA NEVES, "'Os desassossegos' ...", pág. 54 e "O Direito ...", pág. 554.
[70] Cf. FRANCISCO LIBERAL FERNANDES, *Autonomia ...*, pág. 157, nota 500, o DL nº 45-A/84 consagra apenas o direito de negociação coletiva e não o direito de contratação coletiva (como resultado daquele). Nas notas 502 e 503, porém, o A. aponta para a inconstitucionalidade do DL relativamente ao art. 56º-3 da CRP e a inconsistência do sistema, diante do direito fundamental de liberdade sindical (em sentido amplo). Cf. ANA FERNANDA

CRP), na medida em que o resultado da negociação coletiva não tinha força vinculativa externa, salvo se posteriormente integrado num diploma legislativo ou regulamentar.[71] Assim, "apesar de o Decreto-Lei nº 45-A/84 não ter alterado os fundamentos do sistema tradicional de fontes do emprego público, o certo é que criou um regime novo relativamente ao tratamento das questões económicas, que aproxima da execução de um contrato colectivo de trabalho. Em todo caso, repete-se, ele não deixa de introduzir um limite à posição de supremacia da Administração e, por conseguinte, uma profunda alteração no regime tradicional da função pública".[72]

O regime do DL foi, em parte, substituído pela recém-revogada Lei nº 23/98, de 26 de maio,[73] que "estabelece o regime de negociação coletiva e a participação dos trabalhadores da Administração em regime de direito público".[74] Esse diploma foi muito mais benéfico em relação ao direito de negociação coletiva (considerando em seu sentido amplo) na FP e, desse modo, ficou mais distante da doutrina administrativa clássica quanto à nota de "unilateralidade" de seu regime;[75] levando-se em conta a viabilidade de "bilateralização" do "estatuto" (art. 1º-2[76]). Isso porque, nos termos do seu art. 5º-3, "O acordo, total ou parcial, que for obtido consta de documento autónomo subscrito pelas partes e obriga o Governo a adoptar as medidas legislativas ou administrativas adequadas ao seu integral e exacto cumprimento, no prazo máximo de 180 dias, sem prejuízo de outros prazos que sejam acordados, salvo nas matérias que careçam de autorização legislativa, caso em que os respectivos pedidos devem ser submetidos à Assembleia da República no prazo máximo de 45 dias".

Desse modo, houve uma mudança legislativa no sentido da obrigatoriedade de formalização do ato normativo (regulamentar ou início do procedimento legislativo) necessário para enquadrar o conteúdo do acordo, num determinado lapso; não

---

NEVES, "O Direito ...", pág. 554: "Negociar e contratar são realidades distintas". Ainda, "O contrato ...", pág. 103.

[71] Nos termos do DL: "3 – O acordo obtido vale como recomendação e não tem a natureza de convenção colectiva, contrato ou acordo colectivo, nem produz, por si só, quaisquer efeitos jurídicos. 4 – O acordo entre as entidades competentes da Administração e as associações sindicais só produzirá efeitos com a adopção pelo Governo e mediante a integração dos respectivos resultados nas leis ou regulamentos adequados". Cf. FLORIVALDO DUTRA DE ARAÚJO, *Conflitos Coletivos* ..., pág. 415, indica que as negociações coletivas intituladas "consultivas" (ao contrário das vinculativas) são próprias da concepção tradicional de regime estatutário, na medida em que o resultado da mesma deve ser abarcado por um diploma legal/normativo estatal. V. FRANCISCO LIBERAL FERNANDES, *Autonomia* ..., pág. 159, sobre a questão da vinculação *inter partes* dos signatários do acordo.

[72] Cf. FRANCISCO LIBERAL FERNANDES, *Autonomia* ..., pág. 160.

[73] Apenas o art. 10º do DL nº 45-A/84 havia sido preservado (que excepciona de sua aplicação das Forças Armadas e militarizadas) pela Lei nº 23/98.

[74] Vale aqui a observação de ANA FERNANDA NEVES, in "O Direito ...", pág. 553, que, a despeito de a CRP ter consagrado o "direito de contratação colectiva", "a concretização legal, quedou-se, tradicionalmente, pela negociação".

[75] V. ALBERTO PALOMAR OLMEDA, *Derecho* ..., pág. 87.

[76] "Art. 1º-2: Os direitos de negociação colectiva e de participação têm por objecto, no âmbito do presente diploma, a fixação ou alteração do estatuto dos trabalhadores da Administração Pública, bem como o acompanhamento da sua execução". Conforme o Art. 6º da Lei (Objecto de negociação colectiva), "São objecto de negociação colectiva as matérias relativas à fixação ou alteração: a) Dos vencimentos e das demais prestações de carácter remuneratório; b) Das pensões de aposentação ou de reforma; c) Das prestações da acção social e da acção social complementar; d) Da constituição, modificação e extinção da relação de emprego; e) Das carreiras de regime geral e especial e das integradas em corpos especiais, incluindo as respectivas escalas salariais; f) Da duração e horário de trabalho; g) Do regime das férias, faltas e licenças; h) Do regime dos direitos de exercício colectivo; i) Das condições de higiene, saúde e segurança no trabalho; j) Da formação e aperfeiçoamento profissional; k) Do estatuto disciplinar; l) Do regime de mobilidade; m) Do regime de recrutamento e selecção; n) Do regime de classificação de serviço".

obstante, não se tratasse ainda de uma negociação coletiva (de seu resultado) hetero – e externamente – vinculante para a AP.[77] Obrigou o signatário público (Governo/Estado), contudo, a respeitar o acordado.[78] Discordamos, por isso, do argumento no sentido de que, mesmo diante dessa opção do legislador infraconstitucional português, tenha se deixando "intocável a unilateralidade do regime", que "não pressupõe, por isso, uma ruptura do modelo estatutário e unilateral".[79]

Frise-se que a Lei nº 23/98 apenas incidira sobre as relações de trabalho estabelecidas com o Estado em regime publicístico; porquanto, aquele coletivo funcional que se sujeitava à legislação do trabalho, submetia-se igualmente às disposições laborais sobre a contratação coletiva (art. 1º-3), como eram (e ainda são) exemplos os trabalhadores do setor empresarial do Estado. Aliás, conforme divisou Jorge Leite, tendo em vista a legislação portuguesa hoje revogada: "os trabalhadores com vínculo de nomeação ou em regime de comissão de serviço aplica-se-lhes a Lei nº 23/98, os trabalhadores com contrato de trabalho em funções públicas estão abrangidos pelo disposto na Lei nº 59/2008 e os trabalhadores do sector empresarial do Estado é aplicável o Código do Trabalho".[80] Assim, na questão (ainda sabidamente melindrosa) da contratação coletiva (*stricto sensu*) na FP, assentou-se especificidades jurídicas relativamente aos "trabalhadores privatizados da AP"[81] e aos "trabalhadores da AP", apesar da parametricidade do instituto nas relações coletivas de trabalho subordinado.

Tal diferenciação jurídica entre os "trabalhadores da AP", a depender da submissão ou não ao regime de direito público, pode ser constitucionalmente justificada pela vinculação da AP aos princípios jurídico-públicos (legalidade *lato sensu*, previsibilidade, orçamentação, responsabilidade financeira, igualdade, transparência administrativa, *etc.*) e no argumento de que a CRP assegura genericamente o exercício do direito de contratação coletiva "nos termos da lei" (art. 56º-3).[82] Entretanto, por outro lado, a AP sujeita ao regime jurídico-privado ou sob formas jurídico-privadas também se vincula àqueles princípios;[83] enquanto a consagração legal do mero direito de negociação coletiva na AP não assegura, *ipso facto*, o direito à contratação coletiva como efeito. Por isso, existiram também ponderosos argumentos no sentido da inconstitucionalidade material da Lei nº 23/98.[84]

Quanto à sujeição das relações *individuais* de trabalho dos "trabalhadores da AP" ao Direito do Trabalho, em 2004 foi publicada a Lei nº 3, de 15 de Janeiro, aprovando a "lei-quadro dos institutos públicos". O seu art. 6º permitiu a aplicação a esse tipo

---

[77] V. ARNALDO BOSON PAES, "Negociação ...", pág. 10. Cf. PAULO VEIGA E MOURA, *Função Pública* ..., pág. 20, o direito assegurado na Lei nº 23/98 é ainda apenas de participação (no procedimento de elaboração da legislação). Tb. AFONSO PATRÃO, "Direito Colectivos dos Funcionários e Agentes das Comunidades Europeias", *in* QL, Ano XIV, nº 30, Julho-Dezembro, 2007, pág. 173-213, esp. 195.

[78] V. MARIA DO ROSÁRIO PALMA RAMALHO, "Intersecção ...", pág. 460. Até mesmo pelo princípio da boa-fé contratual.

[79] Cf. PAULO VEIGA E MOURA, *A privatização* ..., pág. 108-113, esp. 113.

[80] JORGE LEITE, "As disposições ...", pág. 283:

[81] Cf. FLORIVALDO DUTRA DE ARAÚJO, *Negociação* ..., pág. 297; MARIA DO ROSÁRIO PALMA RAMALHO e PEDRO MADEIRA DE BRITO, *Contrato*..., pág. 92.

[82] Sobre o papel da lei no que tange à concretização do direito de contratação coletiva na CRP, V. JORGE LEITE, "As disposições ...", pág. 280, para quem: "«A norma do nº 3 do art. 56º não pode, pois, ser interpretada como uma norma de fragilização, mas de reforço do direito em causa»".

[83] V. ANA CLÁUDIA NASCIMENTO GOMES, *O Poder* ..., pág. 213-218.

[84] Cf. FRANCISCO LIBERAL FERNADES, "O Direito ...", pág. 221.

de organismo público,[85] "quaisquer que sejam as particularidades dos seus estatutos e do seu regime de gestão" (6º-2, *caput*), "o regime jurídico da função pública ou o do contrato individual de trabalho, de acordo com o regime de pessoal aplicável" (6º-2,*b*). Com base na Lei nº 3/2004, portanto, vários institutos públicos passaram a optar pela formalização de contrato individual de trabalho com seus trabalhadores/empregados, sujeitando-os à legislação laboral comum (Código do Trabalho, então Lei nº 99/2003, de 27 de Agosto,[86] e demais leis trabalhistas); opção (ou capacidade jurídico-privada) que o TC não considerou ser inconstitucional.[87] Nesse sentido, uma considerável parte da FP da Administração Indirecta do Estado – apesar de organicamente limitada – poderia ser "formalmente privatizada" e acabou por sê-lo efetivamente.

Não bastasse, transcorridos apenas alguns meses da edição da Lei nº 3/2004, a AR editara a Lei nº 23/2004, de 22 de Junho, que "aprova o regime jurídico do contrato individual de trabalho na Administração Pública"; a qual "introduz uma permissão genérica de realização de trabalho subordinado para a Administração Pública através da alteração dos Decretos-Lei nº 184/89, de 2 de Junho, e 427/89, de 7 de Dezembro, estabelecendo como forma de contratação genérica o contrato de trabalho".[88]

Com tal legislação, o contrato individual de trabalho passou a ser viabilizado como a forma usual de vinculação numa relação de trabalho subordinada para com uma entidade pública, restando ao regime juspublicístico ser um disciplinamento excepcional e lateral da FP *lato sensu*.[89] A Lei nº 23/2004, todavia, ressalvou que, "no âmbito da administração directa do Estado, não podem ser objecto de contrato de trabalho por tempo indeterminado actividades que impliquem o exercício directo de poderes de autoridade que definam situações subjectivas de terceiros ou o exercício de poderes de soberania" (art. 1º-4); em harmonia com a jurisprudência comunitária e desenhando uma "reserva funcionarial" no âmbito do art. 15º-2 da CRP[90] (apesar de especialmente vocacionada para a Administração directa do Estado[91]).

Com a Lei nº 23/2004 procedeu-se a uma ampla privatização do EP português, estando aqui "implícita uma orientação política geral claramente favorável ao alargamento da incidência do regime laboral na Administração Pública".[92]

---

[85] São as autarquias ou autarquias fundacionais do Direito Brasileiro. Cf. DIOGO FREITAS DO AMARAL, *Curso de Direito Administrativo*, 2ª ed., Vol. I, Livraria Almedina, Coimbra, 2000, pág. 345: instituto público "é uma pessoa colectiva pública, de tipo institucional, criada para assegurar o desempenho de determinadas funções administrativas de caráter não empresarial, pertencentes ao Estado ou a outra pessoa colectiva pública".

[86] A Lei nº 99/2003, de 27 de Agosto, em seu art. 6º (preâmbulo) já havia previsto a sua incidência aos trabalhadores de pessoas coletivas públicas, com as devidas ressalvas legais.

[87] V. Acórdãos nºs 162/2003 e 61/2004. *Apud* CLÁUDIA VIANA, "O conceito ...", pág. 23. V. ANA FERNANDA NEVES, "O Contrato ...", pág. 125. V. PAULO VEIGA E MOURA, "Implicações Jurídico-Constitucionais da Introdução do Contrato de Trabalho na Administração Pública – A propósito dos Acórdãos do Tribunal Constitucional nºs 406/03 e 61/04", in *JC*, nº 11, Julho-Setembro, 2006, pág. 63-71.

[88] Cf. MARIA DO ROSÁRIO PALMA RAMALHO e PEDRO MADEIRA DE BRITO, *Contrato* .... pág. 8.

[89] V. OLGA MAIA e MARIA MANUEL BUSTO, *O Novo* ..., pág. 18; MARIA DO ROSÁRIO PALMA RAMALHO e PEDRO MADEIRA DE BRITO, *Ibidem*, pág. 8-9; CLÁUDIA VIANA, "O conceito ...", pág. 23. V. PAULO VEIGA E MOURA, "Implicações...", pág. 67.

[90] Cf. MARIA DO ROSÁRIO PALMA RAMALHO e PEDRO MADEIRA DE BRITO, *Ibidem*, pág. 13; CLÁUDIA VIANA, *Ibidem*, pág. 26.

[91] Segundo o art. 1º-3 da Lei, no âmbito da AP não empresarial, a formalização de contrato de trabalho não se aplicaria às associações públicas; às associações ou fundações criadas como pessoas colectivas de direito privado; às entidades administrativas independentes; às universidades, institutos politécnicos e escolas não integradas do ensino superior; ao Banco de Portugal e aos fundos que funcionam junto dele.

[92] V. MARIA DO ROSÁRIO PALMA RAMALHO, "O contrato de trabalho...", pág. 127.

É fato, contudo, que esse diploma legislativo consagrou a uma série de modulações jurídico-públicas no regime laboral aplicável à esfera privada (como o procedimento público e imparcial de seleção dos trabalhadores; os "deveres especiais" dos trabalhadores; o afastamento da renovação automática do contrato a termo; a impossibilidade de conversão em contrato indeterminado do contrato a termo expirado ou irregular; o sistema de contratação coletiva da Lei nº 23/98; a viabilidade da figura da cedência unilateral do trabalhador, *etc.*[93]), tendo em conta a própria natureza da Administração Públicas e suas vinculações publicísticas.

Por isso, apesar da amplitude da privatização jurídica procedida nas relações de trabalho subordinado com a AP, a "desestatutarização" do regime funcionarial pela Lei nº 23/2004 não representou uma efetiva (e, muito menos, uma total) "despublicização" dessas relações (o que nem seria constitucionalmente legítimo, face às imposições constitucionais sobre a AP); donde a afirmação do desenho (ou da tentativa) de um *tertium genus* entre a conjugação dos regimes laboral e da função pública.[94]

Uma das críticas mais duras direcionadas à Lei nº 23/2004 foi procedente de Paulo Veiga e Moura. Afirmando a existência de uma "garantia institucional da FP" na CRP, conclui o Autor que a admissão do contrato individual do trabalho na AP deve representar uma opção proporcionalmente justificada, afastando o "regime-regra" de vinculação ao Estado, para "consagrar pontualmente um regime de direito privado no seio das relações de emprego com a Administração Pública".[95] Nesse sentido, "ao possibilitar que a Administração recorra *indiferenciadamente* ao contrato individual de trabalho para satisfazer as suas necessidades próprias e permanentes, o art. 1º da Lei nº 23/2004, de 22/6, atenta contra a garantia institucional da Função Pública, permitindo que se escreva a morte anunciada de uma realidade com existência constitucional pela progressiva ascensão ao primeiro plano da figura do trabalhador";[96] afirma a inconstitucionalidade material do diploma.

Quanto a nós, discordamos do Autor nesse aspecto, justamente por não vislumbrarmos na CRP uma "garantia institucional da FP (*lato sensu*)", coletiva e subjetivamente mais ampla do que aquela exigida pelo art. 15º-2 (e em conformidade com as orientações comunitárias); prevalecendo o princípio da isonomia entre o disciplinamento jurídico-constitucional dos trabalhadores subordinados, o qual não olvida, nem obstaculiza, a incidência de especificidades decorrentes de vinculações jurídico-públicas (arts. 269º a 271º da CRP, *v.g.*).

Outra crítica produzida em face da Lei nº 23/2004 (a qual consideramos procedente) foi no sentido da dubiedade da legitimidade de conveniência de regimes, mesmo que provisória (afinal, a lei não atingiu vinculações anteriormente estabelecidas sob o regime publicístico – art. 26º), inclusivamente para o desempenho de atividades administrativas idênticas. Assim, "o dia a dia da situação destes trabalhadores tem mostrado como são relativamente indefinidas as fronteiras do seu regime jurídico e como é difícil articular esse regime com o dos seus congéneres funcionários públicos, que trabalham

---

[93] V. MARIA DO ROSÁRIO PALMA RAMALHO, *Ibidem*, pág. 133-136. Criticando a solução de impossibilidade dos contratos a termo se indeterminarem: V. PAULO VEIGA E MOURA, *A privatização* ..., pág. 247.
[94] *Ibidem*, pág. 127, alertando a A. que esse terceiro regime é muito difícil de se proceder.
[95] Cf. "Implicações ...", pág. 21; *A privatização*..., pág. 394 e seg.
[96] Cf. "Implicações ...", pág. 69.

na mesma instituição (...) – mantém-se, designadamente, uma relevante incerteza sobre a regulamentação colectiva aplicável, sobre a extensão dos princípios da igualdade de tratamento e sobre o regime disciplinar aplicável".[97]

Trata-se, pois, de uma complexidade prática decorrente da existência da coabitação de relações jurídicas continuativas, submetidas a disciplinamentos diferentes, numa mesma situação fática de vida profissional; e, assim, não obstante tais relações jurídicas tenham sido constituídas em momentos descoincidentes e sob a regência de leis diversas. Todavia, a situação é bastante típica em conjunturas de transitoriedade legislativa ou normativa, para se acomodar ao princípio da proteção da confiança e da segurança jurídica.[98]

O processo de "privatização jurídica" do EP alcançou, sob a égide das Leis n°s 3 e 23/2004, inclusivamente o aspecto processual. Com efeito, os litígios decorrentes das relações jurídicas advindas dos contratos individuais de trabalho entabulados com a AP restaram excluídos da jurisdição administrativa (a "Justiça Administrativa"[99]), nos termos do art. 4º-3, d, do ETAF (Estatuto dos Tribunais Administrativos e Fiscais[100]); apesar de, para parte da doutrina, estivesse-se, mesmo nesses casos, diante de uma (típica?) relação jurídica de direito administrativo.[101]

Tal solução legal portuguesa assemelhou-se à dada pelo legislador italiano de 1992/1993 que, conforme vimos, além de submeter substancial parte da FP à legislação laboral e civil, atribuiu à jurisdição ordinária (na figura do juiz do trabalho) a competência para a resolução das respectivas demandas. Ao contrário do que pensam alguns, a "privatização processual" das ações decorrentes de contratos individuais do trabalho entabulados com a AP nos afigura uma hipótese mais constitucionalmente adequada (diante da CRP), quer em face do princípio da igualdade relativamente aos demais trabalhadores do setor privado, submetidos à jurisdição ordinária (e aos meios e recursos a esta inerentes, inclusive do ponto de vista da amplitude da impugnabilidade e das possibilidades conciliatórias[102]), quer porque também entendemos ser escorreito não impregnar as relações de trabalho com a AP, regidas pelo Direito do Trabalho, de

---

[97] Cf. MARIA DO ROSÁRIO PALMA RAMALHO, "O Contrato de Trabalho ...", pág. 125.
[98] V. sobre o tema da aplicação da lei nova e o princípio da proteção da confiança: Acórdãos do TC nº 287/90 e 188/2009. No primeiro acórdão, registrou-se: "não há (...) um direito à não-frustração de expectativas jurídicas ou à manutenção do regime legal em relações jurídicas duradoiras ou relativamente a factos complexos já parcialmente realizados".
[99] V. JOSÉ CARLOS VIEIRA DE ANDRADE, *A Justiça Administrativa (lições)*, 9ª ed., Livraria Almedina, Coimbra, 2007.
[100] Lei nº 13/2002, de 19/02, com redação dada pela Lei nº 107-D/2003, de 31/12: "Ficam igualmente excluídas do âmbito da jurisdição administrativa e fiscal: ... d) A apreciação de litígios emergentes de contratos individuais de trabalho, que não conferem a qualidade de agente administrativo, ainda que uma das partes seja uma pessoa colectiva de direito público".
[101] Cf. JOSÉ CARLOS VIEIRA DE ANDRADE, *A Justiça ...*, pág. 121. Não é, contudo, a nossa posição.
[102] Contra: V. PAULO VEIGA E MOURA, *A privatização* ..., pág. 301, nota. Contudo, como melhor opção, o A. propõe (pág. 303) justamente que os litígios ficassem a cargo dos Tribunais Administrativos, através de uma "tramitação simplificada, essencialmente oral, em que no dia designado para a realização da audiência as partes tivessem de estar presentes, sob pena de decaírem, a apresentar toda prova julgada indispensável pelo Tribunal e formular as respectivas alegações, proferindo o juiz de imediato a decisão...". Trata-se, pois, de um modelo muito semelhante ao do Processo do Trabalho brasileiro. V. CARLOS HENRIQUE BEZERRA LEITE, *Curso de Direito Processual do Trabalho*, 7ª ed., LTr, São Paulo, 2009, pág. 295-307; CLEBER LÚCIO DE ALMEIDA *Direito...*, pág. 343-344; JULIANA RODRIGUES DE MORAIS (e outros), "Princípio da Efetividade Social", in VITOR SALINO DE MOURA EÇA e ALINE CARNEIRO MAGALHÃES (coord.), *Atuação Principiológica no Processo do Trabalho*, RTM, Belo Horizonte, 2012, pág. 299-358.

um "excesso de administrativização"[103] (sob pena de verificarmos um círculo vicioso: mandando "aplicar ao regime do contrato de trabalho todas as normas da FP que com a privatização se quis exactamente afastar"[104]). Além disso, no interior do próprio Direito do Trabalho existe uma importante bagagem jurídico-pública (normas de ordem pública; princípios e regras inderrogáveis pela vontade das partes, *etc*.) cuja aplicação não conduziu, até agora, a alguma "estranheza judicial", bem como não culminou com uma inequívoca publicização da relação jurídica de trabalho privado.[105]

Em 2008 mais uma importante reforma legislativa na FP foi implementada, o que acarretou a revogação praticamente integral da Lei nº 23/2004.[106] Inicialmente, entrou em vigor a Lei nº 12-A/2008, de 27/2, instituindo os "Novos Regimes de Vinculação, de Carreiras e de Remunerações dos Trabalhadores da Administração Pública"[107] – direta, indireta (não empresarial), regional e autárquica (art. 3º). Depois, houve a publicação do novo "Estatuto Disciplinar dos Trabalhadores que exercem Funções Públicas" (Lei nº 58/2008, de 9/9)[108] e da Lei nº 59/2008, de 11/9, que "Aprova o Regime do Contrato de Trabalho em Funções Públicas" (RCTFP),[109] nos termos do art. 87º da Lei nº 12-A/2008. Esses diplomas regularam, em termos básicos, as relações de trabalho dos "trabalhadores da AP" (FP *lato sensu*) em Portugal até o ano de 2014, quando foram integralmente substituídas pela Lei nº 35/2014, de 20 de Junho, denominada de Lei Geral do Trabalho em Funções Públicas (LTFP[110]), sobre a qual faremos menção no item 3, seguinte, desta análise.

A despeito da recente revogação das apontadas leis pela LTFP (como antecipamos na nossa *contextualização*), esse novo diploma reiterou a maioria das opções legislativas de 2008, razão pela qual ainda faz todo sentido abordá-las, facilitando inclusivamente a compressão da nova legislação. De qualquer modo, hoje é a LFTP o parâmetro normativo da relação jurídica do trabalhador público, para as várias modalidades de vínculos.

Em conformidade com a Lei nº 12-A/2008 (art. 9º-1), "a relação jurídica de emprego público constitui-se por nomeação ou por contrato de trabalho em funções públicas". Excepcionalmente, "a relação jurídica de emprego público constitui-se ainda por comissão de serviço" (art. 9º-4). Assim, sinteticamente, estipularam-se três modalidades de vínculos de trabalho subordinado com AP: *(i)* a nomeação (ato administrativo unilateral;

---

[103] Cf. ANA FERNANDA NEVES, "O Contrato de trabalho …", pág. 85.

[104] *Ibidem*, pág. 85. Apesar disso, às pág. 144, a A. entende que a jurisdição administrativa seria mais adequada para os litígios, "por causa da vinculação jurídico-pública".

[105] Contra: PAULO VEIGA E MOURA, *A privatização …*, pág. 302, afirmando que a jurisdição ordinária está pouco ou nada familiarizada com os princípios de direito público, porque não presentes no Direito do Trabalho.

[106] Salvaram-se os arts. 16º a 18º, que tratam, respectivamente, da "Sucessão nas atribuições"; da "Extinção da pessoa colectiva pública" e do "Despedimento por redução de actividade"; os quais foram posteriormente revogados (e absorvidos materialmente) pela Reforma de 2014.

[107] Sobre a Lei nº 12-A/2008, de 27/02, V. PAULO VEIGA E MOURA e CÁTIA ARRIMAR, *Os novos regimes de vinculação, de carreiras e de remuneração dos trabalhadores da Administração Públicas – Comentário à Lei nº 12-A/2008, de 27 de Fevereiro*, Coimbra Editora, 2008. V. DIOGO VAZ MARECOS, "As Modalidades de Constituição do Vínculo da Relação Jurídica de Emprego Público", *in ROA*, Ano 71, Janeiro-Março, 2011, pág. 207-237.

[108] V. PAULO VEIGA E MOURA, *Estatuto …*; CARLOS FRAGA, *O Poder Disciplinar no Estatuto dos Trabalhadores da Administração Pública*, Petrony Editora, Amadora, 2011; e MANUELA BLANC, DOMINGAS RODRIGUES, ALBERTO PELIZ e M. CARMEN DE LA FUENTE, *Estatuto Disciplinar dos trabalhadores que exercem funções públicas Anotado*, Rei Livros, Lisboa, 2009.

[109] Houve pontuais alterações à Lei nº 59/2008, decorrentes da: Lei nº 3-B/2010, de 28/04; do Decreto-Lei nº 124/2010, de 17/11; e da Lei nº 64-B/2010, de 30/12.

[110] A sigla LTFP (ao invés de LGTFP) é atribuída pela própria Lei, em seu art. 2º.

art. 9º-2); *(ii)* o "contrato de trabalho em funções públicas" (ato bilateral, porém, de natureza administrativa; art. 9º-3); e, residualmente, *(iii)* a "comissão de serviço" (esta para situações transitórias ou para o desempenho de cargos dirigentes, não inseridos em carreiras; art. 9º-4 e art. 23º e 24º[111]). Manteve-se, pois, no Direito Português o princípio da "tipicidade dos vínculos jurídicos de emprego público" (como consequência do princípio da legalidade administrativa), no sentido de que apenas as modalidades de vinculação previstas na lei podem ser utilizadas pela AP para constituição legítima e válida de uma relação de emprego público (ou relação trabalho subordinado na AP); e, ainda assim, na medida em que a modalidade aproveitada enquadra-se na situação delineada na lei.[112]

A vinculação do "trabalhador da AP" por "contrato de trabalho em funções públicas" constou como a regra geral (art. 20º da Lei nº 12-A/2008), ainda que para o desempenho de atividades administrativas regulares e permanentes; sendo nítida a mudança de parâmetro relativamente ao sistema funcional anterior (do Decreto-Lei nº 184/89, de 2/6). Neste, a nomeação era a modalidade-padrão de instauração da relação jurídica de emprego público;[113] tendo a lei de 2008 optado, desse modo, por uma ampla contratualização/bilateralização (individual e coletiva) da FP,[114] lateralizando (inclusive a importância de) o ato e o regime administrativos unilaterais (assim, o legislador infraconstitucional continuou trilhando a orientação iniciada com a publicação das leis de 2004).

O que poderia excluir a utilização do "contrato de trabalho em funções públicas" seria o cumprimento ou a execução de atividades relacionadas no âmbito do art. 10º da Lei nº 12-A/2008;[115] situação que demandaria, normalmente, uma nomeação. As atribuições mencionadas no art. 10º envolvem, *por princípio*, o exercício de poderes públicos ou de autoridade, representando uma delimitação infraconstitucional, no amplo coletivo da FP civil, das "funções públicas que não tenham carácter predominantemente técnico" do art. 15º-2 da CRP. Contudo, como anotaram, na oportunidade, Paulo Veiga e Moura

---

[111] Esta modalidade é nova no sistema português, apesar da comissão de serviço, de *per si*, não ser uma figura inovadora. V. DIOGO VAZ MARECOS, "As Modalidades ...", pág. 211-214. V. ANA FERNANDA NEVES, "O Direito ...", pág. 441 e seg., quanto à dificuldade de caracterização desta modalidade enquanto figura autônoma. Tb. PAULO VEIGA E MOURA e CÁTIA ARRIMAR, *Os novos* ..., pág. 29.

[112] Cf. ANA FERNANDA NEVES, "O Contrato de trabalho ...", pág. 92; "Direito da ...", pág. 441 e seg. V. PAULO VEIGA E MOURA e CÁTIA ARRIMAR, *Os novos* ..., pág. 27.

[113] V. DIOGO VAZ MARECOS, "As modalidades ...", pág. 213; PAULO VEIGA E MOURA e CÁTIA ARRIMAR, *Os novos* ..., pág. 29; ANA FERNANDA NEVES, "O Direito ...", pág. 442.

[114] No sentido atribuído por ROBERTO SORBILLI FILHO, "A alteração unilateral ..." pág. 397. V. TERESA CRISTINA DE SOUSA, *A natureza* ..., pág. 202; LUISA CRISTINA PINTO E NETTO, *A Contratuálização* ..., pág. 239-256.

[115] São elas: "*a)* Missões genéricas e específicas das Forças Armadas em quadros permanentes; *b)* Representação externa do Estado; *c)* Informações de segurança; *d)* Investigação criminal; *e)* Segurança pública, quer em meio livre quer em meio institucional; *f)* Inspecção". O TC, por sua vez, no Acórdão de nº 620/2007 (Processo nº 1130/2007), em sede de fiscalização abstrata preventiva, excluiu (expressamente) do âmbito subjetivo de aplicação da Lei nº 12-A/2008, por violação ao art. 215º-1 da CRP, os juízes dos tribunais judiciais. Para nós, não há dúvidas de que a função jurisdicional requer uma "imparcialidade diferenciada e agravada", a qual dá azo a um estatuto bastante peculiar em relação aos demais agentes do Estado, com garantias objetivas e subjetivas para os magistrados, configurando-se a "pedra de toque" do Poder Judiciário. V. sobre este tema: JOSÉ DE OLIVEIRA ASCENSÃO, "A Reserva Constitucional de Jurisdição", *in OD*, Ano 123, nº 2 e 3, Abril – Setembro, 1991, pág. 465 e seg.; PAULO CASTRO RANGEL; *Reserva de* ...; e *Repensar* .... Por outro lado, nos parece clara a lógica que orienta a escolha das atribuições arroladas neste art. 10º: a ideia de que as funções de autoridade concentram-se naquelas funções típicas do Estado Liberal, apartando-se da ideia de funções de autoridade no interior da Administração Prestacional.

e Cátia Arrimar, "o legislador não enunciou as carreiras que serão objecto de nomeação, antes tendo optado por enunciar as actividades onde se podem inserir as carreiras cujo provimento se fará através de nomeação, o que significa que, apesar da enumeração ser taxativa, nem todas as carreiras inseridas em tais áreas serão necessariamente objecto de nomeação".[116]

Nesse sentido, seriam "nomeados"[117] exclusivamente os trabalhadores da AP que, no espectro do art. 10º da lei em causa, exercerem as atividades que implicassem poderes públicos ou poderes de autoridade, num alinhamento à lógica comunitária da interpretação do art. 45º-4 do TFUE. Nos termos do art. 11º-1, a nomeação poderia dar-se de modo definitivo ("nomeação definitiva", regra) ou transitório ("nomeação transitória", exceção), nesse caso, por tempo determinado ou determinável (art. 11º-3). Esta era destinada aos casos de trabalhadores que, apesar do exercício de atribuições inseridas nas áreas constantes do art. 10º, não pretendiam manter a conservação da relação jurídica por tempo indeterminado ou encontravam-se em situação de mobilidade especial; sendo-lhe remetida a aplicação das disposições relativas ao contrato a termo resolutivo do RCTFP (art. 13º).[118]

A Lei nº 12-A/2008, até então como um disciplinamento "básico ou primário"[119] do emprego público, ainda continha regras sobre o "contrato de trabalho em funções públicas" e sobre a "comissão de serviço"; além de dispor sobre garantias de imparcialidade administrativa, cessação da relação jurídica, carreiras, recrutamento, mobilidade, sistema remuneratório, etc. Quanto ao "contrato de trabalho em funções públicas" (art. 20º a 22º), era verificado nas subespécies de contrato indeterminado ou a termo resolutivo, certo ou incerto (art. 21º-1); nesse caso, também para trabalhadores que não pretendessem conservar a relação jurídica por tempo indeterminado ou se encontrassem em situação de mobilidade especial (art. 22º-2). A lei remeteu grande parte do "contrato de trabalho em funções públicas" para uma específica e posterior regulação (arts. 22º-1 e 87º), o que se implementou, conforme aduzido, com a Lei nº 59/2008, de 11 de Setembro.

Não obstante sempre haja limites inderrogáveis pelos contratantes em um contrato, principalmente num de Direito Administrativo,[120] o conteúdo "bilateral ou consensual" do "contrato de trabalho em funções públicas" se verificou, na medida em tinham como

---

[116] In Os novos ..., pág. 33-34.
[117] Cf. PAULO VEIGA E MOURA e CÁTIA ARRIMAR, Os novos ..., pág. 33, a despeito do art. 271º da CRP, que expressamente prevê as figuras dos "funcionários e agentes do Estado", tais não foram utilizados ou sequer lembrados, pela Lei nº 12-A/2008, razão pela qual estes A. têm dúvidas da constitucionalidade material do diploma, no aspecto. Contudo, CLÁUDIA VIANA, "O conceito ...", pág. 32, assegura se tratar de uma "mera opção de cosmética, não justificada" do legislador ordinário, igualando-se em substância os nomeados e os funcionários públicos. V., tb. nesse sentido, DIOGO VAZ MARECOS, "As Modalidades ...", pág. 216-217.
[118] PAULO VEIGA E MOURA e CÁTIA ARRIMAR, Os novos ..., pág. 34-35, criticam a instituição dessa figura, que não se justificaria com o exercício de poderes de autoridade. V. ANA FERNANDA NEVES, "O Direito da ...", pág. 456 e seg.
[119] V. PAULO VEIGA E MOURA e CÁTIA ARRIMAR, Ibidem, pág. 165.
[120] V. o clássico de JOSÉ MANUEL SÉRVULO CORREIA, Legalidade e Autonomia Contratual nos Contratos Administrativos, Colecção Teses, Livraria Almedina, Coimbra, 2003 (reimpressão de 1987), pág. 449 e seg., esp. 490-491: "Em suma, ao passo que a autonomia privada só conhece limites negativos, a autonomia pública conhece, a par daqueles, limites positivos de competência, de finalidade, de imparcialidade e de proporcionalidade". BERNARDO DINIZ AYALA, "Monismo(s) ou Dualismo(s) em Direito Administrativo (?) – Gestão Pública, Gestão Privada e Controlo Jurisdicional da Actividade Administrativa", RFDL, vol. XLI, nº 1, 2000, pág. 71-98, esp. 87, fala na existência, nesses termos, de "um núcleo duro de heterodeterminação a que a Administração não se pode furtar, mesmo que actue jure privatorum utendo".

fonte normativa os instrumentos normativos celebrados em conformidade com a lei (em procedimento, forma e conteúdo – art. 81º-2 da Lei nº 12-A/2008 c/c art. 1º e 4º, Anexo I, do RCTFP); os quais passaram a adquirir, como tais, eficácia externa imediata. Ademais, os instrumentos negociais coletivos tornaram-se preferíveis aos instrumentos normativos unilaterais ou não negociais (arts. 3º, 345º e 346º, Anexo I, do RCTFP). O contrato individual celebrado inseriu-se, fundamentalmente, na modalidade de adesão[121] (art. 65º, Anexo I, do RCTFP); havendo a possibilidade – residual, efetivamente – da existência de disposições contratuais prévia e individualmente negociadas (arts. 4º-2 e 66º, Anexo I, do RCTFP). Segundo o art. 72º dessa lei, o contrato ficou necessariamente sujeito à forma escrita, privilegiando-se a segurança jurídica e a responsabilidade administrativa.

O princípio consagrado para a orientação da aplicação das normas coletivamente estabelecidas (assim como das condições individuais negociadas) ao "contrato de trabalho em funções públicas", em substituição das normas heterônomas, foi o "do tratamento mais favorável ao trabalhador" (art. 4º, Anexo I, do RCTFP), característico do Direito do Trabalho[122] (mas não exatamente do que se pode identificar como o "Direito da Função Pública"[123]).

Acrescente-se a própria importância da "dimensão coletiva"[124] adquirida nessa modalidade de contrato de trabalho, quer seja do ponto de vista legal (o disciplinamento dos instrumentos de regulamentação coletiva albergou não menos do que trinta artigos da Lei nº 59/2008 – 340º a 370º, Anexo I, do RCTFP –, isso sem considerar outros dispositivos sobre "Direito Colectivo"), quer seja do ponto de vista doutrinário e científico; fato que nos levou a duvidar da própria correção legal quanto à "natureza (ainda que preponderantemente) administrativa" desse contrato (art. 3º da Lei nº 12-A/2008). Para nós, tratou-se de uma opção legislativa para (re)justificar a competência da jurisdição administrativa para todas as novas modalidades de relação jurídica de emprego público (e, assim especialmente, para o julgamento das lides que envolviam o "contrato de trabalho em funções públicas"), nos termos do art. 83º-1 da Lei nº 12-A/2008, do que uma solução escorreita do ponto de vista da Ciência Jurídica e da substância da relação contratual.[125]

---

[121] A identificação do contrato de adesão na relação jurídica de emprego público é vista mesmo pelos defensores do caráter unilateralista deste regime, pela possibilidade de modificação das cláusulas contratuais gerais, denotando a exorbitância ou a desigualdade do regime. V. ALBERTO PALOMAR OLMEDA, *Derecho ...*, pág. 80.

[122] V. AMÉRICO PLÁ RODRIGUES, *Os Princípios ...*, pág. 83-139. Aliás, MARIA DO ROSÁRIO PALMA RAMALHO, *Da autonomia ...*, pág. 414, disserta justamente sobre a posição central ocupada pelo princípio da proteção do trabalhador no Direito do Trabalho: pode-se dizer que a construção dogmática autónoma do direito laboral se processou em torno de uma ideia ou de um princípio unitário. Este princípio fundamental e unitário é o *princípio da protecção do trabalhador*. (§) II. O princípio da protecção do trabalhador é considerado pela generalidade da doutrina como a valoração material ou axiológica nuclear do direito laboral – desenvolvendo-se através de normas legais de protecção e da auto-regulamentação laboral protectiva, ele é, na locução expressiva de KASKEL e DERSCH, o *Grundgedank des Arbeitsrecht* ou, como refere BERNARDO XAVIER, o «elemento teleológico fundamental» da área jurídica".

[123] Cf. ANA FERNANDA NEVES, "O Direito ...", pág. 359 e seg.

[124] Cf. MARIA DO ROSÁRIO PALMA RAMALHO, *Da autonomia ...*, pág. 911-912.

[125] Tanto assim o art. 4º-3, d, do ETAF deve ser interpretado em conformidade com o art. 83º-1 da Lei nº 12-A/2008. V. nesse sentido o Acórdão do Tribunal da Relação do Porto, processo nº 490/09.6TTPRT.P1, Secção Social, Relator MACHADO DA SILVA; número do documento RP20100419490/09.6TTPRT.P1; data de19/4/2010: "I – Invocando o Autor, na petição a celebração com o Réu, ISSS, IP, de um contrato de trabalho sem termo e a existência de créditos salariais emergentes desse contrato de trabalho, bem anteriores à data da entrada em vigor quer da Lei nº 59/2008 quer da Lei nº 12-A/2008, é competente em razão da matéria o Tribunal do Trabalho – arts. 85º, alínea b), da LOTJ, e 4º, nº 3, alínea d), do Estatuto dos Tribunais Administrativos e Fiscais".

É o que, *mutatis mutandis*, também concluiu Maria do Rosário Palma Ramalho para divisar o Direito do Trabalho do Direito Privado Comum, cuja retórica é igualmente válida para inserir naquele ramo matérias antes incluídas no Direito Público ou no Direito Administrativo Clássico: "entendemos que, ao mesmo tempo que confirma a construção sistemática unitária do direito do trabalho, pela lógica que confere ao seu edifício normativo, a omnipresença do elemento coletivo confirma o fosso dogmático que separa esta área jurídica do direito privado comum. Por este motivo, este argumento é importante para o reconhecimento de sua autonomia científica".[126]

O conteúdo coletivamente contratualizável do "contrato de trabalho em funções públicas" não é, portanto, desconsiderável, sendo, sim, digno de nota. Poderia envolver inclusivamente suplementos remuneratórios; sistemas de recompensa do desempenho; sistemas de avaliação de desempenho (art. 81º-2 da Lei nº 12-A/2008). Aliás, designadamente, os acordos coletivos de trabalho deveriam também dispor sobre as matérias do art. 348º, Anexo I, do RCTFP, evitando-se situações de impasses laborais.[127] Trata-se de uma clara passagem da "estatutarização/unilateralidade do regime funcionarial" para a "contratualização do regime de trabalho público subordinado".

Discordamos, pois, da afirmação de que, "com maiores ou menores concessões à liberdade contratual, o regime normativo das relações laborais na Administração Pública continuará a ser marcadamente unilateral".[128] Ora, a observância de imposições heterônomas ou de ordem pública nesse tipo de contratação coletiva decorre mesmo da vinculação jurídico-pública peculiar da Administração Pública; existindo em menor escala mesmo para a contratação coletiva dos próprios trabalhadores privados (como decorre, aliás, da própria teoria da validade dos negócios jurídicos). Além disso, qualquer evolução jurídica no processo de "bilateralização *lato sensu*" do regime de emprego público é um passo historicamente relevante e difícil, mormente num sistema funcionarial de vertente napoleônica; devendo, pois, ser avaliada, levando-se em conta esse contexto.

O TC pronunciou-se *ex professo* sobre a mencionada reforma legislativa de 2008, em sede de controle abstrato sucessivo, no Acórdão nº 154/2010 (processo nº 177/2009), da relatoria da Conselheira Maria Lúcia Amaral.

O processo objetivo foi instaurado em decorrência do questionamento de alguns parlamentares acerca da constitucionalidade de alguns dispositivos da Lei nº 12-A/2008; em especial, sobre a mudança legislativa na regra geral de vinculação à AP (da nomeação em caráter definitivo para o "contrato de trabalho em funções públicas" de tempo indeterminado), a qual atingiu parcela considerável de seus trabalhadores, acarretando para esse coletivo situação juridicamente mais desfavorável e constitucionalmente ilegítima, segundo o entendimento dos requerentes. Os autores afirmaram o enfraquecimento dos direitos dos trabalhadores públicos abrangidos pelo

---

[126] Cf. MARIA DO ROSÁRIO PALMA RAMALHO, *Ibidem*, pág. 912.

[127] São elas: "a) As relações entre as partes outorgantes, em particular quanto à verificação do cumprimento do acordo colectivo de trabalho e aos meios de resolução de conflitos decorrentes da sua aplicação e revisão; b) O âmbito temporal, nomeadamente a sobrevigência e o prazo de denúncia; c) Os direitos e deveres recíprocos dos trabalhadores e das entidades empregadoras públicas; d) Os processos de resolução dos litígios emergentes de contratos, instituindo mecanismos de conciliação, mediação e arbitragem; e) A definição de serviços mínimos e dos meios necessários para os assegurar em caso de greve".

[128] Cf. PAULO VEIGA E MOURA e CÁTIA ARRIMAR, *Os novos ...*, pág. 167, diminuindo a importância dessa contratualidade.

novo diploma e, consequentemente, da capacidade do Estado para desempenhar as tarefas constitucionalmente a ele incumbidas. Os autores questionaram, nessa linha, a legitimidade constitucional da privatização jurídica empreendida pelo legislador no EP juntamente com a "reforma da AP" e aduziram ser constitucionalmente exigível um disciplinamento especial do trabalhador público, com "a necessária estabilidade, permanência e efectividade", tendo então apontado violação aos princípios constitucionais da segurança jurídica e da proteção da confiança, além da garantia da segurança no emprego.

Todavia, o TC não acatou os argumentos defendidos pelos autores, não tendo declarado a inconstitucionalidade das alterações do EP introduzidas com a legislação de 2008. A importância dessa apreciação do TC para a nossa dissertação justifica a colação dos principais fundamentos contidos na decisão, dada a compreensão que se formulou sobre o "estatuto/disciplinamento" constitucional específico da FP (e, principalmente, acerca de sua abertura a modelos legislativos variados de vinculação profissional ao Estado e/ou de relação jurídica de trabalho público), reconhecendo-se, assim, a legitimidade constitucional da contratualização (e flexibilização da relação jurídica) empreendida pela Lei nº 12-A/2008 (e, posteriormente, reiterada na reforma de 2014), *verbis*:

"Assim, é possível decompor o pedido em dois diversos problemas que, de seguida, se resolverão: em primeiro lugar, importa apreciar a questão do direito à segurança no emprego no âmbito do "estatuto específico" da relação de emprego público; em segundo lugar, atentar-se-á à questão, mais específica, da alteração legal da modalidade do vínculo constitutivo da relação jurídica de emprego na pendência da mesma.

(...)

8.1. Em primeiro lugar, não pode dizer-se que a alteração do regime de nomeação (por acto de autoridade unilateral da Administração) para um regime contratual (por conjugação do interesse público que a Administração Pública serve com a autonomia privada do particular) ofenda, em si mesmo, a ideia de um estatuto específico da função pública. Na verdade, nenhuma das regras e princípios que vimos caracterizarem esse estatuto (sejam elas relativas a concurso no acesso e na carreira; direito de reclamação; garantias em processo disciplinar, responsabilidade por acções e omissões ou acumulações e incompatibilidades) é posta em causa pela mera alteração da modalidade de vínculo em causa e todas elas são compatíveis com um regime jurídico de matriz contratual. O estatuto específico da função pública existe constitucionalmente, mas não é atingido apenas pelo facto de haver formas contratuais de recrutamento de trabalhadores da Administração Pública.

(...)

8.2. Em segundo lugar, não parece pertinente, à luz da evolução constitucional portuguesa, a alegação (desenvolvida nos pontos 14 a 22 do requerimento) segundo a qual o modelo de Estado social que a Constituição consagra exigiria que se mantivesse o regime de nomeação definitiva e excluiria que a Administração Pública se regesse por critérios de contratualidade laboral.

(...)

Na verdade, a "democracia económica, social e cultural", que sustenta a ideia constitucional de Estado de direito democrático, não corresponde a um modelo ideológico predefinido de organização e actuação do Estado e da Administração Pública, mas a uma transcendental exigência de juridicidade constitucional, exigência esta que se compadece com modelos estruturalmente diversos de organização administrativa pública e com formas heterogéneas de realização do interesse público, que o Estado visa servir.

Além disso, o Estado actuante e conformador da sociedade, que a Constituição prefigura nos seus artigos 2.º e 9.º, não se confunde com o Estado meramente executor de um programa que seja constitucionalmente fixado, de forma exauriente e fechada. Bem pelo contrário. Sendo a ideia de Estado social uma implicação do Estado de direito, e integrando este, nos termos do artigo 2.º, ainda os princípios da soberania popular e do pluralismo de expressão e de representação política democráticas, ao poder político legitimamente constituído em cada legislatura caberá, de acordo com os mandatos populares, decidir sobre o modo de concretização das normas da CRP que fixam as tarefas fundamentais do Estado. De nenhuma dessas normas se poderá depreender a vinculação do legislador ordinário a uma "visão" invariável do Estado – seja ela ou não a "visão mais abrangente do Estado-providência", para citar as palavras do ponto 16 do requerimento –, ou a um programa tão detalhado da sua acção futura que obrigue à manutenção de um certo modelo de constituição da relação de emprego público.

(...)

8.4. Em quarto lugar, e infirmando aquilo que é o nó górdio de toda a construção argumentativa do requerente, não é de todo possível estabelecer um nexo de causalidade necessária entre a segurança da relação de emprego público (artigos 53.º e 58.º da Constituição) e o correcto exercício da actividade administrativa pública no quadro dos princípios constitucionais (artigo 266.º da Constituição). De facto, como se sabe, há diversas modalidades de constituição da relação de emprego público. Existem, para além dos trabalhadores nomeados a título definitivo e em regime de contrato administrativo de provimento, trabalhadores em regime de "contrato a termo" e em regime de "comissão de serviço".

Ora seria ilegítimo pensar que estes últimos teriam necessariamente menor empenho na realização do interesse público (que constitui a razão fundamental de ser e o "norte" da Administração Pública) e dos princípios jurídicos fundamentais (enquanto parâmetros normativos que balizam a prossecução de tal interesse público) do que os funcionários ou agentes com um vínculo menos precário e mais estável.

É certo que a estabilidade promove o compromisso, mas não é legítimo presumir que os trabalhadores com contrato por tempo indeterminado terão menor empenhamento na prossecução do interesse público do que os trabalhadores definitivamente nomeados.

(...)

8.5. Em quinto lugar, nenhum dos acórdãos do Tribunal Constitucional invocados pelo requerente permite a inferência de que do estatuto da função pública decorreria a impossibilidade de estabelecer a regra da contratualização em matéria laboral. Adiante se fará referência aos acórdãos n[os] *154/86 e 340/92. Por agora, limitamo-nos ao acórdão n.º 683/99.*

(...)

Desta forma, ainda que se admita "que a Constituição prevê e protege uma relação jurídica de trabalho específica, correspondente à função pública no seu sentido estrito", não decorre daí que o modelo de vínculo laboral seja um "modelo estatutário simples ou puro" ou que o legislador não possa "prever outras formas jurídicas da relação de trabalho da Administração pública, maxime optar pela forma típica das relações de trabalho privadas, o contrato de trabalho" (veja-se Ana Fernanda Neves, ob. cit., p. 331 e ss.).

(...)

Todavia, uma tal diversidade estrutural não constitui, de modo nenhum, obstáculo ou impedimento à adopção de modelos contratuais no âmbito das relações laborais existentes no seio da Administração Pública. Pelo contrário. As específicas limitações constitucionalmente impostas

à autonomia da Administração Pública deverão constituir garantia constitucional suficiente da justa e ponderada realização do interesse público. E a interferência da liberdade de celebração e de estipulação dos particulares, na determinação de tais relações – não colidindo com as exigências nucleares da justiça, da imparcialidade, da igualdade e da proporcionalidade –, só potencia a melhor prossecução do interesse público, ao serviço do qual os trabalhadores da Administração Pública, e a própria Administração Pública, exclusivamente se encontram.
 (...)
 À semelhança de causas objectivas que podem determinar a cessação dos contratos de trabalho privados (cfr., neste sentido, v. g., o Acórdão n.º 64/91 deste Tribunal, publicado no Diário da República, I Série-A, de 11 de Abril de 1991), também no âmbito da Administração Pública causas objectivas ligadas à reestruturação e racionalização dos serviços e organismos públicos podem levar à compressão do estatuto jurídico dos funcionários públicos sem que daí resulte forçosamente violada a segurança no emprego protegida constitucionalmente. Mas, à luz do artigo 18.º, tal compressão deve conformar-se segundo o critério da restrição das restrições (devendo, por isso, «limitar-se ao necessário para salvaguardar outros direitos ou interesses constitucionalmente protegidos»), deve revestir carácter geral e abstracto, não poderá ter efeitos retroactivos nem diminuir a extensão e o alcance do conteúdo essencial dos preceitos constitucionais em causa. Em suma, a compressão da garantia constitucional da segurança no emprego deve ser necessária, adequada e proporcional e respeitar o núcleo essencial do correspondente direito à segurança no emprego de que beneficiam os funcionários públicos".
 (...)
 Aliás, bem vistas as coisas, qualquer outro entendimento seria indefensável. É que a mobilidade dos trabalhadores da Administração Pública é matéria que, pela sua própria natureza, tendo em conta a necessidade de uma eficiente gestão dos recursos humanos, carece de ser testada e revista periodicamente, não sendo razoável, por assim se comprometer de modo excessivo a prossecução do interesse público (artigo 266.º, n.º 1, da Constituição) assim como o modelo de boa administração que lhe é inerente, a cristalização do regime no momento da constituição de cada relação jurídica de emprego público.
 Com efeito, tal cristalização traduzir-se-ia em custos administrativos incomportáveis em matéria de gestão de recursos humanos, pois, na hipótese de sucessão de leis que viessem alterar o regime de mobilidade, poderia gerar-se uma situação em que, no limite, se seria obrigado a aplicar um regime de mobilidade diferente para cada trabalhador, em função do momento da constituição da relação jurídico-laboral".[129]
 Os fundamentos dessa decisão constitucional, não obstante não façam expressa referência ao conteúdo da "Carta Ibero-americana de Função Pública" (Bolívia, 2003), assinada por Portugal, identificam critérios desta, na medida em que, em conformidade com este documento político, a estabilidade do EP (e garantia contra destituições arbitrárias) pode (e mesmo deve) conjugar-se com relações jurídicas de trabalho indefinidas e temporárias, bem como com a flexibilidade na organização e gestão da FP, a fim de viabilizar à AP a possibilidade de adaptação às novas conjunturas sociais.[130]

---

[129] Publicado no *DR* de 7/5/2010.
[130] Cf. Capítulo 2º, item 7. V. http://www.clad.org/documentos/declaraciones/cartaibero.pdf/view, acesso em 16/5/2012. Essa Carta é um documento político e aberto, que serve como "referência comum" para aplicação

A exigência constitucional de que sobre os trabalhadores públicos se imponham vinculações jurídico-públicas mais ou menos densas, decorrentes da aplicação dos dispositivos constitucionais alusivos à AP (arts. 269º e 271º da CRP, em especial), com possíveis repercussões de seus atos na esfera da responsabilidade disciplinar, conduziu à edição do "Estatuto Disciplinar dos Trabalhadores que Exercem Funções Públicas" – EDTEFP (Lei nº 58/2008, de 9/9), genericamente aplicável àqueles (à exceção de estatuto disciplinar específico), independentemente da modalidade de constituição de seu vínculo jurídico de trabalho (art. 1º, Anexo).[131] O EDTEFP representou, assim, um denominador comum no âmbito da FP *lato sensu* portuguesa,[132] aplicável quer se trate de trabalhador nomeado, contratado ou em exclusiva comissão de serviço (em suma, direcionou-se ao trabalhador público subordinado, com vínculo de trabalho para com a AP, qualquer que seja a sua modalidade[133]).

Segundo a compreensão de Paulo Veiga e Moura, o critério orgânico perfilhado no EDTEFP não se mostraria razoável, proporcional e adequado, olvidando as diferenças decorrentes das funções concretamente executadas pelos trabalhadores públicos a ele submetidos e das próprias modalidades de vínculos. Afirmou ele, então, não fazer sentido "que quem execute funções que contendem com a soberania e a *potestas* do Estado Português possua o mesmo regime disciplinar de quem apenas execute funções predominantemente técnicas e, ainda por cima, apenas o faça a título transitório".[134]

Não compartilhamos, entretanto, desta opinião. Ao contrário, partilhamos da compreensão de que o EDTEFP foi sim um "estatuto disciplinar básico" (enquanto genericamente aplicável ou passível de incidência nas relações funcionariais portuguesas *lato sensu*); pois, *a priori*, a prossecução do interesse público e o bom desempenho das tarefas incumbidas ao trabalhador público não deve ter intensidade diferente em face do tipo de modalidade a que está vinculado. Assim, concretamente dizendo, pesam iguais "ônus funcional-laborais", via de princípio, sobre um enfermeiro público ou um trabalhador nomeado para a inspeção do trabalho; pois, quer na execução das atividades administrativas daquele (usualmente internas e materiais) ou deste (com usuais efeitos jurídicos externos), impera o princípio da boa administração, sendo-lhes inerentes deveres funcionais gerais (art. 3º-2, Anexo: deveres de isenção, imparcialidade, zelo, obediência, assiduidade, *etc*.). Porém, tal fato não significa dizer que, por ocasião da decisão no processo disciplinar (*a posteriori*, portanto), o exercício de poderes de autoridade pelo então trabalhador público arguido (assim como outras condicionantes de seu caso concreto) não seja devidamente apreciado pela autoridade competente, para fins de aplicação da sanção disciplinar, com base no princípio da proporcionalidade.[135]

---

interna pelos seus signatários, sem lhes obstar as particularidades e tradições jurídicas. Aliás, segundo o Capítulo 1, item 3, alínea c da Carta: "Los sistemas de función pública pueden incluir uno o más tipos de relación de empleo entre las organizaciones públicas y sus empleados, más o menos próximas al régimen laboral ordinario. La función pública de un país puede albergar relaciones de empleo basadas en un nombramiento o en un contrato, reguladas por el derecho público o por el derecho privado, y cuyas controversias se sustancian ante órganos judiciales especiales o ante tribunales comunes".

[131] V. PAULO VEIGA E MOURA, *Estatuto* ..., pág. 7-10; MANUELA BLANC, DOMINGAS RODRIGUES, ALBERTO PELIZ e M. CARMEN DE LA FUENTE, *Estatuto* ..., pág. 10.
[132] V., tb., CLÁUDIA VIANA, "O Conceito ...", pág. 30-31.
[133] V. PAULO VEIGA E MOURA, *Estatuto* ..., pág. 28.
[134] Cf. *Estatuto* ..., pág. 10-11.
[135] Tal fato, aliás, independe da concepção sobre a autonomia ou não do Direito Disciplinar face ao Direito Penal, em decorrência também do art. 32º-10 da CRP (o qual expressamente menciona os processos sancionatórios).

Aquele autor ainda nos noticiou que o EDTEFP objetivou "confessadamente" proceder a uma "aproximação ao regime laboral", "diminuindo-se o elenco das penas disciplinares e dos seus efeitos, os prazos de prescrição do direito de instaurar o procedimento disciplinar e de caducidade do direito de aplicar a pena";[136] não obstante, "continue a empregar o texto 'estatuto', que aponta exactamente para um regime substancialmente diferente do laboral".[137]

Na verdade, a similitude do fenômeno da subordinação jurídica no trabalho público ou privado (ou melhor, entre "hierarquia administrativa" e "subordinação jurídica" como elemento típico da relação laboral ou de emprego privado) há muito é apontada na doutrina, por vezes, sendo diferenciado o seu fundamento jurídico.[138] De todo modo, em termos fáticos, tanto o trabalhador subordinado público, quanto o trabalhador subordinado privado estão sujeitos a deveres laborais para o cumprimento de suas incumbências profissionais, em conformidade com a perspectiva de seu respectivo empregador. Nesse sentido, a solução então adotada pelo EDTEFP (tanto na questão de submeter amplamente a FP *lato sensu* ao seu âmbito, quanto de aproximar o regime disciplinar ao próprio do Direito do Trabalho "comum") nos apresentou não só juridicamente acertada, como mais hodierna[139] (recordemos, por exemplo, a solução italiana, concebendo-se expressa e legislativamente o poder disciplinar da AP como um poder privado laboral).

De nossa análise, a reforma legislativa levada a cabo em 2008 pelo legislador infraconstitucional no âmbito na FP portuguesa mostrou-se ambígua num ponto bastante relevante, porém, único: na atribuição de competência aos Tribunais Administrativos para as lides decorrentes dessas relações jurídicas de emprego público (art. 83º-1, Lei nº 12-A/2008);[140] e, muito especialmente, para o "contrato de trabalho em funções

---

Sobre o tema, V. CARLOS FRAGA, *O Poder* ..., pág. 43: "No sistema português continua a seguir-se a concepção perfilhada antes da Constituição democrática de 1976 segundo a qual «existe total autonomia entre os ilícitos penais e disciplinares» justificável pela diferente teologia das infracções – criminal e disciplinar –, o que conduz a que os princípio de direito penal só em certa medida sejam aplicáveis em direito disciplinar". E conclui: "Desta concepção derivam diversas consequências pouco consentâneas com os princípio do Estado de Direito Democrático ...". V. J. J. GOMES CANOTILHO e VITAL MOREIRA, *Constituição* ..., vol. I, pág. 526.

[136] Cf. PAULO VEIGA E MOURA, *Ibidem*, pág. 10 e 11. Isso em decorrência da Exposição de Motivos da Proposta de Lei nº 115/2008 (que resultou na aprovação do diploma). No livro de PAULO VEIGA E MOURA, *Ibidem*, pág. 321.

[137] *Ibidem*, pág. 9. Entendemos, neste aspecto, que a nomenclatura dada ao diploma pelo legislador português não indica, necessariamente, que se está diante do reconhecimento legal ou de qualquer tomada de posição legislativa a favor da teoria da natureza estatutária do vínculo do trabalhador público. Trata-se, para nós, apenas de uma nomenclatura classicamente utilizada e desprovida de uma dada concepção material; devendo os seus dispositivos serem interpretados em conformidade com a CRP e com o restante do contexto jurídico. Nesses termos, concluir-se-á pela mera "formalidade" do *nomen iuris* "estatuto", assim como existe o "estatuto do trabalhador estudante" (Lei nº 7/2009, de 12/2, Portugal) ou o "Estatuto da Advocacia" (Lei nº 8.906/1994, de 4/7/1994); a qual não indica necessariamente estar-se diante de uma relação estatutária em termos doutrinários. Aliás, trata-se de confusão conceitual, desamarrada por PAULO EMÍLIO RIBEIRO DE VILHENA, *Contrato* ..., pág. 137 e seg.

[138] V., apenas na doutrina de língua portuguesa, TERESA CRISTINA DE SOUSA, *A natureza* ..., pág. 117; MARIA DO ROSÁRIO PALMA RAMALHO, *Do Fundamento* ..., pág. 129; e "Os limites ...", pág. 183. Relembramos ainda a doutrina italiana nesse particular, já mencionada: V. GIUSTINA NOVIELLO e VITO TENORE, *La Responssabilità* ..., pág. 7; ALBERTO TAMPIERI, *Contrattazione* ..., pág. 2 e seg. V. ANA FERNANDA NEVES, *O Direito Disciplinar da Função Pública*, tese de Doutoramento, FDUL, 2007, pág. 27-35.

[139] Esta também é, em geral, a opinião de DIOGO VAZ MARECOS, "As modalidades ...", pág. 234.

[140] Estamos aludindo, pois, a esta FP *lato sensu*, excluindo magistrados judiciais e do MP, militares, polícia e forças de segurança, *etc*.

públicas". Tal competência dos Tribunais Administrativos foi renovada na legislação portuguesa de 2014 (LTFP); e, assim, mesmo quando, conforme veremos a seguir, tenha o fenômeno da *Laboralização* da FP em geral sido intensificado.

Isso porque, além do próprio princípio da isonomia que orienta a aplicação das normas constitucionais relativas ao trabalho por conta alheia, conforme mencionamos anteriormente, a orientação-mestra para as modificações legislativas foi no sentido de aproximar as distâncias infraconstitucionais que separam o trabalhador subordinado público do trabalhador subordinado privado.[141] E isso, com maioria de razão para o RCTFP. O próprio art. 4º de seu Anexo (Lei nº 59/2008, de 11/9) dava disso prova clara na medida em que albergava expressamente o "princípio do tratamento mais favorável" ao trabalho, estruturante do Direito do Trabalho. Não foi (e ainda não é), contudo, a opção do legislador, que descartou a hipótese de competência da jurisdição ordinária para as respectivas lides.

Passados alguns poucos anos da vigência das leis da Reforma de 2008, foram sendo sucessivamente editadas, mormente a partir de 2011, outras leis para implementação dos efeitos internos da *Troika* no âmbito do mercado de trabalho de Portugal, em especial no EP.[142] Tais alterações tiveram como objetivo principal reduzir o gasto público, atingindo assim parcelas remuneratórias dos trabalhadores públicos; donde a eclosão de inúmeras críticas doutrinárias em defesa da inconstitucionalidade das reduções salariais.[143] Tais leis (e seus respectivos controles de constitucionalidade realizados pelo TC[144]) acabaram

---

[141] Visão tb. antecipada por PAULO OTERO, *Legalidade* ..., pág. 314.

[142] Sobre os impactos da *Troika* na economia e no mercado de trabalho português (2011-2014), V. http://www.jornaldenegocios.pt/economia/ajuda-externa/detalhe/troika_chegou_ha_cinco_anos_e_saiu_ha_dois_portugal_em_15_graficos, acesso em 26/3/2017.

[143] Quanto a essas alterações legais implementadas a partir do ano de 2011, conforme a crítica de MARIA DO ROSÁRIO PALMA RAMALHO, *Tratado de Direito do Trabalho – Parte II – Situações Laborais Individuais*, 5ª ed., Livraria Almedina, Coimbra, 2014, pág. 405-405, aumentou-se a carga publicística sobre o regime de trabalho de EP para favorecer o Estado, a fim de reduzir despesas com pagamento de subsídios (de férias e natalina); isto em detrimento da autonomia privada coletiva. E, por isso, chegou a afirmar a A.: "o regime actual do universo dos trabalhadores públicos tende ora a afastar, ora aproximar-se do regime laboral, de acordo com a conveniência de uma ou de outra tendência para a prossecução de objetivos determinados". V. tb. JORGE LEITE, "As disposições da lei ...", pág. 261-289.

[144] Com efeito, o TC teve oportunidade de se pronunciar várias vezes, sobre diferentes alterações legislativas dos anos de 2011 a 2014. Faremos aqui referência aos principais acórdãos para a matéria:
1) AcTC nº 396/2011: Em causa a Lei nº 55-A/2010, de 31/12 (Lei do Orçamento de Estado para 2011). A LOE implementou uma redução genérica da remuneração de vários agentes públicos da FP *lato sensu* e dos trabalhadores públicos em geral (nos percentuais de 3,5% e 10%, a depender do valor dos montantes ilíquidos percebidos). Por maioria, o TC entendeu: "O não prescindir-se de uma redução de vencimentos, no quadro de distintas medidas articuladas de consolidação orçamental, que incluem também aumentos fiscais e outros cortes de despesas públicas, apoia-se numa racionalidade coerente com uma estratégia de actuação, cuja definição cabe ainda dentro da margem de livre conformação política do legislador. Intentando-se, até por força de compromissos com instâncias europeias e internacionais, conseguir resultados a curto prazo, foi entendido que, pelo lado da despesa, só a diminuição de vencimentos garantia eficácia certa e imediata, sendo, nessa medida, indispensável. Não havendo razões de evidência em sentido contrário, e dentro de "limites do sacrifício", que a transitoriedade e os montantes das reduções ainda salvaguardam, é de aceitar que essa seja uma forma legítima e necessária, dentro do contexto vigente, de reduzir o peso da despesa do Estado, com a finalidade de reequilíbrio orçamental. Em vista deste fim, quem recebe por verbas públicas não está em posição de igualdade com os restantes cidadãos, pelo que o sacrifício adicional que é exigido a essa categoria de pessoas – vinculada que ela está, é oportuno lembrá-lo, à prossecução do interesse público – não consubstancia um tratamento injustificadamente desigual". Portanto, não se declarou a inconstitucionalidade material da lei.
2) AcTC nº 353/2012: Em causa a Lei nº 64-B/2011, de 30/12 (Lei do Orçamento de Estado para 2012, no particular da determinação de nova supressão de parcelas remuneratórias dos trabalhadores públicos (de subsídios

de férias e de natal), para além da manutenção das reduções salariais impostas pela LOE/2011. A LOE/2012 ainda mencionou que a redução persistiria para os anos de 2012 a 2014. Neste caso, o TC reconheceu a inconstitucionalidade material (da supressão dos subsídios de férias e de natal), com força obrigatória geral, por entender que o sacrifício imposto a quem aufere salários e remunerações públicas havia sido excessivo: "Estas medidas terão uma duração de três anos (2012 a 2014), o que determinará a produção de efeitos cumulativos e continuados dos sacrifícios ao longo deste período, a que acresce o congelamento dos salários e pensões do setor público, verificado nos anos de 2010, 2011 e 2012, ... Ora, nenhuma das imposições de sacrifícios descritas tem equivalente para a generalidade dos outros cidadãos que auferem rendimentos provenientes de outras fontes, independentemente dos seus montantes. A diferença de tratamento é de tal modo acentuada e significativa que as razões de eficácia da medida adotada na prossecução do objetivo da redução do défice público para os valores apontados nos memorandos de entendimento não tem uma valia suficiente para justificar a dimensão de tal diferença, tanto mais que poderia configurar-se o recurso a soluções alternativas para a diminuição do défice, quer pelo lado da despesa (v.g., as medidas que constam dos referidos memorandos de entendimento), quer pelo lado da receita (v.g. através de medidas de carácter mais abrangente e efeito equivalente à redução de rendimentos). As referidas soluções, podendo revelar-se suficientemente eficientes do ponto de vista da realização do interesse público, permitiriam um desagravamento da situação daqueles outros contribuintes que auferem remunerações ou prestações sociais pagas por verbas públicas. Daí que seja evidente que o diferente tratamento imposto a quem aufere remunerações e pensões por verbas públicas ultrapassa os limites da proibição do excesso em termos de igualdade proporcional". Todavia, o TC restringiu os efeitos da declaração de inconstitucionalidade para o próprio ano de 2012 (*ex nunc*).

3) AcTC nº 187/2013: Em causa a Lei nº 66-B/2012, de 31/12 (Lei do Orçamento de Estado para 2013, no que toca à determinação da suspensão do pagamento do subsídio de férias dos trabalhadores ativos do setor público; bem como a outros agentes públicos). Neste caso, reiterou o TC: "a medida de suspensão do subsídio de férias, cumulada com as reduções salariais que provêm já do exercício orçamental de 2011, que incidem sobre os trabalhadores do setor público, a par de um forte agravamento fiscal aplicável generalizadamente aos rendimentos do trabalho, não pode encontrar justificação suficiente no princípio da vinculação ao interesse público". Houve, pois, declaração de inconstitucionalidade material da suspensão do pagamento do subsídio de férias devido aos trabalhadores públicos.

4) AcTC nº 474/2013: Trata-se de um acórdão de suma importância na matéria do *novo* EP. Em causa o Decreto nº 177/XII da AR, em fiscalização abstrata preventiva de constitucionalidade, requerida pelo PR. Esse decreto consistia no projeto legislativo conhecido como "Lei da Mobilidade e da Requalificação Profissional" (e que afetaria a Lei nº 12-A/2008), o qual pretendeu regulamentar o despedimento do trabalhador público por causas *objetivas*, após transcorridas diversas fases de um procedimento de requalificação profissional e de racionalização de efetivos. Segundo o TC, relativamente à ótica do pedido: "não se trata de questionar o regime de requalificação de trabalhadores em funções públicas em si mesmo, nas suas várias componentes e múltiplos graus de afetação de posições jurídicas subjetivas que comporta, ou enquanto elemento de um processo de racionalização de efetivos, mas sim, e apenas, enquanto regime predicativo do despedimento por razões objetivas, que adquire novas componentes na relação jurídica de emprego público com a normação apontada na primeira questão de constitucionalidade". O TC afirmou nos fundamentos do julgado: "A relação jurídica de emprego público não se encontra excluída do campo de proteção constitucional do direito à segurança no emprego e da proibição do despedimento sem justa causa, com abrangência do despedimento por razões objetivas, que também é admissível neste campo de ação. Este Tribunal já teve oportunidade de dizer que, pese embora a relação de emprego público seja especialmente estável e duradoura, por confronto com a relação de emprego privada, a vitaliciedade do vínculo laboral público não encontra assento constitucional (Acórdãos nºs 154/86, 285/92, 4/2003 e 154/2010). Tal significa que, à semelhança dos restantes direitos fundamentais, o direito à segurança no emprego público admite limites e restrições à luz de outros direitos e valores constitucionalmente protegidos (artigo 18º, nº 2 da Constituição)". Todavia, "o problema aqui colocado não encontra identidade com qualquer das decisões do Tribunal Constitucional proferidas neste domínio, pois em nenhum momento esteve em controlo a constitucionalidade de normas integrantes de regime que comportasse a cessação da relação jurídica de emprego por *razões objetivas* e o parâmetro da proibição do despedimento sem justa causa. O que convive com a distinta ponderação do estatuto da função pública que as alterações legislativas ditaram, em especial o novo paradigma introduzido pela reforma de 2008". Ao final, o TC pronunciou-se pela inconstitucionalidade material das normas questionadas. Na síntese de MIGUEL LUCAS PIRES (*in Será mesmo inadmissível 'despedir' funcionários públicos? Reflexões em Torno do Acórdão do Tribunal Constitucional nº 474/2013, de 29 de Agosto*, Livraria Almedina, Coimbra, 2014, pág. 13): "a intenção do legislador ... foi a de ... delimitar de modo mais nítido os procedimentos que devem nortear o recurso a uma modalidade peculiar de extinção da relação jurídica de emprego público por causas objectivas, bem como da tramitação conducente à sua efectivação e, por outro lado, eliminar a protecção conferida aos trabalhadores da Administração Pública com vínculo indeterminado, admitidos antes da entrada em vigor da citada Lei nº 12-A/2008, de 27 de Fevereiro". O TC não admitiu a alteração legislativa, segundo complementa o A. por essas razões: "a) por entender não se encontrarem suficientemente densificados os pressupostos que podem presidir ao recuso a esta causa de cessação da relação jurídica de emprego público; e

por corroborar a necessidade de consolidação de uma nova legislação geral, o que veio a se confirmar em meados de 2014.

3 A reforma de 2014: a publicação da Lei Geral do Trabalho em Funções Públicas (LTFP) e o assentamento formal de aplicação geral e subsidiária do DT ao regime de EP

Em 2014, editou-se, então, a LTFP (Lei nº 35/2014, de 20 de Junho), que agora regula, em termos basilares, a FP portuguesa, especialmente aquela grande parte vinculada à AP não empresarial do Estado (e não expressamente excluída da sua abrangência; arts. 1º e 2º, anexo).

A justificativa para a publicação desse diploma, transcorridos apenas 6 (seis) anos da reforma de 2008, tem arrimo nas alterações legislativas implementadas sobre aquelas anteriores leis, principalmente incrementadas depois de 2010[145] (e respectiva jurisprudência constitucional, já citada), bem como na necessidade de consolidar a matéria

---

b) por considerar inadmissível a revogação da cláusula de proteção outorgada, em 2008, aos então funcionários públicos com nomeação definitiva". Acrescenta o A., às pág. 50: "o TC considera que a injunção constitucional decorrente do princípio da prossecução do interesse público ... em nada altera a vinculação do Empregador Público ao cumprimento de exigências materiais e procedimentais legitimadoras do recurso a qualquer daquelas duas figuras" (que podem autorizar a extinção da relação de EP por causas objetivas).

5) AcTC nº 602/2013: Em causa alterações ao Código do Trabalho implementadas pela Lei nº 23/2012, de 25 de Junho. O TC declarou inconstitucional os nº 2 e 4 do art. 368º do Código do Trabalho, por violação ao princípio da segurança no emprego (art. 53º da CRP). O dispositivo alterado do código diz respeito ao despedimento do empregado por extinção do posto de trabalho (e, portanto, por causas objetivas: fundadas em motivos de mercado, estruturais ou tecnológicos). Segundo TC, "pode assim dizer-se que o direito fundamental à segurança no emprego –entre os direitos, liberdades e garantias dos trabalhadores é aquele que a Constituição enuncia em primeiro lugar – para além de proscrever causas de despedimento que não sejam constitucionalmente justas, postula também que o Estado atue, emanando regras procedimentais adequadas à sua proteção. Deste modo, a violação da proibição constitucional de despedimentos sem justa causa pode resultar tanto da previsão de fundamentos inadequados, como da previsão de regras que não acautelem suficientemente a defesa da posição do trabalhador perante a invocação de fundamentos adequados". Este acórdão tem, assim, estreita conexão com o debate levado a efeito no AcTC nº 474/2013 respeitante ao EP, ambos relativos à extinção da relação de trabalho subordinada por causas não subjetivas. V. DAVID FALCÃO e SÉRGIO TENREIRO TOMÁS, "Notas sobre a Ilicitude do Despedimento", in QL, nº 47, Ano XXII, julho-dez., 2015, pag. 311-328.

6) AcTC nº 794/2013: Em causa alteração legislativa que incidiu sobre a Lei nº 59/2008, de 11/09 (RCTFP), precisamente para elevar a jornada de trabalho dos trabalhadores públicos (em 5 horas semanais) e igualá-la à dos trabalhadores privados. Não houve declaração de inconstitucionalidade. O TC ainda afirmou: "deve ter-se em consideração que a tendência para a laborização do regime dos trabalhadores da Administração Pública, fortemente acentuada, a partir de 2008, com a adoção, como regime-regra, do contrato de trabalho em funções públicas (disciplinado por um diploma – o RCTFP – próximo do Contrato de Trabalho), permite afirmar que não seria totalmente imprevisível uma alteração como a ora em causa do período normal de trabalho". V., ANDRÉ DE OLIVEIRA CORREIA, "Os (não tão) novos horários de trabalho dos trabalhadores das carreiras gerais: perdidos entre a lei e instrumentos de regulamentação coletiva de trabalho", in QL, nº 45, Ano XXI, julho-dez., 2014, pág. 349-380, esp. 356 e seg.

7) AcTC nº 413/2014: Em causa as normas contidas em alguns artigos da Lei nº 83-C/2013, de 31/2013 (Lei do Orçamento do Estado para 2014). Mais uma vez, pretendia-se impor novas reduções àqueles que auferem rendas públicas, dentro do programa de ajuste do défice público decorrente da *Troika*. As reduções chegavam a 12% das remunerações dos trabalhadores públicos. O TC declarou a inconstitucionalidade das principais imposições restritivas da LOE/2014 por violação aos princípios da igualdade e da proporcionalidade.

[145] Aliás, uma das alterações provocadas pela Lei do Orçamento do Estado para 2010 (LOE nº 3 B/2010, de 28/4) foi a institucionalização da regra do "2 saídas para cada entrada", em decorrência da crise financeira que assolou Portugal, principalmente a partir daquele ano. V. MIGUEL LUCAS PIRES, *Os Regimes de Vinculação e a Extinção das Relações Jurídicas dos Trabalhadores da Administração Pública*, Livraria Almedina, Coimbra, 2013, pág. 36.

pertinente ao regime jurídico da relação de trabalho de EP em um diploma normativo central, opondo-se à situação de dispersão daquelas leis revogadas.[146] Ademais, a LTFP teve ainda um nítido e mais intenso propósito *laboralizador*.[147]

Com efeito, pode-se dizer que o processo de aproximação do DFP com DT chegou ao seu estágio mais avançado em Portugal com a LTFP (ressalvando-se, talvez, apenas a Lei nº 23/2004, de 22 de Junho), no sentido de consagração de uma própria relação de *supletividade* deste ramo jusprivatístico para com aquele do Direito Administrativo. Essa relação de *complementariedade* e de *subsidiariedade* do Direito do Trabalho foi estabelecida mediante o assentamento de uma regra geral para legitimar a aplicação suplementar da legislação laboral em matérias meramente exemplificativas da relação jurídica de EP (anexo, art. 4º, com o título "Remissão para o Código do Trabalho"[148]), além de outras específicas que remetem para legislação laboral ao longo da LTFP. Por isso, afirma agora Pedro de Melo Fernandes que a "situação jurídica de emprego público é regida por regras de Direito Privado mas numa relação de sistema subsistema, isto é, o Direito do Trabalho contém as regras do sistema e o direito administrativo é o subsistema dentro do sistema que é mais amplo e que é o Direito do Trabalho".[149]

A despeito da inegável importância dogmática da regra geral constante do citado art. 4º, mormente em termos de constatação do esfacelamento da autonomia histórica e científica do DFP face ao DT, a doutrina aponta que tal técnica legislativa pode permitir a eclosão de conflitos interpretativos, decorrentes das "adaptações impostas pela natureza pública do empregador".[150] Assim, "perante a ausência de regulamentação de

---

[146] V. CLÁUDIA SOFIA HENRIQUES NUNES, *O Contrato de Trabalho em Funções Públicas face à Lei Geral do Trabalho*, Coimbra Editora, Coimbra, 2014, pág. 5; MIGUEL LUCAS PIRES, *Lei Geral do Trabalho em Funções Públicas*, 2ª edição, Livraria Almedina, Coimbra, 2016, pág. 9. Salienta, entretanto, esse A.: "relevantes problemáticas inerentes à relação jurídica de emprego público não lograram acolhimento na LTFP, como sucede, por exemplo, as respeitantes à tramitação dos procedimentos concursais, às questões retributivas (...) e a alguns aspectos do procedimento de requalificação".

[147] V. RAQUEL CARVALHO, *Comentário ao Regime Disciplinar dos Trabalhadores em Funções Públicas*, Universidade Católica Editora, Lisboa, 2014, pág. 13.

[148] Texto do Art. 4º: "1 – É aplicável ao vínculo de emprego público, sem prejuízo do disposto na presente lei e com as necessárias adaptações, o disposto no Código do Trabalho e respetiva legislação complementar com as exceções legalmente previstas, nomeadamente em matéria de: a) Relação entre a lei e os instrumentos de regulamentação coletiva e entre aquelas fontes e o contrato de trabalho em funções públicas; b) Direitos de personalidade; c) Igualdade e não discriminação; d) Parentalidade; e) Trabalhador com capacidade reduzida e trabalhadores com deficiência ou doença crónica; f) Trabalhador estudante; g) Organização e tempo de trabalho; h) Tempos de não trabalho; i) Promoção da segurança e saúde no trabalho, incluindo a prevenção; j) Comissões de trabalhadores, associações sindicais e representantes dos trabalhadores em matéria de segurança e saúde no trabalho; k) Mecanismos de resolução pacífica de conflitos coletivos; l) Greve e lock-out. 2 – Quando da aplicação do Código do Trabalho e legislação complementar referida no número anterior resultar a atribuição de competências ao serviço com competência inspetiva do ministério responsável pela área laboral, estas devem ser entendidas como atribuídas ao serviço com competência inspetiva do ministério que dirija, superintenda ou tutele o empregador público em causa e, cumulativamente, à Inspeção-Geral de Finanças (IGF). 3 – Para efeitos da aplicação do regime previsto no Código do Trabalho ao vínculo de emprego público, as referências a empregador e empresa ou estabelecimento, consideram-se feitas a empregador público e órgão ou serviço, respetivamente. 4 – O regime do Código do Trabalho e legislação complementar, em matéria de acidentes de trabalho e doenças profissionais, é aplicável aos trabalhadores que exercem funções públicas nas entidades referidas nas alíneas b) e c) do nº 1 do artigo 2º".

[149] In "A Situação Jurídica de Emprego Público: à procura do novo paradigma", *QL*, nº 47, Ano XXII, Julho-Dez., 2015, Coimbra Editora, Coimbra, pág. 329-385, esp. pág. 331. Posição semelhante é a de: FRANCISCO PIMENTEL, *Direitos e Deveres dos Trabalhadores que Exercem Funções Públicas no Vínculo Jurídico de Emprego Público*, 2ª edição, Livraria Almedina, Coimbra, 2015, pág. 8.

[150] Cf. MIGUEL LUCAS PIRES, *Lei Geral ...*, pág. 59. Também apontam censuras à técnica legislativa: PAULO VEIGA E MOURA e CÁTIA ARRIMAR, *Comentários à Lei Geral do Trabalho em Funções Públicas, 1º volume, Artigos 1º a 240º*, Coimbra Editora, Coimbra, 2014, pág. 94-95.

uma dada matéria na LFTP, o intérprete se vê confrontado com o seguinte dilema: tal omissão implica o recurso supletivo ao Código do Trabalho ou, ao invés, representa a vontade do legislador da LTFP não importar as soluções da lei laboral privada? Independentemente da resposta, que terá que ser casuística (...), a existência desta dúvida ofende intoleravelmente a segurança jurídica".[151]

De nossa parte, não cremos que essa *questio* sobre a melhor solução para uma dada lacuna normativa do EP (com a aplicação ou não supletiva do DT, por força do anexo, art. 4º, da LTFP) conduza a uma insustentável insegurança jurídica na matéria; ao reverso, permite uma oxigenação do sistema e o prévio questionamento da permanência (ou não) de uma dada especificidade do EP em relação ao emprego privado sobre pontos que eventualmente lhe sejam reciprocamente afetos.

A maior intensidade do fenômeno da *laboralização* do DFP que se implementou em Portugal com a novel lei não é apenas extraída da existência do citado art. 4º, anexo, da LTFP; legítima "porta de entrada laboral". É também aferida mediante a estruturação e a normatização da LTFP; a qual se apresenta, em sua plenitude, como uma legislação materialmente laboral (como um verdadeiro e próprio "Código do Trabalho Público").

Assim, considerando apenas o anexo da lei (art. 2º), dotado de 406 (quatrocentos e seis artigos), encontra-se divido em três grandes partes: Parte I, relativa às "Disposições gerais"; Parte II, relativa ao "Vínculo de empregador público"; e, Parte III, pertinente ao "Direito Coletivo". Estas partes são, por sua vez, subdivididas em vários títulos cada. A Parte I tem os seguintes títulos: Título I (Âmbito); Título II (Modalidades de vínculo e prestação de trabalho); Título III (Fontes e participação na legislação). A Parte II, os seguintes títulos: Título I (Trabalhador e empregador); Título II (Formação do vínculo); Título III (Modalidades especiais de vínculo de emprego público); Título IV (Conteúdo do vínculo de emprego público). A Parte III, por fim, tem esses títulos: Título I (Estruturas de representação coletiva dos trabalhadores); Título II (Negociação Coletiva) e Título III (Conflitos coletivos de trabalho).

Aliás, uma novidade da LTFP foi a conceituação expressa da figura do "Empregador público" (anexo, art. 25º-1),[152] seguida ainda do assentamento da hipótese de configuração de "sucessão trabalhista" (nº 2) de empregadores públicos.[153]

A introjeção e a paridade do DT na LTFP foi de tal modo intensa que parte da recente doutrina lusitana já começa a utilizar a nomenclatura "Direito Laboral Público", duvidando inclusivamente da autonomia do DFP em relação ao "Direito Laboral Comum".[154] E, assim, mesmo quando se contra-argumenta no sentido da existência de categorias funcionais específicas, cujos vínculos não estão no âmbito da LTFP (por exemplo, anexo, art. 2º-2), mantendo alguma especificidade do DFP: "a aproximação ao regime laboral comum desloca o EP para a esfera dogmática do DT, porém, parte específica do EP permanece na área do DA, tal como em Itália. O EP não se dissolve

---

[151] Cf. MIGUEL LUCAS PIRES, *Ibidem*, pág. 60. V. tb. CLÁUDIA SOFIA HENRIQUES NUNES, *O Contrato ...*, pág. 6.
[152] V. FRANCISCO PIMENTEL, *Direitos e Deveres ....*, pág. 9; MIGUEL LUCAS PIRES, *Lei Geral ...*, pág. 85.
[153] V. sobre o tema: ANA FERNANDA NEVES, "A Diretiva 2001/23/CE como limite ao despedimento de trabalhadores com Contrato de Trabalho em Funções Públicas", *in QL*, Ano XXI, nº 45, Jul-Dez., 2014, pág. 247-290.
[154] Cf. ANDRÉ VENTURA, *A Nova Administração Pública: Princípios Fundamentais e Normas Reguladoras*, Quid Juris Sociedade Editora, Lisboa, 2014, págs. 7-14.

no Direito Laboral".[155] O reconhecimento da profunda e intensa penetração do DT no DFP é ainda apontado mesmo por aquele autor português mais crítico do fenômeno da *Laboralização* em geral (Paulo Veiga e Moura), que expressamente "nunca partilhou desta paixão do legislador" pela "pretensa superioridade do direito laboral sobre o regime do EP".[156] Enfim, segundo Francisco Pimentel, "somos agora forçados a revisitar e a redefinir o estatuto da FP como sendo o conjunto de normas legais de Direito Público e, agora, também de DT, estas aplicáveis por determinação expressa daquelas primeiras normas".[157]

A LTFP (na linha da legislação revogada, de 2008) reafirma o princípio da tipicidade dos vínculos de EP (anexo, art. 6º), podendo decorrer de um CTFP ("contrato de trabalho em funções públicas"), de uma "nomeação" ou "comissão de serviço", constituindo aquele ainda a regra geral (anexo, art. 7º). Ainda, na lógica do art. 10º da Lei nº 12/A-2008, as alíneas *a* a *f* do art. 8º da LTFP (anexo) reservam aos nomeados o exercício de determinadas atividades que envolvem poderes de autoridade (densificando-se infraconstitucionalmente o âmbito das "funções públicas que não tenha carácter predominantemente técnico", art. 15º-2 da CRP). Assim, o CTPF continua a ser a regra (ou o padrão) de vinculação jurídica entre empregador público com o trabalhador público subordinado, contrato que deve ser formalizado (anexo, art. 40º, LTFP). A figura da "comissão de serviço" direciona-se basicamente para o exercício de cargos não inseridos em carreiras (cargos dirigentes) ou de funções com vista à aquisição de formação específica, durante a frequência do respectivo curso (anexo, art. 9º).[158]

Novidade, aliás, bastante censurável em nossa ótica, introduzida pela LTFP, foi a inclusão do art. 6º-1 (anexo): "O trabalho em funções públicas pode ser prestado mediante vínculo de emprego público ou contrato de prestação de serviço, nos termos da presente lei". No art. 10º (nºs 1 e 2) do anexo, estipula-se que tais contratos de prestação de serviço podem ser o "contrato de tarefa"[159] ou o "contrato de avença".[160] Na medida em que a LTFP comparece como um "Código Geral do Emprego Público",[161] a inclusão desses dispositivos parece-nos destoar de seu contexto, porquanto a formalização de um contrato de prestação de serviço (autônomo) com a AP (sendo o contratado pessoa física ou jurídica) não origina dele relação jurídica de emprego público, estando ausente o requisito da subordinação jurídica – ou, para quem assim entenda, da hierarquia administrativa subjetiva – (e, eventualmente, da pessoa física).[162] A regra ficaria melhor consagrada nos diplomas sobre os contratos públicos ou sobre a contratação administrativa (e, assim

---

[155] Cf. NUNO J. VASCONCELOS ALBUQUERQUE SOUSA, "A Reforma do Emprego Público em Portugal", *in QL*, Ano XXI, nº 45, Jul/Dez., 2014, pág. 213-246, esp. 246.

[156] Cf. PAULO VEIGA E MOURA e CÁTIA ARRIMAR, *Comentários* ..., págs. 94 e 10, respectivamente. À pág. 94 ainda anotam: "O presente artigo continua a revelar que o legislador ainda não esqueceu o amor sentido pelo direito privado, alegadamente por ele tido como um arquétipo ou modelo de perfeição ... ".

[157] *In* FRANCISCO PIMENTEL, *Direitos e Deveres* ..., pág. 41.

[158] V. PEDRO DE MELO FERNANDES, "A situação jurídica ...", pág. 371. ANDRÉ VENTURA, *A Nova Administração* ..., pág. 26.

[159] "Contrato de tarefa, cujo objeto é a execução de trabalhos específicos, de natureza excepcional, não podendo exceder o termo do prazo contratual inicialmente estabelecido".

[160] "Contrato de avença, cujo objeto e a execução de prestações sucessivas no exercício de profissão liberal, com retribuição certa mensal, podendo ser feito cessar, a todo tempo, por qualquer das partes, mesmo quando celebrado com cláusula de prorrogação tácita, com aviso prévio de 60 dias e sem obrigação de indemnizar".

[161] Tb. NUNO J. VASCONCELOS ALBUQUERQUE SOUSA, "A Reforma do Emprego Público ...", pág. 223.

[162] V. FRANCISCO PIMENTEL, *Ibidem*, pág. 87.

consideramos, mesmo cientes do art. 10º, nºs 3 e 4, anexo, relativamente à nulidade dos contratos de prestação de serviços que se concretizem com fraude laboral[163]). Isso porque, uma leitura ou aplicação descomprometida do art. 6º-1, anexo, do ponto de vista juslaboral, poderá conduzir à equivocada dedução de que é substituível uma relação jurídica de emprego público por uma relação jurídico-administrativa decorrente de uma contratação de prestação de serviço (o que, evidentemente, somente muito raramente é possível, não se permitindo por essa via o "esvaziamento subjetivo" da FP de tarefas próprias e permanentes da AP[164]).

Relativamente ao CTFP, dispõe o anexo, art. 13º, da LTFP, sobre suas "fontes específicas": os "instrumentos de regulamentação coletiva de trabalho" (IRCT) e os usos. Não há previsão na LTFP de incidência de instrumentos normativos (na qualidade de resultados da contratação coletiva *stricto sensu*) para as relações jurídicas dos "nomeados".[165] Foi, entretanto, assegurado genericamente aos trabalhadores em funções públicas (melhor, às suas entidades sindicais), independentemente da modalidade do vínculo jurídico, o direito de negociação coletiva (na qualidade de um direito de participação *lato sensu* no procedimento legislativo e administrativo), inclusive quanto a variados temas da FP e de seu regime jurídico (anexo, arts. 15º e 350º).[166]

Por sua vez, os IRCT podem ser convencionais (acordo coletivo de trabalho, nas modalidades de acordo coletivo de carreira ou acordo coletivo de empregado público; acordo de adesão; decisão de arbitragem voluntária) ou não convencionais (decisão de arbitragem necessária). O art. 355º-1 (anexo) da lei estipula as matérias possíveis de contratação coletiva, incluindo suplementos remuneratórios, sistema de recompensa do desempenho; sistemas adaptados e específicos e avaliação de desempenho; regimes de duração e organização do tempo de trabalho; regimes de mobilidade e ação social complementar.[167] Houve, assim, uma delimitação objetiva básica do objeto possível e

---

[163] Aliás, nesse particular releva também o art. 53º da LTFP, no sentido de albergar, especialmente quanto às nulidades do vínculo de emprego público, o tipo anulabilidade próprio do DT, com o qual se reconhece efeitos jurídicos do negócio jurídico até a sua decretação.

[164] Cf. PAULO VEIGA E MOURA e CÁTIA ARRIMAR, Comentários ..., pág. 102.

[165] Alguma doutrina aponta inconstitucionalidade material relativamente à exclusão dos "nomeados", excluindo-os da possibilidade de contratar coletivamente. Aduzem violação ao direito fundamental de autonomia coletiva constante da CRP. V. MIGUEL LUCAS PIRES, Lei Geral ..., pág. 73, nota 10. É tb. a posição de NUNO J. VASCONCELOS ALBUQUERQUE SOUSA, "A Reforma do Emprego Público ...", pág. 241.

[166] V. PEDRO MADEIRA DE BRITO, "O reconhecimento legal do direito à contratação coletiva dos trabalhadores da Administração Pública: da negação à consolidação", in QL, nº45, Ano XXI, julho-dezembro, 2014, pág. 328-347, esp. pág. 344 e seg.

[167] Cf. MIGUEL LUCAS PIRES, Lei Geral ..., pág. 407, não se trata, entretanto, de um rol absolutamente taxativo. Além disso, chama a atenção para a exclusão de matérias do âmbito da contratação coletiva em outras disposições específicas da LTFP. Nesse sentido, diversamente do que acontece no DT, o âmbito da contratação coletiva no EP é potencialmente mais reduzido, por força do princípio da legalidade e da natureza pública do empregador. Diversamente, sobre o âmbito da contratação coletiva na esfera privada, fundamentou o TC no acórdão nº 602/2013, já citado: "Em regra, as normas legais reguladoras de contrato de trabalho podem ser afastadas por IRCT, salvo quando delas resultar o contrário (cfr. o artigo 3º, n. 1 e 3, do Código do Trabalho). Por isso mesmo, entre os limites ao conteúdo de IRCT encontram-se as normas legais imperativas (cfr. o artigo 478.º, n.º 1, alínea a), do referido Código; sendo certo que são possíveis diferentes graus de imperatividade das normas legais, distinguindo-se, a propósito, e com uma terminologia que na doutrina juslaboralista não é uniforme, entre normas absoluta ou relativamente imperativas"; "A matéria objeto de tais normas imperativas, na medida da respetiva imperatividade, fica excluída do âmbito da mencionada autonomia coletiva. Como conclui Luís Gonçalves da Silva, 'toda a área de regulação decorrerá do espaço deixado pelo legislador, devendo este ser identificado através das regras de interpretação'".

legítimo da contratação coletiva, melhor clarificando os nem sempre claros limites entre a "reserva da lei" e a "reserva da autonomia coletiva" (CRP, art. 56º).

Aliás, segundo a frase emblemática de Pedro Madeira de Brito, "a contratação coletiva com o empregador público tem inscrito no seu ADN um código feito da palavra *limite*".[168] Não obstante isto, discordamos em absoluto da afirmativa de Paulo Veiga e Moura e Cátia Arrimar, diminuindo a importância jurídica dos IRCT, pois a conquista de âmbito material específico para a contratação coletiva no EP, num país adepto do DA de vertente francesa, como é Portugal, parece-nos ser de valorizar. Conforme esses autores: "uma análise das matérias que podem ser regulamentadas por tais instrumentos (...) comprova que se trata de assuntos de menor importância, podendo-se mesmo dizer que não passam de '*peanuts*' no universo da disciplina jurídica do emprego público".[169]

Por sua vez, o nº 2 daquele art. 355º assegura a nulidade do IRCT se contrariar norma legal imperativa (a norma convencional será considerada não escrita e automaticamente substituída pela disposição da lei imperativa); dispor sobre matéria reserva à autonomia administrativa e "conferir eficácia retroativa a qualquer cláusula que não seja de natureza pecuniária".

Quanto à incidência subjetiva dos acordos coletivos de trabalho para os contratados, há a previsão do art. 370º, anexo, da LTFP; um dos dispositivos mais debatidos pela recente doutrina especializada. No contexto de pluralidade sindical assegurada pela CRP (art. 55º[170]), determinam os nºs 2 e 3 desse artigo: "2- O acordo coletivo de trabalho aplica-se aos trabalhadores filiados em associação outorgantes ou membros da associação sindical filiada na união, federação ou confederação sindical outorgante. 3- O acordo coletivo de trabalho aplica-se ainda aos restantes trabalhadores integrados em carreira ou em funções no empregador público a que é aplicável o acordo coletivo de trabalho, salvo oposição expressa do trabalhador não sindicalizado ou de associação sindical interessada e com legitimidade para celebrar o acordo coletivo de trabalho, relativamente a seus filiados"; oposição que deve ser manifestada em quinze dias (nº 4). Nesse sentido, elucidam os juristas que optou a LTFP pelo princípio da filiação, complementado por um "sistema de extensão automática dos efeitos das convenções coletivas".[171] As críticas doutrinárias concentram-se nessa extensão automática, na medida em que pode conduzir a um desestímulo à filiação sindical profissional (e, portanto, para além de poder atentar contra a própria liberdade sindical, pode conduzir ao esvaziamento subjetivo dos sindicatos).[172] A situação fica mais desconfortável e paradoxal na medida em

---

[168] *In* "O reconhecimento legal ...", pág. 330.

[169] *In Comentários* ..., pág. 93, reiterado às pág. 135.

[170] V. J. J. GOMES CANOTILHO e VITAL MOREIRA, *Constituição* ..., vol. I, pág., nota IV do art. 55º da CRP, pág. 732: "O primeiro dos direitos sindicais é a liberdade de constituição de associações sindicais (nº 2/a); designadamente, sem sujeição a qualquer forma de autorização administrativa (art. 46º-1). A liberdade de constituição abrange a liberdade de escolha do âmbito pessoal (profissão, indústria, *etc.*) e do âmbito geográfico do sindicato, bem como a liberdade de organização sindical derivada (associações de sindicatos, associações de associações de sindicatos, formas mistas), não podendo a lei estabelecer qualquer restrição. Em especial, é constitucionalmente inadmissível também a proibição legal de constituição de sindicatos paralelos. Embora a Constituição considere a unidade dos trabalhadores como um elemento fundamental da defesa dos seus direitos e interesses (nº 1, 2ª parte), ela não admite a garantia legal da unidade sindical através da proibição de sindicatos concorrentes".

[171] Cf. PEDRO MADEIRA DE BRITO, "O reconhecimento legal ...", pág. 344 e 363. V. CLÁUDIA SOFIA HENRIQUES NUNES, *O Contrato* ..., pág. 23.

[172] V. MIGUEL LUCAS PIRES, *Lei Geral* ..., pág. 422-423. V., principalmente, ANDRÉ DE OLIVEIRA CORREIA, "Os (não tão) novos horários ...", pág. 371: "tal redundará na possibilidade de, um determinado trabalhador

que os contratados não sindicalizados podem optar pelo acordo coletivo que lhe seja especialmente favorável, dentre vários concorrentemente celebrados pelo empregador público e potencialmente incidentes sobre o seu CTFP (art. 370º-5, anexo, LTFP).

O art. 364º, anexo, dispõe sobre a legitimidade para a celebração dos acordos coletivos; quer pelo pactuante público (pelo empregador público, os membros do Governo lá indicados); quer pelo pactuante privado (associações sindicais ou confederações sindicais). Conforme elucidou o TC, "A sua celebração é necessariamente precedida de processo negocial (artigo 359.º, nº 1, da LTFP), pelo que a previsão legal de legitimidade para a celebração de acordos, pelo artigo 364º, nº 3, alínea b, LTFP, implica a atribuição de competência para a sua negociação. Nos termos do nº 6 do mesmo artigo, tem legitimidade para a assinatura desses acordos, pela parte pública, os membros do Governo e os representantes do empregador público". Na oportunidade, o TC declarou materialmente inconstitucional, por ofensa à autonomia local consagrada na CRP (art. 6º-1), essa mesma legitimidade-competência do Governo para celebração de instrumentos normativos, quando no âmbito trabalhadores públicos da administração autárquica. Concluiu o tribunal que: "Concedida uma competência ou atribuição à autarquia, no domínio da sua autonomia, esta tem que a poder exercer em liberdade e sob sua responsabilidade, com os limites da lei. (...) A modalidade de atuação prevista na norma impugnada (a intervenção administrativa direta do Governo, face a um caso concreto, efetuando juízos de mérito) traduz uma restrição da autonomia do poder local, injustificada pelos interesses públicos em presença, violando, de modo frontal, o princípio da autonomia local".[173]

Relativamente ao "Direito Disciplinar"[174] na LTFP, além de reiterar os traços principais da anterior Lei nº 58/2008, de 9/9, é digna de registro a alteração de nomenclatura, ignorando as arcaicas designações de "arguido" e de "penas disciplinares" para fazer referência a "trabalhador" e "sanções disciplinares".[175] Para nós, tal alteração não é meramente tópica; mas, sim, indica mutação definitiva do próprio fundamento do poder disciplinar do empregador público, afirmando-se como um poder nitidamente laboral-obrigacional (relacionando-se, pois, à organização e plena execução do trabalho).[176] Quanto ao mais, o "estatuto disciplinar" (anexo, arts. 176º e seg.) é genericamente aplicável ao mesmo âmbito subjetivo da LTFP; isto é, a todos os vínculos advindos de uma relação jurídica de EP.

---

não sindicalizado, vierem a aplicar-se vários acordos coletivos de trabalho, colocando-o na situação confortável de poder escolher qual o que pretende ver ser-lhe aplicável. Aliás, a este respeito, o art. 370º-5, da LTFP não prevê qualquer prazo para que essa escolha se realize". E continua o A.: "Muito embora nos arestos até a data conhecidos o TC tenha sempre negado a inconstitucionalidade deste tipo de normas, a verdade é que nunca até então o princípio da liberdade sindical (nas suas vertentes positiva e negativa) foi tão colocado em xeque".

[173] AcTC nº 494/2015. Conforme MIGUEL LUCAS PIRES, Lei Geral ..., pág. 416, o entendimento do TC seria extensível a outras entidades públicas semelhantemente dotadas de autonomia administrativa face ao Governo (universidades públicas e entidades independentes).

[174] Para outros, "Direito Disciplinário"; V. LUISA CRISTINA PINTO E NETTO, "¿Direito Disciplinário ...", pág. 41-65.

[175] Cf. RAQUEL CARVALHO, Comentário ..., pág. 16 e 307; e "O Regime Disciplinar na Lei Geral do Trabalho em Funções Públicas", in QL, Ano XXI, nº 45, jul/dez., 2014, pág. 305-325, esp. pág. 308.

[176] V. ANA FERNANDA NEVES, O Direito Disciplinar da Função Pública, Vols. I e II, Tese de Doutoramento, FDUL, Lisboa, 2007. No vol. I, às pág. 542, afirma a A.: "A aproximação da responsabilidade disciplinar na função pública à responsabilidade de direito laboral privado tem objetivo de acentuar a dimensão de resultado da prestação laboral no EP, em função da efectiva prestação de serviço público às pessoas, e de autonomia do trabalhador na obtenção desse resultado".

A LTFP renovou também a possibilidade de extinção da relação de trabalho, em especial, dos trabalhadores com CTFP,[177] por causas objetivas (como já constava da legislação revogada – Lei nº 59/2008 –, avalizada pelo controle de constitucionalidade exercido pelo TC, no bojo do Acórdão de nº 154/2010, em face da garantia constitucional da segurança no emprego). A nova lei, todavia, observa a compreensão desse tribunal quanto aos rigores procedimentais que devem ser transpassados pela AP, a fim de legitimar uma dada extinção contratual (Acórdão nº 474/2013). Consoante o art. 311º-1, anexo, da LTFP: "O contrato de trabalho em funções públicas cessa na sequência de processo de reorganização de serviços ou de racionalização de efetivos realizado nos termos da presente lei, se, após o decurso da primeira fase do processo de requalificação, o trabalhador não abrangido pela segunda fase não tiver reiniciado funções em órgão ou serviço".[178] Assim, são próximas as figuras do despedimento por causas objetivas do despedimento coletivo, na medida em este, via de regra, implica situações não relacionadas à conduta subjetiva dos contratantes, atingindo vínculos contratuais de mais de um trabalhador subordinado. Evidentemente que a cessação do CTFP, também por causas objetivas, sujeita-se ao controle judicial (art. 313º, anexo, LTFP), a despeito de ser exercido pelos Tribunais Administrativos (e, portanto, ainda no contexto do denominado "contencioso administrativo").

Finalmente, quanto à jurisdição competente para apreciação das lides individuais derivadas das relações jurídicas de EP, mantemos aqui a crítica que tecemos originariamente para a opção do legislador de 2008, na medida em que consagrou, para todas as modalidades de vínculos da FP, a competência dos Tribunais Administrativos (anexo, art. 12º[179]).

Entendemos, de fato, não haver justificativa jurídica (legislativa ou jurisdicional) plausível, dentro da lógica apresentada, para a reafirmação da competência da Justiça Administrativa nas lides que envolvem o trabalhador subordinado público, mormente quando legislativamente assentada a ideia central de que o "trabalhador por conta alheia público é, antes de qualquer coisa, um trabalhador subordinado". O fato, por si só, da qualificação legislativa da relação jurídica de trabalho público (ou do vínculo de trabalho público) como de natureza (formalmente) administrativa (art. 212º, CRP), não desnatura aquele vetor de isonomia e de trabalho humano subordinado.

Além disso, conforme a nossa compreensão, as vinculações jurídico-públicas que incidem sobre a relação de emprego público (orçamentação, princípios relativos

---

[177] De trabalhadores recrutados depois de 1º/1/2009, conforme a LTFP. V. AcTC nº 474/2013, já citado.

[178] V. ANA FERNANDA NEVES, "A Diretiva 2001/23/CE ...", pág. 250 e seg. tece severas críticas à legislação, na medida em que não atende às exigências comunitárias constantes da citada diretiva. Essa diretiva assegura a manutenção dos direitos dos trabalhadores em casos de transferência de empresas ou de estabelecimentos (ou de partes de empresas e de estabelecimentos, considerada aplicável, em geral, à AP (Acórdão do TJUE, *Acattolon*, de 06/09/2011, C-108/10). Por essa diretiva, devem ser garantidos pelos Estados-Membros da EU os seguintes direitos dos trabalhadores afetados: direito à manutenção automática do contrato de trabalho; direito à salvaguarda das condições do contrato de trabalho; o direito de não ser despedido por força da transferência e o direito de ser informado e consultado sobre a transferência através de seus representantes. Afirma a A.: "a LTFP, em sede de procedimento de requalificação/despedimento por reorganização de serviços, não contém qualquer referência ao cumprimento dos deveres de informação e consulta que aquela diretiva impõe aos cedentes e cessionário". A não observância desse direito de fonte comunitária justificativa, na análise criteriosa da A, o direito de reintegração do trabalhador afetado (do órgão extinto ou reestruturado), além de indenização por despedimento ilícito.

[179] Art. 12º – "São da competência dos tribunais administrativos e fiscais os litígios emergentes do vínculo de emprego público".

à Administração Pública, incompatibilidades, *etc.*) não justificam, suficientemente, o afastamento da competência dos tribunais judiciais ordinários (art. 209º-1 a 211º, CRP); não obstante possam ser "culturalmente" compreensíveis ou justificáveis no contexto de um sistema que adota a Justiça Administrativa. Ora, o juiz ordinário ("comum") também aplica imediatamente e é guardião da Constituição (art. 204º, CRP),[180] norma de Ordem Pública por excelência; além de outras dessa natureza presentes tradicionalmente no Direito Privado (e no próprio Direito do Trabalho). E ainda assim compreendemos por mais próximo que seja o atual "contencioso administrativo", nomeadamente nas lides que envolvem o trabalhador público, do processo judicial comum; e, por mais "dúctil e flexível" que seja o conceito constitucional de "relação jurídico-administrativa".[181]

Consideramos, pois, escorreita a afirmativa de Pedro de Melo Fernandes, quem enxerga nessa opção legislativa algum contrassenso: "o Estado soube contratualizar o regime laboral público dos seus trabalhadores, mas manteve significativamente o julgamento das questões laborais junto aos tribunais administrativos e fiscais, que se encontram, ainda hoje, demasiados informados pela lógica do velho contencioso administrativo de anulação". E continua: "não obstante no anteprojeto da LTFP atribuir competência para os tribunais do trabalho para os litígios emergentes do vínculo de EP, a verdade é se optou pela via exclusivamente administrativa, cujos tribunais administrativos e fiscais são desprovidos de sensibilidade para dirimir questões laborais. (...) A título de exemplo, refira-se ao assédio moral no seio da AP, cujos processos são igualmente graves aos do regime laboral privatístico".[182]

Afinal, em Portugal, em termos *materiais* ou *substanciais*, a relação (ou o vínculo jurídico) de emprego público tem tido como "espelho" a relação laboral privada, coletiva e individualmente dizendo, inclusivamente bebendo em fontes próprias do Direito do Trabalho.[183] O espectro deveria, pois, abarcar também a esfera processual, favorecendo, assim, absorção e a aplicação, inclusive por analogia, de soluções jurisprudenciais usuais dos trabalhadores do setor privado, principalmente na tutela de seus direitos fundamentais no curso da relação laboral. Quiçá a evolução jurídica caminhe futuramente nesse sentido.[184]

---

[180] Cf. J. J. GOMES CANOTILHO, "Fiscalização da Constitucionalidade e da legalidade", *in DJAP*; vol. IV; Lisboa; 1996, pág. 362 e seg., esp. 364, sob o título "Tribunais, todos os tribunais, só os tribunais".

[181] Cf. J. J. GOMES CANOTILHO e VITAL MOREIRA, *Constituição ...*, vol. II, pág. 567. Às pág. 564 afirmam os Autores a transformação do "«contencioso administrativo» num contencioso de plena jurisdição à semelhança do processo civil".

[182] *In* "A situação jurídica ...", pág. 374. A posição é também compartilhada, mesmo antes da LTFP, por VERA LÚCIA SANTOS ANTUNES, *O Contrato de Trabalho na Administração Pública – Reflexos e Tendências para o Emprego Público*, Coimbra Editora, Coimbra, 2010, pág. 116. A crítica serve *mutatis mutandis* para a situação brasileira, direcionada à Justiça Comum, para questões materialmente "laborais" das relações de trabalho dos servidores públicos "estatutários". Na prática processual, questões litigiosas afetas ao meio ambiente organizacional e assédio moral individual dos servidores públicos "estatutários" não são solucionadas como às análogas resolvidas pela Justiça do Trabalho.

[183] V. ANA FERNANDA NEVES, "O Direito ...", pág. 374 e seg., apontando fontes internacionais, europeias e comunitárias.

[184] Inclusivamente, tivemos a oportunidade de discutir, oralmente, com a Doutora ANA FERNANDA NEVES sobre a bondade de se inserir nos conteúdos programáticos dos Cursos de Direito em Portugal o estudo do "Direito da Função Pública" nas cadeiras de "Direito do Trabalho". Na qualidade de professora, acreditamos que essa matéria tem muito mais semelhança com a FP e viabiliza ao aluno formular comparações e distinções mais facilmente apreensíveis do que no interior das cadeiras de "Direito Administrativo". Afinal, nesta disciplina, a matéria alusiva à FP e ao trabalho humano prestado no interior da AP acaba se lateralizando em relação a outros pontos do programa.

De qualquer modo, é importante atentar-se para o art. 387º da LTFP, para os conflitos *coletivos* de trabalho, na medida em que são resolvidos por "conciliação, mediação ou arbitragem". A arbitragem encontra-se regulada nos arts. 378º a 386º dessa lei.

Finalmente, quanto à composição da FP portuguesa, dados públicos disponíveis indicam que em 2005 existiam aproximadamente 750.000 empregados públicos na AP (não se contabilizando os efetivos da Região Autónoma da Ilha da Madeira);[185] o que representava nesse ano 14,6% da população empregada e 13,5% da população economicamente ativa. Desse total, aproximadamente 578.000 concentram-se na Administração do Estado, 38.000 na Administração Regional e, o restante, na Administração Autárquica. Ademais, praticamente 80% desse coletivo vinculava-se à AP através de nomeação. Na Administração do Estado, a maioria dos trabalhadores (55%) está ao serviço do Ministério da Saúde ou do Ministério da Educação, donde o nível elevado de escolaridade desse grupo. Os dados de 2011[186] demonstraram um decréscimo do EP português na ordem de 3,6% na Administração do Estado. Os dados de 2015 apresentam o quantitativo de aproximadamente 650.000 trabalhadores públicos,[187] donde se pode aferir o decréscimo substancial de postos de trabalho relativamente ao ano de 2005. Houve, todavia, ligeiro aumento de efetivos entre os anos de 2014 e 2015, o que pode confirmar a melhora, em geral, da economia e da ocupação portuguesas nesses recentes últimos anos.[188]

4 Um balanço

O sistema português é, de fato, um bom posto de observação do paulatino e crescente movimento jurídico de "laboralização (*lato sensu*) da FP"; este como movimento de "descida dos muros" que antes, rigidamente, dividiam o Direito do Trabalho do Direito da Função Pública (este integrante do Direito Administrativo Clássico e baseado em sua vetusta principiologia), permitindo-se, doravante, não apenas o ingresso da jusfundamentalidade nessa seara; mas a própria interseção de direitos constitucionais laborais titularizados por todos os trabalhadores subordinados ("ou conta de outrem"), os quais igualmente têm se irradiado nos âmbitos público e privado.[189] A CRP foi elaborada e tem sido interpretada conforme essa nova concepção. Não suficiente, também os

---

[185] Cf. "Caracterização dos Recursos Humanos da Administração Pública Portuguesa (2005)", da Direcção-Geral da Administração Pública e do Emprego Público, *in* http://www.dgaep.gov.pt/upload/catalogo/RH2005.pdf, acesso em 30/4/2012. Dados recolhidos na "Base de Dados de Recursos Humanos da Administração Pública (BDAP)", instituída pelo Decreto-Lei n.º 47/98 de 7 de Março, com alterações introduzidas pelo Decreto-Lei n.º 215/02 de 22 de Outubro.

[186] Cf. "Nota de Informação sobre a evolução do emprego público", da Direcção-Geral da Administração Pública e do Emprego Público, *in* http://www.dgaep.gov.pt/upload/homepage/Noticias/DGAEP-SIOE_Emprego_AC_D2010-D2011_15-03-2012.pdf, acesso em 30/4/2012.

[187] *In* "Emprego nas Administrações Públicas: Central, Regional, Local e Fundos da Segurança Social – Portugal", http://www.pordata.pt/Portugal/Emprego+nas+Administra%C3%A7%C3%B5es+P%C3%BAblicas+Central++Regional++Local+e+Fundos+da+Seguran%C3%A7a+Social-497, acesso em 10/4/2017.

[188] V. *Orçamento do Estado para 2015*, Gráficos I.2.14 e I.2.15 (*in* www.jn.pt/infos/pdf/relOE2015.pdf, acesso em 10/4/2017), pág. 24.

[189] V. LUÍSA CRISTINA PINTO E NETTO, "A volta …", pág. 205; e "Função Pública e direitos fundamentais", *in RBEFP*, ano 1, n° 1, janeiro-abril, 2012, pág. 13-28. V., por ex., decisão do STA de 19/01/2012, processo nº 022/11, Pleno da Secção da CA, Relator António Madureira, tendo como identificador "defesa colectiva dos direitos dos trabalhadores", em matéria do RCTFP.

diplomas legislativos infraconstitucionais pós-constitucionais têm assentado normas no EP cujo conteúdo antes se destinavam apenas à regulação das relações individuais e coletivas de trabalho subordinado privado, concretizando mais intensamente esse processo jurídico. Aliás, agora há mesmo um "corredor de acesso" do DT para o DFP; corredor este que se inicia pela "porta da frente da casa" da AP: a própria lei. Refere-se ao atual art. 4º, anexo, do LTFP (sobre a "remissão para o Código do Trabalho").

A *Laboralização* da FP em Portugal não se faz, como visto, "pelas entradas traseiras" do Direito; ao reverso, tem raiz constitucional e tem permitido uma maior efetividade dos direitos coletivos dos trabalhadores públicos em convivência relativamente harmoniosa com o princípio da legalidade administrativa.

Quanto a nós, entendemos que a compreensão lusitana nessa matéria tem se demonstrado não só hodierna e harmoniosa, isso relativamente aos outros países europeus já analisados, como também mais consentânea com a feição que deve adquirir a Administração Pública atualmente, com concepções não aprioristicamente; ou, pelo menos, não exclusivamente, baseadas na supremacia do interesse público e/ou estatal.[190] Além disso, reflete a centralidade que a pessoa (e a própria dignidade) do *trabalhador da FP* tem adquirido nos últimos anos e as suas conquistas jurídicas. Resta saber se, em termos jurídicos ou acadêmicos, é ainda o Direito Administrativo o ramo que abarca (ou deva abarcar) essa FP *lato sensu*, assim, "tão laboriosamente" regulada.[191] Pensamos que a resposta deve ser não (e certamente será não, se considerarmos que o Direito Administrativo já não reina só na atual legislação portuguesa do EP)!

Afinal, "a relação de função pública não deixa, em suma, de ser uma espécie da relação de trabalho: uma relação jurídica laboral, bilateral, assente na prestação de atividade heterodeterminada remunerada. Esta concepção projeta-se na substituição da locução função pública por emprego público, traduzindo o facto de a relação de função pública ser uma relação de emprego (público)".[192]

---

[190] V. ANA FERNANDA NEVES, "Os 'desassossegos'...", pág. 51; SILVIA DEL SAZ, "La Privatización ...", pág. 149.
[191] V. JORGE MIRANDA e ANA FERNANDA NEVES, "Artigo 269º ...", afirmam que o DFP situa-se "no âmbito do Direito Administrativo e não (ou não completamente) no do Direito do Trabalho".
[192] Cf. ANA FERNANDA NEVES, "Relação jurídica ...", fl. 4.

DIREITO COMPARADO:
A INFLUÊNCIA DO DIREITO COMUNITÁRIO SOBRE O DIREITO INTERNO DOS ESTADOS-MEMBROS DA UNIÃO EUROPEIA NA QUESTÃO DA CONCEITUAÇÃO E DELIMITAÇÃO DA FUNÇÃO PÚBLICA

1 A liberdade de circulação dos trabalhadores assalariados e a exceção constante do Art. 45º-4 do TFUE – Os critérios interpretativos do TJUE

Também na questão da FP, os Estados-membros da União Europeia (UE) têm sido (mais ou menos) intensamente influenciados pelas decisões das instâncias comunitárias, designadamente em face da jurisprudência do Tribunal de Justiça da União Europeia (TJUE[1]) em matéria de interpretação de uma exceção à liberdade de circulação dos trabalhadores assalariados. Aliás, essa interpretação jurisprudencial tem servido também de parâmetro na concretização do Direito Comunitário pelas próprias instâncias comunitárias.[2]

Desse modo, no tema que nos afeta e, muito especialmente na questão da conceituação e delimitação do âmbito subjetivo funcionarial (o que se entende por FP *lato sensu* e mesmo FP *stricto sensu*[3]), o Direito Comunitário tem (assim como em outras várias searas do Direito Público e do Privado[4]) aproximado as distâncias jurídicas

---

[1] Denominação atribuída pelo "Tratado de Lisboa". Esse Tratado, na verdade, consolida dois tratados: o Tratado da União Europeia (TUE) e o Tratado de Funcionamento da União Europeia (TFUE). O TJUE é regulado na Seção 5, art. 251º e seguintes do TFUE. In *JO*, de 30/3/2010, C 83/47. Anteriormente, o TJUE era denominado de TJCE – Tribunal de Justiça das Comunidades Européias.
[2] V. ANA FERNANDA NEVES, "Relação Jurídica ...", fl. 1 e seg.
[3] V. PAULO VEIGA E MOURA, *A privatização* ..., pág. 93.
[4] V. por ex. SUZANA TAVARES DA SILVA, *Um novo* ..., pág. 9 e seg. V. EBERHARD SCHIMIDT-ASSMANN, *La Teoría General del Derecho Administrativo como Sistema*, Marcial Pons, Madrid, 2003, pág. 40-44 e 414, aludindo à "europeização do Direito Administrativo"; e, posteriormente, ao "Direito Administrativo Europeu como uma tarefa ou função de construção sistemática em comum". V. ROLF STOBER, *Derecho* ..., pág. 74-75; SANTIAGO GONZÁLEZ-VARAS IBÁÑEZ, *El Derecho* ..., pág. 47 e seg.

dos ordenamentos dos Estados-membros, dada a necessidade de observância dessas posições comunitárias pelos Estados integrantes da UE. Como resultado, verifica-se uma tendencial uniformização do disciplinamento jurídico funcionarial (regimes jurídicos internos de FP) no âmbito da UE.

Com efeito, um dos pilares da UE é, certamente, a consagração do princípio da liberdade de circulação de pessoas (art. 2º-2 do TUE[5]), do qual, decorre, em especial, a liberdade de circulação dos trabalhadores no âmbito dos Estados-membros/União (art. 45º, nº 1, 2 e 3, do TFUE).[6] Esse princípio tem sido construído nos últimos quarenta anos pelas instâncias comunitárias, podendo se afirmar se tratar hoje de um dos direitos dos cidadãos da União mais importantes, tendo natureza e aplicabilidade de direito fundamental, inclusivamente com expressa menção, a partir do ano 2000, na Carta de Direitos Fundamentais da União Europeia (CDFUE).[7]

Contudo, segundo o nº 4 do mencionado art. 45º do TFUE (também previsto nas versões anteriores do TUE), "o disposto no presente artigo não é aplicável aos empregos na administração pública". Justifica-se a existência dessa exceção no pressuposto de que em determinadas situações funcionais (dada a importância estatal do cargo ocupado, da função exercida, dos poderes extravagantes atribuídos ao titular, *etc.*) dever-se-ia verificar o vínculo de nacionalidade (que, de regra tradicional e clássica para o acesso à FP, passa a ser doravante uma exceção[8]), num estreito liame de solidariedade entre o funcionário-nacional e o Estado-membro do qual decorreriam direitos e deveres específicos para ambos.[9] No âmbito subjetivo da exceção do nº 4, portanto, salvaguarda-se a identidade nacional da FP do Estado-membro.

Dadas as iniciais discrepâncias na conceituação e identificação dos "empregos na administração pública" atribuídas pelos Estados-membros com o fito de excluir os não nacionais da liberdade de circulação de trabalhadores, desde muito precocemente

---

[5] Tratado da União Europeia com redação dada pelo "Tratado de Lisboa", in JO de 30/3/2010, C 83.

[6] A regra era constante em versões mais antigas do TUE no art. 48º e seus números. Posteriormente, passou a constar do art. 39º do TUE. Cf. JOÃO MOTA DE CAMPOS, *Manual de Direito Comunitário*, 3ª ed., Fundação Calouste Gulbenkian, Lisboa, 2002, pág. 537 e seg., esp. 539: "O princípio da livre circulação comporta, antes de mais, a *liberdade de deslocação*, de *residência* e *permanência* no território de qualquer Estado-membro da Comunidade e bem assim a liberdade de *acesso aos empregos* disponíveis no espaço comunitário – tudo isto em regime de perfeita *igualdade de tratamento* com os trabalhadores nacionais, sem prejuízo das restrições resultantes das reservas de «ordem pública», de «saúde pública», e de «segurança pública»".V., tb., ISABELA KATHRIN STELGES, *A Cidadania da União Européia*, Del Rey, Belo Horizonte, 2002, pág. 41-46; THELMA THAIS CAVARZERE, *Direito Internacional da Pessoa Humana: a Circulação Internacional de Pessoas*, Renovar, Rio de Janeiro, 1995, pág. 164-174; VANESSA OLIVEIRA BATISTA, *A Livre Circulação de Pessoas na União Europeia: uma contribuição ao estudo do direito de asilo*, Tese de Doutoramento, FDUFMG, Belo Horizonte, 1996, pág. 122-160.

[7] V. art. 15º-2 da CDFUE, in JO de 18/12/2000, C 364/1. Nesse sentido tb. decisão do TJUE, Processo C-281/98. V., ainda, no Direito Comunitário: Regulamento (CEE) nº 1612/68, de 15 de Outubro de 1968, relativo à livre circulação dos trabalhadores na Comunidade; "A Livre circulação dos trabalhadores e o acesso na administração pública dos Estados-membros – Acção da Comissão em matéria de aplicação do nº 4 do artigo 48º CEE (88/C 72/02)", *in JO* C 72, de 18/03/1988; Comunicação da Comissão "Livre circulação de trabalhadores – realização integral de benefícios e potencial", Bruxelas, 11/12/2002, COM (2002), 694 final; Comunicação da Comissão ao Conselho, ao Parlamento Europeu, ao Comitê Económico e Social Europeu e ao Comitê das Regiões "Reafirmar a liberdade de circulação de trabalhadores: direitos e principais desenvolvimentos", Bruxelas, 13/07/2010, COM (2010), 373 final; e, ainda, Diretivas nº 2004/38/CE e nº 2005/36/CE.

[8] V. SABINO CASSESE, *La Globalización ...*, pág. 180 e 182.

[9] V. SANTIAGO GONZALEZ-VARAS IBÁÑEZ, "El Derecho a acceder a la Función Pública de outro Estado Miembro de la Unión Europea", *in REDC*, nº 58, Ano 20, Janeiro-Abril, 2000, pág. 139-154, esp. 141.

o Tribunal de Justiça foi instado a se manifestar sobre o campo de ação dessa exceção, tendo hoje uma jurisprudência abundante sobre o tema.[10]

Afinal, se para fins dessa ressalva do TFUE pudessem os Estados-membros, despreocupada, autônoma e arbitrariamente, definir quais sejam os seus "empregos na administração pública", ter-se-ia, como resultado, a própria manutenção daquelas discrepâncias interestaduais. Nas palavras do Tribunal de Luxemburgo: "o conceito de «Administração Pública», para efeitos do artigo 48.8 do Tratado, deve interpretar-se e aplicar-se uniformemente em toda a Comunidade, «sem que seja possível, portanto, deixá-lo à absoluta discricionariedade dos Estados-membros»".[11] A linha interpretativa do Tribunal de Justiça foi orientada, desde o início, pela restrição (interpretação restritiva das possibilidades concretas de verificação da aplicabilidade do nº 4 do atual art. 45º), como é natural das regras exceptuativas, mormente em se tratando de uma limitação a uma liberdade/direito fundamental dos cidadãos da UE.

A primeira sentença sobre o tema data de 12/2/1974 (*Sotgiu vs. Deutche Bundespost*), na qual já restou assentada a necessidade de construção de um conceito comunitário autônomo de "empregos na administração pública" para fins do então dispositivo do TUE: "a noção de emprego na Administração pública deve receber uma definição comunitária, autônoma, à margem de variáveis critérios nacionais que dependem de conceituação que cada Estado tenha de suas funções e das estruturas dos órgãos encarregados de assumi-las".[12]

A partir de então, o Tribunal de Luxemburgo passa a construir a sua jurisprudência no tema, resultando numa concepção funcional de AP (relacionada à natureza das funções exercidas no posto/cargo/emprego público),[13] ao estilo da doutrina clássica do Direito Administrativo. Nessa linha, seriam incluídas na exceção do art. 45º-4 do TFUE as "atividades típicas da AP, caracterizadas por uma participação direta ou indireta no exercício de poderes públicos, bem como em funções que têm por objeto a salvaguarda dos interesses gerais do Estado ou de outras entidades públicas"[14] (inclusive regionais e locais).

---

[10] Cf. JOÃO MOTA DE CAMPOS, *Ibidem*, pág. 542. Não se deve confundir a jurisprudência do TJCE que interpreta a exceção do atual art. 45º-4, com aquela produzida por uma Câmara específica do TJCE para questões relacionadas aos funcionários públicos da própria Comunidade, estimados em mais de 30 mil funcionários. Trata-se do denominado "Tribunal da Função Pública". V. AFONSO PATRÃO, "Direitos Colectivos …", pág. 175. V. tb. JESÚS ÁNGEL FUENTETAJA PASTOR, *Función Pública* …. Apesar do significativo número de trabalhadores públicos das organizações comunitárias, a FP Comunitária é uma matéria pouco estudada pela juspublicística. Tem sido caracterizada como uma FP classicamente estatutária (determinação unilateral do regime jurídico aplicável) e fechada, num movimento de desenvolvimento em sentido bastante oposto ao que se tem verificado nos países da própria UE. Chegou-se a vulgarizar o termo "Eurocrátas" para esse quantitativo funcionarial. V. tb. JESÚS ANGEL FUENTETAJA PASTOR, "La Función pública comunitária como contrapunto a la tendência laboralizadora en Europa", in *DA*, nº 243, setembro-dezembro, 1995, pág. 327-345, esp. 360.

[11] *Apud* SANTIAGO GONZALEZ-VARAS IBÁÑEZ, "El Derecho a …", pág. 141.

[12] *Apud* SANTIAGO GONZALEZ-VARAS IBÁÑEZ, *Ibidem*, pág. 142. A indicação desta primeira sentença tb. é deste A., que também indica outras várias posteriores.

[13] V. JAVIER GUILLÉN CARAMÉS y JESÚS ANGEL FUENTETAJA PASTOR, "El acceso …", pág. 472; DIEGO LÓPEZ GARRIDO, "El acceso a la función pública en la Europa de los doce", in *RVAP*, nº 35, Janeiro-Abril, 1993, pág. 136-166, esp. 164, FRANCISCO LIBERAL FERNANDES, *Liberdade de Circulação dos Trabalhadores na Comunidade Europeia*, Faculdade de Direito da Universidade do Porto, Teses e Monografias nº 03, Coimbra Editora, Coimbra, 2002, pág. 88, com muitas decisões; PAULO VEIGA E MOURA, *A privatização…*, pág. 91.

[14] *Apud* JAVIER GUILLÉN CARAMÉS y JESÚS ANGEL FUENTETAJA PASTOR, "El acceso …", pág. 468. Indicam decisões importantes do TJUE: C-173/94 (Bélgica); C-290/94 (Grécia); C-473/93 (Luxemburgo). Nesta, o acórdão assentou: "Então, a fim de determinar se os postos são abrangidos pelo âmbito do art. 48-4 do Tratado,

Esse posicionamento do tribunal, entretanto, não eliminou (e ainda hoje não elimina, como sabemos) as dificuldades para a identificação casuística dessas atividades; sendo certo que a delimitação tem sido construída caso a caso.

De fato, não há uma definição precisa do Tribunal de Justiça do que sejam, concretamente, "poderes públicos" para fins de legítima inclusão da atividade administrativa na exceção à liberdade de trabalhadores assalariados; decorrência mesmo da tradicional imprecisão do tema na juspublicística administrativa e das várias zonas cinzentas na esfera organizacional da AP,[15] mormente quando o exercício do *jus imperium* dá-se mediata ou indiretamente pelo trabalhador público (ou seja, o quanto desse exercício *indireto* de "poderes públicos" justifica a inclusão da atividade ou do "emprego público" na exceção do art. 45º-4 do TJUE). O mesmo acontece quanto ao apontamento de atividades que, apesar de não implicarem exercício de "poderes públicos", poderiam ser correlacionadas à dita (e vaga) "salvaguarda dos interesses gerais do Estado".

Segundo a análise de parte da doutrina acerca da compreensão jurisprudencial comunitária, "haverá de entender por tal – "poderes públicos" – aquela – atividade – que confere poder de elaborar atos que se imponham unilateralmente ao cidadão, ou de executá-los contra a sua vontade, levado o caso, sob pena de sanções (ou seja, poder regulamentar, poder disciplinar)".[16] Trata-se, assim, de uma concepção clássica de "poderes públicos" e também de um norte para a inclusão/exclusão da atividade administrativa judicialmente questionada na exceção do art. 45º-4 do TFUE, tendo em vista o relacionamento direto ou, pelo menos muito próximo, "com o exercício de poderes de decisão em áreas em que estão em causa interesses especiais do Estado".[17]

Por outro lado, o Tribunal de Luxemburgo tem considerado que não é relevante (ou pelo menos não é decisiva) para a inclusão da atividade na exceção comunitária dos "empregos na administração pública" a natureza do regime jurídico de trabalho que vincula o funcionário ao Estado-membro, bem como a natureza jurídica do ente/órgão ao qual vincula (critério orgânico). Em outras palavras, o regime jurídico-público de trabalho e/ou a existência de vinculação a um ente de personalidade jurídico-pública não são, por si só, critérios que legitimam a exclusão dos não nacionais ao acesso aos postos de trabalho na AP do Estado-membro.[18]

é necessário considerar ou não os mesmos estão tipificar as atividades específicas do serviço público, na medida em que exercem competências conferidas pelo direito público e têm a responsabilidade de salvaguardar os interesses gerais do Estado ou de outras entidades públicas. Por essa razão, o critério para determinar se o artigo 48-4 do Tratado é aplicável deve ser funcional e deve ter em conta a natureza das tarefas e responsabilidades inerentes ao cargo, a fim de assegurar que a eficácia e âmbito das disposições do Tratado relativas à livre circulação de trabalhadores e igualdade de tratamento e entre nacionais de todos os Estados-Membros não seja restrita por interpretações do conceito de serviço público, que se baseiam no direito interno e que possa dificultar a aplicação das regras comunitárias". V. tb. decisão de 30/9/2003 do TJUE.

[15] É velha conhecida do Direito Administrativo a divisão entre atividades administrativas com "funções de autoridade" e atividades administrativas "com funções de gestão" (doutrina francesa do início do Séc. XX, de Berthélemy, Nézard). São também velhos os problemas decorrentes dessa superficial divisão. V. CELSO ANTÔNIO BANDEIRA DE MELLO, *Curso* ..., pág. 423; MARIA SYLVIA ZANELLA DI PIETRO, *Direito* ..., pág. 211-212.

[16] *Apud* JAVIER GUILLÉN CARAMÉS y JESÚS ANGEL FUENTETAJA PASTOR, "El acceso ...", pág. 476-477. V. tb. FRANCISCO LIBERAL FERNANDES, *Liberdade* ..., pág. 89.

[17] Cf. FRANCISCO LIBERAL FERNANDES, *Liberdade* ..., pág. 90.

[18] Cf. FRANCISCO LIBERAL FERNANDES, *Liberdade* ..., pág. 88.

De igual modo, a natureza jurídico-privada do vínculo de trabalho (laboral) do trabalhador público com o Estado-membro não é fator que obstaculiza, absolutamente, a verificação do exercício de concreto de "poderes públicos" para fins do art. 45º-4 do TUE (como, aliás, nos servem de prova os estudados modelos germânico e italiano de FP; porém, não só). Aliás, quanto a esse aspecto, como nos dá notícia a última Comunicação da Comissão Europeia sobre o tema, "em 2003, o TJ deliberou que um Estado-membro pode reservar os empregos de comandante e de imediato de navios mercantes com a sua bandeira aos seus nacionais na condição de que as prerrogativas de autoridade pública atribuídas aos comandantes e aos imediatos destes navios serem efectivamente exercidas de maneira habitual e não representarem uma parte muito reduzida das suas actividades"[19].

Ademais, nas "atividades típicas de AP" podem ser incluídas as tradicionais funções administrativas do Estado Liberal (tipo Gendarme);[20] mas também outras próprias de um Estado Pós-Moderno (regulação, fiscalização e proteção à saúde, ao ambiente, ao consumidor, *etc.*).[21] Entretanto, na prática, o TJUE "tem limitado a aplicação do art. 39º, nº 4, do Tratado às funções exercidas no âmbito das forças armadas, polícia, magistratura e diplomacia, na medida em que tais empregos requerem dos agentes uma particular relação de solidariedade para com o Estado e a existência de um conjunto recíproco de direitos e deveres específicos, idênticos aos que estão na base do vínculo de nacionalidade".[22]

Em face das decisões do TJUE, as atividades desenvolvidas pela AP com correspondência no setor privado (saúde, educação, investigação, cultura, transportes públicos, *etc.*) têm sido, em regra, excluídas da possibilidade de aplicação do art. 45º-4 do TFUE,[23] no pressuposto de que, nessas situações, não se afigura imprescindível o requisito da nacionalidade, razão pela qual seria aqui igualmente aplicável o princípio da não discriminação dos não nacionais.[24]

Com tal abertura à plena aplicabilidade da liberdade de circulação de trabalhadores assalariados, uma grande e muito considerável parcela de "empregos na administração pública" (relativos aos profissionais da saúde pública, da educação pública, da pesquisa e da investigação pública civil, serviços públicos em geral, *etc.*; normalmente

---

[19] Cf. COM(2010) 373, final, Bruxelas 13/7/2010 (já citada), item 3.3, pág. 11, indicando os Processos do TJUE C-405/02 e C-47/02. Sobre tema, em especial, V. PEDRO GONÇALVES, *Entidades Privadas* ..., pág. 789-790, que se harmoniza com a posição do TJUE: "... a *sociedade de bordo* pressupõe uma *autoridade de bordo*, isto é, uma instância hierarquicamente superior, com poderes para, nessa qualidade, tomar medidas que um funcionário público na mesma situação teria competência para adoptar. Essa autoridade é o *comandante* ou *capitão do navio*. ... Além do poder geral de polícia, entendido como o poder e manutenção da ordem pública, o comandante fica ainda habilitado a exercer um *poder público disciplinar*".

[20] V. J. J. GOMES CANOTILHO, "Paradigmas ...", pág. 23 e seg.

[21] Cf. JAVIER GUILLÉN CARAMÉS y JESÚS ANGEL FUENTETAJA PASTOR, "El acceso ...", pág. 476.

[22] Cf. FRANCISCO LIBERAL FERNANDES, *Liberdade* ..., pág. 89. Tb. CLÁUDIA VIANA, "O conceito ...", pág. 16.

[23] Isto, não obstante reconheça o Tribunal que "O fato de que alguns postos nessas áreas podem, em determinadas circunstâncias, ser abrangidos pelo artigo 48-4 do Tratado, não pode justificar essa proibição geral". *In* Processo C-473/93 (1996).

[24] V. NUNO J. VASCONCELOS ALBUQUERQUE SOUSA, *La Función* ..., pág. 332. Tb. JAVIER GUILLÉN CARAMÉS y JESÚS ANGEL FUENTETAJA PASTOR, "El acceso ...", pág. 476-477. V. sobre o princípio da não-discriminação no DT, em termos genéricos, AMÉRICO PLÁ RODRIGUEZ, *Princípios* .... V. JULIANA MACHADO AWAD, "A Livre Circulação de Trabalhadores na União Européia", *in* http://www.cedin.com.br/revistaeletronica/artigos, acesso em 29/2/2011.

inseridos no conceito lato de "serviços de interesse geral" no âmbito social[25]) encontra-se identicamente acessível aos nacionais dos outros Estados-membros.[26]

O ainda TJUE desenvolveu outro critério interpretativo ("princípio da qualificação por setores"[27]) ou de distribuição do *onus probandi* processual: haverá uma presunção judicial favorável à aplicação do art. 45º-4 do TFUE naquelas situações em que as atividades a serem desenvolvidas pelo trabalhador público inserem-se nas específicas e próprias da AP. Seria o caso dos "empregos" (postos, cargos *etc.*) incumbidos da realização da defesa nacional, da segurança interna, de Fazenda Pública, Justiça e Assuntos Estrangeiros, Ministérios do Estado, Bancos Centrais, dentre outros tradicionalmente incluídos.[28] Nessas hipóteses, incumbiria ao interessado fazer prova do contrário, ou seja, de que a atividade administrativa exercida pelo "emprego" almejado ou questionado não executa direta ou indiretamente "poderes públicos" ou não "salvaguarda os interesses gerais do Estado"; e, nessas condições, prescindiria do requisito da nacionalidade. Isso porque, consoante alertou a Comissão em 2002, "nem *todos* os empregos nesses domínios implicam o exercício de autoridade e a responsabilidade de salvaguarda dos interesses gerais do Estado; por exemplo: tarefas administrativas, consultoria técnica, manutenção. Esses empregos não devem, por conseguinte, ser exclusivamente reservados aos cidadãos do Estado-Membro de emprego".[29]

O posicionamento do Tribunal de Luxemburgo em prol, evidentemente, da maior carga eficacial do direito fundamental do cidadão europeu/trabalhador à livre circulação (e fixação e obtenção de emprego) no espaço comunitário está, todavia, sujeito a críticas (e a falhas).

Primeiramente, porque diante do natural (e inicial) exercício do poder (autônomo e discricionário) do Estado-membro na fixação das competências/atribuições que integram o plexo de responsabilidades dos "empregos de sua administração pública", dentro de uma margem legítima de razoabilidade e prudência (isto é, inclusive com observância das decisões do TJUE e das Comunicações da Comissão na matéria, além de outras

---

[25] V. SOFIA TOMÉ D'ALTE: *A nova ...*, pág. 82 e 105. Ainda, RODRIGO GOUVEIA, *Os Serviços de Interesse Geral*, Editora Coimbra, Coimbra, 2001, pág. 150 e seg. DIEGO LÓPEZ GARRIDO, "El acceso ...", pág. 164, referencia a decisões antigas do TJCE (da década de 80) nas quais houve a condenação relativamente a restrição de acesso aos não-nacionais em empregos em ferrovias e hospitais.

[26] A questão, aliás, que se tem colocado hodiernamente em alguns países da UE refere-se ao acesso dos trabalhadores extracomunitários à FP dos Estados-membros da UE, em decorrência da Convenção nº 143 da OIT (1975) e do art. 15º-3 da CDFUE, mormente para aqueles estrangeiros regularmente ingressos e regularizados no Estado-membro. Algumas decisões dos tribunais italianos já têm assegurado a aplicação do princípio da não discriminação aos trabalhadores extracomunitários em termos análogos aos trabalhadores dos outros Estados-membros, especialmente em atividades/funções administrativas que não implicam o exercício de poderes públicos e/ou de tutela de interesses nacionais. Reforçam essa linha de entendimento algumas Diretivas da UE que dispensam a nacionalidade, por exemplo, de sujeitos titulares de *status* de refugiados (ex: 2004/83/CE e 2003/109/CE). V. ALBERTO ASTENGO, (comentário de jurisprudência) "Pubblico Impiego", *in RIDL*, Ano XXX, nº 4, 2011, pág. 1184-1188; GIUSEPPE LUDOVICO, "L'accesso degli Extracomunitari al Publico Impiego tra limitazioni normativa e aperture interpretative", *in RITL*, Ano XXVIII, nº 2, 2009, pág. 400-411.

[27] Cf. FRANCISCO LIBERAL FERNANDES, *Liberdade ...*, pág. 91. Antes, a ação da Comissão de 1988, já havia se centrado em 4 setores da AP (organismos responsáveis pela administração de serviços comerciais, serviços e cuidados de saúde pública, setor do ensino e investigação para efeitos não militares). V. COM (2002) 694 final, item 5.2, pág. 19. Segundo esta, "A abordagem por sector foi um importante ponto de partida para o controlo da aplicação correcta do direito comunitário".

[28] Cf. JAVIER GUILLÉN CARAMÉS y JESÚS ANGEL FUENTETAJA PASTOR, "El acceso ...", pág. 476.

[29] *In* COM (2002) 694, final, já citada, item 5.2, pág. 20-21.

fontes comunitárias[30]), tem-se que somente *in casu* (e não *a priori*) consegue-se resolver a questão da inclusão/exclusão do emprego no âmbito aplicativo do nº 4 do art. 45º do TFUE. Desse modo, não se obtém uma definição precisa e apriorística desse mesmo âmbito, até mesmo para servir de observância futura para os Estados-membros. Tal fato é ainda reforçado pela própria imprecisão conceitual de "poderes públicos" e de "salvaguarda de interesses gerais do Estado" e do enevoamento do que seja "exercício indireto".[31]

Em segundo lugar (e, talvez nesse ponto resida a crítica mais justa e robusta ao TJUE), é o fato de o tribunal ter-se apoiado (e, com isso, robustecido) em uma distinção, de certo modo arcaica e falha da doutrina administrativista, posto que ambígua. Trata-se da divisão entre funções de autoridade e funções de gestão.[32]

Finalmente, apesar de a exceção do art. 45º-4 do TFUE permitir aos Estados-membros a manutenção da característica nacional de sua FP com poderes de autoridade, esta não implica necessariamente uma obrigação comunitária nesse sentido (não obstante possa se verificar a obrigação constitucional do Estado-membro na reserva desses postos – ou parte deles – aos seus nacionais, como é o caso do art. 15º-2 da CRP[33]). A Comissão Europeia tem instigado os Estados-membros a mitigar a reserva de "empregos na administração pública" ao quanto seja interna e juridicamente viável.[34] Com isso, paralelamente ao desabamento do vetusto "dogma" do caráter nacional dos trabalhadores da FP (mesmo que no exercício de algum poder de autoridade), vai se alargando o direito fundamental dos trabalhadores da UE à livre circulação nos Estados-membros em âmbitos que eram, antes, aprioristicamente excluídos, pela simples ausência do requisito da nacionalidade.[35]

2 Um balanço: a tendência comunitária de identificação do conceito funcional de AP com o âmbito subjetivo de Função Pública em sentido estrito e a progressiva assimilação do disciplinamento jurídico do trabalho público ("sem poderes públicos") com o do trabalho privado

A movimentação jurídica no tema da FP no Direito Comunitário nos leva às seguintes (e duas principais) constatações.

---

[30] Cf. Comunicação da Comissão COM (2010), 373, final, já citada, pág. 12: "A Comissão considera que as autoridades de um Estado-Membro devem ter em conta esta jurisprudência para determinar quais os cargos da administração pública que podem reservar aos seus nacionais".

[31] No sentir de FRANCISCO LIBERAL FERNANDES, *Liberdade* ..., pág. 91: "Facilmente se intui que os critérios avançados apresentam características predominantemente tópicas ou descritivas, pelo que não permitem delimitar de forma rigorosa o âmbito da exceção do art. 39º, nº 4, do Tratado ... por isso, só casuisticamente se torna possível apurar da respectiva inclusão ou não no âmbito daquela norma do Tratado".

[32] Cf. JAVIER GUILLÉN CARAMÉS y JESÚS ANGEL FUENTETAJA PASTOR, "El acceso ...", pág. 476. V. JOAN PRATS I CATALÀ, "Los Fundamentos ...", pág. 46. Diversamente, FRANCISCO LONGO, *Mérito* ..., pág. 66.

[33] V. Parecer da PGR (Portugal) nº P 000221990, do Relator LUCAS COELHO, datado de 29/5/1991, *in* http://www.dgsi.pt/pgrp.nsf, extraído em 1/3/2012.

[34] V. COM (2010) 373, final, já citada, item 3.3., pág. 12.

[35] V. SANTIAGO GONZALEZ-VARAS IBÁÑEZ, "El Derecho a ..." , pág. 151. Não se olvida a existência de outros problemas na concretização da liberdade de circulação dos trabalhadores migrantes na UE e o acesso à FP do Estado-membro em condições de igualdade. São problemas relativos à exigência profissional, comprovação e reconhecimento de qualificação e de diplomas, da antiguidade, *etc*. Também nesses aspectos, pouco a pouco, os Direitos internos têm sido harmonizados, evitando tratamentos desiguais e discriminatórios.

Primeiramente, verifica-se uma nítida tendência comunitária de redução da FP em sentido estrito (considerada simplesmente como aquela incumbida do exercício direto ou indireto de poderes públicos ou de poderes de autoridade e/ou de salvaguarda dos interesses gerais do Estado) ao conceito funcional de Administração Pública. Assim, o âmbito subjetivo da primeira, que incluiu exclusivamente os trabalhadores públicos que exercem imediata ou mediatamente esses relevantes poderes estatais, representaria o substrato funcional da segunda.

Excluída essa "franja" funcionarial que pode ser albergada na exceção do art. 45º-4 do TFUE e, portanto, na permanência da identidade nacional da FP do Estado-membro – aqui reside a outra importante constatação – todos os demais trabalhadores públicos dos Estados-membros (não dotados de poderes públicos, diretos ou indiretos) sejam encarados simplesmente enquanto tais[36] (quer seja pelo Direito Comunitário, quer seja posteriormente pelos Direitos internos[37]); isto é, trabalhadores comuns: "O termo «trabalhador» tem uma acepção no direito da UE e não pode ser sujeito a definições nacionais ou interpretado de forma restritiva. Abrange toda e qualquer pessoa que exerça uma actividade real e efectiva, sob a direção de outra pessoa e pela qual recebe remuneração".[38]

Assim, o disciplinamento jurídico dos Estados-membros relativamente aos trabalhadores públicos sem poderes de autoridade (ou que não estão incumbidos de salvaguarda dos interesses gerais do Estado, conforme jurisprudência do TJUE) demonstra apontar para uma efetiva convergência para com o dos trabalhadores privados. Tal fato corrobora (e instiga e motiva) a aplicação de modelos laborais na FP *lato sensu;* de contratualização da própria relação jurídica funcionarial ou de aplicação do próprio Direito do Trabalho às relações de trabalho entabuladas com o Estado em tais circunstâncias ("privatização da relação de trabalho com o Estado"), na medida em que se esfacela ou se perde o seu *quid specificium.* Nas palavras de Francisco Liberal Fernandes: "a liberdade de aceder ao emprego público tal como está consagrada no direito comunitário contribui igualmente para que a maioria das relações profissionais que os particulares estabelecem com o Estado, precisamente aquelas que não são subsumíveis na noção *de emprego na administração, sejam progressivamente encaradas e sem grandes preconceitos jurídicos, como simples relações de trabalho e, portanto, como relações de troca, cujo vínculo jurídico é alheio a qualquer enquadramento de ordem política, de natureza pessoal ou de caráter fiduciário".*[39] E essa tendência harmonizadora é ainda reforçada tanto pelos movimentos de privatização jurídica e gestionária da Administração Pública, como pelo de corrosão e renovação do próprio Direito Administrativo.

---

[36] V. JEAN-MICHEL LEMOYNE DE FORGES, "Quelle ...", pág. 702 e seg. Aponta a Comunicação de 11/12/2002 (COM 2002-694). V. Relatório do Conselho de Estado de 2003, *Perspectives ...,* pág. 278 e seg. sobre o impacto do princípio da livre circulação de trabalhadores na UE e uma concepção dualista de FP.

[37] V. art. 258º do TFUE (recurso da Comissão Europeia ao TJUE contra Estado-membro fundado em descumprimento de obrigação decorrente dos tratados). V. ANA FERNANDA NEVES, "O Direito ...", pág. 379.

[38] Cf. COM (2010) 373, final, já citada, item 1.1, pág. 4.

[39] *In Liberdade ...,* pág. 93. V. tb. ALAIN SUPIOT (e outros), *Transformações ...,* pág. 243.

3ª PARTE

UM NECESSÁRIO PARALELO ENTRE A RELAÇÃO JURÍDICO-ADMINISTRATIVA DE FP E A RELAÇÃO EMPREGATÍCIA PERANTE O DIREITO BRASILEIRO – IDENTIDADES E DIFERENÇAS

> *Se a disciplina normativa do emprego e do cargo público devem aproximar-se porquanto informada pelos princípios de Direito Administrativo, nem por isso princípios inerentes ao Direito Individual do Trabalho, concebidos para reger relações entre particulares, deixam de exercer certa influência no regime de trabalho com o Estado ....*
>
> (Roberto Sorbilli Filho, 2009)[1]

> *Uma vez estabelecida a necessidade de se conceber a situação na qual se encontra o servidor público perante o Estado como subordinação estritamente jurídica, é importante verificar como tal elemento – subordinação – é tratado no Direito do Trabalho. Considerando que em ambos os ramos jurídicos o objeto da relação formada é o trabalho humano, não se vislumbra óbice à comparação entre as duas relações jurídicas formadas e suas respectivas peculiaridades.*
>
> (Teresa Cristina de Sousa, 2004)[2]

---

[1] *In* "A Alteração ...", pág. 392.
[2] *In* A natureza ..., pág. 199.

Avancemos agora para a 3ª parte de nossa dissertação, a qual abarca um único tema. Tendo como pano de fundo exclusivamente o Direito Brasileiro (Constitucional e Infraconstitucional), pretendemos doravante reafirmar a desatualidade da vetusta figura jurídica da relação jurídico-estatutária, bem como verificar as identidades e as diferenças da relação jurídico-administrativa de FP para com a relação jurídico-contratual laboral (ou relação empregatícia privada típica[3]).

O nosso objetivo é demonstrar que entre a relação jurídica derivada do contrato de trabalho privado e aqueloutra decorrente de uma relação de trabalho subordinada (ou relação profissional e não eventual) com uma entidade de direito público também não tem, no Brasil, a distância ou a incompatibilidade jurídica ou principiológica que afiança a doutrina tradicional nacional; muito ao reverso, as semelhanças são tantas que, como já anteviu Maria do Rosário Palma Ramalho, a "intersecção de regimes parece hoje irreversível e, por isso, a ciência jurídica terá, mais tarde ou mais cedo, que proceder à sua redução dogmática".[4]

Todavia, num primeiro momento, retomando uma discussão já iniciada anteriormente,[5] ressaltaremos que a relação jurídico-estatutária (pelo menos aquela clássica, "administrativamente pura", nos moldes como preconizados pela doutrina e pela jurisprudência constitucional brasileira) só existe para a FP *lato sensu* (aqui considerada, designadamente, aquela grande massa subjetiva funcionarial, que tem viabilidade de exercer o direito de contratação coletiva), como figura jurídica de importância exclusivamente acadêmica ou histórica.

Dessa análise será possível concluir que a substituição parcial da relação jurídico-administrativa de FP por uma relação jurídico-contratual laboral, em *determinadas* parcelas funcionariais ou órgãos/entes públicos, não só é perfeitamente possível, em termos jurídico-constitucionais, mas é inclusive constitucionalmente mais adequada, posto que tem a habilidade de racionalizar a situação funcionarial brasileira em alguns de seus entraves. Armemos, pois, esse nosso solo.

1 Relação jurídica: conceito tradicional

O conceito de "relação jurídica", nos moldes como amplamente reconhecido no mundo jurídico, como é cediço, é produto da escola histórica alemã, através da importância de Savigny. Tradicionalmente, tem-se por "relação jurídica" o "vínculo que o direito estabelece entre pessoas ou grupos, atribuindo-lhes poderes e deveres. Representa uma situação em que duas ou mais pessoas se encontram, a respeito de bens ou interesses jurídicos".[6] Ou, "Relação jurídica – *stricto sensu* – vem a ser unicamente a relação da vida social disciplinada pelo Direito, mediante a atribuição a uma pessoa

---

[3] Para a construção deste capítulo, muito nos auxiliou o artigo de ANA FERNANDA NEVES, "Relação jurídica ...", que tem o Direito Português como foco. Desconhecemos na doutrina brasileira um texto que aborda esse paralelismo, apesar das evidentes semelhanças no plano fático.
[4] *In* "Intersecção ...", pág. 444. V. tb. SILVIA DEL SAZ, "La Privatización ...", pág. 160.
[5] V. 1ª parte do nosso estudo.
[6] Cf. FRANCISCO AMARAL, *Direito Civil – Introdução*, 4ª ed., Ed. Renovar, 2002, pág. 153. V. MIGUEL REALE, *Lições Preliminares de Direito*, 27ª ed., Saraiva, São Paulo, 2002, pág. 213-226

(em sentido jurídico) de um direito subjectivo e a correspondente imposição a outra pessoa de um dever ou de uma sujeição"[7] (concepção ou teoria personalista[8]). Pressupõe, portanto, a existência de uma relação social (material) entre pessoas (ou centros de interesses determinados[9]) – elemento subjetivo – e a normatividade (a incidência da norma jurídica sobre aquela relação social) – elemento objetivo –, atribuindo-lhe o caráter de relação jurídica. Igualmente, o conceito de relação jurídica parte de uma concepção de bilateralidade, de reciprocidade (situações ativas e passivas para os sujeitos) e de relativa contemporaneidade entre os sujeitos da relação.[10] Como agora "desenhada", a relação jurídica apresenta-se de forma estática. Porém, dinamicamente, sabemos que as relações jurídicas são formadas, modificadas e extinguidas, conforme as consequências atribuídas pelo Direito a certos fatos ou atos.

Trata-se de um conceito fundamental da Teoria Geral do Direito, posto que, não obstante desenvolvido inicialmente para a seara privatística do Direito (baseada no imperativo categórico da liberdade, no princípio da autonomia da vontade), foi estendido e tem também grande e atual aplicação em seu âmbito publicístico[11] (Direito Administrativo, Direito Urbanístico, Direito Processual, *etc.*), havendo inúmeras relações jurídicas estabelecidas por pessoas jurídicas de direito público, nessa qualidade (a relação jurídica tributária é disso exemplo[12]). A aplicação do conceito de "relação jurídica" no campo do Direito Público sofreu, naturalmente, as adaptações decorrentes da presença de poderes de autoridade e do exercício de competências públicas.[13]

Tendo em vista os estreitos limites de nossa pesquisa, não obstante a complexidade das questões jurídicas que possam ser hodiernamente suscitadas quando se alude a

---

[7] Cf. MANUEL A. DOMINGUES DE ANDRADE, *Teoria geral da relação jurídica*, vol. 1, Livraria Almedina, Coimbra, 1992, pág. 2. Cf. SILVIO RODRIGUES, *Direito Civil – parte geral*, 33ª ed., Ed. Saraiva, São Paulo, 2003, pág. 33: "Relação jurídica é aquela relação humana que o ordenamento jurídico acha de tal modo relevante que lhe dá prestígio de sua força coercitiva. Ela se estabelece entre indivíduos, porque o direito tem por escopo regular os interesses humanos ...".

[8] RODRIGO BRUM SILVA, "A importância do conceito de relação jurídica", *in diritto.it* (www.diritto.it), publicado em 25/2/2010, pág. 3. Nosso trabalho não pretende aprofundar nas teorias da relação jurídica. De todo modo, discordamos da teoria normativista, simplesmente porque para nós as relações dão-se subjetivamente (e não entre sujeito/pessoa e ordenamento jurídico). V. HANS KELSEN, *Teoria pura do direito – Introdução à problemática científica do Direito*, 4ª ed., Ed. RT, São Paulo, 2006, pág. 83-84. V. CAIO MÁRIO DA SILVA PEREIRA, *Instituições de Direito Civil*, 20ª ed., vol. I, Ed. Forense, Rio de Janeiro, 2004, pág. 44.

[9] Cf. ORLANDO GOMES, *Introdução ao Direito Civil*, 18ª ed., Ed. Forense, Rio de Janeiro, 2002, pág. 106, salienta: "O Direito moderno, a par das situações subjetivas individuais, preocupa-se também com a tutela de interesses coletivos ou difusos que, mesmo sendo insuscetíveis de divisão e atribuição direta a cada pessoa, revelam-se como faculdades relevantes de toda a coletividade ou de parcelas dela (grupos numerosos)".

[10] Diversamente, questionando a contemporaneidade entre os sujeitos (ativo e passivo) nas relações jurídicas, V. HANS JONAS, *El Principio de Responsabilidade – Ensayo de una ética para la civilización tecnológica* –, Barcelona, 1995

[11] Cf. FRANCISCO AMARAL, *Ibidem*, pág. 158. V. ORLANDO GOMES, *Introdução* ..., pág. 93.

[12] V. DJALMA BITTAR, *Relação jurídica tributária instrumental*, LTr, São Paulo, 2002; MAGALI SERRANO, "Reflexões sobre a relação jurídica de direito tributário e a atividade de lançamento", *in* http://www.arcos.org.br/artigos/reflexoes-sobre-a-relacao-juridica-de-direito-tributario-e-a-atividade-de-lancamento/, acessado em 1/3/2013.

[13] V. AURÉLIO PITANGA SEIXAS FILHO, "Natureza Jurídica da Relação Tributária", *RFDC*, Ano VI, nº 6, junho, 2005, pág. 45-70. Cf. JL PEREIRA, "Natureza da relação jurídica tributária"; *In* http://www.jltributario.com.br/_det.aspx?A_ID=39, acessado em 1/3/2013: "Como se vê, a relação jurídica tributária muito mais se aproxima das norma e fundamentos do Direito Público, seja em razão da imperatividade dos atos da Administração, seja pela indisponibilidade sobre o cumprimento dos deveres a cargo da Administração. Aliás, a indisponibilidade do sujeito ativo da relação tributária é uma consequência de sua potestade, de seu poder-dever".

um conceito "central" do Direito (das quais intencionalmente abdicamos de encarar[14]), utilizemos como substrato aquela concepção tradicional (e personalista) de "relação jurídica". Em suma, um liame jurídico decorrente do reconhecimento pela normatividade de uma relação social pré-existente entre sujeitos diversos, do qual podem derivar situações ativas e passivas para estes.

A relação material que nos interessa é, pois, uma relação de trabalho subordinado: a relação estabelecida por uma dada pessoa física – o trabalhador público – para com outra – a AP não empresarial, como oferta e procura de mão de obra, com caráter de profissionalidade. Sabemos que, licitamente, o ordenamento jurídico pode reconhecê-la como "relação empregatícia", como conceito nuclear do DT, ou como "relação jurídica de FP", tópico integrante do DA.

2 Continuação: relação jurídico-estatutária: uma figura jurídico-constitucionalmente ultrapassada

Prossigamos na discussão que fora iniciada na 1ª parte, 2º capítulo de nossa dissertação. Lá apresentamos, na essência, as características fundamentais da relação jurídica (dita de natureza) estatutária.[15] E, assim o fizemos pela necessidade de apresentar logo as consequências jurídicas da interpretação dada pela jurisprudência constitucional ao art. 39, *caput*, da CR/88, em sua redação originária;[16] interpretação esta que, pela sua autoridade, integra atualmente a compreensão acerca do regime jurídico da FP (*lato sensu*) brasileira. Nesse sentido, em especial, quanto ao assentamento da ideia, somente há pouco derrubada, de impossibilidade jurídica de contratualização coletiva desse regime, face à sua "completa unilateralidade-legalidade".[17]

Com efeito, segundo a doutrina nacional majoritária (integrada basicamente por administrativistas de renome e decisivamente influenciada pela doutrina francesa de meados do séc. XX, frise-se), a relação jurídica de trabalho subordinado entabulada entre os "servidores públicos ocupantes de cargos" (efetivos ou comissionados) na AP não empresarial, independentemente do exercício de poderes de autoridade, tem índole estatutária, institucional.

Isso significa dizer, nas palavras de Celso Antônio Bandeira de Mello, por exemplo, que: "no liame de função pública, composto sob a égide estatutária, o Estado, ressalvadas as pertinentes disposições constitucionais impeditivas, deterá o poder de alterar legislativamente o regime jurídico de seus servidores, inexistindo a garantia de que continuarão sempre disciplinados pelas disposições vigentes quando de seu ingresso. Então, benefícios e vantagens, dantes previstos, podem ser ulteriormente suprimidos. Bem por isso, os direitos que deles derivem não se incorporam integralmente, *de imediato*, ao patrimônio jurídico do servidor...".[18] A noção é basicamente repetida, ademais, por

---

[14] V. RODRIGO BRUM SILVA, "A importância ...", pág. 6.
[15] V. MÁRIO GONÇALVES JÚNIOR, "As Relações de trabalho estatutárias (EC n. 45/04 x ADIN n. 3395), *in LTr-ST*, Ano 42, nº 060/06, 2006, pág. 271-275.
[16] Redação esta atualmente vigente, em decorrência da decisão liminar proferida pelo STF nos autos da ADI nº 2.135-4 DF.
[17] Alude-se à decisão da ADI nº 492-1 e à ratificação da Convenção nº 151 da OIT pelo Brasil em 2010.
[18] *In Curso* ..., pág. 252.

José dos Santos Carvalho Filho;[19] Maria Sylvia Zanella Di Pietro,[20] Marçal Justen Filho,[21] entre outros. Essa concepção estatutária abarca, segundo a doutrina brasileira clássica, as seguintes características do regime:

   a) Unilateralidade, assim considerada a faculdade do Estado (como ente legiferante) de instituir, alterar e revogar o regime jurídico funcionarial, mediante lei, independentemente do consenso do "servidor público", posto que constituído basicamente por normas jurídicas imperativas e cogentes, não contratuais;
   b) Ausência de consensualidade, considerando-se o fato de que o servidor público vincula-se ao ente público por um ato administrativo ("imperativo"[22]) de nomeação. Nos dizeres de Cármen Lúcia Antunes Rocha: "a investidura em cargo público traz em si o sentido de que o agente não participa de um movimento de vontade livre e unilateralmente definitiva e definidora das circunstâncias".[23]
   c) Ausência de conteúdo negociado, considerando-se o fato de que o regime é exclusivamente de fonte legal, como consequência do poder soberano do ente público na definição do regime jurídico.

As lições acerca do que se pode ou deva considerar ser uma relação jurídico-estatutária nos afiguram ultrapassadas (e mesmo incompatíveis) se levarmos em conta a atual configuração da CR/88 e do direito infraconstitucional; bem como equivocadas quando a conjugamos com a realidade fática. Quiçá se possa falar em relação jurídica essencialmente estatutária (em especial, quanto à ausência de contratualidade e conteúdo do regime densificado essencialmente mediante lei formal) apenas para coletivos funcionariais que não estão incluídos no âmbito dessa pesquisa; mormente, militares; juízes e membros do Ministério Público, em decorrência da configuração peculiar dos respectivos regimes jurídicos, os quais atribuem deveres funcionais específicos e um vínculo jurídico mais "apertado" para com o Estado (por exemplo, no caso dos magistrados, um "estatuto" que lhes assegure independência subjetiva e objetiva e imparcialidade judicial;[24] e, no caso dos militares, a vedação constitucional expressa ao direito de sindicalização e de greve[25]).

---

[19] *In Manual ...*, pág. 495: "A outra característica concernente à natureza da relação jurídica estatutária. Essa relação não tem natureza contratual, ou seja, inexiste contrato entre o Poder Público e o servidor estatutário. ... Nesse tipo de relação jurídica não-contratual, a conjugação de vontades que conduz à execução da função pública leva em conta outros fatores tipicamente de direito público... A conclusão, pois, é a de que o regime estatutário, como tem em vista regular a relação jurídica estatutária, não pode incluir normas que denunciem a existência de negócio contratual".

[20] *In Direito...*, pág. 440: "não há a possibilidade de qualquer modificação das normas vigentes por meio de contrato ...".

[21] *In Curso de Direito Administrativo*, 2ª ed., Editora Saraiva, São Paulo, 2006, pág. 591, assim definindo: "Os servidores públicos estatutários ou com cargo público são aqueles cuja relação jurídica com o Estado é subordinada a regime jurídico de direito público, caracterizado pela ausência de consensualidade para sua instauração tal como para a determinação de direitos e deveres".

[22] Cf. SABINO CASSESE, *La Globalización* ..., pág. 182.

[23] *In Princípios* ..., pág. 70. Ainda, desta A., *apud*, pág. 126: "O que bem caracteriza a natureza desse vínculo público estatutário prevalente na relação havida entre a entidade pública e o seu servidor é, pois, a ausência do elemento vontade de qualquer das partes que compõem na formulação legal ...".

[24] V. JOSÉ DE MELO ALEXANDRINO, "Greve ...".

[25] O Art. 142, inciso IV, da CR/88 veda os direitos de sindicalização e de greve dos militares. Esta também é a conclusão a que chega CLARISSA SAMPAIO SILVA, *Direitos Fundamentais* ..., pág. 286-287, ao aduzir que o nível de sujeição agravada dos agentes públicos varia em conformidade com os seus deveres específicos (constitucionais e legais).

De fato, se analisarmos com maior cautela os caracteres peculiares da relação jurídica dita estatutária, ainda que sem recorrer à sua (provável) incompatibilidade constitucional, verificaremos que tais distintivos ou não lhe são específicos ou são uma ficção jurídica sem correlação com a atual realidade fática.[26]

É o que ocorre, por exemplo, relativamente à apontada unilateralidade do regime, conforme tivemos a oportunidade de antecipar.[27] É que essa tal "unilateralidade do regime jurídico estatutário" também se apresenta nas demais relações jurídicas, as quais dependem da observância do princípio da legalidade, ínsito ao Estado de Direito (art. 5º, inciso II, CR/88). Assim, também na relação jurídico-contratual laboral, pois o Estado – no caso, a União, como ente legislador (art. 22, inciso I, CR/88) – define os parâmetros legais cogentes de forma "unilateral", os quais incidem imediatamente (*ex vi legis*) nas correlativas relações jurídicas, independentemente da concordância dos particulares, ressalvados os direitos adquiridos.[28]

Ora, a "unilateralidade" do regime jurídico-estatutário somente se verificaria se o próprio ente público-empregador o instituísse diretamente, em sua plenitude, a despeito da existência de lei, como um próprio regime de regulamento autônomo;[29] o que é, todavia, inadmissível no vigente Direito Brasileiro.[30]

Tal situação era possível, com efeito, como consequência da arcaica tese da "impermeabilidade jurídica do Estado", no sentido de que as relações jurídicas só se travavam entre o Estado e os "particulares externos"; mas não entre aquele e seus órgãos internos/funcionários públicos. Como explica Paulo Veiga e Moura, "A identificação dos funcionários com o órgão conduziu a que estes integrassem o domínio interno da Administração, a qual se situava à margem da lei e onde apenas imperava a vontade estadual e as suas necessidades organizatórias, tendo em vista a realização do superior interesse colectivo". Assim, "a tese da natureza estatutária e regulamentar da situação dos funcionários vai informar todo o regime posterior da Função Pública e justificar a sua sujeição a uma específica disciplina".[31] Foi nesse sentido, aliás, a definição constante do estatuto francês de meados do século passado.

Também a especificidade do regime funcionarial estatutário respeitante à ausência de vontade do trabalhador público, designadamente na formação de seu vínculo profissional, afigura-nos não só estapafúrdia, como absolutamente incompatível com a liberdade fundamental de trabalhar (liberdade de escolha e exercício de qualquer

---

[26] V. ROBERTO SORBILLI FILHO, *A Relação* ..., pág. 151. V. TERESA CRISTINA DE SOUSA, *A natureza* ..., pág. 139.

[27] V. 1ª parte, 2º capítulo, da dissertação. V. PAULO EMÍLIO DE VILHENA, *Contrato de Trabalho* ..., pág. 10 e seg. Uma das maiores críticas feitas sobre a teoria estatutária da FP pode ser lida em: LUÍSA CRISTINA PINTO E NETTO, *A Contratualização* ..., pág. 133-238. V. ROGÉRIO VIOLA COELHO, "Questões Polêmicas ...", pág. 53; e *A Relação* ..., pág. 34 e seg.

[28] É nesse sentido a explicação de FLORIVALDO DUTRA DE ARAÚJO, "O Estudo do Direito ...", pág. 192: "... a relação de trabalho privada ganhou feições estatutárias, no seu sentido de seus contornos serem encontrados de antemão em regras gerais e abstratas, automaticamente aplicáveis às relações trabalhistas concretas". "O contrato individual de trabalho tornou-se, com raríssimas exceções, um contrato regulamentado, tal como a relação jurídica dita estatutária – entre o servidor e a Administração Pública".

[29] V. PAULO VEIGA E MOURA, *A privatização* ..., pág. 32.

[30] V. CELSO ANTÔNIO BANDEIRA DE MELLO, *Curso* ..., pág. 337-345; DIÓGENES GASPARINI, *Direito* ..., pág. 111-114.

[31] *A privatização* ..., pág. 34. V. DOMINGOS FÉSAS VITAL, *A situação* ..., pág. 155; e MIGUEL SÁNCHEZ MORÓN, "El Régimen ...", pág. 71.

profissão, nos termos do art. 5º, inciso XIII, da CR/88[32]). Além disso, faticamente dizendo, no Brasil, a obtenção de um posto permanente de trabalho na FP (em cargo público de provimento efetivo) é um dos grandes desejos dos trabalhadores brasileiros, face à peculiar estabilidade a que estão abarcados pela incidência do art. 41 da CR/88,[33] diversamente do que se verifica relativamente aos trabalhadores do setor privado. Também, evidentemente, não é correto afirmar que a AP, ao instaurar um procedimento administrativo para preenchimento de vagas e obtenção dos profissionais mais qualificados (concurso público de provas ou de provas e de títulos, ou, ainda, procedimento seletivo público simplificado; art. 37, II, e art. 198, §5º, CR/88), o faz sem motivação; muito ao reverso, realiza os procedimentos concursais para fim de obtenção de mão de obra para a realização do interesse público a que está vocacionada e de suas competências específicas.

Finalmente, no que tange à ausência de conteúdo negociado, a especialidade do regime jurídico-estatutário também já não mais se verifica em sua plenitude no Direito Brasileiro. Em primeiro lugar, em decorrência das recentes decisões do STF em matéria de greve do servidor público (MIs nº 670, 708 e 712 de 2007),[34] determinando-se a aplicação analógica da lei de greve dos trabalhadores do setor privado, até edição da "lei específica" a que alude o art. 37, inciso VII, da CR/88. E, nessa lei, a superação da negociação coletiva (frustrada) é uma etapa previamente necessária à deflagração de um movimento paredista não abusivo e legítimo (art. 3º, Lei nº 7.783/89).[35] A duas, em consequência da recente incorporação no Direito interno da Convenção nº 151 da OIT,[36] que estabelece acerca da necessidade de implementação de negociação coletiva na FP (para os "trabalhadores da FP"). Essa convenção, aliás, acarretará uma necessária revisão de antigas práticas regulamentares da AP brasileira sem a imprescindível oitiva das entidades de classe diretamente interessadas, na medida em que disponham sobre questões de repercussão na relação jurídica profissional do trabalhador público. Entretanto, na práxis administrativa atual, muitos órgãos públicos somente editam atos administrativos após prévia audiência das entidades de classes envolvidas, para maior eficácia do próprio ato (ex.: portarias de fixação de horário de funcionamento); como

---

[32] Na DUDH, art. XXIII, item 1: "Toda pessoa tem direito ao trabalho, à livre escolha de emprego, a condições justas e favoráveis de trabalho e à proteção contra o desemprego". V. Convenção nº 29 da OIT, contra o trabalho forçado.

[33] V., por ex., "Concurso Público: desejo distante ou oportunidade real?" in http://cpd1.ufmt.br/joronline/mostra_noticias.php?id=212, acesso em 23/8/2012.

[34] V. 1ª parte, 2º capítulo, *supra*.

[35] Art. 3º Frustrada a negociação ou verificada a impossibilidade de recursos via arbitral, é facultada a cessação coletiva do trabalho.

[36] Decreto Legislativo do Congresso Nacional, nº 206/2010 de 7/4/2010, *DOU* de 8/10/2010. Conforme o art. 2º desse Decreto: "No caso brasileiro: I – a expressão "pessoas empregadas pelas autoridades públicas", constante do item 1 do artigo 1 da Convenção nº 151, de 1978, abrange tanto os empregados públicos, ingressos na Administração Pública, mediante concurso público, regidos pela Consolidação das Leis do Trabalho (CLT), aprovada pelo Decreto-Lei nº 5.452, de 1º de maio de 1943, quanto os servidores públicos, no plano federal, regidos pela Lei nº 8.112, de 11 de dezembro de 1990, e os servidores públicos, nos âmbitos estadual e municipal, regidos pela legislação específica de cada um desses entes federativos; II – consideram-se organizações de trabalhadores abrangidas pela Convenção apenas as organizações constituídas nos termos do art. 8º da Constituição Federal". Todavia, apesar da vigência interna da Convenção nº 151, mesmo após 2 anos, o Brasil ainda não editou uma lei que estabeleça os procedimentos de negociação coletiva na FP. Deve-se mencionar que o Brasil tem um histórico de atraso e inércia intencionais na ratificação de Convenções da OIT. É o que ocorre até a presente data, relativamente à Convenção nº 87 da OIT (liberdade e autonomia sindical); que se afigura uma postura absolutamente incompatível com os princípios democráticos que vigoram na Ordem Internacional.

também ocorre no decorrer do procedimento legislativo para alteração de direitos e deveres funcionais.[37]

Portanto, a relação jurídico-estatutária, em conformidade com a genuinidade da doutrina administrativista clássica, tão peculiar ao início do séc. XX, não mais é defensável para o sistema funcionarial brasileiro (e, quiçá, o seja para outros sistemas funcionariais em que vigora o princípio da liberdade e da autonomia sindical no setor público, nas "ondas" de uma AP consensual e participativa, inerente ao regime democrático e a uma ordem de jusfundamentalidade).[38] Conforme assevera Alberto Palomar Olmeda, tendo em vista o Direito da FP espanhol e esse recente processo de degradação da autêntica relação jurídico-estatutária: "O exercício dos direitos sociais e, decisivamente, o de negociação coletiva, há feito mudar o panorama até um limite no qual a natureza da relação de emprego público que acabamos de analisar fique seriamente afetada para transmutar-se em outra (...) que, desde logo, está longe da determinação unilateral à que se refere o apartado anterior".[39] Enfim, "a relação estatutária clássica não se adequa a uma função pública eficiente e moderna".[40]

Além do exposto, a despeito de a CR/88 em momento algum ter optado, *expressis verbis*, pela natureza estatutária do vínculo profissional do trabalhador público para com a AP não empresarial, frise-se, a própria referência ao termo "estatuto" não indica necessariamente estar-se diante de uma relação jurídico-estatutária. É que se trata, recorde-se, de um termo ambíguo no tema da FP, compreendendo "dois sentidos, um amplo e outro restrito. Tradicionalmente, a doutrina administrativa encontra-se familiaridade com o sentido estrito do instituto, segundo o qual o regime estatutário é aquele unilateral, integralmente previsto em lei, ao qual se submetem os servidores ocupantes de cargos públicos. Trata-se, pois, do sentido restrito da expressão 'estatuto', aplicável apenas à função pública".[41]

Porém, o termo ainda "significa um conjunto de normas específicas que tratam determinada parcela das relações sociais". "A concepção de estatuto, pois, nesse sentido, abrange o conjunto de regras justapostas e sistematizadas dentro de princípios gerais comuns, para organização, pelo Direito, de certa parcela da realidade social";[42] tais como "estatuto do trabalhador doméstico"; "estatuto da advocacia", *etc.*

Por isso, entendemos que só nesse sentido amplo se justifica a utilização da nomenclatura "estatuto da FP"; sendo preferível, por todas as razões expendidas, abdicar

---

[37] Vale lembrar que inexiste disposição constitucional na CR/88 análoga ao art. 56º-2/*a* da CRP, acerca do direito das associações sindicais de participar na elaboração da legislação do trabalho.

[38] V. concordando, LUÍSA CRISTINA PINTO E NETTO, "Função Pública ...", pág. 18; e "A Volta ...", pág. 209 e seg., ANA FERNANDA NEVES, "Relação Jurídica ...", fl. 01-04. V. tb. JULIANA BRINA CORRÊA LIMA DE CARVALHO, "Os Direitos Sociais dos Servidores Públicos à luz da redefinição da supremacia do interesse público no Estado Democrático de Direito", *in RDFD*, v. 11, janeiro-junho, 2011, pág. 244-275. Diferentemente, entendendo pela atualidade da figura e da relação especial de sujeição: CAROLINA ZANCANER ZOCKUN, "Sujeição Especial e Regime Jurídico da Função Pública no Estado de Direito Democrático e Social", *in* MARTHA LUCÍA BAUTISTA CELY e RAQUEL DIAS DA SILVEIRA (coord), *Direito Disciplinário Internacional*, vol. I, Ed. Fórum, Belo Horizonte, 2011, pág. 271-281.

[39] *Derecho* ..., pág. 42 e seg. V. tb. ANA FERNANDA NEVES, "O Contrato de Trabalho ...", pág. 101; CLÁUDIA VIANA, "O Conceito ...", pág. 9.

[40] Cf. NUNO J. VASCONCELOS ALBUQUERQUE SOUSA, *La Función* ..., pág. 351.

[41] Cf. GUSTAVO ALEXANDRE MAGALHÃES, *Contratação* ..., 131-132.

[42] *Ibidem*, pág. 131-132. V. THEMISTOCLES BRANDÃO CAVALCANTI, *O Funcionário* ..., pág. 78. A confusão para nós é clara em CARMÉN LÚCIA ANTUNES ROCHA, *Princípios* ..., pág. 91.

da referência "relação jurídico-estatutária" no âmbito funcionarial, a qual permanece para nós apenas como uma concepção memorável.

3 Continuação: relação jurídico-estatutária e direitos fundamentais: "jusfundamentalização da administração pública"[43]

Não obstante o já aduzido no item precedente, entendemos que, se analisássemos a relação jurídico-estatutária (aquela em conformidade com a doutrina administrativa clássica), tendo amarrado a máscara da teoria (democrática) dos direitos fundamentais, logo chegaríamos à conclusão de que esse tipo de vínculo não permite a maior eficácia ou otimização dos direitos fundamentais do trabalhador público, sejam eles de natureza coletiva ou individual.[44] A conclusão, portanto, não seria outra: a tradicional relação jurídico-estatutária deve sair de cena na hodierna temática do Direito da FP.

Com efeito, é velha conhecida a assertiva de que a relação jurídico-estatutária não acolhe bem os direitos fundamentais dos trabalhadores públicos, em especial, aqueles de natureza política (liberdade de pensamento; liberdade de manifestação, *etc.*) e social (liberdade e autonomia sindicais, direito de greve, *etc.*).[45] De fato, "efetivamente e por essência, a relação estatutária não se concilia facilmente com o exercício dos direitos políticos ou sociais, como o da negociação coletiva, já que, estruturalmente, são sistemas contrapostos".[46] Isso porque na origem da concepção da natureza estatutária do vínculo trabalhador público-Estado encontra-se a teoria da "unidade orgânica do Estado",[47] negando a importância da individualidade do trabalhador público e a existência de conflito de interesses entre este e o seu empregador.[48]

Todavia, tal concepção (aniquiladora e funcionalizante) da pessoa humana/ trabalhador público não se compatibiliza com a atual compreensão de Administração Pública, cuja vinculação imediata ao princípio da dignidade da pessoa humana e aos direitos fundamentais (art. 1º, III, c/c art. 5º, §1º, CR/88) heterodetermina a atuação daquela em conformidade com a maior eficácia destes, "enquanto limite e parâmetro de sua actividade".[49] A ideia do funcionário público "como meio, e não fim da

---

[43] Cf. LUÍSA CRISTINA PINTO E NETTO, "¿Direito ...", pág. 50.
[44] V. sobre direitos fundamentais: J. J. GOMES CANOTILHO, *Direito Constitucional* ..., pág. 407 e seg.; ROBERT ALEXY, *Teoria dos Direitos Fundamentais*, trad. de Virgílio Afonso da Silva, Malheiros Editores, São Paulo, 2008; INGO WOLFGANG SARLET, *A eficácia* ..., pág. 259 e seg.; ANTONIO ENRIQUE PÉREZ LUÑO, *Derechos Humanos, Estado de Derecho y Constitución*, Tecnos, Madrid, 2005, pág. 321 e seg.
[45] V. DOMINGOS FÉSAS VITAL, *A situação* ..., pág. 63.
[46] Cf. ALBERTO PALOMAR OLMEDA, *Derecho* ..., pág. 87. V. ANA CLÁUDIA NASCIMENTO GOMES e BRUNO ALBERGARIA, "A Vinculação ...", pág. 37-38.
[47] Cf. ANA FERNANDA NEVES, *Relação Jurídica* ..., pág. 77. V. FLORIVALDO DUTRA DE ARAÚJO, *Conflitos* ..., pág. 82; FRANCISCO LIBERAL FERNANDES, *Autonomia* ..., pág. 88, nota.
[48] Cf. HAURIOU apud REGINA LINDEN RUARO, "Os Direitos ...", pág. 35: "As razões essenciais da incompatibilidade entre a forma sindical e agrupação de funcionários é que a forma sindical é, por si só, uma organização de luta que implica uma atitude de hostilidade frente à hierarquia. Eis aqui, pois, a idéia central: nada de luta de classes no interior da hierarquia e, em consequência, nada de sindicatos de funcionários, porque a forma sindical está unida à luta de classes". V. ANTÔNIO ÁLVARES DA SILVA, *Greve* ..., pág. 81, citando BERTHÉLEMY: "O sindicato funcionarista é fermento de indisciplina, feudalismo administrativo, pluralidade de poderes profissionais, cuja consequência seria a calamitosa situação de decomposição, de anarquia e violência".
[49] Cf. JORGE REIS NOVAIS, *Os princípios constitucionais estruturantes da República Portuguesa*, Coimbra Editora, Coimbra, 2004, pág. 51. E continua às pág. 57: "Em qualquer caso, a pessoa humana será inconstitucionalmente degradada e coisificada quando o Estado a afecte desnecessária, fútil ou desproporcionalmente ou quando

Administração Pública"⁵⁰ é absolutamente incompatível com a consagração do "Estado de direitos fundamentais" (ou "Estado de direitos humanos"⁵¹) e da consequente "jusfundamentalização da Administração Pública ou Administração Pública de Direitos Fundamentais".

Afinal, "se existe quem afirme que o Direito Administrativo é (ou deve ser) Direito Constitucional concretizado, pode também dizer-se que a efectividade das normas de uma Constituição nunca dispensa a intervenção da Administração Pública, assistindo-se, neste último sentido, a uma paralela 'dependência administrativa' do Direito Constitucional".⁵² E, se assim o é relativamente à atuação da AP para com os particulares "comuns", o que dirá em relação aos seus próprios funcionários, haja vista que a garantia e o nível de concretização dos direitos fundamentais dos cidadãos não devem ser, em princípio, diversos ou, muito menos, inferiores em decorrência da inserção destes no "cotidiano administrativo".⁵³

Seria paradoxal que, justamente quando a constituição democrática assegura a vinculação imediata das autoridades públicas (qualquer delas) aos direitos fundamentais, no âmbito interno da AP tivessem esses "direitos, liberdades e garantias" uma carga eficacial reduzida ou se encontrassem em estado de inatividade. Essa situação nos remeteria para aquele dito popular que "em casa de ferreiro espeto é de pau".

Nesse sentido, a denominada "relação especial de poder" (ou "relação especial de sujeição"), desenvolvida nos finais do séc. XIX pela doutrina germânica,⁵⁴ para explicar situações nas quais o administrado ("interno" à estrutura orgânica administrativa) se relacionava de forma especialmente intensa com a AP, nos apresenta ser, no vigente contexto democrático, uma figura jurídica anacrônica. A estreita conexão histórica e doutrinária entre a relação jurídico-estatutária e a "relação especial de sujeição" nos leva a duvidar da permanência de ambas perante um regime totalmente permeado pelos princípios democrático e do Estado de Direito, "domesticando" a atuação da AP a fundar-se no complexo emaranhado do Direito (= juridicidade) e nos direitos fundamentais.

Consoante aquela doutrina, o efeito prático da constatação de uma "relação especial de poder" seria a possibilidade de restrição (ou de "enfraquecimento"⁵⁵) de direitos

---

proceda a uma instrumentalização da autonomia individual ou a uma redução objectiva das oportunidades de livre desenvolvimento da personalidade que não sejam justificadas pela estrita necessidade de realização de fins, valores ou interesses dignos de protecção jurídica e efectuadas segundo procedimentos e com sentido e alcance constitucionalmente correctos". V., do mesmo A., *Direitos Fundamentais – trunfos contra a maioria*, Coimbra Editora, Coimbra, 2006. V. MARTIN KRIELE, *Introdução à Teoria do Estado – Os fundamentos históricos da legitimidade do Estado Constitucional Democrático*, SAFE, Porto Alegre, 2009, pág. 283-284.

[50] Cf. HELY LOPES MEIRELES apud PALHARES MOREIRA REIS, *Os servidores ...*, pág. 37. V. CLARISSA SAMPAIO SILVA, *Direitos Fundamentais ...*, pág. 301-302. V. FRANCISCO LIBERAL FERNANDES, *Autonomia ...*, pág. 86-91.

[51] Cf. PAULO OTERO, *Instituições Políticas e Constitucionais*, vol. I, Livraria Almedina, Coimbra, 2007, pág. 541. Segundo o A., "O Estado de direitos humanos insere-se no âmbito do Estado de direitos fundamentais, expressando um modelo mais exigente e rigoroso, apelando a uma dimensão material do conceito de direitos fundamentais".

[52] Cf. PAULO OTERO, *Legalidade ...*, pág. 28.

[53] V. LUÍSA CRISTINA PINTO E NETTO, "¿Direito ...", pág. 48. V. ANA CLÁUDIA NASCIMENTO GOMES e BRUNO ALBERGARIA, "A vinculação ...", pág. 19 e seg.

[54] LABAND (1845), OTTO MAYER (1888), ULE (1956), WOLFF (3ª edição) e FORHSTHOFF. V. ALFREDO GALLEGO ANABITARTE, "Las Relaciones ...", pág. 13. A doutrina administrativa sofreu assim influência hegeliana. V. ROGÉRIO VIOLA COELHO, "Questões Polêmicas ...", pág. 649.

[55] V. NUNO J. VASCONCELOS ALBUQUERQUE SOUSA, *La Función ...*, pág. 139.

fundamentais do administrado (no caso, do trabalhador público), independentemente de autorização legal para tanto, justamente porque no âmbito intra-administrativo a regulação não se daria por lei formal, mas por atos administrativos *lato sensu*.[56]

No Direito Comparado, a figura da "relação especial de poder" continua a ser controvertida. Parte da doutrina informa que a sua "sentença de morte" deu-se pelo Tribunal Constitucional Alemão em 1972, ante a plena juridicidade do princípio do Estado de Direito e da jusfundamentalidade.[57] Nessa linha argumentativa, a vinculação das autoridades públicas aos direitos fundamentais é igualmente válida para os âmbitos intra-administrativos, e não apenas quando em causa situações clássicas de relacionamento Estado-sociedade (modelo liberal). O resultado pragmático da "relação especial de poder" não mais poderia permanecer num Estado Democrático de Direito: as restrições aos direitos fundamentais devem ser agora justificadas com base em lei prévia (princípio da reserva legal) e em conformidade com o princípio da proporcionalidade em sentido amplo.[58]

Outros autores, porém, defendem a atualidade da figura, mesmo num contexto democrático. É o caso de Jorge Reis Novais, mesmo diante da existência na CRP de um regime específico e mais garantístico para a proteção dos "direitos, liberdades e garantias e dos demais direitos de natureza análoga" (arts. 17º e 18º) do que a CR/88: "Apesar da vigência dos direitos fundamentais e da reserva de lei neste domínio e do fato de que, por si só, a simples existência das relações especiais de poder não justifica qualquer restrição a direitos fundamentais, a necessidade de garantia da capacidade funcional das respectivas instituições funciona, não apenas como habilitação constitucional, expressa ou implícita para a intervenção regulamentadora e eventualmente restritiva do legislador, como para atribuição à Administração de uma margem significativa de livre apreciação na interpretação e actualização daquelas cláusulas gerais e conceitos indeterminados à luz da necessária compatibilização dos interesses constitucionais em conflito".[59] Clarissa Sampaio Silva também é defensora da permanência da figura da "relação especial de sujeição" na vigente ordem brasileira; porém, com as matizações e graduações decorrentes dos deveres funcionais específicos de cada uma das categorias de agentes públicos (ou, nas suas palavras, "nem mesmo entre os diversos vínculos de ordem funcional há uniformidade quanto ao grau de afetação negativa dos direitos fundamentais"[60]); esclarecendo que a restrição aos direitos fundamentais deve ser sempre precedida de um prudente e proporcional juízo de valoração.

---

[56] Cf. LUÍS CABRAL DE MONCADA, "As Relações ...", pág. 181: "A idéia segundo a qual na transição do Estado Absoluto para o Estado de Direito Liberal e deste para o actual Estado de Direito Social a Administração teria ficado totalmente sujeita à lei é manifestamente incorrecta. Sempre dela permaneceram excluídos certos domínios da actividade da Administração identificados de acordo com critérios vários".

[57] V. LUÍS CABRAL DE MONCADA, "As Relações Especiais ...", pág. 184 e FLORIVALDO DUTRA DE ARAÚJO, *Conflitos Coletivos ...*, pág. 96.

[58] V. ANA FERNANDA NEVES, *Relação Jurídica* ...., pág. 82. Sobre o princípio da proporcionalidade: VITALINO CANAS, "Proporcionalidade (princípio da)", *in DJAP*, vol. VI, Lisboa, 1994, pág. 591 e seg.

[59] V. JORGE REIS NOVAIS, *As restrições dos Direitos Fundamentais não expressamente autorizadas pela Constituição*, Coimbra Editora, Coimbra, 2003, pág. 510 e seg. Comentando o "momento marcante" da publicação desta obra, justamente pela defesa da atualidade da figura da relação especial de poder: V. JOSÉ DE MELO ALEXANDRINO, " A Greve ...", pág. 785.

[60] *In Direitos Fundamentais* ..., pág. 309.

Apesar de nosso estudo não focar diretamente a figura da "relação especial de sujeição", em termos genéricos (isto é, perante a FP considerada em seu conjunto subjetivo, desconsideradas as especificidades de uma dada categoria funcional), temos que aquele tipo de relação (a)jurídica pode, sim, representar uma abertura imprecisa para restrições não legítimas aos direitos fundamentais dos "trabalhadores públicos".[61] E, assim, mesmo considerando o fato de a CR/88 não estipular, *expressis verbis*, um regime mais exigente de força jurídica para as normas definidoras dos direitos fundamentais de 1ª dimensão.

Isso porque a heterovinculação da AP ao "bloco de legalidade *lato sensu*" ou ao princípio de juridicidade administrativa[62] impõe, para nós, inclusive e necessariamente, que as relações jurídico-profissionais por ela entabuladas com os cidadãos "tomem a sério" os seus direitos fundamentais e a sua qualidade de sujeito de direito; *sempre e aprioristicamente*. Aqui também o princípio da reserva legal representa um baluarte aos direitos fundamentais dos trabalhadores públicos.

Destarte, pela exigência da observância da jusfundamentalidade, não mais prevalece num Estado Democrático de Direito e perante uma Administração Pública "amiga dos direitos fundamentais", a relação funcionarial do tipo "estatutária"; pelo menos em sua "virgindade" original[63] e em termos gerais, como insiste afirmar a doutrina e a jurisprudência nacionais. "Os valores sociais do trabalho, a liberdade e a dignidade humana, condicionam a ação estatal. Dentro dessa ótica, o vínculo de trabalho estatutário, unilateral, perde consistência."[64] Nessa linha, só nos será aceitável a relação jurídico-estatutária se despida de sua carga excessivamente favorável ao senhorio da Administração Pública na regulamentação daquela;[65] resultado que nos conduzirá, todavia, necessariamente, a outro tipo de vínculo funcionarial; e, nessa medida, preferencialmente, para uma outra nomenclatura jurídica: a relação jurídico-administrativa de FP.

Passemos, agora, à análise da relação jurídico-contratual laboral ("relação empregatícia *típica*"), verificando os caracteres que a identificam, para, posteriormente, elaborarmos a comparação com a relação funcionarial entre o servidor público (o "não celetista") e o Estado, tendo em conta o Direito Positivo Brasileiro.

---

[61] Tb. NUNO J. VASCONCELOS ALBUQUERQUE SOUSA, *La Función ...*, pág. 61 e 67.

[62] Art. 37, *caput*, CR/88. V. JOSÉ CARLOS VIEIRA DE ANDRADE, *O dever da fundamentação expressa dos actos administrativo*, Colecção Teses, Livraria Almedina, Coimbra, 2003, pág. 14; PAULO OTERO, *Legalidade ...*, pág. 733 e seg. Ainda, PEDRO MANCHETE, *Estado de Direito Democrático e Administração Paritária*, Colecção Teses, Livraria Almedina, 2007, pág. 420 e seg.

[63] V. CLARISSA SAMPAIO SILVA, *Direitos Fundamentais ...*, pág. 177 e seg.

[64] Cf. ROBERTO SORBILLI FILHO, "A Alteração ...", pág. 393.

[65] V. tb. ANA FERNANDA NEVES, *Relação Jurídica ...*, pág. 82-84.

4 Relação jurídico-contratual laboral ou relação empregatícia – "Relação de trabalho" e "relação de emprego" – Conceito e requisitos da denominada "relação de emprego"

4.1 A doutrina nacional e os requisitos da relação de emprego[66]

A doutrina juslaboral no Brasil é, felizmente, muito farta. Essa abundância foi (e continua a ser) motivada pela existência de um ramo do Poder Judiciário (federal) especializado para as "ações oriundas da relação de trabalho"[67] – a Justiça do Trabalho[68] –, da qual também provém uma jurisprudência bastante considerável.[69] Aliás, a definição do que seja "relação de trabalho" é um dos temas mais caros dos juslaboristas, justamente por envolver, direta e indiretamente, a determinação da competência material dessa Justiça, especialmente após a EC nº 45/2004 (art. 114).[70]

Assim, a conceituação jurídica de "relação de trabalho" e de "relação de emprego" não compreende, em regra, um debate "doutrinariamente isento e imparcial" no Brasil, porquanto os juslaboristas têm usualmente um discurso "mais favorável e amigo" da competência da JT[71] e defendem, via de consequência, uma maior latitude daquela expressão.[72] E, dessa forma, designadamente no que tange à inclusão ou exclusão de lides

---

[66] Não temos a intenção de descortinar *ex professo* a relação empregatícia, até porque, cada um de seus requisitos poderia ser tema de uma outra tese de doutoramento. O nosso objetivo nesse capítulo é apenas demonstrar que a relação profissional com o Estado é um tipo específico de relação de emprego público. O que nos parece materialmente óbvio tem sido intencionalmente olvidado pela doutrina nacional, que passa ao largo dessa análise e desse debate.

[67] Art. 114, inciso I, 1ª parte c/ redação da EC nº 45/2004 (Reforma do Judiciário). Há mesmo no Brasil editoras jurídicas especialmente vocacionadas para a publicação de obras juslaborais, como é o caso da LTr (São Paulo) e da RTM (Belo Horizonte).

[68] Arts. 111 a 115 da CR/88. A Justiça do Trabalho é constituída, como órgão de cúpula, pelo TST (em Brasília), pelos TRTs (em regra, um TRT em cada Capital de Estado-membro) e pelas Varas do Trabalho (juízes do trabalho monocráticos). A Justiça do Trabalho é, assim, quantitativamente dizendo, a maior Justiça do país, quer seja quanto ao número de juízes, ao número de servidores e ao número de tribunais.

[69] Na Justiça do Trabalho, segundo dados do CNJ, tramitaram 6,9 milhões de processos somente em 2011. Para se ter uma noção da quantidade e da importância dessa jurisprudência, o TST tem atualmente mais de 400 súmulas e mais de 400 orientações jurisprudenciais em matéria de Direito Individual e Coletivo do Trabalho. V. www.tst.jus.br

[70] V. inciso IX do art. 114, CR/88.

[71] Frise-se que esse "comprometimento natural" em prol da JT não abrange todos os juslaboristas: V. MAURÍCIO M. MARCA, *Relação de Trabalho – Os novos contornos da competência da Justiça do Trabalho introduzidos pelo art. 114, I, da CF/1988*, Ed. LTr, São Paulo, 2010, pág. 19 e seg., fazendo uma síntese dos juslaboristas favoráveis e desfavoráveis à ampliação da competência da JT. São apresentados dois nomes de autores desfavoráveis (Jorge Luiz Souto Maior e Maurício Godinho Delgado) e vinte e dois nomes de autores favoráveis.

[72] Vale esclarecer que, pela anterior redação do art. 114 da CR/88, a JT era competente para as ações individuais e coletivas entre trabalhadores e empregados – e, na forma da lei, outras controvérsias decorrentes da relação de trabalho. Assim, a discussão sobre a delimitação da "relação de trabalho" tomou proporções bem maiores a partir da EC nº 45/2004, justamente por envolver uma questão de "maior ou menor" poder e importância da JT relativamente a outros ramos do Poder Judiciário. Discute-se a inclusão dos "parassubordinados", dos "profissionais autónomos", dos "microempreendedores"; bem como dos "servidores públicos". Não obstante isto, o STF proferiu liminar na ADI nº 3.395-DF, proposta pela AJUFE (Associação dos Juízes Federais do Brasil) no sentido de excluir qualquer interpretação do art. 114, inciso I, da CR/88 que confira à JT competência para processar e julgar "ações decorrentes de relações estatutárias (entre entes da administração pública direta, indireta da União, dos Estados, do Distrito Federal e dos Municípios e respectivos servidores ocupantes de cargos por lei, de provimento efetivo ou em comissão, incluídas as autarquias e fundações públicas dos referidos entes da Federação)". Cf. MÁRIO GONÇALVES JÚNIOR, "As Relações ...", pág. 271.

decorrentes de determinadas parcelas da FP brasileira, afinal, trata-se de um coletivo numericamente muito grande e de inegável relevância política e social.[73]

De toda forma, segundo a doutrina majoritária (não apenas nacional), já há muito sedimentada, "relação de trabalho" e "relação de emprego" são figuras jurídicas que não se confundem.[74] A "relação de trabalho" seria a figura jurídica gênero, na qual se inclui a figura espécie "relação de emprego", com o distintivo da "subordinação jurídica".[75] Essa seria a "relação jurídica-básica" que justificaria a própria existência do DT como ramo jurídico dogmaticamente autônomo do Direito Civil;[76] não obstante possa ele eventualmente abarcar outras "situações subordinativas"[77] ou contratos análogos ao contrato de trabalho, mediante a sua "força expansiva" ou "tendência expansionista",[78] com o fito de estender a sua proteção também para trabalhadores tecnicamente não empregados; porém, igualmente merecedores de sua tutela.[79] E, assim, muito especialmente na atualidade do mundo do trabalho, na qual se verificam: o teletrabalho; a externalização de atividades empresariais (*outsourcing* ou terceirização de mão de obra), inclusive em nível global; a colocação do empregado típico numa

---

[73] V. ANA CLÁUDIA NASCIMENTO GOMES, "Algumas razões doutrinárias para se discordar da recente (e também da antiga) jurisprudência do Supremo Tribunal Federal desfavorável à competência da Justiça do Trabalho em matéria de trabalho prestado a ente de direito público", in MPT, Ano XXI, nº 41, março, 2011, pág. 13-46. Este artigo foi agraciado com o 1º lugar no Prêmio Evaristo de Moraes Filho (MPT), em outubro/2010.

[74] V., por. ex., THIAGO MARQUES VIEIRA, "Contornos interpretativos do termo Relação de Trabalho", in RMPTPB, nº 3, dezembro, 2007, pág. 181-203. Às pág. 187, registra: "O termo relação de emprego foi primeiramente adotado na doutrina brasileira por Hirosê Pimpão no sentido de ser aquela que resulta do contrato distinguindo-a da simples relação de trabalho, que não resulta de contrato. Em lição mais consentânea com a doutrina atual, Délio Maralhão (2005, p. 231) estabelece a seguinte proposição do tema 'relação jurídica de trabalho é a que resulta de um contrato de trabalho, denomina-se relação de emprego quando se trata de um contrato de trabalho subordinado'". V., ainda, MÁRIO GONÇALVES JÚNIOR, "As Relações ...", pág. 274; e "As relações de Trabalho do Art. 114", in LTr-ST, Ano 42, 029/06, 2006, pág. 137-141; FRANCISCO TAVARES NORONHA NETO, "Configuração da Relação de Emprego – Suportes Fáticos e Racional", in LTr, vol. 75, nº 12, dezembro, 2011, pág. 1481-1496, esp. pág. 1489; SALVADOR FRANCO DE LIMA LAURINO, "A competência da Justiça do Trabalho: o significado da expressão relação de trabalho no art. 114 da Constituição e as relações de consumo", in Genesis, ano 25, vol. 147, maio-junho, 2005, pág. 391-523; TAÍSA MARIA MACENA DE LIMA, "O sentido e o alcance da expressão 'Relação de Trabalho' no artigo 114, inciso I, da Constituição da República (Emenda Constitucional nº 45, de 08.12.2004)", in TST, vol. 71, nº 2, maio-agosto, 2005, pág. 282-286; OTÁVIO PINTO E SILVA, "As Relações de Trabalho e a nova competência da Justiça do trabalho", in TST, vol. 71, nº 02, maio-agosto, 227-239; CLÁUDIO ARMANDO COUCE DE MENEZES, "Os novos contornos das relações de trabalho e de emprego – Direito do Trabalho e a nova competência trabalhista estabelecida pela Emenda nº 45/04", in TST, vol. 71, nº 2, maio-agosto, 2005, pág. 84-102; MAURÍCIO M. MARCA, Relação ..., pág. 22; dentre outros vários artigos e livros. Ainda, nos manuais: ALICE MONTEIRO DE BARROS, Curso ..., pág. 203; SÉRGIO PINTO MARTINS, Direito ..., pág. 80; MAURÍCIO GODINHO DELGADO, Curso ..., pág. 265-267; MESSIAS PEREIRA DONATO, Curso de Direito do Trabalho, 5ª ed., LTR, São Paulo, 2009, pág. 220-221.

[75] Cf. MOZART VICTOR RUSSOMANO, Curso de Direito do Trabalho, 9ª ed., Curitiba, 2002, pág. 69-70: "a relação de emprego é sempre uma relação de trabalho, mas nem toda relação de trabalho é relação de emprego, como ocorre, v.g., com os trabalhadores autónomos (profissionais liberais, empreitadas, locação de serviços etc.)".

[76] V. MARIA DO ROSÁRIO PALMA RAMALHO, Da Autonomia ..., pág. 63 e seg.

[77] Cf. LUÍSA CRISTINA PINTO E NETTO, "¿Direito ...", pág. 52-53.

[78] Cf., respectivamente, FRANCISCO LIBERAL FERNANDES, Autonomia ..., pág. 99, nota; e MAURÍCIO GODINHO DELGADO, Curso ..., pág. 266. V. ALFREDO CORPACI, "Reformas ...", pág. 166.

[79] Aliás, reside aqui uma das discussões atuais mais acaloradas do Direito do Trabalho, em face da multiplicidade de contratos de atividade que atualmente existem e que podem fazer com que este ramo jurídico perca o seu "foco principal" ou amplie seus horizontes. V. PEDRO FURTADO MARTINS, "A crise ...", pág. 336 e seg.; ALAN SUPIOT (e outros), Transformações ..., pág. 48; LUISA GALANTINO, "Lavoro subordinato, lavoro autonomo modulazione delle tutele", in AG, vol. CCXXII, Fascicolo III, 2002, pág. 365-382.

situação de "parassubordinado", "pejotizado",[80] "cooperado"[81] e muitas outras situações de "fuga ao DT".[82]

Essa concepção "ampliativa" da aplicação dos princípios e regras do DT a outros vínculos que não exclusivamente o empregatício baseia-se numa "orientação subjetivista", cuja atenção se volta para a figura do trabalhador e a sua posição socioeconômica (frágil) frente ao outro sujeito da relação jurídica entabulada.[83] Há, contudo, críticas a essa "maleabilidade" do DT: "Consoante se perfilhe esta ou aquela visão do homem, do valor do seu trabalho, do mercado, consoante os valores que são tidos como fundamentais, tender-se-á concomitantemente a defender-se esta ou aquela posição".[84]

Na clássica distinção entre "relação de trabalho" e "relação de emprego", portanto, a "relação de trabalho" compreende o sujeito ativo (o trabalhador, a pessoa física executora do trabalho); o sujeito passivo (o tomador de serviço, pessoa física ou jurídica); o objeto do vínculo (a obrigação de fazer, a prestação do trabalho humano). Nessa relação jurídica de trabalho *lato sensu*, a execução laboral avençada poder-se-á verificar (o *modus operandi*) de forma juridicamente autônoma ou subordinada (com ou sem poder de direção do tomador do serviço); de forma eventual ou contínua; de forma onerosa ou não.[85] "A expressão relação de trabalho englobaria, desse modo, a relação de emprego, a relação de trabalho autônoma,[86] a relação de trabalho eventual, de trabalho avulso[87] e outras modalidades de pactuação de labor (como trabalho de estágio)".[88]

---

[80] Tem sido usual no Brasil a contratação de empregados mediante a exigência de prévia constituição de uma "pessoa jurídica", a fim de mascarar a relação de emprego. O fenômeno tem sido chamado de "pejotização". V. RONALDO LIMA DOS SANTOS, "Morfologia da Fraude nas Relações de Trabalho", *in* ÉLISSON MIESSA DOS SANTOS e HENRIQUE CORREIA (coord), *Estudos Aprofundados MPT (Ministério Público do Trabalho)*, Juspodivm, Salvador, 2012, pág. 271-299, esp. pág. 288-292.

[81] Também têm sido frequentes no Brasil a constituição de cooperativas para mascarar efeitos vínculos empregatícios dos associados. V. RONALDO LIMA DOS SANTOS, "Morfologia ...", pág. 284-288; MARIA LÚCIA CARDOSO DE MAGALHÃES, "Cooperativas de Trabalho – Uma Questão Polêmica", *in* RMPT, Ano IX, n. 18, Setembro de 1999, pág. 54-62.

[82] Cf. MARIA DO ROSÁRIO PALMA RAMALHO, "Ainda ...", pág. 117. V. tb. JOANA NUNES VICENTE, *A fuga à relação de trabalho (típica): em torno da simulação e da fraude à lei*, Coimbra Editora, Coimbra, 2008. V. tb. MARIA REGINA GOMES REDINHA, *A relação laboral fragmentada – Estudo sobre o trabalho temporário*, STVDIA IVRIDICA nº 12, Coimbra Editora, Coimbra, 1995, pág. 73 e seg.

[83] Cf. PEDRO FURTADO MARTINS, "A crise ...", pág. 336. V. PAULO EMÍLIO RIBEIRO DE VILHENA, *Contrato* ..., pág. 53, para quem: "O DT parte do emprego para o trabalho. Tutela este, servindo-se da imagem semântico de emprego como um porto de irradiação para a apropriação de outras situações decorrentes do trabalho em si". Cf. LOURIVAL JOSÉ DE OLIVEIRA, *Direito do Trabalho segundo o princípio da valorização do trabalho humano*, Ed. LTr, São Paulo, 2011, pág. 13: "Um conceito bem simplificado de DT pode ser obtido enquanto sendo o conjunto de normas, de princípios e institutos que regulam a relação do trabalho subordinado. Porém, esse conceito não é mais suficiente. Muito embora ainda presos à idéia de conceituar desta forma apriorística, é irreversível a amplitude que se alcançou nos estudos de DT. Isso torna possível, na atualidade, afirmar que também fazem parte do seu campo de abrangência o estudo do desemprego, da economia enquanto voltada para o desenvolvimento social, da reengenharia do trabalho, explicitadas nas novas formas organizacionais empresariais, *do trabalho no setor público* (sic), das formas de fiscalização das variadas relações de trabalho, da função social da empresa, dos movimentos sociais e organizacionais dos trabalhadores e das novas responsabilidades empresariais".

[84] Cf. JÚLIO MANUEL VIEIRA GOMES, *Direito* ..., pág. 16. V. tb. FRANCISCO TAVARES NORONHA NETO, "Configuração ...", pág. 1489.

[85] V. trabalho voluntário, Lei nº 9.608/1998.

[86] São exemplos de trabalhos autônomos: a empreitada, a representação comercial, o trabalho prestado por profissionais autônomos.

[87] V. Lei nº 8.212/91, art. 12; Lei nº 9.719/98 (trabalho portuário).

[88] Cf. MAURÍCIO GODINHO DELGADO, *Curso* ..., pág. 300-301. Assim tb. na doutrina portuguesa. V. MARIA DO ROSÁRIO PALMA RAMALHO, *Do Fundamento* ..., pág. 434: "Pode dizer-se que estamos perante uma relação de trabalho sempre que está em causa a prestação continuada de um actividade laborativa, mediante retribuição – o

A "relação de emprego" é, pois, um vínculo de trabalho específico, cuja *existência* depende, conforme a doutrina juslaboral nacional, da presença simultânea dos seus cinco requisitos (ou pressupostos)[89]: *(i)* pessoa física trabalhadora; *(ii)* pessoalidade da prestação laboral; *(iii)* onerosidade; *(iv)* não eventualidade e *(v)* subordinação jurídica. A *validade* do contrato de trabalho depende, ademais, da presença dos elementos usuais de morfologia dos negócios jurídicos (*lato sensu*): *(vi)* capacidade das partes, objeto lícito e consentimento.[90]

Nesse sentido, o art. 3º da CLT estipula: "considera-se empregado toda a *pessoa física* que prestar serviços de *natureza não eventual* a empregador, sob a *dependência deste* e *mediante salário*". E o art. 2º, *caput*, complementa: "considera-se empregador a empresa, individual ou coletiva, que, assumindo os riscos da atividade econômica, admite, assalaria e dirige a *prestação pessoal de serviço*".

Vejamos, pois, cada um desses pressupostos fático-jurídicos específicos da relação de emprego.

(i) Pessoa física ou natural (o trabalhador como pessoa humana)

O Direito (mormente, o Individual) do Trabalho[91] vocaciona-se para a proteção da pessoa do empregado (ou trabalhador, dependendo do maior ou menor foco desse ramo do Direito, consoante já aduzido).[92] Os bens jurídicos tutelados pelo Direito do Trabalho – a proteção à vida, à integridade física e mental, à segurança no trabalho, o meio ambiente do trabalho[93] – são próprios da pessoa humana e justificam-se nela; e, nessa medida, tem-se um ramo jurídico cujo objetivo último é a pessoa humana, a sua dignidade, sendo que a presença desta é imprescindível na configuração da "relação de emprego". Assim, não se estabelece vínculo com incidência de normas laborais quando duas (ou mais) pessoas jurídicas (ou coletivas) pactuam contrato de atividade, podendo ser o caso de aplicação de normas de Direito Empresarial, do Consumidor ou de Direito Civil.[94]

---

que inclui tanto a prestação subordinada de trabalho (nos moldes de um contrato de trabalho), como o trabalho autónomo, desde que pregado de uma forma continuada para outrem e mediante remuneração".

[89] MAURÍCIO GODINHO DELGADO, *Curso* ..., pág. 269- 270, prefere dizer "elementos fático-jurídicos da relação de emprego".

[90] Cf. Art. 104 do Código Civil de 2002. Existem doutrinadores (linha minoritária) que incluem ainda como elemento da relação de emprego o requisito da "alteridade". V. SÉRGIO PINTO MARTINS, *Direito* ..., pág. 94. V. tb. FRANCISCO TAVARES NORONHA NETO, "Configuração ...", pág. 1489.

[91] O DT pode ser academicamente dividido entre Direito Individual do Trabalho, centrado na figura do contrato de trabalho; e o Direito Coletivo do Trabalho, centrado nas relações estabelecidas entre os entes coletivos (associações sindicais) e seus institutos (greve, instrumentos normativos). Há controvérsia doutrinária acerca da autonomia científica desses ramos do DT. V. MAURÍCIO GODINHO DELGADO, *Curso* ..., pág. 1.191-1.194; MAURÍCIO GODINHO DELGADO, *Direito Coletivo do Trabalho*, 4ª ed., LTr, São Paulo, 2011, pág. 39-42, e LUIZ DE PINHO PEDREIRA DA SILVA, "O Direito Individual do Trabalho e seu Objeto", in OTÁVIO BUENO MAGANO (coord.), *Curso de Direito do Trabalho*, São Paulo, Saraiva, 1985, pág. 143-162, esp. pág. 143-156.

[92] Cf. FRANCISCO TAVARES NORONHA NETO, *Ibidem*, pág. 1489.

[93] V. ANA CLÁUDIA NASCIMENTO GOMES, "A atuação do Ministério Público do Trabalho na concretização do direito à qualidade de vida do trabalhador: alguns instrumentos de proteção da saúde e segurança no trabalho", in ADRIANA GOULART DE SENA e outras (coord.), *Dignidade Humana e Inclusão Social – Caminhos para a efetividade do Direito do Trabalho no Brasil*, Ed. LTr, São Paulo, 2010, pág. 247-270.

[94] V. TRT, 3ª Reg., processo nº 00815-2008-015-03-00-7 RO; processo nº 02008-2006-148-03-00-6 RO; processo nº 01046-2012-037-03-00-8 RO. V. TRT 3ª Região: "REPRESENTAÇÃO COMERCIAL. INEXISTÊNCIA DE VÍNCULO DE EMPREGO. CONTRATO ENTRE EMPRESAS. Como bem se sabe, o art. 1º da Lei nº. 4.886/65 define que exerce a atividade de representação comercial autônoma a "pessoa jurídica ou a pessoa física, sem relação de emprego, que desempenha em caráter não eventual, por conta de uma ou mais pessoas, a mediação

Trata-se, pois, de um ramo jurídico em que a "eficácia horizontal ou externa" (*Drittwirkung*) do complexo interdependente dos direitos fundamentais tem solo fértil para a sua aplicação,[95] considerando-se que, naturalmente, a relação de emprego é uma relação jurídico-privada.

(ii) Pessoalidade (a prestação laboral deve ser intuitu personae relativamente à pessoa do empregado)

O elemento da pessoalidade indica que a atividade contratada deve ser, via de regra, personalíssima relativamente à pessoa do empregado. Isso significa dizer que, por princípio, o empregado não pode cumprir as suas obrigações laborais mediante interposta pessoa ou por outrem, mormente ao seu bel talante e sem consentimento do empregador; deve se desonerar de sua obrigação de fazer *pessoalmente*. A execução é, dessa forma, normalmente, infungível no que tange ao empregado. As substituições do trabalhador subordinado são possíveis, desde que em caráter eventual (ex.: substituição do professor titular, mesmo a seu pedido) e com concordância do empregador ou, por indicação deste, em decorrência de suas ausências (ex.: substituição em caso de férias e licenças, *etc.*).[96] Essa "infungibilidade principiológica" é consequência de o contrato de

---

para a realização de negócios mercantis, agenciando propostas ou pedidos, para transmiti-los aos representados, praticando ou não atos relacionados com a execução dos negócios". Do cenário probatório produzido nos autos, não vislumbro os traços da chamada dependência hierárquica (subordinação jurídica), razão pela qual comungo do entendimento adotado na origem, não merecendo qualquer reparo o julgado primevo. Com efeito, in casu, emerge do processado que o Reclamante, como sócio da empresa contratada pela Ré, angariava clientes para a Demandada, efetuando as vendas das carrocerias para ônibus por ela fabricadas, emitindo notas fiscais do serviço e recebendo pelas vendas concretizadas. De outro norte, não restou comprovado que o Autor exercesse a atividade como pessoa física, de forma a enquadrar-se na modalidade de empregado vendedor, mediante a presença dos elementos caracterizadores do vínculo de emprego perseguido, devidamente elencados no art. 3º da CLT. Registre-se, aliás, que o fato de a Reclamada contratar somente empresas para efetuar a representação comercial das carrocerias por ela fabricadas, de per se, ante o porte das negociações e o valor considerável dos produtos vendidos, não configura indício de fraude às leis trabalhistas, sobretudo quando não restou comprovada, sobretudo, a presença dos elementos caracterizadores do vínculo de emprego, em especial a subordinação do Reclamante a ordens pessoais e específicas da empresa contratante." Processo: 00815-2008-015-03-00-7 RO, Data de Julgamento: 19/5/2010, Relatora: Juíza Convocada Olívia Figueiredo Pinto Coelho, Oitava Turma, Data de Publicação: DEJT 4/6/2010.

[95] V. JOSÉ JOÃO ABRANTES, *Contrato de trabalho e direitos fundamentais*, Coimbra Editora, Coimbra, 2005, esp. pág. 65 e seg.; FLÁVIA PIOVESAN e LUCIANA VAZ DE CARVALHO (coord.), *Direitos Humanos e Direito do Trabalho*, Editora Atlas, 2010, São Paulo.

[96] V. ALICE MONTEIRO DE BARROS, *Curso* ..., pág. 241. V. TRT 3ª Região: "MÉDICO PLANTONISTA – VÍNCULO EMPREGATÍCIO. O contexto dos autos é substancial quanto à presença de todos os elementos característicos da relação de emprego na relação de trabalho entre as partes. A pessoalidade é incontroversa na medida em que era o próprio autor quem prestava serviços como profissional médico. A possibilidade de fazer-se substituir por outro, em certas ocasiões, não exclui tal requisito na medida em que a substituição era extremamente eventual e, ainda assim, contava com a autorização da ré. O trabalho do reclamante não era eventual eis que a intenção das partes era a da habitualidade na prestação de serviços pelo reclamante, considerados essenciais para o cumprimento das finalidades institucionais do hospital, independente da frequência semanal de trabalho. O regime de sobreaviso não retira também o requisito da habitualidade na medida em o reclamante, embora não estivesse efetivamente prestando serviços, estava à disposição para atendimento de qualquer chamado de urgência. A onerosidade também existiu pois, ainda que remunerado por RPAs, o autor sempre auferiu a contraprestação econômica da prestação de serviços. Também ficou nitidamente caracterizada, pela prova testemunhal, a subordinação do reclamante aos diretores do hospital. No caso, o autor não exercia a profissão médica como autônomo pois estava evidente a característica da alteridade na relação de trabalho, em que os riscos da atividade desempenhada pelo autor eram sempre assumidos pela reclamada e, fosse o trabalho autônomo, o autor desempenharia suas funções por conta própria, assumindo isolada e integralmente as consequências do seu trabalho. Presentes os requisitos dos art. 2º e 3º da CLT, reconhece-se o vínculo empregatício na função de médico plantonista." Processo: 0201400-18.2009.5.03.0042 RO, Data de Julgamento: 5/7/2011, Relator: Juiz Convocado Maurílio Brasil, Quinta Turma, Data de Publicação: *DEJT* 15/7/2011.

trabalho ser entabulado para que o empregador usufrua dos serviços de um empregado determinado, sendo este inseparável de sua própria atividade.

(iii) Onerosidade, sob a perspectiva do empregado (o trabalho como ocupação profissional)

O contrato de trabalho é bilateral, sinalagmático e oneroso, já que tem um conteúdo nitidamente econômico e dele decorrem obrigações para ambos os pactuantes, reciprocamente.[97] A principal obrigação do empregado é, evidentemente, a prestação laboral, a tempo e modo avençados. A do empregador, o pagamento do complexo salarial (no sentido de a remuneração envolver vários tipos de parcelas salariais: o salário *stricto sensu*, os adicionais, as comissões, os prêmios e, eventualmente, outras parcelas legais e convencionais) àquele.

Justamente por isso a onerosidade verifica-se num plano de igualdade jurídica entre os contratantes, pressupondo o escambo entre trabalho e remuneração. Afinal, o empregado sujeita-se a uma obrigação de fazer tendo em vista uma futura obrigação de pagar de outrem, a qual lhe permitirá a sua subsistência e de sua família, ou obter os bens de que necessita usufruir; como contrato típico do sistema capitalista. Nesse sentido, o que importa é a intenção onerosa do vínculo sob a perspectiva do empregado, não sendo relevante para a configuração da relação empregatícia se a prestação laboral está sendo paga, em termos econômicos, exatamente aquém ou além do valor de mercado.

A onerosidade do contrato de trabalho é o elemento que serve para diferenciar, em casos concretos, a relação de emprego, *v. g.*, do trabalho prestado a título gratuito (voluntariado ou trabalho prestado com *affectionis vel benevolentias causa*[98]). Assim, o trabalho prestado tem, pois, nessa qualidade, a intenção de *profissionalidade*, razão pela qual alguns autores também se utilizam desse termo para identificar o elemento "onerosidade" da relação de emprego.[99] Por sua vez, a profissionalidade seria o efeito da "atividade que haja escolhido o indivíduo como sua atividade ordinária e contínua, comumente com o escopo de prover-se e de sustentar-se (se bem que não lhe seja este um pressuposto essencial), mas sobretudo a serviço das necessidades da generalidade, *quae plerumque dixit*".[100]

A onerosidade, mormente vista sob a perspectiva do ângulo da profissionalidade, aproxima claramente a relação de emprego (privada) da "relação funcionarial" (entendida aqui como o vínculo jurídico-público de trabalho estabelecido entre o funcionário público *lato sensu* e o Poder Público), não obstante a distância entre ambas as figuras seja mais acadêmica do que efetivamente real e jurídica.

---

[97] Vale dizer que a doutrina juslaboral nacional costuma utilizar-se indistintamente de "relação de emprego" e "contrato de trabalho" como figuras semelhantes. Tecnicamente, porém, o contrato de trabalho, formalizado ou informal, dá origem a uma relação de trabalho continuada e subordinada: a relação de emprego. V. MAURÍCIO GODINHO DELGADO, *Curso* ..., pág. 283. V. MARIA DO ROSÁRIO PALMA RAMALHO, *Do Fundamento* ..., pág. 147 e seg.; e 428. Segundo esta A., a relação decorrente do escambo entre trabalho e remuneração ocorreria no plano da igualdade ("dimensão obrigacional genérica"); enquanto a relação decorrente do poder disciplinar do empregador se verificaria no plano da desigualdade ("dimensão laboral específica"). V. MARIA MALTA FERNANDES, *Os Limites à subordinação jurídica do trabalhador – em especial ao dever de obediência*, Quid Juris Sociedade Editora, Coimbra, 2008, pág. 15-16.

[98] Cf. MAURÍCIO GODINHO DELGADO, *Ibidem*, pág. 279.

[99] V. MAURÍCIO M. MARCA, *Relação* ..., pág. 123, utilizando-se dos termos "onerosidade" e "profissionalidade", conjuntamente, para qualificar a relação de emprego.

[100] Cf. PAULO EMÍLIO RIBEIRO DE VILHENA, *Relação de emprego* ..., Editora LTr, São Paulo, 2005, pág. 402-403.

(iv) Não eventualidade (a predeterminação da relação de emprego como uma relação de trabalho continuada ou por prazo indeterminado)

A ideia de não eventualidade da relação de emprego relaciona-se com a predisposição que tem o contrato de trabalho para ser um contrato de trato sucessivo, de prazo indeterminado. Isso porque o DT (e suas normas jurídicas) assenta-se no pressuposto de que uma relação duradoura tem mais habilidade de possibilitar a proteção jurídica do empregado; permitindo-lhe alcançar, num lapso temporal maior, uma igualdade material ou uma menor desigualdade material entre empregado e seu empregador (diminuição da desigualdade econômica ou da hipossuficiência do obreiro); além de sua própria segurança econômica. Trata-se, pois, de um importante elemento da "relação de emprego", o qual permite distingui-la do trabalho eventual.

Entretanto, o conceito de "não eventualidade" é um dos mais controvertidos da doutrina juslaboral,[101] havendo várias teorias que pretendem esclarecer essa noção.

Segundo a "teoria da (des)continuidade", o trabalho do empregado não permite fracionamento no tempo, devendo ser contínuo.[102] Trata-se de uma teoria de adeptos minoritários, em decorrência do não acolhimento do termo "contínuo" no art. 3º da CLT e que tem maior importância na configuração da relação de emprego do doméstico, face à literalidade da lei correspondente (art. 1º). Em conformidade com a "teoria do evento", trabalho eventual seria aquele vocacionado para um evento específico ou casual.

Por sua vez, a "teoria dos fins da empresa" entende que trabalho não eventual é aquele que normalmente é absorvido e necessário à realização do empreendimento do empregador; ao reverso, trabalho eventual seria aquele esporádico ou transitório relativamente às atividades desenvolvidas pelo empregador. Essa teoria tem o aval de grande parte da doutrina juslaboral e é bastante utilizada pela própria jurisprudência trabalhista brasileira.[103]

---

[101] Cf. MAURÍCIO GODINHO DELGADO, *Ibidem*, pág. 272 e seg.; FRANCISCO TAVARES NORONHA NETO, "Configuração ...", pág. 1490-1491. Há autores que preferem utilizar genericamente da nomenclatura "continuidade" ou "habitualidade" (como o que discordamos). V. SÉRGIO PINTO MARTINS, *Direito* ..., pág. 93 e MAURÍCIO M. MARCA, *Relação* ..., pág. 121. Todavia, a CLT foi mesmo expressa ao empregar o termo "não eventual"; sendo conhecida da legislação do trabalho o termo trabalho "contínuo". V. Lei nº 5.859/72 (trabalho doméstico imprescindindo do requisito da continuidade). Na jurisprudência trabalhista a diferença (tênue) entre não eventualidade e continuidade não é meramente linguística e tem efeitos pragmáticos. V. TRT 3ª Região: "EMPREGADO DOMÉSTICO. AUSÊNCIA DE CONTINUIDADE NA PRESTAÇÃO DOS SERVIÇOS. NÃO RECONHECIMENTO DA RELAÇÃO DE EMPREGO – O art. 1o. da Lei no. 5.859/72 define o empregado doméstico como aquele que presta serviços de natureza contínua e de finalidade não-lucrativa à pessoa ou à família no âmbito residencial destas. A continuidade a que se refere a Lei no. 5.859/72 não se confunde com a não-eventualidade mencionada no art. 3o. da CLT. No âmbito doméstico, não basta que o serviço prestado seja não-eventual, sendo imprescindível que seja contínuo, ou seja, permanente, sem interrupção. Se a trabalhadora efetua faxinas apenas duas vezes por semana, certamente o seu trabalho é descontínuo, intermitente, o que descaracteriza o vínculo de emprego e a caracteriza como diarista." Processo: 01151-2008-086-03-00-0 RO, Data de Julgamento: 5/5/2009, Relator: Des. Sebastiao Geraldo de Oliveira, Segunda Turma, Data de Publicação: *DEJT* 12/5/2010. V. tb. TRT 3ª Região, 01072-2009-100-03-00-2 RO; 01289-2010-020-03-00-2 RO; 01103-2007-062-03-00-1 RO; 00421-2004-019-03-00-0 RO.

[102] Enquanto MAURÍCIO GODINHO DELGADO, *Curso* ..., pág. 274 alude em teoria da descontinuidade, FRANCISCO TAVARES NORONHA NETO, "Configuração ...", pág. 1491, refere-se à teoria da continuidade.

[103] V. TRT 3ª Região: "RELAÇÃO DE EMPREGO. TRABALHO EVENTUAL. Não é eventual o serviço prestado pela empregada, durante vários anos, atinente à escrituração de documentos e atendimento de clientes da reclamada que atua no ramo do comércio, ainda que o trabalho seja realizado apenas dois dias por semana, recebendo ordens do dono do estabelecimento. Observe-se que a não-eventualidade exigida como elemento da relação jurídica advinda do contrato de emprego não se confunde com a continuidade. Esta pressupõe ausência de interrupção (cf. Aurélio Buarque de Holanda. Novo Dicionário da Língua Portuguesa, 2a. ed.), enquanto a não-eventualidade se vincula com o serviço que se insere nos fins normais da atividade da empresa. "Não é o tempo em si que

Finalmente, para a "teoria da fixação ao tomador de serviços", "eventual é o trabalhador 'que não se fixa a uma fonte de trabalho, enquanto empregado é o trabalhador que se fixa numa fonte de trabalho. Eventual não é fixo. Empregado é fixo'".[104] A conjugação, ou melhor, a utilização dessas linhas teóricas de forma harmoniosa e simultânea é, para Maurício Godinho Delgado, a melhor forma de averiguar, em casos concretos, a presença do elemento da não eventualidade na configuração (ou exclusão) de uma dada "relação de emprego". Esse critério de interpretação, para alguns, levaria à "teoria mista".[105]

Com efeito, nos casos concretos levados a julgamento pelos tribunais trabalhistas, o elemento da não eventualidade não é analisado isoladamente, mas em conjunto com os demais pressupostos fático-jurídicos do contrato de trabalho, a fim de evidenciar a intenção de razoável duração do trabalho prestado e a inserção deste nos objetivos comuns (ordinários) do empreendimento do empregador.

(v) Subordinação jurídica (e o poder privado disciplinar do empregador voltado à racionalização da "organização do empreendimento"106)

Segundo a doutrina juslaboral, reside na subordinação o elemento mais característico e crucial da relação empregatícia,[107] dado que é confirmado pela jurisprudência trabalhista.[108] "O contrato de trabalho é uma relação de desigualdade jurídica que só

---

desloca a prestação de trabalho de efetivo para eventual, mas o próprio nexo da prestação desenvolvida pelo trabalhador, com a atividade da empresa" (cf. Ribeiro de Vilhena, Paulo Emílio. Relação de emprego: supostos, autonomia e eventualidade)." Processo: Processo nº RO 12126/01, Data de Julgamento: 9/10/2001, Relatora: Des. Alice Monteiro de Barros, 2ª Turma, Data de Publicação: *DJMG* 17/10/2001. V. tb. TRT 3ª Região, RO 7366/96; RO 7338/95; RO 4117/87; 01804-2010-059-03-00-3 RO.

[104] Cf. MAURÍCIO GODINHO DELGADO, *Curso ...*, pág. 275, com base nos ensinamentos de AMAURI MASCARO NASCIMENTO.

[105] *Ibidem*, pág. 291-292. Esta "teoria" é criticada por FRANCISCO TAVARES NORONHA NETO, *Ibidem*, pág. 1490-1491: "A teoria mista não contribui para a aferição da natureza eventual do trabalho prestado, pois apresenta múltiplos critérios independentes entre si, além de utilizar conceitos indeterminados e tendências, dando a idéia de que se trata de uma lista meramente exemplificativa de situações em que a relação de emprego é descaracterizada pela eventualidade. Além disso, ao se apropriar de elementos de outras teorias para a caracterização do trabalho eventual, a teoria mista atrai para si as mesmas fragilidades das teorias de onde extraiu tais elementos".

[106] Cf. GIUSTINA NOVIELLO e VITO TENORE, *La Responsabilità ...*, pág. 6.

[107] Cf. MAURÍCIO GODINHO DELGADO, *Curso ...*, pág. 280; MARIA MALTA FERNANDES, *Os limites ...*, pág. 14; MÁRCIO TÚLIO VIANA, "Poder Diretivo e Sindicato: entre a opressão e a resistência", *in Cadernos Jurídicos*, Escola Judicial do TRT da 10ª Região, Brasília, ano IV, n. 06, Novembro – Dezembro, 2005, pág. 20-27, esp. pág. 14. LORENA VASCONCELOS PORTO, "Por uma Releitura do Conceito de Subordinação Jurídica", *in* MÁRCIO TÚLIO VIANA, LUCIANA VIDAL TERRA e DÉCIO DE ABREU SILVA JR. (coord.), *Direito do Trabalho & Trabalhos sem Direitos*, Mandamentos, Belo Horizonte, 2008, pág. 209-224, esp. pág. 212-213; ORLANDO GOMES e ELSON GOTTSCHALK, *Curso* ..., pág. 119-120. Não obstante isto, a subordinação jurídica existe em contratos de atividade afins, como é o contrato de estágio e do avulso. V. MAURÍCIO M. MARCA, *Relação...*, pág. 124.

[108] V., ex., TRT 3ª Região: "REPRESENTANTE COMERCIAL AUTÔNOMO – VENDEDOR –EMPREGADO – DISTINÇÃO – A matéria controvertida afigura-se como uma das mais tormentosas em Direito do Trabalho, dada a peculiar situação jurídica e similitude das tarefas desempenhadas, tanto pelo representante comercial, como pelo empregado vendedor, além de existirem os traços tangenciais na própria legislação que regulamenta a profissão dos representantes comerciais. Tanto os representantes, pela lei que regulamentou a sua profissão, como o vendedor, também pela legislação a ele aplicável, podem ter zona prefixada, recebem comissões pelas vendas que realizam e estão ambos obrigados à apresentação de relatórios, inclusive, com informações sobre o comportamento da zona de venda. Assim, a rigor, e com freqüência, somente no requisito da subordinação, conforme exigência do art. 3º, da CLT, pode-se concluir pela natureza do contrato estipulado entre as partes. Restando comprovado nos autos que o reclamante possuía liberdade de organização do próprio sistema de trabalho, bem como de execução de suas tarefas e não se vislumbrando traços de subordinação, não há como

um contrato livremente celebrado pode fazer crer."[109] De fato, em casos concretos, é normalmente o elemento da relação de emprego mais profundamente pesquisado pelo magistrado, tendo em vista a possibilidade de existência de outros contratos de atividade cuja execução do trabalho dá-se de forma autônoma, porém, igualmente onerosa e de trato sucessivo.

Atualmente, concebe-se que a subordinação do empregado ao seu empregador se efetiva exclusivamente no plano jurídico e de modo objetivo. Trata-se, assim, de um fenômeno absolutamente jurídico, não obstante possa ser explicado também por razões econômicas (como relação jurídica de trabalho típica do capitalismo moderno; a subordinação econômica) ou técnicas (como consequência de o empregador possuir as técnicas do processo produtivo; a subordinação técnica ou tecnológica).[110]

A subordinação jurídica objetivamente considerada implica que o empregador não tenha um poder privado sobre a pessoa do empregado ou, via de regra e inexoravelmente, sobre a sua esfera privada[111] (diversamente do que se verificava numa relação de servidão ou nos contratos de serviços de origem germânica – *Treudinsvertrag*,[112] *v.g.*). "Até porque, em bom rigor e como adverte Bernard Bossu, não é a pessoa do trabalhador que constitui o objecto do contrato de trabalho, mas tão só a sua actividade."[113] O poder privado efetiva-se sobre o modo de execução do trabalho do empregado, para fins de orientá-lo aos interesses do empregador/empreendimento. Daí por que o "poder punitivo do empregador", anômalo que é, considerando-se a sua natureza privada e contratual,[114] finaliza, em último termo, a adequação da prestação laboral à organização do empreendimento e ao desempenho desejado.[115] O emprego envolve, desse modo,

---

reconhecer o vínculo de emprego postulado." Processo: 00653-2009-044-03-00-3 RO, Data de Julgamento: 9/9/2009, Relator: Juiz Convocado Danilo Siqueira de C. Faria, Terceira Turma, Data de Publicação: *DEJT* 18/9/2009. V. tb. TRT 3ª Região, 01376-2006-030-03-00-0 RO e 00857-2005-048-03-00-6 RO.

[109] PÉLISSIER e outros, *apud* MALTA FERNANDES, *Ibidem*, pág. 15.

[110] V. MAURÍCIO GODINHO DELGADO, *Curso ...*, pág. 282.

[111] V. RUI ASSIS, *O poder de direcção do empregador – Configuração geral e problemas actuais*, Coimbra Editora, Coimbra, 2005, pág. 208, para quem: "quando alguém se submete à direcção e à autoridade de outrem, fica numa posição em que a intromissão na sua própria esfera é algo quase inerente, havendo assim como que uma colisão necessária e inevitável entre o trabalho subordinado e a esfera privada de quem trabalha". O A. cita ANTÓNIO MENEZES CORDEIRO, para quem: "a esfera privada duma pessoa corresponde ao conjunto de posições tuteladas pelo Direito e que não podem ser objecto de intromissão, sem autorização do próprio". Consideramos mais correto não admitir, por princípio e inicialmente, que o contrato de trabalho admite a intromissão na vida privada do empregado; salvo, evidentemente, se as atitudes executadas na esfera privada deste repercutem no trabalho desempenhado. Seria o caso, por exemplo, da embriaguez em serviço. V. art. 482/f da CLT. V. TRT, 3ª Reg. 000517-51.2011.5.03.0150 RO. A questão da proteção da esfera privada do empregado tem se tornado cada dia mais complexa em face das novas tecnologias de fiscalização do empregador. V. tb. AMADEU GUERRA, *A privacidade no local de trabalho – As novas tecnologias e o controlo dos trabalhadores através de sistemas automatizados – Uma abordagem ao Código do Trabalho*, Livraria Almedina, Coimbra, 2004, pág. 24 e seg.; ROSANA MARQUES NUNES, *A revista íntima como cláusula restritiva de direitos fundamentais no Direito do Trabalho*, Editora LTr, São Paulo, 2011.

[112] Cf. MARIA DO ROSÁRIO PALMA RAMALHO, *Do Fundamento ...*, pág. 260, nota, indicando a doutrina de VON GIERKE.

[113] Cf. RUI ASSIS, *O poder ...*, pág. 213.

[114] V. MARIA DO ROSÁRIO PALMA RAMALHO, "Os limites ...", pág. 182 e seg; *Do Fundamento ...*, pág. 254 e seg.; MAURÍCIO GODINHO DELGADO, *A natureza ....*, pág. 235. Na doutrina italiana, por ex., GIUSTINA NOVIELLO e VITO TENORE, *La Responsabilità ...*, pág. 3; ALBERTO TAMPIERI, *Contrattazione ...*, pág. 72-88, dentre outros. A natureza contratual da relação de trabalho do funcionário público com o Estado foi apontada e muito estudada pela doutrina italiana após a privatização do emprego público, justamente pela mudança de concepção que causou ao poder disciplinar do empregador público.

[115] V. MARIA MALTA FERNANDES, *Os limites ...*, pág. 30-31.

necessariamente a (possibilidade[116]) de realização de um trabalho (ou obrigação de fazer) heterodeterminado para o empregado,[117] tendo em vista uma natural indeterminação apriorística das tarefas a serem realizadas.

O elemento da subordinação jurídica do contrato de trabalho desenvolve-se num plano de "desigualdade" entre os pactuantes, em conformidade com o binômio "poderes do empregador/dever de obediência do empregado" ou "supremacia/sujeição", respectivamente.[118] Pressupõe-se, assim, normalmente a existência de um fenômeno hierárquico[119] no "local do trabalho" (genericamente considerado), donde cabe ao empregado cumprir e obedecer às ordens/normas do empregador e este impor a disciplina laboral e empresarial àquele.

Classicamente, os poderes do empregador agrupam o de direção, o regulamentar e o disciplinar/punitivo;[120] sendo que todos esses devem ser utilizados dentro de sua finalidade organizacional ("interesse negocial amplo"[121]) e com razoabilidade e proporcionalidade, sob pena de abuso de direito. O primeiro objetiva o alinhamento da execução do trabalho aos interesses da organização institucional ou empresarial, através da prévia fixação de ordens e instruções ao empregado, aqui individualmente considerado. O segundo permite ao empregador regulamentar genericamente os contratos de trabalho, mediante a expedição (em geral) do "regulamento de empresa", cujas normas podem ser lidas como cláusulas de um contrato de adesão.[122] O último permite que o empregador imponha ao empregado faltoso (lato sensu) penas disciplinares permitidas por lei (advertências, suspensão ao trabalho ou dispensa por justa causa),[123] logo após ciência do ato ilícito ou da prática incompatível com as regras estabelecidas (diante da necessidade de imediaticidade do exercício do poder punitivo, para não implementação do perdão tácito[124]).

De todo modo, na hodierna prática laboral, os poderes do empregador não são exercidos "pessoalmente" por ele, mesmo porque, sob a maioria dos empreendimentos, encontram-se pessoas jurídicas (ou seja, uma ficção jurídica) de grandes proporções (multinacionais e transnacionais), nas quais não existe um "rosto" que seja "o empregador", sendo mesmo usual que a maioria dos empregados sequer conheça ou estabeleça contatos profissionais com os proprietários da empresa ou com seus sócios. Assim, dentro da organização empresarial atual, o que normalmente ocorre é a "delegação/atribuição" a empregados hierarquicamente superiores dos poderes do empregador para serem eventualmente utilizados em relação aos seus subordinados; o que é perfeitamente

---

[116] Haja vista que, muitas vezes, o empregador objetiva simplesmente é a própria disponibilidade do empregado, para um relativamente certo à fazer (como é usual no trabalho doméstico).
[117] Cf, MARIA DO ROSÁRIO PALMA RAMALHO, Do Fundamento ..., pág. 121.
[118] Cf. MARIA DO ROSÁRIO PALMA RAMALHO, Do Fundamento ..., pág. 123-124 e 254.
[119] V. MARIA DO ROSÁRIO PALMA RAMALHO, Do Fundamento ..., pág. 122, relembrando que HAURIOU já enxergava a aplicação do conceito de hierarquia para além dos limites administrativos.
[120] V. RUI ASSIS, O poder ....
[121] Cf. ALBERTO TAMPIERI, Contrattazione ..., pág. 153.
[122] CF. MARIA MALTA FERNANDES, Os limites ..., pág. 29.
[123] V. art. 482 da CLT. A CLT também permite a rescisão motivada do contrato de trabalho pelo empregado (art. 483) quando, via de regra, o empregador não cumprir as suas obrigações contratuais ou agir com abuso de direito ou mesmo ofensa.
[124] V. MAURÍCIO GODINHO DELGADO, Curso ..., pág. 630.

legítimo para a racionalização dos serviços à finalidade do empreendimento, pela divisão de trabalho/competências específicas.

Esta "dessubjetivação" da subordinação jurídica e mediatização dos poderes do empregador, decorrente da complexidade empresarial que se tem notado nos últimos anos (partindo-se de uma organização empresarial piramidalmente estabelecida e do tipo "fordiana" para uma em formato de "rede" e do tipo "toyotista"[125]), tem conduzido a doutrina mais recente a identificar a subordinação jurídica não apenas quando se está diante do binômio "autoridade/obediência" nas relações de trabalho (facilmente diluído num conglomerado econômico ou em sociedades coordenadas), mas quando se constata a "integração do trabalhador numa organização colectiva de trabalho, concebida por e para outrem"[126] (subordinação objetiva, integrativa ou estrutural[127]). Assim, configura-se o trabalho subordinado na medida em que fique "caracterizado pela coordenação estrutural e funcional da prestação – laboral – do sujeito àquela dos outros sujeitos que fazem parte da organização produtiva para prossecução dos fins desta".[128] Desta feita, importa notar se o trabalhador/empregado está executando uma parte importante do processo produtivo ou se está indissociavelmente inserido na estrutura da organização, no desempenho de seus objetivos.

A jurisprudência trabalhista já tem refletido essa viragem da doutrina relativamente à subordinação jurídica, mormente nos casos de terceirizações/externalizações de atividades empresariais e contratação de "autônomos", cujo trabalho é essencial ao processo produtivo da organização/empresa contratante e/ou principal; situações nas quais normalmente o fenômeno de flexibilização trabalhista tem sido acompanhado de precarização das condições de trabalho.[129] Dessa forma, o DT e suas normas protetivas têm alcançado situações subordinativas antes atípicas do ponto de vista da configuração da subordinação jurídica classicamente definida, ante à ausência da evidência da vertente subjetiva "autoridade/sujeição" entre empregador e trabalhador.[130] A subordinação estrutural tem representado, desse modo, um novo "ânimo" para o "DT como Direito do

---

[125] V. MANUEL CASTELLS, *A sociedade em rede – A Era da Informação: Economia, Sociedade e Cultura*, vol. 1, Fundação Calouste Gulbenkian, Lisboa, 2002, 199 e seg.

[126] Cf. ALAN SUPIOT (e outros), *Transformações ...*, pág. 32-34.

[127] V. LUISA GALANTINO, "Lavoro ...", pág. 376. V. LORENA VASCONCELOS PORTO, *A Subordinação no contrato de trabalho – Uma releitura necessária*, LTr, São Paulo, 2009. V. ALICE MONTEIRO DE BARRO, *Curso ...*, pág. 246.

[128] Cf. LUISA GALANTINO, *Ibidem*, pág. 376, acréscimos nossos.

[129] V. TRT 3ª Região: "VÍNCULO DE EMPREGO. "CHAPA". AJUDANTE. PRESENÇA DOS REQUISITOS DO ARTIGO 3º DA CLT. Se a prova testemunhal revela que os serviços prestados pelo trabalhador estavam diretamente vinculados a uma das etapas do processo produtivo da empresa – carga e descarga do caminhão de distribuição de seus produtos – desenvolvendo-se numa atividade habitual, não-eventual e onerosa, evidencia-se a presença de todos os elementos da relação de emprego entre as partes. A subordinação jurídica aqui se revela, a todo ver, não só pela prova de ter sido o trabalhador contratado pelo supervisor da empresa, como "chapa" ou ajudante, empreendendo viagens com motoristas desta, via de regra, com duração de uma semana, mas ainda pela evidente natureza integrativa dos serviços à atividade do tomador, denotando a subordinação integrativa ou estrutural, portanto. Acresce-se a isso que a aceitação dessa forma de prestação de serviços do reclamante, pela reclamada, ao longo de tantos anos, reforça o entendimento de ter existido um contrato de emprego, ainda que tácito (art. 443, da CLT)." Processo: 00536-2011-043-03-00-8 RO, Data de Julgamento: 2/4/2012, Relator: Des. Emerson Jose Alves Lage, Primeira Turma, Data de Publicação: *DEJT* 10/4/2012. V. tb. TRT 3ª Região, 00412-2011-025-03-00-0 RO; 00619-2010-018-03-00-6 RO, 0660-2009-108-0300-0 RO, 0366-2007-025-03-00-3 RO, dentre outros. V. na doutrina, GABRIELA NEVES DELGADO, *Terceirização: Paradoxo do Direito do Trabalho Contemporâneo*, LTr, São Paulo, 2003, pág. 106-116; JORGE LUIS SOUTO MAIOR, "A Fúria", in LTr, v. 66, n. 11, 2002, pág. 1.287-1.309.

[130] Cf. ALAN SUPIOT (e outros), *Transformações ...*, pág. 34

Emprego", conduzindo-o para um "Direito do Trabalhador" antes de sua "desertificação" nesse período de crise.[131]

4.2 "O empregador, este desconhecido"[132]

Diversamente do que se verifica em relação à figura do empregado (que deve ser necessariamente uma pessoa física), a lei (CLT, art. 2º e seus parágrafos) não exige uma qualificação específica do empregador. Ao reverso, trata-se de uma figura relacional,[133] identificada pela prévia existência daquele na relação jurídica.

Assim, empregador existe porque se constatou, previamente, numa relação empregatícia, a figura do empregado. O empregador, pois, pode ser uma pessoa física,[134] jurídica ou não ter personalidade jurídica (apenas um complexo de bens, *v.g.*, como ocorre com a massa falida e o espólio[135]). Além disso, o empregador não precisa necessariamente apresentar intuito lucrativo, como se verifica relativamente às instituições filantrópicas, associações e sindicatos (art. 2º, §1º, da CLT). O empregador ainda pode ser encarado de forma única, nos casos de grupos econômicos (art. 2º, §2º, da CLT), ainda que se trate de empresas meramente associadas,[136] respondendo o grupo ativa e

---

[131] Cf. LUISA GALANTINO, "Lavoro ...", pág. 377. Cf. MARIA DO ROSÁRIO PALMA RAMALHO, "Ainda ...", pág. 120. Cf. LORENA VASCONCELOS PORTO, *A subordinação* ..., pág. 268: "Em obediência a tais mandamentos da Constituição Federal de 1988, deve-se, ao contrário, reler de forma ampliativa e *universalizante* o conceito de subordinação, para que o Direito do Trabalho possa estender a sua tutela aos obreiros que dela necessitam. Tal ampliação permite que esse ramo jurídico cumpra a sua elevada missão de assegurar a maior distribuição de riqueza e de poder em nossa desigual sociedade, em busca da justiça social".

[132] É assim o título do item 16 da obra de JÚLIO MANUEL VIEIRA GOMES, *Direito* ..., pág. 215.

[133] Cf. MAURÍCIO GODINHO DELGADO, *Curso* ..., pág. 372. V. JÚLIO MANUEL VIEIRA GOMES, *Direito* ..., pág. 215.

[134] Apenas em relação ao empregador doméstico é que a lei (Lei nº 5.859/72, art. 1º) exige uma específica qualificação. O empregador deve ser necessariamente uma entidade familiar (pessoas físicas).

[135] V. PAULO EMÍLIO RIBEIRO DE VILHENA, *Relação* ..., pág. 156 e seg.

[136] Cf. MAURÍCIO GODINHO DELGADO, *Curso* ..., pág. 379: "o grupo econômico para fins trabalhistas não necessita se revestir das modalidades jurídicas típicas ao Direito Econômico ou Comercial (*holdings*, consórcios, *pools*, etc.). Não se exige sequer prova de sua *formal institucionalização cartorial*". V. TRT, 3ª Região: "GRUPO ECONÔMICO – CARACTERIZAÇÃO – No presente caso, a CEMSA-ENESA EMPRESAS ASSOCIADAS DE ENGENHARIA S.C. LTDA. é uma empresa com personalidade jurídica própria, com prazo de duração indeterminada e objeto genérico, como se vê pelo seu contrato social de fls. 75/80, datado de 26 de dezembro de 1978 e instrumento de alteração deste às fls. 81/83 – incompleto. Portanto, o que se vislumbra é que, conforme os interesses dessas pessoas físicas ou jurídicas, estas se apresentam de forma individual e "autônoma" ou como uma terceira e única pessoa, "distinta" das demais. Há grupo econômico autorizando a incidência do art. 2º., parágrafo 2º. da CLT, sendo certo que as empresas individualmente consideradas, CEMSA e ENESA, empresas de engenharia, detêm a maioria do capital social desta terceira empregadora. O conceito de grupo econômico para o Direito do Trabalho, como ensina Maurício Godinho Delgado, brilhante magistrado deste Regional e professor, "é mais amplo que o similar do Direito Comercial, não necessitando se revestir das modalidades jurídicas típicas àquele ramo jurídico ("holdings", "consórcios", "pools", etc.). Não exige, sequer, a prova de qualquer formalização jurídica, mas a simples evidência de que estão presentes os elementos de integração de que fala o parágrafo 2º., art. 2º., CLT ("direção, controle ou administração de outra...")." in" Curso de Direito do Trabalho – Estudos em Memória de Célio Goyatá, coordenação de Alice Monteiro de Barros, 1993, ed. LTr, p. 382). DECISÃO: A Turma, à unanimidade, conheceu do recurso do espólio reclamante; no mérito, por maioria de votos, deu-lhe provimento parcial para acrescer à condenação o pagamento das diferenças de horas extras, como restarem integralmente apuradas nos cartões de ponto e recibos salariais, havendo de ser considerado, como de tolerância, apenas 5 minutos anteriores e outros 5 posteriores para registro do cartão de ponto e que, por isso, não serão computados como extraordinários e, ainda, para deferir-lhe horas "in itinere", como se apurar, vencidos os Exmos. Juízes Relatora e Carlos Alves Pinto. O adicional será o previsto nas Convenções Coletivas de Trabalho juntadas às fls. 177/236, observado o período de vigência. Deverá, ainda, ser observado o regime de compensação dos sábados, constante das normas coletivas. Por se tratar de diferenças, inexiste compensação.

passivamente pelas relações trabalhistas por ele entabuladas. A letra da CLT, ao utilizar a nomenclatura "empresa", em sua leitura mais atualizada, vem reforçar essa objetivação e impessoalidade do empregador, não sendo mais adequado interpretá-la como uma impropriedade jurídica do legislador.

A falta de especificidade do empregador, robustecida pela complexidade econômica nos últimos tempos (em que empresas transmutam-se, aglutinam-se, cindem-se, associam-se em velocidade compatível com os jogos do mercado internacional), conduziu a doutrina e a jurisprudência a extrair da lei um princípio da despersonalização do empregador,[137] na medida em que eventual alteração nessa parte subjetiva da relação jurídica não prejudica o contrato de trabalho e os direitos do empregado,[138] em benefício da continuidade e da intangibilidade do pacto. É o que ocorre na figura da "sucessão de empregadores".[139]

A plasticidade da figura do empregador perante o DT permite, também no Brasil, que não apenas entidades de direito privado assumam esse *locus* jurídico da relação empregatícia, mas, igualmente, pessoas jurídicas de direito público, inclusive de direito público externo (Estados estrangeiros e organismos internacionais).[140] É o que a doutrina

---

Estas deverão integrar a remuneração do obreiro, para efeitos de férias acrescidas de 1/3 e 13º. salário até 29 de novembro de 1992; após esta data, somente as excedentes às 44 mensais. Deverá, ainda, haver incidência de FGTS, por todo o período, inclusive na multa de 40%; à unanimidade, conheceu dos recursos interpostos pelos reclamados ALFREDO DE ALMEIDA, ENESA ENGENHARIA S/A, CEMSA CONSTRUÇÃO ENGENHARIA E MONTAGENS S/A e JOSÉ DE LIMA OLIVER JÚNIOR; no mérito, sem divergência, negou-lhes provimento; unanimemente, conheceu do recurso da reclamada CEMSA-ENESA LTDA.; no mérito, sem divergência, deu-lhe provimento parcial para limitar a integração das horas extras nos repousos semanais remunerados após 29.11.92, apenas àquelas que excederem às 44 horas semanais." Processo: RO 7979/95, Relatora: Des. Deoclécia Amorelli Dias, Quarta Turma, Data de Publicação: *DJMG* 7/6/1996. V. Súmula nº 129 do TST.

[137] V. MAURÍCIO GODINHO DELGADO, *Introdução ao Direito do Trabalho*, 2ª ed., LTr, São Paulo, 1999, pág. 329-330; ADRIANA GOULART DE SENA, *A Nova Caracterização da Sucessão Trabalhista*, LTr, São Paulo, 2000, pág. 176; ORLANDO GOMES e ELSON GOTTSCHALK, *Curso ...*, pág. 97-98; AMAURI MASCARO NASCIMENTO, *Curso de Direito Processual do Trabalho*, 24ª ed., Saraiva, São Paulo, 2009, pág. 701-704. V. TRT 3ª Região: "SUCESSÃO DE EMPRESAS – RESPONSABILIDADE SOLIDÁRIA – A empresa que adquire parte do acervo patrimonial de outra, encerrando esta suas atividades, obriga-se a assumir todas as suas obrigações trabalhistas. E como a mudança de empregador não afeta os direitos adquiridos pelo empregado, porque o contrato de trabalho é intuitu personae apenas com relação ao empregado, mas não quanto ao empregador, lembrados os art. 10 e 448 da CLT, e também pelo "princípio da despersonalização do empregador", tanto o empregador original quanto aquele que, de qualquer forma, tenha assumido a empresa são responsáveis pelos créditos decorrentes dos contratos de trabalho que foram transferidos." Processo: 01087-2011-091-03-00-9 RO, Data de Julgamento: 28/3/2012, Relator: Juiz Convocado Danilo Siqueira de C. Faria, Terceira Turma, Data de Publicação: *DEJT* 10/4/2012. V. tb. TRT 3ª Região, 01391-2005-020-03-00-0 AP.

[138] V. art. 10 e 448 da CLT.

[139] V. TRT 3ª Região: "SUCESSÃO TRABALHISTA. A sucessão de empregadores é figura jurídica que tem sustentação em princípios essenciais do Direito do Trabalho, como a intangibilidade objetiva do contrato e a despersonalização do empregador. Ao contrário do que ocorre com a figura do empregado, a impessoalidade do empregador é a garantia de que alterações subjetivas concernentes ao pólo passivo da relação de emprego, de modo algum, afetarão o contrato, que permanece intacto quanto aos direitos e obrigações que vinculam as partes. Para sua caracterização, no entanto, é preciso prova robusta da transferência da unidade econômico-jurídica e da ausência de solução de continuidade na exploração do objetivo econômico." Processo: 01254-2010-063-03-00-1 AP, Data de Julgamento: 3/7/2012, Relator: Des. Anemar Pereira Amaral, Sexta Turma, Data de Publicação: *DEJT* 6/7/2012. V. tb. TRT 3ª Região, 01801-2011-021-03-00-8 RO.

[140] V. art. 114, inciso I, da CR/88. V. TRT 10ª Região, com condenações ordinárias a entidades internacionais e estados estrangeiros, decorrentes das relações trabalhistas que estabelece no território brasileiro (ausência de imunidade de jurisdição em processo de conhecimento): "MANDADO DE SEGURANÇA. ESTADO ESTRANGEIRO. IMUNIDADE À JURISDIÇÃO EM EXECUÇÃO. CARÁTER ABSOLUTO. Embora superada, quanto às relações trabalhistas, relativamente à fase processual de conhecimento, a noção de imunidade absoluta dos Estados estrangeiros, prevalece, no âmbito da Excelsa Corte Suprema, a orientação de que é absoluta a imunidade na etapa executiva. Mandado de segurança admitido e segurança concedida." Processo: 00181-2012-000-10-00-1-MS,

tem apontado como "dessubjetivação da relação de trabalho".[141] Com efeito, como aduzimos anteriormente, existem muitos entes federativos (em especial, municípios) que assumem, expressamente, essa qualidade de empregador, na medida em que sujeitam os seus vínculos de trabalho da FP ao regime laboral (o chamado "regime celetista"[142]). Não suficiente, os vínculos laborais entabulados pelas empresas públicas e sociedades de economia mista estão necessariamente sujeitos às normas jurídicas trabalhistas, por imposição constitucional (art. 173, §1º, inciso II, da CR/88).

Tal fato demonstra que o DT não exige, imprescindivelmente, a presença de um empregador totalmente privado (ou exclusivamente submetido às normas jurídico-privadas); bem como que não deixa de fazer incidir os seus princípios e regras mesmo quando a natureza (total ou parcialmente) pública do empregador atrai a incidência e a observância de princípios e regras jurídico-públicos (tais como: respeito à regra concursal para contratação de pessoal, necessidade de orçamentação das remunerações pagas, não cumulação de cargos e empregos, *etc.*).

Finalmente, uma das consequências de um "ente"[143] figurar como empregador é a assunção dos riscos do empreendimento *lato sensu* (art. 2º, *caput*, CLT; princípio da alteridade do contrato de trabalho). Isso significa que, para efeitos trabalhistas, o

---

Data de Julgamento: 3/7/2012, Relator: Des. Douglas Alencar Rodrigues, Segunda Seção Especializada, Data de Publicação: *DEJT* 19/7/2012. V. tb. TRT 10ª Região, 03278-2011-000-10-00-5 MS, 00560-2009-016-10-85-4 RO; 00980-2004-013-10-00-4 RO; 00191-2007-006-10-00-8 RO. O TRT da 10ª Reg., com sede em Brasília, é o TRT que mais tem jurisprudência sobre esta matéria, em decorrência de várias ações ajuizadas relacionadas às relações de emprego havidas nas embaixadas desta cidade.

[141] Cf. GUSTAVO ALEXANDRE MAGALHÃES, *Contratação* ..., pág. 68: "Com a dessubjetivação da relação de trabalho, deixou de ser importante indagar quem são as pessoas que figuram nos pólos da relação trabalhista. Em outras palavras, a natureza da relação de trabalho não leva mais em conta os sujeitos envolvidos, mas apenas o objeto da relação jurídica".

[142] V. TRT 3ª Região: "COMPETÊNCIA DA JUSTIÇA DO TRABALHO. EMPREGADO PÚBLICO. REGIME CELETISTA. O reclamante demonstra, satisfatoriamente, a sua contratação, bem como a sua dispensa, pela Prefeitura do Município de Mesquita, como empregado celetista, comprovando, inclusive, o recolhimento do FGTS. Verifica-se, desta forma, que o obreiro foi contratado antes da promulgação da Constituição da República, em 05-10-1988, por conseguinte, sem o óbice do artigo 37, II, que veda a contratação do servidor sem a prévia aprovação em concurso público. Além disto, o artigo 19 do Ato das Disposições Constitucionais Transitórias, concedeu o benefício da estabilidade aos servidores públicos, em exercício na data da promulgação da Constituição, há pelo menos cinco anos continuados, o que possibilitou ao obreiro se tornar servidor público efetivo, sem a necessidade de submissão a concurso público. É necessário frisar que a controvérsia a ser dirimida diz, sim, respeito à extensão e à interpretação a ser dada ao artigo 114, I, da Constituição da República de 1988. A redação conferida a este dispositivo pela Emenda à Constituição no. 45, de 2004, é no sentido de que compete à Justiça do Trabalho processar e julgar "as ações oriundas da relação de trabalho, abrangidos os entes de direito público externo e da administração pública direta e indireta da União, dos Estados, do Distrito Federal e dos Municípios", como é o caso dos autos." Processo: 00578-2006-033-03-00-4 RO, Data de Julgamento: 21/3/2007, Relator: Des. Bolívar Viegas Peixoto, Terceira Turma, Data de Publicação: *DJMG* 31/3/2007. V. tb. TRT 3ª Região, 00471-2011-017-03-00-4 RO. Cf. MAURÍCIO GODINHO DELGADO, *Curso* ..., pág. 299-300, ao explicar a não incidência do DT nos vínculos denominados "estatutários": "É evidente que não se está falando aqui do servidor celetista, isto é, aquele contratado por entidade estatal através do sistema jurídico da CLT. Este é empregado, como qualquer outro, tendo como empregador a correspondente pessoa jurídica de direito público".

[143] V. TRT 3ª Região: "EMENTA: ADMINISTRAÇÃO PÚBLICA. CONTRATAÇÃO DE PESSOAL SEM CONCURSO PÚBLICO. RESPONSABILIDADE DO ADMINISTRADOR PÚBLICO. A CF, no art. 37, parágrafo 5º., determinou o seguinte: "A lei estabelecerá os prazos de prescrição para ilícitos praticados por qualquer agente, servidor ou não, que causem prejuízos ao erário, ressalvadas as respectivas ações de ressarcimento." Portanto, está claramente posto: qualquer agente que praticar ato ilícito com prejuízo ao erário será passível de ação de ressarcimento. O ato praticado pelo administrador público municipal causou prejuízo. Tanto que haverá necessariamente condenação ao título de FGTS. Se houve a prática de um contrato irregular e prejuízo ao erário, cumpre responsabilizar quem o praticou, e é exatamente isto que a Lei 4717/65 impôs. A citação de quem praticou o ato irregular é, portanto, uma exigência legal neste caso e em todos os que se anularem contratos de trabalho irregulares com a administração pública. Além do devido processo legal, que garante a qualquer um o direito de defesa,

empregador é o único responsável pelos riscos de sua atividade (econômica ou não), os quais não podem ser transferidos ou repassados aos seus empregados.[144] Além disso, os próprios ônus e custos do trabalho prestado devem ser suportados exclusivamente pelo empregador, bem como os possíveis prejuízos causados pelos empregados ao seu patrimônio, por culpa. Igualmente, há a possibilidade de responsabilização (objetiva ou subjetiva) do empregador nos casos de danos morais ou patrimoniais causados aos

---

é necessário a fixação da responsabilidade, não só da Administração Pública, mas também de quem houver praticado o ilícito. SERVIDOR PÚBLICO – COMPETÊNCIA – JUSTIÇA DO TRABALHO – INTERPRETAÇÃO DO ARTIGO 114 DA C.F./88. Ao dizer que "Compete à Justiça do Trabalho processar e julgar as ações oriundas da relação de trabalho, abrangidos os entes de direito público externo e da administração pública direta e indireta da União, dos Estados, do Distrito Federal e dos Municípios", o legislador constitucional usou de linguagem explícita, objetiva e clara, que não admite outro entendimento, senão o que provém de sua construção semântica. A expressão "ente" tem caráter generalizante e se empregada em sentido filosófico para indicar "tudo o que existe", sem qualquer outra consideração, ficando para as diferentes ciências as classificações possíveis de acordo com seu objeto. Ao empregar a palavra "ente" em relação à administração pública direta e indireta da União, dos Estados, do Distrito Federal e dos Municípios, ficou clara e seguramente garantida a competência para julgar as controvérsias entre servidores públicos e as entidades de direito público interno, independentemente da natureza do vínculo jurídico. A interpretação da norma, por mais livre que seja, não pode desviar-se do sentido literal das palavras que lhe dão contextura semântica. Embora não exista o método exegético da "interpretação literal", há sem dúvida a interpretação restrita, quando a linguagem, pela sua clareza e imediatidade, não traz dúvidas ou incertezas ao espírito do intérprete. Além da vontade expressa da Constituição em atribuir esta competência à Justiça do Trabalho, através de texto objetivo e claro, outros inequívocos apontam na mesma direção e reforçam a convicção do intérprete: 5.1. Não há mais regime jurídico constitucional entre servidores públicos e o Poder que os admite. 5.2. A própria Constituição fala em "emprego público", no art. 37, I, abrindo a possibilidade de contratação fora do regime estatutário. Esta possibilidade já está expressamente reconhecida na Lei 9962/00, que prevê a contratação de servidores para empregos públicos... 5.3. Ao servidor público foi garantido, pela Constituição de 88, o direito de sindicalização e greve- art. 37, VI e VII, o qual era restrito aos empregados de empresas privadas e aos empregados de empresas públicas e sociedades de economia mista- art. 173, § 1º, II, da CF. 5.4. A negociação coletiva e sua materialização jurídica através de convenção coletiva, embora não previstas na Constituição, existem e são intensamente exercidas na prática, quando há greve de servidores. Todos estes fatos demonstram que não há mais regime estatutário no Direito Público brasileiro, mas sim um sistema misto, com partes de um e de outro, segundo as necessidades da Administração e da prestação de serviço público. Portanto nada mais natural do que submeter as controvérsias que daí nascem a uma jurisdição única, para uniformizar o entendimento e tratar igualmente, do ponto de vista jurídico, uma situação que está uniformizada pela prática da vida. Este entendimento mais se reforça à luz do art. 114, I, da Constituição, com a nova redação que lhe deu a EC 45/04, que conferiu à Justiça do Trabalho competência para julgar "ações oriundas da relação de trabalho". Estas relações de trabalho existem sempre que alguém exerce uma atividade em proveito de outrem, não mudando sua natureza ontológica se é prestado para o Estado ou para o particular." Processo: 00377-2008-095-03-00-5 RO, Data de Julgamento: 29/10/2008, Relator: Des. Antônio Álvares da Silva, Quarta Turma, Data de Publicação: *DJMG* 8/11/2008.

[144] V. TRT 3ª Região: "EMENTA: RESCISÃO INDIRETA. MORA SALARIAL. Configura descumprimento de obrigação contratual grave o atraso no pagamento dos salários, ademais quando verificada tal praxe reiterada, impedindo falar-se em perdão tácito, dando ensejo à rescisão indireta. Há que se ter em vista a natureza alimentar presumida e inegável do salário, pelo qual o empregado adquire seus víveres básicos (alimentação, saúde, habitação, vestuário) e contrai seus compromissos financeiros na expectativa de receber seus salários em dia. Assim, se o empregador não cumpre com sua obrigação principal de efetuar o pagamento que deve se dar no prazo legal, o obreiro passa por graves dificuldades, pois seu trabalho normalmente é sua única forma de sustento, e se vê privado de satisfazer suas necessidades básicas pessoais e de sua família, deixando de quitar a tempo e modo as despesas financeiras contraídas junto a terceiros, prejudicando sua honorabilidade social. Essa necessidade sequer é diluída pela possibilidade de o obreiro poder prestar serviços a terceiros, porque não cabe esse tipo de ilação: da eventual somatória de várias prestações de serviços a diferentes tomadores é que se perfaz a remuneração mensal do obreiro e suas necessidades alimentares, não podendo a ré se beneficiar do esforço global de seu empregado ou dos valores pagos corretamente a ele por terceiros. Finalmente, rejeita-se a tese patronal de imputar à crise econômica a culpa pelos atrasos salariais, certo que ao empregador cabe assumir os riscos do seu empreendimento (princípio da alteridade), não se admitindo a transferência destes ao empregado. Rescisão indireta reconhecida." Processo: 00708-2011-004-03-00-0 RO, Data de Julgamento: 4/9/2012, Relatora: Juíza Convocada Rosemary de O. Pires, Segunda Turma, Data de Publicação: *DEJT* 13/9/2012. V. tb. TRT 3ª Região, 01583-2011-037-03-00-7 RO.

empregados, decorrente da atividade laboral, como o que usualmente se verifica nos casos de acidentes do trabalho e doenças profissionais.[145]

4.3 As fontes heterônomas e autônomas de DT (nacionais)

A CR/88, como a legislação do trabalho, como fontes formais heterônomas de DT, consagram vários direitos (individuais e coletivos) aos trabalhadores em geral e aos empregados em particular. Os principais dispositivos trabalhistas da constituição brasileira encontram-se entre os artigos 7º a 11, inclusive. Todavia, todo o complexo normativo trabalhista infraconstitucional deve ser orientado e se conformar, inicialmente, ao princípio constitucional da valorização do trabalho humano (art. 1º, inciso IV; art. 170, *caput*), dada a centralidade da dignidade da pessoa humana no conjunto formal e material dos direitos fundamentais.[146] Assim, *a priori*, excluiu-se qualquer interpretação normativa infraconstitucional que resulte no tratamento jurídico do trabalho humano como mercadoria ou com indignidade.

O artigo 7º da CR/88 é o preceito central em sede de Direito Individual do Trabalho, não obstante contenha também regras próprias do Direito Coletivo do Trabalho (inciso XXVI, "reconhecimento das convenções e acordos coletivos de trabalho"). Não suficiente, o seu *caput* assenta o "princípio da melhoria da condição social do trabalhador", em harmonia com o princípio tuitivo do DT. Em seus incisos encontram-se assegurados o direito ao gozo de férias anuais, FGTS, repouso semanal remunerado, limitação da jornada de trabalho, entre outros tantos, de ordem patrimonial, moral e processual.

O art. 8º, por sua vez, releva em sede de Direito Coletivo do Trabalho, por estabelecer normas relativas à liberdade sindical (instituição de associações sindicais, direitos do sindicato, garantias do dirigente sindical, *etc.*); apesar de se destoar da Convenção nº 87 da OIT, por deixar prevalecer no Brasil o princípio da unicidade sindical (sindicato único por categoria profissional ou econômica por base territorial; esta, no mínimo, de um município) e ainda o "imposto sindical" (contribuição sindical compulsória[147]). Assim, "muito embora o texto constitucional de 1988 tenha abrandado, de forma significativa, a rigidez do período anterior, manteve, em relação a aspectos da sindicalização, normas incompatíveis com o modelo que consagre a liberdade sindical".[148] O art. 9º assegura o direito de greve aos trabalhadores, determinando que a lei defina os serviços ou atividades considerados essenciais, para fins de atendimento das necessidades da coletividade. Importa, pois, designadamente ao Direito Coletivo do Trabalho.

---

[145] V. art. 7º, inciso XXVIII, CR/88.
[146] V. FLÁVIA PIOVESAN, "Direito ao Trabalho e a Proteção dos Direitos Sociais nos Planos Internacional e Constitucional", *in* FLÁVIA PIOVESAN e LUCIANA PAULA VAZ DE CARVALHO, *Direitos Humanos e Direito do Trabalho*, Editora Atlas, São Paulo, 2010, pág. 3-31; LOURIVAL JOSÉ DE OLIVEIRA, *Direito do Trabalho ...*, pág. 13 e seg.
[147] V. Art. 548, *a*, da CLT. V. Súmula 666 do STF, quanto à impossibilidade de cobrança da chamada contribuição confederativa do empregado não-sindicalizado.
[148] Cf. JOSÉ CLÁUDIO MONTEIRO DE BRITO FILHO, *Direito Sindical – Análise do Modelo brasileiro de Relações Coletivas de Trabalho à Luz do Direito Comparado e da Doutrina da OIT – proposta de inserção da Comissão de Empresa*, Editora LTr, São Paulo, 2009, pág. 78. V. FERNANDA RODRIGUES GUIMARÃES ANDRADE, *Direitos Humanos dos Trabalhadores – Uma análise da declaração da Organização Internacional do Trabalho sobre Princípios e Direitos Fundamentais no Trabalho*, Editora RTM, Belo Horizonte, 2012, pág. 71.

Finalmente, os artigos 10 e 11 asseguram, respectivamente, que a participação dos trabalhadores e empregadores em colegiados de órgãos públicos de seus interesses sejam objeto de deliberação e eleição e a representação de empregados nas empresas com mais de duzentos trabalhadores.

Veremos que a grande maioria das disposições constitucionais mencionadas não incide exclusivamente sobre as relações empregatícias (trabalhadores subordinados privados), tendo também potencialidade e sendo igualmente aplicáveis aos trabalhadores públicos (da AP não empresarial do Estado).

Por sua vez, o "código trabalhista" infraconstitucional mais relevante é a CLT, legislação da década de 40 (Decreto-Lei nº 5.452, de 1º de maio de 1943, sob a era getulista). Até pelo contexto histórico de sua edição, a CLT está vocacionada a regular, em primeiro plano, o emprego urbano, possuindo disposições genericamente aplicáveis aos empregados (alteração contratual, rescisão, férias, jornada de trabalho, etc.) e a categorias específicas (*v.g.*, professores, químicos, bancários). Apesar dessa feição, a CLT tem servido para regular as relações de trabalho entabuladas por grande parte dos municípios brasileiros, especialmente na área da saúde e da educação básica e fundamental, haja vista inexistir até a presente data, no Brasil, um diploma ou legislação específica de DT para a AP não empresarial do Estado.

Não suficiente, o complexo normativo regulador da relação empregatícia ainda abrange as fontes formais autônomas de DT: os instrumentos normativos, os quais, no Brasil, são a Convenção Coletiva de Trabalho (entabulada entre sindicatos profissional e patronal) e o Acordo Coletivo de Trabalho (formalizado entre empresa e sindicato profissional); conforme o art. 7º, inciso XXVI, da CR/88.[149]

Com efeito, o DT é o ramo do Direito que, historicamente, permitiu a emissão de normas jurídico-privadas coletivas (isto é, normas jurídicas de efeitos *erga omnes* de fonte não estatal), democratizando as relações sociais no plano coletivo,[150] com perda da centralidade do Estado na regulação do contrato de trabalho. A contratualização coletiva no DT é, assim, uma realidade há muito sedimentada; não obstante no Brasil esse contexto carece de ser bastante melhorado, em face da parca força dos sindicatos profissionais, consequência do modelo sindical nacional, que atomiza as associações sindicais, ao invés de conglobá-las. A consequência desse quadro nacional é a feitura de instrumentos normativos coletivos de abrangência e conteúdos muito modestos. De toda sorte, a pluralização normativa do DT, mediante as fontes autônomas, favorece a melhoria da condição social dos empregados e a normatização de questões laborais específicas de modo mais apropriado à realidade das categorias envolvidas.

---

[149] Recentemente (14/9/2012), o TST mudou a sua jurisprudência assentada sobre os efeitos dos instrumentos normativos nos contratos individuais de trabalho, adotando a tese da ultratividade dos instrumentos normativos. Anteriormente, aduzia a Súmula nº 277 do TST: "Sentença normativa. Convenção ou acordo coletivos. Vigência. Repercussão nos contratos de trabalho. I - as condições de trabalho alcançadas por força de sentença normativa, convenção ou acordos coletivos vigoram no prazo assinado, não integrando, de forma definitiva, os contratos individuais de trabalho. II - Ressalva-se da regra enunciada no item I o período compreendido entre 23.12.1992 e 28.07.1995, em que vigorou a lei nº 8.542, revogada pela medida provisória nº 1.709, convertida na lei nº 10.192, de 14.02.2001". Nova redação: "Convenção coletiva de trabalho ou acordo coletivo de Trabalho. Eficácia. Ultratividade. As cláusulas normativas dos acordos coletivos ou convenções coletivas integram os contratos individuais de trabalho e somente poderão ser modificadas ou suprimidas mediante negociação coletiva de trabalho".
[150] V. MAURÍCIO GODINHO DELGADO, Curso ..., pág. 1.263 e seg.

A harmonização e a conformação das normas jurídicas autônomas às heterônomas deve respeitar, segundo Maurício Godinho Delgado, o princípio da "adequação setorial negociada", nomeadamente a fim de que da negociação coletiva não resulte cláusulas e condições violadoras dos direitos fundamentais dos trabalhadores ou de normas consideradas de ordem pública e imperativas.[151]

4.4 A incidência de normas internacionais (em especial, as convenções da OIT) – A internacionalização do mundo do trabalho e do DT

No DT, têm importância ímpar as normas internacionais, designadamente aquelas expedidas pela OIT; as quais incidem (imediata ou mediatamente) nos contratos (individuais e coletivos) de trabalho.

Com efeito, a OIT foi um dos primeiros organismos internacionais criados pela sociedade internacional (1919, Tratado de Versalhes), tendo justamente por propósito estabelecer parâmetros comuns internacionais no mundo do trabalho, considerando-se à época as causas e as graves consequências econômicas do liberalismo econômico e da 1ª Guerra Mundial. O propósito da OIT é, pois, em geral, promover a melhoria das condições sociais dos trabalhadores e diminuir as desigualdades econômicas ao nível internacional.[152]

Atualmente, esse propósito encontra-se reforçado, em decorrência da internacionalização do mundo do trabalho como fruto da globalização econômica e tecnológica. Afinal, "o mercado livre global minou as habilidades dos seus Estados e sistemas de protecção social para garantir o seu modo de vida. Numa economia global eles passam a competir com homens e mulheres de outros países com as mesmas qualificações; mas remunerados com uma fracção dos ordenados e regalias do mundo ocidental; o seu território passa a estar sob a ameaça da globalização daquilo que Marx chamou de 'o exército laboral na reserva' de emigrantes oriundos das aldeias das grandes zonais globais de pobreza".[153]

Assim, especialmente por meio das convenções da OIT, percebe-se a internacionalização do DT; fenômeno que tem sido robustecido pela aproximação dos sistemas jurídicos em nível mundial, como reflexo da globalização também no plano jurídico. Considerando-se, porém, no mínimo, a Declaração da OIT sobre os "Princípios e Direitos Fundamentais no Trabalho" (1998) – a qual envolve o "respeito à liberdade sindical e de

---

[151] Cf. *Ibidem*, pág. 1.213: "Pelo *princípio da adequação setorial negociada* as normas autónomas juscoletivas construídas para incidirem sobre certa comunidade econômico-profissional podem prevalecer sobre o padrão geral heterônomo justrabalhista desde que respeitados certos critérios objetivamente fixados. São dois esses critérios autorizativos: a) quando as normas autónomas juscoletivas implementam um padrão setorial de direitos superior ao padrão geral oriundo da legislação heterônoma aplicável; b) quando as normas autónomas juscoletivas transacionam setorialmente parcelas justrabalhistas de indisponibilidade apenas relativa (e não de indisponibilidade absoluta)". V. CRISTIANO PAIXÃO ARAÚJO PINTO, "Avanço e Retrocesso: o Direito do Trabalho no Curso da História", *in RMPT*, Ano VIII, n. 16, Setembro de 1998, pág. 98-103.

[152] V. http://www.oitbrasil.org.br. V. LOURIVAL JOSÉ DE OLIVEIRA, *Direito ...*, pág. 242.

[153] Cf. ERIC HOBSBAWM, *Globalização, Democracia e Terrorismo*, Editorial Presença, Lisboa, 2008, pág. 12-13. Sobre o tema, analisando criticamente a mobilidade dos trabalhadores ao nível mundial, V. MANUEL CASTELLS, *A sociedade ...*, pág. 304. V. tb. ANTÓNIO JOSÉ AVELÃS NUNES, *Neo-Liberalismo, Globalização e Desenvolvimento Econômico*, *in* Separata do *BCEUC*, vol. XVL, 2002, pág. 17-19. V. ADRIANO SELLA, *Globalização neoliberal e exclusão social*, Ed. Paulus, 2ª ed., São Paulo, 2002, pág. 13 e seg.

associação e o reconhecimento efetivo do direito de negociação coletiva, a eliminação de todas as formas de trabalho forçado ou obrigatório, a efetiva abolição do trabalho infantil e a eliminação da discriminação em matéria de emprego e ocupação"[154] –, esta *pode* ser apontada como um "patamar civilizatório mínimo"[155] em sede de "direitos humanos dos trabalhadores", vinculando imediatamente o Estado-membro da organização, independentemente de sua ratificação formal ou outro procedimento para vigência e eficácia no plano interno (como um *"ius cogens* trabalhista internacional").[156]

De toda forma, ressalvadas as controvérsias acadêmicas e as discussões jurídicas quanto à vinculação das convenções não ratificadas pelo Brasil no plano interno,[157] em conformidade com o Direito Brasileiro explícito, as normas internacionais trabalhistas podem passar a vigorar na ordem jurídica interna por meio do procedimento legislativo agora constante do parágrafo 3º do art. 5º da CR/88 (aprovação do tratado ou da convenção internacional de direitos humanos pelo Parlamento, nos mesmos moldes de uma emenda constitucional[158]). Também podem ser incluídas na ordem interna, no plano infraconstitucional, através de decreto legislativo (art. 84, inciso VIII, c/c art. 49, inciso I, da CR/88). Além dessas possibilidades legislativas, possibilita a CLT a integração do ordenamento trabalhista, administrativa e judicialmente, através do "direito comparado"; ferramenta que os magistrados do trabalho têm recorrido em suas decisões.[159]

Consoante se verá, a incidência de normas internacionais de DT ("direitos humanos dos trabalhadores"), em especial, das convenções da OIT sobre as relações jurídicas de trabalho – privadas e públicas[160] – aponta para a existência de um "Direito

---

[154] Cf. http://www.oitbrasil.org.br/content/hist%C3%B3ria, acesso em 26/9/2012.

[155] Cf. MAURÍCIO GODINHO DELGADO, *Curso* ..., pág. 1.284-1.286, embora no contexto dos limites da negociação coletiva, também em relação às normas internacionais.

[156] Não foi, entretanto, esta a intenção da própria OIT, entendendo que a assinatura dos Estados-membros à Declaração não implicava na vinculação imediata das convenções por ele não ratificadas, mas o compromisso de boa-fé de respeito e aplicação de seus princípios *pari passu*. Cf. FERNANDA RODRIGUES GUIMARÃES ANDRADE, *Direitos* ..., pág. 109. Todavia, esta A. apresenta a posição de MÁRCIO TÚLIO VIANA e DANIELA MURADAS REIS, no sentido da vinculação imediata das convenções fundamentais decorrentes da Declaração (Convenções da OIT de nºs 87, 98, 29, 105, 100, 111, 138 e 182), com a qual ela mesma concorda. Lembremos que o Brasil até a presente data não ratificou a Convenção nº 87 da OIT.

[157] V. FLÁVIA PIOVESAN, *Direitos Humanos e o Direito Constitucional Internacional*, Editora Saraiva, São Paulo, 2006.

[158] Regra acrescida pela EC nº 45/2004.

[159] "Art. 8º – As autoridades administrativas e a Justiça do Trabalho, na falta de disposições legais ou contratuais, decidirão, conforme o caso, pela jurisprudência, por analogia, por eqüidade e outros princípios e normas gerais de direito, principalmente do direito do trabalho, e, ainda, de acordo com os usos e costumes, o direito comparado, mas sempre de maneira que nenhum interesse de classe ou particular prevaleça sobre o interesse público. Parágrafo único – O direito comum será fonte subsidiária do direito do trabalho, naquilo em que não for incompatível com os princípios fundamentais deste". Vale citar a esse respeito o Enunciado (orientação não vinculante) nº 3 aprovado pela 1ª Jornada de Direito Material e Processual do Trabalho, em 23/11/2007, organizada pelos juízes do trabalho: "Fontes do Direito – Normas Internacionais. I – Fontes do Direito do Trabalho. Direito Comparado. Convenções da OIT não ratificadas pelo Brasil. O Direito Comparado, segundo o art. 8º da Consolidação das Leis do Trabalho, é fonte subsidiária do Direito do Trabalho. Assim, as Convenções da Organização Internacional do Trabalho não ratificadas pelo Brasil podem ser aplicadas como fontes do Direito do Trabalho, caso não haja norma de direito interno pátrio regulamentando a matéria". II – Fontes do Direito do Trabalho. Direito Comparado. Convenções e Recomendações da OIT. O uso das normas internacionais, emanadas da Organização Internacional do Trabalho, constitui-se em importante ferramenta de efetivação do Direito Social e não se restringe à aplicação direta das Convenções ratificadas pelo país. As demais normas da OIT, como as Convenções não ratificadas e as Recomendações, assim como os relatórios dos seus peritos, devem servir como fonte de interpretação da lei nacional e como referência a reforçar decisões judiciais baseadas na legislação doméstica".

[160] Assim se pode dizer sobre as convenções sobre a liberdade sindical (87 e 98) e negociação coletiva (154); discriminação (100, 111, 118 e 159, *etc.*); limitação da jornada de trabalho (171, *etc.*); segurança e saúde no trabalho (155,

Comum do Trabalho" e para a configuração de um largo campo de interseção normativa ("um denominador jurídico comum") entre o trabalho subordinado prestado aos entes privados e à AP não empresarial; identidade esta que muito mais aproxima do que afasta as relações jurídico-privadas empregatícias das relações de trabalho funcionariais (*lato sensu*).

4.5 Os direitos fundamentais e a observância do princípio da não discriminação nas relações de emprego privadas

Tema atualmente bastante caro aos jusprivatistas e, em especial, aos doutrinadores de DT, refere-se à prevalência dos direitos fundamentais[161] nas relações jurídico-privadas (e, principalmente, nas relações empregatícias).[162]

Com efeito, em face das qualidades classicamente inerentes aos direitos fundamentais (direitos atribuídos às pessoas naturais ou jurídicas, individual ou coletivamente, e pensados para sustar o arbítrio do poder público na esfera privada/particular), têm como sujeito passivo o Estado; teoricamente considerado o seu grande agressor (em relação aos direitos de 1ª dimensão – direito à vida e à integridade física, à liberdade, à igualdade, à propriedade, à segurança, à identidade; e direitos de participação política); ou, posteriormente, o seu grande promovedor (direitos de 2ª dimensão ou direitos sociais – direito à educação, à saúde, ao trabalho, ao esporte, à habitação, à aposentadoria, *etc.*).[163] Os naturais "efeitos verticais" dos direitos fundamentais são assim chamados tendo em vista, de um lado, o indivíduo/coletividade titular do(s) direito(s); e, de outra banda, o Estado como o sujeito passivo desse mesmo direito. Pressupõe-se, para tanto, a existência de um desnivelamento jurídico entre pessoa/Estado, na medida em que este se afigura "poderoso" em relação àquela.

---

etc.); proteção à maternidade (103); férias e repousos (132, *etc.*); proteção contra dispensa arbitrária (158), dentre outras. Ora, as condições similares de prestação de trabalho no âmbito público e privado acarreta a potencial observância das respectivas convenções da OIT, sob pena de configuração de uma verdadeira iniquidade.

[161] Para uma noção jusnaturalista, internacionalista e estadual do que se poderia identificar por "direitos fundamentais", V. JOSÉ CARLOS VIEIRA DE ANDRADE, *Os Direitos Fundamentais* ..., pág. 26 e seg. Segundo afirma: "Ora, os direitos fundamentais, tais como entendemos, são verdadeiros direitos ou liberdades, reconhecidos em geral aos homens ou a certas categorias de entre eles, por razões de "humanidade". São, nessa medida, direitos de igualdade e não de desigualdade." Todavia, como salienta JOSÉ AFONSO DA SILVA, *Curso de Direito Constitucional Positivo*, Ed. Revista dos Tribunais, São Paulo, 1990, *pág. 157: "A ampliação e transformação dos direitos fundamentais do homem no evolver histórico dificulta definir-lhes um conceito sintético e preciso".*

[162] V. FLÁVIA PIOVESAN e LUCIANA VAZ DE CARVALHO (coord.), *Direitos Humanos ...*; JOSÉ JOÃO ABRANTES, *Contrato de Trabalho ...*; VIRGÍLIO AFONSO DA SILVA, *A Constitucionalização do Direito: os Direitos Fundamentais nas Relações entre Particulares*, Malheiros, São Paulo, 2005; ARION SAYÃO ROMITA, *Direitos Fundamentais nas Relações de Trabalho*, LTr, São Paulo, 2005; DANIELA MURADAS REIS, *O Princípio da Vedação do Retrocesso no Direito do Trabalho*, LTr, São Paulo, 2010. V. GUILHERME MACHADO DRAY, *O princípio da igualdade no Direito do Trabalho – sua aplicabilidade no domínio específico da formação de contratos individuais de trabalho*, Livraria Almedina, Coimbra, 1999, pág. 303, quanto aos trabalhos de LEISNER e NIPPERDEY sobre a *Drittwirkung der Grundrechte*, justamente no campo das relações de trabalho.

[163] Trata-se, obviamente, de uma divisão e uma classificação muito mais teórica do que efetiva. Na prática, muitos direitos de 1ª dimensão têm necessidade de implementação de medidas políticas, tal e qual os direitos sociais. V. PEDRO MARIA GODINHO VAZ PATTO, "A Vinculação das Entidades Públicas pelos Direitos, Liberdades e Garantias", *in DDC*, nº 33/34, 1988, pág. 479 e seg, esp. pág. 482; lembrando da intervenção legislativa para organizar o processo e os meios da ação pública quando em causa os direitos políticos. V. FLÁVIA PIOVESAN, "Direito ao Trabalho ...", pág. 6. V. JOSÉ CARLOS VIEIRA DE ANDRADE, *Os Direitos Fundamentais ...*, pág. 193. Às pág. 189, o A. retrata o direito subjetivo fundamental como sendo um "feixe de faculdades ou poderes de tipo diferente e diverso alcance, apontados em direcções distintas".

Todavia, mais recentemente, em decorrência da própria perda da centralidade do Estado enquanto "fonte de poder";[164] ou melhor, diante da existência de entidades privadas com poderes tão ou mais potencialmente agressores dos direitos fundamentais das pessoas,[165] passaram a doutrina e a jurisprudência a se preocupar com a proteção da jusfundamentalidade diante dessas novas situações/relações jurídicas implementadas exclusivamente no âmbito privado. E, desse modo, uma atenção reforçada se voltou para as relações empregatícias, natural fonte de "poder privado": os poderes do empregador, consequência da subordinação jurídica a que está submetido o empregado, pelo binômio autoridade/obediência. Daí se falar, agora, nos "efeitos horizontais" dos direitos fundamentais, haja vista se pressupor aqui uma "certa" igualdade jurídica entre os sujeitos ativo e passivo, já que a relação jurídica se implementa interprivadamente.[166]

Especificadamente no que se refere à relação empregatícia, mencionamos que a subordinação jurídica a que se sujeita o empregado ao empregador se implementa objetivamente; o que significa dizer que não tem em vista a pessoa (ou melhor, a esfera privada) do trabalhador, mas, sim, o trabalho (o seu bom desempenho) que ele exerce em prol do empregador. Não há dúvidas de que o "poder privado" do empregador encontra limites na dignidade da pessoa humana do empregado e em seus direitos fundamentais, mormente naqueles de natureza extrapatrimonial (vida; integridade física e mental; liberdade política, religiosa, de orientação sexual; honra, nome, *etc.*). O contrato de trabalho não pode ser utilizado por nenhum dos contratantes como subterfúgio para reduzir, humilhar ou desumanizar a pessoa humana.

Nesse sentido, a doutrina e a jurisprudência têm repreendido empregadores que abusam de seu poder de fiscalização, submetendo os seus empregados a situações vexatórias, revistas íntimas ou outros procedimentos desproporcionais de controle.[167] De igual

---

[164] V. JACQUES CHEVALLIER, *O Estado pós-moderno*, Ed. Fórum, Belo Horizonte, 2009, pág. 29 e seg.

[165] Cf. KONRAD HESSE, "Significado de los derechos fundamentales", *in* BENDA, MAIHOFER, VOGEL, HESSE, HEYDE, *Manual* ..., pág. 94, podem ser muito mais ameaçadores para a liberdade humana os poderes não estatais.

[166] A CRP é expressa ao afirmar, de forma inovadora em termo de Direito Constitucional Comparado: "Art. 18º-1: Os preceitos constitucionais respeitantes aos direitos, liberdades e garantias são directamente aplicáveis e vinculam as entidades públicas e *privadas*"(sic). Por isso, J. J. GOMES CANOTILHO e VITAL MOREIRA, *Constituição* ..., vol. I, pág. 384, consideram equivocada a expressão "efeitos externos" dos direitos fundamentais, assim como a palavra germânica *Drittwirkung*, pois, diante da CRP, não são considerados "terceiros", para fins de eficácia dos direitos fundamentais, os particulares. Estão *a priori* igualmente vinculados os particulares aos direitos fundamentais.

[167] V. ALICE MONTEIRO DE BARROS, *Curso* ..., pág. 562; ARION SAYÃO ROMITA, *O Poder Disciplinar do Empregador*, Freitas Bastos, Rio de Janeiro, 1983, pág. 175-179; MAURÍCIO GODINHO DELGADO, *O Poder Empregatício*, LTr, São Paulo, 1996, pág. 127-161; ALICE MONTEIRO DE BARROS, *Proteção à Intimidade do Empregado*, LTr, São Paulo, 1997, pág. 72-106. V. TRT 2ª Região: "REVISTA ÍNTIMA. DROGARIA. ATENTADO À DIGNIDADE DA EMPREGADA. INDENIZAÇÃO POR DANO MORAL. A manutenção em estoque de substâncias tóxicas e medicamentos de circulação controlada, não autoriza as drogarias a colocarem sob suspeição seus empregados, procedendo à constrangedora prática diária de revista íntima, mesmo realizada por pessoa do mesmo sexo. Tal procedimento não pode ser convalidado porque agride a dignidade humana, fundamento da República (CF, 1º, III). O direito do empregador, de proteger seu patrimônio termina onde começa o direito à intimidade e dignidade do empregado. "In casu", a sujeição das trabalhadoras a terem as blusas e saias erguidas e os corpos apalpados, retira qualquer legitimidade à conduta patronal, vez que incompatível com a dignidade da pessoa, a valorização do trabalho humano e a função social da propriedade, asseguradas pela Constituição Federal (art. 1º, III e IV, art. 5º, XIII, art. 170, "caput" e III). Outrossim, a Carta Magna veda todo e qualquer tratamento desumano e degradante (art. 5º, inciso III), e garante a todos a inviolabilidade da intimidade e da honra (art. 5º, inciso X). Tratando-se de direitos indisponíveis, não se admite sua renúncia, e tampouco, a invasão da esfera reservada da personalidade humana com a imposição de condições vexaminosas que extrapolam os limites do poder de direção, disciplina e fiscalização dos serviços prestados. A revista íntima não pode ser vista

modo ocorre quando há a submissão de empregados a situações indignas para a pessoa humana ou que os "coisificam", como é o caso do "trabalho em condições análogas à de escravo", situações trabalhistas efetivamente escatológicas.[168] Também assim quando o empregador não respeita a liberdade de opinião e opção política do empregado[169] ou ofende a sua liberdade religiosa;[170] bem como quando vasculha indevidamente as suas contas bancárias, sob pretexto de fiscalização do patrimônio.[171]

---

como regra ou condição contratual. Recurso da ré a que se nega provimento." Processo: RO 01205-2005-040-02-00-3, Data de Julgamento: 14/8/2007, Relator: Ricardo Artur Costa e Trigueiros, 4ª Turma, Data de Publicação: 24/8/2007. V. tb. TRT 2ª Reg. RO 01259-2002-442-02-00-1; TST RR 660481/2000.0; TST RR 578.399/99.1; TRT 3ª Reg. 0060500-55.2009.5.03.0148 RO; TRT 3ª Reg. 00678-2009-136-03-00-0 RO; TRT 3ª Reg. 01297-2008-038-03-00-2 RO.

[168] V. TRT 3ª Região: "AÇÃO CIVIL PÚBLICA – CONDIÇÕES DE TRABALHO DEGRADANTES E DESUMANAS – DANOS MORAIS COLETIVOS – Nas lições de Francisco Milton Araújo Júnior, "o dano moral pode afetar o indivíduo e, concomitantemente, a coletividade, haja vista que os valores éticos do indivíduo podem ser amplificados para a órbita coletiva. Xisto Tiago de Medeiros Neto comenta que 'não apenas o indivíduo, isoladamente, é dotado de determinado padrão ético, mas também o são os grupos sociais, ou seja, as coletividades, titulares de direitos transindividuais. (...). Nessa perspectiva, verifica-se que o trabalho em condições análogas à de escravo afeta individualmente os valores do obreiro e propicia negativas repercussões psicológicas em cada uma das vítimas, como também, concomitantemente, afeta valores difusos, a teor do art. 81, parágrafo único, inciso I, da Lei 8.078/90, haja vista que o trabalho em condição análoga à de escravo atinge objeto indivisível e sujeitos indeterminados, na medida em que viola os preceitos constitucionais, como os princípios fundamentais da dignidade da pessoa humana (art. 1º, III) e dos valores sociais do trabalho (art. 1º, IV), de modo que não se pode declinar ou quantificar o número de pessoas que sentirá o abalo psicológico, a sensação de angústia, desprezo, infelicidade ou impotência em razão da violação das garantias constitucionais causada pela barbárie do trabalho escravo" ("in" Dano moral decorrente do trabalho em condição análoga à de escravo: âmbito individual e coletivo – Revista do TST, Brasília, vol. 72, nº 3, set/dez/2006, p. 99)." Processo: 00110-2011-101-03-00-0 RO, Data de Julgamento: 18/10/2011, Relator: Des. Jorge Berg de Mendonça, Sexta Turma, Data de Publicação: DEJT 27/10/2011. V. tb. TRT 3ª Região, 00435-2008-042-03-00-5 RO; 00657-2004-041-03-00-8; 01023-2002-081-03-00-0 RO; 0000068-63.2011.5.03.0160 RO; 0000033-16.2010.5.03.0071 RO. V. J. J. GOMES CANOTILHO e VITAL MOREIRA, Constituição ..., pág. 387, citando o caso francês do "anão" que fora contratado para ser arremessado – "servir de «bola de arremesso» entre jogadores".

[169] V. TRT 3ª Região: "EMENTA: DISPENSA DISCRIMINATÓRIA. DANOS MORAIS. ABUSO DE DIREITO. Demonstrado nos autos que a dispensa do autor deu-se por motivos discriminatórios, relacionados a fatores políticos, impõe-se deferir-lhe indenização por danos morais, por ofensa à dignidade da pessoa humana e à liberdade política e de expressão, configurado o abuso no direito de resilição contratual pelo empregador." Processo: 0147000-89.2008.5.03.0074 RO, Data de Julgamento: 14/4/2009, Relator: Des. Heriberto de Castro, Turma Recursal de Juiz de Fora, Data de Publicação: DEJT 28/4/2009.

[170] V. TRT 3ª Região: "LIBERDADE RELIGIOSA. VIOLAÇÃO. PROVA. O empregador, no exercício do poder diretivo e disciplinar não poderá desconhecer direitos básicos do empregado, previstos na legislação trabalhista e previdenciária, nas normas coletivas, no regulamento interno da empresa, no contrato individual e, principalmente, nas garantias da Constituição, onde estão inseridos os direitos fundamentais, cerne do ordenamento jurídico e cuja existência está calcada na dignidade humana, vista como "um ente da razão que basta-se a si mesma" (SOTELO FILIPPE, Márcio. Razão jurídica e dignidade humana. São Paulo: Max Limonad, 1999, p. 67). Entre as garantias fundamentais asseguradas ao empregado, inclui-se a liberdade de crença e de consciência, as quais asseguram a todos não só a livre escolha da religião, mas a liberdade de não aderir a religião alguma, aí incluída " a liberdade de descrença, a liberdade de ser ateu e de exprimir o agnosticismo" (SILVA, José Afonso da. Curso de direito constitucional positivo, 22ª ed, São Paulo: Malheiros Editores, 2003, p. 248). Por isso mesmo, não pode o empregador exigir de seus empregados o comparecimento a culto religioso realizado durante a jornada de trabalho. Acaso evidenciada a conduta atribuída ao empregador, estaria evidenciada a ofensa à liberdade religiosa. O exame da prova carreada aos autos, no entanto, mostra que os fatos narrados na inicial não foram confirmados de forma induvidosa. Não se pode afirmar, portanto, que a empresa realmente exigisse o comparecimento de todos os empregados ao culto semanal. Logo, inexistindo prova segura da conduta ilícita atribuída à reclamada, deve ser excluída da condenação a compensação pelo dano moral deferida sob tal título." Processo: 0146200-29.2008.5.030020 RO, Data de Julgamento: 9/9/2010, Relatora: Des. Alice Monteiro de Barros, Sétima Turma, Data de Publicação: DEJT 20/9/2010.

[171] V. TRT 3ª Região: "VIOLAÇÃO DO SIGILO BANCÁRIO. DANO MORAL. A intimidade e a privacidade são direitos fundamentais assegurados pela ordem constitucional (art. 5º, inciso X, da Constituição da República), sendo certo que a garantia de sigilo bancário nada mais é que um desdobramento dos citados direitos. Não obstante as instituições financeiras estejam obrigadas, por força de normas administrativas expedidas pelo BACEN, a contribuir na identificação e combate de crimes de lavagem de dinheiro e de ocultação de bens,

Ora, a necessidade de desempenho de obrigações contratuais (ou de deveres funcionais laborais) não implica (nem a *priori*, nem a *posteriori*) renúncia aos direitos fundamentais ou aos direitos de personalidade.[172] O que pode ocorrer, na prática, é que a celebração do contrato de trabalho pode representar "o voluntário compromisso de não invocação, no âmbito do vínculo específico, de pretensões dos direitos fundamentais"[173] (alguns deles, especificadamente).

Nesse sentido, por exemplo, um agente de segurança privada, contratado justamente para proteger a vida de seu patrão e o seu patrimônio, assume contratualmente a obrigação de colocar a sua vida em situação de risco, acaso encontre o seu empregador numa situação dessa, em seu horário de trabalho. Um médico contratado para solucionar grave problema de saúde numa região de endemias fatais também assume contratualmente a obrigação de "autoexposição ao risco de contágio"; não obstante o empregador tenha que lhe garantir o desempenho do trabalho com a máxima segurança possível. Nesses casos, por exemplo, o que pode haver são restrições específicas aos direitos fundamentais envolvidos, em face de obrigações decorrentes de um contrato de trabalho, cuja formalização só é possível diante da existência da liberdade de contratar e de exercer uma atividade profissional licitamente. Todavia, mesmo assim, não se pode descurar de um adequado juízo de ponderação entre a "contração" dos direitos fundamentais envolvidos e a "intensidade razoável e proporcional" da vinculação às obrigações contratuais assumidas pelos empregados.

Portanto, os empregadores, como "entidades privadas", encontram-se vinculados aos direitos fundamentais dos seus empregados, devendo fazer uso de seus poderes empregatícios com proporcionalidade *lato sensu* (adequação, necessidade e proporcionalidade *stricto sensu*), prudência e boa-fé contratual. As questões complexas se resumem, pois, a efetivos conflitos de direitos fundamentais nas relações interprivadas.

Outra questão sensível, conexa com a eficácia dos direitos fundamentais nas relações jurídico-privadas e, muito especialmente, nas relações jurídico-laborais (em face do poder privado empregatício), diz respeito à necessidade de plena (ou não) observância pelo empregador privado ao princípio da igualdade em relação aos (direitos e interesses de) seus empregados. Trata-se, pois, de consequência do debate acerca da imediaticidade ou da mediaticidade da aplicabilidade das normas consagradoras de direitos fundamentais nas relações jurídicas interprivadas, porquanto não se pode olvidar que o princípio da liberdade negocial (e contratual) do empregador é também

---

definidos na Lei 9.613/98, configura abuso a imposição de verdadeiro estado de controle sobre as operações de crédito e débito feitas pelos seus empregados, em conta bancária não utilizada exclusivamente para o recebimento de salários. No caso em tela, o reclamado, a pretexto de cumprir uma obrigação legal, manteve a conta bancária da reclamante sob constante devassa, fato que inegavelmente configura ilícito civil causador de danos morais." Processo: 0002133-20.2011.5.03.0002 RO, Data de Julgamento: 10/7/2012, Relatora: Juíza Convocada Maristela Íris S. Malheiros, Segunda Turma, Data de Publicação: *DEJT* 17/7/2012.

[172] Assim textualmente o art. 11 do CC/2002.

[173] É o que conclui CLARISSA SAMPAIO SILVA, *Direitos ...*, pág. 305, tendo em vista analogicamente a situação de relação de trabalho pública (dos "agentes públicos"); o que entendemos valer *mutatis mutandis* para as relações de emprego privadas de funções assemelhadas. Com efeito, cf. NUNO J. VASCONCELOS ALBUQUERQUE SOUSA, *La Función ...*, pág. 75: "Em resumo, sejam os funcionários, ou seja pessoal laboral, ambos se sujeitam às limitações no exercício de seus direitos". Tb. LUÍS S. CABRAL DE MONCADA, *A relação jurídica administrativa – Para um novo paradigma de compreensão da actividade, da organização e do contencioso administrativos*, Coimbra Editora, Coimbra, 2009, pág. 33.

reflexo do seu direito fundamental de livre desenvolvimento da personalidade e de sua liberdade e autonomia privadas.[174]

De nossa parte, consideramos desproporcional e excessiva a imposição ao empregador privado de sujeitá-lo, nos moldes em que se verifica para o Poder Público, à plena e rigorosa observância do princípio da igualdade nas relações empregatícias que entabular; conduzindo ao resultado de que ele não é obrigado a tratar exatamente da mesma forma os seus empregados quando, por exemplo, exercer o seu poder disciplinar (na aplicação de penalidades permitidas) ou na concessão de vantagens aos seus empregados; havendo, nesse âmbito, uma "latitude" própria de sua liberdade e autonomia privadas, não completamente preenchida pelo princípio da igualdade.

Todavia, relativamente à vertente mínima ou negativa desse princípio – o princípio da não discriminação –, consideramo-lo amplamente exigível, a fim de obstaculizar que a autonomia privada do empregador seja exercida a fim de veicular ou mascarar práticas discriminatórias ou diferenciações ilegítimas (ex.: fundadas em sexo, orientação sexual; idade, opção política[175]); bem como acolhendo ainda medidas políticas de ações afirmativas nas relações empregatícias (ex.: pessoas com deficiências; pessoas de idade avançada).[176] Assim é, pois, a *telos* do art. 7º, incisos XXX, XXXI, XXXII e XXXIV, da CR/88 e das Convenções nºs 100 e 111 da OIT, devidamente ratificadas pelo Brasil; bem como do art. 93 da Lei nº 8.213/91 – cota legal de postos para pessoas com deficiência –; e da Lei nº 9.029/99 – proibição de práticas discriminatórias nas relações empregatícias.

A observância do princípio da não discriminação nas relações empregatícias privadas é, para nós, uma nota diferenciadora em comparação ao que se verifica no campo das relações de trabalho subordinado com a AP, posto que nessa seara, a heterovinculação do empregador público aos princípios constitucionais da AP nos leva a admitir solução diversa, acatando a vertente positiva (ou mais exigente) do princípio da igualdade.

5 Relação jurídico-administrativa de FP – Identidades e diferenças da relação empregatícia (privada) – Proximidade de tratamento jurídico

5.1 FP como uma relação de profissionalidade – A relação de trabalho de FP como uma relação (material) de Emprego Público: Presença dos elementos essenciais da relação empregatícia

Conforme aduzimos anteriormente, em nosso estudo, a inclusão do trabalhador público no âmbito subjetivo da FP (*lato sensu*) implica o pressuposto da existência de uma

---

[174] V. GUILHERME MACHADO DRAY, O princípio ..., pág. 303. Sintetiza os argumentos das várias teses às pág. 305: "Constatámos, então, que aquilo que estava em jogo em qualquer uma das teses que se confrontavam se reconduzia, no essencial, ao diálogo entre a liberdade negocial, corolário lógico do princípio da autonomia privada, e a igualdade, enquanto imperativo e intenção de justiça. Em todos os quadrantes, sendo unânime a intenção de assegurar a aplicação material e efectiva do princípio da igualdade ao nível das relações interprivadas, seja de forma imediata, seja através da mediatização operada pelos institutos próprios do direito privado, admite-se que tal desiderato nunca poderá ser entendido de maneira excessivamente ampla, pois que da aplicação generalizada, indistinta e sem adaptações do princípio da igualdade ao domínio interprivado, nos termos em que este se dirige à actuação dos poderes públicos, resultará, inadvertidamente, uma total obnubilação da autonomia privada e um sacrifício injustamente penoso da liberdade contratual".

[175] V. ISABELLA FILGUEIRAS GOMES, *Discriminação salarial e funcional contra a mulher nas relações de trabalho: Aspectos históricos-sociais, abordagens jurídicas e propostas antidiscriminatórias*, Ed. RTM, Belo Horizonte, 2012.

[176] Assim tb. a posição de AMÉRICO PLÁ RODRIGUEZ, Princípios ..., pág. 445. V. LUTIANA NACUR LORENTZ, *A norma* ...., pág. 193 e seg.

relação de profissionalidade[177] entre aquele e a AP não empresarial; isto é, no exercício de uma atividade pública (trabalho, ofício, obrigação de fazer, *etc.*) pelo "funcionário", de modo não eventual, oneroso e com caráter profissional.

Assim, na FP *lato sensu* brasileira incluem-se os trabalhadores submetidos ao DT (os chamados "celetistas" ou "empregados públicos" *stricto sensu*, a teor do art. 39, *caput*, da CR/88 c/c EC nº 19/98) e os "servidores públicos" (os que, conforme a doutrina nacional, ocupam, nessa qualidade, "cargo público" efetivo ou em comissão). Incluem-se, ademais, os denominados "trabalhadores temporários"; isto é, aqueles contratados pelo Poder Público para atender a necessidade temporária de excepcional interesse público.[178] Nesse caso, a excepcionalidade da contratação e o seu caráter provisório em nada prejudicam a não eventualidade e a profissionalidade do vínculo jurídico de trabalho, posto que os trabalhadores que são contratados nessas condições também executam o labor em caráter profissional e oneroso, não obstante por prazo determinado.[179]

Relativamente aos "celetistas", a doutrina nacional majoritária afirma se tratar de uma relação jurídico-laboral submetida ao DT; e, nessa medida, parcialmente regida pelo Direito Privado (considerando-se, sempre, para tanto, obviamente, a classificação acadêmica que insere esse ramo jurídico no "hemisfério" privado do Direito[180]), não obstante, com observância dos princípios jurídico-públicos. Nesse sentido, os "celetistas", conforme essa mesma doutrina, para além de entabularem relação de trabalho com a AP não empresarial, estabelecem para com esta contrato de trabalho e mantêm uma relação jurídica tipicamente empregatícia. É nessa medida que, ressalte-se, a categoria (ou, melhor, a nomenclatura) do "Emprego Público" no Brasil, diversamente do que se

---

[177] V. MARCELLO CAETANO, *Princípios Fundamentais* ..., pág. 288.
[178] V. art. 37, inciso IX, da CR/88. No âmbito federal, V. Lei nº 8.745, de 9/12/1993. Não obstante estes estarem incluídos no âmbito subjetivo da FP *lato sensu*, não abordaremos especificadamente esta figura jurídica, justamente porque, tem-se entendido, conforme a doutrina nacional, tratar-se ou de uma relação jurídico-contratual privada (submetida ao DT, na medida em que o ente federativo tenha optado pela CLT), ou se tratar de uma relação jurídico-administrativa (se instituído o regime jurídico único na esfera governamental). V. GUSTAVO ALEXANDRE MAGALHÃES, *Contratação* ..., pág. 31-37. O STF, contudo, tem sinalizado que a realização entabulada tem, *prima facie*, natureza jurídico administrativa. V. STF, Rcl 4626 AgR/ES e Rcl 4069 MC-AgR/PI. Entretanto, a jurisprudência constitucional é também no sentido de que o "servidor temporário" tem direito a extensão dos direitos sociais (trabalhistas) constantes do art. 7º da CR/88. Assim, ARE 681356 AgR/MG; AI 767024 AgR/PE; ARE 663104 AgR/PE. V. JORGE LUIZ SOUTO MAIOR, *Curso de Direito do Trabalho – A relação de emprego*, vol. II, LTr, São Paulo, 2008, pág. 301: "Cumpre esclarecer que o contrato temporariamente não se vincula a cargo ou a emprego público, mas sim à exerce função. Em sentido amplo, função pública abrande um complexo de atribuições que são desempenhadas na consecução de interesses públicos". V. DIOGENES GASPARINI, *Direito* ..., pág. 143, entende que o vínculo do "servidor temporário" "é o celetista".
[179] Tanto assim que tem sido comum em alguns países da Europa, como vimos, a constituição de relação jurídica de trabalho subordinado com a Administração por prazo determinado ou indeterminado.
[180] Na realidade, já é bastante discutível a inserção do DT no âmbito do Direito Privado, em face de um conteúdo cogente muito marcante. V. MAURÍCIO GODINHO DELGADO, *Curso*..., pág. 62: "No que tange à sua origem e evolução na história, caracteriza-se por ser ramo especializado do Direito, oriundo do segmento obrigacional civil, porém dele se apartando e se distanciando de modo pronunciado". Tb. JORGE LUIZ SOUTO MAIOR, *Curso de Direito do Trabalho, Teoria Geral do Direito do Trabalho*, vol. I, LTr, São Paulo, 2011, pág. 624: "Ora, a própria razão de ser da criação do Direito do Trabalho, buscando afastar-lhe das concepções civilistas, que foram, indevidamente, mantidas mesmo sob a égide do Direito Social, inibe, por completo, a consideração de que o Direito do Trabalho seja um ramo do direito privado ...". Nesse sentido, o próprio tema da "privatização da FP" tem uma dimensão muito menos impactante e pode ser analisada de modo bastante relativizado. Aliás, sabemos o quanto é mesmo discutível a própria *summa divisio* entre o Direito Público e o Direito Privado. V. HANS KELSEN, *Teoria Pura* ..., pág. 312-315. V., tb. nesse sentido, ARNALDO SÜSSEKIND, *Instituições* ..., pág. 122-124. V., propondo inclusivamente uma nova separação, GREGÓRIO ASSAGRA DE ALMEIDA, *Direito Material Coletivo – Superação da* Summa Divisio *Direito Público e Direito Privado por uma* Summa Divisio *Constitucionalizada*, Ed. Del Rey, Belo Horizonte, 2008, pág. 383-442.

verifica na Europa, não está alinhada *prima facie* ao DA e à FP; mas, ao reverso, ao DT, envolvendo exclusivamente os "empregados públicos/celetistas" integrantes da AP em geral (empresarial e não empresarial).[181]

Quanto aos "servidores públicos" (ocupantes do impreciso termo "cargo público" ou também chamados "estatutários"), não verbaliza a doutrina brasileira que estes se vinculam à AP não empresarial através de uma relação jurídica de EP, até pelo âmbito subjetivo restrito dessa categoria ao DT no Brasil. Com efeito, ainda que de forma velada ou não intencional, a juspublicística nacional afasta desse coletivo funcionarial qualquer conceito ou mesmo uma tênue conexão com o termo "Emprego Público" (*lato sensu*), utilizando-se este em oposição à existência do "cargo público".[182] Em síntese, o liame é feito entre "servidor público estatutário" e "cargo público"; e não entre "trabalhador público" (gênero) e a "profissionalidade" do vínculo mantido com a AP. A intenção da doutrina nacional, como vimos no primeiro capítulo, é, pois, salientar as radicalidades (eventualmente havidas) entre o conjunto dos "servidores públicos estatuários" e o dos "celetistas", bem como criar um (pretenso) ambiente jurídico de dissemelhanças entre ambos.

Na verdade, em nossa análise, trata-se de um modo de apartar os "servidores públicos (estatutários)" de alguma proximidade com o DT e com a "relação de emprego" típica (acredita-se, em consequência daquele "receio" institucionalizado contra esse ramo jurídico e contra a vinculação jurídico-privada de trabalho na AP não empresarial); fator que tem contribuído sobremaneira para retardar a doutrina juslaboral e jusadministrativa de enxergar as (evidentes e) inúmeras paridades dessas relações de trabalho subordinado. O caminho é, portanto, o contrário do que se tem trilhado na Europa, como vimos.

Ora, também em relação ao grupo dos "servidores públicos" ("estatutários"), materialmente dizendo, existe no substrato uma pessoa física a prestar trabalho de modo não eventual e pessoal para a AP não empresarial, sob remuneração e hierarquia jurídica. Ou, em outros termos, "trata-se da relação jurídica estabelecida por um indivíduo e uma pessoa colectiva integrada na Administração Pública ou uma entidade pública pela qual se disponibiliza, mediante o exercício de uma actividade sob a autoridade e/ou direcção dos seus órgãos, e a troco de uma remuneração e outras contrapartidas de valor patrimonial e social, a prosseguir os interesses públicos traduzidos nos seus 'fins

---

[181] V., por ex., JORGE LUIZ SOUTO MAIOR, *Curso* ..., vol. II, pág. 298: "Reserva-se a expressão *empregados públicos* para os trabalhadores que prestam serviços aos entes públicos mediante regulação das normas pertinentes ao Direito do Trabalho privado: CLT, art. 7º da CF e legislação esparsa. O regime jurídico 'celetista', como é conhecido, consiste na possibilidade de serem aplicados à relação Estado-Trabalhador os direitos e as obrigações previstos para os empregados do setor privado". Ainda, JOUBERTO DE QUADROS PESSOA CAVALCANTE e FRANCISCO FERREIRA NETO, *O Empregado* ..., pág. 73: "Os empregados públicos, *Valentin Carrion* afirma, 'mantêm com qualquer entidade estatal relação de emprego disciplinada pelo Direito do Trabalho, materializada na CLT e nas demais normas laborais da atividade privada; seus princípios são os de Direito Privado, de índole contratual, apesar do grande volume de normas cogentes ...". Contra, unicamente CRISTIANO PAIXÃO ARAÚJO PINTO, "Regime Jurídico Único ...", pág. 457 e seg.

[182] V., por ex., DIÓGENES GASPARINI, *Direito* ..., pág. 155: "*Servidores estatutários* são os que vinculam à Administração Pública direta, autárquica e fundacional pública mediante um liame de natureza institucional. O regime, portanto, é o de cargo público. ... *Servidores celetistas* são os que se ligam à Administração Pública direta, autárquica e fundacional pública por um vínculo de natureza contratual. O regime, por conseguinte, é de emprego público". V. MARÇAL JUSTEN FILHO, *Curso* ..., pág. 591: "Os servidores públicos estatutários ou com cargo público são aqueles cuja relação jurídica com o Estado é subordinada a regime jurídico de direito público, caracterizada pela ausência de consensualidade para sua instauração tal como para a determinação de direitos e deveres". V. JOSÉ DOS SANTOS CARVALHO FILHO, *Manual* ..., pág. 493.

institucionais"'[183] (não obstante essa definição não tenha explicitado a submissão a um regime publicístico, já que formulada genericamente para a FP).

O conceito que aqui aparece, em primeiro lugar, divergente da relação empregatícia – a hierarquia administrativa – identifica-se, em substância, com o de subordinação jurídica. Tanto assim que, conforme Paulo Otero, "A hierarquia administrativa pressupõe a existência de uma especial relação orgânico-funcional. A especialidade da relação hierárquica reside em dois factores correlatos: (i) a supremacia de um órgão sobre a actividade dos restantes; (ii) a inerente subordinação destes últimos expressa no dever de obediência. Em consequência, a hierarquia administrativa comporta uma relação interorgânica-funcional composta por um lado activo (: poderes do superior) e um lado passivo (: dever de obediência dos subalternos)".[184]

Em suma, ainda que não se declare abertamente que o EP esteja no Brasil estritamente ligado aos "celetistas" da AP, também relativamente aos "servidores públicos" há o estabelecimento de uma relação jurídica de EP;[185] porém, não submetida inicialmente

---

[183] Cf. ANA FERNANDA NEVES, "Relação jurídica ...", fls. 01-21. Tb. desta A., no mesmo artigo: "Do confronto entre a relação de função pública e relação jurídica de trabalho resulta que quer numa quer noutra existe uma base creditícia singularizada pela prestação pessoal do trabalhador e pela disponibilidade desta para a prossecução dos interesses do empregador. Em ambas, existe oponibilidade de interesses entre trabalhador e empregador, o que afasta a idealização do trabalhador na relação de função pública como servidor natural ou por vocação do interesse geral" (fl. 4).

[184] In Conceito ..., pág. 109. Às pág. 233 o A. aduz: "... o direito privado conhece algumas relações jurídicas de subordinação decorrentes da existência de um poder de direcção por parte de um dos respectivos sujeitos, titularidade essa que constitui um «poder de supremacia privada». Circunscrevendo o campo de análise à relação laboral, podemos verificar que uma das partes possui o poder de emanar comandos vinculativos face aos quais a contraparte se encontra adstrita ao dever de obediência, sob pena de ser objecto de sanções disciplinares. Por outras palavras, estamos perante uma relação jurídica de subordinação, segundo alguns autores configurável como vínculo de natureza hierárquica". Todavia, PAULO OTERO, pág. 235, conclui que "o poder de supremacia privada expresso na relação laboral não acarreta a existência de qualquer vínculo hierárquico, o qual se mostra exclusivo das relações interorgânicas no âmbito das entidades públicas". A explicação do A. não nos convence, entretanto. A uma, porque existe sim faticamente uma hierarquia na subordinação empregatícia, propiciada pela liberdade de trabalho e pela autonomia da vontade, sendo que não se trata de uma subordinação no plano pessoal. A duas, porque mesmo no âmbito intra-administrativo, objetiva também o poder de direção da AP à racionalização da atividade do funcionário ao interesse da Administração (somente ao fim e ao cabo, ao "interesse público"); tal e qual o poder de direção do empregador privado. A três, porque não podemos mais considerar o Estado como a única entidade detentora de poder. E, finalmente, a própria conversão brasileira dos "celetistas" para "estatutários" (Lei nº 8112/90), sem alteração de substância da situação fática, atesta a convergência das figuras da subordinação jurídica empregatícia e da hierarquia administrativa. A razão está, para nós, com a doutrina italiana, apontando a identidade destas figuras no trabalho subordinado. V. GIUSTINA NOVIELLO e VITO TENORE, La Responssabilità ..., pág. 7; ALBERTO TAMPIERI, Contrattazione ..., pág. 2 e seg. Tb. V. MARIA DO ROSÁRIO PALMA RAMALHO, "Intersecção ...", pág. 427 e seg.; "Os limites...", pág. 129, afirmando: "o paralelismo entre o fenômeno hierárquico administrativo e o modo de organização laboral privada, em que se desenvolve grande parte das relações de trabalho, é evidente". Tb. NUNO J. VASCONCELOS ALBUQUERQUE SOUSA, La Función ..., pág. 75. E às pág. 110 este elucida: "... se supõe que a hierarquia é mais forte em muitas empresas privadas que na Administração ...". Para nós, a diferença que pode existir entre o exercício dos poderes hierárquicos pela AP e pelo empregador privado resida na maior formalização que a lei exige daquela, assegurando a plena observância dos princípios jurídico-públicos e, designadamente, os princípios da legalidade, igualdade e impessoalidade. Não se trata de uma diferença de substância, mas de forma. O paralelismo do fenômeno hierárquico é hialino observando-se o art. 482 da CLT e, por exemplo, o art. 116 da Lei nº 8.112/90, que prevê os deveres dos servidores federais.

[185] Estamos aqui a falar de um conceito amplo de EP, como utilizado na Europa (designadamente na Espanha), relacionado com "emprego na AP, independentemente da natureza do vínculo estabelecido". Tb. PAULO VEIGA E MOURA, Função ..., pág. 48: "A noção de emprego aponta para a idéia de prestação de trabalho e anda associada ao conceito de subordinação, de tal forma que só se estará perante uma relação jurídica de emprego quando um dos sujeitos esteja vinculado à prestação de trabalho sob a autoridade, direcção e disciplina de outro". ... "O acerto desta posição é igualmente notório ao nível da relação de emprego com a Administração, conforme demonstram os conceitos de funcionário e agente ...".

aos diplomas normativos do DT.[186] Trata-se, portanto, de uma relação jurídica (material) de EP (ou uma relação jurídica de FP submetida ao DA[187]). Esse reconhecimento expresso tem importância ímpar no Brasil para uma salutar (e tão óbvia e necessária) aproximação do "DA da FP" ao DT.[188] Afinal, "o Direito laboral comum oferece 'um parâmetro jurídico' útil e inafastável".[189]

5.2 A figura da relação jurídico-administrativa como central no DA hodierno

Já aduzimos anteriormente sobre o quanto consideramos arcaica e ultrapassada a figura da "relação jurídico-estatutária" no âmbito da FP. Continuar a afirmar a existência dessa figura num contexto internacional, constitucional e legal que alberga o direito de contratualização coletiva do regime funcionarial, apresenta-nos, à partida, como uma inconsistência.

Não suficiente, ainda que sob essa nomenclatura – "estatutária" – esteja em causa, materialmente, uma relação jurídico-pública de trabalho coletivamente contratualizada e com igual prevalência dos direitos fundamentais (rejeitando-se, *a priori*, a figura da "relação especial de poder" para a grande massa dos trabalhadores públicos, em especial para aqueles que não exercitam poderes públicos ou de autoridade), a "força histórica" desse conceito nos orienta a acantoá-lo, sob o risco de sermos mal compreendidos, mormente quando já comparecem outras figuras jurídicas, mais conformes com os princípios do Estado Democrático de Direito e com uma Administração Pública paritária e aberta à democracia participativa. Estamos a falar especialmente da "relação jurídico-administrativa" (ou "relação jurídica administrativa"), a qual tem sido, hodierna e inclusivamente, apontada como "o conceito central" da dogmática administrativa.[190]

---

[186] Se diz inicialmente porque a contratualização coletiva na FP já é uma realidade jurídica no Brasil, pela ratificação da Conv. 151 da OIT, apesar dessa realidade não ter sido ainda posta em prática e definida infraconstitucionalmente.

[187] Cf. ANA FERNANDA NEVES, "A Relação ...", pág. 240, sobre o conceito de "relação jurídica de função pública": "designa, tradicional e fundamentalmente, o conjunto dos indivíduos que trabalham na Administração Pública de acordo com um específico regime de Direito Administrativo, distanciado do Direito Laboral comum". V. PAULO VEIGA E MOURA, *Função ...*, pág. 303.

[188] Cf. ANA FERNANDA NEVES, "Relação Jurídica ...", fl. 5: "A relação de função pública não deixa, em suma, de ser uma espécie da relação jurídica de trabalho: uma relação jurídica laboral, bilateral, assente na prestação de atividade heterodeterminada remunerada. Esta concepção projeta-se na substituição da locução função pública por emprego público, traduzindo o facto de a relação de função pública ser uma relação de emprego (público)".

[189] Cf. ANA FERNANDA NEVES, "Relação Jurídica...", fl. 2.

[190] Trata-se, assim, de perspectiva relacional e paritária do liame jurídico entre a AP e o servidor público. V. VASCO MANUEL PASCOAL DIAS PEREIRA DA SILVA, *Em busca do acto administrativo perdido*, colecção teses, Livraria Almedina, Coimbra, 2003, pág. 149 e seg.., negando a permanência de relações de poder no Estado Democrático de Direito. Não obstante este trabalho tenha sido elaborado pensando-se, num primeiro plano, para as relações jurídicas "externas" entre AP e os particulares (e não relações "internas" entre AP e seus trabalhadores públicos), suas concepções valem aqui igualmente, por rejeitarem a permanência da figura das "relações especiais de poder". Cf. o A., pág. 186: "Do ponto de vista dos princípios, pode-se dizer que a adopção da relação jurídica corresponde ao modo mais correcto de conceber o relacionamento entre a Administração e os particulares num Estado de Direito. Na verdade, de acordo com esta perspectiva, o privado encontra-se perante a Administração, não como um objecto do poder administrativo – um simples 'administrado'-, mas como um autónomo sujeito jurídico, que ocupa no mundo do direito uma posição igual à Administração". V. LUÍS S. CABRAL DE MONCADA, *A relação ....*, pág. 118. Às pág. 10: "Da dogmática «actocêntrica» passou-se para uma dogmática «relacional», ao nível bilateral e multilateral". E às pág. 13: "É indispensável alargar a relação jurídica administrativa ao âmbito interno da própria Administração..."; não obstante o A. considere a compatibilidade da relação jurídico-administrativa com a relação especial de poder (pág. 33). E finalmente, às

E isso é válido também para o sistema jurisdicional brasileiro (que não reconhece a separação entre os "tribunais ordinários" e os tribunais administrativos), porquanto a relação jurídico-administrativa é de ordem material; e não processual ou "meramente adjectiva".[191]

Em suma, o pressuposto de se aceitar o conceito de "relação jurídica administrativa" no específico campo da FP em nada tem, pois, relação com a existência ou não de uma Justiça Administrativa no ordenamento, mas, no fato de se considerarem escorreitas as novas concepções relativas à Administração Pública e a sua nova postura frente ao "particular/servidor público": partindo-se de uma "Administração-poder à Administração-sujeito de direito das relações jurídicas administrativas";[192] e, designadamente, encarando aquele como uma pessoa humana, dotada de dignidade e de direitos, liberdades e garantias.

Nesse sentido, se a "relação jurídico-administrativa" pode ter suas especificidades (decorrente do tipo de relacionamento estabelecido com a AP), entendemos que, no âmbito da FP e, em especial, dos "servidores públicos" brasileiros (os ditos "estatutários"), justifica-se plenamente falar na existência de uma "relação jurídico-administrativa de FP".[193] A mudança de nomenclatura ("relação estatuária" para "relação jurídico-administrativa de FP") perpassa muito, destarte, a questão meramente formal e demonstra, à partida, sermos adeptos de uma nova compreensão da AP como entidade empregadora.[194]

Finalmente, a manutenção da relação jurídica dos ditos "estatutários" como uma relação jurídico-administrativa de FP (e não simplesmente como uma relação jurídico-empregatícia *típica* do DT, com incidência de vinculações jurídico-públicas, como a doutrina nacional entende verificar relativamente aos denominados "celetistas") tem em vista a nossa pré-compreensão de que, em determinadas situações funcionariais,[195] o grau de vinculação jurídico-pública deve ser, de fato, maior, a ponto de priorizar o

---

pág. 96-97, sobre a diferença dessa relação para a relação jurídico-privada: "É que a disciplina da relação jurídica administrativa é, ao menos em parte, necessariamente normativa, alheia à autónoma vontade das partes, pelo que a distinção estrutural entre o direito administrativo e o privado é aqui oportuna. A relevância da vontade das partes apenas se faz sentir nos limites da disciplina de origem normativa e esta nunca coloca a Administração como curadora do interesse público numa posição de total igualdade perante o particular ..." ... "O aspecto principal da distinção entre a relação jurídica administrativa e a privada reporta-se ao diferente papel que em cada uma assume a vontade. Enquanto que na relação privada a vontade é soberana na relação administrativa a vontade apenas é fonte do Direito nos limites da legalidade".

[191] V. LUÍS S. CABRAL DE MONCADA, *A relação ...*, pág. 129.

[192] Cf. PEDRO MANCHETE, *Estado ...*, pág. 30.

[193] V. ANA FERNANDA NEVES, "O Direito ...", pág. 431; e "A Relação ...", pág. 249. Neste, a A. define a "relação jurídica de função pública" como: "a relação jurídica pela qual um indivíduo exerce uma actividade sob direcção e autoridade de órgão ou órgãos de um Empregador Público, cujo regime jurídico, independentemente do tipo de vínculo jurídico, comporta um mínimo comum de regime jus-publicista". Repare-se que a definição da A., aplicada à realidade brasileira, acaba por ser também possível aos "celetitas", já que também para estes há a imprescindível observância de regras e princípios jurídico-públicos.

[194] Essa concepção "relacional, paritária e participativa" da AP frente aos seus servidores públicos pode ser utilizada, por exemplo, para atenuar posições brasileiras extremadas de compreensão da relação jurídica destes para com o Estado. Assim, por exemplo, no que tange ao dogma brasileiro de que "o servidor público não tem direito adquirido ao seu regime jurídico". V. JOSÉ ADÉRCIO LEITE SAMPAIO, *Direito Adquirido ...*, pág. 216. Além disso, essa concepção de AP aponta também para a imprescindibilidade da regulamentação da contratualização coletiva na FP. V. FLORIVALDO DUTRA DE ARAÚJO, *Negociação coletiva ...*, pág. 70 e seg.

[195] Ex.: exercício ou não de poderes de autoridade pelo servidor público; vinculação a um determinado órgão público de atividades não meramente técnicas; *etc*.

(regime do) DA. Ademais, não obstante consideremos equivocada a conexão destituída de sentido do legislador nacional entre "servidor público" e "cargo público",[196] o fato é que os "servidores públicos" (*stricto sensu*) encontram-se submetidos *basicamente* a direito positivo diverso das fontes heterônomas de DT (na esfera federal, a Lei nº 8.112/90).

5.3 Características da relação jurídico-administrativa de FP e distinções da relação jurídica de emprego (exclusivamente privada): CR/88 e Lei nº 8.112/90

Vejamos, agora, tendo em conta diretamente o direito positivo brasileiro, quais são as principais diferenças entre a mencionada "relação jurídico-administrativa de FP" (dos "servidores públicos ocupantes de cargos", frise-se) da relação empregatícia *típica* (exclusivamente privada). Deixaremos para analisar em seguida as identidades entre aquela relação e a relação de emprego público *stricto sensu* ("os celetistas"), haja vista que ambas estão sujeitas a um denominador (mais ou menos) intenso e comum de vinculações jurídico-públicas.[197]

a) Fontes heterônomas da relação jurídico-administrativa de FP

A primeira diferença (e com certeza a mais marcante para a juspublicística) entre a relação empregatícia *típica* e a "relação jurídico-administrativa de FP" é aquela respeitante às suas fontes heterônomas.

Não obstante a CR/88 tenha em muito "laboralizado"[198] a relação jurídico-administrativa de FP, na medida em que constitucionalizou uma série de direitos (tipicamente) trabalhistas para os servidores públicos (art. 39, §3º, da CR/88[199]), bem como direitos coletivos próprios dos trabalhadores (direito de livre associação sindical e direito de greve), não são os diplomas legislativos de DT aqueles a regular as relações de trabalho dos "servidores públicos" *stricto sensu*. De fato, como já aduzimos em capítulo anterior, a juspublicística nacional sempre compreendeu o Direito da FP como parte integrante do "poder de auto-organização" do ente federado, nas suas vertentes de autonomia legislativa e administrativa (considerando-se que a autonomia política somente fora concedida aos municípios pela CR/88); e, nessa medida, integrante do DA.

---

[196] Art. 2º e 3º da Lei nº 8.112/90: "Art. 2º – Para os efeitos desta Lei, servidor é a pessoa legalmente investida em cargo público". "Art. 3º Cargo público é o conjunto de atribuições e responsabilidades previstas na estrutura organizacional que devem ser cometidas a um servidor". A conexão entre os artigos 2º e 3º da Lei nº 8.112/90 conduz à seguinte definição: "servidor é a pessoa legalmente investida num conjunto de atribuições e responsabilidades previstas na estrutura organizacional". V. 1ª parte, 2º capítulo, *supra*.

[197] V. ANA FERNANDA NEVES, "Relação Jurídica ...", fl. 14.

[198] No sentido de aproximação de regimes. V. MARIA DO ROSÁRIO PALMA RAMALHO, "Intersecção ...", pág. 444; RAMÓN PARADA VASQUEZ, "Empleo público ...", pág. 43.

[199] Art. 39, §3º – Aplica-se aos servidores ocupantes de cargo público o disposto no art. 7º, IV, VII, VIII, IX, XII, XIII, XV, XVI, XVII, XVIII, XIX, XX, XXII, e XXX, podendo a lei estabelecer requisitos diferenciados de admissão quando a natureza do cargo o exigir. Além disso, no inciso XV do art. 37 da CR/88 garantiu-se o princípio geral da irredutibilidade do salário, na medida em que se estabeleceu que "o subsídio e os vencimentos dos ocupantes de cargos e empregos públicos são irredutíveis, ressalvado o disposto nos incisos XI e XIV deste artigo". Em decorrência deste dispositivo, a Lei nº 8.112/90 concretizou vários direitos de origem trabalhista (ex: adicional por serviço extraordinário; adicional noturno; adicional de insalubridade e periculosidade *etc*.), tendo como parâmetro a CLT.

Assim, na esfera federal, a principal fonte heterônoma da relação jurídico-administrativa de FP é a Lei nº 8.112/90, concebida como o seu "regime jurídico único". Nas esferas estaduais e municipais podem existir tantos outros diplomas, conforme tenham ou não editado "os seus regimes jurídicos únicos", de acordo com o art. 39, *caput*, da CR/88 (originário). Nessa medida, consoante já salientamos, as fontes heterônomas do regime jurídico dos "servidores públicos" brasileiros (consideradas as três esferas de entes federados) não mantêm, entre si, uma unidade ou isonomia de direitos e deveres ("isonomia intergovernamental") ou, apenas a mantêm ocasionalmente; porquanto, apesar de paradigmática, a Lei nº 8.112/90 não é exemplo de direito necessário para os demais entes federativos (estadual e municipal).

No diploma federal estão, pois, dispostos os direitos, as vantagens, os deveres, as proibições, as penalidades passíveis de serem aplicadas aos "servidores públicos" da União.

b) A exigência de maior formalidade e a publicidade da relação jurídico-administrativa de FP

Relativamente à relação empregatícia *típica*, que somente exige forma especial para específicos contratos de trabalho,[200] a relação jurídico-administrativa de FP é, fundamentalmente, uma relação jurídica "formalizada" e "publicizada". Tal fato decorre dos princípios da legalidade, da publicidade e da segurança jurídica que imperam sobre a AP (art. 37, *caput*). Trata-se, assim, de uma consequência da vinculação jurídico-pública da AP e do fato de envolver, direta e indiretamente, recursos públicos e o interesse de toda a coletividade (e não, portanto, de simples efeito da natureza ou concepção "burocrática" da FP). Modernamente, podemos associar (e mesmo vocacionar) a formalidade e a publicidade da relação jurídico-administrativa de FP ao princípio da transparência administrativa,[201] sempre da demonstração pública do respeito àqueles princípios que a Constituição e a lei impõem ao empregador público.

Assim, por exemplo, segundo a dicção da Lei nº 8.112/90, o "cargo público" deve ter sido criado por lei (art. 3º, § único); tem-se a imprescindibilidade do edital prevendo as condições do concurso público (art. 11), edital este que deve ser publicado no *DOU*; a nomeação do servidor em cargo público e a necessidade de publicação do ato de provimento (art. 9º e art. 13, §1º); a ocorrência da "posse" do servidor público através de sua assinatura do respectivo termo (art. 13); as formalidades (garantias e procedimentalização) decorrentes do exercício do poder disciplinar e da aplicação de penalidades ao servidor (art. 128 e seg.); entre outras exigências formais.

---

[200] O contrato de trabalho do atleta profissional de futebol, por exemplo, deve ser escrito. V. art. 3º da Lei nº 6.354/76. Exige a CLT que o contrato de trabalho seja devidamente anotado na CTPS do empregado. Todavia, a ausência dessa assinatura não conduz à inexistência ou invalidade do contrato, se tratando de uma ilicitude que pode ser regularizada administrativa ou judicialmente. V., sobre o princípio da primazia da realidade sobre a forma, do DT, MAURÍCIO GODINHO DELGADO, *Curso* ..., pág. 192-193. V. JORGE LUIZ SOUTO MAIOR, *Curso* ..., vol. II, págs. 80-82.

[201] V. TÚLIO VIANNA, *Transparência Pública, Opacidade Privada: o Direito como instrumento de limitação do poder na sociedade de controle*, Revan, Rio de Janeiro, 2007, pág. 203-204; ROBERTÔNIO SANTOS PESSOA, *Curso de Direito Administrativo Moderno*, 2ª ed., Forense, Rio de Janeiro, 2000, pág. 98-101; MÁRCIO PESTANA, *Direito* ..., pág. 191-194. Em sentido algo semelhante ao aduzido, mas especialmente em relação ao dever de fundamentação expressa dos atos administrativos, V. JOSÉ CARLOS VIEIRA DE ANDRADE, *O dever* ..., pág. 71-73.

c) Estabilidade no "cargo público" (efetivo)

Na primeira parte do estudo já aludimos à "ampla e intensa" estabilidade dos servidores públicos. Com efeito, a Constituição (art. 41) e a Lei nº 8.112/90 (art. 21) garantem ao "servidor público" a estabilidade no "serviço público". O direito à estabilidade apenas é *expressamente* reconhecido ao "servidor nomeado para cargo de provimento efetivo" (art. 41, *caput*, da CR/88).[202] Para tanto, incontroversamente, o "servidor público" deve ter sido previamente aprovado em concurso público de provas ou de provas e títulos; ter sido nomeado para cargo de provimento efetivo (designadamente, porque a estabilidade não é extensível aos ocupantes de cargo em comissão); ter cumprido o prazo de estágio probatório (atualmente, em três anos, EC nº 19/98); e aprovação na avaliação especial de desempenho por comissão instituída para esta finalidade (art. 41, §4º, CR/88).[203]

Como efeito da aquisição da estabilidade, o "servidor público" somente perderá o cargo nas situações expressamente previstas na Constituição: "I – em virtude de sentença judicial transitada em julgado; II – mediante processo administrativo em que lhe seja assegurada ampla defesa; III – mediante procedimento de avaliação periódica de desempenho, na forma da lei complementar, assegurada ampla defesa". Assim, apenas nessas situações de fundamento subjetivo poderá a AP romper, por sua iniciativa, a relação jurídico-administrativa de FP, vedando-se ao Estado "impor a extinção do vínculo sob fundamento de mera conveniência administrativa".[204]

Garantia análoga não fora prevista no ordenamento trabalhista nacional para os empregados do setor privado e da AP empresarial,[205] não obstante vozes da doutrina juslaboral (ainda sem grande repercussão na jurisprudência nacional) defenderem um sistema de garantia de emprego e de plena vigência interna da Convenção nº 158 da OIT;[206] em conformidade com o princípio do DT de continuidade da relação de emprego e com a superimportância do emprego para a subsistência do trabalhador.

---

[202] Na 1ª parte, *supra*, abordamos a divergência jurisprudencial (com origem em controvérsia dos doutrinadores) sobre a extensão da estabilidade do art. 41 aos trabalhadores "celetistas" da AP, designadamente entre jusadministrativistas e juslaborais. V. DIÓGENES GASPARINI, *Direito* ..., pág. 180-181; MARÇAL JUSTEN FILHO, *Curso* ..., pág. 597 (com interpretação restritiva do direito); JOSÉ DOS SANTOS CARVALHO FILHO, *Manual* ..., pág. 543; MARIA SYLVIA ZANELLA DI PIETRO, *Direito* ..., pág. 479, todos pela interpretação restritiva do direito do art. 41 da CR/88. V. JORGE LUIZ SOUTO MAIOR, *Curso* ..., pág. 304-305, pela extensão do direito também aos "servidores celetistas" da AP não-empresarial. De nossa parte, consoante já adiantamos, consideramos que o modelo de estabilidade do art. 41 pode ser racionalizado, a fim de relacionar o direito à atividade exercida pelo trabalhador público e o grau de imparcialidade que carece de ter no desempenho da mesma. Por outro lado, apesar de não ser este o foco deste nosso trabalho, também consideramos que a interpretação que atualmente vigora no DT relativamente à "licitude" do direito de rescisão imotivada por parte do empregador é uma inconsistência jurídica, quer seja perante o que vigora ao nível internacional (OIT, Conv. 158); quer seja perante a própria centralidade do direito ao trabalho como direito à subsistência e à dignidade da pessoa humana trabalhadora (jusfundamentalidade do direito ao trabalho); quer seja perante os princípios do DT e a *telos* do art. 7º, I, da CR/88.

[203] V. JORGE LUIZ SOUTO MAIOR, *Curso* ..., vol. II, pág. 303.

[204] Cf. MARÇAL JUSTEN FILHO, *Curso* ..., pág. 597.

[205] V. Súmula nº 390 do TST.

[206] V. JORGE LUIZ SOUTO MAIOR, *Curso* ..., vol. II, pág. 434 e seg. MAURÍCIO GODINHO DELGADO, *Curso* ..., pág. 1.019, expõe a tese majoritária: "É bem verdade que no Brasil, conforme já exposto, a figura da estabilidade enfraqueceu-se significativamente, desde o advento do FGTS, 1966/67, sendo que praticamente desapareceu do mercado privado após a Constituição de 1988 (cujos arts. 7º, I e IV, e 10, II, ADCT, revogaram, tacitamente, os arts. 477, *caput*, e 492, da CLT)". V. TRT 3ª Região: "DISPENSA ABUSIVA. REINTEGRAÇÃO. IMPOSSIBILIDADE. Não se olvida que, em não havendo causa impeditiva à ruptura do vínculo laboral, a continuidade ou não da prestação de serviços é uma faculdade do empregador, inserindo-se a possibilidade

Nesse aspecto, verifica-se uma importante diferença entre a (super) proteção da relação jurídica de trabalho do "servidor público" estável, a salvo da dispensa por discricionariedade da AP, da relação de emprego do "empregado privado"; o qual, na *praxis* trabalhista, está sob constante "prenúncio" de rompimento do vínculo pelo empregador, desfundamentadamente ou sem justo motivo.[207]

---

de dispensa no poder potestativo que ele detém no exercício da direção do seu empreendimento. Contudo, o exercício desta prerrogativa deve observar parâmetros éticos e sociais como forma de preservar a dignidade do cidadão trabalhador, não podendo ser utilizada de forma abusiva, com a intenção de causar algum mal a outrem ou de reprimir garantias constitucionais. A atitude da empresa, em dispensar o trabalhador, influenciada pelo ajuizamento de reclamatória trabalhista, no decorrer do pacto laboral, revela a violação à garantia constitucional do direito de ação assegurado a todo cidadão, no inciso XXXV do artigo 5-o da CR/88. Este direito incide nas relações contratuais de trabalho subordinado. Isso quer dizer que o empregado pode, sem pressão do empregador, ajuizar reclamatória trabalhista sempre que se sentir lesado. Diante de tais peculiaridades, é imperioso reconhecer que a empregadora, ao dispensar o trabalhador, em razão da interposição de ação, não agiu no exercício regular do seu direito potestativo, mas sim, com flagrante abuso, desrespeitando o princípio da dignidade da pessoa humana (artigo 1-o, III, CR/88), o direito fundamental à ação (artigo 5-o, XXXV, da CR/88) e vulnerando o primado social do trabalho (artigo 1-o, IV, CR/88). Entretanto, não obstante ilícita, esta conduta, por si só, não é capaz de anular a dispensa havida e garantir ao Obreiro o direito à reintegração ao emprego, porque não há nenhum dispositivo que assegure este direito, impondo-se, apenas, a reparação pelo dano ocorrido. Para que seja determinada a reintegração, o trabalhador deve possuir alguma estabilidade ou garantia de emprego, prevista em lei, regulamento empresário ou instrumento coletivo, o que não é o caso, não havendo de se cogitar na aplicação da Lei 9.029/95 ou da Convenção 158 da OIT." Processo: 01323-2007-058-03-00-6 RO, Data de Julgamento: 27/2/2008, Relator: Des. Márcio Ribeiro do Valle, Oitava Turma, Data de Publicação: *DJMG* 8/3/2008. V. TRT 3ª Região, 0000576-52.2011.5.03.0081 RO; 00404-2007-112-03-00-0 RO; 0000543-29.2011.5.03.0092 RO; 01005-2007-022-03-00-5 RO.

[207] Alguns doutrinadores de DT fazem uma diferenciação entre "dispensa arbitrária" (aquela que seria absolutamente vedada pelo ordenamento jurídico, tal como uma dispensa discriminatória), da "dispensa sem justa causa" (absolutamente lícita, sendo devida pelo empregador a indenização correspondente). V. JORGE LUIZ SOUTO MAIOR, *Curso...*, vol. II, pág. 436 e seg.; JORGE LUIZ SOUTO MAIOR, "Proteção contra a Dispensa Arbitrária e Aplicação da Convenção 158 da OIT", *in Revista do Tribunal Regional do Trabalho da 15ª Região*, v. 25, 2004, pág. 47-63; MÁRCIO TÚLIO VIANA, "Trabalhando sem Medo: alguns argumentos em defesa da Convenção n. 158 da OIT", *in Revista do Tribunal Regional do Trabalho da 3ª Região*, Belo Horizonte, v. 46, nº 76, Julho – Dezembro de 2007, pág. 235-246, esp. pág. 242-243. Na jurisprudência trabalhista, verifica-se o acatamento desta tese, com a reversão de dispensas consideradas arbitrárias ou ilegítimas. V. TRT 15ª Região: "DISPENSA COLETIVA DE EMPREGADOS. DIREITO POTESTATIVO UTILIZADO DE FORMA ABUSIVA E FORA DOS PARÂMETROS DA BOA FÉ. NULIDADE. APLICAÇÃO DO ARTIGO 7o. I, DA CF/88, DOS ARTS. 421, 422 E 472 DO NOVO CÓDIGO CIVIL, DA CONVENÇÃO 158 DA OIT E DOS PRINCÍPIOS GERAIS DO DIREITO E DO DIREITO INTERNACIONAL DO TRABALHO. Todos os trâmites para validade da Convenção n. 158, da OIT, no ordenamento nacional foram cumpridos. Os termos da Convenção são, inegavelmente, constitucionais, pois a Constituição brasileira, no artigo 7º, I, veda a dispensa arbitrária ou sem justa causa, e o que faz a Convenção 158 é exatamente isto. O parágrafo 2º., do art. 5º., da CF/88, estabelece que os tratados internacionais – gênero do qual constituem espécies as Convenções da OIT – são regras complementares às garantias individuais e coletivas estabelecidas na Constituição. Assim, a Convenção 158, estando de acordo com o preceito constitucional estatuído no artigo 7º., inciso I, complementa-o. Além disso, a Constituição Federal de 1988 previu, em seu artigo 4º., que nas relações internacionais, a República Federativa do Brasil rege-se, dentre outros princípios, pela prevalência dos direitos humanos (inciso II) e não se pode negar ao direito do trabalho o status de regulação jurídica pertencente aos direitos humanos. Assim, um instrumento internacional, ratificado pelo Brasil, que traz questão pertinente ao direito do trabalho, há de ser aplicado como norma constitucional, ou até mesmo, supranacional. Mesmo que os preceitos da Convenção 158 precisassem de regulamentação (o que não se acredita seja o caso), já se encontrariam na legislação nacional os parâmetros dessa "regulamentação". A Convenção 158, da OIT, vem, de forma plenamente compatível com nosso ordenamento jurídico, impedir que um empregador dispense seu empregado por represálias ou simplesmente para contratar outro com salário menor. No caso de real necessidade, a dispensa está assegurada. Para a dispensa coletiva necessária a fundamentação em "necessidade de funcionamento da empresa, estabelecimento ou serviço", "por motivos econômicos, tecnológicos, estruturais ou análogos". Quanto ao modo de apuração ou análise dos motivos alegados não há, igualmente, problemas de eficácia, valendo como parâmetro legal a regra e as interpretações doutrinárias e jurisprudenciais já dadas ao artigo 165 da CLT. Não se desconhece o fato de que o Executivo, mediante o Decreto n. 2.100, de 20 de dezembro de 1996, denunciou a Convenção, a partir de 20 de novembro de 1997. No entanto, a Convenção só poderia ter sido denunciada até 22 de novembro de 1996 e, segundo, Márcio Túlio Viana, a denúncia somente poderia ocorrer após 10 anos de vigência da Convenção no ordenamento

d) A não acumulação de cargos (e empregos e funções) públicos

Outra diferença entre a relação jurídico-administrativa de FP para com a relação empregatícia *típica* diz respeito à regra geral de não acumulação de cargos públicos, extensível a "empregos públicos e funções" (incisos XVI e XVII do art. 37 da Constituição c/c art. 118 da Lei nº 8.112/90). Essa regra foi introduzida no Direito Brasileiro em 1822, "por decreto de José Bonifácio, para impedir que a mesma pessoa ocupasse 'mais de um ofício ou emprego' e por eles recebesse os correspondentes vencimentos, sem desempenhá-los a contento, no interesse da Administração Pública".[208] Atualmente, a regra abarca não exclusivamente os "cargos públicos" na AP direta do Estado; tendo sido elastecida para também incluir empregos e funções públicas na AP indireta e empresarial (EC nº 19/98), sendo agora extensível, pois, aos denominados "celetistas". A própria CR/88, contudo, ressalva algumas poucas exceções, permitindo em determinadas hipóteses a acumulação remunerada de postos e manutenção de mais de um vínculo funcionarial.

A existência da proibição de acumulação de cargos, empregos e funções públicas justifica-se na intenção de "dedicação integral" ao trabalho público, na medida em que a manutenção simultânea de mais de um vínculo funcionarial (havendo disponibilidade de horários, aliás – art. 118, §2º, da Lei nº 8.112/90) possa vir a prejudicar o desempenho da atividade, em detrimento da AP-empregadora.[209] Justifica-se também no fato de que a ocupação na AP é um "bem escasso, limitado", sendo desejável que esse bem seja acessível ao maior número de profissionais interessados (e capacitados) possível (mesmo como decorrência da participação direta ou indireta na estrutura de Poder do Estado, para "democratizá-lo"[210]).

---

nacional, o que a torna inconstitucional. E, mesmo que não se queira reconhecer isto, o fato é que as dispensas coletivas não possuem amparo no ordenamento jurídico também por outros motivos, talvez ainda mais relevantes. A dispensa coletiva de trabalhadores, sem qualquer motivação ou comprovação de boa fé dos motivos alegados, muitas vezes baseada em balanços fraudulentos, não correspondendo, pois, uma necessidade econômica e não se efetivando com uma necessária ampla discussão prévia entre os seus interlocutores diretos, da qual participem também as instituições públicas locais e nacionais, demonstra-se, flagrantemente, como simples e torpe pressão de natureza econômica, uma represália do econômico sobre o social, arranhando a ordem jurídica, atingindo a dignidade da pessoa humana dos trabalhadores (que se trata de um princípio fundamental da República Federativa do Brasil, inscrito no artigo 1o de nossa Constituição) e ferindo o próprio objetivo primordial do Estado da construção do bem comum. A dispensa imotivada de trabalhadores, em um mundo marcado por altas taxas de desemprego, que favorece, portanto, o império da "lei da oferta e da procura", e que impõe, certamente, a aceitação dos trabalhadores a condições de trabalho subumanas, agride a consciência ética que se deve ter para com a dignidade do trabalhador e, por isso, deve ser, eficazmente, inibida pelo ordenamento jurídico. Não é possível acomodar-se com uma situação reconhecidamente injusta, argumentando que "infelizmente" o direito não a reprime. Ora, uma sociedade somente pode se constituir com base em uma normatividade jurídica se esta fornecer instrumentos eficazes para que as injustiças não se legitimem. Do contrário, não haveria do que se orgulhar ao dizer que vivemos em um 'Estado democrático de direito'". Processo: 00140-2002-004-15-00-1 RO, Data de Julgamento: 8/6/2004, Relator: Des. Jorge Luiz Souto Maior, Sexta Turma, Data de Publicação: 25/6/2004. V. tb. TRT 15ª Reg. 00935-2002-088-15-00-3 RO; TRT 15ª Reg. 01512-2001-042-15-00-2 RO; TRT 3ª Reg. 0023200-38.2005.5.03.0071 RO; TRT 3ª Reg. 0002149-14.2011.5.03.0021 RO.

[208] Cf. DIÓGENES GASPARINI, *Direito ...*, pág. 163.

[209] V. JOSÉ DOS SANTOS CARVALHO FILHO, *Manual ...*, pág. 538; ANA FERNANDA NEVES, "O Direito ...", pág. 500, tendo em vista que proibição análoga está também prevista na CRP. V. ANA FERNANDA NEVES, "Relação ...", fl. 16 explicitando que a "acumulação está sujeita à verificação, pela entidade pública empregadora, de inexistência de prejuízo para o interesse público e para o exercício imparcial e eficiente do emprego público".

[210] Cf. CÁRMEN LÚCIA ANTUNES ROCHA, *Princípios ...*, pág. 145. Cf. ANA FERNANDA NEVES, "Relação ...", fl. 16, nota 98: "O pluriemprego é também considerado contrário ao objetivo de uma melhor distribuição do emprego público".

Além da proibição geral de acumulação de cargos, empregos e funções públicas, existem outras proibições aos "servidores públicos" como medida para impedir o simultâneo cumprimento de atividades privadas que possam prejudicar o exercício do trabalho público (ex.: proibição de exercer comércio, art. 117, inciso X, da Lei nº 8.112/90).

No DT, no que diz respeito à relação empregatícia *típica,* inexiste um princípio ou uma regra geral de exclusividade da prestação laboral a um único empregador privado. Com efeito, desempenhando o empregado as suas obrigações contratuais a tempo e modo (isto é, sem causar prejuízo *lato sensu* ao seu empregador), não pode, via de princípio, este vedar aquele de exercer licitamente outra atividade remunerada para além daquela decorrente de seu contrato de trabalho.[211]

e) A orçamentação das remunerações e a observância do "teto do funcionalismo"

Outra peculiaridade da relação jurídico-administrativa dos "estatutários" é a fixação do valor de sua remuneração por lei específica (art. 37, inciso X, da CR/88), valor que não pode ser superior ao subsídio auferido pelos Ministros do STF (art. 37, inciso XI, da CR/88 – "teto remuneratório do funcionalismo público" no Brasil). O respeito a esse "teto" foi também extensível aos empregos públicos através da EC nº 19/98, ampliando o leque de limitações jurídico-públicas dos celetistas, face às suas incidências comuns.

A fixação da remuneração dos "servidores públicos" em lei específica é reflexo da vinculação da AP ao princípio da legalidade *stricto sensu,* tendo em vista a imprescindibilidade de previsão e orçamentação dos gastos com pessoal, sendo concretização da responsabilidade fiscal do Estado (art. 169, CR/88 e Lei Complementar nº 101/2000, lei de responsabilidade fiscal do Estado; art. 40 e 41 da Lei nº 8.112/90).

Todavia, a necessidade de observância de legalidade estrita no pagamento das remunerações dos "servidores públicos" não acarreta qualquer "impossibilidade jurídica" de participação (*lato sensu*) destes nos projetos legislativos que digam respeito aos seus interesses econômicos; sendo o regime constitucional, em nossa ótica, compatível, nesse aspecto, com a concretização de mecanismos variados de democratização na fixação legal dos salários (participação, contratualização coletiva, *etc.*).

f) A responsabilidade administrativa, penal e civil dos "servidores públicos"

O Estado Democrático de Direito e uma AP democrática exigem um sistema de responsabilização abrangente de seus "agentes públicos"; sistema que pode diversificar-se, considerando-se a situação peculiar e/ou as atividades desempenhadas por esses agentes e a necessidade de uma específica "irresponsabilidade" pessoal no desempenho da função (ex.: juízes e magistrados; parlamentares).[212]

Relativamente aos "servidores públicos" federais, segundo o art. 121 da Lei nº 8.112/90, "O servidor responde civil, penal e administrativamente pelo exercício

---

[211] V. ORLANDO GOMES e ELSON GOTTSCHALK, Curso ..., pág. 74; SÉRGIO PINTO MARTINS, Direito ..., pág. 128. Dissemos, via de princípio, porque pode, por exemplo, o empregado ser dispensado com justa causa fundada em "negociação habitual por conta própria ou alheia, sem permissão do empregador e quando constituir ato de concorrência à empresa a qual trabalha o empregado, ou for prejudicial ao serviço". Cf. MAURÍCIO GODINHO DELGADO, *Curso ...,* pág. 1.099. Também em contratos de trabalho especiais, como no caso do atleta profissional, o qual não pode defender simultaneamente duas seleções. V. art. 482 da CLT.
[212] V. LUÍS GUILHERME CATARINO, *A Responsabilidade do Estado pela Administração da Justiça – O Erro Judiciário e o Anormal Funcionamento,* Coimbra, 1999.

irregular de suas atribuições"; ampla responsabilização esta que é detalhada nos artigos 122 a 126 do mesmo diploma. A responsabilidade administrativa é apurada em procedimento administrativo que assegure a ampla defesa do servidor (art. 5º, inciso LV, c/c art. 41, inciso II, da CR/88); a qual pode ser afastada no caso de "absolvição criminal que negue a existência do fato ou sua autoria" (art. 126, Lei nº 8.112/90). A responsabilidade (civil) perante terceiros (art. 122 e §2º, da lei) encontra guarida no §6º do art. 37 da CR/88, o qual se refere genericamente a "agentes".

A responsabilização civil do "agente" é baseada na teoria da culpa, donde a imprescindibilidade da demonstração desse requisito subjetivo. Para parte da doutrina, trata-se de responsabilidade solidária com o Estado;[213] para outra, de responsabilidade subsidiária.[214] Entendemos que a responsabilidade é subsidiária, pois, em termos apriorísticos, a responsabilidade é do Poder Público; é este quem se responsabiliza perante a sociedade (pelo §6º do art. 37, também as pessoas de direito privado prestadoras de serviço público). Daí falar-se em princípio da "despersonalização dos atos administrativos".[215]

5.4 A incidência das normas internacionais da OIT sobre o trabalho na relação jurídico-administrativa de FP e (a implementação) das normas convencionais

Outra diversidade da relação jurídico-administrativa de FP quando comparada à relação empregatícia *típica*, perante o ordenamento brasileiro, diz respeito à incidência das normas internacionais relativas ao trabalho (alude-se, primordialmente, às convenções da OIT) e à incidência das normas coletivas (estas conduzindo à contratualização coletiva parcial do regime da FP).[216] E assim se menciona não apenas em relação aos "servidores públicos" da esfera federal ("regidos" pela Lei nº 8.112/90); mas relativamente a todos os "servidores públicos" estaduais e municipais.

Não obstante seja inequívoca a incidência de normas internacionais da OIT sobre a relação jurídico-administrativa de FP,[217] mormente quando devidamente ratificadas pelo Brasil,[218] podemos notar um grande atraso no "estágio de internacionalização do Direito da FP brasileiro".[219] E, assim, especialmente em relação à implementação da

---

[213] V. ALMIRO DO COUTO E SILVA, "A Responsabilidade Extracontratual do Estado no Direito Brasileiro", *in* RDA, v. 202, out-dez., 1995, pág. 19-41, pág. 28.

[214] Ex. HELY LOPES MEIRELLES, *Direito Administrativo* ..., pág. 443-445.

[215] Cf. STJ, AgRg 455.093/RJ, relatado pelo Min. José Delgado, *DJU* 17/10/2002.

[216] V. ANA CLÁUDIA NASCIMENTO GOMES e BRUNO ALBERGARIA, "A Vinculação ...", pág. 19 e seg. V. FLORIVALDO DUTRA DE ARAÚJO, *Negociação Coletiva* ..., pág. 343.

[217] V. ANA FERNANDA NEVES, "O Direito ...", pág. 374. A A. identifica aquelas convenções aplicáveis à generalidade dos trabalhadores (por exemplo, Conv. nº 87, Conv. nº 111, Conv. nº 154) e apenas aos trabalhadores da AP (Conv. nº 151).

[218] Por exemplo, as Convenções: 94 (Cláusulas de Trabalho em Contratos com Órgãos Públicos); 100 (Igualdade de Remuneração de Homens e Mulheres Trabalhadores por Trabalho de Igual Valor); 111 (Discriminação em Matéria de Emprego e Ocupação), 151 (Direito de Sindicalização e Relações de Trabalho na Administração Pública); 154 (Fomento à Negociação Coletiva); 155 (Segurança e Saúde dos Trabalhadores).

[219] Assim, não se verifica ainda claramente no Brasil o "movimento unificador" apontado por ANA FERNANDA NEVES, "Relação Jurídica ...", fl. 5: "O regime aplicável à relação de função pública é em parte similar ao regime decorrente do Direito do Trabalho. Esta proximidade reflete uma comunhão de tratamento normativo das questões de trabalho (privado e público) e a aplicação de uma disciplina unitária internacional, europeia e constitucional relativa ao trabalho".

contratualização coletiva na FP, afinal, só recentemente a Convenção nº 151 fora ratificada. Isto porque, até o presente momento, não houve o disciplinamento ou regulamentação (considerando-se a esfera federal como exemplo paradigmático) do procedimento de negociação coletiva (*lato sensu*) na FP, o qual se encontra num interno e atual "vácuo normativo".

Com efeito, tal retardo no movimento de internacionalização do Direito da FP no Brasil é por nós também atribuído ao fato de a juspublicística não encarar a relação jurídica de trabalho para a AP não empresarial como uma efetiva relação empregatícia pública (*lato sensu*); quer seja em decorrência do liame que a lei e a doutrina nacional estabeleceram entre "servidor público" e "cargo público" (desvinculando-o do caráter da profissionalidade), quer seja da presunção de que ao DT (e, em especial, o Direito Internacional do Trabalho[220]) não se relaciona, nem reflexamente, com o Direito da FP.[221]

Assim, se relativamente ao emprego privado no Brasil nota-se um susceptível alinhamento às normas internacionais emanadas pela OIT,[222] inclusive havendo uma "exigência social e internacional" para validação de convenções ainda não ratificadas,[223] sendo cada dia mais comum falar-se em direitos humanos no âmbito do DT[224] (o que

---

[220] Aqui, para efeitos da dissertação, compreendido como parte integrante do amplo DT. De toda forma, o Direito Internacional do Trabalho tem sido apontado como parte integrante do Direito Internacional Público. V. ANA FERNANDA NEVES, "O Direito ...", pág. 374. V. FRANCISCO FERREIRA JORGE NETO e JOUBERTO DE QUADROS PESSOA CAVALCANTE, *Direito do Trabalho*, Ed. Atlas, São Paulo, 2012, pág. 173-174; V. ERICSON CRIVELLI, *Direito Internacional do Trabalho Contemporâneo*, LTr, São Paulo, 2010. V. VERÔNICA MARIA TERESI, "O tráfico de crianças na Convenção 182 da Organização Internacional do Trabalho e a inserção dessa norma como Direito Internacional dos Direitos Humanos", *in* http://www.conpedi.org.br/manaus/arquivos/anais/Veronica%20Maria%20Teresi.pdf, acesso em 14/11/2012, pág. 3.

[221] Esse fato pode ser comprovado através de uma pesquisa de jurisprudência nos *sites* dos Tribunais da Justiça Comum. Em pesquisa, por ex., nos *sites* dos TRF e dos Tribunais Superiores da Justiça Comum, obteve-se parca jurisprudência com as palavras-chave "servidor público" e "OIT". Localizamos apenas 4 casos concretos: 1º) EIAC nº 200851010147120, 3ª Seção Especializada, TRF da 2ª Região (trata-se de um caso em que se rejeitou a tese do servidor de que estava sendo assediado moralmente no local de trabalho); 2º) RE-AgR nº 634093, STF, Rel. Min. Celso de Mello (caso de aplicação da Convenção nº 103 em benefício da servidora gestante ocupante de cargo em comissão, estendendo-lhe o direito à estabilidade provisória do ADCT, art. 10, inciso II, alínea *b*, da CR/88); 3º) ROMS nº 200301698540, STJ, Rel. Min. Humberto Martins (caso de invalidade de ato administrativo que retirou a consignação em pagamento da folha do servidor que, voluntariamente, contribuía para sua entidade sindical; aplicação da Convenção nº 98 da OIT em benefício do servidor sindicalizado); 4º) Ap. Civ. nº 2009.70.00.005311-3/PR, 2ª Turma do TRF da 4ª Reg. (caso em que se impossibilitou a cobrança de contribuição sindical de todos os servidores públicos, independentemente de serem ou não sindicalizados, aplicação do conceito de "trabalho decente" da OIT). Neste caso, na ementa, registrou-se: "A liberdade sindical assume papel de destaque em diversos instrumentos internacionais (Declaração Universal de Direitos Humanos, Pacto Internacional dos Direitos Econômicos, Sociais e Culturais, Declaração da OIT sobre os Direitos e Princípios Fundamentais no Trabalho), compondo, inclusive, o conceito formulado pela OIT de 'trabalho decente', isto é, o conjunto mínimo de direitos que asseguram a dignidade da pessoa humana nas relações de trabalho". Não obstante esta decisão, é visível que ainda há, no Brasil, uma grande "distância aplicativa" entre o Direito Internacional do Trabalho e o Direito da FP.

[222] É que aconteceu, por exemplo, em relação à idade mínima para o trabalho (Conv. nº 138). V. art. 7º, inciso XXXIII, elevando a idade mínima para admissão para 16 anos, salvo na condição de aprendiz (a partir dos 14 anos). V. ALICE MONTEIRO DE BARROS, *Curso ...*, pág. 524-525; ALICE MONTEIRO DE BARROS, *Contratos e Regulamentações Especiais de Trabalho: peculiaridades, aspectos controvertidos e tendências*, 3ª ed., LTr, São Paulo, 2008, pág. 311-313.

[223] É o que tem acontecido relativamente à Conv. nº 87 da OIT. V. "Especialistas afirmam que Brasil deve ratificar convenção da OIT sobre liberdade sindical", *in* http://www.tst.jus.br/noticias/-/asset_publisher/89Dk/content/especialistas-afirmam-que-brasil-deve-ratificar-convencao-da-oit-sobre-liberdadesindical (...), acessado em 14/11/2012.

[224] V. DINAURA GOMES, *Direito do Trabalho e Dignidade da Pessoa Humana no Contexto da Globalização Econômica: problemas e perspectivas*, LTr, São Paulo, 2005; CÍCERO RUFINO PEREIRA, *Efetividade dos direitos humanos trabalhistas – O Ministério Público do Trabalho e o tráfico de pessoas*, LTr, São Paulo, 2007; LUCIANE CARDOSO

também faz parte do movimento maior de internacionalização do Direito), o mesmo não tem se verificado no campo do Direito da FP, face à *praxis* de não comunicabilidade entre essas duas searas do Direito. O resultado não poderia ser outro: a demora no acolhimento das normas (convenções[225]) do Direito Internacional do Trabalho numa seara jurídica que lida imediatamente com o trabalho subordinado e a não visualização dos direitos dos "servidores públicos" como uma efetiva concretização interna de direitos humanos laborais.

5.5 A inafastabilidade da incidência dos princípios jurídico-públicos na relação empregatícia "privada" com a AP: "mínimo denominador comum" entre a "relação jurídico-administrativa de FP" e a "relação de emprego público *stricto sensu*" ("celetistas")[226]

A diferença mais evidente entre a relação empregatícia *típica* e aqueloutras de trabalho subordinado entabuladas pela AP diz efetivamente respeito à imprescindível incidência dos princípios jurídico-públicos, decorrência da própria qualidade do Empregador Público.[227] Nesse sentido, considerando-se o âmbito subjetivo do conceito *amplo* de Emprego Público, tem-se que são aplicáveis em todas as relações jurídicas nele incluídas um dado complexo de vinculações jurídico-públicas, as quais podem ser mais ou menos intensas conforme a natureza do vínculo (isto é, se se trata de uma relação jurídico-administrativa de FP, regida ou não pela Lei nº 8.112/90, ou de uma relação empregatícia "privada" com a AP). Isso é o que efetivamente caracteriza o denominado "Emprego Público" (*lato sensu*).

Há, assim, um "mínimo denominador comum juspublicístico" que heterodetermina a AP, independentemente de o vínculo de trabalho por ela entabulado com os seus trabalhadores públicos ser regido basicamente pelo "Direito da FP" ou pelo DT parcialmente derrogado, como efeito da própria heterovinculação da AP aos princípios jurídico-públicos.[228] O grau de afetação dos princípios jurídico-públicos nessas relações jurídicas pode diversificar-se, considerando-se, por exemplo: a formatação jurídica dessa

---

BARZOTTO, *Direitos Humanos e Trabalhadores: atividade normativa da Organização Internacional do Trabalho e os limites do Direito Internacional do Trabalho*, Livraria do Advogado, Porto Alegre, 2007.

[225] O que estamos a afirmar vale igualmente para as recomendações da OIT, não obstante seja bastante diversa a vinculação dos Estados a estas.

[226] ANA FERNANDA NEVES, "O Direito ...", pág. 439, alude ao "mínimo denominador comum de regime juspublicístico".

[227] V. art. 37, *caput*, instituindo como princípios da AP os seguintes: legalidade, impessoalidade, moralidade, publicidade e eficiência. V. MARCEL PIQUEMAL, *Direito da Função Pública*, Colecção Teoria, nº 48, Editorial Estampa, Lisboa, 1981, pág. 31, sobre a "especificidade do Estado-empregador"; "Disto resulta uma consequência imediata. A situação do agente público, embora paralela à dos trabalhadores do sector privado, não pode ser a mesma deles". V. ANTÓNIO CÂNDIDO DE OLIVEIRA, "Programa ...", pág. 459; SILVIA DEL SAZ, "La privatización ...", pág. 158; ANA FERNANDA NEVES, "Os 'desassossegos' ...", pág. 59; CLÁUDIA VIANA, "A Laboralização ...", pág. 95; ALFREDO COPARCI, "Reformas ...", pág. 252; PAULO VEIGA E MOURA, *A privatização ...*, pág. 70.

[228] Quanto à vinculação aos direitos fundamentais dos trabalhadores públicos, já externamos a nossa posição anteriormente, no sentido de que a AP não pode estar aprioristicamente menos vinculada do que se encontra para com os direitos fundamentais dos cidadãos comuns ("externos" à AP). O que pode existir, em nossa análise, são deveres funcionais que eventualmente restringem o pleno exercício de algum direito fundamental do trabalhador público, caso a caso; porém, como consequência do prévio exercício de sua liberdade profissional.

relação de trabalho subordinado com a AP (se integrante do "Direito da FP" ou do DT); as atividades desempenhadas pelo trabalhador público (se atividades exclusivas de Estado ou não); as finalidades e competências específicas do órgão ou entidade administrativa ao qual o trabalhador público se vincula (AP empresarial ou institucional; AP coativa ou AP prestacional,[229] etc.).[230]

De toda forma, tendo aqui em conta exclusivamente a realidade jurídica brasileira atual, na qual apenas dois tipos de vínculos de trabalho subordinado básicos com a AP prevalecem ("estatutários" e "celetistas"[231]), importa verificar o que implica esse "mínimo denominador juspublicístico" enquanto efeito da natureza pública – administrativa – do empregador; bem como o que mais pode ser acrescentado nesse "complexo vinculatório juspublicístico", considerando-se, então, as peculiaridades da situação da relação de trabalho subordinado.

a) O que implica a "mínima vinculação juspublicística": A AP empresarial empregadora como um exemplo inicial (art. 173, §1º, inciso III, da CR/88)

Consignamos na Introdução que a nossa pesquisa não aborda a AP empresarial. Com efeito, nosso objetivo é propor a inserção do contrato de trabalho (ou do DT) em searas da AP não empresarial do Estado e de modo diverso do que se tem verificado na atualidade. Mesmo porque a permanência dos "celetistas" na AP não empresarial decorre de várias complexidades jurídicas de ordem normativa (ex.: o art. 39, *caput*, da CR/88 antes e depois da EC nº 19/98), doutrinária (a "campanha" da juspublicística pós-88

---

[229] Diferenciação dos conceitos de *Eingriffverwaltung* e *Leistungverwaltung*. V. J. J. GOMES CANOTILHO, *Direito ...*, pág. 725-726.

[230] Cf. ANA FERNANDA NEVES, "Relação jurídica ...", fl. 14: "Sendo vários os elementos de aproximação da relação de função pública à relação jurídica de trabalho – decorrentes, quer do facto de em ambas existir 'materialmente trabalho', quer das opções legislativas nesse sentido – há traços de identidade, parâmetros normativos que sobrelevam a natureza e tipo de vínculos laborais da relação de função pública e a variabilidade dos regimes ordinários. Nestes parâmetros, destaco: i) o direito de igualdade no acesso aos empregos públicos; ii) a vinculação dos trabalhadores, no exercício da atividade laboral, aos princípios da prossecução do interesse público, da imparcialidade, da igualdade, da proporcionalidade, da boa fé e da responsabilidade; iii) e a limitação específica dos poderes do empregador público pelos princípios da igualdade e da imparcialidade".

[231] Já aduzimos que a doutrina administrativa não tem caracterizado o vínculo de trabalho que decorre da contratação temporária por excepcional interesse público com um *tertium genus*, ora aduzindo se trata de natureza laboral, ora de natureza tipicamente administrativa (linha esta na qual o STF parece se alinhar em sua jurisprudência mais recente). V. GUSTAVO ALEXANDRE MAGALHÃES, *Contratação ...*, pág. 183. V. STF: "Reclamação Constitucional. Autoridade de decisão proferida pelo Supremo Tribunal Federal: artigo 102, inciso I, alínea l, da Constituição da República. Medida cautelar na ação direta de inconstitucionalidade nº 3.395. Contratação temporária de servidores públicos: artigo 37, inciso IX, da Constituição da República. Ações ajuizadas por servidores temporários contra a administração pública: Competência da Justiça Comum. Causa de pedir relacionada a uma relação jurídico-administrativa. Agravo regimental provido e reclamação procedente. 1. O Supremo Tribunal Federal decidiu no julgamento da Medida Cautelar na Ação Direta de Inconstitucionalidade n. 3.395 que "o disposto no art. 114, I, da Constituição da República, não abrange as causas instauradas entre o Poder Público e servidor que lhe seja vinculado por relação jurídico-estatutária". 2. Apesar de ser da competência da Justiça do Trabalho reconhecer a existência de vínculo empregatício regido pela legislação trabalhista, não sendo lícito à Justiça Comum fazê-lo, é da competência exclusiva desta o exame de questões relativas a vínculo jurídico-administrativo. 3. Se, apesar de o pedido ser relativo a direitos trabalhistas, os autores da ação suscitam a descaracterização da contratação temporária ou do provimento comissionado, antes de se tratar de um problema de direito trabalhista a questão deve ser resolvida no âmbito do direito administrativo, pois para o reconhecimento da relação trabalhista terá o juiz que decidir se teria havido vício na relação administrativa a descaracterizá-la. 4. No caso, não há qualquer direito disciplinado pela legislação trabalhista a justificar a sua permanência na Justiça do Trabalho. 5. Agravo regimental a que se dá provimento e reclamação julgada procedente". Processo: Rcl 4489 AgR/PA, Data de Julgamento: 21/08/2008, Relator Ministro: Marco Aurélio, Tribunal Pleno, Data de Publicação: *DJe* 20/11/2008. V. tb. STF, Rcl 4904/SE; Rcl 8107 AgR/GO; Rcl 7208 AgR/ES; Rcl 3737/PA; Rcl 5171/DF.

contra a utilização do DT na AP não empresarial do Estado e a favor da exclusividade do "regime estatutário") e jurisprudencial, designadamente da constitucional (decisões da ADI nº 492-1 e da ADI nº 2.135-4 – liminar); mas não, pois, de uma opção constitucional ou legal manifesta nesse sentido.

Por outro lado, quanto à AP empresarial, a CR/88 já foi expressa no sentido de determinar que o setor empresarial do Estado se sujeitasse ao "regime próprio das empresas privadas, inclusive quanto às obrigações trabalhistas e tributárias",[232] não obstante a imprescindibilidade da observação dos "princípios da administração pública" (inciso III, §1º, art. 173 da CR/88 c/c EC nº 19/98) – expressamente: legalidade, igualdade, moralidade, impessoalidade e eficiência (art. 37, *caput*, CR/88). Esse regime jurídico privatístico, parcialmente derrogado pela vinculação jurídico-pública, na seara específica das relações empregatícias, culminou então com a existência da figura do "empregado público" (*stricto sensu*).[233] E essa vinculação jurídico-pública foi reforçada a partir da EC nº 19/98, na medida em que a Constituição passou a limitar a exploração direta de atividade econômica pelo Estado "quando necessária aos imperativos da segurança nacional ou a relevante interesse coletivo" (art. 173, *caput*), donde podemos configurar, nesse campo, a existência do que a doutrina tem designado por *Direito Administrativo Privado*.[234]

Todavia, o descortinamento *in concreto* dos efeitos nos contratos individuais de trabalho da AP empresarial do Estado desse "mínimo denominador juspublicístico" não é tarefa fácil, até mesmo porque é tormento na própria juspublicística o conteúdo (mais ou menos) denso desse mínimo (incluído o respeito aos direitos fundamentais dos cidadãos e aos princípios basilares da Administração Pública) e também a intensidade (mais ou menos "frouxa") dessa afetação publicística.[235]

---

[232] Art. 173, §1º, redação originária. Após a EC nº 19/98, essa determinação passou a constar do inciso II deste parágrafo: "a sujeição ao regime jurídico próprio das empresas privadas, inclusive quanto aos direitos e obrigações civis, comerciais, trabalhistas e tributários".

[233] V. JOUBERTO DE QUADROS PESSOA CAVALCANTE e FRANCISCO FERREIRA JORGE NETO, *O Empregado* ....

[234] Cf. SANTIAGO GONZÁLEZ-VARAS IBÁÑES, *El Derecho* ... pág. 150, a palavra alemã *Verwaltungsprivatrecht* deve ser traduzida para "Direito Administrativo Privado"; expressão que mais que mais se coaduna com o sistema de Direito Administrativo originário da Revolução Francesa e que não apresenta como característica o "princípio da liberdade de eleição entre o Direito Público e o Direito Privado", como é peculiar do Direito germânico. Sobre as razões jurídico-históricas que estão na base desse princípio do Direito Administrativo Alemão, mais detalhadamente, V. *Ibidem*, págs. 96 e seg. Com efeito, na Alemanha, o *Verwaltungsprivatrecht* surge como um instrumento para juspublicizar um regime tipicamente privado em função da atuação administrativa, nomeadamente no que diz respeito aos serviços públicos. "O Direito Administrativo Privado consiste na sujeição aos direitos fundamentais e aos princípios gerais do Direito Administrativo relativamente às atividades desenvolvidas sob o regime jurídico-privado dos entes que cria a Administração para o cumprimento de funções administrativas". "O sentido do Direito Administrativo Privado está em subtrair do âmbito das relações econômicas da Administração uma parcela com o fim de submetê-la ao Direito Público (essencialmente os serviços públicos)." "O Direito Administrativo Privado tem um âmbito de aplicação limitado. Não entra em cena quando a Administração realiza uma simples atuação mercantil, já que o regime jurídico previsto neste caso é, simplesmente, de Direito Privado". Trata-se, por isso, de uma solução intermediária, a qual compatibiliza a necessidade de eficácia da Administração Pública com a tentativa de se evitar a "fuga para o Direito Privado". V. *Ibidem*, pág. 101; 103; 105; 107 (nota) e 109, respectivamente. O citado A. defende o Direito Administrativo Privado como solução para a "Fuga para o Direito Privado" na Espanha. V. tb. VITAL MOREIRA, *Administração Autónoma* ..., pág. 275, 284 e seg.

[235] V. SANTIAGO GONZÁLEZ-VARAS IBÁÑES, *El Derecho* ... pág. 103, 108 e 109. Este A. aponta como problema do *Direito Administrativo Privado* o grau de indeterminação com respeito ao estabelecimento da concreta vinculação jurídico-pública das relações jurídico-privadas da AP. V. tb. ROLF STOBER, *Derecho* ..., pág. 218, afirma que o grau da vinculação jurídico-pública depende das funções que o ente administrativo sob forma jurídico-privada (por exemplo, atividades industriais ou cumprimento de atividades administrativas sob formas jurídico-privadas).

De todo modo, levando-se em conta que se trata da AP empresarial como empregadora, podemos concluir, em comparação com os demais vínculos de trabalho subordinado com a AP, tratar-se efetivamente da menor vinculação jurídico-pública possível, donde que a relação empregatícia privada com a AP empresarial, a relação empregatícia "privada" com a AP não empresarial e a relação jurídico-administrativa de FP implicam (ou podem implicar), respectivamente, vinculações juspublicísticas gradativamente mais densas. Nesse sentido, a relação empregatícia no âmbito da AP empresarial é um posto inicial de observação obrigatória desse "mínimo denominador juspublicístico".

A jurisprudência trabalhista brasileira tem levado adiante essa complexa tarefa de desvendar as consequências efetivas da incidência juspublicística nas relações empregatícias "privadas" da AP empresarial.

De início, quanto à imprescindibilidade de realização de concurso público para fins de admissão de empregados, o que também demonstra vinculação ao princípio da igualdade no acesso aos empregos públicos (art. 21º-2, do DUDH; art. 37, inciso I, da CR/88). Assim, as empresas públicas e sociedades de economia mista não têm plena liberdade de contratação de empregados que não tenham sido previamente aprovados em procedimento concursal público e legítimo,[236] sob pena de nulidade do liame.[237] A restrição da autonomia contratual, própria dos entes privados, e que acarreta a liberdade contratual do empregador, é visivelmente restringida em decorrência da aplicação do princípio da igualdade.[238]

Por outro lado, quanto à possibilidade de esse "empregador público" sob formas jurídico-privadas exercer o seu "direito potestativo"[239] de dispensa *imotivada*, a jurisprudência trabalhista, designadamente do TST, tem compreendido não haver óbice à essa ruptura contratual, nos moldes de um empregador privado comum.[240] De todo modo, não se trata de um entendimento jurisprudencial pacífico, havendo decisões divergentes, com fundamento na necessidade de motivação do ato de dispensa, não obstante esta

---

V. MARIA JOÃO ESTORNINHO, *A fuga ...*, pág. 17 e pág. 102, quanto à possibilidade de diversidade de graus de vinculação ao princípio da legalidade da AP sob formas jurídico-privadas.

[236] V. TST: "Recurso de Revista do Ministério Público. Empresa pública – concurso público – necessidade. A contratação de servidor público, após a CF/1988, sem prévia aprovação em concurso público, encontra óbice no respectivo art. 37, II, e §2º, somente lhe conferindo direito ao pagamento da contraprestação pactuada, em relação ao número de horas trabalhadas, respeitado o valor da hora do salário mínimo, e dos valores referentes aos depósitos do FGTS". Súmula nº 363 do TST. Recurso de revista conhecido e provido". Processo: RR – 96400-55.2005.5.03.0014, Data de Julgamento: 28/4/2010, Relator Ministro: Renato de Lacerda Paiva, 2ª Turma, Data de Publicação: *DEJT* 14/5/2010. V. TRT 3ª Reg.: 00963-2011-007-03-00-2 RO; 01841-2009-047-03-00-8 RO; 00400-2007-009-03-00-0 RO; 02280-2006-148-03-00-6 RO.

[237] Súmula nº 363 do TST. Neste caso, como já aduzido na primeira parte da dissertação, o empregado público aufere apenas o salário *stricto sensu* e o FGTS do período.

[238] V. ANA FERNANDA NEVES, "Relação Jurídica ...", fl. 14-15.

[239] Cf. MANUEL A. DOMINGUES DE ANDRADE, *Teoria ...*, pág. 12, definindo "direitos potestativos": "Nestes o poder conferido ao respectivo titular tende à produção de um efeito jurídico mediante uma declaração de vontade do titular, só de per si, com ou sem formalidades, ou integrada por uma ulterior decisão judicial. Os direitos potestativos são, pois, direitos a uma modificação jurídica (*Rechte auf Rechtsänderung*), modificação que, já se entende, tem lugar no campo das relações jurídicas e não no do direito objectivo".

[240] V. OJ nº 247. "Servidor Público. Celetista concursado. Despedida imotivada. Empresa pública ou sociedade de economia mista. Possibilidade (alterada – Res. nº 143/2007) – *DJ* 13/11/2007 I – A despedida de empregados de empresa pública e de sociedade de economia mista, mesmo admitidos por concurso público, independe de ato motivado para sua validade; II – A validade do ato de despedida do empregado da Empresa Brasileira de Correios e Telégrafos (ECT) está condicionada à motivação, por gozar a empresa do mesmo tratamento destinado à Fazenda Pública em relação à imunidade tributária e à execução por precatório, além das prerrogativas de foro, prazos e custas processuais".

não seja, em princípio, vedada.[241] O certo é que a jurisprudência trabalhista não tem reconhecido a esses empregados públicos (*stricto sensu*) o direito à "estabilidade" (art. 41, CR/88)[242] ou, mesmo, à segurança no emprego a teor da Convenção nº 158 da OIT; tal como se verifica com os empregados do setor exclusivamente privado.

A incidência do princípio da igualdade no acesso ao emprego público da AP empresarial, representada na exigência de contratação de empregados aprovados em concurso público e, concomitantemente, a viabilidade de dispensa *imotivada* como um empregador privado comum, pode conduzir efetivamente a iniquidades na AP empresarial.[243] Em nossa compreensão, a vinculação juspublicística se faz repercutir em todo o curso da relação empregatícia com a AP empresarial, razão pela qual, para nós, a sociedade empregadora deve demonstrar, *in concreto,* que a ruptura contratual de sua parte não viola, no mínimo, os princípios da impessoalidade e da não discriminação; aquele integrante do complexo de princípios da administração pública (art. 37, *caput,* da CR/88), este integrante comumente dos princípios de DT a ser observado pelo empregador privado.[244] É este, em nossa análise, o escopo mínimo da "motivação" do ato de dispensa sem justa causa, que não se configura materialmente como um ato administrativo.

A jurisprudência nacional também se inclina favoravelmente à tese da juspublicística no sentido de que o grau de afetação dos princípios jurídico-públicos é ainda maior em relação às empresas públicas que desempenham "serviços públicos imanentes ao Estado".[245] Assim pelo menos tem sido a compreensão do STF, considerando-se a

---

[241] V. TRT 3ª Região: "ESTABILIDADE – EMPRESA PÚBLICA – REINTEGRAÇÃO. A estabilidade garantida no art. 41 da Constituição Federal restringe-se aos servidores públicos integrantes da administração direta, autárquica e fundacional e, portanto, não alcança os empregados públicos das empresas públicas, como a reclamada. Nesse sentido, o item II da Súmula 390 do TST. O fato de o reclamante ter sido admitido mediante concurso público não constitui óbice à despedida imotivada. Em se tratando de empresa pública que contrata pelo regime celetista, os princípios constitucionais que regem a administração pública (art. 37 da Constituição Federal) devem ser aplicados em consonância como as prerrogativas conferidas ao contrato de trabalho de natureza privada. Logo, o princípio da motivação do ato administrativo não impede o poder potestativo também conferido ao empregador de empresa pública, no que se refere à despedida imotivada – juízo de oportunidade e conveniência do ato administrativo. Nesse sentido, o item I da Orientação Jurisprudencial 247 da SDI-1 do TST." Processo: 0001572-33.2010.5.03.0001 RO, Data de Julgamento: 22/8/2011, Relator: Juiz Convocado Mauro Cesar Silva, Sétima Turma, Data de Publicação: *DJMG* 31/8/2011. V. tb. TRT 3ª Região, 00805-2010-004-03-00-2 RO; 00245-2009-040-03-00-6 RO.

[242] V. Súmula nº 390 do TST, item I.

[243] Como Procuradora do Trabalho, já tivemos a oportunidade de conduzir Inquérito Civil no qual a empresa pública havia realizado concurso público para contratação de empregados. Após a celebração dos contratos, transcorridos apenas alguns meses, a empregadora dispensou praticamente todos os novos empregados, a fim de contratar pessoas que, não obstante aprovadas no certame, ficaram no final da classificação, com demonstração de, no mínimo, desvio de finalidade dos atos de dispensa, fraude e violação do princípio da impessoalidade.

[244] V. AMÉRICO PLÁ RODRIGUES, *Princípios* ..., pág. 445. Segundo ANA FERNANDA NEVES, "Relação Jurídica ...", fl. 17, para a AP não empresarial: "Os pressupostos e as modalidades de exercício dos poderes do empregador público devem ser densificados e aplicados segundos 'critérios objectivos, racionais e predeterminados'. Trata-se de garantir a fidelidade dos titulares dos órgãos que exercem os poderes do empregador público aos interesses públicos associados ou inerentes às respectivas atribuições. Os princípio da igualdade e da imparcialidade condensam esta exigência".

[245] Cf. JOUBERTO DE QUADROS PESSOA CAVALCANTE e FRANCISCO FERREIRA JORGE NETO, *Empregado* ..., pág. 45: "Alguns autores, dentre eles José Cretella Júnior, Celso Antônio Bandeira de Mello, Eros Roberto Grau, Toshio Mukai e Maria Sylvia Zanella Di Pietro, têm feito a distinção entre as empresas que executam atividade econômica de natureza privada e aquelas que prestam serviços públicos, 'isto porque, como o art. 173 cuida especificadamente da atividade de natureza privada, exercida excepcionalmente pelo Estado por razões de segurança nacional ou interesse coletivo relevante há que se concluir que as normas dos §§ 1º e 2º só incidem nessa hipótese. Se a atividade for econômica (comercial ou industrial), mas assumida pelo Estado como serviço

finalidade da empresa pública prestadora de serviço público (que pode ser beneficiada com a extensão de prerrogativas processuais próprias da Fazenda Pública; ou com a extensão da imunidade tributária recíproca dos entes federados, *etc*.[246]). Especialmente no que tange às obrigações trabalhistas das empresas públicas prestadoras de serviços públicos, como é o caso da Empresa Brasileira de Correio e Telégrafos – ECT (art. 21, inciso X, c/c art. 175, da CR/88), os tribunais trabalhistas têm entendido ser necessária motivação do ato de dispensa do empregado.[247]

Pela jurisprudência nacional, portanto, é efeito da incidência dos princípios jurídico-públicos nos contratos de trabalho das empresas públicas e sociedades de economia mista a observância do princípio da igualdade no acesso ao Emprego Público (*stricto sensu*), corporizado através da imprescindibilidade de realização do concurso público. Ainda, acaso a "empresa estatal empregadora" tenha por objetivo o desempenho de atividade considerada juridicamente como "serviço público" (art. 175, CR/88), pode-se intuir, através do que vem sendo decidido para a ECT, que a jurisprudência trabalhista acrescenta a esse "mínimo conteúdo juspublicista", a regra de "motivação do ato de dispensa do empregado". A esse mínimo agregam-se os deveres e obrigações trabalhistas que igualmente imperam sobre um empregador privado normal: o respeito pelos direitos fundamentais dos empregados.[248]

De nossa parte, considerando-se apenas a AP empresarial como empregadora, entendemos que o princípio da igualdade como integrante desse "denominador mínimo juspublicístico" deve necessariamente fazer repercutir os seus efeitos sobre todo o curso da relação empregatícia; isto é, não apenas no ingresso (através da regra do concurso público, na "igualdade de oportunidades"), mas também no decorrer (ex.: promoções no quadro; deferimento de vantagens econômicas e jurídicas) e no término do contrato

---

público, tais normas não têm aplicação, incidindo, então, o art. 175 da Constituição, segundo o qual incumbe ao Poder Público, na forma da lei, diretamente ou sob regime de concessão ou permissão, sempre através de licitação, a prestação de serviços públicos. Isto quer dizer que a empresa estatal que desempenha serviço público é concessionária de serviço público submetendo-se à norma do art. 175 e ao regime jurídico dos contratos administrativos, com todas as suas cláusulas exorbitantes, deveres perante os usuários e direito ao equilíbrio econômico-financeiro". V. SANTIAGO GONZÁLEZ-VARAS IBÁÑES, *El Derecho* ... pág. 104; ROLF STOBER, *Derecho* ..., pág. 218.

[246] V. STF RE 446530 AgR-SC; HC 105542-RS; AI 838510 AgR-BA; RE 542454 AgR-BA; RE 482814; AgR-SC; RE 627051 RG-PE; RE 601392 RG-PR.

[247] V. TST: "Agravo de Instrumento. Recurso de revista. Empregado da ECT. Necessidade da motivação do ato de dispensa. Demissão fundada em falsa justa causa. A teor do item II da Orientação Jurisprudencial nº 247 da SBDI-1 do TST, apesar de a Empresa Brasileira de Correios e Telégrafos (ECT) ser uma empresa pública, a validade do ato de despedida dos seus empregados está condicionada à motivação, tendo em vista que goza do mesmo tratamento destinado à Fazenda Pública quanto à imunidade tributária e à execução por precatório, além das prerrogativas de foro, prazos e custas processuais. Desse modo, a demissão sob fundamento da prática de falta grave, não comprovada, caracteriza dispensa arbitrária e, portanto, inválida, nos termos da jurisprudência dominante nesta Corte uniformizadora. Agravo de instrumento a que se nega provimento". Processo: AIRR – 173840-52.2003.5.01.0015, Data de Julgamento: 5/5/2010, Relator Ministro: Walmir Oliveira da Costa, 1ª Turma, Data de Publicação: *DEJT* 14/5/2010. V. TRT 3ª Reg. 00498-2011-078-03-00-7 RO. V. STF, RE 589998 RG-PI (repercussão geral atualmente tramitando sob o nº 131).

[248] Recentemente, o STF (pelo pleno), em julgamento ainda não publicado, no RE nº 589.998 (ocorrido em 20/3/2013), "entendeu que as empresas públicas e as sociedades de economia mista precisam motivar o ato de rompimento sem justa causa do pacto laboral, em face dos princípios constitucionais da legalidade, da isonomia, da moralidade e da impessoalidade. V. TRT 3ª Reg. 00128-2012-153-03-00-0 RO (julgamento em 22/5/2013). Sabemos da existência da Resolução da SEPLAG (Secretaria de Planejamento do Estado de Minas Gerais), de nº 40, de 16/7/2010, dispondo sobre a exigência de procedimento administrativo para dispensa de empregados públicos do Estado de Minas Gerais (em especial, das empresas públicas e sociedades de economia mista vinculadas ao Estado de Minas Gerais).

de trabalho.[249] Nessa seara, portanto, o princípio da não discriminação, cuja observância impera sobre o empregador privado comumente, torna-se mais exigente e transmuta-se no próprio respeito ao princípio da igualdade.[250]

Ademais, tendo em vista as finalidades empresariais da sociedade empregadora (isto é, a exploração direta de atividade econômica com justificativa em imperativo de segurança nacional e/ou relevante interesse coletivo; ou a prestação de serviços públicos), em se verificando um maior peso do regime juspublicístico (o que pode ser verificado diante de possíveis prerrogativas concedidas pelo Poder Público à empresa pública que seja prestadora de serviço público), a regra da "motivação" (no caso, não apenas do ato de dispensa do empregado, mas, inclusivamente, de qualquer exercício dos poderes e faculdades do empregador privado) implica que essa motivação se faça de modo explícito, a fim de demonstrar claramente o respeito aos princípios da administração pública, mormente o da impessoalidade e da publicidade.[251]

De todo modo, reiteramos que os resultados concretos da incidência da vinculação juspublicística nos contratos de trabalho da AP empresarial são complexos e não isentos de dúvidas, pela própria miscelânea de regimes que está na base de uma AP sob formas jurídico-privadas;[252] inexistindo ainda uma "teoria geral" do *Direito Administrativo Privado* que se preste a ser aplicada em todas as situações de interseção de regimes.[253] Apenas "é relativamente intuitivo que não se pode ir ao ponto de querer que tal solução signifique a aplicação à atuação sob formas de direito privado de todas as vinculações do Direito Administrativo".

b) O que pode implicar a "vinculação juspublicística" dos contratos de trabalho da AP não empresarial (os atuais "celetistas")

Partindo-se, destarte, da "vinculação juspublicística mínima" nos contratos de trabalho da AP empresarial, podemos ter em vista que os chamados "celetistas" (designadamente aqueles sujeitos à legislação do trabalho, com relações empregatícias típicas entabuladas com a AP não empresarial do Estado) têm, por lógica jurídica e diante das finalidades públicas e não empresariais de seu empregador (um ente federativo que tenha optado pelo chamado "regime celetista"; uma autarquia;[254] uma fundação do Poder

---

[249] Assim, em nossa ótica, será discutível a dispensa imotivada de um determinado empregado público cuja situação contratual (tempo de serviço, função exercida, dentre outras variáveis) seja igual à de outro empregado que não teve o seu vínculo rompido injustamente.

[250] Diferentemente, V. GUILHERME MACHADO DRAY, *O princípio* ..., pág. 182; advogando que o princípio da igualdade aplica-se também nas relações jurídico-privadas, em especial, empregatícia, porém, com atenuações e delimitações. V. ANA FERNANDA NEVES, "O Direito ...", pág. 423.

[251] Pode-se utilizar, em arrimo dessa nossa argumentação, o mesmo raciocínio desenvolvido por JOSÉ CARLOS VIEIRA DE ANDRADE, *O dever* ..., fl. 73, não obstante tenhamos ser, no caso da AP empresarial, muito menos exigentes quanto à forma e ao conteúdo da motivação. Entenda-se como explícita a motivação que, independentemente de sua forma, cumpra o objetivo de informar ao empregado (e, posterior e eventualmente, ao juiz do trabalho), a juridicidade do exercício do poder do empregador privado pela AP empresarial.

[252] Cf. MARIA JOÃO ESTORNINHO, *A fuga* ..., pág. 68. E às pág. 161: "No entanto, continua por resolver a questão 'problemática' (OSSENBÜHL) da conjugação do Direito Privado e do Direito Público, ou seja, a questão de saber quais os princípios jurídico-públicos que devem aplicar-se e em que medida 'reprimem ou anulam as regras e as instituições do Direito Privado" (OSSENBÜHL).

[253] Cf. MARIA JOÃO ESTORNINHO, *A fuga* ..., pág. 161.

[254] Na parte seguinte veremos que a OAB – Ordem dos Advogados do Brasil é considerada pelo STF como uma autarquia *sui generis*; pois, não obstante a sua natureza pública (de direito público), foi-lhe facultada a contratação de trabalhadores sob regime jurídico-privado. V. STF, ADI nº 3026/DF, Data de Julgamento: 8/6/2006, Relator Ministro: Eros Grau, Tribunal Pleno, Data de Publicação: *DJ* 29/9/2006.

Público submetida ao regime jurídico-privado), uma vinculação juspublicística "mais reforçada" sobre os seus contratos de trabalho. Nessa linha de raciocínio, considerando-se aquela anterior "vinculação jurídico-pública mínima" como um "solo ou substrato" sobre o qual serão justapostas novas "camadas vinculatórias de regime jurídico-público", temos que depreender, nesse caso, quais os demais efeitos concretos desse regime nessas relações empregatícias "privadas" da AP não empresarial.

São, desde já, dados adquiridos: *(i)* a eficácia imediata ("vertical") dos direitos fundamentais dos trabalhadores públicos (diante do fato de o empregador ter natureza incontroversamente pública); *(ii)* a observância integral do princípio da igualdade na formação, no curso e no término das relações empregatícias (o que também deve ser corporizado mediante procedimento concursal público, transparente e legítimo para acesso a esses empregos públicos; bem como nas avaliações de "mérito objetivo potencial"[255] no curso dos contratos de trabalho); e *(iii)* a aplicação dos princípios do DA (em especial, a publicidade e a impessoalidade administrativa).

Concretamente, considerando-se que a eleição pelo regime jurídico-privado de trabalho subordinado, para nós, não pode significar uma "fuga dos direitos e garantias dos trabalhadores públicos" (mormente quando, em idênticas condições, outro ente administrativo análogo elege o regime jurídico-público de trabalho subordinado – no caso brasileiro, através da instituição de seu "regime jurídico único" –, representando para o "trabalhador público/servidor público estatutário" a viabilidade do alcance de sua estabilidade no cargo público), temos que, por questão de isonomia, aos "celetistas" da AP não empresarial é extensível a garantia constante do art. 41 da CR/88, só sendo legítima a "demissão" (dispensa) desse empregado público nos termos do §1º deste dispositivo, mesmo após a redação dada pela EC nº 19/98.[256]

Não suficiente, ainda em decorrência da vinculação "mais densa" aos princípios da Administração Pública (art. 37, *caput,* CR/88), consideramos extensível aos contratos de trabalho dos "celetistas" da AP não empresarial as imposições e limitações que usualmente são normalmente aplicáveis às (por nós identificadas de) relações jurídico-administrativas de FP; ou melhor, às relações de trabalho subordinado dos "estatuários". Assim, concretamente, considerando-se o nosso ordenamento jurídico, a necessidade de formalidade do contrato de trabalho; a sua publicidade; a observância da regra de não acumulação de cargos e empregos (art. 37, inciso XVI, da CR/88); o respeito ao "teto" para fins de remuneração (art. 37, inciso XI, da CR/88); a ampla gama de responsabilidades do empregado público; além das outras usuais restrições jurídico-públicas.

Sendo assim, quais seriam as diferenças efetivas e/ou possíveis (considerando-se a realidade fática funcionarial hoje vigorante no Brasil) entre os resultados da vinculação jurídico-pública dos "celetistas" e dos "servidores públicos (ditos) estatuários"? Consideramos que, além da incidência jurídico-laboral própria da submissão às normas

---

[255] V. RAQUEL DIAS DA SILVEIRA, *Profissionalização* ..., pág. 24. V. ANA FERNANDA NEVES, "O Direito ...", pág. 423-424.
[256] Assim tb. a Súmula nº 390 do TST. Todavia, já antecipamos a nossa compreensão de que a estabilidade do art. 41 da CR/88 pode ser racionalizada (*lege ferenda*). Consideramos que as atividades efetivamente realizadas pelo trabalhador público (exercício ou não de poderes públicos, por ex.) pode ser questão relevante na apreciação da aquisição da estabilidade pelo trabalhador público. De todo modo, nosso pressuposto para tanto é que o nosso ordenamento jurídico precisa assentar internamente as normas da Convenção nº 158 da OIT quanto à segurança no emprego para a generalidade dos trabalhadores (públicos e privados).

jurídicas de DT dos "celetistas" (ou seja, da diferenciação no plano da incidência do "Direito Privado" do Trabalho[257]), não haver distinções no hemisfério juspublicístico dessas relações de trabalho subordinado. E isso não decorre da natural dificuldade de se "dosear" as afetações jurídico-públicas para os "celetistas" como regime jurídico de trabalho "misto"; mas, sim, do fato de que a opção pela permanência desse tipo de trabalhador público no Brasil ter prevalecido mais pela "vontade dos fatos" do que pela manifesta "vontade da lei".

Expliquemos. Não obstante nos afigure viável a graduação das vinculações jurídico-públicas para os "celetistas" (ou melhor, para os trabalhadores públicos eventualmente submetidos às normas jurídicas – estatais e convencionais – de DT), não houve disciplinamento legislativo algum nesse sentido até a presente data pelo legislador nacional. A opção entre "celetistas" ou "estatuários" apresenta-se, no atual cenário nacional,[258] como uma opção entre "o tudo ou o nada"; sendo que sujeitar as relações de trabalho ao DT não significa, inexoravelmente, apenas na sujeição da CLT. A CLT não é a síntese definitiva do DT, nem muito menos o condensa. Sendo assim, na ausência de um diploma específico de DT para o trabalhador público da AP não empresarial, limitando-se a escolha do ente federativo entre "celetistas" e "estatuários" na instituição (ou não) de seu "regime jurídico único",[259] entendemos que as vinculações jurídico-públicas devem ser iguais num e noutro caso, diante da ausência de justificação plausível, razoável e legítima para minorá-las ou restringi-las (e mesmo de normas jurídicas nesse sentido). Afinal, não presta a CLT (ou outro diploma de DT vocacionado a regular, em geral, as relações empregatícias privadas) – e nem tem ela esse objetivo – para "traduzir" os concretos efeitos, nos contratos de trabalho da AP não empresarial, das afetações juspublicísticas nela incidentes.[260]

A título de *lege ferenda*, o contrato de trabalho na AP não empresarial pode, eventualmente, não conduzir ao alcance da estabilidade no "emprego público", a fim de viabilizar a AP a celebrá-lo quando o trabalhador público não execute poderes de soberania ou autoridade ou em outras situações que não se afigure risco ao princípio da imparcialidade/impessoalidade administrativa (ex.: atividades materiais da AP; tarefas usuais da AP prestacional). O contrato de trabalho na AP não empresarial pode ainda ser utilizado em situações de provisoriedade da atividade laboral (ex.: demandas de contratação de excepcional interesse público), ainda que o trabalhador público venha exercer temporariamente poderes públicos ou de autoridade (como ocorre no sistema germânico de EP); bem como nas atividades secundárias ou meramente técnicas dos órgãos administrativos (ex.: atividades que hoje têm sido cometidas à terceirização de serviços; atividades-meio,[261] sem grande relevo ao nível da participação do trabalhador

---

[257] Concretamente, por exemplo: pagamento de FGTS, contribuição social para o RGPS.

[258] Jamais olvidando as complexidades decorrentes da alteração do art. 39, *caput*, da CR/88 e da decisão liminar da ADI nº 2.135-4.

[259] V. 1ª parte, *supra*.

[260] Foi nesse sentido a crítica de ROBERTO SORBILLI FILHO, "A Alteração ..", pág. 387: "Tem sido esse o pensamento prevalente na doutrina pátria. Se o servidor é titular de cargo público, sujeito estará ele ao regime estatutário, porque firmou com o Poder Público um vínculo institucional ou unilateral. Se ocupa emprego público, muda-se a natureza do vínculo, que passa a ser contratual e disciplinado pela CLT. A distinção, pouco convincente, negligencia aspectos particulares do regime a que se subordinam os entes públicos, e para além disso, favorece o nascimento de conflitos no plano da isonomia".

[261] V., na esfera federal, Decreto nº 2.271/1997, que dispõe sobre "a contratação de serviços pela Administração Pública Federal direta, autárquica e fundacional e dá outras providências". Segundo suas disposições:

público na exteriorização da vontade do órgão), dentre outras colocações prudente e responsavelmente avaliadas pelo legislador. Tais conjunturas demonstram a viabilidade de um maior grau de "flexibilidade" das relações de trabalho subordinado na AP não empresarial; sem, contudo, significar, *a priori,* libertações das vinculações juspublicísticas (que devem permanecer).

Assim, em nossa análise, na *atual* configuração do sistema funcionarial brasileiro, a escolha do ente federativo/administrativo entre "celetistas" e "estatutários" não se afigura uma escolha entre um maior ou menor grau de vinculação jurídico-pública, mas, exclusivamente, entre a submissão às normas jurídicas de DT ou de DA.[262] Futuramente, a existência de um disciplinamento específico de DT para o contrato de trabalho na AP não empresarial pode conduzir a uma dosagem legítima, transparente e segura de vinculações jurídico-públicas;[263] e, via de consequência, a soluções normativas diversas para as relações de trabalho desses empregados públicos (tendo como parâmetros a relação jurídica empregatícia dos empregados públicos da AP empresarial, de um lado; e a relação jurídico-administrativa dos então ditos "estatutários", de outro; e, portanto, num contexto isonômico e respeitante do princípio da igualdade e, por que não, da própria eficiência administrativa[264]).

6 Conclusão: a possibilidade de substituição da relação jurídico-administrativa de FP pela relação empregatícia (pública) em alguns âmbitos da AP não empresarial – A viabilidade de utilização do contrato de trabalho na AP não empresarial do Brasil sem que isso signifique submissão à CLT (ou ao código "geral" de DT)

Do que aduzimos, podemos concluir que não há grandes distâncias entre a relação empregatícia (privada) da relação (por nós identificada de) jurídico-administrativa de FP ou da relação empregatícia "privada" com a AP não empresarial; estas integrantes do conceito amplo de Emprego Público. Na verdade, soma-se aos requisitos da relação empregatícia privada uma camada de vinculações juspublicísticas (mais ou menos) densas, decorrente da própria natureza pública do Empregador e de sua heterovinculação constitucional aos princípios do DA.

Tal afirmativa, apesar de parecer "natural" aos olhos dos doutrinadores estrangeiros (em especial, provenientes daqueles países que tiveram – mais ou menos

---

"Art. 1º – No âmbito da Administração Pública Federal direta, autárquica e fundacional poderão ser objeto de execução indireta as atividades materiais acessórias, instrumentais ou complementares aos assuntos que constituem área de competência legal do órgão ou entidade. § 1º As atividades de conservação, limpeza, segurança, vigilância, transportes, informática, copeiragem, recepção, reprografia, telecomunicações e manutenção de prédios, equipamentos e instalações serão, de preferência, objeto de execução indireta. § 2º Não poderão ser objeto de execução indireta as atividades inerentes às categorias funcionais abrangidas pelo plano de cargos do órgão ou entidade, salvo expressa disposição legal em contrário ou quando se tratar de cargo extinto, total ou parcialmente, no âmbito do quadro geral de pessoal".

[262] Consideramos que a introdução do contrato de trabalho na AP não empresarial é uma possibilidade constitucional legítima, mesmo diante do art. 39, *caput,* represtinado; até porque, frise-se, os fundamentos da ADI nº 2.135-4 cingem-se à inconstitucionalidade formal.

[263] Cf. ANA FERNANDA NEVES, "O Direito ...", pág. 425, não deve o legislador ser substituído nessa seara pela AP ou pelos tribunais; devendo estes respeitar o regime especialmente definido por aquele quando da estipulação dos tipos de vínculos funcionariais.

[264] V. FRANCISCO LONGO, *Mérito ...,* pág. 72.

intensamente – contato com fenômeno da laboralização *lato sensu* da FP), afigura-se bisonha aos ouvidos da juspublicística nacional, a qual enxerga discriminatoriamente o DT e com o qual não dialoga. Essa semelhança material entre as relações de trabalho subordinado aponta para a possibilidade (material) de substituição da relação (dita) jurídico-administrativa de FP (dos "estatutários") por relações empregatícias "privadas" na AP não empresarial; fato que é reforçado pela convivência, mesmo no contexto pós-constitucional, dos "celetistas",[265] a despeito do entendimento da maioria dos administrativistas e do próprio STF acerca da natureza "estatutária" dos vínculos de trabalho oriundos do "regime jurídico único".

A substituição da relação jurídico-administrativa de FP pela relação empregatícia "privada" na AP não empresarial imprescinde, para nós, de um disciplinamento legislativo que, por exemplo, identifique entes, setores, tarefas ou funções da AP não empresarial que viabilizam (ou podem viabilizar) uma afetação juspublicística diversa em suas relações de trabalho; uma vez que a CLT (ou outro diploma de DT vocacionado para as relações empregatícias, em geral, do setor privado), evidentemente, não desempenha esse mister. Afinal, é justamente a incidência juspublicística que distingue Emprego Público, diversidade esta que pressupõe e necessita de uma específica regulação. Assim, aliás, tem-se verificado na Itália, Espanha e Portugal, refletindo o DT nas suas específicas regulamentações do trabalho subordinado na AP não empresarial.

As vantagens dessa (juridicamente possível) parcial laboralização da FP brasileira serão mencionadas na última parte, levando-se em conta, para tanto, as conclusões a que chegamos no 1º capítulo (da 1ª parte) da tese, em especial, quanto às características exacerbadas do sistema funcionarial brasileiro: "legalismo, unilateralismo, incomunicabilidade e irracionalidade jurídica".

---

[265] A alteração constitucional no art. 39, *caput*, da CR/88, pela EC nº 19/98, sem fortes argumentos de inconstitucionalidade material, conforme mencionamos na 1ª parte, *supra*, reforça também o nosso pensamento. Contra, V. CÁRMEN LÚCIA ANTUNES ROCHA, *Princípios ...*, pág. 128.

4ª PARTE

O VIÉS PUBLICÍSTICO DO DIREITO DO TRABALHO
O DIREITO DO TRABALHO COMO UM DIREITO (IN)COMUM

> *Il diritto del lavoro a somiglianza, ma ancor più di altri rami del diritto contemporaneo (in cui maggiore appare l'accentuazione dei fini sociali), è costituito da una commissione di elementi di diritto privato e di diritto pubblico sempre nell'unità del diritto statuale (ricomprendendo in esso il diritto negoziale o individuale e quello sindicale o colletivo), senza per questo dover ricorrere a un tertium genus trai l pubblico e il privato.*
>
> (Ferruccio Pergolesi)[1]

Iniciemos agora a (breve) 4ª parte de nosso estudo. Aqui temos o objetivo de demonstrar que a (nossa) proposta de "laboralização" (parcial) da FP brasileira não pode ser compreendida como uma tentativa de "precarizar"[2] as relações de trabalho

---

[1] Cf. FERRUCCIO PERGOLESI, *Diritto del Lavoro*, Dott. Cezare Zuffi Editore, Bolonha, 1952, pág. 11. Tb. *in* UMBERTO BORSI e FERRUCCIO PERGOLESI, *Trattado di Diritto del Lavoro*, vol. I, CEDAM, Pádova, 1938, pág. 40.

[2] Na doutrina trabalhista tem sido comum localizarmos os termos "precarização" (do trabalho, das condições de trabalho), "precarizar". Em geral, significa mudanças *in pejus* para o trabalhador (redução de salários, diminuição do grau garantístico, *etc.*), relacionadas às alterações hodiernas no tipo de produção econômica. Basta a inserção da palavra "precarização" no portal do *Google*, para logo se associar às palavras "do trabalho". V., ex., RODRIGO

público; muito ao reverso. A "saída" do DFP em direção ao DT não objetiva ser uma "fuga para o Direito Privado" no sentido classicamente atribuído por Fritz Fleiner (1928),[3] afrouxando vinculações jurídicas, mesmo porque, sequer o Direito do Trabalho pode ser classificado como um Direito Privado "Clássico ou Comum". Trata-se de um ramo jurídico marcado pela imperatividade de suas normas e voltado à proteção jurídica (da dignidade da pessoa) do trabalhador. Não tem, portanto, vocação alguma (e não se presta mesmo) para a diminuição garantística do trabalhador público.

Vejamos.

1 O Direito do Trabalho como um ramo jusprivatístico (in)comum – O "particularismo" do DT – A marca da imperatividade das normas trabalhistas

Seja na doutrina estrangeira, seja na doutrina nacional, o surgimento do Direito do Trabalho (com foco no negócio jurídico intitulado "contrato de trabalho") tem sido correntemente associado como um fruto jurídico da Revolução Industrial e do desenvolvimento do Capitalismo (séc. XVIII-XIX) e, assim, como uma resposta ao liberalismo político, econômico e jurídico.[4] Com efeito, o DT – tal e qual conhecemos atualmente[5] – nasce com especial disposição para reequilibrar as relações jurídicas (privadas) entabuladas entre, por um lado, os componentes do "proletariado" e, de outro, da classe empresarial, cujo regramento essencialmente civilístico (e liberal) dava nefastos resultados: inúmeros acidentes e doenças decorrentes do trabalho; exploração do trabalho feminino e infantil; jornadas extenuantes e outros abusos decorrentes da oferta de "trabalho (juridicamente) livre".[6] O signo do DT é, pois, o princípio da proteção do trabalhador.[7]

RABELO, "A moda é precarizar", in Labor, ano 1, nº 2, 2013, pág. 30-31. CARLOS MINAYO GOMES e SONIA MARIA DA FONSECA THEDIM-COSTA, "Precarização do trabalho e desproteção social: desafios para a saúde coletiva", in Ciências e Saúde Coletiva, nº 4, vol. 42, 1999, pág. 411-421, tb. disponível in www.scielo.br/pdf/csc/v4n2/7123.pdf, acesso em 18/6/2013; JUSSARA CRUZ DE BRITO, "Enfoque de gênero e relação saúde/trabalho no contexto de reestruturação produtiva e precarização do trabalho", in Cadernos de Saúde Pública, vol 16, nº 01, jan-mar, 2000, Rio de Janeiro, pág. 195-204, tb. disponível in www.scielosp.br.org/pdf/csp/v16n1/1578.pdf, acesso em 18/6/2013.

[3] Apud MARIA JOÃO ESTORNINHO, A fuga ..., pág. 17 e seg.

[4] V. EVARISTO DE MORAES FILHO, Introdução ao Direito do Trabalho, vol. 1, Revista Forense, Rio de Janeiro, 1956, pág. 319 e seg.; FRANCISCO FERREIRA JORGE NETO e JOUBERTO DE QUADROS PESSOA CAVALCANTE, Direito ..., pág. 4 e seg; MAURÍCIO GODINHO DELGADO, Curso ..., pág. 83 e seg.; AMAURI MASCARO NASCIMENTO, IRANY FERRARI e IVES GANDRA MARTINS FILHO (org.), História do Trabalho, do Direito do Trabalho e da Justiça do Trabalho, 3ª ed., LTr, São Paulo, 2011. V. sobre o tratamento jurídico do trabalho na Idade Média, GERSON LACERDA PISTORI, História do Direito do Trabalho – um breve olhar sobre a Idade Média, LTr, São Paulo, 2007.

[5] Sabe-se que o início do desenvolvimento da disciplina jurídica é marcado pela controvérsia sobre a sua própria nomenclatura ("Direito Operário", "Direito Social", "Direito Industrial", "Direito Corporativo", etc.). V. A. F. CESARINO JÚNIOR, Direito Social, LTr, São Paulo, 1980, pág. 32 (o A. é o maior expoente nacional da nomenclatura "Direito Social"). Documento histórico são os Anais do Primeiro Congresso Brasileiro de Direito Social, Instituto de Direito Social, Serviço de Estatística da Previdência e Trabalho, Rio de Janeiro, 1943.

[6] V. MAURÍCIO GODINHO DELGADO, Curso ..., pág. 87. V. GALLART FOLCH, Derecho Español del Trabajo, Editorial Labor, Barcelona, 1936, pág. 31. O Manifesto Comunista (de Karl Marx e Friedrich Engels, 1848) foi publicado justamente tendo em conta esse contexto de opressão da classe operária.

[7] V. AMÉRICO PLÁ RODRIGUES, Princípios ..., pág. 83. Conforme as palavras de SAVATIER apud ANTÓNIO DE LEMOS MONTEIRO FERNANDES, "O princípio do tratamento mais favorável ao trabalhador", in Estudos de

Nesse sentido, no final do séc. XIX, o DT surge como consequência da eclosão de um movimento jurídico favorável ao intervencionismo estatal nas relações jurídico-privadas, no sentido de estabelecer balizas rígidas à autonomia contratual,[8] denominado de "socialismo jurídico".[9] Era natural, portanto, que a doutrina jusprivatística de então, acostumada à profunda aplicação da igualdade jurídica ou formal na seara do Direito Privado (Civil e Comercial), duvidasse ou estranhasse a natureza jurídico-privada desse novo ramo do Direito,[10] ressaltando o que agora denominamos de "o viés publicístico do DT".[11]

A raiz (ou melhor, o viés mesmo) publicística do DT é, dessa forma, bastante perceptível – e mesmo reforçada – na doutrina laboral do início/meados do século XX, quando o movimento mais amplo de "privatização do Direito Público e de publicização do Direito Privado" já demonstrava alguns de seus efeitos. O "cordão umbilical" do DT no Direito Público é fundamentado na existência de normas jurídicas imperativas, cogentes, unilaterais, baseadas no interesse público de fixação de condições mínimas de trabalho que assegurem a segurança e a saúde do trabalhador e na proibição de exploração de trabalho forçado.[12] Destarte, tanto a elevada intensidade da intervenção do Estado nas relações de trabalho comparativamente às demais relações jurídico-privadas, como a própria desigualdade material e jurídica pressuposta no DT, são pontos que relevam nesse alinhamento jurídico-público da disciplina laboral,[13] tendo em vista que, designadamente, tais marcas estão especialmente presentes no DA.[14]

Assim, por exemplo, Lodovico Barassi salientou existir uma "zona publicística no DT", pois a relação de trabalho não se dá apenas no interesse do empregador e do empregado, mas também no "interesse do Estado, que tutela um interesse próprio, público", "impondo sobretudo ao empregador deveres e direitos de natureza publicística".[15] Pela mesma razão, Umberto Borsi e Ferruccio Pergolsi apontaram que, não obstante a natureza jurídico-privada da relação de trabalho subordinado, surgida no campo da "igualdade jurídica e da liberdade contratual", haveria uma "disciplina obrigatória inderrogável – e precisamente inderrogável em favor de um dos sujeitos, o trabalhador – por imposição do Estado".[16]

Direito do Trabalho, Livraria Almedina, Coimbra, 1972, pág. 7: "A igualdade jurídica não é mais do que um pobre painel por detrás do qual cresceu a desigualdade social".

[8] Por isso LODOVICO BARASSI, *Il Diritto del Lavoro*, vol. I, Giuffrè, Milão, 1957, pág. 17, esclarece que o "direito social" era uma expressão que pressupunha fundamentalmente uma antinomia entre o princípio autonomístico aplicado ao indivíduo e a soberania do Estado (na legislação de tutela e de assistência social do trabalhador).

[9] V. EVARISTO DE MORAES FILHO, *Introdução* ..., vol. pág. 125, apontando doutrinas de A. Merkel e G. Radbruch.

[10] Hesitação que é justamente colocada por JEAN RIVERO e JEAN SAVATIER, *Droit du Travail*, Presses Universitaires de France, Paris, 1960, pág. 5 e seg.

[11] É cediço que a dicotomia do Direito em Direito Público e Direito Privado remonta a ULPIANO (Digesto, 1.1.1.2): *Publicum jus est quod ad statum rei romanae spectat, privatum, quod ad singulorum utilitatem.* V. FRANCISCO FERREIRA JORGE NETO e JOUBERTO DE QUADROS PESSOA CAVALCANTE, *Direito* ..., pág. 55. É uma divisão bastante controvertida, bastando recordar o posicionamento de HANS KELSEN.

[12] V., por exemplo, a Convenção 29 da OIT, sobre o trabalho forçado. Aliás, a numeração das Convenções da OIT nos fornece também uma trilha do desenvolvimento do DT em nível internacional.

[13] Cf. JEAN RIVERO e JEAN SAVATIER, *Droit* ..., pág. 6. V. tb. G. H. CAMERLYNCK e GÉRARD LYON-CAEN, *Droit du Travail*, Dalloz, Paris, 1978, pág. 18 e seg. V. LUIGI DE LITALA, *Diritto della Assicurazioni Sociali*, Editrice Torinese, Turim, 1938, pág. 9-11.

[14] V. UMBERTO BORSI e FERRUCCIO PERGOLESI, *Trattado* ..., pág. 41.

[15] Cf. *Il Diritto* ..., pág. 19.

[16] Cf. *Trattado* ..., pág. 41 e seg. Esta tb. é a posição de JACQUES GHESTIN, *Droit du Travail*, Sirey, Paris, 1972, pág. 13. Este A. aponta a contradição interna do DT que, por um lado, prega a autodisciplina do ordenamento fruto das entidades sindicais e, por outro, imprescinde de uma forte intervenção estatal.

Por sua vez, Giuseppe D'Eufemia e Mario Ghidini compreenderam que o DT tinha uma essência jurídica complexa ou mista: o DT seria "em parte do Direito Privado e em parte do Direito Público".[17] Esse posicionamento é reiterado por Giuliano Mazzoni, asseverando este ainda a peculiar importância do reconhecimento da existência de normas publicísticas no DT.[18] Wolfgang Däubler, por outro lado, frisava o relacionamento do DT com o Direito Público, aduzindo que "o DT não é um simples derivado do Direito Civil", já que há uma função protetora na disciplina, voltado à saúde do "homem individual e concreto, em sua situação como empregado da empresa".[19] Alguns, como Hedemann, falaram do DT como um Direito "semi-público".[20]

Também houve (e ainda há) doutrina laboral no sentido de que o DT é decididamente um ramo jurídico completamente integrante do Direito Público: "A teoria da autonomia da vontade cede passo à teoria da lei. O interesse maior que está em jogo é o do Estado, da sociedade, da comunidade, desaparecendo, em rigor, as pessoas particulares de empregados e empregadores. O pouco que subsiste de direito privado é absorvido pelo direito público, que lhe traça imperativamente as condições mínimas e essenciais de existência. A rigor, de contratual não existe nada, ou quase nada, tornando inteiramente regulamentarista o próprio contrato de trabalho".[21] Essa visão foi compartilhada por vários doutrinadores: Maynez, Castorena, Amoros, Gigante, Lessona, Vernarecci, Stolfi, Ottolenghi, Balzarini, Scuto, Devali, Angelelli, dentre outros.[22]

Igualmente não faltaram aqueles que, no seguimento do pensamento kelseniano, apontaram o DT como integrante de um "Direito Unitário". No Brasil, o expoente dessa linha foi Evaristo de Moraes Filho. Segundo explicou, o DT seria um "direito unitário, homogêneo, coerente, embora caibam em seus elementos tanto caracteres de direito público, como de direito privado".[23] Os argumentos, entretanto, para nós, apenas vêm confirmar a hibridez das normas de DT.

Dentro da "novidade" do DT relativamente ao Direito Privado de origem liberal, alguns outros autores preferiram defender uma "terceira via",[24] no sentido da existência de um "Direito Social" que estaria estabelecido numa "zona central" entre os dois grandes troncos do Direito: o Direito Público e o Direito Privado. No Brasil, essa tese foi especialmente sustentada por A. F. Cesarino Júnior:[25] "Entendemos que o Direito Social, dados os seus característicos (...) se opõe a todo direito anterior, tanto público

---

[17] V. GIUSEPPE D'EUFEMIA, *Diritto del Lavoro*, Morano Editore, Nápoles, 1969, pág. 7. V. MARIO GHIDINI, *Diritto del Lavoro*, CEDAM, Pádova, 1969, pág. 12-13.
[18] In *Manuale di Diritto del Lavoro*, Guiffrè, Milão, 1977.
[19] In *Direito do Trabalho e Sociedade na Alemanha*, Ed. LTr, São Paulo, 1997, pág. 45 e seg.
[20] *Apud* EVARISTO DE MORAES FILHO, *Introdução ...*, vol. 2, pág. 119.
[21] Cf. EVARISTO DE MORAES FILHO, *Introdução ...*, vol. 2, pág. 134.
[22] A lista (não exaustiva) foi tirada de EVARISTO DE MORAES FILHO, *Introdução ...*, vol. 2, págs. 134-138. V. tb. FRANCISCO FERREIRA JORGE NETO e JOUBERTO DE QUADROS PESSOA CAVALCANTE, *Direito ...*, pág. 57.
[23] In *Introdução ...*, vol. II, pág. 152. V. tb. FRANCISCO FERREIRA JORGE NETO e JOUBERTO DE QUADROS PESSOA CAVALCANTE, *Direito ...*, pág. 59.
[24] Apenas recordando a obra de ANTHONY GIDDENS, *Para uma Terceira Via*, Editorial Presença, Lisboa, 1999.
[25] V. A. F. CESARINO JÚNIOR, *Direito Social*, LTR, São Paulo, 1980, pág. 27. A obra teve reedição, *post mortem*, em 1993: A. F. CESARINO JÚNIOR e MARLY A. CARDONE, *Direito Social*, vol. 1, São Paulo. Analisamos as duas obras. O A., portanto, alinha-se à Otto von Gierke, Gustav Radbruch e Georges Gurvitch. V. MARIO DE LA CUEVA, *Derecho Mexicano del Trabajo*, Editorial Porrua, (cidade do) Mexico, 1969, pág. 207-247, esp. 221.

como privado, não sendo, portanto, nem público, nem, privado, nem misto, mas um *tertium genus,* uma terceira divisão do Direito, que se deve colocar ao lado das outras duas conhecidas até aqui".[26]

Não obstante nos pareçam atuais e plenamente válidas as conclusões de G. Radbruch – no sentido de que "a distinção entre direito público e privado não é absoluta, nem tem um valor apriorístico, nem deriva de um pretendido direito natural que não existe, se não que seu valor é histórico, responde a um tipo determinado de Estado e encontra o seu fundamento em um Direito Positivo que, por sua vez, tem um valor meramente histórico"[27] – a doutrina mais recente tem reafirmado a natureza jurídico-privada do DT. Assim se posicionam, no Brasil, por exemplo, Maurício Godinho Delgado e Amauri Mascaro Nascimento;[28] orientação mais consentânea com a liberdade de escolha e de exercício de um trabalho ou profissão (art. 5º, inciso XIII, CR/88).

Com efeito, a discussão sobre a natureza jurídica do DT será inexaurível, tanto como o próprio debate acerca da existência/permanência/validade da dicotomia Direito Público *x* Direito Privado.[29] De toda forma, ressalta, em todos os posicionamentos expostos, o "particularismo", a "especialidade" do DT frente, designadamente, ao Direito Civil ou Comum (clássico).[30] Essa "singularidade" relaciona-se com o fato de ser o DT um campo normativo no qual as normas cogentes, imperativas, indisponíveis e inegociáveis (no sentido de não dispositivas pelos contratantes) têm "natural" incidência (isto é, são basicamente preponderantes), disso resultando o "princípio da irrenunciabilidade" do DT.[31] "A natureza imperativa do Direito do Trabalho, certamente, não é a causa eficiente de sua transformação, pois a imperatividade do estatuto laboral é consequência de sua natureza e de seus propósitos, porém sim é um dado que o distingue essencialmente do direito privado."[32]

O DT não é, portanto, desse ponto de vista, um "Direito Comum" (nomeadamente no sentido atribuído pela doutrina jurídica francesa, de vertente liberal), mas de um "Direito (in)Comum", como registramos no título dessa parte. Afinal, se lhe pode ser atribuído o caráter de "comum" quanto à sua origem e natureza jurídica (assim entendemos, já que historicamente o contrato de trabalho pode ser apontado como uma evolução jurídica da *locatio operarum* e tem como fundamento a imprescindível

---

[26] In A. F. CESARINO JÚNIOR e MARLY A. CARDONE, *Direito ...*, pág. 40 e seg. Em A. F. CESARINO JÚNIOR, *Direito ...*, pág. 61. V. a cuidadosa construção de JORGE LUIZ SOUTO MAIOR, *Curso de Direito do Trabalho – Teoria Geral do Direito do Trabalho*, Vol. I, LTr, São Paulo, 2001, pág. 228 e seg. O "Direito Social" atribuído aqui por esse A. tem oposição ao "Direito Liberal" fruto do capitalismo liberal. Assim, justifica e fundamenta uma interpretação "socializante" do DT.

[27] Apud MARIO DE LA CUEVA, *Derecho ...*, pág. 222. V. tb. JORGE LUIZ SOUTO MAIOR, *Curso ...*, vol. II, pág. 605.

[28] V., por todos, FRANCISCO FERREIRA JORGE NETO e JOUBERTO DE QUADROS PESSOA CAVALCANTE, *Direito ...*, pág. 57. V. AMAURI MASCARO NASCIMENTO, *Introdução ao Direito do Trabalho*, 29ª ed., Ed. LTr, São Paulo, 2003, pág. 76.

[29] V. 5ª parte, *infra*.

[30] V. JEAN RIVERO e JEAN SAVATIER, *Droit ...*, pág. 7. Tb., com o tópico, o "particularismo do DT", EVARISTO DE MORAES FILHO, *Introdução ...*, vol. I, pág. 431-444, e *Tratado Elementar de Direito do Trabalho*, Livraria Freitas Bastos, Rio de Janeiro, 1960, pág. 107 e seg. Esse "particularismo" do DT tb. já havia sido salientado, na doutrina estrangeira, por ROUAST, DURAND e JAUSSAUD. É bastante interessante notar como o "princípio do particularismo" foi também salientado pela doutrina francesa quando lidava com o DFP relativamente ao "direito comum".

[31] V. AMÉRICO PLÁ RODRIGUEZ, *Princípios ...*, pág. 141 e seg. V. MARIO DE LA CUEVA, *Derecho ...*, pág. 253. V. MAURÍCIO GODINHO DELGADO, *Curso ...*, 196.

[32] Cf. MARIO DE LA CUEVA, *Derecho ...*, pág. 253.

liberdade do exercício do trabalho ou profissão da pessoa humana); por outro lado, é certamente "incomum" quanto aos seus pressupostos; à sua *telos* e ao seu *modos operandi*: fundamenta-se na desigualdade material entre empregador e empregado (ou na hipossufiência deste), objetiva a proteção do *trabalhador*[33] (no aspecto físico, mental e patrimonial) e utiliza-se de mecanismos jurídicos tão próprios ao Direito Público (tal e qual o princípio da indisponibilidade do interesse público).[34] Portanto, o DT não está, assim, tão distante do DA (como pressupõe a doutrina jusadministrativa nacional[35]), bem como está sim "familiarizado" com o *jus imperii*.[36]

A importância do DT (ou melhor, da proteção jurídica atribuída aos trabalhadores por meio do DT) foi amplamente reconhecida pelas (relativamente) recentes constituições, sobretudo daquelas originárias do "Estado Social",[37] com a constitucionalização dos "direitos dos trabalhadores" dentro do amplo leque dos "direitos sociais". Nesse aspecto, também o DT é um "Direito Constitucional concretizado".[38] E essa "fundamentalização" do DT foi robustecida pelo assentamento internacional de garantias "universais" dos trabalhadores,[39] demonstrando-se *a priori* irrazoável (mormente com um olhar num contexto macro de Direito Internacional), a eventual "desconstitucionalização" de direitos trabalhistas.[40]

A CR/88 se alinha, como sabemos, nesse movimento de "constitucionalização do DT", tendo assentando um amplo e heterogêneo rol de direitos dos trabalhadores (arts. 7º a 11, basicamente[41]), além de ter igualado juridicamente trabalhadores urbanos e rurais (art. 7º, *caput*) e empregados (com vínculo empregatício) e avulsos (art. 7º, inciso XXXIV).[42] Seguiu, dessa forma, a trilha percorrida anteriormente pela CRP. Conforme anotam Gomes Canotilho e Vital Moreira, relativamente ao art. 53º da CRP: "A individualização de uma categoria de «direitos, liberdades e garantias dos trabalhadores», ao lado dos de carácter pessoal e político (Caps. I e II do presente título da CRP), reveste um particular significado constitucional, do ponto em que ela traduz o

---

[33] A utilização da terminologia trabalhador foi intencional, dada a "força expansiva" do DT. Como bem recorda, MARIO DE LA CUEVA, *Ibidem*, pág. 248, atribuindo a "força expansiva do DT" como uma de suas notas: "No século XIX, o DT era um direito de exceção, no presente há se transformado no Direito Comum para a prestação de serviços".

[34] Cf. questiona CARLOS ROBERTO CUNHA, *Flexibilização de direitos trabalhistas à luz da Constituição Federal*, SAFE, Porto Alegre, 2004, pág. 336: "Em perfeita sincronia e como desdobramento do princípio da proteção temos o princípio da irrenunciabilidade, que significa a 'impossibilidade jurídica de privar-se voluntariamente de uma ou mais vantagens concedidas pelo direito trabalhista em benefício próprio'. No âmbito do Direito do Trabalho, a irrenunciabilidade de direitos trabalhistas é regra; a renúncia, exceção. Se assim não fosse, 'que objetivo teria conceder benefícios aos trabalhadores para os nivelar com os empregadores, se pudessem ser renunciados? ...'", com base em argumentos de Alfredo J. Ruprecht.

[35] V. 1ª parte, *supra*.

[36] Afinal, o *jus imperii* não deixa de ser também um *jus cogens*.

[37] V. PAULO BONAVIDES, *Do Estado Liberal ao Estado Social*, 6ª ed., Malheiros Editores, São Paulo, 1996. V. CARLOS ROBERTO CUNHA, *Flexibilização ...*, pág. 33 e seg.

[38] Parafraseando a conhecida frase de Fritz Werner "O Direito Administrativo como Direito Constitucional concretizado". Evidentemente, não desconhecemos o fenômeno mais recente de "constitucionalização do Direito Civil", bem como a própria influência do princípio da socialidade nesse ramo jurídico. V., por todos, GUSTAVO TEPEDINO, "A Constitucionalização ...", pág. 115 e seg.

[39] V. DUDH, arts. 23 e 24.

[40] V. CARLOS ROBERTO DA CUNHA, *A Flexibilização ...*, pág. 283 e seg.

[41] V. "Algumas pré-compreensões" e 3ª parte, *infra*.

[42] Recentemente, aliás, a EC nº 72/2013 ampliou os direitos trabalhistas da categoria dos domésticos. V. parágrafo único do art. 7º da CR, publicada em 3/4/2013.

abandono de uma concepção tradicional dos «direitos, liberdades e garantias» como direitos do *homem* ou do *cidadão,* genéricos e abstractos, fazendo intervir também o *trabalhador* (exactamente: o trabalhador subordinado) como titular de direitos de igual dignidade. (...) Em linguagem mais actual, os direitos fundamentais dos trabalhadores consubstanciam a *cidadania* no trabalho, contrabalanceando a posição de dependência do trabalhador na relação de poder que é a relação de trabalho". Ora, é a pessoa humana do trabalhador (a sua integridade física e moral e o seu pleno desenvolvimento enquanto pessoa, no sentido mais amplo) que aqui se impõe.

2 O Direito do Trabalho especialmente focado na proteção jurídica (da dignidade) do trabalhador/empregado – Os princípios da dignidade da pessoa humana e do valor social do trabalho

Se por um lado o DT não dista do DA quanto à prevalência de normas imperativas e na "desigualdade jurídica" entre os sujeitos da relação jurídica estabelecida (empregado/empregador na relação jurídico-empregatícia; AP *lato sensu*/particular na relação jurídico-administrativa), diferença jurídica esta que é pressuposta num dado "interesse público" (no primeiro caso, na relevância da proteção jurídica do trabalhador subordinado; e, no segundo caso, na prossecução do interesse público pelo Estado/AP); por outro lado, no que tange ao "foco *histórico*" de proteção, essas disciplinas jurídicas ainda mantêm uma distância relevante.

Com efeito, o DT nasceu e evoluiu com uma preocupação "unívoca": a pessoa física do trabalhador (as suas condições de trabalho e o melhoramento de sua condição social[43]). "O princípio da proteção está conectado com o princípio da dignidade humana, eis que o trabalho é fonte de sobrevivência própria e familiar, constituindo o maior patrimônio do trabalhador."[44] O seu alvo é, assim, essencialmente antropocêntrico, até pela imprescindibilidade da pessoa humana trabalhadora numa dada relação empregatícia.[45]

Por sua vez, o DA, para além de um vasto campo dogmático (no qual se incluiu o DFP), debate-se internamente na conflituosa convivência entre legalidade e eficácia.[46]

---

[43] V. art. 7º, *caput,* da CR/88. V. art. 9º da CLT. Por isto, é interessante notar como os princípios da "proteção do trabalhador" e da "inalterabilidade contratual lesiva" (art. 468 da CLT) têm estreita conexão com (discutível) princípio do não retrocesso social. V., por todos, sobre este princípio, J. J. GOMES CANOTILHO, "Metodologia «fuzzi» e os «camaleões normativos» na problemática actual dos direitos econômicos, sociais e culturais", in *Estudos sobre direitos fundamentais,* Coimbra Editora, Coimbra, 2004, pág. 97 e seg. V. INGO WOLFGANG SARLET, "Segurança social, dignidade da pessoa humana e proibição de retrocesso: revisitando o problema da proteção dos direitos fundamentais sociais", in J. J. GOMES CANOTILHO, MARCUS ORIONE GONÇALVES CORREIA e ÉRICA PAULA BARCHA CORREIA (coord.), *Direitos Fundamentais Sociais,* Ed. Saraiva, 2010, São Paulo, pág. 71-109, esp. 93.

[44] Cf. CARLOS ROBERTO CUNHA, *A Flexibilização ...,* pág. 335.

[45] Ora, se os direitos fundamentais fundam-se na "dignidade da pessoa humana" (art. 1º, III, CR/88), ao fim e ao cabo, todo o ordenamento jurídico tem um fundamento antropocêntrico. V. JOSÉ CARLOS VIEIRA DE ANDRADE, *Os Direitos ...,* pág. 30 e seg. V. EBERHARD SCHIMIT-ASSMANN, *La Teoría ...,* pág. 18, quanto à precedência da posição subjetiva da pessoa relativamente aos poderes público que a Constituição reconhece (no caso, o A. alude à *GG*). Não estamos negando obviamente este dado, mas, apenas salientado que o DT, pela própria necessidade de o trabalhador seja uma pessoa física, está especial e integralmente vocacionado para a proteção da "pessoa humana".

[46] V. ANA CLÁUDIA NASCIMENTO GOMES, *O poder ...,* pág. 51 e seg.

Como explica Diogo Freitas do Amaral, a "função do Direito Administrativo não é, por consequência, apenas «autoritária», como sustentam as *green-light theories*, nem é apenas «liberal» ou «garantística», como pretendem as *red-light theories*. O Direito Administrativo desempenha uma função *mista*, ou uma *dupla função:* legitimar a intervenção da autoridade pública e proteger a esfera jurídica dos particulares; permitir a realização do interesse colectivo e impedir o esmagamento dos interesses individuais; numa palavra, organizar a *autoridade* do poder e defender a *liberdade* dos cidadãos".[47] Não sem razão, dada a própria origem do DA/DFP, este ainda convive com figuras jurídicas "suspeitas" do ponto de vista da jusfundamentalidade: "relações especiais de poder"; "relação estatutária" (aqui considerada aquela oca em termos de consensualidade e bilateralidade); impossibilidade de alegação de "direitos adquiridos" pelo trabalhador público; ausência ou parca efetividade dos direitos coletivos, *etc*.[48] Não se tem em vista no DA/DFP, *prima facie* ou aprioristicamente, a dignidade da pessoa humana do trabalhador público, que apenas é levada em consideração reflexa ou, quando muito, simultaneamente.[49]

Nesse sentido, pensamos que uma eventual "laboralização" da FP será também benéfica do ponto de vista do trabalhador público no sentido de "reequilibrar" (ou "reequacionar") a relação de trabalho subordinado estabelecida no interior da AP não empresarial, virando-se agora, também e principalmente, o DFP para a (dignidade) da pessoa humana que presta serviços, profissional e subordinadamente, no interesse da Administração. Afinal, o Estado Democrático de Direito funda-se igualmente na dignidade da pessoa humana e no valor social do trabalho (inciso III e IV, art. 1º, CR/88[50]).

Tomemos, pois, a sério esses princípios constitucionais nas relações jurídico-profissionais entabuladas pela AP e não tenhamos medo de romper alguns velhos dogmas publicísticos. A "abertura" e a "oxigenação" do DFP ao DT (aos seus princípios e, eventualmente, a algumas de suas regras e a alguns de seus institutos jurídicos) têm ainda essa finalidade (para além do objetivo racionalizador – administrativo *lato sensu* – que já antecipamos, diante da especificidade da FP brasileira[51]): voltar-se à pessoa humana e ao valor social de seu trabalho, protegendo-os juridicamente à partida e *imperativamente*.

---

[47] *In Curso...*, vol. I, pág. 144-145.
[48] V. 1ª e 3ª partes, *supra*. Cf. VASCO MANUEL PASCOAL DIAS PEREIRA DA SILVA, *Em busca ...*, pág. 16: "A teorização do Estado democrático e liberal apresentava, pois, uma 'costela' autoritária, ao lado de uma 'costela' liberal, o que permite explicar a relação de continuidade existente entre o Estado absoluto e o Estado liberal. O Estado liberal, tal como vai ser concretizado no continente europeu, era, no fundo, o resultado de um compromisso entre princípios liberais, ao nível da organização do poder político, e princípios autoritários, ao nível do funcionamento e controlo da Administração".
[49] V. tb. ANA CLÁUDIA NASCIMENTO GOMES e BRUNO ALBERGARIA, "A vinculação ...", pág. 19-49. Estamos evidentemente aludindo a uma posição à partida do Direito. Sabemos que a aplicação do Direito ao caso concreto pode imprescindir de juízos de proporcionalidade, de conformação de interesses (privados e públicos) de variadas ordens, de restrição de direitos fundamentais, *etc.*, seja no DA, seja no DT. A necessidade de "repensar" o DA diante da jusfundamentalização tb. é anunciada por JOÃO ANTUNES DOS SANTOS NETO, *O impacto dos direitos humanos fundamentais no Direito Administrativo*, Ed. Fórum, Belo Horioznte, 2008, pág. 417 e 428.
[50] É interessante notar que o princípio da valorização do trabalho humano não é, portanto, peculiar da ordem econômica da CR/88. Nessa parte, no art. 170, *caput*, há expressa previsão de que a "ordem econômica, fundada na valorização do trabalho humano e na livre iniciativa" ... Desse modo, o princípio da valorização do trabalho humano, autonomizado no art. 1º, inciso IV, da CR/88, tem uma aplicação muito mais ampla do que na relação "capital *x* trabalho", tão próprio do DT inicial, fruto do capitalismo moderno. Ele adentra a ordem político-constitucional e a própria AP.
[51] V. 1ª parte, *supra*.

Sendo assim, aquelas figuras jurídicas tão próprias do DFP, pensadas a partir da superioridade da AP e da proteção do interesse público podem (e devem) ser questionadas, interpretadas e recolocadas em conformidade com os princípios do DT. Ainda, na própria formulação *ad futurum* de normas jurídicas reguladoras das relações jurídico-profissionais da AP (cuja elaboração prescinde da aplicação ao caso concreto e levam em consideração o seu posterior assentamento num dado "sistema normativo") podem (e carecem mesmo) ter em conta essa "(re)focalização" da pessoa do trabalhador público, a sua proteção enquanto pessoa humana e a valorização de seu trabalho prestado em benefício da AP (e, indiretamente, em prol da sociedade em geral).

Com efeito, conforme comenta Eros Roberto Grau acerca da valorização do trabalho humano, "Esse tratamento (...) peculiariza-se na medida em que o trabalho passa a receber proteção não meramente filosófica, porém politicamente racional".[52] "Valorizar o trabalho significa valorizar a pessoa humana, o exercício de uma profissão pode e deve conduzir ao alcance de uma vocação do homem."[53] A situação de que o trabalho subordinado está sendo prestado no interior da AP não empresarial em nada prejudica ou aniquila a "pessoa humana do trabalhador público", que deve ser, *a priori*, alvo de tutela jurídica.[54]

Finalmente, ainda nos antecipando contra eventuais argumentos no sentido de que a (nossa) proposta de laborização FP seja "precarizadora", temos a acrescentar que, em termos genéricos, não se pode afirmar que o DT seja menos garantístico que o DFP, raciocínio que pressuporia o dado, nem sempre correto, de que a "privatização" *lato sensu* de um objeto jurídico implica-lhe necessariamente *menos* proteção jurídica.[55] De fato, o que se pode afirmar escorreitamente é que, considerando-se um *específico* ordenamento jurídico, o (seu) DT (ou o seu DFP) oferece uma posição jurídica mais (ou menos) favorável ao trabalhador público.

Assim, por exemplo, como vimos, o sistema jurídico português não constitucionalizou a "estabilidade" do trabalhador público, tendo constitucionalizado, por outro lado, a "segurança no emprego" dos trabalhados em gerais, donde aquela pôde ser extraída, por aplicação análoga. No Brasil, se fora constitucionalizada a "estabilidade" do

---

[52] In *A ordem econômica na Constituição de 1988*, 7ª ed., Malheiros Editores, São Paulo, 2002, pág. 240-241. Não obstante o comentário tenha sido inserido numa obra que trata da ordem econômica, sabemos que o princípio da valorização do trabalho humano não é peculiar dessa ordem (art. 1º, IV, CR/88).

[53] In *Caderno 03, valor social do trabalho na ordem econômica*, AMATRA4 – Associação dos Magistrados da Justiça do Trabalho da IV Região, *in* www.amatra4.org.br, acesso em 28/6/2013.

[54] Cf. ALAIN SUPIOT (e outros), *Transformações ...*, pág. 322, mesmo nas vagas de neoliberalismo e questionamentos sobre o DT, deve-se reafirmar o princípio fundamental segundo o qual as partes numa relação de trabalho não são senhoras de sua qualificação jurídica, orientando-se também o DT (ou o "Direito Social") para abarcar outras formas de trabalho, ainda que não de estrita subordinação. Ainda, conforme DINAURA GODINHO PIMENTEL GOMES, "Crise financeira e a valorização do trabalho humano", *in* LTr, Ano 73, Fevereiro, 2009, pág. 147-152, esp. 149: "... é preciso proclamar cada vez mais que o bem jurídico *trabalho* foi erigido pela Constituição Federal como valor social, um dos fundamentos do Estado Democrático de Direito (art. 1º, IV) e que a ordem econômica deve ser fundada na valorização do trabalho (art. 170). Assim, *antes de tudo, cada trabalhador deve ser visto como detentor de direitos fundamentais sociais* ...". (sic). Tb. GRAÇA DRUCK e TÂNIA FRANCO (org.), "Apresentação", *in A perda da razão social do trabalho – terceirização e precarização*, Boitempo Editorial, São Paulo, 2007, pág. 7-22, esp. 22: "Compreender, portanto, a *classe-que-vive-do-trabalho*, a classe trabalhadora hoje, de modo *ampliado*, implica entender esse conjunto de seres sociais que vivem da venda da sua força de trabalho, que são assalariados e desprovidos dos meios de produção. Como todo trabalho produtivo é assalariado, mas nem todo trabalhador assalariado é produtivo, uma noção contemporânea de classe trabalhadora deve, em nosso entendimento, incorporar a realidade dos trabalhadores assalariados".

[55] V. 5ª parte, *infra*.

servidor público (em detrimento da inexistência de uma relativa segurança no emprego dos trabalhadores em gerais, a despeito da Convenção nº 158 da OIT, não ratificada pelo Brasil,[56] frise-se), muitos outros direitos individuais e coletivos dos trabalhadores públicos aguardam alguma efetividade, conforme já aduzimos (ex.: observância de direitos adquiridos no curso da relação de profissionalidade; exercício de direitos coletivos e de participação *lato sensu*; inexistência de normas de saúde e segurança no trabalho público, em geral; inexistência de um código geral disciplinar da FP; ausência de regulação do direito de greve; inexistência de um reajustamento salarial periódico como prática governamental; *etc.*).

Portanto, de início, deve-se efetivamente distinguir o real discurso da "laboralização" da "precarização" (na verdade, o "discurso – e a prática – da precarização" nunca é aberto, franco e transparente[57]). Esta está normalmente associada não à "entrada ou à passagem para o DT" (como pretende aquela), mas, justamente, vocacionada à implementação de *dumping social*[58] ou de "fuga *do* DT".[59]

---

[56] V. DINAURA GODINHO PIMENTEL GOMES, "Crise financeira ...", pág. 150. V. DANILO GONÇALVES GASPAR, "A proteção contra a dispensa arbitrária ou sem justa causa e a constitucionalização simbólica", in RDT, ano 37, nº 141, janeiro-março, 2011, pág. 99-139.

[57] V., por todos, GRAÇA DRUCK e TÂNIA FRANCO (orgs.), A perda ..., pág. 7 e seg.

[58] V. notícia veiculada no site do TST (www.tst.jus.br), em 25/1/2013: "A prática do *dumping social* aos poucos começa a ser identificada em alguns processos trabalhistas existentes. ... No Direito Trabalhista a ideia é bem similar: as empresas buscam eliminar a concorrência à custa dos direitos básicos dos empregados. O *dumping social*, portanto, caracteriza-se pela conduta de alguns empregadores que, de forma consciente e reiterada, violam os direitos dos trabalhadores, com o objetivo de conseguir vantagens comerciais e financeiras, através do aumento da competitividade desleal no mercado, em razão do baixo custo da produção de bens e serviços". V. decisões de *dumping social*: TST, RR 78200-58.2009.5.04.0005; 11900-32.2009.5.04.0291. Como Procuradora do Trabalho, temos infelizmente presenciado a prática de precarização das relações de trabalho e de fuga *do* DT através de variados mecanismos, muitos deles "criativos" e "inovadores": terceirizações ilícitas, contratação de trabalhadores subordinados como "pessoas jurídicas" ("pejotização"); contratação de trabalhadores subordinados como "cooperativados" (cooperativas de trabalho fraudulentas); contratação de trabalhadores subordinados através de falsos estagiários; *etc*. Essas práticas não são específicas das empresas e também são verificadas no interior da AP não empresarial (V. 5ª parte, *infra*, terceirização). V. ainda decisão da JT em sede de ação civil pública proposta pelo MPT: "DUMPING SOCIAL. PRÁTICAS LESIVAS AOS VALORES SOCIAIS DO TRABALHO E AOS PRINCÍPIOS DA LIVRE CONCORRÊNCIA E DA BUSCA DO PLENO EMPREGO. DANO DE NATUREZA COLETIVA CAUSADO À SOCIEDADE. INDENIZAÇÃO SUPLEMENTAR DEVIDA. A figura do *dumping social* caracteriza-se pela prática da concorrência desleal, podendo causar prejuízos de ordem patrimonial ou imaterial à coletividade como um todo. No campo laboral, o *dumping social* caracteriza-se pela concorrência de transgressão deliberada, consciente e reiterada dos direitos sociais dos trabalhadores, provocando danos não só aos interesses individuais, como também aos interesses metaindividuais, isto é, aqueles pertencentes a toda a sociedade, pois tais práticas visam favorecer as empresas que delas lançam mão, em acintoso desrespeito à ordem jurídica trabalhista, afrontando os princípios da livre concorrência e da busca do pleno emprego, em detrimento das empresas cumpridoras da lei. Essa conduta, além de sujeitar o empregador à condenação de natureza individual decorrente da reclamação, por meio da qual o trabalhador lesado pleiteia o pagamento de todos os direitos trabalhistas desrespeitados, inclusive a correta anotação do contrato de emprego na CTPS e indenizações previdenciárias, e eventualmente, reparações por danos morais de caráter compensatório e pedagógico, pode acarretar, também, uma sanção de natureza coletiva pelo dano causado à sociedade, como o objetivo de coibir a continuidade ou a reincidência de tal prática lesiva a todos os trabalhadores indistintamente considerados, pois é certo que tal lesão é de natureza difusa. Na hipótese dos autos restou evidenciado o caráter fraudulento do contrato de estágio, eis que as tarefas efetivamente desenvolvidas pela reclamante e por vários outros pseudo-estagiários, não guardam qualquer relação com os requisitos materiais do estágio, previstos no art. 3º, da Lei 11.788/2008. Sentença mantida". V. ainda TST, RR 110200-86.2006.5.03.0024.

[59] V. MARIA DO ROSÁRIO PALMA RAMALHO, "Ainda a Crise ...", pág. 114 e seg.

3 Conclusão: a eventual "laboralização" da FP não pode ser interpretada como uma "fuga para o Direito Privado" (clássico), nem como "precarização" das relações de trabalho no interior da AP não empresarial

Do que aduzimos nessa breve parte podemos concluir que a (nossa) proposta laboralizadora da FP (que será vista seguidamente) não pode (mesmo!) ser interpretada ou distorcida como uma "precarização" do *status* jurídico do trabalhador público, mormente quando estamos diante de um ramo jurídico marcado pela imperatividade de suas normas e orientado pelo princípio da proteção do trabalhador. Não se trata, portanto, de uma "fuga para o Direito Privado (comum ou clássico)" e nem de uma discutível "escapatória para um *Soft Law*". Trata-se, sim, de um "caminhar" *em direção* ao DT e, nesse sentido, considerando-se agora a pessoa humana do trabalhador público e a sua tutela jurídica.

5ª PARTE

PROPOSTA DE LABORALIZAÇÃO DA FP BRASILEIRA

> *Da diferença de tratamento constitucional agora consolidada sobrevém a figura do trabalhador público, sempre cuidado apenas como peça da engrenagem administrativa, mas agora tido como titular de direitos advindos da relação empregatícia havida com a pessoa pública. (...) cada vez mais a condição primária de trabalhador parece emerger e direitos trabalhistas antes inextensíveis aos servidores agora lhes são reconhecidos.*
> (Cármen Lúcia Antunes Rocha, 1999)[1]

> *apesar das limitações a uma privatização integral ou completa do emprego público, é hoje visível uma aproximação dos regimes jurídico-positivos da função pública e do contrato individual de trabalho, sublinhando alguma doutrina não existirem razões plausíveis para se estabelecerem regimes diferenciados entre os dois tipos de relações laborais: a identidade da actividade de trabalho subordinado desenvolvida e a própria similitude do relacionamento entre as partes aproximam os dois regimes jurídicos e, nesse sentido, há aqui uma interpenetração do Direito*

---
[1] *In Princípios ...*, pág. 55-57.

> *do Trabalho e do Direito da Função Pública ou, segundo uma outra óptica, existe quem fale numa privatização da relação de emprego público e num correlativo fenómeno de publicização do contrato individual de trabalho.*
>
> (Paulo Otero, 2003)[2]

Passemos agora para a última parte de nossa pesquisa. Pretendemos aqui expor a nossa *proposta de laboralização para a FP Brasileira,* a qual, entendemos, poderá atribuir ao sistema funcionarial nacional uma necessária e adequada dose de *isonomia* e *unidade,* quer sob a ótica dos trabalhadores públicos (subjetiva e coletivamente dizendo); quer sob a ótica da AP (em nível intra-administrativo e intergovernamental, considerando as várias APs e as várias esferas de governo); qualidade e atributo aqueles (isonomia e unidade, frise-se) que são constitucionalmente relevantes e, por isso mesmo, exigíveis.

Com efeito, conforme assentamos na conclusão do capítulo sobre a FP na CR/88, estamos diante de um regime funcionarial com "notas acentuadas de legalismo, unilateralismo, incomunicabilidade e irracionalidade jurídica": *(i) legalismo,* porque se insiste na imprescindibilidade da inteireza da lei formal na concretização e densificação do "regime jurídico" dos servidores públicos, ante o seu vácuo de consensualidade, bilateralidade e contratualidade; *(ii) unilateralismo,* porque, em consequência, as fontes desse regime são (ou devem ser) estipuladas unicamente pelo Estado, o qual detém, ainda, o seu "domínio" exclusivo; *(iii) incomunicabilidade jurídica,* porque os "regimes jurídicos únicos" das várias esferas de governo (União, Estados e Municípios) não têm (ou não precisam ter, necessariamente) pontos cardeais de interseção (exceto aqueles por determinação da CR/88) – não se comunicam –, viabilizando grandes dissintonias e diferenciações funcionariais, mesmo quando os trabalhadores públicos exercem funções idênticas ou análogas, porém, vinculados a entes federativos diversos; e, finalmente, *(iv) irracionalidade jurídica,* porque efetivamente não se afigura uma solução juridicamente razoável ou adequada a instituição de uma ordem normativa com tal complexidade e desarmonia, mesmo tendo como "pano de fundo" um Estado complexo, pois este imprescinde do princípio da unidade (mormente o Brasil, que conta com mais de cinco mil entes federados).

Além disso, a nossa proposta laboralizadora vem se alinhar ao fenômeno de estreitamento jurídico entre o disciplinamento do trabalho público com o do trabalho privado que se tem verificado em termos de Direito Internacional (OIT) e Direito Comparado, situando o trabalhador subordinado público como um trabalhador qualquer; como um sujeito de direito e não instrumento da AP.

Vejamos o que a nossa proposta laboralizadora pode contribuir para a racionalização do sistema funcionarial brasileiro.

---

[2] *In Legalidade ...,* pág. 314.

1 Justificativa pela preferência do termo "laboralização"

Inicialmente, justifiquemos a nossa larga preferência pela utilização do termo *laboralização*[3] ao invés do termo *privatização*,[4] tendo em vista que estamos a tratar com a aplicação e/ou aproximação do DT aos trabalhadores/servidores públicos.

Com efeito, conforme tem apontado a doutrina, existem variadas acepções para o termo "privatização", que se afigura juridicamente polissêmico, até mesmo um *fuzzyconcept*.[5] Paulo Otero aponta, aliás, pelo menos cinco significados principais para o termo: *(i)* "processo pelo qual o Estado reduz ou suprime a sua intervenção reguladora, procedendo a uma devolução ou transferência para a sociedade civil ... do poder de criação de normas jurídicas reguladoras das respectivas actividades, assistindo-se, desse modo, a uma 'desestatização', podendo envolver um verdadeiro processo de 'desregulação' ou, em alternativa, a mera substituição de uma regulação estadual por um fenómeno de auto-regulação"; *(ii)* "como fenómeno ao nível da mera actuação das entidades públicas, consistindo na simples subordinação da actividade de tais pessoas colectivas públicas ao Direito Privado"; *(iii)* "sempre que uma entidade dotada de personalidade jurídica de direito público é transformada em pessoa colectiva de direito privado, existindo aqui um fenómeno de privatização da respectiva forma de organização jurídica"; *(iv)* "fenómeno de privatização se a gestão de meios de produção de propriedade pública for confiada a entidades privadas, designadamente através de concessão ou de delegação de serviços públicos, passando o bem em causa a integrar o sector privado"; *(v)* "abertura a entidades privadas do capital social de sociedades cuja titularidade do capital pertence a entidades públicas".[6]

Dentro dessa latitude do termo "privatização", podemos aplicá-lo igualmente em realidades jurídicas bastante diversas, as quais podem envolver a efetiva ou substancial transferência de titularidade de um bem público para o setor privado da economia, passando simplesmente pela entrega da execução de um determinado serviço ou atividade públicos ao setor privado; e até uma aproximação ao Direito Privado ou uma submissão a normas jurídico-privadas ("privatização jurídica"). É dentro desse último sentido (ainda amplo), portanto, que se situa a nossa proposta laboralizadora, de "avizinhação" e de aplicação do DT à parte da FP brasileira.

No Brasil, o termo "privatização" está muito associado à "privatização substancial", principalmente em razão de seu passado recente; pois, a partir da década de 90, mais de 100 (cem) empresas públicas tiveram o seu controle transferido para o setor privado.[7] Esse processo foi alvo de severas críticas, as quais apontavam interesses

---

[3] V. CLÁUDIA VIANA, "A Laboralização ...", pág. 81-95.
[4] V. PAULO VEIGA E MOURA, *A privatização* ...
[5] V. PEDRO GONÇALVES, *Entidades Privadas* ..., pág. 152; PAULO OTERO, "Coordenadas ...", pág. 36; e *Privatizações* ..., pág. 11; MARIA SYLVIA ZANELLA DI PIETRO, *Parcerias* ..., pág. 11; KLAUS KÖNIG, "Desarrollo de la privatización en la República Deferal de Alemania; problemas, situación actual, perspectivas", *in* DA, nº 218-219, 1989, pág. 297 e seg., esp. 325; SEBASTIÁN MARTÍN-RETORTILLO, "Sentido y Formas de La Privatización de la Administración Pública", *in* STVDIA IVRIDICA 60, Coimbra Editora, Coimbra, 2001, pág. 19-30, esp. 19.
[6] *In Privatizações* ..., pág. 12-14. V. tb. JOÃO BILHIM, "Reduzir ...", pág. 24; ARNO SCHERZBERG, *Para onde* ..., pág. 30.
[7] V. Lei nº 8.031/1990 e Lei nº 9.491/1997. V. Tabela de privatizações (1990-2006, Ministério do Planejamento/SE/DEST, de 1/9/2006), *in* pt.wikipedia.org/Privatização_no_Brasil. São exemplos de empresas privatizadas: SIDERBRÁS; USIMINAS; Companhia Siderúrgica Nacional; Companhia Vale do Rio Doce; TELEBRÁS; ELETROPAULO; AÇOMINAS; CNA, dentre outras.

escusos e meramente econômicos na "desestatização" de empresas públicas efetivamente lucrativas. O termo "privatização" passou a ser encarado, por parte da doutrina (não apenas jurídica) e da sociedade brasileira, em geral, também com certa suspeita.

Não suficiente, o termo "privatização" está, evidentemente, associado ao termo "privado" (sujeito privado, Direito Privado). Todavia, sabemos que é controvertida a própria inserção do DT no "hemisfério privado" da Ciência Jurídica, face à prevalência da imperatividade de suas normas e pela contração do princípio da autonomia privada em favor do princípio da proteção do trabalhador; existindo doutrina (minoritária, contudo) no sentido de classificar o DT como parte integrante do "Direito Público" ou de uma "terceira via": o "Direito Social".[8]

Demais disso, tem se notado, em termos relativamente recentes, um "vector de publicização do direito laboral",[9] na medida em que o DT foi e tem sido influenciado pelo Direito Público (em especial, pelo vetusto Direito da FP); como, por exemplo, através da concessão de direitos e vantagens aos trabalhadores em geral antes apenas assegurados aos "funcionários públicos" (como é o caso do direito à segurança no emprego ou à "estabilidade no emprego").[10] Na Europa continental, como vimos, essa imbricação dos regimes tem sido de tal modo intensa nos últimos anos que há efetivamente uma convergência jurídica dos trabalhadores públicos (especialmente daqueles sem poderes de autoridade) aos trabalhadores comuns ou privados.

Além do aduzido, reforça a não aplicação do termo "privatização" em nossa pesquisa a conhecida relatividade ou fragilidade da própria *summa divisio* entre Direito Público e Direito Privado, de origem romanística.[11] Apesar das centenas de teorias desenvolvidas para a classificação do Direito (dentre as mais conhecidas: *dos interesses protegidos*, de Ulpiano; do *fim*, de Saviny; *da forma da ação*, de Thom; e da *sujeição*, de Otto Mayer e Radbruch),[12] não há aquela que, isoladamente, não possa ser questionada ou colocada em xeque; motivo pelo qual essa divisão tem sido apontada como uma das questões mais tormentosas da Ciência Jurídica.[13]

Além disso, a maior complexidade das sociedades modernas culminou com o movimento mais amplo de "publicização do direito privado e privatização do direito público", diante da derrubada do muro que separava Estado e sociedade.[14] Com efeito,

---

[8] V. MAURÍCIO GODINHO DELGADO, Curso ..., pág. 72-75, indicando a linha de pensamento de WASHINGTON MONTEIRO DE BARROS; GEORGES GURVITCH e CESARINO JÚNIOR. V. ARNALDO SÜSSEKIND e outros, Instituições ..., vol. 1, pág. 109-115, indicando ainda: MOHL, EHLICH, LOUIS LE FUR, GIERKE, AGUINAGA TELLERIA e SOUZA NETO. V. FRANCISCO FERREIRA JORGE NETO e JOUBERTO DE QUADROS PESSOA CAVALCANTE, Direito ..., pág. 55-57. Tb. MARIA SYLVIA ZANELLA DI PIETRO, Do Direito ..., pág. 11 e 29. Nesta, afirma-se: "É o Direito do Trabalho, talvez, o ramo em que mais imprecisa se torna a linha divisória entre o direito público e o direito privado".

[9] Cf. MARIA DO ROSÁRIO PALMA RAMALHO, "Intersecção ...", pág. 444.

[10] V. Convenção nº 158 da OIT (não ratificada pelo Brasil). Cf. ANTÔNIO CÂNDIDO DE OLIVEIRA, "Os Funcionários ...", pág. 116.

[11] Ulpiano (Digesto, 1.1.1.2): "direito público é o que corresponde às coisas do Estado; direito privado é o que pertence à utilidade das pessoas". Contra, por todos, HANS KELSEN, Teoria Pura .... V. GREGÓRIO ASSAGRA DE ALMEIDA, Direito Material ...., pág. 383 e seg.

[12] Cf. ARNALDO SÜSSEKIND e outros, Instituições ..., vol. 1, pág. 109, indica a existência de 104 (cento e quatro) "teorias sobre os critérios caracterizadores do direito público e do direito privado. Pode-se ainda apontar a Teoria da Atribuição (H. WOLFF, 1951), que observa o destinatário da norma jurídica. FLORIVALDO DUTRA DE ARAÚJO, Conflitos ..., pág. 99 e seg.

[13] Cf. FLORIVALDO DUTRA DE ARAÚJO, Conflitos ..., pág. 90-98.

[14] Cf. MARIA TERESA FONSECA DIAS, Direito Administrativo ..., pág. 43 e 79, com base na teoria de HABERMAS (*Mudança estrutural na esfera pública*, 1984). V. BERNARDO DINIZ AYALA, "Monismo(s) ...", pág. 74-76. V.

a participação de atores privados na realização de "tarefas de interesse público" (com *publicatio* e com des*publicatio*) adquire pujante relevo[15] e o "processo de estadualização da sociedade e de socialização do Estado"[16] altera-se para um padrão de relação do tipo "*Estado & Sociedade.Co*".

Por isso, hodiernamente, há defensores da validade da vetusta divisão jurídica, como há outros que argumentam agora a sua superficialidade e/ou a sua imprestabilidade jurídica.[17] Há outros autores, ademais, que vêm propor uma nova *summa divisio* (tendo em vista a CR/88) entre o Direito Individual e o Direito Coletivo,[18] substituindo-se, respectivamente, os arcaicos Direito Privado e Direito Público.

Em suma, a aplicação do termo "privatização" na presente pesquisa poder-nos-ia conduzir a uma série de questionamentos jurídicos não diretamente relacionados à especificidade do nosso tema, cujo debate se afigura mais apropriado em sede de "Teoria Geral do Direito". De toda forma, conforme esclarece Paulo Veiga e Moura, fazendo opção pelo termo ora rejeitado: "Quando associado à Função Pública, o termo privatização é empregado num tríplice sentido, espelhando uma desfuncionalização de parte do pessoal afecto à Administração Pública, uma aproximação formal e substancial do emprego público ao emprego privado, designadamente por efeito da transposição para aquele de instituições típicas do Direito Laboral, ou, num entendimento mais restrito, uma substituição do Direito Público pelo Direito Privado enquanto instrumento disciplinador do emprego público".[19]

Nesse sentido, optamos pela nomenclatura vulgarmente difundida na Espanha: *laboralização* da FP. A uma, porque o termo releva a questão da dicotomia Direito Público e Direito Privado, associando-se imediatamente ao DT (ou melhor, ao "Direito Laboral"); e, a duas, porque, pelo menos no Brasil, o termo não traz contra si a desconfiança que se anexou à "privatização"; e, por outro lado, também tem a seu favor não atrair, *in continenti*, o preconceito institucionalizado da juspublicística brasileira contra o DT (justamente por utilizar a designação "laboral"). Além disso, consideramos que "laboralização" abarca mais perfeitamente todos aqueles três sentidos apontados por Paulo Veiga e Moura (porque relacionados à FP), uma vez que a nossa proposta não se restringe a apenas um deles.[20]

Vejamos então.

SABINO CASSESE, *La Globalización* ..., pág. 185-186; e "L'età della Riforma Amministrative", *in* RTDP, nº 1, 2001, pág. 79-97.
[15] V. ARNO SCHERZBERG, *Para onde* ..., pág. 29.
[16] Cf. JORGE REIS NOVAIS, *Os Princípios Constitucionais* ..., pág. 31.
[17] Favoráveis à divisão: V. PEDRO GONÇALVES, *Entidades* ..., pág. 242 e seg.; NUNO J. VASCONCELOS ALBUQUERQUE SOUSA, *La Función* ..., pág. 107; SABINO CASSESE, "Le Transformazioni ...", pág. 37 (afirma que o dualismo permanece, porém de forma diferente); FLORIVALDO DUTRA DE ARAÚJO, *Conflitos* ..., pág. 90-98, especialmente para sistemas de jurisdição administrativa. Contrários: HABERMAS e KELSEN (e seus adeptos), por exemplo. V. ainda PROSPER WEIL, *Le Droit Administratif*, 4ª ed., Presses Universitaires de France, Paris, 1975, pág. 66 e seg., no campo do DA.
[18] V. GREGÓRIO ASSAGRA DE ALMEIDA, *Direito Material* ..., pág. 420 e seg.
[19] *In A Privatização* ..., pág. 328-329.
[20] V. Aplicando o termo na doutrina de língua portuguesa: ANA FERNANDA NEVES, "Os 'desassossegos' ...", pág. 51; CLÁUDIA VIANA, "A Laboralização ...", pág. 189; MARIA DO ROSÁRIO PALMA RAMALHO, "Intersecção ...", pág. 444. V., na literatura espanhola, ex: JOSÉ LUIS PIÑAR MAÑAS, "Presentación ...", pág. 8; e ARTURO GONZALÉZ QUINZÁ, "Marco ..", pág. 92.

2 A laboralização da FP brasileira em 4 níveis: normativo (legislativo e contratualização coletiva), administrativo, judicial e acadêmico

Com o foco na atribuição de unidade, isonomia e lógica ao sistema funcionarial brasileiro (bem como flexibilizar o excesso de rigidez decorrente da exclusividade da lei como fonte de direito do "regime dito estatutário" e da "unicidade" do "regime jurídico único"), consideramos necessário que a nossa proposta laboralizadora abarque vários níveis (ou âmbitos) jurídicos; afinal, os problemas constatados (na 1ª parte da tese) são também de variadas ordens. A nossa proposta envolve, portanto, questões de *lege ferenda* e outras não dependentes de modificações do sistema jurídico positivo.

Inicialmente, consideramos constitucionalmente exigível e adequada a instituição de leis federais/nacionais em matéria de "trabalho (subordinado e profissional) público".

A concentração de um "denominador comum legislativo" na esfera da União, que deve ser respeitado por todos os entes federativos inferiores, é capaz de diminuir a incidência das dissintonias e iniquidades legislativas intergovernamentais, considerando-se situações de trabalho público bastante análogas. Ou seja, poder-se-á alcançar uma desejada unidade, quer como valor que deve ser relevado num Estado Complexo; quer como princípio decorrente da igualdade de tratamento do Estado para com os seus cidadãos; quer ainda como exigência do próprio "conceito (substancial) constitucional" de "regime jurídico único".

Não suficiente, a fim de complementar as fontes de direito, afigura-se necessária a "laboralização normativa" da FP, considerando-se aqui a imprescindibilidade da contratualização coletiva na AP não empresarial (negociação coletiva e pactuação de instrumentos normativos). A nossa ideia segue, por exemplo, a trilha espanhola, na medida em que o EBEP é complementado tanto pela legislação do trabalho, como pela legislação das Comunidades Autônomas (a depender da matéria); como também pela própria negociação coletiva. A instituição da negociação coletiva na AP não empresarial é ainda exigência legal interna decorrente da ratificação nacional da Convenção nº 151 da OIT, tendo ainda a seu favor recente jurisprudência do STF (como visto na 1ª parte da tese).

No plano intra-administrativo, entendemos que entes/órgãos do Estado/AP não empresarial devem ser "laboralizados"; isto é, devem poder admitir trabalhadores públicos em "regime laboral" (não necessariamente o "regime celetista"). Compreendemos que o regime jurídico do trabalhador público deve garantir-lhe direitos enquanto trabalhador subordinado (e todas as proteções jurídicas daí decorrentes – garantias salariais; garantias sindicais; garantias procedimentais, *etc.*). Porém, não sendo um fim em si mesmo, deve-se analisar a adequabilidade desse regime às atividades e funções desempenhadas pelos trabalhadores públicos e pelos entes/órgãos; não se podendo concluir pela bondade de um "regime único" (ou melhor, unívoco) diante de situações adversas de trabalho e/ou que não demandem uma excessiva distinção da seara privada de trabalho (até mesmo para fins de facilitar a mobilidade profissional). Não suficiente, a "laboralização administrativa" ainda pode diminuir a incidência de um fenômeno precarizante bastante comum na AP brasileira: a "terceirização no serviço público".[21]

---

[21] V. HELDER SANTOS AMORIM, *Terceirização* ..., pág. 25 e seg.; CRISTIANA FORTINI (org.), *Terceirização na Administração – Estudos em homenagem ao Professor Pedro Paula de Almeida Dutra*, Ed. Fórum, Belo Horizonte, 2009; SÉRGIO PINTO MARTINS, *A Terceirização e o Direito do Trabalho*, Ed. Atlas, São Paulo, 2012.

A nossa proposta laboralizadora também abarca o âmbito judicial, no sentido de que a JT, especializada em razão da matéria, seja efetivamente competente para apreciar *todas* as lides decorrentes das relações de trabalho, mesmo quando estabelecidas com a AP não empresarial (portanto, no sentido atribuído pela literalidade da EC nº 45/04, que alterou a redação originária do art. 144, inciso I, da CR/88 em conformidade com a originária *telos* da Lei nº 8.112/90, art. 240). Não há aqui necessidade de alteração formal do Direito Constitucional Positivo, mas apenas uma decisiva interpretação constitucional "laboralizadora".

A concentração da competência judicial para apreciação das lides decorrentes do trabalho na JT, além de viabilizar uma maior unidade na interpretação jurisdicional do Direito Positivo sobre o trabalho humano (reforçando o movimento de união; de unidade que o sistema funcionarial brasileiro tanto carece), permitirá que o trabalhador público tenha acesso a um processo jurisdicional adequado ao seu direito (usualmente, de cunho alimentar), célere e equitativo, em harmonia com o movimento supranacional de assimilação do disciplinamento jurídico do trabalho subordinado.

Finalmente, entendemos que a laboralização da FP brasileira (pelo menos daquela não detentora de poderes de soberania ou de poderes de autoridade) deve ser implementada no plano acadêmico, viabilizando o estudo dessa parcela da FP dentro do rol de matérias afetas ao DT, pela evidente similitude das relações jurídicas (e das próprias relações sociais que lhes dão suporte). Assim, entendemos que será lateralizada a arcaica noção de "servidor público como meio da Administração"[22] e este poderá ser plenamente encarado como sujeito de direito, dotado de dignidade como pessoa humana e, portanto, foco de proteção jurídica específica.[23]

Aliás, a aproximação jurídica do trabalho subordinado público ao trabalho subordinado, em geral, nos parece ser efetivamente um fenômeno inequívoco[24] e, de certo modo, mesmo inevitável num breve espaço de tempo. Os operadores nacionais do DT deverão, em breve, estar preparados para essa nova realidade; e, por outro lado, os juspublicistas brasileiros deverão estabelecer ativo intercâmbio jurídico com o "mundo do trabalho", apartando concepções aprioristicas e preconceituosas contra aquele ramo do Direito. Para tanto, a localização acadêmica do estudo da FP (pelo menos, da FP *lato sensu*) na ementa do DT nos afigura ser a melhor opção.

---

[22] Cf. HELY LOPES MEIRELLES, *Apud* PALHARES MOREIRA REIS, *Os Servidores* ..., pág. 37.

[23] Cf. JULIANA BRINA CORRÊA LIMA DE CARVALHO, "Os Direitos Sociais ...", pág. 270: "Consideramos que, no Estado Social e Democrático de Direito, o interesse público deve ser repensado como afirmação da *supremacia da dignidade da pessoa humana*. Especificadamente em matéria de função pública, o *padrão mínimo invulnerável* de dignidade compreende a imposição constitucional dos direitos sociais conferidos ao servidor. Os direitos à sindicalização e à greve, bem como seu consectário natural, a negociação coletiva, compõem, pois, tal núcleo de *indisponibilidade absoluta*. Assim, o servidor público deve ser entendido como indivíduo e cidadão, destinatário do fundamento de dignidade humana que informa o Estado Social e Democrático de Direito".

[24] Recentemente no Brasil entrou em vigor o chamado "regime de previdência complementar do servidor público" (V. Lei nº 12.618/2012), no pressuposto de que os novos servidores públicos devem se aposentar em igualdade de condições com o setor privado, respeitando-se o "teto" de benefícios do Regime Geral de Previdência Social do Instituto Nacional do Seguro Social. Tal reforma pode ser analisada sob o prisma dessa aproximação do disciplinamento do trabalho público e privado. De todo modo, pode ser também contestada na medida em que ainda pesam vedações aos servidores públicos em geral (de não cumulação de cargos, de não exercício do comércio, *etc.*), podendo-se questionar se, na prática, a reforma não estará precarizando a futura FP brasileira, que se demonstrará menos atrativa para os novos trabalhadores públicos. Temos efetivo receio.

Adiantamos, contudo, que a nossa proposta laboralizadora não se pode afigurar "revolucionária" ou "absolutamente bisonha" aos olhos da juspublicística, na medida em que, *num primeiro momento,* necessita romper as "duras barreiras do DA",[25] há muito construídas, sempre com argumentos *ad terrorem* contra o DT na FP.[26] De igual modo, no sistema funcionarial brasileiro, em que, pelo menos doutrinariamente (ainda que a prática não funcione exatamente como se referencia *em tese*), o DA "domina" o cenário desde a implementação do "dogma da teoria estatuária do vínculo",[27] devem ser experimentadas as "soluções laborais" naqueles casos em que, juridicamente, menos questões ou tormentas se colocam.

Por isso, exclui-se, *a priori,* quer seja uma "laboralização integral" da FP *lato sensu;* quer seja uma "laboralização/privatização jurídica" de trabalhadores públicos dotados de poderes de autoridade; normalmente vinculados à AP direta do Estado.[28] Eventualmente trilhada a nossa proposta laboralizadora, *num segundo momento,* poder-se-á cogitar, jurídico-constitucionalmente dizendo, uma "laboralização" mais ampla e mais profunda da FP brasileira, já previamente ciente de seus eventuais êxitos e/ou desarranjos.

3 A laboralização legislativa da FP – A viabilidade de edição de leis federais/nacionais como uma via redutora da complexidade legislativa em matéria de FP

Na primeira parte do nosso estudo, explicitamos acerca da "competência legislativa concorrente cumulativa" para a instituição do "regime jurídico único" dos entes federados (art. 39, CR/88). Apontamos que, nessas condições, estamos diante de um "complicador na manutenção da unidade federativa e da isonomia no plano funcionarial", porquanto, o disciplinamento legislativo da FP encontra-se pulverizado, *igualmente,* entre todos os entes federativos, apenas com as disposições constitucionais federais como pontos de interseção entre eles. O resultado é, pois, uma "complexidade legislativa" de difícil paralelo no ordenamento jurídico nacional.

Basta recordar que, nos termos do art. 18 da CR/88, a organização político-administrativa da federação brasileira compreende, além da União, e dos 26 Estados-membros e do DF, 5.565 Municípios; o que totaliza 5.593 entes federativos na atualidade.[29]

Trata-se, portanto, de uma federação *sui generis,*[30] não só pela qualificação dos Municípios como entes federados, mas, principalmente, pela elevadíssima quantidade

---

[25] V. SABINO CASSESE, "Presentazione", pág. 77. Tb., ODETE MEDAUAR, *Direito Administrativo em Evolução,* 2ª ed., Revista dos Tribunais, São Paulo, 2003, pág. 237.

[26] É o que, aliás, leciona GUNTHER TEUBNER, *O Direito ....,* pág. 32: "A ideia de auto-referência e *autopoiesis* pressupõe que os pilares ou bases do funcionamento dos sistemas residem, não nas condições exógenas impostas pelo meio envolvente, às quais tenham que se adaptar da melhor forma possível (como era entendido pela teoria dos sistemas abertos), mas afinal no próprio seio sistêmico". Cf. MARCELO NEVES, "Von Autopoiesis...", pág. 254 (trad. livre): "digitalização endógena das informações exógenas". Sobre a teoria sistêmica, V. ainda, CARLOS DE ABREU AMORIM, "Direito Administrativo ..., pág. 483 a 506.

[27] V. 1ª parte, *supra.*

[28] Numa lógica semelhante ao art. 10º da Lei nº 12-A/2008, de Portugal. V. 2ª parte, *supra.*

[29] Dados extraídos do *site* do IBGE, relativos ao ano de 2010. V. http://www.ibge.gov.br/home/presidencia/noticias/noticia_visualiza.php?id_noticia=1766, acesso em 17/4/2012.

[30] V. MARIA COELI SIMÕES PIRES, "O Município no Federalismo Brasileiro: Constrangimentos e Perspectivas", *in* CEL, Assembleia Legislativa do Estado de Minas Gerais, Vol. 8, nº 13, Janeiro-Dezembro, Belo Horizonte, 2005, pág. 55-84, esp. 64. V. tb. KILDARE GONÇALVES CARVALHO, *Direito Constitucional Didático,* Editora

de unidades federativas, pela extensão do seu território e grande diversidade existente entre estas. Todos os entes federados são dotados de autonomia, conforme consagra aquele mesmo dispositivo, que deve ser constatada, pelo menos, nessa tripla vertente: (*i*) autonomia político-administrativa (incluindo a autonomia política, legislativa e de autoadministração), (*ii*) autonomia financeira e (*iii*) autonomia orçamentária.

No caso brasileiro, a CR estabeleceu a chamada divisão vertical de poderes, através da distribuição de competências entre a União (arts. 21, 22, 23 e 24), os Estados-membros (arts. 23, 24 e 25, §1º), os Municípios (arts. 23, 24 e 29) e o Distrito Federal (arts. 23, 24 e 32, §1º). Assim, tem-se: competência exclusiva da União para determinados assuntos (art. 21); competência privativa da União para legislar sobre determinadas matérias, com possibilidade de autorização, por lei complementar, de que os Estados-membros legislem sobre questões específicas (art. 22, § único); competência comum dos entes federativos, usualmente de caráter de execução ou administrativa (art. 23); competência legislativa concorrente da União, dos Estados-membros e do Distrito Federal para legislar sobre outras determinadas matérias, sendo que nesse caso à União apenas compete a edição de "normas gerais" (art. 24, §1º).

Como, tecnicamente, a competência legislativa do art. 39 da CR (redação originária) não é uma "competência (legislativa) concorrente", não se previu a exigência de edição de normas gerais em matéria de instituição do "regime jurídico único" (ou ainda, de "bases do regime jurídico da FP", por exemplo) para que fosse assegurado o princípio da unidade federativa.

Ademais, conforme também vimos, a lógica que perpassou a fixação do "regime jurídico único" como um regime de "natureza estatutária" (publicista; administrativo; completamente diverso do regime de DT, cuja competência legislativa é privativa da União – art. 22, I) reforçou a leitura do *caput* do art. 39, segundo a qual, "no âmbito da competência" (política, legislativa e administrativa) de cada ente federado, este seria livre/autônomo para a instituição e a definição desse "regime jurídico único" de origem essencialmente legal. A lei local (federal, estadual, distrital e municipal) deveria observar, em primeira análise, apenas os princípios e as regras constitucionais (ex.: arts. 37, 39 e §3º, 41, *etc*.[31]); estando desatada, por outro lado, para a densificação do conteúdo desse regime, independentemente de esquemas garantidores de uma certa margem de isonomia relativamente aos servidores públicos das várias esferas de governo (isonomia intrafederativa ou intra-administrativa em nível infraconstitucional).

Nesse quadro jurídico-constitucional, essa "competência legislativa concorrente cumulativa" tem gerado graves entraves jurídicos, pela possibilidade de que o "regime jurídico único" de um ente federado seja completamente diferente de outro que tenha uma situação administrativa semelhante ou que desenvolva competências administrativas similares; diferenciação esta que tem ido muito além daquela que seria uma natural consequência de um sistema fechado de FP e que pode ser questionada, por conduzir a

---

Del Rey, Belo Horizonte, 2002, pág. 386: "Alguns publicistas não aceitam, contudo, a idéia de que os Municípios componham a federação como entidades de segundo nível, como José Afonso da Silva... Não teria sentido, todavia, inserir-se o Município na definição da estrutura federal brasileira, se o texto constitucional não pretendesse atribuir-lhes *status* federativo".

[31] Não olvidamos, obviamente, a existência das Constituições Estaduais e das Leis Orgânicas municipais; as quais, pelo "princípio da simetria", via de regra, respeitam a separação horizontal de poderes concretamente estipulada na CR. Não há, entretanto, mecanismo de manutenção de harmonia ao nível infraconstitucional, tal e qual o "princípio da homogeneidade" do sistema germânico.

iniquidades em realidades muito análogas de desempenho profissional subordinado. Destarte, a única característica que não pode ser substancialmente atribuída a esse(s) "regime(s) jurídico(s)" é de ter "unidade"; muito ao reverso.

Tal "abundância e dissintonia legislativas" têm trazido à tona a necessidade de ser configurado, infraconstitucionalmente, um sistema funcionarial que assegure um mínimo de denominador-comum entre os entes federados; carência esta que já se afigura visível através de uma leitura acurada do próprio texto constitucional, como citaremos a seguir. A utilização de leis federais ou nacionais (neste caso, de "normas gerais") poderia prestar-se a esse papel centralizador, unificador e racionalizador desse sistema.[32]

Isso porque a interpretação do texto constitucional, além de privilegiar a competência legislativa e administrativa dos entes federados no disciplinamento de sua FP (derivada do *Hausrecht*), deve também valorar a ótica dos trabalhadores públicos (os "servidores públicos", cidadãos dotados de direitos fundamentais), de forma que sejam minimamente assegurados nesse sistema o direito à isonomia de tratamento pelo Poder Público (como possibilidade de uma certa "unidade" ou "igualdade" entre os entes federados similares ou que exercem atividades administrativas análogas) e a própria unidade ínsita a um sistema federalista.

Com efeito, a teoria do federalismo debate acerca do equilíbrio no conflito principiológico existente num Estado Federal: a manutenção da diversidade com a preservação de uma certa unidade. Como sintetiza Marcelo Labanca Corrêa de Araújo, "vale, ainda, destacar que, mesmo não sendo o federalismo referido unicamente à forma de Estado, permanece ainda o seu substrato nuclear de preservação de diversidade em torno da unidade".[33] Nesse ponto, aliás, a doutrina alemã tem atentado que grande parte dos problemas gerados pelo pluralismo jurídico do Estado Federal se reduzem numa correta aplicação do "princípio da homogeneidade", "com o fim de evitar antagonismos que ponham em grave perigo a segurança interior".[34]

No sentir de Augusto Zimmermann, numa linha de argumentação em defesa da diversidade normativa, "o Direito federal representa um conjunto de normas jurídicas que, pelo fim a que se destinam, por sua natureza pluralista e pela ordem das relações federalistas a que se referem apresentam características bastante complexas e diferenciadoras das normas jurídicas elaboradoras pelo Estado unitário. Esse grau visível de complexidade não impede vislumbrar que a principal característica do pluralismo jurídico-federal é a negação de que o poder central seja a única fonte de poder político e, por consequência, o ente exclusivo de toda a produção do direito".[35] Porém, como atenta, Fernando Luiz Abrucio, "além das heterogeneidades constitutivas de um país, outro passo fundamental em prol do federalismo é a adoção de um discurso e de uma prática defensora da unidade na diversidade".[36]

---

[32] Os exemplos da Espanha (EBEP, como legislação básica – norma geral) e da Alemanha (existência de lei federal na matéria) nos auxiliam na configuração dessa nossa proposta.

[33] *In* "Federalismo ...", pág. 519.

[34] Cf. JUAN JOAQUÍN VOGEL, "El Régimen Federal ...", pág. 627. O princípio da simetria seria uma vertente mais simples ou menos exigente que o princípio da homogeneidade. Neste, apesar de se exigir apenas um *mínimo* de homogeneidade, esta repercute sobre toda a legislação dos Estados-membros (e não apenas nas Constituições dos Estados-membros). Aquele, ao contrário, determina o "reflexo" de soluções do plano da constituição federal no plano das constituições dos Estados.

[35] *In Teoria* ..., pág. 175.

[36] *Apud* MARCELO LABANCA CORRÊA DE ARAÚJO, "Federalismo ...", pág. 525.

Justamente por isso, "atribuir à União a normatização de certos assuntos que, por sua natureza necessitam de uma regulação homogênea e até uniformizada no âmbito nacional não diminui, necessariamente, a qualidade das respectivas medidas legislativas. Ao mesmo tempo, sempre será indispensável analisar, em cada caso concreto, se o fortalecimento do poder normativo dos entes políticos subnacionais leva também a uma melhoria para o bem-estar da população, objetivo principal de qualquer atividade estatal num país democrático".[37]

In casu, existe uma necessidade de previsibilidade dos cidadãos, de isonomia e de segurança jurídica, pois é evidente que causa insegurança aos trabalhadores públicos a regulamentação de uma mesma matéria ou relação jurídica de modo absolutamente diverso no território nacional, não sendo assegurados, desse modo, eficazmente os princípios da proteção da confiança e da igualdade.[38]

A fim de favorecer a nossa tese, apontamos alguns dispositivos da CR relativos à FP, acrescidos por emendas constitucionais, os quais dão conta do que estamos a argumentar, demonstrando algum "protesto jurídico-constitucional" em favor de uma "unidade intrafederativa funcionarial"; de modo que o "regime jurídico único" aludido no art. 39 da CR não seja interpretado somente do ponto de vista da unidade/legalidade exclusivamente formal e perceptível apenas dentro de cada ente federativo.[39]

Seriam, pois, exemplos desse "apelo constitucional" por harmonização no plano das legislações locais sobre trabalhadores públicos, alguns deles já anteriormente citados:[40]

a) a determinação do art. 169, §7º, para que normas gerais sejam fixadas por "lei federal" (tecnicamente, uma "lei nacional"[41]) para concretização da hipótese de perda do cargo do servidor estável, para fins de adequação à lei de responsabilidade fiscal, inclusive daquele servidor que desenvolva "atividades exclusivas de Estado" (art. 247) – (EC nº 19/98);

b) a determinação do art. 198, §5º, para que lei federal regulamentasse o regime jurídico e as atividades de agente comunitário de saúde e agente de combate às endemias, a serem contratados pelos agentes locais do SUS (EC nº 51/2006[42]); determinação esta que se tornou ainda mais exigente com a EC nº 63/2006,

---

[37] Cf. ANDREAS J. KRELL, "A reforma ...", pág. 118.

[38] Cf. ROLF STOBER, *Derecho* ..., pág. 101.

[39] É, aliás, *mutatis mutandis*, o que também ocorre, por exemplo, com o sistema de "unidade sindical" brasileiro na mesma base territorial, que acaba por culminar numa pulverização de sindicatos que prejudica a própria força sindical e a defesa dos interesses das categorias profissionais.

[40] Não estamos, com tais exemplos, concordando ou discordando da "bondade" intrínseca de cada um desses acréscimos constitucionais; apenas fazendo o uso dos mesmos para demonstrar a necessidade de uma legislação mais harmoniosa, em geral, e não apenas pontualmente.

[41] V. PAULO AFONSO CAVICHIOLI CARMONA, *Das normas gerais – Alcance e extensão da competência legislativa concorrente*, Ed. Fórum, Belo Horizonte, 2010, pág. 57.

[42] Muitos autores discutem a constitucionalidade da EC nº 51/2006, por ter viabilizado a permanência de trabalhadores públicos (agentes comunitários de saúde e agentes de combates às endemias) admitidos antes da sua promulgação sem prévia aprovação em concurso público. Sobre o tema, V. ODRACIR JUARES HECHT, "A Necessidade de Concurso Público para a Contratação de Agentes Comunitários de Saúde e Outros Servidores Vinculados a Programas Sociais", *in* RMPT, Ano XVIII, nº 35, março, 2008, pág. 155-173; NIDIANE MORAES SILVANO DE ANDRADE, "A contratação de profissionais para o Programa Saúde da Família", *in De Jure: Revista Jurídica do Ministério Público do Estado de Minas Gerais*, Belo Horizonte, nº 10, jan-jun, 2008, pág. 386-403.

devendo a "lei federal" agora também dispor sobre "o piso salarial profissional nacional" dos mencionados profissionais;[43]

c) a determinação do art. 206, VIII e § único, para fixação de piso salarial profissional nacional para os profissionais da educação escolar pública, por "lei federal", para além da definição das "categorias de trabalhadores considerados profissionais da educação básica" (EC nº 53/2006).[44] Relembre-se que o STF entendeu que a Lei nº 11.738/2008 (que instituiu o piso salarial profissional nacional) é uma "norma geral";[45]

d) a "lei específica" de greve, constante do art. 37, VII (EC nº 19/98), a fim de serem harmoniosamente definidos, por exemplo, os pressupostos para o atendimento das necessidades inadiáveis da comunidade (art. 9º, §1º), suplantando alguma doutrina que entende que tal lei insere-se igualmente na "competência legislativa concorrente cumulativa" adstrita à FP;[46]

Além desses exemplos, muitos outros pontos importantes do regime de trabalho público merecem ser minimamente estabelecidos por uma lei infraconstitucional federal/nacional, por exemplo:

e) a definição de normas de saúde, higiene e segurança no trabalho público (art. 7º, XXII, c/c art. 39, §3º), acaso se compreenda que as Normas Regulamentadoras do Ministério do Trabalho e Emprego não sejam genericamente aplicáveis;

f) a definição de um procedimento de negociação e contratação coletiva no setor público, bem como as matérias negociáveis, em decorrência da ratificação pelo Brasil da Convenção nº 151 da OIT; e,

g) isso sem falar nos direitos e deveres básicos ("padrão mínimo comum") para categoria de profissionais subordinados públicos que são usualmente admitidos nas várias esferas de governo (ex.: na área da educação pública; na área da saúde pública; da área da segurança pública, *etc.*) para concretização de suas atribuições constitucionais; a normatização básica sobre concurso público e processo seletivo simplificado, estágio probatório e estabilização do servidor, rompimento da relação jurídica, *etc.*[47]

Estamos, portanto, diante de uma situação jurídica altamente carecedora (e merecedora) de unidade e de harmonização jurídicas. O caminho unificador, em nossa análise, pode ser implementado através da "laboralização legislativa".

---

[43] V. Lei nº 11.350/2006, cujo art. 8º tem a seguinte redação: "Os Agentes Comunitários de Saúde e os Agentes de Combate às Endemias admitidos pelos gestores locais do SUS e pela Fundação Nacional de Saúde – FUNASA, na forma do disposto no §4º do art. 198 da Constituição, submetem-se ao regime jurídico estabelecido pela Consolidação das Leis do Trabalho – CLT, salvo se, no caso dos Estados, do Distrito Federal e dos Municípios, lei local dispuser de forma diversa". Tal fato demonstra a falibilidade da exigência constitucional de um "regime jurídico único".

[44] Sabemos que o estabelecimento de um "piso salarial nacional" tem sido bandeira de várias outras categorias de profissionais públicos.

[45] V. ADI nº 4167-DF. Ementa: "…2. É constitucional a norma geral federal que fixou o piso salarial dos professores do ensino médio com base no vencimento, e não na remuneração global. Competência da União para dispor sobre normas gerais relativas ao piso de vencimento dos professores da educação básica, de modo a utilizá-lo como mecanismo de fomento ao sistema educacional e de valorização profissional, e não apenas como instrumento de proteção mínima ao trabalhador. …".

[46] V. RINALDO GUEDES RAPASSI, *Direito* …, pág. 731.

[47] Tb. LUÍSA CRISTINA PINTO E NETTO, "Função Pública…", pág. 13 e seg.

A "laboralização legislativa" deve aqui ser compreendida no seguinte sentido: *em similitude e em aproximação ao que se verifica com o "clássico" DT* (do art. 22, I, da CR), deve-se concentrar nas competências legislativas da União a matéria sobre o "trabalho subordinado público" (em especial, naquilo que seja fundamental à manutenção do princípio igualdade intragovernamental no sistema funcionarial). A União poderá editar um ou vários diplomas legislativos federais/nacionais (setoriais ou temáticos, por exemplo[48]), de necessária observância pelos demais entes federados.

A aproximação do disciplinamento do trabalho público ao do trabalho privado, como se tem verificado em termos de Direito Comparado, avaliza tal "interpretação laboralizadora" do "Direito da FP", que já não tem mais uma nítida separação do Direito (comum) do Trabalho; mormente em sede de Direito Internacional. Aliás, o próprio art. 39, §3º, da CR, pode também ser lido com a lente abrangente do movimento jurídico de "laboralização da FP".

Essa proposta "laboralizadora" pode demandar de uma alteração constitucional no rol de competências legislativas constitucionais (*lege ferenda,* como veremos); ou, eventualmente, pode mesmo ser validada através da interpretação constitucional.[49]

3.1 Possibilidades para a laboralização legislativa

A *telos* dessa "laboralização legislativa" será, portanto, a atribuição de um imprescindível grau de unidade intragovernamental no sistema funcionarial brasileiro. Por isso mesmo não se deve (e nem se está propondo, *de lege ferenda*) concentrar a competência legislativa para o disciplinamento do trabalho público em termos idênticos ao que se verifica com o "clássico" DT (no art. 22, inciso I, da CR). Há que se permitir e garantir espaço para a normatização complementadora dos entes locais (bem como, em geral, da própria contratualização coletiva). Dessa necessidade, resultam duas possibilidades constitucionais:

(i) inserir-se o "Direito da FP" na competência, em geral, para legislar sobre DT (art. 22, I, CR), conforme aduzido. Todavia, nessa situação, a União *deverá* (e não simplesmente poderá) efetivamente editar lei complementar autorizando os Estados-membros a legislarem sobre as suas questões específicas (respeitantes ao "poder de auto-organização administrativa"[50]). A lei editada pela União será aqui configurada como uma "lei federal".

---

[48] Os exemplos aqui podem ser variados: legislação nacional sobre os profissionais de saúde do SUS; legislação nacional sobre os profissionais da educação pública; legislação nacional sobre os direitos, deveres, procedimentos e processo dos servidores públicos da AP Direita; legislação nacional sobre o procedimento de negociação coletiva na FP e do exercício do direito de greve; *etc.*

[49] A interpretação constitucional poderia, *em tese,* não declarar a inconstitucionalidade orgânica de futura lei federal em matéria de trabalho público, através do entendimento de que se trataria de matéria afeta ao DT (em geral). Essa possibilidade é remota, diante do atual quadro jurídico nacional (considerando-se as compreensões da doutrina e da jurisprudência). Além disso, essa hipótese ainda tem contra si o fato de se tratar de uma interpretação abrangente (ou não restritiva) do rol de competências constitucionais, decorrente do princípio da separação vertical de poderes (princípio da tipicidade de competências constitucionais). V. J.J. GOMES CANOTILHO, *Direito Constitucional ...,* pág. 247 e 532; ANA CLÁUDIA NASCIMENTO GOMES, *Poder ...,* pág. 101 e seg. De toda forma, é uma hipótese juridicamente realizável e sustentável, justamente levando em conta o movimento de assimilação jurídica do trabalho público e do trabalho privado, conduzindo a um Direito (comum) do Trabalho.

[50] Aqui a diferenciação da doutrina italiana entre "organização dos serviços" e "gestão de pessoal" (ou "relação de serviço") pode ser muito válida para orientar a legislação nacional que será editada entre as matérias que carecem de unidade em todo território (relativa aos direitos, deveres, procedimentos dos trabalhadores públicos) e aquelas que devem ser densificadas por cada unidade federada, autonomamente (organização administrativa interna).

Essa hipótese tem a seu favor a futura configuração do DT como um ramo jurídico especializado de todo o "trabalho humano subordinado" (Direito Comum do Trabalho ou Direito Geral do Trabalho), seja ele público ou privado. É assim uma "laboralização da FP" mais nítida e que se verificaria no próprio plano do Direito Positivo, com real absorção daquela parcela do DA (a atinente à FP, pelo menos assim majoritariamente compreendida no Brasil) pela "legislação do trabalho". Além disso, esse "caminho laboralizador" viabilizaria uma maior harmonização jurídica, pela maior intensidade da concentração da competência legislativa privativa da União; isso em relação à hipótese seguinte. Por fim, esta hipótese *pode ser* realizável independentemente de alteração constitucional, não obstante numa probabilidade bastante remota, conforme adiantamos em nota.

Por outro lado, essa possibilidade *(i)* tem a seu desfavor o fato de reclamar a edição de lei complementar pela União, ente federativo que não tem apresentado histórico de descentralização política. Além disso, entendemos que o estabelecimento do regime jurídico da FP *lato sensu* (frise-se, aquela não detentora de poderes de soberania) imprescinde da definição via legislação complementar, cuja aprovação (e modificação) tem quórum por maioria absoluta (art. 69 da CR).

(ii) A outra possibilidade interpretativa conduz à alocação do "Direito da FP" no rol de matérias do art. 24 (competência legislativa concorrente), competindo então à União editar "normas gerais" em matéria de trabalho público. A lei editada pela União será, nessa situação, uma "lei nacional".

Essa possibilidade constitucional tem a seu favor a maior probabilidade de ser melhor absorvida pela juspublicística nacional, sempre tão arredia ao DT. Isso porque, não obstante ainda nos afigure uma proposta laboralizadora, no sentido de concentrar a competência legislativa para a matéria na esfera da União (em semelhança ao que se verifica há muito com DT), está mais conectada à autonomia político-administrativa dos entes federados (e, portanto, a localização da legislação sobre a FP ainda seria vista, por essa doutrina, como reflexo desse poder de auto-organização; e, assim, ainda dentro do DA). Além disso, esse "caminho laboralizador" harmoniza-se com a interpretação assentada acerca do art. 39, *caput*, da CR, configurado como fonte de uma "competência legislativa concorrente cumulativa". Aliás, em outras situações constitucionais que permitem a "multiplicidade legislativa" em matérias comumente afetas ao DA, a União tem editado normas gerais.[51]

Entretanto, contra a hipótese *(ii)* pesa o fato de se tratar de uma leitura que carece efetivamente de alteração constitucional (*lege ferenda*), a fim de que seja incluído no rol do art. 24 da CR um inciso sobre, por exemplo, "as bases do regime dos trabalhadores públicos".[52] Além disso, essa tese traz contra si as controvérsias e dificuldades práticas que há muito rodam a definição de "normas gerais" (os seus limites negativos e possíveis limites positivos[53]). Tanto assim que a própria Alemanha (país que inspirou a

---

[51] Por exemplo: normas gerais em matéria tributária (como assim tem sido qualificado o CTN – Código Tributário Nacional); normas gerais em matéria de licitação e contratos administrativos (Lei nº 8.666/93); normas gerais em matéria de "organização, garantias, direitos e deveres das polícias civis" (art. 24, inciso XVI. Esta lei, porém, ainda não foi editada, V. Projeto de Lei em trâmite na Câmara dos Deputados nº 1949/2007, apensado ao Projeto de Lei nº 6690/2002).

[52] Com redação semelhante ao art. 165º-1/t, da CRP.

[53] V. PAULO AFONSO CAVICHIOLI CARMONA, *Das normas gerais ...*, pág. 60 e seg.

criação dessa figura legislativa), como vimos, já desconstitucionalizou a figura de suas "leis-quadro".[54] Enfim, a depender da "latitude" ou da "parca densidade" das normas gerais que podem vir a ser editadas em matéria de FP pela União, a unidade almejada no sistema funcionarial pode não ser adequadamente obtida. Os exemplos de normas gerais do Direito Positivo brasileiro, contudo, não dão guarida a esse receio.

Nesse quadro jurídico-constitucional *(ii)*, portanto, seria competência da União fixar, por lei nacional, um certo padrão básico ou mínimo em termos de regime, direitos e deveres dos trabalhadores públicos (de forma setorizada ou não), privilegiando a unidade federativa e a observância do princípio da isonomia no plano intergovernamental.

Se a opção por cada um dos "caminhos laboralizadores" propostos (*i* ou *ii*) tem seus prós e contras, fato é que ambos viabilizam, *num segundo momento*, um maior e mais intenso "processo de laboralização legislativa"; seja através da possibilidade de que o conteúdo das leis federais ou nacionais torne-se cada vez mais próximo ou afeto ao DT (intensificação substancial do processo de assimilação jurídica do trabalho subordinado); seja ainda através da abertura para que determinados entes administrativos das várias esferas de governo possam fazer corrente uso do contrato de trabalho[55] (por exemplo, um contrato específico para exercício de funções públicas[56] ou, o contrato de trabalho genérico, a depender da situação) – "laboralização administrativa". Esse "processo de laboralização legislativa" será muito mais frutuoso (ou, pelo menos, tem a probabilidade de o ser, evidentemente) tendo a União como ente legislativamente competente para a matéria, pelo fato de já abarcar a competência para o Direito Positivo do Trabalho, que é aqui o parâmetro.

---

[54] V. GABRIELE MORO, "Federalismo ...", pág. 125-163; ANDREAS J. KRELL, "A Reforma ...", pág. 101-118. Se verificarmos mais acuradamente as razões da Reforma Constitucional de 2006 da Alemanha, veremos que ela teve por objetivo diminuir as dificuldades do processo legislativo, designadamente o poder de intervenção do *Bundesrat*; mas não tanto descentralizar ou diminuir o papel da União em termos de competência legislativa. Tanto assim que, por exemplo, no caso dos "direitos e deveres estatutários dos funcionários dos Estados, Municípios e outras corporações de direito público, bem como dos juízes estaduais, com exceção das carreiras, vencimentos e previdência" (art. 74, item 27, atual redação da Lei Fundamental), de competência *concorrente* da União e dos Estados, foi editada a Lei Federal nº 17/06/2008, contendo o Estatuto dos Funcionários Públicos dos Estados (aplicável também aos Municípios, associações de Municípios e demais pessoas jurídicas de direito público). V. FLORIVALDO DUTRA DE ARAÚJO, *Negociação* ..., pág. 261. Assim, também se verifica (competência concorrente) na Lei Fundamental para o Direito do Trabalho (tendo a União uma legislação de importância peculiar). V. GABRIELE MORO, *Ibidem*, pág. 138 e seg.

[55] Nesse caso, importará ter em vista algumas considerações. A primeira diz respeito à decisão da ADI nº 2.135-4, a qual suspendeu a vigência do art. 39, *caput*, com redação da EC nº 19/98, retornando a ter eficácia a redação originária. O fundamento para o deferimento da liminar foi a inconstitucionalidade formal da EC nº 19/98, nesse aspecto (deduzindo-se que a "desconstitucionalização" da figura do "regime jurídico único", através de um processo legislativo idôneo, não acarretaria inconstitucionalidade material por não violação de cláusula pétrea). A segunda consideração diz respeito a um conceito não meramente formal de "regime jurídico único", que não estaria violado mesmo diante da existência de regimes diferenciados, desde que assegurada a sua finalidade, a sua coerência interna e a isonomia entre trabalhadores públicos análogos (como já defendemos nesse trabalho). A última consideração tem em vista, por exemplo, a EC nº 51/2006, que alterou a redação do art. 198, §5º. Neste parágrafo, apesar da existência constitucional do "regime jurídico único", possibilitou-se a instituição de regime jurídico diverso aos agentes comunitários de saúde e agentes de combate às endemias, apontando para a fragilidade do conceito meramente formal de "regime jurídico único" e plausibilidade da nossa proposta laboralizadora.

[56] Como foi a opção portuguesa.

4 Ainda: A laboralização normativa (*stricto sensu*) da FP – Imprescindibilidade da implementação da contratualização coletiva na AP não empresarial – Algumas possibilidades

A laboralização da FP no âmbito normativo (*lato sensu*) deve ser completada através da implementação da contratualização coletiva na AP não empresarial. A laboralização normativa (*stricto sensu*) da FP, nesse aspecto, ou seja, enquanto "bilateralização coletiva" do regime da FP (*lato sensu*[57]), tem aqui o DCT como sua fonte primeira.

Nesse sentido, a contratualização coletiva da FP pode fazer uma releitura específica dos institutos e instrumentos próprios do DCT (ex.: representação sindical dos trabalhadores; instrumentos normativos possíveis de celebração; vigência e efeitos dos instrumentos normativos, *etc.*); ou, ser ainda mais intensa, utilizando esses mesmos instrumentos, na medida do possível.[58] Destarte, pode haver um "reflexo" do DCT na negociação coletiva da FP (num movimento de "administrativização" do negócio jurídico-privado coletivo) ou será também válida a hipótese desse DCT abarcar essa parcela de trabalhadores subordinados (hipótese com a qual mais concordamos, justamente por estar mais afinada ao fenômeno internacional de emparelhamento dos trabalhadores públicos e privados e em conformidade com a força expansiva do DT, em geral).

Como vimos na 1ª parte de nosso estudo, a CR inovou ao garantir aos "servidores públicos" direitos coletivos próprios dos trabalhadores (direito de sindicalização e direito de greve; art. 37, incisos VI e VII, respectivamente). Não garantiu a CR, *expressis verbis*, pelo menos sob a égide desse artigo, o direito de negociação coletiva ou, ainda, tal como consta no art. 7º (direitos dos trabalhadores, em geral), o "reconhecimento das convenções e acordos coletivos de trabalho". Todavia, o art. 39, §3º, da CR remete à aplicação de vários direitos constantes do art. 7º, próprios dos trabalhadores privados, aos servidores públicos, dentre os quais o direito de "duração do trabalho normal não superior a oito horas diárias e quarenta e quatro horas semanais, facultada a compensação de horários e a redução da jornada, *mediante acordo ou convenção coletiva de trabalho*".

Entretanto, a compreensão constitucional que se firmou no Brasil acerca do direito de negociação coletiva dos servidores públicos foi no sentido de sua impossibilidade jurídica, detendo o Estado (agora Estado-legislador) o domínio exclusivo na definição e na densificação do regime jurídico da FP *lato sensu*.

Em anos mais recentes, contudo, o fenômeno do pluralismo jurídico (tão próprio ao DT e, em geral, também efeito mediato da perda da centralidade do Estado como fonte única do Direito Positivo) alcançou a FP brasileira, fato que ficou nítido através das decisões prolatadas pelo STF nos já citados MIs de nºs 670, 708 e 712 e da ratificação da Convenção nº 151 da OIT.

Em síntese, não obstante a parca práxis administrativa nacional de ser "amiga" do direito de participação dos cidadãos, em geral; e, do direito de contratualização coletiva

---

[57] Sendo de bom alvitre recordar que a nossa pesquisa não abarca categorias específicas da FP e para as quais não foi assegurado (ou mesmo foi proibido) o direito de sindicalização e greve: magistrados, membros do MP, forças armadas e polícias.

[58] Sabemos que a contratualização coletiva própria do DCT não pode ser simplesmente "vestida" na FP, porquanto uma série de questões devem ser adaptadas à FP (ex.: representação patronal ou dos entes públicos no ato de celebração dos instrumentos normativos; adequação orçamentária das cláusulas com repercussão econômica; *etc.*).

dos trabalhadores públicos, muito especialmente; este é, na atualidade, uma realidade que carece de realização e densificação legislativas, até porque essa falta de regulamentação destoa do que determina a norma internacional e ainda, em último termo, acaba por prejudicar os cidadãos/usuários, mormente em situações de impasses e de movimentos paredistas na FP.[59] A nossa proposta laboralizadora passa, necessariamente, por um inicial assentamento infraconstitucional dos procedimentos (*lato sensu*) de negociação coletiva na AP não empresarial.[60] E, *num segundo momento*, imprescinde da efetiva utilização pela AP não empresarial desses procedimentos negociais coletivos.

Como no Brasil o direito de contratualização coletiva na FP é absolutamente incipiente, numerosas questões jurídicas precisam ser solvidas pela lei infraconstitucional, caso contrário, dificilmente atribuir-se-á segurança jurídica à negociação coletiva no âmbito da FP.[61] Na atual ausência dessa lei, mesmo após a ratificação da Convenção nº 151, a linha jurisprudencial do STF tem sido, aliás, no sentido de aplicar, *mutatis mutandis*, procedimentos coletivos dos trabalhadores em geral à FP, em caso de impasses (no caso, os da Lei nº 7.783/89 – Lei de greve do setor privado); numa orientação incontestavelmente laboralizadora.

De toda forma, na esfera federal, editou-se o Decreto nº 7.674, de 20 de janeiro de 2012,[62] que dispõe sobre o "Subsistema de Relações de Trabalho no Serviço Público Federal" (SISRT). Segundo o seu art. 1º: "Este Decreto disciplina a organização do processo de diálogo com vistas ao tratamento dos conflitos nas relações de trabalho no âmbito do Poder Executivo federal, por meio da negociação de termos e condições de trabalho entre suas autoridades e os servidores públicos federais da administração pública federal direta, autárquica e fundacional".[63] Não se trata, evidentemente, de um

---

[59] V. ADRIANO MARTINS DE PAIVA, "Sindicalismo ...", pág. 22.

[60] E, assim, não obstante a ratificação da Conv. nº 151 e da Recomendação nº 159 da OIT. Muitas questões permanecem abertas, mesmo diante do Direito Internacional. O Direito italiano pode nos servir aqui como fonte de inspiração. Esclarecemos que não temos a intenção de fazer neste tópico uma proposta de eventual projeto legislativo sobre a matéria ou apresentar, *ex professo*, todos os iteres da negociação coletiva da FP. Nossa intenção é, antes, apresentar um "caminho laboralizador"; o qual, necessariamente, *ex vi legis*, deverá passar pela contratualização coletiva do regime (ou partes dele) da FP e, nesse sentido, espelhar-se ou inserir-se no DT. Para uma análise acurada do direito de negociação coletiva na FP, V. FLORIVALDO DUTRA DE ARAÚJO, *Negociação* ....

[61] A situação se agrava sobremaneira porque não há também a lei de greve específica da FP, como visto. Assim, Cf. ADRIANO MARTINS DE PAIVA, "Sindicalismo ...", pág. 24: "Apesar da inserção constitucional do direito de greve, a falta de sua regulamentação, associada à resistência da administração em negociar, força o movimento paredista dos servidores públicos cada vez mais ao cometimento de abusos no tempo e na forma das paralisações. Com as manifestações grevistas dos servidores públicos desamparadas de lei específica, pode-se dizer que o Estado, aproveitando-se dessa fragilidade, só cede às pressões do movimento dependendo da conveniência do momento político".

[62] Já apontado na 1ª parte, *supra*.

[63] Estabelece o Decreto nº 7.674/2012 que o SISRT "compreende o conjunto de atividades relacionadas com o diálogo com vistas ao tratamento dos conflitos decorrentes das relações do trabalho e à negociação de termos e condições de trabalho no âmbito da administração pública federal direta, autárquica e fundacional e das organizações de servidores, tendo por fim a solução dos conflitos" (art. 4º). Dispõe, ainda, que a negociação de termos e condições de trabalho "tem como objetivo a democratização das relações de trabalho e a busca da solução de conflitos por meio da redefinição das condições de trabalho" (art. 3º). Em termos de estrutura, segundo o art. 5º, integram o SISRT: o Ministério do Planejamento, Orçamento e Gestão (órgão central); departamentos ou outras unidades nos Ministérios e nos órgãos da Presidência da República (órgãos setoriais); departamentos ou outras unidades nas autarquias e fundações (órgãos seccionais). Em pesquisa na internet, verifica-se que as reações sindicais à implantação do SISRT tendem a ser negativas ou, no máximo, neutras. Denuncia-se que a Secretaria de Relações do Trabalho (integrante do Ministério do Planejamento e órgão central do SISRT) teria sido criada para absorver parte das atribuições e competências da Secretaria

ato legislativo, tendo ainda âmbito de aplicabilidade reduzido e que, mesmo para a AP Federal, não resolve todas as lacunas e problemas jurídicos decorrentes da ausência de lei (mormente porque está vocacionado para um tratamento intra-administrativo dos conflitos; mas não meramente extrajudicial).

De início, por exemplo, um importante debate jurídico a ser legalmente superado reside na aplicabilidade (integral, com mitigações, não aplicação) do art. 8º da CR[64] aos "servidores públicos", para fins de representação do sindicato profissional nas suas respectivas negociações coletivas. A maioria da doutrina considera esse dispositivo aplicável à FP (designadamente os seus incisos III, V, VI, VII e VIII),[65] o que já fora avalizado pelo próprio Judiciário.[66]

Quanto ao registro sindical (inciso I, art. 8º[67]), o Ministério do Trabalho e Emprego (MTE) – órgão do Poder Executivo com atribuições fiscalizatórias sobre as relações de trabalho, em geral (não expressamente incluídas as relações de trabalho públicas, pelo

---

de Recursos Humanos do Ministério do Planejamento, Orçamento e Gestão, porém com grande perda de autonomia em razão do repasse de competências para a nova Secretaria de Gestão – que não lida diretamente com os servidores ou com as centrais sindicais. In: http://www.sinait.org.br/noticias_ver.php?id=4875; http://www.conjur.com.br/2012-fev-02/perspectivas-salariais-servidores-nao-sao-melhores; http://portalctb.org.br/site/brasil/16356-governo-esvazia-orgao-de-negociacao-com-servidores-publicos; http://sindireceita.org.br/blog/2012/02/02/governo-esvazia-orgao-de-negociacao-com-servidores; http://www.airesadv.com.br/Default.aspx?TabId=56&ItemId=517219. Há, ainda, a notícia de uma ação direta de inconstitucionalidade (ADI nº 4738) proposta pela Confederação dos Servidores Públicos do Brasil (CSPB) contra dispositivos do Decreto nº 7.634/2012, especialmente no que tange à competência do SISRT para "organizar e manter atualizado cadastro nacional das entidades sindicais representativas de servidores públicos federais" (art. 6º, IV). V. notícia no site do STF: http://www.stf.jus.br/portal/cms/verNoticiaDetalhe.asp?idConteudo=202268.
É possível encontrar manifestações positivas acerca do SISTR, sem muitos detalhes, em sites do governo. V. http://www2.planalto.gov.br/especiais/caderno-destaques/marco-2012/gestao-em-destaque/direitos-e-cidadania; http://www.planejamento.gov.br/noticia.asp?p=not&cod=8003&cat=34&sec=6, acesso em 10/5/2013.

[64] O art. 8º da CR concretiza, em geral, para os trabalhadores, o direito de associação sindical, dispondo acerca da "unicidade sindical", do "registro sindical", do "imposto sindical" e da estabilidade provisória do dirigente sindical. As controvérsias que rondam esse dispositivo vão além daquelas específicas da FP, uma vez que ele é incompatível com um modelo de plena liberdade sindical, nos termos da Convenção nº 87 da OIT, a qual até hoje não fora ratificada pelo Brasil.

[65] São favoráveis à aplicação do art. 8º da CR à FP, ainda que com especificidades na FP: FLORIVALDO DUTRA DE ARAÚJO, Negociação ..., pág. 363 e seg., e Conflitos ..., pág. 385 e seg.; ANTÔNIO ÁLVARES DA SILVA, Os servidores ..., pág. 74 e Greve ..., pág. 92 e seg. (aplicação com mitigações), PAULO EMÍLIO RIBEIRO DE VILHENA, Contrato de Trabalho ..., pág. 217; CÁRMEN LÚCIA ANTUNES ROCHA, Princípios ..., pág. 347 (aplicação idêntica). Contra: RINALDO GUEDES RAPASSI, Direito ..., pág. 80, com apoio em doutrina de Luciano Castilho.

[66] V. STF, ADI nº 962 e RMS nº 21.758. Deste: "Ementa: "Sindicato de servidores públicos: direito a contribuição sindical compulsória (CLT, art. 578 ss.), recebida pela Constituição (art. 8., IV, in fine), condicionado, porém, à satisfação do requisito da unicidade. 1. A Constituição de 1988, à vista do art. 8., IV, in fine, recebeu o instituto da contribuição sindical compulsória, exigível, nos termos dos arts. 578 ss. CLT, de todos os integrantes da categoria, independentemente de sua filiação ao sindicato (cf. ADIn 1.076, med.cautelar, Pertence, 15.6.94). 2. Facultada a formação de sindicatos de servidores públicos (CF, art. 37, VI), não cabe excluí-los do regime da contribuição legal compulsória exigível dos membros da categoria (ADIn 962, 11.11.93, Galvão). 3. A admissibilidade da contribuição sindical imposta por lei e inseparável, no entanto, do sistema de unicidade (CF, art. 8., II), do qual resultou, de sua vez, o imperativo de um organismo central de registro das entidades sindicais, que, à falta de outra solução legal, continua sendo o Ministério do Trabalho (MI 144, 3.8.92, Pertence). 4. Dada a controvérsia de fato sobre a existência, na mesma base territorial, de outras entidades sindicais da categoria que o impetrante congrega, não há como reconhecer-lhe, em mandado de segurança, o direito a exigir o desconto em seu favor da contribuição compulsória pretendida." (Julgamento: 20/9/1994, Rel. Min. Sepúlveda Pertence).

[67] V. STF, MI nº 144-8, Rel. Min. Sepúlveda Pertence. Decidiu o STF que, na vigência da CR/88, o órgão competente para o registro a que alude o inciso I do art. 8º é o Ministério do Trabalho e Emprego, tratando-se de um "simples registro – ato vinculado, subordinado apenas à verificação de pressupostos legais –, e não de autorização ou reconhecimento discricionários". É um instrumento de verificação e manutenção da "unicidade sindical" (inciso II, do art. 8º).

menos assim no entendimento da jurisprudência[68]) –, tem portaria (Portaria nº 186/2008) que estabelece procedimento administrativo para o registro de entidades sindicais (Cadastro Nacional de Entidades Sindicais). Essas normas administrativas e a própria competência do MTE têm sido corriqueiramente aplicadas em relação ao registro de entidades sindicais de servidores públicos.[69] Por isso, tal órgão, paulatinamente, tem alargado as suas atribuições para o âmbito dos trabalhadores públicos, o que tem verificado efetivamente em questões coletivas.[70] Não deixa de ser, portanto, também aqui um efeito próprio do fenômeno de "laboralização coletiva da FP".

O inciso II do art. 8º é aquele que mais complexidade acarreta, mormente quando analisada a sua aplicabilidade em relação à FP, quer seja pelo modelo de "unicidade sindical" nele imposto, em geral, quer seja pela configuração (ou não) dos sindicatos de trabalhadores públicos como "categoria profissional".

Compreendemos que os "trabalhadores públicos" abrangem, sim, "categoria profissional" (mais ampla ou mais restrita, a depender de seu conjunto subjetivo específico ou não específico[71]), sendo certo que a qualidade da *profissionalidade* do exercício da função pública é que conceitua doutrinária e classicamente "funcionário público". No Brasil, contudo, uma vez que a juspublicística não relaciona imediatamente o caráter da profissionalidade da FP ao servidor público, deixa igualmente de visualizar os "trabalhadores públicos" num conceito amplo de "categoria profissional".

Além disso, importa avaliar se a "unidade sindical" será igualmente imposta aos sindicatos dos servidores públicos ou não.[72] Como não concordamos, *a priori*, com o modelo sindical da CR, somos adeptos de uma interpretação que mais beneficia a liberdade sindical (e a liberdade de associação, em geral). Nessa linha, entendemos que não há razoabilidade em atrelar a representação do sindicato profissional à

---

[68] V. TRT 3ª Reg.: "Agravo de Petição – Multa Administrativa – Contrato Administrativo – Ente Público – Incompetência da Delegacia Regional do Trabalho- Fiscalização de normas trabalhistas – Insubsistência do Auto de Infração – A Delegacia Regional do Trabalho, por meio de seus auditores-fiscais, tem competência para autuar as empresas, conforme expressamente previsto no artigo 48 da CLT, sempre que constatada a irregularidade na contratação de empregados submetidos ao regime da CLT, porque é esse o alcance da Lei. Em se tratando de contratos administrativos, realizados com fulcro no inciso IX do artigo 37 da CF, impõe-se a observância das normas do Direito Administrativo, donde se infere que o exame da legalidade ou não dos referidos contratos extrapola a competência do Ministério do Trabalho" (Processo nº 01094-2007-065-03-00-8). V. tb. TRT 3ª Reg., 01609-2005-012-03-00-2 RO.

[69] Basta um passeio eletrônico pelo *site* do MTE para localizarmos uma série de entidades sindicais dos trabalhadores públicos. V. http://portal.mte.gov.br/cnes/, acessado em 14/3/2013. Neste dia, através da pesquisa avançada com os termos "grau – sindicato"; "grupo – trabalhadores"; "área geoeconômica – urbana"; "classe – servidores públicos", foram localizados 1.549 sindicatos de servidores públicos, das mais variadas esferas. Para o grupo "empregadores" não há a opção de "servidores públicos" (no sentido de não haver sindicatos de "empregadores públicos"). Porém, inúmeras questões jurídicas acessórias podem ainda surgir, dentre elas a viabilidade de se existirem sindicatos profissionais de trabalhadores públicos e privados, simultaneamente (ex.: de professores; de profissionais da área médica, *etc*.). Assim como FLORIVALDO DUTRA DE ARAÚJO, *Negociação* ..., pág. 368, entendemos que isto é juridicamente lícito. Há autores, contudo, que não admitem essa possibilidade. V. JOSÉ CLÁUDIO MONTEIRO DE BRITO FILHO, *A sindicalização no serviço público*, LTr, São Paulo, 1996, pág. 62-64.

[70] Vale lembrar que o MTE está intimamente ligado à fiscalização das leis trabalhistas.

[71] Esta concreta configuração pode dar azo a controvérsias sucessivas. Por exemplo, se seria possível a existência de um sindicato dos professores públicos (em geral) em um determinado município, não obstante a existência de um sindicato dos trabalhadores públicos municipais previamente estabelecido.

[72] ANTÔNIO ÁLVARES DA SILVA, *Greve* ..., pág. 110, entende que o inciso II é inaplicável aos sindicatos de servidores públicos, pois conclui "que a unicidade sindical do sindicato dos servidores públicos tem caráter próprio e especial". Diversamente, FLORIVALDO DUTRA DE ARAÚJO, *Negociação* ..., pág. 366-368. Outra posição é de JOUBERTO DE QUADROS PESSOA CAVALCANTE e FRANCISCO FERREIRA JORGE NETO, *O empregado* ..., pág. 363-364.

extensão territorial do Poder Público ao qual os servidores representados encontram-se juridicamente vinculados, podendo perfeitamente existir sindicatos profissionais que representam trabalhadores públicos de mais de um ente federativo ou órgão público; ou, mesmo, sindicatos profissionais que condensem a representação de trabalhadores públicos e privados ao mesmo tempo, dada a similitude das atividades exercidas (ex.: professores, médicos).[73]

No que diz respeito à cobrança do "imposto sindical" dos servidores públicos para custeio do sistema confederativo (inciso IV, do art. 8º), a doutrina tem apontado pela necessidade de observância da legalidade estrita (por ser uma espécime tributária), não podendo aqui os dispositivos celetistas serem aplicados analogicamente aos trabalhadores públicos.[74] O STF efetivamente já se pronunciou pela aplicabilidade do modelo de "unicidade sindical" (sindicato único) aos sindicatos de servidores públicos, conjuntamente com a contribuição compulsória;[75] arcaicas heranças do modelo sindical getulista.

Enfim, existem questões jurídicas espinhosas que urgentemente carecem de definição legal nessa seara, para a própria viabilidade do direito de negociação coletiva na FP. Afinal, as dúvidas já se instauram logo em relação à própria representação dos sindicatos profissionais da FP e à sua abrangência; ou seja, relativamente à própria legitimidade dos entes sindicais.

Quanto à representação das entidades de direito público, como a negociação coletiva no Brasil ainda se encontra em estágio embrionário (pelo menos em termos jurídicos), estas têm se feito representar por agentes especialmente incumbidos de tal mister (servidores públicos de alto escalão na entidade; servidores comissionados; procuradores da Advocacia Pública, *etc.*) em "mesas de negociações" ou em "comissões de negociação". Todavia, um processo negocial perene (ou, pelo menos, não esporádico) poderá vir a exigir um futuro aparelhamento ou a instituição de órgãos permanentemente vocacionados à negociação pública na qualidade de "empregador público".

Como vimos, o Direito Comparado nessa seara nos dá exemplos de algumas possibilidades a serem escolhidas; quer mediante a instituição legal de um órgão centralizado e independentemente das instâncias sindicais para esse fim (como na Itália, com a ARAN[76]); quer mediante a instituição de associações de entidades estaduais ou municipais com o intuito de harmonizar e unificar a negociação nesses planos, a qual de outro modo seria certamente atomizada e, possivelmente, geradora de diferenças e fragilidades (como na Alemanha, com as associações de entidades de direito público no plano estadual

---

[73] É tb. a posição de FLORIVALDO DUTRA DE ARAÚJO, *Negociação* ..., pág. 366-368, contra a chamada *bifrontalidade sindical*. Aliás, nesse sentido é mesmo a experiência da MNNP do SUS (MNNP/SUS). Cf. ADRIANO MARTINS DE PAIVA, "Sindicalismo ...", pág. 27, o MNNP/SUS "abarca não só as relações de trabalho do setor público, mas também do setor privado (particulares prestadores de serviço de saúde)".

[74] Cf. FLORIVALDO DUTRA DE ARAÚJO, *Negociação* ..., pág. 364, nota. Por isso mesmo JOUBERTO DE QUADROS PESSOA CAVALCANTE e FRANCISCO FERREIRA JORGE NETO, *O empregado* ..., pág. 392 e seg., apontam a inconstitucionalidade da Instrução Normativa de nº 1 de setembro de 2008 do MTE quanto à cobrança dessa contribuição compulsória dos servidores e empregados públicos. ANTÔNIO ÁLVARES DA SILVA, *Greve* ..., pág. 115, entende ser inaplicável o inciso IV do art. 8º à FP, pela impossibilidade de configuração (para ele) do sistema confederativo (sindicato/federação/confederação) à FP.

[75] V. STF, RMS nº 21.758-DF, Rel. Min. Sepúlveda Pertence, já citado.

[76] Não obstante todas as críticas que atualmente incidem sobre a atuação da ARAN, pela "contaminação" da influência sindical, sendo certo que em termos de estrutura social, o Brasil assemelha-se muito mais à Itália do que à Alemanha.

e comunal). Consideramos, assim como Florivaldo Dutra de Araújo,[77] que a efetiva bilateralização coletiva do regime da FP irá exigir uma futura "profissionalização" dos representantes públicos, sendo altamente frutífero, diante da complexidade do sistema funcionarial brasileiro, que haja mecanismos de harmonização e asseguramento da isonomia na concessão de direitos e vantagens aos trabalhadores públicos numa ótica intragovernamental.

No campo das matérias coletivamente contratualizáveis, nos termos do nosso Direito Positivo atual, podemos ter aquelas que irão depender de ratificação pelo Poder Legislativo (através da validação numa futura legislação – ex.: aumento de vencimentos; modificação de direitos legalmente fixados), como outras que podem se tornar normas coletivas independentemente de futuro processo legislativo (ex.: instituição de banco de horas e compensação de jornada de trabalho; representação sindical no órgão/ente e em procedimentos disciplinares; medidas de mobilidade interna; medidas de saúde e segurança no trabalho; estipulação de data-base negocial da categoria profissional;[78] medidas para maior eficiência profissional; densificação normativa de direitos legais; procedimentos de conciliação coletiva extrajudicial em caso de impasses; *etc.*). Ademais, não está vedada, inclusivamente, a negociação coletiva de atos regulamentares e administrativos da própria AP não empresarial, mormente para uma maior eficácia destes (ex.: alteração de práticas administrativas; mudança de locais de trabalho, *etc.*[79]).

Nessa seara, o Direito Comparado, designadamente, o Direito Italiano e o Espanhol, também podem nos inspirar, a fim de que o Direito Positivo permita (*lege ferenda*) o elastecimento das matérias atualmente contratualizáveis (ou seja, independentemente de uma efetiva "privatização ou laboralização individual" de parcela da FP), num movimento mais amplo de "laboralização coletiva", em sintonia com a *telos* da Convenção nº 151 da OIT. Assim, poderia ser especialmente o caso da questão do reajuste da remuneração da FP (art. 37, inciso X, da CR), asseguradas medidas efetivas de controle e adequação orçamentários e de ajuste fiscal (art. 165, CR).

Quanto à abrangência da contratação coletiva (ou seja, dos resultados obtidos na negociação coletiva, cujo *nomen iuris* pode ser atribuído pela lei – ex.: pacto coletivo, acordo coletivo de trabalho, convenção coletiva de trabalho, *etc.*), irá depender da representatividade do sindicato profissional signatário e da(s) entidade(s) de direito público pactuante(s), incluindo ou não variados segmentos da FP. Por exemplo, como ocorre na seara privada, em analogia, pode-se estipular que os "Acordos Coletivos de Trabalho" sejam mais específicos e as "Convenções Coletivas de Trabalho" sejam mais genéricas, como também se verifica na Itália (contratações nacionais e integrativas). A eficácia do resultado da negociação também dependerá da necessidade ou não de "ratificação" legislativa, podendo o resultado da negociação ser configurado como uma necessária proposta de lei, como uma proposta de ato administrativo ou, mesmo,

---

[77] In *Negociação* ..., pág. 370.
[78] Não obstante o art. 37, inciso X, da CR assegure a "revisão geral anual, sempre na mesma data e sem distinção de índices" na remuneração da FP, tem sido prática brasileira a ofensa a esse dispositivo; quer seja através da concessão diferenciada de reajustes nas várias esferas de governo e nos vários poderes da República; quer seja através do não reajuste anual (ou por vários anos sucessivos) para várias categorias de servidores públicos. A negociação coletiva certamente irá mudar esse cenário de "omissão e inércia".
[79] V. PAULO OTERO, *Legalidade* ..., pág. 521, sobre a "amplitude dimensional da autovinculação bilateral da Administração Pública".

adquirir plena eficácia com a assinatura dos pactuantes (o Direito Espanhol nesse aspecto diferencia entre acordos e pactos). Quanto à vigência das normas coletivas entabuladas, a lei também poderá assegurar terem prazo certo ou indeterminado, até que sejam revogadas ou alteradas por novas normas. A lei também poderá assentar igualmente o princípio da ultratividade das normas coletivas, vigorante no DT (art. 114, §2º, *in fine*, CR/88[80]).

A doutrina ainda chama atenção para os princípios jurídicos que devem ser respeitados na negociação coletiva, já plenamente absorvidos pelo DCT (provindos da "Teoria do Negócio Jurídico"): princípio da inafastabilidade da negociação; princípio da boa-fé; princípio do acesso à informação; princípio da adequação; princípio do contraditório; princípio da representação e da assistência; princípio da simplicidade das formas; princípio do dever de influência; princípio da responsabilidade.[81]

Em síntese, o Direito Positivo brasileiro encontra-se no "fim da linha" do regime plenamente "estatutário" na FP, compreendido este como aquele completamente dominado pelo princípio da reserva legal (primazia da lei). A única direção agora possível, pela vigência interna da Convenção nº 151 da OIT no Brasil, reside na implementação efetiva de procedimentos negociais coletivos na FP *lato sensu*. Todavia, os "caminhos dessa laboralização coletiva" são variados e o ordenamento jurídico (*lege ferenda*) pode optar por um ou várias possibilidades "laboralizadoras" já praticadas no Direito Comparado.

Frisamos que somos partidários de um modelo de contratualização coletiva mais próximo ao que já se verifica no âmbito dos trabalhadores privados, ressalvadas as adequações necessárias decorrentes da natureza pública do "empregador" e de seu patrimônio. Não vislumbramos incompatibilidade na inserção dessa negociação coletiva no âmbito do DCT, como efetivamente sinalizou o STF em seus recentes julgados, adaptando a Lei nº 7.783/89 à FP. Esse seria o "curso mais natural"; ao invés de administrativizar (no sentido de se considerar inserido no DA) procedimentos tão próprios dos trabalhadores, eis que reivindicações e conflitos são inerentes às relações de trabalho em geral.[82] Tanto assim que o próprio órgão do Poder Executivo incumbido de fiscalizar as relações de trabalho (MTE) tem correntemente desempenhado sobre os sindicatos dos trabalhadores públicos as atribuições registrais e mesmo de mediação de alguns conflitos coletivos.[83]

---

[80] V. Súmula nº 277 do TST, com redação de 25/9/2012: "Convenção Coletiva de Trabalho ou Acordo Coletivo de Trabalho. Eficácia. Ultratividade. As cláusulas normativas dos acordos coletivos ou convenções coletivas integram os contratos individuais de trabalho e somente poderão ser modificadas ou suprimidas mediante negociação coletiva de trabalho".

[81] O rol é de FLORIVALDO DUTRA DE ARAÚJO, *Negociação* ..., pág. 377 e seg. No DCT, V. FRANCISCO FERREIRA JORGE NETO e JOUBERTO DE QUADROS PESSOA CAVALCANTE, *Direito* ..., pág. 1686 e seg.

[82] Em sentido diverso, PAULO OTERO, *Legalidade* ..., pág. 521.

[83] Art. 11 a 13 da Portaria nº 186/2008 do MTE. V. Procedimentos Administrativos junto ao MTE para registro de entidades sindicais de servidores públicos, ex.: nº 46000.022893/2005-68 (Sindicato dos Servidores Públicos do Município de Teresina/PI); nº 46000.005578/2006-57 (Sindicato dos Servidores da Secretaria de Tributação do Estado do Rio Grande do Norte – SINTERN); nº 46202.001867/2009-53 (Sindicato dos Servidores Públicos Estaduais do Amazonas – SISPEAM); nº 46201.001474/2010-93 (Sindicato dos Servidores Públicos Federais da Educação Básica e Profissional no Estado de Alagoas – SINTIETFAL); nº 46215.102530/2010-57 (Sindicato Nacional dos Servidores do Instituto Nacional do Seguro Social – SINDINSS). V. FLORIVALDO DUTRA DE ARAÚJO, *Negociação* ..., pág. 366.

5 A laboralização administrativa da FP – A laboralização de entes/ órgãos incumbidos de atividades materiais da AP – Necessidade de flexibilidade administrativa – A substituição da terceirização lícita na AP não empresarial pelo contrato de trabalho com a AP tomadora

Conforme aduzimos, a "laboralização legislativa" procurará atribuir um "norte", uma "base comum" à "desorientação legislativa" que atualmente tem se verificado no disciplinamento jurídico dos trabalhadores públicos, viabilizada principalmente por uma excessiva "descentralização legislativa" entre todos os entes federados nacionais sem a manutenção dos valores da unidade e da isonomia. A "laboralização normativa" (*stricto sensu*), por sua vez, pretende "afrouxar" (o dogma de) o princípio da reserva legal em matéria de regime jurídico dos trabalhadores públicos, em cumprimento às normas de Direito Internacional do Trabalho, permitindo conceder efetividade ao direito de contratualização coletiva no âmbito da FP. Para tanto, o espaço destinado à negociação (e, via de consequência, à contratação) coletiva pela lei não pode ser diminuto ou juridicamente insignificante,[84] não obstante seja relativo e dependa de concretização legislativa em muitos aspectos (legitimação, âmbito da contratação, procedimento, efeitos, vigência, *etc*.).

Além dessas propostas laboralizadoras, entendemos que o sistema funcionarial brasileiro precisa ser alvo de uma "laboralização administrativa", no sentido de que parcela da FP (*lato sensu*) possa ser "desestatutarizada"[85] e "laboralizada"; isto é, sujeita a um regime de trabalho jurídico-privado (obviamente, com vinculações jurídico-públicas, dada a natureza pública do "empregador"[86]). Para tanto, temos por base as seguintes premissas:

(i) a "laboralização administrativa" baseia-se na compreensão de que, insistindo a CR na determinação e manutenção de um "regime jurídico único",[87] este não pode continuar a ser lido como "unívoco" e "totalizante" para todos os "servidores públicos" da AP não empresarial. O mesmo carece de um conteúdo material vocacionado à igualdade e à sua adequabilidade administrativa. Tanto assim procede que o próprio art. 198, §5º, da CR (EC nº 51/2006[88]) já possibilita uma abertura para uma interpretação mais flexível desse "regime jurídico único" (art. 39, *caput*), tendo em vista, por exemplo, as finalidades desempenhadas do órgão público a que o trabalhador público esteja vinculado e às próprias atividades deste;

(ii) a "laboralização administrativa" imprescinde de uma legislação infraconstitucional, tanto para instituir e densificar o regime jurídico de trabalho da parcela da FP (*lato sensu*) que será "desestatutarizada" (ex.: "contrato de trabalho em funções públicas", à semelhança de Portugal, na medida em que a

---

[84] V. FRANCISCO LIBERAL FERNANDES, "O Direito de ...", pág. 221 e seg. V. J. J. GOMES CANOTILHO e VITAL MOREIRA, *Constituição* ..., vol. I, pág. 746.
[85] Em analogia a palavra *despublicatio* da doutrina jusadministrativa.
[86] V. 3ª parte, *supra*.
[87] V. 1ª parte, *supra*. V. decisão liminar da ADI nº 2.135-4 do STF.
[88] A EC nº 51/2006 flexibilizou o "regime jurídico único" na medida em que permite regime diverso do "estatuário" (assim compreendido pela doutrina e pela jurisprudência) para os agentes comunitários de saúde e agentes de combate às endemias.

CLT, frise-se, não resguarda e nem disciplina as vinculações jurídico-públicas inafastáveis[89]), quanto para identificar os órgãos administrativos (ou entes, ou atividades) que podem ser legitimamente "laboralizados" (ex.: setor da saúde pública; setor da educação básica e fundamental; ordens profissionais; atividades-meio da AP não empresarial, *etc.*), nisso implicando a observância dos princípios jurídico-públicos. Esse regime jurídico de trabalho, entendemos, não precisa ser idêntico para todas as situações passíveis de "laboralização administrativa", desde que guarde isonomia intra-administrativa (ou seja, situações semelhantes carecem de um disciplinamento semelhante quanto às relações de trabalho);

(iii) a "laboralização administrativa" objetiva extrair do sistema funcionarial brasileiro um pouco de sua excessiva rigidez, resultado de uma ótica totalitária e universalizante do "regime jurídico único". Assim, haverá ganhos em termos de flexibilidade administrativa, todavia, sem que isso represente uma situação menos favorável ao trabalhador público em termos de *status* jurídico, direitos e garantias.[90] Ao reverso, nos termos em que será proposta a nossa "laboralização administrativa", compreendemos que haverá, sim, ganhos jurídicos ao "trabalhador público laboralizado" (mormente em termos de isonomia);

(iv) finalmente, a "laboralização administrativa" também considera juridicamente (ou, pelo menos, não ignora juridicamente) uma realidade fática do nosso sistema funcionarial: milhares de entes federados (designadamente, os municípios) e administrativos (principalmente, autarquias institucionais[91]) têm efetivamente praticado essa "laboralização", através da "celetarização" de sua FP (submissão dos trabalhadores públicos ao disciplinamento da CLT). Tal laboralização tem efetivamente as suas razões: a maioria da FP municipal vocaciona-se à prestação de serviços públicos de saúde (profissionais da área médica, profissionais de área de assistência social, agentes de combates às endemias, *etc.*) e de educação básica e fundamental (profissionais da rede municipal de ensino); sendo certo que tais atividades são *materiais* da AP não empresarial. Além disso, são atividades também praticadas por trabalhadores do setor privado, sendo bastante usual nesses casos a cumulação de empregos privados com o exercício público ou mesmo a cumulação de dois cargos públicos.[92] Essa necessidade fática da AP não empresarial está a merecer ratificação (e limitação) legislativa, porque realmente justificada.

---

[89] V. 3ª parte, *supra*.

[90] Com efeito, na França, os contratados auferem, em regra, melhores ganhos do que os funcionários públicos.

[91] Pensamos principalmente nas fundações hospitalares, instituídas nos âmbitos das universidades federais, por exemplo, justamente para viabilizar a contratação "celetista" de profissionais da área médica. A prática é bastante discutível por representar uma "fuga para o direito privado".

[92] A teor do art. 37, inciso XVI, da CR é possível a cumulação remunerada de cargos públicos, havendo compatibilidade de horários, nos casos de: dois cargos de professor; um cargo de professor e outro de nível técnico ou científico; dois cargos ou empregos privativos de profissionais de saúde, com profissões regulamentadas. Assim, é usual encontrarmos um trabalhador público que exerça, cumulativamente, cargos de médico em municípios limítrofes (ainda que com regimes jurídicos diferenciados); professor exercendo cargo na rede municipal de ensino e, cumulativamente, na rede estadual de ensino; *etc.*

Iniciemos, pois, essa nossa proposta de "laboralização administrativa", que não tem intenção de ser exaustiva; mas, sim, indicar caminhos ou soluções que consideramos adequadas para a racionalização do sistema funcionarial brasileiro. Os argumentos da "laboralização administrativa", assim, podem ser igualmente válidos diante de outros órgãos, entes ou atividades administrativas que podem prescindir, de forma segura e juridicamente legítima, da "estatutarização" do regime jurídico (atualmente, também, uma tendência que se verifica em nível internacional, salvo em situações de exercício de poderes de autoridade ou soberania).

5.1 A laboralização de órgãos ou atividades administrativas – Os exemplos da saúde e educação

Diante das premissas anteriormente apontadas, consideramos que um dos campos adequados (ou melhor, um fértil solo) para "laboralização administrativa" seja justamente o âmbito subjetivo das entidades públicas (entes federativos ou órgãos administrativos) incumbidas da prestação dos serviços públicos de saúde (art. 198, CR) e da educação básica e fundamental *lato sensu* (ensino fundamental e médio e educação infantil, art. 211, CR). E por várias razões, algumas já antecipadas.

Inicialmente, porque não vislumbramos exigência para uma excessiva publicização do regime de trabalho dos profissionais incumbidos dessas atividades *materiais*[93] da AP não empresarial,[94] sendo certo que o "estatuto" do funcionário público (aqui compreendido historicamente como um regime específico de DA que lhe assegura principalmente a estabilidade no serviço, visando preservar-lhe de pressões políticas do Poder Executivo – imparcialidade administrativa – e da prática do *spoil system*[95]) tem particular relevo quando esse servidor público comparece como uma ("clássica") autoridade administrativa, dotada de específicos poderes administrativos.

Não suficiente, estamos diante de atividades que são igualmente prestadas pela iniciativa privada (arts. 199 e 209, CR) e nas quais se verifica uma grande mobilidade, pelas próprias peculiaridades desse exercício profissional (normalmente, os profissionais da área de saúde e da área educacional cumulam mais de um posto de trabalho, seja apenas no setor público, seja conjuntamente com o setor privado[96]). Aliás, na prática,

---

[93] V. CARLA AMADO GOMES, *Contributo para o estudo das operações materiais da Administração Pública e do seu controlo jurisdicional*, Coimbra Editora, Coimbra, 1999, pág. 252. Segundo esta A.: "operações materiais administrativas, em termos substantivos, são todos os actos que visam exclusivamente produzir alterações na realidade física (embora possam também ter, acidentalmente, consequências jurídicas), quer no âmbito da organização administrativa, quer no âmbito do estabelecimento de relações jurídicas administrativas entre a Administração e outros sujeitos, de direito público ou privado, cuja prática é imposta por acto normativo ou por determinação individual, e que têm por finalidade a realização dos interesses públicos da pessoa colectiva ao qual são imputados".

[94] Aliás, sabemos que historicamente as tarefas pertinentes à saúde e à educação foram "publicizadas" pelo Estado Social, já que no Estado Liberal (clássico) não eram incumbências do Estado. Publicizadas as atividades (na qualidade de real serviço público), "publicizados" se tornaram os trabalhadores públicos correlativos.

[95] O *spoil system* fora introduzido no EUA pelo Presidente Jackson (1829-1837), consistindo na exploração política dos cargos da Administração Federal. V. JOSÉ MARIA TEIXEIRA DA CRUZ, *A Função Pública* ..., pág. 135 e seg. V. tb. URBANO C. BERQUÓ, "A Transformação ...", pág. 119-120 e ALBERTO PALOMAR OLMEDA, *Derecho* ..., pág. 154.

[96] A Lei nº 8.662/1993 regula a atividade de assistente social, que somente pode prestar 30 horas semanais. O art. 318 da CLT proíbe que o professor empregado ministre mais de 6 horas-aula diárias, ainda que intercaladas (proibição que é destinada apenas ao mesmo empregador). Segundo a Súmula nº 370 do TST, a Lei nº 3.999/1961,

o que se tem constatado é uma elevada quantidade de municípios aderindo ao regime "celetista" (ou, subsidiariamente, realizando "contratos administrativos de excepcional interesse público" com esses profissionais[97]), justamente porque a maioria de sua FP está diretamente adstrita ao cumprimento dessas competências-atividades.[98] Ainda, tanto no âmbito dos Estados-membros, como no âmbito da União, constatamos fundações hospitalares constituídas pelo Poder Público e submetidas ao direito privado justamente com o fito de suprir as suas necessidades de pessoal,[99] dando azo a uma série de questionamentos judiciais.[100] Tal "fuga para o direito privado" tem demonstrado uma

---

relativa ao salário-mínimo dos médicos, não estipula jornada reduzida, mas estabelece o salário mínimo da categoria para uma jornada de 4 horas. No caso de médico servidor público federal, conforme art. 41, *caput* e §2º, da Lei nº 12.702/2012, a jornada é de 20 horas semanais, podendo os ocupantes de cargos efetivos, mediante opção funcional, exercer suas atividades em jornada de 40 horas semanais, observados o interesse da administração e a disponibilidade orçamentária e financeira.

[97] Dentre outros ex., há numerosos casos de admissão de professores, no Estado de Minas Gerais, mediante contratação por prazo determinado, para atender a "necessidade temporária de excepcional interesse público". V. TRT 3ª Reg.: "Ementa: Processo Seletivo Simplificado para Contratação de Professores – Cumprimento do convênio de cooperação técnica assinado pelas duas instituições – Contrato por prazo determinado estabelecido pelo tempo de vigência do convênio – Ausência de estabilidade – Impossibilidade de reintegração – O processo seletivo simplificado realizado para atender a necessidade imediata da contratação de professores para dar cumprimento ao convênio de cooperação técnica firmado entre a Autarquia Municipal de Poços de Caldas e a Universidade do Estado de Minas Gerais não tem o condão de transmudar a modalidade de contratação da reclamante, conferindo-lhe estabilidade. Se é bem verdade que o atendimento de necessidade temporária de excepcional interesse público (art. 37, IX, C.R) serve para suprimento de pessoal perante contingências que desgarrem da normalidade das situações e presumam admissões apenas provisórias, demandadas em circunstâncias incomuns, cujo atendimento reclama satisfação imediata e temporária, o que, em princípio não se coaduna com o preenchimento de cargo de professor (que diz respeito à atividade de educação constitucionalmente imputada ao Estado), por outro lado, se a atividade não é temporária, o interesse público demanda que se faça imediato "suprimento temporário da necessidade", por não haver tempo hábil para realização de concurso com todos os seus prazos e suas delongas, o que deixaria a descoberto o interesse que se quer suprir. Não tem direito a reintegração aquele que foi legitimamente contratado por prazo determinado." (Processo nº 00969-2007-149-03-00-3). V. tb. TRT 3ª Reg., processos nº 01727-2009-032-03-00-9 RO, 00905-2007-070-03-00-9 RO, 00905-2007-070-03-00-9 RO.

[98] O SUS – Sistema Único de Saúde – é formado pelo conjunto de ações e serviços de saúde prestados por órgãos e instituições públicas federais, estaduais e municipais, da administração direta e indireta e das fundações mantidas pelo Poder Público. Permite-se à iniciativa particular participar do Sistema de modo complementar. V. MINISTÉRIO DA SAÚDE, *Sistema Único de Saúde (SUS): Princípios e Conquistas*, Ministério da Saúde, Brasília, 2000, pág. 5.

[99] É o caso da "Rede SARAH de Hospitais de Reabilitação" (Hospital Sarah Kubitschek). O conjunto de unidades hospitalares é gerido pela "Associação das Pioneiras Sociais" (APS) – entidade de serviço social autônomo, de direito privado e sem fins lucrativos, criada pela Lei nº 8.246/1991. A Associação atua com base em um contrato de gestão, firmado em 1991 com a União Federal, que explicita os objetivos, as metas e os prazos a serem cumpridos. V. TRT 3ª Reg.: "Ementa: Equiparação salarial. Tabela salarial. Conforme item I da Súmula 6 do TST, "Para os fins previstos no §2º do art. 461 da CLT, só é válido o quadro de pessoal organizado em carreira quando homologado pelo Ministério do Trabalho, excluindo-se, apenas, dessa exigência o quadro de carreira das entidades de direito público da administração direta, autárquica e fundacional aprovado por ato administrativo da autoridade competente." Tratando-se a reclamada de pessoa jurídica de direito privado e não tendo sua tabela salarial homologada pelo MTE, não há como se admitir que referida tabela afaste a possibilidade de equiparação salarial. INTEIRO TEOR: Recorrente(s): ... Associação das Pioneiras Sociais (Rede Sarah de Hospitais do Aparelho Locomotor) ..." (Processo nº 0001601-53.2010.5.03.0011 RO). V. tb. TRT 3ª Reg., processos nº 01126-2006-024-03-00-9 RO, 00585-2005-004-03-00-0 RO.

[100] Tem sido muito discutida pela doutrina a possibilidade de constituição de fundações privadas. V. CELSO ANTÔNIO BANDEIRA DE MELLO, *Curso* ..., pág. 185-186; MARIA SYLVIA ZANELLA DI PIETRO, *Direito* ..., pág. 371-376; DIOGENES GASPARINI, *Direito* ..., pág. 326-329; MARÇAL JUSTEN FILHO, *Curso* ..., pág. 129-131. No Brasil, vinculam-se progressivamente as universidades federais a fundações privadas, ditas de apoio institucional. No campo da saúde, proliferam-se também fundações hospitalares de natureza privada. V. VALDEMAR SGUISSARDI, "Fundações Privadas na Universidade Pública. A quem interessam?", in *Avaliação*, Campinas, vol. 7, nº 4, dez., 2002, págs. 43-72; LÍGIA BAHIA, "A Privatização no Sistema de Saúde Brasileiro nos Anos 2000: tendências e justificação", in NELSON RODRIGUES DOS SANTOS e PAULO DUARTE C. AMARANTE, *Gestão Pública e Relação Público Privado na Saúde*, Cebes, Rio de Janeiro, 2010, pág. 115-128.

real necessidade de uma situação funcional mais flexível e, por que não, mais semelhante ao que se verifica em situação análoga no setor privado, com o qual os profissionais do setor público tanto se comunicam.[101]

Acreditamos que mais razoável e adequada fosse realmente a instituição de um regime laboral (sujeito ao DT, porém diverso da CLT) para esses profissionais públicos (inclusive, como já ressaltamos, mediante uma lei federal/nacional que resguardasse, considerando os vários entes federados, a isonomia intergovernamental e intra-administrativa de direitos e deveres). O exemplo de Portugal é aqui paradigmático, podendo-se pensar, por exemplo, na instituição legal de um regime de "contrato de trabalho em funções públicas nos setores da saúde e ensino".[102]

A afetação jurídico-pública nessas futuras relações jurídicas profissionais com a AP não empresarial é pressuposta e fundamental, também se considerando que são aqui investidos e aplicados recursos essencialmente públicos. Levando-se em conta o que alinhavamos na 3ª parte de nosso estudo, tal "laboralização administrativa" deverá assegurar concretamente: *(i)* a eficácia imediata dos direitos fundamentais dos trabalhadores públicos; *(ii)* a observância integral do princípio da igualdade na formação, no curso e no término das relações de trabalho, independentemente da opção *in concreto* pelo tipo de procedimento concursal para o acesso (concurso público de provas ou de provas e títulos; procedimento seletivo simplificado, *etc.*); *(iii)* respeito aos princípios da AP, em especial, a publicidade e a impessoalidade administrativa.

O disciplinamento das relações jurídicas de trabalho dos trabalhadores públicos incumbidos da execução das atividades materiais de saúde e educação (básica e fundamental) públicas mediante um modelo laboral, além de viabilizar um ganho em termos de flexibilidade (apesar de efetivamente o DT não ser um ramo jurídico em que o paradigma da flexibilidade seja-lhe peculiar, não se tratando evidentemente de *Soft Law*; há a viabilidade de não extensão do direito à estabilidade do art. 41 da CR; estágio probatório com prazo inferior ao período de três anos, *etc.* –), permitirá um maior paralelismo entre esses setores da AP e o setor privado, facilitando a mobilidade e permitindo uma maior identidade profissional (uma "parametrização profissional"). Nesse sentido, as próprias categorias profissionais envolvidas nesses setores (públicos e privados) sairá reforçada, numa visão coletiva, inclusive podendo conjuntamente reivindicarem melhores condições de trabalho, política e contratualmente.[103]

---

[101] Aliás, diga-se de passagem, houve tentativa do anterior Governo de realizar a "empresarialização" dos Hospitais. V. MP nº 520/2010, de 31/12, que teve seu prazo de vigência encerrado em 1/6/2011. Nos termos do art. 1º da referida MP, ficava o Poder Executivo autorizado a "criar empresa pública sob a forma de sociedade anônima, denominada Empresa Brasileira de Serviços Hospitalares S.A. – EBSERH, com personalidade jurídica de direito privado e patrimônio próprio, vinculada ao Ministério da Educação, com prazo de duração indeterminado". Sujeita ao regime jurídico próprio das empresas privadas, a empresa poderia ser contratada pela AP com dispensa de licitação, para realizar atividades relacionadas ao seu objeto social. Em Portugal também houve tal tentativa, como demonstra a experiência relacionada aos "Hospitais S.A.". V. JORGE VARANDA, "Hospitais: a longa marcha da empresarialização", *in Revista Portuguesa de Saúde Pública*, Volume Temático n º 4, 2004, pág. 57-63. Essa tentativa, para além de representar uma duvidosa "fuga para o Direito Privado", objetiva, na essência, que os trabalhadores públicos sejam submetidos ao regime jurídico-privado, pelo menos no Brasil. Como vimos, na França, justamente em decorrência dos argumentos que temos expostos, há uma FP específica para o setor hospitalar. V. 2ª parte, *supra*.

[102] O entendimento em Portugal é no sentido de que o RCTFP integra o DA. Para nós, como aduzido, trata-se de uma "alocação jurídica" na *summa divisio* que finaliza apenas justificar a competência judicial dos Tribunais Administrativos; situação que absolutamente não pode ser válida para o Brasil.

[103] Temos conhecimento de que o Município de Belo Horizonte regulamenta "Caixas Escolares" para, dentre outras finalidades, registrar os trabalhadores públicos de escolas municipais sob regime "celetista" (ex.: limpeza

De todo modo, como já antecipamos, não obstante consideremos que a estabilidade constante do art. 41 da CR possa ser racionalizada e repensada (no sentido de ser especialmente vocacionada para, por exemplo, as "atividades essenciais ao funcionamento do Estado"[104]), não carecendo de ser igualmente extensível a todo complexo heterogêneo subjetivo que constitui a FP *lato sensu*, somos absolutamente partidários de que, no mínimo, mesmo diante da "clássica" relação empregatícia privada (empregado e empregador privados), seja assegurada a garantia de "segurança no emprego", nos termos da Convenção nº 158 da OIT.[105] Sendo assim, o regime laboral da "laboralização administrativa" que ora se propõe implica, quanto à segurança no emprego, pelo menos uma situação jurídica compatível com aquela norma internacional, além, evidentemente, de afetação jurídico-pública que assegure o direito à igualdade, ao contraditório e à motivação em relação ao ato de ruptura contratual por parte da AP não empresarial.[106] E, assim, deve ser especialmente quando esta AP não empresarial não tem características de autoadministração, como são regularmente os casos dos entes/órgãos incumbidos dos setores públicos da saúde e da educação.

5.2 A laboralização das ordens profissionais – O paradigma da decisão da ADI nº 3.026-DF – Autoadministração profissional

Outros âmbitos subjetivos que consideramos propícios à "laboralização administrativa" são aqueles que tocam aos trabalhadores públicos das ordens profissionais (ou Conselhos de Fiscalização Profissional, na nomenclatura vulgarmente conhecida no Brasil), quando constituídas como "autarquias corporativas"[107] (federais, art. 22, inciso XVI). Assim, em consequência de várias questões jurídicas, associadas a uma complexidade fática, a qual culmina num intrincado quadro jurídico-administrativo, sendo certo que existem muitas entidades autárquicas nessa situação no Brasil.[108] Vejamos.

---

escolar, feitura de merendas). Trata-se de entidades sem fins lucrativos, regidas pela Lei Municipal nº 3.726/1984 e pela Resolução SMED nº 0001/2008. V. PREFEITURA DE BELO HORIZONTE, "Caixas Escolares", *in* http://portalpbh.pbh.gov.br/pbh/ecp/comunidade.do?evento=portlet&pIdPlc=ecpTaxonomiaMenuPortal&app=acessoinformacao&tax=27817&lang=pt_BR&pg=10125&taxp=0&, acesso em 15/4/2013. V. MARIA DA CONSOLAÇÃO ROCHA, *Políticas de Valorização do Magistério: Remuneração, Plano de Carreira, Condições de Trabalho – uma Análise da Experiência de Belo Horizonte*, Tese de Doutoramento, UNICAMP, Campinas, 1999, pág. 100-120.

[104] Art. 37, inciso XXII, CR.

[105] Com efeito, a própria CR previu no seu ADCT, no art. 10, inciso I, a multa fundiária de 40% para os casos de ruptura desmotivada do vínculo empregatício por parte do empregador, dada a "provisoriedade e a transitoriedade" da garantia de emprego que se resolve no pagamento de uma indenização. V. art. 53º da CRP, como parâmetro. A Convenção nº 158 trata do "Término da relação de trabalho por iniciativa do empregador" e ainda não fora ratificada pelo Brasil.

[106] V. 3ª parte da tese.

[107] V. VLADIMIR PASSOS DE FREITAS (Coord.), *Conselhos de Fiscalização Profissional – doutrina e Jurisprudência*, 2ª ed., Ed. RT, São Paulo, 2008. No estudo, utilizamos basicamente o texto de RICARDO TEIXEIRA DO VALLE PEREIRA, "Regime Jurídico ...", pág. 77 e seg. V., sobre a natureza jurídica dessas entidades, VITAL MOREIRA, "As Ordens ...", pág. 30 e seg; e *Auto-regulação Profissional e Administração Pública*, Livraria Almedina, Coimbra, 1997.

[108] Em pesquisa na *internet*, localizamos atualmente 29 Conselhos Federais (26/3/2013). V. Relatório do TCU 018.772/2012-9, Grupo II, Classe VII – Plenário; *in www.sindifisc-pr.org.br/?p=355* (site do Sindicato dos empregados dos Conselhos e Ordens Profissionais de Fiscalização do Exercício Profissional do Estado do Paraná).

(i) A alternância pós-constitucional do regime jurídico entre o "celetista" e o "estatutário":
Com efeito, antes da promulgação da CR, os trabalhadores públicos dos Conselhos Profissionais encontravam-se correntemente sujeitos ao "regime celetista",[109] inclusivamente tendo a maioria deles ingressado sem a prévia aprovação em procedimentos concursais.[110] No ano de 1969, aliás, editou-se o Decreto-lei nº 968, de 13/10, que em seu art. 1º estabelecia: "As entidades criadas por lei, com atribuições de fiscalização do exercício de profissões liberais, que sejam mantidas com recursos próprios e não recebam subversões ou transferências à conta do orçamento da União, regular-se-ão pela respectiva legislação específica, não lhes aplicando as normas legais sobre pessoal e demais disposições de caráter geral, relativas à administração interna das autarquias federais".

A partir da promulgação da CR, como sabemos, houve a determinação do art. 39 de sujeição ao "regime jurídico único", inclusivamente para os trabalhadores públicos das autarquias, sendo bastante conhecida a interpretação e complexidade que ronda tal dispositivo até hoje.

Com a edição da Lei nº 8.112/90, ficou estabelecido em seu art. 243: "Ficam submetidos ao regime jurídico instituído por esta Lei, na qualidade de servidores públicos, os servidores dos Poderes da União, dos ex-Territórios, das autarquias, inclusive as de regime especial, e das fundações públicas, regidos pela Lei 1.711, de 28 de outubro de 1952 – Estatuto dos Funcionários Públicos Civis da União, ou pela Consolidação das Leis do Trabalho, aprovada pelo Decreto-lei 5.452, de 1º de maio de 1943, exceto os contratos por prazo determinado, cujos contratos não poderão ser prorrogados após o vencimento do prazo de prorrogação". A partir de então, os trabalhadores públicos dos Conselhos Profissionais passariam a ser "estatutários", não obstante os sérios e firmes questionamentos acerca da inconstitucionalidade material daquele dispositivo da Lei nº 8.112/90,[111] os quais igualmente atingem essa parcela da FP federal.

Segundo Ricardo Teixeira do Valle Pereira, várias situações jurídicas poderiam ser verificadas, na vigência da CR, relativamente aos trabalhadores públicos das ordens profissionais: *(i)* trabalhadores submetidos ao regime estatutário, mesmo antes de outubro de 1988 e que assim permaneceram na AP; *(ii)* trabalhadores públicos

---

Os Conselhos são de: Medicina (Decreto-lei nº 7.955/45); Contabilidade (Decreto-lei nº 9.295/46); Economia (Lei nº 1.411/51); Química (Lei nº 2.800/56); Farmácia (Lei nº 3.820/60); Música (Ordem dos Músicos do Brasil, Lei nº 3.857/60); Biblioteconomia (4.084/62); OAB (Lei 4.215/63, atualmente regida pela Lei nº 8.906/94); Odontologia (Lei nº 4.324/64); Administração (Lei nº 4.769/65); Representantes Comerciais (Lei nº 4.886/65); Engenharia e Agronomia (Lei nº 5.194/66); Estatística (Decreto-lei nº 62.497/68); Medicina Veterinária (Lei nº 5.517/68); Relações Públicas (Decreto-lei nº 860/69); Psicologia (Lei nº 5.766/71); Enfermagem (Lei nº 5.905/73); Fisioterapia e Terapia Ocupacional (Lei nº 6.316/75); Corretores de Imóveis (Lei nº 6.530/78); Nutrição (Lei nº 6.583/78); Biologia e Biomedicina (Lei nº 6.684/79, atualmente desmembrados – Lei nº 7.017/82); Fonoaudiologia (Lei nº 6.965/81); Radiologia (Lei nº 7.394/85); Museologia (Lei nº 7.287/84); Economistas Domésticos (Lei nº 8.042/90); Serviço Social (Lei nº 8.662/93); Educação Física (Lei nº 9.696/98); Arquitetura e Urbanismo (Lei nº 12.378/2010).

[109] V. 1ª parte, *supra*.

[110] Seguimos de perto a ordem cronológica apresentada por RICARDO TEIXEIRA DO VALLE PEREIRA, "Regime Jurídico ...", pág. 77 e seg.

[111] Na 1ª parte da tese mencionamos acerca da controvérsia sobre a inconstitucionalidade material do art. 243 da Lei nº 8.112/90, discutida na ADI nº 2968-1 DF. De todo modo, até a presente data, o STF não prolatou decisão (liminar ou definitiva), num "silêncio eloquente" que dá amostra da complexidade do tema, já que milhares de servidores públicos civis federais encontram-se nessa situação jurídica.

admitidos após a promulgação da CR, porém antes da Lei nº 8.112/90, para os quais, o regime seria o "celetista"; *(iii)* trabalhadores públicos admitidos após o advento da Lei nº 8.112/90, previamente aprovados em concurso público, para os quais o regime seria o "estatutário".[112] A admissão nos conselhos profissionais após a promulgação da CR demanda, de qualquer forma, a prévia aprovação em concurso público.[113]

Entretanto, em 1998 editou-se a Lei nº 9.649, de 27/5, a qual dispôs sobre a "organização da Presidência da República e dos Ministérios, e dá outras providências". Tal legislação fora publicada na égide da redação originária do art. 39, *caput*, da CR. Mesmo assim, o art. 58, §3º, daquela lei determinara: "Os empregados dos conselhos e fiscalização de profissões regulamentadas são regidos pela legislação trabalhista, sendo vedada qualquer forma de transposição, transferência ou deslocamento para o quadro da Administração Pública direta ou indireta". Poucos dias depois, houve a desconstitucionalização da figura do "regime jurídico único", com a EC nº 19/98.

Posteriormente, vários dispositivos da citada lei foram julgados inconstitucionais pelo STF nos autos da ADI nº 1.717-6 (*DJ*, 7/11/2002), ressalvado o art. 58, §3º, justamente porque, à época do julgamento dessa ação, o ordenamento constitucional não mais exigia a instituição do "regime jurídico único".[114] A "celetarização" dos trabalhadores públicos dos conselhos profissionais fora ratificada pela Lei nº 9.962, de 22/2/2000 (que, frise-se, disciplinou "o regime de emprego público do pessoal da Administração federal direta, autárquica e fundacional e dá outras providências"). A situação se alterara novamente com a decisão liminar do STF proferida nos autos da ADI nº 2.135-4, publicada em 14/8/2007.[115] Entretanto, a compreensão tem sido que, diante dos efeitos *ex nunc*

---

[112] *Ibidem*, pág. 88-89.
[113] V. STF, MS nº 21.797-9 RJ, Min. Carlos Velloso: "Ementa: Constitucional. Administrativo. Entidades fiscalizadoras do exercício profissional. Conselho Federal de Odontologia: Natureza autárquica. Lei 4.234, de 1964, art. 2º. Fiscalização por parte do Tribunal de Contas da União. I. – Natureza autárquica do Conselho Federal e dos Conselhos Regionais de Odontologia. Obrigatoriedade de prestar contas ao Tribunal de Contas da União. Lei 4.234/64, art. 2º. C.F., art. 70, parágrafo único, art. 71, II. – Não conhecimento da ação de mandado de segurança no que toca à recomendação do Tribunal de Contas da União para aplicação da Lei 8.112/90, vencido o Relator e os Ministros Francisco Rezek e Maurício Corrêa. III. – Os servidores do Conselho Federal de Odontologia deverão se submeter ao regime único da Lei 8.112, de 1990: votos vencidos do Relator e dos Ministros Francisco Rezek e Maurício Corrêa. IV. – As contribuições cobradas pelas autarquias responsáveis pela fiscalização do exercício profissional são contribuições parafiscais, contribuições corporativas, com caráter tributário. C.F., art. 149. RE 138.284-CE, Velloso, Plenário, RTJ 143/313. V. – Diárias: impossibilidade de os seus valores superarem os valores fixados pelo Chefe do Poder Executivo, que exerce a direção superior da Administração Federal (C.F., art. 84, II). VI. – Mandado de Segurança conhecido, em parte, e indeferido na parte conhecida" (Julgamento 9/3/2000, Tribunal Pleno, Data de Publicação *DJ* 18/5/2001). V. Orientação nº 23 da CONAP (Coordenadoria Nacional de Combate às Irregularidades na Administração Pública) do MPT: "Conselhos Profissionais. Necessidade de concurso público. Os conselhos de fiscalização profissional estão submetidos ao regime constitucional do concurso público. Relativamente aos contratos de trabalho firmados sem concurso público a partir de 5/10/88, serão considerados nulos apenas os celebrados a partir da publicação do acórdão do MS nº 21797-9 do E. STF (18/5/2001), levando-se em consideração que o precedente citado pôs fim à controvérsia acerca da necessidade de concurso público para admissão desse pessoal, marco também utilizado pelo Tribunal de Contas da União para efeito de responsabilização do administrador, tendo-se em conta também a natureza autárquica *sui generis* dessas entidades".
[114] RICARDO TEIXEIRA DO VALLE PEREIRA, "Regime Jurídico ...", pág. 91, defende a inconstitucionalidade desse dispositivo da Lei nº 9.694/98, por ofensa ao originário art. 39, *caput*, da CR (uma vez que a inconstitucionalidade da lei deve ser aferida no momento em que é positivada). Contudo, o STF passou lateralmente à essa questão.
[115] Como visto na 1ª parte da tese, em decisão liminar na ADI nº 2135-4 DF, o STF determinou a suspensão da vigência da alteração provocada pela EC nº 19/98 no *caput* do art. 39 da CR.

dessa liminar, são válidos os contratos de trabalho (dos "celetistas") dos trabalhadores públicos dos conselhos entabulados entre 1998 a 2007.[116]

Verifica-se, portanto, que mesmo no período pós-constitucional, o regime jurídico dos trabalhadores públicos dos conselhos profissionais fora marcado pela "instabilidade jurídica", ora sendo o "celetista" (parcialmente derrogado pelas vinculações jurídico-públicas, ex.: concurso público para admissão; eventual procedimento administrativo para dispensa, etc.), ora o "estatutário" da Lei nº 8.112/90, sempre com a imprescindibilidade de prévia aprovação em concurso público. Nesse âmbito funcionarial, mais do que para o resto da FP *lato sensu* (genericamente albergada pelo art. 39, *caput*, da CR), nota-se a indecisão do Direito Positivo relativamente ao regime jurídico desses trabalhadores públicos.

Com isso, na prática, os trabalhadores públicos dos conselhos profissionais, coletivamente considerados, não se encontram numa situação de isonomia jurídica, sendo que mesmo em situações bastante análogas de trabalho podem estar (e efetivamente muitos estão) diversamente regulados, conduzindo-se sempre a solução individual do regime jurídico para uma análise casuística (ex.: verificação da data da admissão do trabalhador público e o regime válido na oportunidade; específico conselho profissional a que esteja vinculado; necessidade ou não de procedimento administrativo para dispensa sem justa causa, *etc*.[117]) e, mesmo assim, passível de eventuais questionamentos em decorrência

---

[116] V. TST: "Ementa: ... Incompetência da Justiça do Trabalho. Prescrição. Inconstitucionalidade de leis municipais. Suspensão do feito. Honorários advocatícios. .... INTEIRO TEOR: ... De tal modo, é de se considerar que, durante todo o período em que a reclamante vem laborando em prol do réu, o faz enquadrada no regime jurídico celetista e, de acordo com a nova redação do artigo 114, inciso I, da Constituição Federal, alterada pela Emenda Constitucional 45/2004, tem-se que a Justiça do Trabalho é competente para processar e julgar 'as ações oriundas da relação de trabalho, abrangidos os entes de direito público externo e da administração pública direta e indireta da União, dos Estados, do Distrito Federal e dos Municípios'. As pretensões revelam-se inerentes à relação de emprego obreiro-patronais e, como tais, enquadram-se no gênero "dissídios típicos" aludido na primeira parte do art. 114 da CF/88. Ressalto, por fim, que a decisão proferida na ADI nº 2135/DF é clara no sentido de que a suspensão da eficácia do art. 39, caput, da CF/88, na redação dada pela EC 19, restaurando o chamado regime jurídico único, teria 'efeitos ex nunc, subsistindo a legislação editada nos termos da emenda declarada suspensa'. Ou seja, tratando-se de direitos supostamente sonegados relativamente ao período anterior a 02.08.2007, manifesta a possibilidade de coexistência de dois regimes jurídicos aplicáveis aos servidores do município réu. Em tal condição, não se tratando de trabalhador submetido a regime estatutário, inaplicável o entendimento conferido pelo E. STF na ADI nº 3395/DF, pois não se trata de relação jurídico-administrativa." (Processo nº AIRR – 1984-23.2010.5.09.0089). V. tb. TRT 3ª Reg., processos nº 0000392-32.2012.5.03.0091 RO, 0001686-35.2011.5.03.0001 RO, 0001264-38.2011.5.03.0073 RO, 0000106-49.2011.5.03.0007 RO.

[117] V. decisões da Justiça Federal:
TRF 2ª Reg.: (1) "Ementa: Constitucional e administrativo. Conselho Regional de Corretores de Imóveis. Regime jurídico. Autarquia Federal. I – Compete à Justiça Federal a apreciação de pretensão de reintegração de servidor ao Conselho Regional de Corretores de Imóveis, no regime estatutário. II – O regime jurídico dos servidores dos conselhos de fiscalização profissional era o celetista, até o advento da Constituição Federal em conjunto com a Lei n.º 8.112/90, que, em seu art. 243, instituiu o regime jurídico único. Essa situação perdurou até a edição do art. 58, §3º, da Lei nº 9.649/98, que instituiu novamente o regime celetista, em razão da promulgação da EC nº 19/98, que aboliu o regime jurídico único dos servidores públicos. II – No julgamento da ADI nº 2.135-MC, o Supremo Tribunal Federal suspendeu liminarmente a vigência do caput do art. 39 do texto constitucional, com a redação dada pela EC 19/98, restabelecendo a redação original do dispositivo, com o regime jurídico único para os servidores da administração pública direta, das autarquias e das fundações públicas. Ressaltou, todavia, que a decisão tem efeitos ex nunc e que subsistia a legislação editada nos termos da emenda declarada suspensa. III – A eficácia do provimento começa a produzir efeitos a partir da respectiva publicação, na forma do art. 11 da Lei nº 9.868/99, que ocorreu no caso concreto no dia 07/3/2008. O contrato de experiência foi realizado em 11/02/2008, anterior à publicação do acórdão da Suprema Corte, razão pela qual a relação constituída estava protegida dos

da eficácia das decisões do STF. A permanência desse panorama jurídico não é razoável e, muito menos, adequada.

---

efeitos do julgado, na medida em que não retroagiriam. IV – Apelação conhecida e provida." (Processo nº AC 200851010171663 RJ 2008.51.01.017166-3, Data de Julgamento: 30/5/2012).
TRF 5ª Reg.: (2) "Ementa: Constitucional. Administrativo. Conselho de fiscalização profissional. Natureza jurídica. Autarquia Federal corporativa. Regime jurídico de seus servidores. Estatutário. Investidura. Prévia aprovação em concurso público. – O Conselho Regional de Psicologia da 11ª Região é pessoa jurídica de Direito Público de natureza autárquica, e por isso, o serviço de fiscalização exercida por eles é atividade típica do Estado, envolvendo poder de polícia, poder de tributar e poder de punir, todos insuscetíveis de delegação a entidades privadas. – O regime jurídico dos servidores que ingressam nos quadros dos Conselhos é o estatutário, atendendo ao comando constitucional indisponível de prévia aprovação em concurso público de provas ou de provas e títulos (art. 37, II da Constituição Federal). Remessa oficial improvida" (Processo nº REOAC 413144 CE 0012013-29.2005.4.05.8100, Data de Julgamento: 27/1/2009).
STJ: (3) "Ementa: Administrativo. Conselho de fiscalização profissional. Regime jurídico. Observância da lei de regência em cada período. Recorrente contratada em 7.11.1975 e demitida em 2.01.2007. Vigência da Lei nº 9.649/98, art. 58, parágrafo 3º. Regime celetista. Desnecessidade de prévio processo administrativo. Decisão do STF na adi nº 2.135-MC com efeitos *ex nunc*. Recurso especial a que se nega provimento. 1. O regime jurídico dos funcionários dos conselhos de fiscalização profissional, por força do art. 1.º do Decreto-Lei n.º 968/69, era o celetista, até o advento da Constituição Federal em conjunto com a Lei n.º 8.112/90, que, em seu art. 243, instituiu o regime jurídico único. Essa situação perdurou até a edição do art. 58, §3º, da Lei nº 9.649/98, instituindo novamente o regime celetista para os servidores daqueles conselhos, em razão da promulgação da EC nº 19/98, que aboliu o regime jurídico único dos servidores públicos. 2. No julgamento da ADI 1717/DF, o Excelso Pretório declarou a inconstitucionalidade do art. 58 e seus parágrafos 1º, 2º, 4º, 5º,6º, 7º e 8º, da Lei nº 9.649/98, afirmando que os conselhos de fiscalização possuem natureza de autarquia de regime especial, permanecendo incólume o art. 58, §3º, que submetia os empregados desses conselhos à legislação trabalhista. 3. No julgamento da ADI nº 2.135- MC, o Supremo Tribunal Federal suspendeu liminarmente a vigência do *caput* do art. 39 do texto constitucional, com a redação dada pela EC 19/98, vale dizer, restabeleceu a redação original do dispositivo, exigindo o regime jurídico único para os servidores da administração pública direta, das autarquias e das fundações públicas. Ressaltou, todavia, que a decisão tem efeitos *ex nunc* e que subsiste a legislação editada nos termos da emenda declarada suspensa. 4. No caso, a recorrente foi contratada pelo Conselho Regional de Medicina do Rio de Janeiro em 7 de novembro de 1975, tendo seu contrato sido rescindido em 2 de janeiro de 2007, ou seja, antes do mencionado julgamento da Suprema Corte, quando em vigor a Lei nº 9.649/98, cujo art. 58, §3º, estabelecia o regime celetista para os empregados dos conselhos de fiscalização profissional. 5. Assim, não há falar em ilegalidade da demissão por ausência de prévio processo administrativo, uma vez que, à época, a ora recorrente não estava submetida ao regime estatutário, sendo certo, outrossim, que, de acordo com a jurisprudência consolidada desta Corte e do Pretório Excelso, não há direito adquirido a regime jurídico. 6. Recurso especial a que se nega provimento (Processo nº REsp 1145265 RJ 2009/0116200-7, Data de Julgamento 14/2/2012).
TRF 3ª Reg.: (5) "Ementa: administrativo. Conselho regional de Engenharia, Arquitetura e Agronomia do Estado de São Paulo/SP. Natureza jurídica. Regime celetista. Desnecessidade de prévio procedimento administrativo para demissão. Remessa oficial e recurso voluntário providos. 1 – Consoante entendimento da jurisprudência, os conselhos de fiscalização profissional são pessoas jurídicas de direito público, com autonomia administrativa e financeira, cuja atividade é a fiscalização e controle do exercício de profissões, controle este que configura verdadeira delegação de poder de polícia, função essencialmente do Estado-Administrador. Nesse contexto, em que pese serem consideradas autarquias corporativas – a dadas as peculiaridades da atividade desenvolvida –, não há como se afastar a natureza jurídica de direito público dos serviços de fiscalização prestados, restando, portanto, confirmada a sua inserção dentre as autarquias federais. 2 – Após a Emenda Constitucional nº 19, de 04 de junho de 1998, afastado restou o regime único para os empregados dos conselhos de fiscalização de profissões, restando albergado o disposto no parágrafo 3º do art. 58 da Lei nº 9.649/98, mantido pelo Supremo Tribunal Federal no julgamento da ADIN nº 1717/DF. 3 – Na hipótese dos autos, a autora, ora recorrida, foi admitida pelo Conselho Regional de Engenharia, Arquitetura e Agronomia do Estado de São Paulo em 3/12/2001 e demitida em 21/2/2003. Assim, na data da admissão e demissão da autora, já estava estabelecido o regime celetista retro-mencionado, não fazendo jus, portanto, ao sistema estatutário, motivo pelo qual não havia impedimento para que o réu a demitisse sem processo administrativo. Precedentes. 4 – Remessa oficial e apelação procedentes. 5 – Sucumbência invertida." (Processo nº AC 22369 SP 2003.61.00.022369-6, Data de Julgamento: 14/1/2011)

(ii) Os fundamentos da decisão da ADI nº 3.026-DF,[118] *relativa à OAB, e os fundamentos da ADI nº 1717-6:*[119] Outro argumento que reforça a nossa proposta de "laboralização administrativa" nos Conselhos Profissionais leva em conta a peculiaridade dessas autarquias corporativas, exemplo escolástico de auto administração.[120] Assim, se por um lado, de fato, os conselhos no Brasil têm estatuto jurídico de autarquias (sendo qualificadas como pessoas jurídicas de direito público e dotadas de algumas prerrogativas

---

[118] STF, Ementa: "Ação Direta de Inconstitucionalidade. §1º do artigo 79 da lei n. 8.906, 2ª parte. "servidores" da Ordem dos Advogados do Brasil. Preceito que possibilita a opção pelo regime celetista. Compensação pela escolha do regime jurídico no momento da aposentadoria. Indenização. Imposição dos ditames inerentes à Administração Pública Direta e Indireta. Concurso público (art. 37, II da Constituição do Brasil). Inexigência de concurso público para a admissão dos contratados pela OAB. Autarquias especiais e agências. Caráter jurídico da OAB. Entidade prestadora de serviço público independente. Categoria ímpar no elenco das personalidades jurídicas existentes no Direito Brasileiro. Autonomia e independência da entidade. Princípio da moralidade. Violação do artigo 37, caput, da Constituição do Brasil. Não ocorrência. 1. A Lei n. 8.906, artigo 79, §1º, possibilitou aos "servidores" da OAB, cujo regime outrora era estatutário, a opção pelo regime celetista. Compensação pela escolha: indenização a ser paga à época da aposentadoria. 2. Não procede a alegação de que a OAB sujeita-se aos ditames impostos à Administração Pública Direta e Indireta. 3. A OAB não é uma entidade da Administração Indireta da União. A Ordem é um serviço público independente, categoria ímpar no elenco das personalidades jurídicas existentes no direito brasileiro. 4. A OAB não está incluída na categoria na qual se inserem essas que se tem referido como "autarquias especiais" para pretender-se afirmar equivocada independência das hoje chamadas "agências". 5. Por não consubstanciar uma entidade da Administração Indireta, a OAB não está sujeita a controle da Administração, nem a qualquer das suas partes está vinculada. Essa não-vinculação é formal e materialmente necessária. 6. A OAB ocupa-se de atividades atinentes aos advogados, que exercem função constitucionalmente privilegiada, na medida em que são indispensáveis à administração da Justiça [artigo 133 da CB/88]. É entidade cuja finalidade é afeita a atribuições, interesses e seleção de advogados. Não há ordem de relação ou dependência entre a OAB e qualquer órgão público. 7. A Ordem dos Advogados do Brasil, cujas características são autonomia e independência, não pode ser tida como congênere dos demais órgãos de fiscalização profissional. A OAB não está voltada exclusivamente a finalidades corporativas. Possui finalidade institucional. 8. Embora decorra de determinação legal, o regime estatutário imposto aos empregados da OAB não é compatível com a entidade, que é autônoma e independente. 9. Improcede o pedido do requerente no sentido de que se dê interpretação conforme o artigo 37, inciso II, da Constituição do Brasil ao caput do artigo 79 da Lei n. 8.906, que determina a aplicação do regime trabalhista aos servidores da OAB. 10. Incabível a exigência de concurso público para admissão dos contratados sob o regime trabalhista pela OAB. 11. Princípio da moralidade. Ética da legalidade e moralidade. Confinamento do princípio da moralidade ao âmbito da ética da legalidade, que não pode ser ultrapassada, sob pena de dissolução do próprio sistema. Desvio de poder ou de finalidade. 12. Julgo improcedente o pedido" (Julgamento: 8/6/2006, Rel.: Min. Eros Grau).

[119] STF, Ementa: "Direito Constitucional e Administrativo. Ação Direta de Inconstitucionalidade do art. 58 e seus parágrafos da Lei Federal nº 9.649, de 27.05.1998, que tratam dos serviços de fiscalização de profissões regulamentadas. 1. Estando prejudicada a Ação, quanto ao §3º do art. 58 da Lei nº 9.649, de 27.05.1998, como já decidiu o Plenário, quando apreciou o pedido de medida cautelar, a Ação Direta é julgada procedente, quanto ao mais, declarando-se a inconstitucionalidade do "caput" e dos §1º, 2º, 4º, 5º, 7º e 8º do mesmo art. 58. 2. Isso porque a interpretação conjugada dos artigos 5º, XIII, 22, XVI, 21, XXIV, 70, parágrafo único, 149 e 175 da Constituição Federal, leva à conclusão, no sentido da indelegabilidade, a uma entidade privada, de atividade típica de Estado, que abrange até poder de polícia, de tributar e de punir, no que concerne ao exercício de atividades profissionais regulamentadas, como ocorre com os dispositivos impugnados. 3. Decisão unânime" (Julgamento: 7/11/2002, Rel.: Min. Sydney Sanches).

[120] V. VITAL MOREIRA, *Auto-regulação* ..., pág. 88: "A auto-regulação pública é a que é protagonizada por organismos profissionais ou de representação profissional dotados de estatuto jurídico-público. A auto-regulação é legalmente estabelecida; os organismos auto-regulatórios dispõem de poderes típicos das autoridades públicas. As normas de regulação profissional são para todos os efeitos normas jurídicas dotadas de coercibilidade. ... Nos sistemas de direito administrativo continental, o exemplo mais típico de auto-regulação profissional é das ordens profissionais, que são organismos de regulação das chamadas profissões liberais. O seu nome e número varia de país para país. Mas, para além dessas diferenças, subsiste um conjunto de características comuns essenciais: a natureza jurídico-pública; como «corporações públicas» (exceptuando o caso controvertido da França); filiação obrigatória, como condição de exercício da profissão; o poder regulamentar; a regulamentação e/ou implementação das regras de acesso à profissão e do exercício desta; a formulação e/ou aplicação dos códigos de deontologia profissional; o exercício da disciplina profissional, mediante aplicação de sanções, que podem ir até a expulsão, com a consequente interdição do exercício profissional".

de poder público), não podem ser igualados às autarquias comuns ou institucionais da AP indireta, normalmente sujeitas ao controle de tutela administrativa do Governo, usualmente inexistentes sobre as ordens profissionais, dotadas de independência administrativa, além de financiadas por recursos proveniente de seus filiados.[121] Não suficiente, tratando-se de autoadministração profissional, os dirigentes dos conselhos (presidentes e/ou conselheiros) não são escolhidos política ou governamentalmente, mas principalmente por meio de regras próprias que asseguram, via de regra, participação (direta ou indireta) dos filiados.

Corroboram ainda o nosso raciocínio os fundamentos desenvolvidos pelo STF especialmente em relação à OAB – Ordem dos Advogados do Brasil, a qual, não obstante expressamente mencionada em vários dispositivos constitucionais[122] e, por isso, de importância peculiar no sistema político-constitucional brasileiro, desempenha, em relação à advocacia e aos advogados nela inscritos, função essencialmente análoga à dos demais conselhos e ordens profissionais.[123] O STF, nos autos da ADI nº 3.026-DF, entendeu que, em face dessa singularidade constitucional da OAB frente aos demais conselhos profissionais, "o regime estatutário imposto aos empregados da OAB não é compatível com a entidade, que é autônoma e independente", inclusivamente sendo "incabível a exigência de concurso público para admissão dos contratados sob regime trabalhista pela OAB".

Em nossa ótica, contudo, os argumentos do STF quanto à relevância institucional e constitucional da OAB não são suficientemente sólidos para justificar a desnecessidade de "despublicização" de seus trabalhadores e a inexigibilidade da observância de procedimentos que assegurem a igualdade e a democraticidade no acesso; isso tendo em vista o que diversamente tem prevalecido para os demais conselhos profissionais, uma vez que também a OAB tem essa natureza jurídica, pelo menos em relação às suas competências de verdadeira "ordem profissional". Ora, o destaque institucional da OAB perante a CR tem fundamento no conhecimento técnico-jurídico de seu corpo de membros e ligação no papel que desenvolveu no recente processo de redemocratização do país.[124] Seria ilógico pensar em atribuir, por exemplo, ao Conselho Federal de Medicina ou ao Conselho Federal de Engenharia, a responsabilidade em acompanhar, em todas as fases, os concursos públicos para a magistratura ou para o Ministério Público (privativos de bacharéis em Direito), como fora confiado à OAB. O relevo jurídico-constitucional

---

[121] Ex: art. 44 da Lei nº 8.906/1994 (Ordem dos Advogados do Brasil – OAB); art. 1º da Lei nº 3.268/1957 (Conselho Federal de Medicina – CFM); art. 1º da Lei nº 6.537/1978 (Conselho Federal de Economia – COFECON). Aliás, segundo a Instrução do TCU nº 42/1996, o TCU só auditava os Conselhos em situações especiais ou quando denunciados, prestando contas apenas ao respectivo Conselho Federal. Todavia, conforme o acórdão do TCU nº 2666/2012, publicado em 30/10/2012, a partir do ano de 2013, o TCU passará a controlar as contas dos Conselhos Profissionais, de modo que serão novamente incluídos no sistema de prestação anual de contas ordinárias, exceto a Ordem dos Músicos (Decisão do STF AgR/SC, de 2/8/2011, levando-se em conta que a inscrição nessa Ordem não é necessária ao exercício da atividade de músico) e a OAB (Acórdão nº 1.765/2003 – Plenário do TCU), ordens beneficiárias de decisões judiciais. V. ANTÔNIO MARSENGO, "Conselhos de Fiscalização Profissional voltam a prestar contas ao TCU". Disponível em: http://www.sindifisc-pr.org.br/?p=355. Acesso em: 3/4/2013.

[122] V. art. 93, inciso I; art. 103, VII; art. 129, §3º. O art. 133 da CR assegura: "O advogado é indispensável à administração da justiça...".

[123] Existe no Brasil também a "Ordem dos Músicos" (com a nomenclatura "Ordem"). V. Lei nº 3.857/1960.

[124] Lembrar, por ex., da OAB quando houve o pedido de impeachment do Collor, na redemocratização do país. V. ORDEM DOS ADVOGADOS DO BRASIL, "Processo de impeachment de Collor faz 20 anos. Denúncia foi da OAB", in http://www.oab.org.br/noticia/24570/processo-de-impeachment-de-collor-faz-20-anos-denuncia-foi-da-oab, acesso em 3/4/2013.

da OAB no quadro de um Estado Democrático de Direito está, para nós, muito mais associado ao domínio do Direito e do sistema político-jurídico, do que a uma eventual discriminação constitucional frente aos demais conselhos profissionais e às demais profissões liberais.

Assim, no que tange às suas "naturais" competências de fiscalização do exercício profissional, a OAB não difere substancialmente das demais autarquias corporativas. Não há razão plausível, portanto, para nós, para que os regimes jurídicos de seus quadros funcionais (estritamente vinculados a dar execução a essas competências de autorregulação e fiscalização profissional) sejam absolutamente diversos nesses casos, como interpreta a jurisprudência nacional.[125]

Por outro lado, são também criticáveis os fundamentos da ADI nº 1717-6 do STF, especialmente no sentido de que, dada a natureza autárquica dos conselhos profissionais e de sua personalidade jurídico-pública (com poderes de autoridade frente aos profissionais sujeitos às suas atribuições regulatórias e sancionatórias[126]), *logo* e *in continenti*, devem estar submetidos os seus trabalhadores públicos a vínculos "estatutários" (jurídico-públicos) de trabalho. Para nós, não há necessariamente essa relação de umbilicalidade entre a autarquia corporativa e o regime de trabalho de seus "funcionários", pressuposta numa *summa divisio* do Direito em que não haveria zonas cinzentas.

Nesse sentido, até para privilegiar a qualidade de autoadministração dos Conselhos Profissionais (podendo-se, inclusivamente, aduzir que tal fato os torna mais próximos da sociedade, do Direito Privado do que do Estado e da AP não empresarial, em geral) e garantir-lhes maior flexibilidade no seu quadro funcional, bem como diante do que fora decidido pelo STF à OAB que tem condição bastante análoga, entendemos que a "laboralização administrativa" pode-se implementar em relação ao quadro funcional dessas autarquias, sem grandes tormentos jurídicos. Aliás, levando-se em conta que a remuneração desses trabalhadores públicos provém da contribuição dos associados à entidade (e é mesmo fixada de forma regulamentar ou coletivamente), tornam-se inclusivamente mais céleres os procedimentos negociais relativos à contratualização coletiva.[127]

---

[125] V. Jurisprudência trabalhista: TRT 7ª Reg., "Ementa: CREA – Conselho Regional de Engenharia, Arquitetura e Agronomia do Ceará – Natureza jurídica – Excepcionando-se apenas a situação particular da OAB – que pelas características – segundo do STF – de autonomia e independência, não pode ser tida como congênere dos demais órgãos de fiscalização profissional – os empregados de tais instituições se sujeitam aos ditames do art. 37, II, da CF e só podem ser admitidos mediante aprovação em concurso público, com as exceções ali previstas, estando, sem embargo, submetidos ao regime celetista. No caso dos autos, porém, o autor exerceu cargo de livre nomeação e exoneração (ASSESSOR JURÍDICO DA PRESIDÊNCIA), estando, pois, dispensado do concurso público, o que evidencia a plena validade de sua contratação. Sentença parcialmente reformada (Processo RO nº 1301220105070004).
TST, "Ementa: Recurso de Embargos em Recurso de Revista. Conselho Regional de Engenharia, Arquitetura e Agronomia de Minas Gerais –CREA-MG – Empregados – Dispensa Imotivada – possibilidade. Com base no art. 58, §3º da Lei nº 9.649/1998, a jurisprudência do Tribunal Superior do Trabalho firmou entendimento de que os conselhos federais e regionais de fiscalização profissional não são autarquias em sentido estrito, e os seus servidores, mesmo admitidos por concurso público, não gozam da estabilidade própria dos servidores públicos, prevista nos arts. 19 do ADCT e 41 da Constituição Federal, sendo possível, portanto, a dispensa sem justa causa. Precedentes. Recurso de embargos conhecido e improvido" (Processo nº E-RR 1293007120095030040 129300-71.2009.5.03.0040).

[126] Os recursos arrecadados pelas entidades de fiscalização profissional são compulsórios e *ex vi legis*, à semelhança dos tributos exigidos pelo Estado. São pagos pelos associados a título de contribuição anual para a manutenção das entidades.

[127] Também por isto, concluiu-se que o inciso X do art. 37 da CR deve lido com relatividade, não inviabilizando, em absoluto, contratualização coletiva em relação às remunerações dos trabalhadores públicos. Com efeito, em

Todavia, porque também consideramos que mesmo sobre os trabalhadores da OAB incide alguma afetação jurídico-pública em seus vínculos (até mesmo pelo fato de ter sido destacada constitucionalmente), não vemos motivos ponderáveis para liberá-la, no mínimo, da observância do princípio democrático de igual acesso aos empregos, assim como atualmente se verifica em relação aos demais conselhos profissionais. Essa afetação, entretanto, não carece de ter a mesma intensidade daquela que propomos, por exemplo, para os trabalhadores dos setores públicos da saúde e da educação (remunerados, inclusivamente, com recursos públicos), mormente porque os entes/órgãos responsáveis por esses serviços públicos estão ainda efetivamente inseridos na AP institucional do Estado (direta ou indireta), não tendo características de autoadministração, não obstante a aplicação genérica do princípio da participação dos administrados e da gestão democrática.

Sendo assim, de fato, para os Conselhos Profissionais poder-se-ia inclusivamente cogitar-se num regime realmente "celetista" (ou melhor dizendo, o mesmo regime aplicável ao emprego privado ou ao emprego público da AP empresarial do Estado), desde que a "camada" juspublicística que lhe fosse aderente resguardasse, ao menos, procedimentos de acesso igualitário e de observância obrigatória da moralidade e transparência administrativas.[128] Insistimos que, para nós, o modelo estritamente "celetista", atualmente vigorante (por aplicação da CLT), fora pensado para num contexto de trabalho urbano e basicamente industrial; e, nessa medida, tem as suas naturais inaptidões para lidar com vínculos de trabalho entabulados com entidades jurídico-públicas, ainda que integrantes da Administração Autônoma, seja do ponto de vista individual ou coletivo.

5.3 A substituição da terceirização lícita na AP não empresarial pelo contrato de trabalho com a AP tomadora

Ainda tendo em vista o espaço intra-administrativo, consideramos que a "laboralização administrativa" possa também ser benéfica para amenizar um dos grandes problemas trabalhistas da atualidade: a terceirização das atividades-meio na Administração Pública.[129] Nesse caso, além das premissas já citadas anteriormente nessa parte,

---

rápida pesquisa no *site* do SINDIFISC-PR (Sindicato dos empregados dos Conselhos e Ordens Profissionais de Fiscalização do Exercício Profissional do Estado do Paraná) – *www.sindifisc-pr.org.br*, em 28/3/2013, constatamos várias dezenas de Acordos Coletivos de Trabalho entabulados pela entidade sindical com os correlativos conselhos profissionais (regionais) e, inclusive, pela OAB, concedendo vários direitos normativos e reajustes salariais.

[128] Infelizmente, conforme vimos nas jurisprudências citadas nas notas superiores, os tribunais nacionais ainda interpretam os direitos dos trabalhadores públicos dos conselhos profissionais conforme a frágil lógica cartesiana: "se estatutário, tem estabilidade e não pode ser dispensado sem procedimento administrativo; se celetista, pode ser dispensado sem prévio procedimento administrativo". Essa lógica conduz a resultados perversos em realidades absolutamente semelhantes de trabalho. Além disso, como já afirmamos, a exclusão da estabilidade do art. 41 da CR não implica no não reconhecimento do direito à segurança do emprego, em geral. Este direito no Brasil, todavia, não tem apresentado efetividade.

[129] V., num acurado trabalho sobre a terceirização no serviço público, HELDER SANTOS AMORIM, *Terceirização ...*, pág. 51-82. Conforme pesquisa realizada, em 2009, pela empresa Sextante Brasil, enquanto o número de reclamações judiciais impetradas na Justiça do Trabalho por ex-empregados contratados por grandes empresas diminuiu em 21% nos nove anos anteriores, as ações movidas por empregados terceirizados que pedem a responsabilização subsidiária da empresa tomadora do serviço cresceu 71% no mesmo período. V. ADRIANA AGUIAR, "Ação por Terceirização é Crescente", *in Valor Econômico*, São Paulo, 22 de setembro de 2009, pág. E1. Segundo a Associação Nacional dos Procuradores do Trabalho (ANPT), em algumas varas, processos

a "laboralização administrativa" pressupõe uma intensa aplicação do princípio da valorização do trabalho humano.

Não que as demais "laboralizações administrativas" propostas (setores da saúde e educação fundamental e básica; corporações profissionais) não tenham considerado o princípio da valorização do trabalho humano. Ora, todas, conjuntamente, visam dar respostas em temos de flexibilidade e eficiência administrativa (gestão de recursos humanos pela AP), isonomia administrativa e intragovernamental (o que decorre do próprio princípio da igualdade dos trabalhadores perante o Poder Público). Entendemos que os benefícios dessas laboralizações devem ser perspectivados principalmente numa esfera metaindividual ou coletiva e, sempre, sob os dois ângulos: da AP não empresarial e dos trabalhadores públicos.

Todavia, agora, tendo em vista a "laboralização administrativa" vocacionada à substituição da "terceirização lícita"[130] da AP não empresarial (o que corresponderá a uma verdadeira "primarização" de algumas atividades pelos órgãos públicos[131]), pretendemos demonstrar que aquela pode, inclusive de forma mais legítima, do ponto de vista dos princípios da dignidade da pessoa humana e da valorização do trabalho humano, resolver um entrave jurídico que, além de assoberbar os tribunais, impede a incidência de importantes normas jurídicas respeitantes à proteção do trabalhador e à melhoria das condições de trabalho. Veremos.

---

sobre terceirização representam até 70% da atuação do magistrado responsável. V. MARIANA OLIVEIRA e ROSANNE D'AGOSTINO, "Impasse na Justiça paralisa ações sobre terceirização no setor público", In: http://g1.globo.com/concursos-e-emprego/noticia/2012/03/impasse-na-justica-paralisa-acoes-sobre-terceirizacao-no-setor-publico.html, acesso em: 19/4/2013. Não olvidamos que terceirizações ilícitas (ou em atividades-fins, *superterceirização*) também se verificam no espectro da AP não empresarial. Todavia, a "laboralização administrativa" que propomos não tem estas em vista.

[130] V. Súmula nº 331 do TST: "Contrato de prestação de serviços. Legalidade (nova redação do item IV e inseridos os itens V e VI à redação) – Res. nº 174/2011. I – A contratação de trabalhadores por empresa interposta é ilegal, formando-se o vínculo diretamente com o tomador dos serviços, salvo no caso de trabalho temporário (Lei nº 6.019, de 03.01.1974). II – A contratação irregular de trabalhador, mediante empresa interposta, não gera vínculo de emprego com os órgãos da Administração Pública direta, indireta ou fundacional (art. 37, II, da CF/1988). III – Não forma vínculo de emprego com o tomador a contratação de serviços de vigilância (Lei nº 7.102, de 20.06.1983) e de conservação e limpeza, bem como a de serviços especializados ligados à atividade-meio do tomador, desde que inexistente a pessoalidade e a subordinação direta. IV – O inadimplemento das obrigações trabalhistas, por parte do empregador, implica a responsabilidade subsidiária do tomador dos serviços quanto àquelas obrigações, desde que haja participado da relação processual e conste também do título executivo judicial. V – Os entes integrantes da Administração Pública direta e indireta respondem subsidiariamente, nas mesmas condições do item IV, caso evidenciada a sua conduta culposa no cumprimento das obrigações da Lei n.º 8.666, de 21.06.1993, especialmente na fiscalização do cumprimento das obrigações contratuais e legais da prestadora de serviço como empregadora. A aludida responsabilidade não decorre de mero inadimplemento das obrigações trabalhistas assumidas pela empresa regularmente contratada. VI – A responsabilidade subsidiária do tomador de serviços abrange todas as verbas decorrentes da condenação referentes ao período da prestação laboral."

[131] A primarização, processo inverso à terceirização, pode ser entendida como a incorporação pelas empresas de atividades terceirizadas, muitas vezes com absorção de trabalhadores terceirizados ao seu quadro funcional. V. YANA MAGALHÃES TORRES (e outros), "Da Terceirização à Primarização: um Estudo em uma Mineradora de Grande Porte", *in Anais do XVI Simpósio de Engenharia de Produção*, Universidade Estadual Paulista Júlio de Mesquita Filho, Antares, 2009.

5.3.1 A terceirização como um fenômeno vocacionado à precarização das relações de trabalho

A "terceirização" (também conhecida no direito estrangeiro por *outsourcing*) é um fenômeno jurídico, econômico e administrativo que tem por objetivo repassar a terceiros partes do processo produtivo, a fim de que o empreendimento possa concentrar-se nas suas atividades finalísticas, tornando-o mais eficiente.[132] Trata-se do modelo de produção do tipo "toyotista" (ou "ohnista"[133]), ao contrário de seu anterior – o "fordismo". Neste, o empreendimento preocupa-se em abranger todas as fases do processo produtivo, do início ao fim da "linha de produção".[134]

Após ter larga aplicação no campo empresarial (tanto a terceirização de "fora para dentro" do empreendimento, consistindo efetivamente na "terceirização de serviços"; quanto a terceirização "de dentro para fora" do empreendimento, consistindo no surgimento da empresa em "rede"[135]); a terceirização de serviços adentra a AP, designadamente, no Brasil, através do Decreto-lei nº 200/69.[136]

Perante a dogmática do DT, o fenômeno da terceirização é encarado com suspeita e restrição. Isso porque, na medida em que se diferencia o beneficiário da mão de obra do trabalhador (também chamado de "tomador dos serviços") daquele que é efetivamente o seu empregador (o empregador formal), a relação de trabalho passa a enquadrar-se num modelo "triangular" (e não mais "bifronte", como a típica relação empregatícia).[137] É, por princípio, portanto, um fenômeno que está vocacionado à precarização das relações de trabalho, quer seja por inserir na vetusta relação empregatícia um intermediador de mão de obra que pretende auferir ganhos com a terceirização (a "empresa"[138] que é

---

[132] V. GABRIELA NEVES DELGADO, *Terceirização* ... pág. 142.

[133] Os termos têm relação com Tachii Ohno, vice-presidente da Toyota, que desenvolveu esse modelo de produção em 1945. V. *Ibidem*, pág. 92-96.

[134] É interessante notar como o surgimento e o fortalecimento do Direito do Trabalho estão intimamente ligados ao processo produtivo do tipo fordista. Neste modelo, pela concentração de trabalhadores no espaço fabril, facilita-se inclusivamente a coletivização operária. O filme *Tempos Modernos* de Charles Chaplin é exemplo dessa forma arcaica de produção fabril.

[135] V. GABRIELA NEVES DELGADO, *Terceirização* ..., pág. 118. Sobre a "empresa em rede" e a crise do modelo de "empresa vertical", V. MANUEL CASTELLS, *A sociedade em rede* ..., vol. 1, pág. 199 e seg.

[136] A este respeito, dispõe o Decreto-lei nº 200/69: "Art. 10. A execução das atividades da Administração Federal deverá ser amplamente descentralizada. ... §7º Para melhor desincumbir-se das tarefas de planejamento, coordenação, supervisão e contrôle e com o objetivo de impedir o crescimento desmesurado da máquina administrativa, a Administração procurará desobrigar-se da realização material de tarefas executivas, recorrendo, sempre que possível, à execução indireta, mediante contrato, desde que exista, na área, iniciativa privada suficientemente desenvolvida e capacitada a desempenhar os encargos de execução".

[137] V. MAURÍCIO GODINHO DELGADO, *Curso* ..., pág. 407-408.

[138] A bem da verdade, a precarização na terceirização de serviços chegou a ser tão intensa que se instaurou por meio das chamadas "cooperativas de trabalho". É que, conforme o §único do art. 442 da CLT, com redação dada pela Lei nº 8.949/1994, inexistiria relação empregatícia entre os cooperados e a cooperativa. A partir dessa lei, milhares de cooperativas de trabalho foram constituídas justamente para mascarar relações empregatícias, sendo certo que, nessas condições (de cooperado), o trabalhador não tinha assegurados os seus direitos (férias, 13º salário, horas extras, FGTS, *etc.*). Em razão das grandes fraudes perpetradas, substituindo-se uma empregadora/empresa por uma empregadora/cooperativa de trabalho quando presente todos os requisitos da relação de emprego, várias ações individuais e coletivas foram propostas na JT. Principalmente na terceirização de serviços na AP, várias cooperativas de trabalho foram contratadas, justamente por apresentarem proposta mais vantajosa à AP (menor preço), por praticamente zerarem seus encargos trabalhistas. A situação trabalhista desses falsos cooperados e verdadeiros empregados das cooperativas é verdadeiramente indigna. V. DENISE HOLLANDA COSTA LIMA, *Terceirização na Administração Pública – As cooperativas de trabalho*, Editora Fórum, Belo Horizonte, 2007. Cita às pág. 105 acordo judicial entabulado entre o MPT e a União (pela Advocacia-Geral da União), no

empregadora formal e que oferta ou "vende" a sua mão de obra), causando, em termos coletivos, um rebaixamento de direitos de cunho salarial; quer seja por fazer com que o empregado (agora terceirizado da empresa tomadora de serviços) tenha direitos trabalhistas individuais e coletivos diversos daqueles que são concedidos e reconhecidos aos empregados diretos da tomadora. Assim, a terceirização "afasta juridicamente" trabalhadores e entidades beneficiárias de sua mão de obra, impedindo ou tornando bastante tormentosa a aplicação dos princípios e regras do DT.

Em face do aduzido, a jurisprudência trabalhista tem reiteradamente limitado o fenômeno terceirizante, sob a orientação da máxima de que *"o trabalho não é uma mercadoria"*,[139] tendo corriqueiramente considerado "ilícita" a terceirização das atividades-fim (ou atividades finalísticas) da tomadora de serviços, também conhecida como *merchandising* ou *merchandage*. Assim, caso seja considerada ilícita uma terceirização pela JT, o vínculo empregatício do trabalhador terceirizado será diretamente estabelecido com a sua tomadora de serviços, fazendo jus aquele, então, a todos os benefícios e direitos normalmente reconhecidos ao empregado direto. Nesse sentido, a terceirização somente é reconhecida como "lícita" pelo Poder Judiciário quando estritamente relacionada às "atividades-meio" do empreendimento-tomador; e, mesmo assim, desde que ausentes os requisitos da pessoalidade e da subordinação jurídica com o tomador. Tal critério jurisprudencial, entretanto, é bastante nebuloso, diante das dificuldades pragmáticas de separação das atividades empresariais (de meio e finalísticas), inerentes às hodiernas especializações do processo produtivo.[140]

---

sentido de não ser mais admitida a participação de cooperativas de mão de obra em procedimentos licitatórios da esfera federal. V. DINORÁ ADELAIDE MUSETTI GROTTI, "Parcerias na Administração Pública", *in RDTS*, vol. 11, 2012, pág. 31-113; ANA LÚCIA BERBERT DE CASTRO FONTES, "Estudo sobre a Regularidade da Participação das Cooperativas nas Licitações da Administração Pública", *in RPGEB*, vol. 23, janeiro de 1997, pág. 9-22; MARIA SYLVIA ZANELLA DI PIETRO, *Parcerias ...*, pág. 233-238.

[139] Item I, *a*, da "Declaração Referente aos Fins e Objetivos da Organização Internacional do Trabalho", anexa à Constituição da Organização Internacional do Trabalho (Declaração de Filadélfia, de 1944).

[140] V. TRT 3ª Reg.: "Ementa: Terceirização Lícita – Atividade-meio dos bancos – Não enquadramento como bancário – Quando o telemarketing cinge-se a uma atividade que tem como objetivo apenas a oferta de produtos e serviços a qualquer pessoa, seja ela cliente ou não do banco tomador dos serviços, com a função específica de oferta de cartões de crédito, com bandeira daquele banco, por telefone, não pode esta atividade ser caracterizada como uma função essencialmente bancária, mormente quando esta transação somente se efetiva após ser submetida proposta a um empregado do tomador de serviços. Constitui, ao revés, atividade-meio dos Bancos, meramente instrumental e preparatória da atividade bancária propriamente dita, não se vislumbrando qualquer ilicitude na terceirização quando não há subordinação aos prepostos do Banco" (Processo nº 0001436-33.2011.5.03.0023 RO). V. tb. TRT 3ª Reg.: processos nº 0000261-10.2011.5.03.0021 RO, 0000984-05.2010.5.03.0105 RO, 00878-2008-016-03-00-0 RO, 00734-2006-094-03-00-7 RO, 0001627-45.2010.5.03.0013 RO, 0183700-26.2009.5.03.0043 RO, 0000637-30.2010.5.03.0021 RO. V. sobre a ilicitude do serviço de telemarketing: "EMENTA: TERCEIRIZAÇÃO ILÍCITA. EMPRESAS DE TELECOMUNICAÇÕES. 'CALL CENTER'. A Subseção I Especializada em Dissídios Individuais do C. TST, órgão que tem por função precípua a uniformização da jurisprudência no âmbito daquele Tribunal, em sua composição plena, reunida no dia 08/11/2012, posicionou-se pela ilicitude da terceirização da atividade de 'call center' pelas empresas de telecomunicações, reconhecendo, em consequência, o vínculo de emprego diretamente com o tomador dos serviços, na forma da Súmula nº 331, itens I e III, daquela mesma Corte (TST-E-ED-RR-2938-13.2010.5.12.0016, SBDI-I, rel. Min. Ives Gandra da Silva Martins Filho, red. p/ acórdão Min. José Roberto Freire Pimenta). A questão, portanto, já não comporta maiores discussões" (TRT 3ª Reg. 01146-2012-067-03-00-6 RO). Tb: TRT 3ª Reg.: 00735-2012-136-03-00-7 RO; 01810-2012-002-03-00-1 RO; 01567-2011-137-03-00-2 RO. Ainda: EMENTA: TERCEIRIZAÇÃO. CALL CENTER. BANCÁRIO. O serviço de call center, porque ligado à venda de produtos do Banco Santander (atividade essencial à sobrevivência da entidade financeira no competitivo mercado) integra sua atividade-fim, o que evidencia a ilicitude da terceirização e ratifica a precarização. Vale ressaltar que não se discute nos autos a legalidade ou não da terceirização dos serviços de call center, nas atividades de telecomunicação, mas sim da intermediação fraudulenta de mão de obra, em direto proveito do tomador de serviços. Assim, na hipótese dos autos, não há dúvidas de que o trabalho do

Considerando-se, todavia, as peculiaridades da terceirização na AP, a jurisprudência tem afirmado que, em decorrência da exigência constitucional de prévia aprovação em concurso público para ingresso na *FP lato sensu*, não há a possibilidade de se entabular o vínculo empregatício entre o trabalhador terceirizado e AP quando as atividades terceirizadas não se cingem às atividades-meio do "empreendimento administrativo". Sendo assim, mesmo nos casos de clara substituição de mão de obra na AP (trabalhadores públicos que deveriam ser admitidos mediante procedimentos concursais e que, contudo, são contratados por interposta pessoa jurídica, por meio de licitação para prestação de serviços), o entendimento jurisprudencial não tem beneficiado aquele que trabalha,[141] cujos direitos não serão semelhantes aos dos demais trabalhadores (direta e legitimamente) públicos.

Não obstante o afirmando, é importante ter em vista que, mesmo quando é reconhecidamente "lícita" uma terceirização, não está afastada a hipótese de o fenômeno estar acompanhado de precarização e achatamento de direitos. É, aliás, o que usualmente temos visto ocorrer na terceirização no interior da AP. E, assim mesmo, apesar da responsabilidade subsidiária da tomadora, a qual tem sido corriqueiramente configurada pela jurisprudência.[142]

5.3.2 A terceirização "lícita" na AP não empresarial

Considerando-se a AP Federal, a terceirização de serviços encontra-se disciplinada pelo Decreto nº 2.271/1997.[143] Segundo este, podem ser repassadas à prestação de terceiros

---

autor, consistente no atendimento dos clientes do Santander, está intimamente ligado às atividades regulares do tomador dos serviços, motivo pelo qual não se pode ter como lícita a terceirização havida (processo nº 01075-2012-019-03-00-8 RO).

[141] V. 1ª parte, *supra*, acerca da "super importância da prévia aprovação em concurso público".

[142] V. MAURÍCIO GODINHO DELGADO, *Curso...*, pág. 441-442; JORGE LUIZ SOUTO MAIOR, "A Terceirização sob uma Perspectiva Humanista", *in TST*, vol. 70, nº 1, jan-jul, 2004, pág. 119-129. V. TRT 3ª Reg.: "Responsabilidade subsidiária do tomador de serviços. Fundamento na teoria da responsabilidade civil. Embora não seja o caso de se rechaçar a validade da terceirização, em toda e qualquer hipótese, deve-se pontuar que o tomador de serviços, ao terceirizá-los, ainda que validamente, não se torna absolutamente irresponsável pela mão-de-obra posta à sua disposição. Em outros termos, não se pode ver na terceirização um método de obtenção, pelo tomador, exclusivamente de bônus decorrentes do trabalho humano, sem assunção de ônus algum. Com efeito, tal entendimento, além de se chocar com o primado constitucional da valorização do trabalho, também afronta o cerne da teoria da responsabilidade civil, não sendo razoável supor-se que o ordenamento jurídico caminha para legitimar a irresponsabilidade, quando o correto é que ele caminha sim para que se constitua uma sociedade cada vez mais consciente e responsável, em prol do bem comum. E esse é exatamente o espírito da Súmula 331 do TST, que foi editada com o escopo de dar amparo ao hipossuficiente, responsabilizando, ainda que subsidiariamente, o tomador de serviços que se beneficiou da força de seu trabalho pela quitação das obrigações trabalhistas, a cargo da prestadora de serviços" (Processo nº 0000579-28.2010.5.03.0150 RO). V. tb. TRT 3ª Reg., processos nº 0000089-85.2010.5.03.0059 RO, 0000102-61.2010.5.03.0099 RO, 0000815-89.2010.5.03.0049 RO, 0000704-84.2010.5.03.0153 RO, 0067100-77.2009.5.03.0153 RO.

[143] Acerca das atividades passíveis de terceirização, dispõe o Decreto nº 2.271/1997: "Art. 1º No âmbito da Administração Pública Federal direta, autárquica e fundacional poderão ser objeto de execução indireta as atividades materiais acessórias, instrumentais ou complementares aos assuntos que constituem área de competência legal do órgão ou entidade. §1º As atividades de conservação, limpeza, segurança, vigilância, transportes, informática, copeiragem, recepção, reprografia, telecomunicações e manutenção de prédios, equipamentos e instalações serão, de preferência, objeto de execução indireta. §2º Não poderão ser objeto de execução indireta as atividades inerentes às categorias funcionais abrangidas pelo plano de cargos do órgão ou entidade, salvo expressa disposição legal em contrário ou quando se tratar de cargo extinto, total ou parcialmente, no âmbito do quadro geral de pessoal."

as seguintes atividades, em rol não taxativo: conservação, limpeza, segurança, vigilância, transportes, informática, copeiragem, recepção, reprografia, telecomunicações e manutenção de prédios, equipamentos e instalações. Recorde-se que se trata de atividades que, no caso do paradigma espanhol (art. 15 da LMRFP[144]), por exemplo, foi viabilizada a contratação dos "laborais" pela AP. A fim de implementar uma terceirização lícita, a AP deve previamente licitar o serviço;[145] ou seja, instaurar um procedimento administrativo para a sua "aquisição". Na práxis administrativa, viabiliza-se a "compra" da prestação do serviço mediante um tipo de procedimento licitatório no qual o "vencedor" (ou seja, a empresa que será a contratada pela AP e que prestará o serviço) é aquela proponente que apresentou o "menor preço".

Nos moldes em que é realizada (pelo "menor preço"), a terceirização "lícita" da AP (normalmente relacionada à prestação de serviços de telefonia; asseio, conservação e limpeza; ascensorista; copeiragem; vigilância[146] e portaria; mensageiros *etc.* nos órgãos públicos) tem sido acompanhada frequentemente de insolvência e fraude trabalhistas,[147] as quais diuturnamente deságuam no Judiciário trabalhista. Isso porque as empresas de terceirização normalmente não possuem patrimônio sólido, sendo bastante normal, aliás, terem sido constituídas previamente ao procedimento de licitação. No decorrer da prestação dos serviços, com ou sem má-fé, acabam por não suportar os encargos trabalhistas e "fecham as portas", deixando o passivo trabalhista de inúmeros trabalhadores terceirizados para ser quitado pela AP tomadora, em decorrência de sua responsabilidade subsidiária.[148]

---

[144] V. 2ª parte da tese, 4º capítulo, *supra*.

[145] V. Lei nº 8.666/93 – Lei de licitação e contratos na AP. O entendimento da juspublicística é que se trata de uma norma geral. Sendo assim, essa lei tem sido aplicada e observada pelas várias esferas de governo.

[146] Cf. LUTIANA NACUR LORENTZ e RÚBIA CARNEIRO NEVES, "Terceirização feita pelas organizações empresariais de vigilância e segurança – Aspectos trabalhistas, empresariais e a Súmula nº 331, V, do TST", in STr, nº 284, Fevereiro, 2013, pág. 207-233, esp. 209, os dados demonstram que aproximadamente 65% dos contratos das empresas de vigilância são firmados para prestação de serviços aos governos federal, estaduais e municipais.

[147] O Estado de Minas Gerais, aliás, instituiu a MGS – MINAS GERAIS ADMINISTRAÇÃO E SERVIÇOS S.A., Lei Estadual nº 11.406/1994. Trata-se de uma sociedade anônima de capital integralmente público, tendo como único sócio o próprio Estado de Minas Gerais. Tem como objetivo social a prestação de serviços no interior da AP estadual. Atualmente, a MGS possui mais de vinte mil trabalhadores públicos, submetidos ao regime "celetista", os quais devem ser aprovados em concurso público. O Estado de Minas Gerais tem, dessa forma, terceirizado serviços mediante uma pessoa jurídica por ele próprio criada. Se por um lado, a prestação de serviços terceirizados por uma empresa pública pode obstaculizar a fraude patrimonial trabalhista (em face sua solvência); por outro lado, é questionável essa "laboralização" da FP estadual. Isto porque, na práxis administrativa afigura-se de difícil controle manter as tarefas não terceirizáveis longe dos trabalhadores públicos da MGS, podendo facilmente ocorrer substituição de "estatutários" por "celetistas" no interior da AP estadual. Na qualidade de Procuradora do Trabalho, temos nos deparado com esses questionamentos jurídicos.

[148] Recentemente, travou-se uma grande batalha judicial em decorrência da responsabilidade subsidiária da AP nos casos de terceirização lícita. Isto porque, o art. 71, *caput* e §1º, da Lei nº 8.666/93 determina que a responsabilidade trabalhista pelos encargos com salários e outras verbas dos trabalhadores terceirizados não seriam arcados diretamente pela AP, nem lhe seriam repassados. Todavia, a JT sempre entendeu que tal dispositivo não afastaria a responsabilidade subsidiária, ainda que os pagamentos da AP estivessem em dia com a empresa de terceirização, com argumentos baseados no princípio da proteção, na impossibilidade de restituição ao *status quo ante* no que tange ao trabalho já prestado pelo terceirizado, e na culpa *in eligendo* ou *in vigilando* da AP, diante do princípio da responsabilidade do Estado (art. 37, §6º, da CR). O debate desaguou no STF, através do ajuizamento da ADC nº 16. Na decisão, o STF decidiu pela constitucionalidade do art. 71 da Lei nº 8.666/93, concluindo, todavia, que a responsabilidade subsidiária não pode ser afastada quando se verificar culpa da AP na fiscalização (*lato sensu*) do contrato administrativo. V., STF: "Responsabilidade contratual. Subsidiária. Contrato com a Administração Pública. Inadimplência negocial do outro contraente. Transferência consequente e automática dos seus encargos trabalhistas, fiscais e comerciais, resultantes da execução do contrato, à administração.

Não suficiente, também é bastante usual a AP ter de reduzir despesas com terceirização de serviços, por exigências orçamentárias. Nessas circunstâncias, após rescisão do contrato administrativo anterior, entabula-se novo pacto com outra empresa de terceirização, com custos inferiores. Em casos como esses, é comum a absorção dos trabalhadores pela empresa sucessora, com a mera substituição do empregador formal, por questões de eficiência trabalhista (os trabalhadores conhecem previamente a forma de trabalho e as tarefas a serem desempenhadas, além de já terem entabulado proximidade com os trabalhadores públicos diretos da AP). Apesar da manutenção dos postos de trabalho e das mesmas condições de trabalho, usualmente a substituição da empregadora formal vem acompanhada de redução de salários, sem que isso tenha sido considerado uma ilícita redutibilidade salarial pela jurisprudência trabalhista.[149]

Verifica-se, portanto, conforme a jurisprudência trabalhista assentada, que a licitude da terceirização está estritamente relacionada às atividades repassadas à responsabilidade dos terceiros, não tendo conexão com o conteúdo material dos contratos de trabalho dos terceirizados e com a observância de seus direitos fundamentais ou trabalhistas, nem tampouco com o princípio da proteção do trabalhador. A jurisprudência trabalhista, nesse aspecto, precisa ser revista (o que, contudo, não é o foco de nosso trabalho).

5.3.3 O contrato de trabalho direto com a AP não empresarial em atividades-meio da AP – Tese de Celso Antônio Bandeira de Mello – Não configuração de vínculo perene

Entendimento diverso sobre a prescindibilidade do "regime jurídico único" no âmbito da AP não empresarial, ou melhor, sobre a sua não univocidade para todo o heterogêneo grupo de trabalhadores que prestam serviço à AP, poderia conduzir à natural aceitação do contrato de trabalho no âmbito dos órgãos/entidades de direito

---

Impossibilidade jurídica. Consequência proibida pelo art., 71, §1º, da Lei Federal nº 8.666/93. Constitucionalidade reconhecida dessa norma. Ação direta de constitucionalidade julgada, nesse sentido, procedente. Voto vencido. É constitucional a norma inscrita no art. 71, §1º, da Lei federal nº 8.666, de 26 de junho de 1993, com a redação dada pela Lei nº 9.032, de 1995" (ADC nº 16, Julgamento 24/11/2010, Rel. Min. Cezar Peluso). Esta decisão teve como efeito a alteração da redação da Súmula nº 331 do TST (itens IV e V), em 24/5/2011. V. JOSÉ ROBERTO FREIRE PIMENTA, "A Responsabilidade da Administração Pública nas Terceirizações, a Decisão do Supremo Tribunal Federal na ADC 16-DF e a Nova Redação dos Itens IV e V da Súmula nº 331 do Tribunal Superior do Trabalho", in TST, vol. 77, nº 2, abr-jun, 2011, pág. 271-307. Como Procuradora do Trabalho, temos atuado em variadas situações de passivos trabalhistas constituídos no âmbito da AP não empresarial, em situações de terceirizações. Em várias mediações de conflitos coletivos de trabalho (procedimentos extrajudiciais, aliás), o Poder Público tem assumido o pagamento direito dos encargos trabalhistas, ciente da sua responsabilidade subsidiária, mesmo não estando em dívidas com os créditos da empresa de terceirização. Não suficiente, o MPT tem ainda ajuizado ações coletivas para saldar, através da responsabilização subsidiária do ente público, a dívida trabalhista dos terceirizados. Exemplo disto é a recente Ação Civil Pública ajuizada em face de Hemir Construções, Comércio e Serviços Ltda e o Estado de Roraima, com pedido de que este ente federado realize diretamente os pagamentos salariais aos trabalhadores terceirizados daquela, cuja liminar já fora deferida.

[149] Com efeito, como Procuradora do Trabalho, já nos deparamos com muitas situações semelhantes. Os trabalhadores terceirizados permanecem os mesmos por anos a fio. As empresas de terceirização vão sendo sucessivamente substituídas, de acordo com a duração e vigência do contrato administrativo. Pela doutrina e jurisprudência de DT, a cada nova empregadora formal, entabulam-se novos contratos de trabalho, sem necessidade de observância das condições anteriores. Assim, considera-se lícita a redução de salários; férias permanecem não gozadas por muitos anos; benefícios contratuais podem ser suprimidos; dentre outras condições de trabalho maléficas. É, de fato, um paradoxo do DT. V. GABRIELA NEVES DELGADO, Terceirização..., pág. 168-186.

público, também com o escopo de substituir a utilização da "terceirização lícita". Ter-se-ia, desse modo, execução direta pela AP das suas necessidades que hoje são corriqueiramente repassadas à execução mediante interposta pessoa jurídica.

A "laboralização administrativa" que agora propomos parte da constatação da gravidade e da perversidade do fenômeno terceirizante, com o qual a AP não empresarial, até por vinculação às normas constitucionais (art. 1º, incisos III e IV; art. 7º, *caput*, da CR), não poderia permitir se verificar em seu próprio âmbito. Nesse caso, os contratos de trabalho entabulados com a AP não empresarial poderiam ser substancialmente similares àqueles entabulados no setor privado, inclusive eventualmente submetidos à mesma legislação e aos mesmos direitos, designadamente os direitos coletivos assegurados em instrumentos normativos celebrados. Apenas a forma de contratação (centralizada ou descentralizada) pela AP deverá ser diferenciada, a fim de resguardar o princípio da igualdade, sem que isso represente uma excessiva procedimentalização ou burocratização da forma de contratação (ex.: procedimento seletivo simplificado; cadastro unificado de interessados a emprego; recurso ao banco de dados do SINE – Sistema Nacional de Empregos, *etc.*). Também não haveria razão alguma para se assegurar "estabilidade" a esses futuros empregados públicos.

Essa "laboralização administrativa" não é proposta inovadora. Há anos tem sido defendida, porém, com fundamentos estritamente administrativos (e não, simultaneamente, com fundamentos nos princípios de DT e diante da ótica do trabalhador), por Celso Antônio Bandeira de Mello. Segundo este: "Que atividades seriam estas, passíveis de comportar regime trabalhista, se a lei assim decidir? Só poderiam ser aquelas que – mesmo desempenhadas sem garantias específicas do regime de cargo – não comprometeriam os objetivos (já referidos) em vista dos quais se impõe o regime de cargo como sendo o normal, o prevalecente. Seriam, portanto, as correspondentes à prestação de *serviços materiais subalternos*, próprios dos serventes, motoristas, artífices, jardineiros ou mesmo mecanógrafos, digitadores, *etc.*, pois o modesto âmbito da atuação destes agentes não introduz riscos para a impessoalidade da ação do Estado em relação aos administrados caso lhes faltem as garantias inerentes ao regime de cargo".[150]

A posição de Celso Antônio Bandeira de Mello, diversamente da nossa, parte do "pressuposto" do DT como disciplina própria dos "operários"; dos "subalternos"; do "trabalhador manual".[151] Não sustentamos tal visão arcaica do DT e, muito menos, da *menos valia* do trabalho prestado pelos atuais terceirizados da AP não empresarial ou, em geral, do trabalho (substancialmente) "manual".[152] Simplesmente não vemos plausibilidade jurídica para que um fenômeno com "repercussões tão deletérias no

---

[150] *In Curso ...*, pág. 259-260.

[151] Esta visão foi muito antes defendida, na questão FP, pela doutrina francesa clássica, que aprofundou a distinção entre "funcionários" e "empregados". Por exemplo, para LÉON AUCON, empregados seriam aqueles que ocupassem trabalhos inferiores, comandados por funcionários superiores. V. EMMANUEL AUBIN, 4ª ed., Gualino, Paris, pág. 25. V. FRANÇOIS BURDEAU, *Histoire du droit administratif (de la Révolution ao début des années 1970)*, Presses Universitaires de France, Paris, 1995, pág. 349. V. FLORIVALDO DUTRA DE ARAÚJO, *Conflitos Coletivos ...*, pág. 54 e seg. Tb., do A., "Os Regimes Jurídicos dos Servidores Públicos no Brasil e suas Vicissitudes Históricas", in RFDUFMG, Belo Horizonte, nº 50, jan-jul, 2007, pág. 143-169.

[152] V. art. 7º, inciso XXXII, da Constituição: "Art. 7º São direitos dos trabalhadores urbanos e rurais, além de outros que visem à melhoria de sua condição social: ... XXXII – proibição de distinção entre trabalho manual, técnico e intelectual ou entre os profissionais respectivos". V. Convenção nº 111 da OIT, sobre a discriminação em matéria de emprego e profissão.

plano funcional e no plano social"[153] como a "terceirização lícita" na AP não empresarial, dotadas de vigorosas vinculações jurídico-públicas, possa se harmonizar com o sistema jurídico-constitucional nacional, quando se pode cogitar em soluções jurídicas menos gravosas do ponto de vista administrativo e mais humanas do ponto de vista das relações de trabalho.

A viabilidade do contrato de trabalho na AP não empresarial como mecanismo de substituição da "terceirização lícita" teria como benefício, sob o aspecto da eficiência administrativa, a diminuição dos riscos com encargos trabalhistas, os quais hoje dominam o cenário terceirizante. É que através da "laboralização administrativa", o próprio órgão/entidade de direito público será o empregador/administrador da relação empregatícia, exercendo as suas responsabilidades e, assim, cumprindo e fiscalizando diretamente as obrigações decorrentes dos pactos laborais. Para fins de orçamentação, podem ser estipuladas dotações específicas e o número máximo de trabalhadores públicos que, nessas condições, serão admitidos, diante da situação específica de cada órgão/entidade de direito público (as suas demandas específicas, o seu porte administrativo, as peculiaridades das suas atividades-meio, *etc.*).

5.4 A "laboralização administrativa" como solução adequada para situações administrativas existentes

Nos três âmbitos em que propusemos a "laboralização administrativa", deparamos com situações administrativas reais e atuais nas quais o DT (mediante a aplicação do "regime celetista") tem avançado para dentro da AP não empresarial brasileira.

Entendemos que, melhor do que simplesmente adotar o "regime celetista" na esfera intra-administrativa, por caminhos tortuosos ou oblíquos (tais como o "reenvio legal" de entes federais, instituindo como o seu "regime jurídico único" o "regime celetista"; a "privatização jurídica" ou a "empresarialização" de escolas ou hospitais públicos; a criação de empresa pública para fornecimento de mão de obra no âmbito da AP direta ou indireta;[154] a contratação de pessoas jurídico-privadas para prestação de serviços no âmbito da AP, através do mecanismo da terceirização, *etc.*); tendo ainda como ponto desfavorável a ausência de um regramento específico para observância das vinculações jurídico-públicas coletivas e individuais necessárias em cada caso (naturalmente não prevista no diploma celetista); melhor seria realmente prever normativamente a "laboralização direta" das relações de trabalho desses âmbitos. Esse "percurso direto" à incidência do DT permitirá refletir e definir, de forma particular, as constrições e as adaptações necessárias por estar-se diante de um "empregador público" (sendo certo que as "laboralizações administrativas" propostas, elas mesmas, pressupõem graduações diversas em termos de afetações jurídico-públicas).

---

[153] Cf. HELDER DOS SANTOS AMORIM, *Terceirização ...*, pág. 76 e seg.
[154] Como é o caso, no Estado de Minas Gerais, da MGS S/A.

6 A laboralização judicial da FP – A competência da Justiça do Trabalho para todas as lides decorrentes das relações de trabalho – Unificação da apreciação judicial sobre a matéria de trabalho humano

A nossa proposta laboralizadora envolve ainda a esfera judicial. Consideramos efetivamente insustentável, mormente diante da literalidade do novel inciso I do art. 144 da CR (EC nº 45/2004), apartar as lides decorrentes das relações jurídicas de trabalho público (FP *lato sensu*, especialmente das categorias públicas não expressamente excluídas do presente estudo e daquelas que não detêm poderes de autoridade) da competência da JT; também porque não vigora no Brasil o sistema de jurisdição administrativa (Justiça Administrativa).[155] Entretanto, não tem sido esta a interpretação do STF.

O resultado dessa leitura jurisprudencial tem sido, em nossa análise, uma natural dificuldade (e um retardamento) em se compreender a nova posição e os novos direitos (individuais e coletivos) do servidor público oriundos de sua relação jurídica de profissionalidade; e, ainda, a separação, no plano da interpretação do ordenamento jurídico nacional, de uma salutar imbricação e comunicação entre os "clássicos" DT e "Direito da FP".

Vejamos inicialmente os argumentos utilizados pelo STF para sustentar a incompetência da JT para as ações dos trabalhadores públicos de "regime publicístico" para, depois, contra-argumentá-los.

De fato, mostra-se da mais alta importância confrontar, por todos os ângulos possíveis, o posicionamento do STF; afinal, entendemos que a "laboralização judicial" da FP é aquela que deveria (e poderia) se verificar logo *num primeiro momento*. A uma, porque não mais depende de alteração do Direito Positivo, não obstante estejamos diante de uma decisão da mais alta corte e com força vinculatória geral (decisão liminar da ADI nº 3.395[156]). Também a título de *lege ferenda*, a lei infraconstitucional pode alinhar-se à nossa proposta (art. 114, inciso IX). A duas, porque através dessa inicial "laboralização" será possível decodificar o sistema funcionarial brasileiro, atribuindo-lhe concepções que realmente lhe faltam: unidade/harmonia, no plano da interpretação judicial (afinal, estamos lidando com um ordenamento jurídico concebido por uma "multiplicidade legislativa"), e a visão de trabalhador público como sujeito de direito, merecedor de proteção jurídica específica e de um processo realmente mais célere.

6.1 O posicionamento do STF[157]

Segundo a redação dada pela EC nº 45/2004 ao art. 114, inciso I, da CR-88, "Compete à Justiça do Trabalho processar e julgar: I – as ações oriundas da relação de trabalho,

---

[155] Já defendemos esse posicionamento em outras oportunidades. V. ANA CLÁUDIA NASCIMENTO GOMES, "Algumas ...", pág. 13-46.

[156] Em tese, o julgamento meritório da ADI nº 3.395 pode ser diverso da decisão liminar. Não tem sido, entretanto, a práxis do STF.

[157] O STF foi instituído pelo Decreto nº 848 de 11 de Outubro de 1890, sob a inspiração norte-americana da Suprema Corte, como intérprete máximo da Constituição. O controle difuso enraizou-se definitivamente no Brasil com a Lei Federal nº 221 de 1.894, que o previa expressamente. As disposições constitucionais relativas ao STF são, na sua especialidade: art. 92, I, parágrafo único; 101; 102 e 103. O STF é composto por 11 Ministros, escolhidos entre os cidadãos com mais de trinta e cinco anos e menos de sessenta e cinco anos de idade, de notável saber jurídico e reputação ilibada. Todos os Ministros são nomeados pelo PR, depois de aprovada a escolha pela maioria absoluta

abrangidos os entes de direito público externo e da administração pública direta e indireta da União, dos Estados, do Distrito Federal e dos Municípios".

Ao interpretar esse dispositivo, o STF afastou (de novo) da competência da Justiça do Trabalho os servidores públicos, "com regime estatutário e publicístico de trabalho".[158]

Nos seus fundamentos, o Excelso Pretório recordara (e também reavivara) expressamente o seu anterior entendimento, assentado na ADI nº 492-1, que declarou a inconstitucionalidade material das alíneas *d* e *e* do art. 240 da Lei nº 8.112/90.[159] E, nessa ADI, havia-se afirmado expressamente que: "trabalhador e servidor público, pois, têm conceitos próprios, conceitos diferentes: trabalhador é, de regra, quem trabalha para empregador privado, inclusive os que prestam serviço a empresas públicas, sociedades mistas e entidades estatais que explorem atividade econômica (C.F., art. 173, §1º). Trabalhador é, de regra, o que mantém relação de emprego, é o empregado, o que tem empregador, e empregador é, em princípio, o ente privado. (...) Sob o ponto de vista legal, portanto, trabalhador é o 'prestador de serviços tutelado', de cujo conceito excluem-se os servidores públicos civis e militares sujeitos a regime jurídico próprio".[160]

A liminar deferida nos autos da ADI nº 3.395-MC suspendera "toda e qualquer interpretação dada ao inciso I do art. 114 da CF, na redação da EC 45/2004, que inclua, na competência da JT, a 'apreciação (...) de causas que (...) sejam instauradas entre o Poder Público e seus servidores, a ele vinculados por típica relação de ordem estatutária ou de carácter jurídico-administrativo". Tal decisão tem força vinculatória (*ex nunc*) sobre todos os órgãos dos Poderes Executivo e Judiciário, *ex vi legis*.[161]

É bastante perceptível que o STF fez uso, na interpretação do *novo* art. 114, inciso I, da CR-88, de sua jurisprudência constituída sob a égide da antiga redação desse dispositivo,[162] o que certamente reduziu (ou mesmo inviabilizou, em relação à FP *lato sensu*) a *telos* ampliativa do Poder Constituinte Derivado quanto à competência material da JT. Para nós, essa técnica de interpretação constitucional fora equivocada na medida

---

do Senado Federal. O cargo é vitalício. Os procedimentos do STF estão regulados na Lei nº 8.038/90, salvo os relativos à ADC/ADIn e à ADPF; bem como em seu regimento interno. O STF funciona com duas turmas de 5 membros. O Presidente só participa das sessões plenárias. V. ALEXANDRE DE MORAES, *Jurisdição Constitucional e Tribunais Constitucionais – Garantia Suprema da Constituição*, Ed. Atlas, São Paulo; 2000, pág. 212 e seg.; EDMAR OLIVEIRA DE ANDRADE FILHO, *Controle de Constitucionalidade de Leis e Atos Normativos*, Ed. Dialética; São Paulo, 1997, pág. 20 e seg.; e PAULO ROBERTO BARBOSA RAMOS, *O Controle da Constitucionalidade das Leis no Brasil – Filosofia e Dimensões Jurídico-Políticas*; Celso Bastos Editor, São Paulo; 2000, pág. 60.

[158] V. ADI nº 3395-MC, liminar deferida pelo Ministro Nelson Jobim, em 27/1/2005 e referendada pelo Plenário do STF, em 5/4/2006: "EMENTA. Inconstitucionalidade. Ação direta. Competência. Justiça do Trabalho. Incompetência reconhecida. Causas entre o poder público e seus servidores estatutários. Ações que não se reputam oriundas de relação de trabalho. Conceito estrito desta relação. Feitos da competência da Justiça Comum. Interpretação do art. 114, inc. I, da CF, introduzido pela EC 45/2004. Precedentes. Liminar deferida para excluir outra interpretação. O disposto no art. 114, I, da Constituição da República não abrange as causas instauradas entre o Poder Público e servidor que lhe seja vinculado por relação jurídico-estatutária". Até a presente data (18/6/2013), a ADI nº 3.395-6 DF ainda não foi definitivamente julgada.

[159] V. 1ª parte do trabalho.

[160] V. ADI nº 492-1, pág. 14, Min. Carlos Velloso.

[161] Art. 102, §2º, da CR c/c art. 11, §1º, da Lei nº 9.868/99.

[162] "Art. 114. Compete à Justiça do Trabalho conciliar e julgar os dissídios individuais e coletivos entre trabalhadores e empregadores, abrangidos os entes de direito público externo e da administração pública direta e indireta dos Municípios, do Distrito Federal, dos Estados e da União, e, na forma da lei, outras controvérsias decorrentes da relação de trabalho, bem como os litígios que tenham origem no cumprimento de suas próprias sentenças, inclusive coletivas".

em que não respeitou a legitimidade democrática direta desse poder, não dando a devida valia ao "princípio da liberdade de conformação dos órgãos políticos-legislativos".[163]

Não suficiente, em Reclamações Constitucionais nas quais a autoridade da liminar da ADI nº 3.395-MC restou questionada, o STF acabou por ampliar o âmbito subjetivo dessa decisão (limitada, *a priori*, pelas "causas instauradas entre o Poder Público e servidor que lhe seja vinculado por relação jurídico-estatutária"), a fim de incluir nessa exceção as lides de outros tipos de vínculos dos trabalhadores públicos.[164]

Assim, além dos conflitos dos "servidores públicos formais" (de acordo com a vetusta compreensão da juspublicística nacional, sujeitos de uma "relação jurídico-estatutária" e ocupantes de "cargo público"), o STF decidiu que as demandas que envolvessem as contratações temporárias de trabalhadores pelo Poder Público também restariam excluídas da competência material da JT. Não escaparam os casos concretos, nos quais, incidentalmente, alegava-se o próprio desvirtuamento do "contrato por tempo determinado para atender a necessidade temporária de excepcional interesse público" (inciso IX do art. 37 da CR) e a violação do princípio democrático de igual acesso à FP.

A fundamentação da corte fora no sentido de que "apenas à Justiça Comum é dado se manifestar sobre as consequências da nulidade de um ato administrativo, não a Justiça do Trabalho" e que "é da competência exclusiva desta o exame de questões relativas a vínculo jurídico-administrativo".[165]

Como efeito do posicionamento do STF, o TST cancelou a sua Orientação Jurisprudencial nº 205 (Seção de Dissídios Individuais 1)[166] e seguiram decisões trabalhistas ordinárias alinhadas à interpretação da suprema corte.[167]

---

[163] Cf. J. J. GOMES CANOTILHO, *Direito ...*, pág. 1115. Sobre a "interpretação da constituição conforme as leis", às pág. 1196: "Como a própria expressão indica, estamos a encarar a hipótese da interpretação da constituição em conformidade com as leis e não das leis em conformidade com a constituição. (...) A utilidade da interpretação constitucional conforme as leis seria particularmente visível quando se tratasse de leis mais ou menos antigas, cujos princípios orientadores lograram posteriormente dignidade constitucional. A interpretação da constituição de acordo com as leis não aponta apenas para o passado. Ela pretende também abarcar as hipóteses de alterações do sentido da constituição mais ou menos plasmadas nas leis ordinárias. (...). Do direito infraconstitucional partir-se-ia para a concretização da Constituição. A interpretação da constituição conforme as leis tem merecido sérias reticências à doutrina. Começa por partir da ideia de uma constituição entendida não só como espaço normativo aberto mas também como campo neutro, onde o legislador iria introduzindo subtilmente alterações. Em segundo lugar, não é a mesma coisa considerar como parâmetro as normas hierarquicamente superiores da constituição ou as leis infraconstitucionais. Em terceiro lugar, não deve afastar-se o perigo de a interpretação da constituição de acordo com as leis ser uma interpretação inconstitucional, quer porque o sentido das leis passadas ganhou um significado completamente diferente na constituição, quer porque as leis novas podem elas próprias ter introduzido alterações de sentido inconstitucionais. Teríamos, assim, a legalidade da constituição a sobrepor-se à constitucionalidade da lei"

[164] V. Rcl. nº 5.381-4 AM e nº 4.762-8 PR. Ainda, Rcl. de nºs. 4.071 MT, 4.262 ES, 4.275 MC-SE, 4.356 MC-SE, 3.431 MC-PA, 4.000 MC-SP, 4.013 MC-PA, 4.237 PA. V. art. 102, inciso I, alínea *l*.

[165] Reclamação Constitucional nº 4.489-PA, Min. Cármen Lúcia. Há voto dissidente do Min. Marco Aurélio.

[166] Em 23/4/2009. A OJ 205 admitia a competência da Justiça do Trabalho "para dirimir dissídio individual entre trabalhador e entre público se há controvérsia acerca do vínculo empregatício", e estabelece que "a simples presença de lei que discipline a contratação por tempo determinado para atender a necessidade temporária de excepcional interesse público não é o bastante para deslocar a competência da Justiça do Trabalho se se alega desvirtuamento em tal contratação, mediante prestação de serviços à Administração para atendimento de necessidade permanente e não para acudir a situação transitória e emergencial".

[167] TRT 3ª Reg, 5ª Turma, Processo nº 00169-2009-080-03-00-8 RO: "Servidor Público. Contratação temporária. Nulidade. Incompetência material da Justiça do Trabalho. Reclamações constitucionais. Mudança de orientação jurisprudencial. Embora fosse pacífica no âmbito do TST a competência material da Justiça do Trabalho para dirimir dissídio individual entre trabalhador e ente público se alegado o desvirtuamento da contratação temporária (OJ 205 da SBDI-I), o STF vem, reiteradamente, declarando a incompetência absoluta desta Especializada para processar e julgar lides dessa natureza, cassando, no bojo de inúmeras Reclamações

Atualmente, portanto, a compreensão tem sido de que as lides decorrentes das relações jurídicas dos "trabalhadores públicos" em geral (apenas excluídos os "celetistas") não integram a competência material da JT. Tais ações são apreciadas ou pela Justiça Comum Federal (trabalhadores públicos federais) ou pela Estadual (trabalhadores públicos estaduais e municipais), em situação semelhante à que se verificava antes da EC nº 45/2004, a qual, nesse aspecto, não teve eficácia modificativa.[168]

É perceptível que, nessas condições, a interpretação harmoniosa do sistema funcionarial brasileiro reste também prejudicada, como em relação a regimes, direitos, deveres e procedimentos disciplinares, mormente quando analogicamente assentados em leis diversas (ex.: direito assegurado em lei federal interpretado diferentemente de direito análogo, assegurado em lei local). Não suficiente, um mesmo trabalhador público poderá ter que ajuizar ações diversas (perante a JT e a Justiça Comum), mesmo quando a relação material de trabalho tenha sida única, porém com diversidade de regimes ("regime celetista" seguido de "regime estatutário"); o que não se mostra razoável, nem muito menos eficiente.

6.2 Os vários argumentos contra a posição do STF – Argumentos de ordem processual e de ordem material

Com efeito, existem razões de ordem processual e material para se discordar do citado posicionamento do STF. Para nós, são efetivamente mais robustas e profundas

---

Constitucionais, as condenações calcadas na Súmula 363 do TST. Entende, em suma, a Suprema Corte que o vínculo jurídico formado entre o Poder Público e seus servidores tem sempre natureza administrativa, consoante art. 39 da CR. Logo, faleceria à Justiça do Trabalho competência para apreciar a legalidade das leis locais que disciplinam a contratação temporária e, por conseguinte, a pretensa nulidade das relações de trabalho firmadas pela Administração sem prévia aprovação do servidor em concurso público. Tal posicionamento culminou com o cancelamento do referido precedente do TST, impondo uma mudança na orientação jurisprudencial nesta Especializada". Ainda, TRT 3ª Reg., Turma Recursal de Juiz de Fora, Processo nº 00388-2009-074-03-00-5 RO: "Administração Pública – Contrato Temporário – Artigo 37, ix da CF e lei municipal. Incompetência material da Justiça do Trabalho. A partir do julgamento do RE nº 573202, na data de 21.08.2008, o Colendo STF, reafirmando jurisprudência pretérita, agora com o caráter de repercussão geral, deixou assente que, mesmo na hipótese de a peça de ingresso buscar a efetiva declaração da nulidade de contratos administrativos temporários prorrogados por várias vezes, logo, irregulares, com formulação de pedido de índole trabalhista, a relação de trabalho entre o Poder Público e seus servidores é sempre de caráter jurídico-administrativo e, portanto, a competência para dirimir conflitos que envolvam referidos contratos, inclusive quanto à aferição de sua validade ou não, será sempre da Justiça Comum (Estadual ou Federal), e não da Justiça do Trabalho. A decisão da Corte Suprema sobre a matéria em exame reflete o entendimento de que, mesmo a eventual constatação de nulidade do contrato firmado em desacordo com a norma constitucional não transmuda a natureza do vínculo, que é de caráter administrativo e disciplinado de acordo com o regime estatutário. E, sendo de caráter administrativo, as pretensões dos contratados só poderiam se limitar aos direitos previstos nos estatutos dos servidores, o que inviabiliza, no âmbito desta Especializada, o deferimento de qualquer parcela trabalhista prevista na CLT em favor de pessoa contratada por qualquer ente público. Aliás, após referida decisão, poderão os Ministros da Corte Suprema decidir, monocraticamente, matéria de igual jaez trazida em recursos a eles submetidos. Irrelevante a inexistência (ainda) de súmula vinculante no particular, porque, de um modo geral, o STF tem defendido o efeito vinculante inclusive para as suas decisões em controle difuso. Via de conseqüência, curvando-me ao entendimento iterativo do STF, mantenho a decisão de primeiro grau que acolheu a incompetência da Justiça do Trabalho para conhecer, apreciar e julgar a presente demanda, determinando a remessa dos autos ao juízo cível".

[168] Aliás, rigorosamente, o entendimento do STF, acrescido nas Reclamações Constitucionais efetivamente restringiu a competência material da JT, justamente diante da EC nº 45/2004, a qual veio ampliá-la. É que, até então, as lides que envolviam os contratos temporários poderiam ser ou não da competência da JT, conforme a OJ nº 205 SDI 1 do TST. Sobre o tema: CRISTIANO CÉSAR DE ANDRADE DE ASSIS, "A Competência da Justiça do Trabalho para as ações de servidores públicos e o caminho seguido pelo Supremo Tribunal Federal e pelo Tribunal Superior do Trabalho", in RJ, 2ª quinzena, outubro, 2009, vol. II, pág. 637-633.

as razões de ordem material, mormente aquelas que têm como substrato o tratamento isonômico que hodiernamente se tem "desenhado" sobre os trabalhadores em geral, sejam eles públicos ou privados, por antever mudanças em padrões jurídicos há muito estabelecidos e que hoje podem não fazer mais sentido.

De todo modo, apresentaremos também as razões de ordem processual. Ao fim e ao cabo, o que se irá perceber (essa é a nossa observação) é que, nas entrelinhas da decisão do STF, há um certo receio institucional quanto ao deslocamento da competência para a apreciação das lides referentes à FP *lato sensu* para a JT. Quiçá um receio quanto à "proletarização" da FP, possivelmente associado a uma pré-compreensão do juiz do trabalho como um "juiz inferior". Implicitamente, ainda, concepções juspublicísticas próprias de um sistema de Justiça Administrativa, as quais não podem se sobrepor à determinação constitucional de uma Justiça *Especializada* para as "relações de trabalho", nomeadamente perante um sistema de unidade de jurisdição, em face da divisão de competência judicial entre a Justiça Federal e a Justiça Estadual.

Quanto às questões de ordem processual, comecemos pelo apontamento da incumbência natural de todo o juiz nacional (incluso o juiz do trabalho) de zelar pelo princípio da supremacia da Constituição.

De fato, no sistema judicial brasileiro (em que o *judicial review* está há muito institucionalizado), compete a todo juiz realizar, obrigatoriamente e *ex officio*, o controle difuso da constitucionalidade das leis aplicáveis ao caso em julgamento.[169] O controle concreto da constitucionalidade das leis (federais, estaduais e municipais) é aferido por ocasião do julgamento da causa, apresentando a lei, cuja constitucionalidade é discutida, como uma questão prejudicial à conclusão da decisão.

Sendo assim, antes de aplicar a lei no caso concreto, deve o juiz (qualquer juiz e, obviamente, isso não é diferente para o juiz do trabalho) averiguar a sua conformidade constitucional. Constatando que a lei não guarda sintonia com a Constituição, deverá desconsiderá-la (efeitos *ex tunc* e *inter partes*, próprios da declaração concreta de inconstitucionalidade).

Nesses termos, não faz sentido afirmar-se que "apenas à Justiça Comum é dado se manifestar sobre as consequências da nulidade de um ato administrativo, não a Justiça do Trabalho", designadamente nas causas em que se discute (a legitimidade e a legalidade de) contratações temporárias efetuadas pelo Poder Público. Nesses casos, o que se tem verificado é que a nulidade do ato administrativo de contratação não advém de uma mera ilegalidade; mas, antes, de uma inconstitucionalidade (a lei local abarcou situações funcionariais que realmente não se configuram como de "excepcional interesse público"). Vedar ao juiz do trabalho o "dever-poder" do controle jurisdicional da constitucionalidade das leis é o mesmo que lhe negar a sua condição de autoridade independente e imparcial para apreciação do direito aplicável à composição jurídica do conflito, decorrência do exercício da *jurisdictio*.[170]

---

[169] V. ANA CLÁUDIA NASCIMENTO GOMES, *O poder* ..., pág. 161 e seg.
[170] V. PAULO CASTRO RANGEL. *Reserva* ..., pág. 20: "Ora, se partimos da asserção – que julgamento inquestionável – de que a jurisdição se caracteriza como uma actividade dirigida à aplicação do direito (à resolução de questões de direito, a título principal e exclusivo), então o juiz já não pode hipostasiar-se numa mecanicista aplicação da lei e nada tem que ver com o modelo, supostamente querido por MONTESQUIEU, da «boca que pronuncia as palavras da lei». É que, insistimos, o direito não se reduz à lei (...). Quando o juiz diz o direito, já não diz «somente» a lei. Mais, justamente porque o ordenamento jurídico não se consome nessa instância legislativa,

Não suficiente, frise-se, no Brasil não vigora o sistema de dualidade de jurisdição e, via de consequência, nem a regra da competência exclusiva da reserva do juiz administrativo para as controvérsias oriundas de relação de natureza jurídico-administrativa.[171]

O STF ainda sustenta, há muito, desde a ADI nº 492-1, que "o processo trabalhista é incompatível com o caráter estatutário do regime jurídico dos servidores públicos e com a superioridade jurídica de que goza o Estado nas relações dele derivadas", pois, "o regime estatutário é incompatível com a conciliação, a qual 'pressupõe a capacidade para transigir e, (...), o Estado não pode abrir mão de seus privilégios, porque conferidos no interesse público, que é indisponível'"; fundamentos que nos afiguram por demais cartesianos e ultrapassados, como já tivemos oportunidade de expor.[172]

Além de o "princípio da superioridade (ou supremacia) do interesse público" sobre os interesses particulares ser hodiernamente muito discutível,[173] se o processo do trabalho fosse realmente incompatível com o "interesse estatal" (dada a polissemia do termo "interesse público"), a JT não seria igualmente competente para as demandas que versem sobre os "empregados públicos" (os "celetistas") ou para as "ações relativas às penalidades administrativas impostas aos empregadores pelos órgãos de fiscalização das relações de trabalho" (inciso VII, art. 114, CR).

Por outro lado, quer seja no âmbito extrajudicial, quer seja no âmbito da própria Justiça Comum, é faticamente equivocada a assertiva de que "o Estado não transige ou concilia", existindo, inclusive, órgãos extrajudiciais especialmente vocacionados à conciliação de entes públicos.[174]

Sob o aspecto material, tem suma importância o conceito de "relação de trabalho", que ocupa lugar de destaque no art. 114, tanto no inciso I, quanto no inciso IX ("outras controvérsias decorrentes da relação de trabalho, na forma da lei"). Nesse aspecto, duas vias interpretativas são válidas, conjunta ou separadamente: *(i)* averiguar a existência de um conceito constitucional de "relação de trabalho", desenvolvido especialmente para delimitar a competência material da JT"; e/ou *(ii)* utilizar-se da distinção há muito formulada pela doutrina laboral entre "relação de trabalho" e "relação de emprego",[175] densificando a opção constituinte.

---

o juiz pode mesmo ser chamado a apreciar a validade material da lei, a sua conformidade a padrões jurídicos superiores – e a isso vieram as referências à dimensão da reserva da Constituição e da reserva do Direito. Essa possibilidade será tanto mais actual quanto seja prevenido, expressamente ou não, o controlo jurisdicional da constitucionalidade das leis. E isso especialmente, nos sistemas que hajam acolhido a judicial review of legislation, por isso que esta tem como característica essencial a devolução da competência do controlo a todo e qualquer tribunal, não reservando concentradamente a um especial órgão, ainda que de natureza inegavelmente jurisdicional".

[171] Conforme vigora em Portugal. V. PAULO CASTRO RANGEL, *Repensar ...*, pág. 203.
[172] V. 3ª parte da tese, contra a atualidade da relação jurídico-estatutária para a FP *lato sensu*.
[173] V. HUMBERTO ÁVILA, "Repensando o Princípio do Interesse Público sobre o Particular", *in RDJ*, ano 1, v. 1, nº 07, out. 2001, pág. 21. "Disso resulta uma importante conseqüência, e de grande interesse prático: a aplicação do Direito na área do Direito Administrativo brasileiro não pode ser feita sobre o influxo de um princípio de prevalência (como norma ou como postulado) em favor do interesse público". Em resposta, contra, DANIEL WUNDER HACHEM, *Princípio constitucional da supremacia do interesse público*, Ed. Fórum, Belo Horizonte, 2011.
[174] É o caso, por ex., da criação em 2007, no âmbito da Advocacia-Geral da União, da Câmara de Conciliação e Arbitragem da Administração Federal (CCAF), sediada em Brasília, com a atuação principal de solucionar amigavelmente os conflitos entre os órgãos da União e as entidades da Administração Federal Indireta. Também há diversas propostas para a institucionalização da transação tributária. V., por ex., DIOGO DE FIGUEIREDO MOREIRA NETO, *Mutações...*, pág. 40.
[175] V. 3ª parte da tese.

Relativamente à hipótese *(i)*, em sendo procedente (isto é, existindo efetivamente um "conceito constitucional de relação de trabalho, o qual possa servir especialmente à limitação da competência material da JT"), o mesmo deve ser descortinado num único *locus* – no próprio texto constitucional; não sendo aqui chamadas a delimitar ou explicitar esse eventual conceito jurisprudências constitucionais pretéritas (as quais não têm como parâmetro o texto conforme a EC nº 45/2004).

Entretanto, não existe perante a literalidade da CR identidade entre as figuras jurídicas de "relação de trabalho" e "relação de emprego" e nem entre "trabalhadores" e "empregados" (nesse caso, considerando-se os reavivados fundamentos do STF, contidos na decisão da ADI nº 492-1). O próprio inciso I do art. 7º é inequívoco ao utilizar-se do conceito de "relação de emprego", inclusivamente em conformidade com a dogmática do DT. Afinal, o direito assegurado nesse inciso refere-se à garantia "contra despedida arbitrária ou sem justa causa", só fazendo sentido tal proteção no âmbito de "trabalhadores subordinados" ou empregados (como espécie do gênero trabalhadores). Por outro lado, o direito garantido no inciso XVIII desse dispositivo ("licença à gestante, sem prejuízo do emprego e do salário, com duração de 120 dias") destina-se e abrca genericamente todas as trabalhadoras.

Não suficiente, o inciso XXXIV do art. 7º consagra a "igualdade de direitos entre o trabalhador com vínculo empregatício permanente e o trabalhador avulso". A consagração dessa isonomia só se justifica porque o termo "trabalhadores" é, por sua natureza, genérico, existindo diferenças entre aqueles que possuem vínculo empregatício e aqueles que não o possuem. Daí, há a necessidade de qualificar o "trabalhador" destinatário da tutela constitucional ("com vínculo empregatício permanente"; "avulso", *etc.*).

Não apenas o art. 7º da CR faz a distinção entre "trabalhadores" e "trabalhadores subordinados". Ainda o seu art. 195, incisos I e II. Repare-se que, nos termos do inciso I desse dispositivo, haverá contribuição social dos "empregadores" não apenas em razão de "rendimentos do trabalho pagos ou creditados, a qualquer título, a pessoa física que lhe preste serviços, mesmo sem vínculo empregatício"; isto é, mesmo sem ser "empregado". Também são devidas as contribuições sociais dos "trabalhadores" (inciso II). De fato, até porque a base de financiamento da seguridade social deve ser a mais ampla possível, não seria eficiente a restrição da exigência de contribuição social apenas do "empregador" sobre as remunerações de seus efetivos "empregados" (relegando outros trabalhadores que podem prestar serviços de modo não subordinado).

Assim, diante do próprio texto constitucional, tem-se que não são juridicamente equivalentes (e, na verdade, jamais foram) os termos "trabalhadores" e "empregados"; bem como as expressões "relação de trabalho" e "relação de emprego"; sendo aquela nitidamente mais abrangente. A orientação constitucional, portanto, está em sintonia com a doutrina juslaboral.

Não suficiente, não houve, *expressis verbis*, no art. 114, inciso I, da CR uma previsão de exclusão das lides das relações de trabalho entabuladas com o Poder Público, muito ao reverso.

Sendo assim, o recurso à dogmática do DT *(ii)* como via interpretativa para a compreensão da fixação de competência do art. 114, incisos I e IX, da CR, corrobora o sentido da compreensão constitucional acerca do conteúdo subjetivo amplo do termo "relação de trabalho". E, fazendo menção manifesta o inciso I deste dispositivo às relações de trabalho entabuladas com a AP não empresarial, a exclusão das lides trabalhistas dos trabalhadores públicos (FP *lato sensu,* incluídos os "servidores públicos" e "contratados temporários") afigura ser uma interpretação *contra constitutionem.*[176]

Ora, esses trabalhadores públicos, assim como os demais trabalhadores, alienam a sua força de trabalho (fato que não é desmerecido ou diferente por ser em benefício do Poder Público) e igualmente almejam remuneração que lhes dê subsistência (art. 100, CR). Inegavelmente, são trabalhadores "por conta alheia". Existe um paralelismo jurídico entre o trabalho subordinado e o trabalho prestado sob "hierarquia administrativa",[177] conforme demonstramos.[178] A aplicação de princípios do DA nessa relação jurídica de trabalho público não é argumento sólido para afastar-se a competência material da JT; porquanto, caso contrário, as relações de "emprego público", também com afetações jurídico-públicas, não poderiam ser confiadas a esse ramo especializado, como efetivamente o são.

Em nossa interpretação, apenas restariam excluídos da competência material da JT aquelas categorias detentoras de poder (FP *stricto sensu*), em cujo vínculo jurídico-público pesam maiores e mais robustas restrições sobre os direitos fundamentais desses cidadãos-funcionários (o que se verifica, por exemplo, na ausência ou na incerteza quanto ao gozo de direitos coletivos próprios dos trabalhadores, em geral[179]), decorrência mesmo da *autoritas* que exercem em nome do Estado, o qual, por sua vez, confia-lhes uma peculiar situação funcional, de independência ou de disciplina (magistrados, membros do Ministério Público, militares e agentes policiais, diplomatas, agentes políticos, *etc.*).

A lógica que efetivamente perpassou a exclusão das lides dos trabalhadores públicos da AP não empresarial da competência da JT alinha-se ao pressuposto da existência de um sistema de Justiça Administrativa; todavia, secularmente não mais vigorante no Brasil,[180] apesar de, simultaneamente, estar-se diante de um sistema de administração executiva[181] (o denota a precoce peculiaridade do sistema administrativo brasileiro, numa imbricação de sistemas[182]).

Nesse sentido, não são procedentes perante o sistema judiciário brasileiro os argumentos de "reserva de competência jurisdicional"[183] em favor da Justiça Comum e em detrimento da competência material da JT (*mutatis mutandis,* à que beneficia a Justiça

---

[176] V. com outros argumentos: TAÍSA MARIA MACENA DE LIMA, "O Sentido ...", pág. 287. V. ainda: ANTÔNIO ÁLVARES DA SILVA, *Pequeno Tratado da Nova Competência Trabalhista,* LTr, São Paulo, 2005, pág. 122 e seg.

[177] É manifesta, por exemplo, a semelhança do art. 482 da Consolidação das Leis do Trabalho com o art. 132 da Lei nº 8.112/90, os quais arrolam as causas para a ruptura justificada do vínculo.

[178] V. 3ª parte do estudo.

[179] CLARISSA SAMPAIO SILVA, *Direitos Fundamentais* ..., pág. 248 e seg. JOSÉ DE MELO ALEXANDRINO, "A Greve ...", pág. 747 e seg.

[180] Desde a 1ª Constituição Republicana (1891) o Brasil adota o sistema de jurisdição una. V. DANIEL AUGUSTO TEIXEIRA DE MIRANDA, "Contencioso Administrativo x Jurisdição Una", *in Arcos,* 6ª ed., Brasília (www.arcos.org.br/periodicos/revista-dos-estudantes-de-direito-da-UnB, acesso em 20/3/2013). Aliás, neste aspecto é interessante notar que o Brasil, apesar de suas raízes jurídicas romanísticas e europeias, quanto à estrutura (ou ao desenho orgânico) de seu Poder Judiciário, sofreu forte influência norte-americana, nomeadamente a partir da Constituição de 1891. Quanto à Justiça Administrativa, V. PAULO CASTRO RANGEL, *Repensar ...,* pág. 183 e seg.

[181] V. JOSÉ DOS SANTOS CARVALHO FILHO, *Manual ...,* pág. 107 (quanto à característica de autoexecutoriedade do ato administrativo).

[182] V. DIOGO FREITAS DO AMARAL, *Curso* ..., pág. 91 e seg, esp. 99.

[183] V. PAULO CASTRO RANGEL, *Repensar* ..., pág. 203.

Administrativa em paralelo com os "tribunais judiciais" ou "comuns"[184]) quando em causa relações de trabalho entabuladas com o Poder Público. Essa fundamentação torna-se ainda mais robusta quando se leva em consideração a incontroversa especialização da JT, prevalecendo a competência material desta em comparação à subsidiária ou residual da Justiça Comum (seja Federal ou Estadual).[185]

Finalmente, agregue-se à nossa interpretação "laboralizadora" do inciso I do art. 114 da CR e à nossa proposta de "laboralização judicial" das lides dos trabalhadores públicos (FP *lato sensu*) o (já aqui tão falado) movimento de aproximação do disciplinamento jurídico do trabalhador público ao do trabalhador privado (ou comum) e o próprio fenômeno amplo de "privatização da AP". Os exemplos estudados em sede de Direito Comparado atestam esse percurso (mais ou menos rápido) destinado à laboralização (genérica) da FP *lato sensu*.[186]

Com efeito, as movimentações legislativas europeias demonstram o norte das opções políticas em termos de modelo europeu de FP: (*i*) redução de seu âmbito subjetivo (com a identificação do "exercício de poderes públicos ou de autoridade"); (*ii*) aproximação do regime jurídico da FP *lato sensu* ao regime jurídico-privado de trabalho subordinado. Ademais, a globalização jurídica tem também acarretado a diminuição das distâncias entre os sistemas de *Civil Law* e de *Common Law*.[187] Como sinalizou Massimo D'Antona, "o sentido geral do processo o qual assistimos é a superação, lenta, porém constante, da idéia mesmo do 'emprego público' como âmbito separado do Direito do Trabalho em razão da natureza pública da organização na qual o trabalhador se insere".[188] A própria tardia ratificação da Convenção nº 151 da OIT pelo Brasil confirma que o país não está isolado desse "processo laboralizador".

Ora, com os olhos nesses fenômenos jurídicos hodiernos, a ampliação da competência material da JT adquire justificativas ainda mais ponderosas e torna-se absolutamente descompassada a exclusão das lides dos trabalhadores públicos. Aliás, a JT é agora expressamente competente para ações relativas ao exercício do direito de greve e lides entre sindicatos; competências estas que não foram limitadas pela palavra "empregadores".[189]

Em síntese, seria o trabalho o fator de atração dessa Justiça Especializada e não a natureza (privatística ou publicística) ou o grau de afetação juspublicística do vínculo do trabalhador/profissional.

---

[184] Cf. J. J. GOMES CANOTILHO e VITAL MOREIRA, *Constituição* ..., pág. 566, ao comentar o art. 212º («Tribunais administrativos e fiscais») da CRP, afirmam: "Estão em causa apenas os litígios emergentes de *relações jurídico-administrativas (ou fiscais)* (nº 3, *in fine*). Esta qualificação transmuta duas dimensões caracterizadoras: (1) as acções e recursos incidem sobre relações jurídicas em que, pelo menos, um dos sujeitos é titular, funcionário ou agente de um órgão de poder público (especialmente da administração); (2) as relações jurídicas controvertidas são reguladas, sob o ponto de vista material, pelo direito administrativo ou fiscal".

[185] V. art. 109, inciso I (Justiça Federal) e art. 125, §1º, CR.

[186] V. 2ª parte, *supra*.

[187] V., dentro da temática sobre a FP, RAMÓN PARADA VÁSQUEZ, "Empleo público ...", pág. 23 e seg. Aliás, a título de exemplo, veja-se a reforma do *Civil Service* americano. V. JOSÉ MARIA TEIXEIRA DA, *A Função Pública* ..., pág. 155.

[188] *In* "La Disciplina ...", pág. 02.

[189] Vimos, todavia, na 1ª parte do nosso estudo que o STF tem também compreendido que as ações que envolvem exercício do direito de greve dos servidores públicos estão excluídas da competência material da JT. V. STF, MI nº 670 e 708. São também favoráveis à "laboralização judicial" (entretanto, apenas das lides coletivas dos servidores públicos, relacionadas ao exercício do direito de greve, por respeitarem o posicionamento do STF): FRANCISCO ROSSAL DE ARAÚJO e RODRIGO COIMBRA, "Competência da Justiça do Trabalho para julgar conflitos coletivos de trabalho de servidores públicos", *in* LTr, vol. 76, nº 04, abril, 2012, pág. 413-423.

Essa interpretação parece ser a que melhor se coaduna com o princípio *geral de valorização do trabalho humano* (art. 1º, inciso IV, da CR). Vale aqui a observação de Guilherme Guimarães Feliciano acerca da EC nº 45/2004: "Do ponto de vista da racionalidade judiciária, a Reforma devolveu as questões do trabalho a uma classe de magistrados historicamente comprometida com a Justiça social e a valorização da pessoa humana. O trabalho reclama e pressupõe, em qualquer instância, o respeito à dignidade humana, ainda que em alguns contextos a vulnerabilidade do sujeito trabalhador seja especialmente notável (e.g., nos supostos trabalhados subordinados e parassubordinados). Assim, atentava contra a racionalidade do sistema judiciário que em algumas questões relativas ao trabalho humano estivessem acometidas à Justiça do Trabalho, dialogando com perspectivas tendencialmente humanistas (...) e, outras, à Justiça Comum, flertando com a soberania dos contratos (*pacta sunt servanda*)";[190] ou, ainda, complementamos, nos casos das relações de trabalho entabuladas com o Poder Público, com tendências baseadas na "superioridade do interesse do Estado".

6.3 As vantagens da "laboralização judicial"

A "laboralização judicial", compreendemos, apresenta benefícios quando comparada à divisão de competência judicial que atualmente se verifica no Brasil em relação aos trabalhadores, em geral, e aos trabalhadores públicos, em particular ("celetistas"/JT e "estatutários e contratos de excepcional interesse público"/Justiça Comum).

Por um lado, a concentração da competência judicial para todas as relações de trabalho reforçará a compreensão de institutos comuns hoje aos "clássicos" DT e DFP (art. 39, §3º, CR). Assim, em especial nessas relações jurídicas subordinativas, pode-se citar, por exemplo: a natureza alimentar do salário e, em consequência, as garantias para a sua proteção efetiva e para o seu pagamento célere (privilégios dos créditos salariais); a proteção aos direitos de personalidade na relação de emprego, mormente em face dos "poderes do empregador" (prevenção à saúde e segurança no trabalho; assédio moral; discriminação, *etc.*); direitos comuns às relações de trabalho subordinadas (limitação à jornada de trabalho; adicionais legais, *etc.*); liberdades sindicais e direito de contratação coletiva (pós-ratificação da Convenção nº 151 da OIT) e exercício do direito de greve.[191] Tais direitos e garantias têm igualmente como fundamento a tutela da dignidade da pessoa do trabalhador (art. 1º, IV, art. 170, *caput*, art. 193, *caput*, CR).

---

[190] V. GUILHERME GUIMARÃES FELICIANO, "Justiça do Trabalho: Nada mais, Nada menos", in *Justiça do Trabalho: Competência Ampliada*, LTr, São Paulo, 2005, pág. 119.
[191] V. ADRIANO MARTINS DE PAIVA, "Sindicalismo ...", pág. 24: "Atualmente, mesmo após a incorporação no ordenamento jurídico nacional dos princípios da Convenção nº 151 da OIT, ainda prevalece na jurisprudência brasileira a restrição indevida e excessiva do exercício do direito de greve dos servidores públicos, quando as decisões judiciais ampliam não só o rol dos serviços essenciais, mas também elevam os percentuais mínimos de manutenção do serviço. Comandos esses que praticamente inviabilizam o próprio exercício do direito de greve". Em nota (18), acrescenta ainda o A., que é integrante da Advocacia-Geral da União, as "proezas judiciais" obtidas pelo Poder Público: "A Advocacia-Geral da União (AGU) garantiu, no Superior Tribunal de Justiça (STJ) que 100% dos fiscais agropecuários grevistas, do Ministério da Agricultura, Pecuária e Abastecimento (MAPA) devem retornar ao trabalho. Esses profissionais vão assegurar a prestação dos serviços essenciais à população de controle, inspeção e vigilância animal e vegetal. Também conseguiu a determinação da manutenção de 70% da categoria nas áreas essenciais dos departamentos e coordenações da Secretaria de Defesa Agropecuária do Ministério. Notícia referente à decisão proferida na Medida Cautelar nº 19.770 – STJ".

Por outro lado, incluir as relações de trabalho com o Poder Público na competência material da JT diminuirá, certamente, a carga "autoritária" ou, aprioristicamente baseada na "supremacia do interesse público", no julgamento das lides dos trabalhadores públicos; o que pode ter efeitos significativos, por exemplo, na "profundidade ou na extensão" da revisão judicial de procedimentos disciplinares;[192] na maior viabilidade de aplicação do instituto da conciliação (como já se verifica em relação aos "celetistas", não obstante a permanência de prerrogativas processuais da Fazenda Pública[193]); além da própria atenuação de posições judiciais nitidamente "conservadoras" relativamente ao exercício de greve do trabalhador público.[194]

Acreditamos que só a unidade de jurisdição para as relações de trabalho *lato sensu* poderá aplicar indistintamente o princípio da valorização do trabalho humano, independentemente da inserção pública ou privada do trabalhador;[195] princípio aquele que deverá ser ponderado com os demais reguladores de cada uma das específicas "relações de trabalho subordinadas" (pública ou privada). Acreditamos ainda que tanto o DT será beneficiado com as influências do DA da FP (designadamente, por exemplo, com o eventual reconhecimento judicial de uma segurança moderada no emprego), como também este Direito ganhará algo com aquele, principalmente com a própria consideração de que o "trabalhador público", antes de ser "público", é um "trabalhador" (e, não, portanto, uma mera "engrenagem" da AP).

Não suficiente, a divisão de competências hoje prevalecente relativamente aos trabalhadores públicos implica que, na eventualidade de mudança de regime (como vimos, situação que tem se verificado com frequência no Brasil, dada a própria oscilação de vigência do art. 39, *caput*, da CR), em havendo direitos a serem assegurados através do direito de ação, tenham eles que ajuizar simultâneas ou sucessivas ações perante a JT e a Justiça Comum; respectivamente competentes para cada um dos períodos da

---

[192] A doutrina italiana aqui nos serve de exemplo, relativamente ao poder do "juiz ordinário do trabalho" sobre os poderes do empregador público. V. 3ª parte da tese, 1º capítulo, *supra*.

[193] V. Decreto-Lei 779/69. V. TRT 3ª Reg: "FGTS – Acordo judicial para liberação empregado cujo regime jurídico de trabalho foi convertido em estatutário – Recusa do banco em liberar os depósitos – Competência para dirimir o conflito – O acordo para liberação de FGTS, devidamente homologado em juízo, exaure-se, em relação ao empregador, com a entrega das guias para saque dos depósitos e comprovação de regularidade destes. Por isto, recusando-se o banco depositário a liberar os valores recolhidos, tem-se, aí, não mais um dissídio entre empregado e empregador, mas, isto sim, entre o titular de conta bancária, tolhido na faculdade de movimentá-la, e o Banco arrecadador. Dessarte, a competência para equacionar a desavença não é da toga trabalhista, pois refoge dos lindes fixados pelo art. 114 da Constituição Federal. Mas, ainda, tratando-se de interessado cujo regime jurídico de trabalho foi convertido de celetista para estatutário, daí porque, vale acentuar, o acordo para saque do Fundo nem mesmo podia ser celebrado, data maxima venia, por tipificar ajuste contra legem (Lei n.º 8192, de 8/1/91, art. 5º, §1º)" (Processo nº AP 1727/91).

[194] Exemplo disso é o MEMO CIRCULAR/GAB/SEC/Nº 149/2011, da Secretaria de Estado de Minas Gerais, assinado pelo Secretário de Estado, datado de 8/9/2011, e objeto da então Representação nº 001840.2011.03.000/9, do MPT (PRT da 3ª Reg.). Neste memorando, lê-se: "Prezadas Chefias Imediatas, Em razão da iminência de greve no SISEMA, informo a V. Sa. que não poderão aderir à greve os ocupantes de cargo em comissão, os contratados (contrato administrativo) e empregados públicos da MGS. Em caso de falta de trabalho, por adesão á greve, será adotada a medida legal cabível a cada caso. Os ocupantes de cargos de provimento em comissão serão exonerados; os contratos administrativos extintos por descumprimento contratual; e os empregados públicos da MGS serão devolvidos aquela Empresa, em razão da inexistência de vínculo empregatício com o SISEMA. Nesse último, o vínculo contratual é com a MGS, sendo a prestação de serviço decorrente de contrato entr a SEMAD e MGS. ....". V., criticamente, RICARDO CARVALHO FRAGA e LUIZ ALBERTO DE VARGAS, "Greve ...", pág. 40.

[195] V. CRISTIANO CÉSAR DE ANDRADE DE ASSIS, "A Competência ...", pág. 633, sobre a tutela dos direitos fundamentais do trabalhador (em seu sentido amplo), atribuída à JT.

relação (material) de trabalho,[196] isso em desarmonia com os princípios da celeridade e eficiência processual e da duração razoável do processo. Tal circunstância, aliás, propicia julgamentos contraditórios inclusive diante de uma mesma relação (material) de trabalho (ou seja, quando a relação de profissionalidade manteve-se materialmente incólume, apesar da alternância do regime jurídico sobre ela).

Além desses fatores, acreditamos que a "laboralização judicial" possa favorecer a harmonização jurídica da "multiplicidade legislativa" que atualmente se verifica sobre o "regime jurídico único" dos "servidores públicos" (federais, estaduais e municipais), compensando, em termos relativos, a "competência legislativa concorrente cumulativa" nesse aspecto. Esse movimento de concentração afigura-se bastante favorável quando diante da "incomunicabilidade jurídica" que apontamos existir entre esses muitos (talvez milhares) "regimes jurídicos únicos" brasileiros. De certo modo, haveria uma homogeneização dos diplomas (ou melhor, da interpretação desses diplomas legislativos), nomeadamente mediante a jurisprudência. A divisão de competências entre a Justiça do Trabalho (trabalhadores públicos celetistas), Justiça Comum Federal (trabalhadores públicos não celetistas federais) e Justiça Comum Estadual (trabalhadores públicos não celetistas estaduais e locais), não favorece, naturalmente, uma visão (judicial) "sistêmica" sobre o "sistema funcionarial brasileiro".

Finalmente, é de ressaltar que o Processo do Trabalho fora concebido e está essencialmente vocacionado à natureza alimentar das parcelas que normalmente são discutidas nas ações trabalhistas. Nesse sentido, prevalecem no Processo do Trabalho, muito mais do que nos outros ramos do Direito Processual, os princípios da conciliação; da celeridade; da simplicidade; da oralidade, da irrecorribilidade imediata das decisões interlocutórias; da gratuidade (custas pagas ao final, pelo sucumbente); do *jus postulandi*;[197] isso sem considerar a grande eficiência judicial da JT.[198] É de se questionar

---

[196] V. Na jurisprudência da Justiça Comum (TJDF): "Conflito de Competência. Reajuste salarial. Servidor do Distrito Federal. Justiça do Trabalho. Justiça Comum. Tratando-se de ação que tende ao cumprimento de obrigação por trato sucessivo, abrangendo dois períodos distintos, um sob a égide da CLT e outro sob a regência do Regime Jurídico Único, imperativo o fracionamento da competência entre os dois juízos. ..." (Processo AI nº 783597, julgamento em 24/4/1997). V. TST, Ementa: "Competência da Justiça do Trabalho. Fundação estadual. Regime jurídico único. A competência da Justiça do Trabalho para julgar as pretensões dos funcionários da Fundação Hospitalar do Estado de Santa Catarina restringe-se ao período anterior à incidência da Lei Complementar nº 28/89, editada em 1º de novembro de 1989, que instituiu o Regime Jurídico Único dos servidores do Estado. Recurso conhecido e parcialmente provido. (Processo nº RR 3768291819975125555 376829-18.1997.5.12.5555). "Ementa: Fundação Hospitalar do Distrito Federal. Mudança de regime jurídico. Competência da Justiça do Trabalho. Limitação ao período empregatício. A Justiça do Trabalho somente é competente para a execução de parcelas vencidas e vincendas decorrentes da relação de emprego. Limitação da execução, portanto, ao período antecedente à mudança de regime jurídico. Recurso de revista a que se nega provimento" (Processo nº RR 4415162419985105555 441516-24.1998.5.10.5555). Ainda, TRT 10ª Reg. "Ementa: Competência da Justiça do Trabalho. Mudança de regime jurídico. Limitação. A extinção do contrato de trabalho, pela superveniência da nova relação jurídica, implica na incompetência da Justiça do Trabalho para processar e executar as parcelas posteriores à 17.08.90, ante a instituição do regime jurídico estatutário, não havendo falar em ofensa a res judicata. (Processo nº AIAP 162198600410010 DF 00162-1986-004-10-01-0)". No mesmo sentido, a Súmula nº 382 do TST: "Mudança de regime celetista para estatutário. Extinção do contrato. Prescrição bienal (conversão da Orientação Jurisprudencial nº 128 da SBDI-1) – Res. 129/2005, DJ 20, 22 e 25.04.2005. A transferência do regime jurídico de celetista para estatutário implica extinção do contrato de trabalho, fluindo o prazo da prescrição bienal a partir da mudança de regime. (ex-OJ nº 128 da SBDI-1 – inserida em 20.04.1998)".

[197] V. CARLOS HENRIQUE BEZERRA LEITE, *Curso ...*, pág. 67-87; JOSÉ CAIRO JÚNIOR, *Curso de Direito Processual do Trabalho: Teoria Geral, Processo de Conhecimento e Processo de Execução*, 2ª ed., Juspodivm, Salvador, 2009, pág. 52-65; WAGNER D. GIGLIO, *Direito Processual do Trabalho*, 16ª ed., Saraiva, São Paulo, 2007, pág. 82-86; AMAURI MASCARO NASCIMENTO, *Curso de Direito Processual do Trabalho*, 24ª ed., Saraiva, São Paulo, 2009, pág. 109.

[198] V. JULIANA RODRIGUES DE MORAIS (e outros), "Princípio ...", pág. 344-352; JOÃO ORESTE DALAZEN, "A Reforma do Judiciário e os Novos Marcos da Competência Material da Justiça do Trabalho no Brasil", *in TST*, vol.

se há efetivamente tratamento isonômico do Estado (como Poder Público) para com os seus trabalhadores, na medida em que alguns podem ter acesso a esse tipo de jurisdição (os "celetistas"), enquanto outros (inclusive que podem exercer eventualmente as mesmas funções e ter as mesmas condições de trabalho dos anteriores "celetistas") não podem a esta recorrer.[199] Aos nossos olhos ressalta a desigualdade. E a literalidade do art. 114, inciso I, da CR favorece a nossa leitura.[200]

7 A laboralização acadêmica do "Direito da FP" – O estudo da FP (*lato sensu*) dentro da disciplina DT – "Força expansiva" do DT – Matéria afeta do "trabalho humano"

Finalmente, a nossa proposta de "laboralização" da FP brasileira (*lato sensu*) completa-se com a "laboralização acadêmica". Por "laboralização acadêmica" propomos que o tema afeto à FP (*lato sensu*, pelo menos daquela grande parcela heterogênea dos trabalhadores públicos, não detentores de poderes de autoridade), normalmente constante das ementas de DA e, via de consequência, nos manuais de DA,[201] passe a ser ministrado dentro do ementário do DT nos cursos de graduação em Direito.[202] Assim, diversamente dos outros "níveis laboralizadores", não se trata a "laboralização acadêmica" de uma proposta que dependa de alteração legislativa ou normativa, bastando nesse aspecto apenas alterações curriculares (ainda que com decisões administrativas). De toda forma, a "laboralização acadêmica" também se justifica com base em vários argumentos jurídicos.

De início, porque a FP, como matéria respeitante ao conteúdo programático de DA, "convive" com outros temas que nada ou pouco dizem respeito ao *trabalho humano* (ato administrativo, procedimento administrativo, serviços públicos, domínio público, licitação e contratos públicos, *etc.*), acabando por ter uma importância bastante

---

71, nº 2, mai-ago, 2005, pág. 41-67, esp. pág. 51-53. Segundo dados do CNJ, tramitaram na JT, durante o ano de 2011, aproximadamente 6,9 milhões de processos, 5% a mais do que no ano anterior. Desse volume processual, 47% (3,3 milhões) encontravam-se pendentes desde o término do ano anterior – sendo que a JT consegue, desde 2010, de maneira geral, baixar mais processos do que o quantitativo ingressado, ou seja, o estoque tende a diminuir, conforme redução de 0,7% em relação ao ano anterior. Os maiores problemas hoje vivenciados na JT são dois: uma excessiva demora na apreciação dos recursos de natureza extraordinária no TST (normalmente um recurso pode levar três anos para ser julgado) e processos de execução fadados ao insucesso (pela falta de patrimônio do devedor para saldá-los e meios eficientes quitar o débito). Estes problemas, entretanto, não são apenas comuns à JT, sendo também verificados nos outros ramos do Poder Judiciário Nacional. V. CONSELHO NACIONAL DE JUSTIÇA, "Justiça em Números"; *in* http://www.cnj.jus.br/programas-de-a-a-z/eficiencia-modernizacao-e-transparencia/pj-justica-em-numeros/relatorios, acesso em: 19/4/2013.

[199] Cf. FRANCISCO ROSSAL DE ARAÚJO e RODRIGO CUNHA, "Competência ...", pág. 423: "Esse posicionamento atual acerca do julgamento das eventuais reclamações trabalhistas de servidores públicos estatutários, ... fora da competência da Justiça do Trabalho está focado mais nas instituições ... do que no jurisdicionado".

[200] Notícia veiculada na *internet* recentemente (6/5/2013), afirma que o STF tem reiterado o seu posicionamento sobre a incompetência da JT para ações de relações de "servidores públicos". Em decisão proferida em 24/4/2013, em recurso extraordinário interposto pelo Estado do Amazonas contra decisão proferida pelo TST. Segundo a notícia, "O posicionamento do Supremo deixou o funcionalismo insatisfeito, por considerar a JT mais dinâmica no julgamento de processos. Na avaliação de Alzimar Andrade, coordenador do Sindicato dos Servidores do Poder Judiciário do Estado do Rio (SInJustiça-RJ), a decisão do STF vai na contramão do que era esperado pelos trabalhadores"; *in* http://odia.ig.com.br/portal/economia/stf-bate-martelo-justi%C3A7a-do-trabalho.

[201] V. HELY LOPES MEIRELLES, *Direito Administrativo* ..., pág. 365-455; CELSO ANTÔNIO BANDEIRA DE MELLO, *Curso* ..., pág. 243-332; MARIA SYLVIA ZANELLA DI PIETRO, *Direito* ..., pág. 415-480; ROBERTÔNIO SANTOS PESSOA, *Curso* ..., pág. 327-375; EDIMUR FERREIRA DE FARIA, *Curso de Direito Administrativo Positivo*, 4ª ed., Del Rey, Belo Horizonte, 2001, pág. 107-193.

[202] Em Portugal, utiliza-se comumente a nomenclatura "licenciatura".

relativizada através desse enfoque.[203] Aliás, o foco tradicional do DA é ato administrativo, não obstante saibamos que este tem perdido espaço nos últimos tempos, em decorrência do movimento mais amplo de participação e procedimentalização na AP.[204] De todo modo, mesmo diante desses novos "centros de atenção" do DA, longe estão o "trabalhador público", o seu disciplinamento e, principalmente, os seus direitos perante essa relação de *profissionalidade* com o Poder Público (não se olvida que os deveres do "funcionário público" têm – ou tiveram – algum destaque na juspublicística tradicional, assim como o procedimento disciplinar da AP[205]).

Por outro lado, porque a relação de trabalho (subordinada) pública pouco se diferencia da relação empregatícia privada,[206] nela também estando presentes os elementos fático-jurídicos da relação de emprego (*lato sensu*). Assim, poder-se-ia iniciar o aprendizado do DT com as noções gerais (ou comuns) às relações de trabalho (e muito especialmente das subordinativas), não se lateralizando a FP com a tônica do *trabalho humano*.[207] Além disso, através de um processo de comparação e diferenciação, o aluno poderá mais facilmente perceber as especificidades da "relação pública de profissionalidade", decorrentes da afetação (e da intensidade dessa afetação, a depender do tipo da relação) jurídico-pública[208] (ex.: a necessidade de observância do princípio democrático de igual acesso aos cargos e empregos; a observância do princípio da igualdade nas relações de trabalho público; as eventuais diversidades quanto ao exercício das liberdades sindicais, da contratação coletiva e do direito de greve; a questão da estabilidade e da segurança no emprego). Ademais, uma série de questões jurídicas

---

[203] No conteúdo programático do Curso de Direito da Pontifícia Universidade Católica de Minas Gerais (PUC Minas), no Plano de Ensino da Disciplina Direito Administrativo I, encontramos no seu item 3 o tema "Agentes Públicos", com a seguinte densificação: "3.a) Classificação: Agentes políticos, honoríficos, delegados e administrativos; 3.b) Servidores públicos: espécies. Vínculo funcional: cargo, emprego e função pública. Servidores contratados temporariamente; 3.c) Provimento: espécie; 3.d) Direitos, deveres e proibições; 3.e) Responsabilidade funcional: espécies. Regime administrativo disciplinar; 3.f) Normas constitucionais referentes ao servidor público: acessibilidade às posições funcionais, proibição de acumulação, regime remuneratório, efetividade, estabilidade, direito de greve e sindicalização, direitos sociais, disponibilidade e aposentadoria". O tema 3 disputa espaço na grade com os temas 1 (Teoria Geral do Direito Administrativo), 2 (Administração Pública), 4 (Ato Administrativo) e 5 (Licitação).

[204] V. DAVID DUARTE, *Procedimentalização, Participação e Fundamentação: para uma concretização do princípio da imparcialidade administrativa como parâmetro decisório*, Livraria Almedina, Coimbra, 1996; e VASCO MANUEL PASCOAL DIAS PEREIRA DA SILVA, *Em busca ...*, pág. 135 e seg.

[205] V. MARCELLO CAETANO, *Do Poder Disciplinar no Direito Administrativo Português*, Imprensa da Universidade, Coimbra, 1932.

[206] V. 3ª parte, *supra*. V. FRANCISCO ROSSAL ARAÚJO e RODRIGO COIMBRA, "Competência ...", pág. 422. Os A. apontam ainda doutrina de Mário de la Cuerva.

[207] Por sua vez, no Plano da Disciplina de Direito do Trabalho I da PUC Minas encontramos a seguinte ementa: "Formação histórica do DT – a matriz dos países centrais e evolução no Brasil. A disciplina do DT: caracterização e aspectos comparativos. Fontes normativas. Princípios jurídicos – gerais, pertinentes e específicos do ramo; o debate sobre a flexibilização; o problema da renúncia e da fraude à lei. Interpretação, integração e aplicação do DT. Prescrição e decadência. Relação de trabalho e relação de emprego. O empregado, inclusive doméstico e rurícola. Terceirização trabalhista: aspectos pertinentes; trabalho temporário. O empregador. Contrato de trabalho: caraterização e elementos integrantes; o problema da capacidade para o trabalho; nulidades. Comparações com contratos afins. Classificação e tipos de contratos de trabalho. Contratos de duração indeterminada e determinada. Efeitos do contrato de trabalho: próprios e conexos. O poder no contrato: diretivo, regulamentar, fiscalizatório e disciplinar".

[208] Como Professora de Direito do Trabalho da PUC Minas, deparamo-nos constantemente com questionamentos dos alunos acerca do cabimento dos ensinamentos de DT para os "servidores públicos", até mesmo porque alguns alunos são mesmo trabalhadores públicos e pretendem, com a graduação em Direito, aprovação em outros concursos públicos.

são comuns às relações (individuais e coletivas) de trabalho subordinadas, tais como: a necessidade de preservação da saúde e da segurança no trabalho (normas de saúde e segurança, normas de meio ambiente do trabalho, normas de limitação da jornada de trabalho, normas atinentes ao gozo de férias anuais); as parcelas salariais como direitos patrimoniais superprivilegiados (garantias de proteção ao salário em face do empregador e em face do credor do empregado, por ex.); o trabalho como um bem jurídico a ser tutelado em face de sua importância para a autonomia da pessoa e para a sua dignidade (normas relativas a ações afirmativas para inclusão no mercado de trabalho; normas relativas à extinção da relação jurídica), entre outras.

Não suficiente, porque estamos presenciando nos últimos anos o esfacelamento da configuração da FP como uma "categoria à parte", oriunda daquela vinculação histórica com os "homens de limpo sangue" a que aludia as Ordenações Filipinas. Nada mais natural do que albergar no DT, através de sua "força expansiva",[209] relação jurídica materialmente idêntica à relação empregatícia jurídico-privada, tal como é a relação de emprego público (*lato sensu*), mormente porque incontroversamente se trata de *trabalho humano*. Nesse sentido, também as arcaicas noções do "trabalhador do Estado" como um "instrumento da vontade estadual" ou "como objecto e não sujeitos de direitos"[210] seriam efetivamente questionadas e devidamente recolocadas, mediante a conjugação com o princípio da valorização do trabalho humano e da própria dignidade do trabalhador público.

Não fosse o bastante, sabemos que o DT e a JT no Brasil convivem com um preconceito "velado" da juspublicística, seja em decorrência das práticas patrimonialistas que foram (e ainda são) comuns na AP não empresarial e que se impregnaram sobre os "celetistas"; seja porque a JT é encarada por estes como a "Justiça do Operário"[211] e como a "Justiça do balcão de negócios".[212] E pré-compreensões e pré-juízos são desfeitos, para nós, principalmente através dos debates acadêmicos; sendo de fundamental importância, para tanto, conhecer (e desmistificar) o DT. A aproximação acadêmica do DFP ao DT viria certamente facilitar e estimular um canal de comunicação mais ativo e menos dogmático entre esses dois ramos jurídicos (que, afinal, não poderiam ser mesmo um só?).

Diga-se de passagem, todavia, que se tem notado, nos últimos anos, também no Brasil, uma intensificação do "intercâmbio doutrinário" entre o DFP e o DT. Esse movimento (certamente reflexo daquele maior, verificado no plano internacional) é

---

[209] V. ALFREDO COPARCI, "Reformas ...", pág. 166 e JÚLIO MANUEL VIEIRA GOMES, *Direito* ..., pág. 13. V. PAULO EMÍLIO RIBEIRO DE VILHENA, *Contrato* ..., pág. 53.
[210] Cf. FRANCISO LIBERAL FERNANTES, *Autonomia* ..., pág. 90-91.
[211] Decorrente tb. da ideia do DT como um direito que protege o empregado contra o "mau patrão". V. ANTÔNIO AUGUSTO JUNHO ANASTASIA, *Do Regime* ..., pág 45.
[212] V. ELAINE NORONHA NASSIF, *Conciliação Judicial e Indisponibilidade de Direitos: Paradoxos da "Justiça Menor" no Processo Civil e Trabalhista*, LTr, São Paulo, 2005. Cf. MÁRCIO TÚLIO VIANA, "Os Paradoxos da Conciliação: Quando a ilusão da igualdade formal esconde mais uma vez a desigualdade real", *in RTRT3*, vol. 45, nº 75, janjul, 2004, pág. 185-198, esp. pág. 188: "... é curioso notar como o prestígio de cada um dos ramos da Justiça parece vincular-se ao seu objeto e aos seus destinatários. A mais valorizada é a Federal, que julga o próprio Estado – como autor ou réu. Vem depois a Justiça Comum Civil, que lida com a propriedade, a herança e a família. No fim da linha, a Justiça do Trabalho e a Criminal, ou vice e versa. Esse prestígio – ou a falta dele – se reflete na percepção que a sociedade passa a ter do juiz, do advogado e até da disciplina acadêmica correspondente. Do mesmo modo que o advogado criminalista é 'de porta de xadrez', a Justiça do Trabalho é um 'balcão de negócios' e o Direito do Trabalho uma espécie de subciência jurídica." Sabemos que o preconceito contra o DT não é apenas específico do cenário brasileiro, como já aludimos. V. JÚLIO MANUEL VIEIRA GOMES, *Direito* ..., pág. 11. De todo modo, no Brasil, esse preconceito adentra o próprio ramo trabalhista do Poder Judiciário Nacional.

perceptível principalmente através da publicação de artigos e livros doutrinários, numa efetiva "laboralização acadêmica" extracurricular.[213]

Em nossa ótica, não é apenas o DFP que tem a ganhar como parte integrante do conteúdo da Disciplina DT, ainda que se insista, com amparo em fundamentos históricos, na sua inclusão no hemisfério publicístico da questionável *summa divisio*. Além dos próprios alunos (pela possibilidade de entabular mais rapidamente confrontações entre os vários tipos de relações de trabalho, subordinadas ou não), o próprio DT, acreditamos, sairá beneficiado com a "laboralização acadêmica", que se pretende de "mão dupla". Isso porque, poder-se-á perceber (mormente num complexo mundo do trabalho) que a relação empregatícia privada é apenas uma das possibilidades de vinculação jurídica de profissionalidade, demonstrando que o vetusto foco desse ramo do Direito também pode estar a merecer ser revisto, ampliado e diversificado.[214]

8 Conclusão: a laboralização da FP brasileira como uma proposta meramente racionalizadora, mas não totalmente inovadora

Chegamos ao fim da nossa proposta de laboralização da FP (*lato sensu*) brasileira. Não se trata, como vimos, de uma proposta totalmente inovadora, até porque, em determinadas situações, a laboralização é mesmo uma realidade administrativa que precisa ser juridicamente enquadrada (como é o caso, por exemplo, dos entes federativos "celetistas"). É antes uma tentativa de racionalização daqueles que consideramos os principais problemas do sistema funcionarial brasileiro: um "sistema" que peca pela falta de coerência legislativa interna; que obstaculiza a observância do princípio da isonomia no plano intergovernamental; que advoga, cegamente, a unilateralidade do regime

---

[213] V. ADRIANO MARTINS DE PAIVA, "Sindicalismo ...", pág. 17-31. Apontaremos apenas alguns artigos (além dos já citados), mas que não serão referenciados na Bibliografia, apenas para confirmar o aduzido. V. MARIA CECÍLIA MENDES BORGES, "Greve na administração pública: estudo comparado das realidades jurídicas argentina e brasileira", *in Fórum administrativo*, vol. 7, n. 77, julho, 2007, pág. 47-52; INGO SÁ HAGE CALABRICH, "Ações sobre greve em atividades essenciais: possibilidade de contratação de empregados para evitar a descontinuidade do serviço público", *in Revista Zênite de Direito Administrativo*, vol. 6, n. 68, março, 2007, pág. 694-698; ANGELA MARIA ALVES CARDONA, "Anotações sobre o contrato de trabalho para provimento de cargo em comissão sob o regime celetista com a administração pública", *in Justiça do Trabalho*, vol. 24, nº 278, fevereiro, 2007, pág. 37-56; RODRIGO COIMBRA, "Exercício do direito social de greve dos servidores públicos estatutários e políticas públicas", *in Universitas/Jus*, vol. 23, nº 1, janeiro – junho, 2012, pág. 95-111; PEDRO ROBERTO DECOMAIN, "Mandado de injunção e greve no serviço público", *in Revista dialética de direito processual*, nº 102, setembro, 2011, pág. 119-143; ISIS CHAMMA DOETZER, "Férias individuais na vigência do contrato: procedimentos administrativos para a apuração, concessão e pagamento aos empregados públicos", *in Revista Zênite de Direito Administrativo*, vol. 6, nº 63, outubro, 2006, pág. 281-291; LEONARDO GUSTAVO PASTORE DYNA, "Anotações sobre a greve dos funcionários públicos e suas conseqüências jurídicas", *in Revista de direito constitucional e internacional*, vol. 13, nº 51, abril-junho, 2005, pág. 319-341; YONE FREDIANI, "A Emenda Constitucional nº 45/2004 e o exercício do direito de greve nas atividades essenciais no serviço público", *in Revista do advogado*, vol. 25, nº 82, junho, 2005, pág. 127-132; PAULO CALMON NOGUEIRA DA GAMA, "Considerações sobre o direito de greve dos magistrados e demais servidores civis", *in Revista Zênite: IDAF Informativo de direito administrativo e responsabilidade fiscal*, vol. 4, nº 48, julho, 2005, pág. 1179-1187; NELSON MANNRICH, "Organização sindical no setor público: unicidade ou pluralidade?", *in Revista da Academia Nacional de Direito do Trabalho*, vol. 18, nº 18, 2010, pág. 114-126; ADRIANA FERREIRA DE PAULA, "Negociações coletivas no setor público", *in Revista do direito trabalhista*, vol. 17, nº 6, junho, 2011, pág. 18-22; DANIEL CAVALCANTI CARNEIRO DA SILVA e ILNAH TOLEDO AUGUSTO, "Dignidade da pessoa humana e as relações de trabalho no setor público", *in Cadernos de direito/Universidade Metodista de Piracicaba (UNIMEP)*, vol. 7, nº 12/13, janeiro-dezembro, 2007, pág. 49-57.

[214] V. PEDRO FURTADO MARTINS, "A crise ...", pág. 366. V. MARIA DO ROSÁRIO PALMA RAMALHO, "Ainda a Crise ...", pág. 114, relativamente à "diversificação dos vínculos laborais".

publicístico mesmo diante das novas concepções decorrentes da aplicação genérica do princípio da participação na AP e própria contratualização coletiva; que sujeita os seus trabalhadores públicos a uma diversidade de jurisdições e que ainda os concebe (não apenas formalmente) como efetivos "servidores públicos".

Se esses deméritos (para nós) do sistema funcionarial brasileiro forem, pelo menos, repensados, consideramos que a nossa proposta já terá sido algo exitosa.

CONCLUSÃO

os vínculos de trabalho subordinado privado e de funcionalismo público evidenciam tantas semelhanças e pontos de contacto que faz cada vez mais sentido falar em tendências recíprocas de intersecção. (...) Esta intersecção de regimes parece hoje irreversível e, por isso, a ciência jurídica terá, mais tarde ou mais cedo, que proceder à sua redução dogmática.

(Maria do Rosário Palma Ramalho, 2002)[1]

É legítimo que se questionem as razões de estarem sujeitos a uma disciplina jurídica diferente da que regre o comum dos trabalhadores e, sobretudo, que se averigúe se justifica ou não a manutenção da diferenciação de regimes.

(Paulo Veiga e Moura, 2004)[2]

A necessidade de racionalizar juridicamente a FP brasileira – O Direito da Função Pública se (re)direciona para a pessoa do trabalhador público – O Direito da Função Pública como parte integrante de um Direito (in)Comum (ou Geral) do Trabalho

É chegada a hora de alinhar as nossas conclusões.
Na **primeira parte de nossa Dissertação**, apresentamos como a FP brasileira fora jurídico-constitucionalmente concebida e como o Direito do Trabalho (e o contrato de trabalho) fora paulatinamente sendo utilizado pela AP não empresarial.

---

[1] *In* "Intersecçção ...", pág. 442-444.
[2] *In A Privatização* ..., pág. 9.

Assim, relativamente ao período de 1891 a 1967/69, tivemos a oportunidade de constatar, inicialmente, o relevo gradual que as Constituições Brasileiras foram atribuindo às suas FP(s). Ademais, verificamos como, apesar da introspecção da doutrina estrangeira acerca da natureza estatutária do vínculo de profissionalidade do agente público, em especial, a partir da década de 40, os "extranumerários" (e outros trabalhadores públicos sob vínculos "não oficiais") passaram a constituir um importante coletivo da FP *lato sensu*. Na medida em que a compreensão era no sentido da desafetação jurídico-pública dessas "relações de trabalho" que tinham a AP não empresarial como empregadora, tal coletivo funcional passou a ser utilizado e encarado pela juspublicística e pela sociedade, em geral, como o canal de manutenção de práticas patrimonialistas e clientelistas na AP. O resultado fora uma natural indisposição da juspublicística nacional à permanência do DT no interior da AP não empresarial. Além disso, por parte dos próprios trabalhadores públicos, em geral, um forte desejo de institucionalização de um tratamento único, uniforme e isonômico, em todas as esferas de governo.

Nesse sentido, agora considerando os dispositivos da Constituição de 1988, vimos como aquelas "pré-compreensões funcionais" serviram para subsidiar a interpretação do art. 39, *caput* (redação originária), no que tange à "institucionalização do regime jurídico único". Prevaleceu, com aval da jurisprudência constitucional, a tese da natureza estatutária do vínculo e a compreensão da inteireza unilateral e legal desse liame de profissionalidade. Não suficiente, permaneceu materialmente vazio o conceito de "servidor público", uma vez absolutamente extraído o caráter da profissionalidade da prestação laboral, conectando-o apenas ao significado formal de "cargo público". Mediatamente, os direitos coletivos dos "trabalhadores públicos" (em geral), em especial, os direitos de greve e de negociação coletiva, permaneceram sem eficácia (ou com parca eficácia) até muito recentemente.

Ainda em relação à interpretação e à compreensão da juspublicística sobre aquele dispositivo constitucional, agora no que diz respeito à "competência legislativa concorrente cumulativa" dos entes federados, levando-se em conta a qualidade *sui generis* da federação brasileira (que possui mais de 5.600 entes legisladores, nesse particular), apresentamos como resultado final do "sistema funcionarial" brasileiro suas notas acentuadas de unilateralismo e legalismo (decorrentes, em primeiro momento, da natureza estatutária do vínculo), bem como de incomunicabilidade e irracionalidade jurídica, pela ausência (inexigibilidade constitucional) de mecanismos que assegurem unidade no plano intergovernamental e intra-administrativo. O desenho final desse "sistema" é, portanto, um "emaranhado legislativo" que não guarda internamente (ou não precisa apresentar) unidade material e isonomia no plano dos direitos e deveres dos trabalhadores públicos das várias esferas de governo.

Finalmente, mesmo na vigência da CR/88, o Direito do Trabalho ainda se apresenta, para a doutrina administrativista (tradicional), como uma *"persona non grata"* dentro da "casa" da AP não empresarial e, assim, os "seus servidores" não são encarados juridicamente como efetivos trabalhadores (a conta de outrem).

Na **segunda parte de nossa Dissertação**, empreendemos uma análise de Direito Comparado. Assim, levando-se em conta as relevantes referências jurídico-históricas no tema da FP para o Brasil (e, em particular, no que diz respeito ao movimento amplo de "laboralização" da FP), elegemos os exemplos da: Itália, Alemanha, França, Espanha e Portugal, além do próprio Direito Comunitário; nessa ordem. Não obstante as particularidades de cada um desses países em relação aos seus respectivos sistemas funcionariais e a inequívoca influência (mais ou menos intensa) exercida pelo Direito Comunitário sobre os referidos países (mormente quanto aos efeitos do que determina o art. 45º-4 do TFUE), da interseção do apreendido extrai-se efetivamente uma diminuição quantitativa da FP *stricto sensu* (assim entendida aquela detentora de poderes de autoridade); via de consequência, quanto à FP *lato sensu*, a aproximação de seu disciplinamento jurídico ao dos trabalhadores, em geral. Até mesmo na França, berço da "teoria estatutária do vínculo agente-Estado", ouvem-se vozes altas acerca (da importância jurídica) do fenômeno da *"travaillisation"* do DFP francês.[3]

Nesse sentido, esvai-se, por um lado, a imprescindibilidade de que o funcionário público apresente a condição de nacional do Estado-membro, via de regra; bem como, esfalece-se aquele antigo "espírito de serviço" tão próprio do funcionário público encarado como o próprio "rosto" do Estado. Por outro lado, a AP não empresarial abre-se para o ingresso do Direito do Trabalho (ou nele se espelha); desmitificando (ou tornando mais evidente) o preconceito brasileiro contra a "natural inaptidão" desse ramo jurídico para regular relações jurídico-públicas de profissionalidade.

Na **terceira parte de nossa Dissertação**, tivemos por objetivo "desconstruir" o dogma da natureza estatutária do vínculo e demonstrar a sua inadequação dentro do atual quadro jurídico-constitucional (consagrador do direito de participação democrática *lato sensu* na AP e os direitos coletivos dos servidores públicos). Além disso, demonstramos ser equivocada a arcaica noção de que a "relação estatuária" (ou "relação jurídico-administrativa de profissionalidade" ou "relação-administrativa de FP") nada tem a ver com a "relação empregatícia" (privada); afinal, há entre essas figuras jurídicas muito mais pontos de afinidade do que de dissintonia, sendo, em tese, portanto, possível (materialmente e juridicamente) falar-se na substituição de uma relação jurídico-administrativa de FP na AP não empresarial por uma relação empregatícia jurídico-privada, desde que sejam asseguradas (em maior ou menor medida, a depender de cada caso) as afetações jurídico-públicas decorrentes da natureza pública do empregador.[4]

Na (breve) **quarta parte da Dissertação**, por sua vez, tivemos como foco demonstrar o "viés juspublicístico do Direito do Trabalho". Nosso objetivo foi demonstrar a "particularidade" do Direito do Trabalho em relação ao Direito Privado clássico (de vertente liberal), na medida em que é um ramo jurídico no qual prevalecem normas imperativas e cogentes. Nesse aspecto, em muito se assemelha ao Direito Administrativo. Além disso, pretendemos afastar pré-compreensões (de nossos leitores) que conduzissem a uma interpretação "precarizante" de nossa proposta laboralizadora. Ora, enquanto Direito fundado e orientado pelo "princípio da proteção do trabalhador" e, de forma impositiva, tem-se que, à partida, a "laboralização" da FP não pode ser associada a uma "precarização" das condições de trabalho do trabalhador público ou à sua diminuição garantística.

Por fim, avançou-se para a **quinta parte da Dissertação**. Com base nas concepções antes construídas e diante da imprescindibilidade de racionalizar juridicamente a FP brasileira, tivemos por objetivo propor uma "laboralização" para a FP brasileira.

---

[3] Cf. EMMANUEL AUBIN, *Droit...*, pág. 43.
[4] V. MARCEL PIQUEMAL, *Direito ...*, pág. 31.

Tal "laboralização" seria, desse modo, um efeito *específico* para a *realidade funcionarial brasileira*, dentro do movimento mais amplo (e verificado em nível internacional – OIT e em outros países) de assimilação jurídica do trabalho humano subordinado, seja ele prestado no âmbito público ou privado. Portanto, considerando a realidade nacional – as adversidades e as fragilidades do "sistema funcionarial" brasileiro –, formulamos uma "laboralização" em quatro níveis: normativo (legislativa e contratualização coletiva), administrativo, judicial e acadêmico.

A "laboralização – normativa – legislativa" visa, em último termo, atribuir ao Direito Positivo Brasileiro (respeitante à FP) um determinado grau de isonomia, harmonia e racionalidade jurídicas, considerados o plano intra-administrativo e o plano intergovernamental. Assim, concentrando-se (mais ou menos intensamente) na esfera da União a competência legislativa sobre "trabalho público", pode-se obter efetivamente uma real *unidade;* unidade em seu aspecto material (esta, sim, preconizada pelo art. 39, *caput*, da CR), não só considerando os próprios trabalhadores públicos dos vários entes federados, mas também relevando este princípio (da unidade) como uma necessária exigência principiológica de um Estado Complexo.

A "laboralização normativa" (no aspecto da contratualização coletiva) objetiva implementar a negociação coletiva (*lato sensu*) no âmbito da FP (para aquelas categorias não expressamente excluídas de nosso estudo e detentoras dos correlativos direitos coletivos de sindicalização e de greve). Com efeito, os direitos coletivos dos "servidores públicos" brasileiros e a própria tardia ratificação da Convenção nº 151 da OIT ainda não foram efetivamente "tomados a sério"[5] pelo Estado/AP brasileiro(a). Esses ainda aguardam em certo estado de "latência" ou inatividade. Para tanto, importa densificar legislativamente o procedimento de negociação coletiva no setor público, até porque, de fato, frise-se, numerosas questões jurídicas permanecem não respondidas relativamente, por exemplo, à aplicabilidade do art. 8º da CR para os servidores públicos. Além disso, no campo da práxis administrativa, afigura-se necessário se introjetar a (nova) concepção da bilateralidade ou consensualidade (coletiva) da relação de trabalho público, atribuindo efetividade àqueles direitos coletivos consagrados constitucionalmente há 25 anos.

Por sua vez, propõe a "laboralização judicial" a unificação da competência da Justiça do Trabalho para a apreciação e o julgamento de todas as lides (individuais e coletivas) decorrentes do trabalho humano. Não conseguimos vislumbrar justificativa para, considerando-se um sistema judiciário que consagra o princípio da unidade de jurisdição, motivação juspublicística suficiente para fazer com que as ações dos trabalhadores públicos (FP *lato sensu*) sejam excluídas dessa Justiça Especializada. Como efeito dessa laboralização, teríamos uma unidade no plano da interpretação das normas sobre trabalho público; uma concentração processual que dificultaria a verificação de decisões contraditórias para uma mesma situação jurídica; a utilização de um processo célere e eficiente (e, portanto, adequado e equitativo) vocacionado à tutela de direitos dos trabalhadores, de natureza salarial, patrimonial ou extrapatrimonial. Enfim, efetivamente, através da "laboralização judicial" seria ofertado tratamento jurisdicional isonômico para as relações de trabalho consideradas conglobadamente (relações de trabalho humano), públicas ou não.

---

[5] V. J. J. GOMES CANOTILHO, "Tomemos a sério os direitos econômicos, sociais e culturais", *in Estudos sobre Direitos Fundamentais,* Coimbra Editora, Coimbra, 2004, pág. 35-68.

Por último, propomos a "laboralização acadêmica", no sentido de incluir nas ementas da Disciplina "Direito do Trabalho", ministradas nos cursos de graduação em Direito, a matéria respeitante à FP. Tal inclusão serviria, por um lado, para facilitar o aprendizado dos alunos (por viabilizar comparações e assimilações dentro do tema amplo do "Emprego" – Emprego Público e Emprego Privado), bem como, por outro, e principalmente, para "catalisar" o fenômeno jurídico de aproximação da FP ao DT, fenômeno este que tem sido verificado tardiamente no Brasil. Reflexamente, poderá conduzir o DT a repensar a sua figura centralizante e aglutinante: a relação jurídico-empregatícia.

Tudo isso visto e revisto, podemos afirmar que, de fato e independentemente do acolhimento de nossa "proposta laboralizadora" no particular para o Brasil, num plano mais geral, está anunciada uma substancial *viragem* (de orientação) do DFP, este já não mais como parte integrante e *exclusivo* do DA, atentando-se agora (também e principalmente) para a pessoa do trabalhador público; porém, não se esquecendo de vinculações jurídico-públicas. Com isso, simultaneamente, prenuncia-se a eclosão de um "Direito (in)Comum (ou Geral) do Trabalho", que irá também abarcar o DFP (ou boa parte dele, subjetivamente dizendo), até como efeito mediato da própria interdisciplinaridade jurídica.

Mas, afinal, o Direito não se propôs mesmo, desde sempre, a ser um "sistema"? Não encaremos, portanto, esse prelúdio de forma (ou com argumentos) *ad terrorem*.

REFERÊNCIAS

ABRANTES, JOSÉ JOÃO, *Contrato de trabalho e direitos fundamentais*, Coimbra Editora, Coimbra, 2005;

AGUIAR, ADRIANA, "Ação por Terceirização é Crescente", *in Valor Econômico*, São Paulo, 22 de setembro de 2009, pág. E1;

ALAINO, ANNA, "Relazioni Sindicali e Contrattazione Colletiva nel D.Lgs. 150/2009: La Riforma alla 'Prova del Tempo'", *in RGPS*, Ano LXI, nº 4, 2010, pág. 551-564;

ALBANESE, ALESSANDRA, "Impiego Pubblico e Impiego Privato presso la Pubblica Amministrazione in Germania e Spagna", *in GDLRI*, nº 57, ano XV, 1993, pág. 162-212;

ALEXANDRINO, JOSÉ DE MELO, "A Greve dos juízes segundo a Constituição", *in Estudos em Homenagem ao Professor Doutor Marcello Caetano no Centenário do seu Nascimento*, FDUL, 2006, pág. 747-788;

ALEXY, ROBERT, *Teoría de los Derechos Fundamentales*, Centro de Estudios Constitucionales, Madrid, 1997 (utilizamos tb. da versão em Língua Portugesa - *Teoria dos Direitos Fundamentais*, trad. de Virgílio Afonso da Silva, Malheiros Editores, São Paulo, 2008);

ALMEIDA, CLEBER LÚCIO DE, *Direito Processual do Trabalho*, Livraria Del Rey, Belo Horizonte, 2009;

ALMEIDA, FERNANDA DIAS MENEZES DE, *Competências na Constituição de 1988*, Ed. Atlas, São Paulo, 2000;

ALMEIDA, GREGÓRIO ASSAGRA DE, *Direito Material Coletivo – Superação da Summa Divisio Direito Público e Direito Privado por uma Summa Divisio Constitucionalizada*, Ed. Del Rey, Belo Horizonte, 2008;

AMARAL, DIOGO FREITAS DO, *Curso de Direito Administrativo*, 2ª ed., Vol. I, Livraria Almedina, Coimbra, 2000;

AMARAL, FRANCISCO, *Direito Civil – Introdução*, 4ª ed., Ed. Renovar, 2002;

AMARAL, HELENA KERR DO, "Desenvolvimento de competências de servidores na administração pública brasileira", *in RSP*, nº 57 (4): 549-463, Out-Dez. 2006, pág. 551 e seg.;

AMORIM, CARLOS DE ABREU, "Direito Administrativo e Sistema Jurídico Autopoiético: Breves Reflexões", *in SI*, Tomo LI, nº 294, Setembro – Dezembro, 2002, pág. 490 e seg;

AMORIM, HELDER SANTOS, *Terceirização no Serviço Público – uma análise à luz da nova hermenêutica constitucional*, Editora LTr, São Paulo, 2009;

ANABITARTE, ALFREDO GALLEGO, "Las Relaciones Especiales de Sujeición y el Principio de la Legalidad de la Administración – Contribuición a la Teoría del Estado de Derecho", *in RAP(Esp)*, nº 34, Ano XII, Janeiro-Abril, 1961, pág. 13 e seg.;

ANASTASIA, ANTÔNIO AUGUSTO JUNHO, *Do regime jurídico único do servidor público civil*, Livraria Del Rey, Belo Horizonte, 1990;

ANDRADE FILHO, EDMAR OLIVEIRA DE ANDRADE FILHO, *Controle de Constitucionalidade de Leis e Atos Normativos*, Ed. Dialética; São Paulo, 1997;

ANDRADE, ADRIENE, "Contratação de Servidores Temporários em Caso de Excepcional Interesse Público", consulta nº 748.924, *in RTCEMG*, julho-setembro, ano XXVII, vol. 72, nº 3, 2009, pág. 147-155;

ANDRADE, FERNANDA RODRIGUES GUIMARÃES, *Direitos Humanos dos Trabalhadores – Uma análise da declaração da Organização Internacional do Trabalho sobre Princípios e Direitos Fundamentais no Trabalho*, Editora RTM, Belo Horizonte, 2012;

ANDRADE, JOSÉ CARLOS VIEIRA DE, *A Justiça Administrativa (lições)*, 9ª ed., Livraria Almedina, Coimbra, 2007;

ANDRADE, JOSÉ CARLOS VIEIRA DE, *O dever da fundamentação expressa dos actos administrativo*, Colecção Teses, Livraria Almedina, Coimbra, 2003;

ANDRADE, JOSÉ CARLOS VIEIRA DE, *Os Direitos Fundamentais na Constituição Portuguesa de 1976*, 2ª edição, Livraria Almedina, Coimbra, 2003;

ANDRADE, MANUEL A. DOMINGUES, *Teoria geral da relação jurídica*, vol. 1, Livraria Almedina, Coimbra, 1992;

ANDRADE, NIDIANE MORAES SILVANO DE, "A contratação de profissionais para o Programa Saúde da Família", *in De Jure: Revista Jurídica do Ministério Público do Estado de Minas Gerais*, Belo Horizonte, nº 10, jan-jun, 2008, pág. 386-403;

ANGIELLO, LUIGI, *La Valutazione dei Dirigenti Pubblici – Profili Giuridici*, Università degli Studi di Parma, Giuffrè Editore, Milão, 2001;

ANTUNES, LUÍS FILIPE COLAÇO, *O Direito Administrativo sem Estado – crise ou fim de um paradigma?*, Coimbra Editora, Coimbra, 2008;

ANTUNES, VERA LÚCIA SANTOS, *O Contrato de Trabalho na Administração Pública – Reflexos e Tendências para o Emprego Público*, Coimbra Editora, Coimbra, 2010;

ARAÚJO, FLORIVALDO DUTRA DE, "O Estudo do Direito da Função Pública: Avaliação e Perspectivas", *in* CELY, MARTHA LUCÍA BAUTISTA e SILVEIRA, RAQUEL DIAS DA (Coord.), *Direito Disciplinário Internacional*, vol. I, Ed. Fórum, Belo Horizonte, 2011, pág. 189-201;

ARAÚJO, FLORIVALDO DUTRA DE, "Os Regimes Jurídicos dos Servidores Públicos no Brasil e suas Vicissitudes Históricas", *in RFDUFMG*, nº 50, jan-jul, 2007, pág. 143-169;

ARAÚJO, FLORIVALDO DUTRA DE, *Conflitos Coletivos na Função Pública – Contribuição ao tema da participação em Direito Administrativo* – Dissertação de Doutoramento, FDUFMG, Belo Horizonte, 1998;

ARAÚJO, FLORIVALDO DUTRA DE, *Negociação Coletiva dos Servidores Públicos*, Editora Fórum, Belo Horizonte, 2011;

ARAÚJO, FRANCISCO ROSSAL DE e RODRIGO COIMBRA, "Competência da Justiça do Trabalho para julgar conflitos coletivos de trabalho de servidores públicos", *in LTr*, vol. 76, nº 04, abril, 2012, pág. 413-423;

ARAÚJO, LUIZ ALBERTO DAVID DE e NUNES JÚNIOR, VIDAL SERRANO, *Curso de Direito Constitucional*, 14ª edição, Editora Saraiva, São Paulo, 2010;

ARAÚJO, MARCELO LABANCA CORRÊA DE, "Federalismo e Princípio da Simetria", *in* TAVARES, ANDRÉ RAMOS; LEITE, GEORGE SALOMÃO; SARLET, INGO WOLFGANG, *Estado Constitucional e organização do poder*, Ed. Saraiva, **São Paulo, 2010, pág. 513-547;**

ARAÚJO, MARCELO LABANCA CÔRREA DE, *Jurisdição Constitucional e Federação: O princípio da simetria na jurisprudência do STF*, Editora Elsevier, Rio de Janeiro, 2010;

ARCOVERDE, DIRCEU e CORREIA, MÁRIO, "Especialistas afirmam que Brasil deve ratificar convenção da OIT sobre liberdade sindical", *in* http://www.tst.jus.br/noticias/-/asset_publisher/89Dk/content/especialistas-afirmam-que-brasil-deve-ratificar-convencao-da-oit-sobre-liberdade-sindical?redirect=http%3A%2F%2Fwww.tst.jus.br%2Fnoticias%3Fp_p_id%3D101_INSTANCE_89Dk%26p_p_lifecycle%3D0%26p_p_state%3Dnormal%26p_p_mode%3Dview%26p_p_col_id%3Dcolumn-3%26p_p_col_pos%3D1%26p_p_col_count%3D4, acessado em 14/11/2012;

ARÓSTEGUI, JOSÉ MARIA ENDEMAÑO, "La Funcionarización del personal laboral al servicio de las Administraciones Públicas", *in REALA* nº 283, Maio – Agosto, 2000, pág. 347-379;

AROUCA, JOSÉ CARLOS, *Curso Básico de Direito Sindical*, 2ª ed., Editora LTr, São Paulo, 2009;

ARQUER, JOSÉ MANUEL SALA, "El Estado Neutral. Contribución al Estudio de las Administraciones Independientes", *in REDA*, nº 42, Abril-Junho, 1.984, pág. 402 e seg.;

ASCENSÃO, JOSÉ DE OLIVEIRA, "A Reserva Constitucional de Jurisdição", *in OD*, Ano 123, nº 2 e 3, Abril – Setembro, 1991, pág. 465 e seg;

ASSIS, CRISTIANO CÉSAR DE ANDRADE DE, "A Competência da Justiça do Trabalho para as ações de servidores públicos e o caminho seguido pelo Supremo Tribunal Federal e pelo Tribunal Superior do Trabalho", in RJ, 2ª quinzena, outubro, 2009, vol. II, pág. 637-633;

ASSIS, RUI, *O poder de direcção do empregador – Configuração geral e problemas actuais*, Coimbra Editora, Coimbra, 2005;

ASTENGO, ALBERTO, (comentário de jurisprudência) "Pubblico Impiego", in RIDL, Ano XXX, nº 4, 2011, pág. 1184-1188;

AUBIN, EMMANUEL, *Droit de la fonction publique*, Gualino, Paris, 2010;

AUBIN, EMMANUEL, *Le personnel des collectivités locales*, disponível in www.avocats-krust-penaud.com/pdf/encyclopedie.pdf, acesso em 10/6/2013;

AUBIN, EMMANUEL, *L'essential du droit de la fonction publique*, Collection Carrés "Rouge", Gualino, Paris, 2009;

AUBY, JEAN-MARIE (e outros), *Droit de la function publique*, Dalloz, Paris, 2009,

AUGUSTO, ILNAH TOLEDO, *Sindicalismo no Setor Público – Trajetória e Perspectivas*, Editora LTr, São Paulo, 2008;

AURELIANO, LUIS, "Concurso Público: O Mercado de R$ 1Bilhão", in http://www.espacopublico.blog.br/?p=1205, acessado em 21/6/2011;

ÁVILA, HUMBERTO, "Repensando o Princípio do Interesse Público sobre o Particular", RDJ, ano 1, v. 1, nº 07, out. 2001;

AWAD, JULIANA MACHADO, "A Livre Circulação de Trabalhadores na União Européia", in http://www.cedin.com.br/revistaeletronica/artigos, acesso em 29/02/2011;

AYALA, BERNARDO DINIZ, "Monismo(s) ou Dualismo(s) em Direito Administrativo(?) – Gestão Pública, Gestão Privada e Controlo Jurisdicional da Actividade Administrativa", RFDL, vol. XLI, nº 1, 2000, pág. 71-98;

BACELLAR FILHO, ROMEU FELIPE, "A Segurança Jurídica e as Alterações no Regime Jurídico do Servidor Público", in ROCHA, CÁRMEN LÚCIA ANTUNES, *Constituição e Segurança Jurídica – Direito Adquirido, Ato Jurídico Perfeito e Coisa Julgada – Estudos em Homenagem a José Paulo Sepúlveda Pertence*, Ed. Fórum, Belo Horizonte, 2009, pág. 193-208;

BACELLAR FILHO, ROMEU FELIPE, "Profissionalização da função pública: a experiência brasileira – A ética na Administração Pública", in FORTINI, CRISTIANA (org.), *Servidor Público – Estudos em Homenagem ao Professor Pedro Paulo de Almeida Dutra*, pág. 458 e seg.;

BAHIA, LÍGIA, "A Privatização no Sistema de Saúde Brasileiro nos Anos 2000: tendências e justificação", in SANTOS, NELSON RODRIGUES DOS e AMARANTE, PAULO DUARTE C., *Gestão Pública e Relação Público Privado na Saúde*, Cebes, Rio de Janeiro, 2010, pág. 115-128;

BAPTISTA, PATRÍCIA, *Transformações do Direito Administrativo*, Editora Renovar, Rio de Janeiro, São Paulo, 2003;

BARACHO, JOSÉ ALFREDO DE OLIVEIRA, "A Revisão da Constituição Francesa de 1958. A Permanente Procura de uma Constituição Modelar", in http://www.ejournal.unam.mx/cuc/cconst03/CUC00306.pdf, acesso em: 16/05/2013;

BARACHO, JOSÉ ALFREDO DE OLIVEIRA, *O princípio da Subsidiariedade – Conceito e Evolução*, Editora Forense, Rio de Janeiro, 2000;

BARASSI, LODOVICO, Il Diritto del Lavoro, vol. I, Giuffrè, Milão, 1957;

BARBOSA, LÍVIA, "Meritocracia à Brasileira: o que é desempenho no Brasil?", in RSP, Ano 47, v. 120, nº 3, Setembro – Dezembro, 1996, pág. 59-102;

BARBOSA, RUI, *Os actos inconstitucionaes do Congresso e do Executivo ante a Justiça Federal*, Companhia Impressora, Rio de Janeiro, 1893, disponível: http://bdjur.stj.gov.br/xmlui/bitstream/handle/2011/21512/Os_actos_inconstitucionaes.pdf?sequence=1, na data de 10/5/2011;

BARGUEÑO, MANUEL MARTÍNEZ, "La Reforma da la Relación de empleo público en Italia", in GAPP, Janeiro – Abril, nº 2. 1995, pág. 27-46;

BARIANI, EDILSON, *Guerreiro Ramos e a redenção sociológica; capitalismo e socialismo no Brasil*, tese de Doutoramento, FCL-UNESP, Araraquara, 2004;

BARIANI, EDISON, "DASP: entre a norma e o fato", *Guerreiro Ramos e a redenção sociológica; capitalismo e sociologia no Brasil*, tese de Doutoramento, FCL/UNESP, Araraquara-SP, 2004, pág. 9 e seg.;

BARROS, ALICE MONTEIRO DE, "Contrato de Emprego do Servidor Público", in SOARES, JOSÉ RONALD CAVALCANTE (coord.), *O Servidor Público e a Justiça do Trabalho*, Ed. LTr, São Paulo, 2005, pág. 17-39;

BARROS, ALICE MONTEIRO DE, *Contratos e Regulamentações Especiais de Trabalho: peculiaridades, aspectos controvertidos e tendências*, 3ª ed., LTr, São Paulo, 2008;

BARROS, ALICE MONTEIRO DE, *Curso de Direito do Trabalho*, LTr, São Paulo, 2006;

BARROS, ALICE MONTEIRO DE, *Proteção à Intimidade do Empregado*, LTr, São Paulo, 1997;

BARZOTTO, LUCIANE CARDOSO, *Direitos Humanos e Trabalhadores: atividade normativa da Organização Internacional do Trabalho e os limites do Direito Internacional do Trabalho*, Livraria do Advogado, Porto Alegre, 2007;

BASSANINI, FRANCO, "I principi costituzionali e il quadro istituzionale: distinzione fra politica e ammnistrazione, autonomia e responsabilità della dirigenza", in D'ALESSIO, GIANFRANCO (coord.), *L´ammninistrazione como professione – I Dirigenti pubblico tra spoils system e servicio ai cittadini*, Il Mulino, Bolonha, 2008, pág. 31-61;

BATISTA, VANESSA OLIVEIRA, *A Livre Circulação de Pessoas na União Europeia: uma contribuição ao estudo do direito de asilo*, Tese de Doutoramento, FDUFMG, Belo Horizonte, 1996;

BATTINI, STEFANO, "Il Licenziamento del dipendente nell´impiego pubblico e nell´impiego (privato) con le Pubbliche Ammnistrazione", in BATTINI, STEFANO e CASSESE, S. (e outros), *Dall'Impiego Pubblico al Raporto di Lavoro com le Pubbliche Ammnistrazione"*, Giuffrè, Milão, 1997, VII-IX, pág. 37-60;

BATTINI, STEFANO, "Le Fonti della disciplina del rapporto di lavoro con le Pubbliche Ammnistrazioni: Da una Regolamentazione Unilarerale all'altra?", in *RTDP*, nº 3, 2007, pág. 627-639;

BATTINI, STEFANO, "Responsabilità e Responsabilizzazione dei fuinzionari e dependenti pubblici", in *RTDP*, n° 1/2015, jan-março, pág. 53-67;

BENDA, MAIHOFER, VOGEL, HESSE, HEYDE, *Manual de Derecho Constitucional*, 2ª ed., Marcial Pons, Madrid, 2001;

BENFENATI, GIUSEPPE, "Il Diritto del lavoro nel pubblico impiego: le differenze com il settore privato" - Lezione tenuta al corso lungo per dirigenti sindacali, IV modulo, Scuola Ial Cisl – Cervia- 23/24/25 ottobre 2007, in http://www.istitutodegasperi-emilia-romagna.it/pdf/benfenati.pdf, acesso em 3/11/2011, pág. 1-57;

BERQÜO, URBANO C., "A Transformação do Estado e a reforma do serviço público civil", in *RSP*, n. 58, Jan-Mar, 2007, pág. 115-120;

BICALHO, MÁRLIA FERREIRA, *Reflexões sobre o Regime Jurídico dos Servidores Públicos* – Tese de Doutoramento – FDUFMG, Belo Horizonte, 2001;

BILHIM, JOÃO, "Reduzir o insustentável peso do Estado para aumentar a leveza da Administração", in *RAPP*, vol. I, nº 1, 2000, pág. 18-38;

BITENCOURT NETO, EURICO, "Autovinculação administrativa e provimento de cargos em comissão", in *RBEFP*, vol. 01, 2012, pág. 49-55;

BITTAR, DJALMA, *Relação jurídica tributária instrumental*, LTr, São Paulo, 2002;

BLANC, MANUELA; RODRIGUES, DOMINGAS; PELIZ, ALBERTO; FUENTE, M. CARMEN DE LA, *Estatuto Disciplinar dos trabalhadores que exercem funções públicas Anotado*, Rei Livros, Lisboa, 2009;

BONAVIDES, PAULO, *Do Estado Liberal ao Estado Social*, 6ª edição, Malheiros Editores, São Paulo, 1.996;

BORSI, UMBERTO (coautoria com FERRUCCIO PERGOLESI), *Trattato di Diritto del Lavoro*, vol. I, CEDAM, Pádova, 1938;

BOSCATI, ALESSANDRO, "Dirigenza Pubblica: poteri e responsabilità tra organizzazione del lavoro e svolgimento dell'attività ammnistrativa", *in ILPA*, vol. XII, Janeiro-Fevereiro, nº 1, 2009, pág. 13-59;

BOUNDON, JACQUES-OLIVIER, "Napoléon et la construction des grands corps de L'Etat", *in archivesdefrance. culture.gouv.fr*, acessado em 16/5/2013;

BRAGA, FLÁVIO, "A Competência da Justiça Eleitoral para apreciar o dano moral oriundo da propaganda política no rádio e na televisão". *In http://www.oab.org.br/ena/users/gerente/120275384464174131941.pdf.*, acesso em 9/8/2009;

BRITO, JUSSARA CRUZ DE, "Enfoque de gênero e relação saúde/trabalho no contexto de reestruturação produtiva e precarização do trabalho", *in Cadernos de Saúde Pública*, vol 16, nº 01, jan-mar, 2000, Rio de Janeiro, pág. 195-204, tb. disponível *in* www.scielosp.br.org/pdf/csp/v16n1/1578.pdf, acesso em 18/6/2013;

BRITO, PEDRO MADEIRA DE, "O reconhecimento legal do direito à contratação coletiva dos trabalhadores da Administração Pública: da negação à consolidação", *in QL*, nº 45, Ano XXI, julho-dezembro, 2014, pág. 328-347;

BRITO FILHO, JOSÉ CLÁUDIO MONTEIRO DE, *Direito Sindical- Análise do Modelo brasileiro de Relações Coletivas de Trabalho à Luz do Direito Comparado e da Doutrina da OIT – proposta de inserção da Comissão de Empresa*, Editora LTr, São Paulo, 2009;

BRITO FILHO, JOSÉ CLÁUDIO MONTEIRO DE; *A sindicalização no serviço público*, LTr, São Paulo, 1996;

BÜLOW, ERICO, "La Legislación", *in* BENDA; MAIHOFER; VOGEL; HESSE; HEYDE, *Manual de Direito Constitucional*, 2ª ed., Marcial Pons, 2001, pág. 727 e seg.;

BURDEAU, FRANÇOIS, *Histoire du droit administratif (de la Révolution au début des années 1970)*, Presses Universitaires de France, Paris, 1995;

CABRERO, FERNANDO BERMEJO, "Las Relaciones de puestos de trabajo y la laboralización de la Función Pública", *in REDA*, nº 62, Abril-Junho, 1989, pág. 229-241;

CAETANO, MARCELLO, *Do Poder Disciplinar no Direito Administrativo Português*, Imprensa da Universidade, Coimbra, 1932;

CAETANO, MARCELLO, *Manual de Direito Administrativo*, Tomo II, 1ª ed. Brasileira, Companhia Ed. Forense, Rio de Janeiro, 1970;

CAETANO, MARCELLO, *Princípios Fundamentais do Direito Administrativo*, Almedina, Coimbra, 2003;

CAILLOSSE, JACQUES, "Le partage Droit Public – Droit Privé dans le système jurique de la fonction publique territorial", *in La Gazette des Communes (L'avenir de la fonction publique territorial)*, maio, 2007, pág. 241 e seg.;

CAIRO JÚNIOR, JOSÉ, *Curso de Direito Processual do Trabalho: Teoria Geral, Processo de Conhecimento e Processo de Execução*, 2ª ed., Juspodivm, Salvador, 2009;

CALCAGNILE, MASSIMO, "Il Rapporto di impiego com gli enti pubblici e la Funzione Amministrativa", *in DA(it)*, nº 1, 2010, pág. 187-227;

CAMPOS, JOÃO MOTA DE, *Manual de Direito Comunitário*, 3ª ed., Fundação Calouste Gulbenkian, Lisboa, 2002;

CANAS, VITALINO, "Proporcionalidade (princípio da)", *in DJAP*, vol. VI, Lisboa, 1994, pág. 591 e seg.;

CANOTILHO, JOSÉ JOAQUIM GOMES, "Estilo e norma constitucional. A propósito do 'direito constitucional técnico'", *in CCL*, volume 16, Abril – Junho, 1.996, pág. 05 a 13;

CANOTILHO, JOSÉ JOAQUIM GOMES, "Fiscalização da Constitucionalidade e da legalidade"; *DJAP*; vol. IV; Lisboa; 1996, pág. 362 e seg;

CANOTILHO, JOSÉ JOAQUIM GOMES, "Metodologia «fuzzi» e os «camaleões normativos» na problemática actual dos direitos económicos, sociais e culturais", *in Estudos sobre direitos fundamentais*, Coimbra Editora, Coimbra, 2004, pág. 97 e seg.;

CANOTILHO, JOSÉ JOAQUIM GOMES, "O Direito Administrativo passa; o Direito Constitucional passa também", *in BFDUC, Estudos em Homenagem ao Prof. Doutor Rogério Soares*, STVDIA IVRIDICA, nº 61, Coimbra Editora, Coimbra, 2001, pág. 705 a 722;

CANOTILHO, JOSÉ JOAQUIM GOMES, "Paradigmas de Estado e paradigmas de administração", in Moderna Gestão Pública, INA – Instituto Nacional de Administração, Lisboa, 2000;

CANOTILHO, JOSÉ JOAQUIM GOMES, "Profissão: Servidor Público – A propósito da Homenagem do Jornal Campeão das Províncias a Figuras Públicas que se Distinguiram no ano de 2006", in Admirar os Outros, Livraria Almedida/Coimbra Editora, 2010;

CANOTILHO, JOSÉ JOAQUIM GOMES, "Tomemos a sério os direitos económicos, sociais e culturais", in Estudos sobre Direitos Fundamentais, Coimbra Editora, Coimbra, 2004, pág. 35-68;

CANOTILHO, JOSÉ JOAQUIM GOMES, Constituição Dirigente e Vinculação do Legislador – Contributo para a Compreensão das Normas Constitucionais Programáticas, 2ª Edição, Coimbra Editora, Coimbra, 2001;

CANOTILHO, JOSÉ JOAQUIM GOMES, Direito Constitucional e Teoria da Constituição, Livraria Almedina, Coimbra, 2003;

CANOTILHO, JOSÉ JOAQUIM GOMES, Estado de Direito, Cadernos Democráticos, nº 7, Dir. Mário Soares, Coleção Fundação Mário Soares, Edição Gradiva, Lisboa, 1997;

CANOTILHO, JOSÉ JOAQUIM GOMES, 'Brancosos' e Interconstitucionalidade – Itinerários dos Discursos sobre a Historicidade Constitucional, Livraria Almedina, Coimbra, 2006;

CANOTILHO, JOSÉ JOAQUIM GOMES, "A Governance do Terceiro Capitalismo e a Constituição Social", in Entre Discursos e Culturas Jurídicas (STVDIA IVRIDICA, n° 89), Coimbra Editora, Coimbra, 2006;

CANOTILHO, J. J. GOMES e MOREIRA, VITAL, Constituição da República Portuguesa Anotada, Vol. I, 4ª edição, Coimbra Editora, Coimbra, 2007;

CARABELLI, UMBERTO, "La 'Riforma Brunetta': un breve quadro sistemático della novità legislativa e alcune considerazione critiche", in WP CSDLE (Working Papers – Centro Studi di Diritto del Lavoro Europeo 'Massimo D'Antona') 101/2010, Bari, Itália, pág. 2-34;

CARAMÉS, JAVIER GUILLÉN e PASTOR, JESÚS ANGEL FUENTETAJA, "El aceso de los cidadanos comunitários a los puestos de trabajo en las administraciones públicas de los Estados Miembros", in RAP(Esp.), nº 146, Maio-Agosto, 1998, pág. 467-500;

CARAPETO, CARLOS (e FÁTIMA FONSECA), Administração Pública – Modernização, Qualidade e Inovação, 2ª ed., Edições Sílabo, Lisboa, 2006;

CARINCI, FRACO, "La Riforma del pubblico impiego", in RTDP, nº 1, 1999, pág. 189-204;

CARINCI, FRANCO, "Filosofia e Tecnica di una Riforma", in RGLPS, Ano LXI, nº 4, 2010, pág. 451-466;

CARINCI, FRANCO, "La Riforma del Pubblico Impiego", in RTDP, nº 1, 1999, pág. 189-204;

CARINCI, FRANCO, "Massimo D'Antona e la 'Contrattualizzazione' del Pubblico Impiego: Un Tecnico al servizio di un'utopia", in GDLRI, nº 121, Ano XXXI, 2009, 1, pág. 25-51;

CARINCI, FRANCO, "Una reforma abierta: la denominada privatización del empleo público", in DA nº 250-251, janeiro-agosto, 1998, pág. 73-91;

CARINCI, FRANCO, "Jobs Act, Atto II: La Legge Delega sur Mecato del Lavoro", in ADL, n° 1/2015, Ano XX, pág. 1 a 25;

CARINCI, FRANCO, "Il Licenziamento disciplinar", in Il Licenziamento all'indomani del d. lgs. n. 23/2015 (contratto di lavoro a tempo indeterminato a tutele crescenti), FRANCO CARINCI e CARLO CESTER (a cura di), ADAPT Labour Studies, e-book series n° 46, moodle.adaptland.it/pluginfile.php/22694/mod_resource/content/.../ebook_vol_46.pdf, acesso em 28/2/2017;

CARIOLA, AGATINO, La nozione costituzionale di pubblico impiego, Giuffrè, Milão, 1991;

CARMERLYNCK G.H., e GÉRARD LYON-CAEN, Droit du Travail, Dalloz, Paris, 1978;

CARMONA, PAULO AFONSO CAVICHIOLI, Das normas gerais – Alcance e extensão da competência legislativa concorrente, Ed. Fórum, Belo Horizonte, 2010;

CARRÀ, SIMONE, "Reflessioni sull'attuale processo di destrutturazione del Rapporto di Lavoro Dirigenziale", in *ADL*, n° 1/2015, Ano XX, pág. 123-141;

CARVALHO, ELISABETE REIS DE, *Reengenharia na Administração Pública – A Procura de Novos Modelos de Gestão*, Universidade Técnica de Lisboa, ISCSP, Lisboa, 2001;

CARVALHO, JOSÉ MURILO DE, "A Burocracia Imperial: A Dialética da Ambiguidade", in *DADOS*, nº 21, 1979, pág. 7-31;

CARVALHO, JOSÉ MURILO DE, "Rui Barbosa e a Razão Clientelista", in *DADOS*, vol. 43, nº 01, Rio de Janeiro, 2000;

CARVALHO, JULIANA BRINA CORRÊA LIMA DE, "Os Direitos Sociais dos Servidores Públicos à luz da redefinição da supremacia do interesse público no Estado Democrático de Direito", in *RDFD*, v. 11, janeiro-junho, 2011, pág. 244-275;

CARVALHO, JULIANA BRINA CORRÊA LIMA DE, *A Mutabilidade do regime da função pública sob o prisma da contratualização do vínculo entre o servidor público e o Estado* – Tese de Mestrado, FDUFMG, Belo Horizonte, 2009;

CARVALHO, KILDERE GONÇALVES, *Direito Constitucional Didático*, Editora Del Rey, Belo Horizonte, 2002;

CARVALHO, RAQUEL, *Comentário ao Regime Disciplinar dos Trabalhadores em Funções Públicas*, Universidade Católica Editora, Lisboa, 2014;

CARVALHO, RAQUEL, "O Regime Disciplinar na Lei Geral do Trabalho em Funções Públicas", in *QL*, Ano XXI, n° 45, jul/dez., 2014, pág. 305-325;

CARVALHO FILHO, JOSÉ DOS SANTOS, *Manual de Direito Administrativo*, 15ª ed., Editora Lumen Juris, Rio de Janeiro, 2006;

CASSESE, SABINO e BATTINI, STEFANO (Coord.), *Dall'Impiego Pubblico al rapporto di lavoro com le pubbliche ammnistrazioni*, Giuffrè Editore, Milão, 1996;

CASSESE, SABINO, "Il Sofisma della Privatizzazione del Pubblico Impiego", in *RIDL*, Ano XII, nº 3, 1993, pág. 287-318;

CASSESE, SABINO, "Le Transformazioni del Diritto Ammnistrativo dal XIX a Secolo XXI", in *RTDP*, Ano LII, 2002, pág. 27-40;

CASSESE, SABINO, "L'età della Riforma Amministrative", in *RTDP*, nº 1, 2001, pág. 79-97;

CASSESE, SABINO, "Presentazione" e "Le Ambiguità della Privatizzazione del Pubblico Impiego", in BATTINI, STEFANO e CASSESE, S. (e outros), *Dall'Impiego Pubblico al Raporto di Lavoro com le Pubbliche Ammnistrazione*, Giuffrè, Milão, 1997, VII-IX, pág. 77-81;

CASSESE, SABINO, *La Globalización Jurídica*, INAP, Marcial Pons, Madrid, 2006;

CASTEL-BRANCO, TERESA (coord.), "Caracterização dos Recursos Humanos da Administração Pública Portuguesa (2005)", Direccção-Geral da Administração Pública e do Emprego Público, in http://www.dgaep.gov.pt/upload/catalogo/RH2005.pdf, acesso em 30/4/2012;

CASTELLS, MANUEL, *A sociedade em rede – A Era da Informação: Economia, Sociedade e Cultura*, vol. 1, Fundação Calouste Gulbenkian, Lisboa, 2002;

CATALÁ, JOAN PRATS I, "Los Fundamentos institucionales del sistema de mérito: la obligada distinción entre función pública y empleo público", in *DA* nº 241-242, Janeiro-Agosto, 1995, pág. 11-53;

CATARINO, LUÍS GUILHERME, *A Responsabilidade do Estado pela Administração da Justiça – O Erro Judiciário e o Anormal Funcionamento*, Coimbra, 1999;

CAUPERS, JOÃO, "Situação jurídica comparada dos trabalhadores da Administração Pública e dos trabalhadores abrangidos pela legislação reguladora do contrato individual do trabalho", in *RDES*, Ano XXXI (IV da 2ª Série), Janeiro-Junho, nºs 1-2, 1989, pág. 243-254;

CAUPERS, JOÃO, *Os Direitos Fundamentais dos Trabalhadores e a Constituição*, Livraria Almedina, Coimbra, 1985;

CAVALCANTE, JOUBERTO DE QUADROS PESSOA e FERREIRA NETO, FRANCISCO, *O Empregado Público*, LTr, São Paulo, 2009;

CAVALCANTI, THEMISTOCLES BRANDÃO, *O Funcionário Público e o seu regime jurídico*, 2ª edição, Livraria Editora Freitas Bastos, Rio de Janeiro, 1946;

CAVALCANTI, THEMISTOCLES BRANDÃO, *Princípios Gerais de Direito Administrativo*, Livraria Editora Freitas Bastos, Rio de Janeiro, 1945;

CAVALCANTI, THEMISTOCLES BRANDÃO, *Tratado de Direito Administrativo*, Vol. IV, Livraria Freitas Bastos SA, Rio de Janeiro, 1956;

CAVARZERE, THELMA THAIS, *Direito Internacional da Pessoa Humana: a Circulação Internacional de Pessoas*, Renovar, Rio de Janeiro, 1995;

CECORA, GUIDO, "Le Modificazioni dei principali istituti dell'impiego pubblico introdotte dai primi contratti colletivi di Diritto Comune", *in* CASSESE, SABINO e BATTINI, STEFANO (Coord.), *Dall'Impiego Pubblico al rapporto di lavoro com le pubbliche ammnistrazioni*, Giuffrè Editore, Milão, 1996, pág. 23-36;

CERNOV, ZÊNIA, *Greve de servidores públicos*, Editora LTr, São Paulo, 2011;

CESARINO JÚNIOR, A. F. (em coautoria MARLY A. CARDONE), *Direito Social*, vol. 1, São Paulo, 1993;

CESARINO JÚNIOR, A. F., *Direito Social*, LTr, São Paulo, 1980;

CHAPUS, RENÉ, *Droit administratif général*, Tome 2, 15ª ed., Montchrestien, Paris, 2001;

CHAVES, VALTER SANTANA, "A manipulação e a mecanização do corpo humano na Alemanha Nazista", *in* http://www.webartigos.com/articles/46920/1/A-manipulacao-e-mecanizacao-do-corpo-humano-na-Alemanha-nazista/pagina1.html, acesso em 8/8/2011;

CHEVALLIER, JACQUES, *O Estado pós-moderno*, Ed. Fórum, Belo Horizonte, 2009;

CHINER, MARIA JESÚS MONTORO, "El principio de carrera en el sistema federal alemán de función pública", *in DA* nº 210-211, maio-setembro, 1987, pág. 419-436;

COELHO, DANIELA MELLO, "Direito da Função Pública: fundamentos e evolução", *in RTCEMG*, vol. 71, nº 02, ano XXVII, abril-junho, 2009, pág. 114-128;

COELHO, ROGÉRIO VIOLA, "Questões Polêmicas do Novo Regime Jurídico dos Servidores Públicos Civis da União – Uma Abordagem Crítica da Teoria Unilateralista", *in JBT*, nº 36, 1993, pág. 649 e seg.

COELHO, ROGÉRIO VIOLA, *A Relação de Trabalho com o Estado – Uma Abordagem Crítica da Doutrina Administrativa da Relação de Função Pública*, Editora LTr, São Paulo, 1994;

COMANDÈ, DANIELA, "I Vincoli «a cascata» della contrattazione integrativa", *in RGPS*, Ano LXI, nº 4, 2010, pág. 603-614;

COMPARATO, FÁBIO KONDER, *A Afirmação Histórica dos Direitos Humanos*, 7ªed., Saraiva, São Paulo, 2010;

COPARCI, ALFREDO, "Reformas en la laboralización de la relación de empleo público en Itália: aspectos constitucionales y referencia a la normativa más reciente", *in DA*, nº 243 (setembro-dezembro), Madrid, 1995, pág. 247-292;

COPARCI, ALFREDO, "Regime Giuridico e Fonti di disciplina del Rapporto di Lavoro nella Pubbliche Ammnistrazioni", *RGPS*, Ano LXI, nº 4, 2010, pág. 467-480;

CORRÊA, OSCAR DIAS, "Breves Observações sobre a Influência da Constituição Portuguesa na Constituição Brasileira de 1988", *in Perspectivas Constitucionais nos 20 Anos da Constituição de 1976*, org. MIRANDA, JORGE, Coimbra Editora, Coimbra, 1.996, pág. 71 e seg;

CORREIA, ANDRÉ DE OLIVEIRA, "Os (não tão) novos horários de trabalho dos trabalhadores das carreiras gerais: perdidos entre a lei e instrumentos de regulamentação coletiva de trabalho", *in QL*, n° 45, Ano XXI, julho-dez., 2014, pág. 349-380;

CORREIA, FERNANDO ALVES, "Relatório Geral da I Conferência da Justiça Constitucional da Ibero-América, Portugal e Espanha", *in DDC*, Separata, nº 71 e 72, 1998, pág. 37 e seg;

CORREIA, JOSÉ MANUEL SÉRVULO, *Legalidade e Autonomia Contratual nos Contratos Administrativos*, Colecção Teses, Livraria Almedina, Coimbra, 2003 (reimpressão de 1.987);

COSTA, EMÍLIA VIOTTI DA, *Da Monarquia à República*, 9ª edição, Editora UNESP, 2010;

COSTA, FREDERICO LUSTOSA DA, "Brasil: 200 anos de Estado, de Administração Pública; 200 anos de Reforma", in *RAP*, 42, nº 5, setembro-outubro, 2008, pág. 829-874;

COUTINHO, ANA LUÍSA CELINO, *Servidor Público – Reforma Administrativa, Estabilidade, Empregado Público, Direito Adquirido*, Editora Juruá, Curitiba, 2004;

COUTO E SILVA, ALMIRO DO, "A Responsabilidade Extracontratual do Estado no Direito Brasileiro", in *RDA*, v. 202, out-dez., 1995, pág. 19-41;

CRIVELLI, ERICSON, *Direito Internacional do Trabalho Contemporâneo*, LTr, São Paulo, 2010;

CRUZ, JOSÉ MARIA TEIXEIRA DA, *A Função Pública e o Poder Político: As situações na Alemanha, em França, na Grã-Bretanha, nos Estados Unidos da América e em Portugal*, tese de doutoramento, Universidade Técnica de Lisboa, 2002;

CUNHA, CÂNDIDO, "AGU consegue no STJ ilegalidade da greve dos servidores da área ambiental", in http://candidoneto.blogspot.com.br/2010/05/agu-consegue-no-stj-ilegalidade-da.html, acesso em 22/8/2011;

CUNHA, CARLOS ROBERTO, *Flexibilização de direitos trabalhistas à luz da Constituição Federal*, SAFE, Porto Alegre, 2004;

CUNHA, JOSÉ MANUEL DAMIÃO DA, *O Conceito de Funcionário para Efeito de Lei Penal e a "Privatização" da Administração Pública*, Coimbra Editora, Coimbra, 2008;

D'ALBERTI, MARCO, "La administración pública italiana después de *tangentopoli*: lucha contra la corrupción y buena administración", in *DA* nº 288-249, maio-dezembro, 1997, pág. 73-91;

D'ALESSIO, GIANFRANCO (coord.), *L'ammninistrazione come professione – I Dirigenti pubblico tra spoils system e servicio ai cittadini*, Il Mulino, Bolonha, 2008;

D'ALTE, SOFIA TOMÉ, *A nova configuração do setor empresarial do Estado e a empresarialização dos serviços públicos*, Livraria Almedina, Coimbra, 2007;

D'AMBROSO, MARCELO JOSÉ FERLIN, "Moralidade Pública nas Relações de Trabalho e a Responsabilidade do Agente Público perante o Ministério Público do Trabalho e a Justiça do Trabalho", in *Jus Navigandi*, Teresina, ano 11, nº 996, 24 mar. 2006; in http://jus.uol.com.br/revista/texto/8145. Acesso em 24/7/2011;

D'ANTONA, MASSIMO, "Lavoro Pubblico e Diritto del Lavoro: La Seconda Privatizzazione del Pubblico Impiego nella «Leggi Bassanini»", in http://w3.uniroma1.it/masterlavoro/master_2011_file/Dottrina_D'Antona_La%20seconda%20privatizzazione.pdf, acesso em 2/11/2011;

D'AURIA, GAETANO, "Controlli Ammninistrativo e Lavoro Privato alle Dipendenze di Pubbliche Amministrazione", in CASSESE, SABINO e BATTINI, STEFANO (Coord.), *Dall'Impiego Pubblico al Raporto di Lavoro com le Pubbliche Ammnistrazione*, Giuffrè, Milão, 1997, VII-IX, pág. 61-75.

D'AURIA, GAETANO, "I 'nuovo' controlli della Corte dei conti (dalla 'legge Brunetta' al federalismo fiscale, e oltre), in *ILPA*, vol. XII, Janeiro-Fevereiro, nº 3-4, 2009, pág. 469-496;

D'AURIA, GAETANO, "Il Pubblico Impiego dopo la Riforma del 2009. Presentazione", in *RGPS*, Ano LXI, nº 4, 2010, pág.447-450;

DALAZEN, JOÃO ORESTE, "A Reforma do Judiciário e os Novos Marcos da Competência Material da Justiça do Trabalho no Brasil", in *TST*, vol. 71, nº 2, mai-ago, 2005, pág. 41-67;

DALLARI, ADILSON ABREU, *Regime Constitucional dos Servidores Públicos*, 2ª edição, Ed. RT, São Paulo, 1992;

D'ANTONA, MASSIMO, "La Disciplina del Rapporto di Lavoro con le Pubbliche Ammnistrazione – dalla Legge al Contratto", in BATTINI, STEFANO e CASSESE, S., *Dall'Impiego Pubblico al Raporto di Lavoro com le Pubbliche Ammnistrazione*, Giuffrè, Milão, 1997, VII-IX, pág. 1-21;

D'ANTONA, MASSIMO, "Lavoro Pubblico e Diritto del Lavoro: La Seconda Privatizzazione del Pubblico Impiego nella «Leggi Bassanini»" *in* http://w3.uniroma1.it/masterlavoro/master_2011_file/Dottrina_D'Antona_La%20seconda%20privatizzazione.pdf, acesso em 2/11/2011.

DÄUBLER, WOLFGANG, *Direito do Trabalho e Sociedade na Alemanha*, Ed. LTr, São Paulo, 1997;

DEGEN, MANFRED, "La carrera administrtiva en la República Federal de Alemania", *in DA* nº 210-211, maio-setembro, 1987, pág. 435-463;

DELGADO, GABRIELA NEVES, *Terceirização: Paradoxo do Direito do Trabalho Contemporâneo*, LTr, São Paulo, 2003;

DELGADO, MAURÍCIO GODINHO, *A natureza jurídica do poder empregatício*, Tese de doutoramento, FDUFMG, Belo Horizonte, 1994;

DELGADO, MAURÍCIO GODINHO, *Curso de Direito do Trabalho*, 8ª ed., LTr, São Paulo, 2009;

DELGADO, MAURÍCIO GODINHO, *Direito Coletivo do Trabalho*, 4ª ed., LTr, São Paulo, 2011;

DELGADO, MAURÍCIO GODINHO, *O Poder Empregatício*, LTr, São Paulo, 1996;

D'EUFEMIA, GIUSEPPE, *Diritto del Lavoro*, Morano Editore, Nápoles, 1969;

DI PIETRO, MARIA SYLVIA ZANELLA, "As Novas Regras para os Servidores Públicos", *in CFUNDAP*, nº 22, 2001, pág. 27-39;

DI PIETRO, MARIA SYLVIA ZANELLA, *Direito Administrativo*, 14ª ed., Atlas, São Paulo, 2002;

DI PIETRO, MARIA SYLVIA ZANELLA, *Do Direito Privado na Administração Pública*, Ed. Atlas, São Paulo, 1.989;

DI PIETRO, MARIA SYLVIA ZANELLA, *Parcerias na Administração Pública – Concessão, Permissão, Franquia, Terceirização e outras formas*, Ed. Atlas, São Paulo, 1996;

DIAS, MARIA TERESA FONSECA, *Direito Administrativo Pós-Moderno – Novos Paradigmas do Direito Administrativo a partir do Estudo da Relação entre o Estado e a Sociedade*, Mandamentos, Belo Horizonte, 2003;

DIAS, MARIA TERESA FONSECA, *Direito Administrativo Pós-Moderno – Novos Paradigmas do Direito Administrativo a partir do Estudo da Relação Estado e Sociedade*, Editora Mandamentos, Belo Horizonte, 2003;

DIRECÇÃO-GERAL DA ADMINISTRAÇÃO E DO EMPREGO PÚBLICO, "Estudo Comparado de Regimes de Emprego Público de Países Europeus – Relatório Final", 20 de Abril de 2007, *in www.dgaep.gov.pt*, acesso em 30/4/2012;

DIRECCÇÃO-GERAL DA ADMINISTRAÇÃO PÚBLICA E DO EMPREGO PÚBLICO, "Nota de Informação sobre a evolução do emprego público", *in* http://www.dgaep.gov.pt/upload/homepage/Noticias/DGAEP-SIOE_Emprego_AC_D2010-D2011_15-03-2012.pdf, acesso em 30/4/2012;

DONATI, FEDERICO MARIA PUTATURO, "Merito e Premialità nella Riforma del Lavoro Pubblico", *in RGPS*, Ano LXI, nº 4, 2010, pág. 565-582;

DONATO, MESSIAS PEREIRA, *Curso de Direito do Trabalho*, 5ª ed., LTR, São Paulo, 2009;

DRAY, GUILHERME MACHADO, *O princípio da igualdade no Direito do Trabalho – sua aplicabilidade no domínio específico da formação de contratos individuais de trabalho*, Livraria Almedina, Coimbra, 1999;

DRUCK GRAÇA (em co-organização com TÂNIA FRANCO), *A perda da razão social do trabalho – terceirização e precarização*, Boitempo Editorial, São Paulo, 2007;

DUARTE, DAVID, *Procedimentalização, Participação e Fundamentação: para uma concretização do princípio da imparcialidade administrativa como parâmetro decisório*, Livraria Almedina, Coimbra, 1996;

ECHEBARRÍA, KOLDO, "El papel de la profesionalización del Empleo Público en América Latina", *in* LONGO, FRANCISCO e RAMIÓ, CARLES (coord.), *La Profesionalización del Empleo Público en America Latina*, Barcelona, CIDOB, 2008, pág. 29 e seg.;

ESTEVES, JÚLIO CÉSAR DOS SANTOS, "Uma reflexão sobre a estabilidade funcional e sobre o prazo do estágio probatório", *in* FORTINI, CRISTIANA (org.), *Servidor Público – Estudos em Homenagem ao Professor Pedro Paulo de Almeida Dutra*, Editora Fórum, Belo Horizonte, 2009, pág. 207 e seg.;

ESTORNINHO, MARIA JOÃO, *A Fuga para o Direito Privado – Contributo para o Estudo da Actividade de Direito Privado da Administração Pública*, colecção Teses, Livraria Almedina, Coimbra, 1996;

EVANS, PETER e RAUCH, JAMES, "La Burocracia y el crecimiento: un análisis transversal entre naciones de los efectos de las estructuras estatales «weberianas» en el crecimiento económico", in EVANS, PETER, *Intituciones y desarrollo en la era de la globalización neoliberal*, Colección en Clave de Sur, 1ª edição, ISLA, Bogotá, 2007, pág. 67-96;

FALCÃO, DAVID (em coautoria com SÉRGIO TENREIRO TOMÁS), "Notas sobre a Ilicitude do Despedimento", in *QL*, n° 47, Ano XXII, julho-dez., 2015, pag. 311-328;

FAORO, RAYMUNDO, *Os donos do poder – Formação do Patronato Político Brasileiro*, publicado originalmente em 1958;

FARIA, EDIMUR FERREIRA DE, *Curso de Direito Administrativo Positivo*, 4ª ed., Del Rey, Belo Horizonte, 2001;

FELICIANO, GUILHERME GUIMARÃES, "Justiça do Trabalho: Nada mais, Nada menos", in *Justiça do Trabalho: Competência Ampliada*, São Paulo: LTr, 2005, pág. 119 e seg.;

FÉREZ, MANUEL, "El sistema de mérito en el empleo público: principales singularidades y analogías respecto del empleo en el sector privado", in *DA*, nº 241-242, janeiro-agosto, 1995, pág. 61-117;

FERNANDES, ANTÓNIO DE LEMOS MONTEIRO, "O princípio do tratamento mais favorável ao trabalhador", in *Estudos de Direito do Trabalho*, Livraria Almedina, Coimbra, 1972, pág. 7-27;

FERNANDES, FRANCISCO LIBERAL, "Notas sobre o tempo de trabalho no contrato de trabalho em funções públicas", in *QL*, Ano XVII, nºs 35-36, Janeiro-Dezembro, 2010, pág. 1-22;

FERNANDES, FRANCISCO LIBERAL, "O Direito de Negociação Colectiva na Administração Pública", in *QL*, Ano V, vol. 12, 1998, pág. 221-225;

FERNANDES, FRANCISCO LIBERAL, *A Obrigação de Serviços Mínimos como técnica de regulação da greve nos serviços essenciais*, Coimbra Editora, Coimbra, 2010;

FERNANDES, FRANCISCO LIBERAL, *Autonomia Colectiva dos Trabalhadores da Administração – Crise do Modelo Clássico de Emprego Público*, Coimbra Editora, Coimbra, 1995;

FERNANDES, FRANCISCO LIBERAL, *Liberdade de Circulação dos Trabalhadores na Comunidade Europeia*, Faculdade de Direito da Universidade do Porto, Teses e Monografias nº 03, Coimbra Editora, Coimbra, 2002;

FERNANDES, MARIA MALTA, *Os Limites à subordinação jurídica do trabalhador – em especial ao dever de obediência*, Quid Juris Sociedade Editora, Coimbra, 2008;

FERNANDES, PEDRO DE MELO, "A Situação Jurídica de Emprego Público: à procura do novo paradigma", in *QL*, n° 47, Ano XXII, Julho-Dez., 2015, Coimbra Editora, Coimbra, pág. 329-385;

FERRARO, GIUSEPPE, "Prove Generali di Riforma del Lavoro Pubblico", in *GDLRI*, nº 122, nº 2, ano XXXI, 2009, pág. 239-262;

FERREIRA, MARCELO DIAS, "Carreiras Típicas de Estado: Profissionalização do servidor e núcleo estratégico", in *http://jus.uol.com.br/revista/texto/397/carreiras-tipicas-de-estado*, acessado em 8/7/2011;

FIGUEIREDO, DIDA, "O direito de greve dos bombeiros do Rio de Janeiro e a liberdade nossa de cada dia", in *http://www.brasildefato.com.br/node/6525*, acesso em 22/8/2011;

FIGUEIREDO, GUILHERME JOSÉ PURVIN DE, *O Estado no Direito do Trabalho – As Pessoas Jurídicas de Direito Público no Direito Individual, Direito Coletivo e Processual do Trabalho*, Editora LTr, São Paulo, 1996;

FIGUEIREDO, MARCELO, "Federalismo x Centralização. A eterna busca do equilíbrio – A tendência mundial de concentração de poderes na União. A questão dos Governos Locais", in *IP*, Ano IX, nº 41, 2007, pág. 93-108;

FOLCH, GALLART, *Derecho Español del Trabajo*, Editorial Labor, Barcelona, 1936;

FONSECA, GUILHERME DA, "A Jurisprudência Constitucional sobre as Bases do Regime e Âmbito da Função Pública", in *SI*, Tomo LI, nº 293, Agosto-Maio, 2002, pág. 259-269;

FONTES, ANA LÚCIA BERBERT DE CASTRO, "Estudo sobre a Regularidade da Participação das Cooperativas nas Licitações da Administração Pública", *in RPGEB*, vol. 23, janeiro de 1997, pág. 9-22;

FORGES, JEAN-MICHEL LEMOYNE DE, "Quelle influence communautaire sur l'avenir du modele français de fonction publique?", *in RFAP*, nº 132, 2010, pág. 701-710;

FORTINI, CRISTIANA (org.), *Terceirização na Administração – Estudos em homenagem ao Professor Pedro Paula de Almeida Dutra*, Ed. Fórum, Belo Horizonte, 2009;

FOS, JOSÉ A. GARCÍA-TREVIJANO, "Relación Organica y Relación de Servicios en los Funcionarios Públicos", *in RAP(Esp.)*, Ano V, nº 13, Janeiro-Abril, 1954, pág. 53-101;

FRAGA, CARLOS, *O Poder Disciplinar no Estatuto dos Trabalhadores da Administração Pública*, Petrony Editora, Amadora, 2011;

FRAGA, RICARDO CARVALHO e LUIZ ALBERTO DE VARGAS, "Greve dos Servidores e STF", *in TST*, vol. 76, nº 02, abril-junho, 2010, pág. 33-40;

FRANZESE, LUCIO, "Autonomia ed Eteronomia nel Pubblico Impiego: Riflessioni sui mutamenti atto nel diritto pubblico italiano", *in RTDP*, 1995, vol. III, pág. 665-696;

FREITAS, JUAREZ, "Carreiras de Estado: o Núcleo Estratégico contra as Falhas de Mercado e de Governo", *in* FORTINI, CRISTIANA (org.), *Servidor Público – Estudos em Homenagem ao Professor Pedro Paulo de Almeida Dutra*, Editora Fórum, Belo Horizonte, 2009, pág. 179-200;

FREITAS, VLADIMIR PASSOS DE (Coord.), *Conselhos de Fiscalização Profissional – doutrina e Jurisprudência*, 2ª ed., Ed. RT, São Paulo, 2008;

GALANTINO, LUISA, "Lavoro subordinato, lavoro autonomo modulazione delle tutele", *in AG*, vol. CCXXII, Fascicolo III, 2002, pág. 365-382;

GARRIDO, DIEGO LÓPEZ, "El acceso a la función pública en la Europa de los doce", *in RVAP*, nº 35, Janeiro-Abril, 1993, pág. 136-166;

GASPAR, DANILO GONÇALVES, "A proteção contra a dispensa arbitrária ou sem justa causa e a constitucionalização simbólica", *in RDT*, ano 37, nº 141, janeiro-março, 2011, pág. 99-139;

GASPARINI, DIOGENES, *Direito Administrativo*, Editora Saraiva, São Paulo, 2000;

GAUDEMET, PAUL-MARIE, "Le déclin de l'autorité hiérarchique", *in RD*, 1947, pág. 137-140;

GAZIER, FRANÇOIS, *La Fontion Publique dans le Monde*, Editions Cujas, Paris, 1972;

GERNIGON, BERNARD (e outros), *A negociação coletiva na administração pública*, Ed. Forense, Rio de Janeiro, 2002;

GHESTIN, JACQUES, *Droit du Travail*, Sirey, Paris, 1972;

GHIDINI, MARIO, *Diritto del Lavoro*, CEDAM, Pádova, 1969;

GIANNINI, MASSIMO SEVERO, "Impiego Pubblico", *in Enciclopedia Del Diritto*, vol. XX, Giuffrè, Milão, 1970, pág. 293-305;

GIANNINI, MASSIVO SEVERO: "Informe sobre los principales problemas de la Administración del Estado", *in DA*, nº 186, Abril-Junho, 1980, pág. 207-270;

GIDDENS, ANTHONY, *Sociologia*, Fundação Calouste Gulbenkian, Lisboa, 2008;

GIDDENS, ANTONY, *Para uma terceira via*, Ed. Presença, Lisboa, 1999;

GIGLIO, WAGNER D., *Direito Processual do Trabalho*, 16ª ed., Saraiva, São Paulo, 2007;

GOMES, ANA CLÁUDIA NASCIMENTO e ALBERGARIA, BRUNO, "A Vinculação imediata das autoridades públicas aos direitos fundamentais e os direitos coletivos dos Servidores Públicos 'estatutários' no Brasil – O exemplo do direito greve: Algum paradoxo ou necessidade de reflexão?", *in* PINTO E NETTO, LUÍSA CRISTINA e BITENCOURT NETO, EURICO, *Direito Administrativo e Direitos Fundamentais: Diálogos Necessários*, Editora Fórum, Belo Horizonte, 2012, pág. 19-49;

GOMES, ANA CLÁUDIA NASCIMENTO, "A atuação do Ministério Público do Trabalho na concretização do direito à qualidade de vida do trabalhador: alguns instrumentos de proteção da saúde e segurança no trabalho", in SENA, ADRIANA GOULART DE e outras (coord.), *Dignidade Humana e Inclusão Social – Caminhos para a efetividade do Direito do Trabalho no Brasil*, Ed. LTr, São Paulo, 2010, pág. 247-270.

GOMES, ANA CLÁUDIA NASCIMENTO, "Algumas razões doutrinárias para se discordar da recente (e também da antiga) jurisprudência do Supremo Tribunal Federal desfavorável à competência da Justiça do Trabalho em matéria de trabalho prestado a ente de direito público", in MPT, Ano XXI, nº 41, março, 2011, pág. 13-46;

GOMES, ANA CLÁUDIA NASCIMENTO, "Emendar e Emendar: Enclausurando a Constituição? Entre o Paradoxo da Democracia, a Capacidade Reflexiva da Constituição e sua Força Normativa", in *Ciências Jurídicas Civilísticas; Comparatísticas; Comunitárias; Criminais; Económicas; Empresariais; Filosóficas; Históricas; Políticas; Processuais*, Livraria Almedina, Coimbra, 2005, pág. 23-55;

GOMES, ANA CLÁUDIA NASCIMENTO, "O Direito de Greve e a Proibição do Lock-out na Jurisprudência do Tribunal Constitucional de Portugal", texto elaborado para o Mestrado em Ciências-Jurídico Políticas, Coimbra, 2000;

GOMES, ANA CLÁUDIA NASCIMENTO, *O poder de rejeição de leis inconstitucionais pela autoridade administrativa no direito português e no direito brasileiro*, SAFE, Porto Alegre, 2002;

GOMES, CARLA AMADO, *Contributo para o estudo das operações materiais da Administração Pública e do seu controlo jurisdicional*, Coimbra Editora, Coimbra, 1999;

GOMES, CARLOS MINAYO (e SONIA MARIA DA FONSECA THEDIM-COSTA), "Precarização do trabalho e desproteção social: desafios para a saúde cletiva", in *Ciências e Saúde Coletiva*, nº 4, vol. 42, 1999, pág. 411-421, tb. disponível in www.scielo.br/pdf/csc/v4n2/7123.pdf, acesso em 18/6/2013;

GOMES, DINAURA GODINHO PIMENTEL, "Crise financeira e a valorização do trabalho humano", in *LTr*, Ano 73, Fevereiro, 2009, pág. 147-152;

GOMES, DINAURA, *Direito do Trabalho e Dignidade da Pessoa Humana no Contexto da Globalização Econômica: problemas e perspectivas*, LTr, São Paulo, 2005;

GOMES, ISABELLA FILGUEIRAS, *Discriminação salarial e funcional contra a mulher nas relações de trabalho: Aspectos históricos-sociais, abordagens jurídicas e propostas antidiscriminatórias*, Ed. RTM, Belo Horizonte, 2012;

GOMES, JÚLIO MANUEL VIEIRA, *Direito do Trabalho, vol. 1, Relações Individuais do Trabalho*, Coimbra Editora, Coimbra, 2007;

GOMES, JÚLIO MANUEL VIEIRA; CARVALHO, RAQUEL; CARVALHO, CATARINA DE OLIVEIRA, "Da (in)constitucionalidade das reduções salariais previstas no Orçamento de Estado aprovado pela Lei nº 55-A/2010, de 31 de Dezembro", in QL, Ano XVIII, nº 38, 2011, pág. 229-259;

GOMES, ORLANDO e GOTTSCHALK, ELSON, *Curso de Direito do Trabalho*, 16ª ed., Forense, Rio de Janeiro, 2000;

GOMES, ORLANDO, *Introdução ao Direito Civil*, 18ª ed., Ed. Forense, Rio de Janeiro, 2002;

GONÇALVES JÚNIOR, MÁRIO, "As relações de Trabalho do Art. 114", in *LTr-ST*, Ano 42, 029/06, 2006, pág. 137-141;

GONÇALVES JÚNIOR, MÁRIO, "As Relações de trabalho estatutárias (EC n. 45/04 x ADIN n. 3395)", in *LTr-ST*, Ano 42, nº 060/06, 2006, pág. 271-275;

GONÇALVES, PEDRO, *A Concessão dos serviços público*, Livraria Almedina, Coimbra, 1999;

GONÇALVES, PEDRO, *Entidades Privadas com Poderes Públicos – O exercício de poderes públicos de autoridade por entidades privadas com funções administrativas*, Livraria Almedina, Coimbra, 2005;

GONÇALVES, PEDRO DA COSTA (em co-autoria com LICÍNIO LOPES MARTINS), "O regime das carreiras de pessoal na Administração Pública Portuguesa", in *RBEFP*, ano 1, n° 3, set/dez., 2012, pág. 30 e seg.;

GORDILLO, AGUSTÍN A., *La administración paralela – El parasistema jurídico-administrativo*, Cuadernos Cívitas, Madrid, 1995;

GOUVEIA, RODRIGO, *Os Serviços de Interesse Geral*, Editora Coimbra, Coimbra, 2001;

GRAU, EROS ROBERTO, *A ordem económica na Constituição de 1988*, 7ª ed., Malheiros Editores, São Paulo, 2002;

GRÉGOIRE, ROGER, *La Fonction Publique*, Librairie Armand Colin, Paris, 1954;

GROTTI, DINORÁ ADELAIDE MUSETTI, "Parcerias na Administração Pública", in *RDTS*, vol. 11, 2012, pág. 31-113;

GUÉGOT, FRANÇOISE, *L'Égalité profissionnelle hommes-femmes dans la fonction publique*, La documentation française, Paris, 2011;

GUERRA, AMADEU, *A privacidade no local de trabalho – As novas tecnologias e o controlo dos trabalhadores através de sistemas automatizados – Uma abordagem ao Código do Trabalho*, Livraria Almedina, Coimbra, 2004;

GUERZONI FILHO, GILBERTO, "Burocracia, Tecnocracia, psedoburocracia e Constituição de 1.988: tentativas e perspectivas de formação de uma burocracia pública no Brasil", in *RIL*, ano 32, nº 128, outubro-dezembro, 1995, pág. 43-62;

GUGEL, MARIA APARECIDA, *Pessoas com Deficiência e o Direito ao Trabalho*, Editora Obra Jurídica, Florianópolis, 2007;

GUIMARÃES, FERNANDO VERNALHA, "O conceito de norma geral e a regra do valor mínimo às parcerias público-privadas (inciso I do §4º do art. 2º da Lei nº 11.079/2004), in *REDAE*, nº 18, maio-julho, 2009, pág. 1-17;

HABERMAS, JURGEN, *Mudança estrutural na esfera pública*, Biblioteca Tempo Universitário, Rio de Janeiro, 2003;

HACHEM, DANIEL WUNDER, *Princípio constitucional da supremacia do interesse público*, Ed. Fórum, Belo Horizonte, 2011;

HECHT, ODRACIR JUARES, "A Necessidade de Concurso Público para a Contratação de Agentes Comunitários de Saúde e Outros Servidores Vinculados a Programas Sociais", in *RMPT*, Ano XVIII, nº 35, março, 2008, pág. 155-173;

HESSE, KONRAD, "Significado de los derechos fundamentales", in BENDA; MAIHOFER; VOGEL; HESSE; HEYDE, *Manual de Direito Constitucional*, 2ª ed., Marcial Pons, 2001, pág. 83-115;

HESSE, KONRAD, *Elementos de Direito Constitucional da República Federal da Alemanha*, SAFE, Porto Alegre, 1998;

HOBSBAWM, ERIC, *Globalização, Democracia e Terrorismo*, Editorial Presença, Lisboa, 2008;

HOUAISS, ANTÔNIO e VILLAR, MAURO DE SALLES, *Dicionário Houaiss da Língua Portuguesa*, Objetiva, Rio de Janeiro, 2001;

ÍBÁÑES, SANTIAGO GONZÁLEZ-VARAS, *El Derecho Administrativo Privado*; Editorial Montecorvo, Madrid, 1996;

IBÁÑEZ, SANTIAGO GONZALEZ-VARAS, "El Derecho a acceder a la Función Pública de outro Estado Miembro de la Unión Europea", in *REDC*, nº 58, Ano 20, Janeiro-Abril, 2000, pág. 139-154;

IBARRECHE, RAFAEL SASTRE, "La acción positiva para as las mujeres en el Derecho Comunitario", in *A igualdade dos géneros nas relações de trabalho*, ESMPU, Brasília, 2006, pág. 91-114;

ITALIA, VITORIO (Coordenador), *Le nuove leggi ammnistrative – L'Impiego Pubblico*, Giuffrè Editore, Milão, 2003;

JÁVEGA, CONSUELO CHACARTEGUI, "La actuación de las empresas de trabajo temporal como agencias de colocación. La crisis como pretexto em el avance de la iniciativa privada", in *RDS*, n° 57, 2012, pág. 71-84;

JEANNOT, GIILES e LUC ROUBAN, Changer la Fonction Publique", in *RFAP*, nº 132 (Changer la Fonction Publique), 2010, pág. 665-672;

JELLINEK, GEORG, *Sistema dei diritti pubblici subiettivi*, Giuffrè, Milão, 1.982;

JONAS, HANS, *El Principio de Responsabilidade – Ensayo de una ética para la civilización tecnológica -*, Barcelona, 1995;

JORGE NETO, FRANCISCO FERREIRA e CAVALCANTE, JOUBERTO DE QUADROS PESSOA, *Direito do Trabalho*, Ed. Atlas, São Paulo, 2012;

JUAN, ANDRÉS MOREY, *Comentários al Estatuto Básico del Empleado* Público, in http://www.morey-abogados.com/articulos/estatutobasico.pdf, acesso em 2/12/2011;

JUSTEN FILHO, MARÇAL, *Curso de Direito Administrativo*, 2ª ed., Saraiva, São Paulo, 2006;

KEINERT, TÂNIA MARGARETE MEZZOMO (e outros), *Inovação e Cooperação Intergovernamental – Microrregionalização, Consórcios, Parcerias e Terceirização no Setor da Saúde*, Annablume Editora, São Paulo, 2006;

KELSEN, HANS, *Teoria pura do direito – Introdução à problemática científica do Direito*, 4ª ed., Ed. RT, São Paulo, 2006;

KELSEN, HANS, *Teoria pura do direito*, 6ª ed., Martins Fontes, São Paulo, 1998;

KEMPEN, BERNHARD, *Die Formenwahlfreiheit der Verwaltung – Die öffentliche Verwaltung zwischen öffentlichem und private Recht*, Verlag Franz Vahlen, Munique, 1988;

KISSLER, LÉO (com FRANCISCO G. HEIDEMANN), "Governança Pública: novo modelo regulatório para as relações entre Estado e Sociedade", *in RAP*, n° 40 (3), maio-junho, 2006, pág. 479-499;

KÖNIG, KLAUS, "Desarrollo de la privatización en la República Deferal de Alemania; problemas, situación actual, perspectivas", *in DA*, nº 218-219, 1989, pág. 297 e seg;

KREBS, WALTER, "Contratos y convênios entre a Administración y particulares", *in DA*, n° 235-236, julho-dez., 1993, pág. 55 e seg.

KRELL, ANDREAS J., "A reforma federativa da alemã, a supressão das competências de quadro e a supressão da teoria das leis nacionais no Brasil", *in IP*, julho-agosto, 2007, pág. 101-118;

KRIELE, MARTIN, *Introdução à Teoria do Estado – Os fundamentos históricos da legitimidade do Estado Constitucional Democrático*, SAFE, Porto Alegre, 2009;

LA CUEVA, MARIO DE, *Derecho Mexicano del Trabajo*, Editorial Porrua, (cidade do) Mexico, 1969;

LAUBADÈRE, ANDRÉ DE (e outros), *Traité de Droit Administratif*, Tome II, 9ª ed., Librairie Générale de Droit et de Jurisprudence, Paris, 1992;

LAURINO, SALVADOR FRANCO DE LIMA, "A competência da Justiça do Trabalho: o significado da expressão relação de trabalho no art. 114 da Constituição e as relações de consumo", *in Genesis*, ano 25, vol. 147, maio-junho, 2005, pág. 391-523;

LEITE, CARLOS HENRIQUE BEZERRA, *Curso de Direito Processual do Trabalho*, 7ª ed., LTr, São Paulo, 2009;

LEITE, JORGE, "As disposições da lei do Orçamento Geral do Estado para 2011 relativas aos trabalhadores do sector público", *in QL*, Ano XVIII, nº 38, 2011, pág. 261-289;

LEITE, JORGE, "Direito da contratação coletiva em termos de crise", *in I Jornada de Direito do Emprego Público – Trabalho em Funções Públicas em Tempos de Crise: Que Direito(s)?*, Coord. Científica de Isabel Celeste da Fonseca, Abril de 2013, Braga, pág. 119-132, esp. 121 (texto acessível: http://nedip.eu/produto/atas-i-jornada-de-direito-do-emprego-publico/, em 4/3/2017);

LIMA, DENISE HOLLANDA COSTA, *Terceirização na Administração Pública – As cooperativas de trabalho*, Editora Fórum, Belo Horizonte, 2007;

LIMA, FRANCISCO GÉRSON MARQUES DE, *O STF na crise institucional brasileira*, Malheiros Editores, São Paulo, 2009;

LIMA, FRANCISCO METON MARQUES DE, "O Servidor Público na Justiça do Trabalho", *in* SOARES, JOSÉ RONALD CAVALCANTE (coord.), *O Servidor Público e a Justiça do Trabalho*, Ed. LTr, São Paulo, 2005, pág. 102-115;

LIMA, TAÍSA MARIA MACENA DE, "O sentido e o alcance da expressão 'Relação de Trabalho' no artigo 114, inciso I, da Constituição da República (Emenda Constitucional nº 45, de 08.12.2004)", *in TST*, vol. 71, nº 2, maio-agosto, 2005, pág. 282-286;

LITALA, LUIGI DE, *Diritto della Assicurazioni Sociali*, Editrice Torinese, Turim, 1938;

LONGO, FRANCISCO e RAMIÓ, CARLES (tb. coord.), "Introdución" de *La Profesionalización del Empleo Público en America Latina*, Barcelona, CIDOB, 2008;

LONGO, FRANCISCO, *Mérito y Flexibilidad – La gesttión de las personas en las organizaciones del sector público*, Paidós Empresa, Barcelona, 2004;

LONGO, FRANCISCO, "La Profissionalización del empleo público em América Latina", *in La Profissionalización del Empleo Público em América Latina*, FRANCISCO LONGO e CARLES RAMIÓ (org.), Fundación CIDOB, Barcelona, 2008, pág. 43-49;

LOPES, MAURÍCIO ANTÔNIO RIBEIRO, *Comentários à Reforma Administrativa*, Editora Revista dos Tribunais, São Paulo, 1998;

LOPES, MAURÍCIO ANTÔNIO RIBEIRO, *Comentários à Reforma Administrativa – De acordo com as Emendas Constitucionais 18, de 05.02.1998 e 19, de 04.06.1998*, Editora Revista dos Tribunais, São Paulo, 1998;

LORENTZ, LUTIANA NACUR, *A norma da igualdade e o Trabalho das Pessoas Portadoras de Deficiência*, Editora LTr, São Paulo, 2006;

LOUREIRO, JOÃO CARLOS SIMÕES GONÇALVES, *Constituição e biomedicina: contributo para uma teoria dos deveres bioconstitucionais na esfera da genética humana*, Tese de Doutoramento, FDUC, Coimbra, 2003;

LUCCA, CARLOS MOREIRA DE, "Negociação Coletiva no Serviço Público e Disciplina da Greve em Serviços Essenciais na Itália", *in LTr*, vol. 55, nº 11, Novembro de 1991, pág. 1299 e seg;

LUDOVICO, GIUSEPPE, "L'accesso degli Extracomunitari al Publico Impiego tra limitazioni normativa e aperture interpretative", *in RITL*, Ano XXVIII, nº 2, 2009, pág. 400-411;

LUÑO, ANTONIO ENRIQUE PÉREZ, *Derechos Humanos, Estado de Derecho y Constitución*, Tecnos, Madrid, 2005;

MACCHIA, CARMEN LA, "Contrattazione integrativa e buon andamento della Ammnistrazioni", *in RGPS*, Ano LXI, nº 4, 2010, pág. 583-601;

MACHO, RICARDO GARCIA, "Sanciones administrativas y relaciones de especial sujeición", *in REDA*, nº 72, outubro-dezembro, 1991, pág. 515-527;

MACIEL, JOSÉ ALBERTO COUTO, "Direito Coletivo Constitucional e o Servidor Público", *in* SOARES, JOSÉ RONALD CAVALCANTE (coord.), *O Servidor Público e a Justiça do Trabalho*, Ed. LTr, São Paulo, 2005, pág. 148-163;

MADURO, LUÍS MIGUEL e CABRAL, MARGARIDA, "O Direito à Segurança no Emprego", *in RvJ*, nº 15, Janeiro-Julho, 1991, pág. 49-70;

MAGALHÃES, ANDRÉ LUIZ ALVES DE, "O acesso aos cargos, empregos e funções públicos no sistema da Constituição de 1988 – Desafios da Profissionalização do Serviço Público", *in JAM – Jurídica*, Ano XV, nº 3, Março, 2010, pág. 9-20;

MAGALHÃES, GUSTAVO ALEXANDRE e SOUTO MAIOR, JORGE LUIZ, "Efeitos da Nulidade na Contratação de Servidores Públicos", *in* SOARES, JOSÉ RONALD CAVALCANTE (coord.), *O Servidor Público e a Justiça do Trabalho*, Ed. LTr, São Paulo, 2005, pág. 117-134;

MAGALHÃES, GUSTAVO ALEXANDRE, *Contratação Temporária por Excepcional Interesse Público: Aspectos Polêmicos*, Editora LTr, São Paulo, 2005;

MAIA, OLGA e BUSTO, MARIA MANUEL, *O Novo Regime Laboral da Administração Pública*, Livraria Almedina, Coimbra, 2006;

MAJOS, JOAN MAURI e ELISENDA MALARET GARCIA, "L'emploi public espagnol: entre publicisation des salariés contractuels et privatisation du statut des fonctionnaires", *in RFAP*, nº 132, 2010, pág. 855-872;

MAÑAS, JOSÉ LUIS PIÑAR, "Presentación: El modelo de función pública como sistema complexo y abierto", *in DA* nº 243, setembro-dezembro, 1995, pág. 5-20;

MANCHETE, PEDRO, *Estado de Direito Democrático e Administração Paritária*, Colecção Teses, Livraria Almedina, 2007;

MARCA, MAURÍCIO M., *Relação de Trabalho – Os novos contornos da competência da Justiça do Trabalho introduzidos pelo art. 114, I, da CF/1988*, Ed. LTr, São Paulo, 2010;

MARECOS, DIOGO VAZ, "As Modalidades de Constituição do Vínculo da Relação Jurídica de Emprego Público", in *ROA*, Ano 71, Janeiro-Março, 2011, pág. 207-237;

MARIANO JÚNIOR, ALBERTO RIBEIRO, "Bloco de constitucionalidade: consequências do seu reconhecimento no sistema constitucional brasileiro", in *ambitojuridico.com.br*, acesso em 17/05/2013

MARONGIU, GIOVANNI, "Gerarchia Amministrativa", in *EdD*, XVIII, pág. 616 e seg.;

MARQUES, CLÁUDIA LIMA, *Manual de Direito do Consumidor*, Editora RT, São Paulo, 2010;

MARSENGO, ANTÔNIO, "Conselhos de Fiscalização Profissional voltam a prestar contas ao TCU"; in http://www.sindifisc-pr.org.br/?p=355; acesso em 3/4/2013;

MARTÍNEZ, JOSEFA CANTERO, "Bibliografia sobre de la Función Pública", in *DA*, nº 243, Setembro-Dezembro, 1995, pág. 349-364;

MARTINEZ, VALENTÍN PÉREZ, "El personal laboral al servicio de la administración y la laboralización de la función pública", in *REALA*, nº 238, 1988, pág. 255-287;

MARTÍN-RETORTILLO, SEBASTIÁN, "Sentido y Formas de La Privatización de la Administración Pública", in *STVDIA IVRIDICA 60*, Coimbra Editora, Coimbra, 2001, pág. 19-30;

MARTINS, HUMBERTO FALCÃO, "Burocracia e a Revolução Gerencial – a persistência da dicotomia entre política e administração", in *RSP*, ano 48, nº 01, janeiro-abril, 1997, pág. 42-76;

MARTINS, PEDRO FURTADO, "A crise do contrato de trabalho", in *RDES*, Ano XXXIX (XII da 2ª série), outubro-dezembro, nº 4, 1997, pág. 335-368;

MARTINS, SÉRGIO PINTO, *A Terceirização e o Direito do Trabalho*, Ed. Atlas, São Paulo, 2012;

MARTINS, SERGIO PINTO, *Direito do Trabalho*, 23ª edição, Editora Altas, São Paulo, 2007;

MATTARELLA, BERNANDO GIORGIO, "La nuova disciplina di Incentivi e Sanzioni nel Pubblico Impiego", in *RTDP*, nº 4, 2009, pág. 939-961;

MATTARELLA, BERNARDO GIORGIO, "Il Principio del mérito e suoi oppositori", in *RTDP*, nº 3, 2007, pág. 642-649;

MATTOS, MARCELO BADARÓ, *O Sindicalismo brasileiro após 1930*, Jorge Zahar Editor, Rio de Janeiro, 2003;

MAZZONI, GIULIANO, *Manuale di Diritto del Lavoro*, Giuffrè, Milão, 1977;

MEDAUAR, ODETE, *Direito Administrativo em Evolução*, 2ª ed., RT, São Paulo, 2003;

MEDEIROS, JOSÉ, "A Reforma Administrativa e a Sistemática de Pessoal", in *RSP*, v. 99, nº 3-4, Janeiro de 1967, pág. 40-45;

MEIRELES, EDILTON, *A Constituição do Trabalho*, Ed. LTr, São Paulo, 2012

MEIRELLES, HELY LOPES, *Direito Administrativo Brasileiro*, 24ª ed., São Paulo, Malheiros Editores, 1999.

MELIADÒ, GIUSEPPE, "L'Effettività della tutela giurisdizionale nel Pubblico Impiego", in *RIDL*, Anno XXIX, 2010, pág. 65-89;

MELLO, CELSO ANTÔNIO BANDEIRA DE, *Curso de Direito Administrativo*, 25ª ed., Malheiros Editores, São Paulo, 2008;

MELO, CAROLINA e WESTIN, RICARDO, "Como chegar lá – Os campeões dos concursos públicos ensinam como se preparar para conquistar os empregos mais cobiçados do país", in *Veja*, v. 44, nº 28, 13 de julho de 2011, pág. 116-125;

MENDES, GILMAR FERREIRA (e outros), *Curso de Direito Constitucional*, 4ª edição, Editora Saraiva, São Paulo, 2009;

MENDES, GILMAR FERREIRA e MARTINS FILHO, IVES GANDRA, "A superação do Regime Único: Legitimidade da Admissão de Servidores Público sob o império da Consolidação das Leis do Trabalho", in LTr, 62, nº 11, novembro, 1998, pág. 1462-1463;

MENDES, GILMAR FERREIRA, "O Controle Abstrato de Constitucionalidade do Direito Estadual e Municipal", in DP, nº 05, Julho – Setembro, 2004, pág. 52-112;

MENDONÇA, SÉRGIO EDUARDO A., "A Experiência Recente da Negociação Coletiva na Administração Pública no Brasil", in Foro Iberoamericano: Revitalización de la Administración Pública. Estrategias para la Implantación de la Carta Iberoamericana de la Función Pública, México D.F., México, 05 e 06 de maio de 2005; http://www.clad.org.ve.;

MENEZES, CLÁUDIO ARMANDO COUCE DE, "Os novos contornos das relações de trabalho e de emprego – Direito do Trabalho e a nova competência trabalhista estabelecida pela Emenda nº 45/04", in TST, vol. 71, nº 2, maio-agosto, 2005, pág. 84-102;

MENEZES, DANIEL, "A Febre dos Concursos", in http://www.cartapotiguar.com.br/?p=5323, acessado em 21/6/2011;

MEZZACAPO, SALVATORE, "Articolo 55", in ITALIA, VITTORIO (Coord.), Le nuove leggi ammnistrative – L'Impiego Pubblico, Giuffrè Editore, Milão, 2003, pág. 892-893;

MINISTÉRIO DA SAÚDE, Sistema Único de Saúde (SUS): Princípios e Conquistas, Ministério da Saúde, Brasília, 2000;

MIRANDA, DANIEL AUGUSTO TEIXEIRA DE, "Contencioso Administrativo x Jurisdição Una", in Arcos, 6ª ed., Brasília (www.arcos.org.br/periodicos/revista-dos-estudantes-de-direito-da-UnB, acesso em 20/3/2013);

MIRANDA, JORGE e NEVES, ANA FERNANDA, "Artigo 269º (Regime da função Pública)", in MIRANDA, JORGE e MEDEIROS, RUI, Constituição Portuguesa Anotada, Tomo III, pág. 618 e seg.;

MIRANDA, JORGE, "A Nova Constituição Brasileira", in OD, ano 122, Janeiro – Março, 1990, pág. 148 e seg.;

MIRANDA, JORGE, Manual de Direito Constitucional, Tomo V, 3ª edição, Coimbra Editora, Coimbra, 2000;

MONCADA, LUÍS CABRAL DE, "As Relações Especiais de Poder no Direito Português", in RJUM, Ano I, nº 1, 1998, pág. 181-210;

MONCADA, LUÍS CABRAL DE, Direito Público e Eficácia, Separata da EeD, Lisboa, 1997;

MONCADA, LUÍS S. CABRAL DE, A relação jurídica administrativa – Para um novo paradigma de compreensão da actividade, da organização e do contencioso administrativos, Coimbra Editora, Coimbra, 2009;

MORAES FILHO, EVARISTO DE, Introdução ao Direito do Trabalho, vols. 1 e 2, Revista Forense, Rio de Janeiro, 1956;

MORAES FILHO, EVARISTO DE, Tratatdo Elementar de Direito do Trabalho, Livraria Freitas Bastos, Rio de Janeiro, 1960;

MORAES, ALEXANDRE DE, Jurisdição Constitucional e Tribunais Constitucionais – Garantia Suprema da Constituição, Ed. Atlas, São Paulo; 2000;

MORAIS, JULIANA RODRIGUES DE (e outros), "Princípio da Efetividade Social", in EÇA, VITOR SALINO DE MOURA e MAGALHÃES, ALINE CARNEIRO (coord.), Atuação Principiológica no Processo do Trabalho, RTM, Belo Horizonte, 2012, pág. 299-358;

MOREIRA NETO, DIOGO DE FIGUEIREDO, Mutações do Direito Administrativo, Ed. Renovar, São Paulo, 2007;

MOREIRA, VITAL, "As Ordens Profissionais: entre o organismo público e o sindicato", in Separata da RMP, nº 73, 1998, pág. 30 e seg;

MOREIRA, VITAL, "Constituição e Direito Administrativo (A «Constituição Administrativa» Portuguesa", AB VNO AD OMNES – 75 anos da Coimbra Editora (1920-1995), Coimbra Editora, Coimbra, 1998, pág. 1143 e seg.;

MOREIRA, VITAL, Administração Autónoma e Associações Públicas; Coimbra Editora; Coimbra; 1997;

MOREIRA, VITAL, Auto-regulação Profissional e Administração Pública, Livraria Almedina, Coimbra, 1997;

MOREIRA, VITAL, "'A Nova Gestão Pública' e Direito Administrativo", in RLJ, n° 3978, 2013, pág. 173 a 195;

MORO, GABRIELE, "Federalismo e Diritto del Lavoro in Germania: Il Riparto di competenze legislative tra Bund e Länder prima e dopo la Riforma Costituzionale del 2006", in RGLPS, Ano LX, nº 1, 2009, pág. 125-163;

MORÓN, MIGUEL SÁNCHEZ, "El Régimen Jurídico del personal al servicio de la administración pública", in Derecho Público y Derecho Privado en la Actuación de la Administración Pública, INAP, Marcial Pons, Madrid, 1997, pág. 71-85;

MORÓN, MIGUEL SÁNCHEZ, "Sobre la Reforma Administrativa Italiana del período de transición, con especial referencia a la organización administrativa y al Empleo Público", in RAP(Esp), nº 134, Maio-Agosto, 1994, Madrid, pág. 471-489;

MORÓN, MIGUEL SÁNCHEZ, Derecho de la Función Pública, 5ª ed., Tecnos, Madrid, 2008;

MOTTA, CARLOS PINTO COELHO, "Ilegalidade na Implantação do Regime Jurídico Único em Município – Nulidade de Concurso" (Parecer), in RTCEMG, vol. 06, nº 01, janeiro – março, 1993, pág. 45-65;

MUNERATI, LÍGIA RAMIA, "A evolução do Direito do Trabalho na Itália: da Lei 604/1966 até o Jobs Act", in RTD, n° 164, vol. 41, jul-ago., 2015, pág. 301-311;

MUZELLEC, R., "Privatización y Contractualización en la Función Pública", in DA, nº 239, julho-setembro, 1994, pág. 125-141;

NAHAS, THEREZA CHRISTINA, "Considerações sobre a greve no Serviço Público", in RJ, 2ª quinzena de fevereiro de 2005, nº 4, vol. II, pág. 114-118;

NASCIMENTO, AMAURI MASCARO (co-organizadores IRANY FERRARI e IVES GANDRA MARTINS FILHO (org.), História do Trabalho, do Direito do Trabalho e da Justiça do Trabalho, 3ª ed., LTr, São Paulo, 2011;

NASCIMENTO, AMAURI MASCARO, Curso de Direito Processual do Trabalho, 24ª ed., Saraiva, São Paulo, 2009;

NASCIMENTO, AMAURI MASCARO, Introdução ao Direito do Trabalho, 29ª ed., Ed. LTr, São Paulo, 2003;

NEVES, ANA FERNANDA, "A Relação Jurídica de Função Pública e as suas Particularidades", in CELY, MARTHA LUCÍA BAUTISTA e SILVEIRA, RAQUEL DIAS DA (coord), Direito Disciplinário Internacional, vol. I, Ed. Fórum, Belo Horizonte, 2011, pág. 239-256;

NEVES, ANA FERNANDA, "Contratos de Trabalho a termo certo e contratos de prestação de serviços na administração pública – situações irregulares – reintegração", in QL, Ano II, nº 6, 1995, pág. 166-181;

NEVES, ANA FERNANDA, "O Contrato de Trabalho na Administração Pública", in Estudos em Homenagem ao Professor Doutor Marcello Caetano, no Centenário do seu nascimento, vol. 1, FDUL, Lisboa, 2006, pág. 81-151;

NEVES, ANA FERNANDA, "O Direito da Função Pública", in OTERO, PAULO e GONÇALVES, PEDRO, Tratado de Direito Administrativo Especial, vol. IV, Livraria Almedina, Coimbra, 2010, pág. 359 e seg.;

NEVES, ANA FERNANDA, "Os 'desassossegos' de Regime da Função Pública", in RFDL, vol. XLI, nº 1, 2000, pág. 49-69;

NEVES, ANA FERNANDA, "Privatização das Relações de Trabalho na Administração Pública", in Stvdia Ivridica 60, Colloquia 7, BFDUC – Os caminhos da privatização da Administração Pública, Coimbra Editora, Coimbra, 2001, pág. 163-192;

NEVES, ANA FERNANDA, "Relação Jurídica de Trabalho e Relação de Função Pública", in RBEFP, vol. 2, maio-dez., 2012 (este texto não foi ainda publicado e nos foi dado pela própria A., sabemos que será publicado nessa revista, entretanto);

NEVES, ANA FERNANDA, Relação Jurídica de Emprego Público – Movimentos Fractais. Diferença e Repetição, Coimbra Editora, Coimbra, 1999;

NEVES, ANA FERNANDA, O Direito Disciplinar da Função Pública, Vols. I e II, Tese de Doutoramento, FDUL, Lisboa, 2007;

NEVES, ANA FERNANDA, "Crise e Direito(s) da Relação de Emprego Público: Direito Privado e Melhor Direito Público", Atas das II Jornadas de Direito do Emprego Público, Maio, 2013 (Coord. Científica de Isabel Celeste da Fonseca, Sindicato dos Trabalhadores em Função Pública do Norte), Junho de 2014, Braga, pág. 104-117 (http://nedip.eu/produto/atas-ii-jornadas-de-direito-do-emprego-publico/, em 26/2/2017);

NEVES, ANA FERNANDA, "A Diretiva 2001/23/CE como limite ao despedimento de trabalhadores com Contrato de Trabalho em Funções Públicas", *in QL*, Ano XXI, n° 45, Jul-Dez., 2014, pág. 247-290;

NEVES, MARCELO, "A Constitucionalização Simbólica: Uma Síntese", *in BFDUC*, STVDIA IVRIDICA, nº 46, "20 Anos da Constituição de 1976", Coimbra Editora, Coimbra, 2000, pág. 99-137;

NEVES, MARCELO, "Von Autopoiesis zur Allopoiesis des Rechts", *in Rechtstheorie,* nº 43, Berlim, 2003, pág. 245 a 268;

NEVES, *O Direito Disciplinar da Função Pública,* tese de Doutoramento, FDUL, 2007;

NICOSIA, GABRIELLA, "Efficienza, ética e buona gestione: Nuovi paradigma nel settore del lavoro pubblico", *in RGPS,* Ano LXI, nº 4, 2010, pág. 537-550;

NÓBREGA, AIRTON ROCHA, "Estabilidade: direito ou privilégio", *in http://jus.uol.com.br/revista/texto/379/ estabilidade,* acesso em 6/7/2011;

NORONHA NETO, FRANCISCO TAVARES, "Configuração da Relação de Emprego – Suportes Fáticos e Racional", *in LTr*, vol. 75, nº 12, dezembro, 2011, pág. 1481-1496;

NOVAIS, JORGE REIS, *As restrições dos Direitos Fundamentais não expressamente autorizadas pela Constituição,* Coimbra Editora, Coimbra, 2003;

NOVAIS, JORGE REIS, *Direitos Fundamentais – trunfos contra a maioria,* Coimbra Editora, Coimbra, 2006;

NOVAIS, JORGE REIS, *Os princípios constitucionais estruturantes da República Portuguesa,* Coimbra Editora, Coimbra, 2004;

NOVAIS, JORGE REIS, *Separação de Poderes e Limites da Competência Legislativa da Assembleia da República,* Lex Lisboa, 1997;

NOVIELLO, GIUSTINA e TENORE, VITO, *La Responsabilità e il procedimento disciplinare nel Pubblico Impiego Privavatizzato,* Giuffré, Milão, 2002;

NUCCI, ALESSANDRO, "Il Sistema della relazioni sindicali nella Pubblica Amministrazione alla luce del Decreto Brunetta: Una rivoluzione copernicana?", *in RIDL,* nº 4, Anno XXIX, 2010, pág. 840-846;

NUNES, ANTÓNIO JOSÉ AVELÃS, *Neo-Liberalismo, Globalização e Desenvolvimento Económico, in* Separata do BCEUC, vol. XVL, 2002;

NUNES, CLÁUDIA SOFIA HENRIQUES, *O Contrato de Trabalho em Funções Públicas face à Lei Geral do Trabalho,* Coimbra Editora, Coimbra, 2014;

NUNES, ROSANA MARQUES, *A revista íntima como cláusula restritiva de direitos fundamentais no Direito do Trabalho,* Editora LTr, São Paulo, 2011;

OLIVEIRA, ADILSON JOSÉ DE, "Fim do Regime Jurídico Único: um passo atrás na Organização do Serviço Público", *in RDM,* vol. 02, nº 03, janeiro-junho, 2000, pág. 49-61;

OLIVEIRA, ANTÓNIO CÂNDIDO DE, "Os Funcionários Públicos em Portugal: presente e perspectivas de futuro", *in SI,* Tomo XLVIII, nº 277-279, 1999, pág. 101-117;

OLIVEIRA, ANTÔNIO CÂNDIDO DE, "Programa de uma Disciplina de Direito da Função Pública", *in SI,* Tomo LI, nº 294, Setembro – Dezembro, 2002, pág. 455-472;

OLIVEIRA, CLARICE GOMES DE, "O Servidor Público Brasileiro: uma tipologia da Burocracia", *RSP,* 58, nº 03, julho-setembro, 2007, pág. 269-302;

OLIVEIRA, LOURIVAL JOSÉ DE, *Direito do Trabalho segundo o princípio da valorização do trabalho humano,* Ed. LTr, São Paulo, 2011;

OLIVEIRA, MARIANA e D'AGOSTINO, ROSANNE, "Impasse na Justiça paralisa ações sobre terceirização no setor público"; *in* http://g1.globo.com/concursos-e-emprego/noticia/2012/03/impasse-na-justica-paralisa-acoes-sobre-terceirizacao-no-setor-publico.html; acesso em 19/4/2013;

OLIVEIRA, RICARDO VICTALINO DE, *A configuração Assimétrica do Federalismo Brasileiro,* Dissertação de Mestrado, FD-USP, São Paulo, 2010;

OLMEDA, ALBERTO PALOMAR, *Derecho de la Función Publica – Régimen Jurídico de los Funcionários Públicos,* 7ª ed., Dyckinson, Madrid, 2003;

ORTEGA, RICARDO RIVERO, *El Estado Vigilante,* Tecnos, Madrid, 2000;

OSBORNE, DAVID (com TED GAEBLER), *Reinventing Government: How the Entrepreneurial Spirit Is Transforming the Public Sector,* 1992 (Trad. *Reinventando o Governo,* ed. Comunicação, São Paulo, 1994);

OTERO, PAULO, "Coordenadas Jurídicas da Privatização da Administração Pública", *in ST nº* 60, Coimbra Editora, Coimbra, 2001, pág. 31-57;

OTERO, PAULO, *Conceito e Fundamento da Hierarquia Administrativa,* Coimbra Editora, Coimbra, 1992;

OTERO, PAULO, *Instituições Políticas e Constitucionais,* vol. 1, Livraria Almedina, Coimbra, 2007;

OTERO, PAULO, *Legalidade e Administração Pública – O sentido da vinculação administrativa à juridicidade,* Livraria Almedina, Coimbra, 2003;

OTERO, PAULO, *Privatizações, Reprivatizações e Transferências de Participações Sociais no Interior do Sector Público,* Coimbra Editora, Coimbra, 1999;

PACHECO, REGINA SILVIA, "Brasil: politización, corporativismo y profissionalización de la función pública", *in La Profissionalización del Empleo Público en America Latina,* Coord. LONGO, FRANCISCO e RAMIÓ, CARLES, Fundación CIDOB, Barcelona, 2008, pág. 170-198;

PAES, ARNALDO BOSON, "Negociação Coletiva no Serviço Público", *in CJ,* ano 1, vol. 1, nº 5, setembro-outubro, 2007, pág. 9-10;

PAIVA, ADRIANO MARTINS DE, "Sindicalismo e direito de greve dos servidores públicos: aplicação da convenção nº 151 da OIT na Regulamentação do inciso VII do art. 37 da CF/88", *in TST,* vo. 78, nº 4, outubro-dezembro, 2012, pág. 17-32;

PARADA, RAMÓN, *Derecho del Empleo Público,* Marcial Pons, Madrid, 2007;

PASTOR, JESÚS ÁNGEL FUENTETAJA, "El Estatuto Básico del Empleado Público", *in RAP(Esp.),* nº 174, setembro-dezembro, 2007, pág. 457-499;

PASTOR, JESÚS ÁNGEL FUENTETAJA, "La Función pública comunitária como contrapunto a la tendência laboralizadora en Europa", *in DA,* nº 243, setembro-dezembro, 1995, pág. 327-345;

PASTOR, JESÚS ÁNGEL FUENTETAJA, *Función* Pública Comunitária, Marcial Pons, Madrid-Barcelona, 2000;

PATRÃO, AFONSO, "Direito Colectivos dos Funcionários e Agentes das Comunidades Europeias", *in QL,* Ano XIV, nº 30, Julho-Dezembro, 2007, pág. 173-213;

PATTO, PEDRO MARIA GODINHO VAZ, "A Vinculação das Entidades Públicas pelos Direitos, Liberdades e Garantias", *in DDC,* nº 33/34, 1988, pág. 479 e seg.;

PEDRAZZOLLI, MARCELLO, "Il sistema tedesco del Pubblico Impiego", *in RTDP,* Ano XLI, 1991, pág. 29-69;

PEISER, GUSTAVE, *Droit de la fonction publique,* 20ª ed., Dalloz, Paris, 2010;

PEREIRA, CAIO MÁRIO DA SILVA, *Instituições de Direito Civil,* 20ª ed., vol. I, Ed. Forense, Rio de Janeiro, 2004;

PEREIRA, CÍCERO RUFINO, *Efetividade dos direitos humanos trabalhistas – o Ministério Público do Trabalho e o tráfico de pessoas,* LTr, São Paulo, 2007;

PEREIRA, CLÁUDIA FERNANDA DE OLIVEIRA, *Reforma Administrativa – O Estado, o Serviço Público e o Servidor,* 2ª ed., Brasília Jurídica, Brasília, 1998;

PEREIRA, J. L., "Natureza da relação jurídica tributária"; *In* http://www.jltributario.com.br/_det.aspx?A_ID=39, acessado em 1/3/2013;

PEREIRA, LUIZ CARLOS BRESSER, "A Reforma Gerencial da Administração Pública Brasileira de 1995", *in Moderna Gestão Pública,* INA, Lisboa, 2000, pág. 55-71;

PEREIRA, LUIZ CARLOS BRESSER, Prefácio, *in* NUNES, EDSON, *A Gramática Política do Brasil: Clientelismo e Insulamento Burocrático,* Jorge Zahar, Rio de Janeiro, 1997;

PEREIRA, LUIZ CARLOS BRESSER, *Reforma do Estado para a Cidadania – A Reforma Gerencial Brasileira na Perspectiva Internacional -*, Editora 34, ENAP, São Paulo, 2002 (1ª Reimpressão);

PEREIRA, LUIZ CARLOS BRESSER, *A Reforma do Estado dos Anos 90: Lógica e Mecanismos de Controle*, MARE (Ministério da Administração Federal e Reforma do Estado), Caderno 1, Brasília, 1997 (acessível in www. bresserpereira.org.br/documents/MARE/CadernosMare/CADERNO01.pdf, em 5/5/2017);

PEREIRA, RICARDO JOSÉ MACEDO DE BRITTO, *La Negociación Colectiva en la Función Pública – Una aproximación constitucional*, Colección Estudios, CES, Madrid, 2004;

PEREIRA, RICARDO TEIXEIRA DO VALLE, "Natureza Jurídica dos Conselhos de Fiscalização Profissional", in FREITAS, VLADIMIR PASSOS DE, *Conselhos de Fiscalização Profissional – Doutrina e Jurisprudência*, 2ª ed., Editora RT, São Paulo, 2008;

PEREIRA, RICARDO TEIXEIRA DO VALLE, "Regime Jurídico dos Profissionais que Prestam Serviços aos Conselhos de Fiscalização do Exercício Profissional", in FREITAS, VLADIMIR PASSOS DE, *Conselhos de Fiscalização Profissional – Doutrina e Jurisprudência*, 2ª ed., Editora RT, São Paulo, 2008, pág. 77-98;

PEREIRO, JAIME CABEZA, "El Régimen de los Funcionarios Públicos. Derecho del Trabajo o Derecho Administrativo", in *Minerva*, Série II, nº 2, 2009, pág. 129-147;

PÉREZ-BEDMAR, MARIA DE SANDE, "El Estatuto Básico del Empleado Público: Comentario al contenido en espera de su desarrollo", in *Relaciones laborales: Revista crítica de teoría y práctica*, nº 2, 2007, pág. 1077-1097;

PERGOLESI, FERRUCCIO, *Diritto del Lavoro*, Dott. Cezare Zuffi Editore, Bolonha, 1952;

PERIN, ROBERTO CAVALLO e GAGLIARDI, BARBARA, "Status dell'Impiegato Pubblico, Responsabilità disciplinare e interesse degli ammnistrati", in *DA(it)*, Ano XVII, nº 1, 2009, pág. 57-89;

PERIN, ROBERTO CAVALLO e GAGLIARDI, BARBARA, "*Status* dell'Impiegato Pubblico, Responsabilità disciplinare e interesse degli amministrati", in *DA(it)*, nº 1, 2009, pág. 53-89;

PESSOA, ENEUTON; MATTOS, FERNANDO AUGUSTO MANSOR DE; BRITTO, MARCELO ALMEIDA DE; FIGUEIREDO, SIMONE DA SILVA, in "Emprego Público no Brasil: Comparação Internacional e Evolução Recente", *Comunicados do IPEA*, nº 19, 30 de março de 2009, págs. 6-7; in http://www.ipea.gov.br/portal/images/stories/PDFs/comunicado/090330_comunicadoipea19.pdf, acessado em 20/9/2011;

PESSOA, ROBERTÔNIO SANTOS, *Curso de Direito Administrativo Moderno*, 2ª ed., Forense, Rio de Janeiro, 2000;

PESTANA, MARCIO, *Direito Administrativo Brasileiro*, 2ª ed., Campus Jurídico, Rio de Janeiro, 2010;

PIMENTA, JOSÉ ROBERTO FREIRE, "A Responsabilidade da Administração Pública nas Terceirizações, a Decisão do Supremo Tribunal Federal na ADC 16-DF e a Nova Redação dos Itens IV e V da Súmula nº 331 do Tribunal Superior do Trabalho", in *TST*, vol. 77, nº 2, abr-jun, 2011, pág. 271-307;

PIMENTEL, FRANCISCO, *Direitos e Deveres dos Trabalhadores que Exercem Funções Públicas no Vínculo Jurídico de Emprego Público*, 2ª edição, Livraria Almedida, Coimbra, 2015;

PINTO E NETTO, LUISA CRISTINA, "¿Direito Disciplinario Brasileiro?", in CELY, MARTHA LÚCIA BAUTISTA e SILVEIRA, RAQUEL DIAS DA (coord), *Direito Disciplinário Internacional – Estudos sobre a Formação, Profissionalização, Disciplina, Transparência, Controle e Responsabilidade da Função Pública*, vol. I, Editora Fórum, 2011, pág. 41-65;

PINTO E NETTO, LUÍSA CRISTINA, "A Volta do Regime Jurídico Único – Algumas discussões inadiáveis sobre a Função Pública Brasileira", in *A & C*, ano 9, nº 37, julho - setembro, 2009, pág. 201-240;

PINTO E NETTO, LUÍSA CRISTINA, "Função Pública e direitos fundamentais", in *RBEFP*, ano 1, nº 1, janeiro-abril, 2012, pág. 13-28;

PINTO E NETTO, LUÍSA CRISTINA, *A Contratualização da Função Pública*, Editora Del Rey, Belo Horizonte, 2005;

PINTO E SILVA, OTÁVIO, "As Relações de Trabalho e a nova competência da Justiça do trabalho", in *TST*, vol. 71, nº 02, maio-agosto, 227-239;

PINTO, CRISTIANO PAIXÃO ARAÚJO, "Avanço e Retrocesso: o Direito do Trabalho no Curso da História", in *RMPT*, Ano VIII, n. 16, Setembro de 1998, pág. 98-103;

PINTO, CRISTIANO PAIXÃO ARAÚJO, "Regime Jurídico Único – Lei Municipal que determina a aplicação da CLT – Natureza do Vínculo – Incompetência da Justiça do Trabalho", in Genesis, ano 7, nº 40, abril, 1996, pág. 457-502;

PIOVESAN, FLÁVIA e CARVALHO, LUCIANA VAZ DE (coord.), Direitos Humanos e Direito do Trabalho, Editora Atlas, 2010, São Paulo

PIOVESAN, FLÁVIA, "Direito ao Trabalho e a Proteção dos Direitos Sociais nos Planos Internacional e Constitucional", in PIOVESAN, FLÁVIA e CARVALHO, LUCIANA PAULA VAZ DE, Direitos Humanos e Direito do Trabalho, Editora Atlas, São Paulo, 2010, pág. 3-31;

PIOVESAN, FLÁVIA, Direitos Humanos e o Direito Constitucional Internacional, Editora Saraiva, São Paulo, 2006;

PIQUEMAL, MARCEL, Direito da Função Pública, trad. de Manuel Ruas, Colecção Teoria, nº 48, Editorial Estampa, Lisboa, 1.981;

PIRES, LUIS MANUEL FONSECA, "Os desafios a serem enfrentados pelo Supremo Tribunal Federal com o retorno do regime jurídico único (julgamento de mérito da ADI nº 2.135-DF)", in RBEFP, vol. 1, jan.-abril, 2012, pág. 57-66;

PIRES, MARIA COELI SIMÕES, "O Município no Federalismo Brasileiro: Constrangimentos e Perspectivas", in CEL, Assembléia Legislativa do Estado de Minas Gerais, Vol. 8, nº 13, Janeiro-Dezembro, Belo Horizonte, 2005, pág. 55-84;

PIRES, MIGUEL LUCAS, Os Regimes de Vinculação e a Extinção das Relações Jurídicas dos Trabalhadores da Administração Pública, Livraria Almedina, Coimbra, 2013;

PIRES, MIGUEL LUCAS, Lei Geral do Trabalho em Funções Públicas, 2ª edição, Livraria Almedina, Coimbra, 2016;

PIRES, MIGUEL LUCAS, Será mesmo inadmissível 'despedir' funcionários públicos? Reflexões em Torno do Acórdão do Tribunal Constitucional nº 474/2013, de 29 de Agosto, Livraria Almedina, Coimbra, 2014;

PISTORI, GERSON LACERDA, História do Direito do Trabalho – um breve olhar sobre a Idade Média, LTr, São Paulo, 2007;

PORTO, LORENA VASCONCELOS, "Por uma Releitura do Conceito de Subordinação Jurídica", in VIANA, MÁRCIO TÚLIO; TERRA, LUCIANA VIDAL; SILVA JR., DÉCIO DE ABREU (coord.), Direito do Trabalho & Trabalhos sem Direitos, Mandamentos, Belo Horizonte, 2008, pág. 209-224;

PORTO, LORENA VASCONCELOS, A Subordinação no contrato de trabalho – Uma releitura necessária, LTr, São Paulo, 2009;

PREGNOLATO, EMILIO, "Articolo 2", in ITALIA, VITORIO (Coordenador), Le nuove leggi ammnistrative – L'Impiego Pubblico, Giuffrè Editore, Milão, 2003, pág. 108;

PROENÇA, GONÇALVES DE, "O Direito de Greve (análise doutrinal)", in RJUM, Ano I, nº 1, 1.998, pág. 65;

PUÓN, RAFAEL MARTINÉZ, Profesionalización y Carrera Administrativa, in http://administraciondepersonal.files.wordpress.com/2010/09/capitulo-1-profesionalisacion-y-carrera-administrativa.pdf, acesso em 21/11/2011;

QUINZÁ, ARTURO GONZÁLEZ, "Marco constitucional de la Función Pública: punto de partida necesario para alternativas laboralizadoras", in DA nº 243, setembro-dezembro, 1995, pág. 89-122;

RABELO, RODRIGO, "A moda é precarizar", in Labor, ano 1, nº 2, 2013, pág. 30-31;

RAMALHO, MARIA DO ROSÁRIO PALMA e BRITO, PEDRO MADEIRA DE, O Contrato de trabalho na Administração Pública – Anotação à Lei nº 23/2004, de 22/06, 2ª edição, Livraria Almedina, Coimbra, 2005;

RAMALHO, MARIA DO ROSÁRIO PALMA, "Ainda a Crise do Direito Laboral: A erosão da Relação de Trabalho 'Típica` e o Futuro do Direito do Trabalho", in Estudos de Direito do Trabalho, Almedina, Coimbra, 2003, pág. 106-121;

RAMALHO, MARIA DO ROSÁRIO PALMA, "Intersecção entre o Regime da Função Pública e o Regime Laboral – Breves Notas", in ROA, vol. 62, nº 2, 2002, pág. 444 e seg.;

RAMALHO, MARIA DO ROSÁRIO PALMA, "O contrato de trabalho na reforma da Administração Pública: reflexões gerais sobre o regime jurídico instituído pela L nº 23/2004, de 22 Junho", in QL, Ano XI, nº 24, 2004, pág. 121-136;

RAMALHO, MARIA DO ROSÁRIO PALMA, "Os limites do Poder Disciplinar Laboral", in Estudos de Direito do Trabalho, Livraria Almedina, Coimbra, 2003, pág. 175-193;

RAMALHO, MARIA DO ROSÁRIO PALMA, Da autonomia dogmática do Direito do Trabalho, Colecção Teses, Livraria Almedina, Coimbra, 2000;

RAMALHO, MARIA DO ROSÁRIO PALMA, Do Fundamento do Poder Disciplinar Laboral, Livraria Almedina, Coimbra, 1993;

RAMALHO, MARIA DO ROSÁRIO PALMA, Tratado de Direito do Trabalho – Parte II – Situações Laborais Individuais, 5ª ed., Livraria Almedina, Coimbra, 2014;

RAMALHO, PEDRO IVO SEBBA, "Insulamento Burocrático, accountability e transparência", in RSP, vol. 60, nº 04, outubro-dezembro, 2009, pág. 337-363;

RAMOS, PAULO ROBERTO BARBOSA, O Controle da Constitucionalidade das Leis no Brasil – Filosofia e Dimensões Jurídico-Políticas, Celso Bastos Editor, São Paulo, 2000;

RAMOS, VASCO MOURA, Da Compatibilidade do New Public Management com os Princípios Constitucionais, Tese de Mestrado, FDUC, 2008;

RANGEL, PAULO CASTRO, Repensar o Poder Judicial – Fundamentos e Fragmentos, Publicações Universidade Católica, Porto, 2001;

RANGEL, PAULO CASTRO, Reserva de Jurisdição – Sentido Dogmático e Sentido Jurisprudencial; Universidade Católica Editora, Porto, 1997;

RAPASSI, RINALDO GUEDES, Direito de Greve de Servidores Públicos, Editora LTr, São Paulo, 2005;

RATO, HELENA (coord.), o "Estudo Comparado de Regimes de Emprego Público de Países Europeus - Relatório Final", INA – Instituto Nacional de Administração (Portugal), pág. 23, in http://www.dgap.gov.pt/upload/homepage/Relatoriofinal.pdf, acesso em 24/11/11;

REALE, MIGUEL, Lições Preliminares de Direito, 27ª ed., Saraiva, São Paulo, 2002;

REBOLLO, LUIS MARTÍN, "El Estatuto del Empleado: un Godot que no há llegado", in RAP(Esp.) nº 174, Setembro-desembro, pág. 129-159;

REDINHA, MARIA REGINA GOMES, A relação laboral fragmentada – Estudo sobre o trabalho temporário, STVDIA IVRIDICA nº 12, Coimbra Editora, Coimbra, 1995;

REGO, ARMÉNIO; PINA E CUNHA, MIGUEL; WOOD JÚNIOR, THOMAZ, Kafka e o Estranho Mundo da Burocracia, Editora Atlas, São Paulo, 2010;

REIS, DANIELA MURADAS, O Princípio da Vedação do Retrocesso no Direito do Trabalho, LTr, São Paulo, 2010;

REIS, ÉLCIO FONSECA, Federalismo Fiscal – Competências Concorrentes e Normas Gerais de Direito Tributário, Mandamentos, Belo Horizonte, 2000;

REIS, PALHARES MOREIRA, Os Servidores, a Constituição e o Regime Jurídico Único, Centro Técnico de Administração, Brasília, 1993;

RESCIGNO, GIUSEPPE UGO, "La nuova disciplina del pubblico impiego – Rapporto di diritto privato especiale o rapporto di diritto pubblico especiale?", in LD, Ano VII, nº 4, Outono, pág. 553-563;

RIBAS JÚNIOR, SALOMÃO e CORRÊA, JOSEANA APARECIDA, "A Aplicação do Artigo 39 da Constituição Federal e o Regime de Trabalho dos Servidores Municipais", in RTCSC, julho/2004, pág. 45-60;

RIBEIRO, JOSÉ RIBEIRO SOLEDADE, A relação jurídica de emprego na Administração Pública, Livraria Almedina, Coimbra, 1994;

RIBEIRO, LÍVIA MARIA DE PÁDUA (e outros JOSÉ ROBERTO PEREIRA e GIDEON CARVALHO DE BENEDICTO), "As Reformas da Administração Pública Brasileira: Uma contextualização do seu Cenário, dos seus Entraves, e das Novas Perspectivas", in XXXVII Encontro da ANPAD, Rio de Janeiro, 7 a 11/09/2013;

RIBEIRO, MARIA TERESA DE MELO, *O Princípio da Imparcialidade na Administração Pública*, Livraria Almedina, Coimbra, 1996;

RIGOLIN, IVAN BARBOSA, *Comentários ao Regime único dos Servidores Públicos Civis*, 5ª ed., Editora Saraiva, São Paulo, 2007;

RIGOLIN, IVAN BARBOSA, *O Servidor Público na Constituição de 1988*, São Paulo, Saraiva, 1989;

RITTER, GERBARD A., *El Estado Social – su origen y desarollo en una comparación internacional*, Ministerio do Trabajo y Seguridade Social, Madrid, 1991;

RIVERO JEAN (e JEAN SAVATIER), *Droit du Travail*, Presses Universitaires de France, Paris, 1960;

RIVERO, JEAN, "Vers la fin du droit de la fonction publique?" in *RD*, 1947, pág. 149-152;

ROCHA, CARMEN LÚCIA ANTUNES, *Princípios Constitucionais dos Servidores Públicos*, Editora Saraiva, São Paulo, 1999;

ROCHA, MARIA DA CONSOLAÇÃO, *Políticas de Valorização do Magistério: Remuneração, Plano de Carreira, Condições de Trabalho – uma Análise da Experiência de Belo Horizonte*, Tese de Doutoramento, UNICAMP, Campinas, 1999;

ROCHA, WAGNER, "Concurso Público: Desejo distante ou oportunidade real?", in http://cpd1.ufmt.br/joronline/mostra_noticias.php?id=212, acessado em 8/8/2011;

RODRIGUES, SILVIO, *Direito Civil – parte geral*, 33ª ed., Ed. Saraiva, São Paulo, 2003;

RODRIGUEZ, AMÉRICO PLÁ, *Princípios do Direito do Trabalho*, LTr, São Paulo, 2003;

RODRIGUEZ, EMMA RODRIGUEZ, "Crisis y derecho(s) de relación de empleo público: ¿(más) derecho público o (más) derecho privado? La perspectiva española, in II Jornadas de Direito do Emprego Público – Crise e Direito(s) da Relação de Emprego Público, realização em Maio de 2013, (Coord. Científica de Isabel Celeste da Fonseca, Sindicato dos Trabalhadores em Função Pública do Norte), Junho de 2014, Braga, pág. pág. 131-143 *(acessível em: http://nedip.eu/produto/atas-ii-jornadas-de-direito-do-emprego-publico/*, em 26/2/2017);

ROGÉRIO, NUNO, *A Lei Fundamental da República Federal da Alemanha*, Coimbra Editora, Coimbra, 1996;

ROMANO, ALBERTO, "El Derecho administrativo italiano desde la unificación nacional hasta las recientes reformas: aspectos de su evolución", in *DA* nº 248-249, maio-dezembro, 1997, pág. 51-69;

ROMANO, SANTI, *Scritti Minori*, vol. II, *Diritto Ammninistrativo*, reedição de 1950, ZANOBINI, GUIDO (a cura di), Guiffrè, Milão, 1990, pág. 82-349;

ROMITA, ARION SAYÃO ROMITA, *O Poder Disciplinar do Empregador*, Freitas Bastos, Rio de Janeiro, 1983;

ROMITA, ARION SAYÃO, *Direitos Fundamentais nas Relações de Trabalho*, LTr, São Paulo, 2005;

ROSAR, ROSANA, "Sem acordo entre Prefeitura e Sinsej, greve dos servidores públicos continua em Joinville", in http://www.ndonline.com.br/joinville/noticias/sem-acordo-no-31-dia-de-greve.html, acesso em 16/8/2011;

ROSIELLO, ANNALISA, "Dirigenti e Licenziamenti colletivi – Cosa cambia dopo la sentenza della Corte de Giustizia del febbrario 2014", in *http://www.studiolegalerosiello/diritto-lavoro/136*, acesso em 20/2/2015;

RUARO, REGINA LINDEN, "Os Direitos Coletivos dos Funcionários Públicos", in *RT*, nº 684, outubro, 1992, pág. 35-43;

RUSCIANO, MARIO, "Giannini e il Pubblico Impiego", in *RTDP*, nº 4, 2000, pág. 1111-1148;

RUSCIANO, MARIO, "Lo Statuto dei lavoratori e il publico impiego", in *LD*, nº 1, 2010, pág. 101-121.

RUSSO FILHO, ANTÔNIO, *Servidores Públicos e Direito Adquirido*, Editora Fórum, Belo Horizonte, 2010;

RUSSOMANO, MOZART VICTOR, *Curso de Direito do Trabalho*, 9ª ed., Curitiba, 2002;

RUZIÉ, DAVID, "Vers un renouveau du droit de la fonction publique?", in *RD*, 1959, pág. 85-80;

SAGGESE, MARIANO BACIGALUPO, "Redución y laboralización de la Función Pública alémana en el marco del proceso de privatización de servicios públicos de los años noventa (en particular, la privatización del control aéreo los ferrocarriles, el correo y las telecomunicaciones", in DA, nº 243, setembro-dezembro, 1995, pág. 295-323;

SAMPAIO, JOSÉ ADÉRCIO LEITE, *Direito Adquirido e Expectativa de Direito*, Editora Del Rey, Belo Horizonte, 2005;

SANTOS NETO, JOÃO ANTUNES DOS, "A responsabilidade Pública no Direito Brasileiro e no Direito Estrangeiro", *in RDA*, vol. 239, janeiro-março, 2005, pág. 255-298;

SANTOS NETO, JOÃO ANTUNES DOS, *O impacto dos direitos humanos fundamentais no Direito Administrativo*, Ed. Fórum, Belo Horizonte, 2008;

SANTOS, LENIR, "A Emenda Constitucional 51/2006 e os Agentes Comunitários de Saúde", *in RDT*, Ano 32, outubro-dezembro, 2006, pág. 125-139;

SANTOS, RONALDO LIMA DOS, "Morfologia da Fraude nas Relações de Trabalho", *in* SANTOS, ÉLISSON MIESSA DOS e CORREIA, HENRIQUE (coord), *Estudos Aprofundados MPT (Ministério Público do Trabalho)*, Juspodivm, Salvador, 2012;

SARLET, INGO WOLFGANG, "Segurança social, dignidade da pessoa humana e proibição de retrocesso: revisitando o problema da proteção dos direitos fundamentais sociais", *in* J. J. GOMES CANOTILHO, MARCUS ORIONE GONÇALVES CORREIA e ÉRICA PAULA BARCHA CORREIA (coord.), *Direitos Fundamentais Sociais*, Ed. Saraiva, 2010, São Paulo, pág. 71-109;

SARLET, INGO WOLFGANG, *A Eficácia dos Direitos Fundamentais*, 2ª ed., Livraria do Advogado, Porto Alegre, 2005;

SAZ, SILVIA DEL, "La Laboralización de la Función Pública: del contrato laboral para trabajos manuales al contrato de alta dirección", *in DA*, nº 243, setembro-dezembro, 1995, pág. 133-181;

SAZ, SILVIA DEL, "La Privatización de las Relaciones Laborales en las Administraciones Públicas", *in STVDIA IVRIDICA 60* (Colloquia 7), *in BFDUC, Os caminhos da Privatização da Administração Pública*, Coimbra Editora, Coimbra, 2001, pág. 160;

SCHERZBERG, ARNO, *Para onde e de que forma vai o Direito Público?*, SAFE, Porto Alegre, 2006;

SCHIMIDT-ASSMANN, EBERHARD, *La Teoría General del Derecho Administrativo como Sistema*, Marcial Pons, Madrid, 2003;

SCHMIDT-ASSMANN, EBERHARDT, "La Legitimación de la Administración como concepto jurídico", *in DA*, nº 234, Abril – Junho, 1993;

SCHNEIDER, HANS PETER, *Democracia y Constitución*, CEC, Madrid, 1991;

SCOFIELD, PATRÍCIA, "PBH tem prazo para substituir 20 mil funcionários terceirizados". Disponível em: http://www.senado.gov.br/noticias/senadonamidia/noticia.asp?n=606999&t=1, acessado em 20/9/2011;

SEIXAS FILHO, AURÉLIO PITANGA, "Natureza Jurídica da Relação Tributária", *RFDC*, Ano VI, nº 6, junho, 2005, pág. 45-70;

SELLA, ADRIANO, *Globalização neoliberal e exclusão social*, Ed. Paulus, 2ª ed., São Paulo, 2002;

SERRANO, MAGALI, "Reflexões sobre a relação jurídica de direito tributário e a atividade de lançamento", *in http://www.arcos.org.br/artigos/reflexoes-sobre-a-relacao-juridica-de-direito-tributario-e-a-atividade-de-lancamento/*, acessado em 1/3/2013;

SGUISSARDI, VALDEMAR, "Fundações Privadas na Universidade Pública. A quem interessam?", *in Avaliação*, Campinas, vol. 7, nº 4, dez., 2002, pág. 43-72;

SILVA, ANTÔNIO ÁLVARES DA, *Greve no Serviço Público depois da Decisão do STF*, Editora LTr, São Paulo, 2008;

SILVA, ANTÔNIO ÁLVARES DA, *Os Servidores Públicos e o Direito do Trabalho*, Editora LTr, São Paulo, 1997;

SILVA, ANTÔNIO ÁLVARES DA, *Pequeno Tratado da Nova Competência Trabalhista*, Editora LTr, São Paulo, 2005;

SILVA, CLARISSA SAMPAIO, *Direitos Fundamentais e Relações Especiais de Sujeição – O caso dos Agentes Públicos*, Coleção Luso-Brasileira de Direito Público, Editora Fórum, Belo Horizonte, 2009;

SILVA, CRISTIANE, "Professores estaduais anunciam greve por tempo indeterminado a partir de 8 de junho", *in* http://www.em.com.br/app/noticia/gerais/2011/05/31/interna_gerais,231124/professores-estaduais-anunciam-greve-por-tempo-indeterminado-a-partir-de-8-de-junho.shtml, acessado em 16/8/2011;

SILVA, DE PLÁCIDO E, *Vocabulário Jurídico*, Forense, Rio de Janeiro, 1994;

SILVA, FLORIANO CORRÊA VAZ DA, "Contratos de Trabalho com Pessoas Jurídicas de Direito Público e a Competência da Justiça do Trabalho para Solução dos Litígios", *in LTr*, ano 37, 1.973, pág. 603-610;

SILVA, JOSÉ AFONSO DA, "Federalismo, Autonomia e Discriminação de Rendas", *in* http://congreso.us.es/cidc/Ponencias/federalismo/alfonsoDAsilva.pdf, acessado em 9/9/2011;

SILVA, JOSÉ AFONSO DA, *Aplicabilidade das normas constitucionais*, Malheiros Editores, 3ª edição, São Paulo, 1998;

SILVA, JOSÉ AFONSO DA, *Curso de Direito Constitucional Positivo*, Ed. Revista dos Tribunais, São Paulo, 1990;

SILVA, LUIZ DE PINHO PEDREIRA DA, "O Direito Individual do Trabalho e seu Objeto", *in* MAGANO, OTÁVIO BUENO (coord.), *Curso de Direito do Trabalho*, São Paulo, Saraiva, 1985;

SILVA, RODRIGO BRUM, "A importância do conceito de relação jurídica", *in diritto.it (www.diritto.it)*, publicado em 25/2/2010;

SILVA, SUELY BRAGA DA (org.), *Luiz Simões Lopes – Fragmentos de Memória*, Fundação Getúlio Vargas, Rio de Janeiro, 2006;

SILVA, SUZANA TAVARES DA, *Um novo Direito Administrativo?*, Imprensa da Universidade de Coimbra, Coimbra, 2010;

SILVA, VASCO MANUEL PASCOAL DIAS PEREIRA DA, *Em busca do acto administrativo perdido*, colecção teses, Livraria Almedina, Coimbra, 2003;

SILVA, VIRGÍLIO AFONSO DA, *A Constitucionalização do Direito: os Direitos Fundamentais nas Relações entre Particulares*, Malheiros, São Paulo, 2005;

SILVEIRA, PHILADELPHO PINTO DA, "A Legislação Trabalhista como Regime Jurídico do Funcionário Público", *in RSP*, Ano XXI, v. 100, nº 1-2, Janeiro de 1968, pág. 42-47;

SILVEIRA, RAQUEL DIAS DA, *Profissionalização da Função Pública*, Editora Fórum, Belo Horizonte, 2009;

SIOTTO, FEDERICO, "L'inderrogabilità nel Lavoro Pubblico dopo la Riforma", *in RGPS*, Ano LXI, nº 4, 2010, pág. 481-492;

SIOTTO, FEDERICO, "Una Breccia nel muro del Lavoro Pubblico: La Disaplicazione del divieto di conversione del contratto di lavoro a termine", *in RIDL*, nº 2, Anno XXX, 2011, pág. 374-383;

SIQUEIRA, MARCUS VINÍCIUS SOARES e MENDES, ANA MAGNÓLIA, "Gestão de Pessoas no Setor Público e a Reprodução do discurso do setor privado", *in RSP*, Brasília 60 (3), 241-250, Jul-Set, 2009;

SOARES, JOSÉ RONALD CAVALCANTE, "O Servidor Público na Justiça do Trabalho. Uma visão caleidoscópia", *in* SOARES, JOSÉ RONALD CAVALCANTE (coord.), *O Servidor Público e a Justiça do Trabalho*, Ed. LTr, São Paulo, 2005, pág. 203-222;

SORBILLI FILHO, ROBERTO, "A Alteração Unilateral das Normas do Regime de Trabalho com o Estado", *in* FORTINI, CRISTIANA (org.), *Servidor Público – Estudos em Homenagem ao Professor Pedro Paulo de Almeida Dutra*, Editora Fórum, Belo Horizonte, 2009, pág. 383-403;

SORBILLI FILHO, ROBERTO, *A Relação Jurídica de Trabalho com o Estado: Natureza e Princípios Fundamentais*, Tese de Doutoramento, FDUFMG, Belo Horizonte, 2005;

SOURLET, MARC-HENRY, "Crise do Estado-Providência e Recomposição da Intervenção Social", *in IS*, nº 13-14, Instituto Superior de Serviços Social, Dezembro, 1996;

SOUSA, ALFREDO JOSÉ DE, "As Parcerias Público-Privadas e o desenvolvimento – O papel do controlo financeiro externo", in *RTC*, nº 36, Julho – Dezembro, 2001;

SOUSA, NUNO VASCONCELOS ALBUQUERQUE, *La Función Pública como Relación Especial de Derecho Administrativo*, Almeida e Leitão, Porto, 2000;

SOUSA, NUNO J. VASCONCELOS ALBUQUERQUE, "A Reforma do Emprego Público em Portugal", in *QL*, Ano XXI, n° 45, Jul/Dez., 2014, pág. 213-246;

SOUSA, TERESA CRISTINA DE, *A Natureza Contratual da Função Pública* – Tese de Mestrado, FDUFMG, Belo Horizonte, 2004;

SOUTO MAIOR, JORGE LUIZ, "A Fúria", in *LTr*, v. 66, n. 11, 2002, pág. 1.287-1.309;

SOUTO MAIOR, JORGE LUIZ, "A Terceirização sob uma Perspectiva Humanista", in *TST*, vol. 70, nº 1, jan-jul, 2004, pág. 119-129;

SOUTO MAIOR, JORGE LUIZ, "Proteção contra a Dispensa Arbitrária e Aplicação da Convenção 158 da OIT", in *Revista do Tribunal Regional do Trabalho da 15ª Região*, v. 25, 2004, pág. 47-63;

SOUTO MAIOR, JORGE LUIZ, *Curso de Direito do Trabalho – A relação de emprego*, vol. II, LTr, São Paulo, 2008;

SOUTO MAIOR, JORGE LUIZ, *Curso de Direito do Trabalho – Teoria Geral do Direito do Trabalho*, Vol. I, LTr, São Paulo, 2001;

SOUTO MAIOR, JORGE LUIZ, *Curso de Direito do Trabalho – Teoria Geral do Direito do Trabalho*, vol. I, LTr, São Paulo, 2011;

STELGES, ISABELA KATHRIN, *A Cidadania da União Européia*, Del Rey, Belo Horizonte, 2002;

STOBER, ROLF, *Derecho Administrativo Económico*, MAP, Marcial Pons, 1992;

STOKER, GERRY, "Gestão do Valor Público: A Administração Pública orientada pela missão?", in JOSÉ MANUEL MOREIRA e outros (Coord.), *Estado, Sociedade Civil e Administração Pública – Para um novo paradigma do Serviço Público*, Livraria Almedina, Coimbra, 2008, pág. 25 e seg.;

STOLL, LUCIANA BULLAMAH, *Negociação Coletiva no Setor Público*, Editora LTr, São Paulo, 2007;

SUDANO, ANDREIA DI CAMILLA GHIRGHI PIRES, "Estágio Probatório e Reformas na Gestão Pública: Um Estudo de Caso da Avaliação no Início de Carreira no Estado de São Paulo", Fundação Getúlio Vargas, São Paulo, 2011;

SÜSSEKIND, ARNALDO (e outros), *Instituições de Direito do Trabalho*, vol. 1, 19ª ed., São Paulo, LTr, 2000;

SÜSSEKIND, ARNALDO, *Convenções da OIT*, 2ª ed., São Paulo, LTr, 1998;

SUPIOT, ALAIN (e outros), *Transformações do Trabalho e Futuro do Direito do Trabalho na Europa*, Coimbra Editora, Coimbra, 2003;

SUPIOT, ALAIN, "La crise de l'esprit de service public", in *DS*, nº 12, dezembro, 1989, pág. 777-783;

TALAMO, VALERIO, "Pubblico e Privato nella legge delega per la Riforma del Lavoro Pubblico", in *WP CSDLE (Working Papers – Centro Studi di Diritto del Lavoro Europeo 'Massimo D'Antona')*, 101/2010, Bari, Itália, pág. 2-13;

TALAMO, VALERIO, "Gli interventi sul costo del lavoro nell dinamiche della contrattazione colletiva nazionale ed integrativa", in *ILPA*, vol. XII, Janeiro-Fevereiro, nº 3-4, 2009, pág. 497-552;

TAMPIERI, ALBERTO, "Pubblico Impiego – Mutamento di mansioni – Equivalenza formal – Nozione Riferimento alla classificazione prevista dai contratti collettivi – Sufficienza", in *RIDL*, nº 1, Anno XXX, 2011, pág. 149-152;

TAMPIERI, ALBERTO, *Contrattazione Colletiva e Potere Disciplinare nel Lavoro Pubblico*, Giuffrè, Milão, 1999;

TAVARES, RICARDO NEIVA, "Relatório De Gestão - Embaixada do Brasil em Roma, República Italiana - Embaixador Ricardo Neiva Tavares (2013-2016)", in *legis.senado.leg.br/mateweb/arquivos/mate-pdf/198458.pdf*, acesso em 28/2/2017;

TEPEDINO, GUSTAVO, "A Constitucionalização do Direito Civil: perspectivas interpretativas diante do novo Código", in FIÚZA, CÉSAR (coord), *Direito Civil: Atualidades*, Del Rey, Belo Horizonte, 2003, pág. 115-130;

TERESI, VERÔNICA MARIA, "O tráfico de crianças na Convenção 182 da Organização Internacional do Trabalho e a inserção dessa norma como Direito Internacional dos Direitos Humanos", in http://www.conpedi.org.br/manaus/arquivos/anais/Veronica%20Maria%20Teresi.pdf, acesso em 14/11/2012;

TEUBNER, GUNTHER, *O Direito como Sistema Autopoiético*, Fundação Calouste Gulbenkian, Lisboa, 1993;

TORRECILLA, EDUARDO ROJO, "La Relación del personal laboral al servicio de las Administraciones", in *Las Relaciones Laborales en las Administraciones Públicas*, Vol. I, XI Congreso Nacional de Derecho del Trabajo y de la Seguridad Social, Ministerio de Trabajo y Asuntos Sociales, Madrid, 2001, pág. 45-140;

TORRES, YANA MAGALHÃES (e outros), "Da Terceirização à Primarização: um Estudo em uma Mineradora de Grande Porte", in *Anais do XVI Simpósio de Engenharia de Produção*, Universidade Estadual Paulista Júlio de Mesquita Filho, Antares, 2009;

TULARD, JEAN, "Napoléon et la naissance de ládministration française", in www.napoleon.org, acessado em 16/5/2013, tb. in *Revue du SouvenirNapoléonien*, nº 359, junho, 1988, pág. 5-9;

VARANDA, JORGE, "Hospitais: a longa marcha da empresarialização", in *Revista Portuguesa de Saúde Pública*, Volume Temático nº 4, 2004, pág. 57-63;

VÁSQUEZ, RAMÓN PARADA, "Empleo público y globalización de la economia", in *DA* nº 243, setembro-dezembro, 1995, pág. 23-65;

VEIGA E MOURA, PAULO e ARRIMAR, CÁTIA, *Os novos regimes de vinculação, de carreiras e de remuneração dos trabalhadores da Administração Públicas – Comentário à Lei nº 12-A/2008, de 27 de Fevereiro*, Coimbra Editora, 2008;

VEIGA E MOURA, PAULO, "Implicações Jurídico-Constitucionais da Introdução do Contrato de Trabalho na Administração Pública – A propósito dos Acórdãos do Tribunal Constitucional nºs 406/03 e 61/04", in *JC*, nº 11, Julho-Setembro, 2006, pág. 63-71;

VEIGA E MOURA, PAULO, *A Privatização da Função Pública*, Coimbra Editora, Coimbra, 2004;

VEIGA E MOURA, PAULO, *Estatuto Disciplinar dos Trabalhadores na Administração Pública Anotado*, Coimbra Editora, Coimbra, 2009;

VEIGA E MOURA, PAULO, *Função Pública – Regime Jurídico, Direitos e Deveres dos Funcionários e Agentes*, 1º volume, 2ª edição, Coimbra Editora, Coimbra, 2001;

VEIGA E MOURA, PAULO (em co-autoria com CÁTIA ARRIMAR), *Comentários à Lei Geral do Trabalho em Funções Públicas, 1º volume, Artigos 1º a 240º*, Coimbra Editora, Coimbra, 2014;

VENTURA, ANDRÉ, *A Nova Administração Pública: Princípios Fundamentais e Normas Reguladoras*, Quid Juris Sociedade Editora, Lisboa, 2014;

VIANA, ARÍZIO DE, *D.A.S.P – Instituição a Serviço do Brasil*, Rio de Janeiro, 1953;

VIANA, CLÁUDIA, "A Laboralização do Direito da Função Pública", in *SI*, Tomo LI, nº 292, Janeiro-Abril, 2002, pág. 81-95;

VIANA, CLÁUDIA, "O Conceito de Funcionário Público – Tempos de Mudança?", in *REP*, vol. V, nº 8, 2007, pág. 7-34;

VIANA, CLÁUDIA, "O Regime dos concursos de pessoal na Função Pública", in *SI*, Tomo L, nº 290, 2001, pág. 99-123;

VIANA, MÁRCIO TÚLIO, "Os Dois Modos de Discriminar e o Futuro do Direito do Trabalho", in RENAULT, LUIZ OTÁVIO LINHARES e VIANA, MÁRCIO TÚLIO (coord.), *Discriminação*, LTr, São Paulo, 2000, pág. 321-328;

VIANA, MÁRCIO TÚLIO, "Os Paradoxos da Conciliação: Quando a ilusão da igualdade formal esconde mais uma vez a desigualdade real", in *RTRT3*, Belo Horizonte, vol. 45, nº 75, jan-jul, 2004, pág. 185-198;

VIANA, MÁRCIO TÚLIO, "Poder Diretivo e Sindicato: entre a opressão e a resistência", in *Cadernos Jurídicos*, Escola Judicial do TRT da 10ª Região, Brasília, ano IV, n. 06, Novembro – Dezembro, 2005, pág. 20-27;

VIANA, MÁRCIO TÚLIO, "Trabalhando sem Medo: alguns argumentos em defesa da Convenção n. 158 da OIT", in *Revista do Tribunal Regional do Trabalho da 3ª Região*, Belo Horizonte, v. 46, nº 76, Julho – Dezembro de 2007;

VIANNA, TÚLIO, *Transparência Pública, Opacidade Privada: o Direito como instrumento de limitação do poder na sociedade de controle*, Revan, Rio de Janeiro, 2007;

VICENTE, JOANA NUNES, *A fuga à relação de trabalho (típica): em torno da simulação e da fraude à lei*, Coimbra Editora, Coimbra, 2008;

VIEIRA, LEONARDO CARNEIRO ASSUMPÇÃO, *Mérito, Sociedade e Direito: Reflexões sobre a noção de merecimento objetivo e seus institutos na função pública*, Tese de Mestrado, FDUFMG, Belo Horizonte, 2004;

VIEIRA, THIAGO MARQUES, "Contornos interpretativos do termo Relação de Trabalho", in *RMPTPB*, nº 3, dezembro, 2007, pág. 181-203;

VILHENA, PAULO EMÍLIO RIBEIRO DE, *Relação de emprego: estrutura legal e pressupostos*, 3ª ed., Editora LTr, São Paulo, 2005;

VILHENA, PAULO EMÍLIO RIBEIRO, *Contrato de Trabalho com o Estado*, 2ª ed., LTr, São Paulo, 2002;

VIRGA, PIETRO, *Il Pubblico Impiego dopo la Privatizzazione*, 4ª ed., Giuffrè Editore, Milão, 2002;

VITAL, DOMINGOS FÉSAS, *A situação dos funcionários (sua natureza jurídica)*, Estudos de Direito Público, Imprensa da Universidade, Coimbra, 1915;

VOGEL, JUAN J., "El régimen federal de la Ley Fundamental", in BENDA; MAIHOFER; VOGEL; HESSE; HEYDE, *Manual de Direito Constitucional*, 2ª ed., Marcial Pons, 2001, pág. 613 e seg;

WEBER, MAX, ¿Que es la Burocracia?, Ediciones elaleph.com, Madrid, 2000;

WEIL, PROSPER, *Le Droit Administratif*, 4ª ed., Presses Universitaires de France, Paris, 1975;

WOFF, HANS J.; (coautoria de OTTO BACHOF e ROFL STOBER), *Direito Administrativo*, vol. 1, Fundação Calouste Gulbenkian, Lisboa, 2006;

ZEFIRO, GABRIEL DE OLIVEIRA, "A problemática jurídica acerca do exame psicoténico como fase eliminatória nos concursos públicos para ingresso nas carreiras ligadas à segurança pública. Uma análise jurisprudencial", in http://www.datavenia.net/artigos/Direito_Constitucional/zefiro.html, acessado em 21/6/2011;

ZIMMERNMANN, AUGUSTO, *Teoria Geral do Federalismo Democrático*, Ed. Lumen Juris, Rio de Janeiro, 1999;

ZIPPELIUS, REINHOLD, *Teoria Geral do Estado*, 3ª ed., Fundação Calouste Gulbenkian, Lisboa, 1997;

ZOCKUN, CAROLINA ZANCANER, "Sujeição Especial e Regime Jurídico da Função Pública no Estado de Direito Democrático e Social", in CELY, MARTHA LUCÍA BAUTISTA e SILVEIRA, RAQUEL DIAS DA (coord), *Direito Disciplinário Internacional*, vo. I, Ed. Fórum, Belo Horizonte, 2011, pág. 271-281;

Esta obra foi composta em fonte Palatino Linotype, corpo 10
e impressa em papel Offset 75g (miolo) e Supremo 250g (capa)
pela Gráfica e Editora O Lutador, em Belo Horizonte/MG.